임종희
경찰형사법

파이널 모의고사
시즌 2 총 6회

경찰 출제위원 출신이 **직접 집필한 모의고사**

2024년 12월까지 최신 기출, 판례 반영

학설 및 판례 완벽 정리

고난도 대비, 고득점을 위한 필독서

풍부하고 자세한 해설

합격의 완성!

출제위원 형사법 법학박사가 제대로 만든 초고득점 실전 마무리

실전 느낌 그대로 시험 직전 꼭 풀어보세요.

법학박사 임종희 편저

목 차

문제편

해설 및 정답편

25년 경찰공무원(순경) 채용시험

임종희 경찰형사법
파이널 모의고사
시즌 2

제 1회

! 응시자 유의사항

응시자는 반드시 기재된 과목명에 맞게 표기하여야 하며, 과목을 바꾸어 표기한 경우에도

상단에 기재된 과목 순서대로 채점되므로 유의하시기 바랍니다.

※ 시험이 시작되기 전까지 표지를 넘기지 마시오.

01

죄형법정주의에 관한 설명으로 가장 적절하지 <u>않은</u> 것은? (다툼이 있는 경우 판례에 의함)

① 농업협동조합법에 따른 조합장 선거에서 공공단체등 위탁선거에 관한 법률상 금지되는 기부행위의 상대방인 '선거인'이나 '선거인명부에 오를 자격이 있는 자'는 해당 지역농업협동조합의 조합원이어야 하고, 이때 조합원의 자격요건 중 '농업인'인지 여부는 농업협동조합법 시행령 제4조 제1항 각호에서 규정하는 요건을 구비하였는지를 기준으로 판단하여야 한다.

② 위헌결정이 선고된 구 근로기준법 제35조 제3호 조항(월급근로자로서 6개월이 되지 못한 자는 해고 예고제도가 적용되지 않고 바로 해고할 수 있다는 예고 해고의 적용 예외규정)은 근로기준법 위반죄의 구성요건해당성 배제 사유를 규정한 것이므로, 위 조항에 대한 위헌결정은 헌법재판소법 제47조 제3항에 따라 소급하여 그 효력을 상실하는 것이지 같은 법 제47조 제2항에 따라 위헌결정이 있는 날부터 효력을 상실하는 것으로 볼 것은 아니다.

③ 행정청의 자동차 운전면허 취소처분이 직권으로 또는 행정쟁송절차에 의하여 취소되면, 운전면허 취소처분은 그 처분 시에 소급하여 효력을 잃고 운전면허 취소처분에 복종할 의무가 원래부터 없었음이 확정되므로, 운전면허 취소처분을 받은 사람이 운전면허 취소처분이 취소되기 전에 자동차를 운전한 행위는 도로교통법에 규정된 무면허운전의 죄에 해당하지 아니한다.

④ 군형법상 정치관여죄는 2014. 1. 14. 자 법률 개정을 통해 구성요건이 세분화되고 법정형이 높아짐으로써 그 실질이 달라졌다고 평가할 수 있고, 공소시효 기간에 관한 특례 규정인 개정 군형법 제94조 제2항은 개정 군형법상의 정치관여죄에 대하여 규정하고 있음이 분명하므로, 개정 군형법 제94조 제2항에 따른 10년의 공소시효 기간은 개정 군형법 시행 후에 행해진 정치관여 범죄에만 적용된다.

02

「형법」의 적용범위에 관한 설명으로 가장 적절하지 <u>않은</u> 것은? (다툼이 있는 경우 판례에 의함)

① 해외에서 적법하게 개설된 사설 스포츠 도박 사이트의 운영자에게 국민체육진흥법 제26조 제1항이 미치지 아니하므로, 유사행위를 이용하여 도박을 한 내국인도 국민체육진흥법 제48조 제3호에 해당하지 아니하여 처벌되지 아니한다.

② 원심판결 선고 후 시행된 개정 도로교통법에 따르면 전동킥보드와 같은 개인형 이동장치 음주운전 행위는 '자동차등'에 관한 제148조의2가 아니라 '자전거등'에 관한 제156조 제11호의 적용 대상이 됨으로써 그 법정형이 종전보다 가벼워진 경우에 해당하는 경우에는 형법 제1조 제2항을 적용하여야 한다.

③ 구 특정범죄 가중처벌 등에 관한 법률 제5조의11 제1항(위험운전치상죄)의 주체가 되는 지의 여부에 관하여 개정 도로교통법이 전동킥보드와 같은 개인형 이동장치에 관한 규정을 신설하면서 이를 "자동차 등"이 아닌 "자전거 등"으로 분류하였다고 하여 이를 형법 제1조 제2항의 '범죄 후 법률이 변경되어 그 행위가 범죄를 구성하지 아니하게 된 경우'라고 볼 수는 없다.

④ 「아동·청소년의 성보호에 관한 법률」(2020. 6. 2. 법률 제17338호로 개정되어 같은 날 시행된 것, 이하 '청소년성보호법'이라고 한다) 제11조 제5항(성착취물소지죄)은 아동·청소년성착취물임을 알면서 소지를 개시한 때부터 지배관계가 종료한 때까지 하나의 죄로 평가되는 이른바 계속범이므로, 원칙적으로 성착취물소지죄에 대해서는 실행행위가 종료되는 시점의 법률이 적용된다.

03

법인의 형사책임 또는 양벌규정에 관한 설명 중 가장 적절하지 않은 것은?(다툼이 있으면 판례에 의함)

① 정보통신망 이용촉진 및 정보보호 등에 관한 법률(정보통신망법) 제75조(음란물유포) 및 영화 및 비디오물의 진흥에 관한 법률(영화비디오법) 제97조의 양벌규정 중 법인의 대표자 관련 부분은 대표자의 책임을 요건으로 하여 법인을 처벌하는 것이지 그 대표자의 처벌까지 전제조건이 되는 것은 아니다.

② 법인 대표자의 범죄행위에 대하여는 법인 자신이 책임을 져야 하는바, 법인 대표자의 법규위반행위에 대한 법인의 책임은 법인 자신의 법규위반행위로 평가될 수 있는 행위에 대한 법인의 직접책임이기 때문이다.

③ 양벌규정에 따라 사용자인 법인 또는 개인을 처벌하는 것은 형벌의 자기책임 원칙에 비추어 위반행위가 발생한 그 업무와 관련하여 사용자인 법인 또는 개인이 상당한 주의 또는 감독 의무를 게을리한 과실이 있기 때문인데, 이때 사용자인 법인 또는 개인이 상당한 주의 또는 감독 의무를 게을리하였는지는 해당 위반행위와 관련된 모든 사정을 전체적으로 종합하여 판단해야 한다.

④ 지입차주가 고용한 운전자가 과적운행으로 구 도로법을 위반한 경우, 지입회사가 지입차량의 운전자를 직접 고용하여 지휘·감독을 한 바 없다면 지입회사가 아닌 지입차주가 구 도로법상 사용자로서의 형사책임을 부담한다.

04

주관적 구성요건에 대한 설명 중 가장 적절한 것은? (다툼이있는 경우 판례에 의함)

① 친족상도례가 적용되는 범죄에 있어서 '친족관계'와 특수폭행죄에있어서 '위험한 물건을 휴대한다는 사실'은 고의의 인식대상이다.

② 내란선동죄에서 국헌문란의 목적은 고의 외에 요구되는 초과주관적 위법요소로서 엄격한 증명사항에 속하므로 미필적 인식만으로는 부족하고, 적극적 의욕이나 확정적 인식이어야한다.

③ 방조범은 정범의 실행을 방조한다는 이른바 방조의 고의와 정범의 행위가 구성요건에 해당하는 행위인 점에 대한 정범의 고의가 있어야 하며, 정범의 고의는 범죄의 미필적 인식 또는 예견만으로는 부족하고 정범에 의하여 실현되는 범죄의 구체적 내용을 인식하여야 한다.

④ 미필적 고의에서 행위자가 범죄사실이 발생할 가능성을 용인하고 있었는지의 여부는 행위자의 진술에 의존하지 아니하고 외부에 나타난 행위의 형태와 행위의 상황 등 구체적인 사정을 기초로하여 일반인이라면 당해 범죄사실이 발생할 가능성을 어떻게 평가할 것인가를 고려하면서 행위자의 입장에서 그 심리상태를 추인하여야 한다.

05

부작위범에 관한 설명으로 <u>옳고 그름의 표시(O, X)가 바르게 된 것은?</u>(다툼이 있는 경우 판례에 의함)

> ㉠ 주권상장법인의 주식 등 대량보유·변동 보고의무 위반으로 인한 자본시장법 위반죄는 구성요건이 부작위에 의해서만 실현될 수 있는 진정부작위범에 해당한다.
>
> ㉡ 진정부작위범인 주식 등 대량보유·변동 보고의무 위반으로 인한 자본시장법 위반죄의 공동정범은 그 의무가 수인에게 공통으로 부여되어 있는데도 수인이 공모하여 전원이 그 의무를 이행하지 않았을 때 성립할 수 있다.
>
> ㉢ 甲·乙·丙주식회사가 A주식회사의 주식 총수의 5/100 이상을 보유하여 「자본시장과 금융투자업에 관한 법률」상 주식 등 변경보고의무를 공동으로 부담하게 되었고, 동법은 이러한 보고의무를 이행하지 않는 자를 처벌하는 진정부작위범인 주식 등 변경 보고의무 위반죄를 규정하고 있음에도 불구하고 甲과 乙주식회사만이 공모하여 보고의무를 이행하지 않은 경우, 보고의무가 있는 甲주식회사·乙주식회사·丙주식회사에게 주식 등 변경 보고의무 위반죄의 공동정범이 성립한다.
>
> ㉣ 구 정신보건법 제57조 제2호에서는 정신의료기관 등의 장이 보호의무자로부터 입원동의서 또는 보호의무자임을 확인할 수 있는 서류를 받지 아니한 때에는 처벌한다고 규정하고 있는데, 보호의무자 확인 서류 등 수수 의무 위반으로 인한 구 정신보건법 위반죄는 구성요건이 부작위에 의해서만 실현될 수 있는 진정부작위범에 해당한다.
>
> ㉤ 정신의료기관장 甲이 구 정신보건법상 보호의무자 확인 서류 등 수수 의무를 위반하였다면, 그 병원에 근무하는 정신건강의학과 전문의인 乙도 보호의무자 확인 서류 등의 수수 의무 위반으로 인한 구 정신보건법 위반죄의 공동정범이 될 수 있다.

① ㉠(O), ㉡(O), ㉢(O), ㉣(O), ㉤(O)
② ㉠(O), ㉡(X), ㉢(O), ㉣(X), ㉤(X)
③ ㉠(O), ㉡(O), ㉢(X), ㉣(O), ㉤(X)
④ ㉠(X), ㉡(O), ㉢(X), ㉣(O), ㉤(X)

06

다음 사례에 관한 설명으로 가장 적절한 것은?

> 甲은 남편 A가 매일 술을 마시고 들어와서 행패를 부리는 등 A와의 불화로 갈등을 겪는 중 이었다. 이에 甲은 새벽에 문이 열리는 소리가 들리고 누군가 집안으로 들어오자, A에 대한 상해의 고의로 컵을 집어 던졌다. 그러자 사람이 '어이쿠'하며 쓰러지는 소리가 나서 불을 켜보니, A가 아니라 칼을 든 B가 컵에 머리를 맞고 쓰러져 있었다. B는 강도를 하기 위하여 甲의 집으로 들어오던 중이었다.

① 위 사례는 구체적 사실의 착오 중 객체의 착오에 해당하는 사례로 구체적 부합설에 따를 경우, 甲의 행위는 A에 대한 상해미수와 B에 대한 과실치상의 죄가 성립하고 양죄는 상상적 경합관계에 있다.

② 위 사례는 주관적 정당화요소가 결여된 사례로 이러한 때에는 행위반가치는 존재하지만 결과반가치는 존재하지 않아 불능미수범 규정을 유추적용하자는 견해에 따를 경우, 甲의 행위는 상해죄의 불능미수가 된다.

③ 위 사례는 우연방위에 해당하는 사례로 위법성조각사유에 주관적 정당화요소가 필요하지 않다는 판례에 따를 경우, 甲의 행위는 상해죄의 기수가 된다.

④ 위 사례는 오상방위에 해당하는 사례로 엄격책임설에 따를 경우, 甲이 B를 A로 오인함에 있어서 정당한 이유가 있다면 책임이 조각되어 甲의 행위는 무죄가 된다.

07

과실범에 관한 설명으로 옳지 <u>않은</u> 것은 모두 몇 개인가? (다툼이 있는 경우 판례에 의함)

㉠ 자동차의 운전자가 통상 예견되는 상황에 대비하여 결과를 회피할 수 있는 정도의 주의의무를 다하지 못한 것이 교통사고 발생의 직접적인 원인이 되었다면, 비록 자동차가 보행자를 직접 충격한 것이 아니고 보행자가 자동차의 급정거에 놀라 도로에 넘어져 상해를 입은 경우라고 할지라도, 업무상 주의의무 위반과 교통사고 발생 사이에 상당인과관계를 인정할 수 있다.

㉡ 골프와 같은 개인 운동경기에서, 경기보조원인 피고인 갑은 골프경기 중 공에 맞는 사고가 발생할 위험이 높으므로 타구 진행방향에 다른 사람이 있는지 확인하고 그 사람으로 하여금 안전한 위치로 이동하도록 요구하는 등의 조치를 취하여야 하고, 더욱이 을의 전방에 피해자가 위치한다는 사실을 갑이 잘 알고 있는 상황에서 피해자로 하여금 을의 타구 진행방향에서 벗어나 안전한 곳에 있도록 하거나 을에게는 피해자가 안전한 위치로 갈 때까지 두 번째 샷을 하지 말도록 주의를 줄 의무가 있었다.

㉢ 신뢰의 원칙은 상대방 교통관여자가 도로교통 관련 제반 법규를 지켜 자동차의 운행 또는 보행에 임하리라고 신뢰할 수 없는 특별한 사정이 있는 경우에는 적용이 배제된다.

㉣ 의사가 환자에 대하여 주된 의사의 지위에서 진료하는 경우라도, 서로 대등한 지위에서 각자의 의료영역을 나누어 환자 진료의 일부를 분담하였다면, 진료를 분담받은 다른 의사의 전적인 과실로 환자에게 발생한 결과에 대하여는 주된 의사의 책임을 인정할 수 없다.

㉤ 수련병원의 전문의와 전공의 등의 관계처럼 의료기관 내의 직책상 주된 의사의 지위에서 지휘·감독 관계에 있는 다른 의사에게 특정 의료행위를 위임하는 수직적 분업의 경우에는, 그 다른 의사에게 전적으로 위임된 것이 아닌 이상 주된 의사(전문의)는 자신이 주로 담당하는 환자에 대하여 다른 의사(전공의)가 하는 의료행위의 내용이 적절한 것인지 여부를 확인하고 감독하여야 할 업무상 주의의무가 있고, 만약 의사가 이와 같은 업무상 주의의무를 소홀히 하여 환자에게 위해가 발생하였다면 주된 의사는 그에 대한 과실 책임을 면할 수 없다.

① 0개　② 1개　③ 2개　④ 3개

08

정당방위에 관한 설명으로 옳은 것은 모두 몇 개인가? (다툼이 있는 경우 판례에 의함)

㉠ 정당방위에서 '침해의 현재성'이란 침해행위가 형식적으로 기수에 이르렀는지에 따라 결정되는 것이다.

㉡ 위법하지 않은 정당한 침해에 대한 정당방위는 인정되지 않는다.

㉢ 정당방위에서 일련의 연속되는 행위로 인해 침해상황이 중단되지 아니하거나 일시 중단되더라도 추가 침해가 곧바로 발생할 객관적인 사유가 있는 경우에는 침해의 현재성이 인정된다고 할 것이다.

㉣ 서로 공격할 의사로 싸우다가 먼저 공격을 받고 이에 대항하여 가해를 한 경우 가해행위는 방어행위인 동시에 공격행위의 성격을 가지므로 정당방위 또는 과잉방위행위라고 볼 수 없다.

㉤ 정당방위에서의 방어행위란 순수한 수비적 방어를 말한 것이고, 적극적 반격을 포함하는 반격방어의 형태도 포함되지 않는다.

① 1개　② 2개　③ 3개　④ 4개

09

다음 사례에 대한 설명으로 옳지 <u>않은</u> 것은? (다툼이 있는 경우 판례에 의함)

甲은 A를 살해하고자 용기를 얻기 위해 대마초를 피운 후, A를 야산으로 끌고 가 심신미약 상태에서 칼로 A의 복부를 찔렀다. A가 살려 달라고 애원하자 甲은 살해행위를 그만두었으나 A의 가방이 탐이 나서 가지고 왔다. 그 후 A는 행인에게 발견되어 병원으로 옮겨져 생명을 구하였다.

① 甲의 행위가 실행미수에 해당하는 경우에는 甲에게 중지미수가 성립하지 않는다.

② 甲이 A의 가방을 가져간 행위는 원인에 있어서 자유로운 행위에 해당하지 않으므로 형을 감경해야 한다.

③ 甲이 A를 살해하려고 한 행위는 심신미약 상태에서의 행위라도 형이 감경되지 않는다.

④ 甲이 A의 복부를 칼로 찔러 많은 피가 흘러나오자 겁을 먹고 그만둔 경우에는 자의성을 인정할 수 없다.

10

다음 설명으로 가장 적절하지 않은 것은?(다툼이 있는 경우 판례에 의함)

① 형법 제30조의 공동정범은 공동가공의 의사와 그 공동의사에 의한 기능적 행위지배를 통한 범죄 실행이라는 주관적·객관적 요건을 충족함으로써 성립하므로, 공모자 중 구성요건행위를 직접 분담하여 실행하지 않은 사람도 위 요건의 충족 여부에 따라 이른바 공모공동정범으로서의 죄책을 질 수 있다.

② 국가정보원의 원장 갑, 3차장 을, 심리전단장 병이 심리전단 산하 사이버팀 직원들과 공모하여 인터넷 게시글과 댓글 작성, 찬반클릭, 트윗과 리트윗 행위 등의 사이버 활동을 함으로써 국가정보원 직원의 직위를 이용하여 정치활동에 관여함과 동시에 제18대 대통령선거와 관련하여 공무원의 지위를 이용한 선거운동을 한 경우, 갑·을·병에게는 구 국가정보원법 위반죄와 구 공직선거법 위반죄를 인정한다.

③ 도로교통법 제46조 제1항의 위반(공동위험행위) 범행에서는 '2명 이상이 공동으로' 범행에 가담하는 것이 구성요건의 내용을 이루기 때문에 행위자의 고의의 내용으로서 '공동의사'가 필요하고, 위와 같은 공동의사는 반드시 위반행위에 관계된 운전자 전부 사이의 의사 연락이 필요하므로, 그 공동의사는 사전에 공모한 경우에 한정되고 현장에서의 공모에 의한 것은 포함되지 않는다.

④ 피고인 갑이 평소 잘 알고 지내던 을과 범행 당일 만나 함께 을왕리 해수욕장에 가기로 약속한 다음 서로 수회 전화통화를 주고받으며 각자 자동차를 운전하여 출발한 후 인천공항고속도로에서 합류하여 함께 주행하면서 여러 구간에서 앞뒤로 또는 좌우로 줄지어 제한속도를 현저히 초과하여 주행하였다면, 피고인 갑과 을에게는 공동 위험행위에 관한 공동의사가 있었다고 보는 것이 타당하다.

11

방조범에 관한 설명 중 가장 적절하지 않은 것은?(다툼이 있는 경우 판례에 의함)

> ㉠ 쟁의행위가 업무방해죄에 해당하는 경우, 제3자가 그러한 정을 알면서 쟁의행위의 실행을 용이하게 한 경우에는 업무방해방조죄가 성립할 수 있다.

> ㉡ 방조범이 성립하려면 방조행위가 정범의 범죄 실현과 밀접한 관련이 있고 정범으로 하여금 구체적 위험을 실현시키거나 범죄결과를 발생시킬 기회를 높이는 등으로 정범의 범죄 실현에 현실적인 기여를 하였다고 평가할 수 있어야 한다.

> ㉢ 전국금속노동조합 소속의 A회사 비정규직지회 조합원들이 위 회사의 생산라인을 점거 중인데, 위 금속노조의 간부인 피고인 갑이 농성현장에 직접 들어가 조합원들을 독려한 행위와 농성현장에 직접 들어가지 않고 위 회사의 정문 앞 집회 참가 및 금속노조가 지회에 보낸 공문전달행위는 정범의 생산라인 점거로 인한 범죄 실현과 밀접한 관련성이 있으며, 갑에게 방조범의 성립을 인정할 정도로 업무방해행위와 인과관계가 인정되므로 업무방해방조에 해당한다.

> ㉣ '방조'란 정범의 구체적인 범행준비나 범행사실을 알고 그 실행행위를 가능·촉진·용이하게 하는 지원행위 또는 정범의 범죄행위가 종료하기 전에 정범에 의한 법익 침해를 강화·증대시키는 행위로서 정범의 범죄 실현과 밀접한 관련이 있는 행위를 말하므로, 정범의 범죄 실현과 밀접한 관련이 없는 행위를 도와준 데 지나지 않는 경우에는 방조범이 성립하지 않는다.

> ㉤ 박사방 운영진이 음란물 배포 목적의 텔레그램 그룹(이하 '미션방'이라 한다)을 만들고 특정 시간대에 미션방 참여자들이 인터넷 포털사이트에 일제히 특정 검색어를 입력함으로써 실시간 급상승 검색어로 노출되도록 하는 이른바 '실검 챌린지'를 지시하여 불특정 다수의 텔레그램 사용자들로 하여금 정해진 시간에 미션방에 참여하게 한 다음 특정 시점에 미션방에 피해자 갑(여, 18세)에 대한 음란물을 게시한 경우, 피고인 갑이 박사방 운영진의 지시에 따라 4회에 걸쳐 검색어를 입력하고 미션방과 박사방 관련 채널에 검색사실을 올려 인증하였다면 박사방 운영진에 의한 아동·청소년 이용 음란물 배포행위를 방조한 것이므로 갑은 아동·청소년의성보호에관한법률위반(음란물제작·배포등)의 방조범에 해당한다.

① 0개   ② 1개
③ 2개   ④ 3개

12

죄수에 관한 설명으로 적절하지 <u>않은</u> 것은 모두 몇 개인가?(다툼이 있는 경우 판례에 의함)

㉠ 여러 사람의 권리의 목적이 된 자기의 물건을 취거, 은닉 또는 손괴함으로써 그 여러 사람의 권리행사를 방해하였다면 권리자별로 각각 권리행사방해죄가 성립하고 각 죄는 실체적 경합관계에 있다.

㉡ 피고인이 119 화재긴급신고전화를 걸어 발생하지 않은 화재 사실을 거짓신고를 하여 위계로써 소방관의 119 화재신고처리 업무 및 출동에 관한 정당한 직무집행 등을 방해하였다면, 거짓신고로 인한 위계에 의한 공무집행방해죄와 별도로 경범죄처벌법 위반죄가 성립하고 양자는 상상적 경합관계에 있다.

㉢ 공직선거법 제18조 제1항 제3호에 규정된 죄와 다른 죄의 경합범에 대하여는 이를 분리 선고하여야 하므로, 판결이 확정된 선거범죄와 확정되지 아니한 업무방해죄는 동시에 판결할 수 없었던 경우에 해당하므로 형법 제39조 제1항에 따라 동시에 판결할 경우와의 형평을 고려하여 형을 선고하거나 그 형을 감경 또는 면제할 수 없다.

㉣ 아직 판결을 받지 않은 수 개의 죄가 판결 확정을 전후하여 저질러지고 판결 확정 전에 범한 죄를 이미 판결이 확정된 죄와 동시에 판결할 수 없었던 경우, 그 수 개의 죄 사이에 형법 제37조 전단 경합범 관계가 성립하지 않는다.

㉤ 유죄의 확정판결을 받은 사람이 그 후 별개의 후행범죄를 저질렀는데 유죄의 확정판결에 대하여 재심이 개시된 경우, 후행범죄가 재심대상판결에 대한 재심판결 확정 전에 범하여졌다 하더라도 아직 판결을 받지 아니한 후행범죄와 재심판결이 확정된 선행범죄 사이에는 형법 제37조 후단에서 정한 경합범 관계가 성립하지 않는다.

---

① 1개 ② 2개
③ 3개 ④ 4개

13

몰수와 추징에 관한 설명으로 옳은 것은? (다툼이 있는 경우 판례에 의함)

甲은 모텔 등에서 투숙객을 대상으로 휴대전화로 동영상을 불법촬영한 후, 음란물 유포 인터넷 사이트를 운영하는 乙에게 전달하였고, 이에 대해 乙은 甲의 은행계좌로 범행의 보수를 송금하였다. 乙은 인터넷 사이트 이용자에게 비트코인(Bitcoin)을 대가로 지급받는 방식으로 불법 촬영된 동영상을 서비스하였다. 이후 乙은 위 인터넷 사이트를 丙에게 매각하였다.

---

① 甲의 휴대전화에 저장된 불법 촬영 동영상은 저장매체에 전자방식이나 자기방식에 의하여 저장된 정보로서 '물건'이라고 할 수 없으므로 몰수할 수 없다.

② 甲이 계좌송금을 통해 취득한 범행의 보수는 「형법」 제48조 제1항 제2호, 제2항이 규정한 추징의 대상에 해당한다.

③ 乙이 음란물 유포 인터넷 사이트를 운영하면서 음란물유포죄에 의하여 취득한 비트코인(Bitcoin)은 「형법」뿐만 아니라 「범죄수익은닉의 규제 및 처벌 등에 관한 법률」에 의해서도 몰수할 수 없다.

④ 乙이 음란물 유포 인터넷 사이트 매각을 통해 취득한 대가는 「형법」 제48조 제1항 제2호, 제2항에서 규정한 추징의 대상에 해당하지 않는다.

14

누범에 관한 다음 설명 중 적절하지 <u>않은</u> 것은 모두 몇 개인가? (다툼이 있는 경우 판례에 의함)

> ㉠ 「특정범죄 가중처벌 등에 관한 법률」 제5조의4 제5항의 규정 취지는 같은 항 각호에서 정한 죄 가운데 동일한 호에서 정한 죄를 3회 이상 반복 범행하고, 다시 그 반복 범행한 죄와 동일한 호에서 정한 죄를 범하여 누범에 해당하는 경우에는 동일한 호에서 정한 법정형으로 처벌한다는 뜻으로 보아야 한다.
>
> ㉡ 「특정범죄 가중처벌 등에 관한 법률」 제5조의4 제5항 제1호 중 '다시 이들 죄를 범하여 누범으로 처벌하는 경우' 부분에서 '이들 죄'라 함은, 앞의 범행과 동일한 범죄일 필요는 없으나, 앞의 범죄와 동종의 범죄인 형법 제329조 내지 제331조의 죄 또는 그 미수죄를 의미하고, 누범관계에 있는 앞의 범행이 '이들 죄'와 동종의 범죄일 것을 요한다.
>
> ㉢ 유죄의 확정판결에 대하여 재심개시결정이 확정되어 법원이 그 사건에 대하여 다시 심판을 한 후 재심의 판결을 선고하고 그 재심판결이 확정된 때에는 종전의 확정판결은 당연히 효력을 상실한다.
>
> ㉣ 피고인이 폭력행위등처벌에관한법률위반(집단·흉기등재물손괴등)죄 등으로 징역형을 선고받아 판결이 확정되었는데, 그 집행을 종료한 후 3년 내에 상해죄 등을 범한 경우, 피고인이 누범전과인 위 확정판결에 대해 재심을 청구하여 재심대상판결 전부에 대하여 재심개시결정이 이루어졌고, 상해죄 등 범행 이후 진행된 재심심판절차에서 징역형을 선고한 재심판결이 확정됨으로써 확정판결은 당연히 효력을 상실하였으므로, 더 이상 상해죄 등 범행은 확정판결에 의한 형의 집행이 끝난 후 3년 내에 이루어진 것이 아니므로 누범으로 가중처벌할 수 없다.
>
> ㉤ 집행유예가 실효되는 등의 사유로 인하여 두 개 이상의 금고형 내지 징역형을 선고받아 각 형을 연이어 집행받음에 있어 하나의 형의 집행을 마치고 또 다른 형의 집행을 받던 중 먼저 집행된 형의 집행종료일로부터 3년 내에 금고 이상에 해당하는 죄를 저지른 경우에, 현재 집행 중인 형 뿐만 아니라 앞서 집행을 마친 형에 대해서도 누범에 해당하지 않는다.

① 0개 ② 1개 ③ 2개 ④ 3개

15

상해와 폭행의 죄에 관한 설명으로 옳지 <u>않은</u> 것은 모두 몇 개인가?(다툼이 있는 경우 판례에 의함)

> ㉠ 강간치상죄나 강제추행치상죄에 있어서의 상해는 피해자의 신체의 완전성을 훼손하거나 생리적 기능에 장애를 초래하는 것을 말하는 것으로, 여기서의 생리적 기능은 육체적 기능을 의미하고 정신적 기능은 포함되지 않는다.
>
> ㉡ 수면제와 같은 약물을 투약하여 피해자를 일시적으로 수면 또는 의식불명 상태에 이르게 한 경우에도 약물로 인하여 피해자의 건강상태가 불량하게 변경되고 생활기능에 장애가 초래되었다면 자연적으로 의식을 회복하거나 외부적으로 드러난 상처가 없더라도 이는 강간치상죄나 강제추행치상죄에서 말하는 상해에 해당한다.
>
> ㉢ 강간치상죄나 강제추행치상죄에서의 피해자에게 상해가 발생하였는지는 피해자의 신체의 완전성을 훼손하거나 생리적 기능에 장애를 초래하였는지 객관적, 일률적으로 판단하여야 한다.
>
> ㉣ 운행 중인 자동차의 운전자를 폭행하여 운전자나 승객 또는 보행자 등을 상해나 사망에 이르게 하였다면 이로써 「특정범죄 가중처벌 등에 관한 법률」 제5조의10 제2항(운행 중인 자동차 운전자에 대한 폭행 등의 가중처벌)의 구성요건을 충족한다.
>
> ㉤ 승객인 갑은 술에 취한 상태에서 을이 운전하는 그랜저 승용차의 뒷좌석에 타고가다가 차량이 빈번하고 넓은 도로에서 을이 신호대기를 위하여 정차 중이었는데, 갑은 별다른 이유 없이 화를 내며 손으로 을의 얼굴을 2회 때리고 목을 졸라 을에게 14일간의 치료를 요하는 상해를 입힌 경우, 갑의 행위는 운행 중인 자동차의 운전자인 乙을 폭행하여 상해를 입게 하였으므로 특정범죄가중법 제5조의10 제2항의 구성요건을 충족한다.

① 0개 ② 1개
③ 2개 ④ 3개

16

협박죄에 관한 설명으로 적절하지 않은 것은? (다툼이 있는 경우 판례에 의함)

① 협박죄에서 '협박'은 일반적으로 보아 사람으로 하여금 공포심을 일으킬 수 있는 정도의 해악을 고지하는 것을 의미하고, 주관적 구성요건으로서의 고의는 행위자가 그러한 정도의 해악을 고지한다는 것을 인식·용인하는 것을 내용으로 한다.

② 회사의 대표이사인 피고인이 피해자에게 해고를 통보하자 피해자가 반발한 상황에서, 피고인이 휴대전화를 사용하여 피해자에게 메시지를 7회 전송하고 전화를 2회 걸었다면, 정보통신망 이용촉진 및 정보보호 등에 관한 법률(약칭: 정보통신망법) 제74조 제1항 제3호에서 정한 정보통신망을 이용하여 상대방의 불안감 등을 조성하는 일련의 행위를 반복한 경우에 해당하므로 위 정보통신망법 위반죄로 처벌할 수 있을 뿐이고 협박죄로는 처벌할 수 없다.

③ 민사적 법률관계하에서 이해관계가 상충되는 당사자 사이에 권리의 실현 행사 과정에서 이루어진 해악의 고지가 협박죄의 '협박'에 해당하는지 여부는, 이해관계가 대립되는 당사자의 권리 실현 행사의 내용으로 통상적으로 예견 수용할 수 있는 범위를 현저히 벗어난 정도에 이르렀는지, 해악의 고지방법과 그로써 추구하는 목적 사이에 합리적 관련성이 존재하는지 등 여러 사정을 세심히 살펴보아야 한다.

④ 피고인들을 비롯한 직원들의 임금이 체불되고 사무실 임대료를 내지 못할 정도로 재정 상태가 좋지 않는 등의 이유로 이 사건 회사의 경영상황이 우려되고 대표이사 겸 최대주주인 甲의 경영능력이 의심받던 상황에서, 직접적 이해당사자인 피고인들이 동료 직원들과 함께 甲을 만나 '사임제안서'를 전달하는 행위는 협박죄에서의 '협박'으로 볼 수 없다.

17

성범죄에 관한 설명 중 적절하지 않은 것은 모두 몇 개인가?(다툼이 있으면 판례에 의함)

㉠ 피고인은 호텔에서 피해자(16세 여고생)에게 필로폰을 제공하여, 약물로 인해 심신미약한 상태에 빠진 피해자를 추행하기로 마음먹고, 화장실에서 샤워를 하고 있던 피해자에게 다가가 피해자에게 자신의 성기를 입으로 빨게 하고, 피해자를 뒤로 돌아 엎드리게 한 다음, 피해자의 항문에 손가락을 넣고, 샤워기 호스의 헤드를 분리하여 그 호스를 피해자의 항문에 꽂아 넣은 후 물을 주입하였다면, 피고인의 행위는 심신미약자인 피해자에 대하여 위력으로써 추행을 한 경우에 해당한다.

㉡ 피해자가 술·약물 등에 의해 완전히 의식을 잃지 않았다면 그와 같은 사유로 정상적인 판단능력과 대응·조절능력을 행사할 수 없는 상태에 있었더라도 준강제추행죄에서의 심신상실 또는 항거불능 상태에 해당한다고 볼 수 없다.

㉢ 성폭력범죄의 처벌 등에 관한 특례법 제10조는 '업무상 위력 등에 의한 추행'에 관한 처벌 규정인데, 여기서 '위력'이란 피해자의 자유의사를 제압하기에 충분한 힘을 말하고, 유형적이든 무형적이든 묻지 않고 폭행·협박뿐만 아니라 사회적·경제적·정치적인 지위나 권세를 이용하는 것도 가능하며, 현실적으로 피해자의 자유의사가 제압될 필요가 있다.

㉣ 피고인이 지하철 내에서 갑(여)의 등 뒤에 밀착하여 무릎을 굽힌 후 성기를 갑의 엉덩이 부분에 붙이고 앞으로 내미는 등의 행위를 하였다면, 비록 피해자가 다른 일에 몰두하거나 착각에 빠져서 자신에게 어떠한 일이 일어나고 있는지조차 제대로 파악하지 못함으로써 실제로 성적 수치심이나 혐오감을 느끼지 못하였다고 하더라도 구 성폭력범죄의 처벌 등에 관한 특례법 위반(공중밀집장소에서의 추행죄 기수)에 해당한다.

㉤ 피고인이 자신이 지배하지 않는 서버 등에 저장된 아동·청소년성착취물에 접근하였으나 위 성착취물을 다운로드하는 등 실제로 지배할 수 있는 상태로 나아가지는 않은 경우, 특별한 사정이 없는 한 아동·청소년성착취물을 '소지'한 것으로 평가하기는 어렵다.

① 0개 　　　　② 1개
③ 2개 　　　　④ 3개

18

명예훼손죄에 대한 설명 중 옳은 것은 모두 몇 개인가? (다툼이 있으면 판례에 의함)

┌───┐
│ ㉠ 형법 제307조 제1항의 행위에 대한 위법성조각사 │
│   유를 규정한 형법 제310조는 군형법 제64조 제3 │
│   항의 행위에 대해 유추적용된다고 보아야 한다. │
│ ㉡ 피고인 갑은 A씨 종친회 자리에서 종원들이 듣는 │
│   가운데 마침 발언을 하려던 특정경제범죄법 위반 │
│   (횡령)죄의 전과가 있는 피해자인 乙을 가리키면 │
│   서 "乙은 남의 재산을 탈취한 사기꾼이다. 사기꾼 │
│   은 내려오라."고 발언한 경우, 범죄전력과 같은 개 │
│   인적인 사항이라고 하더라도 乙이 종친회 회장으 │
│   로 출마함으로써 공공의 이익과 관련성이 발생한 │
│   이상, 이 사건 발언에 대하여 형법 제310조의 적 │
│   용을 배제할 것은 아니다. │
│ ㉢ 마트의 운영자인 피고인이 마트에 물품을 납품하 │
│   는 업체 직원인 갑을 불러 '다른 업체에서는 마트 │
│   에 입점하기 위하여 입점비를 준다고 하던데, 입 │
│   점비를 얼마나 줬냐? 점장 을이 여러 군데 업체 │
│   에서 입점비를 돈으로 받아 해먹었고, 지금 뒷조 │
│   사 중이다.'라고 말하였다면, 피고인에게 명예훼손 │
│   의 고의가 인정된다. │
│ ㉣ 피고인이 '야당 대통령후보였던 갑은 일명 부림사 │
│   건의 변호인으로서 체제전복을 위한 활동을 한 국 │
│   가보안법 위반 사범들을 변호하면서 그들과 동조 │
│   하여 그들과 동일하게 체제전복과 헌법적 기본질 │
│   서를 부정하는 활동인 공산주의 활동 내지 공산주 │
│   의 운동을 해 왔다.'는 취지의 발언을 한 경우, 피 │
│   고인의 위 '공산주의자 발언'은 갑의 명예를 훼손 │
│   할 만한 구체적인 사실의 적시라고 보아야 할 것 │
│   이다. │
│ ㉤ 피고인이 2013년 출간한 도서 「제국의 위안부」에 │
│   서 일본군 위안부였던 피해자들에 대하여 허위 사 │
│   실을 적시하여 그 명예를 훼손하였다는 혐의로 기 │
│   소된 경우, 피고인의 이 사건 각 표현은 피고인의 │
│   학문적 주장 내지 의견의 표명으로 평가함이 타당 │
│   하고, 명예훼손죄로 처벌할 만한 '사실의 적시'로 │
│   보기 어렵다. │
└───┘

① 1개　　　　　　　② 2개
③ 3개　　　　　　　④ 4개

19

업무방해죄에 관한 다음 설명 중 가장 옳은 것은?(다툼이 있는 경우 판례에 의함)

① 의료인인 갑의 명의로 의료인이 아닌 을이 개설하여 운영하는 병 병원에서, 피고인이 11회에 걸쳐 큰 소리를 지르거나 환자 진료 예약이 있는 갑을 붙잡고 있는 등의 방법으로 위력으로써 갑의 진료 업무를 방해한 경우, 피고인의 행위는 위력에 의한 업무방해죄가 성립한다.

② A농협의 임원인 갑과 을은 공모하여 위 농협에서 고위직급으로 갈수록 급여 인상률을 높게 책정하는 취지의 '직원급여규정 일부 개정안'을 작성·결재 후에 이를 이사회에 상정하고, 위 이사회에서 그 개정안에 대하여 허위로 설명 또는 보고하거나 개정안과 관련하여 허위의 자료를 작성하여 제시한 경우, 이사회의 구성원인 이사들과 이사회의 구성원은 아니지만 이사회에 출석하여 의견을 진술한 감사의 업무도 방해된 경우에 해당한다.

③ A대학교 법학전문대학원 박사과정을 수료한 피고인 갑은 지도교수 등이 대작한 박사학위 논문 예비심사용 자료를 마치 자신이 작성한 것처럼 발표하여 예비심사에 합격한 경우, 갑은 그 지도교수와 공모하여 위계로써 A대학교 법학전문대학원 원장의 박사학위 논문 예비심사 업무를 방해하였다고 할 수 있다.

④ 피고인 갑이 접근매체(법인 명의 차명계좌의 통장, 체크카드 등)를 양도할 의사로 금융기관(은행, 새마을금고 등)에 법인 명의로 계좌개설을 신청하면서 예금거래신청서 등에 금융거래의 목적이나 접근매체의 양도의사 유무에 관하여 허위사실을 기재하고, 금융기관의 업무담당자가 이를 사실로 받아들여 법인 명의의 계좌를 개설해 준 경우, 갑의 행위는 위계로써 금융기관의 계좌 개설업무를 방해한 것으로서 위계에 의한 업무방해죄를 구성한다.

20

절도와 강도의 죄에 관한 설명으로 옳은 것은 모두 몇 개인가?(다툼이 있으면 판례에 의함)

㉠ 피고인이 일반적인 드라이버를 사용하여 택시 운전석 창문을 파손하고 택시 안에 있는 재물을 절취한 경우, 흉기를 휴대하여 타인의 재물을 절취한 경우에 해당한다고 볼 수 없으므로 형법 제331조 제2항의 특수절도죄가 아니라 단순절도죄에 해당한다.

㉡ 피고인은 2018년 초경 A회사의 설립 당시부터 피고인의 직원 5명이 파견 근무 중인 상황에서 업무상 편의를 위해 A회사 대표이사 갑으로부터 A회사의 출입을 위한 스마트키를 교부받았고, A회사에는 피고인의 지문까지 등록되어 그 이후 A회사에 스마트키를 사용해 여러 차례 출입을 하였으나, 일요일 야간(2019. 2. 10. 22:00경)에 스마트키를 이용하여 A회사의 문을 열고 들어가 A회사 및 갑의 재물을 들고 나왔다면 야간건조물침입절도죄에 해당한다.

㉢ 피고인이 술집 운영자 甲으로부터 술값의 지급을 요구받자 술값의 지급을 면하기로 마음먹고 甲을 유인·폭행하고 도주함으로써 술값의 지급을 면하여 재산상 이익을 취득한 경우, 준강도죄가 성립한다.

㉣ 갑은 강제경매 절차에서 피고인 소유이던 토지 및 그 지상 건물을 매수한 후 법원으로부터 인도명령을 받아 인도집행을 하였는데, 피고인이 인도집행 전에 건물 외벽에 설치된 전기코드에 선을 연결하여 피고인이 점유하며 창고로 사용 중인 컨테이너로 전기를 공급받아 사용한 경우, 피고인은 자신이 점유·관리하던 전기를 사용한 것에 불과할 뿐이고 절도의 범의도 인정할 수 없다.

㉤ 피고인이 2020. 4. 21. 04:21경 피해자가 운영하는 편의점에서 담배를 절취할 목적으로 편의점 출입문을 열고 침입하여 편의점 직원에게 담배 1보루를 달라고 하여 이를 받은 후 대금을 지급하지 않고 가지고 나왔다면 야간건조물침입절도죄(형법 제330조)가 성립한다.

① 0개
② 1개
③ 2개
④ 3개

21

사기죄에 관한 설명으로 가장 적절한 것은? (다툼이 있는 경우 판례에 의함)

① 조정에 따른 이행의무를 부담하는 피고 갑이 조정성립 이후 청구원인에 관한 주된 조정채무를 제때 이행하지 않았다는 사정이 있다면, 원고 을에게 신의칙상 주의의무를 다하지 아니하였고 조정성립과 상당인과관계 있는 손해가 발생하였다고 단정할 수 있으므로 소송사기죄가 성립한다.

② 적법하게 개설되지 아니한 의료기관의 실질 개설·운영자인 피고인 갑이 적법하게 개설된 의료기관인 것처럼 의료급여비용의 지급을 청구하여 이에 속은 국민건강보험공단으로부터 요양급여비용 및 의료급여비용을 지급받아 편취한 경우, 요양급여비용 및 의료급여비용 편취 범행 전체가 포괄하여 피해자 개별자치단체에 대한 하나의「특정경제범죄 가중처벌 등에 관한 법률」위반(사기)죄를 구성한다.

③ 도급계약에서 편취에 의한 사기죄의 성립 여부는 계약 당시를 기준으로 피고인에게 일을 완성할 의사나 능력이 없음에도 피해자에게 일을 완성할 것처럼 거짓말을 하여 피해자로부터 일의 대가 등을 편취할 고의가 있었는지 여부에 의하여 판단하여야 한다.

④ 피고인 갑 등은 부가가치세 조기환급 신고를 함에 있어 환급되는 세액이 크지 않을 경우 통상 세부 내역에 대한 소명을 요구하지 않는 점을 이용해 허위 사업자의 허위 매입내역으로 부가가치세 조기환급을 신고하여 부가가치세 환급세액을 부정하게 지급받는 방법으로, 수차례부터 백여차례까지 교부받아 편취한 경우, 형법상 사기죄가 성립한다.

22

횡령과 배임의 죄에 관한 설명 중 옳지 <u>않은</u> 것은 모두 몇 개인가? (다툼이 있는 경우 판례에 의함)

㉠ 병원에서 의약품의 선정, 구매 업무를 담당하는 약국장이 병원을 대신하여 제약회사들로부터 의약품을 공급받는 대가로 그 의약품 매출액에 비례하여 기부금 명목의 금원을 제공받고서 병원을 위하여 보관하던 중에 이를 병원에 반환하지 않고 임의소비한 경우, 업무상횡령죄가 성립한다.

㉡ 부동산을 공동으로 상속한 자들 중 1인이 부동산을 혼자 점유하다가 다른 공동상속인의 상속지분을 임의로 처분한 경우, 횡령죄가 성립한다.

㉢ 횡령죄가 성립하기 위해서는 우선 타인의 재물을 보관하는자의 지위에 있어야 하고, 부동산에 대한 보관자의 지위는 부동산을 제3자에게 유효하게 처분할 수 있는 권능의 유무를 기준으로 결정해야 한다.

㉣ 회사의 이사 등이 보관 중인 회사의 자금으로 뇌물을 공여하였다면 이는 오로지 회사의 이익을 도모할 목적이라기보다는 뇌물공여 상대방의 이익을 도모할 목적이나 기타 다른 목적으로 행하여진 것으로 봄이 상당하므로 그 이사등은 회사에 대하여 업무상횡령죄의 죄책을 면하지 못한다.

㉤ 공무원은 그 임무에 위배되는 행위로써 제3자로 하여금 재산상의 이익을 취득하게 하여 국가에 손해를 가한 경우라고 하더라도, 그 행위에 대하여는 업무상 배임죄가 성립할 수 없다.

---

① 1개
② 2개
③ 3개
④ 4개

23

강제집행면탈죄에 대한 설명으로 가장 적절하지 <u>않은</u> 것은?(다툼이 있는 경우 판례에 의함)

① 압류금지채권의 목적물을 수령하는 데 사용하던 기존 예금계좌가 채권자에 의해 압류된 채무자가 압류되지 않은 다른 예금계좌를 통하여 그 목적물을 수령하더라도 강제집행이 임박한 채권자의 권리를 침해할 위험이 있는 행위라고 볼 수 없어 강제집행면탈죄가 성립하지 않는다.

② 산업재해보상보험법 제52조의 휴업급여를 받을 권리는 같은 법 제88조 제2항에 의하여 압류가 금지되는 채권으로서 강제집행면탈죄의 객체에 해당하지 않으므로, 피고인이 장차 지급될 휴업급여 수령계좌를 기존의 압류된 예금계좌에서 압류가 되지 않은 다른 예금계좌로 변경하여 휴업급여를 수령한 행위는 강제집행면탈죄가 되지 않는다

③ 의료법에 의하여 적법하게 개설되지 아니한 의료기관에서 요양급여가 행하여졌다면 해당 의료기관은 국민건강보험법상 해당 요양급여비용 전부를 청구할 수 없고, 해당 의료기관의 채권자로서도 위 요양급여비용 채권을 대상으로 하여 강제집행 또는 보전처분의 방법으로 채권의 만족을 얻을 수 없는 것이므로, 위 요양급여비용 채권은 강제집행면탈죄의 객체가 되지 아니한다.

④ 허위의 채무를 부담하는 내용의 채무변제계약 공정증서를 작성하고 이에 터 잡아 채권압류 및 추심명령을 받은 경우만으로 허위 채무를 부담하게 할 의사로 이 사건 공정증서를 작성한 것으로 볼 수 없으므로 강제집행면탈죄가 성립하지 않는다.

24

문서에 관한 죄에 관한 설명으로 옳은 것은 모두 몇 개인가? (다툼이 있는 경우 판례에 의함)

㉠ 제3자로부터 신분확인을 위하여 신분증명서의 제시를 요구받고 타인의 운전면허증을 제시한 행위는 그 사용 목적에 따른 행사로서 공문서부정행사죄에 해당한다.
㉡ 인감증명서 발급 업무를 담당하는 공무원이 발급을 신청한 본인이 직접 출두한 바 없는데도 본인이 직접 신청하여 발급받은 것처럼 인감증명서에 기재하였다면 이는 공문서위조죄를 구성한다.
㉢ A구청장이 B구청장으로 전보된 후 A구청장의 권한에 속하는 건축허가에 관한 기안 용지의 결재란에 서명을 한 것은 허위공문서작성죄를 구성한다.
㉣ 타인의 부동산을 자기의 소유라고 허위의 사실을 신고하여 소유권이전등기를 경료한 후 그 부동산이 자기의 소유인 것처럼 가장하여 그 부동산에 관하여 자기 명의로 채권자와의 사이에 근저당권설정등기를 경료한 경우, 공정증서원본부실기재 및 동행사죄가 성립한다.
㉤ 甲이 중국 국적의 조선족 여성 乙과 참다운 부부관계를 설정할 의사없이 단지 乙의 국내 취업을 위한 입국을 가능하게 할 목적으로 형식상 혼인신고를 하여 그 사실이 가족관계등록부에 기재된 경우, 이는 공정증서원본의 부실기재에 해당한다.

① 2개 ② 3개
③ 4개 ④ 5개

25

내란죄에 관한 내용으로 가장 옳지 <u>않은</u> 것은?(다툼이 있는 경우 판례에 의함)

① 내란죄는 대한민국 영토의 전부 또는 일부에서 국가권력을 배제하거나 국헌을 문란하게 할 목적으로 폭동을 한 행위로서 그 목적이 달성되었을 때 내란죄의 기수가 된다.

② 내란죄는 형법상 내란행위에 가담한 참가자의 지위 및 기여정도에 따라 구별하여 처벌한다.

③ 내란죄의 구성요건인 폭동의 내용으로서의 폭행 또는 협박은 일체의 유형력의 행사나 외포심을 생기게 하는 해악의 고지를 의미하는 최광의의 폭행·협박을 말하는 것으로서, 이를 준비하거나 보조하는 행위를 전체적으로 파악한 개념이며, 그 정도가 한 지방의 평온을 해할 정도의 위력이 있음을 요한다.

④ 내란의 실행과정에서 폭동행위에 수반하여 개별적으로 발생한 살인행위는 내란행위의 한 구성요소를 이루는 것이므로 내란행위에 흡수되어 내란목적살인의 별죄를 구성하지 아니하나, 특정인 또는 일정한 범위 내의 한정된 집단에 대한 살해가 내란의 와중에 폭동에 수반하여 일어난 것이 아니라 그것 자체가 의도적으로 실행된 경우에는 이러한 살인행위는 내란에 흡수될 수 없고 내란목적살인의 별죄를 구성한다.

26

다음은 뇌물죄에 대한 설명이다. 옳지 <u>않은</u> 것은 모두 몇 개인가?(다툼이 있으면 판례에 의함)

> ㉠ A 생명보험 주식회사의 보험설계사이자 도시 및 주거환경정비법상 재건축정비사업조합의 조합장인 피고인 갑이, 을에게서 시공사 선정 등에 도움을 달라는 청탁을 받고 을로 하여금 A 회사 보험상품에 대한 보험계약을 체결하게 한 후 그에 대한 보험계약 모집수수료를 교부받았다고 하여 피고인에게 뇌물수수죄가 성립하는 것은 아니다.
>
> ㉡ 제3자뇌물수수죄에서 제3자란 행위자와 공동정범 이외의 사람을 말하고, 교사자나 방조자도 포함될 수 있으므로, 공무원 또는 중재인이 부정한 청탁을 받고 제3자에게 뇌물을 제공하게 하고 제3자가 그러한 공무원 또는 중재인의 범죄행위를 알면서 방조한 경우에는 그에 대한 별도의 처벌규정이 없더라도 방조범에 관한 형법총칙의 규정이 적용되어 제3자뇌물수수방조죄가 인정될 수 있다.
>
> ㉢ 공무원이 뇌물을 받는 데에 필요한 경비를 지출한 경우 그 경비는 뇌물수수의 부수적 비용에 불과하여 뇌물의 가액과 추징액에서 공제할 항목에 해당하지 않는다.
>
> ㉣ 형법 제130조 제3자뇌물수수죄에서 청탁의 대상인 직무행위의 내용은 구체적으로 특정할 필요가 있으므로, 이미 발생한 현안은 부정한 청탁의 내용이 될 수 있으나 장래 발생될 것으로 예상되는 현안은 부정한 청탁의 내용이 될 수 없다.
>
> ㉤ 수뢰후부정처사죄를 정한 형법 제131조 제1항은 공무원 또는 중재인이 형법 제129조 및 제130조의 죄를 범하여 부정한 행위를 하는 것을 구성요건으로 하고 있으므로, 여기에서 '형법 제129조 및 제130조의 죄를 범하여'란 반드시 뇌물수수 등의 행위가 완료된 이후에 부정한 행위가 이루어져야 함을 의미한다.

① 1개   ② 2개
③ 3개   ④ 4개

27

공무상비밀누설죄에 대한 설명으로 가장 적절하지 <u>않은</u> 것은?(다툼이 있는 경우 판례에 의함)

① 제18대 대통령 당선인 갑의 비서실 소속 공무원인 피고인이 당시 갑을 위하여 중국에 파견할 특사단 추천 의원을 정리한 문건을 을에게 이메일 또는 인편 등으로 전달한 경우, 피고인은 형법 제127조의 공무상비밀누설죄가 성립한다.

② 서울중앙지법 형사수석부장판사인 피고인 갑, 같은 법원 영장전담판사인 피고인 을, 병은 공모하여, 갑이 을·병 등으로부터 보고받은 수사기밀(영장청구서나 이에 첨부된 수사기록으로부터 법관 비리 관련 주요 진술 내용, 검찰수사 진행상황과 향후 계획 등 외부로 유출될 경우 범죄수사기능과 법원의 재판 기능에 중대한 장애를 초래할 위험이 있는 수사기밀 및 영장재판 자료)을 토대로 작성한 보고서 및 수사보고서 사본 1부를 10회에 걸쳐 법원행정처 차장 A에게 송부한 경우, 피고인들은 공무상비밀누설죄가 성립한다.

③ 공무원이 직무상 알게 된 비밀을 그 직무와의 관련성 혹은 필요성에 기하여 해당 직무의 집행과 관련 있는 다른 공무원에게 직무집행의 일환으로 전달한 경우, 국가기능에 위험이 발생하리라고 볼 만한 특별한 사정이 인정되지 않는 한, 그 행위는 비밀의 누설에 해당하지 아니한다.

④ 검찰의 고위 간부가 특정 사건에 대한 수사가 진행 중인 상태에서 해당 사안에 관한 수사책임자의 잠정적인 판단과 같은 수사팀의 내부 상황을 확인한 뒤 그 내용을 수사 대상자 측에 전달한 경우, 공무상비밀누설죄가 성립한다.

28

위증 및 무고의 죄에 관한 설명으로 옳은 것을 모두 고른 것은? (다툼이 있는 경우 판례에 의함)

㉠ 헌법 제12조 제2항에 정한 불이익 진술의 강요금지원칙을 구체화한 자기부죄거부특권에 관한 것이거나 기타 증언거부사유가 있음에도 증인이 증언거부권을 고지받지 못함으로 인하여그 증언거부권을 행사하는 데 사실상 장애가 초래되었다고 볼 수 있는 경우에는 위증죄의 성립을 부정하여야 할 것이다.

㉡ 무고죄에 있어서 '허위의 사실'이라 함은 그 신고된 사실로 인하여 상대방이 형사처분이나 징계처분 등을 받게될 위험이 있는 것이어야 하고, 독립하여 형사처분 등의 대상이 되지 아니하고 단지 신고사실의 정황을 과장하는 데 불과하거나 전체적으로 보아 범죄사실의 성립 여부에 직접 영향을 줄 정도에 이르지 아니하는 내용에 관계되는 것이라면 무고죄가 성립하지 아니한다.

㉢ 「형법」 제153조 소정의 위증죄를 범한 자가 자백, 자수를 한 경우의 형의 감면규정은 재판 확정 전의 자백을 형의 필요적 감경 또는 면제 사유로 한다는 것이며, 또 위 자백의 절차에 관하여는 공술한 사건을 다루는 기관에 대한 자발적인 고백은 포함되나, 위증사건의 피고인 또는 피의자로서 법원이나 수사기관의 신문에 의한 고백은 위 자백의 개념에 포함되지 않는다.

㉣ 고소인이 고소장을 접수하더라도 수사기관의 고소인 출석요구에 응하지 않음으로써 그 단계에서 수사중지를 의도하고 있었고, 더 나아가 피고소인들에 대한 출석요구와 피의자 신문등의 수사권까지 발동될 것은 의욕하지 않았다고 하더라도 고소장을 수사기관에 제출한 이상 무고죄는 성립한다.

① ㉠, ㉡
② ㉠, ㉡, ㉣
③ ㉠, ㉢, ㉣
④ ㉡, ㉢, ㉣

29

함정수사에 관한 설명으로 옳지 않은 것은? (다툼이 있는 경우 판례에 의함)

① 게임장에 잠복근무 중인 경찰관이 게임점수를 환전해 줄 것을 요구하여 피고인이 거절했음에도 지속적으로 요구하여 어쩔 수 없이 현금으로 환전해 준 것은 위법한 함정수사에 해당한다.

② 사법경찰관리가 「아동·청소년의 성보호에 관한 법률」에 따른 신분비공개수사를 하려는 때에는 사전에 상급 경찰관서수사부서장의 승인을 받아야 한다.

③ 사법경찰관리가 「아동·청소년의 성보호에 관한 법률」에 따른 신분위장수사를 하는 경우에 긴급을 요하는 때에는 법원의 허가없이 신분위장수사를 개시할 수 있다.

④ 위법한 범의유발형 함정수사에 기초해 공소가 제기된 경우, 법원은 공소제기절차가 법률의 규정에 위반하여 무효인 때에 해당하므로 무죄판결을 선고해야 한다.

30

고소에 관한 설명으로 옳은 것은 모두 몇 개인가?(다툼이 있는 경우 판례에 의함)

㉠ 피해자의 법정대리인은 피해자의 고소권 소멸여부에 관계없이 독립하여 고소할 수 있으며, 이러한 고소권은 피해자의 명시한 의사에 반하여도 행사할 수 있다.

㉡ 친고죄에 대하여 고소할 자가 없는 경우에 이해관계인의 신청이 있으면 검사는 7일 이내에 고소할 수 있는 자를 지정하여야 한다.

㉢ 구술에 의한 고소를 받은 사법경찰관은 조서를 작성하여야 하지만 그 조서가 독립된 조서일 필요는 없으며, 사법경찰관이 고소권자를 피해자로서 신문한 경우에 그 진술에 범인의 처벌을 요구하는 의사표시가 포함되어 있고 그 의사표시가 조서에 기재되면 고소는 적법하다.

㉣ 친고죄에서 적법한 고소가 있었는지는 엄격한 증명의 대상이 되고, 일죄의 관계에 있는 범죄사실 일부에 대한 고소의 효력은 일죄 전부에 대하여 미친다.

㉤ 관련 민사사건에서 제1심판결 선고 전에 '이 사건과 관련하여 서로 상대방에 대하여 제기한 형사고소 사건의 일체를 모두 취하한다'는 내용이 포함된 조정이 성립되었다면, 조정 성립 후 고소인이 제1심 법정에서 여전히 피고인의 처벌을 원한다는 취지로 진술하더라도 고소를 취소한 것으로 볼 수 있다.

① 1개
② 2개
③ 3개
④ 4개

31

피의자신문에 관한 설명으로 옳은 것을 모두 고른 것은?

> ⑦ 검사 또는 사법경찰관은 피의자를 신문하기 전에 진술을 하지 아니할 수 있다는 것, 진술을 거부할 권리를 포기하고 행한 진술은 법정에서 유죄의 증거로 사용될 수 있다는것, 신문을 받을 때에는 변호인을 참여하게 하는 등 변호인의 조력을 받을 수 있다는 것을 고지하여야 한다.
>
> ⑥ 검사 또는 사법경찰관은 피의자의 연령·성별·국적 등의 사정을 고려하여 그 심리적 안정의 도모와 원활한 의사소통을 위하여 필요한 경우 피의자와 신뢰관계에 있는 자를 동석하게 하여야 하며, 신뢰관계인이 동석하지 않은 상태에서 행한 진술은 임의성이 인정되더라도 유죄인정의 증거로 사용할 수 없다.
>
> ⑥ 검사 또는 사법경찰관은 오후 9시부터 오전 6시까지 사이에 조사를 해서는 안되지만, 공소시효가 임박하거나 피의자를 체포한 후 48시간 이내에 구속영장의 청구 또는 신청 여부를 판단하기 위해 불가피한 경우에는 심야조사를 할 수 있다.
>
> ⑥ 피의자의 진술을 영상녹화하는 경우 미리 영상녹화사실을 알려주어야 하며, 조사의 개시부터 종료까지의 전 과정 및 객관적 정황을 영상녹화하여야 하고, 영상녹화가 완료된 때에는 피의자 또는 변호인의 요구가 없더라도 피의자 또는 변호인 앞에서 영상녹화물을 재생하여 시청하게 한 후 지체 없이 그 원본을 봉인하고 피의자로 하여금 기명날인 또는 서명하게 하여야 한다.

① ㉠, ㉢
② ㉠, ㉣
③ ㉡, ㉢
④ ㉠, ㉡, ㉢, ㉣

32

현행범체포에 대한 설명으로 옳은 것(O)과 옳지 않은 것(X)을 올바르게 조합한 것은? (다툼이 있는 경우 판례에 의함)

> ㉠ 「형사소송법」 제211조가 현행범인으로 규정한 "범죄의 실행의 즉후인 자"라고 함은, 범죄의 실행행위를 종료한 직후의 범인이라는 것이 일반인의 입장에서 볼 때 명백한 경우를 말한다.
>
> ㉡ 사법경찰관리가 현행범인을 체포하는 경우에 체포이유 등의 고지는 체포를 위한 실력행사 전에 하여야 하는 것이 원칙이나, 달아나거나 대항하는 피의자 등에 대하여는 붙들거나 제압한 후에 지체 없이 행할 수 있다.
>
> ㉢ 범죄의 실행 중이거나 실행 즉후인 형사미성년자도 현행범체포의 대상이 될 수 있다.
>
> ㉣ 사법경찰관이 피의자를 현행범으로 체포하면서 체포사유 및 변호인선임권을 고지하지 아니하였음에도 불구하고, 고지한 것으로 현행범인체포서를 작성한 경우 허위공문서작성죄가 성립한다.

① ㉠(X), ㉡(O), ㉢(X), ㉣(O)
② ㉠(O), ㉡(O), ㉢(O), ㉣(X)
③ ㉠(O), ㉡(X), ㉢(X), ㉣(X)
④ ㉠(X), ㉡(O), ㉢(O), ㉣(O)

33

구속에 관한 설명으로 가장 적절한 것은? (다툼이 있는 경우 판례에 의함)

① 형사소송법 제33조 제1항 제1호는 '필요적 국선변호인 선정사유' 중 하나로 '피고인이 구속된 때'를 정하고 있는데, 여기서 '피고인이 구속된 때'란 피고인이 해당 형사사건에서 구속되어 재판을 받고 있는 경우에 한정된다고 볼 수 없고, 피고인이 별건으로 구속영장이 발부되어 집행되거나 다른 형사사건에서 유죄판결이 확정되어 그 판결의 집행으로 구금 상태에 있는 경우 또한 포괄하고 있다고 보아야 한다.

② 피의자에 대한 구속영장의 제시와 집행이 그 발부 시로부터 정당한 사유 없이 시간이 지체되어 이루어진 경우라도, 구속영장이 그 유효기간 내에 집행되었다면, 이 기간 동안의 체포 내지 구금 상태는 위법한 것으로 볼 수 없다.

③ 지방법원 판사가 구속기간의 연장을 허가하지 않는 결정을 하더라도 「형사소송법」제402조 또는 제403조가 정하는 항고의 방법으로는 불복할 수 없으며, 다만, 「형사소송법」제416조가 정하는 준항고의 대상이 될 뿐이다.

④ 검사의 구속영장 청구 전 피의자 대면조사는 강제수사가 아니며 긴급체포의 적법성을 의심할 만한 사유가 기록 기타 객관적 자료에 나타나고 피의자의 대면조사를 통해 그 여부의 판단이 가능할 것으로 보이는 경우 및 긴급체포의 합당성이나 구속영장 청구에 필요한 사유를 보강하기 위한 목적으로만 실시되어야 한다.

34

압수·수색에 관한 다음 설명 중 옳지 않은 것은 모두 몇 개인가? (다툼이 있는 경우 판례에 의함)

> ㉠ 지방법원판사가 발부한 압수·수색영장의 '압수할 물건'에 정보처리장치(컴퓨터, 노트북, 태블릿 등) 및 정보저장매체(USB, 외장하드 등)에 저장되어 있는 전자정보가 기재되어 있다면 '압수할 물건'에 휴대전화에 저장된 전자정보가 포함되어 있지 않아도 특별한 사정이 없는 한 그 영장으로 휴대전화에 저장된 전자정보를 압수할 수 있다.

> ㉡ 수사기관이 피의자의 이메일 계정에 대한 접근권한에 갈음하여 발부받은 압수·수색영장에 따라, 원격지의 저장매체에 적법하게 접속하여 내려받거나 현출된 전자정보를 대상으로 하여 범죄 혐의사실과 관련된 부분에 대하여 압수·수색하는 것은 특별한 사정이 없는 한 허용되며, 이러한 법리는 원격지의 저장매체가 국외에 있는 경우라 하더라도 그 사정만으로 달리 볼 것은 아니다..

> ㉢ 수사기관의 압수·수색절차 과정에서 처분을 받는 자가 미성년자인 경우, 의사능력이 있는 한 미성년자에게 영장이 반드시 제시되어야 하고, 그 친권자에 대한 영장제시로 이를 갈음할 수 없다.

> ㉣ 의사능력이 있는 미성년자나 그 변호인에게 압수·수색영장 집행 절차에 참여할 기회가 보장되어야 하고, 그 친권자에게 참여의 기회가 보장되었다는 이유만으로 압수·수색이 적법하게 되는 것은 아니다.

> ㉤ 수사기관의 지시·요청에 따라 사인(私人)이 자기 외의 제3자가 지배·관리하는 물건을 취거하여 수사기관에 전달하는 등으로 수사기관이 직접 하였다면 강제처분인 압수·수색에 해당하는 행위를 한 경우, 특별한 사정이 없는 이상 수사기관이 사인을 이용하여 강제처분을 하였다고 보아, 형사소송법에서 규정하는 영장의 제시, 참여권의 보장 등 절차의 준수를 요구하는 것이 헌법과 형사소송법이 구현하고자 하는 적법절차와 영장주의의 정신에 부합한다.

① 0개   ② 1개
③ 2개   ④ 3개

35

증명에 관한 설명으로 가장 적절하지 <u>않은</u> 것은? (다툼이 있는 경우 판례에 의함)

① 상해죄의 피해자가 제출하는 상해진단서는 일반적으로 의사가 당해 피해자의 진술을 토대로 상해의 원인을 파악한 후 의학적 전문지식을 동원하여 관찰·판단한 상해의 부위와 정도 등을 기재한 것으로서, 거기에 기재된 상해가 곧 피고인의 범죄행위로 인하여 발생한 것이라는 사실을 직접 증명하는 증거가 되기에 충분하다.

② 공연히 사실을 적시하여 사람의 명예를 훼손한 행위가 「형법」 제310조의 규정에 따라서 위법성이 조각되어 처벌대상이 되지 않기 위하여는 그것이 진실한 사실로서 오로지 공공의이익에 관한 때에 해당된다는 점을 행위자가 증명하여야 한다.

③ 목적과 용도를 정하여 위탁한 금전을 수탁자가 임의로 소비하면 횡령죄를 구성할 수 있으나, 이 경우 피해자 등이 목적과 용도를 정하여 금전을 위탁한 사실 및 그 목적과 용도가무엇인지는 엄격한 증명의 대상이다.

④ 교사범에 있어서의 교사사실은 범죄사실을 구성하는 것으로서 이를 인정하기 위하여는 엄격한 증명이 요구되지만, 피고인이 교사사실을 부인하고 있는 경우에는 사물의 성질상 그와 상당한 관련성이 있는 간접사실을 증명하는 방법에 의하여 이를 입증할 수 있다.

36

위법수집증거배제법칙에 관한 설명으로 가장 적절하지 <u>않은</u> 것은? (다툼이 있는 경우 판례에 의함)

① 정보저장매체를 임의제출하는 사람이 거기에 담긴 전자정보를 지정하거나 제출 범위를 한정하는 취지로 한 의사표시는 엄격하게 해석하여야 하고, 확인되지 않은 제출자의 의사를 수사기관이 함부로 추단하는 것은 허용될 수 없으므로, 수사기관이 제출자의 의사를 쉽게 확인할 수 있음에도 이를 확인하지 않은 채 특정 범죄혐의사실과 관련된 전자정보와 그렇지 않은 전자정보가 혼재된 정보저장매체를 임의제출받은 경우, 그 정보저장매체에 저장된 전자정보 전부가 임의제출되어 압수된 것으로 취급할 수는 없다.

② 수사기관이 유관정보를 선별하여 압수한 후에도 무관정보를 삭제·폐기·반환하지 아니한 채 그대로 보관하고 있다면 무관정보 부분에 대하여는 압수의 대상이 되는 전자정보의 범위를 넘어서는 전자정보를 영장 없이 압수·수색하여 취득한 것이어서 위법하고, 사후에 법원으로부터 압수·수색영장이 발부되었다거나 피고인이나 변호인이 이를 증거로 함에 동의하였다고 하여 그 위법성이 치유된다고 볼 수 없다.

③ 수사기관은 특정 범죄혐의와 관련하여 전자정보가 수록된 정보저장매체를 임의제출받아 그 안에 저장된 전자정보를 압수하는 경우 그 동기가 된 범죄혐의사실과 관련된 전자정보의 출력물 등을 임의제출받아 압수하는 것이 원칙이나, 다만 현장의 사정이나 전자정보의 대량성과 탐색의 어려움 등의 이유로 범위를 정하여 출력 또는 복제하는 방법이 불가능하거나 압수의 목적을 달성하기에 현저히 곤란하다고 인정되는 때에 한하여 예외적으로 정보저장매체 자체나 복제본을 임의제출받아 압수할 수 있다.

④ 임의제출물을 압수한 경우 압수물이 형사소송법 제218조에 따라 실제로 임의제출된 것인지에 관하여 다툼이 있을 때에는 임의제출의 임의성을 의심할 만한 합리적이고 구체적인 사실을 피고인이 증명을 해야 한다.

37

다음 중 증거능력에 대한 설명 중 가장 적절하지 <u>않은</u> 것은? (다툼이 있는 경우 판례에 의함)

① 수사기관이 작성한 압수조서에 기재된 피의자였던 피고인의 자백 진술 부분에 대해 피고인 또는 변호인이 그 내용을 부인하는 경우, 형사소송법 제312조 제3항에 의하여 증거능력이 없다.

② 형사소송법 제312조 제3항에서 '그 내용을 인정할 때'란 피의자신문조서의 기재 내용이 진술 내용대로 기재되어 있다는 의미가 아니고 그와 같이 진술한 내용이 실제 사실과 부합한다는 것을 의미하므로, 피고인이 공소사실을 부인하는 경우 수사기관이 작성한 피의자신문조서 중 공소사실을 인정하는 취지의 진술 부분은 그 내용을 인정하지 않았다고 보아야 한다.

③ 수사기관에 제출된 변호인의견서에 피의자가 당해사건 수사기관에 한 진술이 인용되어 있는 경우에는, 그 진술이 수사기관의 수사과정에서 작성된 '피의자의 진술이 기재된 신문조서나 진술서 등'으로부터 독립하여 증거능력을 가질 수 있다.

④ 피고인이 피의자였을 때 수사기관에 한 진술이 기재된 조서나 수사과정에서 작성된 진술서 등의 증거능력을 인정할 수 없는 경우, 수사기관에 제출된 변호인의견서에 기재된 같은 취지의 피의자 진술 부분은 독립하여 유죄의 증거로 사용할 수 없다.

38

증거능력에 대한 설명으로 옳은 것은 모두 몇 개인가? (다툼이 있는 경우 판례에 의함)

㉠ 대화 내용을 녹음한 파일 등의 전자매체는 성질상 작성자나 진술자의 서명 혹은 날인이 없을 뿐만 아니라, 녹음자의 의도나 특정한 기술에 의하여 내용이 편집·조작될 위험성이 있음을 고려하여 대화 내용을 녹음한 원본이거나 혹은 원본으로부터 복사한 사본일 경우에는 복사 과정에서 편집되는 등 인위적 개작 없이 원본의 내용 그대로 복사된 사본임이 입증되어야만 하고, 그러한 입증이 없는 경우에는 쉽게 그 증거능력을 인정할 수 없다.

㉡ 수사기관이 참고인을 조사하는 과정에서 형사소송법 제221조 제1항에 따라 작성한 영상녹화물은 다른 법률에서 달리 규정하고 있는 등의 특별한 사정이 없는 한, 공소사실을 직접 증명할 수 있는 독립적인 증거로 사용할 수 있다고 해석함이 타당하다.

㉢ 미국 연방수사국(FBI) 수사관들에 의한 조사를 받는 과정에서 피고인이 작성하여 수사관들에게 제출한 진술서는 그 성립의 진정이 인정되는 이상 피고인이 그 내용을 부인하더라도 증거능력이 있다.

㉣ 수사기관이 甲으로부터 피고인의 마약류관리에 관한 법률 위반(향정) 범행에 대한 진술을 듣고 추가적인 증거를 확보할 목적으로, 구속수감되어 있던 甲에게 그의 압수된 휴대전화를 제공하여 피고인과 통화하고 위 범행에 관한 통화 내용을 녹음하게 하여 작성된 녹취록 첨부 수사보고는 피고인이 동의하는 한 증거능력이 없다.

㉤ 「형사소송법」제297조에 따라 변호인이 없는 피고인을 일시 퇴정하게 하고 증인신문을 한 다음 피고인에게 실질적인 반대신문의 기회를 부여하지 아니한 채 이루어진 증인의 법정진술은 위법한 증거로서 증거능력이 없다고 볼 여지가 있으나, 그 다음 공판기일에서 재판장이 증인신문 결과 등을 공판조서(증인신문조서)에 의하여 고지하였는데 피고인이 '변경할 점과 이의할 점이 없다'고 진술하였다면 실질적인 반대신문의 기회를 부여받지 못한 하자가 치유되었다고 볼 수 있다.

① 1개   ② 2개
③ 3개   ④ 4개

39

증거동의에 관한 다음 설명 중 옳지 <u>않은</u> 것은 모두 몇 개인가?(다툼이 있는 경우 판례에 의함)

㉠ 증거동의의 의사표시는 증거조사가 완료되기 전까지 취소 또는 철회할 수 있으나, 일단 증거조사가 완료된 뒤에는 취소 또는 철회가 인정되지 아니하므로 취소 또는 철회 전에 이미 취득한 증거능력은 상실되지 아니한다.

㉡ 통신비밀보호법 제3조 제1항을 위반한 불법감청에 의하여 녹음된 전화통화의 내용은 원칙적으로 증거능력이 없지만 피고인이나 변호인이 이를 증거로 함에 동의하였다면 달리 보아야 하므로 증거능력이 있다.

㉢ 디지털 저장매체에 저장된 로그파일의 원본이 아니라 그 복사본의 일부 내용을 요약·정리하는 방식으로 새로운 문서파일이 작성된 경우 그 문서파일 또는 거기에서 출력한 문서를 로그파일 원본의 내용을 증명하는 증거로 사용하기 위하여는 피고인이 이를 증거로 하는 데 동의하지 아니하는 이상 그 문서파일의 기초가 된 로그파일 복사본과 로그파일 원본의 동일성도 인정되어야 한다.

㉣ 수사기관이 참고인의 진술을 기재한 조서는 그 내용을 피고인이 부인하고 참고인의 법정출석 및 반대신문이 이루어지지 못하였다면 이를 주된 증거로 하여 공소사실을 인정할 수 없는 것이 원칙이지만 피고인이 이에 대해 증거동의한 경우에는 그렇지 아니하다.

㉤ 변호인은 피고인을 대리하여 증거동의에 관한 의견을 낼 수 있으므로 피고인의 명시한 의사에 반하여 증거로 함에 동의할 수 있다.

① 1개
② 2개
③ 3개
④ 4개

40

다음 사례에 관한 설명으로 가장 적절한 것은?
(다툼이 있는 경우 판례에 의함)

甲은 A(여, 23세)를 강간하기로 마음을 먹었다. 甲은 일반인의 출입이 허용되고, 문이 열려 있는 상가 건물의 1층 출입문을 통해 통상적인 출입방법으로 A를 뒤따라 들어갔다. 甲은 그곳에서 엘리베이터를 기다리는 A를 폭행·협박하여 A의 반항을 억압한 후 지하 1층 계단으로 끌고 가 강간행위를 실행하였다. 甲은 강간행위의 실행 도중 강도의 범의를 일으켜 범행현장에 있던 A소유의 핸드백을 빼앗고 그 자리에서 강간행위를 계속한 후 핸드백을 가지고 도주하였다. 곧바로 A는 남동생 B에게 도움을 요청하면서 피해 내용을 문자메시지로 보냈다. 甲은 몇 달 후 수사기관에 의해 긴급체포되었는데 외국인으로 한국어가 몹시 서툴렀다. 사법경찰관은 피의자 甲을 신문하면서 피의자의 요청에 따라 신뢰관계 있는 사람을 동석하게 하여 피의자신문조서를 작성하였다. 甲은 위 범죄혐의로 기소되었고, 검사는 B로부터 피해 내용이 담긴 문자메시지를 촬영한 사진을 적법하게 임의제출받아 증거로 제출하였다.

① 甲이 A를 뒤따라 상가 건물 1층에 들어간 행위는 범죄를 목적으로 한 출입으로 건조물침입죄의 침입행위에 해당한다.

② 위 사례의 경우, 甲에게는 강간죄와 강도죄의 경합범이 성립한다.

③ 사법경찰관은 甲에 대한 피의자신문조서를 작성하면서 동석한 신뢰관계 있는 사람이 甲을 대신하여 진술하도록 하여서는 아니되지만, 만약 동석한 사람이 甲을 대신하여 진술한 부분을 사법경찰관이 조서에 기재하였다면 그 부분은 피의자의 진술을 기재한 것에 해당한다.

④ A와 B가 법정에 출석하여 A는 사진 속 문자메시지의 내용이 자신이 작성해 보낸 것과 동일함을 확인하고, B는 A가 보낸 문자메시지를 촬영한 사진이 맞다고 확인한 경우, 문자메시지를 촬영한 사진은 증거로 사용할 수 있다.

25년 경찰공무원(순경) 채용시험

임종희 경찰형사법 파이널 모의고사 시즌 2

제 2회

01

죄형법정주의에 관한 설명으로 가장 적절한 것은? (다툼이 있는 경우 판례에 의함)

① 공직선거법 제60조의3 제1항 제5호에 따라 예비후보자에게 허용되는 선거운동방법 중 하나인 '표지물을 착용하는 행위'를 규정하고 있는데, 단순히 표지물을 신체의 주변에 놓아두거나, 신체에 부착·고정하지 아니한 채 신체접촉만을 유지하는 행위나 표지물을 양손에 잡고 머리 위로 들고 있는 행위는 이에 해당하지 않는다.

② 2016. 12. 2. 법률 제14291호로 개정된 농수산물의 원산지 표시에 관한 법률(원산지표시법) 제14조 제2항에서 정한 '제1항의 죄로 형을 선고받고 그 형이 확정된 후'란, 그 확정된 벌금형에는 공판절차에서 형을 선고받아 확정된 경우에 한하고 약식절차에서 벌금형의 약식명령을 고지받아 확정된 경우까지 포함된다고 볼 수 없다.

③ 보험사기방지특별법(보험사기방지법)은 보험사기의 척결이 목적이므로, 본법이 시행(2016. 9. 30.)되기 전에 피고인이 범한 범행에 대해서까지 위 법률을 소급적용하여 처벌하더라도 죄형법정주의와 형벌법규 불소급의 원칙 등을 위반하였다고 볼 수는 없다.

④ 종료된 대화의 녹음물을 재생하여 듣는 행위도 통신비밀보호법 제3조 제1항의 '청취'에 포함시키는 해석은 피고인에게 불리한 방향으로 지나치게 확장해석하거나 유추해석하는 것이라고 볼 수 없다.

02

「형법」의 적용범위에 관한 설명으로 가장 적절하지 않은 것은? (다툼이 있는 경우 판례에 의함)

① 법무사 등록증 대여를 처벌하는 「법무사법」 제72조 제1항에 더하여 2017. 12. 12. 동법 제72조 제2항의 몰수·추징 조항이 뒤늦게 신설되었다면, 2014. 1.경부터 2018. 4. 9.경까지 법무사등록증 대여 금지를 위반하여 취득한 이익 전부를 추징하더라도 형벌법규의 소급효 금지 원칙에 반하지 않는다.

② 유사수신약정 체결 및 출자금 수수 행위가 대한민국 영역 내에서 이루어진 이상, 비록 인터넷 홈페이지를 개설한 장소나 출자금을 최종적으로 수령한 장소가 대한민국 영역 외라 하더라도 성명·국적 불상의 회사 운영자들에게 「형법」 제2조(국내범), 제8조(총칙의 적용)에 따라 대한민국의 형벌법규인 「유사수신행위법」이 적용된다.

③ 미합중국 군대의 군속 중 통상적으로 대한민국에 거주하고 있는 자는 SOFA 협정이 적용되는 군속의 개념에서 배제되므로, 10년 넘게 대한민국에 머물면서 한국인 아내와 결혼하여 가정을 마련하고 직장 생활을 하는 등 생활근거지를 대한민국에 두고 있었던 미합중국 국적의 甲이 저지른 범죄에 대해 대한민국의 형사재판권을 행사할 수 있다.

④ 대한민국 영역 밖에서 「형법」 제287조의 미성년자약취·유인죄를 범한 외국인에게도 대한민국 「형법」이 적용된다.

03

다음 사례에 대한 설명으로 옳지 않은 것은? (다툼이 있는 경우 판례에 의함)

선장인 甲은 배가 기울어져 있고 승객 등이 안내방송 등을 믿고 대피하지 않은 채 선내에서 그대로 대기하고 있는 상태에서 배가 더 기울면 밖으로 빠져나오지 못하고 익사할 수 있다는 사실을 알았음에도 승객 등에 대한 구조 조치를 취하지 아니한 채 퇴선하였고, 그 결과 선내에 남아 있던 승객 수백 명이 익사하였다.

① 甲의 부작위가 작위적 방법에 의한 구성요건의 실현과 동등한 형법적 가치가 있는 것으로 평가될 수 없다 하더라도 보증인지위가 인정되면 부작위에 의한 살인죄가 성립할 수 있다.

② 작위의무는 법령, 법률행위, 선행행위로 인한 경우는 물론 신의성실의 원칙이나 사회상규 혹은 조리상 작위의무가 기대되는 경우에도 인정된다.

③ 위 사안에서 甲이 선장이라 하더라도 침몰과 같은 위급상황에서는 승객을 구할 작위의무가 없다고 착오한 경우, 이분설(이원설)에 의하면 금지착오가 된다.

④ 甲에게 살인죄가 성립하기 위해서는 구성요건의 실현을 회피하기 위하여 요구되는 행위를 현실적·물리적으로 행할 수 있었음에도 하지 아니하였다고 평가될 수 있어야 한다.

04

고의에 관한 설명으로 옳은 것은 모두 몇 개인가?
(다툼이 있는 경우 판례에 의함)

> ㉠ 임금 등 지급의무의 존부와 범위에 관하여 다툴
>   만한 근거가 있다면 사용자가 그 임금 등을 지급
>   하지 않은 데에 상당한 이유가 있다고 보아야 하
>   므로, 사용자에게 「근로기준법」 제109조 제1항,
>   제36조 위반의 고의가 있었다고 보기 어렵다.
> ㉡ 근로자에 대한 임금은 원칙적으로 직접 근로자에
>   게 전액을 지급하여야 하나, 예외적으로 초과지급
>   된 임금의 반환채권과 사용자가 근로자에 대하여
>   가지는 대출금이나 불법행위를 원인으로 한 채권
>   은 근로자의 임금채권과 상계할 수 있다.
> ㉢ A국어학원 대표자인 피고인은 상시근로자 5명을
>   사용하여 학원업을 운영하였는데, 강사들이 계약서
>   에 명시한 위약금 조항을 이유로 임금지급을 거절
>   한 경우에는 임금을 지급하지 않은 데에 정당한
>   이유가 있다고 보기 어려우므로 근로기준법 위반
>   의 고의가 있었다고 할 것이다.
> ㉣ 행위자가 범죄사실이 발생할 가능성을 용인하고
>   있었는지는 행위자의 진술에 의존하지 않고 외부
>   에 나타난 행위의 형태와 행위의 상황 등 구체적
>   인 사정을 기초로 일반인이라면 해당 범죄사실이
>   발생할 가능성을 어떻게 평가할 것인지를 고려하
>   면서 일반인의 입장에서 그 심리상태를 추인하여
>   야 한다.
> ㉤ 형법 제233조의 허위진단서작성죄가 성립하기 위
>   하여서는 진단서의 내용이 객관적으로 진실에 반
>   할 뿐 아니라 작성자가 진단서 작성 당시 그 내용
>   이 허위라는 점을 인식하고 있어야 하고, 주관적
>   으로 진찰을 소홀히 한다든가 착오를 일으켜 오진
>   한 결과로 진실에 반한 진단서를 작성하였다면 허
>   위진단서 작성에 대한 인식이 있다고 할 수 없으
>   므로 허위진단서작성죄가 성립하지 않는다.

① 1개　　　　　　② 2개
③ 3개　　　　　　④ 4개

05

착오에 대한 다음 설명으로 적절하지 <u>않은</u> 것은 모두 몇 개인가?

> ㉠ 형법 제15조 제1항의「특별히 무거운 죄가 되는 사
>   실을 인식하지 못한 행위는 무거운 죄로 벌하지 아
>   니한다.」는 규정은 사실의 착오를 의미한다.
> ㉡ 갑은 자신과의 사이가 나쁜 동네 사람 A를 살해할
>   의사로 캄캄한 밤에 흉기로 찔렀으나 실은 자신의
>   장모 B를 A로 오인하여 살해하였다. 판례는 갑에
>   대하여 장모 B를 직계존속임을 인식하지 못하고 살
>   해한 경우에 해당하므로, 형법 제15조 제1항에 의
>   하여 보통살인죄가 성립한다고 보았다.
> ㉢ 위법성을 조각하는 피해자의 승낙과 구성요건해당성
>   을 조각하는 양해를 구별하는 입장에 따르면, 양해
>   가 없음에도 불구하고 양해가 있다고 생각하고 행
>   위한 경우에는 불능미수가 성립한다.
> ㉣ 촉탁·승낙이 없음에도 불구하고 촉탁·승낙이 있는 것
>   으로 오인하고 살해한 경우에는 형법 제15조 제1항
>   에 의하여 보통살인죄가 아닌 촉탁·승낙살인죄가 성
>   립한다.
> ㉤ 갑이 乙을 익사시킬 고의로 다리위에서 밀었는데
>   乙이 떨어지면서 교각에 머리를 부딪쳐 뇌진탕으로
>   사망한 경우, 착오가 비본질적이어서 갑은 살인죄의
>   기수가 성립한다.

① 0개　　　　　　② 1개
③ 2개　　　　　　④ 3개

06

정당행위에 관한 설명으로 가장 적절하지 않은 것은?(다툼이 있는 경우 판례에 의함)

① 형법 제20조에 따라 사회상규에 위배되지 아니하는 정당행위를 인정하려면, 첫째 그 행위의 동기나 목적의 정당성, 둘째 행위의 수단이나 방법의 상당성, 셋째 보호이익과 침해이익과의 법익균형성, 넷째 긴급성, 다섯째로 그 행위 외에 다른 수단이나 방법이 없다는 보충성 등의 요건을 갖추어야 하는데, 위 '목적·동기', '수단', '법익균형', '긴급성', '보충성'은 불가분적으로 연관되어 하나의 행위를 이루는 요소들로 종합적으로 평가되어야 한다.

② 갑 대학교는 학교법인의 전 이사장 을이 부정입학과 관련된 금품수수 등의 혐의로 구속되었다가 갑 대학교 총장으로 선임됨에 따라 학내 갈등을 빚던 중, 총학생회 간부인 피고인들이 총장 을과의 면담을 요구하면서 총장실 입구에서 진입을 시도하거나, 교무위원회 회의실에 들어가 총장의 사퇴를 요구하면서 이를 막는 학교 교직원들과 길지 않은 시간 동안 실랑이를 벌인 것은 사회상규에 위배되지 아니하는 정당행위에 해당한다.

③ 내국인의 출입을 허용하는 폐광지역 개발 지원에 관한 특별법 등에 따라 카지노에 출입하는 것은 법령에 의한 행위로 위법성이 조각된다고 할 것이나, 도박죄를 처벌하지 않는 외국 카지노에서의 도박이라는 사정만으로 그 위법성이 조각된다고 할 수 없다.

④ 피고인들은 A노동조합 소속 간부들로서 B주식회사의 산업안전보건법 위반 사실의 증거수집 등을 할 목적으로 위 B회사의 생산 1공장에 들어가서 공장의 시설이나 설비를 작동시키지 않은 채 단지 그 상태를 30분 내지 40분 정도 눈으로 살펴본 경우, 산업별 노동조합 간부인 피고인들이 소속 지회 사업장에 들어가 조합활동을 하였다면 정당한 노동조합 활동에 해당하지 아니하므로 형법 제20조의 정당행위에 해당하지 않는다.

07

법률의 착오(금지착오)에 관한 설명으로 옳은 것은 모두 몇 개인가?(다툼이 있는 경우 판례에 의함)

㉠ 「형법」 제16조의 '법률의 착오'는 일반적으로 범죄가 성립하지만 자신의 특수한 사정에 비추어 법령에 따라 허용된 행위로서 죄가 되지 않는다고 그릇 인식하고 그러한 인식에 정당한 이유가 있는 경우에는 벌하지 않는다는 것이다.

㉡ 「형법」 제16조의 정당한 이유는 행위자에게 자기 행위의 위법 가능성에 대해 심사숙고하거나 조회할 수 있는 계기가 있어 자신의 지적 능력을 다하여 이를 회피하기 위한 진지한 노력을 다하였더라면 스스로의 행위에 대하여 위법성을 인식할 수 있는 가능성이 있었는데도 이를 다하지 못한 결과 자기 행위의 위법성을 인식하지 못한 것인지 여부에 따라 판단해야 한다.

㉢ 위법성의 인식에 필요한 노력의 정도는 행위자 개인의 인식능력과 행위자가 속한 사회집단에 따라 달리 평가되어서는 안되며, 사회 평균적 일반인의 입장에서 객관적으로 판단되어야 한다.

㉣ 법률 위반 행위 중간에 일시적으로 판례에 따라 그 행위가 처벌대상이 되지 않는 것으로 해석되었던 적이 있었다고 하더라도 그것만으로 자신의 행위가 처벌되지 않는 것으로 믿은 데에 정당한 이유가 있다고 할 수 없다.

㉤ 전송의 방법으로 공중송신권을 침해하는 게시물이나 그 게시물이 위치한 웹페이지 등에 연결되는 링크를 한 행위자가, 그 링크 사이트 운영 도중에 일시적으로 판례에 따라 그 행위가 처벌대상이 되지 않는 것으로 해석되었던 적이 있었다 하더라도 그것만으로 자신의 행위가 처벌되지 않는 것으로 믿은 데에 정당한 이유가 없다.

① 1개   ② 2개

③ 3개   ④ 4개

08

다음 설명으로 옳은 것은 모두 몇 개인가?
(다툼이 있으면 판례에 의함)

○ 형법 제27조에서 규정하고 있는 불능미수의 '결과의 발생이 불가능'하다는 것은 범죄행위의 성질상 어떠한 경우에도 구성요건의 실현이 불가능하다는 것을 의미한다.

○ 마약류 관리에 관한 법률에서 정한 향정신성의약품 수입죄는 향정신성의약품을 선박이나 항공기로부터 양륙 또는 지상에 반입함으로써 기수에 달하고, 국제우편 등을 통하여 향정신성의약품을 수입하는 경우에는 국내에 거주하는 사람이 수신인으로 명시되어 발신국의 우체국 등에 향정신성의약품이 들어 있는 우편물을 제출할 때에 범죄의 실행에 착수하였다고 볼 수 있다.

○ 불능범과 구별되는 불능미수의 성립요건인 '위험성'은 행위 당시에 피고인이 인식한 사정과 일반인이 인식하였던 사정을 기초로 하여 일반적 경험법칙에 비추어 객관적으로 판단하여 결과 발생의 가능성이 있는지 여부를 따져야 한다.

○ 형법 제27조에서 규정하고 있는 불능미수는 행위자가 실제로 존재하지 않는 사실을 존재한다고 오인하였다는 측면에서 존재하는 사실을 인식하지 못한 사실의 착오와 다르다.

○ 피고인이 피해자가 심신상실 또는 항거불능의 상태에 있다고 인식하고 그러한 상태를 이용하여 간음할 의사로 피해자를 간음하였으나 피해자가 실제로는 심신상실 또는 항거불능의 상태에 있지 않은 경우, 준강간죄의 장애미수에 해당한다.

① 0개   ② 1개
③ 2개   ④ 3개

09

필요적 공범 중 대향범에 관한 다음 설명 중 옳지 않은 것은 모두 몇 개인가?(다툼이 있으면 판례에 의함)

○ 세무공무원 갑이 정보통신망(국세청의 홈텍스시스템이나 자료상연계분석시스템)을 이용하여 취득한 과세정보자료를 을에게 유출한 경우, 갑에게 접속권한이 있으며 을이 알고있는 자료를 건네준 것이므로 누설이라고 할 수 없으므로 정보통신망법상 제49조의 비밀누설죄가 성립할 수 없고, 갑이 과세정보자료를 누설한 행위와 을이 갑으로부터 그

비밀을 누설받은 행위는 대향범 관계에 있으므로 정보통신망법상 제49조 위반죄의 공동정범으로 처벌할 수도 없다.

○ 변호사 사무실 직원인 피고인 갑이 법원공무원인 피고인 을에게 부탁하여, 수사 중인 사건의 체포영장 발부자 53명의 명단을 누설받은 경우, 피고인 을이 직무상 비밀을 누설한 행위와 피고인 갑이 이를 누설받은 행위는 대향범 관계에 있으므로 공범에 관한 형법총칙 규정이 적용될 수 없으므로 공무상비밀누설교사죄에 해당하지 않는다.

○ 노동조합법 제91조, 제43조 제1항은 근로자의 쟁의행위 기간 중 그 근로자의 쟁의행위로 중단된 업무의 수행을 위하여 당해 사업과 관계없는 자를 채용 또는 대체하는 사용자에 대한 처벌규정이 있더라도, 그 사용자에 의해 채용 또는 대체되는 자의 행위에 대하여는 일반적인 형법 총칙상의 공범규정을 적용하여 공동정범, 교사범 또는 방조범으로 처벌할 수 없다.

○ 변호사 아닌 자에게 고용되어 법률사무소의 개설·운영에 관여한 변호사의 행위가 일반적인 형법 총칙상의 공모, 교사 또는 방조에 해당된다고 하더라도 변호사를 변호사 아닌 자의 공범으로서 처벌할 수는 없다.

○ 정치자금을 기부하는 자의 범죄가 성립하지 않는다면 정치자금을 기부받는 자가 정치자금법이 정하지 않은 방법으로 정치자금을 제공받는다는 의사를 가지고 받았어도 정치자금부정수수죄가 성립하지 않는다.

① 0개   ② 1개
③ 2개   ④ 3개

10

다음 사례 중 甲에게 괄호 범죄의 공동정범이 성립하는 것은 모두 몇 개인가? (다툼이 있는 경우 판례에 의함)

ⓐ 甲은 피해자들을 한 사람씩 나누어 강간하자는 乙과 丙의 제의에 아무런 대답도 하지 않고 따라다니다가 자신의 강간 상대방으로 남겨진 A에게 일체의 신체적 접촉도 시도하지 않은 채 乙과 丙이 인근 숲속에서 강간을 마칠 때까지 A와 이야기만 나누었다. (특수강간죄)

ⓒ 甲과 乙, 丙은 A를 납치한 후 팔다리를 묶어 저수지에 던져 살해하기로 공모하였으나, 甲은 A를 납치하기로 한 날 약속된 장소에 나가지 않았다. 乙과 丙은 甲을 기다리다가 시간이 지체되자 계획한 대로 A를 납치하여 팔다리를 묶은 후, 저수지에 던져 살해하였다. (살인죄)

ⓒ 甲은 乙, 丙과 강도상해를 모의하면서 그 모의를 주도하였고, 범행 대상을 물색하다가 다른 공모자들이 강도의 대상을 지목하고 뒤쫓아 가자 "어?"라고만 하고, 비대한 체격 때문에 따라가지 못한 채 범행 현장에서 200m 정도 떨어진 곳에 앉아 있는 동안 乙과 丙은 강도상해의 범행을 하였다. (강도상해죄)

ⓔ 트럭 운전사 乙은 甲과 함께 트럭에 짐을 싣고 운전을 하던 중 경찰관 A의 검문을 위한 정차 신호에 따라 정차하던 중에 甲이 검문을 피할 목적으로 "그대로 가자"라고 말하였고, 乙이 그대로 달려 A를 치어 사망에 이르게 하였다. (업무상 과실치사죄)

① 1개   ② 2개
③ 3개   ④ 4개

11

공범과 신분에 관한 설명으로 옳지 <u>않은</u> 것은 모두 고른 것은?(다툼이 있는 경우 판례에 의함)

ⓐ 업무상배임죄는 업무상 타인의 사무를 처리하는 지위라는 점에서 보면 단순배임죄에 대한 가중규정으로서 신분관계로 형의 경중이 있는 경우라고 할 것이다.

ⓒ 업무상의 임무라는 신분관계가 없는 자가 신분관계 있는 자와 공모하여 업무상배임죄를 범한 경우, 신분관계가 없는 공범에 대하여는 형법 제33조 단서에 따라 단순배임죄에서 정한 형으로 처단하여야 한다.

ⓒ 피해아동 갑의 친모인 피고인 을이 자신과 연인관계인 피고인 병과 공모하여 갑을 지속적으로 학대하여 사망에 이르게 한 경우, 보호자 아닌 병은 형법 제33조 본문에 따라 구 아동학대범죄의 처벌 등에 관한 특례법 위반(아동학대치사)죄의 공동정범이 성립하고, 형법 제33조 단서를 적용하여 형법 제259조 제1항의 상해치사죄에서 정한 형으로 처단하여야 한다.

ⓔ 횡령으로 인한 특정범죄 가중처벌 등에 관한 법률 위반(국고등손실)죄는 회계관계직원이라는 지위에 따라 형법상 횡령죄 또는 업무상횡령죄에 대한 가중처벌을 규정한 것으로서 신분관계로 인한 형의 경중이 있는 것이고, 대통령인 피고인에게는 회계관계직원 또는 국정원장 특별사업비의 업무상 보관자라는 신분이 없으므로 형법 제355조 제1항의 횡령죄에 정한 형으로 처벌된다.

① 0개   ② 1개
③ 2개   ④ 3개

12

죄수에 관한 설명으로 옳은 것은 모두 몇 개인가?(다툼이 있는 경우 판례에 의함)

> ㉠ 피고인이 수개의 선거비용 항목을 허위기재한 하나의 선거비용 보전청구서를 제출하여 선거비용을 과다 보전받아 편취한 경우, 각 선거비용 항목에 따라 별개의 사기죄가 성립하는 것이다.
>
> ㉡ 형법 제37조 후단 경합범에 대하여 형법 제39조 제1항에 의하여 형을 감경할 때에는 피고인에게 유리하므로 법률상 감경에 관한 형법 제55조 제1항이 적용되지 아니하므로 유기징역을 감경할 때에는 그 형기의 2분의 1 미만으로도 감경할 수 있다.
>
> ㉢ 공인중개사법 위반죄와 다른 죄의 경합범에 대하여 벌금형을 선고하는 경우 중개사무소 개설등록 결격사유의 기준이 되는 300만 원 이상의 벌금형에 해당하는지 여부를 명확하게 하기 위하여 형법 제38조의 적용을 배제하고 분리 심리하여 형을 따로 선고하여야 한다.
>
> ㉣ 공인중개사법 위반죄와 다른 죄의 경합범에 대하여 징역형을 선고하는 경우에는 구 공인중개사법 제10조의2(공인중개사법 위반죄와 다른 죄의 경합범에 대하여 벌금형을 선고하는 경우에는 형을 분리 선고하여야 한다)를 유추적용하여 형법 제38조의 적용을 배제하고 분리 선고하여야 한다.
>
> ㉤ 2022. 12. 27. 개정된 국가공무원법 및 지방공무원법의 각 시행일(2022. 12. 27.) 이전에 스토킹범죄를 범한 것도 국가공무원법 제33조 제6호의3 및 지방공무원법 제31조 제6호의3에서 정한 결격사유에 해당하고, 2022. 12. 27. 개정된 국가공무원법 및 지방공무원법 시행일 전에 범한 스토킹범죄와 다른 죄의 경합범에 대하여 벌금형을 선고하는 경우, 분리 선고를 정한 국가공무원법 제33조의2 및 지방공무원법 제31조의2가 적용된다.

① 1개   ② 2개
③ 3개   ④ 4개

13

형벌론에 관한 설명으로 가장 적절하지 않은 것은? (다툼이 있는 경우 판례에 의함)

① 과료는 판결확정일로부터 30일내에 납입하여야 하며, 과료를 납입하지 아니한 자는 1일 이상 30일 미만의 기간 노역장에 유치하여 작업에 복무하게 한다.

② 행위자에게 유죄의 재판을 아니할 때에도 몰수의 요건이 있는 때에는 몰수만을 선고할 수 있지만, 우리 법제상 공소의 제기없이 별도로 몰수만을 선고할 수 있는 제도는 마련되어 있지 않다.

③ 「마약류 관리에 관한 법률」 제67조에 의한 몰수나 추징은 범죄행위로 인한 이득의 박탈을 목적으로 하는 것이므로, 그 범행으로 인하여 이득을 취득한 바 없다면 법원은 그 가액의 추징을 명할 수 없다.

④ 甲이 수사기관에 자진 출석하여 처음 조사를 받으면서는 돈을 차용하였을 뿐이라며 범죄사실을 부인하다가 제2회 조사를 받으면서 비로소 업무와 관련하여 돈을 수수하였다고 자백한 행위에 대하여 자수감경을 할 수 없다.

14

집행유예의 결격사유에 관한 다음 설명 중 적절하지 않은 것은 모두 몇 개인가?

(다툼이 있는 경우 판례에 의함)

> ㉠ 형법 제62조 제1항 단서는 집행유예 결격사유로 '금고 이상의 형을 선고한 판결이 확정된 때부터 그 집행을 종료하거나 면제된 후 3년까지의 기간에 범한 죄에 대하여 형을 선고하는 경우'를 정하고 있다.
>
> ㉡ 실형을 선고받고 집행종료나 집행면제 후 3년이 지나지 않은 시점에서 범한 죄에 대하여 형을 선고하는 경우, 집행유예의 결격사유에 포함한다.
>
> ㉢ 집행유예 기간 중에 범한 죄에 대하여 형을 선고할 때 이미 집행유예가 실효 또는 취소된 경우, 집행유예의 결격사유에 포함하지 않는다.
>
> ㉣ 집행유예의 선고 시점에 집행유예 기간이 지나지 않아 형 선고의 효력이 실효되지 않은 채로 남아 있는 경우, 집행유예의 결격사유에 포함하지 않는다.
>
> ㉤ 피고인은 2016. 11. 28. A지방법원에서 도로교통법 위반(음주운전)죄로 징역 1년에 집행유예 2년을 선고받아 그 판결이 2017. 4. 1. 확정되었는데, 위 판결에 따른 집행유예 기간 중에 특수상해와 업무방해죄를 각 저질렀다면 위 특수상해와 업무방해죄에 대하여는 집행유예의 결격사유에 포함한다.

① 0개   ② 1개
③ 2개   ④ 3개

15

형법상 상해와 폭행에 관한 설명 중 가장 적절하지 <u>않은</u> 것은?(다툼이 있으면 판례에 의함)

① 甲이 길이 140cm, 지름 4cm의 대나무로 乙의 머리를 여러차례 때려 그 대나무가 부러지고, 乙의 두피에 표재성 손상을 입혀 사건 당일 병원에서 봉합술을 받은 경우, 甲이 사용한 대나무는 특수상해죄에서의 '위험한 물건'에 해당한다.

② 상해를 입힌 행위가 동일한 일시, 장소에서 동일한 목적으로 저질러진 것이라고 하더라도 피해자를 달리하는 경우 상해죄는 각각 피해자별로 성립한다고 보아야 한다.

③ 특수폭행치상의 경우 「형법」 제258조의2(특수상해)가 신설되었으므로 특수상해죄의 예에 의하여 처벌해야 한다.

④ 공무집행방해죄에서의 '폭행'은 사람에 대한 유형력의 행사로 족하고 반드시 그 신체에 대한 것임을 요하지 아니하며, 또한 추상적 위험범으로서 구체적으로 직무집행의 방해라는 결과발생을 요하지도 아니한다.

16

강요죄에 관한 설명으로 적절하지 <u>않은</u> 것은 모두 몇 개인가?(다툼이 있는 경우 판례에 의함)

⊙ 강요죄는 폭행 또는 협박으로 사람의 권리행사를 방해하거나 의무 없는 일을 하게 하는 범죄이고, 여기에서의 협박은 객관적으로 사람의 의사결정의 자유를 제한하거나 의사실행의 자유를 방해할 정도로 겁을 먹게 할 만한 해악을 고지하는 것으로서 이와 같은 협박이 인정되기 위해서는 발생 가능한 것으로 생각할 수 있는 정도의 구체적인 해악의 고지가 있어야 한다.

ⓛ 공무원 甲이 자신의 직무와 관련한 상대방 A에게 자신을 위하여 재산적 이익을 제공할 것을 요구하고 A는 甲의 지위에 따른 직무에 관하여 어떠한 이익을 기대하며 그에 대한 대가로서 요구에 응하였다면, 비록 甲의 요구 행위를 해악의 고지로 인정될 수 없다 하더라도 강요죄의 성립에는 아무런 지장을 주지 않는다.

ⓒ 공무원인 행위자 갑이 상대방 A에게 어떠한 이익 등의 제공을 요구한 경우, 해악의 고지로 인정될 수 없다면 직권남용이나 뇌물 요구 등이 될 수는 있어도 협박을 요건으로 하는 강요죄가 성립하기는 어렵다.

② A노조 소속 노조원인 피고인들이, 현장소장인 피해자 갑이 피해자 을의 건설장비를 투입하여 수해상습지 개선사업 공사를 진행하자, 'A노조가 어떤 곳인지 아느냐, 현장에서 장비를 빼라'는 취지로 말하거나 공사 발주처에 부실공사했다고 허위 진정을 제기하는 등의 방법으로 공사현장에서 사용하던 장비를 철수하게 하고 '현장에서 사용하는 모든 건설장비는 노조와 합의하여 결정한다'는 협약서를 작성하게 한 경우, 폭력행위 등 처벌에 관한 법률 위반(공동강요)에 해당한다.

ⓜ 강요죄는 폭행 또는 협박으로 사람의 권리행사를 방해하거나 의무 없는 일을 하게 하는 것을 말하고, 여기에서 '의무 없는 일'이란 법령, 계약 등에 기하여 발생하는 법률상 의무 없는 일을 말하므로, 폭행 또는 협박으로 법률상 의무 있는 일을 하게 한 경우에는 폭행 또는 협박죄만 성립할 뿐 강요죄는 성립하지 아니한다.

① 0개   ② 1개
③ 2개   ④ 3개

17

「성폭력범죄의 처벌 등에 관한 특례법」(이하 '성폭법')에 관한 설명 중 가장 적절하지 <u>않은</u> 것은?(다툼이 있으면 판례에 의함)

① 타인의 주거에 침입하여 피해자를 강간한 경우 적용되는 「성폭법」 제3조 제1항에서 「형법」 제319조 제1항의 '주거침입죄'를 범한 자는 기수범만을 뜻하고 미수범은 포함되지 않는다.

② 「성폭법」 제13조(통신매체를 위한 음란행위)에서 통신매체를 통하여 성적 수치심이나 혐오감을 일으키는 말, 음향, 글, 그림, 영상 또는 물건을 상대방에게 '도달'하게 하는 행위에는 성적 수치심을 일으키는 그림 등이 담겨 있는 웹페이지에 대한 '인터넷 링크'를 상대방에게 보내는 행위도 포함된다.

③ 「성폭법」제14조의3 제1항(촬영물등이용협박)은 성적 욕망 또는 수치심을 유발할 수 있는 촬영물 또는 복제물을 이용하여 사람을 협박한 자를 처벌하고 있는데, 피고인이 실제로 만들어진 바 있는 촬영물 등을 방편 또는 수단으로 삼아 해악을 고지하였다면 해당 촬영물 등을 소지하고 있지 않더라도 본죄가 성립할 수 있다.

④ 피고인이 피해자와 영상통화를 하면서 피해자가 나체로 샤워하는 모습을 휴대전화 녹화기능을 이용하여 녹화·저장한 행위는 「성폭법」 제14조 제1항(카메라등이용촬영·반포등)의 '사람의 신체를 촬영한 행위'에 해당한다.

18

명예와 모욕에 관한 죄에 대한 설명 중 옳은 것은 모두 몇 개인가?(다툼이 있으면 판례에 의함)

⊙ 전국교직원노동조합 소속 교사가 작성·배포한 보도자료의 일부에 사실과 다른 기재가 있으나 전체적으로 그 기재 내용이 진실하고 공공의 이익을 위한 것이라도 명예훼손죄의 위법성이 조각되지 않는다.

ⓒ 객관적으로 피해자의 사회적 평가를 저하시키는 사실에 관한 보도내용이 소문이나 제3자의 말, 보도를 인용하는 방법으로 단정적인 표현이 아닌 전문 또는 추측한 것을 기사화한 형태로 표현하였지만, 그 표현 전체의 취지로 보아 그 사실이 존재할 수 있다는 것을 암시하는 방식으로 이루어진 경우에는 사실을 적시한 것이라고 보아야 한다.

ⓒ 인터넷 등 공간에서 작성된 단문의 글이라고 하더라도, 그 내용이 자신의 의견을 강조하거나 압축하여 표현한 것이라고 평가할 수 있고 표현도 지나치게 모욕적이거나 악의적이지 않다면 「형법」 제20조에 의하여 위법성이 조각될 수 있다.

ⓔ 중학교 교사에 대해 "전과범으로서 교사직을 팔아가며 이웃을 해치고 고발을 일삼는 악덕 교사" 라는 취지의 진정서를 그가 근무하는 학교법인 이사장 앞으로 제출한 경우, 명예훼손죄의 구성요건인 공연성이 있다고 보기 어렵다.

ⓜ 자신의 아들 등으로부터 폭행을 당하여 입원한 피해자의 병실로 병문안을 간 가해자의 어머니가 피해자의 어머니와 폭행사건에 대하여 대화하던 중 피해자의 어머니의 친척 등 모두 3명이 있는 자리에서 "학교에 알아보니 피해자에게 원래 정신병이 있었다고 하더라" 라고 허위사실을 말한 경우에 공연성이 인정되므로 허위사실적시에 의한 명예훼손죄가 성립한다.

① 1개
② 2개
③ 3개
④ 4개

19

업무방해죄에 관한 설명으로 가장 적절하지 <u>않은</u> 것은? (다툼이 있는 경우 판례에 의함)

① 피고인은 제주 강정동 민·군복합항 건설공사현장 출입구 앞에서, 도로 가운데 앉거나 선 채로 공사현장에 출입하는 A회사 등의 공사차량 앞을 가로막은 피고인의 행위는 위 차량이 그대로 진행할 경우 인명피해의 가능성이 큰 상황을 조성한 것으로서, 공사현장 출입 차량의 운전자들과 공사현장에서 실제 공사하던 피해자들의 자유의사를 제압하기에 충분한 세력에 해당하므로, 피고인의 행위는 '위력'에 의한 업무방해죄에 해당한다.

② 甲과 乙이 공모하여, 甲은 A고등학교의 학생 丙이 약 10개월 동안 총 84시간의 봉사활동을 한 것처럼 허위로 기재된 봉사활동확인서를 발급받아 피고인 乙에게 교부하고, 乙은 이를 丙의 담임교사를 통하여 A학교에 제출하여 丙이 학교장 명의의 봉사상을 수상하게 한 경우, 甲과 乙은 업무방해죄가 성립한다.

③ 주부 을은 개인적 용무로 고속버스를 타기 위해 고속버스터미널까지 마티즈 차량을 운행한 후 근처에 있던 병 소유 건물 지하 주차장에 주차하였는데, 위 주차장 관리인 갑은 운전자나 탑승자의 신원, 위 건물 내 점포에 대한 용무 여부를 확인할 수 없는 상태로 주차되어 있던 위 차량을 무단주차 차량으로 여기고 차량 앞 범퍼와 손수레 사이를 쇠사슬로 묶어 둔 경우, 갑은 위력으로써 을의 운전업무를 방해한 경우에 해당하므로 업무방해죄가 성립한다.

④ 피고인 갑은 A빌라 3층 피해자 을의 의뢰로 시공 중인 창문교체공사 현장에서, 창문이 설치될 경우 건너편에 살고 있는 갑의 집 내부가 들여다보인다는 이유로 화가 나서, 위 을의 공사인부 병에게 '합의가 되었는데 공사를 왜 진행하느냐, 집주인과 통화를 하게 해 달라'라고 고함을 지르고, 미리 현장에 와 있던 갑의 어머니와 함께 을에게 '공사를 당장 중지하라'고 하면서 고함을 질러 약 30여 분간 창문교체 공사가 이뤄지지 못한 경우, 갑은 위력에 의한 업무방해죄가 성립하지 않는다.

20

재산죄에 관한 설명 중 가장 적절하지 <u>않은</u> 것은? (다툼이 있는 경우 판례에 의함)

① 절도죄와 강도죄는 타인의 의사에 반하여 재산을 취득하는 범죄인 탈취죄에 해당하나, 사기죄와 공갈죄는 타인의 의사에 반하지는 아니하나 타인의 하자있는 의사에 의하여 재산을 취득하는 범죄인 편취죄에 해당한다.

② 대부분의 재산범죄는 범죄성립에 고의 이외에 불법영득의사를 필요로 하는 영득죄에 해당하나, 손괴죄는 불법영득의사를 필요로 하지 않고 타인의 재물이나 문서의 효용가치를 훼손하는 비영득죄(훼기죄)에 해당한다.

③ 강도죄, 사기죄, 공갈죄, 컴퓨터등 사용사기죄는 재물죄인 동시에 이득죄이다.

④ 형법 제328조 제1항에서는「직계혈족, 배우자, 동거친족, 동거가족 또는 그 배우자간의 제323조의 죄(권리행사방해죄)는 그 형을 면제한다.」고 규정하고 있는데, 위 형법 제328조 제1항의 친족상도례의 규정은 헌법에 합치되지 아니하므로, 법원 기타 국가기관 및 지방자치단체는 2025. 12. 31.을 시한으로 입법자가 개정할 때까지 위 법률조항의 적용을 중지하여야 한다.

21

절도와 강도의 죄에 관한 설명으로 옳지 <u>않은</u> 것은? (다툼이 있는 경우 판례에 의함)

① 절도범인이 피해자로부터 옷을 잡히자 체포를 면하려고 충동적으로 저항을 시도하여 잡은 손을 뿌리친 경우, 이러한 정도의 폭행은 피해자의 체포력을 억압함에 족한 정도에 이르지 않은 것으로 봄이 상당하여 준강도죄로 의율할 수 없다.

② 날치기 수법의 점유탈취 과정에서 이를 알아채고 재물을 뺏기지 않으려는 피해자의 반항에 부딪혔음에도 계속하여 그 피해자를 끌고 가면서 억지로 재물을 빼앗는 행위는 피해자의 반항을 억압한 후 재물을 강취한 경우로서 강도에 해당한다.

③ 절취한 타인의 신용카드를 이용하여 현금지급기에서 타인의 계좌에서 자신의 계좌로 돈을 이체한 후 자신의 신용카드나 현금카드를 이용하여 현금을 인출한 경우, 이러한 현금인출 행위는 현금지급기 관리자의 의사에 반한다고 볼 수 없어 절취행위에 해당하지 않으므로 절도죄를 구성하지 않는다.

④ 식당 건물의 임차인이 임대계약 종료 후 퇴거하면서 종전부터 사용하던 냉장고의 전원을 켜둔 채 그대로 두었다가 약 한 달 후에 철거하여 그 기간 동안 전기가 소비된 경우, 타인의 점유·관리하에 있던 전기를 사용한 것이므로 절도죄가 성립한다.

22

사기죄에 관한 설명으로 가장 적절한 것은? (다툼이 있는 경우 판례에 의함)

① 보험계약자가 보험계약 체결 시 보험금액이 목적물의 가액을 현저하게 초과하는 초과보험 상태를 의도적으로 유발한 후 보험사고가 발생하자 초과보험 사실을 알지 못하는 보험자에게 목적물의 가액을 묵비한 채 보험금을 청구하여 보험금을 교부받은 경우, 보험자가 보험금액이 목적물의 가액을 현저하게 초과한다는 것을 알았더라면 같은 조건으로 보험계약을 체결하지 않았을 뿐만 아니라 협정보험가액에 따른 보험금을 그대로 지급하지 아니하였을 관계가 인정된다면, 보험계약자가 보험금을 청구한 행위는 사기죄의 실행행위로서의 기망행위에 해당한다.

② 의과대학 교수로서 연구책임자인 피고인이 국가연구개발사업과 관련하여 피해자인 산학협력단 등으로부터 지급받은 학생연구비 중 일부를 실질적으로 학생연구원들이 아닌 자신이 관리하는 공동관리계좌에 귀속시킨 후 이를 개인적인 용도 등으로 사용한 경우, 그러한 사정만으로 불법영득의사가 추단되어 사기죄가 성립한다고 단정할 수 없다.

③ 외관상 재물의 교부에 해당하는 행위가 있었다고 하더라도, 재물이 범인의 사실상의 지배 아래에 들어가 그의 자유로운 처분이 가능한 상태에 놓이지 않고 여전히 피해자의 지배 아래에 있는 것으로 평가된다면, 그 재물에 대한 처분행위가 있었다고 할 것이다.

④ 약사가 아닌 자가 개설한 약국이 마치 약사법에 의하여 적법하게 개설된 요양기관인 것처럼 국민건강보험공단에 요양급여비용의 지급을 청구하여 이를 지급받은 경우에는 사기죄가 성립하지만, 그 약국의 개설명의인인 약사가 직접 의약품을 조제·판매하고 환자들을 상대로 복약지도를 하였다면 달리 보아야 하므로 사기죄가 성립하지 아니한다.

23

횡령의 죄에 관한 설명 중 옳지 <u>않은</u> 것은 모두 몇 개인가? (다툼이 있는 경우 판례에 의함)

ⓐ 채무자가 기존 금전채무를 담보하기 위하여 다른 금전채권을 채권자에게 양도한 후 제3채무자에게 채권양도 통지를 하지 않은 채 자신이 사용할 의도로 제3채무자로부터 변제를 받아 변제금을 수령한 경우, 채무자가 이를 임의로 소비하여도 횡령죄가 성립하지 않는다.

ⓑ 아파트 부녀회장인 갑은 부녀회비와 잡수입금('재활용품처리비용, 세차권리금, 게시판 광고 수입, 바자회 수익금' 등)을 부녀회 운영비와 자신의 직무와 관련된 민형사상 변호사 비용으로 지출한 경우, 법령상 정해진 용도 이외의 용도로 지출한 것이므로 횡령죄가 성립한다.

ⓒ 피고인은 커피숍에서 노인요양병원 설립에 필요한 자금으로 甲으로 6억 원, 乙로부터 2억 원을 각 투자받기로 협의하고, 乙로부터 피고인의 A은행 계좌로 3,000만 원을 송금받아 보관하다가, 피고인이 그 3,000만원을 자신이 B저축은행으로부터 대출받았던 대출원리금채무를 상환하는데 사용한 경우, 피고인에게는 타인의 재물을 보관하는 자의 지위가 인정되므로 횡령죄가 성립한다.

ⓓ 갑 아파트의 입주자대표회의 회장인 피고인이, 일반 관리비와 별도로 입주자대표회의 명의 계좌에 적립·관리되는 특별수선충당금을 아파트 구조진단 견적비 및 시공사인 을 주식회사에 대한 손해배상 청구소송의 변호사 선임료로 사용한 경우, 피고인의 불법영득의사를 인정할 수 없다.

ⓔ 피고인들이 공모하여 갑 주식회사 등 피해 회사가 납품하는 물품을 마치 피해 회사의 자회사로서 서류상으로만 존재하는 을 주식회사 등이 납품하는 것처럼 서류를 꾸며 피해 회사가 지급받아야 할 납품대금을 자회사 명의의 계좌로 지급받아 급여 등의 명목으로 임의로 사용한 경우, 피고인들은 횡령죄가 성립한다.

① 1개   ② 2개
③ 3개   ④ 4개

24

배임의 죄에 관한 설명 중 옳지 <u>않은</u> 것은 모두 몇 개인가? (다툼이 있는 경우 판례에 의함)

ⓐ 피고인 갑은 A주식회사의 과장으로 재직 중인데 위 A회사가 개발한 치과용 투시장비의 각 부품의 데이터 자료, 식품의약품안전청의 제조품목허가에 필요한 의료기기 기술문서, 품질규정, 품질절차서, 위 장비를 구동하는 소프트웨어 프로그램 소스데이터 및 작업표준서 등(투시장비의 정보 또는 자료)을 자신의 웹하드에 업로드하여 무단으로 가지고 나온 경우, 업무상배임죄가 성립한다.

ⓑ 피고인이 알 수 없는 경위로 피해자의 비트코인을 자신의 계정으로 이체 받은 후 자신의 다른 계정으로 이체한 경우, 타인의 사무처리자에 해당하지 아니하므로 배임죄가 성립하지 않는다.

ⓒ 피고인 갑이 피해자 A주식회사로부터 버스 2대의 구입자금을 각 대출받으면서 위 각 버스에 저당권을 각 설정하였는데 갑이 위 버스를 乙에게 처분한 경우, 갑은 배임죄가 성립하지 아니한다

ⓓ 자동차의 매도인은 매수인에 대하여 그의 사무를 처리하는 지위에 있지 아니하여, 매도인이 매수인에게 매도하기로 한 자동차에 대하여 소유권이전 등록을 하지 아니하고 타에 처분하였다고 하더라도 배임죄가 성립하지 아니한다.

ⓔ 법인의 운영자 또는 관리자가 법인의 자금을 이용하여 비자금을 조성하였다면, 설령 그것이 해당 비자금의 소유자인 법인 이외의 제3자가 이를 발견하기 곤란하게 하기 위한 장부상의 분식에 불과하거나 법인의 운영에 필요한 자금을 조달하는 수단으로 인정되는 경우라 하더라도 불법이득의 의사가 실현된 것으로 볼 수 있다.

① 1개   ② 2개
③ 3개   ④ 4개

25

권리행사방해죄에 관한 설명 중 가장 적절하지 <u>않은</u> 것은?(다툼이 있으면 판례에 의함)

① 피고인들이 경영하는 A주식회사의 건물과 기계·기구에 B조합으로부터 대출을 받고 근저당권을 설정하고도 담보유지의무를 위반하여, 이 사건 건물을 철거 및 멸실등기 하고, 이 사건 기계·기구를 양도한 행위는 권리행사방해죄가 성립한다.

② 물건의 소유자가 아닌 甲이 소유자 乙의 권리행사방해 범행에 가담한 경우, 乙에게 고의가 없어 범죄가 성립하지 않는다면 갑도 권리행사방해죄의 공동정범이 성립할 여지가 없다.

③ 피고인들이 공모하여 렌트카 회사인 갑 주식회사를 설립한 다음 을 주식회사 등의 명의로 저당권등록이 되어 있는 다수의 차량들을 사들여 갑 회사 소유의 영업용 차량으로 등록한 후 자동차대여사업자등록 취소처분을 받아 차량등록을 직권말소시켜 저당권 등이 소멸되게 한 경우, 피고인들이 차량들을 은닉하였다고 단정할 수 없으므로 권리행사방해죄가 성립하지 않는다.

④ 피고인이 차량을 구입하면서 피해자로부터 차량 매수 대금을 차용하고 담보로 차량에 피해자 명의의 저당권을 설정해 주었고, 그 이후 대부업자로부터 피고인이 돈을 차용하면서 차량을 대부업자에게 담보로 제공하여 이른바 '대포차'로 유통되게 한 행위는, 피해자의 권리의 목적이 된 피고인의 물건을 은닉한 것으로서 권리행사방해죄가 성립한다.

26

공공신용에 관한 죄에 관한 설명으로 가장 적절한 것은? (다툼이 있는 경우 판례에 의함)

① 실제의 본명 대신 가명이나 위명을 사용하여 사문서를 작성한 경우에 그 문서의 작성명의인과 실제 작성자 사이에 인격이 상이할 때에는 위조죄가 성립할 수 있으므로, 피고인이 다방 업주로부터 선불금을 받고 그 반환을 약속하는 내용의 현금보관증을 작성하면서 가명과 허위의 출생연도를 기재한 후 이를 교부한 행위는 사문서위조죄 및 동행사죄에 해당한다.

② 유효기간이 경과한 홍콩 교통국장 명의의 국제운전면허증에 첨부된 사진을 바꾸어 붙여 이를 행사하는 경우 그 상대방이 유효기간을 쉽게 알 수 없도록 되어 있거나 진정하게 작성된 것으로서 명의자로부터 국제운전면허를 받은 것으로 오신하기에 충분한 정도의 형식과 외관을 갖추고 있다면 공문서위조죄에 해당한다.

③ 피고인은 중국 중의사 및 침구사 시험에 응시할 사람을 모집한 후 그들을 중국에 데려가 응시원서의 제출을 대행하면서 응시생의 임상경력증명서가 필요하게 되자, 중국 현지에서 교부받은 임상경력증명서 양식에 응시생의 이름과 생년월일 및 학습기간 등을 기재한 다음 의원직인란에 한의원 이름을 생각나는 대로 임의로 A 한의원이라고 기재하고 그 옆에 임의로 새긴 A 한의원의 직인을 날인하여 A 한의원 명의의 임상경력증명서를 만들어 낸 경우, 위 A 명의인인 한의원이 실재하지 않는다면 사문서위조 및 동행사에 해당하지 않는다.

④ 「형법」 제238조의 공기호는 해당 부호를 공무원 또는 공무소가 사용하는 것만으로 족하므로 온라인 구매사이트에서 검찰업무표장의 이미지가 들어간 주차표지판 등을 주문하여 자신의 승용차에 부착하고 다닌 경우에는 해당 부호를 공무원 또는 공무소가 사용하는 것이 분명한 이상 그 부호를 통하여 증명을 하는 사항이 구체적으로 특정되어 있지 않더라도 공기호위조 및 위조공기호행사죄에 해당한다.

27

내란죄는 목적범이므로 "국헌을 문란하게 할 목적"이 있어야 하는데, "국헌 문란"의 정의와 관련한 설명으로 옳지 않은 것은 모두 몇 개인가?(다툼이 있는 경우 판례에 의함)

⊙ 헌법 또는 법률에 정한 절차에 의하지 아니하고 헌법 또는 법률의 기능을 소멸시키는 것은 국헌을 문란할 목적에 해당한다.

ⓒ 헌법에 의하여 설치된 국가기관을 강압에 의하여 전복 또는 그 권능행사를 불가능하게 하는 것도 국헌을 문란할 목적에 해당한다.

ⓒ 위 ⊙의 예로는 권력분립주의, 의회주의, 법치주의, 사법권독립, 정부조직, 선거제도, 복수정당제도 등과 같은 국가의 기본조직 및 헌법제도를 파괴 또는 변혁하고자 하는 것이 이에 해당한다.

ⓔ 위 ⓒ의 국회, 대통령, 사법부, 국무회의 등과 같은 헌법에 의하여 설치된 국가기관 자체의 존속을 폐지·전복하거나 또는 그 기능을 상실·정지시키는 것이 이에 해당한다.

ⓜ 위 ⓒ의 "권능행사를 불가능하게 하는 것"은 '권능행사를 불가능하게 한다'고 하는 것은 그 국가기관을 제도적으로 영구히 폐지하는 경우만을 가리키는 것을 의미하고, 사실상 상당기간 기능을 제대로 할 수 없게 만드는 것을 포함시키는 해석은 불리한 유추해석에 해당하여 죄형법정주의에 반한다.

① 0개   ② 1개
③ 2개   ④ 3개

28

직무유기죄에 관한 설명이다. 다음 중 가장 적절하지 않은 것은? (다툼이 있으면 판례에 의함)

① 공무원이 태만이나 착각 등으로 인하여 직무를 성실히 수행하지 않은 경우 또는 직무를 소홀하게 수행하였기 때문에 성실한 직무수행을 못한 데 지나지 않는 경우에는 직무유기죄가 성립하지 않는다.

② 경찰관인 피고인이 벌금 미납자에 대한 노역장유치 집행을 위하여 검사의 지휘를 받아 형집행장을 집행하는 경우에 벌금 미납자로 지명수배되어 있던 甲을 세 차례에 걸쳐 만나고도 그를 검거하여 검찰청에 신병을 인계하는 등 필요한 조치를 취하지 않은 경우에 피고인은 직무유기죄가 성립하지 않는다.

③ 교육기관 등의 장이 징계의결을 집행하지 못할 법률상·사실상의 장애가 없는데도 징계 의결서를 통보받은 날로부터 법정 시한이 지나도록 그 집행을 유보하였으나 그러한 유보가 의식적인 직무의 방임이나 포기에 해당한다고 볼 수 없는 경우에 직무유기죄가 성립하지 않는다.

④ 직무유기죄는 공무원이 법령·내규 등에 의한 추상적 충근의무를 태만히 하는 일체의 경우에 성립하는 것이 아니므로, 어떠한 형태로든 직무집행의 의사로 자신의 직무를 수행한 경우, 그 직무집행의 내용이 위법하다고 평가된다는 점만으로 직무유기죄의 성립을 인정할 수는 없다.

29

공무방해에 관한 죄에 대한 다음 설명으로 옳은 것은 모두 몇 개인가?(다툼이 있는 경우 판례에 의함)

⊙ 피고인이 강제추행을 당했다는 내용으로 허위의 112 신고를 하여 위 신고가 있은 날부터 한 달 이상 피고인이 신고한 위 범죄 혐의 확인을 위하여 경찰관이 수사를 하였다면, 위 경찰관들의 정당한 직무집행을 방해하였다고 할 것이므로 위계에 의한 공무집행방해죄가 성립한다.

ⓛ 피고인이 강제추행을 당했다는 내용으로 허위의 112 신고를 하여, 범행이 실제로 있었다고 오인한 경찰관들이 현장에 출동하여 수사를 하게 하고, 피고인에게 임시숙소 제공 및 범죄피해자 안전조치를 실시하게 하였다면, 위 경찰관들의 정당한 직무집행을 방해하였다고 할 것이므로 위계에 의한 공무집행방해죄가 성립한다.

ⓒ 「경범죄 처벌법」 제3조 제3항 제2호의 거짓신고 행위가 원인이 되어 상대방인 공무원이 범죄가 발생한 것으로 오인함으로 인하여 공무원이 그러한 사정을 알았더라면 하지 않았을 대응조치를 취하기에 이른 경우, 위계에 의한 공무집행방해죄가 성립한다.

ⓔ 「경범죄 처벌법」상 거짓신고 행위가 원인이 되어 상대방인 공무원이 범죄가 발생한 것으로 오인함으로 인하여 공무원이 그러한 사정을 알았더라면 하지 않았을 대응조치를 취하기에 이른 직무에 관하여 위계로 인한 공무집행방해죄가 성립하는지와 수사 과정에서 허위 진술을 하거나 허위 증거를 제출함으로써 범죄 수사 직무에 관하여 위계로 인한 공무집행방해죄가 성립하는지와는 구별된다.

ⓜ 피고인들 등은 갑 정당 소속 시의회 의원으로서 시의회 의장선거를 앞두고 개최된 갑 정당 의원총회에서 을을 의장으로 선출하기로 합의한 다음, 합의 내용의 이행을 확보하고 이탈표 발생을 방지하기 위하여 공모에 따라 피고인별로 미리 정해 둔 투표용지의 가상의 구획 안에 '을'의 이름을 각각 기재하는 방법으로 투표하여 을이 의장으로 당선되게 한 경우 무기명·비밀투표 권한을 가진 병 등 공모하지 않은 의원들의 직무집행을, 투·개표 업무에 관한 감표위원 정 등의 직무집행을, 무기명투표 원칙에 따라 의장선거를 진행하는 사무국장의 직무집행을 각각 위계로써 방해하였다고 할 것이다.

① 1개 ② 2개
③ 3개 ④ 4개

30

고소와 처벌불원의사에 관한 설명으로 옳지 <u>않은</u> 것은? (다툼이 있는 경우 판례에 의함)

① 공갈죄의 수단으로서 한 협박은 공갈죄에 흡수되어 별도로 협박죄를 구성하지 않으므로, 乙이 甲을 협박죄로 고소하였다가 취소하였다고 하여도 이는 甲을 공갈죄로 처벌하는 데에 장애가 되지 않는다.

② 성년후견인이 의사무능력인 피해자를 대리하여 반의사불벌죄의 처벌불원의사를 결정하거나 처벌희망의사를 철회할 수 없으나, 성년후견개시심판에서 가정법원의 허가를 얻은 경우에는 그렇지 않다.

③ 회사의 업무를 처리하는 사람이 회사 명의의 합의서를 임의로 작성·교부한 행위에 의해 회사에 재산상 손해를 가하였다면, 사문서위조죄 및 동행사죄와 업무상 배임죄가 성립할 수 있다.

④ 고소는 수사기관에 '접수'되어야 하므로 현장출동 경찰관에게 고소장을 교부하였다가 경찰관이 경찰서에 접수시키기 전에 반환받았다면 고소로서의 효력이 발생하지 않는다.

31

「통신비밀보호법」상 감청에 관한 설명으로 가장 적절하지 <u>않은</u> 것은? (다툼이 있는 경우 판례에 의함)

① 甲과 乙이 피고인 丙과의 통화 내용을 녹음하기로 합의한 후 갑이 스피커폰으로 병과 통화하고 乙이 옆에서 이를 녹음한 경우, 乙이 전화통화 당사자 일방인 갑의 동의를 받고 그 통화 내용을 녹음하였다고 하더라도 전화통화 상대방인 병의 동의가 없었던 이상 乙이 병과 갑 간의 전화통화 내용을 녹음한 행위는 통신비밀보호법 제3조 제1항에 위반한 '전기통신의 감청'에 해당하여 제4조에 의하여 그 녹음파일은 재판절차에서 증거로 사용할 수 없다.

② 「통신비밀보호법」 제3조 제1항 본문에 의하면 누구든지 이 법과 형사소송법 또는 군사법원법의 규정에 의하지 않고는 공개되지 않은 타인 간의 대화를 녹음하거나 청취하지 못하는데, 여기서 말하는 '공개되지 않았다.'는 것은 반드시 비밀과 동일한 의미는 아니다.

③ A 교회의 사무직원인 갑은 위 교회의 사무실에서 목사 을과 전도사 병·정이 치킨내기 게임을 진행하면서 한 대화 내용을 자신의 휴대전화로 녹음하여 도박을 했다며 교회 수석장로에게 카카오톡으로 전송한 경우, 가청거리내에 있는 을·병·정의 대화는 통신비밀보호법상 공개되지 않은 타인 간의 대화에 해당하므로 갑은 통신비밀보호법 제3조 제1항에 해당한다.

④ A가 비공개 조치를 한 후 인터넷개인방송을 하는 과정에서 A와 잘 아는 사이인 甲이 불상의 방법으로 접속하거나 시청하고 있다는 사정을 알면서도 방송을 중단하거나 甲을 배제하는 조치를 취하지 아니하고, 오히려 甲의 시청 사실을 전제로 甲을 상대로 한 발언을 하기도 하는 등 계속 진행을 하였더라도, 甲이 해당방송을 시청하면서 음향·영상 등을 청취하거나 녹음하였다면 「통신비밀보호법」 제3조를 위반한 불법 감청에 해당한다.

32

사법경찰관의 참고인 조사에 관한 설명으로 옳지 <u>않은</u> 것을 모두 고른 것은? (다툼이 있는 경우 판례에 의함)

⊙ 법원이 절도 공소사실에 대하여 간이공판절차에 의하여 심판할 것을 결정하였다면, 사법경찰관 작성의 참고인진술조서는 피고인이 증거로 함에 동의한 것으로 간주되므로 피고인이 이를 증거로 함에 이의를 제기하더라도 피고인에 대한 유죄의 증거로 할 수 있다.

⊙ 사법경찰관 작성의 참고인 진술조서에 대해 변호인이 증거동의를 함에도 피고인이 즉시 이의를 하지 않았다가 진술조서에 관한 증거조사 완료 후 변호인의 증거동의를 취소하였다면 진술조서는 증거능력이 없다.

⊙ 영상녹화물 또는 그 밖의 객관적인 방법에 의하여 검사 또는 사법경찰관 앞에서 진술한 내용과 동일하게 기재되어 있음이 증명된 때에는 그 조서에 기재된 진술이 특히 신빙할 수 있는 상태 하에서 행하여졌음이 증명되지 않더라도 증거능력이 인정된다.

⊙ 참고인진술에 대한 영상녹화는 참고인의 동의를 얻어야 가능하나 피의자의 진술을 녹화하는 것은 피의자에게 미리 영상녹화 사실을 알려주면 그의 동의 없이도 가능하다.

① ⓛ, ⓒ   ② ㉠, ㉣

③ ㉠, ⓛ, ⓒ   ④ ㉠, ⓛ, ㉣

33

「검사와 사법경찰관의 상호협력과 일반적 수사준칙에 관한 규정」에 따른 체포와 구속수사에 대한 설명 중 적절하지 않은 것은 모두 몇 개인가?

⊙ 검사 또는 사법경찰관은 피의자를 체포하거나 구속할 때에는 피의자에게 피의사실의 요지, 체포·구속의 이유와 변호인을 선임할 수 있음을 말하고, 변명할 기회를 주어야 하며, 진술거부권을 알려주어야 한다. 그리고 피의자에게 위 권리를 알려준 경우에는 피의자로부터 권리 고지 확인서를 받아 사건기록에 편철한다.

ⓛ 검사 또는 사법경찰관이 피의자를 체포하거나 구속할 때에는 피의자에게 1. 일체의 진술을 하지 아니하거나 개개의 질문에 대하여 진술을 하지 아니할 수 있다는 것 2. 진술을 하지 아니하더라도 불이익을 받지 아니한다는 것 3. 진술을 거부할 권리를 포기하고 행한 진술은 법정에서 유죄의 증거로 사용될 수 있다는 것 4. 신문을 받을 때에는 변호인을 참여하게 하는 등 변호인의 조력을 받을 수 있다는 것을 알려주어야 한다.

ⓒ 검사 또는 사법경찰관은 체포 · 구속영장의 유효기간 내에 영장의 집행에 착수하지 못하였때에는 즉시 해당 영장을 법원에 반환해야 하나, 이 경우 체포·구속영장이 여러 통 발부된 경우에는 사건기록에 편철한 것을 제외하고 나머지만 반환하면 된다.

ⓔ 검사 또는 사법경찰관은 체포·구속영장을 반환하는 경우에는 반환사유 등을 적은 영장반환서에 해당 영장을 첨부하여 반환하고, 그 사본을 사건기록에 편철한다.

ⓜ 사법경찰관이 체포·구속영장을 반환하는 경우에는 그 영장을 청구한 검사에게 반환하고, 검사는 사법경찰관이 반환한 영장을 법원에 반환한다.

① 0개　　　　　　② 1개
③ 2개　　　　　　④ 3개

34

압수·수색 절차에 관한 설명으로 가장 적절하지 <u>않은</u> 것은?(다툼이 있는 경우 판례에 의함)

① 피의자가 주거주 등인 주거지 등에서 압수·수색영장을 집행하는 경우 피의자에게 최소한 압수·수색절차의 의미를 이해할 수 있는 정도의 능력('참여능력')이 없다면 그 피의자만 참여하는 것으로는 부족하고, 수사기관은 형사소송법 제123조 제3항에 따라 참여능력이 있는 이웃 등을 함께 참여시켜야 한다. 이때 참여능력이 없는 피의자만이 참여하였다면 그 압수·수색은 형사소송법 제123조 제2항, 제3항을 위반한 것으로 원칙적으로 위법하다.

② 영장담당판사가 발부한 압수·수색영장의 서명날인란에 서명만 있고 날인이 없는 경우, 그 영장은 「형사소송법」이 정한 요건을 갖추지 못하여 적법하게 발부되었다고 볼 수는 없으므로, 그 영장에 의하여 압수한 파일 출력물과 이에 기초하여 획득한 2차적 증거인 피의자신문조서와 법정진술은 유죄인정의 증거로 사용할 수 없다.

③ 전자정보가 제3자 소유·관리의 정보저장매체에 복제되어 임의제출되는 경우, 복제 전자정보를 임의제출하는 사람에게만 참여의 기회를 부여하는 것이 현저히 부당하다는 등의 특별한 사정이 없는 한 그 정보의 동일성을 들어 복제 전자정보 임의제출자 외에 원본 전자정보 관리처분권자를 실질적 피압수자로 평가하고 그에게 참여권을 인정해야 하는 것은 아니라고 보아야 한다.

④ 수사기관이 A 회사에서 압수·수색영장을 집행하면서 A회사에 팩스로 영장 사본을 송신하기만 하고 영장 원본을 제시하지 않았고 또한 압수조서와 압수물 목록을 작성하여 피압수·수색 당사자에게 교부하지 않은 채 피고인의 이메일을 압수한 후 이를 증거로 제출한 것은 적법절차 원칙의 실질적인 내용을 침해한 것이다.

35

간접증거에 대한 설명으로 옳은 것(O)과 옳지 않은 것(X)을 올바르게 조합한 것은? (다툼이 있는 경우 판례에 의함)

> ⊙ 제3자의 진술은 그것이 요증사실에 대한 경험자로서의 진술이라면 직접증거이고, 요증사실을 경험한 자로부터 전해들은 말을 옮기는 취지의 전문진술이라면 간접증거이다.
> ⓛ 살인죄와 같이 법정형이 무거운 범죄의 경우에는 직접증거 없이 간접증거만으로 유죄를 인정할 수 없다.
> ⓒ 자백에 대한 보강증거는 범죄사실의 전부 또는 중요부분을 인정할 수 있는 정도가   되어야 하고, 또한 직접증거가 아닌 간접증거나 정황증거는 보강증거가 될 수 없다.
> ⓔ 휴대전화를 이용한 불법촬영 범죄의 경우, 휴대전화 안에 저장되어있는 같은 유형의 전자정보에서 발견되는 간접증거나 정황증거는 범죄혐의사실과 구체적·개별적 연관관계가 인정될 수 있다.

① ⊙(X), ⓛ(X), ⓒ(X), ⓔ(O)

② ⊙(O), ⓛ(X), ⓒ(X), ⓔ(O)

③ ⊙(O), ⓛ(X), ⓒ(O), ⓔ(X)

④ ⊙(X), ⓛ(O), ⓒ(O), ⓔ(O)

36

위법수집증거배제법칙에 관한 설명으로 가장 적절하지 않은 것은? (다툼이 있는 경우 판례에 의함)

① 현역 군인인 피고인 甲이 방산업체 관계자 을의 부탁을 받고 군사기밀과 군사상 기밀을 누설하였다는 군사기밀보호법 위반 및 군형법상 군기누설 혐의로 기소된 사안에서, 수사기관이 갑에 대한 수사를 위하여 이미 유죄 판결이 확정된 공범 乙(누설 상대방)에 대한 수사 당시의 전자정보 압수수색 과정에서 생성한 이미징 사본을 새로 탐색, 출력한 행위는 위법하며, 이를 바탕으로 수집한 전자정보 등 2차적 증거는 위법수집증거에 해당하여 갑에 대한 유죄의 증거로 사용할 수 없다.

② 수사기관은 복제본에 담긴 전자정보를 탐색하여 혐의사실과 관련된 정보를 선별하여 출력하거나 다른 저장매체에 저장하는 등으로 압수를 완료하면 혐의사실과 관련 없는 전자정보(이하 '무관정보'라 한다)를 삭제·폐기하여야 하므로, 무관정보가 남아있는 복제본은 더 이상 수사기관의 탐색, 복제 또는 출력대상이 될 수 없다.

③ 수사기관이 이른바 전화사기죄 범행의 혐의자를 긴급체포하면서 그가 보관하고 있던 다른 사람의 주민등록증, 운전면허증 등을 압수한 경우, 이는 「형사소송법」 제217조 제1항에서 규정한 위 범죄사실의 수사에 필요한 범위 내의 적법한 압수로서 이를 위 혐의자의 점유이탈물횡령죄 범행에 대한 증거로 사용할 수 있다.

④ 사법경찰관이 피고인 아닌 자의 주거지·근무지를 방문한 곳에서 진술서 작성을 요구하여 제출받은 경우 등 그 진술서가 경찰서에서 작성한 것이 아니라 작성자가 원하는 장소를 방문하여 받은 것이라면, 위 진술서는 「형사소송법」 제312조 제5항이 적용되지 않아 「형사소송법」 제244조의4(수사과정의 기록)에서 정한 절차를 준수하지 않더라도 증거능력이 인정된다.

37

피의자신문조서에 관한 설명으로 옳지 <u>않은</u> 것은? (다툼이 있는 경우 판례에 의함)

① 피고인과 공범관계에 있는 공동피고인에 대해 사법경찰관이 작성한 피의자신문조서는 그 공동피고인이 피의자신문조서에 기재된 것과 같은 내용으로 진술하였다는 취지로 증언하였더라도 당해 피고인이 공판기일에서 그 조서의 내용을 부인하면 증거능력이 부정된다.

② 피고인과 공범관계에 있는 다른 피의자에 대한 사법경찰관 작성의 피의자신문조서에 대하여는 사망 등 사유로 인하여 법정에서 진술할 수 없는 때에 예외적으로 증거능력을 인정하는 규정인 「형사소송법」 제314조가 적용되지 않는다.

③ 행위자가 아닌 법인이 양벌규정에 따라 기소된 경우, 사법경찰관이 행위자에 대하여 작성한 피의자신문조서는 행위자가 그 내용을 인정한 경우에는 당해 피고인 법인이 그 내용을 부인하더라도 증거능력이 있다.

④ 사법경찰관 작성 피의자신문조서는 피고인이 그 내용을 부인하는 이상 증거능력이 없으나, 그것이 임의로 작성된 것이 아니라고 의심할 만한 사정이 없는 한 피고인의 법정에서의 진술을 탄핵하기 위한 반대증거로 사용할 수 있다.

38

진술 또는 서류의 증거능력에 대한 설명으로 옳지 <u>않은</u> 것은? (다툼이 있는 경우 판례에 의함)

① 피고인이 아닌 원진술자가 법정에 출석하여 수사기관에서 한 진술을 부인하는 취지로 증언하였다면 그 원진술자의 진술을 내용으로 하는 조사자의 증언은 증거능력이 없다.

② 어떤 진술을 하였다는 사실 자체에 대한 정황증거로 사용될 것이라는 이유로 서류의 증거능력을 인정한 때에는, 그 사실을 다시 진술 내용이나 그 진실성을 증명하는 간접사실로 사용하는 경우라도, 그 서류의 증거능력이 인정되기 위하여 형사소송법에서 규정한 전문법칙의 예외 요건이 충족될 필요는 없다.

③ 조세범칙조사를 담당하는 세무공무원이 피고인이 된 혐의자 또는 참고인에 대하여 심문한 내용을 기재한 조서는 그 증거능력을 논함에 있어서 형사소송법 제313조에서의 '피고인 또는 피고인이 아닌 자가 작성한 진술서나 그 진술을 기재한 서류'에 해당한다.

④ 형사소송법 제314조는 진술조서 등의 증거능력에 관해, '공판준비 또는 공판기일에 진술을 요하는 자가 사망·질병·외국거주·소재불명 그 밖에 이에 준하는 사유로 인하여 진술할 수 없는 때'를 규정하고 있는데, 수사기관에서 진술한 참고인이 법정에서 증언을 거부하여 피고인이 반대신문을 하지 못하였으나 정당하게 증언거부권을 행사한 것이 아닌 경우도, 피고인이 증인의 증언거부 상황을 초래한 경우라면, '그 밖에 이에 준하는 사유로 인하여 진술할 수 없는 때'에 해당한다.

39

형사조정조서의 증거능력에 대한 설명으로 옳지 <u>않은</u> 것은 모두 몇 개인가? (다툼이 있는 경우 판례에 의함)

㉠ 형사소송법 제313조 제1항은 '전 2조의 규정 이외에 피고인 또는 피고인이 아닌 자가 작성한 진술서나 그 진술을 기재한 서류'로서 그 작성자 또는 진술자의 자필이거나 그 서명 또는 날인이 있는 것에 대하여 그 진정성립이 증명되면 증거능력을 인정한다.

㉡ 수사과정에서 작성된 서류의 증거능력에 관하여 형사소송법 제313조 제1항보다 더욱 엄격한 요건을 규정한 형사소송법 제312조의 취지에 비추어 보면, 형사소송법 제313조 제1항이 규정하는 서류는 수사과정 외에서 작성된 서류를 의미한다.

㉢ 피고인의 진술을 기재한 서류가 수사기관이 아닌 자에 의하여 작성되었다면, 비록 수사가 시작된 이후 수사기관의 관여나 영향 아래 작성된 경우라도 이는 형사소송법 제313조 제1항의 '전 2조의 규정 이외에 피고인의 진술을 기재한 서류'에 해당한다.

㉣ 전문증거의 증거능력은 이를 인정하는 법적 근거가 있는 때에만 예외적으로 인정된다는 원칙 및 피고인 또는 피고인이 아닌 자의 진술서가 수사과정에서 작성된 경우 그 증거능력에 관하여 형사소송법 제313조 제1항보다 더욱 엄격한 요건을 규정한 형사소송법 제312조의 취지 등에 비추어 보면, 수사기관이 아닌 자가 수사과정에서 작성한 피고인의 진술을 기재한 서류의 증거능력도 엄격하게 제한할 필요가 있다.

㉤ A 지방검찰청의 형사조정실에서 피고인의 피해자에 대한 강간등치상의 양형참작을 위하여 검사가 회부한 형사조정절차에서 작성된 형사조정조서 중 '피의자의 주장'란에는 '피해자에게 성추행 및 간음 미수 피해를 입혔음'이라고 기재되어 있고, 말미에는 형사조정절차에 참여한 조정위원장 乙과 조정위원 丙 및 출석한 피고인 甲의 각 성명과 서명이 기재되어 있다면, 피고인의 진술이 기재된 위 형사조정조서는 형사소송법 제313조에서 규정하는 진술기재서에 해당되어 그 증거능력이 인정되므로 강간등치상에 대한 유죄의 증거로 삼을 수 있다.

① 0개   ② 1개
③ 2개   ④ 3개

40

다음 사례에 관한 설명 중 가장 적절한 것은? (다툼이 있는 경우 판례에 의함)

친구사이인 甲, 乙 丙은 사업가 A의 사무실 금고에 거액의 현금이 있다는 정보를 입수한 후, 甲과 乙은 A의 사무실 금고에서 현금을 절취하고 丙은 위 사무실로부터 100m 떨어진 곳에서 망을 보기로 모의하였다. 범행 당일 오전 10시경 甲과 乙은 A의 사무실에 들어가 현금을 절취한 후, 망을 보던 丙과 함께 도주하였다. 甲, 乙 丙은 검거되어 절도혐의로 수사를 받고 공동으로 기소되어 심리가 진행되었는데, 검사는 경찰수사 단계에서 작성된 공범 乙의 피의자 신문조서를 甲의 범죄혐의 입증의 증거로 제출하였고 甲은 그 내용을 부인하였다. 한편 丙은 甲의 공소사실에 대해 증인으로 채택되어 선서하고 증 언하면서 甲의 범행을 덮어주기 위해 기억에 반하는 허위진술을 하였다. (주거침입죄 및 손괴죄 기타 특별법 위반의 점은 고려하지 않음)

① 甲과 乙에 대해서는 「형법」 제331조 제2항의 합동절도가 성립 하지만, 현장에서의 협동관계가 인정되지 않는 丙에 대해서는 「형법」 제329조 단순절도죄가 성립한다.

② 만약 甲과 乙이 A의 사무실 출입문의 시정장치를 손괴하다가 A에게 발각되어 도주하였다면 甲과 乙의 행위에 대해서는 특수절도죄의 미수범이 성립한다.

③ 乙의 피의자신문조서는 乙이 법정에서 그 내용을 인정하면 甲이 내용을 부인하더라도 甲의 공소사실에 대한 증거로 사용할 수 있다.

④ 丙에 대해서는 「형법」 제152조 제1항 위증죄가 성립하지 않는다.

임종희 경찰형사법
파이널 모의고사
시즌 2
제 3회

! **응시자 유의사항**

응시자는 반드시 기재된 과목명에 맞게 표기하여야 하며, 과목을 바꾸어 표기한 경우에도 상단에 기재된 과목 순서대로 채점되므로 유의하시기 바랍니다.

※ 시험이 시작되기 전까지 표지를 넘기지 마시오.

01

죄형법정주의에 관한 설명으로 가장 적절하지 않은 것은?(다툼이 있는 경우 판례에 의함)

① 구「어선법 시행규칙」에서 어선검사증서에 기재할 사항을 구체적으로 규정하면서 기재할 사항에 총 톤수를 포함시킨 것은 법의 위임에 따른 것으로서 위임입법의 한계를 벗어났다고 보기 어렵다.

② 아동학대범죄의 처벌 등에 관한 특례법(아동학대처벌법) 제34조 제1항은「아동학대범죄의 공소시효는 형사소송법 제252조에도 불구하고 해당 아동학대범죄의 피해아동이 성년에 달한 날부터 진행한다.」고 규정하고 있으므로, 위 규정 시행일인 2014. 9. 29. 당시 피해아동이 이미 성년에 달한 경우라도 공소시효의 진행이 정지된다고 보아야 한다.

③ 구 국제조세조정에 관한 법률 제34조 제6항의 위임에 따라 시행령에서 구체화될 '신고의무자 판정기준'에 외국법인(완전자회사)의 의결권 있는 주식 100분의 100을 직접 또는 간접 소유한 내국법인(완전모회사)을 실질적 소유자로 판정하는 기준이 포함될 수 있음을 충분히 예측할 수 있으므로, 완전모회사인 내국법인을 완전자회사인 외국법인 명의의 해외금융계좌의 실질적 소유자로 정한 구 국제조세조정에 관한 법률 시행령 제50조 제4항 본문 중 괄호 부분이 구 국제조세조정에 관한 법률 제34조 제6항의 위임범위를 일탈하여 무효라고 볼 수 없다.

④ 결혼중개업의관리에관한법률(결혼중개업법) 제10조의2 제4항에 의하여 대통령령에 규정하도록 위임된 '신상정보의 제공 시기'는 적어도 이용자와 상대방의 만남 이전이 될 것임을 충분히 예측할 수 있으므로, 결혼중개업법 시행령 제3조의2 제3항이 결혼중개업법 제10조의2 제4항에서 위임한 범위를 일탈하여 위입입법의 한계를 벗어났다고 볼 수 없다.

02

「형법」의 적용범위에 관한 설명으로 가장 적절한 것은? (다툼이 있는 경우 판례에 의함)

① 포괄일죄로 되는 개개의 범죄행위가 법 개정의 전후에 걸쳐서 행하여진 경우 신·구법의 법정형에 대한 경중을 비교하여 볼 필요도 없이 범죄실행 종료 시의 법이라고 할 수 있는 신법을 적용하여 포괄일죄로 처단하여야 한다.

② 신설된 처벌법규가 포괄일죄인 상습범을 처벌하는 구성요건인 경우, 시행되기 이전의 상습범의 행위에 대해서도 신설된 법규를 적용하여 2분의1까지 가중하는 상습범으로 처벌할 수 있다.

③ 범죄의 성립과 처벌에 관하여 규정한 형벌법규 자체 또는 그로부터 수권 내지 위임을 받은 법령의 변경에 따라 범죄를 구성하지 아니하게 되거나 형이 가벼워진 경우에는, 종전 법령이 범죄로 정하여 처벌한 것이 부당하였다거나 과형이 과중하였다는 반성적 고려에서 법령을 개폐하였을 경우에 한하여 형법 제1조 제2항과 형사소송법 제326조 제4호가 적용된다.

④ 군인 등이 대한민국의 국군이 군사작전을 수행하기 위한 근거지에서 군인 등을 폭행했다면 그곳이 대한민국의 영토 내인지, 외국군의 군사기지인지 등과 관계없이 군형법 제60조의6 제1호에 따라 형법 제260조 제3항(폭행죄의 반의사불벌죄)이 적용되지 않는다.

03

부작위범에 관한 설명으로 가장 적절하지 <u>않은</u> 것은?(다툼이 있는 경우 판례에 의함)

① 보험계약 체결 당시 이미 발생한 교통사고 등으로 생긴 '요추, 경추, 사지' 부분의 질환과 관련하여 입·통원 치료를 받고있었을 뿐 아니라 그러한 기왕증으로 인해 유사한 상해나질병으로 보통의 경우보다 입원치료를 더 받게 될 개연성이 농후하다는 사정을 인식하고 있었음에도 자신의 과거 병력과 치료 이력을 모두 묵비한 채 보험계약을 체결하였다면 부작위에 의한 기망에 해당한다.

② 경찰공무원이 지명수배 중인 범인을 발견하고도 직무상 의무에 따른 적절한 조치를 취하지 아니하고 오히려 범인을 도피하게 하는 행위를 하였다면, 그 직무위배의 위법상태는 범인도피행위 속에 포함되어 있다고 보아야 할 것이므로, 이와 같은 경우에는 작위범인 범인도피죄만이 성립하고 부작위범인 직무유기죄는 따로 성립하지 아니한다.

③ 甲이 휴대폰 녹음기능을 작동시킨 상태로 A의 휴대폰에 전화를 걸어 약 8분간의 전화통화를 마친 후 바로 전화를 끊지 않고 A가 먼저 전화 끊기를 기다리던 중 B의 목소리가 들려오자 A가 실수로 통화종료 버튼을 누르지 아니한 상태를 이용하여 A와 B가 나누는 대화를 몰래 청취·녹음하였다면 甲의 행위는 부작위에 의한 통신비밀보호법위반죄에 해당한다.

④ 공사업자 甲이 A의 토지 위에 자신의 공사를 위해 쌓아 두었던 건축자재를 공사 완료 후 단순히 치우지 않은 것에 불과하다면, 이러한 행위가 A의 추가 공사업무에 대한 적극적인 방해행위와 동등한 형법적 가치를 가진다고 볼 수 없다.

04

인과관계에 관한 다음 설명 중 가장 적절하지 <u>않은</u> 것은?(다툼이 있으면 판례에 의함)

① 의료사고에서 의사의 과실과 결과 발생 사이에 인과관계를 인정하기 위해서는, 주의의무 위반이 없었더라면 그러한 결과가 발생하지 않았을 것임이 증명되어야 한다.

② 형사재판에서는 인과관계의 증명에 있어서 '합리적인 의심이 없을 정도'의 증명을 요하므로 그에 관한 판단이 동일 사안의 민사재판과 달라질 수 있다.

③ 甲은 주식회사를 운영하면서 발주처로부터 공사완성의 대가로 공사대금을 지급받았으며, 설령 법인 인수 과정에서 법인 등록요건 중 인력요건을 외형상 갖추기 위해 관련 자격증 소지자들로부터 자격증을 대여받은 사실을 발주처에 숨기는 등의 행위를 하였다고 하더라도 그 행위와 공사대금 지급 사이에 상당인과관계를 인정할 수 없으므로 사기죄가 성립한다고 할 수 없다.

④ 의사의 의료행위와 환자에게 발생한 상해·사망 등 결과 사이에 인과관계가 인정되는 경우에는, 검사가 업무상과실로 평가할 수 있는 행위의 존재 또는 그 업무상과실의 내용을 구체적으로 증명하지 못하였어도, 의료행위로 인하여 환자에게 상해·사망 등 결과가 발생하였다는 사정이 있는 이상 의사에게 의료행위로 인한 업무상과실치사상죄를 인정할 수 있다.

05

과실범에 관한 설명으로 가장 적절하지 <u>않은</u> 것은?(다툼이 있는 경우 판례에 의함)

① 야간에 고속도로에서 차량을 운전하는 자는 주간과는 달리 노면상태 및 가시거리상태 등에 따라 고속도로상의 제한최고속도 이하의 속도로 감속·서행할 주의의무가 있으므로, 야간에 선행사고로 인하여 전방에 정차해 있던 승용차와 그 옆에 서 있던 피해자를 충돌한 경우, 운전자에게 제한속도 이하로 감속하지 않은 과실이 있다.

② 피고인이 우측으로 비스듬히 구부러진 도로에서 편도 2차로로 제한속도의 범위 내에서 차량을 운행하고 있었는데, 피고인의 후방에서 갑이 승용차로 위 도로 1차로상을 제한속도를 초과하여 따라오다가 피고인의 좌측으로 나란히 진행하게 될 무렵에 피고인이 자신의 차량을 1차로 쪽으로 근접하여 운전하자, 갑이 핸들을 좌측으로 돌리면서 급제동 조치를 취하였으나 미끄러지면서 전방에 설치된 중앙분리대를 충격하게 되어 상해를 입은 경우, 피고인에게 업무상 과실이 있다.

③ 택시운전기사가 심야에 밀집된 주택 사이의 좁은 골목길이자 직각으로 구부러져 가파른 비탈길의 내리막에서 그다지 속도를 줄이지 않고 진행하다가 내리막에 누워 있던 피해자의 몸통 부위를 택시 바퀴로 역과하여 그 자리에서 사망에 이르게 한 경우, 그에게 업무상 과실이 인정된다.

④ 甲이 운전자의 부탁으로 차량의 조수석에 동승한 후, 운전자의 차량운전행위를 살펴보고 잘못된 점이 있으면 이를 지적하여 교정해 주려 했던 것에 그치고 전문적인 운전교습자가 피교습자에 대하여 차량운행에 관해 모든 지시를 하는 경우와 같이 주도적 지위에서 동 차량을 운행할 의도가 있었다거나 실제로 그같은 운행을 하였다고 보기 어렵다면 그와 같은 운행중에 야기된 사고에 대하여 과실범의 공동정범의 책임을 물을 수 없다.

06

다음 설명 중 옳지 <u>않은</u> 것은 모두 몇 개인가?(다툼이 있는 경우 판례에 의함)

㉠ 진정한 양심에 따른 예비군훈련 거부의 경우에도 예비군법 제15조 제9항 제1호에서 정한 '정당한 사유'에 해당한다고 보아야 한다. 그리고 정당한 사유가 없다는 사실은 범죄구성요건이므로 검사가 증명하여야 한다.

㉡ 병역법 제88조 제1항은 현역입영 또는 소집통지서를 받고도 응하지 않은 사람에게 정당한 사유가 있는 때에는 벌할 수 없는데, 여기에서 정당한 사유는 구성요건해당성을 조각하는 사유로서 형법상 위법성조각사유인 정당행위나 책임조각사유인 기대불가능성과는 구별된다.

㉢ 치과의사 갑이 환자의 미간과 눈가에 보톡스 시술을 한 행위가 면허 범위를 벗어난 의료행위에 해당한다.

㉣ 충동약물치료법 제35조 제2항은 약물치료 등 치료명령을 수인하기 어려운 정당한 사유가 있는 경우에는 피고인이 치료명령에 따른 준수사항을 위반하더라도 벌할 수 없도록 하고 있는데, 여기서 정당한 사유는 구성요건해당성을 조각하는 사유로, 형법상 위법성조각사유인 정당행위나 책임조각사유인 기대불가능성과는 구별된다.

㉤ 대한민국 국민 갑이 대한민국 영역 외에서(일본에서) 안마업을 하는 경우에도 우리나라 시·도지사의 자격인정을 받아야 할 의무가 있으므로, 자격의무의 위반행위는 의료법 제88조 제3호에 의하여 처벌한다.

① 1개   ② 2개

③ 3개   ④ 4개

07

다음 사례에 대한 설명으로 옳지 않은 것은?

> 甲은 A를 골탕 먹일 생각으로 A의 집 창문을 향해 돌을 던져 창문을 깨뜨렸다. 하지만 마침 연탄가스에 중독되어 위험한 상태였던 A는 甲이 창문을 깨뜨리는 바람에 생명을 구할 수 있었다.

① 위법성조각사유를 검토함에 있어 주관적 정당화요소가 필요하지 않다는 입장에 따르면 甲의 행위는 불가벌이다.

② 고의범의 위법성조각사유에는 주관적 정당화요소가 필요하다는 입장은 구성요건 해당 행위의 결과반가치와 행위반가치 모두가 상쇄되어야 위법성이 조각될 수 있다는 점을 근거로 한다.

③ 행위반가치는 인정되나 객관적 정당화상황의 존재로 인해 결과반가치가 인정되지 않으므로 甲에게 불능미수 규정을 유추적용하자는 견해에 따르는 경우, 甲의 행위는 불가벌이다.

④ 구성요건적 결과가 발생한 이상 결과반가치가 인정되므로 甲에게 재물손괴죄의 기수를 인정해야 한다는 입장에 대하여는, 객관적 정당화상황이 존재함에도 존재하지 않는 경우와 동일하게 평가하는 것은 문제라는 비판이 있다.

08

법률의 착오에 '정당한 이유'가 있는 것은 모두 몇 개인가?(다툼이 있으면 판례에 의함)

> ㉠ 한국간행물윤리위원회나 정보통신윤리위원회가 만화에 대하여 심의하여 음란성 등을 이유로 청소년 유해매체물로 판정하였을 뿐 더 나아가 시정요구를 하거나 관계기관에 형사처벌 또는 행정처분을 요청하지 않았기 때문에 피고인들의 행위가 죄가 되지 아니하는 것으로 생각한 경우
>
> ㉡ 부동산중개업자가 아파트 분양권의 매매를 중개하면서 중개수수료 산정에 관한 지방자치단체의 조례를 잘못 해석하여 법에서 허용하는 금액을 초과한 중개수수료를 수수한 경우
>
> ㉢ 중국 국적 선박을 구입한 피고인이 외환은행 담당자의 안내에 따라 매도인 중국 해운회사에 선박을 임대하여 받기로 한 용선료를 재정경제부장관에게 미리 신고하지 아니하고 선박 매매대금과 상계함으로써 (구)「외국환거래법」을 위반하였다하여 기소된 경우

> ㉣ 사립학교인 갑 외국인학교 경영자인 피고인이 갑 학교의 교비회계에 속하는 수입을 수회에 걸쳐 을 외국인학교에 대여함으로써「사립학교법」을 위반하였다하여 기소된 경우
>
> ㉤ 23년간 경력의 형사가 검사의 수사지휘만 받으면 허위로 공문서를 작성하여도 죄가 되지 아니하는 것으로 그릇 인식하고 허위의 공문서를 작성한 경우

① 0개　　　　　　② 1개

③ 2개　　　　　　④ 3개

09

다음 중 가장 적절한 것은? (다툼이 있는 경우 판례에 의함)

① 甲이 허위내용의 고소장을 경찰관에게 제출하였다가 그 경찰관으로부터 고소장의 내용만으로는 범죄 혐의가 없는 것이라 하므로 그 고소장을 되돌려 받은 때에는 「형법」 제156조에 따른 무고죄의 장애미수에 해당한다.

② 甲이 소송비용을 편취할 의사로 소송비용의 지급을 구하는 손해배상청구의 소를 제기하였다가 담당 판사로부터 소송비용의 확정은 소송비용액 확정절차를 통해 하라는 권유를 받고 위 소를 취하한 때에는 「형법」 제347조에 따른 사기죄의 불능미수에 해당한다.

③ 甲이 외국환 수출의 신고를 하지 않은 채 일화를 국외로 반출하기 위해, 일화 400만 엔이 든 휴대용 가방을 가지고 보안검색대에 나아가지 않은 채 공항 내에서 탑승을 기다리고 있던 중에 체포되었다면 일화 400만 엔의 반출에 대해서는 실행의 착수가 있다고 볼 수 없다.

④ 甲이 A의 뒤에 서서 카메라폰으로 치마 속 신체 부위를 일정한 시간 동안 촬영하다가 경찰관에게 발각되어 저장버튼을 누르지않고 촬영을 종료하였다면 구 「성폭력범죄의 처벌 및 피해자보호등에 관한 법률」 제14조의2 제1항에 따른 카메라 등 이용촬영죄의 장애미수에 해당한다.

10

다음 사례에 대한 설명 중 적절하지 <u>않은</u> 것은 모두 몇 개 인가?(다툼이 있는 경우 판례에 의함)

피고인(대마를 매수하면서 매매대금을 대포통장으로 무통장 입금을 한 피고인) 甲은 공소외 乙(정범인 마약매도인)이 수사기관의 추적을 피하기 위하여 속칭 '대포통장'을 이용한다는 사정을 알면서도, 을의 요청에 따라 차명계좌에 제3자 丙 명의로 대마 매매대금을 무통장 입금하는 방법으로 4회에 걸쳐 대마를 매수하면서, 乙이 마약류범죄의 발견에 관한 수사를 방해할 목적으로 불법수익 등의 출처와 귀속관계를 숨기는 행위를 방조하였다.

㉠ 구성요건상으로는 단독으로 실행할 수 있는 형식으로 되어 있는데 단지 구성요건이 대향범의 형태로 실행되는 경우에도 대향범에 관한 법리가 적용된다고 볼 수는 없다.

㉡ 마약류 불법거래 방지에 관한 특례법(이하 '마약거래방지법'이라 한다) 제7조 제1항의 '불법수익 등의 출처 또는 귀속관계를 숨기거나 가장'하는 행위는 불법수익 등을 정당하게 취득한 것처럼 취득 원인에 관한 사실을 숨기거나 가장하는 행위 또는 불법수익 등이 귀속되지 않은 것처럼 귀속에 관한 사실을 숨기거나 가장하는 행위를 뜻한다.

㉢ 마약거래방지법 제7조 제1항에서 정한 '불법수익 등의 출처 또는 귀속관계를 숨기거나 가장하는 행위'는 처벌규정의 구성요건 자체에서 2인 이상의 서로 대향된 행위의 존재를 필요로 하지 않으므로 정범의 이러한 행위에 가담하는 행위에는 형법 총칙의 공범 규정이 적용된다.

㉣ 정범의 마약류 불법거래 방지에 관한 특례법상 '불법수익 등의 은닉 및 가장' 범행의 방조범 성립에 요구되는 방조의 고의와 정범의 고의에 관하여 보면, 예컨대 마약매수인이 정범인 마약매도인으로부터 마약을 매수하면서 마약매도인의 요구로 차명계좌에 제3자 명의로 마약 매매대금을 입금하면서 그 행위가 정범의 범행 실행을 방조하는 것으로 불법성이 있다는 것을 인식해야 한다는 것을 뜻한다.

㉤ 마약매수인 갑이 마약매도인 을로 부터 마약을 매수하면서 을의 요구로 그 매매대금을 제3자인 병 명의의 차명계좌(대포통장)에 무통장 입금을 하였다면 갑과 을은 대향범에 관한 법리가 적용되므로, 갑은 형법 총칙상 공범인 방조범 규정이 적용

되지도 않고 또한 불법수익 등의 은닉 및 가장행위로 인한 마약류불법거래방지에관한특례법(마약거래방지법)위반죄의 방조범도 성립하지 않는다.

① 0개   ② 1개
③ 2개   ④ 3개

11

간접정범에 대한 설명으로 옳은 것은? (다툼이 있는 경우 판례에 의함)

① 강제추행죄는 정범 자신이 직접 범죄를 실행하여야 성립하는 자수범이라고 볼 수 없으므로, 강제추행죄는 처벌되지 아니하는 타인을 도구로 삼아 피해자를 강제로 추행하는 간접정범의 형태로도 범할 수 있다.

② 강제추행에 관한 간접정범의 의사를 실현하는 도구로서의 타인에는 피해자 자신은 포함될 수 없으므로, 피해자를 도구로 삼아 피해자 스스로 자신의 신체를 이용하여 추행행위를 하게 한 경우에는 강제추행죄의 간접정범이 성립하지 않는다.

③ 피고인이 아동·청소년인 피해자를 협박하여 스스로 자신의 성적 행위를 내용으로 하는 화상·영상 등을 생성하게 하고 이를 인터넷 사이트 운영자의 서버에 저장시켜 피고인의 휴대전화기에서 재생할 수 있도록 한 경우, 간접정범의 형태로는 아동·청소년이용음란물을 제작하는 행위에 해당한다고 할 수 없다.

④ 피고인이 아동·청소년인 피해자들을 협박하여 겁을 먹은 피해자들로 하여금 어쩔 수 없이 나체나 속옷만 입은 상태가 되게 하여 스스로를 촬영하게 하거나 성기에 이물질을 삽입하거나 자위를 하는 등의 행위를 하게 한 경우, 피해자들의 신체에 대한 직접적인 접촉은 없었으므로 강제추행죄가 성립하지 않는다.

12

죄수에 관한 설명 중 가장 적절하지 <u>않은</u> 것은? (다툼이 있는 경우 판례에 의함)

① 피고인이 자기 소유의 건물을 2017. 8. 31. 갑에게 월 70만 원에, 2018. 6. 18. 을에게 월 100만 원에 성매매장소로 제공하였다는 범죄사실로 각 약식명령이 확정되었는데, 위 건물을 2014. 6.경부터 2016. 4.경까지, 2018. 3.경부터 2018. 5. 13.경까지 병에게 월 300만 원에 임대하는 등 성매매장소로 제공하여 성매매알선 등 행위를 한 경우, 확정된 위 각 약식명령의 범죄사실과 본건 범죄사실은 동일사건에 해당하므로 포괄일죄 관계에 있다.

② 유사수신행위를 금지·처벌하는 유사수신행위의 규제에 관한 법률 제6조 제1항, 제3조 위반죄는 사기죄와 별개의 범죄이므로, 유사수신행위를 한 자가 출자자에게 별도의 기망행위를 하여 유사수신행위로 조달받은 자금의 전부 또는 일부를 다시 투자받는 행위가 유사수신행위의 규제에 관한 법률 위반죄의 불가벌적 사후행위에 해당하지 않고 별죄인 사기죄를 구성한다.

③ 여러 해 동안 수회에 걸쳐 이루어진 부정의약품 제조·판매행위 등을 포괄일죄에 해당한다고 보는 이상, 그 기간 중 어느 일정 연도의 연간 소매가격이 보건범죄단속법 제3조 제1항 제2호에서 정한 1천만 원을 넘은 경우에는 다른 연도의 연간 소매가격이 위 금액에 미달한다고 하더라도 그 전체를 보건범죄단속법 제3조 제1항 제2호위반의 포괄일죄로 처단함이 타당하다.

④ 비의료인이 의료기관을 개설하여 운영하는 도중 개설자 명의를 다른 의료인 등으로 변경한 경우에는 개설자 명의별로 별개의 범죄가 성립하고 각 죄는 실체적 경합범의 관계에 있다고 보아야 한다.

13

형벌에 관한 설명 중 가장 적절하지 <u>않은</u> 것은? (다툼이 있는 경우 판례에 의함)

① 형의 실효 등에 관한 법률(약칭 '형실효법')의 입법취지에 비추어 보면, 2번 이상의 징역형을 받은 자가 자격정지 이상의 형을 받음이 없이 마지막 형의 집행을 종료한 날부터 위 법에서 정한 기간을 경과한 때에는 그 마지막 형에 앞서는 형도 모두 실효되는 것으로 보아야 한다.

② 형법상 임의적 감경사유의 존재가 인정되고 법관이 그에 따라 징역형에 대해 법률상 감경을 하는 이상 형법 제55조 제1항 제3호에 따라 상한과 하한을 모두 2분의 1로 감경한다.

③ 형법 제37조 후단 경합범에 대하여 형법 제39조 제1항 후문에 따라 형을 감경할 때에는 형법 제55조 제1항이 적용되지 아니하여 유기징역의 경우 그 형기의 2분의 1 미만으로도 감경할 수 있다.

④ 무기징역형 집행 중인 피고인(이 사건 범행 당시 26세)이 다른 재소자들과 공모하여 피해자를 살해하였다고 기소된 사안에서, 피고인이 범행 당시 20대의 나이라는 사정은 종래부터 다수의 판례에서 사형 선고가 정당화되기 어려운 사정 중 하나로 밝혀왔고, 피고인이 미필적 고의로 범행을 저질렀다는 점은 중요한 양형요소에 해당하고, 여기에 피고인이 살인 범행에 흉기나 위험한 물건을 사용하지 않은 것과 피해자가 한 사람에 그친 것 또한 중요한 사정으로 다른 유사사건에서의 양형과 그 형평성을 비교해 볼 때 피고인에 대하여 사형을 선택한 원심판단에 법리오해 등의 위법이 있다.

14

선고유예에 대한 설명으로 적절하지 않은 것은 모두 몇 개인가?(다툼이 있으면 판례에 의함)

⊙ 자격정지 이상의 형을 받은 전과가 있는 자에 대하여는 선고유예를 할 수 없는데, 여기서 '자격정지 이상의 형을 받은 전과'란 자격정지 이상의 형을 선고받은 범죄경력 자체를 의미하는 것이고, 그 형의 효력이 상실된 여부는 묻지 않는다. 따라서 피고인에게 '징역 1년, 집행유예 2년 및 벌금 4억 원'의 형을 선고하면서, 징역형의 집행유예를 선고받은 전과가 있으므로 벌금형에 대하여 선고유예의 판결을 할 수 없다.

ⓛ 형의 집행유예를 선고받은 사람이 그 선고가 실효 또는 취소됨이 없이 정해진 유예기간을 무사히 경과하여 형의 선고가 효력을 잃게 되었다면, 선고유예결격사유인 '자격정지 이상의 형을 받은 전과가 있는 자'에 해당하지 아니하므로, 그 사람에 대하여 선고유예의 판결을 할 수 있다.

ⓒ 형법 제39조 제1항에 따라 형법 제37조 후단 경합범 중 판결을 받지 아니한 죄에 대하여 형을 선고하는 경우 형법 제37조 후단에 규정된 '금고 이상의 형에 처한 판결이 확정된 죄'의 형도 형법 제59조 제1항 단서에서 규정한 '자격정지 이상의 형을 받은 전과'에 포함되므로 선고유예의 판결을 할 수 없다.

ⓓ 형의 선고유예 판결이 확정된 후 2년을 경과한 때에는 형법 제60조에 따라 면소된 것으로 간주하고, 그 뒤에는 실효의 대상이 되는 선고유예의 판결이 존재하지 않으므로 선고유예 실효의 결정을 할 수 없다.

① 0개   ② 1개
③ 2개   ④ 3개

15

상해와 폭행의 죄에 관한 설명으로 옳지 않은 것만을 모두 고른 것은? (다툼이 있는 경우 판례에 의함)

⊙ 甲이 A의 뺨을 1회 때리고 오른손으로 목을 쳐서 A로 하여금 그대로 뒤로 넘어지면서 머리를 땅바닥에 부딪치게 하여 A에게 두부손상을 가하고 그로 인해 A가 병원에서 입원치료를 받다가 합병증으로 사망한 경우, 그러한 甲의 범행으로 인하여 두부손상이 발생하였고 이를 치료하는 과정에서 직접사인이 된 합병증이 유발되었다 하더라도, 합병증의 유발에 A의 기왕의 간경화 등 질환이 영향을 미쳤다면, 甲의 범행과 A의 사망 사이에 인과관계를 인정할 수 없고, 사망의 결과에 대한 예견가능성도 부정된다.

ⓛ 甲이 직계존속인 A를 2회 폭행하고, 4회 상해를 가한 것이 존속에 대한 동일한 폭력습벽의 발현에 의한 것으로 인정되는 경우, 그 중 법정형이 더 중한 상습존속상해 죄에 나머지 행위들을 포괄시켜 하나의 죄만이 성립한다.

ⓒ 甲이 A를 협박하여 A로 하여금 자상케 한 경우, 甲에게 상해의 결과에 대한 인식이 있고 그 협박의 정도가 A의 의사결정의 자유를 상실케 함에 족한 것인 이상 甲에 대하여 상해죄를 구성한다.

ⓓ 甲이 A의 신체에 공간적으로 근접하여 고성으로 폭언이나 욕설을 하거나 동시에 손발이나 물건을 휘두르거나 던지는 행위는 직접 피해자의 신체에 접촉하지 않았다 하더라도 이는 A에 대한 불법한 유형력의 행사로서 폭행에 해당될 수 있다.

① ⊙   ② ⊙, ⓛ
③ ⊙, ⓛ, ⓒ   ④ ⓛ, ⓒ, ⓓ

16

학대의 죄에 관한 설명 중 가장 적절하지 않은 것은? (다툼이 있는 경우 판례에 의함)

① 중학교 교사인 피고인이 수업시간 중 다소 선정적인 책을 보고 있었던 피해아동에게 엎드려뻗쳐를 시키고 같은 반 학생들에게 책을 보여주면서 "선정적이냐? 아니냐?"라고 묻는 등 망신을 준 경우, 아동학대신고의무자로서 보호하는 피해아동에 대하여 정서적 학대행위를 하였으므로「아동학대범죄의 처벌 등에 관한 특례법」위반(아동복지시설 종사자 등의 아동학대가중처벌)에 해당한다.

② 초등학교 담임교사인 피고인이 수업 중 학생들로 하여금 교실 앞으로 나와 노래를 부르고 율동을 따라하는 활동을 하도록 하였는데, 같은 반 학생인 피해아동이 율동에 참여하지 않았고, 점심시간이 되어 급식실로 이동하자는 피고인의 말에 따르지 않자, 그 과정에서 피고인이 피해아동에게 "야 일어나"라고 말하면서 피해아동의 팔을 잡아 일으키려고 한 경우, 신체적 학대행위를 하였으므로 아동복지법 위반(아동학대)에 해당한다.

③ 중학교 교사인 피고인은 피해학생들이 수업시간 종이 울렸는데도 교실 뒤쪽에 서 있거나 교실에 출입할 때 뒷문을 사용하지 않고 앞문으로 들어왔다는 이유로 체벌을 가하고, 또한 지각을 하여 교무실 앞에 서 있는 학생에 대하여 복장 불량을 이유로 머리를 때린 행위는 피해아동에 대하여 신체적 학대행위를 하였으므로「아동학대범죄의 처벌 등에 관한 특례법」위반(아동복지시설 종사자 등의 아동학대가중처벌)에 해당한다.

④ 어린이집 보육교사가 아동(4세)이 창틀에 매달리는 등 위험한 행동을 한다는 이유로 그를 안아 바닥에서 약78cm 높이의 교구장(110cm × 29cm × 63cm) 위에 올려둔 후 교구장을 1회 흔들고, 아동의 몸을 잡고는 교구장 뒤 창 쪽으로 흔들어 보이는 등 약40분 동안 앉혀둔 경우, 이는 비록 안전을 위한 조치라 할지라도 아동에 대한 학대행위에 해당한다.

17

체포와 감금죄에 관한 설명으로 적절하지 않은 것은 모두 몇 개인가?(다툼이 있는 경우 판례에 의함)

㉠ 체포죄는 계속범으로서 체포의 행위에 확실히 사람의 신체의 자유를 구속한다고 인정할 수 있을 정도의 시간적 계속이 있어야 기수에 이르고, 신체의 자유에 대한 구속이 그와 같은 정도에 이르지 못하고 일시적인 것으로 그친 경우에는 체포죄의 미수범이 성립할 뿐이다.

㉡ 시위자인 피고인들이 피해자인 경찰간부(경비과장)의 팔을 잡아당기거나 등을 미는 등의 방법으로 끌고 간 체포행위가 지속된 시간은 약 1분 10초 정도에 불과하였고, 다수의 경찰관들이 피고인들과 피해자를 에워싸는 바람에 피고인들은 체포행위에 착수한 지점으로부터 약 20m 정도 떨어진 곳까지 피해자를 끌고 가는데 그쳤다면 체포죄의 미수범이 성립한다.

㉢ 정신건강의학과 전문의인 피고인 갑·을이 각각 피해자의 아들인 피고인 병 등과 공동하여 피해자(병의 모친)를 응급이송차량에 강제로 태워 병원으로 데려가 입원시킨 경우, 갑·을에게 진단 과정에 정신건강의학과 전문의로서 최선의 주의를 다하지 아니하거나 신중하지 못했던 점이 일부 인정되므로 갑·을은 감금죄의 고의가 있었고 이들의 행위가 형법상 감금행위에 해당한다.

㉣ 보호의무자의 동의를 제대로 얻지 못한 상태에서 정신의료기관의 장의 결정에 의하여 정신질환자에 대한 입원이 이루어졌다면, 정신건강의학과 전문의 갑도 입원 진단 내지 입원권고서 작성행위만으로 부적법한 입원행위라고 보아 감금죄로 처벌할 수 있다.

㉤ 정신의료기관의 장이 자의(自意)로 입원 등을 한 환자로부터 퇴원 요구가 있는데도 구 정신보건법에 정해진 절차를 밟지 않은 채 방치한 경우, 위법한 감금행위에 해당한다.

① 0개 　　　　② 1개
③ 2개 　　　　④ 3개

18

강간과 추행의 죄에 관한 설명 중 적절하지 않은 것은 모두 몇 개인가?(다툼이 있으면 판례에 의함)

⊙ 2012. 12. 18.「형법」개정으로 강간죄와 강제추행죄의 객체가 부녀에서 사람으로 바뀌었다.

ⓛ 미용업체인 갑 주식회사를 운영하는 피고인이 갑 회사의 가맹점에서 근무하는 을(여, 27세)을 비롯한 직원들과 노래방에서 회식을 하던 중 을을 자신의 옆자리에 앉힌 후 갑자기 을의 볼에 입을 맞추고, 이에 을이 '하지 마세요'라고 하였음에도 계속하여 오른손으로 을의 오른쪽 허벅지를 쓰다듬은 경우, 피고인은 강제추행죄가 성립한다.

ⓒ 피고인이 밤에 술을 마시고 배회하던 중 버스에서 내려 혼자 걸어가는 피해자 甲(여, 17세)을 발견하고 마스크를 착용한 채 뒤따라가다가 인적이 없고 외진 곳에서 가까이 접근하여 껴안으려 하였으나, 甲이 뒤돌아보면서 소리치자 그 상태로 몇 초 동안 쳐다보다가 다시 오던 길로 되돌아갔다면, 피고인의 행위는 아동·청소년에 대한 강제추행미수죄에 해당한다.

ⓔ 군인 甲과 을은 자신의 독신자 숙소에서 서로 키스하거나 구강성교나 항문성교를 하였다면, 이는 독신자 숙소에서 휴일 또는 근무시간 이후에 성인 남성들의 자유로운 의사를 기초한 합의된 행위로 「군형법」제92조의6에서 처벌대상으로 규정한 '항문성교나 그 밖의 추행'에 해당하지 않는다.

ⓜ 피고인이 피해자 갑(여, 18세)과 성관계를 할 의사로 술에 취하여 모텔 침대에 잠들어 있는 갑의 속바지를 벗기다가 갑이 깨어나자 중단한 경우, 피고인이 갑의 속바지를 벗기려던 행위는 갑의 항거불능 상태를 이용하여 간음의 의도를 가지고 간음의 수단이라고 할 수 있는 행동을 시작한 것으로서 아동·청소년의 성보호에 관한 법률 위반(준강간죄)의 실행에 착수한 것이다.

① 0개　　　　　　② 1개

③ 2개　　　　　　④ 3개

19

업무방해죄에 관한 설명으로 가장 적절하지 않은 것은? (다툼이 있는 경우 판례에 의함)

⊙ 평균적인 독자의 관점에서 문제 된 부분이 실제로는 비평자의 주관적 의견에 해당하고, 다만 비평자 자신의 의견을 강조하기 위한 수단으로 겉으로 보기에 증거에 의해 입증 가능한 구체적인 사실관계를 서술하는 형태의 표현을 사용한 것이라고 한다면 명예훼손죄에서 말하는 사실의 적시에 해당한다고 볼 수 있다.

ⓛ 국립대학교 총학생회장인 피고인이 농활 답사 과정에서 자신을 포함한 학생회 임원진의 음주운전 및 묵인 관행에 대해 글을 써 페이스북 등에 게시함으로써 음주운전자로 특정된 피해자에 대한 명예훼손죄로 기소된 경우, 이 사건 게시 글의 중요한 부분이 '진실한 사실'에 해당하고 주된 의도·목적의 측면에서 공공의 이익을 위한 것임이 충분히 인정되므로 형법 제310조의 위법성조각사유에 해당한다.

ⓒ 피고인이 고등학교 동창인 갑으로부터 사기 범행을 당했던 사실과 관련하여 같은 학교 동창 10여 명이 참여하던 단체 채팅방에서 '갑이 내 돈을 갚지 못해 사기죄로 감방에서 몇 개월 살다가 나왔다. 집에서도 포기한 애다. 너희들도 조심해라.'라는 내용의 글을 게시한 경우, 피고인은 갑에 대한 정보통신망 이용촉진 및 정보보호 등에 관한 법률 위반(명예훼손)죄가 성립한다.

ⓔ 피고인이 자신의 유튜브 채널에 갑의 방송 영상을 게시하면서 갑의 얼굴에 '개' 얼굴을 합성하는 방법으로 사용한 경우, 영상의 전체적인 내용을 살펴볼 때, 피고인이 갑의 얼굴을 가리는 용도로 동물 그림을 사용하면서 갑에 대한 부정적인 감정을 다소 해학적으로 표현하려 한 것에 불과하므로 모욕죄가 성립하지 않는다.

ⓜ 정보통신망을 이용한 명예훼손의 경우에도 서적·신문 등 기존의 매체에 명예훼손적 내용의 글을 게시하는 경우와 마찬가지로 그 게시행위로써 명예훼손의 범행은 종료된다.

① 0개　　　　　　② 1개

③ 2개　　　　　　④ 3개

20

업무방해죄에 관한 설명으로 가장 적절한 것은?(다툼이 있는 경우 판례에 의함)

① 피고인 갑이 전화금융사기 편취금을 혼자 한꺼번에 자동화기기를 통해 무매체 입금하는 것임에도 마치 여러 명이 각각 피해자 은행들의 '1인 1일 100만 원' 한도를 준수하면서 입금하는 것처럼 가장하여 전화금융사기 조직원으로부터 제공받은 제3자의 이름과 주민등록번호를 자동화기기에 입력한 후 100만 원 이하의 금액으로 나누어 불상의 계좌로 무매체 입금한 경우, 갑의 행위는 은행에 대하여 위계에 의한 업무방해죄를 구성한다.

② 특성화고등학교인 A 고등학교의 교장인 갑이 신입생 입학 '사정회의' 과정에서 면접위원인 피해자 乙 등에게 "참 선생님들이 말을 안 듣네. 중학교는 이 정도면 교장 선생님한테 권한을 줘서 끝내는데. 왜 그러는 거죠?" 등 특정 학생을 합격시키라는 취지의 발언을 하여 특정 학생의 면접 점수를 상향시켜 신입생으로 선발되도록 한 경우, 갑의 행위는 위력으로 乙 등의 신입생 면접 업무를 방해하였다고 할 것이다.

③ 업무방해죄에서 '허위사실의 유포'란 객관적으로 진실과 부합하지 않는 사실을 유포하는 것으로서 단순한 의견이나 가치판단을 표시하는 것은 이에 해당하지 않는다. 유포한 대상이 사실과 의견 가운데 어느 것에 속하는지 판단할 때는 언어의 통상적 의미와 용법, 증명가능성, 문제된 말이 사용된 문맥, 당시의 사회적 상황 등 전체적 정황을 고려해서 판단해야 한다.

④ 업무방해죄에서의 '허위사실의 유포'와 관련하여 의견표현과 사실 적시가 혼재되어 있는 경우에는 의견표현과 사실 적시 부분을 분리하여 별개로 범죄의 성립 여부를 판단해야지, 이를 전체적으로 보아 허위사실을 유포하여 업무를 방해한 것인지 등을 판단해서는 안된다.

21

주거침입죄에 관한 다음 설명 중 옳지 않은 것은 모두 몇 개인가?(다툼이 있으면 판례에 의함)

㉠ 피고인은 오로지 본드를 흡입할 목적으로 길을 배회하며 적당한 장소를 찾다가 본드 2개가 담긴 검은색 비닐봉지를 들고 피해자 갑 등이 거주하는 빌라 건물의 공동현관문을 열고 들어가 5층 계단까지 침입한 후 공업용 접착제를 흡입한 경우, 피고인이 이 사건 건물에 들어간 행위로 갑 등의 '주거의 사실상 평온상태'가 침해되었다고 볼 수 없어 주거침입으로 평가할 수 없다.

㉡ 관리자가 건조물을 사실상 점유·관리하는 경우라면 설령 정당한 권원이 없는 사법상 불법점유이더라도 적법한 절차에 의하여 점유를 풀지 않는 한 그에 따른 사실상 평온은 보호되어야 하므로 사법상 권리자라 하더라도 정당한 절차에 의하지 아니하고 건조물에 침입한 경우에는 건조물침입죄가 성립한다.

㉢ 피고인들(사드반대단체회원들)이 골프장 부지에 설치된 사드(THAAD: 고고도 미사일 방어 체계)기지 외곽 철조망을 미리 준비한 각목과 장갑을 이용해 통과하여 300m 정도 진행하다가 내곽 철조망에 도착하자 미리 준비한 모포와 장갑을 이용해 통과하여 사드기지 내부 1km 지점까지 진입함으로써 대한민국 육군과 주한미군이 관리하는 건조물에 침입한 경우, 폭력행위 등 처벌에 관한 법률 위반(공동주거침입)에 해당한다.

㉣ 주거에 들어가는 행위 자체가 거주자의 의사에 반한다는 주관적 사정이 존재한다면 바로 주거침입죄의 침입에 해당한다고 볼 수 있고, 침입행위에 해당하는지는 종국적으로 거주자의 의사에 반하는지에 따라 판단하여야 하므로, 거주자의 의사에 반하는지는 사실상의 평온상태를 해치는 행위태양인지를 평가할 때 고려할 하나의 요소가 될 수 있다.

㉤ 피고인 갑은 A회사의 설립 당시부터 갑의 직원 5명이 파견 근무 중인 상황에서 업무상 편의를 위해 A회사 대표이사 을로부터 A회사의 출입을 위한 스마트키를 교부받았고, A회사에는 갑의 지문까지 등록되어 그 이후 A회사에 스마트키를 사용하여 여러 차례 출입을 하였으나, 일요일 야간(22:00경)에 스마트키를 이용하여 A회사의 문을 열고 들어가 A회사 및 을의 재물을 들고 나온 경우, 건조물침입죄는 성립하지 않는다.

① 0개
② 1개
③ 2개
④ 3개

22

재산죄에 관한 설명으로 가장 적절한 것은? (다툼이 있는 경우 판례에 의함)

① 「형법」 제333조 후단의 강도죄(이른바 강제이득죄)의 요건인 재산상의 이익이란 재물을 포함한 모든 재산상의 이익을 말하는 것으로서 적극적 이익(적극적인 재산의 증가)이든 소극적 이익(소극적인 부채의 감소)이든 묻지 않는다.

② 甲이 상대방으로부터 금품이나 재산상 이익을 받을 것을 약속하고 성행위를 하는 경우 그 행위의 대가는 사기죄의 객체인 경제적 이익에 해당하지 않는다.

③ 甲이 피해자를 폭행·협박하여 매출전표에 허위 서명하게 하고 이를 교부받아 소지한 경우 甲이 신용카드회사에 매출전표를 제출하여도 신용카드회사가 신용카드 가맹점 규약 또는 약관의 규정을 들어 그 금액의 지급을 거절할 수 있으므로 甲은 '재산상 이익'을 취득하였다고 볼 수 없다.

④ 사기로 편취한 재물 또는 재산상의 이익의 가액을 구체적으로 산정할 수 없는 경우에는 편취한 재물 또는 재산상 이익의 가액이 5억 원 이상 또는 50억 원 이상인 것이 범죄구성요건의 일부로 되어 있고 그 가액에 따라 그 죄에 대한 형벌도 가중하는 특정경제범죄 가중처벌 등에 관한 법률위반(사기)죄로 처벌할 수 없다.

23

사기죄에 관한 설명으로 가장 적절하지 않은 것은? (다툼이 있는 경우 판례에 의함)

① 피해자 법인이나 단체의 대표자 또는 실질적으로 의사결정을 하는 최종결재권자 등 기망의 상대방이 기망행위자와 동일인이거나 기망행위자와 공모하는 등 기망행위를 알고 있었던 경우에는 사기죄가 성립한다고 보기 어렵다.

② 기망행위에 의하여 국가적 또는 공공적 법익을 침해하는 경우라도 그와 동시에 형법상 사기죄의 보호법익인 재산권을 침해하는 것과 동일하게 평가할 수 있는 때에는 행정법규에서 사기죄의 특별관계에 해당하는 처벌규정을 별도로 두고 있지 않는 한 사기죄가 성립할 수 있으므로, 피고인이 담당 공무원을 기망하여 납부의무가 있는 농지보전부담금을 면제받아 재산상 이익을 취득한 경우에는 사기죄가 성립한다.

③ 사기죄의 보호법익은 재산권이므로, 기망행위에 의하여 국가적 또는 공공적 법익이 침해되었다는 사정만으로 사기죄가 성립한다고 할 수 없다.

④ 도급계약 당시 관련 영업 또는 업무를 규제하는 행정법규나 입찰 참가자격, 계약절차 등에 관한 규정을 위반한 사정이 있더라도 그러한 사정만으로 도급계약을 체결한 행위가 기망행위에 해당한다고 단정해서는 안 된다.

24

횡령의 죄에 관한 설명으로 가장 적절하지 않은 것은? (다툼이 있는 경우 판례에 의함)

① 금전 수수를 수반하는 사무처리를 위임받은 사람이 그 행위에 기하여 위임자를 위하여 제3자로부터 수령한 금전을 위임의 취지대로 사용하지 아니하고 마음대로 자신의 위임자에 대한 채권에 상계충당한 경우, 특별한 약정이 없는 한 횡령죄를 구성한다.

② 법인의 대표자가 직무집행정지가처분 신청을 받은 이사의 가처분사건 소송비용을 법인 경비에서 지급한 경우에는 위 가처분신청에 대항하여 항쟁할 필요가 있었다면 업무상횡령죄가 성립한다고 볼 수 없으며, 상가관리운영위원회의 운영위원장이 그에 대하여 제기된 직무집행정지가처분 신청에 대응하기 위하여 선임한 변호사의 선임료를 상가 관리비에서 지급한 경우에도 같은 법리가 적용된다.

③ 법인 자체가 소송당사자가 된 경우에는 원칙적으로 그 소송의 수행이 법인의 업무수행이라고 볼 수 있으므로, 특별한 사정이 없는 한 그 변호사 선임료를 법인의 비용으로 지출할 수 있다.

④ 피고인이 갑과, 갑이 해외투자처인 을 회사에 투자하고자 하는 자들로부터 사기 및 유사수신행위의 규제에 관한 법률 위반 범행으로 모집한 투자금을 피고인에게 송금하면 피고인이 이를 갑이 지정하는 외국환거래 회사를 통하여 을 회사에 전달하고, 변호사로서 그 전달과정에 부수되는 자문업무를 수행하는 것을 내용으로 하는 '에스크로(Escrow) 및 자문 계약'을 체결한 후 계약에 따라 갑으로부터 돈을 송금받아 보관하던 중 그 일부를 임의로 소비한 경우, 갑의 피고인에 대한 투자금의 교부가 불법원인급여에 해당하므로 횡령죄가 성립하지 않는다.

25

손괴죄에 대한 설명으로 옳지 않은 것은? (다툼이 있는 경우 판례에 의함)

① 피고인이 타인 소유 토지에 권원 없이 건물을 신축함으로써 소유자가 그 물건의 효용을 누리지 못하게 되었더라도 효용 자체가 침해된 것은 아니므로 재물손괴죄에 해당하지 않는다.

② 피고인이 평소 자신이 굴삭기를 주차하던 장소에 갑의 차량이 주차되어 있는 것을 발견하고 갑의 차량 앞에 철근콘크리트 구조물을, 뒤에 굴삭기 크러셔를 바짝 붙여 놓아 갑이 17~18시간 동안 차량을 운행할 수 없게 된 경우, 재물손괴죄가 성립한다.

③ 갑이 홍보를 위해 광고판(홍보용 배너와 거치대)을 1층 로비에 설치해 두었는데, 피고인이 을에게 지시하여 을이 위 광고판을 그 장소에서 제거하여 컨테이너로 된 창고로 옮겨 놓아 갑이 사용할 수 없도록 한 경우, 피고인의 행위는 재물손괴죄에서의 재물의 효용을 해하는 행위에 해당한다.

④ 피고인은 갑이 을로부터 매수한 토지의 경계 부분에 매수 전 자신이 식재하였던 수목 5그루를 전기톱을 이용하여 절단한 경우, 해당 수목은 토지에 부합하여 갑에게 그 소유권이 귀속되므로 피고인의 행위는 재물손괴죄가 성립한다.

26

문서에 대한 죄의 설명 중 옳지 않은 것은 모두 몇 개인가?(다툼이 있으면 판례에 의함)

> ㉠ 시스템을 설치·운영하는 주체와의 관계에서 전자기록의 생성에 관여할 권한이 없는 사람이 전자기록을 작출하거나 전자기록의 생성에 필요한 단위정보의 입력을 하는 경우에는 형법 제227조의2(공전자기록위작·변작)에서 말하는 전자기록의 '위작'에 해당한다.
>
> ㉡ 시스템의 설치·운영 주체로부터 각자의 직무 범위에서 개개의 단위정보의 입력 권한을 부여받은 사람이 그 권한을 남용하여 허위의 정보를 입력함으로써 시스템 설치·운영 주체의 의사에 반하는 전자기록을 생성하는 경우도 형법 제227조의2(공전자기록위작·변작)에서 말하는 전자기록의 '위작'에 포함된다.
>
> ㉢ 형법 제232조의2(사전자기록위작 변작)에서 정한 '위작'의 개념에 권한 있는 사람이 그 권한을 남용하여 허위의 정보를 입력함으로써 시스템 설치·운영 주체의 의사에 반하는 전자기록을 생성하는 행위를 포함하더라도 처벌의 범위가 지나치게 넓어져 죄형법정주의의 원칙에 반하는 것으로 볼 수도 없다.
>
> ㉣ 주식의 소유가 실질적으로 분산되어 있는 주식회사에서 총 주식의 대다수를 소유한 지배주주 1인이 실제의 소집절차와 결의절차를 거치지 아니한 채 주주총회의 결의가 있었던 것처럼 의사록을 허위로 작성한 경우, 그 주주총회의 결의가 존재한다고 볼 수 있다.
>
> ㉤ 법원의 촉탁에 의하여 등기를 마친 경우에 그 전제절차에 허위적 요소가 있으면 공전자기록 등 불실기재죄(형법 제228조 제1항)가 성립한다고 볼 수 있다.

① 1개
② 2개
③ 3개
④ 4개

27

다음 중 내란의 죄에 관한 설명으로 가장 적절하지 않은 것은?(다툼이 있으면 판례에 의함)

① 내란선동죄는 내란이 실행되는 것을 목표로 선동함으로써 성립하는 독립한 범죄이고, 선동으로 말미암아 피선동자들에게 반드시 범죄의 결의가 발생할 것을 요건으로 하지 않는다.

② 특정 정당 소속의 국회의원 피고인 갑 및 지역위원장 피고인 을이 공모하여, 이른바 조직원들과 두 차례 회합을 통하여 회합 참석자 130여 명에게 한반도에서 전쟁이 발발하는 등 유사시에 상부 명령이 내려지면 바로 전국 각 권역에서 국가기간시설 파괴 등 폭동을 할 것을 주장함으로써 내란죄를 범할 것을 선동한 경우, 내란선동죄가 성립한다.

③ 내란을 실행시킬 목표를 가지고 있다 하여도 단순히 특정한 정치적 사상이나 추상적인 원리를 옹호하거나 교시하는 것만으로는 내란선동이 될 수 없고, 피선동자에게 내란 결의를 유발하거나 증대시킬 위험성이 인정되어야만 내란선동으로 볼 수 있다.

④ 내란선동에 있어 시기와 장소, 대상과 방식, 역할분담 등 내란 실행행위의 주요 내용이 선동 단계에서 구체적으로 제시되어야 할 것은 아니나, 선동에 따라 피선동자가 내란의 실행행위로 나아갈 개연성은 인정되어야 한다.

28

공무방해에 관한 죄의 설명으로 옳은 것은 모두 몇 개인가?(다툼이 있는 경우 판례에 의함)

㉠ 이란 국적의 피고인이 사실은 대한민국에 입국 후 난민신청을 할 계획이었음에도 사업 목적으로 초청된 것처럼 가장하여 사증을 발급받아 입국하여 위계에 의한 공무집행방해죄와 출입국관리법 위반으로 기소된 경우, 피고인이 입국 후 곧바로 출입국사무소에 난민인정신청하여 법원의 확정판결에 의해 난민인정을 받고 '난민의 지위에 관한 협약' 제31조 제1호의 요건을 갖추었다면 피고인에게 무죄판결을 선고하여야 한다.

㉡ 대한민국에서 불법체류자로 생활하다가 적발되어 중국으로 강제퇴거 당한 피고인이 중국에서 성명과 생년월일이 변경된 신분증과 호구부를 발급받아 위장결혼을 통해 재입국하여 외국인등록을 마친 후, 법무부에 그와 같은 사실을 숨긴 채 변경된 인적사항으로 귀화허가신청서를 작성하여 이를 접수·심사하는 담당공무원에게 제출하여, 귀화를 허가받아 대한민국 국적을 취득하였다면 위계에 의한 공무집행방해죄가 성립한다.

㉢ 등기신청은 단순한 '신고'가 아니라 신청에 따른 등기관의 심사 및 처분을 예정하고 있으므로, 등기신청인이 제출한 허위의 소명자료 등에 대하여 등기관이 나름대로 충분히 심사를 하였음에도 이를 발견하지 못하여 등기가 마쳐지게 되었다면 위계에 의한 공무집행방해죄가 성립할 수 있다.

㉣ 집행관이 유체동산을 가압류하면서 이를 채무자에게 보관하도록 하였는데 채무자가 가압류된 유체동산을 제3자에게 양도하고 그 점유를 이전한 경우에는 특별한 사정이 없는 한 공무상표시무효죄가 성립하나, 채무자와 양수인이 가압류된 유체동산을 원래 있던 장소에 그대로 두었다면 달리 보아야 한다.

㉤ 피고인들이 '2007 남북정상회담 회의록' 파일이 첨부된 문서관리카드를 삭제함으로써 대통령기록물을 무단으로 파기하고 공무소에서 사용하는 전자기록을 무효한 경우, 이 사건 회의록 파일이 첨부된 문서관리카드는 행위 당시 대통령의 결재를 거쳐 대통령기록물로 생산되었고, 이 사건 문서관리카드에 수록된 정보들은 후속 업무처리의 근거가 되는 등 공무소에서 사용하는 전자기록에도 해당하므로, 피고인들은 대통령기록물관리에관한법률위반죄 및 형법 제141조 제1항의 공용전자기록 등 손상죄를 구성한다.

① 0개   ② 1개
③ 2개   ④ 3개

29

무고죄에 관한 설명으로 옳지 않은 것은 모두 몇 개인가?(다툼이 있는 경우 판례에 의함)

⊙ 피고인 갑은 자신의 아버지 을이 골프연습장을 운영하며 갑 명의의 농협은행 계좌를 사용하고 있었는데, 갑이 위 계좌와 연결된 통장을 재발급받아 합계 1,865만 원을 몰래 인출해 유흥비 등으로 사용하고 을의 의심을 피하기 위해 A 경찰서에 갑계좌에서 본인도 모르는 출금이 이뤄지고 있으니 '출금자의 신원을 밝혀주세요.'라고 기재한 고소장을 제출하고, 참고인 조사까지 받았다면 무고죄가 성립한다.

ⓒ 성폭행 등의 피해를 입었다는 신고사실에 관하여 불기소처분 내지 무죄판결이 내려졌다고 하여, 그 자체를 무고를 하였다는 적극적인 근거로 삼아 신고내용을 허위라고 단정하여서는 아니 된다.

ⓒ 신고자가 알고 있는 객관적인 사실관계에 의하더라도 신고사실이 허위라거나 또는 허위일 가능성이 있다는 인식을 하지 못하였다면 무고의 고의를 부정할 수 있으나, 이는 알고 있는 객관적사실관계에 의하여 신고사실이 허위라거나 허위일 가능성이 있다는 인식을 하면서도 그 인식을 무시한 채 무조건 자신의 주장이 옳다고 생각하는 경우까지 포함하는 것은 아니다.

ⓔ 타인으로 하여금 형사처분을 받게 할 목적으로 공무소에 대하여 허위의 사실을 신고하였다고 하더라도, 그 사실이 친고죄로서 그에 대한 고소기간이 경과하여 공소를 제기할 수 없음이 그 신고내용 자체에 의하여 분명한 때에는 당해 국가기관의 직무를 그르치게 할 위험이 없으므로 이러한 경우에는 무고죄가 성립하지 아니한다.

① 0개　　　　　② 1개
③ 2개　　　　　④ 3개

30

「형사소송법」 제197조의3(시정조치요구 등), 제197조의4(수사의 경합) 및 「검사와 사법경찰관의 상호협력과 일반적 수사준칙에 관한 규정」에 대한 설명으로 가장 적절하지 않은 것은?

① 검사는 사법경찰관리의 수사과정에서 법령위반, 인권침해 또는 현저한 수사권 남용이 의심되는 사실의 신고가 있거나 그러한 사실을 인식하게 된 경우에는 사법경찰관에게 사건기록등본의 송부를 요구할 수 있다.

② 위의 ①에 따라 검사로부터 사건기록 등본의 송부 요구를 받은 사법경찰관은 지체 없이 검사에게 사건기록 등본을 송부하여야 하며, 이 경우 사법경찰관은 요구를 받은 날부터 7일이내에 사건기록 등본을 검사에게 송부해야 한다.

③ 검사는 사법경찰관과 동일한 범죄사실을 수사하게 된 때에는 사법경찰관에게 사건을 송치할 것을 요구할 수 있으며, 이때에는 그 내용과 이유를 구체적으로 적은 서면으로 해야 한다.

④ 수사의 경합에 따라 사건송치를 요구받은 사법경찰관은 지체없이 검사에게 사건을 송치하여야 하며, 검사가 영장을 청구하기 전에 동일한 범죄사실에 관하여 사법경찰관이 영장을 신청한 경우 사법경찰관은 해당 영장에 기재된 범죄사실을 계속 수사할 수 없다.

31

「통신비밀보호법」상 감청과 녹음 및 청취에 관한 설명으로 가장 적절하지 않은 것은? (다툼이 있는 경우 판례에 의함)

① 갑은 배우자 乙과 함께 거주하는 아파트 거실에 녹음 기능이 있는 영상정보 처리기기(이른바 '홈캠')를 설치하였고, 위 거실에서 을과 을의 부모 및 동생이 대화하는 내용이 위 기기에 자동 녹음(녹음물)되어 있었는데, 갑이 위 녹음물을 청취하고 그 내용을 누설한 경우라면 통신비밀보호법상 '청취'에 포함된다고 할 것이다.

② 손님으로 가장한 경찰관이 대화당사자로서 성매매업소를 운영하는 피고인 등과의 대화 내용을 녹음한 것은 통신비밀보호법 제3조 제1항이 금지하는 공개되지 아니한 타인간의 대화를 녹음한 경우에 해당하지 않고, 경찰관이 불특정 다수가 출입할 수 있는 성매매업소에 통상적인 방법으로 들어가 적법한 방법으로 수사를 하는 과정에서 성매매알선 범행이 행하여진 시점에 위 범행의 증거를 보전하기 위하여 범행 상황을 녹음한 것이므로 설령 대화상대방인 피고인 등이 인식하지 못한 사이에 영장 없이 녹음하였다고 하더라도 이를 위법하다고 볼 수 없다.

③ 사람의 목소리라고 하더라도 상대방에게 의사를 전달하는 말이 아닌 단순한 비명소리나 탄식 등은 타인과 의사소통을 하기 위한 것이 아니라면 특별한 사정이 없는 한 타인 간의 '대화'에 해당한다고 볼 수 없다.

④ 전화통화 일방당사자의 통화녹음파일의 증거능력이 문제된 사건에서, 증거수집 절차가 개인의 사생활 내지 인격적 이익을 중대하게 침해하여 사회통념상 허용되는 한도를 벗어난 것이라면, 단지 형사소추에 필요한 증거라는 사정만을 들어 곧바로 형사소송에서 진실발견이라는 공익이 개인의 인격적 이익등 보호이익보다 우월한 것으로 섣불리 단정해서는 안 되나, 그러한 한도를 벗어난 것이 아니라면 형사절차에서 증거로 사용할 수 있다.

32

체포에 관한 설명으로 가장 적절하지 않은 것은? (다툼이 있는 경우 판례에 의함)

① 체포영장에 의하여 체포된 자가 그 후 석방되었더라도, 동일한 범죄사실에 관하여 다시 체포영장을 청구하는 취지 및 이유를 기재한 후 체포영장을 다시 청구할 수 있다.

② 체포된 피의자는 관할 법원에 체포의 적부심사를 청구할 수 있으며, 청구를 받은 법원은 그 청구가 이유 있다고 인정한 경우에는 심사 청구 후 피의자에 대하여 공소제기가 있는 경우에도 결정으로 체포된 피의자의 석방을 명하여야 한다.

③ 사법경찰관은 체포영장에 의해 피의자를 체포하는 경우에는 미리 수색영장을 발부받기 어려운 긴급한 사정이 있는 때에 한정하여 영장 없이 타인의 주거나 타인이 간수하는 가옥, 건조물, 항공기, 선차 내에서의 피의자 발견을 위한 수색을 할 수 있다. 이 경우에는 사후에 지체 없이 수색영장을 받아야 한다.

④ 현행범인으로 체포하기 위하여는 행위의 가벌성, 범죄의 현행성·시간적 접착성, 범인·범죄의 명백성 외에 체포의 필요성, 즉 도망 또는 증거인멸의 염려가 있어야 하며, 이러한 현행범인 체포의 요건을 갖추었는지는 체포 당시의 상황을 기초로 판단하여야 하고, 이에 관한 수사 주체의 판단에는 상당한 재량의 여지가 있다.

33

임의제출에 관한 설명으로 옳지 않은 것은? (다툼이 있는 경우 판례에 의함)

① 「형사소송법」 제218조의 임의제출에 따른 압수의 경우에도 수사기관은 영장에 의한 압수와 마찬가지로 객관적·구체적인 압수목록을 신속하게 작성·교부할 의무를 부담한다.

② 피해자 등 제3자가 피의자의 소유·관리에 속하는 정보저장매체를 영장에 의하지 않고 임의제출한 경우에는 특별한 사정이 없는 한 실질적 피압수자인 피의자에게 참여권을 보장하고 압수한 전자정보 목록을 교부하는 등 해당 피의자의 절차적 권리를 보장하기 위한 적절한 조치가 이루어져야 한다.

③ 현행범 체포현장이나 범죄 현장에서도 소지자 등이 임의로 제출하는 물건을 「형사소송법」 제218조에 의하여 영장 없이 압수하는 것이 허용되나, 이 경우 검사나 사법경찰관은 별도로 사후에 영장을 받아야 한다.

④ 임의제출자의 의사에 따른 전자정보 압수의 대상과 범위가 명확하지 않거나 알 수 없는 경우에는 임의제출에 따른 압수의 동기가 된 범죄혐의사실과 관련되고 이를 증명할 수 있는 최소한의 가치가 있는 전자정보에 한해 압수의 대상이 된다.

34

자백 및 자백배제법칙에 관한 설명 중 가장 적절하지 않은 것은?(다툼이 있으면 판례에 의함)

① 수사기관에서 가혹행위 등으로 임의성 없는 자백을 하고, 그후 법정에서도 그러한 심리상태가 계속되어 동일한 내용의 자백을 하였다면 그러한 자백도 임의성 없는 자백에 해당한다.

② 피고인이 직접 고문당하지 않았더라도 가족이나 다른 피고인이 고문당하는 것을 보고 자백한 경우도 증거능력이 배제된다.

③ 일정한 증거가 발견되면 피의자가 자백하겠다고 한 약속이 검사의 강요나 위계에 의하여 이루어졌다던가 또는 불기소나 경한 죄의 소추등 이익과 교환조건으로 된 것으로 인정되지않는다 하더라도 임의성 없는 자백이라고 보아야 한다.

④ 임의성이 인정되지 아니하여 증거능력이 없는 진술증거는 피고인이 증거로 함에 동의하더라도 증거로 삼을 수 없다.

35

위법수집증거배제법칙에 대한 설명으로 틀린 것은 모두 몇 개인가?(다툼이 있는 경우 판례에 의함)

㉠ 범행 현장에서 지문채취 대상물에 대한 지문채취가 먼저 이루어진 이상, 수사기관이 그 이후에 지문채취 대상물을 적법한 절차에 의하지 아니한 채 압수하였다고 하더라도 위와 같이 채취된 지문은 위법하게 압수한 지문채취 대상물로부터 획득한 2차적 증거에 해당하지 아니함이 분명하여, 이를 가리켜 위법수집증거라고 할 수 없다.

㉡ 수사기관이 압수·수색영장을 제시하고 집행에 착수하여 압수·수색을 실시하고 그 집행을 종료하였다면 이미 그 영장은 목적을 달성하여 효력이 상실되는 것이고, 동일한 장소 또는 목적물에 대하여 다시 압수·수색할 필요가 있는 경우라면 그 필요성을 소명하여 법원으로부터 새로운 압수·수색영장을 발부 받아야 하는 것이지, 앞서 발부 받은 압수·수색영장의 유효기간이 남아있다고 하여 이를 제시하고 다시 압수·수색을 할 수는 없다.

㉢ 압수·수색영장의 집행과정에서 폭행 등 범죄의 피해를 당한 검사 등이 수사에 관여하였다고 하더라도 그 검사 등이 작성한 참고인 진술조서 등의 증거능력이 부정될 수는 없다고 할 것이다.

㉣ 수사기관이 영장없이 범죄 수사를 목적으로 금융회사로부터 획득한 「금융실명거래 및 비밀보장에 관한 법률(이하 '금융실명법'이라 한다)」 제4조 제1항의 '거래정보 등'은 원칙적으로 「형사소송법」 제308조의2에서 정하는 '적법한 절차에 따르지 아니하고 수집한 증거'에 해당하여 유죄의 증거로 삼을 수 없다.

㉤ 「형사소송법」 제218조를 위반하여 소유자, 소지자 또는 보관자가 아닌 자로부터 제출받은 물건을 영장없이 압수한 경우 그 '압수물' 및 '압수물을 찍은 사진'은 피고인이나 변호인이 이를 증거로 함에 동의하였다고 하더라도 유죄 인정의 증거로 사용할 수 없다.

① 0개   ② 1개
③ 2개   ④ 3개

36

전문법칙에 관한 설명으로 가장 적절하지 않은 것은? (다툼이 있는 경우 판례에 의함)

① 피고인이 아닌 자의 진술을 기재한 서류가 비록 수사기관이 아닌 자에 의하여 작성되었다고 하더라도, 수사가 시작된 이후 수사기관의 관여나 영향 아래 작성된 경우로서 서류를 작성한 자의 신분이나 지위, 서류를 작성한 경위와 목적, 작성 시기와 장소 및 진술을 받는 방식 등에 비추어 실질적으로 고찰할 때 그 서류가 수사과정 외에서 작성된 것이라고 보기 어렵다면, 이를 「형사소송법」 제313조 제1항의 '전 2조의 규정 이외에 피고인이 아닌 자의 진술을 기재한 서류'에 해당한다고 할 수 없다.

② 「형사소송법」 제314조에서 '특히 신빙할 수 있는 상태하에서 행하여졌음에 대한 증명'은 단지 그러할 개연성이 있다는 정도로는 부족하고, 법정에서의 반대신문 등을 통한 검증을 굳이 거치지 않더라도 진술의 신빙성을 충분히 담보할 수 있어 실질적 직접심리주의와 전문법칙에 대한 예외로 평가할 수 있는 정도에 이르러야 한다.

③ 乙로부터 "甲이 도둑질하는 것을 보았다."라는 발언을 들은 A가 법정에서 증언하는 경우, 그 증언 내용은 乙의 甲에 대한 명예훼손 사건에 관한 전문증거로서 전문법칙이 적용된다.

④ 체포·구속인접견부는 유치된 피의자가 죄증을 인멸하거나 도주를기도하는 등 유치장의 안전과 질서를 위태롭게 하는 것을 방지하기 위한 목적으로 작성되는 서류로 보일 뿐이어서 「형사소송법」 제315조 제2호, 제3호에 규정된 당연히 증거능력이 있는 서류로볼 수 없다.

37

검사작성의 피의자신문조서에 대한 다음 설명 중 가장 적절하지 않은 것은? (다툼이 있는 경우 판례에 의함)

① 피고인이 자신과 공범관계에 있는 다른 피고인이나 피의자에 대하여 검사가 작성한 피의자신문조서의 내용을 부인하는 경우, 사법경찰관이 작성한 피의자신문조서와는 달리 형사소송법 제312조 제1항에 따라 유죄의 증거로 쓸 수 있다.

② 피고인이 공소사실을 부인하는 경우, 검사가 작성한 피의자신문조서 중 공소사실을 인정하는 취지의 진술 부분은 그 내용을 인정하지 않았다고 보아야 한다.

③ 피고인은 제1심에서 공소사실의 일시에 메트암페타민을 투약한 사실이 없다고 공소사실을 부인하였으므로 검찰 피의자신문조서 중 공소사실을 인정하는 취지의 진술 내용을 인정하지 않았다고 보아야 하므로, 제1심 공판조서의 일부인 증거목록에 피고인이 제1심 제2회 공판기일에서 위 검찰 피의자신문조서에 동의한 것으로 기재되어 있는 것은 착오 기재이거나 '동의'로 조서를 잘못 정리한 것으로 이해될 뿐 이로써 위 검찰 피의자신문조서가 증거능력을 가지게 되는 것은 아니다.

④ 형사소송법 제312조 제1항은 검사가 작성한 피의자신문조서는 공판준비, 공판기일에 그 피의자였던 피고인 또는 변호인이 그 내용을 인정할 때에 한정하여 증거로 할 수 있다고 규정하고 있다. 여기서 '그 내용을 인정할 때'라 함은 피의자신문조서의 기재 내용이 진술 내용대로 기재되어 있다는 의미가 아니고 그와 같이 진술한 내용이 실제 사실과 부합한다는 것을 의미한다.

38

전문증거에 관한 설명으로 가장 적절하지 않은 것은? (다툼이 있는 경우 판례에 의함)

① 수사기관이 참고인을 조사하는 과정에서 「형사소송법」 제221조 제1항에 따라 작성한 영상녹화물은 다른 법률에서 달리 규정하고 있는 등의 특별한 사정이 없는 한, 공소사실을 직접 증명할 수 있는 독립적인 증거로 사용될 수 없다.

② 甲은 악덕 사채업자 A와 채무변제 문제로 시비가 붙자 홧김에 A를 살해한 혐의로 기소되었는데, 甲의 친구 B는 공판에서 "甲이 나에게 '악덕 사채업자는 죽어도 싸다. 내가 A를 없애 버렸다'고 말한 적이 있습니다."라고 증언하였다면, 甲의 진술이 '특히 신빙할 수 있는 상태에서 행하여졌음'이 증명된 때에 한하여 B의 진술을 증거로 할 수 있다.

③ 사법경찰관이 작성한 실황조서가 사고발생 직후 사고장소에서 긴급을 요하여 판사의 영장없이 시행된 것으로서 「형사소송법」 제216조 제3항에 의한 검증에 따라 작성된 것이라면사후에 지체없이 영장을 받지 않는 한 유죄의 증거로 삼을 수 없다.

④ 참고인의 진술을 내용으로 하는 조사자 증언은 그 참고인이 법정에 출석하여 조사 당시의 진술을 부인하는 취지로 증언하였더라도, 그 진술이 '특히 신빙할 수 있는 상태에서 행하여졌음'이 증명되면 증거능력이 인정된다.

39

자백에 관한 설명으로 가장 적절하지 않은 것은? (다툼이 있는 경우 판례에 의함)

① 수사기관이 작성한 압수조서에 기재된 피의자였던 피고인의 자백 진술 부분은 피고인 또는 변호인이 내용을 부인하는 이상 증거능력이 없다.

② 상업장부나 항해일지, 진료일지 등의 문서가 우연히 피고인에 의해 작성되었고 그 문서의 내용 중 피고인의 범죄사실의 존재를 추론해 낼 수 있는 공소사실에 일부 부합되는 사실의 기재가 있다고 하더라도, 피고인이 범죄사실을 자백하는 문서라고 볼 수 없다.

③ 자동차등록증에 차량의 소유자가 피고인으로 등록·기재된 것은 피고인이 그 차량을 운전하였다는 사실의 자백부분에 대한 보강증거가 될 수 있지만, 피고인의 무면허운전이라는 전체 범죄사실의 보강증거가 될 수는 없다.

④ 피고인이 증거로 동의한 압수조서 중 '압수경위' 란에 피고인의 범행 장면(휴대전화기로 여성의 치마 속 몰래 촬영)을 현장에서 목격한 사법경찰관리가 이를 묘사한 진술내용이 포함된 경우, 이러한 내용은 지하철역 에스컬레이터에서 휴대전화기의 카메라를 이용하여 여성 피해자의 치마 속을한그 몰래 촬영하였다는 피고인의 자백에 대한 보강증거가 될 수 있다.

40

A는 2020. 9. 24. 甲에 대한 대여금채권을 피보전권리로 하여 甲이 B에 대하여 가지는 물품대금 채권에 대하여 가압류결정을 받았고, 위 가압류결정 정본은 2020. 10. 7. B에게 송달되었다. 甲은 C에게 채무가 없음에도 허위의 채무를 작출하여 그 허위채무에 대한 담보로 2020. 10. 6.경 위 물품대금채권을 C에게 양도하기로 하는 채권양도계약을 체결하였고, 2020. 10. 8. 채권양도 통지가 C에게 도달하였다. 한편 甲과 乙은 합동하여 2020.10. 11. A가 화장실에 간 틈을 타서 甲이 망을 보는 도중에 乙이 A의 핸드백에서 A 소유의 지갑을 꺼내어 가 절취하였다. 경찰은 甲과 乙을 조사한 후 사건을 검찰에 송치하였고, 검사는 A를 참고인으로 조사하면서 진술조서를 작성하고, A의 동의를 받아 참고인 조사과정을 영상 녹화하였다. 甲은 강제집행면탈죄 및 특수절도죄로, 乙은 특수절도죄로 각 기소되어 함께 재판받고 있다. 이에 관한 설명 중 옳지 않은 것을 모두 고른 것은?(다툼이 있는 경우 판례에 의함)

㉠ 위 가압류결정 정본이 B에게 송달되기 전에 甲이 강제집행을 면탈할 목적으로 위 물품대금채권을 허위로 C에게 양도하였다 하더라도, 가압류채권자인 A의 법률상 지위에 어떠한 영향을 미칠 수 없으므로, 위와 같은 채권양도행위는 강제집행면탈죄에 해당하지 아니한다.

㉡ 乙은 피의자신문과정에서 '甲이 허위의 채무를 부담하여 허위의 채권양도계약을 체결하는 것을 목격하였다'고 진술하였는데, 이러한 진술이 기재된 경찰 작성의 乙에 대한 피의자신문조서는 「형사소송법」 제312조 제3항이 적용되어 당해 피고인인 甲이 공판기일에서 내용을 부인하는 이상 甲의 강제집행면탈에 대한 증거로 쓸 수 없다.

㉢ 甲에 대한 제1심 공판절차에서 검사 작성의 A에 대한 진술조서가 증거로 제출되었는데, 이에 대해 甲이 증거로 함에 동의하지 않고, A가 증인으로 출석하여 진정성립을 인정하지 않았다 하더라도, 위 증거를 신청한 검사가 재판장의 허가를 받아 진술조서의 내용을 낭독하는 등으로 법정에서 엄격한 증거조사가 이루어졌다면 증거능력이 있다.

㉣ 검사가 A의 진술을 녹화한 영상 녹화물은 다른 법률에서 달리 규정하고 있는 등의 특별한 사정이 없는 한 甲에 대한 공소사실을 직접 증명할 수 있는 독립적인 증거로 사용할 수 없다.

① ㉠, ㉢
② ㉡, ㉢
③ ㉡, ㉣
④ ㉠, ㉡, ㉢

25년 경찰공무원(순경) 채용시험

임종희 경찰형사법
파이널 모의고사
시즌 2
제 4회

! 응시자 유의사항

응시자는 반드시 기재된 과목명에 맞게 표기하여야 하며, 과목을 바꾸어 표기한 경우에도

상단에 기재된 과목 순서대로 채점되므로 유의하시기 바랍니다.

※ 시험이 시작되기 전까지 표지를 넘기지 마시오.

01

죄형법정주의에 관한 설명으로 가장 적절하지 않은 것은?(다툼이 있는 경우 판례에 의함)

① 「형법」제62조의2 제1항에 따라 형의 집행유예 시 부과할 수 있는 보호관찰은 형벌이 아니라 보안처분의 성격을 갖는 것으로서 재판 시의 규정에 의하여 보호관찰을 받을 것을 명할 수 있다고 해석하는 것은 형벌불소급의 원칙에 반하지 않는다.

② 「도로교통법」제43조(무면허운전 등의 금지)를 위반하여 운전면허를 받지 아니하고 자동차를 운전하는 행위를 대상으로 하는 「교통사고처리 특례법」제3조 제2항 단서 제7호를 운전면허취소사실을 알지 못하고 자동차를 운전하는 경우도 포함하는 것으로 해석하는 것은 유추해석금지의 원칙에 반하지 않는다.

③ 「가정폭력범죄의 처벌 등에 관한 특례법」이 정한 보호처분 중 하나인 사회봉사명령은 보안처분의 성격을 가지나, 이는 가정폭력범죄행위에 대하여 형사처벌 대신 부과되는 것으로서 원칙적으로 형벌불소급의 원칙에 따라 행위시법을 적용함이 상당하다.

④ 「군형법」제64조 제3항 상관명예훼손죄에 대해 「형법」제310조(위법성의 조각)와 같은 규정을 별도로 두지 않았다고 하더라도 법규범의 체계, 입법 의도와 목적 등에 비추어 정당하다고 평가되는 한도 내에서 그와 유사한 사안에 관한 법규범을 적용할 수 있다고 할 것이므로 「형법」제310조는 「군형법」제64조 제3항의 행위에 대해 유추적용된다고 보아야 한다.

02

다음 사례에 대한 설명으로 옳지 않은 것은? (다툼이 있는 경우 판례에 의함)

> 한국인 유학생 甲은 일본 지하철에서 일본인 여성의 치마 속 신체를 휴대전화로 몰래 촬영하여 보관하고 있던 중 「성폭력 범죄의 처벌 등에 관한 특례법」이 개정되었다. 개정된 법률은 구법보다 법정형이 가벼워진 대신 신상정보 공개명령과 공소시효를 10년으로 연장하는 특례조항이 신설되었고, 부칙에서는 법 시행 전 행위에 대해서도 신법을 적용하도록 하였다.

① 甲에 대해서는 「형법」제3조에 의하여 우리 형법이 적용된다.

② 법정형과 관련하여 구법이 반성적 고려에 따라 법정형이 변경되었다면 甲에게는 개정 후 법정형이 적용되지만, 반성적 고려에 따라 변경된 것이 아니라면 개정 전 법정형이 적용된다.

③ 甲의 범죄행위에 대한 공소시효가 완료되지 않은 상태에서 신법이 시행된 경우 甲에게 신법을 적용하더라도 죄형법정주의에 위반되지 않는다.

④ 신상정보 공개명령제도는 일종의 보안처분이기 때문에 甲에게 개정된 법률을 소급적용하더라도 소급효금지의 원칙에 반하지 않는다.

03

인과관계와 객관적 귀속에 관한 설명으로 옳지 않은 것은? (다툼이 있는 경우 판례에 의함)

① 합법칙적 조건설은 인과관계와는 다른 별도의 기준인 객관적 귀속이론에 의해 사실적 인과관계의 확정과 법적·규범적 확정을 구별하여 인과관계와 객관적 귀속을 판단한다.

② 상당인과관계설에 의하면 사실적 측면과 규범적 측면을 모두 고려하여 '상당성'을 판단하며 상당성은 행위와 결과 사이의 개연성 관계를 의미한다.

③ 과실범에 있어서 행위자에게 주의의무위반이 존재하면 주의의무를 다하였다면 같은 결과가 발생하지 않았을 것이라는 점을 입증하지 않았다 하더라도 주의의무위반과 발생한 결과사이에 객관적 귀속이 인정된다.

④ 자동차가 보행자를 직접 충격한 것이 아니고 보행자가 자동차의 급정거에 놀라 도로에 넘어져 상해를 입은 경우라고 할지라도 주의의무 위반이 교통사고 발생의 직접적인 원인이되었다면 업무상 주의의무 위반과 교통사고 발생 사이에 상당인과관계를 인정할 수 있다.

04

고의와 과실에 관한 설명으로 옳지 않은 것은? (다툼이 있는 경우 판례에 의함)

① 절도죄에서 타인의 물건을 자기에게 취득할 것이 허용된 동일한 물건으로 오인하고 가져온 경우에는 범죄사실에 대한 인식이 있다고 할 수 없으므로 범죄가 성립하지 않는다.

② 미필적 고의가 있었다고 하려면 결과 발생의 가능성에 대한 인식이 있음은 물론 나아가 결과 발생을 용인하는 내심의 의사가 있음을 요한다.

③ 주의의무 위반 여부를 판단함에는 행위자 본인의 주의 능력을 표준으로 하여 주의의무위반을 결정해야 한다.

④ 허용된 위험이론과 신뢰의 원칙은 과실범에 있어서 주의의무의 범위를 한정하는 원리로 작동하고 있다.

05

착오에 관한 설명으로 가장 적절한 것은? (다툼이 있는 경우 판례에 의함)

① 「형법」 제15조 제1항에 따르면 특별히 무거운 죄가 되는 사실을 인식하지 못한 행위는 그 오인에 정당한 이유가 있는 때에 한하여 벌하지 아니한다.

② 甲은 자신의 아버지인 A의 지갑을 훔친다고 생각하고 지갑을 훔쳤으나, 사실 그 지갑은 아버지 친구인 B의 것이라면 甲의 행위는 과실 행위이므로 절도죄로 처벌되지 않는다.

③ 법률의 착오에 있어서 위법성의 인식에 필요한 노력의 정도는 구체적인 행위정황과 행위자 개인의 인식능력 그리고 행위자 가속한 사회집단에 따라 달리 평가되어야 한다.

④ 甲이 지나가던 행인 3명과 싸우다가 힘이 달리자 식칼을 가지고 이들 3명을 상대로 휘두르다가 이를 말리면서 식칼을 뺏으려던 A에게 상해를 입혔다면 甲에게 A에 대한 상해의 범의를 인정할 수 없어 과실치상죄가 성립할 수 있을 뿐이다.

06

다음 사례에서 甲, 乙, 丙의 죄책에 대한 설명으로 옳은 것은? (다툼이 있는 경우 판례에 의함)

> 가. 甲은 이혼소송 중인 남편이 찾아와 가위로 폭행하고 변태적인 성행위를 강요하는데 격분하여 칼로 남편의 복부를 찔러 사망에 이르게 하였다.
> 나. 乙은 A에게 복수하기 위해 A의 방 유리창에 돌을 던져 유리창이 깨졌는데 마침 A가 방에서 연탄가스에 중독되어 사경을 헤매고 있었고, 깨진 유리창으로 산소가 유입되어 A는 생명을 구할 수 있었다.
> 다. 丙과 B는 서로 밧줄로 연결된 채 암벽 등반을 하던 중 추락하였으나 丙이 암벽에 설치된 고정핀을 손으로 붙잡아 계곡으로 떨어지지는 않았다. 그러나 점점 힘이 빠지고 있어 둘 다 추락사할 수 있는 상황이었다. 丙은 B와 연결된 밧줄을 끊어버리면 B는 추락사할 수 있으나, 자신은 암벽을 올라가서 살 수 있으리라 생각하고 B와 연결된 밧줄을 끊어버렸다.

① 甲의 행위는 정당방위에는 해당하지 않으나 과잉방위에 해당한다.

② 乙의 손괴행위는 행위반가치가 존재하지 않지만 결과반가치는 여전히 존재하는 경우로서 위법성이 조각되지 않는다.

③ B가 추락하여 사망하였다 하더라도 丙의 행위는 현재의 위난을 피하기 위한 행위로서 긴급피난이 성립한다.

④ B는 밧줄을 끊으려는 丙의 행위에 대해 정당방위가 가능하다.

07

정당행위에 관한 설명으로 가장 적절하지 않은 것은?(다툼이 있는 경우 판례에 의함)

① 공공단체등위탁선거에관한법률상 금지되는 기부행위의 구성요건에 해당하는 행위라고 하더라도, 그것이 지극히 정상적인 생활형태의 하나로서 역사적으로 생성된 사회질서의 범위 안에 있는 것이라고 볼 수 있는 경우에는 일종의 의례적 행위나 직무상의 행위로서 사회상규에 위배되지 아니하여 위법성이 조각되는 경우가 있을 수 있다.

② 어느 시점 이후에 근로자가 쟁의행위를 중단하고 진정으로 업무에 복귀할 의사를 표시하였음에도 사용자가 직장폐쇄를 계속 유지하면서 근로자의 쟁의행위에 대한 방어적인 목적에서 벗어나 적극적으로 노동조합의 조직력을 약화시키기 위한 목적 등을 갖는 공격적 직장폐쇄의 성격으로 변질되었다고 볼 수 있는 경우에는, 그 이후의 직장폐쇄는 정당성을 상실한 것으로 보아야 한다.

③ 근로자의 쟁의행위가 형법상 정당행위에 해당하려면, ㉠ 주체가 단체교섭의 주체로 될 수 있는 자이어야 하고, ㉡ 목적이 근로조건의 향상을 위한 노사 간의 자치적 교섭을 조성하는 데에 있어야 하며, ㉢ 사용자가 근로자의 근로조건 개선에 관한 구체적인 요구에 대하여 단체교섭을 거부하였을 때 개시하되 특별한 사정이 없는 한 조합원의 찬성결정 등 법령이 규정한 절차를 거쳐야 하고, ㉣ 수단과 방법이 사용자의 재산권과 조화를 이루어야 함은 물론 폭력의 행사에 해당되지 아니하여야 한다는 조건을 모두 구비하여야 한다.

④ 적법한 쟁의행위에 통상 수반되는 부수적 행위가 형법상 정당행위에 해당하는지 여부를 판단할 때에는 위 ③의 기준(㉠, ㉡, ㉢, ㉣)은 동일하게 적용되지 아니한다.

08

심신장애에 관한 다음 설명 중 가장 적절하지 않은 것은?(다툼이 있으면 판례에 의함)

① 심신장애의 유무 및 정도의 판단은 사실적 판단으로서 반드시 전문가의 감정결과에 기속되지 않으며, 범행의 제반 사정을 종합하여 법원이 독자적으로 판단할 수 있다.

② 형법 제10조에 규정된 심신장애는 생물학적 요소로서 정신병 또는 비정상적 정신상태와 같은 정신적 장애가 있는 외에 심리학적 요소로서 이와 같은 정신적 장애로 말미암아 사물에 대한 변별능력과 그에 따른 행위통제능력이 결여되거나 감소되었음을 요한다.

③ 정신적 장애가 있는 자라고 하여도 범행 당시 정상적인 사물판별능력 또는 행위통제능력이 있었다면 심신장애로 볼 수 없다.

④ 피고인이 자폐성 스펙트럼 장애의 일종인 아스퍼거 증후군을 갖고 있었다고 하더라도, 그것이 피고인의 범행 당시 사물변별능력이나 의사결정능력에 영향을 미쳤다고 볼 수 없다면 심신미약으로 볼 수 없다.

09

실행의 착수에 관한 설명 중 옳은 것은 모두 몇 개인가?(다툼이 있으면 판례에 의함)

> ㉠ 형식적 객관설은 구성요건의 보호법익을 기준으로 하여 법익에 대한 직접적 위험을 발생시킨 객관적 행위시점에서 실행의 착수가 있다는 견해이다.
>
> ㉡ 실질적 객관설은 행위자가 엄격한 의미에서의 구성요건에 해당하는 행위 또는 적어도 이론적으로 구성요건에 해당한다고 볼 수 있는 행위의 일부분을 행하여야 실행의 착수가 있다는 견해이다.
>
> ㉢ 주관설은 행위자의 전체적 범행계획에 비추어 범죄의사가 보호법익을 직접 위태롭게 할 만한 행위 속에 명백하게 나타난 때 실행의 착수가 있다는 견해이다.
>
> ㉣ 주관적(개별적) 객관설은 범죄란 범죄적 의사의 표현이므로 범죄의사를 명백하게 인정할 수 있는 외부적 행위가 있을 때 또는 범의의 비약적 표동이 있을 때 실행의 착수가있다는 견해이다.

① 0개
② 1개
③ 2개
④ 3개

10

「형법」 제19조(독립행위의 경합)와 제263조(동시범)에 관한 설명으로 가장 적절하지 <u>않은</u> 것은? (다툼이 있는 경우 판례에 의함)

① 2인 이상이 상호의사의 연락이 없이 동시에 범죄구성요건에 해당하는 행위를 하였을 때에는 원칙적으로 각인에 대하여 그 죄를 논하여야 하나, 상호의사의 연락이 있어 공동정범이 성립한다면, 독립행위경합 등의 문제는 아예 제기될 여지가 없다.

② 독립행위가 경합하더라도 결과 발생의 원인이 분명한 경우, 결과와 인과관계가 인정되는 행위를 한 행위자는 의도한 범죄의 기수범이 되고, 결과와 인과관계가 판명되지 않는 행위를 한 행위자는 그 죄의 미수범 또는 무죄가 된다.

③ 「형법」 제263조의 동시범은 상해와 폭행죄에 관한 특별규정으로서 동 규정은 그 보호법익을 달리하는 강간치상죄에는 적용할 수 없다.

④ 「형법」 제263조의 동시범은 '상해의 결과'를 발생하게 한 경우에 적용되기 때문에 시간적 차이가 있는 독립된 상해행위나 폭행행위가 경합하여 사망의 결과가 일어나고 그 사망의 원인된 행위가 판명되지 않은 경우에는 동 규정을 적용할 수 없다.

11

다음 사례에서 甲의 죄책에 관한 설명으로 가장 적절하지 않은 것은? (다툼이 있는 경우 판례에 의함)

> 甲은 2023. 11. 초순경 2023. 11. 20.경 乙에게 전화하여 ○○은행 노조위원장인 피해자 丙의 불륜관계를 이용하여 공갈할 것을 교사하였고, 이에 을은 2023. 11. 24.경부터 병을 미행하여 2023. 11. 30.경 병이 여자와 함께 호텔에 들어가는 현장을 카메라로 촬영한 후 갑에게 이를 알렸다. 그러나 갑은 2023. 12. 7.경부터 2023. 12. 13.경까지 을에게 여러 차례 전화하여 그 동안의 수고비로 500만 원 내지 1,000만 원을 줄 테니 촬영한 동영상을 넘기고 병에게 공갈하는 것을 단념하라고 하여 범행에 나아가는 것을 만류하였음에도 을은 갑의 제안을 거절하고 2023. 12. 9.경부터 2023. 12. 14.경까지 위와 같이 촬영한 동영상을 병의 핸드폰에 전송하고 전화나 문자메시지 등으로 1억 원을 주지 않으면 여자와 호텔에 들어간 동영상을 가족과 회사에 유포하겠다고 丙에게 겁을 주어 2011. 12. 14.경 丙으로부터 현금 500만 원을 교부받았다.

① 교사범이란 정범인 피교사자로 하여금 범죄를 결의하게 하여 그 죄를 범하게 한 때에 성립하는 것이고, 교사범을 처벌하는 이유는 이와 같이 교사범이 피교사자로 하여금 범죄 실행을 결의하게 하였다는 데에 있다.

② 교사범이 그 공범관계로부터 이탈하기 위해서는 피교사자가 범죄의 실행행위에 나아가기 전에 교사범에 의하여 형성된 피교사자의 범죄 실행의 결의를 해소하는 것이 필요하고, 이때 교사범이 피교사자에게 교사행위를 철회한다는 의사를 표시하고 이에 피교사자도 그 의사에 따르기로 하거나 또는 교사범이 명시적으로 교사행위를 철회함과 아울러 피교사자의 범죄 실행을 방지하기 위한 진지한 노력을 다하여 당초 피교사자가 범죄를 결의하게 된 사정을 제거하여야 한다.

③ 교사범이 성립하기 위해 교사범의 교사가 정범의 범행에 대한 유일한 조건일 필요는 없으므로, 교사행위에 의하여 피교사자가 범죄 실행을 결의하게 된 이상 피교사자에게 다른 원인이 있어 범죄를 실행한 경우에도 교사범의 성립에는 영향이 없다.

④ 갑은 위 범행을 교사하기는 하였으나 을이 범죄의 실행에 착수하기 전에 범행을 중지시켰고, 그 이후의 을의 실행행위는 을의 독자적 판단하에 이루어진 단독 범행이므로 갑의 교사는 을의 공갈행위와 인과관계가 인정되지 않고, 또 갑은 공범관계에서 이탈한 것에 해당한다.

12

다음은 공범과 신분에 관한 사례이다. 옳지 않은 것은? (다툼이 있는 경우 판례에 의함)

⑺ 전업주부인 甲은 공무원인 남편 乙과 공모하여 A
로부터 뇌물을 받았다.

⑻ 甲은 친구 乙과 공모하여 甲의 직계존속인 아버지
A를 살해하였다.

⑼ 공무원인 甲은 전업주부인 乙을 교사하여 A로부터
뇌물을 받았다.

⑽ 甲은 친구 乙로 하여금 甲의 직계존속인 아버지 A
를 살해하도록 교사하였다.

① ⑺사안에서 甲에게는 「형법」제33조 본문이 적용되
어 수뢰죄의 공동정범이 성립하고 수뢰죄의 법정형에
따라 처벌된다.

② ⑻사안에서 乙은 「형법」제33조 본문에 따라 존속살
해죄가 성립하지만, 과형은 제33조 단서가 적용되어
보통살인죄의 형으로 처벌된다.

③ ⑼사안에서 甲은 수뢰죄의 교사범이 성립하고 乙은「
형법」제33조 본문이 적용되어 수뢰죄로 처벌된다.

④ ⑽사안에서 甲과 乙에게는 「형법」제33조 단서가 적용되
어 각각 존속살해죄의 교사범과 보통살인죄가 성립한다.

13

죄수에 관한 설명으로 가장 적절한 것은? (다툼이 있는 경우 판례에 의함)

① 甲이 피해자의 주거에 침입하여 강간하려다 미수에
그침과 동시에 자기의 형사사건의 수사 또는 재판과
관련하여 수사단서를 제공하고 진술한 것에 대한 보
복 목적으로 그를 폭행한 경우, 특정범죄 가중처벌
등에 관한 법률위반(보복범죄등)죄 및 성폭력범죄의
처벌 등에 관한 특례법위반(주거침입강간등)죄가 각
성립하고 두 죄가 상상적 경합관계에 있다.

② 절도 범인으로부터 장물보관을 의뢰받은 甲이 그 정
을 알면서 이를 인도받아 보관하고 있다가 A로부터
금원을 차용하면서 보관 중이던 장물을 담보로 제공
한 경우, 장물보관죄와 횡령죄가 각 성립하고 두 죄
는 실체적 경합관계에 있다.

③ 甲이 보이스피싱 사기 범죄단체에 가입한 후 사기범
죄의 피해자들로부터 돈을 편취하는 등 그 구성원으
로서 활동한 경우, 범죄단체 가입행위 또는 범죄단체
구성원으로서 활동하는 행위와 사기행위는 법조경합
중 흡수관계에 있으므로 목적된 범죄인 사기죄만 성
립한다.

④ 甲이 2010. 11. 15. X회사 사무실에서 부부인 피해자
A와 B에게 '토지를 매수하여 분필한 후 이를 분양해
서 원금 및 수익금을 지급하겠다.'면서 기망한 후 공
동재산인 건물을 매도하여 돈을 마련한 피해자들로부
터 A의 예금계좌에서 1억 원, B의 예금계좌에서 4억
원을 송금받아 편취한 경우, 각 피해자의 피해법익의
동일성에 대하여 예금계좌에 예치된 금전에 관한 권
리등 민사상 권리 귀속관계 등을 고려하여 판단할 때
이를 포괄일죄로 볼 수 없다.

14

다음 중 몰수와 추징에 대한 설명으로 옳은 것은 모두 몇 개인가?(다툼이 있으면 판례에 의함)

㉠ 휴대전화기로 촬영한 동영상은 일정한 저장매체에
전자방식이나 자기방식에 의하여 저장된 기록으로
서 저장매체를 매개로 존재하는 물건이므로 몰수의
사유가 있는 때에는 이를 몰수할 수 있다.

㉡ 우리 법제상 공소제기 없이 별도로 몰수·추징만을
선고할 수 있는 제도가 마련되어 있지 아니하므로,
형법 제49조 단서에 근거하여 몰수·추징을 선고하
려면 몰수·추징의 요건이 공소가 제기된 공소사실
과 관련되어 있어야 한다.

㉢ 수형자의 재산이라고 추정되는 채권에 대하여 검사
가 압류신청을 한 경우, 피압류채권이 존재하지 않
거나 압류채권을 환가하여도 집행비용 외에 잉여가
없어서 집행불능이 되었다면 이미 발생한 시효중단
의 효력은 소멸한 것으로 보아야 한다.

㉣ 형법 제49조 단서는 '행위자에게 유죄의 재판을
하지 아니할 때에도 몰수의 요건이 있는 때에는
몰수만을 선고할 수 있다.'고 규정하고 있으므로,
몰수나 추징이 공소사실과 관련이 있다면 그 공소
사실에 관하여 이미 공소시효가 완성되어 유죄의
선고를 할 수 없는 경우에도 몰수나 추징은 할 수
있다.

㉤ 범인이 알선 대가로 수수한 금품에 관하여 소득신
고를 하고 이에 관하여 법인세 등 세금을 납부하
였다면 이는 범인이 자신의 알선수재행위를 정당화
시키기 위한 것으로 이를 추징에서 제외하여야 한
다.

① 1개　　　　　　　② 2개
③ 3개　　　　　　　④ 4개

15

누범에 관한 다음 설명 중 적절하지 않은 것은 모두 몇 개인가?(다툼이 있는 경우 판례에 의함)

⊙ 특정범죄 가중처벌 등에 관한 법률(이하 '특정범죄가중법'이라 한다) 제5조의4 제5항은 "형법 제329조부터 제331조까지(절도·야간주거침입절도·특수절도), 제333조부터 제336조까지(강도·특수강도·준강도·인질강도) 및 제340조(해상강도)·제362조의 죄(장물의 죄) 또는 그 미수죄로 세 번 이상 징역형을 받은 사람이 다시 이들 죄를 범하여 누범으로 처벌하는 경우에는 다음 각호의 구분에 따라 가중처벌한다."라고 규정하고 있다.

⊙ 징역형의 집행유예를 선고한 판결이 확정된 후 선고의 실효 또는 취소 없이 유예기간을 경과함에 따라 형 선고의 효력이 소멸되어 그 확정판결이 특정범죄가중법 제5조의4 제5항에서 정한 "징역형"에 해당하지 않음에도, 위 확정판결에 적용된 형벌 규정에 대한 위헌결정 취지에 따른 재심판결에서 다시 징역형의 집행유예가 선고·확정된 후 유예기간이 경과되지 않은 경우라면, 특정범죄가중법 제5조의4 제5항의 입법 취지에 비추어 위 재심판결은 위 조항에서 정한 "징역형"에 포함되지 아니한다.

⊙ 그런데 형의 집행을 유예하는 판결을 선고받아 선고의 실효 또는 취소 없이 유예기간을 도과함에 따라 특정범죄가중법 제5조의4 제5항의 구성요건인 "징역형"에 해당하지 않게 되었음에도, 그 확정판결에 적용된 형벌 규정에 대한 위헌결정에 따른 재심절차에서 다시 징역형의 집행유예가 선고되었다는 우연한 사정변경만으로 위 조항의 구성요건에 해당한다거나 그 입법 취지에 저촉되는 불법성·비난가능성이 새로 발생하였다고 볼 수는 없다.

⊙ 만일 특정범죄가중법 제5조의4 제5항의 구성요건에 포함되지 않던 징역형의 집행유예 전과가 재심절차를 거쳤다는 이유만으로 특정범죄가중법 제5조의4 제5항의 "징역형"을 받은 경우에 포함된다면, 헌법에 위반된 형벌 규정으로 처벌받은 피고인으로 하여금 재심청구권의 행사를 위축시키게 되거나 검사의 청구로 인하여 재심절차가 개시된 피고인에게 예상치 못한 부당한 결과를 초래하게 될 것이고, 이로 인해 위헌 법령이 적용된 부당한 상태를 사실상 존속시키거나 이를 강제하게 될 여지도 있다.

① 0개
② 1개
③ 2개
④ 3개

16

살인의 죄에 대한 설명으로 옳지 않은 것은 모두 몇 개인가?(판례에 의함)

⊙ 2024년 2월 9일부터 시행되고 있는 개정 형법에서는 저항 능력이 없거나 현저히 부족한 사회적 약자인 영아를 범죄로부터 두텁게 보호하기 위하여 영아살해죄 및 영아유기죄를 폐지하고, 직계존속이라도 자신의 영아를 살해하거나 유기한 때에는 일반인과 마찬가지로 살인죄와 유기죄로 처벌하고 있다.

⊙ 살인죄·존속살해죄·위계등 살인죄는 형법에 미수범 처벌규정이 있으나, 촉탁승낙살인죄·자살교사방조죄는 미수범 처벌규정이 없다.

⊙ 위계 또는 위력으로써 자살을 결의하게 한 때에는 형법 제252조 제2항의 자살교사죄의 예에 의하여 처벌한다.

⊙ 총알이 장전되어 있는 엽총의 방아쇠를 잡고 있다가 총알이 발사되어 피해자가 사망한 경우, 피해자를 겁주려고 협박하다가 피해자의 접촉행위로 생겨난 단순한 오발사고이므로 살인의 고의가 있는 범죄행위였다고 볼 수 없다.

⊙ 이미 총격을 받은 피해자에 대한 확인사살도 살인죄를 구성한다.

① 1개
② 2개
③ 3개
④ 4개

17

업무상과실치사상죄에 관한 다음 설명 중 가장 적절하지 않은 것은? (다툼이 있는 경우 판례에 의함)

① 법령에 의하여 도급인에게 수급인의 업무에 관하여 구체적인 관리·감독의무 등이 부여되어 있거나 도급인이 공사의 시공이나 개별 작업에 관하여 구체적으로 지시·감독하였다는 등의 특별한 사정이 있는 경우에는 도급인에게도 수급인의 업무와 관련하여 사고방지에 필요한 안전조치를 취할 주의의무가 있다.

② 지하철 공사구간 현장안전업무 담당자 甲은 공사현장에 인접한 기존의 횡단보도 표시선 안쪽으로 돌출된 강철빔 주위에 라바콘 3개를 설치하고 신호수 1명을 배치하였는데, 행인이 위 횡단보도를 건너면서 강철빔에 부딪혀 상해를 입은 경우, 갑에게는 업무상과실치상죄가 인정된다.

③ 피고인은 병원관리자로서 폐쇄병동의 정신질환자들이 자살하거나 탈출을 시도할 가능성이 있으므로 창문의 유리창에 별도의 보호철망을 설치하거나 유리가 창틀에서 떨어져 나가지 않도록 건물을 유지, 보수, 관리할 책임이 있음에도 건물의 유지, 보수, 관리를 적절히 하지 않아 피해자가 창문유리를 발로 걷어차고 유리창이 창틀에서 떨어져 나가자 그 사이로 빠져나가 건물 아래로 투신하여 사망하였다면, 피고인은 업무상과실치사죄가 성립한다.

④ 형법 제268조에서 정한 업무상과실치사죄는 업무상과실로 인하여 사람을 사망에 이르게 한 죄로서, 업무상과실이 존재하여야 함은 물론, 그 업무상과실과 사망 사이에 인과관계가 인정되어야 성립한다.

18

강간과 추행의 죄에 관한 설명으로 가장 적절하지 않은 것은? (다툼이 있는 경우 판례에 의함)

① 강제추행죄의 '폭행 또는 협박'은 상대방의 항거를 곤란하게 할 정도로 강력할 것이 요구되지 아니하고, 상대방의 신체에 대하여 불법한 유형력을 행사하거나 일반적으로 보아 상대방으로 하여금 공포심을 일으킬 수 있는 정도의 해악을 고지하는 것이라고 보아야 한다.

② 피고인이 자신의 주거지 방안에서 4촌 친족관계인 피해자 갑(여, 15세)의 학교 과제를 도와주던 중 갑의 왼손을 잡아 자신의 성기 쪽으로 끌어당겼고, 이를 거부하고 자리를 이탈하려는 갑의 의사에 반하여 갑을 양팔로 끌어안은 다음 침대로 넘어져 갑의 위에 올라탄 후 갑의 가슴을 만졌으며, 방문을 나가려는 갑을 뒤따라가 끌어안은 경우, 피고인의 행위는 갑의 신체에 대하여 불법한 유형력을 행사하여 갑을 강제추행한 것에 해당한다.

③ 피고인은 2023. 3. 16. 피고인의 주거지에서, 음란물 사이트 '○○○'의 운영자 갑에게 4만 원을 지급하고 텔레그램 메신저 어플을 통해 아동·청소년인 피해자 을이 등장하는 아동·청소년이용음란물 동영상 파일 등 아동·청소년이용음란물 1,125건을 다운로드받을 수 있는 인터넷 주소(URL)를 전달받아 저장해 둔 경우, 아동·청소년의 성보호에 관한 법률 위반(음란물소지)에 해당한다.

④ 갑이 주점에서 술을 마시던 중 갑을 남자화장실 앞까지 부축해 준 을(여, 20세)을 건조물인 위 주점 여자화장실로 끌고가 용변 칸으로 밀어 넣은 후, 갑의 성기를 을의 구강에 넣으려고 하고 갑의 손가락을 을의 성기에 넣으려고 하였으나 그 뜻을 이루지 못하고 미수에 그친 경우, 갑은 성폭력처벌법상 주거침입유사강간죄에 해당하지 않고 유사강간미수죄와 주거침입죄의 실체적 경합범이 된다.

19

명예에 관한 죄에 대한 설명으로 가장 적절한 것은?(다툼이 있는 경우 판례에 의함)

① 공적 인물과 관련된 공적 관심사에 관하여 의혹을 제기하는 형태의 표현행위에 대해서는 일반인에 대한 경우와 달리 암시에 의한 사실의 적시로 평가하는 데 신중해야 한다.

② 국가나 지방자치단체도 국민에 대한 관계에서는 형벌의 수단을 통해 보호되는 외부적 명예의 주체가 될 수 있고, 따라서 명예훼손죄나 모욕죄의 피해자가 될 수 있다.

③ 일반적으로 범죄의 고의는 확정적 고의뿐만 아니라 결과발생에 대한 인식이 있고 그를 용인하는 미필적 고의도 포함하나, 「형법」 제308조의 사자명예훼손죄의 판단에서는 미필적 고의에 의하여 죄가 성립하지 아니한다.

④ 「형법」 제311조의 모욕죄의 피해자는 특정되어야 하므로 이른바 집단표시에 의한 모욕은 그 비난의 정도가 희석되지 않아 구성원 개개인의 사회적 평가를 저하시킬 만한 것으로 평가될 경우라도 구성원 개개인에 대한 모욕죄를 구성하지 않는다.

20

업무방해죄에 관한 설명으로 가장 적절하지 않은 것은? (다툼이 있는 경우 판례에 의함)

① 업무방해죄의 성립에는 업무방해의 결과가 실제로 발생함을 요하지 않고 업무방해의 결과를 초래할 위험이 발생하면 족하다.

② 갑 주식회사가 운영하는 사우나에서 시설 및 보일러, 전기 등을 관리하던 피고인이, 갑 회사가 을에게 사우나를 인계하는 과정에서 자신을 부당하게 해고하였다는 이유로 화가 나 그곳 전기배전반의 위치와 각 스위치의 작동방법 등을 알려주지 않았다면, 업무 인수인계를 거부한 피고인의 위와 같은 행위는 피해자인 갑 주식회사에 대하여 '위력'에 의한 사우나 경영업무를 방해한 것이다.

③ 학칙에 따라 입학에 관한 업무가 총장 甲의 권한에 속한다고 하더라도 그 중 면접업무가 면접위원 A에게 위임되었다면, 그 위임된 업무는 A의 독립된 업무에 속하므로 甲과의 관계에서도 업무방해죄의 객체인 타인의 업무에 해당한다.

④ A지역에 거주하는 피고인들은 위 지역 일대의 지역주택조합 설립을 반대하는 자들인데, 피고인들은 공모하여 위 A지역에 지역주택조합 설립에 반대한다는 내용의 현수막 1장(90cm×3m)을 게시하면서 "지역주택조합 실패 시 개발 투자금 전부 날릴 수 있으니 주의 하세요"라고 기재된 현수막을 만들어서 걸었다고 하여도, A지역주택조합 추진위원장인 을의 조합설립업무와 위 지역조합아파트 분양대행회사 대표이사인 병의 분양대행업무를 허위사실유포에 의하여 방해하였다고 할 수 없다.

21

주거침입죄와 퇴거불응죄에 관한 다음 설명 중 옳지 않은 것은 모두 몇 개인가?(다툼이 있으면 판례에 의함)

㉠ 주거침입죄에서 침입행위에 해당하는지는 거주자의 의사에 반하는지에 따라 판단하여야 하므로, 단순히 주거에 들어가는 행위 자체가 거주자의 의사에 반한다는 주관적 사정이 존재한다면 바로 침입에 해당한다고 볼 수 있다.

㉡ 피고인이 예전에 사귀다 헤어진 여자친구인 甲의 사적 대화 등을 몰래 녹음하거나 현관문에 甲에게 불안감을 불러일으킬 수 있는 문구가 기재된 마스크를 걸어놓거나 甲이 다른 남자와 찍은 사진을 올려놓으려는 의도로 3차례에 걸쳐 야간에 甲이 거주하는 빌라 건물의 공동현관, 계단을 통해 甲의 2층 주거 현관문 앞까지 들어간 경우, 피고인의 행위는 주거침입죄가 성립한다.

㉢ 주거침입죄에서의 침입이란 주거의 사실상 평온상태를 해치는 행위태양으로 주거에 들어가는 것을 의미하고, 침입에 해당하는지는 출입 당시 객관적·외형적으로 드러난 행위태양을 기준으로 판단함이 원칙이므로, 이때 거주자의 의사인 주관적 사정은 고려되지 아니한다.

㉣ 주거침입죄는 사실상의 주거의 평온을 보호법익으로 하는 것으로 반드시 행위자 신체의 전부가 타인의 주거 안으로 들어가야만 성립하는 것이므로, 신체의 일부만 타인의 주거 안으로 들어간 경우에는 거주자가 누리는 사실상의 주거의 평온을 해할 수 있는 정도에 이르렀다해도 범죄구성요건을 충족하는 것이라고 할 수 없다.

㉤ 피고인 갑은 피해자 乙이 운영하는 모텔 객실에 투숙하면서 입실 시 약속한 퇴실시간이 지났음에도 객실에서 소란을 피워 다른 객실 투숙객으로부터 항의를 받게 되자, 을은 투숙객이 시비를 한다는 내용으로 112에 신고를 하고, 갑에게도 퇴실시간이 12:00임을 알렸다. 경찰관들이 출동하자, 을은 갑에게 다시 퇴거요청을 하였음에도 불구하고 퇴실시간으로부터 상당한 시간이 지나도록 퇴거하지 않은 경우, 갑은 퇴거불응죄가 성립한다.

① 0개   ② 1개
③ 2개   ④ 3개

22

재산에 대한 죄에 관한 설명으로 옳지 않은 것을 모두 고른 것은? (다툼이 있는 경우 판례에 의함)

㉠ 날치기와 같이 강력적으로 재물을 절취하는 행위는 때로는 피해자를 전도시키거나 부상케 하는 경우가 있고, 그와 같은 결과가 피해자의 반항억압을 목적으로 함이 없이 점유탈취의 과정에서 우연히 가해진 경우라도 이는 강도치상죄로 의율함이 타당하다.

㉡ 甲이 술집 운영자 A로부터 술값의 지급을 요구받자 A를 유인·폭행하고 도주함으로써 술값의 지급을 면하여 재산상 이익을 취득한 경우에는 「형법」제335조의 준강도죄가 성립한다.

㉢ 「형법」제370조(경계침범)에서 말하는 경계는 반드시 법률상의 정당한 경계를 말하는 것이 아니고 비록 법률상의 정당한 경계에 부합되지 아니하는 경계라고 하더라도 이해관계인들의 명시적 또는 묵시적 합의에 의하여 정하여진 것이면 이는 이 법조에서 말하는 경계라고 할 것이다.

㉣ 甲이 A에 대한 채무를 담보하기 위하여 자기 소유의 건물과 기계·기구를 A의 근저당권의 목적물로 제공한 경우에 甲이 담보유지의무를 위반하여 A의 근저당권의 목적이 된건물을 철거 및 멸실등기하고, 기계·기구를 양도한 행위만으로는 물건을 손괴 또는 은닉하여 A의 권리행사를 방해한 행위로서 권리행사방해죄가 성립한다고 볼 수 없다.

㉤ 사업비용을 대납하는 것을 조건으로 甲 소유의 건물 5층에 임시로 거주하고 있는 A가 그 비용을 입금하지 않자 甲이 A의 가족을 내쫓을 목적으로 5층 현관문에 설치된, 甲 소유의 디지털 도어락의 비밀번호를 변경할 것을 乙(甲의 아들)에게 지시하여 도어락의 비밀번호를 乙이 변경한 경우에 乙에게는 권리행사방해죄가 성립할 수 없고, 甲의 권리행사방해교사죄도 성립할 수 없다.

① ㉠, ㉡, ㉣   ② ㉠, ㉡, ㉤
③ ㉠, ㉢, ㉣   ④ ㉢, ㉣, ㉤

23

사기죄에 관한 설명으로 가장 적절하지 않은 것은? (다툼이 있는 경우 판례에 의함)

① 의료인으로서 자격과 면허를 보유한 사람이 의료법에 따라 의료기관을 개설하여 건강보험의 가입자 또는 피부양자에게 국민건강보험법에서 정한 요양급여를 실시하고 국민건강보험공단으로부터 요양급여비용을 지급받았다면, 요양급여비용을 적법하게 지급받을 수 있는 자격 내지 요건이 흠결되지 않는 한 국민건강보험공단을 피해자로 하는 사기죄를 구성한다고 할 수 없다.

② 갑은 을에게 자동차를 매도하겠다고 거짓말하고 자동차를 양도하면서 매매대금을 편취한 다음, 자동차에 미리 부착해 놓은 지피에스(GPS)로 위치를 추적하여 자동차를 절취한 경우, 갑이 을에게 자동차를 인도하고 소유권이전등록에 필요한 일체의 서류를 교부함으로써 을이 언제든지 자동차의 소유권이전등록을 마칠 수 있게 되었어도 갑은 을에 대한 사기죄가 성립한다.

③ 간접정범을 통한 범행에서 피이용자는 간접정범의 의사를 실현하는 수단으로서의 지위를 가질 뿐이므로, 피해자에 대한 사기범행을 실현하는 수단으로서 타인을 기망하여 그를 피해자로부터 편취한 재물이나 재산상 이익을 전달하는 도구로서만 이용한 경우에는 편취의 대상인 재물 또는 재산상 이익에 관하여 피해자에 대한 사기죄가 성립할 뿐 도구로 이용된 타인에 대한 사기죄가 별도로 성립한다고 할 수 없다.

④ 피고인이 화가 갑에게 돈을 주고 자신의 기존 콜라주 작품을 회화로 그려오게 하거나, 자신이 추상적인 아이디어만 제공하고 이를 갑이 임의대로 회화로 표현하게 하는 등의 작업을 지시한 다음 갑으로부터 완성된 그림을 건네받아 경미한 작업만 추가하고 자신의 서명을 하였음에도, 위와 같은 방법으로 그림을 완성한다는 사실을 고지하지 아니하고 사실상 갑 등이 그린 그림을 마치 자신이 직접 그린 친작인 것처럼 전시하여 피해자들에게 그림(미술작품)을 판매하고 대금을 받았다 하더라도 부작위에 의한 사기죄가 성립하지 않는다.

24

배임의 죄에 관한 설명 중 옳지 않은 것은 모두 몇 개인가? (다툼이 있는 경우 판례에 의함)

⊙ 채무자가 금전채무를 담보하기 위해 주식에 관하여 양도담보 설정계약을 체결한 후 변제일 전에 제3자에게 해당 주식을 처분하더라도 배임죄는 성립하지 않는다.

ⓛ 업무상배임죄는 타인과의 신뢰관계에서 일정한 임무에 따라 사무를 처리할 법적 의무가 있는 자가 그 상황에서 당연히 할 것이 법적으로 요구되는 행위를 하지 않는 부작위에 의해서도 성립할 수 있으나, 행위자가 부작위 당시 자신에게 주어진 임무를 위반한다는 점과 그 부작위로 인해 손해가 발생할 위험이 있다는 점을 인식할 필요는 없다.

ⓒ A신문사 기자인 갑은 광고주 을로부터 홍보성 기사를 작성해 달라는 부정한 청탁을 받고 갑 자신이 직접 금원을 받지 않고 그가 소속한 A신문사 계좌로 금원을 입금 받은 경우, 갑은 배임수재죄에 해당한다.

ⓔ 매도인이 매수인에게 부동산(토지)을 매매하기로 계약체결 후 계약금받고 가등기를 마친 후 중도금과 잔금받은 후, 제3자에게 위 부동산을 매도하고 소유권이전등기를 마친 경우에는 배임죄가 성립한다.

ⓜ 갑 새마을금고 임원인 피고인이 새마을금고의 여유자금 운용에 관한 규정을 위반하여 금융기관으로부터 원금 손실의 위험이 있는 금융상품을 매입함으로써 갑 금고에 액수 불상의 재산상 손해를 가하였다면 업무상배임죄가 성립한다.

① 1개   ② 2개
③ 3개   ④ 4개

25

다음 중 공문서부정행사죄에 대한 설명으로 옳은 것은 모두 몇 개인가?(다툼이 있으면 판례에 의함)

> ㉠ 피고인이 기왕에 습득한 타인의 주민등록증을 피고인 가족의 것이라고 제시하면서 그 주민등록증상의 명의 또는 가명으로 이동전화 가입신청을 한 경우, 공문서부정행사죄가 성립한다.
>
> ㉡ 자동차 등의 운전자가 경찰공무원에게 다른 사람의 운전면허증 자체가 아니라 이를 촬영한 이미지 파일을 휴대전화 화면 등을 통하여 보여주는 경우, 공문서부정행사죄를 구성한다.
>
> ㉢ 장애인사용자동차표지를 사용할 권한이 없는 사람이 실효된 '장애인전용주차구역 주차표지가 있는 장애인사용자동차표지'를 자신의 자동차에 비치한 후 장애인전용주차구역이 아닌 장소에 주차한 경우, 공문서부정행사죄가 성립한다.
>
> ㉣ 甲선박에 의해 발생한 사고를 마치 乙선박에 의해 발생한 것처럼 허위신고를 하면서 그에 대한 검정용 자료로서 乙선박의 선박국적증서와 선박검사증서를 제출한 경우, 공문서부정행사죄에 해당한다.
>
> ㉤ 피고인이 조세범 처벌법 위반 사건으로 조사를 받던 중 자신이 갑인 것처럼 행세하기 위하여 갑의 국가유공자증을 조사 담당 공무원에게 제시한 경우, 공문서부정행사죄가 성립한다.

① 0개 ② 1개
③ 2개 ④ 3개

26

직권남용권리행사방해죄에 관한 설명으로 가장 적절하지 않은 것은? (다툼이 있는 경우 판례에 의함)

① 직권남용권리행사방해죄는 단순히 공무원이 직권을 남용하는 행위를 하였다는 것만으로 곧바로 성립하는 것이 아니라, 직권을 남용하여 현실적으로 다른 사람으로 하여금 법령상 의무 없는 일을 하게 하였거나 다른 사람의 구체적인 권리행사를 방해하는 결과가 발생하여야 하고, 그 결과의 발생은 직권남용 행위로 인한 것이어야 한다.

② 대통령비서실장 및 정무수석비서관실 소속 공무원들인 피고인들이, 2014~2016년도의 3년 동안 각 연도별로 전국경제인연합회(이하 '전경련'이라 한다)에 특정 정치성향 시민단체들에 대한 자금지원을 요구하고 그로 인하여 전경련 부회장 갑으로 하여금 해당 단체들에 자금지원을 한 경우, 피고인들은 직권남용권리행사방해죄가 성립하나 강요죄는 성립하지 않는다.

③ 법무부 검찰국장인 피고인이, 피고인의 검사인사담당 직무집행을 보조하는 검사 갑이 '검사의 인사안'을 작성하였는데, 갑으로 하여금 2015년 하반기 검사인사에서 부치지청에 근무하고 있던 경력검사 乙을 다른 부치지청으로 다시 전보시키는 내용의 인사안을 작성하게 하였다면, 피고인의 행위는 갑으로 하여금 법령상 의무 없는 일을 하게 하였으므로 직권남용권리행사방해가 성립한다.

④ 인신구속에 관한 직무를 집행하는 사법경찰관이 체포 당시 상황을 고려하여 경험칙에 비추어 현저하게 합리성을 잃지 않은 채 판단하면 체포 요건이 충족되지 아니함을 알 수 있었는데도, 자신의 재량 범위를 벗어난다는 사실을 인식하고 그와 같은 결과를 용인한 채 사람을 체포하여 권리행사를 방해한 경우, 직권남용체포죄와 직권남용권리행사방해죄가 성립한다.

27

뇌물죄에 대한 설명으로 가장 적절하지 않은 것은?(다툼이 있는 경우 판례에 의함)

① 횡령 범행으로 취득한 돈을 공범자끼리 수수한 행위가 공동정범들 사이의 범행에 의하여 취득한 돈을 공모에 따라 내부적으로 분배한 것에 지나지 않는다면 별도로 그 돈의 수수행위에 관하여 뇌물죄가 성립하는 것은 아니다.

② 대통령인 피고인 갑은 국정원장들에게 국정원 자금을 횡령하여 교부할 것을 지시하고 국정원장들로부터 그들이 횡령한 특별사업비를 교부받은 경우, 갑이 교부받은 이 부분 특별사업비를 뇌물로 보아야 하고, 갑에게 뇌물에 관한 고의가 있었으므로 특정범죄 가중처벌 등에 관한 법률 위반(뇌물)죄가 성립한다.

③ 수뢰후부정처사죄(형법 제131조 제1항)는 반드시 뇌물수수 등의 행위가 완료된 이후에 부정한 행위가 이루어져야 함을 의미하는 것은 아니고, 결합범 또는 결과적 가중범 등에서의 기본행위와 마찬가지로 뇌물수수 등의 행위를 하는 중에 부정한 행위를 한 경우도 포함하는 것으로 보아야 한다. 따라서 최후의 부정한 행위 이후에 저질러진 뇌물수수 행위도 최후의 부정한 행위 이전의 뇌물수수 행위 및 부정한 행위와 함께 수뢰후부정처사죄의 포괄일죄로 처벌함이 타당하다.

④ 공무원 갑은 지역어민 을로부터 "선물을 할 사람이 있으면 새우젓을 보내 주겠다."라는 말을 듣고 이를 승낙한 뒤 새우젓을 보내고자 하는 사람들의 명단을 乙에게 보내 주고 을로 하여금 위 사람들에게 갑의 이름을 적어 마치 갑이 선물을 하는 것처럼 새우젓을 택배로 발송하게 하고 그 대금을 지급하지 않은 경우, 갑은 뇌물수수죄가 성립하고 을은 뇌물공여죄가 성립한다.

28

공무방해에 관한 죄의 설명으로 옳지 않은 것은 모두 몇 개인가?(다툼이 있는 경우 판례에 의함)

㉠ 경찰관 갑이 도로를 순찰하던 중 벌금 미납으로 지명수배된 피고인과 조우하게 되어 벌금 미납 사실을 고지하고 벌금납부를 유도하였으나 피고인이 이를 거부하자 벌금 미납으로 인한 노역장 유치의 집행을 위하여 구인하려 하였는데, 피고인이 이에 저항하여 갑을 폭행한 경우, 갑이 피고인을 구인하는 과정에서 형집행장이 발부되어 있는 사실은 고지하지 않았다면 갑의 직무집행은 위법하므로 피고인의 행위는 공무집행방해죄가 성립하지 않는다.

㉡ 특정 정당 소속 지방의회의원인 피고인들 등이 지방의회 의장 선거를 앞두고 '갑을 의장으로 추대'하기로 서면합의하고 그 이행을 확보하기 위해 투표용지에 가상의 구획을 설정하고 각 의원별로 기표할 위치를 미리 정하기로 구두합의하는 방법으로 선거를 사실상 기명·공개투표로 치르기로 공모한 다음 그 정을 모르는 임시의장 을이 선거를 진행할 때 사전공모에 따라 투표하여 단독 출마한 갑이 의장에 당선되도록 한 경우, 위계로써 을의 무기명투표 관리에 관한 직무집행을 방해하였다고 할 수 있다.

㉢ 경찰 병력이 행정대집행 직후 대책위가 또다시 같은 장소를 점거하고 물건을 다시 비치하는 것을 막기 위해 농성 장소를 미리 둘러싼 뒤 대책위가 같은 장소에서 기자회견 명목의 집회를 개최하려는 것을 불허하면서 소극적으로 제지한 것은 구 경찰관 직무집행법의 범죄행위 예방을 위한 경찰 행정상 즉시강제로서 적법한 공무집행에 해당하고, 피고인 등 대책위 관계자들이 이와 같이 직무집행 중인 경찰 병력을 밀치는 등 유형력을 행사한 행위는 공무집행방해죄에 해당한다.

㉣ 피고인이 갑과 주차문제로 언쟁을 벌이던 중, 112 신고를 받고 출동한 경찰관 을이 갑을 때리려는 피고인을 제지하자 자신만 제지를 당한 데 화가 나서 손으로 을의 가슴을 1회 밀치고, 계속하여 욕설을 하면서 피고인을 현행범으로 체포하며 순찰차 뒷좌석에 태우려고 하는 순간, 피고인이 을의 정강이 부분을 양발로 2회 걷어차는 등 폭행하였다면 경찰관의 112 신고처리에 관한 직무집행을 방해한 경우로서 공무집행방해죄가 성립한다.

㉤ 피고인은 평소 집에서 심한 고성과 욕설, 시끄러운 음악 소리 등으로 이웃 주민들로부터 수회에 걸쳐 112신고가 있어 왔던 사람인데, 피고인의 집이 소란스럽다는 112신고를 받고 출동한 경찰관 갑, 을이 인터폰으로 문을 열어달라고 하였으나 욕설을 하였고, 경찰관들이 피고인을 만나기 위해 전기차단기를 내리자 화가 나 식칼(전체 길이 약 37cm, 칼날 길이 약 24cm)을 들고 나와 욕설을 하면서 경찰관들을 향해 찌를 듯이 협박한 경우, 갑과 을의 112신고 업무 처리에 관한 직무집행을 방해하였으므로 특수공무집행방해죄가 성립한다.

① 0개   ② 1개

③ 2개   ④ 3개

29

다음 중 수사절차에 대한 설명으로 가장 적절하지 않은 것은?

① 사법경찰관은 피의자를 신문하기 전에 수사과정에서 법령위반, 인권침해 또는 현저한 수사권 남용이 있는 경우 '검사에게 구제를 신청할 수 있음'을 피의자에게 알려주어야 하며, 이때 사법경찰관은 피의자로부터 고지 확인서를 받아 사건기록에 편철하여야 한다.

② 수사기관은 수사 중인 사건의 범죄 혐의를 밝히기 위한 목적으로 합리적인 근거 없이 별개의 사건을 부당하게 수사하여서는 아니 되고, 다른 사건의 수사를 통하여 확보된 증거 또는 자료를 내세워 관련 없는 사건에 대한 자백이나 진술을 강요하여서도 아니 된다.

③ 검사와 사법경찰관은 수사를 할 때 물적 및 인적 증거를 기본으로 하여 객관적이고 신빙성 있는 증거를 발견하고 수집하기 위해 노력하여 실체적 진실을 발견하여야 한다.

④ 검사는 사법경찰관과 동일한 범죄사실을 수사하게 된 때에는 사법경찰관에게 사건을 송치할 것을 요구할 수 있으며 송치요구를 받은 사법경찰관은 지체없이 검사에게 사건을 송치하여야 하나, 검사가 영장을 청구하기 전에 동일한 범죄사실에 관하여 사법경찰관이 영장을 신청한 경우에는 해당영장에 기재된 범죄사실을 계속 수사할 수 있다.

30

사법경찰관의 사건 송치, 불송치에 관한 설명으로 옳지 않은 것은? (다툼이 있는 경우 판례에 의함)

① 경찰서장은 20만원 이하의 벌금, 구류 또는 과료에 처할 범죄사건에 대하여 즉결심판을 청구할 수 있으나, 촉법소년과 우범소년에 대하여는 직접 소년부송치를 할 수 없다.

② 공소시효 임박 사건이나 중요사건에 대하여 검사와 사법경찰관은 송치 전에 수사할 사항, 증거수집 대상, 법령 적용 등에 관하여 상호 의견을 제시·교환할 것을 요청할 수 있다.

③ 사법경찰관이 불송치 결정을 한 때에는 서류와 증거를 검사에게 송부한 날부터 7일 이내에 서면으로 고소인, 고발인, 피해자 등에게 사건을 검사에게 송치하지 않는 취지와 그 이유를 통지해야 한다.

④ 경찰관이 고소사건을 처리하지 아니하였음에도 경찰 범죄정보시스템에 그 사건을 검찰에 송치한 것으로 허위사실을 입력한 경우에는 공전자기록위작죄에서 말하는 위작에 해당한다.

31

체포에 관한 설명 중 옳은 것은 모두 몇 개인가?(다툼이 있는 경우 판례에 의함)

> ⓐ 「검사와 사법경찰관의 상호협력 및 일반적 수사준칙에 관한 규정」 제31조에 의하면 사법경찰관은 동일한 범죄사실로 다시 체포영장을 신청하는 경우에 그 취지를 체포신청서에 적어야 한다.
>
> ⓑ 다액 50만원이하의 벌금, 구류 또는 과료에 해당하는 사건의 경우, 피의자가 일정한 주거가 없는 때에 한하여 사법경찰관은 체포영장을 발부받아 피의자를 체포할 수 있다.
>
> ⓒ 긴급체포한 피의자를 구속하고자 할 때에는 구속영장은 피의자를 체포한 때부터 24시간 이내에 청구되어야 한다.
>
> ⓓ 사법경찰관은 피의자가 죄를 범하였다고 의심할 만한 정황이 있고「형사소송법」제200조의 규정에 의한 출석요구에 응하지 아니한 때에는 체포영장을 신청하여 피의자를 체포할 수 있다.
>
> ⓔ 甲의 마약 투약 제보를 받은 경찰관 P가 자신의 집에 있던 갑을 밖으로 유인하여 불러내려 하였으나, 이를 실패하자 甲의 집 현관문의 잠금장치를 해제하고 강제로 들어가서 수색한 후 甲을 긴급체포한 경우, P가 이미 甲의 신원과 주거지 및 전화번호 등을 모두 알고 있었고, 마약 투약의 증거가 급속하게 소멸될 상황이 아니었다고 하더라도 갑이 마약 관련 범죄를 범했다고 의심할 만한 상당한 이유가 있었다면, 이 긴급체포는 위법하지 않다.

① 1개   ② 2개
③ 3개   ④ 4개

32

구속에 관한 설명으로 가장 적절하지 않은 것은? (다툼이 있는 경우 판례에 의함)

① 구속기간의 만료로 피고인에 대한 구속의 효력이 상실된 후 항소법원이 피고인에 대한 판결을 선고하면서 피고인을 구속한 경우, 이는 「형사소송법」 제208조(재구속의 제한)의 규정에 위배되는 재구속 또는 이중구속에 해당하지 않는다.

② 피의자가 체포 또는 구인된 경우 경찰 수사과정에서의 구속기간 또는 검찰 수사과정에서의 구속기간은 피의자를 체포 또는 구인한 날부터 기산하며, 구속기간의 초일은 시간을 계산함이 없이 1일로 산정한다.

③ 구속의 사유가 없거나 소멸된 때에는 피고인, 피고인의 변호인·법정대리인·배우자·직계친족·형제자매·가족·동거인 또는 고용주는 법원에 구속된 피고인의 구속취소를 청구할 수 있다.

④ 구속 전 피의자심문을 하는 경우 법원이 구속영장청구서·수사관계서류 및 증거물을 접수한 날부터 구속영장을 발부하여 검찰청에 반환한 날까지의 기간은 사법경찰관 및 검사의 피의자에 대한 구속기간에 산입하지 않는다.

33

전자정보의 압수·수색절차에 관한 설명으로 적절하지 않은 것은 모두 몇 개인가?(다툼이 있는 경우 판례에 의함)

㉠ 수사기관이 임의제출받은 정보저장매체가 대부분 임의제출에 따른 적법한 압수의 대상이 되는 전자정보만이 저장되어 있어서 그렇지 않은 전자정보와 혼재될 여지가 거의 없는 경우라 하더라도, 전자정보인 이상 소지·보관자의 임의제출에 따른 통상의 압수절차 외에 피압수자에게 참여의 기회를 보장하지 않았고 전자정보 압수목록을 작성·교부하지 않았다면 곧바로 증거능력을 인정할 수 없다.

㉡ 압수물 목록은 수사기관의 압수 직후 현장에서 바로 작성하여 교부해야 하는 것이 원칙인데, 압수된 정보의 상세목록에는 정보의 파일명세가 특정되어 있어야 하고 수사기관은 이를 출력한 서면을 교부해야 하며, 이를 전자파일 형태로 복사해 주거나 이메일을 전송하는 등의 방식으로 교부해서는 안 된다.

㉢ 정보저장매체를 임의제출한 피압수자와 임의제출자 아닌 피의자에게도 참여권이 보장되어야 하는 '피의자 소유·관리에 속하는 정보저장매체'에 해당하는지 여부는 압수·수색 당시 외형적·객관적으로 인식가능한 사실상의 상태를 기준으로 판단하는 것이 아니라 민사법상 권리의 귀속에 따른 법률적·사후적 판단을 기준으로 판단하여야 한다.

㉣ 압수·수색영장에 적힌 '압수할 물건'에 컴퓨터 등 정보처리장치 저장 전자정보만 기재되어 있고 별도로 원격지서버 저장의 전자정보가 특정되어 있지 않았다 하더라도, 영장에 기재된 해당 컴퓨터 등 정보처리장치를 이용하여 로그인되어 있는 상태의 원격지 서버 저장 전자정보를 압수한 경우는 영장주의 원칙에 반하지 않는다.

㉤ 수사기관이 압수·수색·검증 영장을 발부받은 후 그 집행현장에서 정보저장매체에 기억된 정보 중에서 키워드 또는 확장자 검색 등을 통해 범죄 혐의사실과 관련 있는 정보를 선별한 다음 정보저장매체와 동일하게 비트열 방식으로 복제하여 생성한 파일을 제출받아 적법하게 압수하였다면, 수사기관은 수사기관 사무실에서 위와 같이 압수된 이미지 파일을 탐색·복제·출력하는 과정에서 피의자 등에게 참여의 기회를 보장해야 하는 것은 아니다.

① 1개 ② 2개
③ 3개 ④ 4개

34

영장에 의하지 않는 압수 · 수색 · 검증에 대한 설명으로 가장 적절한 것은? (다툼이 있는 경우 판례에 의함)

① 사고발생 직후 사고장소에서 사법경찰관 사무취급이 작성한 실황조서가 긴급을 요하여 판사의 영장 없이 작성된 것이어서 「형사소송법」 제216조 제3항에 의한 검증에 해당한다면, 이 조서는 적법한 절차에 따라 작성된 것이므로 특별한 사유가 없는 한 증거능력이 있다.

② 범행 직후의 범죄 장소에서는 수사상 필요가 있는 경우라면, 긴급한 경우가 아니더라도, 수사기관은 영장 없이 압수·수색 또는 검증을 할 수 있으나, 사후에 지체없이 영장을 받아야 한다.

③ 교통사고로 의식을 잃어 응급실에 실려온 운전자에게서 담당의사가 응급수술을 목적으로 이미 채취한 혈액 중 일부를 주취운전 여부의 감정을 목적으로 출동한 경찰관이 담당의사로부터 임의로 제출받아 이를 압수한 경우, 담당의사에게 혈액제출권한이 없었다고 볼 특별한 사정이 없는 한 사후영장을 받지 않아도 이러한 압수는 위법하지 않다.

④ 경찰관이 피고인 소유의 쇠파이프를 피고인의 주거지 앞마당에서 발견하였음에도 그 소유자, 소지자 또는 보관자가 아닌 피해자로부터 임의로 제출받는 형식으로 그 쇠파이프를 압수하였고 그 후 압수물의 사진을 찍은 경우, 그 '압수물' 및 '압수물을 찍은 사진'은 피고인이 증거로 사용함에 동의한 경우에만 유죄인정의 증거로 사용할 수 있다.

35

증거에 관한 설명으로 가장 적절하지 않은 것은? (다툼이 있는 경우 판례에 의함)

① 「형사소송법」이 수사기관에서 작성된 조서 등 서면증거에 대하여 일정한 요건을 충족하는 경우에 증거능력을 인정하는 것은 실체적 진실발견의 이념과 소송경제의 요청을 고려하여 예외적으로 허용하는 것일 뿐이므로 증거능력 인정 요건에 관한 규정은 엄격하게 해석·적용하여야 한다.

② 수사기관은 영장 발부의 사유로 된 범죄 혐의사실과 관계가 없는 증거를 압수할 수 없고, 별도의 영장을 발부받지 아니하고서는 압수물 또는 압수한 정보를 그 압수의 근거가 된 압수·수색영장 혐의사실과 관계

가 없는 범죄의 유죄 증거로 사용할 수 없다.

③ 법원은 범죄의 구성요건이나 법률상 규정된 형의 가중·감면의 사유가되는 경우를 제외하고는, 법률이 규정한 증거로서의 자격이나 증거조사방식에 구애됨이 없이 상당한 방법으로 조사하여 양형의 조건이 되는 사항을 인정할 수 있다. 다만, 당사자가 직접 수집하여 제출하기 곤란하다고 하여 직권으로 양형조건에 관한 「형법」 제51조의 사항을 수집·조사할 수 있는 것은 아니다.

④ 자백에 대한 보강증거는 범죄사실의 전부 또는 중요부분을 인정할 수 있는 정도가 되지 않더라도, 피고인의 자백이 가공적인 것이 아닌 진실한 것임을 인정할 수 있는 정도만 되면 충분하다. 또한 직접증거가 아닌 간접증거나 정황증거도 보강증거가 될 수 있고, 자백과 보강증거가 서로 어울려서 전체로서 범죄사실을 인정할 수 있으면 유죄의 증거로 충분하다.

36

위법수집증거에 관한 설명으로 옳지 않은 것은? (다툼이 있는 경우 판례에 의함)

① 사법경찰관이 피고인이 아닌 A를 사실상 강제연행하여 불법체포한 상태에서 피고인의 행위를 처벌하기 위해 A에게 자술서를 받은 경우, 이를 피고인에 대한 유죄 인정의 증거로 사용할 수 없다.

② 정서적 학대를 당했다는 피해아동의 부모가 피해아동의 가방에 녹음기를 넣어 30명의 아동을 상대로 한 수업시간 중교실에서 피의자인 담임교사가 한 발언을 몰래 녹음한 녹음파일은 통신비밀보호법을 위반하여 '공개되지 아니한 타인 간의 대화'를 녹음한 것이 아니므로 증거능력이 인정된다.

③ 형사소송법의 규정을 위반하여 소유자, 소지자 또는 보관자가 아닌 피해자로부터 제출받은 물건을 영장 없이 압수한 경우 그 압수물을 유죄 인정의 증거로 사용할 수 없다.

④ 판사의 서명만 있고 날인이 없는 압수수색영장을 수사기관이 신뢰하여 그 영장에 따라 수집한 압수물은 다른 위법한 사정이 없는 한 증거로 할 수 있다.

37

경찰에서 공범 乙과 함께 특수절도의 범행을 일체 자백한 피의자 甲이 제1심 법정에서 이를 번복하면서 범행일체를 부인하고 있다. 다음 보기 중 옳은 것은 모두 몇 개인가?(다툼이 있는 경우 판례에 의함)

㉠	사법경찰관 작성의 甲에 대한 피의자신문조서는 甲이 내용을 부인하므로 증거능력이 없다.
㉡	사법경찰관 작성의 甲에 대한 피의자신문조서를 탄핵증거로 사용할 수 있다.
㉢	甲을 조사한 경찰관은 법정에 증인으로 나가 甲의 자백내용을 증언할 수 있다.
㉣	乙에 대한 사법경찰관 작성의 피의자신문조서는 甲이 내용을 부인하더라도 乙이 성립의 진정을 인정하면 甲에 대해 증거능력이 있다.
㉤	甲에 대한 사법경찰관 작성의 피의자신문조서는 영상녹화물에 의하여 성립의 진정이 증명되면 증거능력이 있다.

① 2개   ② 3개
③ 4개   ④ 5개

38

전문법칙 또는 그 예외에 관한 설명으로 옳고 그름의 표시(O, X)가 바르게 된 것은? (다툼이 있는 경우 판례에 의함)

㉠	어떤 진술이 기재된 서류가 그 내용의 진실성이 범죄사실에 대한 직접증거로 사용될 때는 전문증거가 된다고 하더라도, 그와 같은 진술을 하였다는 것 자체 또는 그 진술의 진실성과 관계없는 간접사실에 대한 정황증거로 사용될 때는 반드시 전문증거가 되는 것은 아니다.
㉡	법원·법관의 공판기일에서의 검증의 결과를 기재한 조서와 수사기관이 작성한 검증조서는 당연히 증거능력이 인정된다.
㉢	법관의 면전에서 조사·진술되지 않고 그에 대하여 피고인이 공격·방어할 수 있는 반대신문의 기회가 실질적으로 부여되지 않은 진술은 원칙적으로 증거로 할 수 없다.
㉣	사인(私人)이 피고인 아닌 자의 전화 대화를 녹음한 녹음테이프에 대하여 법원이 실시한 검증의 내용이 그 진술 당시 진술자의 상태 등을 확인하기 위한 것인 경우에는 그 내용을 기재한 검증조서는 「형사소송법」 제313조 제1항에 따른 요건을 갖추어야 증거능력이 인정될 수 있다.
㉤	감정의 경과와 결과를 기재한 서류는 공판준비 또는 공판기일에서 그 작성자가 성립의 진정을 부인하면 과학적 분석결과에 기초한 디지털포렌식 자료, 감정 등 객관적방법으로 성립의 진정함이 증명되더라도 증거로 할 수 없다.

① ㉠(X) ㉡(X) ㉢(O) ㉣(X) ㉤(X)
② ㉠(O) ㉡(X) ㉢(O) ㉣(X) ㉤(X)
③ ㉠(O) ㉡(X) ㉢(O) ㉣(O) ㉤(X)
④ ㉠(X) ㉡(O) ㉢(X) ㉣(X) ㉤(O)

39

증거동의에 관한 설명으로 가장 적절하지 않은 것은? (다툼이 있는 경우 판례에 의함)

① 「형사소송법」 제318조에 규정된 증거동의는 소송 주체인 검사와 피고인이 하는 것이고, 피고인이 변호인과 함께 출석한 공판기일의 공판조서에 검사가 제출한 증거에 대하여 동의한다는 기재가 되어 있다면 이는 피고인이 증거동의를 한 것으로 보아야 하고, 그 기재는 절대적인 증명력을 가진다.

② 「형사소송법」 제318조에 규정된 증거동의의 의사표시는 증거조사가 완료되기 전까지 취소 또는 철회할 수 있으나, 일단 증거조사가 완료된 뒤에는 취소 또는 철회가 인정되지 아니하므로 제1심에서한 증거동의를 제2심에서 취소할 수 없고, 일단 증거조사가 종료된 후에 증거동의의 의사표시를 취소 또는 철회하더라도 취소 또는 철회 이전에 이미 취득한 증거능력이 상실되지 않는다.

③ 피고인이나 변호인이 무죄에 관한 자료로 제출한 서증 가운데 도리어 유죄임을 뒷받침하는 내용이 있다고 하여도, 법원은 그 서류의 진정성립 여부 등을 조사하고 아울러 그 서류에 대한 피고인이나 변호인의 의견과 변명의 기회를 주지 않았다면 상대방의 원용(동의)이 있더라도 그 서증을 유죄인정의 증거로 쓸 수 없다.

④ 피고인의 출정없이 증거조사를 할 수 있는 경우에 피고인이 출정하지 아니한 때에는 「형사소송법」 제318조 제1항에 의한 증거동의가 있는 것으로 간주한다. 다만, 피고인이 출정하지 아니하더라도 대리인 또는 변호인이 출정한 때에는 예외로 한다.

40

다음 사례의 (가)(나)(다)에 대한 설명 중 가장 적절하지 않은 것은?(다툼이 있는 경우 판례에 의함)

(가) 갑은 2022. 3. 26. 08:14경 서울 (주소 생략) 지하철 ○호선 △△역 에스컬레이터에서 휴대전화기의 카메라를 이용하여 성명불상의 여성 피해자의 치마 속을 몰래 촬영함으로써 카메라나 그 밖에 이와 유사한 기능을 갖춘 기계장치를 이용하여 성적 욕망 또는 수치심을 유발할 수 있는 다른 사람의 신체를 그 의사에 반하여 촬영하였다는 공소사실로 성폭력범죄의처벌등에관한특례법위반(카메라등이용촬영)으로 기소되었다.

(나) 갑은 제1심 법정에서 이 부분 공소사실에 대해 자백하고 검사가 제출한 모든 서류에 대하여 증거로 함에 동의하였으며, 갑의 변호인은 원심에서 이 부분 공소사실에 대하여는 보강증거가 구비되었음을 전제로 유무죄를 다투지 않겠다는 취지의 2023. 5. 25.자 변론요지서를 제출하였다.

(다) 갑이 위와 같이 증거로 함에 동의한 서류들 중 이 사건 휴대전화기에 대한 압수조서의 '압수경위'란에는, 이 부분 공소사실과 관련하여 "2022. 3. 26. 08:15경 지하철 ○호선 △△역 승강장 및 ○게이트 앞에서 사법경찰관 P가 소매치기 및 성폭력 등 지하철범죄 예방·검거를 위한 비노출 잠복근무 중 검정 재킷, 검정 바지, 흰색 운동화를 착용한 20대가량 남성이 짧은 치마를 입고 에스컬레이터를 올라가는 여성을 쫓아가 뒤에 밀착하여 치마 속으로 휴대폰을 집어넣는 등 해당 여성의 신체를 몰래 촬영하는 행동을 하였다"는 내용이 포함되어 있고, 그 하단에는 이 부분 공소사실에 관한 갑의 범행을 직접 목격하면서 위 압수조서를 작성한 사법경찰관 P 및 사법경찰리 P1의 각 기명날인이 들어가 있다.

① 범죄를 실행 중이거나 실행 직후의 현행범인은 누구든지 영장 없이 체포할 수 있고, 검사 또는 사법경찰관은 피의자 등이 유류한 물건이나 소유자·소지자 또는 보관자가 임의로 제출한 물건은 영장 없이 압수할 수 있다.

② 현행범 체포현장이나 범죄 현장에서도 소지자 등이 임의로 제출하는 물건은 형사소송법 제218조에 의하여 영장 없이 압수하는 것이 허용되고, 이 경우 검사나 사법경찰관은 별도로 사후에 영장을 받을 필요가 없다.

③ 현행범 체포현장에서는 임의로 제출하는 물건이라도 압수할 수 없으므로 이 사건 휴대전화기 자체는 물론 이를 기초로 한 2차 증거에 해당하는 이 사건 휴대전화기에 기억된 저장정보 역시 적법절차로 수집한 증거가 아니어서 유죄의 증거로 삼을 수 없으며, 이 사건 휴대전화기에 대한 압수조서중 '압수경위'란에 기재된 상기의 내용도 선행행위인 임의제출절차가 위법하여 별개의 독립적인 증거에 해당하지 아니한다.

④ 위 압수조서중 '압수경위'란에 기재된 내용은 갑이 증거로 함에 동의한 이상 유죄를 인정하기 위한 증거로 사용할 수 있을 뿐 아니라 갑의 자백을 보강하는 증거가 되므로 갑은 성폭력범죄의처벌등에관한특례법위반(카메라등이용촬영)에 해당한다.

25년 경찰공무원(순경) 채용시험

임종희 경찰형사법
파이널 모의고사
시즌 2

제 5회

01

죄형법정주의에 관한 설명으로 옳지 않은 것은? (다툼이 있는 경우 판례에 의함)

① 관습법은 형법의 해석에 보충적인 수단으로 작용할 수 있으므로 관습법에 의하여 형법규정의 적용을 확대하거나 형을 가중하는 것은 허용될 수 있다.

② 판례에 의하면 처벌대상이 되지 아니하는 것으로 해석되었던 행위를 판례의 변경에 따라 확인된 내용의 형법조항에 근거하여 처벌한다고 하여 형벌불소급의 원칙에 반한다고 할 수 없다.

③ 법률의 시행령이 형사처벌에 관한 사항을 규정하면서 법률의 명시적인 위임 범위를 벗어나 처벌의 대상을 확장하는 것은 죄형법정주의의 원칙에도 어긋나는 것이므로 그러한 시행령은 위임입법의 한계를 벗어난 것으로서 무효이다.

④ 형벌법규의 해석은 엄격하여야 하고, 문언의 가능한 의미를 벗어나 피고인에게 불리한 방향으로 해석하는 것은 죄형법정주의의 내용인 확장해석금지에 따라 허용되지 아니한다.

02

형법의 적용범위에 관한 설명으로 가장 적절한 것은? (다툼이 있는 경우 판례에 의함)

① 대한민국 영역 내에서 해외 스포츠 도박 사이트에 접속하여 베팅을 하는 방법으로 체육진흥투표권과 비슷한 것을 정보통신망을 이용하여 발행받은 다음 결과를 적중시킨 경우 재산상 이익을 얻는 내용의 도박을 하였다면, 그 스포츠 도박 사이트를 통한 도박 행위는 국민체육진흥법 제26조 제1항에서 금지하고 있는 유사행위를 이용한 도박 행위에 해당하므로, 제48조 제3호에 따라 처벌할 수 있다. 다만, 그 스포츠 도박 사이트의 운영이 외국인에 의하여 대한민국 영역 외에서 이루어진 것이라면 유사행위를 이용하여 도박을 한 내국인은 국민체육진흥법 제48조 제3호에 따라 처벌되지 않는다.

② 법령 제정 당시부터 또는 폐지 이전에 스스로 유효기간을 구체적인 일자나 기간으로 특정하여 효력의 상실을 예정하고 있던 법령이 그 유효기간을 경과함으로써 더 이상 효력을 갖지 않게 된 경우, 그 유효기간 경과 전에 행해진 법령 위반행위의 가벌성은 소멸하므로 더 이상 행위자를 처벌할 수 없게 된다.

③ 재판이 확정된 후 법률이 변경되어 그 행위가 범죄를 구성하지 아니하게 되거나 형이 구법보다 가벼워진 경우, 형의 집행을 면제한다.

④ 캐나다 시민권자인 피고인이 캐나다에서 위조사문서를 행사한 경우, 형법 제234조의 위조사문서행사죄는 형법 제5조 제1호 내지 제7호에 열거된 죄에 해당하지 않고, 위조사문서행사를 형법 제6조의 대한민국 또는 대한민국 국민의 법익을 직접적으로 침해하는 행위라고 볼 수도 없으므로 피고인의 행위에 대하여는 우리나라에 재판권이 없다.

03

범죄의 종류에 대한 설명 중 가장 적절한 것은? (다툼이 있는 경우 판례에 의함)

① 명예훼손죄의 구성요건이 결과 발생을 요구하는 침해범의 형태로 규정되어 있기 때문에 적시된 사실로 인하여 특정인의 사회적 평가를 침해할 위험만으로는 부족하고 침해의 결과 발생이 필요하다.

② 일반교통방해죄는 구체적 위험범이므로 교통방해의 결과가 현실적으로 발생하여야 하며, 교통방해행위로 인하여 교통이 현저히 곤란한 상태가 발생하면 미수가 된다.

③ 구 국가공무원법 제84조, 제65조 제1항에서 규정하는 공무원이 정당 그 밖의 정치단체에 가입한 죄는 공무원이 정당 등에 가입함으로써 즉시 성립하고 그와 동시에 완성되는 즉시범이므로 그 범죄성립과 동시에 공소시효가 진행한다.

④ 체포죄는 즉시범으로서 반드시 체포의 행위에 확실히 사람의 신체의 자유를 구속한다고 인정할 수 있을 정도의 시간적 계속성이 있을 필요는 없다.

04

부작위범에 관한 다음 설명 중 옳지 않은 것은 모두 몇 개인가?(다툼이 있으면 판례에 의함)

⊙ 형법이 금지하고 있는 법익침해의 결과발생을 방지할 법적인 작위의무를 지고 있는 자가 그 의무를 이행함으로써 결과발생을 쉽게 방지할 수 있는데도 결과발생을 용인하고 방관한 채 의무를 이행하지 아니한 것이 범죄의 실행행위로 평가될 만한 것이라면 부작위범으로 처벌할 수 있다.

⊙ 실화죄에 있어서 공동의 과실이 경합되어 화재가 발생한 경우 적어도 각 과실이 화재의 발생에 대하여 하나의 조건이 된 이상은 그 공동적 원인을 제공한 사람들은 각자 실화죄의 책임을 면할 수 없다.

⊙ 출판사 경영자가 출고현황표를 조작하는 방법으로 실제출판부수를 속여 작가에게 인세의 일부만을 지급한 사안에서, 작가가 나머지 인세에 대한 청구권의 존재 자체를 알지 못하는 착오에 빠져 이를 행사하지 아니한 것이 사기죄에 있어 부작위에 의한 처분행위에 해당한다.

⊙ 갑이 피해자가 공사대금을 지급하지 않자 공사대금을 받을 목적으로 자신의 공사를 위하여 쌓아 두었던 건축자재를 공사완료 후에도 치우지 않은 행위가 위력으로써 피해자의 추가공사 업무를 방해하는 업무방해죄의 실행행위로서 피해자의 업무에 대하여 하는 적극적인 방해행위와 동등한 형법적 가치를 가진다고 볼 수는 없다.

⊙ 갑은 자신이 법무사가 아님을 밝히지 아니한 채 법무사 행세를 하면서 등기위임장 및 근저당권설정계약서를 작성함으로써 자신이 법무사로 호칭되도록 계속 방치한 것은 부작위에 의한 법무사법 제3조 제2항 위반죄의 죄책이 성립한다.

① 0개   ② 1개
③ 2개   ④ 3개

05

인과관계에 관한 설명으로 가장 적절하지 않은 것은? (다툼이 있는 경우 판례에 의함)

① "ㅏ"자형 삼거리에서 제한 속도를 위반하여 과속운전을 한 직진차량 운전자가 대향차선에서 신호를 위반하여 좌회전을 하는 차량과 교차로 통과시 서로 충돌하여 사고가 발생하였다면, 다른 특별한 사정이 없는 한 제한 속도를 위반하여 과속운전한 운전자의 잘못과 교통사고의 발생 사이에 상당인과관계가 있다고 볼 수 없다.

② 한국철도공사의 야간 업무에 사용되는 조명탑을 노동조합원 甲이 위법하게 점거하여 위력에 의한 업무방해죄가 성립하였고, 다른 노동조합원 乙 등이 그 조명탑 아래에서 지지 발언을 하며 음식물을 제공하는 행위를 하였지만, 乙 등의 행위가 표현의 자유·일반적 행동의 자유나 단결권의 보호 영역을 벗어났다고 볼 수 없다면 乙 등의 조력행위와 甲의 업무방해죄의 실현 사이에 인과관계를 인정하기 어려우므로 乙 등에게 업무방해방조죄가 성립하지 않는다.

③ 의료과오사건에서 수술을 마친 후 의사가 복막염에 대한 진단과 처치를 지연하는 등의 과실로 환자가 제 때 필요한 조치를 받지못해 사망하였다고 할지라도 환자가 의사의 입원 지시 및 금식 지시를 무시하고 귀가한 사정이 있다면 의사의 과실과 환자사망 사이의 인과관계는 단절된다.

④ 거동범에 해당하는 진정부작위범과는 달리 부진정부작위범은 결과범에 해당하므로, 사회적으로 기대되는 작위의무를 다하였으면 결과가 발생하지 않았을 것이라는 관계가 인정될 때 그 부작위와 결과 사이에 인과관계가 인정된다.

06

정당행위에 관한 설명으로 가장 적절하지 않은 것은?(다툼이 있는 경우 판례에 의함)

① 행위의 긴급성과 보충성은 수단의 상당성을 판단할 때 고려요소의 하나로 참작하여야 하며, 다른 실효성 있는 적법한 수단이 없는 경우를 의미하는 것이지 일체의 법률적인 적법한 수단이 존재하지 않을 것을 의미하는 것은 아니라고 보아야 한다.

② 구「군인사법」에 따른 얼차려의 결정권자가 아닌 상사 계급의 甲이 경계근무 태만이나 청소 불량 등을 이유로 부대원들에게 속칭 원산폭격을 시키거나 양손을 깍지 낀 상태에서 팔굽혀펴기를 50~60회 정도 하게 하는 등 얼차려 지침상 허용되지 않는 얼차려를 지시하는 행위는 정당행위로 볼 수 없다.

③ CCTV 설치·운영에 근로자들의 동의 절차나 노사협의회의 협의를 거치지 않았다는 이유로 노동조합원 甲 등이 회사에서 설치하여 작동 중인 CCTV 카메라 51대 중 근로자들의 작업모습이 찍히는 12대를 골라 검정색 비닐봉지를 씌워 임시적으로 촬영을 방해한 경우 정당행위의 성립요건중 수단과 방법의 상당성을 인정할 수 없다.

④ 아파트 입주자대표회의 회장이자 회의 소집권자인 甲이 자신이 소집하지 않은 입주자대표회의 소집공고문을 공휴일 야간에 발견하였고 공고문에서 정한 입주자대표회의 개최일이 다음날이어서 시기적으로 다른 적절한 방법을 찾기 어려웠다면 위 공고문을 뜯어내 제거한 행위는 정당행위에 해당한다고 볼 수 있다.

07

책임에 관한 설명으로 옳지 않은 것은? (다툼이 있는 경우 판례에 의함)

① 위법성은 행위에 대한 반가치 판단이므로 개인적 특수성을 고려하지 않지만 책임은 행위자에 대한 반가치 판단이므로 개인적 특수성을 고려한다.

② 정신적 장애가 있는 사람이라 하여도 범행 당시 정상적인 사물변별능력과 행위통제능력이 있었다면 심신장애로 볼 수 없다.

③ 일반적으로 범죄가 성립하지만 자신의 특수한 사정에 비추어 법령에 따라 허용된 행위로서 죄가 되지 않는다고 그릇 인식하고 그러한 인식에 정당한 이유가 있는 경우에는 법률의 착오에 해당한다.

④ 「병역법」 제88조 제1항은 현역 입영 또는 소집통지서를 받고도 정당한 사유없이 이에 응하지 않은 사람을 처벌하고 있는데 여기에서 '정당한 사유'는 책임을 조각하는 사유이기 때문에 사회적 평균인의 관점에서 그 기대가능성 유무를 판단해야 한다.

08

다음 사례에 관한 설명으로 옳은 것은?

> 甲은 헤어진 내연남 A가 계속하여 집에 찾아와 다시 만나줄 것을 간청하자, A와 집 앞에서 실랑이를 하는 중에 A를 혼내줄 생각으로 옆집에 사는 乙이 집 앞으로 지나가는 것을 보고 "성폭행범이다. 살려주세요"라고 소리를 쳤다. 甲이 의도 한 대로 乙은 甲을 구하기 위해 A를 밀어 넘어뜨려 A에게 전치 2주의 상해를 입혔다.

① 유추적용설에 의하면 乙의 착오에 정당한 이유가 존재하지 않는다면 乙의 행위는 상해죄가 성립한다.

② 엄격책임설에 의하면 乙의 행위는 과실 유무에 따라 과실치상죄가 성립될 수 있다.

③ 법효과제한적 책임설에 의할 때 乙의 상해행위는 구성요건적고의는 인정되지만 책임고의가 조각되므로 상해죄가 성립하지 않는다.

④ 엄격책임설과 법효과제한적 책임설에 의하면 甲에게 상해죄의 교사범이 성립될 여지는 없다.

09

공동정범에 관한 설명으로 가장 적절하지 않은 것은?(다툼이 있는 경우 판례에 의함)

① 공모공동정범에 있어서 공모자들이 그 공모한 범행을 수행하는 도중에 부수적인 다른 범죄가 파생되리라고 충분히 예상할 수 있는데도 그러한 가능성을 외면한 채 이를 방지하기에족한 합리적인 조치를 취하지 아니하고 공모한 범행에 나아갔다가 결국 예상되던 범행들이 발생하였다면 당초의 공모자들 사이에 그 범행 전부에 대하여 공모는 물론 기능적 행위지배가 존재한다.

② 공동가공의 의사는 타인의 범행을 인식하면서도 이를 제지하지 아니하고 용인하는 것만으로도 충분하고, 반드시 공동의 의사로 특정한 범죄행위를 하기 위해 일체가 되어 서로 다른 사람의 행위를 이용하여 자기 의사를 실행에 옮기는 것을 내용으로 할 필요는 없다.

③ 범인도피죄에 있어서 공범자의 범인도피행위 도중에 그 범행을 인식하면서 그와 공동의 범의를 가지고 기왕의 범인도피상태를 이용하여 스스로 범인도피행위를 계속한 경우에는 범인도피죄의 공동정범이 성립한다.

④ 회사직원이 영업비밀을 경쟁업체에 유출하거나 스스로의 이익을 위하여 이용할 목적으로 무단으로 반출한 후에 위 직원과 접촉하여 영업비밀을 취득하려고 한 자는 업무상배임죄의공동정범이 될 수 없다.

10

교사의 착오에 관한 설명으로 가장 적절하지 않은 것은?(다툼이 있는 경우 판례에 의함)

① 甲이 乙에게 강도를 교사하였는데 乙이 절도를 실행한 경우, 甲은 강도의 예비·음모죄와 절도죄의 교사범이 성립하는데, 양죄는 상상적 경합관계에 있으므로 甲은 형이 더 무거운 강도예비·음모죄로 처벌된다.

② 甲이 乙에게 "丙을 정신을 차릴 정도로 때려주어라"고 교사하였는데 을이 병을 살해한 경우, 갑은 상해치사죄의 교사범이 성립한다.

③ 甲이 乙에게 공갈을 교사하였는데 乙이 강도를 실행한 경우, 甲은 교사한 범죄의 교사범이 성립한다.

④ 甲이 乙에게 사기를 교사하였는데 乙이 공갈을 실행한 경우, 갑은 사기죄의 교사범이 성립한다.

11

방조범에 관한 설명 중 가장 적절하지 않은 것은?(다툼이 있는 경우 판례에 의함)

> ㉠ 구금융실명거래 및 비밀보장에 관한 법률(구 금융실명법) 제6조 제1항 위반죄는 이른바 초과주관적 위법요소로서 '탈법행위의 목적'을 범죄성립요건으로 하는 목적범이므로, 방조범에게도 정범이 위와 같은 탈법행위를 목적으로 타인 실명 금융거래를 한다는 점에 관한 고의가 있어야 하나, 그 목적의 구체적인 내용까지 인식할 것을 요하는 것은 아니다.
>
> ㉡ 갑은 성명불상자인 을로부터 불법 환전 업무를 도와주면 대가를 지급하겠다는 제안을 받고 갑 자신의 금융계좌번호를 알려주었는데, 을이 전기통신금융사기 편취금을 은닉하기 위하여 갑의 금융계좌로 편취금을 송금받은 경우, 갑이 성명불상자의 탈법행위 목적(불법재산 은닉등)의 타인 실명 금융거래를 용이하게 하였다면 구 금융실명법 제6조 제1항 위반죄의 방조범이 성립한다.
>
> ㉢ 정범이 침해 게시물을 인터넷 웹사이트 서버 등에 업로드하여 공중의 구성원이 개별적으로 선택한 시간과 장소에서 접근할 수 있도록 이용에 제공하면, 공중에게 침해 게시물을 실제로 송신하지 않더라도 공중송신권 침해는 기수에 이른다.
>
> ㉣ 정범이 침해 게시물을 서버에서 삭제하는 등으로 게시를 철회하지 않으면 이를 공중의 구성원이 개별적으로 선택한 시간과 장소에서 접근할 수 있도록 이용에 제공하는 가벌적인 위법행위가 계속 반복되고 있어 공중송신권 침해의 범죄행위가 종료되지 않았으므로, 그러한 정범의 범죄행위는 방조의 대상이 될 수 있다.
>
> ㉤ 병원 원장인 피고인 갑 등이 을 등에게 허위의 입·퇴원확인서를 작성한 후 교부하여, 정범인 을 등이 보험회사로부터 보험금을 지급받았지만 증거 불충분으로 무죄가 확정되었더라도 피고인 갑 등은 사기죄의 방조범이 성립할 수 있다.

① 0개 　　　　　② 1개
③ 2개 　　　　　④ 3개

12

공범과 신분에 관한 설명으로 옳은 것을 모두 고른 것은?(다툼이 있는 경우 판례에 의함)

> ㉠ 허위공문서작성죄 및 그 행사죄는 '공무원'만이 그 주체가 될 수 있는 신분범이라 할 것이므로, 신분상 공무원이 아님이 분명한 피고인들을 허위공문서작성죄 및 그 행사죄로 처벌하려면 그에 관한 특별규정이 있어야 한다.
>
> ㉡ 「형법」 제152조 제1항과 제2항은 위증을 한 범인이 형사사건의 피고인 등을 '모해할 목적'을 가지고 있었는가 아니면 그러한 목적이 없었는가 하는 범인의 특수한 상태의 차이에 따라 범인에게 과할 형의 경중을 구별하고 있으므로, 이는 바로 「형법」 제33조 단서의 "신분 때문에 형의 경중이 달라지는 경우"에 해당한다.
>
> ㉢ 업무상의 임무라는 신분관계가 없는 자가 신분관계 있는 자와 공모하여 업무상배임죄를 범한 경우, 신분관계가 없는 공범에 대하여는 「형법」 제33조 본문에 따라 업무상배임죄의 공동정범이 성립하고 업무상배임죄에서 정한 형으로 처단한다.
>
> ㉣ 치과의사가 환자의 대량유치를 위해 치과기공사들에게 내원환자들에게 진료행위를 하도록 지시하여 그들이 각 단독으로 진료행위를 한 경우 치과의사는 무면허의료행위의교사범이 성립한다.
>
> ㉤ 변호사가 변호사 아닌 자에게 고용되어 법률사무소의 개설·운영에 관여하여 변호사법위반죄가 문제된 경우, 변호사의 행위가 「형법」 총칙상의 공모, 교사 또는 방조에 해당된다고 하더라도 변호사를 변호사 아닌 자의 공범으로 처벌할 수 없다.

① ㉠, ㉢, ㉤ 　　　　② ㉡, ㉣, ㉤
③ ㉠, ㉡, ㉢, ㉣ 　　　④ ㉠, ㉡, ㉣, ㉤

13

다음 중 몰수와 추징에 관한 설명으로 가장 적절한 것은? (다툼이 있는 경우 판례에 의함)

① 피고인들이 '사업장폐기물배출업체로부터 인수받은 폐기물을 폐기물관리법에 따라 허가 또는 승인을 받거나 신고한 폐기물처리시설이 아닌 곳에 매립하였다.'는 범죄행위를 하였다면, 피고인들이 사업장폐기물배출업체로부터 받은 돈은 형법 제48조에 따라 범죄행위로 인하여 생하였거나 이로 인하여 취득된 것이라고 볼 수 있으므로 몰수·추징한다.

② 공소제기되지 않은 범죄사실이라도「부패재산의 몰수 및 회복에 관한 특례법」(약칭 '부패재산몰수법')의 여러 규정과 형법 제49조 등을 종합하면, 법원은 공소제기된 당해 피고인이 범한 부패범죄의 범죄피해재산에 대해서는 당해 사건에서 공소제기되지 않은 범행의 피해재산인 경우에도 몰수할 수 있다.

③ 마약류 관리에 관한 법률 제67조의 몰수나 추징을 선고하기 위하여는 몰수나 추징의 요건이 공소가 제기된 범죄사실과 관련되어 있어야 하므로 범죄사실에서 수수한 필로폰 양을 특정할 수 없다고 판단한 이상, 피고인에게 추징을 명할 수는 없다.

④ 마약류 불법거래 방지에 관한 특례법(약칭 '마약거래방지법') 제6조를 위반하여 마약류를 수출입·제조·매매 등의 정범으로부터 대가를 받고 판매할 마약을 공급하는 방법으로 용이하게 하는 방조범의 경우, 정범의 위 범죄행위로 인한 수익을 정범과 공동으로 취득하였다고 평가할 수 없어도, 위 법 몰수·추징의 규정에 의하여 정범과 같이 추징해야지 방조행위로 얻은 재산 등에 한하여 몰수, 추징할 것은 아니다.

14

집행유예의 취소에 관한 다음 설명 중 적절하지 않은 것은 모두 몇 개인가?(다툼이 있는 경우 판례에 의함)

㉠ 검사는 보호관찰이나 사회봉사 또는 수강을 명한 집행유예를 받은 자가 준수사항이나 명령을 위반하고 그 정도가 무거운 경우 보호관찰소장의 신청을 받아 집행유예의 선고 취소청구를 할 수 있다.

㉡ 집행유예의 선고 취소는 '집행유예 기간 중'에만 가능하다는 시간적 한계가 있으므로, 심리 도중 집행유예 기간이 경과하면 형의 선고는 효력을 잃기 때문에 더 이상 집행유예의 선고를 취소할 수 없고 취소청구를 기각할 수밖에 없다.

㉢ 집행유예의 선고 취소결정에 대한 즉시항고 또는 재항고 상태에서 집행유예 기간이 경과한 때에는 집행유예의 선고를 취소할 수 있다.

㉣ 법원은 집행유예 취소 청구서 부본을 지체 없이 집행유예를 받은 자에게 송달하여야 하고, 원칙적으로 집행유예를 받은 자 또는 그 대리인의 의견을 물은 후에 결정을 하여야 한다.

㉤ 항고법원은 항고인이 그의 항고에 관하여 이미 의견진술을 한 경우 등이 아니라면 원칙적으로 항고인에게 소송기록접수통지서를 발송하고 그 송달보고서를 통해 송달을 확인한 다음 항고에 관한 결정을 하여야 한다.

① 0개   ② 1개

③ 2개   ④ 3개

15

업무상과실치사상죄에 관한 설명으로 가장 적절하지 않은 것은?(다툼이 있는 경우 판례에 의함)

① 환자의 생명과 자기결정권을 비교형량하기 어려운 특별한 사정이 있다고 인정되는 경우에 의사가 자신의 직업적 양심에 따라 환자의 양립할 수 없는 두 개의 가치 중 어느 하나를 존중하는 방향으로 행위하였다면, 이러한 행위는 처벌할 수 없다. 따라서 의사가 자신의 직업적 양심에 따라 환자의 자기결정권을 존중하여 환자에게 타가수혈을 시행하지 아니하였고, 결국 환자가 다량 실혈로 인한 폐부종으로 사망한 경우, 업무상과실치사죄가 성립하지 않는다.

② 3층 건물의 소유자로서 건물 각 층을 임대한 피고인이, 건물 2층으로 올라가는 계단참의 전면 벽이 아크릴 소재의 창문 형태로 되어 있고 별도의 고정장치가 없는데도 안전바를 설치하는 등 낙하사고 방지를 위한 관리의무를 소홀히 함으로써, 건물 2층에서 나오던 임차인이 신발을 신으려고 아크릴 벽면에 기대는 과정에서 벽면이 떨어지고 개방된 결과 약 4m 아래 1층으로 추락하여 상해를 입은 경우, 피고인은 업무상과실치상죄가 인정된다.

③ 내과의사가 신경과 전문의에 대한 협의진료결과와 환자에 대한 진료경과 등을 신뢰하여 뇌혈관계통 질환의 가능성을 염두에 두지 않고 내과 영역의 진료행위를 계속하다가 환자의 뇌 지주막하 출혈을 발견하지 못하여 식물상태에 이르게 한 경우, 업무상 주의의무 위반이 인정되지 않는다.

④ 제왕절개분만을 함에 있어서 산모에게 수혈을 할 필요가 있을 것이라고 예상할 수 있었다는 사정이 보이지 않는 한, 산후과다출혈에 대비하여 제왕절개수술을 시행하기 전에 미리 혈액을 준비할 업무상 주의의무가 있다고 보기 어렵다.

16

미성년자 약취·유인죄에 관한 다음 설명 중 가장 적절하지 않은 것은?(다툼이 있으면 판례에 의함)

① 형법 제287조의 미성년자약취죄의 구성요건요소로서 약취란 폭행, 협박 또는 불법적인 사실상의 힘을 수단으로 사용하여 피해자를 그 의사에 반하여 자유로운 생활관계 또는 보호관계로부터 이탈시켜 자기 또는 제3자의 사실상 지배하에 옮기는 행위를 의미한다.

② 미성년자를 보호·감독하는 사람이라고 하더라도 다른 보호감독자의 보호·양육권을 침해하거나 자신의 보호·양육권을 남용하여 미성년자 본인의 이익을 침해하는 때에는 미성년자에 대한 약취죄의 주체가 될 수 있다.

③ 형법 제288조에 규정된 약취행위는 피해자를 그 의사에 반하여 자유로운 생활관계 또는 보호관계로부터 범인이나 제3자의 사실상 지배하에 옮기는 행위를 말하는 것으로서, 폭행 또는 협박을 수단으로 사용하는 경우에 그 폭행 또는 협박의 정도는 상대방을 실력적 지배하에 둘 수 있을 정도이면 족하고 반드시 상대방의 반항을 억압할 정도의 것임을 요하지는 아니한다.

④ 미성년자를 약취 또는 유인한 자가 그 미성년자를 안전한 장소에 풀어주더라도 그 형을 감경할 수 없다.

17

성범죄에 관한 설명으로 가장 적절한 것은? (다툼이 있는경우 판례에 의함)

① 준강간죄에서 피해자가 술에 취해 수면상태에 빠지는 등 의식을 상실한 패싱아웃(passing out) 상태뿐만 아니라 범행당시 알코올이 기억형성의 실패만을 야기한 알코올 블랙아웃(black out) 상태인 경우에도 기억장애 외에 인지기능이나 의식 상태의 장애에 이르렀다고 인정된다.

② 강제추행죄의 폭행 또는 협박이 추행보다 시간적으로 앞서 그 수단으로 행해진 이른바 폭행·협박 선행형의 경우에는 상대방의 항거를 곤란하게 하는 정도의 폭행 또는 협박이어야한다.

③ 강간치사상죄에 있어서 사상의 결과는 간음행위 그 자체로부터 발생한 경우나 강간의 수단으로 사용한 폭행으로부터 발생한 경우는 포함되지만, 강간에 수반하는 행위에서 발생한 경우는 포함되지 않는다.

④ 성폭력범죄의 처벌 등에 관한 특례법위반(주거침입강간)죄는 주거침입죄를 범한 후에 사람을 강간하는 등의 행위를 하여야 하는 일종의 신분범이고, 선후가 바뀌어 강간죄 등을 범한 자가 그 피해자의 주거에 침입한 경우에는 이에 해당하지 않고 강간죄 등과 주거침입죄 등의 실체적 경합범이 된다.

18

명예에 관한 죄에 관한 설명으로 옳지 않은 것은? (다툼이 있는 경우 판례에 의함)

① 甲이 양육비 지급 판결을 받는 등 양육비 지급의무가 있음에도 이를 지급하지 않고 있는 A, B, C에 대한 제보를 받아 그들의 이름, 얼굴 사진, 거주지, 직장명 등 신상정보를 특정 인터넷 사이트에 공개하는 글을 게시한 경우, 이는 양육비 미지급으로 인한 사회적 문제를 공론화하기 위한 목적이 있었더라도 신상정보의 공개는 이러한 공익적 목적과 직접적인 관련성이 있다고 보기 어려운 점 등을 고려하면 甲에게는 A, B, C를 '비방할 목적'이 인정된다.

② 甲이 A의 집 뒷길에서 자신의 남편 B 및 A의 친척인 C가 듣는 가운데 A에게 '저것이 징역 살다온 전과자다' 등으로 큰 소리로 말한 경우, A와 C 사이의 촌수나 구체적 친밀관계가 밝혀진 바도 없으나 단지 A와 C가 친척관계에 있다는 이유만으로도 전파가능성이 부정되므로 명예훼손죄가 성립될 여지가 없다.

③ 甲이 산후조리원을 이용한 후, 9회에 걸쳐 임신, 육아 등에 관한 인터넷 카페나 자신의 블로그 등에 자신이 직접 겪은 불편사항 등을 후기 형태로 게시한 경우, 이는 실제 이용하면서 느낀 주관적 평가이고 다소 과장되기는 했지만 대체로 객관적 사실에 부합되는 점 등 제반 사정에 비추어 볼 때 산후조리원 정보를 구하는 다른 임산부의 의사결정에 도움을 주는 정보 제공 등 공공의 이익에 관한 것이라고 봄이 타당하고, '비방할 목적'이 있었다고 보기 어렵다.

④ 적시된 사실이 허위의 사실이라고 하더라도 행위자에게 허위성에 대한 인식이 없는 경우에는 「형법」제307조 제1항의 명예훼손죄가 성립될 수 있다.

19

업무와 경매.입찰에 관한 죄의 설명으로 가장 적절하지 않은 것은?(다툼이 있는 경우 판례에 의함)

① 대학의 컴퓨터시스템 서버를 관리하던 직원이 전보발령을 받아 더 이상 웹서버를 관리 운영할 권한이 없는 상태에서, 웹서버에 접속하여 홈페이지 관리자의 아이디와 비밀번호를 무단으로 변경한 행위는, 피고인이 웹서버를 관리 운영할 정당한 권한이 있는 동안 입력하여 두었던 홈페이지 관리자의 아이디와 비밀번호를 단지 후임자 등에게 알려 주지 아니한 행위와는 달리, 컴퓨터 등 장애 업무방해죄를 구성한다.

② 컴퓨터 등 정보처리장치에 정보를 입력하는 등의 행위가 그 입력된 정보 등을 바탕으로 업무를 담당하는 사람의 오인, 착각 또는 부지를 일으킬 목적으로 행해진 경우에는 그 행위가 업무를 담당하는 사람을 직접적인 대상으로 이루어진 것이 아니라고 하여도 위계에 의한 업무방해죄가 성립한다.

③ 「형법」상 업무방해죄에서 말하는 '위력'은 폭력·협박은 물론 사회적·경제적·정치적 지위와 권세에 의한 압박 등도 이에 포함되지만, 적어도 그러한 위력으로 인하여 피해자의 자유의사를 제압하기에 충분하다고 평가될 정도의 세력에는 이르러야 한다.

④ 입찰방해죄의 방해의 대상인 '입찰'은 공정한 자유경쟁을 통한 적정한 가격형성을 목적으로 하는 입찰절차를 말하므로, 공적·사적 경제주체가 임의의 선택에 따라 진행하는 계약체결 과정도 이에 해당한다.

20

다음 중 강도의 죄에 관한 설명으로 옳지 않은 것은 모두 몇 개인가? (다툼이 있는 경우 판례에 의함)

⊙ 강도범인이 체포를 면탈할 목적으로 경찰관에게 폭행을 가한 때에는 강도죄와 공무집행방해죄는 상상적 경합관계에 있다.

ⓛ 강도가 한 개의 강도범행을 하는 기회에 수명의 피해자에게 각 폭행을 가하여 각 상해를 입힌 경우에는 각 피해자별로 수개의 강도상해죄가 성립하며 이들은 실체적 경합범의 관계에 있다.

ⓒ 절도가 체포를 면탈할 목적으로 추격하여 온 수인에 대하여 같은 기회에 동시 또는 이시에 폭행 또는 협박을 하였다 하더라도 준강도의 포괄일죄가 성립하고, 준강도행위가 진행하여 상해행위를 수반한 경우에도 일괄하여 준강도상해죄의 일죄가 성립하는 것이지 별도로 준강도죄의 성립이 있는 것은 아니다.

ⓔ 절도범이 체포를 면탈할 목적으로 체포하려는 여러 명의 피해자에게 같은 기회에 폭행을 가하여 그 중 1인에게만 상해를 가하였다면 이러한 행위는 포괄하여 하나의 강도상해죄만 성립한다.

① 0개   ② 1개
③ 2개   ④ 3개

21

재산범죄에 관한 설명 중 옳은 것은 모두 몇 개인가?(다툼이 있으면 판례에 의함)

⊙ 갑과 을은 동업형태로 A주식회사를 공동으로 인수하여 위 회사의 공동대표이사가 되어 이를 경영하였는데, 을은 갑과 다툼이 생기자 동업을 청산한다며 자신의 주식 38% 인수 및 그 동안의 공로에 대한 대가로 갑에게 합계 5억 원을 요구하였고, 갑은 이에 응하여 4회에 걸쳐 5억 원을 을에게 지급하였다. 을은 갑으로부터 지급받은 금원이 위 회사 자금을 횡령한 것일지도 모른다는 의심을 가지고 받았다면 갑은 업무상횡령죄가 성립하고 을은 장물취득죄가 성립한다.

ⓛ 회사의 대표이사가 자신이 당사자일 뿐만 아니라 자신의 경영권을 방어하기 위한 목적으로 신주를 발행하는 과정에서 저지른 배임행위에 대한 소송을 수행하면서 그 변호사비용을 회사의 자금으로 지급하여도 횡령죄가 성립하지 않는다.

ⓒ 조합 또는 내적 조합과 달리 익명조합의 경우에는 익명조합원이 영업을 위하여 출자한 금전 기타의 재산은 상대편인 영업자의 재산이 되므로 영업자는 타인의 재물을 보관하는 자의 지위에 있지 않아 영업자가 영업이익금등을 임의로 소비하였더라도 횡령죄가 성립하지 아니한다.

ⓔ 피고인이 전세보증금반환채권에 대하여 권리질권을 설정하여 주었고, 이에 대하여 임대인이 승낙하여 질권자가 대항요건을 갖추게 된 상태에서 피고인이 질권자의 동의 없이 임대인으로부터 질권의 목적인 전세보증금반환채권을 변제받은 경우, 피고인에게 질권자에 대한 관계에서 배임죄가 성립한다.

① 1개   ② 2개   ③ 3개
④ 4개   ⑤ 5개

22

사기의 죄에 관한 설명으로 옳지 않은 것은? (다툼이 있는 경우 판례에 의함)

① 자기에게 유리한 판결을 얻기 위하여 소송상의 주장이 사실과 다름이 객관적으로 명백하거나 증거가 조작되어 있다는 정을 인식하지 못하는 제3자를 이용하여 그로 하여금 소송의 당사자가 되게 하고 법원을 기망하여 소송 상대방의 재물 또는 재산상 이익을 취득하려 하였다면 간접정범의 형태에 의한 소송사기죄가 성립한다.

② 사기죄는 타인을 기망하여 그로 인한 하자 있는 의사에 기하여 재물의 교부를 받거나 재산상의 이익을 취득함으로써 성립하는 범죄로서 그 본질은 기망에 의한 재물이나 재산상 이익의 취득에 있는 것이나, 상대방에게 현실적으로 재산상 손해가 발생하여야 한다.

③ 타인의 명의를 모용하여 발급받은 신용카드의 번호와 그 비밀번호를 이용하여 ARS 전화서비스나 인터넷 등을 통하여 신용대출을 받는 방법으로 재산상 이익을 취득하는 행위는 카드회사에 의해 미리 포괄적으로 허용된 행위가 아닌 이상, 컴퓨터 등 정보처리장치에 권한 없이 정보를 입력하여 정보처리를 하게 함으로써 재산상 이익을 취득하는 행위로서 컴퓨터등사용사기죄에 해당한다.

④ 특정 질병을 앓고 있는 사람이 보험회사가 정한 약관에 그 질병에 대한 고지의무를 규정하고 있음을 알면서도 이를 고지하지 아니한 채 그 사실을 모르는 보험회사와 그 질병을 담보하는 보험계약을 체결한 다음 바로 그 질병의 발병을 사유로 하여 보험금을 청구한 경우, 특별한 사정이 없는 한 사기죄에 있어서의 기망행위 내지 편취의 고의를 인정할 수 있다.

23

횡령의 죄에 관한 설명으로 가장 적절하지 않은 것은? (다툼이 있는 경우 판례에 의함)

① 동업재산은 동업자의 합유에 속하는 것이므로 동업관계가 존속하는 한 동업자의 한 사람이 동업재산을 보관 중 임의로 횡령한 경우에는 지분비율에 따라 임의로 횡령한 금액 중 자신의 지분비율을 초과한 부분에 대하여 횡령죄의 죄책을 부담한다.

② 사기범행의 공범이 아닌 계좌명의인이 개설한 예금계좌가 전기통신금융사기 범행에 이용되어 그 계좌에 피해자가 사기피해금을 송금·이체한 경우에는 계좌명의인은 피해자를 위하여 사기피해금을 보관하는 지위에 있다고 보아야 하므로, 계좌명의인이 그 돈을 영득할 의사로 인출하면 피해자에 대한 횡령죄가 성립한다.

③ 사기범행에 이용되리라는 사정을 알고서도 자신 명의 계좌의 접근매체를 양도함으로써 사기범행을 방조한 종범이 사기이용계좌로 송금된 피해자의 돈을 임의로 인출한 경우 사기의 피해자에 대하여 별도의 횡령죄를 구성하지 않는다.

④ 금전의 수수를 수반하는 사무처리를 위임받은 사람이 그 행위에 기하여 위임자를 위하여 제3자로부터 수령한 금전은, 위임을 받은 사람이 위 금전을 그 위임의 취지대로 사용하지 아니하고 마음대로 자신의 위임자에 대한 채권에 상계충당하는 것은 상계정산하기로 하였다는 특별한 약정이 없는 한 당초 위임한 취지에 반하므로 횡령죄를 구성한다.

24

일반교통방해죄에 대한 설명으로 가장 적절하지 않은 것은?(다툼이 있으면 판례에 의함)

① 집회 및 시위에 관한 법률(이하 '집시법'이라 한다)에 따라 신고 범위를 현저히 벗어나거나 조건을 중대하게 위반함으로써 교통방해를 유발한 집회에 실제 참가한 갑이 당시 이미 다른 참가자들에 의해 교통의 흐름이 차단된 상태였더라도 교통방해를 유발한 다른 참가자들과 암묵적·순차적으로 공모하여 교통방해의 위법상태를 지속시켰다고 평가할 수 있다면 일반교통방해죄가 성립한다.

② 피고인 갑의 가옥 앞 도로가 폐기물 운반 차량의 통행로로 이용되어 가옥 일부에 균열 등이 발생하자, 갑이 위 도로에 트랙터를 세워두거나 철책 펜스를 설치함으로써 위 차량의 통행을 불가능하게 한 경우는 일반교통방해죄가 성립하나, 위 차량들의 앞을 가로막고 앉아서 통행을 일시적으로 방해한 경우는 일반교통방해죄가 성립하지 않는다.

③ 통행로를 이용하는 사람이 적은 경우에도 일반교통방해죄에서 말하는 육로에 해당할 수 있으므로, 공로에 출입할 수 있는 다른 도로가 있는 상태에서 토지 소유자로부터 일시적인 사용승낙을 받아 통행하거나 토지 소유자가 개인적으로 사용하면서 부수적으로 타인의 통행을 묵인한 장소에 불과한 도로라 하더라도 위 '육로'에 해당한다.

④ 목장 소유자인 갑이 목장운영을 위해 목장용지 내에 임도를 개설하고 차량 출입을 통제하면서 인근 주민들의 일부 통행을 부수적으로 묵인한 경우, 위 임도는 일반교통방해죄의 '육로'에 해당하지 않는다.

25

유가증권에 관한 죄에 대한 다음 설명 중 옳은 것은 모두 몇 개인가? (다툼이 있는 경우 판례에 의함)

⊙ 은행을 통하여 지급이 이루어지는 약속어음의 발행인이 그 발행을 위하여 은행에 신고된 것이 아닌 발행인의 다른 인장을 날인하였다면 허위유가증권작성죄가 성립한다.
ⓛ 배서인의 주소기재는 배서의 요건이므로 약속어음 배서인의 주소를 허위로 기재하였다면 형법 제216조 소정의 허위유가증권작성죄에 해당한다.
ⓒ 피고인이 수표의 배서를 위조·변조하였다면, 수표의 권리의무에 관한 기재를 위조·변조한 것으로서 구 부정수표 단속법 제5조(수표의 위조·변조죄)에 해당하므로 부정수표단속법위반죄가 성립한다.
ⓔ 위조유가증권행사죄에 있어서의 유가증권이라 함은 위조된 유가증권의 원본만을 의미하는 것이 아니라 전자복사기 등을 사용하여 기계적으로 복사한 사본도 이에 해당한다.
ⓜ 위조유가증권임을 잘 알고 있는 자에게 교부하였다면 설령 피교부자가 이를 소통시킬 것임을 인식하고 교부하였더라도 위조유가증권행사죄가 성립하지 않는다.

① 0개   ② 1개
③ 2개   ④ 3개

26

공정증서원본부실기재죄에 관한 설명으로 가장 적절한 것은?(다툼이 있는 경우 판례에 의함)

① 허위의 소유권이전등기를 경료한 자가 그 부동산에 관하여 자신의 채권자와의 합의로 근저당권설정등기를 경료한 경우 공정증서원본부실기재죄 및 동행사죄가 성립한다.
② 종중 소유의 토지를 자신의 개인 소유로 신고하여 토지대장에 올린 경우 공정증서원본부실기재죄가 성립한다.
③ 법원에 허위 내용의 조정신청서를 제출하여 판사로 하여금 조정조서에 부실의 사실을 기재하게 한 경우 공정증서원본부실기재죄가 성립한다.
④ 어떤 부동산에 관하여 피상속인에게 실체상의 권리가 없었음에도 불구하고 재산상속인이 상속을 원인으로 한 소유권이전등기를 경료한 경우 공정증서원본부실기재죄가 성립한다.

27

다음 중 내란의 죄에 관한 설명으로 가장 적절하지 않은 것은?(다툼이 있으면 판례에 의함)

① 특정 정당 소속의 국회의원 피고인 갑 및 지역위원장 피고인 을을 비롯한 피고인들이, 이른바 조직원들과 회합을 통하여 회합 참석자 130여 명과 한반도에서 전쟁이 발발하는 등 유사시에 상부 명령이 내려지면 바로 전국 각 권역에서 국가기간시설 파괴 등 폭동을 할 것을 통모한 경우, 내란음모죄는 성립하지 않는다.
② 내란음모죄의 음모는 실행의 착수 이전에 2인 이상의 자 사이에 성립한 범죄실행의 합의로서, 합의 자체는 행위로 표출되지 않은 합의 당사자들 사이의 의사표시에 불과한 만큼 실행행위로서의 정형이 없고, 따라서 합의의 모습 및 구체성의 정도도 매우 다양하게 나타날 수밖에 없다. 그런데 어떤 범죄를 실행하기로 막연하게 합의한 경우나 특정한 범죄와 관련하여 단순히 의견을 교환한 경우까지 모두 범죄실행의 합의가 있는 것으로 보아 음모죄가 성립한다고 한다면 음모죄의 성립범위가 과도하게 확대되어 국민의 기본권인 사상과 표현의 자유가 위축되거나 그 본질이 침해되는 등 죄형법정주의 원칙이 형해화될 우려가 있으므로, 음모죄의 성립범위도 이러한 확대해석의 위험성을 고려하여 엄격하게 제한하여야 한다.
③ 내란음모죄에 해당하는 합의가 있다고 하기 위해서는 단순히 내란에 관한 범죄결심을 외부에 표시·전달하는 것만으로는 부족하고 객관적으로 내란범죄의 실행을 위한 합의라는 것이 명백히 인정되고, 그러한 합의에 실질적인 위험성이 인정되어야 한다.
④ 내란음모가 성립하였다고 하기 위해서는 공격의 대상과 목표가 설정되어 있으면 족하고, 그 밖의 실행계획에 있어서 주요 사항의 윤곽을 공통적으로 인식할 정도의 합의가 있을 것까지를 요하는 것은 아니다.

28

공무방해에 관한 죄에 대한 설명 중 가장 적절하지 않은 것은?(다툼이 있는 경우 판례에 의함)

① 甲 등 방송관계자들이 방송 제작 과정에서 보이스피싱 조직과 관련된 제보를 받고 신분을 가장하고 몰래 촬영장비를 가지고 구치소에 들어가 수용자들을 접견하면서 촬영 및 녹음을 한 경우, 위계에 의한 공무집행방해죄가 성립한다고 할 수는 없다.

② 음주운전 신고를 받고 출동한 경찰관 P가 시동이 걸린 차량 운전석에 앉아있던 만취한 甲을 발견하고 음주측정을 위하여 하차를 요구하자 甲이 운전하지 않았다고 다투었고, 이에 P가 차량 블랙박스 확인을 위해 경찰서로 임의동행할 것을 요구하자, 甲이 차량에서 내리자마자 도주하여 P가 이미 착수한 음주측정 직무를 계속하기 위하여 甲을 10미터 정도 추격하여 도주를 제지한 것은 정당한 직무집행에 해당한다.

③ 갑은 인천국제공항을 통하여 중국으로 출국하면서 출국심사 담당공무원에게 부정 발급받은 乙명의의 여권을 제출하여 출국심사를 통과한 것을 비롯하여 수차에 걸쳐 인천국제공항 출국심사 담당공무원에게 여권을 제출하여 공항 출입국심사를 통과한 경우, 위계에 의한 공무집행방해죄와 불실기재여권행사죄가 성립한다.

④ 미결수용자 甲이 변호사 6명을 고용하여 총 51회에 걸쳐 변호인 접견을 가장해 변호사들로 하여금 甲의 개인적 업무와 심부름을 하도록 하고, 소송서류 외의 문서를 수수한 경우 변호인 접견업무 담당 교도관의 직무집행을 대상으로 한 위계에 의한 공무집행방해죄가 성립한다.

29

다음 설명 중 옳은 것은 모두 몇 개인가(다툼이 있는 경우 판례에 의함)

⊙ 증언거부사유가 있음에도 증인이 증언거부권을 고지받지 못함으로 인하여 그 증언거부권을 행사하는 데 사실상 장애가 초래되었다고 볼 수 있는 경우라도 법정에서 선서후 허위진술을 한 이상 위증죄가 성립한다.

⊙ 범죄 또는 징계사유의 성립 여부에 관한 것뿐만 아니라 형 또는 징계의 경중에 영향을 미치는 정상을 인정하는 데 도움이 될 자료까지도 증거위조죄에서 규정한 '증거'에 포함된다.

ⓒ 사실의 증명을 위해 작성된 문서가 그 사실에 관한 내용이나 작성명의 등에 아무런 허위가 없다면 '증거위조'에 해당한다고 볼 수 없다.

② 국회의원 갑은 기업인 A로부터 안마의자를 받았는데, 그 A에 대하여 정치자금법위반으로 수사가 진행되자, 갑은 오랜 친분이 있는 을에게 보관하여 달라고 부탁하고 자신의 보좌관 병에게 운반을 지시함으로써 을과 병이 갑의 요청에 응한 경우, 갑은 증거은닉교사죄가 성립한다.

⑩ 참고인이 타인의 형사사건 등에 관하여 제3자와 대화를 하면서 허위로 진술하고 그 진술이 담긴 대화 내용을 녹음한 녹음파일 또는 이를 녹취한 녹취록을 만들어 수사기관 등에 제출하는 행위는 증거위조죄를 구성하지 않는다.

① 1개   ② 2개
③ 3개   ④ 4개

30

「검사와 사법경찰관의 상호협력과 일반적 수사준칙에 관한 규정」에 따른 재수사의 처리절차에 대한 설명 중 적절하지 않은 것은 모두 몇 개인가?

㉠ 사법경찰관은 검사의 재수사 요청에 따라 재수사를 한 경우 범죄의 혐의가 있다고 인정되는 경우에는 검사에게 사건을 송치하고 관계 서류와 증거물을 송부해야 한다. 그러나 기존의 불송치 결정을 유지하는 경우에는 재수사 결과서에 그 내용과 이유를 구체적으로 적어 검사에게 통보해야 한다.

㉡ 검사는 사법경찰관이 재수사 결과를 통보한 사건에 대해서 다시 재수사를 요청하거나 원칙적으로 송치 요구를 할 수 없다. 다만, 검사는 사법경찰관이 사건을 송치하지 않은 위법 또는 부당이 시정되지 않아 사건을 송치받아 수사할 필요가 있는 특별한 경우에는 사건송치를 요구할 수 있다.

㉢ 검사는 위 ㉡의 사건송치 요구 여부를 판단하기 위해 필요한 경우에는 사법경찰관에게 관계 서류와 증거물의 송부를 요청할 수 있다. 이 경우 요청을 받은 사법경찰관은 이에 협력해야 한다.

㉣ 검사는 재수사 결과를 통보받은 날(사건송치 요구 여부를 판단하기 위해 사법경찰관에게 관계 서류와 증거물의 송부를 요청한 경우에는 관계 서류와 증거물을 송부받은 날을 말한다)부터 30일 이내에 제2항 각 호 외의 부분 단서에 따른 사건송치 요구를 해야 하고, 그 기간 내에 사건송치 요구를 하지 않을 경우에는 송부받은 관계 서류와 증거물을 사법경찰관에게 반환해야 한다.

㉤ 사법경찰관이 재수사 중인 사건에 대해 고소인 등의 이의신청이 있는 경우에는 사법경찰관은 재수사를 중단해야 하며, 해당 사건을 지체없이 검사에게 송치하고 관계 서류와 증거물을 송부해야 한다.

① 0개   ② 1개
③ 2개   ④ 3개

31

「검사와 사법경찰관의 상호협력과 일반적 수사준칙에 관한 규정」에 따른 변호인의 피의자신문 참여등과 관련한 설명 중 적절하지 않은 것은 모두 몇 개인가?

㉠ 검사 또는 사법경찰관은 피의자신문에 참여한 변호인이 피의자의 옆자리 등 실질적인 조력을 할 수 있는 위치에 앉도록 해야 하고, 정당한 사유가 없으면 피의자에 대한 법적인 조언·상담을 보장해야 하며, 법적인 조언·상담을 위한 변호인의 메모를 허용해야 한다.

㉡ 검사 또는 사법경찰관은 피의자에 대한 신문이 아닌 단순 면담 등은 변호인의 참여·조력을 제한할 수 있다.

㉢ 피의자신문에 참여한 변호인은 검사 또는 사법경찰관의 신문 후 조서를 열람하고 의견을 진술할 수 있다. 이 경우 변호인은 별도의 서면으로 의견을 제출할 수 있으며, 검사 또는 사법경찰관은 해당 서면을 사건기록에 편철한다.

㉣ 피의자신문에 참여한 변호인은 신문 중이라도 검사 또는 사법경찰관의 승인을 받아 의견을 진술할 수 있다. 이 경우 검사 또는 사법경찰관은 정당한 사유가 있는 경우를 제외하고는 변호인의 의견진술 요청을 승인해야 한다.

㉤ 피의자신문에 참여한 변호인은 신문 중의 부당한 신문방법에 대해서는 검사 또는 사법경찰관의 승인을 받아 이의를 제기할 수 있다.

① 0개   ② 1개
③ 2개   ④ 3개

32

「통신비밀보호법」상의 통신제한조치에 관한 설명으로 옳은 것을 모두 고른 것은? (다툼이 있는 경우 판례에 의함)

⊙ 전기통신의 감청은 '감청'의 개념 규정에 비추어 전기통신이 이루어지고 있는 상황에서 실시간으로 전기통신의 내용을 지득·채록하는 경우와 전기통신의 송·수신을 직접적으로 방해하는 경우를 의미하는 것이므로, 이미 수신이 완료된 전기통신에 관하여 남아있는 기록이나 내용을 열어보는 등의 행위는 포함하지 않는다.

ⓒ 범죄수사를 위한 통신제한조치의 기간은 1개월을 초과하지 못하고, 그 기간 중 통신제한조치의 목적이 달성되었을 경우에는 즉시 종료하여야 한다.

ⓒ 사법경찰관은 「통신비밀보호법」 제8조에 따른 긴급통신제한조치를 한 경우에 집행에 착수한 때부터 36시간 이내에 법원의 허가를 받지 못한 경우에는 해당 조치를 즉시 중지하고 해당 조치로 취득한 자료를 폐기하여야 한다.

ⓔ 사법경찰관은 통신제한조치를 집행한 사건에 관하여 검사가 공소를 제기하거나 제기하지 아니하는 처분(기소중지 또는 참고인중지 결정은 포함한다)의 통보를 받은 때에는그 통보를 받은 날부터 30일 이내에 감청의 대상이 된 전기통신의 가입자에게 통신제한조치를 집행한 사실과 집행기관 및 그 기간등을 서면으로 통지하여야 한다.

ⓜ 「통신비밀보호법」 제3조 제1항을 위반한 불법감청에 의하여 녹음된 전화통화의 내용은 「통신비밀보호법」 제4조에 의하여 원칙적으로 증거능력이 없으나, 피고인이나 변호인이 이를 증거로 함에 동의하였다면 증거능력이 인정된다.

① ⊙, ⓒ
② ⓒ, ⓜ
③ ⊙, ⓒ, ⓜ
④ ⊙, ⓒ, ⓔ

33

현행범인체포에 관한 설명으로 가장 적절하지 않은 것은?(다툼이 있는 경우 판례에 의함)

① 범죄를 실행하고 있거나 실행하고 난 직후의 사람을 현행범인이라 한다. 그리고 범인으로 불리며 추적되고 있을 때, 장물이나 범죄에 사용되었다고 인정하기에 충분한 흉기나 그 밖의 물건을 소지하고 있을 때, 신체나 의복류에 증거가 될 만한 뚜렷한 흔적이 있을 때. 누구냐고 묻자 도망하려고 할 때에 해당하는 사람은 현행범인으로 본다.

② 甲이 X고등학교 앞길에서 피해자 A와 싸움을 하자, A의 친구B가 112 신고를 하고 甲이 도주하는지 여부를 계속 감시하고 있었다. 그 후 경찰이 위 범행현장에 인접한 위 학교 운동장에 출동하였고, B가 甲을 범인으로 지목하자 위 싸움이 있은 지 10분 정도 경과한 상황에서, 경찰이 곧바로 위 운동장에서 甲을 현행범인으로 체포한 경우 그 체포는 위법하다.

③ 음주운전 중 교통사고를 내고 의식불명 상태에 빠져 병원으로 후송된 운전자 甲의 신체 내지 의복류에 주취로 인한 냄새가 강하게 나는 경우, 甲은 「형사소송법」 제211조 제2항 제3호가 정하는 '신체나 의복류에 증거가 될 만한 뚜렷한 흔적이 있을 때'의 준현행범인에 해당한다.

④ 체포한 피의자를 구속하고자 할 때에는 체포한 때부터 48시간 이내에 구속영장을 청구해야 하는데, 검사 또는 사법경찰관리가 아닌 자에 의하여 현행범인이 체포된 후 불필요한 지체 없이 검사 또는 사법경찰관리에게 인도된 경우 위 48시간의 기산점은 체포시가 아니라 검사 또는 사법경찰관리가 현행범인을 인도받은 때이다.

34

보증금납입조건부 피의자석방(피의자보석, 기소전 보석)에 대한 설명으로 가장 적절하지 않은 것은?(다툼이 있으면 판례에 의함)

① 보증금 납입을 조건으로 석방을 하는 경우에는 서약서 제출(제98조 제1호)·보증금납입 약정서 제출(제2호)·출석보증서 제출(제5호)·피해금 공탁 또는 담보의 제공(제7호)·보증금 납입 또는 담보의 제공(제8호)의 조건은 이를 이행한 후가 아니면 보석허가결정을 집행하지 못한다.

② 구속적부심사절차와는 달리 체포적부심사절차에서는 보증금납입조건부 피의자 석방결정을 할 수 없다.

③ 보증금납입조건부 피의자 석방결정에 따라 석방된 피의자에게 도망한 때, 도망하거나 범죄의 증거를 인멸할 염려가 있다고 믿을 만한 충분한 이유가 있는 때, 출석요구를 받고 정당한 이유없이 출석하지 아니한 때, 다른 중요한 증거를 발견한 경우를 제외하고는 동일한 범죄사실로 재차 체포하거나 구속할 수 없다.

④ 보증금납입을 조건으로 한 석방결정에 대하여는 피의자나 검사가 형사소송법 제402조에 의하여 항고할 수 있다.

35

압수·수색에 관한 설명 중 옳고 그름의 표시(O, X)가 바르게 된 것은? (다툼이 있는 경우 판례에 의함)

┌───┐
│ ㉠ 압수·수색의 처분을 받는 자가 여럿인 경우에는 모두에게 개별적으로 영장을 제시해야 하며, 이 경우 피의자에게는 개별적으로 해당 영장의 사본을 교부해야 하는데, 피의자에게 영장을 제시하거나 영장의 사본을 교부할 때에는 사건관계인의 개인정보가 피의자의 방어권 보장을 위해 필요한 정도를 넘어 불필요하게 노출되지 않도록 유의해야 한다.

㉡ 압수·수색영장의 범죄 혐의사실과 관계있는 범죄라는 것은 압수·수색영장에 기재한 혐의사실과 객관적 관련성이 있고 압수·수색영장 대상자와 피의자 사이에 인적 관련성이 있는 범죄를 의미하는데, 이러한 인적 관련성은 압수·수색영장에 기재된 대상자의 공동정범이나 교사범 등 공범이나 간접정범에 대한 피고사건에 대해서만 인정되는 것이지, 필요적 공범에 대한 피고사건에 대해서 인정되는 것은 아니다.

㉢ 현행범 체포현장이나 범죄현장에서 소지자 등이 임의로 제출하는 물건은 영장 없이 압수할 수 있으며, 다만 이 경우 검사나 사법경찰관은 사후에 지체 없이 영장을 받아야 한다.
└───┘

┌───┐
│ ㉣ 수사기관에 의해 참여권을 고지받은 피압수자가 압수·수색현장에 출입한 상태에서 수사기관이 정보저장매체에 기억된 정보 중에서 키워드 또는 확장자 검색 등을 통해 범죄 혐의사실과 관련 있는 정보를 선별한 다음 정보저장매체와 동일하게 비트열 방식으로 복제하여 생성한 파일을 제출받아 압수한 경우, 수사기관이 수사기관 사무실에서 위와 같이 압수된 이미지 파일을 탐색·복제·출력하는 과정에서도 피의자 등에게 참여의 기회를 보장하여야 한다.
└───┘

① ㉠(O) ㉡(O) ㉢(X) ㉣(X)

② ㉠(O) ㉡(X) ㉢(X) ㉣(X)

③ ㉠(O) ㉡(X) ㉢(X) ㉣(O)

④ ㉠(X) ㉡(X) ㉢(O) ㉣(O)

36

다음 중 유류물의 압수에 대한 설명 중 가장 적절하지 않은 것은? (다툼이 있는 경우 판례에 의함)

① 유류물 압수·수색에 대해서는 원칙적으로 영장에 의한 압수·수색·검증에 관하여 적용되는형사소송법 제215조 제1항은 적용되지 않지만, 임의제출물 압수에 관하여 적용되는 형사소송법 제219조에 의하여 준용되는 제106조 제1항, 제3항, 제4항에 따른 관련성의 제한은 적용된다.

② 유류물 압수는 수사기관이 소유권이나 관리처분권이 처음부터 존재하지 않거나, 존재하였지만 적법하게 포기된 물건, 또는 그와 같은 외관을 가진 물건 등의 점유를 수사상 필요에 따라 취득하는 수사방법을 말하므로, 유류물 압수에 있어서는 정보저장매체의 현실적 지배·관리 혹은 이에 담겨있는 전자정보 전반에 관한 전속적인 관리처분권을 인정하기 어렵다.

③ 정보저장매체를 소지하고 있던 사람이 이를 분실한 경우와 같이 그 권리를 포기하였다고 단정하기 어려운 경우에도, 수사기관이 그러한 사정을 알거나 충분히 알 수 있었음에도 이를 유류물로서 영장 없이 압수하였다는 등의 특별한 사정이 없는 한, 영장에 의한 압수나 임의제출물 압수와 같이 수사기관의 압수 당시 참여권 행사의 주체가 되는 피압수자가 존재한다고 평가할 수는 없다.

④ 범죄수사를 위해 정보저장매체의 압수가 필요하고, 정보저장매체를 소지하던 사람이 그에 관한 권리를 포기하였거나 포기한 것으로 인식할 수 있는 경우에는, 수사기관이형사소송법 제218조에 따라 피의자 기타 사람이 유류한 정보저장매체를 영장 없이 압수할 때 해당 사건과 관계가 있다고 인정할 수 있는 것에 압수의 대상이나 범위가 한정된다거나, 참여권자의 참여가 필수적이라고 볼 수는 없다.

37

다음 중 형사소송법 제314조에 규정된 '진술을 요하는 자가 사망·질병·외국거주·소재불명 그 밖에 이에 준하는 사유로 진술할 수 없는 때'에 해당하는 것은 모두 몇 개인가? (다툼이 있는 경우 판례에 의함)

⊙ 법원이 수회에 걸쳐 진술을 요할 자에 대한 증인소환장이 송달되지 아니하여 그 소재탐지촉탁까지 하였으나 그 소재를 알지 못하게 된 경우
ⓛ 진술을 요할 자가 일정한 주거를 가지고 있으면서도 법원의 소환에 계속 불응하고 구인하여도 구인장이 집행되지 않는 경우
ⓒ 법정에 출석한 증인이 형사소송법 제148조, 제149조 등에서 정한 바에 따라 정당하게 증언거부권을 행사하여 증언을 거부한 경우
ⓔ 피고인이 증인의 증언거부 상황을 초래하였다는 등의 특별한 사정이 없는데, 법정에 출석한 증인이 정당한 이유 없이 증언을 거부한 경우
ⓜ 피고인이 증거서류의 진정성립을 묻는 검사의 질문에 대하여 진술거부권을 행사하여 진술을 거부한 경우

① 0개
② 1개
③ 2개
④ 3개

38

형사소송법 제316조 제2항에 규정된 '피고인 아닌 자'에 관한 다음 설명 중 틀린 것은? (다툼이 있으면 판례에 의함)

① 피고인 아닌 자의 진술이 피고인 아닌 타인의 진술을 그 내용으로 하는 것인 때에는 원진술자가 사망, 질병, 외국거주, 소재불명, 그밖에 이에 준하는 사유로 인하여 진술할 수 없고, 그 진술이 특히 신빙할 수 있는 상태하에서 행하여졌음이 증명된 때에 한하여 이를 증거로 할 수 있다.

② 형사소송법 제316조 제2항에서 말하는 '피고인 아닌 자'라고 함은 제3자는 말할 것도 없고 공동피고인이나 공범자를 모두 포함한다.

③ 전문진술의 원진술자인 공동피고인들이 법정에서 공소사실을 부인하는 경우 '원진술자가 사망 질병, 외국거주, 소재불명 그 밖에 이에 준하는 사유로 인하여 진술할 수 없는 때'에 해당되지 않으므로 그 증거능력을 인정할 수 없다.

④ 피고인(甲) 아닌 제1심 상피고인(乙)은 '피고인 아닌 자'에 해당하지 않으므로 그가 제1심 법정에서 범죄사실을 부인하는 경우라도 제1심 상피고인의 진술을 그 내용으로 하는 증언 및 진술은 증거능력이 인정될 수 있다.

39

음주측정에 대한 설명으로 옳지 않은 것은? (다툼이 있는 경우 판례에 의함)

① 운전자가 거부할 경우 사법경찰관에게 호흡측정을 강요할 권한은 없으나, 적법한 호흡조사 측정요구를 거부하는 행위 자체가 도로교통법위반(음주측정거부)죄를 구성한다.

② 도로교통법에 따른 호흡측정이 이루어졌으나 호흡측정 당시의 구체적 상황에 비추어 호흡측정 결과에 오류가 있다고 인정할 만한 객관적이고 합리적인 사정이 있는 경우에는 혈액채취에 의한 측정 방법으로 다시 음주측정을 하는 것이 허용될 수 있다.

③ 위드마크 공식의 경우 그 적용을 위한 자료로는 섭취한 알코올의 양, 음주시각, 체중 등이 필요하므로 그런 전제사실을 인정하기 위해서는 엄격한 증명이 필요하다.

④ 음주운전이 의심되는 상황에서 운전자가 혈중알코올농도 측정 직전에 추가로 음주를 한 경우에는 위드마크 공식을 통해 혈중알코올농도를 추정할 수 없다.

40

보기의 사례에 관한 다음 설명 중 가장 적절하지 않은 것은?(다툼이 있는 경우 판례에 의함)

> 甲과 乙은 공동으로 공원에서 술에 취하여 잠을 자고 있는 피해자 丙의 손목시계를 절취하였다는 공소사실로 기소되어 공동피고인으로 재판을 받고 있다. 공판정에서 甲은 공소사실을 자백하고 있으나, 乙은 공소사실을 부인하고 있다.

① 형사소송법 제310조의 피고인의 자백에는 공범인 공동피고인의 진술은 포함되지 않는다.

② 甲의 진술은 乙에 대한 범죄사실을 인정하는데 있어서 증거로 쓸 수 있다.

③ 위 ②항의 경우 그에 대한 보강증거의 요부는 법관의 자유심증에 맡긴다.

④ 甲이 범행을 자백하는 것을 들었다는 丁의 진술내용은 형사소송법 제310조의 피고인의 자백에는 포함되지 아니하나 이는 피고인의 자백의 보강증거로는 될 수 있다.

25년 경찰공무원(순경) 채용시험

임종희 경찰형사법
파이널 모의고사
시즌 2
제 6회

! **응시자 유의사항**

응시자는 반드시 기재된 과목명에 맞게 표기하여야 하며, 과목을 바꾸어 표기한 경우에도 상단에 기재된 과목 순서대로 채점되므로 유의하시기 바랍니다.

※ 시험이 시작되기 전까지 표지를 넘기지 마시오.

01

죄형법정주의에 대한 설명 중 가장 적절하지 않은 것은?(다툼이 있는 경우 판례에 의함)

① 구약사법 대상인 '제42조 제1항을 위반하여 수입된 의약품'이란 제42조 제1항의 문언 그대로 '의약품의 수입을 업으로 하려는 자'가 총리령으로 정하는 바에 따라 식품의약품안전처장에게 수입업 신고를 하지 않거나, 품목마다 식품의약품안전처장의 허가를 받거나 신고를 하지 않은 의약품을 의미한다고 해석하는 것이 타당하다.

② 처벌규정의 소극적 구성요건을 문언의 가능한 의미를 벗어나 지나치게 좁게 해석하게 되면 피고인에 대한 가벌성의 범위를 넓히게 되어 죄형법정주의의 파생원칙인 유추해석금지원칙에 어긋날 우려가 있으므로 법률 문언의 통상적인 의미를 벗어나지 않는 범위 내에서 합리적으로 해석할 필요가 있다.

③ 약사법 규정 소정의 '소매가격'은 위 법 규정에 해당하는 의약품 등 그 자체의 소매가격을 가리키는 것이 아니라 그 의약품 등에 대응하는 허가된 의약품 등 또는 위·변조의 대상이 된 제품의 소매가격을 의미한다.

④ 처벌법규의 구성요건이 다소 광범위하여 법관의 보충적인 해석을 필요로 하는 개념을 사용하였다고 하더라도 통상의 해석방법에 의하여 건전한 상식과 통상적인 법감정을 가진 사람이면 당해 처벌법규의 보호법익과 금지된 행위 및 처벌의 종류와 정도를 알 수 있도록 규정하였다면 명확성 원칙에 반하지 않는다.

02

다음 중 형법의 적용범위에 대한 설명으로 옳지 않은 것은 모두 몇 개인가? (다툼이 있으면 판례에 의함)

㉠ 청소년성보호법위반(성착취물소지)죄는 아동·청소년성착취물임을 알면서 소지를 개시한 때부터 지배관계가 종료한 때까지 하나의 죄로 평가되는 이른바 계속범이므로, 원칙적으로 계속범에 대해서는 실행행위가 종료되는 시점의 법률이 적용된다.

㉡ 외국인이 대한민국영역외에서 공문서위조죄를 범한 경우, 행위지의 법률에 의하여 범죄를 구성하지 아니하거나 소추 또는 형의 집행을 면제할 경우에는 우리 형법이 적용되지 않는다.

㉢ 대한민국 내에 있는 미국문화원이 치외법권지역이고 그곳을 미국영토의 연장으로 본다 하더라도 그곳에서 죄를 범한 대한민국 국민에 대하여 우리나라의 재판권은 당연히 미친다 할 것이나, 미국문화원측이 피고인들에 대한 처벌을 바라지 않았다고 하면 우리나라의 재판권은 배제된다고 할 것이다.

㉣ 외국인이 대한민국 공무원에게 알선한다는 명목으로 금품을 수수하는 행위가 대한민국 영역 내에서 이루어진 이상, 비록 금품수수의 명목이 된 알선행위를 하는 장소가 대한민국 영역 외라 하더라도 대한민국 영역 내에서 죄를 범한 것이라고 하여야 할 것이므로, 구 변호사법(2000.1.28. 법률 제6207호로 전문개정되기 전의 것) 제90조 제1호가 적용되어야 한다.

㉤ 「형법」제6조 본문에서 정한 '대한민국 또는 대한민국 국민에 대하여 죄를 범한 때'란 대한민국 또는 대한민국 국민의 법익이 직접적으로 침해되는 결과를 야기하는 죄를 범한 경우를 의미한다.

① 0개　　　　　　② 1개
③ 2개　　　　　　④ 3개

03

범죄형태에 관한 설명 중 설명 중 옳지 않은 것은 모두 몇 개인가? (다툼이 있는 경우 판례에 의함)

ⓞ 구 농지법 제2조 제9호에서 말하는 '농지의 전용'이 이루어지는 태양 중 농지에 대하여 절토, 성토 또는 정지를 하거나 또는 농지로서의 사용에 장해가 되는 유형물을 설치하는 등으로 농지의 형질을 외형상으로뿐만 아니라 사실상 변경시켜 원상회복이 어려운 상태로 만드는 경우, 즉시범으로 보아야 할 것이다.

ⓛ 구 농지법 제2조 제9호에서 말하는 '농지의 전용'이 이루어지는 태양 중 농지에 대하여 외부적 형상의 변경을 수반하지 않거나 또는 외부적 형상의 변경을 수반하더라도 사회통념상 원상회복이 어려운 정도에 이르지 않은 상태에서 그 농지를 다른 목적에 사용하는 경우, 당해 토지를 농업생산 등 외의 다른 목적으로 사용하는 행위를 여전히 농지전용으로 볼 수 있는 때에는 그 토지를 다른 용도로 사용하는 한 가벌적인 위법행위가 계속 반복되고 있는 계속범이라고 보아야 할 것이다.

ⓒ 물가안정에 관한 법률 제26조, 제7조 위반죄는 초과 주관적 위법요소인 '폭리 목적'을 범죄성립요건으로 하는 목적범이므로, '폭리 목적'은 고의와 별도로 요구된다.

ⓔ 내란죄는 대한민국 영토의 전부 또는 일부에서 국가권력을 배제하거나 국헌을 문란하게 할 목적으로 폭동한 행위로서, 다수인이 결합하여 위와 같은 목적으로 한 지방의 평온을 해할 정도의 폭행·협박행위를 하면 기수가 되고, 그 목적의 달성 여부는 이와 무관한 것으로 해석되므로, 다수인이 한 지방의 평온을 해할 정도의 폭동을 하였을 때 이미 내란의 구성요건은 완전히 충족된다고 할 것이어서 즉시범으로 봄이 상당하다.

ⓜ 구 장사법 제39조 제1호의 처벌규정이 금지하는 무허가 법인묘지를 설치한 죄는 법인묘지의 설치행위, 즉 법인이 '분묘를 설치하기 위하여 부지를 조성하는 행위'를 종료할 때 즉시 성립하고 그와 동시에 완성되는 이른바 즉시범이라고 보아야 한다.

① 0개   ② 1개
③ 2개   ④ 3개

04

인과관계에 관한 설명으로 가장 적절하지 않은 것은? (다툼이 있는 경우 판례에 의함)

① 의사에게 의료행위로 인한 업무상과실치사상죄를 인정하기 위해서는, 의료행위 과정에서 공소사실에 기재된 업무상과실의 존재는 물론 그러한 업무상과실로 인하여 환자에게 상해·사망 등 결과가 발생한 점에 대하여도 엄격한 증거에 따라 합리적 의심의 여지가 없을 정도로 증명이 이루어져야 한다.

② 형사재판에서는 의사의 업무상과실이 증명되었다는 사정만으로 인과관계가 추정되거나 증명 정도가 경감되는 것은 아니다.

③ 마취통증의학과 의사인 피고인이 수술실에서 환자인 피해자 갑(73세)에게 마취시술을 시행한 다음 간호사 을에게 환자의 감시를 맡기고 수술실을 이탈하였는데, 이후 갑에게 저혈압이 발생하고 혈압 회복과 저하가 반복됨에 따라 을이 피고인을 수회 호출하자, 피고인은 수술실에 복귀하여 갑이 심정지 상태임을 확인하고 마취해독제 투여·심폐소생술 등의 조치를 취하였으나 갑이 심정지 등으로 사망에 이르게 된 경우, 을로부터 호출을 받고도 신속히 수술실로 가지 않고 휴식을 취하는 등 마취유지 중 환자감시 및 신속한 대응 업무를 소홀히 한 업무상과실이 인정되므로 업무상과실치사죄를 인정할 수 있다.

④ 의사가 설명의무를 위반한 채 의료행위를 하였다가 환자에게 상해 또는 사망의 결과가 발생한 경우 의사에게 업무상 과실로 인한 형사책임을 지우기 위해서는 의사의 설명의무 위반과 환자의 상해 또는 사망 사이에 상당인과관계가 존재하여야 한다.

05

다음 각각의 사례에 대해 甲과 乙이 취하고 있는 학설에 대한 설명으로 옳은 것은?

> 甲: A가 B에게 불만을 품고 B를 살해하려고 몽둥이를 후려쳤으나, 몽둥이가 빗나가서 B가 안고 있던 B의 자녀 C가 맞고 그 자리에서 사망한 경우 A에게는 B에 대한 살인미수와 C에 대한 과실치사죄의 상상적 경합이 성립한다.
>
> 乙: A가 B를 살해하기 위해 총을 발사하여 사람이 사망하였다면, 객체의 착오든 방법의 착오든 발생한 결과에 대한 살인죄가 성립한다.

① 판례는 甲과 동일한 입장에서 A에게 살인미수와 과실치사죄의 상상적 경합을 인정하고 있다.

② 乙은 구체적 부합설의 입장이며, 인식한 사실과 발생한 사실이 구체적으로 부합하면 발생한 사실에 대한 고의·기수가 인정된다.

③ D인 줄 알고 살해할 생각으로 총을 발사하였는데 다가가서 확인해보니 D가 아니라 사람 모양의 마네킹인 경우, 죄책에 대한 甲과 乙의 결론은 동일하다.

④ D인 줄 알고 살해할 생각으로 총을 발사하였는데 다가가서 확인해보니 D가 아니라 D와 닮은 E가 사망한 경우, 甲의 입장에서는 E에 대한 살인의 고의가 인정될 수 없고, 살인미수와 과실치사죄의 상상적 경합이 성립한다.

06

결과적 가중범에 관한 설명으로 가장 적절하지 않은 것은?(다툼이 있는 경우 판례에 의함)

① 부진정결과적 가중범에서 고의로 중한 결과를 발생하게 한 행위가 별도의 구성요건에 해당하고 그 고의범에 대하여 결과적가중범에 정한 형보다 더 무겁게 처벌하는 규정이 없는 경우에는 그 고의범과 결과적 가중범이 상상적 경합관계에 있다.

② 재물을 강취한 후 피해자를 살해할 목적으로 현주건조물에 방화하여 사망에 이르게 한 경우, 강도살인죄와 현주건조물방화치사죄는 상상적 경합관계에 있다.

③ 결과적 가중범은 그 중한 결과가 고의적인 기본범죄에 전형적으로 내포된 잠재적인 위험의 실현이라는 점에서 일반의 과실범의 결과 야기보다 행위반가치가 크다.

④ 적법하게 직무를 집행하는 공무원에 대하여 위험한 물건을 휴대하여 고의로 상해를 가한 경우에 특수공무집행방해치상죄만 성립할 뿐 이와 별도로 특수상해죄를 구성하지 않는다.

07

정당행위에 관한 설명으로 옳지 않은 것은 모두 몇 개인가?(다툼이 있는 경우 판례에 의함)

> ⊙ '목적의 정당성'과 '수단의 상당성' 요건은 결과의 측면에서 사회상규의 판단 기준이 되지만 보호이익과 침해이익 사이의 법익균형은 행위의 측면에서 사회상규에 위배되는지를 판단하기 위한 기준이다.
>
> ⓒ 행위의 긴급성과 보충성은 수단의 상당성을 판단할 때 고려요소의 하나로 참작하여야 하며, 다른 실효성 있는 적법한 수단이 없는 경우를 의미하는 것이지 일체의 법률적인 적법한 수단이 존재하지 않을 것을 의미하는 것은 아니라고 보아야 한다.
>
> ⓒ 간호사는 환자가 사망한 경우 사망진단 전에 이루어지는 사망징후관찰은 할 수 있으나, 사망의 진단은 의사 등이 직접 환자를 대면하여 수행해야 하기 때문에 간호사는 의사 등의 개별적 지도·감독이 있더라도 사망의 진단을 할 수 없다.
>
> ⓔ 호스피스 의료기관에서 근무하는 의사인 갑이 부재중에 입원환자가 사망한 때에는 간호사인 을 등에게 환자의 사망 여부를 확인한 다음 사망진단서를 작성하여 유족들에게 발급하도록 하였다면 의사와 간호사는 사회상규에 위배되지 않는 정당행위에 해당한다.
>
> ⓜ 피고인이 접근금지, 문언송신금지 등을 명한 임시보호명령을 위반하여 피해자의 주거지에 접근하고 문자메시지를 보낸 경우, 임시보호명령을 위반한 주거지 접근이나 문자메시지 송신을 피해자가 양해 내지 승낙했더라도 가정폭력범죄의 처벌 등에 관한 특례법 위반죄의 구성요건에 해당하고 형법 제20조의 정당행위로 볼 수 없다.

① 1개   ② 2개

③ 3개   ④ 4개

08

「형법」 제16조(법률의 착오)에 관한 설명으로 가장 적절한 것은? (다툼이 있는 경우 판례에 의함)

① 자기의 행위가 법령에 의하여 죄가 되지 아니하는 것으로 오인한 행위는 그 오인에 정당한 이유가 있는 때에 한하여 형을 감경 또는 면제할 수 있다.

② 사인 甲이 현행범을 체포하면서 자신의 집 창고에 24시간 이상 감금하여도 「형사소송법」상 허용된다고 위법성조각사유의 허용한계를 오인하는 행위는 금지착오의 유형에 해당하지 않는다.

③ 오인에 정당한 이유가 있는지 여부를 판단하는 과정에서 위법성인식에 필요한 노력의 정도는 행위 당시의 구체적 상황에 행위자 대신에 법률가나 관련 분야의 전문가가 아닌 사회 평균인을 두고 이 평균인의 관점에서 판단해야 하며, 행위자가 속한 사회집단에 따라 달리 평가되면 안된다.

④ 甲이 니코틴 용액 제조의 경우에도 담배제조업 허가를 받아야 하는지를 담배 담당 주무부서에 문의하여 답변을 받아 허가사항임을 충분히 인식하였고, 자신이 제조한 것과 같은 니코틴 용액을 제조한 A 주식회사의 무허가 담배제조로 인한 담배사업법위반죄에 관하여 검사의 불기소결정이 「담배사업법」 개정 이전에 있었던 경우, 「담배사업법」이 금지하는 무허가 담배제조행위의 위법성을 인식하지 못한 데 정당한 사유가 있다고 보기 어렵다.

09

다음 설명 중 옳지 않은 것을 모두 고른 것은? (다툼이 있는 경우 판례에 의함)

> ㉠ 甲은 乙이 A를 살해할 것을 예상하고 이를 도와주기위해 칼을 빌려주었지만, 乙이 실행의 착수에 나아가지 않은 경우 甲은 살인예비죄의 방조범이 성립한다.
>
> ㉡ 甲이 타인의 사망을 보험사고로 하는 생명보험계약을 체결함에 있어 제3자가 피보험자인 것처럼 가장하여 체결하는 과정에서 고의로 보험사고를 일으키려는 의도를 가지고보험계약을 체결하는 경우 甲의 행위는 보험사기의 예비행위에 해당한다.
>
> ㉢ 甲이 A(23세)를 강제추행할 목적으로 범행 장소를 답사하는 등 예비행위를 한 경우 강제추행의 예비죄로 처벌된다.

> ㉣ 甲이 A를 살해하기 위하여 치사량에 필요한 독극물 100g을 모으던 중 양심의 가책을 느껴 자의로 중지한 경우 甲은 살인예비죄의 중지미수가 성립한다.

① ㉠, ㉡   ② ㉠, ㉢, ㉣
③ ㉡, ㉢, ㉣   ④ ㉠, ㉡, ㉢, ㉣

10

공동정범에 관한 설명 중 가장 적절하지 않은 것은? (다툼이 있는 경우 판례에 의함)

① 甲이 A투자금융회사에 입사하여 다른 공범들과 특정 회사 주식을 허위매수 주문 등의 방법으로 시세조종 주문을 내기로 공모하고 시세조종 행위의 일부를 실행한 후 A회사로부터 해고를 당하여 공범관계에서 이탈한 경우, 甲이 다른 공범들의 범죄실행을 저지하지 않은 이상 그 이후 공범들이 행한 나머지 시세조종행위에 대하여도 공동정범이 성립한다.

② 예인선 정기용선자의 현장소장 甲은 사고의 위험성이 높은 시점에 출항을 강행할 것을 지시하였고, 예인선 선장 乙은 甲의 지시에 따라 사고의 위험이 높은 시점에 출항하는 등 무리하게 예인선을 운항한 결과 예인되던 선박에 적재된 물건이 해상에 추락하여 선박교통을 방해한 경우, 甲과 乙은 업무상과실일반교통방해죄의 공동정범이 성립한다.

③ 회사직원이 영업비밀을 경쟁업체에 유출하거나 스스로의 이익을 위하여 이용할 목적으로 무단으로 반출한 때 업무상배임죄의 기수에 이르렀으며, 그 이후에 위 직원과 접촉하여 영업비밀을 취득하려고 한 자는 업무상배임죄의 공동정범이 된다.

④ 강도를 모의한 甲, 乙, 丙이 A에게 칼을 들이댄 후 전화선으로 A의 손발을 묶고 폭행하여 반항을 억압한 후 甲이 다른 방에서 물건을 찾는 사이 乙과 丙이 공동으로 A를 강간하고 다같이 도주한 경우, 甲에게는 강도강간죄의 공동정범이 성립하지 않는다.

11

교사범과 종범에 관한 설명으로 옳지 않은 것은? (다툼이 있는 경우 판례에 의함)

① 교사자의 고의는 기수의 고의여야 하며, 피교사자의 행위가 미수에 그칠 것을 예견하고 교사한 경우에는 교사범이 성립하지 않는다.

② 피교사자에게 폭행을 교사하였는데 피해자가 그 폭행으로 인하여 사망한 경우에 교사자에게 사망이라는 결과에 대하여 과실 내지 예견가능성이 있다 하더라도 책임주의 원칙상 초과부분에 대해서는 책임을 지지 않는다.

③ 은행 지점장이 정범인 부하직원들의 배임행위를 인식하였으나 그대로 방치한 경우 부작위에 의한 방조가 성립할 수 있다.

④ 종범이 성립하기 위해서는 정범의 행위가 기수에 이르렀거나 적어도 처벌되는 미수단계에 이르러야 하며, 효과 없는 방조와 실패한 방조는 교사범의 경우와 달리 처벌 규정이 없어 불가벌이다.

12

죄수에 관한 설명으로 옳지 않은 것은 모두 몇 개인가? (다툼이 있는 경우 판례에 의함)

㉠ 문서에 2인 이상의 작성명의인이 있을 때에는 각 명의자 마다 1개의 문서가 성립되므로 2인 이상의 연명으로 된 문서를 위조한 때에는 작성명의인의 수대로 수개의 문서위조죄가 성립하고 또 그 연명문서를 위조하는 행위는 자연적 관찰이나 사회통념상 하나의 행위라 할 것이어서 위 수개의 문서위조죄는 형법 제40조가 규정하는 상상적 경합범에 해당한다.

㉡ 아동·청소년이용음란물을 제작한 자가 제작에 수반된 소지행위를 벗어나 사회통념상 새로운 소지가 있었다고 평가할 수 있는 별도의 소지행위를 개시하였다면 이는 청소년성보호법 위반(음란물제작·배포등)죄와 별개의 청소년성보호법 위반(음란물소지)죄에 해당한다.

㉢ 구 성매매알선 등 행위의 처벌에 관한 법률상 '영업으로 성매매를 알선한 행위'와 '영업으로 성매매에 제공되는 건물을 제공하는 행위'는 당해 행위 사이에서 각각 포괄일죄를 구성할 뿐, 서로 독립된 가벌적 행위로서 별개의 죄를 구성한다고 보아야 한다.

㉣ 음주 또는 약물의 영향으로 정상적인 운전이 곤란한 상태에서 자동차를 운전하여 사람을 상해에 이르게 함과 동시에 다른 사람의 재물을 손괴한 때에는 특정범죄가중처벌 등에 관한 법률 위반(위험운전치사상)죄 외에 업무상과실 재물손괴로 인한 도로교통법 위반죄가 성립하고, 위 두 죄는 1개의 운전행위로 인한 것으로서 상상적 경합관계에 있다.

㉤ 공무원이 직무관련자에게 제3자와 계약을 체결하도록 요구하여 계약 체결을 하게 한 행위가 제3자뇌물수수죄의 구성요건과 직권남용권리행사방해죄의 구성요건에 모두 해당하는 경우, 제3자뇌물수수죄와 직권남용권리행사방해죄는 형법 제40조의 상상적 경합관계에 있다.

① 0개   ② 1개

③ 2개   ④ 3개

13

다음 중 몰수와 추징에 대한 설명으로 옳은 것은 모두 몇 개인가?(다툼이 있으면 판례에 의함)

⊙ 범죄수익은닉규제법에 정한 중대범죄에 해당하는 범죄행위에 의하여 취득한 것으로 재산적 가치가 인정되는 무형재산도 몰수할 수 있다.

ⓛ 피고인이 음란물유포 인터넷사이트를 운영하면서 정보통신망 이용촉진 및 정보보호 등에 관한 법률위반(음란물유포)죄와 도박개장방조죄에 의하여 비트코인(Bitcoin)을 취득한 경우, 위 비트코인은 재산적 가치가 있는 무형의 재산이라고 보아야 하고, 몰수의 대상인 비트코인이 특정되어 있으므로, 피고인이 취득한 비트코인을 몰수할 수 있다.

ⓒ 형법 제48조 제1항은 몰수의 대상을 '물건'으로 한정하고 있으므로, 범죄행위에 의하여 생긴 재산 및 범죄행위의 보수로 얻은 재산을 범죄수익으로 몰수할 수 있도록 한「범죄수익은닉의 규제 및 처벌 등에 관한 법률」이나 범죄행위로 취득한 재산상 이익의 가액을 추징할 수 있도록 한 형법 제357조 등의 규정과는 구별된다.

ⓔ 민법 제98조는 물건에 관하여 '유체물 및 전기 기타 관리할 수 있는 자연력'을 의미한다고 정의하는데, 형법 제48조에서 몰수의 대상으로 규정한 '물건'의 의미는 민법이 정의한 '물건'과 다른 내용으로 '물건'의 개념을 정의하고 있다고 보아야 한다.

ⓜ 형법 제48조가 규정하는 몰수·추징의 대상은 범인이 범죄행위로 인하여 취득한 물건을 뜻하고, 여기서 '취득'이란 해당 범죄행위로 인하여 결과적으로 이를 취득한 때를 말한다고 제한적으로 해석함이 타당하다.

① 1개   ② 2개
③ 3개   ④ 4개

14

다음 중 집행유예와 보안처분에 대한 설명으로 옳은 것은 모두 몇 개인가?(다툼이 있으면 판례에 의함)

⊙ 법원이 형법 제62조의2의 규정에 의한 사회봉사명령으로 피고인에게 일정한 금원을 출연하거나 이와 동일시할 수 있는 행위를 명하는 것도 허용될 수 있다.

ⓛ 법원이 피고인에게 유죄로 인정된 범죄행위를 뉘우치거나 그 범죄행위를 공개하는 취지의 말이나 글을 발표하도록 하는 내용의 사회봉사를 명하고 이를 위반할 경우 형법 제64조 제2항에 의하여 집행유예의 선고를 취소할 수 있도록 함으로써 그 이행을 강제하는 것도 허용되며, 이러한 사회봉사명령은 위법하다고 할 수 없다.

ⓒ 법원이 형의 집행을 유예하는 경우 명할 수 있는 사회봉사는 다른 법률에 특별한 규정이 없는 한 500시간 내에서 시간 단위로 부과될 수 있는 일 또는 근로활동을 의미하는 것으로 해석되므로, 법원이 사회봉사명령의 특별준수사항으로 피고인에게 범행에 대한 원상회복을 명하는 것은 법률이 허용하지 아니하는 피고인의 권리와 법익에 대한 제한과 침해에 해당하므로 죄형법정주의 또는 보안처분 법률주의에 위배된다.

ⓔ 보호관찰법 제32조 제3항이 보호관찰 대상자에게 과할 수 있는 특별준수사항으로 정한 "범죄행위로 인한 손해를 회복하기 위하여 노력할 것(제4호)" 등 같은 항 제1호부터 제9호까지의 사항은 사회봉사명령·수강명령 대상자에 대해서는 부과할 수 없다.

① 1개   ② 2개
③ 3개   ④ 4개

15

다음 중 상해와 관련한 설명으로 가장 적절하지 않은 것은?(다툼이 있으면 판례에 의함)

① 태아를 사망에 이르게 하는 행위가 임산부 신체의 일부를 훼손하는 것이라거나 태아의 사망으로 인하여 그 태아를 양육, 출산하는 임산부의 생리적 기능이 침해되어 임산부에 대한 상해가 된다고 볼 수는 없다.

② 기도원 운영자가 피해자인 정신분열증환자의 정신질환을 치료해 달라며 위 기도원에 찾아온 피해자의 어머니의 부탁을 받고 피해자의 치료 목적으로 안수기도를 하다가 3주간의 치료를 요하는 다발성좌상 및 피하출혈흔 등의 상해를 가한 경우, 사회상규상 용인되는 정당행위라고 볼 수 없다.

③ 갑은 을에게 병의 다리를 부러뜨려 1-2개월간 입원케 하라고 말하여 교사하고, 을로부터 순차 지시를 받은 자들로 하여금 칼로 병의 우측 가슴을 찔러 병에게 약 3주간의 치료를 요하는 우측흉부자상등을 가하였는 데, 1-2개월간 입원할 정도로 다리가 부러지는 상해 또는 3주간의 치료를 요하는 우측흉부자상은 그로 인하여 생명에 대한 위험을 발생하게 한 경우라거나 불구 또는 난치의 질병에 이르게 한 경우에 해당한다고 보기는 어려워, 중상해죄를 인정하지 않았다.

④ 강간도중 흥분하여 피해자의 왼쪽 어깨를 입으로 빨아서 동전크기 정도의 반상출혈상이 생겼는데, 피해자에게 별다른 통증이나 자각증상도 없으며 의학상 치료를 받지 아니하더라도 자연 흡수되어 1주 정도가 지나면 자연 치유되는 정도의 것이어도 강간치상죄의 상해에 해당한다.

16

협박과 강요의 죄에 관한 설명으로 가장 적절한 것은? (다툼이 있는 경우 판례에 의함)

① 甲이 A에게 공포심을 일으키게 하기에 충분한 해악을 고지하였으나, A가 현실적으로 공포심을 일으키지 않았어도, 그 의미를 인식한 이상 甲의 행위는 협박미수죄에 해당한다.

② 강요죄에서의 폭행은 사람에 대한 직접적인 유형력의 행사를 의미하고 사람의 신체에 대한 것이어야 한다.

③ 甲이 A를 폭행하였으나 그의 권리행사를 방해함이 없이 법률상 의무 있는 일을 하게 한 경우에는 강요죄가 성립할 여지가 없다.

④ 공무원 甲이 자신의 직무와 관련한 상대방 A에게 자신을 위하여 재산적 이익을 제공할 것을 요구하고 A는 甲의 지위에 따른 직무에 관하여 어떠한 이익을 기대하며 그에 대한 대가로서 요구에 응하였다면, 비록 甲의 요구 행위를 해악의 고지로 인정될 수 없다 하더라도 강요죄의 성립에는 아무런 지장을 주지 않는다.

17

유기와 학대의 죄에 관한 설명으로 옳지 않은 것은? (다툼이 있는 경우 판례에 의함)

① 甲이 동거 또는 내연관계를 맺어온 내연녀 A가 치사량의 필로폰을 복용하여 부조를 요하는 상태에 있었음에도 돌보지 않아 A가 사망한 경우, 단순한 동거 또는 내연관계를 맺은 사정만으로는 사실혼 관계라고 볼 수 없으므로 유기치사죄가 성립하지 않는다.

② 경찰관 甲이 술에 만취된 A가 향토예비군 4명에게 경찰지구대로 운반되어 나무의자 위에 눕혀졌을 때 숨을 가쁘게 쿨쿨 내뿜고 자신의 수족과 의사도 자제할 수 없는 상태인 요부조자라는 점을 충분히 인식하였음을 인정할 수 있었는데도 3시간여 동안이나 아무런 구호조치를 취하지 않은 경우, 유기죄의 고의를 인정할 수 있다.

③ 「형법」 제273조 제1항에서 말하는 '학대'는 단순히 상대방의 인격에 대한 반인륜적 침해만으로는 부족하고, 이러한 학대행위는 적어도 유기에 준할 정도에 이르러야 한다.

④ 생모 甲이 사망의 위험이 예견되는 딸 A(11세)에 대하여 최선의 치료방법이라는 의사의 권유에도 수혈을 완강히 거부하고 방해하여 A가 사망한 경우, 甲의 행위는 결과적으로 요부조자를 위험한 장소에 두고 떠난 경우나 다름이 없으나, 그 이유가 甲 자신의 종교적 신념이나 후유증 발생 염려로 인한 것이었고 A 또한 수혈을 거부하였다면 이는 정당행위에 해당한다.

18

강간과 추행의 죄에 관한 설명으로 옳지 않은 것은? (다 툼이 있는 경우 판례에 의함)

① 강제추행죄에서의 '폭행 또는 협박'은 상대방의 항거 를 곤란하게 할 정도로 강력할 것이 요구되지 아니하 고 상대방의 신체에 대하여 불법한 유형력을 행사(폭 행)하거나 일반적으로 보아 상대방으로 하여금 공포 심을 일으킬 수 있는 정도의 해악을 고지(협박)하는 것이라고 보아야 한다.

② 어떠한 행위가 강제추행죄의 '폭행 또는 협박'에 해 당하는지 여부는 행위의 목적과 의도, 구체적인 행위 태양과 내용, 행위의 경위와 행위 당시의 정황, 행위 자와 상대방과의 관계, 그 행위가 상대방에게 주는 고통의 유무와 정도 등을 종합하여 판단하여야 한다.

③ 음주 후 준강간 또는 준강제추행의 피해를 호소하는 사람이 의식상실(passing out) 상태에 빠져 있지는 않지만 알코올의 영향으로 의사를 형성할 능력이나 성적 자기결정권 침해행위에 맞서려는 저항력이 현저 하게 저하된 상태였다면 '항거불능'에 해당하여, 이 러한 사람에 대한 성적 행위는 준강간죄 또는 준강제 추행죄를 구성할 수 있다.

④ 강제추행죄는 자수범이라고 볼 수 없으므로 처벌되지 아니하는 타인을 도구로 삼아 피해자를 강제로 추행 하는 간접정범의 형태로도 범할 수 있으나, 여기에서 의 강제추행에 관한 간접정범의 의사를 실현하는 도 구로서의 '타인'에는 피해자가 포함되지 않으므로 만 일 피해자를 도구로 삼아 피해자의 신체를 이용하여 추행행위를 한 경우라면, 강제추행죄의 간접정범에 해당할 수 없다.

19

명예훼손죄에 관한 설명으로 옳은 것을 모두 고른 것 은?(다툼이 있는 경우 판례에 의함)

㉠ 전파가능성이 있다는 이유로 공연성을 인정하는 것은 문언의 통상적 의미를 벗어나 피고인에게 불 리한 확장해석으로 죄형법정주의에서 금지하는 유 추해석에 해당한다.

㉡ 사실적시의 내용이 사회 일반의 일부 이익에만 관 련된 사항이라도 다른 일반인과 공동생활에 관계 된 사항이라면 공익성을 지니고, 나아가 개인에 관한 사항이더라도 공공의 이익과 관련되어있고 사회적인 관심을 획득하거나 획득할 수 있는 경우 라면 직접적으로 국가·사회 일반의 이익이나 특정 한 사회집단에 관한 것이 아니라는 이유만으로 「 형법」 제310조의 적용을 배제할 것은 아니다.

㉢ 객관적으로 피해자의 사회적 평가를 저하시키는 사실에 관한 발언이 보도, 소문이나 제3자의 말을 인용하는 방법으로 단정적인 표현이 아닌 전문 또 는 추측의 형태로 표현된 경우, 표현 전체의 취지 로 보아 사실이 존재할 수 있다는 것을 '암시'하 는 방식으로 이루어졌다면 사실을 적시한 것으로 볼 수 없다.

㉣ 정보통신망 이용촉진 및 정보보호 등에 관한 법률 위반(명예훼손) 죄의 '비방할 목적'이란 공공의 이익을 위한 것과는 행위자의 주관적 의도의 방향 에서 서로 상반되는 관계에 있으므로, 적시한 사 실이 공공의 이익에 관한 것인 경우에는 특별한 사정이 없는 한 비방할 목적은 부인된다.

㉤ 명예훼손죄의 공연성에 관해 확립된 법리로 정착 된 이른바 전파가능성 이론은 「정보통신망 이용촉 진 및 정보보호등에관한 법률」상 정보통신망을 이 용한 명예훼손뿐만아니라 「공직선거법」상 후보자 비방죄 등의 공연성 판단에도 동일하게 적용된다.

① ㉠, ㉢, ㉣　　　　② ㉡, ㉢, ㉤

③ ㉡, ㉣, ㉤　　　　④ ㉡, ㉢, ㉣, ㉤

20

업무방해죄에 관한 설명으로 옳지 않은 것은 모두 몇 개인가? (다툼이 있는 경우 판례에 의함)

> ㉠ 인터넷 자유게시판에 실제의 객관적인 사실을 게시하는 행위는 설령 그로 인하여 타인의 업무가 방해된다고 하더라도「형법」제314조 제1항 소정의 위계에 의한 업무방해죄에 있어서의 '위계'에 해당하지 않는다.
>
> ㉡ 업무방해죄의 성립에는 업무방해의 결과를 초래할 위험이 발생한 것만으로는 족하지 않고, 업무방해의 결과가 실제로 발생함을 요한다.
>
> ㉢ 정당의 국회의원 비례대표 후보자 추천을 위한 당내경선 과정에서 甲이 선거권자들로부터 인증번호만을 전달받은 뒤 그들의 명의로 甲 자신이 지지하는 특정 후보자에게 전자투표를 한 경우, 이는 당내 경선업무에 참여하거나 관여한 당 관계자들에 대하여 위력으로써 경선업무의 적정성이나 공정성을 방해한 경우에 해당한다.
>
> ㉣ 의료인이나 의료법인이 아닌 자가 의료기관을 개설하여 운영하는 행위는 그 위법의 정도가 중하여 사회생활상 도저히 용인될 수 없는 정도로 반사회성을 띠고 있으므로 업무방해죄의 보호대상이 되는 '업무'에 해당하지 않는다.

① 1개   ② 2개

③ 3개   ④ 4개

21

주거침입죄에 관한 설명으로 가장 적절하지 않은 것은? (다툼이 있는 경우 판례에 의함)

① 다가구용 단독주택이나 아파트와 같은 공동주택 내부의 엘리베이터, 공용 계단, 복도 등 공용 부분도 주거침입죄의 객체인 '사람의 주거'에 해당한다.

② 주거침입죄의 침입에 해당하는지는 거주자의 의사에 반하는지를 기준으로 판단하는 것이 원칙이며, 출입 당시 객관적·외형적으로 드러난 행위태양은 사실상의 평온상태를 해치는 행위태양인지를 평가할 때 고려할 요소 중 하나이지만 주된 평가 요소가 될 수 없다.

③ 다른 사람의 주택에 무단 침입한 범죄사실로 이미 유죄판결을 받은 사람이 그 판결이 확정된 후에도 퇴거하지 않은 채 계속하여 당해 주택에 거주한 경우, 위 판결 확정 이후의 행위는 별도의 주거침입죄를 구성한다.

④ 행위자 자신이 다른 사람과 공동으로 거주하거나 관리 또는 점유하는 주거 등에 임의로 출입하더라도 주거침입죄를 구성하지 않지만, 다른 사람과 공동으로 주거에 거주하거나 건조물을 관리하던 사람이 공동생활관계에서 이탈하거나 주거등에 대한 사실상의 지배·관리를 상실한 경우 등 특별한 사정이 있는 경우에 주거침입죄가 성립할 수 있다.

22

재산범죄에 관한 설명 중 가장 적절하지 않은 것은?(다툼이 있으면 판례에 의함)

① 甲이 권한 없이 인터넷뱅킹으로 타인의 예금계좌에서 자신의 예금계좌로 돈을 이체한 후 그 중 일부를 인출하여 그 정을 아는 乙에게 교부한 경우, 乙에게는 장물취득죄가 성립하지않는다.

② 타인의 재물인지는 민법, 상법, 기타의 실체법에 의하여 결정되는데, 금전을 도난당한 경우 절도범이 절취한 금전만 소지하고 있는 때 등과 같이 구체적으로 절취된 금전을 특정할 수 있어 객관적으로 다른 금전 등과 구분됨이 명백한 예외적인 경우에는 절도 피해자에 대한 관계에서 그 금전이 절도범인 타인의 재물이라고 할 수 있다.

③ 甲이 A의 돈을 절취한 다음 다른 금전과 섞거나 교환하지 않고 쇼핑백에 넣어 자신의 집에 숨겨두었는데, 乙이 A의 지시를 받아 甲에게 겁을 주어 쇼핑백에 들어 있던 절취된 돈을 교부받은 경우 乙에게 공갈죄가 성립하지 않는다.

④ 甲이 A의 재물을 강취하고 A가 운전하는 자동차에 함께 타고 도주하다가 단속 경찰관이 뒤따라오자 A를 칼로 찔러 상해를 가한 경우 강도상해죄가 성립한다.

23

신용카드 관련 범죄에 관한 설명으로 가장 적절하지 않은 것은? (다툼이 있는 경우 판례에 의함)

① 정상적으로 발급받은 신용카드를 소지한 카드회원 甲이 일시적인 자금 궁색 등의 이유로 그 채무를 일시적으로 이행하지 못하게 되는 상황이 아니라 이미 과다한 부채의 누적 등으로 신용카드사용으로 인한 대출금 채무를 변제할 의사나 능력이 없는 상황에 처하였음에도 불구하고 신용카드를 사용한 경우, 甲에게는 사기죄가 성립한다.

② 甲이 현금카드 소유자 A로부터 강취한 현금카드로 현금자동지급기에서 예금을 인출한 경우, 이는 모두 A의 예금을 강취하고자 하는 甲의 단일하고 계속된 범의 아래에서 이루어진 일련의 행위로서 포괄하여 하나의 강도죄를 구성하므로, 현금인출행위를 현금카드 강취행위와 분리하여 따로 절도죄로 처벌할 수는 없다.

③ 甲이 현금카드 소유자 A로부터 편취한 현금카드로 현금자동지급기에서 예금을 인출한 경우, A가 예금인출을 승낙한 이상 甲의 현금 인출행위는 절도죄에 해당하지 않는다.

④ 「여신전문금융업법」상 신용카드 부정사용죄와 관련하여, 동법 제70조 제1항 제4호의 '기망하거나 공갈하여 취득한 신용카드나 직불카드'는 '신용카드나 직불카드의 소유자 또는 점유자를 기망하거나 공갈하여 그들의 자유로운 의사에 의하지 않고 점유가 배제되어 그들로부터 사실상 처분권을 취득한 신용카드나 직불카드'라고 해석되어야 한다.

24

배임죄에 관한 다음 설명 중 가장 적절한 것은?(다툼이 있으면 판례에 의함)

① 지입차주가 지입회사로부터 할부로 지입회사 소유의 자동차를 매수하면서 그 자동차에 관하여 지입계약을 체결하였는데, 할부대금 완납 전에 지입회사가 그 자동차에 관하여 근저당권을 설정한 경우, 지입회사 운영자가 지입차주와의 관계에서 '타인의 사무를 처리하는 자'의 지위에 있다.

② 여객자동차 운송사업 등을 목적으로 하는 회사의 대표이사인 피고인이, 지입차주인 피해자들로부터 할부대금을 완납하기 전에 지입받은 버스들을 피해자들의 동의 없이 근저당권을 설정하였다면 업무상배임죄가 성립한다.

③ 지입차주가 자신이 실질적으로 소유하거나 처분권한을 가지는 자동차에 관하여 지입회사와 지입계약을 체결함으로써 지입회사에게 그 자동차의 소유권등록 명의를 신탁하고 운송사업용 자동차로서 등록 및 그 유지 관련 사무의 대행을 위임한 경우에는, 특별한 사정이 없는 한 지입회사 측이 지입차주의 실질적 재산인 지입차량에 관한 재산상 사무를 일정한 권한을 가지고 맡아 처리하는 것으로서 당사자 관계의 전형적·본질적 내용이 통상의 계약에서의 이익대립관계를 넘어서 그들 사이의 신임관계에 기초하여 타인의 재산을 보호 또는 관리하는 데에 있으므로, 지입회사 운영자는 지입차주와의 관계에서 '타인의 사무를 처리하는 자'의 지위에 있다고 할 것이다.

④ 지입차주가 지입회사로부터 할부로 지입회사 소유의 자동차를 매수하면서 해당 자동차에 관하여 지입계약을 체결한 경우에는 특별한 사정이 없는 한 지입차주가 그 할부대금을 완납하기 전이라도 지입차량을 지입차주의 실질적 재산이라고 보아야하므로, 지입계약이 체결된 이상 곧바로 지입회사 운영자가 지입차주와의 관계에서 지입차량에 관한 재산상 사무를 맡아 처리하는 '타인의 사무를 처리하는 자'의 지위에 있다고 할 것이다.

25

문서에 대한 죄의 설명 중 옳지 않은 것은 모두 몇 개인가?(다툼이 있으면 판례에 의함)

ㄱ 피고인 갑은 대통령선거를 앞두고 특정 후보자에 대한 지지선언 형식의 기자회견을 위하여 허무인 315명의 회사·이름·지역을 기재하여 총 21장의 서명부를 만들었는데, 피고인이 허무인 명의로 작성한 위 서명부 21장은 형법상 사문서위조의 객체인 '문서'에 해당한다.

ㄴ 피고인들이 갑 등과 공모하여, 부동산등기법 제49조 제3항, 제2항에서 정한 확인서면의 등기의무자란에 등기의무자 을 대신 갑이 우무인을 날인하는 방법으로 사문서인 을 명의의 확인서면을 위조한 다음 법무사를 통해 이를 교부받았다면 사문서인 확인서면의 위조에 해당한다.

ㄷ 중국인인 피고인 갑이 콘도미니엄 입주민들의 모임인 A 시설운영위원회의 대표로 선출된 후 A 위원회가 대표성을 갖춘 단체라는 외양을 작출할 목적으로, 주민센터에서 가져온 행정용 봉투의 좌측 상단에 미리 제작해 둔 A 위원회 한자 직인과 한글 직인을 날인한 다음 주민센터에서 발급받은 갑의 인감증명서 중앙에 있는 '용도'란 부분에 오려 붙이는 방법으로 인감증명서 1매를 작성한 것은 공문서위조에 해당하고, 이를 휴대전화로 촬영한 사진 파일을 A 위원회에 가입한 입주민들이 참여하는 메신저 단체대화방에 게재한 경우에는 위조공문서행사에 해당한다.

ㄹ 의사는 사망진단서 작성 당시까지 드러난 환자의 임상 경과를 고려하여 가장 부합하는 사망 원인과 사망의 종류를 자신의 의학적인 판단에 따라 사망진단서에 기재할 수 있으므로, 부검 이전에 작성된 사망진단서에 기재된 사망 원인이 부검으로 밝혀진 사망 원인과 다르다고 하여 피고인들에게 허위진단서 작성의 고의가 있다고 곧바로 추단할 수는 없다.

ㅁ B회사의 대표이사인 갑은 A회사의 대표이사로 선임된 사실이 없음에도 을에게 철거공사를 주겠다며, 제목 '민간건설공사표준 도급계약서', 도급인 A회사, 총괄대표이사 '갑', 수급인 'C회사', 'D회사' 라고 기재된 도급계약서에, 위 총괄대표이사 '갑'의 이름 옆에 미리 준비한 도장을 날인함으로써 갑이 A회사의 대표이사 자격을 모용한 도급계약서를 작성한 행위는 자격모용사문서작성죄에 해당된다.

① 1개　　　　　　② 2개
③ 3개　　　　　　④ 4개

26

다음 설명 중 옳고 그름의 표시(O, X)가 바르게 된 것은?(다툼이 있는 경우 판례에 의함)

ㄱ 수도불통죄의 대상이 되는 '수도 기타 시설'이란 공중의 음용수 공급을 주된 목적으로 설치된 것에 한정되는 것은 아니고, 설령 다른 목적으로 설치된 것이더라도 불특정 또는 다수인에게 현실적으로 음용수를 공급하고 있는 것이면 충분하며 소유관계에 따라 달리 볼 것도 아니다.

ㄴ 피고인이 음란합성사진 제작자인 성명불상자에게 피해 여성의 사진과 이름, 나이, 주소 등을 제공하면서 음란합성사진의 제작을 의뢰하였는데, 그 성명불상자가 완성하여 전송한 음란합성사진 파일은 형법 제244조의 '음란한 물건'에 해당한다.

ㄷ 나이트클럽의 운영자 피고인 甲, 연예부장 피고인 乙, 남성무용수 피고인 丙이 공모하여 위 클럽 내에서 성행위를 묘사하는 공연을 하는 등 음란행위 영업을 하였다면, 피고인들은 풍속영업의 규제에 관한 법률 위반에 해당한다.

ㄹ 피고인은 나신의 여자조각상이 있는 참전비 앞길에서 바지와 팬티를 내리고 성기와 엉덩이를 노출한 채 위 참전비를 바라보고 서 있었고 참전비의 한쪽 끝 방향으로 걸어가다가 돌아서서 걷는 등 노출한 상태에서 참전비 앞에 서 있거나 그 주위를 서성거렸다. 이 사건 당시는 20:25경 야간이었으나 주위의 조명 등으로 위 참전비 앞길은 어둡지 않았고 다수의 사람들이 통행하고 있었지만, 피고인이 성행위를 묘사하거나 성적인 의도를 표출한 것은 아니므로 공연음란죄가 성립하지 않는다.

① ㄱ(O)　　ㄴ(O)　　ㄷ(O)　　ㄹ(X)
② ㄱ(O)　　ㄴ(X)　　ㄷ(O)　　ㄹ(X)
③ ㄱ(O)　　ㄴ(X)　　ㄷ(O)　　ㄹ(O)
④ ㄱ(X)　　ㄴ(X)　　ㄷ(X)　　ㄹ(O)

27

공무원의 직무상 범죄에 관한 설명으로 가장 적절하지 않은 것은? (다툼이 있는 경우 판례에 의함)

① 직무유기죄에 있어서 그 직무를 유기한 때라 함은 직장의 무단이탈, 직무의 의식적인 포기 등과 같이 그것이 국가의 기능을 저해하며 국민에게 피해를 야기시킬 가능성이 있는 경우를 말하는 것이므로 병가 중인 자는 직무유기죄의 주체가 될 수 없다.

② 「형법」 제123조의 직권남용죄에 있어서 직권남용 행위의 상대방이 일반 사인인 경우에는 그가 권리에 대응하여 어떠한 일을 한 것이 의무 없는 일인지 여부는 관계 법령 등의 내용에 따라 개별적으로 판단하여야 한다.

③ 「형법」 제126조의 피의사실공표죄는 검찰, 경찰 그밖에 범죄수사에 관한 직무를 수행하는 자 또는 이를 감독하거나 보조하는 자가 그 직무를 수행하면서 알게 된 피의사실을 공소제기 전에 공표한 경우에 성립한다.

④ 인신구속에 관한 직무를 행하는 자 또는 이를 보조하는 자가 피해자를 구속하기 위하여 진술조서 등을 허위로 작성한 후 이를 기록에 첨부하여 구속영장을 신청하고, 진술조서 등이 허위로 작성된 정을 모르는 검사와 영장전담판사를 기망하여 구속영장을 발부받은 후 그 영장에 의하여 피해자를 구금하였다면 「형법」 제124조 제1항의 직권남용감금죄가 성립한다.

28

뇌물죄에 관한 설명으로 옳지 않은 것은? (다툼이 있는 경우 판례에 의함)

① 공무원이 직무에 관하여 금전을 무이자로 차용한 경우에는 차용 당시에 금융이익 상당의 뇌물을 수수한 것으로 보아야 하므로 공소시효는 금전을 무이자로 차용한 때로부터 기산한다.

② 법령에 기한 임명권자에 의하여 임용되어 공무에 종사하여 온 사람이 임용결격자였음이 나중에 밝혀져 당초의 임용행위가 무효이더라도 그가 임용행위라는 외관을 갖추어 실제로 공무를 수행하였다면 「형법」 제129조에 규정한 공무원으로 봄이 타당하고, 그가 그 직무에 관하여 뇌물을 수수한 때에는 수뢰죄로 처벌할 수 있다.

③ 뇌물의 내용인 '이익'이라 함은 금전, 물품 기타 재산적 이익뿐만 아니라 사람의 수요, 욕망을 충족시키기에 족한 일체의 유형 · 무형의 이익을 포함하고, 성적 욕구의 충족이 제공된 경우도 이에 해당하나, 투기적 사업에 참여할 기회를 얻는 것은 해당하지 않는다.

④ 공무원이 직접 뇌물을 받지 않고 증뢰자로 하여금 다른 사람에게 뇌물을 공여하도록 한 경우, 그 다른 사람이 공무원의 사자 또는 대리인으로서 뇌물을 받은 경우나, 그 다른 사람이 뇌물을 받음으로써 공무원은 그만큼 지출을 면하게 되는 경우 등 사회통념상 그 다른 사람이 뇌물을 받은 것을 공무원이 직접 받은 것과 같이 평가할 수 있는 관계가 있는 경우에는 「형법」 제129조 제1항의 뇌물수수죄가 성립한다.

29

도주와 범인은닉의 죄에 대한 설명으로 옳지 않은 것은?(다툼이 있는 경우 판례에 의함)

① 범인도피죄는 타인을 도피하게 하는 경우에 성립할 수 있는데, 여기에서 타인에는 공범도 포함되나 범인 스스로 도피하는 행위는 처벌되지 않는다.

② 공범 중 1인이 그 범행에 관한 수사절차에서 참고인 또는 피의자로 조사받으면서 자기의 범행을 구성하는 사실관계에 관하여 허위로 진술하고 허위 자료를 제출하는 것은 자신의 범행에 대한 방어권 행사의 범위를 벗어난 것으로 볼 수 없다.

③ 범인도피죄는 범인을 도피하게 함으로써 기수에 이르지만, 범인도피행위가 계속되는 동안에는 범죄행위도 계속되고 행위가 끝날 때 비로소 범죄행위가 종료된다.

④ 법원이 선고기일에 피고인에 대하여 실형을 선고하면서 구속영장을 발부하는 경우, 검사가 법정에 재정하여 법원으로부터 구속영장을 전달받아 집행을 지휘하고, 그에 따라 피고인 대기실로 인치된 상태에서의 피고인은 도주죄의 주체인 '법률에 의하여 체포 또는 구금된 자'에 해당하지 아니하므로 도주하여도 도주죄가 성립하지 않는다.

30

고소·고발에 관한 설명으로 옳지 않은 것은 모두 몇 개인가?(다툼이 있는 경우 판례에 의함)

> ㉠ 친고죄의 공범 중 그 1인 또는 수인에 대한 고소 또는 그 취소는 다른 공범자에 대하여도 효력이 있고, 여기의 공범에는 「형법」 총칙상의 공범뿐만 아니라 필요적 공범도 포함된다.
>
> ㉡ 「조세범 처벌절차법」에 따라 범칙사건에 대한 고발이 있는 경우 그 고발의 효력은 범칙사건에 관련된 범칙사실의 전부에 미치고 한 개의 범칙사실의 일부에 대한 고발은 그 전부에 대하여 효력이 생긴다.
>
> ㉢ 친고죄에 있어서 고소불가분의 원칙을 규정한 「형사소송법」 제233조는 반의사불벌죄에 관하여도 적용된다.
>
> ㉣ 고소인이 수사기관에서 조사를 받으면서 '법대로 처벌하되 관대한 처분을 바란다'는 취지로 한 진술은 고소의 취소라고 보기 어렵다.
>
> ㉤ 친고죄 피해자 A의 법정대리인 甲의 고소기간은 甲이 범인을 알게 된 날로부터 진행하고, A가 변호사 乙을 선임하여 乙이 고소를 제기한 경우에는 乙이 범인을 알게 된 날부터 고소기간이 기산된다.

① 2개 ② 3개
③ 4개 ④ 5개

31

영상녹화에 관한 다음 설명 중 옳은 것은 모두 몇 개인가?

> ㉠ 영상녹화가 완료된 이후 피의자가 영상녹화물의 내용에 대하여 이의를 진술하는 때에는 그 진술을 따로 영상녹화하여 첨부하여야 한다.
>
> ㉡ 피의자 및 피의자 아닌 자의 진술은 동의를 받아야 영상녹화할 수 있다.
>
> ㉢ 진정성립의 증명을 위한 영상녹화물은 조사가 개시된 시점부터 조사가 종료되어 피의자가 조서에 기명날인 또는 서명을 마치는 시점까지 전 과정이 영상녹화된 것이어야 한다.

> ㉣ 피고인이 아닌 피의자의 진술에 대한 영상녹화물의 조사를 신청하는 경우 검사는 영상녹화를 시작하고 마친 시각과 조사장소 등을 기재한 서면을 법원에 제출하여야 한다.
>
> ㉤ 수사기관이 참고인을 조사하는 과정에서 형사소송법 제221조 제1항에 따라 작성한 영상녹화물은, 다른 법률에서 달리 규정하고 있는 등의 특별한 사정이 없는 한, 공소사실을 직접 증명할 수 있는 독립적인 증거로 사용될 수는 없다.

① 1개 ② 2개
③ 3개 ④ 4개

32

체포에 관한 설명으로 가장 적절하지 않은 것은?(다툼이 있는 경우 판례에 의함)

① 현행범인으로 체포하기 위하여는 행위의 가벌성, 범죄의 현행성·시간적 접착성, 범인·범죄의 명백성 이외에 체포의 필요성 즉, 도망 또는 증거인멸의 염려가 있어야 하고, 이러한 요건을 갖추지 못한 현행범인 체포는 법적 근거에 의하지 아니한 영장 없는 체포로서 위법한 체포에 해당한다.

② 검사의 구속영장 청구 전 피의자 대면 조사는 긴급체포의 적법성을 의심할 만한 사유가 기록 기타 객관적 자료에 나타나고 피의자의 대면 조사를 통해 그 여부의 판단이 가능할 것으로 보이는 예외적인 경우에 한하여 허용될 뿐, 긴급체포의 합당성이나 구속영장 청구에 필요한 사유를 보강하기 위한 목적으로 실시되어서는 아니 된다.

③ 피고인이 경찰관의 불심검문을 받아 운전면허증을 교부한 후 경찰관에게 큰 소리로 욕설을 하였는데, 경찰관이 모욕죄의 현행범으로 체포하겠다고 고지한 후 피고인의 오른쪽 어깨를 붙잡자 반항하면서 경찰관에게 상해를 가한 경우, 피고인에게는 공무집행방해죄와 상해죄 모두 위법성 조각사유에 해당한다.

④ 수사기관이 이른바 '미란다 원칙'을 고지하지 않은 채 피고인을 강제로 연행한 조치(4명의 경찰관이 피고인의 팔다리를 잡아 강제로 순찰차에 태워 지구대로 데려감)는 위법하고, 위와 같이 위법하게 체포된 상태에서 음주운전 여부의 확인을 위하여 1차적으로 호흡측정이 이루어진 후 피의자의 요구에 의하여 2차적으로 수집된 채혈에 의한 혈중알콜농도 측정결과(감정서)는 제308조의2에 규정된 적법한 절차에 의하지 아니한 증거로서 유죄인정의 증거로 삼을 수 없다.

33

다음 중 구속에 관한 설명으로 적절하지 않은 것은?(다툼이 있는 경우 판례에 의함)

① 공소제기전의 체포·구인·구금 기간은 피고인의 구속기간에 산입하지 아니한다.

② 지방법원판사는 검사의 신청에 의하여 수사를 계속함에 상당한 이유가 있다고 인정한 때에는 10일을 초과하지 아니하는 한도에서 검사의 구속기간의 연장을 1차에 한하여 허가할 수 있다. 구속기간연장허가결정이 있는 경우에 그 연장기간은 법 제203조의 규정에 의한 구속기간만료일로부터 기산한다.

③ 판사는 구속사유를 심사함에 있어서 범죄의 중대성, 재범의 위험성, 피해자 및 중요 참고인 등에 대한 위해우려 등을 고려하여야 한다.

④ 검사 또는 사법경찰관에 의하여 구속되었다가 석방된 자는 다른 중요한 증거를 발견한 경우를 제외하고는 동일한 범죄사실에 관하여 재차 구속하지 못한다. 이 경우에는 1개의 목적을 위하여 동시 또는 수단결과의 관계에서 행하여진 행위는 동일한 범죄사실로 간주한다.

34

압수·수색에 대한 설명으로 적절하지 않은 것은? (다툼이 있는 경우 판례에 의함)

⊙ 압수의 대상이 되는 전자정보와 그렇지 않은 전자정보가 혼재된 정보저장매체나 그 복제본을 압수·수색한 수사기관이 정보저장매체 등을 수사기관 사무실 등으로 옮겨 이를 탐색·복제·출력하는 경우, 피압수자나 변호인에게 참여의 기회를 보장하고 압수된 전자정보의 파일 명세가 특정된 압수목록을 작성·교부하여야 하며 범죄혐의사실과 무관한 전자정보의 임의적인 복제 등을 막기 위한 적절한 조치를 취하는 등 영장주의 원칙과 적법절차를 준수하여야 한다.

ⓛ 만약 ⊙과 같은 조치가 취해지지 않았다면 피압수자 측이 참여하지 아니한다는 의사를 명시적으로 표시하였거나 절차 위반행위가 이루어진 과정의 성질과 내용 등에 비추어 피압수자 측에 절차 참여를 보장한 취지가 실질적으로 침해되었다고 볼 수 없을 정도에 해당한다는 등의 특별한 사정이 없는 이상 압수·수색이 적법하다고 평가할 수 없고, 비록 수사기관이 정보저장매체 또는 복제본에서 범죄혐의사실과 관련된 전자정보만을 복제·출력하였다 하더라도 달리 볼 것은 아니다.

ⓒ 따라서 수사기관이 피압수자 측에 참여의 기회를 보장하거나 압수한 전자정보 목록을 교부하지 않는 등 영장주의 원칙과 적법절차를 준수하지 않은 위법한 압수·수색 과정을 통하여 취득한 증거는 위법수집증거에 해당하고, 사후에 법원으로부터 영장이 발부되었다거나 피고인이나 변호인이 이를 증거로 함에 동의하였다고 하여 위법성이 치유되는 것도 아니다.

ⓔ 성매매알선등 혐의로 압수된 피고인이 사용·보관 중인 휴대전화(성매매여성 등 정보가 보관되어 있는 저장장치 포함)에서 탐색된 이 사건 엑셀파일을 출력한 출력물 및 위 엑셀파일을 복사한 시디(검사는 이를 증거로 제출하였다)는 경찰이 피압수자인 피고인에게 참여의 기회를 부여하지 않은 상태에서 임의로 탐색·복제·출력한 전자정보로서, 피고인에게 압수한 전자정보 목록을 교부하거나 피고인이 그 과정에 참여하지 아니할 의사를 가지고 있는지 여부를 확인한 바가 없으므로, 이는 위법하게 수집된 증거로서 증거능력이 없고, 사후에 압수·수색영장을 발부받아 압수절차가 진행되었더라도 위법성이 치유되지 않는다.

ⓜ 압수·수색 영장집행은 피고인의 집에서 하드디스크 복제본을 생성한 때 종료되는 것이므로 수사기관 사무실 등으로 옮겨 정보를 탐색·복제·출력한 때에는 탐색과정에서 피압수자나 변호인에게 참여권을 보장하여야 하는 것은 아니다.

① 0개   ② 1개
③ 2개   ④ 3개

35

수사기관의 강제처분에 관한 설명으로 가장 적절하지 않은 것은?(다툼이 있는 경우 판례에 의함)

① 수사기관이 범죄증거를 수집할 목적으로 피의자의 동의 없이 피의자의 소변을 채취하기 위해서는 법원으로부터 감정허가장을 받아 '감정에 필요한 처분'으로는 할 수 있지만, 압수·수색영장을 받아 '압수·수색의 방법'으로는 할 수 없다.

② 공무원에게 금품을 제공한 혐의로 발부된 통신사실확인자료제공요청 허가서에 대상자로 기재되어 있는 피고인 甲이 피고인 乙의 뇌물수수 범행의 증뢰자라면, 위 허가서에 의하여 제공받은 甲과 乙의 통화내역을 乙의 수뢰사실의 증명을 위한 증거로 사용할 수 있다.

③ 검사 또는 사법경찰관이 구속영장을 소지하지 아니한 경우에 급속을 요하는 때에는 피의자에 대하여 공소사실의 요지와 영장이 발부되었음을 고하고 집행할 수 있는데, 구속영장의 집행을 완료한 후에는 신속히 구속영장을 제시하고 그 사본을 교부하여야 한다.

④ 수사기관이 법원으로부터 영장 또는 감정처분허가장을 발부받지 아니한 채 피의자의 동의 없이 피의자의 신체로부터 혈액을 채취하고 사후적으로도 지체 없이 이에 대한 영장을 발부받지도 아니한 채 강제채혈한 피의자의 혈액 중 알콜농도에 관한 감정이 이루어졌다면, 이러한 감정결과보고서 등은 피고인이나 변호인의 증거동의가 있다고 하더라도 유죄의 증거로 사용할 수 없다.

36

증거에 관한 다음 설명 중 가장 적절하지 않은 것은? (다툼이 있는 경우 판례에 의함)

① 공소사실을 인정할 증거로 사실상 피해자의 진술이 유일한 경우에 피고인의 진술이 경험칙상 합리성이 없고 그 자체로 모순되어 믿을 수 없다고 하여 그것이 공소사실을 인정하는 직접증거가 되는 것은 아니다.

② 자동차 등 운전자가 신체 이상 등의 사유로 '호흡에 의한 음주측정'에 응하지 못한 경우에는 음주측정불응죄가 성립하지 아니하나, 신체 이상 등의 사유로 호흡조사에 의한 음주측정에 응할 수 없는 운전자가 '혈액채취에 의한 측정'을 거부하는 경우에는 음주측정에 불응한 것으로 볼 수 있다.

③ 피고인 갑이 마약류취급자가 아님에도 향정신성의약품인 메트암페타민(필로폰)을 물에 희석하여 일회용 주사기에 넣고 주사하는 방법으로 투약했다는 등의 공소사실로 기소된 사안에서, 갑의 모발에 대한 감정에서 필로폰이 검출되었다는 사정과 갑이 사용하던 차량을 압수·수색하여 발견된 주사기에서 필로폰이 검출된 사정만으로 필로폰 투약사실을 유죄로 인정할 수 없다.

④ 법정형이 무거운 범죄의 경우에도 직접증거 없이 간접증거만으로 유죄를 인정할 수 있으나, 그러한 유죄인정에는 공소사실에 대한 관련성이 깊은 간접증거들에 의하여 신중한 판단이 요구되므로, 간접증거에 의하여 주요사실의 전제가 되는 간접사실을 인정할 때에는 증명이 합리적인 의심을 허용하지 않을 정도에 이르러야 하고, 하나하나의 간접사실 사이에 모순, 저촉이 없어야 하는 것은 물론 간접사실이 논리와 경험칙, 과학법칙에 의하여 뒷받침되어야 한다.

37

자백배제법칙과 증거능력에 관한 설명으로 가장 적절하지 않은 것은? (다툼이 있는 경우 판례에 의함)

① 수사기관은 수사 중인 사건의 범죄 혐의를 밝히기 위한 목적으로 합리적인 근거 없이 별개의 사건을 부당하게 수사하여서는 아니되고, 다른 사건의 수사를 통하여 확보된 증거 또는 자료를 내세워 관련 없는 사건에 대한 자백이나 진술을 강요하여서도 아니된다.

② 피고인의 자백이 임의성이 없다고 의심할 만한 사유가 있는 때에 해당한다 할지라도 그 임의성이 없다고 의심하게 된 사유들과 피고인의 자백과의 사이에 인과관계가 존재하지 않은 것이 명백한 때에는 그 자백은 임의성이 있는 것으로 인정된다.

③ 피고인의 자백의 신빙성 유무를 판단할 때에는 그 자백에 「형사소송법」 제309조에 정한 사유 또는 자백의 동기나 과정에 합리적인 의심을 갖게 할 상황이 있었는지를 판단하여야 한다.

④ 증거조사를 마친 증거가 증거능력이 없음을 이유로 한 이의신청을 이유있다고 인정할 경우에 법원은 그 증거의 일부가 아니라 전부를 배제하는 결정을 하여야 한다.

38

전문법칙에 대한 설명으로 가장 적절하지 않은 것은? (다툼이 있으면 판례에 의함)

① 진술을 요할 자에 대한 소재탐지촉탁결과 그 소재를 알지 못하게 된 경우 및 진술을 요할 자가 법원의 소환에 불응하고 그에 대한 구인장이 집행되지 않은 경우가 형사소송법 제314조 소정의 '공판정에 출정하여 진술할 수 없는 때'에 해당한다.

② 실질적 진정성립을 증명할 수 있는 수단으로서 형사소송법에 규정된 '영상녹화물이나 그 밖의 객관적인 방법'이란 형사소송법 및 형사소송규칙에 규정된 방식과 절차에 따라 제작된 영상녹화물 또는 그러한 영상녹화물에 준할 정도로 피고인의 진술을 과학적·기계적·객관적으로 재현해 낼 수 있는 방법만을 의미하고, 그 외에 조사관 또는 조사 과정에 참여한 통역인 등의 증언은 이에 해당한다고 볼 수 없다.

③ 사법경찰관이 수사의 경위 및 결과를 내부적으로 보고하기 위하여 수사보고서를 작성하면서 그 수사보고서에 검증의 결과와 관련한 기재를 하였더라도 그 수사보고서를 두고 「형사소송법」 제312조 제1항(현행 제312조 제6항)이 규정하고 있는 '검사 또는 사법경찰관이 검증의 결과를 기재한 조서'라고 할 수는 없다.

④ 증인신문조서가 증거보전절차에서 피고인이 증인으로서 증언한 내용을 기재한 것이 아니라 증인의 증언내용을 기재한 것이고 다만 피의자였던 피고인이 당사자로 참여하여 자신의 범행사실을 시인하는 전제하에 위 증인에게 반대신문 한 내용이 기재되어 있을 뿐이라면 위 조서는 공판준비 또는 공판기일에 피고인 등의 진술을 기재한 조서도 아니고, 반대신문과정에서 피의자가 한 진술에 관한 한「형사소송법」제184조에 의한 증인신문조서도 아니므로 위 조서 중 피의자의 진술기재부분에 대하여는「형사소송법」제311조에 의한 증거능력을 인정할 수 있다.

39

진술조서의 증거능력에 대한 설명으로 가장 적절하지 않은 것은? (다툼이 있는 경우 판례에 의함)

① 진술조서의 증거능력이 인정되려면 '적법한 절차와 방식에 따라 작성된 것'이어야 한다는 법리는 피고인이 아닌 자가 수사과정에서 작성한 진술서의 증거능력에 관하여도 적용된다.

② 수사기관의 피의자신문 시에 동석한 신뢰관계인이 피의자를 대신하여 진술한 부분이 조서에 기재되어 있다면, 피의자였던 피고인 또는 변호인이 공판준비 또는 공판기일에 그 내용을 인정할 때에 한하여 증거로 할 수 있다.

③ 수사기관에서 진술한 참고인이 법정에서 증언을 거부하여 피고인이 반대신문을 하지 못한 경우, 피고인이 증인의 증언거부 상황을 초래하였다는 등의 특별한 사정이 없는 한 증인이 정당하게 증언거부권을 행사하였는지 여부와 관계없이 수사기관에서 그 증인의 진술을 기재한 서류는 증거능력이 없다.

④ 수사기관이 진술자의 성명을 가명으로 기재하여 조서를 작성하였다고 하더라도 그 이유만으로 그 조서의 증거능력을 부정할 것은 아니다.

40

형사법상 자백에 관한 설명으로 옳지 않은 것은? (다툼이 있는 경우 판례에 의함)

① 무고사건의 피의자가 수사기관에서 피의자신문을 받는 과정에서 피의사실에 관해 자백한 때에도 그 피의자는 형을 감경 또는 면제 받는다.

② 고의나 목적 등과 같은 범죄의 주관적 구성요건 요소에 대하여 자백한 경우에는 보강증거가 필요하지 않다.

③ 피고인이 그 범죄혐의를 받기 전에 이와는 관계없이 자기의 업무수행에 필요한 자금을 지출하면서 스스로 그 지출한 자금내역을 자료로 남겨두기 위하여 뇌물자금과 기타 자금을 구별하지 아니하고 그 내역을 기입한 수첩은 피고인의 경찰에서의 자백에 대한 보강증거가 될 수 없다.

④ 즉결심판절차에서는 피고인의 자백과 별개의 독립된 증거로서 증거능력이 있는 보강증거가 없더라도 자백만으로 유죄를 인정할 수 있다.

임종희
경찰형사법

파이널 모의고사
해설 및 정답

경찰 출제위원 출신이 **직접 집필한 모의고사**

2024년 12월까지 최신 기출, 판례 반영
학설 및 판례 완벽 정리
고난도 대비, 고득점을 위한 필독서
풍부하고 자세한 해설

합격의 완성!

출제위원 형사법 법학박사가 제대로 만든 초고득점 실전 마무리
실전 느낌 그대로 시험 직전 꼭 풀어보세요.

법학박사

임종희 편저

경찰 형사법 파이널 모의고사 —— 정답 및 해설

✅ 정답

문제	정답	문제	정답	문제	정답	문제	정답
01	②	11	③	21	③	31	①
02	①	12	②	22	②	32	①
03	④	13	④	23	④	33	①
04	④	14	②	24	②	34	②
05	③	15	③	25	①	35	①
06	②	16	②	26	③	36	④
07	①	17	③	27	②	37	③
08	③	18	③	28	③	38	②
09	②	19	①	29	④	39	③
10	③	20	③	30	②	40	④

문제 01 - 정답 ②

▶ ② (X) [1] 헌법재판소는 2015. 12. 23. 구 근로기준법(2019. 1. 15. 법률 제16270호로 개정되기 전의 것, 이하 같다) 제35조 제3호(월급근로자로서 6개월이 되지 못한 자는 해고 예고제도가 적용되지 않고 바로 해고할 수 있다)가 근무기간이 6개월 미만인 월급근로자의 근로의 권리를 침해하고, 평등원칙에도 위배된다는 이유로 위 조항이 헌법에 위반된다는 결정을 하였다.

[2] 위헌결정이 선고된 구 근로기준법 제35조 제3호 그 자체는 형사처벌 조항에 해당하지 않지만, 위 조항을 위반할 것을 구성요건으로 규정하고 있는 같은 법 제110조 제1호와 결합하여 형벌에 관한 법률 조항을 이루게 된다. 그러나 위 조항은 같은 법 제26조 본문 및 제110조 제1호에 규정된 근로기준법 위반죄의 구성요건해당성 배제 사유를 규정한 것이기 때문에, 위 조항에 대한 위헌결정의 소급효를 인정할 경우 오히려 그 조항이 적용되어 형사처벌을 받지 않았던 사람들에게 형사상 불이익이 미치게 되므로 이와 같은 경우까지 헌법재판소법 제47조 제3항의 적용 범위에 포함시키는 것은 법적 안정성과 이미 불처벌 대상이었던 사용자의 신뢰보호의 이익까지 크게 해치게 되어 그 규정 취지에 반한다. 따라서 구 근로기준법 제35조 제3호에 대한 위헌결정에는 헌법재판소법 제47조 제3항에 따른 소급효가 인정되지 아니하고, 위 조항은 같은 법 제47조 제2항에 따라 위헌결정이 있는 날부터 효력을 상실한다고 보아야 한다.

[3] 위 법리에 따르면, 구 근로기준법 제35조 제3호는 위헌결정일인 2015. 12. 23.부터 효력을 상실하여 사용자는 월급근로자의 근무기간에 관계없이 구 근로기준법 제26조 본문에 따라 근로자에게 30일 전에 해고의 예고를 하거나 30일분의 통상임금에 해당하는 해고예고수당을 지급할 의무를 부담하고, 위 규정을 위반한 자는 같은 법 제110조 제1호에 따라 형사처벌의 대상이 된다(대법원 2022. 2. 11.선고2020도68판결).

① (O) [1] 공공단체등 위탁선거에 관한 법률(이하 '위탁선거법'이라 한다) 제35조 제1항은 후보자 등이 기부행위제한기간 중 기부행위를 하는 것을 제한하고 제59조에서 이를 위반한 자를 처벌

하도록 정하고 있다. 위탁선거법이 정하는 '기부행위'는 선거인이나 선거인명부에 오를 자격이 있는 자 등을 대상으로 금전 등을 제공하는 등의 행위를 말하고(위탁선거법 제32조), '선거인'은 해당 위탁선거의 선거권이 있는 자로서 선거인명부에 올라 있는 자를 말하며(위탁선거법 제3조 제5호), '선거권'은 해당 법령이나 정관 등이 정하는 바에 의하는데(위탁선거법 제12조), 농업협동조합법 제26조는 지역농업협동조합(이하 '지역농협'이라 한다)의 경우 조합원이 선거권을 가진다고 정하고 있다.

[2] 한편 농업협동조합법에 의하면, 지역농협 조합원은 해당 지역농협의 구역에 주소 등이 있는 농업인이어야 하는데(농업협동조합법 제19조 제1항), 농업인의 범위에 관한 사항을 시행령에 위임하고 있고(농업협동조합법 제19조 제4항), 농업협동조합법 시행령에서는 조합원의 자격요건인 농업인의 범위를 '1,000㎡ 이상 농지를 경영하거나 경작하는 자', '1년 중 90일 이상 농업에 종사하는 자', '일정 기준 이상의 누에 또는 가축을 사육하거나 원예작물을 재배하는 자', '660㎡ 이상의 농지에서 채소·과수 또는 화훼를 재배하는 자'로 규정하고 있다(농업협동조합법 시행령 제4조 제1항).

[3] 위와 같은 위탁선거법, 농업협동조합법, 같은 법 시행령 규정에 비추어 보면, 농업협동조합법에 따른 조합장 선거에서 위탁선거법상 금지되는 기부행위의 상대방인 선거인이나 선거인명부에 오를 자격이 있는 자는 해당 지역농협의 조합원이어야 하고, 조합원의 자격요건 중 농업인인지 여부는 농업협동조합법 시행령 제4조 제1항 각호에서 규정하는 요건을 구비하였는지를 기준으로 판단해야 한다(대법원2023. 8. 31.선고2023도2715판결). 결국, 농업협동조합장 선거에서 금지되는 기부행위의 상대방은 해당 지역농업협동조합의 조합원이어야 한다.

③ (O) [1] 행정청의 자동차 운전면허 취소처분이 직권으로 또는 행정쟁송절차에 의하여 취소되면, 운전면허 취소처분은 그 처분 시에 소급하여 효력을 잃고 운전면허 취소처분에 복종할 의무가 원래부터 없었음이 확정되므로, 운전면허 취소처분을 받은 사람이 운전면허 취소처분이 취소되기 전에 자동차를 운전한 행위는 도로교통법에 규정된 무면허운전의 죄에 해당하지 아니한다.

[2] 위와 같은 관련 규정 및 법리, 헌법 제12조가 정한 적법절차의 원리, 형벌의 보충성 원칙을 고려하면, 자동차 운전면허 취소처분을 받은 사람이 자동차를 운전하였으나 운전면허 취소처분의 원인이 된 교통사고 또는 법규 위반에 대하여 범죄사실의 증명이 없는 때에 해당한다는 이유로 무죄판결이 확정된 경우에는 그 취소처분이 취소되지 않았더라도 도로교통법에 규정된 무면허운전의 죄로 처벌할 수는 없다고 보아야 한다(대법원2021. 9. 16.선고2019도11826판결).

④ (O) [1] 개정 군형법 제94조 제2항에 따른 10년의 공소시효 기간(연장된 공소시효기간)은 개정 군형법 시행 후에 행해진 정치관여 범죄에만 적용된다.

[2] 2014. 1. 14. 개정된 군형법 제94조 제2항에 따른 10년의 공소시효 기간이 개정 군형법 시행 후에 행해진 정치관여 범죄에만 적용되므로, 구 군형법 시행 당시에 행해진 이 부분 공소사실(공소시효가 5년이었음)에 대하여는 그 공소시효가 완성되었다고 보아 면소를 선고하여야 한다(대법원2021. 9. 9.선고2019도5371판결).

문제 02 - 정답 ①

▶ ① (X) [1] <u>국민체육진흥법 제26조 제1항은</u> "서울올림픽기념 국민체육진흥공단과 수탁사업자가 <u>아닌 자는</u> 체육진흥투표권 또는 이와 비슷한 것을 발행(정보통신망에 의한 발행을 포함한다)하여 결과를 적중시킨 자에게 재물이나 재산상의 이익을 제공하는 행위 (이하 '유사행위'라고 한다)를 하여서는 아니 된다."라고 규정하면 서 같은 법 제47조 제2호에서 이를 위반한 자를 7년 이하의 징역이나 7천만 원 이하의 벌금으로 처벌하도록 규정하는 한편, 같은 법 <u>제48조 제3호는</u> "제26조 제1항의 금지행위를 이용하여 도박을 한 자"를 5년 이하의 징역이나 5천만 원 이하의 벌금으로 <u>처벌하도록 규정하고 있다.</u>

[2] <u>대한민국 영역 내에서 해외 스포츠 도박 사이트에 접속하여</u> 베팅을 하는 방법으로 체육진흥투표권과 비슷한 것을 정보통신망을 이용하여 발행받은 다음 결과를 적중시킨 경우 재산상 이익을 얻는 내용의 <u>도박을 하였다면,</u> 그 <u>스포츠 도박 사이트를 통한 도박행위는</u> 국민체육진흥법 제26조 제1항에서 금지하고 있는 유사행위를 이용한 도박 행위에 해당하므로, <u>제48조 제3호에 따라 처벌할 수 있다.</u> 이는 그 스포츠 도박 사이트의 운영이 <u>외국인에 의하여 대한민국 영역 외에서 이루어진 것이라고 하더라도 마찬가지이다.</u>

[3] 해외에서 적법하게 개설된 사설 스포츠 도박 사이트의 운영자에게 국민체육진흥법 제26조 제1항이 미치는지 여부를 불문하고 <u>유사행위를 이용하여 도박을 한 내국인은 국민체육진흥법 제48조 제3호에 따라 처벌된다(유죄)</u>(대법원2022. 11. 30.선고2022도6462판결).

② (○) 원심판결 선고 후 시행된 <u>개정 도로교통법에 따르면</u> 이 사건 <u>전동킥보드와 같은 개인형 이동장치 음주운전 행위는</u> '자동차 등'에 관한 제148조의2가 <u>아니라 '자전거등'</u>에 관한 제156조 제11호의 <u>적용 대상이 됨으로써 그 법정형이 종전보다 가벼워진 경우에 해당하므로</u> 형법 제1조 제2항을 적용하여야 한다(대법원 2022. 12. 22. 선고 2020도16420 전원합의체판결). 결국, 피고인이 <u>음주 후 '전동킥보드'를 운전한 행위는 도로교통법상 '자동차 등'</u> 음주운전죄가 <u>아니라 '자전거등'</u> 음주운전으로 <u>제1조 제2항에 따라 형이 가벼운 신법으로 처벌해야 한다.</u>

③ (○) [1] 구 「특정범죄 가중처벌 등에 관한 법률」 제5조의3 제1항, <u>제5조의11 제1항(위험운전치상죄)은</u> 음주 또는 약물의 영향으로 정상적인 운전이 곤란한 상태에서 도로교통법 제2조에 규정된 <u>자동차 또는 원동기장치자전거를 운전하여 사람을 상해에 이르게 한 사람을 처벌</u>하도록 규정하고 있다. <u>구 도로교통법</u>(2020. 6. 9. 법률 제17371호로 개정되기 전의 것, 이하 '구 도로교통법'이라 한다) 제2조 제19호 나목은 '배기량 50시시 미만(전기를 동력으로 하는 경우에는 정격출력 0.59킬로와트 미만)의 원동기를 단 차'를 원동기장치자전거 중 일부로 규정하였고, <u>이 사건 전동킥보드는 위 규정에 따라 원동기장치자전거에 해당하였다. 그런데 구 도로교통법이</u> 2020. 6. 9. 법률 제17371호로 <u>개정되어</u> 이 사건 범행 이후인 2020. 12. 10. 개정 도로교통법이 시행되면서 제2조 제19호의2 및 제21호의2에서 <u>이 사건 전동킥보드와 같은 "개인형 이동장치"</u>와 이를 포함하는 "자전거 등"에 관한 정의규정을 신설하였다. 이에 따라 <u>개인형 이동장치는 개정 도로교통법</u> 제2조 제21호의 "자동차 등"이 아닌 같은 조 제21호의2의 <u>"자전거 등"에 해당하게 되었다.</u>

[2] 그러나 개정 도로교통법 제2조 제19호의2는 "개인형 이동장치"란 제19호 나목의 원동기장치자전거 중 시속 25킬로미터 이상으로 운행할 경우 전동기가 작동하지 아니하고 차체 중량이 30킬

로그램 미만인 것으로서 행정안전부령으로 정하는 것을 말한다고 규정함으로써 그 문언상 원동기장치자전거 내에 개인형 이동장치가 포함되어 있음을 알 수 있다. 이러한 점을 고려하면 <u>전동킥보드와 같은 개인형 이동장치는</u> 원동기장치자전거와는 다른 별개의 개념이 아니라 <u>원동기장치자전거에 포함되고,</u> 다만, <u>개정 도로교통법</u>은 통행방법 등에 관하여 개인형 이동장치를 자전거에 준하여 규율하면서 <u>입법기술상의 편의를 위해 이를 "자전거 등"으로 분류하였다고 보는 것이 타당하다.</u>

[3] 따라서 <u>구 특정범죄가중처벌등에관한법률 제5조의11 제1항 위반(위험운전치상죄)에서의 '원동기장치자전거'에는 전동킥보드와</u> 같은 개인형 이동장치도 포함된다고 판단되고, 비록 <u>개정 도로교통법</u>이 전동킥보드와 같은 개인형 이동장치에 관한 규정을 신설하면서 이를 "자동차 등"이 아닌 "자전거 등"으로 분류하였다고 하여 이를 <u>형법 제1조 제2항의 '범죄 후 법률이 변경되어 그 행위가 범죄를 구성하지 아니하게 된 경우'</u>라고 볼 수는 없다(대법원2023. 6. 29.선고2022도13430판결). 결국, <u>피고인이 운전한 '전동킥보드'가</u> 개인형 이동장치로서 <u>"원동기장치자전거"에 해당하므로 '전동킥보드의 운전자'는</u> 여전히 특정범죄가중법위반(위험운전치상)죄의 <u>주체에 해당하므로</u> 피고인에게 <u>면소판결을 할 것이 아니라 유죄판결을 선고하여야</u> 한다.

④ (○) [1] 「아동·청소년의 성보호에 관한 법률」(2020. 6. 2. 법률 제17338호로 개정되어 같은 날 시행된 것, 이하 '청소년성보호법'이라고 한다) 제11조 제5항에서 정한 소지란 아동·청소년성착취물을 자기가 지배할 수 있는 상태에 두고 지배관계를 <u>지속시키는 행위를 말하므로,</u> <u>청소년성보호법위반(성착취물소지)죄는</u> 아동·청소년성착취물임을 알면서 <u>소지를 개시한 때부터 지배관계가 종료한 때까지</u> 하나의 죄로 평가되는 이른바 <u>계속범이다.</u> 원칙적으로 <u>계속범에 대해서는 실행행위가 종료되는 시점의 법률이 적용된다.</u>

[2] 피고인이 <u>2019. 5.경부터 2020. 8. 11.경까지</u> 아동·청소년성착취물을 <u>소지하였는데,</u> 소지 행위가 계속되던 중인 <u>2020. 6. 2. 「아동·청소년의 성보호에 관한 법률」(이하' 청소년성보호법')이 개정되어</u> 법정형이 1년 이하의 징역형 또는 2,000만 원 이하의 벌금형에서 <u>1년 이상의 징역형으로 상향되었고,</u> 피고인의 위 행위에 관하여 위와 같이 <u>개정된 청소년성보호법위반(성착취물소지) 공소사실로 기소된 경우, 청소년성보호법위반(성착취물소지)죄는 계속범이므로</u> 실행행위가 <u>종료되는 시점에 시행되던 법률을 적용하여야 한</u>다(대판2023.3.16. 2022도15319). 결국,「아동·청소년의 성보호에 관한 법률」 위반(성착취물소지)죄는 계속범에 해당하므로 <u>개정 신법이 적용되므로 법정형이 1년 이상의 징역형으로 상향된 중한 형이 적용된다.</u>

문제 03 - 정답 ④

▶ ④ (X) [1] 화물자동차운송사업면허를 가진 운송사업자와 실질적으로 자동차를 소유하고 있는 차주간의 계약으로 <u>외부적으로는 자동차를</u> 운송사업자 명의로 등록하여 <u>운송사업자에게 귀속시키고 내부적으로는 각 차주들이 독립된 관리 및 계산으로 영업을 하며</u> 운송사업자에 대하여는 지입료를 지불하는 지입제 형식의 운송사업에 있어, 그 지입차주가 세무관서에 독립된 사업자등록을 하고 지입된 차량을 직접 운행·관리하면서 그 명의로 운송계약을 체결하였다고 하더라도, <u>지입차주는</u> 객관적으로나 외형상으로나 <u>그 차량의 소유자인 지입회사와의 위탁계약에 의하여 그 위임을 받아 운행·관리를 대행하는 지위에 있는 자로서,</u> 구 도로법(2008. 3. 21. 법률 제8976호로 전부 개정되기 전의 것) 제86조에서 정한

'대리인·사용인 기타의 종업원'에 해당한다. 한편, 그 사업장의 근로자와의 관계에 있어서도 지입차량의 소유자이자 대외적인 경영주체에 해당하는 **지입회사가 직접 근로관계에 대한 책임을 지는 사용자라고 보아야** 하므로, **비록 지입회사가 지입차량의 운전자를 직접 고용하여 지휘·감독을 한 바 없다** 하더라도, **객관적으로 지입차량의 운전자를 지휘·감독할 관계에 있는 사용자로서 그 지휘·감독의 소홀에 따른 책임을 진다.**
[2] **지입차주가 고용한 운전자가 과적운행으로 구 도로법을 위반한 경우, 지입차주는** 구 도로법(2008. 3. 21. 법률 제8976호로 전부 개정되기 전의 것) 제86조에 정한 '대리인·사용인 기타의 **종업원**'의 지위에 있을 뿐이고 **지입차량의 소유자이자 대외적인 경영주체는 지입회사이므로, 지입회사가 구 도로법상 사용자로서의 형사책임을 부담한다**(대법원2009. 9. 24.선고2009도5302판결).
①② (○) [1] 정보통신망 이용촉진 및 정보보호 등에 관한 법률(정보통신망법) 제75조(음란물유포) 및 영화 및 비디오물의 진흥에 관한 법률(영화비디오법) 제97조는 법인의 대표자 등이 그 법인의 업무에 관하여 각 법규위반행위를 하면 그 행위자를 벌하는 외에 그 법인에도 해당 조문의 벌금을 과하는 양벌규정을 두고 있다.
[2] 위와 같이 양벌규정을 따로 둔 취지는, 법인은 기관을 통하여 행위하므로 법인의 대표자의 행위로 인한 법률효과와 이익은 법인에 귀속되어야 하고, **법인 대표자의 범죄행위에 대하여는 법인 자신이 책임을 져야** 하는바, **법인 대표자의 법규위반행위에 대한 법인의 책임**은 법인 자신의 법규위반행위로 평가될 수 있는 행위에 대한 **법인의 직접책임이기 때문이다.** 따라서 대표자의 고의에 의한 위반행위에 대하여는 법인 자신의 고의에 의한 책임을, 대표자의 과실에 의한 위반행위에 대하여는 법인 자신의 과실에 의한 책임을 져야 한다.
[3] 이처럼 **양벌규정 중 법인의 대표자 관련 부분은 대표자의 책임을 요건으로** 하여 **법인을 처벌하는 것이지 그 대표자의 처벌까지 전제조건이 되는 것은 아니다**(1심 법원이 법인의 대표자 갑과 A 회사에 대하여 모두 면소와 무죄가 선고되자, 검사가 A회사에 대해서만 항소한 사건임).
[4] 피고인 A 회사는 정보통신망인 인터넷 웹하드 사이트 온디스크, 케이디스크 운영하는 회사이고, 피고인 갑은 A 회사의 대표이사이다. **갑은** 2년여 동안 위 온디스크 사이트에서 회사의 수익을 증대시킬 목적으로 위 시스템을 운영하면서, 그 사이트를 통해 남·녀간의 성기가 적나라하게 노출되고, 노골적인 성행위가 이루어지는 방대한 양의 **음란 동영상이 배포되는 사실을 알면서도 음란 동영상이 배포되지 못하도록 충분한 인력을 고용하여 방지 작업을 하는 등 적절한 조치를 취하지 아니하여, 위 사이트회원인 乙 등이 음란동영상 29건을 게시하여 불특정 다수의 회원들로 하여금 다운로드받을 수 있게 함으로써 배포한다는 사정을 알면서도 이를 용이하게 하여 방조하였다**(대법원2022. 11. 17.선고2021도701판결). 결국, **피고인 A 회사에 대하여만 정보통신망법 위반(음란물유포) 방조 등**이 인정되어 벌금 1,000만 원과 15억 6,663만 원을 추징을 선고하였다. 갑에 대해서는 검사가 항소하지 않았으므로 그대로 1심판결(면소와 무죄)이 확정되었다.
③ (○) [1] 구 의료법(2019. 8. 27. 법률 제16555호로 개정되기 전의 것) 제22조 제3항은 "의료인은 진료기록부 등을 거짓으로 작성하거나 고의로 사실과 다르게 추가 기재·수정하여서는 아니 된다."라고 규정하고 있고,같은 법 제88조 제1호는 '제22조 제3항을

위반한 자를 3년 이하의 징역이나 3천만 원 이하의 벌금에 **처한다.'고 규정하고 있다.**
[2] 또한 **같은 법 제91조**는 "법인의 대표자나 법인 또는 개인의 대리인, 사용인, 그 밖의 종업원이 그 법인 또는 개인의 업무에 관하여 제87조, 제88조, 제88조의2, 제89조 또는 제90조의 위반행위를 하면 **그 행위자를 벌하는 외에 그 법인 또는 개인에게도 해당 조문의 벌금형을 과한다.** 다만 법인 또는 개인이 그 위반행위를 방지하기 위하여 해당 업무에 관하여 상당한 주의와 감독을 게을리하지 아니한 경우에는 그러하지 아니하다."라고 규정하고 있다.
[3] 이러한 **양벌규정에 따라 사용자인 법인 또는 개인을 처벌하는 것은** 형벌의 자기책임 원칙에 비추어 위반행위가 발생한 그 업무와 관련하여 **사용자인 법인 또는 개인이 상당한 주의 또는 감독 의무를 게을리한 과실이 있기 때문이다.** 이때 **사용자인 법인 또는 개인이 상당한 주의 또는 감독 의무를 게을리하였는지는 해당 A 위반행위와 관련된 모든 사정**, 즉 법률의 입법 취지, 처벌조항 위반으로 예상되는 법익 침해의 정도, 그 위반행위에 관하여 양벌조항을 마련한 취지 등은 물론 위반행위의 구체적인 모습과 그로 인하여 실제 야기된 피해 또는 결과의 정도, 법인 또는 개인의 영업 규모, 행위자에 대한 감독가능성 또는 구체적인 지휘감독 관계, 법인 또는 개인이 위반행위 방지를 위하여 실제 행한 조치 등을 **전체적으로 종합하여 판단해야 한다**(대법원2023. 12. 14.선고2023도8341판결).

문제 04 - 정답 ④

▶ ④ (○) 범죄구성요건의 주관적 요소로서 미필적 고의라 함은 범죄사실의 발생 가능성을 불확실한 것으로 표상하면서 이를 용인하고 있는 경우를 말하고, 미필적 고의가 있었다고 하려면 범죄사실의 발생 가능성에 대한 인식이 있음은 물론 나아가 범죄사실이 발생할 위험을 용인하는 내심의 의사가 있어야 하며, **그 행위자가 범죄사실이 발생할 가능성을 용인하고 있었는지의 여부**는 행위자의 진술에 의존하지 아니하고 외부에 나타난 행위의 형태와 행위의 상황 등 구체적인 사정을 기초로 하여 일반인이라면 당해 범죄사실이 발생할 가능성을 어떻게 평가할 것인가를 고려하면서 **행위자의 입장에서** 그 심리상태를 **추인하여야** 하고, 이와 같은 경우에도 공소가 제기된 범죄사실의 주관적 요소인 미필적 고의의 존재에 대한 입증책임은 검사에게 있는 것이며, 한편, 유죄의 인정은 법관으로 하여금 합리적인 의심을 할 여지가 없을 정도로 공소사실이 진실한 것이라는 확신을 가지게 하는 증명력을 가진 증거에 의하여야 하므로, 그와 같은 증거가 없다면 설령 피고인에게 유죄의 의심이 간다고 하더라도 피고인의 이익으로 판단할 수밖에 없다(대판2004.5.14. 2004도74).
① (X) 구성요건적 고의의 인식·인용의 대상은 **모든 객관적 구성요건요소**이다. **친족상도례에서 '친족관계'는** 인적처벌조각사유(처벌조건일뿐임)로서 객관적으로만 존재하면 되는 것이고, **객관적 구성요건요소가 아니므로 고의의 인식대상이 아니다.** 그러나 특수폭행죄에있어서 '위험한 물건을 휴대한다는 사실'은 행위의 태양으로서 객관적 구성요건요소로서 고의의 인식대상이다.
② (X) **국헌문란의 목적은** 범죄 성립을 위하여 **고의 외에 요구되는 초과주관적 위법요소로서** 엄격한 증명사항에 속하나, **확정적 인식임을 요하지 아니하며, 다만 미필적 인식이 있으면 족하다**(대법원2015. 1. 22.선고2014도10978전원합의체 판결).
③ (X) 형법상 방조행위는 정범이 범행을 한다는 정을 알면서 그

실행행위를 용이하게 하는 직접·간접의 행위를 말하므로, **방조범은 정범의 실행을 방조한다는 이른바 방조의 고의와** 정범의 행위가 구성요건에 해당하는 행위인 점에 대한 **정범의 고의가 있어야** 하나, **방조범에서 요구되는 정범의 고의는** 정범에 의하여 실현되는 범죄의 구체적 내용을 인식할 것을 요하는 것은 아니고 **미필적 인식이나 예견으로 족하다**(대판 2018.9.13. 2018도7658, 2018전도54, 55, 2018보도6, 2018모2593).

문제 05 - 정답 ③

▶ ③ ㉠㉡㉣(3개)은 옳은 지문이나, ㉢㉤(2개)은 틀린 지문이다.

㉠ (○) [1] 자본시장과 금융투자업에 관한 법률(이하 '자본시장법'이라 한다) 제147조 제4항은 "제1항에 따라 보고한 자는 그 보유 목적이나 그 보유 주식 등에 관한 주요계약내용 등 대통령령으로 정하는 중요한 사항의 변경이 있는 경우에는 5일 이내에 금융위원회와 거래소에 보고하여야 한다."라고 규정하고 있고, **자본시장법 제445조 제20호는** 제147조 제4항을 위반하여 **주식 등 변경 보고를 하지 아니한 자를 처벌한다고 규정하고 있다.**

[2] 그 규정 형식과 취지에 비추어 보면 **주권상장법인의 주식 등 변경 보고의무 위반으로 인한 자본시장법 위반죄는** 구성요건이 부작위에 의해서만 실현될 수 있는 **진정부작위범(부진정 부작위범 X)에** 해당한다(대법원2022. 1. 13.선고2021도11110판결).

㉡ (○) 진정부작위범인 주식 등 대량보유·변동 보고의무 위반으로 인한 **자본시장법 위반죄의 공동정범은 그 의무가 수인에게 공통으로 부여되어 있는데도 수인이 공모하여 전원이 그 의무를 이행하지 않았을 때 성립할 수 있다**(대법원2022. 1. 13.선고2021도11110판결).

㉢ (X) **진정부작위범인** 주식 등 변경 보고의무 위반으로 인한 자본시장법 위반죄의 **공동정범은** ㉠ **그 의무가 수인에게 공통으로 부여되어 있는데도** ㉡ **수인이 공모하여 전원이 그 의무를 이행하지 않았을 때 성립할 수 있다**(대법원2022. 1. 13.선고2021도11110판결). 위 사안에서 _丙주식회사는_ 보고해야 할 공통의무는 있지만 **甲·乙주식회사와 공모한 사실이 없으므로** 주식 등 변경 보고의무 위반죄의 공동정범이 성립하지 않는다.

㉣ (○) [1] **구 정신보건법** 제24조 제1항은 "**정신의료기관 등의 장은 입원 등을 할 때 당해 보호의무자로부터** 보건복지부령으로 정하는 **입원 등의 동의서 및 보호의무자임을 확인할 수 있는 서류를 받아야 한다."**라고 정하고, 제57조 제2호는 제24조 제1항을 위반하여 입원동의서 또는 보호의무자임을 확인할 수 있는 **서류를 받지 아니한 자를 처벌한다고** 정하고 있다.

[2] 그 규정 형식과 취지에 비추어 보면, **보호의무자 확인 서류 등 수수 의무 위반으로 인한 구 정신보건법 위반죄는** 구성요건이 부작위에 의해서만 실현될 수 있는 **진정부작위범에 해당한다(부진정 X).**

㉤ (X) [1] 진정부작위범인 위 수수 의무 위반으로 인한 **구 정신보건법 위반죄의 공동정범은 그 의무가 수인에게 공통으로 부여되어 있는데도 수인이 공모하여 전원이 그 의무를 이행하지 않았을 때 성립할 수 있다.**

[2] 그리고 위 규정에 따르면 **보호의무자 확인 서류 등의 수수 의무는 '정신의료기관 등의 장'에게만 부여되어 있고,** 정신의료기관 등의 장이 아니라 **그곳에 근무하고 있을 뿐인 정신건강의학과 전문의는** 위 규정에서 정하는 **보호의무자 확인 서류 등의 수수 의무를 부담하지 않는다고** 보아야 한다.

[3] 따라서 이 사건 병원에 근무하는 **정신건강의학과 전문의인 피고인들은** 보호의무자 확인 서류 등 수수 의무의 귀속주체가 아니므로 **피고인들에게 보호의무자 확인 서류 등의 수수 의무가 공통으로 부여되어 있다고 할 수 없으므로,** 피고인들은 보호의무자 확인 서류 등의 수수 의무 위반으로 인한 **구 정신보건법 위반죄의 공동정범이 될 수 없다**(대법원2021. 5. 7.선고2018도12973판결).

문제 06 - 정답 ②

▶ ② (○) [1] 아내 갑은 남편 A에 대한 상해의 고의로 컵을 던졌으나, 컵에 맞아 상해를 입은 사람은 강도하기 위해 집에 들어온 강도범 B였다. 사안의 경우는 **상해를 가한 갑에게 객관적 상황(B는 칼을 든 강도범으로서 현재의 부당한 침해)은 존재하나 주관적 정당화요소가 흠결된 경우(강도범이라는 사실을 인식하지 못한 경우)로 그 취급문제가 중요하다(우연방위의 문제).**

[2] 해결이론

> ㉠ **주관적 정당화요소 필요없다는** 견해(주관적 정당화요소 불요설 : 무죄설)
> **객관적 상황만 있으면** 정당방위로서 위법성조각사유에 해당되어 **위법성이 조각된다(무죄).** 이 견해에 의하면 위 사례에서 **갑은 위법성이 조각되므로, 무죄이다.**
> ㉡ **순수한 결과반가치론(무죄설)**
> 주관적 정당화요소의 필요성을 부인하고, **객관적 정당화 상황만 있으면** 결과반가치가 탈락하여 주관적 정당화요소가 결여된 경우에도 갑은 **위법성이 조각되므로, 무죄이다.**
> ㉢ **주관적 정당화요소 필요하다는** 견해(주관적 정당화요소 필요설 : 위법성이 조각되지 않는다는 견해)는 **위법성이 조각되지 아니하고,** 이 경우에 행위자를 어떻게 취급할 것인가에 대해 **견해가 대립**한다.
> ⓐ **기수범설(순수한 행위반가치론**: 일원적 인적불법론)
> 구성요건적 결과가 발생한 이상 결과반가치가 인정되고, 주관적정당화요소가 없는 때에는 고의에 의한 기수범이 된다는 견해이다. 이 견해에 의하면 위 사례에서 **갑에게는 상해죄의 기수를 인정한다.**
> ⓑ **불능미수범설**(이원적 인적 불법론)
> 객관적 정당화 상황은 존재하므로 **결과반가치는 배제되지만(없지만),** 주관적 정당화요소가 결여된 경우에 **행위반가치(고의)는 여전히 존재하므로(있으므로)** 그 구조가 불능미수와 유사하여 **불능미수의 규정을 유추적용하자는** 견해이다(다수설). 위 사례에서 **갑에게 상해죄의 불능미수를 인정한다.**

① (X) 위 사례는 **구체적 사실의 착오 중 객체의 착오에 해당하는** 사례(갑은 야간에 A에 대한 상해의 고의로 컵을 집어 던졌으나, 오인하여 B에게 상해를 가한 경우)로 **구체적 부합설·법정적 부합설·추상적 부합설** 어느 견해에 따르더라도 **갑은 발생사실에 대하여 고의가 인정되어 B에 대한 상해죄가 성립**한다(우연방위의 문제가 아니라 **사실의 착오를 전제로 함**).

③ (X) 주관적 정당화요소 **필요없다는** 견해(주관적 정당화요소 불요설 : 무죄설)는 **객관적 상황만 있으면** 정당방위로서 위법성조각사유에 해당되어 **위법성이 조각된다(무죄).** 이 견해에 의하면 위 사례에서 _갑의 행위는_ 위법성이 조각되므로, 무죄이다.

④ (X) 위 사례에서 **오상방위(위법성조각사유의 전제사실에 대한 착오)의 문제는 논의될 여지가 전혀 없다.** 만약, _甲이_ 야간에 자신의 집으로 들어오는 **남편 A를 강도 B로 오인하고** 방위의사로 A에게 **상해를 가한 경우라면 오상방위(위전착)의 문제가** 된다.

▶ ① ㉠㉡㉢㉣㉤(5개)은 모두 맞는 지문이다.

㉠ (○) [1] 자동차의 운전자가 통상 예견되는 상황에 대비하여 결과를 회피할 수 있는 정도의 주의의무를 다하지 못한 것이 교통사고 발생의 직접적인 원인이 되었다면, 비록 자동차가 보행자를 직접 충격한 것이 아니고 보행자가 자동차의 급정거에 놀라 도로에 넘어져 상해를 입은 경우라고 할지라도, 업무상 주의의무 위반과 교통사고 발생 사이에 상당인과관계를 인정할 수 있다.

[2] 자동차 운전자는 신호등이 없는 횡단보도가 설치되어 있었으므로, 자동차의 운전업무에 종사하는 사람은 보행자가 있을 경우를 대비하여 서행함으로써 사고를 미리 방지하여야 할 업무상의 주의의무가 있었다. 피고인은 이를 게을리한 채 그대로 진행하다가 횡단보도 근처를 피고인 진행방향 왼쪽에서 오른쪽으로 횡단하는 피해자 공소외인(만 9세, 여, 초등학교 4학년)을 뒤늦게 발견하고 제동을 하였으나 미처 멈추지 못하고 피고인 차량 앞 범퍼 부분으로 피해자의 오른쪽 무릎 부위를 충격하여 피해자에게 약 2주간의 치료를 요하는 우측 족근관절염좌 등의 상해를 입게 하였음에도 피해자를 구호하는 등의 조치를 취하지 않고 그대로 도주하였다. 피고인의 트럭 앞 범퍼 부위로 피해자의 우측 무릎 부위를 직접 충격하여 피해자를 도로에 넘어지게 하였다고 볼 여지가 충분하다.

[3] 설령, 피고인의 트럭이 피해자를 직접 충격한 것이 아니었다고 할지라도, 피해자가 도로에 넘어진 직접적인 원인은 횡단보도를 통과하면서 감속하지 않은 피고인의 차량이 급정거한 때문으로 봄이 합리적이다. 피고인의 트럭이 피해자를 직접 충격하지 않았더라도 피고인이 횡단보도 부근에서 안전하게 서행하였더라면 사고 발생을 충분히 피할 수 있었을 것이므로, 피고인의 업무상 주의의무 위반과 사고 발생 사이의 상당인과관계를 인정할 수 있다(대법원 2022. 6. 16.선고2022도1401판결). 결국, 피고인은 특정범죄가중처벌등에관한법률위반(도주치상)에 해당한다..

㉡ (○) [1] 골프와 같은 개인 운동경기에서, 경기에 참가하는 자는 자신의 행동으로 인해 다른 사람이 다칠 수도 있으므로 경기규칙을 준수하고 주위를 살펴 상해의 결과가 발생하는 것을 미연에 방지해야 할 주의의무가 있고, 경기보조원은 그 업무의 내용상 기본적으로는 골프채의 운반·이동·취급 및 경기에 관한 조언 등으로 골프경기 참가자를 돕는 역할을 수행하면서 아울러 경기 진행 도중 위와 같이 경기 참가자의 행동으로 다른 사람에게 상해의 결과가 발생할 위험성을 고려해 예상할 수 있는 사고의 위험을 미연에 방지하기 위한 조치를 취함으로써 경기 참가자들의 안전을 배려하고 그 생명·신체의 위험을 방지할 업무상 주의의무를 부담한다.

[2] 경기보조원(캐디)인 피고인 갑으로서는 골프경기 중 공에 맞는 사고가 발생할 위험이 높으므로 타구 진행방향에 다른 사람이 있는지 확인하고 그 사람으로 하여금 안전한 위치로 이동하도록 요구하는 등의 조치를 취하여야 하고, 더욱이 을의 전방에 피해자 병이 위치한다는 사실을 갑 스스로 잘 알고 있는 상황에서 병으로 하여금 을의 타구 진행방향에서 벗어나 안전한 곳에 있도록 하거나 을에게는 피해자가 안전한 위치로 갈 때까지 두 번째 샷을 하지 말도록 주의를 줄 의무가 있었다.

[3] 그럼에도 갑은 위와 같이 전기자동차에 태운 병을 을의 앞쪽에서 하차하도록 정차시켰을 뿐만 아니라, 을의 공을 찾아준 후에는 병이나 을에게 예상할 수 있는 사고의 위험성에 관한 주의를 촉구하는 등 안전한 경기운영을 위한 아무런 조치도 취하지 않은 것이므로, 갑은 경기보조원으로서의 주의의무를 다하지 않은 업무

상과실을 인정할 수 있다(대법원 2022. 12. 1.선고2022도11950판결). 결국, 을이 그 자리에서 공을 쳐 전방에 있던 피해자 병이 그 공에 맞아 상해를 입었는바, 갑에게 업무상 과실이 있으므로 업무상과실치상죄가 성립한다.

㉢ (○) 도로교통법 제10조 제4항은 '보행자는 횡단보도 표시구역이 아닌 곳에서 차의 바로 앞이나 뒤로 횡단하여서는 아니 된다.'는 취지로 규정하고 있으므로, 모든 차의 운전자는 횡단보도 표시구역을 통과하면서 보행자가 횡단보도 노면표시가 없는 곳에서 갑자기 건너오지 않을 것이라고 신뢰하는 것이 당연하고 그렇지 아니할 이례적인 사태의 발생까지 예상하여 그에 대한 주의의무를 다하여야 한다고는 할 수 없다. 다만 이러한 신뢰의 원칙은 상대방 교통관여자가 도로교통 관련 제반 법규를 지켜 자동차의 운행 또는 보행에 임하리라고 신뢰할 수 없는 특별한 사정이 있는 경우에는 적용이 배제된다(대법원 2022. 6. 16.선고2022도1401판결).

㉣㉤ (○) [1] 가. 의료사고가 발생한 경우에 의사의 과실을 인정하기 위해서는 의사가 결과 발생을 예견할 수 있었음에도 불구하고 그 결과 발생을 예견하지 못하였고, 그 결과 발생을 회피할 수 있었음에도 불구하고 그 결과 발생을 회피하지 못한 과실이 검토되어야 한다.

나. 의사의 이와 같은 주의의무의 내용과 정도 및 과실의 유무는 의료행위를 할 당시 의료기관 등 임상의학 분야에서 실천되고 있는 의료행위의 수준을 기준으로 삼되 그 의료수준은 같은 업무와 직무에 종사하는 통상의 의사에게 의료행위 당시 일반적으로 알려져 있고 또 시인되고 있는 의학의 수준, 진료환경과 조건, 의료행위의 특수성 등을 고려하여 규범적인 수준으로 파악되어야 한다.

[2] 어떠한 의료행위가 의사들 사이의 분업적인 진료행위를 통하여 이루어지는 경우에도 그 의료행위 관련 임상의학 분야의 현실과 수준을 포함하여 구체적인 진료환경 및 조건, 해당 의료행위의 특수성 등을 고려한 규범적인 기준에 따라 해당 의료행위에 필요한 주의의무의 준수 내지 위반이 있었는지 여부가 판단되어야 함은 마찬가지이다. 따라서 의사가 환자에 대하여 주된 의사의 지위에서 진료하는 경우라도, 자신은 환자의 수술이나 시술에 전념하고 마취과 의사로 하여금 마취와 환자 감시 등을 담당토록 하거나, 특정 의료영역에 관한 진료 도중 환자에게 나타난 문제점이 자신의 맡은 의료영역 내지 전공과목에 관한 것이 아니라 그에 선행하거나 병행하여 이루어진 다른 의사의 의료영역 내지 전공과목에 속하는 등의 사유로 다른 의사에게 그 관련된 협의진료를 의뢰한 경우처럼 서로 대등한 지위에서 각자의 의료영역을 나누어 환자 진료의 일부를 분담하였다면, 진료를 분담받은 다른 의사의 전적인 과실로 환자에게 발생한 결과에 대하여는 주된 의사에게 과실책임을 인정할 수 없다.

[3] 수련병원의 전문의와 전공의 등의 관계처럼 의료기관 내의 직책상 주된 의사의 지위에서 지휘·감독 관계에 있는 다른 의사에게 특정 의료행위를 위임하는 수직적 분업의 경우에는, 그 다른 의사에게 전적으로 위임된 것이 아닌 이상 주된 의사(전문의)는 자신이 주로 담당하는 환자에 대하여 다른 의사(전공의)가 하는 의료행위의 내용이 적절한 것인지 여부를 확인하고 감독하여야 할 업무상 주의의무가 있고, 만약 의사가 이와 같은 업무상 주의의무를 소홀히 하여 환자에게 위해가 발생하였다면 주된 의사는 그에 대한 과실 책임을 면할 수 없다.

[4] 갑은 강남 세브란스병원 소화기내과 위장관 파트의 임상조교수로서, 소속 전공의 乙을 지휘·감독하는 의사이고, 을은 위 병원

내과 2년차 전공의로서 소화기내과 위장관 파트에서 근무하면서 갑의 지휘·감독하에 환자를 진료하던 의사이다. 이 사건 장정결제 (쿨프렙) 투여 과정에서 을은 "검사 전날 저녁 쿨프렙 1ℓ, 검사 당일 아침 쿨프렙 1ℓ를 각 투여하도록 총 2ℓ를 처방하였어야 하나 **착오로 총 4ℓ 투여 처방이 내려졌다(과다처방)."하여 환자를 쿨프렙 투여로 인한 부작용인 장천공 등에 따른 다발성 장기 부전으로 사망에 이르게 한 경우, 갑이 乙을 지휘·감독하는 지위에 있다는 사정만으로** 직접 수행하지 않은 장정결제 처방과 장정결로 발생할 수 있는 위험성에 관한 설명에 대하여 책임이 있다고 단정할 수 없다(대법원2022. 12. 1.선고2022도1499판결). 결국, **서로 대등한 지위에서 각자의 의료행위를 분담한 경우, 진료를 분담받은 다른 의사의 전적인 과실로 환자에게 발생한 결과에 대하여는 주된 의사에게 과실책임을 인정할 수 없다.** 따라서 **신뢰의 원칙에 따라 주된 의사의 업무상과실이 없다.**

문제 08 – 정답 ③

▶ ③ ㉡㉢㉣(3개)은 옳은 지문이나, ㉠㉤(2개)은 틀린 지문이다.

㉠ (X) [1] 형법 제21조 제1항은 "현재의 부당한 침해로부터 자기 또는 타인의 법익을 방위하기 위하여 한 행위는 상당한 이유가 있는 경우에는 벌하지 아니한다."라고 규정하여 정당방위를 위법성 조각사유로 인정하고 있다. 이때 **'침해의 현재성'**이란 **침해행위가 형식적으로 기수에 이르렀는지에 따라 결정되는 것이 아니라** 자기 또는 타인의 법익에 대한 **침해상황이 종료되기 전까지를 의미하는 것**이므로, 일련의 연속되는 행위로 인해 침해상황이 중단되지 아니하거나 일시 중단되더라도 **추가 침해가 곧바로 발생할 객관적인 사유가 있는 경우에는 그중 일부 행위가 범죄의 기수에 이르렀더라도 전체적으로 침해상황이 종료되지 않은 것으로 볼 수 있다**(대법원2023. 4. 27. 선고 2020도6874 판결). 결국, 일련의 연속되는 행위로 인해 **침해상황이 중단되지 아니하거나 일시 중단되더라도 추가 침해가** 곧바로 **발생할 객관적인 사유가 있는 경우에는 침해의 현재성이 인정된다**고 할 것이다.

[2] 포장부에서 근속한 피고인을 비롯한 다수의 근로자들을 영업부로 전환배치하는 회사의 조치에 따라 노사갈등이 격화되어 있던 중 사용자가 사무실에 출근하여 항의하는 근로자 중 1명의 어깨를 손으로 미는 과정에서 뒤엉켜 넘어져 근로자를 깔고 앉게 되었는데, 피고인이 근로자를 깔고 있는 사용자의 어깨 쪽 옷을 잡고 사용자가 일으켜 세워진 이후에도 그 옷을 잡고 흔들어 폭행으로 기소된 사안에서, **원심은 피고인이 어깨를 흔들 당시 사용자의 가해행위가 종료된 상태였고** 피고인의 행위가 소극적인 저항행위를 넘어서는 적극적인 공격행위라는 이유로 **유죄로 판단하였으나, 피고인의 행위가 정당방위에 해당하지 않는다고 본 원심의 판단에는** 정당방위의 현재성, 상당성, 공격방위의 가능성 등에 관한 법리를 오해하여 필요한 심리를 다하지 않음으로써 판결에 영향을 미친 **잘못이 있다**(대법원2023. 4. 27. 선고 2020도6874 판결). 결국, **피고인에게 정당방위가 성립할 수 있다.**

㉡㉢㉣ (○) [1] 어떠한 행위가 정당방위로 인정되려면 그 행위가 자기 또는 타인의 법익에 대한 현재의 부당한 침해를 방어하기 위한 것으로서 상당성이 있어야 하므로, **위법하지 않은 정당한 침해에 대한 정당방위는 인정되지 않는다.** 이때 방위행위가 사회적으로 **상당한 것인지는** 침해행위로 침해되는 법익의 종류와 정도, 침해의 방법, 침해행위의 완급, 방위행위로 침해될 법익의 종류와 정도 등 **일체의 구체적 사정을 참작하여 판단하여야** 한다.

[2] 가해자의 행위가 피해자의 부당한 공격을 방위하기 위한 것이라

기보다는 **서로 공격할 의사로 싸우다가 먼저 공격을 받고 이에 대항하여 가해를 한 경우** 가해행위는 방어행위인 동시에 공격행위의 성격을 가지므로 **정당방위 또는 과잉방위행위라고 볼 수 없다.**

[3] 이 사건 상해 행위가 있기 직전 피고인은 피해자의 모자챙을 쳐 모자를 벗기거나 뒷목을 잡아당기거나 멱살을 잡아 벽에 밀치는 등 상당 시간 동안 다툼을 벌이며 피해자를 폭행하였다. 위와 같이 다툼이 있은 후 피해자는 자리를 피하려는 피고인 일행을 따라가 '도망가지 말라.'는 말을 하며 계단에서 여러 차례 피고인을 붙잡았고, 실랑이 과정에서 피고인이 피해자를 거세게 뿌리치는 바람에 피해자가 넘어졌다. 피해자가 피고인을 붙잡으면서 밑으로 끌어내리기 위해 무게 중심을 잡고 있었던 것으로 보이는데, **당시 피고인으로서는 자신이 피해자의 손을 힘껏 뿌리칠 경우 피해자가 뒤로 넘어질 수도 있다는 것을 충분히 인식할 수 있었다.** 피고인이 **미필적으로나마 상해의 고의를 가지고 피해자를 뿌리쳐 상해를 입혔고, 그러한 행위는 피해자의 부당한 공격을 방위하기 위한 것이라기보다는 싸움 과정에서 일어난 공격행위로서 정당방위나 과잉방위에 해당하지 않는다**(대법원2021. 5. 7.선고2020도15812판결). 결국, 상해죄가 성립한다.

㉤ (X) **정당방위의 성립 요건으로서의 방어행위에는 순수한 수비적 방어뿐 아니라 적극적 반격을 포함하는 반격방어의 형태도 포함된다.** 다만 정당방위로 인정되기 위해서는 자기 또는 타인의 법익침해를 방어하기 위한 행위로서 **상당한 이유가 있어야** 한다. 방위행위가 상당한 것인지는 침해행위에 의해 침해되는 법익의 종류와 정도, 침해의 방법, 침해행위의 완급, 방위행위에 의해 침해될 법익의 종류와 정도 등 일체의 구체적 사정들을 참작하여 판단하여야 한다(대법원2023. 4. 27. 선고 2020도6874 판결).

문제 09 – 정답 ②

▶ ② (X) [1] **갑이 A를 살해하고자 대마초를 피운 후 심신미약 상태에서 A를 칼로 찌른 행위는 고의에 의한 원인에 있어서 자유로운 행위에 해당**하여 갑은 **A에 대한 살인미수죄가 성립**한다(형법 제10조 제3항에 해당하여 제10조 제1항과 제2항이 적용되지 않고 그대로 처벌된다).

[2] **그러나 갑이 A의 가방을 가지고 간 행위는 원인설정행위시에 애초부터 가방 절취에 대한 고의나 과실이 없었기** 때문에 원인에 있어서 자유로운 행위에 **해당하지 아니하므로,** 심신미약상태 하에서 가방을 절취한 것이므로 **제10조 제2항에 따라 임의적 감경사유에 해당한다.**

[3] 심신장애로 인하여 사물을 변별할 능력 또는 의사를 결정할 능력이 **미약한 자의 행위는 형을 감경할 수 있다(임의적 감경사유; 형법 제10조 제2항).**

① (○) [1] 착수미수와 실행미수는 **실행행위를 종료하였는가에 따라** 구별된다. **착수미수는** 범죄실행에 **착수하였으나 실행행위** 자체를 **종료하지 못한 경우**이다(예컨대 ㉠ 갑이 乙을 칼로 살해하려고 접근하였으나(실행을 착수하였으나), 갑은 칼로 찌르지 못했다(실행을 종료하지 못했다). ㉡ 갑이 乙을 총으로 살해하려고 조준하였으나(실행을 착수하였으나), 갑은 발사하지 않았다(실행을 종료하지 못했다)). 그러나 **실행미수는 실행행위를 종료하였으나 결과가 발생하지 아니한 경우**를 말한다(예컨대 ㉠ 갑이 乙을 칼로 찔렀으나(실행을 종료하였으나), 을은 죽지않았다(결과가 발생하지 않았다). ㉡ 갑이 乙을 총으로 맞았으나(실행을 종료하였으나), 을은 죽지않았다(결과가 발생하지 않았다)).

[2] **착수미수의 경우**에는 행위자가 단지 실행행위를 중지함으로써

(행위의 계속을 포기하는 <u>단순한 부작위로써/ 포기로써</u>) 중지미수가 되나, <u>실행미수</u>의 경우(찔렀기 때문에, 총으로 맞추었기 때문에)에는 <u>행위자의 단순한 부작위로는 부족</u>하고 <u>적극적이고 진지한 결과발생의 방지를 위한 노력</u>이 있어야 중지미수가 된다(<u>병원에 데려가 살려야 한다</u>). 결국, 사안의 경우에는 <u>갑은 A를 칼로 찔렀기 때문에</u>(실행미수이기 때문에) 병원에 데려가 적극적으로 살려야 하는데, <u>행인이 A를 구조하였기 때문에 갑은 살인죄의 중지미수는 성립하지 않고</u> 장애미수일 뿐이다.

③ (○) <u>갑이 A를 살해하고자 대마초를 피운 후 심신미약 상태에서 A를 칼로 찌른 행위</u>는 고의에 의한 원인에 있어서 자유로운 행위에 해당하여 갑은 <u>A에 대한 살인미수죄가 성립</u>한다(형법 제10조 제3항에 해당하여 <u>제10조 제1항과 제2항이 적용되지 않고 그대로 처벌된다</u>).

④ (○) <u>피고인이 피해자를 살해하려고 그의 목 부위와 왼쪽 가슴 부위를 칼로 수 회 찔렀으나</u> 피해자의 가슴 부위에서 많은 피가 흘러나오는 것을 발견하고 <u>겁을 먹고 그만 두는 바람에</u> 미수에 그친 경우, 위와 같은 경우 많은 피가 흘러나오는 것에 <u>놀라거나 두려움을 느끼는 것</u>은 일반 사회통념상 범죄를 완수함에 <u>장애가 되는 사정에 해당</u>한다고 보아야 할 것이므로, 이를 자의에 의한 <u>중지미수라고 볼 수 없다</u>(대판1999.4.13. 99도640). 결국, <u>겁을 먹고 그만둔 경우</u>에는 자의성을 인정할 수 없으므로 살인죄의 <u>장애미수에 해당</u>한다.

문제 10 - 정답 ③

▶ ③ (X) <u>도로교통법 위반(공동위험행위)</u> 범행에서는 '2명 이상이 공동으로' 범행에 가담하는 것이 구성요건의 내용을 이루기 때문에 행위자의 <u>고의의 내용으로서 '공동의사'가 필요</u>하고, 위와 같은 <u>공동의사는 반드시</u> 위반행위에 관계된 운전자 전부 사이의 <u>의사 연락이 필요한 것</u>이 아니고 다른 사람에게 위해를 끼치거나 교통상의 위험을 발생하게 하는 것과 같은 사태의 발생을 예견하고 그 행위에 가담할 의사로 족하다. 또한 <u>공동의사는 사전 공모뿐</u> 아니라 <u>현장에서의 공모에 의한 것도 포함</u>된다(대법원2021. 10. 14. 선고2018도10327판결).

①② (○) [1] <u>형법 제30조의 공동정범</u>은 공동가공의 의사와 그 공동의사에 의한 기능적 행위지배를 통한 범죄 실행이라는 주관적·객관적 요건을 충족함으로써 성립하므로, <u>공모자 중 구성요건행위를 직접 분담하여 실행하지 않은 사람도</u> 위 요건의 충족 여부에 따라 <u>이른바 공모공동정범으로서의 죄책을 질 수 있다.</u>

[2] <u>구성요건행위를 직접 분담하여 실행하지 않은 공모자가</u> 공모공동정범으로 인정되기 위해서는 <u>전체 범죄에서</u> 그가 차지하는 지위·역할, 범죄 경과에 대한 지배나 장악력 등을 종합하여 그가 단순한 공모자에 그치는 것이 아니라 <u>범죄에 대한 본질적 기여를 통한 기능적 행위지배가 존재한다고 인정되어야</u> 한다.

[3] <u>공모공동정범의 경우</u> 범죄의 수단과 모습, 가담하는 인원과 그 성향, 범행 시간과 장소의 특성, 범행과정에서 타인과의 접촉 가능성과 예상되는 반응 등 여러 상황에 비추어, <u>공모자들이 공모한 범행을 수행하거나</u> 목적을 달성하고자 나아가는 <u>도중에 부수적인 다른 범죄가 파생되리라고 예상하거나 충분히 예상할 수 있는데도</u> 그러한 가능성을 외면한 채 이를 방지하기에 충분한 합리적인 조치를 취하지 않고 공모한 범행에 나아갔다가 결국 <u>그와 같이 예상되던 범행들이 발생하였다면</u>, 비록 그 파생적인 범행 하나하나에 대하여 개별적인 의사의 연락이 없었더라도 <u>당초의 공모자들 사이에 그 범행 전부에 대하여 암묵적인 공모는 물론 그에 대한 기능</u>

적 행위지배가 존재한다고 보아야 한다.

[4] 2인 이상이 범죄에 공동 가공하는 공범관계에서 <u>공모는 법률상 어떤 정형을 요구하는 것</u>이 아니고 2인 이상이 공모하여 범죄에 공동 가공하여 범죄를 실현하려는 <u>의사의 결합만 있으면 충분</u>하다. 비록 전체의 모의과정이 없더라도 여러 사람 사이에 <u>순차적으로</u> 또는 <u>암묵적으로</u> 의사의 결합이 이루어지면 <u>공모관계가 성립</u>한다.

[5] 이러한 <u>공모관계를 인정하기 위해서는 엄격한 증명이 요구되</u>지만, <u>피고인이 범죄의 주관적 요소인 공모관계를 부인하는 경우</u>에는 사물의 성질상 이와 상당한 관련성이 있는 <u>간접사실 또는 정황사실을 증명하는 방법으로 이를 증명할 수밖에 없다.</u> 이때 무엇이 상당한 관련성이 있는 간접사실에 해당할 것인지는 정상적인 경험칙에 바탕을 두고 치밀한 관찰력이나 분석력으로 사실의 연결 상태를 합리적으로 판단하는 방법으로 하여야 한다.

[6] [다수의견] <u>국가정보원의 원장 피고인 갑</u>, 3차장 피고인 을, 심리전단장 피고인 병이 <u>심리전단 산하 사이버팀 직원들과 공모하여 인터넷 게시글과 댓글 작성, 찬반클릭, 트윗과 리트윗 행위 등의 사이버 활동을 함</u>으로써 국가정보원 직원의 직위를 이용하여 정치활동에 관여함과 동시에 제18대 대통령선거와 관련하여 공무원의 지위를 이용한 선거운동을 하였다고 하여 <u>구 국가정보원법 위반 및 구 공직선거법 위반으로 기소</u>된 경우 국가정보원의 정보기관으로서의 조직, 역량과 상명하복에 의한 업무수행 체계, 사이버팀 직원들이 범행을 수행한 구체적인 방법과 모습, 피고인들이 각각 국가정보원의 원장과 3차장, 심리전단장으로서 사이버팀을 지휘·감독하던 지위와 역할, 사이버 활동이 이루어질 당시 피고인들이 회의석상에서 직원들에게 한 발언 및 지시 내용 등 제반 사정을 종합하면, <u>사이버팀 직원들이 한 사이버 활동 중 일부는 구 국가정보원법상</u> 국가정보원 직원의 직위를 이용한 <u>정치활동 관여 행위</u> 및 구 공직선거법상 공무원의 지위를 이용한 <u>선거운동에 해당</u>하며, 이러한 활동을 구 국가정보원법에 따른 직무범위 내의 정당한 행위로 볼 수 없고, <u>피고인들이</u>(갑·을·병이) <u>실행행위자인 사이버팀 직원들과 순차 공모</u>하여 범행에 대한 <u>기능적 행위지배를 함</u>으로써 <u>범행에 가담하였다</u> 할 것이므로, 피고인들에게 구 국가정보원법 위반죄와 구 공직선거법 위반죄를 인정한다(대법원2018. 4. 19.선고2017도14322전원합의체 판결). 결국, 국가정보원 사이버팀의 인터넷 댓글 게시 등 사건에서, <u>피고인들이 정치관여 행위로</u> 인한 국가정보원법 위반과 <u>선거운동으로</u> 인한 공직선거법 위반에 관하여 <u>범행을 직접 실행한 사이버팀 직원들과 순차 공모하여 범행에 대한 기능적 행위지배를 함</u>으로써 <u>위 범행에 가담하였다고 할 것이므로 공동정범이 성립한다.</u>

④ (○) [1] <u>도로교통법 제46조 제1항은</u> 「자동차등(개인형 이동장치는 제외한다. 이하 이 조에서 같다)의 운전자는 도로에서 2명 이상이 공동으로 2대 이상의 자동차등을 정당한 사유 없이 앞뒤로 또는 좌우로 줄지어 통행하면서 다른 사람에게 위해(위해)를 끼치거나 교통상의 위험을 발생하게 하여서는 아니 된다.」고 규정함으로써 <u>공동위험행위를 한 자를 처벌하고 있다.</u>

[2] 도로교통법 제46조 제1항에서 말하는 '<u>공동 위험행위</u>'란 <u>2인 이상의 자동차 등의 운전자가</u> 공동으로 2대 이상의 자동차 등을 정당한 사유 없이 <u>앞뒤로 또는 좌우로 줄지어 통행</u>하면서 신호위반, 통행구분위반, 속도제한위반, 안전거리확보위반, 급제동 및 급발진, 앞지르기금지위반, 안전운전의무위반 등의 행위를 하여 <u>다른 사람에게 위해를 주거나 교통상의 위험을 발생하게 하는 것</u>으로, 2

인 이상인 자동차 등의 운전자가 함께 2대 이상의 자동차 등으로 위의 각 행위 등을 하는 경우에는 단독으로 한 경우와 비교하여 다른 사람에 대한 위해나 교통상의 위험이 증가할 수 있고 집단심리에 의해 그 위해나 위험의 정도도 가중될 수 있기 때문에 이와 같은 공동 위험행위를 금지하는 것이다.

[3] 피고인 갑이 평소 잘 알고 지내던 을과 범행 당일 만나 함께 을왕리 해수욕장에 가기로 약속한 다음 서로 수회 전화통화를 주고받으며 각자 자동차를 운전하여 출발한 후 인천공항고속도로에서 합류하여 함께 주행하면서 여러 구간에서 앞뒤로 또는 좌우로 줄지어 제한속도를 현저히 초과하여 주행하였다는 내용의 공동 위험행위로 인한 도로교통법 위반의 공소사실로 기소된 사안에서, 피고인 갑과 을의 관계, 공통된 출발지와 목적지 및 주행 경로, 주행 속도, 주행 방법, 당시의 도로 상황 등에 비추어 보면, 피고인 갑은 자신이 급가속을 하면서 속도제한을 위반하여 주행하면 함께 주행하던 을도 이에 편승하여 자신을 따라올 것을 충분히 예견할 수 있었고 실제로 을이 자신과 같이 속도제한을 위반하여 주행하고 있는 것을 인식하였다고 보이며, 을 역시 앞서가는 피고인 갑의 행위를 인식하고서 이에 동참하여 위와 같은 행위를 하였다고 보이므로 피고인 갑과 을에게는 공동 위험행위에 관한 공동의사가 있었다고 보는 것이 타당하다(대법원2021. 10. 14.선고2018도10327판결). 결국, 피고인 갑과 을은 공동으로 저지른 도로교통법 위반(공동위험행위)에 해당한다.

문제 11 – 정답 ③

▶ ③ ㉠㉡㉣(3개)은 옳은 지문이나, ㉢㉤(2개)은 틀린 지문이다.

㉠㉡ (○) [1] 쟁의행위가 업무방해죄에 해당하는 경우, 제3자가 그러한 점을 알면서 쟁의행위의 실행을 용이하게 한 경우에는 업무방해방조죄가 성립할 수 있다. 다만 헌법 제33조 제1항이 규정하고 있는 노동3권을 실질적으로 보장하기 위해서는 근로자나 노동조합이 노동3권을 행사할 때 제3자의 조력을 폭넓게 받을 수 있도록 할 필요가 있고, 나아가 근로자나 노동조합에 조력하는 제3자도 헌법 제21조에 따른 표현의 자유나 헌법 제10조에 내재된 일반적 행동의 자유를 가지고 있으므로, 위법한 쟁의행위에 대한 조력행위가 업무방해방조에 해당하는지 판단할 때는 헌법이 보장하는 위와 같은 기본권이 위축되지 않도록 업무방해방조죄의 성립 범위를 신중하게 판단하여야 한다.

[2] 방조범은 정범에 종속하여 성립하는 범죄이므로 방조행위와 정범의 범죄 실현 사이에는 인과관계가 필요하다. 방조범이 성립하려면 방조행위가 정범의 범죄 실현과 밀접한 관련이 있고 정범으로 하여금 구체적 위험을 실현시키거나 범죄결과를 발생시킬 기회를 높이는 등으로 정범의 범죄 실현에 현실적인 기여를 하였다고 평가할 수 있어야 한다. 정범의 범죄 실현과 밀접한 관련이 없는 행위를 도와준 데 지나지 않는 경우에는 방조범이 성립하지 않는다(대법원2021. 9. 16.선고2015도12632판결).

㉢ (X) 갑이 농성현장에 직접 들어가 조합원들을 독려한 행위는 업무방해방조죄에 해당한다. 그러나 갑이 농성현장에 직접 들어가지 않고 A회사의 정문 앞 집회 참가 및 공문전달행위는 업무방해방조죄에 해당하지 않는다(대법원2021. 9. 16.선고2015도12632판결).

㉣ (○) [1] '방조'란 정범의 구체적인 범행준비나 범행사실을 알고 그 실행행위를 가능·촉진·용이하게 하는 지원행위 또는 정범의 범죄행위가 종료하기 전에 정범에 의한 법익 침해를 강화·증대시키는 행위로서, 정범의 범죄 실현과 밀접한 관련이 있는 행위를 말

한다.

[2] 방조범은 정범의 실행을 방조한다는 이른바 방조의 고의와 정범의 행위가 구성요건에 해당하는 행위인 점에 대한 정범의 고의가 있어야 하고, 정범에 종속하여 성립하는 범죄이므로 방조행위와 정범의 범죄 실현 사이에는 인과관계가 필요하다. 방조범이 성립하려면 방조행위가 정범의 범죄 실현과 밀접한 관련이 있고 정범으로 하여금 구체적 위험을 실현시키거나 범죄 결과를 발생시킬 기회를 높이는 등으로 정범의 범죄 실현에 현실적인 기여를 하였다고 평가할 수 있어야 한다.

[3] 정범의 범죄 실현과 밀접한 관련이 없는 행위를 도와준 데 지나지 않는 경우에는 방조범이 성립하지 않는다(대법원2023. 10. 18.선고2022도15537판결).

㉤ (X) 박사방 운영진이 음란물 배포 목적의 텔레그램 그룹(이하 '미션방'이라 한다)을 만들고 특정 시간대에 미션방 참여자들이 인터넷 포털사이트에 일제히 특정 검색어를 입력함으로써 실시간 급상승 검색어로 노출되도록 하는 이른바 '실검챌린지'를 지시하여 불특정 다수의 텔레그램 사용자들로 하여금 정해진 시간에 미션방에 참여하게 한 다음 특정 시점에 미션방에 피해자 갑(여, 18세)에 대한 음란물을 게시한 것과 관련하여, 피고인이 박사방 운영진의 지시에 따라 4회에 걸쳐 검색어를 입력하고 미션방과 박사방 관련 채널에 검색사실을 올려 인증함으로써 박사방 운영진에 의한 아동·청소년 이용 음란물 배포행위를 방조하였다는 내용으로 기소된 사안에서, 피고인이 미션방에 참여하여 박사방 운영진의 지시 및 공지 내용을 인식하였다거나 검색어 자체만으로 '아동·청소년 이용 음란물 배포'의 범죄행위를 위한 것임을 알았다고 보기 어려운 이상 방조의 고의는 물론 정범의 고의가 있었다고 단정하기 어렵고, 나아가 검색 경위 및 피고인의 검색 시점으로부터 약 21시간 내지 24시간이 지난 시점에서야 박사방 운영진이 아동·청소년 이용 음란물을 배포한 사정에 비추어, 박사방 운영진의 미션방에 적극 참여하여 그 지시에 따라 검색어 입력 및 인증을 한 경우가 아니라 당시 다양한 경로로 접하게 된 검색어를 입력하는 등의 행위는, 박사방의 운영진이 특정 검색어가 당시 화제가 되고 있음에 편승하여 이에 관심을 가진 사람을 미션방으로 유도하여 음란물 판매를 촉진하려는 의도로 시작한 실검챌린지 등에 단순히 이용된 것으로 볼 여지가 있고, 달리 피고인의 각 행위와 정범의 범죄 실현 사이에 밀접한 관련성 등 인과관계를 인정하거나 피고인의 각 행위가 정범의 범죄 실현에 현실적인 기여를 하였다고 단정하기 어렵다(대법원2023. 10. 18.선고2022도15537판결). 결국, 피고인의 경우는 방조범이 정범의 범죄 실현과 밀접한 관련이 없는 행위를 도와준 데 지나지 않는 경우, 아동·청소년의성보호에관한법률위반(음란물제작·배포등)의 방조범에 해당하지 않는다.

문제 12 – 정답 ②

▶ ② ㉢㉣㉤(3개)은 옳은 지문이나, ㉠㉡(2개)은 틀린 지문이다.

㉠ (X) [1] 여러 사람의 권리의 목적이 된 자기의 물건을 취거, 은닉 또는 손괴함으로써 그 여러 사람의 권리행사를 방해하였다면 권리자별로 각각 권리행사방해죄가 성립하고 각 죄는 서로 상상적 경합범의 관계에 있다.

[2] 여러 명의 유류분권리자가 각자의 유류분반환청구권을 보전하기 위하여 부동산에 대한 가압류결정을 받아 가압류등기가 마쳐진 경우, 위 부동산은 유류분권리자들 각자의 유류분반환청구권 집행을 보전하기 위한 가압류의 목적이 되고 이는 유류분권리자들이 가압류를 개별적으로 신청하였는지 공동으로 신청하였는지에 따라

다르지 않다.

[3] 한편 형법 제328조 제1항은 "직계혈족, 배우자, 동거친족, 동거가족 또는 그 배우자 간의 제323조의 죄는 그 형을 면제한다."라고 정하고 있는데, 위 조항에 따른 형면제 요건에 해당하는지는 각 죄마다 살펴보아야 한다.

[4] 부부인 피고인들이 공모하여 피고인들 공유의 건물을 철거함으로써 피고인들에 대한 각자의 유류분반환청구권을 보전하기 위하여 위 건물을 공동으로 가압류한 피해자 갑, 을의 권리행사를 방해한 사건에서, 권리자별로 피해자 갑에 대한 권리행사방해죄와 피해자 을에 대한 권리행사방해죄가 각각 성립하는 것을 전제로 하여 피해자 갑과 피고인들이 형법 제328조 제1항의 친족관계인 이상 피고인들에 대한 공소사실 중 피해자 갑에 대한 권리행사방해 부분에 관하여는 위 조항을 적용해서 형을 면제하여야 한다.

[5] 따라서 피해자 을에 대한 권리행사방해 부분에 관하여만 형을 정하거나 그 형의 선고를 유예하고, 피해자 갑에 대한 권리행사방해 부분에 관하여는 형법 제328조 제1항을 적용하여 형을 면제하였다(대법원2022. 5. 12.선고2021도16876판결).

ⓛ (X) [1] 경범죄처벌법 제3조 제3항 제2호의 거짓신고로 인한 경범죄 처벌법 위반죄는 '있지 아니한 범죄나 재해 사실을 공무원에게 거짓으로 신고'하는 경우에 성립하고, 형법 제137조의 위계에 의한 공무집행방해죄는 상대방의 오인, 착각, 부지를 일으키고 이를 이용하는 위계에 의하여 상대방으로 하여금 그릇된 행위나 처분을 하게 함으로써 공무원의 구체적이고 현실적인 직무집행을 방해하는 경우에 성립하는바, 전자는 사회공공의 질서유지를 보호법익으로 하는 반면, 후자는 국가기능으로서의 공무 그 자체를 보호법익으로 하는 등 양 죄는 직접적인 보호법익이나 규율대상 및 구성요건 등을 달리한다.

[2] 따라서 경범죄처벌법 제3조 제3항 제2호에서 정한 거짓신고 행위가 원인이 되어 상대방인 공무원이 범죄가 발생한 것으로 오인함으로 인하여 공무원이 그러한 사정을 알았더라면 하지 않았을 대응조치를 취하기에 이르렀다면, 이로써 구체적이고 현실적인 공무집행이 방해되어 위계에 의한 공무집행방해죄가 성립한다.

[3] 그러나 이와 같이 경범죄처벌법 제3조 제3항 제2호의 거짓신고가 '위계'의 수단·방법·태양의 하나가 된 경우에는 거짓신고로 인한 경범죄 처벌법 위반죄가 위계에 의한 공무집행방해죄에 흡수되는 법조경합 관계에 있으므로, 위계에 의한 공무집행방해죄만 성립할 뿐 이와 별도로 거짓신고로 인한 경범죄 처벌법 위반죄가 성립하지는 않는다(대법원2022. 10. 27.선고2022도10402판결). 결국, 양 죄는 상상적 경합관계에 있는 것이 아니라 법조경합 중에서 흡수관계에 있다.

ⓒ (○) [1] 판결이 확정되지 아니한 수개의 죄(제37조 전단의 경합범) 또는 금고 이상의 형에 처한 판결이 확정된 죄와 그 판결확정전에 범한 죄(제37조 후단의 경합범)를 경합범으로 한다(제37조).

[2] 경합범 중 판결을 받지 아니한 죄가 있는 때에는 그 죄와 판결이 확정된 죄를 동시에 판결할 경우와 형평을 고려하여 그 죄에 대하여 형을 선고한다. 이 경우 그 형을 감경 또는 면제할 수 있다(제39조제1항).

[3] 형법 제37조 후단 및 제39조 제1항의 문언, 입법 취지 등에 비추어 보면, 아직 판결을 받지 아니한 죄가 이미 판결이 확정된 죄와 동시에 판결할 수 없었던 경우에는 형법 제39조 제1항에 따라 동시에 판결할 경우와 형평을 고려하여 형을 선고하거나 그 형

을 감경 또는 면제할 수 없다.

[4] 한편 공직선거법 제18조 제1항 제3호에서 '선거범'이란 공직선거법 제16장 벌칙에 규정된 죄와 국민투표법 위반의 죄를 범한 자를 말하는데(공직선거법 제18조 제2항), 공직선거법 제18조 제1항 제3호에 규정된 죄와 다른 죄의 경합범에 대하여는 이를 분리 선고하여야 한다(공직선거법 제18조 제3항전단).

[5] 따라서 판결이 확정된 선거범죄와 확정되지 아니한 다른 죄는 동시에 판결할 수 없었던 경우에 해당하므로 형법 제39조 제1항에 따라 동시에 판결할 경우와의 형평을 고려하여 형을 선고하거나 그 형을 감경 또는 면제할 수 없다고 해석함이 타당하다(대법원 2021. 10. 14.선고2021도8719판결).

ⓔ (○) [1] 판결이 확정되지 아니한 수개의 죄(제37조 전단의 경합범) 또는 금고 이상의 형에 처한 판결이 확정된 죄와 그 판결확정전에 범한 죄(제37조 후단의 경합범)를 경합범으로 한다(제37조).

[2] 아직 판결을 받지 않은 수 개의 죄가 판결 확정을 전후하여 저질러진 경우, 판결 확정 전에 범한 죄를 이미 판결이 확정된 죄와 동시에 판결할 수 없었던 경우라고 하여 마치 확정된 판결이 존재하지 않는 것처럼 그 수 개의 죄 사이에 형법 제37조 전단의 경합범 관계가 성립하여 형법 제38조가 적용된다고 볼 수도 없으므로, 판결 확정을 전후한 각각의 범죄에 대하여 별도로 형을 정하여 선고할 수 밖에 없다(대법원2018. 11. 29.선고2018도14863판결). 결국, 이미 확정된 판결이 있다면 확정 전에 범한 죄와 확정 후에 범한 죄를 형법 제37조 전단의 경합범이라고 할 수 없고, 확정 전에 범한 죄도 별도로 형을 정하고 확정 후에 범한 죄도 별도로 형을 정하여 선고하여야 한다.

ⓜ (○) [1] 판결이 확정되지 아니한 수개의 죄(제37조 전단의 경합범) 또는 금고 이상의 형에 처한 판결이 확정된 죄와 그 판결확정전에 범한 죄(제37조 후단의 경합범)를 경합범으로 한다(제37조).

[2] 유죄의 확정판결을 받은 사람이 그 후 별개의 후행범죄를 저질렀는데 유죄의 확정판결에 대하여 재심이 개시된 경우, 후행범죄가 재심대상판결에 대한 재심판결 확정 전에 범하여졌다 하더라도 아직 판결을 받지 아니한 후행범죄와 재심판결이 확정된 선행범죄 사이에는 형법 제37조 후단에서 정한 경합범 관계(이하 '후단 경합범'이라 한다)가 성립하지 않는다.

[3] 재심판결이 후행범죄 사건에 대한 판결보다 먼저 확정된 경우에 후행범죄에 대해 재심판결을 근거로 후단 경합범이 성립한다고 하려면 재심심판법원이 후행범죄를 동시에 판결할 수 있었어야 한다. 그러나 아직 판결을 받지 아니한 후행범죄는 재심심판절차에서 재심대상이 된 선행범죄와 함께 심리하여 동시에 판결할 수 없었으므로 후행범죄와 재심판결이 확정된 선행범죄 사이에는 후단 경합범이 성립하지 않고, 동시에 판결할 경우와 형평을 고려하여 그 형을 감경 또는 면제할 수 없다.

[4] 재심판결이 후행범죄에 대한 판결보다 먼저 확정되는 경우에는 재심판결을 근거로 형식적으로 후행범죄를 판결확정 전에 범한 범죄로 보아 후단 경합범이 성립한다고 하면, 선행범죄에 대한 재심판결과 후행범죄에 대한 판결 중 어떤 판결이 먼저 확정되느냐는 우연한 사정에 따라 후단 경합범 성립이 좌우되는 형평에 반하는 결과가 발생한다(대법원2019. 6. 20.선고2018도20698전원합의체 판결).

문제 13 - 정답 ④

▶ ④ (○) [1] 피고인은 2018. 3.경부터 2019. 2.경 사이에 이 사건 웹사이트를 순차로 개설한 후 2019. 2.경부터 이 사건 웹사이트에 음란 사이트 링크배너와 도박 사이트 홍보배너를 게시하는 등의 방식으로 이를 운영하다가 2020. 3. 초순경 성명불상자에게 이 사건 웹사이트를 50,000,000원에 매각하고 현금으로 위 돈을 지급받은 사실이 인정된다.

[2] 피고인이 갑, 을과 공모하여 정보통신망을 통하여 음란한 화상 또는 영상을 배포하고, 도박 사이트를 홍보하였다는 공소사실로 기소된 경우, 이 사건 웹사이트는 이 사건 각 범죄행위에 제공된 무형의 재산에 해당할 뿐 형법 제48조 제1항 제2호에서 정한 '범죄행위로 인하여 생(生)하였거나 이로 인하여 취득한 물건'에 해당하지 않는다. 따라서 피고인이 이 사건 웹사이트 매각을 통해 취득한 대가는 형법 제48조 제1항 제2호, 제2항이 규정한 추징의 대상에 해당하지 않는다(대법원 2021. 10. 14. 선고 2021도7168 판결).

① (X) [1] 구 형법 제48조 제1항 제1호의 '범죄행위에 제공한 물건'은 범죄의 실행행위 자체에 사용한 물건만 의미하는 것이 아니라 실행행위 착수 전 또는 실행행위 종료 후 행위에 사용한 물건 중 범죄행위의 수행에 실질적으로 기여하였다고 인정되는 물건까지도 포함한다.

[2] 한편 형법 제48조 제1항에 따른 몰수는 임의적인 것이어서 그 요건에 해당되더라도 실제로 이를 몰수할 것인지 여부는 법원의 재량에 맡겨져 있지만 형벌 일반에 적용되는 비례의 원칙에 따른 제한을 받는데, 몰수가 비례의 원칙에 위반되는 여부를 판단하기 위해서는, 몰수 대상 물건이 범죄 실행에 사용된 정도와 범위 및 범행에서의 중요성, 물건의 소유자가 범죄 실행에서 차지하는 역할과 책임의 정도, 범죄 실행으로 인한 법익 침해의 정도, 범죄 실행의 동기, 범죄로 얻은 수익, 물건 중 범죄 실행과 관련된 부분의 별도 분리 가능성, 물건의 실질적 가치와 범죄와의 상관성 및 균형성, 물건이 행위자에게 필요불가결한 것인지 여부, 몰수되지 아니할 경우 행위자가 그 물건을 이용하여 다시 동종 범죄를 실행할 위험성 유무 및 그 정도 등 제반 사정이 고려되어야 한다.

[3] 또한, 전자기록은 일정한 저장매체에 전자방식이나 자기방식에 의하여 저장된 기록으로서 저장매체를 매개로 존재하는 물건이므로 위 조항에 정한 사유가 있는 때에는 이를 몰수할 수 있다.

[4] 가령 휴대전화의 동영상 촬영기능을 이용하여 피해자를 촬영한 행위 자체가 범죄에 해당하는 경우, 휴대전화는 '범죄행위에 제공된 물건', 촬영되어 저장된 동영상은 휴대전화에 저장된 전자기록으로서 '범죄행위로 인하여 생긴 물건'에 각각 해당하고 이러한 경우 법원이 휴대전화를 몰수하지 않고 동영상만을 몰수하는 것도 가능하다(대법원2024. 1. 4.선고2021도5723판결). 결국, 법원은 형법 제48조 제1항(임의적 몰수)에 의하여 휴대전화를 몰수하지 않고, 휴대전화로 불법촬영하여 저장된 동영상만을 몰수할 수 있다.

② (X) [1] 피고인은 자신이 운영하는 인터넷 사이트 등을 이용하여 국민체육진흥법 제26조에서 금지하고 있는 유사행위를 영위하는 도박사이트를 홍보하면서 회원가입 시 자신의 추천인 코드를 입력하게 하고, 이러한 방법으로 모집된 회원들이 베팅을 한 금액 중 일부를 위 도박사이트 운영자로부터 피고인 명의 은행 계좌로 송금 받아 국민체육진흥법 위반으로 기소되었는데, 피고인이 취득한 범행의 보수는 형법 제48조 제1항 제2호, 제2항이 규정한 추징의 대상에 해당하지 않는다.

[2] 피고인은 2015. 11. 1.부터 2019. 3. 1.까지 '(사이트명 2 생

략)' 도박사이트 운영자로부터 피고인의 홍보로 회원가입한 사람들이 베팅을 한 금액의 일부인 129,850,610원을 피고인 명의 은행 계좌로 송금 받은 사실을 알 수 있다.

[3] 은행 계좌로 송금 받는 방법으로 범행의 보수를 받는 경우, 피고인은 은행에 대한 예금채권을 취득할 뿐이어서 이를 형법 제48조 제1항 각호의 '물건'에 해당한다고 보기는 어렵다. 따라서 피고인이 계좌송금을 통해 취득한 범행의 보수는 형법 제48조 제1항 제2호, 제2항이 규정한 추징의 대상에 해당하지 아니한다(대법원 2023. 1. 12. 선고 2020도2154 판결). 결국, 계좌송금을 통해 취득한 범행의 보수는 형법상 물건에 해당한다고 보기어려우므로, 추징의 대상에 해당하지 않는다.

③ (X) [1] 피고인이 음란물유포 인터넷사이트를 운영하면서 '정보통신망법' 위반(음란물유포)죄와 '형법'상 도박개장방조죄에 의하여 비트코인(Bitcoin)을 취득한 경우, 피고인의 정보통신망법 위반(음란물유포)죄와 형법상 도박개장방조죄는 범죄수익은닉규제법에 정한 중대범죄에 해당한다.

[2] 비트코인은 경제적인 가치를 디지털로 표상하여 전자적으로 이전, 저장 및 거래가 가능하도록 한, 이른바 '가상화폐'의 일종인 점, 피고인은 위 음란사이트를 운영하면서 사진과 영상을 이용하는 이용자 및 음란사이트에 광고를 원하는 광고주들로부터 비트코인을 대가로 지급받아 재산적 가치가 있는 것으로 취급한 점에 비추어 비트코인은 재산적 가치가 있는 무형의 재산이라고 보아야 하고, 몰수의 대상인 비트코인이 특정되어 있으므로, 피고인이 취득한 비트코인을 몰수할 수 있다(대법원 2018. 5. 30. 선고 2018도3619 판결). 결국, 비트코인(무형의 재산)은 형법에 의하여 몰수할 수는 없으나, 범죄수익은닉의 규제 및 처벌 등에 관한 법률(이하 '범죄수익은닉규제법'이라 한다)에 의하여 몰수할 수 있다.

문제 14 - 정답 ②

▶ ② ㉠㉡㉢㉣(4개)는 맞는 지문이나, ㉤(1개)은 틀린 지문이다.

㉠ (○) [1] 「특정범죄 가중처벌 등에 관한 법률」 제5조의4 제5항의 규정 취지는 같은 항 각호에서 정한 죄 가운데 동일한 호에서 정한 죄를 3회 이상 반복 범행하고, 다시 그 반복 범행한 죄와 동일한 호에서 정한 죄를 범하여 누범에 해당하는 경우에는 동일한 호에서 정한 법정형으로 처벌한다는 뜻으로 보아야 한다.

[2] 그러므로「특정범죄 가중처벌 등에 관한 법률」제5조의4 제5항 제1호(이하 '이 사건 조항'이라고 한다) 중 '다시 이들 죄를 범하여 누범으로 처벌하는 경우' 부분에서 '이들 죄'라 함은, 앞의 범행과 동일한 범죄일 필요는 없으나,「특정범죄 가중처벌 등에 관한 법률」 제5조의4 제5항 각호에 열거된 모든 죄가 아니라 앞의 범죄와 동종의 범죄, 즉 형법 제329조 내지 제331조의 죄(절도죄·야간주거침입절도죄·특수절도죄) 또는 그 미수죄를 의미하고, 누범관계에 있는 앞의 범행이 '이들 죄'와 동종의 범죄일 것을 요한다.

[3] 준강도미수죄는 형법 제329조부터 제331조까지의 죄(절도죄·야간주거침입절도죄·특수절도죄) 또는 그 미수죄에 해당하지 않고, 기록에 의하여 확인되는 피고인의 다른 전과를 살펴보더라도, 피고인이 형법 제329조부터 제331조까지의 죄 또는 그 미수죄를 범하여 그 누범 기간 내에 이 사건 각 범행을 저지른 것이라고 보이지 않는다(대법원2024. 1. 25.선고2023도14307판결).

㉡ (○) 징역형의 집행유예를 선고한 판결이 확정된 후 선고의 실효 또는 취소 없이 유예기간을 경과함에 따라 형 선고의 효력이 소멸되어 그 확정판결이 특정범죄가중법 제5조의4 제5항에서 정한 "징역형"에 해당하지 않음에도, 위 확정판결에 적용된 형벌 규정에

대한 위헌결정 취지에 따른 **재심판결에서 다시 징역형의 집행유예**가 **선고·확정된 후** 유예기간이 **경과되지 않은 경우라면**, 특정범죄가중법 제5조의4 제5항의 입법 취지에 비추어 **위 재심판결은 위 조항에서 정한 "징역형"에 포함되지 아니한다**(대법원2022. 7. 28. 선고2020도13705판결).

ⓒⓔ (○) [1] **유죄의 확정판결** 등에 대해 **재심개시결정이 확정된 후 재심심판절차가 진행 중이라는 것만으로는** 확정판결의 존재 내지 **효력을 부정할 수 없고**, 재심개시결정이 확정되어 법원이 그 사건에 대해 다시 심리를 한 후 재심의 판결을 선고하고 **그 재심판결이 확정된 때에** 종전의 확정판결이 효력을 상실한다(대법원 2019. 6. 20.선고2018도20698전원합의체 판결).

[2] 유죄의 확정판결에 대하여 재심개시결정이 확정되어 법원이 그 사건에 대하여 다시 심판을 한 후 재심의 판결을 선고하고 그 **재심판결이 확정된 때에는** 종전의 확정판결은 **당연히 효력을 상실한다**(대법원2017. 9. 21. 선고 2017도4019 판결).

[3] 피고인이 **폭력행위등처벌에관한법률위반(집단·흉기등재물손괴등)**죄 등으로 징역 8월을 선고받아 판결이 확정되었는데(이하 '**확정판결**'이라고 한다), 그 **집행을 종료한 후 3년 내에 상해죄 등을 범하였다는 이유로 제1심 및 원심에서 누범으로 가중처벌된** 사안에서, 피고인이 누범전과인 확정판결에 대해 재심을 청구하여, 재심개시절차에서 재심대상판결 중 헌법재판소가 위헌결정을 선고하여 **효력을 상실한 구 폭력행위 등 처벌에 관한 법률**(2014. 12. 30. 법률 제12896호로 개정된 것) **제3조 제1항**, 제2조 제1항 제1호, 형법 제366조를 **적용한 부분**에 헌법재판소법 제47조 제4항의 **재심사유가 있다**는 이유로 재심대상판결 전부에 대하여 **재심개시결정이 이루어졌고**, **상해죄 등 범행 이후 진행된 재심심판절차에서 징역 8월을 선고한 재심판결이 확정됨으로써 확정판결은 당연히 효력을 상실하였으므로**, 더 이상 상해죄 등 범행이 확정판결에 의한 형의 집행이 끝난 후 3년 내에 이루어진 것이 아니다(대법원 2017. 9. 21. 선고 2017도4019 판결). 결국, **전범의 재심판결이 확정된 때에는** 전범의 확정판결은 효력을 상실하였으므로, **후범에** 대하여 **누범가중을 할 수 없다.**

ⓜ (X) [1] 형법 제35조 제1항은 "금고 이상의 형을 받아 그 집행을 종료하거나 면제를 받은 후 3년 내에 금고 이상에 해당하는 죄를 범한 자는 누범으로 처벌한다."라고 규정하고 있다.

[2] 따라서 집행유예가 실효되는 등의 사유로 인하여 **두 개 이상의 금고형 내지 징역형을 선고받아** 각 형을 연이어 집행받음에 있어 **하나의 형의 집행을 마치고 또 다른 형의 집행을 받던 중 먼저 집행된 형의 집행종료일로부터 3년 내에 금고 이상에 해당하는 죄를 저지른 경우에**, 집행 중인 형에 대한 관계에 있어서는 **누범에 해당하지 않지만 앞서 집행을 마친 형에 대한 관계에 있어서는 누범에 해당한다.**

[3] 이는 형법 **제37조 후단 경합범에 해당하여 두 개 이상의 금고형 내지 징역형을 선고받아 각 형을 연이어 집행받은 경우에도 마찬가지이다.**

[4] 피고인이 **2016. 6. 2.** 서울북부지방법원에서 **사기죄 등으로 징역 1년 및 징역 3년을 각 선고받고 2016. 9. 20.** 위 판결이 확정되어 **2018. 5. 27.** 위 **징역 3년 형의 집행을 종료하였고, 연이어 징역 1년 형을 복역하던 중 이 사건 범행을 저지른 사실**을 알 수 있다. 이러한 사실관계를 앞서 본 법리에 비추어 살펴보면, **이 사건 범행은 위 징역 3년형의 집행을 종료한 날로부터 3년 내에 이루어졌음이 역수상 명백하므로, 형법 제35조의 누범에 해당한다**(대

법원2021. 9. 16.선고2021도8764판결). 결국,

사기죄로 징역 1년이 확정되어 구치소 복역 중이라도 또 복역 전에 사기죄로 징역 3년의 집행이 종료된 후 또 사기 친 **사기범행이** 3년 내에 이루어진 **누범에 해당하는 경우, 누범가중으로 처벌해야** 한다.

문제 15 – 정답 ③

▶ ③ ⓒⓔⓜ(3개)은 맞는 지문이다. ⓐⓒ(2개)은 틀린 지문이다.

ⓐ (X) **강간치상죄나 강제추행치상죄에 있어서의 상해는 피해자의 신체의 완전성을 훼손하거나 생리적 기능에 장애를 초래하는 것**, 즉 피해자의 건강상태가 불량하게 변경되고 생활기능에 장애가 초래되는 것을 말하는 것으로, **여기서의 생리적 기능에는 육체적 기능뿐만 아니라 정신적 기능도 포함된다**(대법원2017. 6. 29.선고 2017도3196판결).

ⓒ (○) [1] **수면제와 같은 약물을 투약하여 피해자를 일시적으로 수면 또는 의식불명 상태에 이르게 한 경우에도 약물로 인하여 피해자의 건강상태가 불량하게 변경되고 생활기능에 장애가 초래되었다면 자연적으로 의식을 회복하거나 외부적으로 드러난 상처가 없더라도 이는 강간치상죄나 강제추행치상죄에서 말하는 상해에 해당한다.**

[2] 졸피뎀(Zolpidem)은 중추신경계를 억제하여 깊은 단계의 수면을 유도하는 약물로서 환각, 우울증 악화, 자살충동, 기억상실 등의 부작용을 일으킬 수 있어 이를 오용하거나 남용할 경우 인체에 위해를 초래할 수 있는 향정신성의약품으로 지정되어 있다.

[3] 피고인이 **피해자(여, 40세)에게 졸피뎀 성분의 수면제가 섞인 커피를 반복적으로 투약하여 피해자를 강간 또는 강제추행함으로써 그 범행으로 인한 외상 후 스트레스 장애를 입게하였다면 강간치상죄나 강제추행치상죄에서 말하는 상해에 해당한다**(대법원2017. 6. 29.선고2017도3196판결).

ⓒ (X) **피해자에게 이러한 상해가 발생하였는지는 객관적, 일률적으로 판단할 것이 아니라** 피해자의 연령, 성별, 체격 등 신체·정신상의 구체적인 상태, 약물의 종류와 용량, 투약방법, 음주 여부 등 약물의 작용에 미칠 수 있는 여러 요소를 기초로 하여 약물 투약으로 인하여 피해자에게 발생한 의식장애나 기억장애 등 신체, 정신상의 변화와 내용 및 정도를 **종합적으로 고려하여 판단하여야 한다**(대법원2017. 6. 29.선고2017도3196판결).

ⓔⓜ (○) [1]**특정범죄 가중처벌 등에 관한 법률,**(이하 '특정범죄가중법'이라 한다) 제5조의10(운행 중인 자동차 운전자에 대한 폭행 등의 가중처벌) 제1항은 "**운행 중인 자동차의 운전자를 폭행하거나 협박한 사람은 5년 이하의 징역 또는 2천만 원 이하의 벌금에 처한다.**"고 규정하고, **제2항은 "제1항의 죄를 범하여 사람을 상해에 이르게 한 경우에는 3년 이상의 유기징역에 처하고,** 사망에 이르게 한 경우에는 무기 또는 5년 이상의 징역에 처한다."고 규정하고 있다. 이 규정들은 **운행 중인 자동차의 운전자를 폭행하거나 협박하여 운전자나 승객 또는 보행자 등의 안전을 위협하는 행위를 엄중하게 처벌함으로써** 교통질서를 확립하고 시민의 안전을 도모하려는 목적에서 특정범죄가중법이 2007. 1. 3. 법률 제8169호로 개정되면서 신설된 것이다.

[2] **특정범죄가중법 제5조의10의 죄는 제1항, 제2항 모두 운행 중인 자동차의 운전자를 대상으로 하는 범행이** 교통질서와 시민의 안전 등 공공의 안전에 대한 위험을 초래할 수 있다고 보아 **이를 가중처벌하는 이른바 추상적 위험범에 해당하고,** 그중 제2항은 제1

항의 죄를 범하여 사람을 상해나 사망이라는 중한 결과에 이르게 한 경우 **제1항에 정한 형보다 중한 형으로 처벌하는 결과적 가중범 규정으로 해석할 수 있다.** 따라서 **운행 중인 자동차의 운전자를 폭행하거나 협박하여 운전자나 승객 또는 보행자 등을 상해나 사망에 이르게 하였다면** 이로써 **특정범죄가중법 제5조의10 제2항의 구성요건을 충족한다고** 봄이 타당하다.

[3] 피해자는 2013. 3. 20. 23:10경 술에 취한 피고인을 그랜저 승용차의 뒷좌석에 태운 채 도로에서 신호대기를 위하여 정차 중이었는데, 그곳은 차량의 통행이 잦은 넓은 도로인 사실, **피고인은 별다른 이유 없이 화를 내며 손으로 피해자의 얼굴을 2회 때리고 목을 졸라 피해자에게 14일간의** 치료가 필요한 기타 유리체 장애 등의 **상해를 가한 사실** 등을 알 수 있다. 이러한 사실관계를 앞서 본 법리에 비추어 살펴보면, **피고인이 운행 중인 자동차의 운전자인 피해자를 폭행하여 피해자가 상해를 입게 되었으므로** 피고인의 행위는 **특정범죄가중법 제5조의10 제2항의 구성요건을 충족한다고** 볼 여지가 있다.

[4] **특정범죄가중법 제5조의10(운행 중인 자동차 운전자에 대한 폭행 등의 가중처벌) 제2항은** 운전자에 대한 **폭행·협박으로** 인하여 **교통사고의 발생 등과** 같은 구체적 위험을 초래하는 **중간 매개 원인이 유발되고 그 결과로써 불특정 다중에게 상해나 사망의 결과를 발생시킨 경우에** 적용될 수 있을 **뿐만 아니라 교통사고 등의 발생 없이 직접적으로 운전자에 대한 상해의 결과를 발생시킨 경우에도 적용된다**(대법원2015. 3. 26.선고2014도13345판결).

문제 16 - 정답 ②

▶ ② (X) [1] 정보통신망법 제74조 제1항 제3호, 제44조의7 제1항 제3호는 **정보통신망을** 통하여 **공포심이나 불안감을 유발하는** 부호·문언·음향·화상 또는 영상을 **반복적으로 상대방에게 도달하게 하는 행위를 처벌**한다. 여기서 '공포심이나 불안감을 유발하는 문언을 반복적으로 상대방에게 도달하게 하는 행위'에 해당하는지는 ~ 종합적으로 고려해서 판단하여야 한다.

[2] **나아가 이 범죄는** 구성요건상 위 조항에서 정한 정보통신망을 이용하여 **상대방의 불안감 등을 조성하는** 일정 **행위의 반복을 필수적인 요건으로 삼고 있을 뿐만 아니라** 그 입법 취지에 비추어 보더라도 **정보통신망을 이용한** 일련의 **불안감 조성행위가 이에 해당한다고** 하기 위해서는 **각 행위 상호 간에** ~ 전체적으로 상대방의 불안감 등을 조성하기 위한 **일련의 반복적인 행위로 평가할 수 있는 경우여야만** 하고, 그와 같이 평가될 수 없는 **일회성 내지 비연속적인 단발성 행위가 여러 번 이루어진 것에 불과한 경우에는** 각 행위의 구체적 내용 및 정도에 따라 **협박죄나 경범죄처벌법상 불안감 조성행위 등 별개의 범죄로 처벌할 수 있음은 별론으로** 하더라도 **위 법(정보통신망법) 위반죄로 처벌할 수 없다.**

[3] 회사의 대표이사인 피고인이 피해자에게 해고를 통보하자 피해자가 반발한 상황에서, 피고인이 휴대전화를 사용하여 **피해자에게 메시지를 7회 전송하고 전화를 2회 걸어** 정보통신망을 통하여 공포심이나 불안감을 유발하는 문언·음향을 반복적으로 피해자에게 **도달하도록 하였다는** 내용으로 **기소된** 사안에서, **피고인의 행위는** 전체적으로 **일회성 내지 비연속적인 단발성 행위가 수차 이루어진 것으로 볼 여지가 있을 뿐** 정보통신망을 이용하여 **상대방의 불안감 등을 조성하는** 일련의 **행위를 반복한 경우에 해당한다고 단정할 수 없다**(대법원2023. 9. 14.선고2023도5814판결).

① (○) **협박죄에서 '협박'은** 일반적으로 보아 **사람으로 하여금 공포심을 일으킬 수 있는 정도의 해악을 고지하는** 것을 의미하고,

주관적 구성요건으로서의 **고의는** 행위자가 그러한 정도의 해악을 고지한다는 것을 **인식·용인하는 것을** 내용으로 하는바, **협박죄가 성립하려면** 고지된 해악의 내용이 행위자와 상대방의 성향, 고지 당시의 주변 상황, 행위자와 상대방 사이의 친숙의 정도 및 지위 등의 상호관계 등 행위 전후의 여러 사정을 종합하여 볼 때에 **일반적으로 사람으로 하여금 공포심을 일으키기에 충분한 것이어야** 한다(대법원2022. 12. 15.선고2022도9187판결).

③④ (○) [1] **권리행사의 일환으로 상대방에게 일정한 해악을 고지한 경우에도**, 그러한 해악의 고지가 사회의 관습이나 윤리관념 등에 비추어 **사회통념상 용인할 수 있는 정도이거나 정당한 목적을 위한 상당한 수단에 해당하는 등 사회상규에 반하지 아니하는 때에는 협박죄가 성립하지 아니한다.**

[2] 따라서 **민사적 법률관계하에서 이해관계가 상충되는 당사자 사이에** 권리의 실현·행사 과정에서 이루어진 상대방에 대한 불이익이나 해악의 고지가 일반적으로 보아 공포심을 일으킬 수 있는 정도로서 **협박죄의 '협박'에** 해당하는지 여부와 그것이 **사회상규에 비추어 용인할 수 있는 정도를 넘어선 것인지 여부를 판단할 때에는**, 행위자와 상대방의 관계 및 사회경제적 위상의 차이, 고지된 불이익이나 해악의 내용이 당시 상황에 비추어이해관계가 대립되는 당사자의 권리 실현·행사의 내용으로 통상적으로 예견·수용할 수 있는 범위를 현저히 벗어난 정도에 이르렀는지, 해악의 고지 방법과 그로써 추구하는 목적 사이에 합리적 관련성이 존재하는지 등 **여러 사정을 세심히 살펴보아야 한다.**

[3] 피고인들을 비롯한 직원들의 임금이 체불되고 사무실 임대료를 내지 못할 정도로 재정 상태가 좋지 않은 등의 이유로 이 사건 회사의 경영상황이 우려되고 **대표이사 겸 최대주주인 甲의** 경영능력이 의심받던 상황에서, **직접적 이해당사자인 피고인들이** 동료 직원들과 함께 **甲을 만나 '사임제안서'만 전달하였을 뿐 별다른 말을 하지 않았고**, 갑도 약 5분 동안 이를 읽은 후 바로 그 자리를 떠난 경우, 피고인들의 '사임제안서' 전달 행위를 협박죄에서의 **'협박'으로 볼 수 없고**, 설령 '협박'에 해당하더라도 사회통념상 용인할 수 있는 정도이거나 이 사건 회사의 경영 정상화라는 정당한 목적을 위한 상당한 수단에 해당하여 **사회상규에 반하지 아니한다고 봄이** 타당하다(대법원2022. 12. 15.선고2022도9187판결). 결국, 피고인들은 **피고인들의 '사임제안서' 전달 행위를 협박죄에서의 '협박'으로 볼 수 없고**(구성요건해당성이 없고), **설령 '협박'에 해당하더라도** 사회통념상 용인할 수 있는 정도이거나 이 사건 회사의 경영 정상화라는 정당한 목적을 위한 상당한 수단에 해당하여 **사회상규에 반하지 아니한다**(위법성이 조각된다)고 봄이 타당하므로, **협박죄가 성립하지 아니한다.**

문제 17 - 정답 ③

▶ ③ ㉠㉢㉤(3개)은 맞는 지문이나, ㉡㉣(2개)은 틀린 지문이다.

㉠ (○) [1] **형법 제302조는** "미성년자 또는 **심신미약자에 대하여** 위계 또는 **위력으로써 간음 또는 추행을 한 자는** 5년 이하의 징역에 처한다."라고 **규정**하고 있다. 형법 제32장의 죄의 기본적 구성요건은 강간죄(제297조)나 강제추행죄(제298조)인데, **이 죄(형법 제302조; 미성년자 등에 대한 간음)는** 미성년자나 심신미약자와 같이 판단능력이나 대처능력이 일반인에 비하여 **낮은 사람은** 낮은 정도의 유·무형력의 행사에 의해서도 저항을 제대로 하지 못하고 피해를 입을 가능성이 있기 때문에 **범죄의 성립요건을 보다 완화된 형태로 규정한 것이다.**

[2] 이 죄에서 '미성년자'는 형법 제305조 및 성폭력범죄의 처벌 등에 관한 특례법 제7조 제5항의 관계를 살펴볼 때 '13세 이상 19세 미만의 사람'을 가리키는 것으로 보아야 하고, '심신미약자'란 정신기능의 장애로 인하여 사물을 변별하거나 의사를 결정할 능력이 미약한 사람을 말한다.

[3] 그리고 '추행'이란 객관적으로 피해자와 같은 처지에 있는 일반적·평균적인 사람으로 하여금 성적 수치심이나 혐오감을 일으키게 하고 선량한 성적 도덕관념에 반하는 행위로서 구체적인 피해자를 대상으로 하여 피해자의 성적 자유를 침해하는 것을 의미한다.

[4] 다음으로 '위력'이란 피해자의 성적 자유의사를 제압하기에 충분한 세력으로서 유형적이든 무형적이든 묻지 않으며, 폭행·협박뿐 아니라 행위자의 사회적·경제적·정치적인 지위나 권세를 이용하는 것도 가능하다.

[5] 피고인은 호텔에서 피해자(16세 여고생)에게 필로폰을 제공하여, 약물로 인해 사물을 변별하거나 의사를 결정할 능력이 미약한 상태에 빠진 피해자가 제대로 저항하거나 거부하지 못한다는 사정을 이용하여 피해자를 추행하기로 마음먹고, 화장실에서 샤워를 하고 있던 피해자에게 다가가 피해자에게 자신의 성기를 입으로 빨게 하고, 피해자의 항문에 성기를 넣기 위해 피해자를 뒤로 돌아 엎드리게 한 다음, 피해자의 항문에 손가락을 넣고, 샤워기 호스의 헤드를 분리하여 그 호스를 피해자의 항문에 꽂아 넣은 후 물을 주입한 경우, 피고인의 행위는 약물로 인하여 사물을 변별하거나 의사를 결정할 능력이 미약한 심신미약인 피해자에 대하여 위력으로써 추행을 한 경우에 해당한다.

[6] 피고인의 행위가 피해자에 대하여 위력으로써 추행을 한 경우에 해당한다고 보는 이유는 다음과 같다. 무엇보다도 피고인의 행위는 그 경위 및 태양, 피해자의 연령 등에 비추어 볼 때 피해자와 같은 처지에 있는 일반적·평균적 사람이 예견하기 어려운 가학적인 행위로서 성적 수치심이나 혐오감을 일으키는 데에서 더 나아가 성적 학대라고 볼 수 있다. 피해자가 성매매에 합의하였다 하더라도 이와 같은 행위가 있을 것으로 예상하였다거나 또는 이에 대하여 사전 동의를 하였다고 보기 어렵다. 또한 피해자가 필로폰 투약에 동의하였다 하여 이를 들어 피해자에게 어떠한 성적 행위를 하여도 좋다는 승인을 하였다고 볼 수도 없다. 심신미약의 상태에 있는 피해자가 원치 않는 성적 접촉 또는 성적 행위에 대하여 거부의사를 명확히 밝히지 않았다 하여 동의를 한 것으로 쉽게 단정해서는 안 됨은 물론이다(대법원2019. 6. 13.선고2019도3341판결).

ⓒ (X) [1] 갑(28세)은 이전에 만난 적이 없이 술에 취하여 화장실을 찾는 을(여, 18세)을 새벽에 모텔객실로 데려가 술에 취하여 심신상실 상태에 있는 을을 침대에 눕힌 후, 을의 상의와 브래지어, 팬티를 벗기고 을에게 키스하고 손으로 피해자의 가슴을 만져 피해자의 심신상실의 상태를 이용하여 추행을 하였다하여 준강제추행죄로 기소된 사안이다.

[2] 준강간죄에서 '심신상실'이란 정신기능의 장애로 인하여 성적 행위에 대한 정상적인 판단능력이 없는 상태를 의미하고, '항거불능'의 상태란 심신상실 이외의 원인으로 심리적 또는 물리적으로 반항이 절대적으로 불가능하거나 현저히 곤란한 경우를 의미한다.

[3] 이는 준강제추행죄의 경우에도 마찬가지이다. ㉠ 피해자가 깊은 잠에 빠져 있거나 ㉡ 술·약물 등에 의해 일시적으로 의식을 잃은 상태 또는 ㉢ 완전히 의식을 잃지는 않았더라도 그와 같은 사유로 정상적인 판단능력과 대응·조절능력을 행사할 수 없는 상태에 있었다면 준강간죄 또는 준강제추행죄에서의 심신상실 또는 항거불능 상태에 해당한다(㉠㉡㉢의 3개는 해당한다).

[4] 음주 후 준강간 또는 준강제추행을 당하였음을 호소한 을의 경우, 범행 당시 알코올이 위의 기억형성의 실패만을 야기한 알코올 블랙아웃 상태였다면 을은 기억장애 외에 인지기능이나 의식상태의 장애에 이르렀다고 인정하기 어렵지만, 이에 비하여 을이 술에 취해 수면상태에 빠지는 등 의식을 상실한 패싱아웃 상태였다면 심신상실의 상태에 있었음을 인정할 수 있다. 또한 '준강간죄 또는 준강제추행죄에서의 심신상실·항거불능'의 개념에 비추어, 을이 의식상실 상태에 빠져 있지는 않지만 알코올의 영향으로 의사를 형성할 능력이나 성적 자기결정권 침해행위에 맞서려는 저항력이 현저하게 저하된 상태였다면 '항거불능'에 해당하여, 이러한 피해자에 대한 성적 행위 역시 준강간죄 또는 준강제추행죄를 구성할 수 있다.

[5] 따라서 음주로 심신상실 상태에 있는 을에 대하여 준강간 또는 준강제추행을 하였음을 이유로 기소된 갑이 '을이 범행 당시 의식상실 상태가 아니었고 그 후 기억하지 못할 뿐이다.'라는 취지에서 알코올 블랙아웃을 주장하는 경우, 법원은 제반 사정을 면밀하게 살펴 범행 당시 을이 심신상실 또는 항거불능 상태에 있었는지 여부를 판단해야 한다. 을의 단편적인 모습만으로 을이 단순히 '알코올 블랙아웃'에 해당하여 심신상실 상태에 있지 않았다고 단정하여서는 안 된다.

[6] 을은 이 사건 당시 짧은 시간 동안 다량의 술을 마셔 구토를 할 정도로 취했다. 자신의 일행이나 소지품을 찾을 방법을 알지 못하고, 사건 당일 처음 만난 갑과 함께 모텔에 가서 무방비 상태로 잠이 들었다. 을은 인터폰으로 자신의 이름을 말해준 이후에도 상황 파악을 하지 못한 채로 다시 잠이 들어버렸을 뿐만 아니라, 경찰이 모텔 객실로 들어오는 상황이었음에도 옷을 벗은 상태로 누워 있을 정도로 판단능력 및 신체적 대응능력에 심각한 문제가 발생한 상태였다. 이와 같은 사정에 비추어 보면 을은 갑이 추행을 할 당시 술에 만취하여 잠이 드는 등 심신상실 상태에 있었다고 볼 여지가 충분하다(대법원2021. 2. 4.선고2018도9781판결).

ⓒ (X) [1] 성폭력범죄의 처벌 등에 관한 특례법 제10조는 '업무상 위력 등에 의한 추행'에 관한 처벌 규정인데, 제1항에서 "업무, 고용이나 그 밖의 관계로 인하여 자기의 보호, 감독을 받는 사람에 대하여 위계 또는 위력으로 추행한 사람은 3년 이하의 징역 또는 1천 500만 원 이하의 벌금에 처한다."라고 정하고 있다.

[2] '업무, 고용이나 그 밖의 관계로 인하여 자기의 보호, 감독을 받는 사람'에는 직장 안에서 보호 또는 감독을 받거나 사실상 보호 또는 감독을 받는 상황에 있는 사람뿐만 아니라 채용 절차에서 영향력의 범위 안에 있는 사람도 포함된다.

[3] 그리고 '위력'이란 피해자의 자유의사를 제압하기에 충분한 힘을 말하고, 유형적이든 무형적이든 묻지 않고 폭행·협박뿐만 아니라 사회적·경제적·정치적인 지위나 권세를 이용하는 것도 가능하며, 현실적으로 피해자의 자유의사가 제압될 필요는 없다.

[4] 편의점 업주인 피고인이 아르바이트 구인 광고를 보고 연락한 갑을 채용을 빌미로 불러내어 면접을 한 후 자신의 집으로 유인하여 갑의 성기를 만지고 갑에게 피고인의 성기를 만지게 한 경우, 피고인은 채용 권한을 가지고 있는 지위를 이용하여 갑의 자유의사를 제압하여 갑을 추행하였으므로 성폭력범죄의 처벌 등에 관한 특례법 위반(업무상위력등에의한추행)에 해당한다(대법원2020. 7. 9.선

127

고2020도5646판결).

㉣ (○) [1] 피고인이 지하철 내에서 갑(여)의 등 뒤에 밀착하여 무릎을 굽힌 후 **성기를 갑의 엉덩이 부분에 붙이고 앞으로 내미는** 등 갑을 추행하였다고 하여 구 성폭력범죄의 처벌 등에 관한 특례법 위반(**공중밀집장소에서의 추행**)으로 기소된 사안에서, 위 죄가 기수에 이르기 위해서는 **객관적으로 일반인에게 성적 수치심이나 혐오감을 일으키게 할 만한 행위로서** 선량한 성적 도덕관념에 반하는 행위를 행위자가 대상자를 상대로 실행하는 것으로 **충분하고,** 행위자의 행위로 말미암아 **대상자가 성적 수치심이나 혐오감을 반드시 실제로 느껴야 하는 것은 아니므로,** 공중밀집장소추행죄가 성립한다
[2] 피고인이 자신의 **성기를 피해자의 엉덩이에 밀착시킨 것**은 객관적으로 일반인에게 성적 수치심이나 혐오감을 일으키게 하고 선량한 성적 도덕관념에 반하는 행위라고 보기에 충분하다. 따라서 피고인의 행위는 **이미** 성폭력처벌법위반(공중밀집장소에서의추행)죄의 **기수에 이른 것**이고, **비록 피해자가** 다른 일에 몰두하거나 착각에 빠져서 자신에게 어떠한 일이 일어나고 있는지조차 제대로 파악하지 못하는 경우도 발생할 수 있어 **실제로 성적 수치심이나 혐오감을 느끼지 못하였다고 하더라도(추행사실을 몰랐어도) 공중밀집장소에서의 추행에 해당한다**(대법원2020. 6. 25.선고2015도7102판결).

㉤ (○) [1] 아동·청소년의 성보호에 관한 법률 제11조 제5항은 "아동·청소년성착취물을 구입하거나 아동·청소년성착취물임을 알면서 이를 소지·시청한 자는 1년 이상의 징역에 처한다."라고 규정하고 있다. 여기서 **'소지'란** 아동·청소년성착취물을 **자기가 지배할 수 있는 상태에 두고 지배관계를 지속시키는 행위**를 말한다.
[2] 아동·청소년성착취물 **파일을 구입하여 시청할 수 있는 상태 또는 접근할 수 있는 상태만으로 곧바로 이를 소지로 보는 것은 소지에 대한 문언 해석의 한계를 넘어서는 것이어서 허용될 수 없으므로,** 피고인이 자신이 지배하지 않는 서버 등에 저장된 아동·청소년성착취물에 접근하였지만 **위 성착취물을 다운로드하는 등 실제로 지배할 수 있는 상태로 나아가지는 않았다면** 특별한 사정이 없는 한 아동·청소년성착취물을 '소지'한 것으로 **평가하기는 어렵다**
[3] **피고인이 가입한 7개 텔레그램 채널 및 대화방**(아동·청소년이 성교행위를 하거나 가슴 내지 음부를 드러내고 있는 영상 등 총 480개의 아동·청소년성착취물 사진 또는 영상이 게시되어 있었다.)은 성명불상자가 개설·운영하였을 뿐 피고인이 지배하는 채널 및 대화방임을 인정할 수 없고, **피고인이** 아동·청소년성착취물이 **게시된 위 7개 채널 및 대화방에 접속하였지만,** 그곳에 게시된 아동·청소년성착취물을 자신의 텔레그램 채널 등에 전달하거나, **자신의 저장매체에 다운로드하는 등 실제로 지배할 수 있는 상태로 나아가지는 않았고,** 달리 그러한 지배를 인정할 만한 특별한 사정이 없다. 따라서 **피고인의 이러한 행위를** 가리켜 아동·청소년성착취물을 **'소지'한 것으로 평가할 수는 없다**(대법원2023. 10. 12.선고2023도5757판결).

문제 18 - 정답 ③

▶ ③ ㉠㉡㉢(3개)은 옳은 지문이나, ㉣㉤(2개)은 틀린 지문이다.

㉠ (○) [1] 군형법은 제64조 제3항에서 '공연히 사실을 적시하여 상관의 명예를 훼손한 경우'에 대해 형법 제307조 제1항의 사실적시에 의한 명예훼손죄보다 형을 높여 처벌하도록 하면서 이에 대해 형법 제310조와 같이 공공의 이익에 관한 때에는 처벌하지 아

니한다는 규정을 별도로 두지 않았다.
[2] 그러나 **형법 제307조 제1항의 행위에 대한 위법성조각사유를 규정한 형법 제310조는 군형법 제64조 제3항의 행위에 대해 유추적용된다고 보아야 한다.** 이유는 다음과 같다. 군형법상 상관명예훼손죄는 상관에 대한 사회적 평가, 즉 외부적 명예 외에 군 조직의 질서 및 통수체계 유지 역시 보호법익으로 한다. 그런데 군형법 제64조 제3항의 상관명예훼손죄는 행위의 상대방이 '상관'이라는 점에서 형법 제307조 제1항의 명예훼손죄와 구별되는 것일 뿐 구성요건적 행위인 명예훼손을 형법상의 개념과 다르게 해석할 이유가 없다. 따라서 **군형법상 상관명예훼손죄와 형법상 명예훼손죄의 불법내용에 본질적인 차이가 있다고 보기 어렵고,** 문제 되는 행위가 '공공의 이익에 관한 때'에 해당하는지를 심사할 때에 상관명예훼손죄가 보호하고자 하는 군의 통수체계와 위계질서에 대한 침해 위험 등을 추가적으로 고려함으로써 위법성조각사유의 해당 여부를 판단하면 충분하다.
[3] 피고인(전문군무경력관으로 임관하여 국방부유해발굴감식단에서 근무하는 군무원임–군인에 준하여 군형법이 적용됨))이 '국방부유해발굴단 감식단장이 유해의 국적에 대해 다른 국적 가능성을 묵살하였다'는 내용의 인터넷 기사 댓글에 '위 기사의 제보자(피해자)는 현재 성희롱 등으로 검찰조사 받고 있다'는 댓글을 게시함으로써 공연히 사실을 적시하여 상관인 피해자의 명예를 훼손하였다는 상관명예훼손으로 기소된 사안에서, **군형법 제64조 제3항의 사실적시 상관명예훼손죄에 형법 제310조를 유추적용할 수 있고** 피고인의 행위가 **진실한 사실로서 오로지 공공의 이익에 관한 때에 해당한다(무죄이다).** 이 사건 댓글은 국방부유해발굴감식단 **구성원 모두의 이익 내지 국민의 공적 관심 사안에 대한 내용으로 공공의 이익에 해당한다**고 볼 수 있다(대법원2024. 4. 16.선고2023도13333판결). 결국, 군무원이 댓글을 게시하여 상관인 국방부유해발굴감식단장을 명예훼손하였다는 사안에서 형법 제310조를 유추적용할 수 있다고 하여 무죄를 선고하였다.

㉡ (○) [1] 이 사건 발언의 주된 취지는 피해자가 다른 사람의 재산을 탈취한 전력이 있다는 것으로, **피해자에게 위와 같은 특정경제범죄법 위반(횡령)죄의 전과가 있는 이상 주요부분에 있어 객관적 사실과 합치되는 것으로 볼 수 있다.** 피고인들이 '사기꾼'이라는 표현도 사용하였으나, 이는 피해자의 종친회 회장 출마에 반대하는 의견을 표명한 것이거나 다소 과장된 감정적 표현으로 이해할 수 있다.
[2] **'탈취', '사기꾼'이라는 표현**은 위 특정경제범죄법 위반(횡령)죄의 범죄사실에 대하여 일반인으로서 **법률적 평가만을 달리한 것일 수 있으므로,** 원심으로서는 위 전과의 구체적인 내용을 살펴 위 표현과의 관련성을 심리할 필요가 있었다. 그럼에도 **원심은 단순히 피고인에게 사기죄로 처벌받은 전력이 없다는 이유만으로** 이 사건 발언 내용이 **허위의 사실이라고 단정하였다.**
[3] 피고인들은 위와 같은 **범죄전력이 있는 피해자가 종친회 회장으로 선출되는 것은 부당하다는 판단에 따라** 이에 관한 의사를 적극적으로 표명하는 과정에서 이 사건 **발언에 이르게 된 것으로** 보이고, 이와 같은 **피해자의 종친회 회장으로서의 적격 여부는 종친회 구성원들 전체의 관심과 이익에 관한 사항으로서 공익성이 인정된다.** 피고인들이 다소 감정적이고 과격한 방식으로 이 사건 발언을 하였다고 하더라도 **피고인들이 이 사건 발언을 한 주요 목적이나 동기가 피해자를 비방하려는 데에 있다고 단정할 수 없다.**
[4] **범죄전력과 같은 개인적인 사항이라고 하더라도** 피해자가 종

친회 회장으로 출마함으로써 <u>공공의 이익과 관련성이 발생한</u> 이상, 그러한 사정만으로 <u>형법 제310조의 적용을 배제할 것은 아니다</u>(대법원2022. 2. 11.선고2021도10827판결).

ⓒ (X) [1] <u>명예훼손죄가 성립하기 위해서는</u> <u>주관적 구성요소로서</u> 타인의 <u>명예를 훼손한다는 고의를 가지고</u> 사람의 사회적 평가를 저하시키는 데 <u>충분한 구체적 사실을 적시하는 행위를 할 것이 요구</u>된다. <u>따라서</u> 불미스러운 소문의 진위를 확인하고자 <u>질문을 하는 과정에서</u> 타인의 명예를 훼손하는 발언을 하였다면 이러한 경우에는 그 동기에 비추어 <u>명예훼손의 고의를 인정하기 어렵다.</u>

[2] 마트의 운영자인 피고인이 마트에 아이스크림을 납품하는 업체 직원인 갑을 불러 '다른 업체에서는 마트에 입점하기 위하여 입점비를 준다고 하던데, 입점비를 얼마나 줬냐? 점장 을이 여러 군데 업체에서 입점비를 돈으로 받아 해먹었고, 지금 뒷조사 중이다.'라고 말하여 공연히 허위 사실을 적시하여 을의 명예를 훼손하였다는 내용으로 기소된 사안에서, <u>피고인은</u> 마트 영업을 시작하면서 <u>乙을 점장으로 고용하여 관리를 맡겼는데,</u> 재고조사 후 일부 품목과 금액의 손실이 발견되자 그때부터 을을 의심하여 마트 관계자들을 상대로 을의 비리 여부를 확인하고 다니던 중 <u>을이 납품업자들로부터 현금으로 입점비를 받았다는</u> 이야기를 듣고 갑을 불러 을에게 입점비를 얼마 주었느냐고 <u>질문하였던 점</u> 등 제반 사정을 종합하면, 피고인은 을이 납품업체들로부터 입점비를 받아 개인적으로 착복하였다는 소문을 듣고 갑을 불러 <u>소문의 진위를 확인하면서</u> 갑도 입점비를 을에게 주었는지 <u>질문하는 과정에서 위와 같은 말을 한 것으로 보이므로,</u> 을의 사회적 평가를 저하시킬 의도를 가지거나 그러한 결과가 발생할 것을 인식한 상태에서 위와 같은 말을 한 것이 아니어서 <u>피고인에게 명예훼손의 고의를 인정하기 어렵고,</u> 한편 피고인이 아무도 없는 사무실로 갑을 불러 단둘이 <u>이야기를 하였고,</u> 갑에게 그와 같은 사실을 을에게 말하지 말고 혼자만 알고 있으라고 당부하였으며, 갑이 그 후 을에게는 이야기하였으나 <u>을 외의 다른 사람들에게 이야기한 정황은 없는 점</u> 등을 고려하면 <u>피고인에게 전파가능성에 대한 인식과 그 위험을 용인하는 내심의 의사가 있었다고 보기도 어렵다</u>(대법원2018. 6. 15.선고2018도4200판결).

ⓔ (X) [1] <u>공적 인물과 관련된 공적 관심사에</u> 관하여 <u>의혹을 제기하는 형태의 표현행위에</u> 대해서는 <u>일반인에 대한 경우와 달리 암시에 의한 사실의 적시로 평가하는 데 신중해야 한다.</u>

[2] 문제 된 표현이 사적인 영역에 속하는 경우에는 표현의 자유보다 명예의 보호라는 인격권이 우선할 수 있으나, <u>공적적·사회적인 의미를 가진 경우에는</u> 이와 달리 <u>표현의 자유에 대한 제한이 완화되어야</u> 한다.

[3] 피고인이 '야당 대통령후보였던 갑(문재인 전 대통령 후보자)은 일명 부림사건의 변호인으로서 체제전복을 위한 활동을 한 국가보안법 위반 사범들을 변호하면서 그들과 동조하여 그들과 동일하게 체제전복과 헌법적 기본질서를 부정하는 활동인 공산주의 활동 내지 공산주의 운동을 해 왔다.'는 취지의 발언을 하여 허위사실 적시 명예훼손으로 기소된 사안에서, 제반 사정을 종합할 때 피고인의 위 '<u>공산주의자 발언</u>'은 자신의 경험을 통한 갑의 사상 또는 이념에 대한 피고인의 의견 내지 입장표명에 해당하여 이를 <u>갑의 명예를 훼손할 만한 구체적인 사실의 적시라고 보기 어렵고,</u> 나아가 <u>표현의 자유의 한계를 일탈한 위법한 행위라고 볼 수 없다</u>(대법원2021. 9. 16.선고2020도12861판결).

ⓜ (○) [1] 피고인이 2013년 출간한 도서 「<u>제국의 위안부</u>」에서

일본군 위안부였던 피해자들에 대하여, ① <u>조선인 위안부들은</u> 일의 내용이 군인을 상대하는 매춘임을 인지한 상태에서 <u>생활을 위해 본인의 선택에 따라 위안부가 되어</u> 경제적 대가를 받고 <u>성매매를 하는 매춘업에 종사하는 사람</u>이고, 위안소에서 일본군과 성적쾌락을 위해 아편을 사용한 사람이다. ② 조선인 위안부들은 <u>일본군과 동지의식을 가지고</u> 일본제국에 대한 애국심 또는 위안부로서 사긍심을 가지고 일본인 병사들을 정신적으로 위안하여 주는 생활을 하였고, 이를 통해 <u>일본군과 함께 전쟁을 수행하는 동지의 관계에</u> 있었다. ③ 조선인 일본군 <u>위안부들의 동원 과정에서</u> 일본군의 강제 연행은 없었고, 있다고 한다면 <u>군인 개인의 일탈에 의한 것이어서 공적으로 일본군에 의한 것이 아니다.</u> 라는 이 사건 각 표현은 피고인의 학문적 주장 내지 의견의 표명으로 평가함이 타당하고, <u>명예훼손죄로 처벌할 만한 '사실의 적시'로 보기 어렵다.</u>

[2] <u>연구자들은</u> 연구 주제의 선택, 연구의 실행뿐만 아니라 연구 결과 발표에 이르기까지 타인의 명예를 보호하고, 개인의 자유와 자기결정권을 존중하며, 사생활의 비밀을 보호하는 것을 소홀히 하여서는 안 된다. <u>특히 사회적 약자나 소수자와 같이,</u> 연구에 대한 의견을 표출하거나 연구 결과를 반박하는 데에 <u>한계가 있는 개인이나 집단을 대상으로 연구를 하는 경우</u>에는, 연구의 전 과정에 걸쳐 <u>이들의 권리를 존중하여야 할 특별한 책임을 부담</u>한다.

[3] 대법원은 명예훼손죄에서 '사실의 적시'에 관하여, 객관적으로 피해자의 사회적 평가를 저하시키는 사실에 관한 발언이 보도, 소문이나 제3자의 말을 인용하는 방법으로 단정적인 표현이 아닌 전문 또는 추측의 형태로 표현되었더라도, 표현 전체의 취지로 보아 사실이 존재할 수 있다는 것을 암시하는 방식으로 이루어진 경우에는 사실의 적시로 인정하여 왔다.

[4] <u>하지만 학문적 표현의 자유를 실질적으로 보장하기 위해서는,</u> 학문적 연구 결과 발표에 사용된 표현의 적절성은 형사 법정에서 가려지기보다 <u>자유로운 공개토론이나 학계 내부의 동료평가 과정을 통하여 검증되는 것이 바람직하다.</u> 그러므로 학문적 연구에 따른 의견 표현을 명예훼손죄에서 사실의 적시로 평가하는 데에는 신중할 필요가 있다. <u>역사학 또는 역사적 사실을 연구 대상으로 삼는 학문 영역에서의 '역사적 사실'과 같이,</u> 그것이 분명한 윤곽과 형태를 지닌 고정적인 사실이 아니라 사후적 연구, 검토, 비판의 끊임없는 과정 속에서 재구성되는 사실인 경우에는 더욱 그러하다. 이러한 점에서 볼 때, <u>학문적 표현을 그 자체로 이해하지 않고, 표현에 숨겨진 배경이나 배후를 섣불리 단정하는 방법으로 암시에 의한 사실 적시를 인정하는 것은 허용된다고 보기 어렵다.</u>

[5] <u>형사재판에서 공소가 제기된 범죄의 구성요건을 이루는 사실</u>은 그것이 <u>주관적 요건이든 객관적 요건이든 그 증명책임이 검사에게 있으므로, 해당 표현이 학문의 자유로서 보호되는 영역에 속하지 않는다는 점은 검사가 증명하여야</u> 한다(대법원2023. 10. 26.선고2017도18697판결). 결국, '제국의 위안부' 사건은 <u>학문적 주장 내지 의견의 표명으로 명예훼손죄가 성립하지 않는다.</u>

문제 19 - 정답 ①

▶ ① (○) <u>의료인인 갑의 명의로 의료인이 아닌 을이 개설하여 운영하는 병 병원에서,</u> 피고인이 단독으로 또는 공모하여 <u>11회에 걸쳐 큰 소리를 지르거나 환자 진료 예약이 있는 갑을 붙잡고 있는 등의 방법으로 위력으로써 갑의 진료 업무를 방해하였다는</u> 내용으로 기소된 사안에서, 공소사실 전부 또는 그중 일부는 <u>피고인이 갑의 환자에 대한 진료행위를 방해한 것으로 볼 여지가 있으므로,</u> 피고인이 병 병원의 일반적인 운영 외에 갑의 진료행위를 방해

한 것인지에 대해 더 세밀하게 심리하여 업무방해죄 성립 여부를 판단하였어야 한다(대법원 2023. 3. 16.선고2021도16482판결). 결국, 무자격자가 개설한 의료기관(사무장 병원)에 **고용된 의료인(의사)이 환자를 진료하는 업무는 업무방해죄의 보호대상이 되는 업무가 될 수 있다.** 따라서 **사무장의 병원업무를 방해하였다면 업무방해죄가 성립하지 아니하나**, 고용된 **의사의 환자 진료업무를 방해**하였다면 **업무방해죄가 성립한다.**

② (X) [1] **농협의 조합장을 비롯한 경영진이나 직원들이 이사회에 부의된 안건과 관련하여 이사회에서 보고 또는 설명을 하는 것**은 이사들이 해당 안건의 내용을 잘 이해하여 적절한 심의·의결을 할 수 있게 하는 것이므로, **그 보고 또는 설명의 상대방은 이사회의 구성원인 이사들에 한정되는 것으로 볼 수 있을 뿐 이사회 구성원이 아닌 감사 등까지 포함된다고 보기는 어렵다.**

[2] 따라서 **피고인들이 위 농협의 제8차 및 제11차 이사회에서 '급여규정 일부 개정안'에 대하여 허위로 설명 또는 보고하거나 개정안과 관련하여 허위의 자료를 작성하여 이사들에게 제시하였다고 하더라도 그와 같은 행위는** 직접적·본질적으로 **이사들의 '급여규정 일부 개정안' 심의·의결 업무를 방해한 것으로 볼 수 있을 뿐**, 이사회에 참석한 감사의 업무를 방해한 것으로 보기는 어렵다. 피고인들의 이사들에 대한 위와 같은 기망적인 행위로 인해 **위 이사회에 출석한 감사가 의견을 진술하는 데에 결과적으로 지장을 초래한 것으로 볼 수 있다 하더라도** 그 실질은 **이사들의 정상적인 심의·의결 업무를 방해하는 행위로 평가·포섭될 수 있을 뿐이다.**

[3] 따라서 이 사건에서 **감사들의 '이사회 출석' 및 '의견 진술' 자체가 피고인들의 행위로 인하여 방해받은 바도 없다**(대법원 2023. 9. 27. 선고 2023도9332 판결). 결국, 피고인들은 **이사에 대한 업무방해죄가 성립할 뿐**이고, 이사회의 **구성원이 아닌 감사에 대하여는 업무방해죄가 성립하지 않는다.**

③ (X) 피고인 갑(법학전문대학원 박사과정을 수료한 자)은 **지도교수 등이 대작한 박사학위 논문 예비심사용 자료('이 사건 예심자료')를 마치 자신이 작성한 것처럼 발표하여 예비심사에 합격함으로써 X대학원장의 박사학위 논문 예비심사 업무를 방해하였다는** 공소사실로 기소된 사안에서, 지도교수 등이 이 사건 예심자료를 대작한 사실이 합리적 의심을 배제할 정도로 증명되었다고 보기에 부족하고, **갑이 지도교수에 의한 수정, 보완을 거친 이 사건 예심자료를 제출하였다 하더라도** 이로써 **X대학원장 등에게 오인·착각 또는 부지를 일으키게 하여 이를 이용하였다거나, 업무방해의 결과를 초래할 위험이 발생하였다고 단정하기 어려우므로** 위계에 의한 **업무방해죄가 성립하지 않는다**(대법원 2023.9.14.선고 2021도13708 판결). 결국, 갑이 박사학위 논문 예비심사용 자료를 지도교수 등 제3자가 대작하여 논문심사업무를 방해했다는 공소사실로 기소된 경우, **갑은 그 지도교수와 공모하여 위계로써 ○○대학교 법학전문대학원 원장의 박사학위 논문 예비심사 업무를 방해하였다고 할 수 없다.**

④ (X) [1] 상대방으로부터 신청을 받아 일정한 자격요건 등을 갖춘 경우에 한하여 그에 대한 수용 여부를 결정하는 업무에 관해서는 신청서에 기재된 사유가 사실과 부합하지 않을 수 있음을 전제로 하여 자격요건 등을 심사·판단하는 것이므로, **업무담당자가 사실을 충분히 확인하지 아니한 채 신청인이 제출한 허위 신청사유나 허위 소명자료를 가볍게 믿고 수용하였다면** 이는 **업무담당자의 불충분한 심사에 기인한 것으로서** 신청인의 위계가 업무방해의 위험성을 발생시켰다고 할 수 없어 **위계에 의한 업무방해죄를 구성**

하지 **않는다.**

[2] 따라서 **계좌개설 신청인이 접근매체를 양도할 의사로 금융기관에 법인 명의 계좌를 개설하면서 예금거래신청서 등에 금융거래의 목적이나 접근매체의 양도의사 유무 등에 관한 사실을 허위로 기재하였으나**, 계좌개설 심사업무를 담당하는 **금융기관의 업무담당자가** 단순히 예금거래신청서 등에 기재된 계좌개설 신청인의 **허위 답변만을 그대로 믿고 그 내용의 진실 여부를 확인할 수 있는 증빙자료의 요구 등 추가적인 확인조치 없이 법인 명의의 계좌를 개설해 준 경우 그 계좌개설은 금융기관 업무담당자의 불충분한 심사에 기인한 것이므로**, 계좌개설 신청인의 **위계가 업무방해의 위험성을 발생시켰다고 할 수 없어 위계에 의한 업무방해죄를 구성하지 않는다.**

[3] 피고인이 접근매체를 양도할 의사로 금융기관에 법인 명의로 계좌개설을 신청하면서 예금거래신청서 등에 금융거래의 목적이나 접근매체의 양도의사 유무에 관하여 허위사실을 기재하고, 금융기관의 업무담당자가 이를 사실로 받아들여 법인 명의의 계좌를 개설해 준 경우, 피고인의 행위가 위계로써 금융기관의 계좌 개설업무를 방해한 것으로서 위계에 의한 업무방해죄를 구성한다고 볼 수 있는지 여부이다. **결국, 이 사건 각 법인 명의 계좌가 개설된 것은 피해 금융기관 업무담당자의 불충분한 심사에 기인한 것으로** 볼 여지가 많아 계좌개설 신청인인 피고인의 위계가 업무방해의 위험성을 발생시켰다고 할 수 없으므로 **위계에 의한 업무방해죄를 구성하지 않는다**(대법원2023. 8. 31.선고2021도17151판결).

문제 20 - 정답 ③

▶ ③ ㉠㉣(2개)은 옳은 지문이나, ㉡㉢㉤(3개)은 틀린 지문이다.

㉠ (O) [1] **형법은 흉기와 위험한 물건을 분명하게 구분하여 규정하고 있는바**, 형벌법규는 문언에 따라 엄격하게 해석·적용하여야 하고 **피고인에게 불리한 방향으로 지나치게 확장해석하거나 유추해석해서는 아니 된다.** 그리고 형법 제331조 제2항에서 '흉기를 휴대하여 타인의 재물을 절취한' 행위를 특수절도죄로 가중하여 처벌하는 것은 흉기의 휴대로 인하여 피해자 등에 대한 위해의 위험이 커진다는 점 등을 고려한 것으로 볼 수 있다. 이에 비추어 **위 형법 조항에서 규정한 흉기는 본래 살상용·파괴용으로 만들어진 것이거나 이에 준할 정도의 위험성을 가진 것으로 봄이 상당하고**, 그러한 위험성을 가진 물건에 해당하는지 여부는 그 물건의 본래의 용도, 크기와 모양, 개조 여부, 구체적 범행 과정에서 그 물건을 사용한 방법 등 제반 사정에 비추어 사회통념에 따라 객관적으로 판단할 것이다.

[2] **피고인이** 이 사건 절도 범행을 함에 있어서 **택시 운전석 창문을 파손하는 데 사용한 이 사건 드라이버는 일반적인 드라이버와 동일한 것으로** 특별히 개조된 바는 없는 것으로 보이고, 그 크기와 모양 등 제반 사정에 비추어 보더라도 피고인의 이 사건 범행이 **흉기를 휴대하여 타인의 재물을 절취한 경우에 해당한다고 보기는 어렵다**(대법원2012. 6. 14.선고2012도4175판결).

㉡ (X) [1] **적어도 피해자가 피고인에게 피해 회사에 대한 출입권한을 부여한 이상**, 피해 회사는 피해자가 단독으로 관리·점유하는 건조물에 해당된다고 보기 어렵다. 즉, **피고인은 피해자와 공동으로 관리·점유하는 피해 회사 사무실에 임의로 출입한 것이므로 원칙적으로 건조물침입죄가 성립한다고 볼 수 없다.** 또한 피고인이 피해자와의 관계에서 피해 회사에 대한 출입과 관련하여 공동생활관계에서 **의탈하였거나** 이에 관한 사실상의 지배·관리를 **상실한**

경우 등의 **특별한 사정이 있다고 보기도 어렵다.**

[2] **비록 피고인이** 공소사실 기재와 같이 **일요일 야간**에 피해 회사 사무실에 **절도 목적으로 출입하였으나,** 피고인은 피해자로부터 교부받은 스마트키를 이용하여 피해 회사에서 예정한 **통상적인 출입방법에 따라 위 사무실에 들어간 것일 뿐** 그 당시 객관적·외형적으로 드러난 행위태양을 기준으로 볼 때 **사실상의 평온상태를 해치는 방법으로 피해 회사에 들어갔다고 볼 만한 사정도 보이지 않는다**(대법원2023. 6. 29.선고2023도3351판결). 결국, **건조물침입죄가 성립하지 아니하므로 야간건조물침입절도죄도 성립하지 않는다.**

ⓒ (X) [1] (사건의 개요) '**피고인은** 피해자인 술집 운영자 갑으로부터 **술값 26만 원의 지급을 요구받자** 갑을 유인·폭행하여 술값의 지급을 면하기로 마음먹고, **甲을** 부근에 있는 A아파트 뒤편 **골목으로 유인한 후,** 양손으로 피해자의 어깨 부위를 붙잡아 밀치고 **발로 다리를 걸어 바닥에 넘어뜨린 다음** 갑의 몸 위에 올라타 양**손으로 갑의 목을 조르거나** 갑의 입을 손으로 막고 주먹으로 얼굴을 때리려고 하는 등으로 **반항하지 못하게 한 다음 그대로 도주함**으로써, **술값 26만 원의 지급을 면하여 같은 금액 상당의 재산상 이익을 취득하고** 피해자에게 **약 2주간의 치료를 요하는 양측 팔꿈치의 찰과상 등의 상해를 가하였다**'는 것이다.

[2] 검사는 피고인을 강도상해죄로 기소하였고, **1심 법원**은 피고인에게 **강도상해죄가 성립한다고 보았다.**

[3] 그러나 **원심(2심)은, 갑이 입은 상해는** 자연치유정도의 경미한 상처로서 **반항을 억압할 정도의 강도상해죄에서의 상해에 해당하지 않는다고 보아 강도상해죄를 무죄로 판단하면서,** 공소사실의 동일성이 인정되고 피고인의 방어권 행사에 실질적 불이익을 초래하지 않는다는 이유로 **공소장 변경 없이** 공소사실의 마지막 부분을 '**피고인은 피해자에게 지급해야 할 술값 26만 원의 지급을 면하여 같은 금액 상당의 재산상 이익을 취득하고 피해자를 폭행하였다**'로 변경하고 이에 관하여 **준강도죄를 적용하여 유죄를 선고**하였다.

[3] 그러자 **대법원은 다음의 이유로 준강도죄가 성립하지 않는다고 보았다.**

가. 형법 제335조는 '**절도**'가 재물의 탈환을 항거하거나 체포를 면탈하거나 죄적을 인멸할 목적으로 폭행 또는 협박을 가한 때에 준강도가 성립한다고 규정하고 있으므로, **준강도죄의 주체는 절도범인**이고, **절도죄의 객체는 재물이다.**

나. 피고인이 술집 운영자 甲으로부터 술값의 지급을 요구받자 **甲을 유인·폭행하고 도주함으로써 술값의 지급을 면하여 재산상 이익을 취득하고 상해를 가하였다고** 하여 **강도상해로 기소되었는데,** 원심이 위 공소사실을 '피고인이 甲에게 지급해야 할 술값의 지급을 면하여 재산상 이익을 취득하고 甲을 폭행하였다'는 범죄사실로 인정하여 **준강도죄를 적용한 사안에서,** 원심이 인정한 범죄사실에는 **그 자체로 절도의 실행에 착수하였다는 내용이** 포함되어 있지 않음에도 **준강도죄를 적용하여 유죄로 인정한 원심판결에** 준강도죄의 주체에 관한 법리오해의 **잘못이 있다**(대판2014.5.16. 2014도2521). 결국, 준강도죄가 성립하려면 절도죄의 실행의 착수인 물색행위가 있어야 하고 절도죄의 객체는 재물만으로 한정되는데, 위 사안에서 **절도죄의 착수도 없고 술값의 면탈**은 재산상 이익이지 **재물이 아니므로 준강도죄도 성립할 수 없고,** (준)**강도상해죄도 성립할 수 없다.** 따라서 **1심은 강도상해죄를 인정하였고, 원심(2심)은** 준강도죄를 인정하였으나, **대법원은 준강도죄가 성립하지 않는다고** 하였다.

ⓔ (○) [1] 절취란 타인이 점유하고 있는 재물을 점유자의 의사에 반하여 그 점유를 배제하고 자기 또는 제3자의 점유로 옮기는 것을 말하고, **어떤 물건이 타인의 점유하에 있다고 할 것인지의 여부는,** 객관적인 요소로서의 관리범위 내지 **사실적 관리가능성** 외에 **주관적 요소로서의 지배의사를** 참작하여 결정하되 **궁극적으로는** 당해 물건의 형상과 그 밖의 구체적인 사정에 따라 **사회통념에 비추어 규범적 관점에서 판단하여야 한다.**

[2] 피고인은 **인도명령의 집행이 이루어지기 전까지는 이 사건 건물을 점유**하면서, 이 사건 **건물에 들어오는 전기를 점유·관리하였다고 봄이 상당**하고, 피고인이 이 사건 건물에 설치된 전기코드에 선을 연결하여 이 사건 컨테이너로 전기를 공급받아 사용하였다고 하더라도 이는 **당초부터 피고인이 점유·관리하던 전기를 사용한 것에 불과할 뿐,** 이를 타인이 점유·관리하던 전기를 사용한 것이라고 할 수 없으며, 피고인에게 **절도의 범의가 있었다고도 할 수 없다.**

[3] 또한 이 사건 건물에 부착된 계량기의 검침결과는 1달 동안의 전기사용량을 나타내는 것에 불과할 뿐 피고인이 인도명령 집행 이후에도 전기를 사용하였다는 증거가 되기에 부족하고, 달리 이를 인정할 증거는 찾을 수 없다. 따라서 **피고인의 전기사용행위는 절도죄에 해당하지 않는다**(대법원2016. 12. 15.선고2016도15492판결).

ⓜ (X) [1] **일반인의 출입이 허용된 영업점에** 영업주의 승낙을 받아 **통상적인 출입방법으로 들어갔다면** 특별한 사정이 없는 한 주거침입죄에서 정하는 **침입행위에 해당하지 않는다.** 설령 행위자가 범죄 등을 목적으로 영업점에 출입하였거나 **영업주가 행위자의 실제 출입 목적을 알았더라면 출입을 승낙하지 않았을 것이라고 하더라도** 그러한 사정만으로는 **사실상의 평온상태를 해치는 것도 아니어서 침입행위에 해당한다고 볼 수 없다.**

[2] **건조물침입을 구성요건으로 하는 야간건조물침입절도죄**(형법 제330조)에서 **건조물침입에 해당하는지를 판단할 때에도 위와 같은 법리가 적용된다.**

[3] **피고인은 야간에** 일반인의 출입이 허용된 편의점에 관리자가 있는 가운데 **통상적인 출입방법으로 들어간 사실을 알 수 있다.** 피고인의 **출입 당시 모습** 등에 비추어 **편의점 관리자의 사실상 평온상태가 침해되었다고 볼 만한 사정도 없다.** 따라서 이러한 사실을 위에서 본 법리에 비추어 살펴보면, **피고인이 야간에 절도 목적으로 편의점에 출입하였다고 하더라도** 건조물에 **침입하였다고 보기 어렵다**(대법원2022. 7. 28.선고2022도5659판결). 결국, **피고인에게는** 야간건조물침입절도죄(형법 제330조)가 **성립하지 않는다.**

문제 21 – 정답 ③

▶ ③ (○) [1] 도급계약에서 편취에 의한 사기죄의 성립 여부는 **계약 당시를 기준으로 피고인에게 일을 완성할 의사나 능력이 없음에도** 피해자에게 일을 완성할 것처럼 거짓말을 하여 **피해자로부터 일의 대가 등을 편취할 고의가 있었는지 여부에 의하여 판단하여야** 한다. 이때 법원으로서는 도급계약의 내용, 체결 경위 및 계약의 이행과정이나 결과 등을 종합하여 판단하여야 한다.

[2] 피고인이 설립한 갑 주식회사는 설립 자본금을 가장납입하고, 자격증 대여자를 보유 건설기술자로 등록하는 등 **자본금 요건과 기술자 보유 요건을 가장하여 전문건설업을 부정 등록한 무자격 건설업자로 전문공사를 하도급받을 수 없었음에도,** 이를 바탕으로 **공사 발주기관을 기망하여 특허 사용협약을 체결하고, 해당 공사를 낙찰받은 건설회사 담당자를 기망하여 하도급 계약을 체결한 후,**

각 계약들에 따른 **공사대금을 지급받아 편취하였다**는 이유로 특정경제범죄 가중처벌 등에 관한 법률 위반(사기) 및 사기죄로 기소된 사안에서, **갑 회사가 시공 또는 납품한 교량 가설공사는 모두 정상적으로 준공되었고**, 갑 회사가 도급받은 보수공사 또한 모두 정상적으로 준공된 것으로 보이는 점, 피고인과 갑 회사가 전용실시권을 보유하고 있는 특허공법에 기술적 문제점이 있다거나, 이들이 특허권을 취득하는 과정에 문제가 있다는 점이 밝혀지는 아니한 점에 비추어, **갑 회사의 설립 또는 사업분야 확장 과정에서 자본금 납입을 가장하였다거나, 국가기술자격증을 대여받아 전문건설업 등록을 하였다는 사정만으로는 피고인에게 각 공사를 완성할 의사나 능력이 없었다고 단정하기 어렵고**, 교량 가설공사에 관하여 피고인이 발주기관의 주무 사무관으로부터 개략 견적가에 관한 정보를 전해 듣고 가격을 수정하였다는 사정만으로는 발주기관 계약 담당 공무원에 대하여 계약이행능력에 관한 기망행위를 하였다고 보기 어려워, **피고인이 발주기관 또는 건설회사들로부터 공사대금을 지급받은 행위가** 사기죄에서의 **기망행위로 인한 재물의 편취에 해당한다고 보기 어렵다**(대법원2023. 1. 12.선고2017도14104판결). 결국, 피고인은 사기죄가 성립하지 않는다.

① (X) [1] **소송사기는** 법원을 속여 자기에게 유리한 판결을 얻음으로써 상대방의 재물 또는 재산상 이익을 취득하는 범죄로서, **이를 쉽사리 유죄로 인정하게 되면** 누구든지 자기에게 유리한 주장을 하고 소송을 통하여 권리구제를 받을 수 있는 **민사재판제도의 위축을 가져올 수밖에 없다. 이러한 위험성은** 당사자 간 **합의에 의하여 소송절차를 원만하게 마무리하는 민사조정에서도 마찬가지로 존재한다.**

[2] 따라서 피고인이 범행을 인정한 경우 외에는 **소송절차나 조정절차에서** 행한 주장이 사실과 다름이 객관적으로 명백하고 피고인이 그 주장이 명백히 거짓인 것을 인식하였거나 증거를 조작하려고 하였음이 인정되는 때와 같이 **범죄가 성립하는 것이 명백한 경우가 아니면** 이를 유죄로 인정하여서는 안 된다.

[3] 소송당사자들은 **조정절차를** 통해 원만한 타협점을 찾는 과정에서 자신에게 유리한 결과를 얻기 위하여 노력하고, **그 과정에서 다소간의 허위나 과장이 섞인 언행을 하는 경우도 있다.** 이러한 언행이 일반 거래관행과 신의칙에 비추어 **허용될 수 있는 범위 내라면** 사기죄에서 말하는 **기망행위에 해당한다고 볼 수는 없다.**

[4] 통상의 조정절차에서는 조정채무 불이행에 대한 제재수단뿐만 아니라 소송비용의 처리 문제나 청구취지에 포함되지 않은 다른 잠재적 분쟁에 관한 합의내용도 포함될 수 있고, 소송절차를 단축시켜 집행권원을 신속히 확보하기 위한 목적에서 조정이 성립되는 경우도 있다. 소송당사자가 조정에 합의한 것은 이러한 부수적 사정에 따른 이해득실을 모두 고려한 이성적 판단의 결과로 보아야 하고, 변호사 등 소송대리인이 조정절차에 참여하여 조정이 성립한 경우에는 더욱 그러하다.

[5] 따라서 **조정에 따른 이행의무를 부담하는 피고가 조정성립 이후 청구원인에 관한 주된 조정채무를 제때 이행하지 않았다는 사정만으로** 원고에게 **신의칙상 주의의무를 다하지 아니하였다거나 조정성립과 상당인과관계 있는 손해가 발생하였다고 쉽사리 단정하여서는 아니 된다.**

[6] 피고인이 2016. 12. 말까지 을에게 3억 원을 지급할 의사와 능력이 없음에도 그와 같은 의사와 능력이 있는 것처럼 乙을 기망하였다고 보기 어렵고, 피고인들이 민사소송의 조정 과정에서 을에게 아파트 시행 사업 양도대금의 지급시기를 설명하지 않았다는

사정만으로 곧바로 **을에 대한 기망행위가 성립하였다거나 그로 인한 손해가 발생하였다고 할 수도 없다**(대법원2024. 1. 25.선고 2020도10330판결). 결국, 갑은 을에게 사기죄가 성립하지 않는다.

② (X) [1] **적법하게 개설되지 아니한 의료기관의 실질 개설·운영자(의료법인 이사장)가** 적법하게 개설된 의료기관인 것처럼 의료급여비용의 지급을 청구하여 이에 속은 **국민건강보험공단으로부터 의료급여비용 명목의 금원을 지급받아 편취**한 경우, **국민건강보험공단을 피해자로 보아야** 한다.

[2] **적법하게 개설되지 않은** 의료기관의 실질 개설·운영자인 피고인**(의료법인 이사장)의** 의료급여비용 편취 범행 **피해자를 개별 지방자치단체가 아닌** 국민건강보험공단으로 보아, **피고인의 요양급여비용 및 의료급여비용 편취 범행 전체가 포괄하여** 피해자 국민건강보험공단에 대한 **하나의 특정경제범죄가중처벌등에관한법률위반(사기)죄를 구성한다**(대법원2023.10.26.선고 2022도90판결).

④ (X) [1] **기망행위에 의하여 국가적 또는 공공적 법익을 침해한 경우라도** 그와 동시에 형법상 사기죄의 보호법익인 재산권을 침해하는 것과 동일하게 평가할 수 있는 때에는 **당해 행정법규에서 사기죄의 특별관계에 해당하는 처벌 규정을 별도로 두고 있지 않는 한 사기죄가 성립할 수 있다.**

[2] 그런데 **기망행위에 의하여 조세를 포탈하거나 조세의 환급·공제를 받은 경우에는** 조세범 처벌법에서 이러한 행위를 **처벌하는 규정을 별도로 두고 있을** 뿐만 아니라, 조세를 강제적으로 징수하는 국가 또는 지방자치단체의 직접적인 권력작용을 사기죄의 보호법익인 재산권과 동일하게 평가할 수 없는 것이므로, **기망행위에 의하여 조세를 포탈하거나 조세의 환급·공제를 받은 경우에는 조세범 처벌법 위반죄가 성립함은 별론으로 하고, 형법상 사기죄는 성립할 수 없다(특별법 우선의 원칙)**(대법원2021. 11. 11.선고 2021도7831판결). 결국, 피고인 등은 부가가치세 조기환급 신고를 함에 있어 환급되는 세액이 크지 않을 경우 통상 세부 내역에 대한 소명을 요구하지 않는 점을 이용해 **허위 사업자의 허위 매입내역으로 부가가치세 조기환급을** 신고하여 부가가치세 환급세액을 부정하게 지급받는 방법으로, 수차례부터 백여차례까지 교부받아 편취한 사안에서 **형법상 사기죄의 성립을 부정하였다.**

문제 22 - 정답 ②

▶ ② ㉠㉢㉣(3개)은 옳은 지문이나, ㉡㉤(2개)은 **틀린 지문**이다.

㉠ (O) [1] 병원에서 의약품 선정·구매 업무를 담당하는 **약국장이 병원을 대신하여 제약회사로부터 의약품 제공의 대가로 기부금 명목의 돈을 받아** 보관중 임의소비한 경우, **위 돈은 병원이 약국장에게 불법원인급여를 한 것에 해당하지 않아** 여전히 반환청구권을 가지므로, **업무상 횡령죄가 성립한다.**

[2] **피고인이 병원을 대신하여 제약회사들로부터 의약품을 공급받는** 대가로 그 의약품 매출액에 비례하여 **기부금 명목의 금원을 제공받은 다음 병원을 위하여 보관하여 왔던 것뿐이라면**, 다른 특별한 사정이 없는 한 **이를 두고 선량한 풍속 기타 사회질서에 반하는 행위로서 불법원인급여에 해당한다고 보기는 어려우므로**, 위 **병원이** 병원을 대신하여 위 제약회사들로부터 위와 같은 금원을 제공받아 보관하고 있던 **피고인에 대해 그 반환을 구하지 못한다고 할 수는 없다**(대법원 2008. 10. 9. 선고 2007도2511 판결). 결국, A재단법인 ○○병원에서 사용되는 의약품의 선정, 구매 및 관리를 담당하는 약국장 및 약제부장으로 근무하는 피고인에게는 업무상 횡령죄가 성립한다.

㉡ (X) [1] **부동산에 관한 횡령죄에 있어서 타인의 재물을 보관하는 자의 지위는** 동산의 경우와는 달리 부동산에 대한 점유의 여부

가 아니라 **부동산을 제3자에게 유효하게 처분할 수 있는 권능의 유무에 따라** 결정하여야 하므로, 부동산을 공동으로 상속한 자들 중 1인이 부동산을 혼자 점유하던 중 다른 공동상속인의 **상속지분을 임의로 처분**하여도 그에게는 그 처분권능이 없어 횡령죄가 성립하지 아니한다.

[2] 의붓자식인 피해자 갑과 을의 **계모인 피고인**이 위 **피해자 등과 공동으로 상속한** 이 사건 **건물에 거주·관리**하면서 **이를 타인 병에게 매도**하였어도 횡령죄가 성립하지 아니한다(대판 2000.4.11. 2000도565). **상속지분**은 지분별로 등기가 경료되어 있기 때문에 **등기부상 소유권자만(갑과 을)이 자유롭게 처분할 수 있을 뿐**이고, 그 **부동산을 점유하는 자(계모)**가 소유권자의 상속지분을 처분할 권능이 없으므로 설령 **상속지분을 처분했다**하여도 횡령죄는 성립하지 않는다.

ⓒ (○) **부동산에 관한 횡령죄**에 있어서 **타인의 재물을 보관하는 자의 지위**는 동산의 경우와는 달리 **부동산에 대한 점유의 여부가 아니라 그 부동산을 제3자에게 유효하게 처분할 수 있는 권능의 유무에 따라 결정하여야** 한다(대판 2000.4.11. 2000도565).

ⓓ (○) [1] 회사가 기업활동을 하면서 형사상의 범죄를 수단으로 하여서는 안 되므로 뇌물공여를 금지하는 법률 규정은 회사가 기업활동을 할 때 준수하여야 하고, 따라서 **회사의 이사 등이 업무상의 임무에 위배**하여 **보관 중인 회사의 자금으로 뇌물을 공여하였다면** 이는 **오로지 회사의 이익을 도모할 목적이라기보다는** 뇌물공여 **상대방의 이익을 도모할 목적이나 기타 다른 목적으로** 행하여진 것이라고 **보아야** 하므로, 그 **이사** 등은 회사에 대하여 **업무상횡령죄의 죄책을 면하지 못한다.**

[2] 그리고 특별한 사정이 없는 한 **이러한 법리는 회사의 이사 등이 회사의 자금으로 부정한 청탁**을 하고 배임증재를 한 경우에도 **마찬가지로 적용된다**(대법원 2013. 4. 25. 선고 2011도9238 판결).

ⓔ (X) [1] **공무원이 그 임무에 위배되는 행위로써 제3자로 하여금 재산상의 이익을 취득하게** 하여 **국가에 손해를 가한 경우에 업무상배임죄가 성립한다.** 그리고 업무상배임죄에서 '임무에 위배되는 행위'는 당해 사무의 내용·성질 등 구체적 상황에 비추어 법률의 규정, 계약의 내용 또는 신의성실의 원칙상 당연히 할 것으로 기대되는 행위를 하지 않거나 당연히 하지 말아야 할 것으로 기대되는 행위를 함으로써 본인에 대한 신임관계를 저버리는 일체의 행위를 말하고, 그럼으로써 재산상 이익을 취득하거나 **제3자로 하여금 이를 취득하게 하고 본인에게 손해를 가한 이상** 그에 관한 **고의 내지 불법이득의사가 인정된다**고 할 것이다.

[2] 공무원인 피고인 갑(경호처장)과 을(경호처직원)은 **A 대통령의 퇴임 후 사용할 사저부지와 그 경호부지를 일괄 매수하는 사무를 처리**하면서 매매계약 체결 후 그 매수대금을 A 대통령의 아들 B와 국가에 배분함에 있어, 사저부지 가격을 높게 평가하면 경호부지 가격이 내려가고 경호부지 가격을 높게 평가하면 사저부지 가격이 내려가는 관계에 있으므로, 이러한 경우 다른 특별한 대체 수단이 없는 이상 공익사업을 위한 토지 등의 취득 및 보상에 관한 법률에서 정한 복수의 감정평가업자의 평가액의 산술평균액을 기준으로 하여 그 비율을 정하여 배분하는 것이 가장 합리적이고 객관적인 방법이라 할 것인데, **이미 복수의 감정평가업자에게 감정평가를 의뢰하여 그 결과를 통보받았음에도** 굳이 **이를 무시하면서** 인근 부동산업자들이나 인터넷, 지인 등으로부터의 **불확실한 정보를 가지고 감정평가결과와 전혀 다르게** 상대적으로 **사저부지 가격을 낮게 평가**(B가 비용을 적게 부담)하고 **경호부지 가격을 높게 평가**(국가가 더 부담)하여 매수대금을 배분한 것은 **국가사무를 처**

리하는 **자로서의 임무위배행위에 해당하고** 위 **피고인들에게 배임의 고의 및 불법이득의사도 인정**된다.

[3] 손해액은 감정평가액을 기준으로 계산하고 감정평가의 신뢰성에도 문제가 없다고 전제한 후, 경호부지에 대한 각 감정평가액의 산술평균액과 사저부지에 대한 각 감정평가액의 산술평균액의 비율로 토지의 총 내내대금 54억 원을 인분하여 계산한 경호부지에 대한 적정한 분담액과 피고인들이 산정한 경호부지에 대한 분담액과의 **차액 972,058,098원이 이 사건 배임행위의 손해액이다**(대법원 2013. 9. 27.선고2013도6835판결). 결국, **피고인들은 업무상배임죄에 해당한다**(서울 내곡동 사저 사건으로 갑과 을만 처벌된 사건).

문제 23 – 정답 ④

▶ ④ (X) [1] **강제집행면탈죄는 현실적으로** 민사집행법에 의한 강제집행 또는 가압류, 가처분의 **집행을 받을 우려가 있는 객관적인 상태**, 즉 **채권자가 본안 또는 보전소송을 제기하거나 제기할 태세를 보이고 있는** 상태에서 **주관적으로 강제집행을 면탈하려는 목적**으로 재산을 은닉, 손괴, 허위양도하거나 허위의 채무를 부담하여 **채권자를 해칠 위험이 있으면 성립한다.**

[2] **반드시** 채권자를 해치는 결과가 야기되거나 행위자가 어떤 이득을 얻어야 범죄가 성립하는 것은 **아니다.**

[3] **허위의 채무를 부담하는 내용의 채무변제계약 공정증서를 작성**하고 이에 터 잡아 **채권압류 및 추심명령을 받은 경우에는 강제집행면탈죄가 성립한다**(대법원2018. 6. 15.선고2016도847판결).

①② (○) [1] 형법 제327조는 "강제집행을 면할 목적으로 재산을 은닉, 손괴, 허위양도 또는 허위의 채무를 부담하여 채권자를 해한 자"를 처벌함으로써 **강제집행이 임박한 채권자의 권리를 보호하기 위한 것**이므로, **강제집행면탈죄의 객체**는 채무자의 재산 중에서 채권자가 **민사집행법상** 강제집행 또는 보전처분의 **대상으로 삼을 수 있는 것이어야** 한다.

[2] 한편 압류금지채권의 목적물이 채무자의 예금계좌에 **입금된 경우에는 그 예금채권에 대하여** 더 이상 압류금지의 효력이 미치지 아니하므로 **그 예금은 압류금지채권에 해당하지 않지만**, 압류금지채권의 목적물이 **채무자의 예금계좌에 입금되기** 전까지는 **여전히 강제집행 또는 보전처분의 대상이 될 수 없는 것**이므로, 압류금지채권의 목적물을 수령하는 데 사용하던 기존 예금계좌가 채권자에 의해 압류된 채무자가 **압류되지 않은 다른 예금계좌를 통하여 그 목적물을 수령하더라도** 강제집행이 임박한 채권자의 권리를 침해할 위험이 있는 행위라고 볼 수 없어 **강제집행면탈죄가 성립하지 않는다.**

[3] 산업재해보상보험법 제52조의 **휴업급여를 받을 권리**는 같은 법 제88조 제2항에 의하여 **압류가 금지되는 채권**으로서 **강제집행면탈죄의 객체에 해당하지 않으므로**, 피고인이 **장차 지급될 휴업급여 수령계좌**를 기존의 압류된 예금계좌에서 **압류가 되지 않은 다른 예금계좌로 변경하여 휴업급여를 수령한 행위는 죄가 되지 않는다**(대법원2017. 8. 18.선고2017도6229판결).

③ (○) [1] 형법 제327조는 "강제집행을 면할 목적으로 재산을 은닉, 손괴, 허위양도 또는 허위의 채무를 부담하여 채권자를 해한 자"를 처벌한다고 규정하고 있다.

[2] **강제집행면탈죄는 강제집행이 임박한 채권자의 권리를 보호하기 위한 것**이므로, 강제집행면탈죄의 객체는 채무자의 재산 중에서 **채권자가 민사집행법상 강제집행 또는 보전처분의 대상으로 삼을 수 있는 것이어야** 한다.

[2] **국민건강보험법 제42조 제1항은 요양급여**는 '**의료법에 따라 개설된 의료기관**'에서 행하도록 정하고 있다. 따라서 **의료법에 의**

하여 적법하게 개설되지 아니한 **의료기관**에서 **요양급여가 행하여 졌다면** 해당 의료기관은 국민건강보험법상 요양급여비용을 청구할 수 있는 요양기관에 해당되지 아니하여 **해당 요양급여비용 전부를 청구할 수 없고**, 해당 의료기관의 채권자로서도 위 요양급여비용 **채권을 대상으로** 하여 **강제집행 또는 보전처분의 방법으로 채권의 만족을 얻을 수 없는 것**이므로, 결국 위와 같은 채권은 **강제집행면 탈죄의 객체가 되지 아니한다**(대법원2017. 4. 26.선고2016도 19982판결).

문제 24 - 정답 ②

▶ ② ㉠㉣㉤(3개)은 옳은 지문이나, ㉡㉢(2개)은 틀린 지문이다.

㉠ (○) 금융기관과의 거래에 있어서도 운전면허증에 의한 실명확인이 인정되고 있는 등 현실적으로 **운전면허증은 주민등록증과 대등한 신분증명서로 널리 사용**되고 있다. 따라서, 제3자로부터 신분확인을 **위하여** 신분증명서의 제시를 요구받고 **다른 사람의 운전면허증을 제시한 행위**는 그 **사용목적에 따른 행사로서 공문서부정행사죄에 해당한다**고 보는 것이 옳다(대판2001.4.19. 2000도1985 전원합의체 판결).

㉡ (X) **인감증명서 발급업무를 담당하는 공무원**이 발급을 신청한 본인이 직접 출두한 바 없음에도 불구하고 **본인이 직접 신청하여 발급받은 것처럼** 인감증명서에 기재하였다면, 이는 **공문서위조죄가 아닌 허위공문서작성죄를 구성한다**(대법원 1997. 7. 11. 선고 97도1082 판결).

㉢ (X) [1] **甲 구청장이 乙 구청장으로 전보된 후 甲 구청장의 권한에 속하는 건축허가에 관한 기안용지의 결재란에 서명을 한 것은 자격모용에 의한 공문서작성죄를 구성한다.**

[2] **피고인이 같은 날짜로** A광역시 제1 구청장에서 제2 구청장으로 전보되었다는 내용의 인사발령을 전화로 통보받았음을 알 수 있으므로 **그로써 피고인에 대한 전보명령은 효력을 발생**하여 그 이후에는 제2 구청장으로서의 권한만 있을 뿐 **제1 구청장으로서의 권한은 없다 할 것이다.** 따라서 피고인이 제2 구청장으로 전보된 후에 **제1 구청장의 권한에 속하는 이 사건 건축허가에 관한 기안 용지의 결재란에 서명을 하였다면** 이는 자격모용에 의한 공문서작성죄를 구성한다(대법원 1993. 4. 27. 선고 92도2688 판결).

㉣ (○) 근저당권은 근저당물의 소유자가 아니면 설정할 수 없으므로/ **타인의 부동산을 자기 또는 제3자의 소유라고 허위의 사실을 신고하여 소유권이전등기를 경료**한 후/ 나아가 **그 부동산이 자기 또는 당해 제3자의 소유인 것처럼 가장하여/ 그 부동산에 관하여** 자기 또는 당해 제3자 명의로 **채권자와의 사이에 근저당권설정 등기를 경료한 경우**에는 공정증서원본불실기재 및 동행사죄가 성립한다(대법원1997. 7. 25.선고97도605판결).

㉤ (○) [1] 피고인들이 중국 국적의 조선족 여자들과 참다운 **부부관계를 설정할 의사 없이** 단지 그들의 **국내 취업을 위한 입국을 가능하게 할 목적으로 형식상 혼인하기로 한 것이라면**, 피고인들과 조선족 여자들 사이에는 혼인의 계출에 관하여는 의사의 합치가 있으나 참다운 부부관계의 설정을 바라는 효과의사는 없었다고 인정되므로 **피고인들의 혼인은 우리 나라의 법에 의하여 혼인으로서의 실질적 성립요건을 갖추지 못하여 그 효력이 없다.**

[2] 따라서 피고인들이 중국에서 중국의 방식에 따라 혼인식을 거행하였다고 하더라도 우리 나라의 법에 비추어 **그 효력이 없는 혼인의 신고를 한 이상** 피고인들의 행위는 **공정증서원본불실기재 및 동행사죄의 죄책을 면할 수 없다**(대법원 1996. 11. 22. 선고 96도 2049 판결). 결국, **피고인들의 혼인은 무효**이므로, 공정증서원본불실기재 및 동행사죄에 해당한다.

문제 25 - 정답 ①

▶ ① (X) **내란죄**(제87조)는 대한민국 영토의 전부 또는 일부에서 국가권력을 배제하거나 **국헌을 문란하게 할 목적으로 폭동한 행위**로서, 다수인이 결합하여 위와 같은 목적으로 한 지방의 평온을 해할 정도의 **폭행·협박행위를 하면 기수가 되고, 그 목적의 달성 여부는 이와 무관한 것으로 해석되므로**, 다수인이 한 지방의 평온을 해할 정도의 **폭동을 하였을 때** 이미 내란의 구성요건은 완전히 충족된다고 할 것이어서 **상태범으로 봄이 상당하다**(대판 1997.4.17. 96도3376 전원합의체판결).

② (○) 내란죄는 우두머리(수괴), 중요행위자, 단순가담자 등으로 분류하여 차등하여 처벌하고 있다. 특히 **살상·파괴 또는 약탈행위를 실행한 자도 모의에 참여한 자, 지휘한 자, 그 밖의 중요임무에 종사한 자와 동일한 형으로 처벌한다.**

> **87조(내란)** 대한민국 영토의 전부 또는 일부에서 국가권력을 배제하거나 국헌을 문란하게 할 목적으로 **폭동을 일으킨 자는 다음 각 호의 구분에 따라 처벌한다.**
> 1. **우두머리**는 사형, 무기징역 또는 무기금고에 처한다.
> 2. **모의에 참여하거나 지휘하거나 그 밖의 중요한 임무에 종사한 자**는 사형, 무기 또는 5년 이상의 징역이나 금고에 처한다. **살상, 파괴 또는 약탈 행위를 실행한 자도** 같다.
> 3. **부화수행(附和隨行)**하거나 **단순히 폭동에만 관여한 자**는 5년 이하의 징역이나 금고에 처한다.[전문개정 2020. 12. 8.]

③ (○) 형법상 내란죄의 구성요건인 폭동의 내용으로서의 폭행 또는 협박은 **일체의 유형력의 행사나 외포심을 생기게 하는 해악의 고지를 의미하는 최광의의 폭행·협박을 말하는 것**으로서, 이를 준비하거나 보조하는 행위를 전체적으로 파악한 개념이며, **그 정도가 한 지방의 평온을 해할 정도의 위력이 있음을 요한다**(대판 2015.1.22. 2014도10978 전원합의체판결).

④ (○) [1] 내란목적살인죄는 **국헌을 문란할 목적을 가지고** 직접적인 수단으로 **사람을 살해함으로써** 성립하는 범죄라 할 것이므로, 국헌문란의 목적을 달성함에 있어 내란죄가 '폭동'을 그 **수단으로 함**에 비하여 내란목적살인죄는 '살인'을 그 **수단으로 하는 점**에서 두 죄는 엄격히 구별된다.

[2] **내란의 실행과정에서 폭동행위에 수반하여** 개별적으로 **발생한 살인행위**는 내란행위의 한 구성요소를 이루는 것이므로 **내란행위에 흡수되어** 내란목적살인의 별죄를 구성하지 아니하나, 특정인 또는 일정한 범위 내의 한정된 집단에 대한 **살해가** 내란의 와중에 폭동에 수반하여 일어난 것이 아니라 **그것 자체가 의도적으로 실행된 경우**에는 이러한 **살인행위**는 내란에 흡수될 수 없고 **내란목적살인의 별죄를 구성한다**(대법원1997. 4. 17.선고96도3376전원합의체 판결).

문제 26 - 정답 ③

▶ ③ ㉡㉢(2개)은 맞는 지문이나, ㉠㉣㉤(3개)은 틀린 지문이다.

㉠ (X) [1] 갑 생명보험 주식회사의 보험설계사이자 도시 및 주거환경정비법상 재건축정비사업조합의 조합장인 피고인이, 을에게서 시공사 선정 등에 도움을 달라는 청탁을 받고 을로 하여금 갑 회사 보험상품에 대한 보험계약을 체결하게 한 후 그에 대한 보험계약 모집수수료를 교부받은 경우, **피고인에게 뇌물수수죄가 성립한다.**

[2] 피고인이 취득한 **보험계약 모집수수료는** 보험회사로부터 영업성과에 따라 지급받은 보수이므로 그 **모집수수료 자체를 뇌물로 볼 수는 없고**, 피고인이 을에게서 **제공받은 뇌물은 '보험계약 체결에 따라 모집수수료 등을 지급받을 수 있는 지위 또는 기회'**이고, **재산적 가치는 적어도 보험계약 모집수수료 상당은 된다**(대판 2014.10.15. 2014도8113). 결국, **피고인이 공무원으로 의제되는** 재건축정비사업조합의 **임원(조합장)으로서 직무와 관련**하여 을로 하여금 보험계약을 체결하게 하였다면, 그 직무에 관하여 **뇌물을 수수한 것이다.**

ⓒ (O) [1] **제3자뇌물수수죄**(=제3자뇌물공여죄=제3자뇌물제공죄)는 공무원 또는 중재인이 직무에 관하여 부정한 청탁을 받고 **제3자에게 뇌물을 공여하게 하는 행위**를 구성요건으로 하고 있고, 그 중 **부정한 청탁은** 명시적인 의사표시뿐만 아니라 **묵시적인 의사표시로도 가능**하며 **청탁의 대상인 직무행위의 내용도 구체적일 필요가 없다.**

[2] 제3자뇌물수수죄에서 **제3자란** 행위자와 공동정범 이외의 사람을 말하고, **교사자나 방조자도 포함**될 수 있다.

[3] 그러므로 공무원 또는 중재인이 부정한 청탁을 받고 **제3자에게 뇌물을 제공하게 하고 제3자**(부정한 청탁을 한 자로부터 **이득금 상당을 받은 자)가** 그러한 **공무원 또는 중재인의 범죄행위를 알면서 방조한 경우**(이득금 상당을 받은 경우)**에는** 그에 대한 별도의 처벌규정이 없더라도 **방조범에 관한 형법총칙의 규정이 적용되어 제3자뇌물수수방조죄가 인정될 수 있다**(대판2017.3.15. 2016도19659).

ⓒ (O) [1] 정치자금의 기부행위는 정치활동에 대한 재정적 지원행위이고, 뇌물은 공무원의 직무행위에 대한 위법한 대가로서, 양자는 별개의 개념이다. **정치자금의 명목으로 금품을 주고받았고 정치자금법에 정한 절차를 밟았다고 할지라도**, 정치인의 정치활동 전반에 대한 지원의 성격을 갖는 것이 아니라 **공무원인 정치인의 특정한 구체적 직무행위와 관련하여 금품 제공자에게 유리한 행위를 기대하거나 또는 그에 대한 사례로서 금품을 제공함으로써 정치인인 공무원의 직무행위에 대한 대가로서의 실체를 가진다면 뇌물성이 인정된다.** 이때 금품 제공의 뇌물성을 판단할 때 상대방의 지위와 직무권한, 금품 제공자와 상대방의 종래 교제상황, 금품 제공자가 평소 기부를 하였는지와 기부의 시기·상대방·금액·빈도, 제공한 금품의 액수, 금품 제공의 동기와 경위 등을 종합적으로 고려하여야 한다.

[2] **공무원이 뇌물을 받는 데에 필요한 경비를 지출한 경우 그 경비는 뇌물수수의 부수적 비용에 불과하여 뇌물의 가액과 추징액에서 공제할 항목에 해당하지 않는다.** 뇌물을 받는 주체가 아닌 자가 수고비로 받은 부분이나 뇌물을 받기 위하여 형식적으로 체결된 용역계약에 따른 비용으로 사용된 부분은 뇌물수수의 부수적 비용에 지나지 않는다.

[3] **뇌물을 받는다는 것은 영득의 의사로 금품을 받는 것을 말하**므로, **뇌물인지 모르고 받았다가 뇌물임을 알고 즉시 반환하거나 또는** 증뢰자가 일방적으로 뇌물을 두고 가므로 **나중에 기회를 보아 반환할 의사로 어쩔 수 없이 일시 보관하다가 반환하는 등 영득의 의사가 없었다고 인정되는 경우라면 뇌물을 받았다고 할 수 없다.** 그러나 피고인이 먼저 뇌물을 요구하여 증뢰자로부터 돈을 **받았다면** 피고인에게는 **받은 돈 전부에 대한 영득의 의사가 인정된다**(대판2017.3.22. 2016도21536).

ⓔ (X) [1] **형법 제130조 제3자뇌물수수죄**(=제3자뇌물공여죄=제3자뇌물제공죄)는 공무원 또는 중재인이 직무에 관하여 **부정한 청탁**을 받고 제3자에게 뇌물을 공여하게 하는 행위를 구성요건으로 한다. 여기에서 **뇌물이란** 공무원의 직무에 관하여 **부정한 청탁을** 매개로 **제3자에게 교부되는 위법·부당한 이익**을 말하고, **형법 제129조 뇌물죄와 마찬가지로 직무관련성이 있으면 인정된다.**

[2] '**부정한 청탁'이란** 청탁이 **위법·부당한 직무집행**을 내용으로 하는 경우는 **물론, 청탁의** 대상이 된 직무집행 그 자체는 **위법·부당하지 않더라도 직무집행을 어떤 대가관계와 연결시켜** 직무집행에 관한 **대가의 교부를 내용으로 하는 경우도 포함한다.**

[3] 청탁의 대상인 **직무행위의 내용을 구체적으로 특정할 필요도 없다.** 부정한 청탁의 내용은 공무원의 직무와 제3자에게 제공되는 이익 사이의 대가관계를 인정할 수 있을 정도로 특정하면 충분하고, **이미 발생한 현안뿐만 아니라 장래 발생될 것으로 예상되는 현안도** 위와 같은 정도로 특정되면 **부정한 청탁의 내용이 될 수 있다.**

[4] **부정한 청탁은** 명시적인 의사표시가 없더라도 청탁의 대상이 되는 직무집행의 내용과 제3자에게 제공되는 금품이 직무집행에 대한 대가라는 점에 대하여 당사자 사이에 공통의 인식이나 양해가 있는 경우에는 **묵시적 의사표시로 가능하다**(대법원2019. 8. 29. 선고2018도2738).

ⓜ (X) **수뢰후부정처사죄를 정한 형법 제131조 제1항은** 공무원 또는 중재인이 형법 제129조(수뢰, 사전수뢰) 및 제130조(제3자뇌물제공)의 죄를 범하여 부정한 행위를 하는 것을 구성요건으로 하고 있다. 여기에서 '형법 제129조 및 제130조의 죄를 범하여'란 **반드시 뇌물수수 등의 행위가 완료된 이후에 부정한 행위가 이루어져야 함을 의미하는 것은 아니고**, 결합범 또는 결과적 가중범 등에서의 기본행위와 마찬가지로 **뇌물수수 등의 행위를 하는 중에 부정한 행위를 한 경우도 포함하는 것으로 보아야 한다.** 따라서 단일하고도 계속된 범의 아래 일정 기간 반복하여 일련의 뇌물수수 행위와 부정한 행위가 행하여졌고 그 뇌물수수 행위와 부정한 행위 사이에 인과관계가 인정되며 피해법익도 동일하다면, **최후의 부정한 행위 이후에 저질러진 뇌물수수 행위도 최후의 부정한 행위 이전의 뇌물수수 행위 및 부정한 행위와 함께 수뢰후부정처사죄의 포괄일죄로 처벌함이 타당하다**(대법원2021. 2. 4.선고2020도12103판결).

문제 27 - 정답 ②

▶ ② (X) [1] 형법 제127조는 공무원 또는 공무원이었던 자가 법령에 의한 직무상 비밀을 누설하는 것을 구성요건으로 하고 있다. 여기서 '**법령에 의한 직무상 비밀'이란 반드시 법령에 의하여 비밀로 규정되었거나 비밀로 분류 명시된 사항에 한하지 않고,** 정치·군사·외교·경제·사회적 필요에 따라 비밀로 된 사항은 물론 정부나 공무소 또는 국민이 객관적·일반적인 입장에서 **외부에 알려지지 않는 것에 상당한 이익이 있는 사항도 포함하나**, 실질적으로 **그것을 비밀로서 보호할 가치가 있다고 인정할 수 있는 것이어야** 한다.

[2] 그리고 '누설'이란 비밀을 **아직 모르는 다른 사람에게 임의로 알려주는 행위를** 의미한다. 한편 **공무상비밀누설죄는 공무상 비밀 그 자체를 보호하는 것이 아니라** 공무원의 비밀엄수의무의 침해에 의하여 위험하게 되는 이익, 즉 비밀누설에 의하여 위협받는 **국가의 기능을 보호하기 위한 것이다.**

[3] 그러므로 **공무원이 직무상 알게 된 비밀을** 그 직무와의 관련성 혹은 필요성에 기하여 해당 직무의 집행과 관련 있는 **다른 공무원에게 직무집행의 일환으로 전달한 경우**에는, 관련 각 공무원의 지위 및 관계, 직무집행의 목적과 경위, 비밀의 내용과 전달 경위 등 여러 사정에 비추어 비밀을 전달받은 공무원이 이를 그 직무집행과 무관하게 제3자에게 누설할 것으로 예상되는 등 국가기능에 위험이 발생하리라고 볼 만한 특별한 사정이 인정되지 않는 한, 위

와 같은 행위가 **비밀의 누설에 해당한다고 볼 수 없다**.

[4] 가. 피고인들에 대한 공소사실 기재 '수사정보 중 일부를 제외한 나머지 부분 및 수사보고서 사본'이 **'영장재판 과정에서 취득한 정보'라고 인정하기 어렵다**.

나. 피고인들이 현직 법관에 대한 검찰 수사를 저지하여 법관 비리를 은폐·축소하려는 의사를 상호 연락하거나 영장기록에 있는 수사정보를 법원행정처 차장 A에게 보고할 것을 **'공모'** 한 사실이 **인정되지 않는다**.

다. **피고인 갑이 A에게 한 보고**는 일선 **법원 사법행정업무 담당자**가 **그 직무수행의 일환으로 법원행정처에 대해 법관 비위 정보를 보고한 행위**로서 **해당 정보를 전달받은 법원행정처 차장 A가 이를 일반에게 유포**하는 등 국가의 수사·재판기능을 저해하는 행위를 **할 우려가 있다고 보기 어렵고**, **오히려** 재판 제도 존립의 핵심이 되는 **법관의 공정성과 청렴성 및 불가매수성에 대한 일반 국민의 신뢰 확보의 차원에서 비리 혐의를 받고 있는 해당 법관에 대해** 형사재판이 확정되기 전이라도 **그 사실관계를 파악하여 「법관 등의 사무분담 및 사건배당에 관한 예규」 제6조 제1항 제4호에 따른 해당 법관의 사무분담 변경이나 징계 처분 등** 사법행정의 측면에서 요구되는 **조치를 신속하면서도 신중하게 검토, 실행할 필요성에** 해당 사법행정업무를 직간접적으로 담당하고 그에 관한 비밀엄수의무를 부담하는 자들 사이에 **그 직무집행에 필요한 정보를 주고받은 행위로 볼 수 있으므로** 공무상비밀누설죄의 처벌대상이 되는 공무상 비밀의 누설행위에 해당하지 않는다(대법원2021. 11. 25.선고2021도2486판결).

결국, 피고인들은 공무상비밀누설죄가 성립하지 않는다.

① (○) 제18대 대통령 당선인 갑의 비서실 소속 공무원인 피고인이 당시 **갑을 위하여 중국에 파견할 특사단 추천 의원을 정리한 문건을 을에게 이메일 또는 인편 등으로 전달함으로써 법령에 의한 직무상 비밀을 누설하였다는 내용으로 기소된 사안에서, 위 문건이 사전에 외부로 누설될 경우 대통령 당선인의 인사 기능에 장애를 초래할 위험이 있으므로, 종국적인 의사결정이 있기 전까지는 외부에 누설되어서는 아니 되는 비밀로서 보호할 가치가 있는 직무상 비밀에 해당한다**(대판2018.4.26. 2018도2624). 결국, 피고인은 **형법 제127조의 공무상비밀누설죄가 성립한다**.

③ (○) [1] **공무원이 직무상 알게 된 비밀**을 그 직무와의 관련성 혹은 필요성에 기하여 해당 직무의 집행과 관련 있는 **다른 공무원에게 직무집행의 일환으로 전달한 경우에는**, 관련 각 공무원의 지위 및 관계, 직무집행의 목적과 경위, 비밀의 내용과 전달 경위 등 여러 사정에 비추어 비밀을 전달받은 공무원이 이를 그 직무집행과 무관하게 제3자에게 누설할 것으로 예상되는 등 **국가기능에 위험이 발생하리라고 볼 만한 특별한 사정이 인정되지 않는 한**, 위와 같은 행위가 **비밀의 누설에 해당한다고 볼 수 없다**.

[2] 서울서부지방법원 법원장인 갑이 **기획법관인 을과 공모하여 법원행정처 차장 병에게 집행관사무원 비리 사건의 각 보고서를 송부한 행위는** 을이 갑의 사법행정사무를 보좌하는 기획법관 지위에서 직무와 관련하여 알게 된 직무상 비밀을 **이를 취득할 지위 내지 자격이 있는 사람에게 전달한 것이므로**, 공무상비밀누설죄의 처벌대상이 되는 공무상 비밀의 **누설에 해당하지 않는다**(대법원2021. 12. 30.선고2021도11924판결).

④ (○) [1] **검찰의 고위간부(검찰총장)가 특정 사건에 대한 수사가 계속 진행중인 상태에서** 해당 사안에 관한 수사책임자의 잠정적인 판단 등 **수사팀의 내부 상황을 확인한 뒤 그 내용을 수사 대**상자 측에 전달한 행위가 형법 제127조에 정한 **공무상 비밀누설에 해당한다**.

[2] 검찰의 고위간부(검찰총장)가 **내사 담당 검사로 하여금 내사를 중도에서 그만두고 종결처리토록 한 행위가 직권남용권리행사방해죄에 해당한다**(대법원2007. 6. 14.선고2004도5561판결).

문제 28 – 정답 ②

▶ ② ㉠㉡㉣(3개)은 옳은 지문이나,㉢(1개)은 틀린 지문이다.

㉠ (○) 헌법 제12조 제2항에 정한 불이익 진술의 강요금지 원칙을 구체화한 자기부죄거부특권에 관한 것이거나 기타 증언거부사유가 있음에도 증인이 증언거부권을 고지받지 못함으로 인하여 **그 증언거부권을 행사하는 데 사실상 장애가 초래되었다고 볼 수 있는 경우에는 위증죄의 성립을 부정하여야 할 것이다**(대판2010.01.21. 2008도942 전원합의체판결).

㉡ (○) [1] **무고죄에 있어서 허위의 사실이라** 함은 그 신고된 사실로 인하여 **상대방이** 형사처분이나 징계처분 등을 **받게 될 위험이 있는 것이어야** 하고, 비록 신고내용에 일부 객관적 진실에 반하는 내용이 포함되었다고 하더라도 그것이 독립하여 형사처분 등의 대상이 되지 아니하고 **단지 신고사실의 정황을 과장하는 데 불과하거나 허위의 일부 사실의 존부가 전체적으로 보아 범죄사실의 성립 여부에 직접 영향을 줄 정도에 이르지 아니하는 내용에 관계되는 것이라면 무고죄가 성립하지 아니한다**.

[2] **폭행을 당하지는 않았더라도** 그와 다투는 과정에서 시비가 되어 서로 허리띠나 옷을 잡고 밀고 당기면서 평소에 좋은 상태가 아니던 요추부에 경도의 염좌증세가 생겼을 가능성이 충분히 있다면 피고인의 **구타를 당하여 상해를 입었다는 내용의 고소는 다소 과장된 것이라고 볼 수 있을지언정** 이를 일컬어 무고죄의 처벌대상인 **허위사실을 신고한 것이라고 단정하기는 어렵다**(대법원1996. 5. 31.선고96도771판결). 결국, 피고인은 무고죄가 성립하지 않는다.

㉢ (X) [1] 형법 제153조 소정의 위증죄를 범한 자가 자백, 자수를 한 경우의 형의 감면규정은 재판확정 전의 자백을 형의 필요적 감경 또는 면제사유로 한다는 것이다.

[2] 또 **위 자백의 절차에 관하여는 아무런 제한이 없으므로** 그가 공술한 사건을 다루는 기관에 대한 **자발적인 고백은 물론**, 위증사건의 피고인 또는 피의자로서 **법원이나 수사기관의 심문에 의한 고백도 위 자백의 개념에 포함된다**.

[3] 피고인은 **수사기관에서부터 원심법정에 이르기까지 자기의 위증사실을 자백하고 있고, 특히 제1심 법정에서는** 변호인을 통하여 당시 피고인이 허위 증언한 민사사건인 71나2320호 대여금 청구 항소사건을 심리하고 있던 서울고등법원에 고백한 자백서의 부분을 제출함으로써 이사건 **제1심 법원에 대하여 형의 감면사유를 주장하였던 것으로 보인다**. 그렇다면 이 사건에서 **피고인에 대하여 형법 제153조에 의한 형의 필요적 감면조치를 하여야 한다**(대법원 1973. 11. 27.선고73도1639판결).

㉣ (○) [1] 가. **무고죄는 국가의 형사사법권 또는 징계권의 적정한 행사를 주된 보호법익으로 하고** 다만, 개인의 부당하게 처벌 또는 징계받지 아니할 이익을 부수적으로 보호하는 죄로서, **무고죄에 있어서 형사처분 또는 징계처분을 받게 할 목적은** 허위신고를 함에 있어서 다른 사람이 그로 인하여 형사 또는 징계처분을 받게 될 것이라는 **인식이 있으면 족하고 그 결과발생을 희망하는 것까지를 요하는 것은 아니므로** 고소인이 고소장을 수사기관에 제출한 **의상** 그러한 **인식은 있었다고 보아야 한다**.

나. 이러한 법리에 비추어 보면, 위 **피고인의 주장과 같이** 실제 **고**

소를 한 A가 고소장을 접수하더라도 수사기관의 <u>고소인 출석요구</u><u>에 응하지 않음으로써</u> 그 단계에서 <u>수사가 중지되고 고소가 각하</u><u>될 것으로 의도하고 있었고</u>, 더 나아가 피고소인들에 대한 출석요구와 피의자신문 등의 수사권까지 발동될 것은 의욕하지 않았다고 하더라도 피고인들이 <u>위 A와 공모하여 A로 하여금</u> 그러한 <u>허위사실이 기재된 고소장을 수사기관에 제출하도록 한 이상 피고인들</u><u>에게는</u> 그 피고소인들이 그로 인하여 형사처분을 받게 될 수도 있다는 점에 대한 <u>인식이 있었다고 보아야 하고</u>, 또 그 <u>고소장 접수당시에 이미 국가의 형사사법권의 적정한 행사가 저해될 위험도</u><u>발생하였다</u>고 보아야 한다.

다. <u>고소인이 고소장을 접수하면서</u> 수사기관의 고소인 출석요구에 응하지 않음으로써 고소가 각하될 것으로 의도하고 있었다고 하더라도 무고죄가 성립한다(대법원2006. 8. 25.선고2006도3631판결).

[2] <u>피고인이</u> 최초에 작성한 <u>허위내용의 고소장을 경찰관에게 제출하였을 때</u> 이미 허위사실의 신고가 수사기관에 <u>도달되어 무고죄의 기수에 이른 것이라 할 것이므로</u>, 그 후에 그 고소장을 되돌려 받았다 하더라도 이는 무고죄의 성립에 아무런 영향이 없다(대법원1985. 2. 8.선고84도2215판결).

▶ ④ (X) 범의를 가진 자에 대하여 단순히 범행의 기회를 제공하거나 범행을 용이하게 하는 것에 불과한 수사방법이 경우에 따라 허용될 수 있음은 별론으로 하고, 본래 범의를 가지지 아니한 자에 대하여 수사기관이 사술이나 계략 등을 써서 범의를 유발케 하여 범죄인을 검거하는 함정수사는 위법함을 면할 수 없고, 이러한 <u>함정수사에 기한 공소제기는 그 절차가 법률의 규정에 위반하여 무효인 때에 해당한다</u>(대법원2005. 10. 28.선고2005도1247판결). 결국, <u>위법한 범의유발형 함정수사에 기한 공소제기는 그 절차가 법률의 규정에 위반하여 무효인 때에 해당</u>하므로, <u>공소기각판결 (무죄판결 X / 공소기각결정 X)</u>을 선고하여야 한다.

> 형사소송법 제327조(공소기각의 판결) 다음 각 호의 경우에는 <u>판결로써 공소기각</u>의 선고를 하여야 한다.
> (암기; <u>재 / 무 / 이 / 재 / 고 / 처 /</u>) <u>재·무</u>제표 <u>이·제</u>는 <u>고·처</u>봐! ! !
> 1. 피고인에 대하여 <u>재</u>판권이 없을 때
> 2. 공소제기의 절차가 법률의 규정을 위반하여 <u>무효</u>일 때
> 3. 공소가 제기된 사건에 대하여 다시 공소가 제기되었을 때 (<u>이중기소한 때</u>)
> 4. 제329조를 위반하여 공소가 제기되었을 때(다른 중요한 증거가 없는데, <u>재</u>기소할 때)
> 5. 고소가 있어야 공소를 제기할 수 있는 사건에서 고소가 취소되었을 때(친고죄에서 <u>고소취소한 때</u>)
> 6. 피해자의 명시한 의사에 반하여 공소를 제기할 수 없는 사건에서 <u>처</u>벌을 원하지 아니하는 의사표시를 하거나 처벌을 원하는 의사표시를 철회하였을 때(반의사불벌죄에서 철회할 때)

① (○) [1] <u>경찰관들이 단속 실적을 올리기 위하여 손님을 가장하고 들어가 도우미를 불러 줄 것을 요구하였던 점</u>, 피고인측은 평소 자신들이 손님들에게 도우미를 불러 준 적도 없으며, <u>더군다나</u> <u>이 사건 당일 도우미를 불러달라는 다른 손님들이 있었으나 응하지 않고 모두 돌려보낸 바 있다</u>고 주장하는데, 위 노래방이 평소 손님들에게 도우미 알선 영업을 해 왔다는 아무런 자료도 없는 점, <u>위 경찰관들도 그와 같은 제보나 첩보를 가지고 이 사건 노래방에 대한 단속을 한 것이 아닌 점</u>, <u>위 경찰관들이 피고인측으로부터 한</u>

차례 거절당하였으면서도 <u>다시 위 노래방에 찾아가 도우미를 불러줄 것을 요구하여 도우미가 오게 된 점</u> 등 여러 사정들을 종합해보면, <u>이 사건 단속은 수사기관이 사술이나 계략 등을 써서 피고인의 범의를 유발케 한 것으로서 위법</u>하고, 이러한 함정수사에 기한 이 사건 <u>공소제기</u> 또한 그 절차가 법률의 규정에 위반하여 <u>무효인 때에 해당한다</u>(대법원 2008. 10. 23. 선고 2008도7362 판결). 결국, 이러한 위법한 함정수사에 기한 이 사건 공소제기 또한 그 절차가 법률의 규정에 위반하여 무효인 때에 해당하므로, <u>피고인은 음악산업진흥에관한법률위반에 해당하지 않는다.</u>

[2] 게임장에 잠복근무 중인 경찰관이 게임점수를 환전해줄 것을 요구하여 <u>피고인이 거절했음에도 지속적으로 요구하여 어쩔 수 없이 현금으로 환전해 준 것은 위법한 함정수사에 해당한다.</u>

②③ (○) <u>사법경찰관리는 아동·청소년의 성보호에 관한 법률(약칭: 청소년성보호법)</u>상 "신분<u>비</u>공개수사"와 "신분<u>위</u>장수사" 및 "<u>긴급</u>신분<u>위</u>장수사"를 모두 할 수 있는데, 자세한 내용은 다음과 같다.

> [1] 청소년성보호법 제25조의2 (아동·청소년대상 <u>디지털</u> 성범죄의 수사 특례)
> ① 사법경찰관리는 다음 각 호의 어느 하나에 해당하는 범죄(이하 "디지털 성범죄"라 한다)에 대하여 신분을 비공개하고 범죄현장(정보통신망을 포함한다) 또는 범인으로 추정되는 자들에게 접근하여 범죄행위의 증거 및 자료 등을 수집(이하 "신분<u>비공개</u>수사"라 한다)할 수 있다.
> 1. 제11조 및 제15조의2의 죄
> 2. 아동·청소년에 대한 「성폭력범죄의 처벌 등에 관한 특례법」 제14조제2항 및 제3항의 죄
> ② 사법경찰관리는 디지털 성범죄를 계획 또는 실행하고 있거나 실행하였다고 의심할 만한 충분한 이유가 있고, 다른 방법으로는 그 범죄의 실행을 저지하거나 범인의 체포 또는 증거의 수집이 어려운 경우에 한정하여 수사 목적을 달성하기 위하여 부득이한 때에는 다음 각 호의 행위(이하 "신분<u>위장</u>수사"라 한다)를 할 수 있다.
> 1. 신분을 위장하기 위한 문서, 도화 및 전자기록 등의 작성, 변경 또는 행사
> 2. 위장 신분을 사용한 계약·거래
> 3. 아동·청소년성착취물 또는 「성폭력범죄의 처벌 등에 관한 특례법」 제14조제2항의 촬영물 또는 복제물(복제물의 복제물을 포함한다)의 소지, 판매 또는 광고
> ③ 제1항에 따른 수사의 방법 등에 필요한 사항은 대통령령으로 정한다.
>
> [2] 청소년성보호법 제25조의3(아동·청소년대상 <u>디지털</u> 성범죄 수사특례의 절차)
> ① 사법경찰관리가 신분<u>비공개</u>수사를 진행하고자 할 때에는 <u>사전에 상급 경찰관서 수사부서의 장의 승인</u>을 받아야 한다. 이 경우 그 수사기간은 <u>3개월을 초과할 수 없다.</u>
> ② 제1항에 따른 승인의 절차 및 방법 등에 필요한 사항은 대통령령으로 정한다.
> ③ <u>사법경찰관리</u>는 신분<u>위장</u>수사를 하려는 경우에는 <u>검사에게</u>신분위장수사에 대한 <u>허가를 신청</u>하고, <u>검사는 법원에 그 허가를 청구</u>한다.
> ④ 제3항의 신청은 필요한 신분위장수사의 종류·목적·대상·범위·기간·장소·방법 및 해당 신분위장수사가 제25조의2제

항의 요건을 충족하는 사유 등의 신청사유를 기재한 서면으로 하여야 하며, 신청사유에 대한 소명자료를 첨부하여야 한다.

⑤ **법원은** 제3항의 **신청이 이유 있다고 인정하는 경우**에는 신분위장수사를 **허가**하고, 이를 증명하는 서류(이하 **"허가서"라 한다**)를 신청인에게 발부한다.

⑥ 허가서에는 신분위장수사의 종류·목적·대상·범위·기간·장소·방법 등을 특정하여 기재하여야 한다.

⑦ 신분위장수사의 기간은 **3개월을 초과할 수 없으며**, 그 수사기간 중 수사의 목적이 달성되었을 경우에는 즉시 종료하여야 한다.

⑧ 제7항에도 불구하고 제25조의2 제2항의 요건이 존속하여 그 수사기간을 연장할 필요가 있는 경우에는 사법경찰관리는 소명자료를 첨부하여 3개월의 범위에서 수사기간의 연장을 검사에게 신청하고, 검사는 법원에 그 연장을 청구한다. 이 경우 **신분위장수사의 총 기간은 1년을 초과할 수 없다.**

[3] 제25조의4(아동·청소년대상 **디지털 성범죄**에 대한 **긴급 신분위장수사**)

① **사법경찰관리는** 제25조의2 제2항의 **"신분위장수사"의 요건을 구비**하고, 제25조의3 제3항부터 제8항까지에 따른 절차를 거칠 수 없는 **긴급을 요하는 때에는 법원의 허가 없이** 신분위장수사를 **할 수 있다.**

② 사법경찰관리는 제1항에 따른 신분위장수사 개시 후 지체 없이 검사에게 허가를 신청하여야 하고, **사법경찰관리는 48시간 이내에 법원의 허가를 받지 못한 때에는 즉시** 신분위장수사를 **중지하여야** 한다.

③ 제1항 및 제2항에 따른 신분위장수사 기간에 대해서는 제25조의3제7항 및 제8항을 준용한다.

문제 30 - 정답 ②

▶ ② ㉠㉢(2개)은 옳은 지문이나, ㉡㉣㉤(3개)은 틀린 지문이다.

㉠ (○) [1] 형사소송법 **제225조 제1항이 규정한 법정대리인의 고소권**은 무능력자의 보호를 위하여 법정대리인에게 주어진 **고유권으로서** 피해자의 고소권 소멸여부에 관계없이 고소할 수 있는 것이므로 **법정대리인의 고소기간은 법정대리인 자신이 범인을 알게 된 날로부터 진행한다**(대법원1987. 6. 9.선고87도857판결).

[2] 형사소송법 제225조 제1항이 규정한 법정대리인의 고소권은 무능력자의 보호를 위하여 법정대리인에게 주어진 고유권이므로, **법정대리인은 피해자의 고소권 소멸 여부에 관계없이 고소할 수 있고, 이러한 고소권은 피해자의 명시한 의사에 반하여도 행사할 수 있다**(대법원1999. 12. 24.선고99도3784판결).

[3] 피해자의 법정대리인은 **독립하여** 고소할 수 있다(제225조 제1항).

㉡ (X) 친고죄에 대하여 고소할 자가 없는 경우에 이해관계인의 신청이 있으면 검사는 **10일** 이내에 고소할 수 있는 자를 지정하여야 한다(제228조).

㉢ (○) **친고죄에서 고소는**, 고소권 있는 자가 수사기관에 대하여 범죄사실을 신고하고 범인의 처벌을 구하는 의사표시로서 **서면뿐만 아니라 구술로도 할 수 있고, 다만 구술에 의한 고소를 받은 검사 또는 사법경찰관은 조서를 작성하여야 하지만 그 조서가 독립된 조서일 필요는 없으며,** 수사기관이 **고소권자를 증인 또는 피해자로서 신문한 경우**에 그 진술에 범인의 처벌을 요구하는 의사표시가 포함되어 있고 **그 의사표시가 조서에 기재되면 고소는 적법하다**(대법원 2011. 6. 24.선고2011도4451,2011전도76판결).

㉣ (X) [1] 고소를 할 때는 소송행위능력, 즉 고소능력이 있어야

하나, **고소능력은** 피해를 입은 사실을 이해하고 고소에 따른 사회생활상의 이해관계를 알아차릴 수 있는 **사실상의 의사능력으로 충분하므로**, 민법상 행위능력이 없는 사람이라도 위와 같은 능력을 갖추었다면 **고소능력이 인정된다.**

[2] **친고죄에서 적법한 고소가 있었는지는 자유로운 증명의 대상**이 되고, **일죄**의 관계에 있는 범죄사실 **일부에 대한 고소의 효력은 일죄 전부에 대하여 미친다**(대법원2011. 6. 24.선고2011도4451,2011전도76판결).

㉤ (X) [1] **관련 민사사건에서** '이 사건과 관련하여 서로 상대방에 대하여 제기한 형사 고소 사건(폭행과 모욕) 일체를 모두 취하한다'는 내용이 포함된 **조정이 성립된 것만으로는 고소 취소나 처벌불원의 의사표시를 한 것으로 보기 어렵다.**

[2] 피고인과 고소인 사이의 대전지방법원 2001가단36532 채무부존재확인 청구사건에서 **제1심 판결선고 전인** 2002. 3. 5. '이 사건과 관련하여 **서로 상대방에 대하여 제기한 형사 고소 사건 일체를 모두 취하한다.'**는 내용이 포함된 조정이 성립된 사실을 인정하면서, **고소인이 위 조정이 성립된 이후에도 수사기관 및 제1심 법정에서 여전히 피고인의 처벌을 원한다는 취지로 진술하고 있으며** 달리 고소인이 고소취소 또는 처벌불원의 의사를 표시하기 위하여 **위 조정조서 사본 등을 수사기관이나 제1심 법정에 제출하지 아니하였다는** 이유로, **위와 같은 조정이 성립된 것만으로는** 고소인이 수사기관이나 제1심 법정에 피고인에 대한 고소를 취소하였다거나 처벌을 원하지 아니한다는 의사를 표시한 것으로 보기 어렵다(대법원2004. 3. 25.선고2003도8136판결). 결국, **고소 취소나 처벌불원의 의사표시는** 합의서나 조정조서 사본을 **반드시 수사기관이나 제1심 법원에 제출해야** 그 효력이 있다.

문제 31 - 정답 ①

▶ ㉠㉢(2개)은 옳은 지문이나, ㉡㉣(2개)은 틀린 지문이다.

㉠ (○) 형사소송법 제244조의3 제1항

★ 제244조의3 (피의자에 대한 진술거부권 등의 고지)

① 검사 또는 사법경찰관은 **피의자를 신문하기 전에** 다음 각 호의 사항을 알려주어야 한다(제1항).

1. **일체**의 진술을 하지 아니하거나 **개개**의 질문에 대하여 진술을 하지 아니할 수 있다는 것
2. 진술을 하지 아니하더라도 **불이익을 받지 아니한다**는 것
3. 진술을 거부할 권리를 포기하고 행한 진술은 법정에서 유죄의 증거로 사용될 수 **있다**는 것
4. 신문을 받을 때에는 변호인을 **참여**하게 하는 등 변호인의 조력을 받을 수 있다는 것

② 검사 또는 사법경찰관은 제1항에 따라 알려 준 때에는 **피의자가 진술을 거부할 권리와 변호인의 조력을 받을 권리를 행사할 것인지의 여부**를 질문하고, 이에 대한 **피의자의 답변을 조서에 기재하여야 한다.** 이 경우 **피의자의 답변**은 피의자로 하여금 **자필로 기재하게** 하거나 **검사 또는 사법경찰관**이 피의자의 답변을 기재한 부분에 **기명날인 또는 서명하게 하여야** 한다(제2항).

★★ 제197조의3 (시정조치요구 등)

⑧ 사법경찰관은 **피의자를 신문하기 전에** 수사과정에서 법령위반, 인권침해 또는 현저한 수사권 남용이 있는 경우 **검사에게 구제를 신청할 수 있음을 피의자에게 알려주어야** 한다.

ⓛ (X) [1] 검사 또는 사법경찰관은 **피의자를 신문**하는 경우 **다음 각 호의 어느 하나에 해당하는 때에는** 직권 또는 피의자·법정대리인의 신청에 따라 피의자와 신뢰관계에 있는 자를 **동석하게 할 수 있다**(형사소송법 제244조의2 제1항).

> 1. 피의자가 **신체**적 또는 **정신**적 장애로 사물을 변별하거나 의사를 결정·전달할 능력이 **미약**한 때
> 2. 피의자의 **연령·성별·국적** 등의 사정을 고려하여 그 심리적 안정의 도모와 원활한 의사소통을 위하여 필요한 경우

[2] 형사소송법 제244조의5(장애인 등 특별히 보호를 요하는 자에 대한 특칙; **피의자와 신뢰관계에 있는 자의 동석제도)는**, 검사 또는 사법경찰관은 피의자를 신문하는 경우 피의자가 신체적 또는 정신적 장애로 사물을 변별하거나 의사를 결정·전달할 능력이 미약한 때나 피의자의 연령·성별·국적 등의 사정을 고려하여 그 심리적 안정의 도모와 원활한 의사소통을 위하여 필요한 경우에는, 직권 또는 피의자·법정대리인의 신청에 따라 피의자와 신뢰관계에 있는 자를 **동석하게 할 수 있도록 규정하고 있다(임의적 동석제도이다)**. 구체적인 사안에서 위와 같은 **동석을 허락할 것인지는 원칙적으로 검사 또는 사법경찰관이** 피의자의 건강 상태 등 여러 사정을 고려하여 **재량에 따라 판단하여야 할 것이나,** 이를 허락하는 경우에도 동석한 사람으로 하여금 피의자를 대신하여 진술하도록 하여서는 안 된다. 만약 동석한 사람이 피의자를 대신하여 진술한 부분이 조서에 기재되어 있다면 **그 부분은 피의자의 진술을 기재한 것이 아니라** 동석한 사람의 진술을 기재한 조서에 해당하므로, **그 사람에 대한 진술조서로서의 증거능력을 취득하기 위한 요건을 충족하지 못하는 한 이를 유죄 인정의 증거로 사용할 수 없다**(대법원2009. 6. 23.선고2009도1322판결). 결국, **피의자와 신뢰관계에 있는 자의 동석제도는 임의적(수사기관의 재량)** 동석제도이므로, **신뢰관계인이 동석하지 않은 상태에서 행한 피의자의 진술도 임의성이 인정된다면** 유죄인정의 증거로 사용할 수 **있다.**

ⓒ (O) [1] **검사 또는 사법경찰관은** 조사, 신문, 면담 등 **그 명칭을 불문**하고 피의자나 사건관계인에 대해 **오후 9시부터 오전 6시까지 사이에 조사**(이하 "심야조사"라 한다)를 해서는 안 된다. 다만, 이미 작성된 **조서의 열람을 위한 절차는** 자정 이전까지 진행할 수 있다(수사준칙 제21조 **제1항**).

[2] **제1항에도 불구하고 다음 각 호의 어느 하나에 해당하는 경우**에는 **심야조사를 할 수 있다.** 이 경우 심야조사의 사유를 조서에 명확하게 적어야 한다.

> 1. **피의자를 체포한 후 48시간 이내에 구속영장의 청구 또는 신청 여부를 판단하기 위해 불가피한 경우**
> 2. **공소시효가 임박한 경우**
> 3. **피의자나 사건관계인이** 출국, 입원, 원거리 거주, 직업상 사유 등 재출석이 곤란한 구체적인 사유를 들어 **심야조사를 요청한 경우**(변호인이 심야조사에 **동의하지 않는다는** 의사를 명시한 경우는 **제외**한다)로서 해당 요청에 상당한 이유가 있다고 인정되는 경우
> 4. 그 밖에 사건의 성질 등을 고려할 때 심야조사가 불가피하다고 판단되는 경우 등 법무부장관, 경찰청장 또는 해양경찰청장이 정하는 경우로서 **검사 또는 사법경찰관의 소속 기관의 장이 지정하는 인권보호 책임자의 허가 등을 받은 경우**

ⓔ (X) [1] 피의자의 진술은 **영상녹화할 수 있다.** 이 경우 **미리 영상녹화사실을 알려주어야 하며,** 조사의 개시부터 종료까지의 **전 과정 및 객관적 정황을 영상녹화하여야 한다**(형사소송법 제244조의2 제1항).

[2] 위 **제1항**에 따른 영상녹화가 **완료된 때**에는 피의자 또는 변호인 앞에서 **지체 없이 그 원본을 봉인**하고 피의자로 하여금 기명날인 또는 서명하게 하여야 한다(형사소송법 제244조의2 **제2항**).

[3] 위 **제2항**의 경우에 피의자 또는 변호인의 **요구가 있는 때에는 (요구가 없더라도 X) 영상녹화물을 재생하여 시청하게 하여야 한다.** 이 경우 그 내용에 대하여 이의를 진술하는 때에는 그 취지를 기재한 **서면을 첨부하여야 한다**(형사소송법 제244조의2 제3항).

문제 32 – 정답 ①

▶ ① ⓛⓔ(2개)은 옳은 지문이나, ㉠ⓒ(2개)은 틀린 지문이다.

㉠ (X) 형사소송법 제211조가 현행범인으로 규정한 **'범죄의 실행의 즉후인 자'**라고 함은 범죄의 실행행위를 종료한 직후의 범인이라는 것이 **체포하는 자**(일반인 X / 제3자 X / 법관 X)의 입장에서 볼 때 명백한 경우를 일컫는 것이고, **'범죄의 실행행위를 종료한 직후'**라고 함은 범죄행위를 실행하여 끝마친 순간 또는 이에 아주 접착된 시간적 단계를 의미하는 것으로 해석되므로, 시간적으로나 장소적으로 보아 체포를 당하는 자가 방금 범죄를 실행한 범인이라는 점에 관한 죄증이 명백히 존재하는 것으로 인정된다면 현행범인으로 볼 수 있다(대법원2006. 2. 10.선고2005도7158판결).

ⓒ (X) [1] 현행범인체포의 요건은 **명**(범죄의 **명백성**) + **필**(법조문에는 규정되어 있지 않지만, **판례는 필요성을 요함**: 도망 또는 증거인멸의 염려가 있어야 함) + **경**(다액 50만원 이하의 벌금, 구류 또는 과료에 해당(**경미사건**)하는 현행범인은 **주거부정에 한해** 현행범인으로 체포할 수 있음)이다.

[2] 현행범인을 체포하려면 현행범인의 체포시에 특정한 범죄의 범인이 명백하여야 한다. **외형상 죄를 범한 것처럼** 보이더라도 구성요건해당성 자체가 배제된 자, 위법성조각사유에 해당하는 자, 책임조각사유에 해당하는 자(예컨대, **형사미성년자가 분명한 경우**)가 명백한 경우에는 애초부터 **범죄가 성립하지 아니하므로 현행범인으로 체포할 수는 없다.**

ⓛⓔ (O) [1] **피고인들을 비롯한 경찰관들이 현행범으로 체포한 도박혐의자 17명**에 대해 **현행범인체포서 대신에 임의동행동의서를** 작성하게 하고, 그나마 제대로 조사도 하지 않은 채 석방하였으며, 현행범인 석방사실을 검사에게 보고도 하지 않았고, 석방일시·사유를 기재한 서면을 작성하여 기록에 편철하지도 않았으며, 압수한 일부 도박자금에 관하여 압수조서 및 목록도 작성하지 않은 채 검사의 지휘도 받지 않고 반환하였고, 일부 도박혐의자의 명의도용 사실과 **도박 관련 범죄로 수회 처벌받은** 전력을 확인하고서도 아무런 추가조사 없이 석방한 사안에서, 이는 단순히 업무를 소홀히 수행한 것이 아니라 **정당한 사유 없이 의도적으로 수사업무를 방임 내지 포기한 것이라고 봄이 상당하므로,** 피고인들에 대하여 **직무유기죄가 성립한다.**

[2] 사법경찰리가 **현행범인으로 체포하는 경우**에는 **반드시 범죄사실의 요지, 구속의 이유와 변호인을 선임할 수 있음을 말하고 변명할 기회를 주어야 하며,** 이러한 법리는 비단 현행범인을 체포하는 경우뿐만 아니라 긴급체포의 경우에도 마찬가지로 적용되는 것이고, **이와 같은 고지는** 체포를 위한 실력행사에 들어가기 **전에 미리 하여야 하는 것이 원칙이나,** 달아나는 피의자를 **좇아가 붙들거나** 폭력으로 **대항하는 피의자를 실력으로 제압하는 경우에는 붙들거나 제압하는 과정에서** 하거나, **그것이 여의치 않은 경우에는 일단 붙들거나 제압한 후에 지체없이 하여야** 한다.

[3] 피고인들을 비롯한 **경찰관들이** 피의자 4명을 **현행범으로 체포**하거나 **현행범인체포서를 작성할 때 체포사유 및 변호인선임권을 고지하지 아니하였음에도** 불구하고, '체포의 사유 및 변호인 선임권 등을 **고지 후 현행범인 체포한 것임**'이라는 내용의 **허위의 현행범인체포서 4장**과 '현행범인으로 체포하면서 범죄사실의 요지, 구속의 이유와 변호인을 선임할 수 있음을 **고지하고 변명의 기회를 주었다**'는 내용의 **허위의 확인서 4장**을 각 작성한 사안에서, 당시 피고인들에게 허위공문서작성에 대한 범의도 있었다(출처: 대법원 2010. 6. 24. 선고 2008도11226 판결). 결국, 피고인들에게는 **직무유기·허위공문서작성·허위작성공문서행사에 해당한다.**

문제 33 – 정답 ①

▶ ① (○) [1] 형사소송법 제33조 제1항 제1호는 **피고인에게 변호인이 없는 때에 법원이 직권으로 변호인을 선정하여야 할 사유** (이하 '**필요적 국선변호인** 선정사유'라고 한다) **중** 하나로 '**피고인이 구속된 때**'를 정하고 있다.

[2] 형사소송법 제33조 제1항 제1호의 '**피고인이 구속된 때**'란 피고인이 **해당** 형사사건에서 구속되어 재판을 받고 있는 경우에 **한정된다고 볼 수 없고**, 피고인이 **별건**으로 구속영장이 발부되어 집행되거나 **다른** 형사사건에서 유죄판결이 확정되어 그 판결의 집행으로 구금 상태에 있는 경우 또한 **포괄하고 있다**고 보아야 한다.

[4] 형사소송법 제69조는 "본법에서 구속이라 함은 구인과 구금을 포함한다."라고 하여 '구속'의 구체적인 의미를 제시하지 않고 단지 '구인과 구금'을 포함하는 개념이라고만 정의하고 있다. '**구속**'의 사전적 의미는 '**행동이나 의사의 자유를 제한하거나 속박하는 것**'을 말하고, '**구금**'의 사전적 의미는 '강제력에 의하여 특정인을 **특정 장소에 가두어** 그의 의사에 따른 장소적 이동을 금지하는 것'을 뜻한다. 이처럼 '**구속**'의 **의미**를 그 사전적 의미나 정의 규정에 따라 '**피고인의 행동이나 의사의 자유를 제한하거나 속박하는 구금 상태**'로 이해하면, ㉠ **해당** 형사사건으로 구속되어 있는 경우와 ㉡ **별건**으로 구속되어 있는 경우 그리고 ㉢ **다른** 형사사건에서 유죄판결이 확정되어 그 판결의 집행으로 구금 상태에 있는 경우 **모두(3개)**가 '**구속**'의 개념에 어렵지 않게 포함될 수 있다. 형사소송법 제33조 제1항 제1호가 정한 법 문언을 그대로 따르더라도 **필요적 국선변호인 선정사유**인 '**구속**'은 **해당** 형사사건의 **구속으로 한정되어 있지 않다.**

[5] **여러 죄를 범한 동일 피고인에 대하여 검사가 그 중 일부를 분리기소하거나 법원이 별건으로 계속 중인 사건을 병합하는지 여부, 일부 죄에 대한 판결이 먼저 확정되는지 여부**와 그 시기 등에 따라 '**해당** 형사사건에서의 구속 상태', '**별건** 구속 상태', '**다른** 형사사건에서 유죄로 확정되어 형 집행 중인 상태'로 **구금 상태의 유형이 달라질 수 있는데, 구금 상태로 인한 정신적·육체적 제약**이나 사회와의 단절 등으로 국가의 형벌권 행사에 대한 **피고인의 방어권이 크게 제약된다**는 실질이나 제약된 방어력의 보충을 위해 국선변호인의 선정이 요청되는 정도는 구금 상태의 이유나 상황에 관계없이 **모두 동일하기 때문이다.**

[6] 나아가 **국선변호인 제도가 경제적 약자의 형사사법절차상 권리를 실질적으로 보장하기 위한 것이므로 그 적용 범위를 되도록 넓게 인정하는 방향으로 국선변호인 제도를 운용할 필요가 있다**는 관점에서도 타당성을 찾을 수 있다(대법원2024. 5. 23.선고2021도6357전원합의체 판결). 결국, **대법원 전원합의체판결에서는** 형사소송법 제33조 제1항 제1호의 '**피고인이 구속된 때**'란 ① 피고인이 **해당** 형사사건에서 **구속되어 재판을 받고 있는 경우** + 피고인이

별건으로 구속영장이 발부되어 집행된 경우 + **다른** 형사사건에서 유죄판결이 확정되어 그 판결의 집행으로 **구금** 상태에 있는 경우를 **모두(3개)를 포괄(포함)**하고 있다(3개 암기 = 해와 별은 **다르다**).

② (X) [1] 헌법이 정한 적법절차와 영장주의 원칙, 형사소송법이 정한 체포된 피의자의 구금을 위한 구속영장의 청구, 발부, 집행절차에 관한 규정을 종합하면, **법관이 검사의 청구에 의하여 체포된 피의자의 구금을 위한 구속영장을 발부하면 검사와 사법경찰관리는 지체 없이 신속하게 구속영장을 집행하여야** 한다.

[2] 피의자에 대한 **구속영장의 제시와 집행이** 그 발부 시로부터 **정당한 사유 없이 시간이 지체되어 이루어졌다면,** 구속영장이 그 유효기간 내에 집행되었다고 하더라도 **위 기간 동안의 체포 내지 구금 상태는 위법하다**(대법원2021. 4. 29.선고2020도16438판결). 그러나 수사기관의 구금 등의 처분이 위법하다는 것만으로 판결 결과에 영향이 있어 독립한 상고이유가 된다고 할 수는 없다.

③ (X) 형사소송법 제402조, 제403조에서 말하는 법원은 형사소송법상의 수소법원만을 가리키므로, 같은 법 제205조 제1항소정의 **구속기간의 연장을 허가하지 아니하는 지방법원 판사의 결정에 대하여는** 같은 법 제402조, 제403조가 정하는 **항고의 방법으로는 불복할 수 없고,** 나아가 그 지방법원 판사는 수소법원으로서의 재판장 또는 수명법관도 아니므로 그가 한 재판은 같은 법 제416조가 정하는 **준항고의 대상이 되지도 않는다**(대법원1997. 6. 16.자97모1결정).

④ (X) [1] 검사의 구속영장 청구 전 피의자 대면 조사는 **긴급체포의 적법성을 의심할 만한 사유**가 기록 기타 객관적 자료에 나타나고 피의자의 대면 조사를 통해 그 여부의 판단이 가능할 것으로 보이는 **예외적인 경우에 한하여 허용될 뿐,** 긴급체포의 **합당성이나** 구속영장 청구에 필요한 사유를 **보강하기 위한 목적**으로 **실시되어서는 아니 된다.**

[2] 나아가 검사의 구속영장 청구 전 피의자 대면 조사는 **강제수사가 아니므로** 피의자는 검사의 출석 요구에 응할 의무가 없고, **피의자가 검사의 출석 요구에 동의한 때에 한하여** 사법경찰관리는 피의자를 검찰청으로 호송하여야 한다(대법원 2010.10.28. 선고 2008도11999 판결).

문제 34 – 정답 ②

▶ ② ㉡㉢㉣㉤(5개)은 옳은 지문이나, ㉠(1개)은 틀린 지문이다.
㉠ (X) [1] 헌법과 형사소송법이 구현하고자 하는 적법절차와 영장주의의 정신에 비추어 볼 때, 법관이 압수·수색영장을 발부하면서 '압수할 물건'을 특정하기 위하여 기재한 문언은 엄격하게 해석해야 하고, 함부로 피압수자 등에게 불리한 내용으로 확장해석 또는 유추해석을 하는 것은 허용될 수 없다.

[2] **휴대전화는** 정보처리장치나 정보저장매체의 특성을 가지고 있기는 하나, **기본적으로 통신매체의 특성을 가지고 있어** 컴퓨터, 노트북 등 **정보처리장치나** USB, 외장하드 등 **정보저장매체와는 명확히 구별되는 특성을 가지고 있다.** 휴대전화, **특히 스마트폰에는** 전화·문자메시지·SNS 등 통신, 개인 일정, 인터넷 검색기록, 전화번호, 위치정보 등 **통신의 비밀이나 사생활에 관한 방대하고 광범위한 정보가 집적되어 있다.** 이와 같이 **휴대전화에 저장된 전자정보는 컴퓨터나** USB 등에 저장된 전자정보와는 그 분량이나 내용, 성격 면에서 **현저한 차이가 있으므로,** 휴대전화에 대한 압수·수색으로 얻을 수 있는 전자정보의 범위와 그로 인한 **기본권 침해의 정도도 크게 다르다.**

[3] 따라서 압수·수색영장에 기재된 '**압수할 물건**'에 **휴대전화에**

저장된 전자정보가 포함되어 있지 않다면, 특별한 사정이 없는 한 그 영장으로 휴대전화에 저장된 전자정보를 압수할 수는 없다고 보아야 한다(대법원2024. 9. 25. 자 2024모2020 결정).

ⓒ (○) 피의자의 이메일 계정에 대한 접근권한에 갈음하여 발부받은 압수·수색영장에 따라 원격지의 저장매체에 적법하게 접속하여 내려받거나 현출된 전자정보를 대상으로 하여 범죄 혐의사실과 관련된 부분에 대하여 압수·수색하는 것은, 압수·수색영장의 집행을 원활하고 적정하게 행하기 위하여 필요한 최소한도의 범위 내에서 이루어지며 그 수단과 목적에 비추어 사회통념상 타당하다고 인정되는 대물적 강제처분 행위로서 허용되며, 형사소송법 제120조 제1항에서 정한 압수·수색영장의 집행에 필요한 처분에 해당한다. 그리고 이러한 법리는 원격지의 저장매체가 국외에 있는 경우라 하더라도 그 사정만으로 달리 볼 것은 아니다(압수·수색이 허용된다)(대판 2017.11.29. 2017도9747).

ⓒⓔ (○) [1] 구 형사소송법 제219조, 제118조는 '수사기관이 압수·수색영장을 집행할 때에는 처분을 받는 자에게 반드시 압수·수색영장을 제시하여야 한다.'는 취지로 규정하고 있다. 이와 같이 압수·수색영장은 현장에서 처분을 받는 자가 여러 명일 경우에는 그들 모두에게 개별적으로 영장을 제시해야 하는 것이 원칙이고, 수사기관이 압수·수색에 착수하면서 그 장소의 관리책임자에게 영장을 제시하였다고 하더라도, 물건을 소지하고 있는 다른 사람으로부터 이를 압수하고자 하는 때에는 그 사람에게 따로 영장을 제시하여야 한다.

[1] 압수·수색이 정보저장매체에 대하여 이루어질 때 그 범위를 정하여 출력 또는 복제하는 방법이 불가능하거나 압수의 목적을 달성하기에 현저히 곤란한 예외적인 사정이 인정되어 전자정보가 담긴 저장매체 또는 복제본을 수사기관 사무실 등으로 옮겨 이를 복제·탐색·출력하는 경우에도, 그와 같은 일련의 과정에서 구 형사소송법 제219조, 제121조에서 규정하는 압수·수색영장의 집행을 받는 당사자(이하 '피압수자'라 한다)나 그 변호인에게 참여의 기회를 보장하고 혐의사실과 무관한 전자정보의 임의적인 복제 등을 막기 위한 적절한 조치를 취하는 등 영장주의 원칙과 적법절차를 준수하여야 한다. 만약 그러한 조치가 취해지지 않았다면 피압수자 측이 참여하지 아니한다는 의사를 명시적으로 표시하였거나 절차 위반행위가 이루어진 과정의 성질과 내용 등에 비추어 피압수자 측에 절차 참여를 보장한 취지가 실질적으로 침해되었다고 볼 수 없을 정도에 해당한다는 등의 특별한 사정이 없는 이상 압수·수색이 적법하다고 평가할 수 없다.

[3] 수사기관의 압수·수색절차 과정에서 처분을 받는 자가 미성년자인 경우, 의사능력이 있는 한 미성년자에게 영장이 반드시 제시되어야 하고, 그 친권자에 대한 영장제시로 이를 갈음할 수 없다. 또한 의사능력이 있는 미성년자나 그 변호인에게 압수·수색영장 집행 절차에 참여할 기회가 보장되어야 하고, 그 친권자에게 참여의 기회가 보장되었다는 이유만으로 압수·수색이 적법하게 되는 것은 아니다.

[4] 경찰은 A를 피의자로 하여 발부받은 압수·수색·검증영장(이하 '이 사건 영장')을 A에게 제시하고, A는 딸인 피고인들(각 16세)로부터 피고인들이 사용하거나 보관 중인 그 소유 휴대전화 4대(이하 통틀어 '이 사건 휴대전화')를 인도받아 경찰에 제출하였는데, 이 사건 영장의 '압수할 물건' 란에는 '참고인 피고인들이 실제 사용·보관 중인 휴대전화'가 기재되어 있었다. 경찰은 A를 이 사건 휴대전화의 피압수자인 소지자·제출자로 보아 압수조서를 작성하고,

A는 참여인으로서 위 압수조서에 서명하였으며, 경찰은 A에게 이 사건 휴대전화 반출 후의 탐색·복제·출력 등 과정 등에 참여할 수 있다는 취지로 고지하면서 전자정보 확인서를 작성하였고, A는 피압수자(제출자)의 지위에서 '참여하지 않겠다'는 뜻을 위 확인서에 표시하고 서명하였으나, 경찰은 피고인들에게 이 사건 영장에 기초한 일련의 압수·수색의 과정에서 이 사건 영장을 제시하거나 참여의 기회를 보장하지는 않았다.

[5] 대법원은 위와 같은 법리를 설시하면서, ① A는 이 사건 영장 집행에 착수한 경찰로부터 영장을 제시받고 그 지시에 따라 피고인들로부터 이 사건 휴대전화의 점유를 이전받아 경찰에 제출하였다고 보이고, 이러한 A의 행위가 오로지 A의 사적 이익이나 목적 추구를 위해 이루어졌다거나 경찰이 이 사건 휴대전화의 실제 점유자가 피고인들임을 인식·예견하지 못하였다고 보기 어려우므로, 경찰이 A를 이용하여 이 사건 휴대전화에 대한 압수 등 강제처분을 하였다고 보는 것이 타당하다고 전제한 다음, ② 경찰은 이 사건 휴대전화를 압수함에 있어 '처분을 받는 자'로서 이 사건 영장 집행에 참여할 능력이 충분하였다고 보이는 피고인들에게 영장을 제시하였어야 하고, A가 친권자의 지위에서 피고인들의 이익을 위하여 영장을 제시받았다고 하더라도 달리 볼 수 없으며, ③ 이 사건 휴대전화와 그 전자정보에 대하여 한 압수·수색은 비단 이 사건 영장에 피의자로 기재된 A 등의 범죄 혐의사실에 대한 수사에 그치는 것이 아니라 피고인들의 범죄 혐의사실에 대한 수사의 일환으로 한 것에도 해당하고, 피고인들은 이 사건 휴대전화에 대한 관리처분권을 행사하고 있었으므로, 경찰은 피압수자인 피고인들에게 이 사건 휴대전화의 탐색·복제·출력 등 일련의 과정에 참여할 기회를 보장하였어야 하고, 경찰이 피고인들의 이익을 위하여 피고인들을 대신하여 친권자인 A에게 참여의 기회를 부여하였다는 사정만으로 피압수자인 피고인들의 절차 참여를 보장한 취지가 실질적으로 침해되지 않았다거나 압수·수색이 적법하게 된다고 볼 수 없다고 보아, 이 사건 휴대전화의 전자정보나 이에 기초하여 수집한 증거의 증거능력이 부정된다(대법원2024. 12. 24.선고2022도2071판결).

ⓜ (○) 수사기관의 지시·요청에 따라 사인(私人)이 자기 외의 제3자가 지배·관리하는 물건을 취거하여 수사기관에 전달하는 등으로 수사기관이 직접 하였다면 강제처분인 압수·수색에 해당하는 행위를 한 경우, 이러한 사인의 행위가 오로지 자기의 이익이나 목적 추구를 위해 이루어진 것이라거나 수사기관이 해당 물건의 실제 점유자가 제3자임을 미처 인식·예견하지 못하였다는 등의 특별한 사정이 없는 이상, 수사기관이 사인을 이용하여 강제처분을 하였다고 보아, 형사소송법에서 규정하는 영장의 제시, 참여권의 보장 등 절차의 준수를 요구하는 것이 헌법과 형사소송법이 구현하고자 하는 적법절차와 영장주의 정신에 부합한다(대법원2024. 12. 24.선고2022도2071판결).

문제 35 - 정답 ①

▶ ① (X) [1] 상해죄의 피해자가 제출하는 상해진단서는 일반적으로 의사가 당해 피해자의 진술을 토대로 상해의 원인을 파악한 후 의학적 전문지식을 동원하여 관찰·판단한 상해의 부위와 정도 등을 기재한 것으로서 거기에 기재된 상해가 곧 피고인의 범죄행위로 인하여 발생한 것이라는 사실을 직접 증명하는 증거가 되기에 부족한 것이다(직접증거는 아니다).

[2] 그러나 그 상해에 대한 진단일자 및 상해진단서 작성일자가 상해 발생시점과 시간상으로 근접하고 상해진단서 발급 경위에 특별히 신빙성을 의심할 만한 사정이 없으며 거기에 기재된 상해 부위

와 정도가 피해자가 주장하는 상해의 원인 내지 경위와 일치하는 경우에는, 그 무렵 피해자가 제3자로부터 폭행을 당하는 등으로 달리 상해를 입을 만한 정황이 발견되거나 의사가 허위로 진단서를 작성한 사실이 밝혀지는 등의 특별한 사정이 없는 한, 그 상해진단서는 피해자의 진술과 더불어 피고인의 상해 사실에 대한 유력한 증거가 되고, 합리적인 근거 없이 그 증명력을 함부로 배척할 수 없다(대법원2011. 1. 27.선고2010도12728판결). 결국, 상해진단서는 직접증거가 되기에는 부족하나, 피해자의 진술과 더불어 피고인의 상해사실에 대한 유력한 증거가 된다.
② (○) 공연히 사실을 적시하여 사람의 명예를 훼손한 행위가 형법 제310조의 규정에 따라서 위법성이 조각되어 처벌대상이 되지 않기 위하여는 그것이 진실한 사실로서 오로지 공공의 이익에 관한 때에 해당된다는 점을 행위자가 증명하여야 하는 것이나, 그 증명은 유죄의 인정에 있어 요구되는 것과 같이 법관으로 하여금 의심할 여지가 없을 정도의 확신을 가지게 하는 증명력을 가진 엄격한 증거에 의하여야 하는 것은 아니므로, 이 때에는 전문증거에 대한 증거능력의 제한을 규정한 형사소송법 제310조의2는 적용될 여지가 없다(대법원1996. 10. 25.선고95도1473판결).
③ (○) 목적과 용도를 정하여 위탁한 금전을 수탁자가 임의로 소비하면 횡령죄를 구성할 수 있으나, 이 경우 피해자 등이 목적과 용도를 정하여 금전을 위탁한 사실 및 그 목적과 용도가 무엇인지는 엄격한 증명의 대상이라고 보아야 한다(대판2013.11.14. 2013도8121).
④ (○) 교사범에 있어서의 교사사실은 범죄사실을 구성하는 것으로서 이를 인정하기 위하여는 엄격한 증명이 요구되지만, 피고인이 교사사실을 부인하고 있는 경우에는 사물의 성질상 그와 상당한 관련성이 있는 간접사실을 증명하는 방법에 의하여 이를 입증할 수도 있고, 이러한 경우 무엇이 상당한 관련성이 있는 간접사실에 해당할 것인가는 정상적인 경험칙에 바탕을 두고 치밀한 관찰력이나 분석력에 의하여 사실의 연결상태를 합리적으로 판단하는 방법에 의하여야 한다(대법원2000. 2. 25.선고99도1252판결).

문제 36 - 정답 ④

▶ ④ (X) [1] 임의제출물을 압수한 경우 압수물이 형사소송법 제218조에 따라 실제로 임의제출된 것인지에 관하여 다툼이 있을 때에는 임의제출의 임의성을 의심할 만한 합리적이고 구체적인 사실을 피고인이 증명할 것이 아니라 검사가 그 임의성의 의문점을 없애는 증명을 해야 한다.
[2] 피고인이 자신의 휴대전화 카메라를 이용하여 총 9회에 걸쳐 성적 욕망 또는 수치심을 유발할 수 있는 피해자 4명의 신체를 그들의 의사에 반하여 촬영하였다는 성폭력범죄의 처벌 등에 관한 특례법 위반(카메라등이용촬영)의 공소사실과 관련하여, 수사기관이 피고인을 현행범으로 체포할 당시 임의제출 형식으로 압수한 휴대전화의 증거능력이 문제 된 사안에서, 피고인은 현행범 체포 당시 목격자로부터 휴대전화를 빼앗겨 위축된 심리 상태였고, 목격자 및 경찰관으로부터 휴대전화를 되찾기 위해 달려들기도 하였으며, 경찰서로 연행되어 변호인의 조력을 받지 못한 상태에서 피의자로 조사받으면서 일부 범행에 대하여 부인하고 있던 상황이었으므로, 피고인이 자발적으로 휴대전화를 수사기관에 제출하였는지를 엄격히 심사해야 하는 점, 수사기관이 임의제출자인 피고인에게 임의제출의 의미, 절차와 임의제출할 경우 피압수물을 임의로 돌려받지는 못한다는 사정 등을 고지하였음을 인정할 자료가 없는 점, 피고인은 당시 "경찰관으로부터 '휴대전화를 반환할 수 있다.'는 말을 들었다."라고 진술하는 등 휴대전화를 임의제출할 경우 나중에 번의하더라도 되돌

려받지 못한다는 사정을 인식하고 있었다고 단정하기 어려운 점 등에 비추어 볼 때, 휴대전화 제출에 관하여 검사가 임의성의 의문점을 없애는 증명을 다하지 못하였으므로 휴대전화 및 그에 저장된 전자정보는 위법수집증거에 해당하여 증거능력이 없다(2024. 3. 12. 선고 2020도9431 판결).
① (○) [1] 정보저장매체와 그 안에 저장된 전자정보는 개념적으로나 기능적으로나 별도의 독자적 가치와 효용을 지닌 것으로 상호 구별될 뿐만 아니라 임의제출된 전자정보의 압수가 적법한 것은 어디까지나 제출자의 자유로운 제출 의사에 근거한 것인 이상, 범죄혐의사실과 관련된 전자정보와 그렇지 않은 전자정보가 혼재되어 있는 정보저장매체나 복제본을 수사기관에 임의제출하는 경우 제출자는 제출 및 압수의 대상이 되는 전자정보를 개별적으로 지정하거나 그 범위를 한정할 수 있다.
[2] 이처럼 정보저장매체 내 전자정보의 임의제출 범위는 제출자의 의사에 따라 달라질 수 있는 만큼 이러한 정보저장매체를 임의제출 받는 수사기관은 제출자로부터 임의제출의 대상이 되는 전자정보의 범위를 확인함으로써 압수의 범위를 명확히 특정하여야 한다.
[3] 나아가 헌법과 형사소송법이 구현하고자 하는 적법절차, 영장주의, 비례의 원칙은 물론, 사생활의 비밀과 자유, 정보에 대한 자기결정권 및 재산권의 보호라는 관점에서 정보저장매체 내 전자정보가 가지는 중요성에 비추어 볼 때, 정보저장매체를 임의제출하는 사람이 거기에 담긴 전자정보를 지정하거나 제출 범위를 한정하는 취지로 한 의사표시는 엄격하게 해석하여야 하고, 확인되지 않은 제출자의 의사를 수사기관이 함부로 추단하는 것은 허용될 수 없다.
[4] 따라서 수사기관이 제출자의 의사를 쉽게 확인할 수 있음에도 이를 확인하지 않은 채 특정 범죄혐의사실과 관련된 전자정보와 그렇지 않은 전자정보가 혼재된 정보저장매체를 임의제출받은 경우, 그 정보저장매체에 저장된 전자정보 전부가 임의제출되어 압수된 것으로 취급할 수는 없다.
[5] 피고인이 2014. 12. 11. 피해자 갑을 상대로 저지른 성폭력범죄의 처벌 등에 관한 특례법 위반(카메라등이용촬영) 범행(이하 '2014년 범행'이라 한다)에 대하여 갑이 즉시 피해 사실을 경찰에 신고하면서 피고인의 집에서 가지고 나온 피고인 소유의 휴대전화 2대(아이폰 및 삼성휴대폰)에 피고인이 촬영한 동영상과 사진이 저장되어 있다는 취지로 말하고 이를 범행의 증거물로 임의제출하였는데, 경찰이 이를 압수한 다음 그 안에 저장된 전자정보를 탐색하다가 갑을 촬영한 휴대전화가 아닌 다른 휴대전화에서 피고인이 2013. 12.경 피해자 을, 병을 상대로 저지른 같은 법 위반(카메라등이용촬영) 범행(이하 '2013년 범행'이라 한다)을 발견하고 그에 관한 동영상·사진 등을 영장 없이 복제한 CD를 증거로 제출한 사안이다.
[6] 위 사안에서 갑은 경찰에 피고인의 휴대전화를 증거물로 제출할 당시 그 안에 수록된 전자정보의 제출 범위를 명확히 밝히지 않았고, 담당 경찰관들도 제출자로부터 그에 관한 확인절차를 거치지 않은 이상 휴대전화에 담긴 전자정보의 제출 범위에 관한 제출자의 의사가 명확하지 않거나 이를 알 수 없는 경우에 해당하므로, 휴대전화에 담긴 전자정보 중 임의제출을 통해 적법하게 압수된 범위는 임의제출 및 압수의 동기가 된 피고인의 2014년 범행 자체와 구체적·개별적 연관관계가 있는 전자정보로 제한적으로 해석하는 것이 타당하고, 이에 비추어 볼 때 범죄발생 시점 사이에 상당한 간격이 있고 피해자 및 범행에 이용한 휴대전화도 전혀 다른 피고인의 2013년 범행에 관한 동영상은 임의제출에 따른 압수의 동기가 된

범죄혐의사실(2014년 범행)과 구체적·개별적 연관관계 있는 전자정보로 보기 어려워 수사기관이 사전영장 없이 이를 취득한 이상 증거능력이 없고, 사후에 압수·수색영장을 받아 압수절차가 진행되었더라도 달리 볼 수 없으므로, 피고인의 2013년 범행을 무죄로 판단한 원심의 결론은 정당하다(대법원2021. 11. 18.선고2016도348전원합의체 판결).

② (○) [1] 수사기관이 유관정보를 선별하여 압수한 후에도 무관정보를 삭제·폐기·반환하지 아니한 채 그대로 보관하고 있다면 무관정보 부분에 대하여는 압수의 대상이 되는 전자정보의 범위를 넘어서는 전자정보를 영장 없이 압수·수색하여 취득한 것이어서 위법하고, 사후에 법원으로부터 압수·수색영장이 발부되었다거나 피고인이나 변호인이 이를 증거로 함에 동의하였다고 하여 그 위법성이 치유된다고 볼 수 없다.

[2] 검찰수사서기관인 피고인이 수사를 지연시켜 달라는 내용의 부정청탁을 받고 그에 따라 직무를 수행하고 수사기관 내부의 비밀을 누설하였다는 혐의로 수사를 받게 되었는데, 수사기관이 별건 압수·수색 과정에서 압수한 휴대전화에 저장된 전자정보를 탐색하던 중 우연히 이 사건 범죄사실 혐의와 관련된 전자정보(이하 '이 사건 녹음파일 등')를 발견하였는데도, 이후 약 3개월 동안 대검찰청 통합디지털증거관리시스템(D-NET, 이하 '대검찰청 서버')에 그대로 저장된 채로 계속 보관하면서 영장 없이 이를 탐색·복제·출력하여 증거를 수집한 사안에서, 이 사건에서 수사기관이 무관정보를 우연히 발견하였는데도 더 이상의 추가 탐색을 중단하고 법원으로부터 압수·수색영장을 발부받았다고 평가할 수 없으므로, 휴대전화에 저장된 이 사건 녹음파일 등(1차 증거)은 적법한 압수·수색절차에 요구되는 관련 규정을 준수하지 아니함으로써 영장주의 및 적법절차원칙을 위반하여 위법하게 수집된 증거에 해당하고, 나아가 위법수집증거인 이 사건 녹음파일 등(1차 증거)을 기초로 수집된 증거(2차 증거)들 역시 위법수집증거에 터 잡아 획득한 2차적 증거로서 위 압수절차와 2차적 증거수집 사이에 인과관계가 희석 또는 단절되었다고 볼 수 없으므로 증거능력을 인정할 수 없다.

[3] 결국 수사기관은 무관정보를 발견하였음에도 무려 약 3개월 동안 이 사건 녹음파일 등(1차 증거)을 계속 탐색·열람·복제하는 등의 위법한 수사를 계속 진행하였는바, 압수·수색절차에 요구되는 관련 규정을 준수하지 아니함으로써 영장주의와 적법절차원칙을 위반한 정도가 상당히 중하다.

[4] 또한 이 사건 녹음파일 등(1차 증거)에 터 잡아 수집한 2차적 증거로는 피고인, 갑, 을 등 관련자들의 검찰 진술과 법정진술, 이 사건 청탁의 대상인 수사와 관련된 수사기록 등이 있다. 피고인 등 관련자들의 법정진술을 포함한 진술들은, 이 사건 녹음파일 등에 근거하여 조사 대상자가 특정되었고, 신문 과정에서도 이 사건 녹음파일 등을 제시받거나 그 내용을 전제로 한 신문에 답변이 이루어진 것이다. 이 사건 청탁의 대상인 수사와 관련된 수사기록 등 나머지 증거들 또한 이 사건 녹음파일이 없었다면 수집할 수 없는 증거들로서 위 증거들이 다른 경로로 발견되었을 수 있었다는 사정은 보이지 않는다.

[5] 따라서 이 사건 휴대전화에서 탐색·복제·출력된 이 사건 녹음파일 등(1차 증거)과 이에 터 잡아 수집된 2차적 증거들은 위법수집증거로 모두 증거능력이 없다(대법원 2024. 4. 16. 선고 2020도3050 판결). 결국, 피고인은 부정청탁및금품등수수의금지에관한법률위반·공무상비밀누설에 해당하지 않는다.

③ (○) [1] 임의제출물의 압수는 압수물에 대한 수사기관의 점유

취득이 제출자의 의사에 따라 이루어진다는 점에서 차이가 있을 뿐 범죄혐의를 전제로 한 수사 목적이나 압수의 효력은 영장에 의한 경우와 동일하다. 따라서 수사기관은 특정 범죄혐의와 관련하여 전자정보가 수록된 정보저장매체를 임의제출받아 그 안에 저장된 전자정보를 압수하는 경우 그 동기가 된 범죄혐의사실과 관련된 전자정보의 출력물 등을 임의제출받아 압수하는 것이 원칙이다.

[2] 다만 현장의 사정이나 전자정보의 대량성과 탐색의 어려움 등의 이유로 범위를 정하여 출력 또는 복제하는 방법이 불가능하거나 압수의 목적을 달성하기에 현저히 곤란하다고 인정되는 때에 한하여 예외적으로 정보저장매체 자체나 복제본을 임의제출받아 압수할 수 있다(대법원2021. 11. 18.선고2016도348전원합의체 판결).

문제 37 - 정답 ③

▶③ (X) 수사기관에 제출된 변호인의견서, 즉 변호인이 피의사건의 실체나 절차에 관하여 자신의 의견 등을 기재한 서면에 피의자가 당해사건 수사기관에 한 진술이 인용되어 있는 경우가 있다. 변호인의견서에 기재된 이러한 내용의 진술은 수사기관의 수사과정에서 작성된 '피의자의 진술이 기재된 신문조서나 진술서 등'으로부터 독립하여 증거능력을 가질 수 없는 성격의 것이다(대법원 2024. 5. 30.선고2020도16796판결).

① (○) [1] 구 형사소송법(2020. 2. 4. 법률 제16924호로 개정되기 전의 것) 제312조 제3항에 의하면, 검사 이외의 수사기관이 작성한 피의자신문조서는 그 피의자였던 피고인 또는 변호인이 그 내용을 인정할 때에 한하여 증거로 할 수 있다.

[2] 피의자의 진술을 기재한 서류 내지 문서가 수사기관의 수사과정에서 작성된 것이라면 그 서류나 문서의 형식과 관계없이 피의자신문조서와 달리 볼 이유가 없으므로, 수사기관이 작성한 압수조서에 기재된 피의자였던 피고인의 자백 진술 부분은 피고인 또는 변호인이 내용을 부인하는 이상 증거능력이 없다.

[3] 이 사건 압수조서의 압수경위란에 '피고인이 2019. 7. 30. 21:30경 피해자의 신체를 그 의사에 반하여 촬영한 혐의를 인정한다.'는 취지로 기재되어 있는 사실, 피고인은 공판과정에서 일관되게 쟁점 공소사실을 부인하면서, 경찰에서 작성된 피의자신문조서의 내용을 부인한 사실을 알 수 있다.

[4] 이러한 사실을 앞서 본 법리에 비추어 보면, 이 사건 압수조서는 수사기관이 수사과정에서 작성한 서류로서 거기에 기재된 피고인의 진술 부분은 피고인 또는 변호인이 그 내용을 인정하는 경우에 한하여 증거로 할 수 있다. 피고인은 이 사건 압수조서에 기재된 진술의 내용을 인정하지 않았다고 보아야 하고, 제1심 제1회 공판조서의 일부인 증거목록에 이 사건 압수조서에 대하여 동의한 것으로 기재되어 있다 하더라도 피고인의 진술 부분에 관해서는 착오 기재이거나 피고인이 그 조서 내용과 같이 진술한 사실이 있었음을 인정한다는 것을 '동의'로 조서를 잘못 정리한 것으로 이해될 뿐이므로, 이 사건 압수조서 중 피고인의 진술 부분은 유죄의 증거로 사용할 수 없다(대법원2024. 5. 30.선고2020도16796판결).

② (○) 형사소송법 제312조 제3항에서 '그 내용을 인정할 때'란 피의자신문조서의 기재 내용이 진술 내용대로 기재되어 있다는 의미가 아니고 그와 같이 진술한 내용이 실제 사실과 부합한다는 것을 의미하므로, 피고인이 공소사실을 부인하는 경우 수사기관이 작성한 피의자신문조서 중 공소사실을 인정하는 취지의 진술 부분은 그 내용을 인정하지 않았다고 보아야 한다(대법원2024. 5. 30.선고2020도16796판결).

④ (○) [1] **수사기관에 제출된 변호인의견서**, 즉 변호인이 피의사건의 실체나 절차에 관하여 자신의 의견 등을 기재한 서면에 **피의자가 당해사건 수사기관에 한 진술이 인용되어 있는 경우가 있다.** 변호인의견서에 기재된 **이러한 내용의 진술은 수사기관의 수사과정에서 작성된** '피의자의 진술이 기재된 신문조서나 진술서 등'으로부터 **독립하여 증거능력을 가질 수 없는** 성격의 것이고, '피의자의 진술이 기재된 신문조서나 진술서 등'의 증거능력을 인정하지 않는 경우에 변호인의견서에 기재된 동일한 내용의 피의자 진술 부분을 유죄의 증거로 사용할 수 있다면 피의자였던 피고인에게 불의의 타격이 될 뿐만 아니라 피의자 등의 보호를 목적으로 하는 변호인의 지위나 변호인 제도의 취지에도 반하게 된다. 따라서 **피고인이 피의자였을 때 수사기관에 한 진술이 기재된 조서나 수사과정에서 작성된 진술서 등의 증거능력을 인정할 수 없다면** 수사기관에 제출된 **변호인의견서에 기재된 같은 취지의 피의자 진술 부분도 유죄의 증거로 사용할 수 없다.**

[2] 피고인은 쟁점 공소사실이 포함된 피의사실로 입건되어 **2019. 8.경 피의자신문을 받은 사실,** 피고인의 **변호인은 위 피의자신문 후인 2019. 9. 7.** 경찰에 이 사건 **변호인의견서를 제출한 사실,** 이 사건 **변호인의견서에는** "**피의자는 이 사건 피의사실을 모두 인정하고** 자신의 잘못을 반성하고 있습니다.", "**피의자는 이 사건 피의사실에 대하여 전부 자백하였습니다.**"라고 기재되어 있는 사실, 제1심은 위 피의자신문 당시 작성된 피의자신문조서에 대하여 **피고인이 내용을 부인함에 따라 이를 증거로 채택하지 않은 사실을 알 수 있다.**

[3] 이러한 사실을 앞서 본 법리에 비추어 보면, **피고인이 내용을 부인함에 따라 경찰에서 작성된 피고인에 대한 피의자신문조서의 증거능력을 인정할 수 없는 이상** 이 사건 **변호인의견서 중** 피고인이 피의자였을 때 **경찰에서 같은 취지로 진술한 부분** 역시 **유죄의 증거로 사용할 수 없다.** 피고인이 제1심에서 이 사건 **변호인의견서에 대하여 증거로 함에 동의하였다고 하더라도** 위 진술 부분을 제외한 나머지 부분에 대하여서만 증거로 할 수 있을 뿐이다(대법원 2024. 5. 30.선고2020도16796판결). 결국, 사법경찰관이 작성한 **압수조서에 기재된 피고인 진술** 및 당해사건 수사단계에서 제출된 **변호인의견서에 인용된 피고인 진술의 증거능력은 부정된다.**

문제 38 - 정답 ②

▶ ② ㉠㉢(2개)은 옳은 지문이나, ㉡㉣㉤(3개)은 틀린 지문이다.
㉠ (○) 대법원2015.1.22. 2014도10978 전원합의체 판결
㉡ (X) **수사기관이 참고인을 조사하는 과정에서 형사소송법 제221조 제1항에 따라 작성한 영상녹화물은,** 다른 법률에서 달리 규정하고 있는 등의 특별한 사정이 없는 한, 공소사실을 **직접 증명할 수 있는 독립적인 증거로 사용될 수는 없다**고 해석함이 타당하다(대판2014.7.10. 2012도5041).
㉢ (X) [1] 형사소송법 제312조 제2항(**현행 제312조 제3항**)은 **검사 이외의 수사기관이 작성한 피의자신문조서는** 그 피의자였던 피고인이나 변호인이 **그 내용을 인정할 때에 한하여 증거로 할 수 있다**고 규정하고 있는바, **피고인이 검사 이외의 수사기관에서 범죄 혐의로 조사받는 과정에서 작성하여 제출한 진술서는 그 형식 여하를 불문하고 당해 수사기관이 작성한 피의자신문조서와 달리 볼 수 없고,** 피고인이 수사 과정에서 범행을 자백하였다는 검사 아닌 수사기관의 진술이나 같은 내용의 수사보고서 역시 피고인이 공판 과정에서 앞서의 자백의 내용을 부인하는 이상 마찬가지로 보아야 하며, **여기서 말하는 검사 이외의 수사기관에는** 달리 특별한 사정이 없는

한 **외국의 권한 있는 수사기관도 포함된다.**
[2] **사법경찰관이 작성한 검증조서에 피의자이던 피고인이 검사 이외의 수사기관 앞에서 자백한 범행내용을 현장에 따라 진술·재연한 내용이 기재되고 그 재연 과정을 촬영한 사진이 첨부되어 있다면, 그러한 기재나 사진은 피고인이 공판정에서 그 진술내용 및 범행재연의 상황을 모두 부인하는 이상 증거능력이 없다.**
[3] **미국 범죄수사대(CID), 연방수사국(FBI)의 수사관들이 작성한 수사보고서 및 피고인이 위 수사관들에 의한 조사를 받는 과정에서 작성하여 제출한 진술서는 피고인이 그 내용을 부인하는 이상 증거로 쓸 수 없다**고 한 원심의 조치는 정당하다(대판2006.1.13. 2003도6548).
㉣ (X) **수사기관이 갑으로부터 피고인의 마약류관리에 관한 법률위반(향정) 범행에 대한 진술을 듣고 추가적인 증거를 확보할 목적으로, 구속수감되어 있던 갑에게 그의 압수된 휴대전화를 제공하여 피고인과 통화하고 위 범행에 관한 통화 내용을 녹음하게 한 행위는 불법감청에 해당하므로,** 그 녹음 자체는 물론 이를 근거로 작성된 **녹취록 첨부 수사보고는 피고인의 증거동의에 상관없이 그 증거능력이 없다**(대판2010.10.14. 2010도9016).
㉤ (○) [1] 형사소송법 제297조의 규정에 따라 **재판장은 증인이 피고인의 면전에서 충분한 진술을 할 수 없다고 인정한 때에는 피고인을 퇴정하게 하고 증인신문을 진행함으로써 피고인의 직접적인 증인 대면을 제한할 수 있지만, 이러한 경우에도 피고인의 반대신문권을 배제하는 것은 허용될 수 없다.**
[2] 형사소송법 제297조에 따라 **변호인이 없는 피고인을 일시 퇴정하게 하고 증인신문을 한 다음 피고인에게 실질적인 반대신문의 기회를 부여하지 아니한 채 이루어진 증인의 법정진술은 위법한 증거로서 증거능력이 없다고 볼 여지가 있으나,** 그 다음 공판기일에서 재판장이 증인신문 결과 등을 공판조서(증인신문조서)에 의하여 고지하였는데 피고인이 '**변경할 점과 이의할 점이 없다**'고 진술하여 책문권 포기 의사를 명시함으로써 **실질적인 반대신문의 기회를 부여받지 못한 하자가 치유되었다**고 할 것이다(대법원 2010. 1. 14.선고2009도9344판결).

문제 39 - 정답 ③

▶ ③ ㉠㉢(2개)은 옳은 지문이나, ㉡㉣㉤(3개)가 틀린 지문이다.
㉠ (○) [1] 형사소송법 제318조 제1항은 "검사와 피고인이 증거로 할 수 있음을 동의한 서류 또는 물건은 진정한 것으로 인정한 때에는 증거로 할 수 있다."고 규정하고 있을 뿐 진정한 것으로 인정하는 방법을 제한하고 있지 아니하므로, **증거동의가 있는 서류 또는 물건은** 법원이 제반 사정을 참작하여 **진정한 것으로 인정하면 증거로 할 수 있다.**
[2] 증거동의의 의사표시는 **증거조사가 완료되기 전까지 취소 또는 철회할 수 있으나,** 일단 증거조사가 **완료된 뒤에는** 취소 또는 철회가 인정되지 아니하므로 **취소 또는 철회 전에 이미 취득한 증거능력은 상실되지 아니한다**(대법원2015. 8. 27.선고2015도3467판결).
㉡ (X) [1] **甲과 乙이** 피고인 **丙과의 통화 내용을 녹음하기로 합의한 후 갑이 스피커폰으로 병과 통화하고 을이 옆에서 이를 녹음한 경우,** 을이 전화통화 당사자 일방인 갑의 동의를 받고 그 통화 내용을 녹음하였다고 하더라도 전화통화 **상대방인 병의 동의가 없었던 이상** 을이 **병과 갑 간의 전화통화 내용을 녹음한 행위는** 통신비밀보호법 제3조 제1항에 **위반한 '전기통신의 감청'에 해당**하여 제4조에 의하여 **그 녹음파일은** 재판절차에서 **증거로 사용할 수 없다.** 위 전화통화는 병과 갑 사이에 이루어진 것이므로 전화통화의 당사자는 병과 갑이고 을은 **위 전화**

통화에 있어서 제3자에 해당한다.

[2] 통신비밀보호법 제3조 제1항을 위반한 불법감청에 의하여 녹음된 전화통화의 내용은 증거능력이 없다. 피고인이나 변호인이 이를 증거로 함에 동의하였다고 하더라도 달리 볼 것은 아니다. 결국, 피고인 병이 제1심에서 위 녹음파일 및 이를 채록한 녹취록에 대하여 증거동의를 하였다 하더라도 마찬가지이다(대판2019.3.14. 2015도1900).

ⓒ (○) [1] 디지털 저장매체에 저장된 로그파일의 원본이 아니라 그 복사본의 일부 내용을 요약·정리하는 방식으로 새로운 문서파일이 작성된 경우 그 문서파일 또는 거기에서 출력한 문서를 로그파일 원본의 내용을 증명하는 증거로 사용하기 위하여는 피고인이 이를 증거로 하는 데 동의하지 아니하는 이상 그 문서파일의 기초가 된 로그파일 복사본과 로그파일 원본의 동일성도 인정되어야 한다.

[2] 나아가 이때 새로운 문서파일 또는 거기에서 출력한 문서를 진술증거로 사용하는 경우 그 기재 내용의 진실성에 관하여는 전문법칙이 적용되므로 형사소송법 제313조 제1항에 따라 공판준비기일이나 공판기일에서 그 작성자 또는 진술자의 진술에 의하여 성립의 진정함이 증명된 때에 한하여 이를 증거로 사용할 수 있다(대법원 2015. 8. 27.선고2015도3467판결).

ⓔ (X) [1] 수사기관이 원진술자의 진술을 기재한 조서는 원본 증거인 원진술자의 진술에 비하여 본질적으로 낮은 정도의 증명력을 가질 수밖에 없다는 한계를 지니는 것이고, 특히 원진술자의 법정 출석 및 반대신문이 이루어지지 못한 경우에는 그 진술이 기재된 조서는 법관의 올바른 심증 형성의 기초가 될 만한 진정한 증거가치를 가진 것으로 인정받을 수 없는 것이 원칙이다.

[2] 따라서 피고인이 공소사실 및 이를 뒷받침하는 수사기관이 원진술자의 진술을 기재한 조서 내용을 부인하였음에도 불구하고, 원진술자의 법정 출석과 피고인에 의한 반대신문이 이루어지지 못하였다면, 그 조서는 진정한 증거가치를 가진 것으로 인정받을 수 없는 것이어서 이를 주된 증거로 하여 공소사실을 인정하는 것은 원칙적으로 허용될 수 없다.

[3] 이는 원진술자의 사망이나 질병 등으로 인하여 원진술자의 법정 출석 및 반대신문이 이루어지지 못한 경우는 물론 수사기관의 조서를 증거로 함에 피고인이 동의한 경우에도 마찬가지이다(대법원 2006. 12. 8.선고2005도9730판결). 결국, 피고인이 이에 대해 증거동의한 경우에도 이를 주된 증거로 하여 공소사실을 인정할 수 없다.

ⓜ (X) [1] 형사소송법 제318조에 규정된 증거동의의 주체는 소송주체인 검사와 피고인이고, 변호인은 피고인을 대리하여 증거동의에 관한 의견을 낼 수 있을 뿐이므로 피고인의 명시한 의사에 반하여 증거로 함에 동의할 수는 없다.

[2] 따라서 피고인이 출석한 공판기일에서 증거로 함에 부동의한다는 의견이 진술된 경우에는 그 후 피고인이 출석하지 아니한 공판기일에 변호인만이 출석하여 종전 의견을 번복하여 증거로 함에 동의하였다 하더라도 이는 특별한 사정이 없는 한 효력이 없다고 보아야 한다(대법원2013. 3. 28.선고2013도3판결).

문제 40 – 정답 ④

▶ ④ (○) [1] 이 사건 문자메시지는 피해자가 피고인으로부터 풀려난 당일에 남동생에게 도움을 요청하면서 피고인이 협박한 말을 포함하여 공갈 등 피고인으로부터 피해를 입은 내용을 문자메시지로 보낸 것이므로, 이 사건 문자메시지의 내용을 촬영한 사진은 증거서류 중 피해자의 진술서에 준하는 것으로 취급함이 상당할 것인바, 진술서에 관한 형사소송법 제313조에 따라 이 사건 문자메시지의 작성자인 피해자(누나)가 제1심 법정에 출석하여 자신이 이

사건 문자메시지를 작성하여 남동생에게 보낸 것과 같음을 확인하고, 피해자의 남동생도 제1심 법정에 출석하여 피해자(누나)가 보낸 이 사건 문자메시지를 촬영한 사진이 맞다고 확인한 이상, 이 사건 문자메시지를 촬영한 사진은 그 성립의 진정함이 증명되었다고 볼 수 있으므로 이를 증거로 할 수 있다.

[2] 피해자가 피고인으로부터 당한 공갈 등 피해 내용을 담아 남동생에게 보낸 문자메시지를 촬영한 사진은 본래증거가 아니라 전문증거로서 형사소송법 제313조에 규정된 '피해자의 진술서'에 준하여 그 진정성립이 인정되면 증거로 할 수 있다(대법원2010. 11. 25.선고2010도8735판결).

[3] 위 사례는 공갈죄에서의 문자메시지 사건(대법원2010. 11. 25. 선고2010도8735판결)을 강도강간죄로 변형해서 출제한 것이다. 공갈죄 대신에 강도강간죄만 대입해서 이해하면 될 것이다.

① (X) [1] 일반인의 출입이 허용된 상가 등 영업장소에 영업주의 승낙을 받아 통상적인 출입방법으로 들어갔다면 특별한 사정이 없는 한 건조물침입죄에서 규정하는 침입행위에 해당하지 않는다. 설령 행위자가 범죄 등을 목적으로 영업장소에 출입하였거나 영업주가 행위자의 실제 출입 목적을 알았더라면 출입을 승낙하지 않았을 것이라는 사정이 인정되더라도 그러한 사정만으로는 출입 당시 객관적·외형적으로 드러난 행위태양에 비추어 사실상의 평온상태를 해치는 방법으로 영업장소에 들어갔다고 평가할 수 없으므로 침입행위에 해당하지 않는다.

[2] 피고인은 피해자 乙(여, 16세)을 추행하기로 마음먹고, 乙을 뒤따라가 프라자 상가 1층에 들어가, 그곳에서 엘리베이터를 기다리는 을의 뒤에서 갑자기 을의 교복 치마 안으로 손을 넣어 피해자의 음부를 만진 경우(상가 1층 엘리베이터 앞까지 乙을 뒤따라 들어가 강제추행한 경우), 피고인은 야간에 일반인의 출입이 허용되는 이 사건 상가 건물 1층의 열려져 있는 출입문을 통하여 통상적인 출입방법으로 들어간 사실을 알 수 있고, 피고인의 출입 당시 모습 등에 비추어 이 사건 상가 건물에 대한 관리자의 사실상 평온상태가 침해되었다고 볼 만한 사정이 보이지 않는다. 이 사건 상가 건물 1층에 CCTV가 설치되어 있으나 이 사건 상가 건물의 용도와 성질 등에 비추어 상가 건물의 일반적인 관리를 위한 것이라고 보이고 외부인의 출입을 통제·감시하기 위한 것이라고 단정하기는 어렵다. 따라서 피고인이 야간에 위 피해자를 뒤따라 들어가 이 사건 상가 건물 1층에 출입하였다고 하더라도 건조물 침입행위가 있었다고 단정하기 어려우므로 성폭력처벌법 위반(주거침입강제추행)죄가 성립하지 않는다(대법원2022. 8. 25.선고2022도3801판결). 결국, 건조물침입행위에는 해당하지 않고, 아동·청소년의 성보호에 관한 법률(약칭: 청소년성보호법)상 강제추행죄가 성립할 뿐이다.

② (X) [1] 강도가 사람을 강간한 때에는 무기 또는 10년 이상의 징역에 처한다(강도강간죄; 형법 제339조).

[2] 가. 강간범이 강간행위 후에 강도의 범의를 일으켜 그 부녀의 재물을 강취하는 경우에는 강도강간죄가 아니라 강간죄와 강도죄의 경합범이 성립될 수 있을 뿐이다.

나. 그러나 강간행위의 종료 전 즉 그 실행행위의 계속 중에 강도의 행위를 할 경우에는 이때에 바로강도의 신분을 취득하는 것이므로 이후에 그 자리에서 강간행위를 계속하는 때에는 강도가 부녀를 강간한 때에 해당하여 형법 제339조에 정한 강도강간죄를 구성한다(대법원2010. 12. 9.선고2010도9630판결).

[3] 가. 다른 특별한 사정이 없는 한 특수강간범이 강간행위 종료 전에 특수강도의 행위를 한 이후에 그 자리에서 강간행위를 계속하

는 때에도 특수강도가 부녀를 강간한 때에 해당하여 구 성폭력범죄의 처벌 및 피해자보호 등에 관한 법률(성폭력처벌법) 제5조 제2항에 정한 **특수강도강간죄로 의율할 수 있다.**

나. 야간에 갑의 주거에 침입하여 **드라이버를 들이대며 협박**하여 갑의 반항을 억압한 상태에서 **강간행위의 실행도중** 범행현장에 있던 을 소유의 **핸드백을 가져간 피고인의 행위를 포괄**하여 구 성폭력범죄의 처벌 및 피해자보호 등에 관한 법률 위반(**특수강도강간 등)죄에 해당한다**(대법원2010. 12. 9.선고2010도9630판결).

③ (X) [1] 검사 또는 사법경찰관은 **피의자를 신문**하는 경우 **다음 각 호의 어느 하나에 해당하는 때에는** 직권 또는 피의자ㆍ법정대리인의 신청에 따라 피의자와 신뢰관계에 있는 자를 **동석하게 할 수 있다**(형사소송법 제244조의2 제1항).

> 1. 피의자가 **신**체적 또는 **정**신적 장애로 사물을 변별하거나 의사를 결정ㆍ전달할 능력이 **미**약한 때
> 2. 피의자의 **연령ㆍ성별ㆍ국적** 등의 사정을 고려하여 그 심리적 안정의 도모와 원활한 의사소통을 위하여 필요한 경우

[2] 가. 형사소송법 제244조의5(장애인 등 특별히 보호를 요하는 자에 대한 특칙; **피의자와 신뢰관계에 있는 자의 동석제도)는,** 검사 또는 사법경찰관은 피의자를 신문하는 경우 피의자가 신체적 또는 정신적 장애로 사물을 변별하거나 의사를 결정ㆍ전달할 능력이 미약한 때나 피의자의 연령ㆍ성별ㆍ국적 등의 사정을 고려하여 그 심리적 안정의 도모와 원활한 의사소통을 위하여 필요한 경우에는, 직권 또는 피의자ㆍ법정대리인의 신청에 따라 피의자와 신뢰관계에 있는 자를 **동석하게 할 수 있도록 규정하고 있다(임의적 동석제도이다).**

나. 구체적인 사안에서 위와 같은 **동석을 허락할 것인지는 원칙적으로 검사 또는 사법경찰관이** 피의자의 건강 상태 등 여러 사정을 고려하여 **재량에 따라 판단하여야 할 것이나,** 이를 허락하는 경우에도 동석한 사람으로 하여금 피의자를 대신하여 진술하도록 하여서는 안 된다.

다. **만약 동석한 사람이 피의자를 대신하여 진술한 부분이 조서에 기재**되어 있다면 **그 부분은 피의자의 진술을 기재한 것이 아니라** 동석한 사람의 진술을 기재한 조서에 해당하므로, **그 사람에 대한 진술조서로서의 증거능력을 취득하기 위한 요건을 충족하지 못하는 한 이를 유죄 인정의 증거로 사용할 수 없다**(대법원2009. 6. 23.선고2009도1322판결). 위 사안에서 **만약 동석한 사람이 甲을 대신하여 진술한 부분을** 사법경찰관이 조서에 기재하였다면 **그 부분은 피의자의 진술을 기재한 것에 해당하지 아니한다.**

경찰 형사법 파이널 모의고사 ── 정답 및 해설

✔ 정답

문제	정답	문제	정답	문제	정답	문제	정답
01	①	11	②	21	④	31	④
02	①	12	①	22	①	32	③
03	①	13	③	23	②	33	③
04	③	14	③	24	②	34	②
05	②	15	③	25	③	35	①
06	④	16	②	26	①	36	④
07	④	17	④	27	②	37	③
08	④	18	③	28	②	38	②
09	②	19	③	29	③	39	④
10	②	20	③	30	②	40	④

문제 01 - 정답 ①

▶ ① (○) [1] 공직선거법 제60조의3 제1항 제5호에 따라 예비후보자에게 허용되는 선거운동방법 중 하나인 '표지물을 착용하는 행위'는 '표지물을 입거나, 쓰거나, 신는 등 신체에 부착하거나 고정하여 사용하는 행위'라고 보아야 한다. 단순히 표지물을 신체의 주변에 놓아두거나, 신체에 부착·고정하지 아니한 채 신체접촉만을 유지하는 행위나 표지물을 양손에 잡고 머리 위로 들고 있는 행위는 이에 해당하지 않는다(허용되지 않고 처벌된다).

[2] 피고인 갑이 구청장 예비후보자로서 선거구 내 길거리에서 총 3회에 걸쳐 자신의 이름과 홍보 내용이 기재된 표지물을 착용하지 않고 양손에 잡고 머리 위로 든 채 선거구민들을 상대로 지지를 호소하는 방법으로 선거운동을 함으로써 선거운동기간 전에 공직선거법에 규정된 방법 이외의 방법으로 선거운동을 하였다는 공소사실로 기소된 사안에서, 예비후보자이던 피고인 갑이 선거운동기간 이전 선거운동의 일환으로 표지물을 양손에 잡고 머리 위로 들고 있었던 것은 '표지물을 착용하는 행위'로 평가되지 아니하여 공직선거법 제60조의3 제1항 제5호에 따라 예비후보자가 할 수 있는 선거운동방법에 해당하지 아니하므로, 공직선거법위반에 해당한다(대법원2023. 11. 16.선고2023도5915판결). 결국, 비교적 장기간에 걸친 예비후보자의 사전선거운동기간에 어깨띠, 표지물을 활용한 다양한 방법의 선거운동이 허용될 경우 선거가 조기에 과열되고 과도한 사회적 비용이 발생할 위험성을 고려하여 신체에 부착·고정하지 아니한 어깨띠를 메거나, 표지물을 머리 위에 들고 있으면 공직선거법 위반에 해당한다.

② (X) [1] 형벌법규는 문언에 따라 엄격하게 해석·적용하여야 하고 피고인에게 불리한 방향으로 지나치게 확장해석하거나 유추해석하여서는 아니 되나, 형벌법규의 해석에 있어서도 가능한 문언의 의미 내에서 당해 규정의 입법 취지와 목적 등을 고려한 법률체계적 연관성에 따라 그 문언의 논리적 의미를 분명히 밝히는 체계적·논리적 해석방법은 그 규정의 본질적 내용에 가장 접근한 해석을 위한 것으로서 죄형법정주의의 원칙에 부합한다.

[2] 또한 죄형법정주의에서 파생되는 명확성의 원칙은 법률이 처벌하고자 하는 행위가 무엇이며 그에 대한 형벌이 어떠한 것인지를 누구나 예견할 수 있고 그에 따라 자신의 행위를 결정할 수 있도록 구성요건을 명확하게 규정하는 것을 의미하나, 처벌법규의 구성요건이 명확하여야 한다고 하여 모든 구성요건을 단순한 서술적 개념으로 규정하여야 하는 것은 아니다. 다소 광범위하여 법관의 보충적인 해석을 필요로 하는 개념을 사용하였다고 하더라도 건전한 상식과 법감정을 가진 사람이면 통상의 해석방법에 의하여 당해 처벌법규의 보호법익과 금지된 행위 및 처벌의 종류와 정도를 알 수 있도록 규정하였다면 처벌법규의 명확성에 배치되지 않는다. 그리고 어떠한 법규범이 명확한지 여부는 그 법규범이 수범자에게 법규의 의미내용을 알 수 있도록 공정한 고지를 하여 예측가능성을 주고 있는지 여부 및 그 법규범이 법을 해석·집행하는 기관으로 하여금 자의적인 해석이나 집행을 하지 못하게 하는지 여부, 다시 말하면 예측가능성 및 자의적 법집행 배제가 확보되는지 여부에 따라 이를 판단할 수 있다. 나아가 법규범의 의미내용은 그 문언뿐만 아니라 입법 목적이나 입법 취지, 입법 연혁, 그리고 법규범의 체계적 구조 등을 종합적으로 고려하는 해석방법에 의하여 구체화하게 되므로, 결국 법규범이 명확성의 원칙에 위배되는지 여부는 위와 같은 해석방법에 의하여 그 의미내용을 합리적으로 파악할 수 있는 해석기준을 얻을 수 있는지 여부에 달려 있다고 할 것이다.

[3] 2016. 12. 2. 법률 제14291호로 개정된 원산지표시법은 위 제14조를 제14조 제1항으로 개정하고 제14조 제2항을 신설하여 '제1항의 죄(원산지 거짓 표시 등의 금지 위반의 죄)로 형을 선고받고 그 형이 확정된 후 5년 이내에 다시 제6조 제1항 또는 제2항을 위반한 자는 1년 이상 10년 이하의 징역 또는 500만 원 이상 1억 5천만 원 이하의 벌금에 처하거나 이를 병과할 수 있다.'고 정하여 원산지를 거짓으로 표시하는 자에 대한 벌칙을 강화하였다(이는 일정기간 내에 동종 범행을 반복한 행위자를 가중처벌하기 위한 것이다). 이와 같이 원산지표시법 제14조 제2항에서 정한 '제1항의 죄로 형을 선고받고 그 형이 확정된 후'란, 원산지표시법 제6조 제1항 또는 제2항을 위반하여 7년 이하의 징역형, 1억 원 이하의 벌금형, 징역형에 벌금형이 병과되어 그 형이 확정된 경우를 의미하고, 확정된 벌금형에는 공판절차에서 형을 선고받아 확정된 경우뿐만 아니라 약식절차에서 벌금형의 약식명령을 고지받아 확정된 경우까지 포함된다고 보아야 한다(대법원2023. 5. 18.선고2022도10961판결).

③ (X) [1] 보험사기방지법은 2016. 3. 29. 법률 제14123호로 제정되어 같은 법 부칙(2016. 3. 29.)에 따라 공포 후 6개월이 지난 2016. 9. 30.부터 시행되었다. 따라서 보험사기방지법이 시행되기 전에 피고인이 피해자 회사에 보험금을 청구하여 보험금을 지급받아 기수에 이른 범행에 대해서는 피고인을 보험사기방지법 위반죄로 처벌할 수 없다.

[2] 피고인이 통원치료로 충분한 병증인데도 총 15회에 걸쳐 입원진료를 받은 다음 피해자 회사에 보험금 지급을 청구하는 방법으

로 보험금을 편취하였다는 공소사실에 대하여, 원심이 이를 유죄로 판단하면서 보험사기방지 특별법 제8조를 적용한 사안에서, 위 법은 2016. 3. 29. 제정되어 2016. 9. 30.부터 시행되었으므로 **위 법 시행 전에 보험금을 지급받아 기수에 이른 범행에 대해서는** 위 법 위반죄로 **처벌할 수 없다**(대법원2022. 1. 13.선고2021도10855판결). 결국, 위 법률을 **소급적용하여 처벌**하였다면 **죄형법정주의와 형벌법규 불소급의 원칙 등을 위반하였다**고 볼 수 있다.

④ (X) [1] 통신비밀보호법 제3조 제1항은 누구든지 이 법과 형사소송법 또는 군사법원법의 규정에 의하지 아니하고는 우편물의 검열·전기통신의 감청 또는 공개되지 않은 타인 간의 대화를 녹음 또는 청취하지 못한다고 규정하고 있고, 같은 법 제16조 제1항은 이를 위반하는 행위를 처벌하도록 규정하고 있다. **여기서 '청취'는** 타인 간의 **대화가 이루어지고 있는 상황에서 실시간으로 그 대화의 내용을 엿듣는 행위를 의미하고, 대화가 이미 종료된 상태에서 그 대화의 녹음물을 재생하여 듣는 행위는 '청취'에 포함되지 않는다.**

[2] **종료된 대화의 녹음물을 재생하여 듣는 행위**도 제3조 제1항의 **'청취'에 포함시키는 해석**은 '청취'를 '녹음'과 별도 행위 유형으로 규율하는 제3조 제1항에 비추어 불필요하거나 **'청취'의 범위를 너무 넓혀 금지 및 처벌 대상을 과도하게 확장**할 수 있다. 위법한 녹음 주체가 그 녹음물을 청취하는 경우에는 그 위법한 녹음을 금지 및 처벌 대상으로 삼으면 충분하고, 녹음에 사후적으로 수반되는 청취를 별도의 금지 및 처벌 대상으로 삼을 필요성이 크지 않다. 또한 적법한 녹음 주체 또는 제3자가 그 녹음물을 청취하거나, 위법한 녹음물을 녹음 주체 외의 제3자가 청취하는 경우까지 금지 및 처벌 대상으로 삼으면 이들의 행동의 자유를 과도하게 제한하게 된다. 나아가 이는 명문의 형벌법규 의미를 엄격하게 해석하기보다는 **피고인에게 불리한 방향으로 지나치게 확장해석하거나 유추해석하는 것**으로서 **죄형법정주의의 원칙**에 비추어 보더라도 **타당하지 않다**(대법원2024. 2. 29.선고2023도8603판결). 결국, **종료된 대화의 녹음물을 재생하여 듣는 것은 통신비밀보호법상 '청취'에 해당하지 않는다.**

문제 02 - 정답 ①

▶ ① (X) [1] 법무사법 제21조 제2항이 정하고 있는 **법무사 등록증을 빌려준다 함**은 타인이 법무사 등록증을 이용하여 **법무사로 행세하면서 법무사업을 하려는 것을 알면서도 법무사 등록증 자체를 빌려주는 것을 의미**하는데, 여기서 '법무사로 행세'한다는 것은, 법무사 무자격자가 법무사의 명의를 빌린 후 법무사 본인인 듯이 가장하여 행위하는 것뿐만 아니라, 무자격자가 법무사에게 일정액을 주는 대신 법무사는 그 무자격자의 수임건수나 업무처리에 관여하지 아니하고 무자격자가 자신의 계산으로 법무사로서의 업무를 모두 처리하는 것도 포함한다. 나아가 **법무사 사무소 직원이** 법무사 사무소의 업무 전체가 아니라 일정 부분의 업무에 한하여 실질적으로 **법무사의 지휘·감독을 받지 않고 자신의 책임과 계산으로 해당 사무를 법무사 명의로 취급·처리하였다면**, 설령 법무사가 나머지 업무에 관하여 정상적인 활동을 하고 있더라도 **직원과 법무사에게는 법무사법 제72조 제1항 위반죄가 성립될 수 있다.**

[2] 2017. 12. 12. 법률 제15151호로 **개정된 법무사법**(이하 '개정된 법무사법'이라 한다)에는 제72조제2항이 신설되어 등록증을 다른 사람에게 빌려준 법무사, 법무사의 등록증을 빌린 사람 등이 **취득한 금품이나 그 밖의 이익은 몰수**하고 이를 몰수할 수 없을 때에는 그 가액을 **추징한다고 규정**하고 있고, 부칙 제2조는 "제72조

제2항의 개정 규정은 이 법 시행 후 최초로 법무사 등록증을 다른 사람에게 빌려준 경우부터 **적용한다.**"라고 규정하고 있다. 위와 같이 **개정된 법무사법 제72조 제2항**, 부칙 제2조, 헌법 제13조 제1항 전단과 형법 제1조 제1항에서 정한 **형벌법규의 소급효 금지 원칙에 비추어** 보면, 법무사가 등록증을 다른 사람에게 빌려주거나 법무사의 등록증을 빌린 행위가 개정된 법무사법 시행 이전부터 계속되어 온 경우에는 **개정된 법무사법이 시행된 이후의 행위로 취득한 금품 그 밖의 이익만이** 개정된 법무사법 제72조 제2항에 따른 몰수나 추징의 대상이 된다고 보아야 한다.

[3] 따라서 법무사가 등록증을 다른 사람에게 빌려주거나 법무사의 등록증을 빌린 행위가 2017. 12. 12. 법률 제15151호로 개정된 법무사법 **시행 이전부터 계속**되어 온 경우, 개정된 법무사법이 **시행된 이후의 행위로 취득한 금품 그 밖의 이익만이** 개정된 법무사법 제72조 제2항에 따른 몰수나 추징의 대상이 된다(대법원2020. 10. 15.선고2020도7307판결). 결국, 몰수도 형벌이므로 **형벌불소급의 원칙**에 따라 시행(신설) **이전에 취득한** 금품이나 이익은 몰수나 추징할 수 없고, 개정 법무사법의 시행(신설) 이후에 취득한 금품 그 밖의 이익만을 몰수나 추징할 수 있다.

② (O) [1] 가. 유사수신행위의 **일부인** 유사수신약정**체결** 및 위약정에 따른 출자금을 **수수하는 행위**가 **대한민국 영역 내에서 이루어진 이상**, 비록 인터넷 홈페이지를 개설한 장소나 출자금을 최종적으로 수령한 장소가 대한민국 영역 외라 하더라도 **대한민국 영역 내에서 죄를 범한 것이므로,** A회사의 불상의 **운영자들에 대하여도 형법 제2조, 제8조에 따라 대한민국의 형벌법규인 유사수신행위법 제3조, 제2조 제1호가 적용된다.**

나. **A회사의 운영자들은** 국내 관계 법령에 따른 **인허가 등을 받지 않고 투자자들로부터** 광고팩 구입비 명목의 출자금을 지급받으면서 **이를 초과하는 수익금 지급약정을 하였고,** 투자자들이 하는 광고보기 등의 행위는 용역제공을 가장하거나 빙자하기 위한 것일 뿐 사실상 금전의 거래라고 볼 수 있으므로, 이는 유사수신행위법 제2조 제1호에서 정한 **유사수신행위에 해당**한다(대법원2020. 7. 9.선고2018도5519판결). 결국, 범죄의 **일부실행지도 범죄지에 해당**하므로 형법 제2조의 속지주의 원칙에 따라 **우리나라의 형법이 적용된다.**

[2] **외국인이** 대한민국 공무원에게 **알선한다는 명목으로 금품을 수수하는 행위**가 **대한민국 영역 내에서 이루어진 이상,** 비록 금품 수수의 명목이 된 알선행위를 하는 장소가 대한민국 영역 외라 하더라도 **대한민국 영역 내에서 죄를 범한 것이라고 하여야 할 것**이므로, **형법 제2조에 의하여** 대한민국의 형벌법규인 구 **변호사법 제90조 제1호가 적용되어야 한다**(대법원2000. 4. 21.선고99도3403판결). 결국, 범죄의 **일부실행지도 범죄지에 해당**하므로 **형법 제2조의 속지주의 원칙에 따라 우리나라의 형법이 적용된다.**

③ (O) [1] 미합중국 국적을 가진 미합중국 군대의 군속인 피고인이 범행 당시 10년 넘게 대한민국에 머물면서 한국인 아내와 결혼하여 가정을 마련하고 직장 생활을 하는 등 생활근거지를 대한민국에 두고 있었던 경우, 피고인은 대한민국과 아메리카합중국 간의 상호방위조약 제4조에 의한 시설과 구역 및 대한민국에서의 합중국 군대의 지위에 관한 협정(1967. 2. 9. 조약 제232호로 발효되고, 2001. 3. 29. 조약 제553호로 최종 개정된 것)에서 말하는 **'통상적으로 대한민국에 거주하는 자'에 해당**하므로, **피고인에게는** 위 협정에서 정한 **미합중국 군대의 군속에 관한 형사재판권 관련 조항이 적용될 수 없다.**

[2] 한반도의 **평시상태**에서 **미합중국 군 당국**은 **미합중국 군대의 군속에 대하여 형사재판권을 가지지 않으므로**, 미합중국 군대의 군속이 범한 범죄에 대하여 대한민국의 형사재판권과 미합중국 군 당국의 형사재판권이 경합하는 문제는 발생할 여지가 없고, **대한민국은** 대한민국과 아메리카합중국 간의 상호방위조약 제4조에 의한 시설과 구역 및 대한민국에서의 합중국 군대의 지위에 관한 협정(1967. 2. 9. 조약 제232호로 발효되고, 2001. 3. 29. 조약 제553호로 최종 개정된 것) 제22조 제1항 (나)에 따라 **미합중국 군대의 군속이 대한민국 영역 안에서 저지른 범죄로서 대한민국 법령에 의하여 처벌할 수 있는 범죄에 대한 형사재판권을 바로 행사할 수 있다**(대판2006.5.11. 2005도798).

④ (○) [1] 형법 **제296조의2(세계주의)** 에서는「제287조부터 제292조까지(**약취, 유인과 인신매매죄**) 및 제294조(**미수범**)는 **대한민국 영역 밖에서 죄를 범한 외국인에게도 적용한다**.」고 규정하고 있다.

[2] **2013. 4. 5. 형법 개정법**에서는 인류에 대한 공통적인 범죄인 **약취·유인죄, 인신매매죄, 그 미수범**에 대하여 **대한민국 영역 밖에서 죄를 범한 외국인에게도 적용될 수 있도록 제296조의2(세계주의)의 규정을 도입, 신설**하였다.

문제 03 - 정답 ①

▶ ① (X) **부진정부작위범을 작위범과 동일하게 처벌하기 위해서는** 부작위가 작위범의 구성요건에서 요구하는 수단과 방법으로 행하여질 것을 요구하는 바, 이를 **행위정형의 동가치성**이라고 한다.

[2] 형법이 금지하고 있는 법익침해의 결과발생을 방지할 법적인 작위의무를 지고 있는 자가 그 의무를 이행함으로써 결과발생을 쉽게 방지할 수 있었음에도 불구하고 그 결과의 발생을 용인하고 이를 방관한 채 그 의무를 이행하지 아니한 경우에, 그 **부작위가 작위에 의한 법익침해와 동등한 형법적 가치가 있는 것이어서 그 범죄의 실행행위로 평가될 만한 것이라면**, 작위에 의한 실행행위와 동일하게 **부작위범으로 처벌할 수 있다**고 할 것이다(대법원 1992. 2. 11. 선고 91도2951 판결). 결국, 부진정부작위범이 성립하려면 반드시 보증인적 지위와 행위정형의 동가치성이 있어야 하는데, **보증인적 지위가 있다하더라도** 부작위가 작위적 방법에 의한 구성요건의 실현과 동등한 형법적 가치가 있는 것으로 **평가될 수 없다면(행위정형의 동가치성이 없다면) 부작위에 의한 살인죄가 성립할 수 없다.**

② (○) **작위의무는 법적인 의무**이어야 하므로 **단순한 도덕상 또는 종교상의 의무는 포함되지 않으나** 작위의무가 법적인 의무인 한 성문법이건 불문법이건 상관이 없고 또 공법이건 사법이건 불문하므로, **법령, 법률행위, 선행행위로 인한 경우**는 물론이고 기타 **신의성실의 원칙이나 사회상규 혹은 조리상 작위의무가 기대되는 경우**에도 법적인 **작위의무는 있다**(대판1996.9.6. 95도2551).

③ (○) [1] 부진정부작위범에 있어서 **보증인 지위와 보증인 의무의 체계적 지위**에 관하여는 구성요건요소설(보증인설), 위법성요소설, 이분설(이원설)의 견해가 대립하고 있다. 이 가운데 이분설(이원설; 통설)에 의하면 보증인 지위는 구성요건요소이나, 보증인 의무는 위법성요소로 나누어서 본다.

[2] 이분설에 의하면 **보증인 지위는 구성요건요소, 보증인 의무는 위법성요소에 해당**하므로, **보증인 지위에 대한 착오는 구성요건적 착오**(사실의 착오), **보증인 의무에 대한 착오는 법률의 착오**(위법성의 착오=금지착오)가 된다.

④ (○) [1] **범죄는 보통 적극적인 행위에 의하여 실행되지만 때

로는 결과의 발생을 방지하지 아니한 **부작위에 의하여도 실현될 수 있다**. 형법 제18조는 "위험의 발생을 방지할 의무가 있거나 자기의 행위로 인하여 위험발생의 원인을 야기한 자가 그 위험발생을 방지하지 아니한 때에는 그 발생된 결과에 의하여 처벌한다."라고 하여 **부작위범의 성립 요건을 별도로 규정하고 있다.**

[2] 자연적 의미에서의 **부작위는 거동성이 있는 작위와 본질적으로 구별되는 무(無)에 지나지 아니하지만**, 위 규정에서 말하는 **부작위는** 법적 기대라는 규범적 가치판단 요소에 의하여 **사회적 중요성을 가지는 사람의 행태가 되어** 법적 의미에서 **작위와 함께 행위의 기본 형태를 이루게** 된다.

[3] 특정한 행위를 하지 아니하는 **부작위가 형법적으로 부작위로서의 의미를 가지기 위해서는**, 보호법익의 주체에게 해당 구성요건적 결과발생의 위험이 있는 상황에서 **행위자**(세월호 이준석 선장)가 **구성요건의 실현을 회피하기 위하여 요구되는 행위를 현실적·물리적으로 행할 수 있었음에도 하지 아니하였다고 평가될 수 있어야** 한다(대법원 2015. 11. 12. 선고 2015도6809 전원합의체 판결).

문제 04 - 정답 ③

▶ ③ ㉠㉢㉤(3개)은 옳은 지문이다. ㉡㉣(2개)은 틀린 지문이다.

㉠ (○) [1] 임금 등 지급의무의 존부와 범위에 관하여 **다툴 만한 근거가 있다면 사용자가 그 임금 등을 지급하지 않은 데에 상당한 이유가 있다고 보아야** 하므로, **사용자에게 구 근로기준법(2017. 11. 28. 법률 제15108호로 개정되기 전의 것) 제109조 제1항, 제36조, 제43조 제2항 위반**(체불임금 청산의무 위반죄)의 **고의가 있었다고 보기 어렵다.**

[2] **임금 등 지급의무의 존부와 범위에 관하여 다툴 만한 근거가 있는지 여부**는 사용자의 지급거절 이유와 그 지급의무의 근거, 사용자가 운영하는 회사의 조직과 규모, 사업 목적 등 여러 사항, 그 밖에 임금 등 지급의무의 존부와 범위에 관한 **다툼 당시의 여러 사정에 비추어 판단하여야 한다**(대법원2023. 4. 27.선고2020도16431판결).

㉡ (X) **사용자가 근로자에 대하여 가지는** 대출금이나 불법행위를 원인으로 한 **채권으로써** 근로자의 **임금채권과 상계를 할 수는 없다**(대법원2022. 5. 26.선고2022도2188판결).

㉢ (○) **A국어학원 대표자인 피고인**은 상시근로자 5명을 사용하여 학원업을 운영하였는데, 강사들이 계약서에 명시한 **위약금 조항을 이유로 상계를 주장**하면서 **임금지급을 거절한 경우**에는 임금을 지급하지 않은 데에 정당한 이유가 있다고 보기 어려우므로 **근로기준법 위반의 고의가 있었다고 할 것**이다(대법원2022. 5. 26.선고2022도2188판결).

㉣ (X) [1] 고의의 일종인 **미필적 고의는 중대한 과실과는 달리** 범죄사실의 발생 가능성에 대한 인식이 있고 나아가 범죄사실이 발생할 위험을 **용인하는 내심의 의사가 있어야 한다.**

[2] **행위자가 범죄사실이 발생할 가능성을 용인하고 있었는지는** 행위자의 진술에 의존하지 않고 외부에 나타난 행위의 형태와 행위의 상황 등 구체적인 사정을 기초로 일반인이라면 해당 범죄사실이 발생할 가능성을 어떻게 평가할 것인지를 고려하면서 **행위자(일반인(X))의 입장에서 그 심리상태를 추인하여야 한다**(대법원 2024. 4. 4.선고2021도15080판결).

㉤ (○) [1] **형법 제233조의 허위진단서작성죄**가 성립하기 위하여서는 **진단서의 내용이 객관적으로 진실에 반할 뿐 아니라** 작성자

가 진단서 작성 당시 그 내용이 허위라는 점을 인식하고 있어야 하고, 주관적으로 진찰을 소홀히 한다든가 착오를 일으켜 오진한 결과로 진실에 반한 진단서를 작성하였다면 허위진단서 작성에 대한 인식이 있다고 할 수 없으므로 허위진단서작성죄가 성립하지 않는다.

[2] 의사 등이 사망진단서를 작성할 당시 기재한 사망 원인이나 사망의 종류가 허위인지 또는 의사 등이 그러한 점을 인식하고 있었는지는 임상의학 분야에서 실천되고 있는 의료 수준 및 사망진단서 작성현황에 비추어 사망진단서 작성 당시까지 작성자가 진찰한 환자의 구체적인 증상 및 상태 변화, 시술, 수술 등 진료 경과 등을 종합하여 판단하여야 한다.

[3] 특히 부검을 통하지 않고 사망의 의학적 원인을 정확하게 파악하는 데에는 한계가 있으므로, 부검 결과로써 확인된 최종적 사인이 이보다 앞선 시점에 작성된 사망진단서에 기재된 사망 원인과 일치하지 않는다는 사정만으로 사망진단서의 기재가 객관적으로 진실에 반한다거나, 작성자가 그러한 사정을 인식하고 있었다고 함부로 단정하여서는 안 된다(대법원2024. 4. 4.선고2021도15080 판결).

문제 05 - 정답 ②

▶ ② ㉠㉡㉢㉤(4개)은 옳은 지문이나, ㉢(1개)은 틀린 지문이다.

㉠ (○) 특별히 무거운 죄가 되는 사실을 인식하지 못한 행위는 무거운 죄로 벌하지 아니한다(형법 제15조 제1항; 사실의 착오).

㉡ (○) 대법원1960.10.31.선고 4290형상494

㉢ (X) 양해가 없음에도 불구하고 있다고 생각하고 행위한 경우에는 구성요건적 착오(사실의 착오)로서 고의가 조각되고, 과실범규정이 있을 때에는 과실범으로 처벌될 뿐이다. 예컨대, 갑은 소유자인 을의 동의가 있는 것으로 오인하고 A의 재물을 가져간 경우에는 절도죄의 고의가 조각되고, 절도죄의 과실범처벌규정이 없으므로 무죄이다. 이와 반대로 양해가 있음에도 불구하고 알지못하고 (없다고 생각하고) 행위를 한 경우에는 불능미수에 해당한다. 예컨대, 소유자 갑의 동의가 있었음에도 그 사실을 모르고 A의 재물을 가져간 경우는 절도죄의 불능미수에 해당한다.

㉣ (○) 옳은 설명이다. 이 경우는 경한 죄(촉탁·승낙살인죄)의 고의로 중한 죄(보통살인죄)를 범한 경우로, 형법 제15조 제1항에 의하여 촉탁·승낙살인죄가 성립한다(통설). 그러나 이와 반대로 촉탁·승낙이 있음에도 불구하고 촉탁·승낙이 없는 것으로 오인하고 살해한 경우, 행위자의 죄책과 관련하여 보통살인죄가 성립한다는 견해, 보통살인죄의 불능미수가 성립한다는 견해, 보통살인죄와 촉탁·승낙살인죄의 상상적 경합이 된다는 견해, 보통살인미수죄와 촉탁·승낙살인죄의 상상적 경합이 된다는 견해 등 다양한 견해가 대립되고 있다.

㉤ (○) 옳은 설명이다. 이 경우는 인과관계의 착오로서 행위자가 예견한 것와 실제로 진행된 인과과정이 다른 경우를 말하는데, 착오에 본질적인 차이가 없어(익사던 뇌진탕이던 주관적으로 인식한 사실과 발생한 사실이 일치하므로) 갑은 살인죄가 성립한다(통설).

문제 06 - 정답 ④

▶ ④ (X) [1] 노동조합의 조합활동은 근로자가 가지는 결사의 자유 내지 노동3권에 바탕을 둔 것으로서 노동조합 및 노동관계조정법(이하 '노동조합법'이라고 한다) 제1조의 목적을 달성하기 위하여 한 정당한 행위에 대하여는 민형사상 면책이 된다(노동조합

법 제4조, 형법 제20조).

[2] 노동조합의 활동이 정당하다고 하려면, 첫째 주체의 측면에서 행위의 성질상 노동조합의 활동으로 볼 수 있거나 노동조합의 묵시적인 수권 혹은 승인을 받았다고 볼 수 있는 것이어야 하고, 둘째 목적의 측면에서 근로조건의 유지·개선과 근로자의 경제적 지위의 향상을 도모하기 위하여 필요하고 근로자들의 단결 강화에 도움이 되는 행위이어야 하며, 셋째 시기의 측면에서 취업규칙이나 단체협약에 별도의 허용규정이 있거나 관행이나 사용자의 승낙이 있는 경우 외에는 원칙적으로 근무시간 외에 행하여져야 하고, 넷째 수단·방법의 측면에서 사업장 내 조합활동에서는 사용자의 시설관리권에 바탕을 둔 합리적인 규율이나 제약에 따라야 하며 폭력과 파괴행위 등의 방법에 의하지 않는 것이어야 한다.

[3] 이 중에서 시기·수단·방법 등에 관한 요건은 조합활동과 사용자의 노무지휘권·시설관리권 등이 충돌할 경우에 그 정당성을 어떠한 기준으로 정할 것인지 하는 문제이므로, 위 요건을 갖추었는지 여부를 판단할 때에는 조합활동의 필요성과 긴급성, 조합활동으로 행해진 개별 행위의 경위와 구체적 태양, 사용자의 노무지휘권·시설관리권 등의 침해 여부와 정도, 그 밖에 근로관계의 여러 사정을 종합하여 충돌되는 가치를 객관적으로 비교·형량하여 실질적인 관점에서 판단하여야 한다.

[4] 피고인들은 A노동조합 소속 간부들로서 B주식회사의 산업안전보건법 위반 사실의 증거수집 등을 할 목적으로 위 B회사의 생산 1공장에 들어가서 공장의 시설이나 설비를 작동시키지 않은 채 단지 그 상태를 30분 내지 40분 정도 눈으로 살펴보았을 뿐인 경우, 피고인들이 이러한 현장순회 과정에서 B회사 측을 폭행·협박하거나 강제적인 물리력을 행사한 바 없고, 근무 중인 근로자들의 업무를 방해하거나 소란을 피운 사실도 없었던 점 등에 비추어 볼 때, 피고인들의 행위는 근로조건의 유지·개선을 위한 조합활동으로서의 필요성이 인정되고, 그러한 활동으로 인하여 B회사 측의 시설관리권의 본질적인 부분을 침해하였다고 볼 수 없다. 따라서 피고인들의 조합활동으로 말미암아 기업운영이나 업무수행, 시설관리 등에 실질적으로 지장이 초래되었다고 볼 수 없으므로 형법 제20조의 정당행위에 해당한다(대법원2020. 7. 29.선고2017도2478판결). 결국, 피고인들은 폭력행위등처벌에관한법률위반(공동주거침입)에 해당하지 않는다.

①② (○) [1] 형법 제20조는 '사회상규에 위배되지 아니하는 행위'를 정당행위로서 위법성이 조각되는 사유로 규정하고 있다. 위 규정에 따라 사회상규에 의한 정당행위를 인정하려면, 첫째 그 행위의 동기나 목적의 정당성, 둘째 행위의 수단이나 방법의 상당성, 셋째 보호이익과 침해이익과의 법익균형성, 넷째 긴급성, 다섯째로 그 행위 외에 다른 수단이나 방법이 없다는 보충성 등의 요건을 갖추어야 하는데, 위 '목적·동기', '수단', '법익균형', '긴급성', '보충성'은 불가분적으로 연관되어 하나의 행위를 이루는 요소들로 종합적으로 평가되어야 한다.

[2] '목적의 정당성'과 '수단의 상당성' 요건은 행위의 측면에서 사회상규의 판단 기준이 된다. 사회상규에 위배되지 아니하는 행위로 평가되려면 행위의 동기와 목적을 고려하여 그것이 법질서의 정신이나 사회윤리에 비추어 용인될 수 있어야 한다. 수단의 상당성·적합성도 고려되어야 한다. 또한 보호이익과 침해이익 사이의 법익균형은 결과의 측면에서 사회상규에 위배되는지를 판단하기 위한 기준이다.

[3] 이에 비하여 행위의 긴급성과 보충성은 수단의 상당성을 판단

할 때 **고려요소의 하나로 참작하여야** 하고 이를 넘어 **독립적인 요건으로 요구할 것은 아니다.** 또한 그 내용 역시 **다른 실효성 있는 적법한 수단이 없는 경우**를 의미하고 '**일체의 법률적인 적법한 수단이 존재하지 않을 것'을 의미하는 것은 아니라고** 보아야 한다.

[4] 갑 대학교는 학교법인의 전 이사장 을이 부정입학과 관련된 금품수수 등의 혐의로 구속되었다가 갑 대학교 총장으로 선임됨에 따라 학내 갈등을 빚던 중, **총학생회 간부인 피고인들이 총장 을과의 면담을 요구하면서 총장실 입구에서 진입을 시도하거나, 교무위원회 회의실에 들어가 총장의 사퇴를 요구하면서 이를 막는 학교 교직원들과 실랑이를 벌임으로써 위력으로 업무를 방해하였다는 내용으로 기소된 사안**에서, 행위의 목적 및 경위 등에 비추어 보면, 피고인들이 분쟁의 중심에 있는 을을 직접 찾아가 면담하는 이외에는 다른 방도가 없다는 판단 아래 **을과 면담을 추진하는 과정에서 피고인들을 막아서는 사람들과 길지 않은 시간 동안 실랑이를 벌인 것은 사회상규에 위배되지 아니하는 정당행위에 해당한다.**

[5] 피고인들이 분쟁의 중심에 있는 공소외인을 직접 찾아가 면담하는 이외에는 다른 방도가 없다는 판단 아래 공소외인과 면담을 추진하는 과정에서 피고인들을 막아서는 사람들과 길지 않은 시간 동안 실랑이를 벌인 것은 **동기와 목적의 정당성, 행위의 수단이나 방법의 상당성이 인정되고,** 피고인들의 **학습권이 헌법에 의하여 보장되는 권리라는** 측면에 비추어 **법익균형성도 충분히 인정된다.** 나아가 학습권 침해가 예정된 이상 **긴급성이 인정되고,** 피고인들이 선택할 수 있는 법률적 수단이 더 이상 존재하지 않는다거나 다른 구제절차를 모두 취해본 후에야 면담 추진 등이 가능하다고 할 것은 아니므로 **보충성도 인정된다.** 그렇지 않고 **긴급성·보충성을 별도로 갖추지 않았다는** 이유로 정당행위 성립을 부정한다면 일반적·보충적 위법성조각사유로서의 **정당행위를 규정한 입법 취지 및 사회상규의 의미에 배치될 수 있다.** 그렇다면 피고인들의 행위가 정당행위로 인정될 수 있다(대법원2023. 5. 18.선고2017도2760판결). 결국, 위력에 의한 업무방해죄가 성립하지 않는다.

③ (○) [1] 형법 제3조는 "본법은 대한민국 영역 외에서 죄를 범한 내국인에게 적용한다."라고 하여 형법의 적용 범위에 관한 속인주의를 규정하고 있고, 또한 국가 정책적 견지에서 도박죄의 보호법익보다 좀 더 높은 국가이익을 위하여 **예외적으로 내국인의 출입을 허용하는 폐광지역 개발 지원에 관한 특별법** 등에 따라 카지노에 출입하는 것은 **법령에 의한 행위로 위법성이 조각된다고 할 것이나, 도박죄를 처벌하지 않는 외국 카지노에서의 도박이라는 사정만으로 그 위법성이 조각된다고 할 수 없다.**

[2] 상습도박죄에 있어서의 **상습성이라 함**은 반복하여 도박행위를 하는 습벽으로서 **행위자의 속성**을 말하는데, 이러한 습벽의 유무를 판단함에 있어서는 도박의 전과나 도박횟수 등이 중요한 판단자료가 되나, **도박전과가 없다 하더라도** 도박의 성질과 방법, 도금의 규모, 도박에 가담하게 된 태양 등의 제반 사정을 참작하여 **도박의 습벽이 인정되는 경우에는 상습성을 인정할 수 있다.**

[3] 내국인인 피고인이 상습으로 **필리핀 마닐라에 있는 ○○○호텔 내 정켓방**(필리핀 등지의 **해외 카지노**에서 방을 빌려 불법으로 운영하는 도박장)에서, 폐소화 단위로 통용되는 카지노 칩을 그 표시액 상당의 홍콩달러로 계산하는 일명 '홍콩달러게임' 방식으로 상호 대금을 정산키로 합의하고, 그들로부터 제공받은 3,000만 홍콩달러 상당의 카지노 칩(한화 약 45억 원, 카지노 칩 표시는 3,000만 페소)을 이용하여 **바카라 도박**을 한 경우, **상습도박죄가 인정된다**(대법원 2017. 4. 13.선고2017도953판결).

▶ ④ ㉠㉡㉣㉤(4개)은 옳은 지문이나,㉢(1개)은 틀린 지문이다.

㉠ (○) 형법 제16조는 '**법률의 착오**'라는 제목으로 자기가 한 행위가 법령에 따라 죄가 되지 않는 것으로 오인한 행위는 그 오인에 정당한 이유가 있는 때에 한하여 벌하지 않는다고 정하고 있다. 이는 **일반적으로 범죄가 성립하지만 자신의 특수한 사정에 비추어 법령에 따라 허용된 행위로서 죄가 되지 않는다고 그릇 인식하고 그러한 인식에 정당한 이유가 있는 경우에는 벌하지 않는다는 것이다**(대법원 2021. 11. 25.선고2021도10903판결).

㉡ (○) 형법 제16조의 **정당한 이유**는 행위자에게 자기 행위의 위법 가능성에 대해 **심사숙고하거나** 조회할 수 있는 계기가 있어 자신의 지적 능력을 다하여 이를 회피하기 위한 진지한 노력을 다하였더라면 스스로의 행위에 대하여 **위법성을 인식할 수 있는 가능성이 있었는데도** 이를 **다하지 못한 결과** 자기 행위의 위법성을 인식하지 못한 것인지 여부에 따라 판단해야 한다(대법원2021. 11. 25.선고2021도10903판결).

㉢ (X) 이러한 **위법성의 인식에 필요한 노력의 정도**는 구체적인 행위정황과 행위자 개인의 **인식능력** 그리고 행위자가 속한 **사회집단**에 따라 **달리 평가하여야 한다**(구 + 인 + 사)(대법원2021. 11. 25.선고2021도10903판결).

㉣ (○) 법률 위반 행위 중간에 **일시적으로 판례에 따라 그 행위가 처벌대상이 되지 않는 것으로 해석되었던 적이 있었다고 하더라도** 그것만으로 자신의 행위가 처벌되지 않는 것으로 믿은 데에 **정당한 이유가 있다고 할 수 없다**(대법원2021. 11. 25.선고2021도10903판결).

㉤ (○) [1] **전송의 방법으로** 공중송신권을 침해하는 게시물이나 그 게시물이 위치한 웹페이지 등에 연결되는 **링크를 한 행위자가, 정범이 공중송신권을 침해한다는 사실을 충분히 인식하면서** 그러한 **링크를** 인터넷 사이트에 영리적·계속적으로 **게시하는** 등으로 공중의 구성원이 개별적으로 선택한 시간과 장소에서 침해 게시물에 쉽게 접근할 수 있도록 하는 정도의 **링크 행위를 한 경우**에는, 침해 게시물을 공중의 이용에 제공하는 **정범의 범죄를 용이하게** 하므로 **공중송신권 침해의 방조범이 성립한다.** 이러한 **링크 행위**는 정범의 범죄행위가 종료되기 전 단계에서 침해 게시물을 공중의 이용에 제공하는 정범의 범죄 실현과 밀접한 관련이 있고 그 구성요건적 결과 발생의 기회를 현실적으로 증대함으로써 **정범의 실행행위를 용이하게** 하고 **공중송신권이라는 법익의 침해를 강화·증대하였다고** 평가할 수 있다. **링크 행위자에게 방조의 고의와 정범의 고의도 인정할 수 있다.**

[2] 저작권자의 공중송신권을 침해하는 웹페이지 등으로 링크를 하는 행위만으로는 공중송신권 침해의 방조행위에 해당하지 않는다는 대법원 2015. 3. 12. 선고 2012도13748 판결이 선고된 시기는 피고인들이 저작권 침해물 링크 사이트인 이 사건 사이트를 운영하기 시작한 이후로서, 피고인들이 위 판결을 신뢰하여 공소사실 기재 범행을 하였다고 보기도 어렵다고 할 것이므로 **피고인들이 자신의 행위가 법령에 따라 죄가 되지 않는 것으로** 오인하였다거나 그와 같이 **오인한 데에 정당한 이유가 있다고 볼 수 없다**(대법원 2021. 11. 25.선고2021도10903판결).

▶ ④ ㉠㉡㉣(3개)은 옳은 지문이나, ㉢㉤(2개)은 틀린 지문이

다.

㉠ (○) [1] 형법 제27조(불능범)는 "실행의 수단 또는 대상의 착오로 인하여 결과의 발생이 불가능하더라도 위험성이 있는 때에는 처벌한다. 단, 형을 감경 또는 면제할 수 있다."라고 규정하고 있다. **불능미수란** 행위자에게 범죄의사가 있고 실행의 착수라고 볼 수 있는 행위가 있더라도 실행의 수단이나 대상의 착오로 처음부터 결과발생 또는 법익침해의 가능성이 없지만 다만 그 행위의 위험성 때문에 미수범으로 처벌하는 경우를 말한다. 여기에서 **'결과의 발생이 불가능'** 하다는 것은 범죄행위의 성질상 **어떠한 경우에도** 구성요건의 실현이 **불가능하다는 것을 의미한다**(대법원2019. 5. 16. 선고2019도97판결).
[2] 또한 **'결과 발생의 불가능'**은 실행의 수단 또는 대상의 **원시적 불가능성으로** 인하여 범죄가 **기수에 이를 수 없는 것을 의미한다**고 보아야 한다(대법원2019. 3. 28.선고2018도16002전원합의체 판결).

㉡ (○) [1] 마약류 관리에 관한 법률에서 정한 **향정신성의약품 수입행위로 인한** 위해 발생의 **위험은** 향정신성의약품의 양륙 또는 지상반입에 의하여 발생하고 그 의약품을 선박이나 항공기로부터 **양륙 또는 지상에 반입함으로써 기수**에 달한다. 그리고 이 사건과 같이 **국제우편 등을 통하여 향정신성의약품을 수입하는 경우**에는 국내에 거주하는 사람이 수신인으로 명시되어 **발신국의 우체국 등에** 향정신성의약품이 들어 있는 **우편물을 제출할 때에 범죄의 실행에 착수하였다**고 볼 수 있다. 따라서 피고인이 공소외인에게 필로폰을 받을 국내 주소를 알려주었다고 하더라도 공소외인이 **필로폰이 들어 있는 우편물을 발신국의 우체국 등에 제출하였다는** 사실이 밝혀지지 않은 이상 피고인 등의 이러한 행위는 **향정신성의약품 수입의 예비행위라고 볼 수 있을지언정** 이를 가지고 향정신성의약품 **수입행위의 실행에 착수하였다고 할 수는 없다.**
[2] 피고인은 베트남에 거주하는 공소외인으로부터 필로폰을 수입하기 위하여 워터볼의 액체에 필로폰을 용해하여 은닉한 다음 이를 국제우편을 통해 받는 방식으로 필로폰을 수입하고자 하였다. 이러한 행위가 범죄의 **성질상 그 실행의 수단 또는 대상의 착오로 인하여 결과의 발생이 불가능한 경우가 아님은 너무도 분명하다.** 그럼에도 **원심은** 그 판시와 같은 사정을 근거로 피고인에 대하여 마약류 관리에 관한 법률 위반**(향정)죄의 불능미수가 인정된다고 판단하였다.** 이러한 **원심판결에는** 형법 제27조의 **불능미수에 관한 법리를 오해하여 판결에 영향을 미친 잘못이 있다**(대법원2019. 5. 16.선고2019도97판결). 결국, **불능미수에 해당하지 아니한다.**

㉢ (X) 형법 제27조는 "실행의 수단 또는 대상의 착오로 인하여 결과의 발생이 불가능하더라도 위험성이 있는 때에는 처벌한다. 단, 형을 감경 또는 면제할 수 있다."라고 규정하여 **불능미수범을 처벌하고 있다.** 한편 불능범과 구별되는 불능미수의 성립요건인 **'위험성'**은 피고인이 **행위 당시에 인식한 사정을 놓고 일반인이 객관적으로 판단**하여 결과 발생의 가능성이 있는지 여부를 따져야 한다(대법원전원합의체는 위험성의 판단기준에 관하여 **추상적 위험설을** 취한다)(대법원2019. 3. 28.선고2018도16002전원합의체 판결).

㉣ (○) 형법 제27조에서 규정하고 있는 불능미수는 행위자에게 범죄의사가 있고 실행의 착수라고 볼 수 있는 행위가 있지만 실행의 수단이나 대상의 착오로 처음부터 구성요건이 충족될 가능성이 없는 경우이다. 다만 결과적으로 구성요건의 충족은 불가능하지만, 그 행위의 위험성이 있으면 불능미수로 처벌한다. **불능미수는** 행위자가 실제로 존재하지 **않는** 사실을 존재한다고 **오인**하였다는 측면

에서, 존재하는 사실을 인식하지 못한 사실의 착오와 다르다(대법원2019. 3. 28.선고2018도16002전원합의체 판결).

㉤ (X) [1] 피고인이 피해자가 심신상실 또는 항거불능의 상태에 있다고 인식하고 그러한 상태를 이용하여 간음할 의사로 피해자를 간음하였으나 피해자가 **실제로는 심신상실 또는 항거불능의 상태에 있지 않은 경우에는,** 실행의 수단 또는 대상의 착오로 인하여 준강간죄에서 규정하고 있는 구성요건적 **결과의 발생이 처음부터 불가능하였고** 실제로 그러한 결과가 발생하였다고 할 수 없다. 피고인이 **준강간의 실행에 착수하였으나** 범죄가 기수에 이르지 못하였으므로 **준강간죄의 미수범이 성립한다.** 피고인이 행위 당시에 인식한 사정을 놓고 일반인이 객관적으로 판단하여 보았을 때 준강간의 결과가 발생할 **위험성이 있었으므로** 준강간죄의 **불능미수가 성립한다.**
[2] 피고인은 2017. 4. 17. 22:30경 자신의 집에서 피고인의 처, 피해자와 함께 술을 마시다가 다음 날 01:00경 피고인의 처가 먼저 잠이 들고 02:00경 피해자도 안방으로 들어가자 피해자를 따라 들어간 뒤, 누워 있는 피해자의 옆에서 피해자의 가슴을 만지고 팬티 속으로 손을 넣어 음부를 만지다가 바지와 팬티를 벗긴 후 1회 간음하여 강간하였다. **피해자가 실제로는** 반항이 불가능할 정도로 술에 취하지 아니하여 **항거불능의 상태에 있는 피해자를 강간할 수 없음에도 불구하고,** 피고인이 술에 만취하여 **항거불능의 상태에 있다고 오인하여** 누워 있는 피해자를 위와 같은 방법으로 **1회 간음하였다.** 이로써 피고인은 피해자의 항거불능 상태를 이용하여 피해자를 강간하려 하다가 미수에 그쳤다하여 **준강간죄의 불능미수를 인정하였다**(대법원2019. 3. 28.선고2018도16002전원합의체 판결).

문제 09 – 정답 ②

▶ ② ㉠㉡㉢㉣(4개)은 옳은 지문이나, ㉤(1개)은 틀린 지문이다.

㉠ (○) [1] 2인 이상의 서로 대향된 행위의 존재를 필요로 하는 **대향범에 대하여는 공범에 관한 형법총칙 규정이 적용될 수 없다.** 형법 제127조는 공무원 또는 공무원이었던 자가 법령에 의한 직무상 비밀을 누설하는 행위만을 처벌하고 있을 뿐 직무상 비밀을 누설받은 상대방을 처벌하는 규정이 없는 점에 비추어, **직무상 비밀을 누설받은 자에 대하여는 공범에 관한 형법총칙 규정이 적용될 수 없다.** 위와 같은 법리는 구 **정보통신망 이용촉진 및 정보보호 등에 관한 법률 제49조**("누구든지 정보통신망에 의하여 처리·보관 또는 전송되는 타인의 정보를 훼손하거나 타인의 비밀을 침해·도용 또는 누설하여서는 아니 된다.")의 경우에도 **마찬가지로 적용된다.**
[2] 세무공무원 갑이 **정보통신망**(국세청의 홈텍스시스템이나 자료상연계분석시스템)**을 이용하여 취득한 과세정보자료를 을에게 유출**한 사안에서, **갑에게 접속권한이 있으며 을이 알고있는 자료를 건네준 것이므로** 누설이라고 할 수 없으므로 **정보통신망법상 제49조의 비밀누설죄가 성립할 수 없고,** 갑이 과세정보자료를 누설한 행위와 을이 갑으로부터 그 비밀을 누설받은 행위는 대향범 관계에 있으므로 **정보통신망법상 제49조 위반죄의 공동정범으로 처벌할 수도 없다(누설자와 누설받은자 모두 무죄)**(대판2017.6.19. 2017도4240).

㉡ (○) [1] 2인 이상 서로 대향된 행위의 존재를 필요로 하는 대향범에 대하여는 공범에 관한 형법총칙 규정이 적용될 수 없는데, 형법 제127조는 공무원 또는 공무원이었던 자가 법령에 의한 직무상 비밀을 누설하는 행위만을 처벌하고 있을 뿐 직무상 비밀을 누설받은 상대방을 처벌하는 규정이 없는 점에 비추어, **직무상 비밀**

을 누설받은 자에 대하여는 **공범에 관한 형법총칙 규정이 적용될 수 없다**고 보는 것이 타당하다.

[2] 변호사 사무실 직원인 피고인 갑이 법원공무원인 피고인 을에게 부탁하여, 수사 중인 사건의 체포영장 발부자 53명의 명단을 누설받은 경우, **피고인 을이 직무상 비밀을 누설한 행위와 피고인 갑이 이를 누설받은 행위는 대향범 관계에 있으므로 공범에 관한 형법총칙 규정이 적용될 수 없다.** 따라서 **피고인 갑의 행위**가 공무상비밀누설**교사죄에 해당한다고 볼 수 없다**(대법원2011. 4. 28.선고2009도3642판결).

ⓒ (○) [1] **사용자는** 쟁의행위 기간 중 그 쟁의행위로 중단된 업무의 수행을 위하여 **당해 사업과 관계없는 자를 채용 또는 대체할 수 없고**, 이를 위반한 자는 1년 이하의 징역 또는1천만 원 이하의 벌금으로 **처벌된다**('노동조합법' 제91조, 제43조 제1항). 여기서 처벌되는 '사용자'는 사업주, 사업의 경영담당자 또는 그 사업의 근로자에 관한 사항에 대하여 사업주를 위하여 행동하는 자를 말한다(노동조합법 제2조 제2호).

[2] **노동조합법** 제91조, 제43조 제1항은 **사용자의** 위와 같은 행위를 **처벌하도록** 규정하고 있으므로, **사용자에게 채용 또는 대체되는 자에 대하여 위 법 조항을 바로 적용하여 처벌할 수 없음**은 문언상 분명하다. 나아가 채용 또는 대체하는 행위와 채용 또는 대체되는 행위는 2인 이상의 서로 대향된 행위의 존재를 필요로 하는 관계(대향범관계)에 있음에도 채용 또는 대체되는 자를 따로 처벌하지 않는 노동조합법의 입법 취지에 비추어 보면, 쟁의행위 기간 중 그 쟁의행위로 중단된 업무의 수행을 위하여 당해 사업과 관계없는 자를 채용 또는 대체하는 **사용자에게 채용 또는 대체되는 자의 행위에 대하여는 일반적인 형법 총칙상의 공범 규정을 적용하여 공동정범, 교사범 또는 방조범으로 처벌할 수 없다**(대법원2020. 6. 11.선고2016도3048판결).

ⓓ (○) [1] 변호사 아닌 자가 변호사를 고용하여 법률사무소를 개설·운영하는 행위에 있어서는 변호사 아닌 자는 변호사를 고용하고 변호사는 변호사 아닌 자에게 고용된다는 서로 대향적인 행위의 존재가 반드시 필요하고, 나아가 변호사 아닌 자에게 고용된 변호사가 고용 취지에 따라 법률사무소의 개설·운영에 어느 정도 관여할 것도 당연히 예상되는바, 이와 같이 **변호사가 변호사 아닌 자에게 고용되어 법률사무소의 개설·운영에 관여하는 행위는** 위 범죄가 성립하는 데 당연히 예상될 뿐만 아니라 범죄의 성립에 없어서는 아니 되는 것인데도 **이를 처벌하는 규정이 없는 이상**, 그 입법 취지에 비추어 볼 때 변호사 아닌 자에게 고용되어 법률사무소의 개설·운영에 관여한 **변호사의 행위가 일반적인 형법 총칙상의 공모, 교사 또는 방조에 해당된다고 하더라도 변호사를 변호사 아닌 자의 공범으로서 처벌할 수는 없다.**

[2] 변호사 아닌 자에게 고용된 변호사를, 변호사 아닌 자가 변호사를 고용하여 법률사무소를 개설·운영하는 행위를 처벌하도록 규정하고 있는 **변호사법 제109조 제2호,제34조 제4항 위반죄의 공범으로 처벌할 수는 없다.** (대법원2004. 10. 28.선고2004도3994판결).

ⓔ (X) 구 정치자금법 제45조 제1항의 **정치자금을 기부한 자와 기부받은 자는** 이른바 **대향범인 필요적 공범관계에 있다.** 이러한 공범관계는 행위자들이 서로 대향적 행위를 하는 것을 전제로 하는데, 각자의 행위가 범죄구성요건에 해당하면 그에 따른 처벌을 받을 뿐이고 **반드시 협력자 전부에게 범죄가 성립해야 하는 것은 아니다.** 정치자금을 기부하는 자의 범죄가 성립하지 않더라도 정치

자금을 **기부받는 자가** 정치자금법이 정하지 않은 방법으로 **정치자금을 제공받는다는** 의사를 가지고 받으면 **정치자금부정수수죄가 성립한다**(대판2017.11.14. 2017도3449). 결국, 대향범에서는 정치자금을 **기부받는 자의 일방만 처벌될 수 있다.**

> (일 방만(한 쪽만)) 처벌될 수 있다는 유사 판례)
> ① **뇌물공여죄가 성립되기 위하여는** 뇌물을 공여하는 행위와 상대방측에서 금전적으로 가치가 있는 그 물품 등을 받아들이는 행위가 필요할 뿐이지 반드시 상대방측에서 **뇌물수수죄가 성립되어야만 한다는 것을** 뜻하는 것은 **아니다**(대판 1987.12.22. 87도1699). **뇌물공여자만** 처벌된 판례이다.
> ② 형법 제357조 제1항의 배임수재죄와 같은 조 제2항의 배임증재죄는 통상 필요적 공범의 관계에 있기는 하나 이것은 반드시 수재자와 증재자가 같이 처벌받아야 하는 것을 의미하는 것은 아니고 **증재자에게는 정당한 업무에 속하는 청탁**이라도 **수재자에게는 부정한 청탁이 될 수도 있는 것이다**(대판1991.1.15. 90도257). **수재자만** 처벌된 판례이다.

문제 10 – 정답 ②

▶ ② ⓒⓓ(2개)은 공동정범이 성립하나, ⓐⓑ(2개)은 공동정범이 성립하지 않는다.

ⓐ (X) [1] 형법 제30조의 공동정범은 2인 이상이 공동하여 죄를 범하는 것으로서, 공동정범이 성립하기 위하여는 주관적 요건으로서 공동가공의 의사와 객관적 요건으로서 공동의사에 기한 기능적 행위지배를 통한 범죄의 실행사실이 필요하고, 공동가공의 의사는 타인의 범행을 인식하면서도 이를 제지하지 아니하고 용인하는 것만으로는 부족하고 공동의 의사로 특정한 범죄행위를 하기 위하여 일체가 되어 서로 다른 사람의 행위를 이용하여 자기의 의사를 실행에 옮기는 것을 내용으로 하는 것이어야 한다.

[2] 피해자 일행을 한 사람씩 나누어 강간하자는 피고인 일행의 제의에 아무런 대답도 하지 않고 따라 다니다가 자신의 강간 상대방으로 남겨진 공소외인에게 **일체의 신체적 접촉도 시도하지 않은 채** 다른 일행이 인근 숲 속에서 강간을 마칠 때까지 **공소외인과 함께 이야기만 나눈 경우**, 피고인에게 다른 일행의 강간 범행에 **공동으로 가공할 의사가 있었다고 볼 수 없다**(대법원2003. 3. 28.선고2002도7477판결). 결국, 이야기만 나누고 있었던 사건은 피고인 갑에게 **형법상 강간죄의 공동정범이 성립하지 않는다.** 또한 성폭력범죄의 처벌 등에 관한 특례법(약칭: 성폭력처벌법)은 2010. 4. 15.에 제정되어 2010. 4. 15.부터 시행되고 있으므로 이 사건은 성폭력처벌법이 제정·시행되기 전에 공소제기 되었으므로, **사건 당시 특수강간죄는 당연히 성립할 수도 없는 범죄이다.**

ⓑ (X) [1] 공모공동정범에 있어서 그 공모자 중의 1인이 다른 공모자가 실행행위에 이르기 전에 그 공모관계에서 이탈한 때에는 그 이후의 다른 공모자의 행위에 관하여 공동정범으로서의 책임은 지지 않는다고 할 것이고 **그 이탈의 표시는 반드시 명시적임을 요하지 않는다.**

[2] 구체적인 살해방법이 확정되어 **피고인을 제외한 나머지 공범들이** 피해자의 팔, 다리를 묶어 **저수지 안으로 던지는 순간에** 피해자에 대한 **살인행위의 실행의 착수가 있다** 할 것이고 따라서 **피고인은 살해모의에는** 가담하였으나 **다른 공모자들이 실행행위에 이르기전에 그 공모관계에서 이탈하였다** 할 것이고 그렇다면 **피고인이 위 공모관계에서 이탈한 이후의 다른 공모자의 행위에 관하여**

는 **공동정범으로서의 책임을 지지 않는다**(대법원 1986. 1. 21. 선고 85도2371, 85감도347 판결). 결국, 피고인은 실행의 착수 전에 (저수지에 던지기 전에) **이탈한 것**이므로, **살인행위의 공동정범이 성립하지 않는다.**

ⓒ (O) [1] 공모공동정범에 있어서 공모자 중의 1인이 다른 공모자가 실행행위에 이르기 전에 그 공모관계에서 이탈한 때에는 그 이후의 다른 공모자의 행위에 관하여는 공동정범으로서의 책임은 지지 않는다 할 것이나, 공모관계에서의 이탈은 공모자가 공모에 의하여 담당한 기능적 행위지배를 해소하는 것이 필요하므로 **공모자가 공모에 주도적으로 참여하여 다른 공모자의 실행에 영향을 미친 때에는** 범행을 저지하기 위하여 적극적으로 노력하는 등 실행에 미친 **영향력을 제거하지 아니하는 한 공모관계에서 이탈하였다고 할 수 없다.**

[2] 다른 3명의 공모자들과 강도 모의를 하면서 삽을 들고 사람을 때리는 시늉을 하는 등 그 모의를 주도한 피고인이 함께 범행 대상을 물색하다가 다른 공모자들이 강도의 대상을 지목하고 뒤쫓아 가자 단지 **"어?"**라고만 하고 비대한 체격 때문에 뒤따라가지 못한 채 범행현장에서 200m 정도 떨어진 곳에 앉아 있었으나 위 공모자들이 피해자를 쫓아가 강도상해의 범행을 한 경우, 피고인에게 공동가공의 의사와 공동의사에 기한 기능적 행위지배를 통한 범죄의 실행사실이 인정되므로 강도상해죄의 공모관계에 있고, **다른 공모자가 강도상해죄의 실행에 착수하기까지 범행을 만류하는 등으로 그 공모관계에서 이탈하였다고 볼 수 없으므로 강도상해죄의 공동정범으로서의 죄책을 진다**(대판 2008.4.10. 2008도1274). 결국. 피고인은 주모자이므로, **강도상해죄의 공동정범이 성립한다.**

ⓔ (O) 甲은 검문소에서 순경 丙이 검문을 하려고 하자 운전자인 乙에게 **'그대로 가자'**고 말하였는데, 이에 乙이 속도를 내자 차에 매달려 있는 丙이 떨어져 사망한 경우, **갑과 을은 업무상 과실치사죄의 공동정범이 성립한다**(대판1962.3.29. 61형상98). 결국, **'그대로 가자'** 사건은 **과실범의 공동정범이 성립한다.**

문제 11 - 정답 ②

▶ ② ㉠㉡㉣(3개)은 옳은 지문이나, ㉢(1개)만 틀린 지문이다.

㉠㉡ (O) [1] **업무상배임죄**는 업무상 타인의 사무를 처리하는 지위에 있는 사람이 그 임무를 위반하는 행위로써 재산상의 이익을 취득하거나 제3자로 하여금 이를 취득하게 하여 본인에게 손해를 입힌 때에 성립한다.

[2] 이는 **타인의 사무를 처리하는 지위라는 점**에서 보면 **단순배임죄에 대한 가중규정으로서 신분관계로 형의 경중이 있는 경우**라고 할 것이다.

[3] 업무상의 임무라는 **신분관계가 없는 자**가 그러한 **신분관계 있는 자와 공모하여 업무상배임죄를 저질렀다면**, 그러한 **신분관계가 없는 공범**에 대하여는 **형법 제33조 단서에 따라 단순배임에서** 정한 형으로 **처단하여야 한다.** 이 경우에는 **신분관계 없는 공범에게도** 같은 조 본문에 따라 **일단 신분범인 업무상배임죄(단순 배임죄 X)**가 성립하고 다만 **과형에서만** 무거운 형이 아닌 **단순배임죄의 법정형이 적용된다**(대법원2018. 8. 30.선고2018도10047판결).

ⓒ (X) [1] 구 아동학대범죄의 처벌 등에 관한 특례법(**구 아동학대처벌법**, 2021. 3. 16. 법률 제17932호로 개정되기 전의 것, 이하 같다) **제4조(아동학대치사죄),** 제2조 제4호 (가)목 내지 (다)목은 **'보호자에 의한 아동학대**로서 형법 제257조 제1항(상해), 제260조 제1항(폭행), 제271조 제1항(유기), 제276조 제1항(체포, 감금) 등

의 죄를 범한 사람이 **아동을 사망에 이르게 한 때'**에 **'무기 또는 5년 이상의 징역'**에 **처하도록 규정하고 있다.**

[2] 이는 **보호자**가 구 아동학대처벌법 제2조 제4호 (가)목 내지 (다)목에서 정한 **아동학대범죄를 범하여 그 아동을 사망에 이르게 한 경우를 처벌하는 규정**으로 형법 **제33조 본문의 '신분관계로 인하여 성립될 범죄'에 해당한다.**

[3] 따라서 피고인들에 대하여 구 아동학대처벌법 제4조, 제2조 제4호 (가)목, 형법 제257조 제1항, 제30조로 공소가 제기된 이 사건에서 **피고인 병에 대해 형법 제33조 본문에 따라** 아동학대처벌법 위반**(아동학대치사)죄의 공동정범이 성립**하고, **구 아동학대처벌법 제4조에서 정한 형(무기 또는 5년 이상의 징역)**에 따라 **과형이 이루어져야 한다.**

[4] **그럼에도 피고인 병에 대하여 형법 제33조 단서를 적용하여** 형법 제259조 제1항의 **상해치사죄에서 정한 형(3년 이상의 징역)**으로 **처단한 원심의 판단**에는 구 아동학대처벌법 제4조 및 형법 제33조에 관한 법리를 오해하여 판결에 영향을 미친 **위법이 있다**(대법원2021. 9. 16.선고2021도5000판결). 결국, **보호자 아닌 병도 성립과 과형 모두 형법 제33조 본문**이 적용되므로, **구 아동학대처벌법 제4조의 아동학대치사죄의 공동정범이 성립**하고, **과형**에서도 **구 아동학대처벌법 제4조에서 정한 법정형이 적용된다.**

ⓔ (O) [1] **횡령으로 인한 특정범죄 가중처벌 등에 관한 법률 위반(국고등손실)죄**는 회계관계직원이라는 지위에 따라 형법상 횡령죄 또는 업무상횡령죄에 대한 **가중처벌을 규정한 것**으로서 **신분관계로 인한 형의 경중이 있는 것**이다.

[2] **피고인(이명박 전 대통령)**에게는 **회계관계직원** 또는 **국정원장 특별사업비의 업무상 보관자라는 신분이 없다**고 보아, 피고인은 **형법 제355조 제1항의 횡령죄에 정한 형으로 처벌된다**(대법원2020. 10. 29.선고2020도3972판결). 결국, **횡령으로 인한 특정범죄 가중처벌 등에 관한 법률 위반(국고등손실)죄**는 회계관리직원이 저지르는 범죄로서 **형법상 횡령죄(업무상 횡령죄) 보다 가중처벌**되며, **대통령인 피고인이 국고인 국정원 자금(국정원장의 특별사업비)을** 교부받아 사용하였어도 회계관리직원이 아니므로 **형법상 횡령죄가 성립할 뿐이다.**

문제 12 - 정답 ①

▶ ① ㉢(1개)은 옳은 지문이나, ㉠㉡㉣(4개)은 틀린 지문이다.

㉠ (X) 피고인이 **수개의 선거비용 항목**을 허위기재한 하나의 선거비용 보전청구서를 제출하여 대한민국으로부터 선거비용을 과다 보전받아 이를 **편취하였다면** 이는 **일죄로 평가되어야** 하고, 각 선거비용 항목에 따라 **별개의 사기죄가 성립하는 것은 아니다**(대법원2009. 3. 26.선고2008도93판결). 결국, 교육감 후보였던 피고인이 부풀려진 **인쇄비용, 현수막 관련비용**에 관한 증빙서류에 허위기재를 하고, 이를 이용하여 실제 지출된 선거비용보다 많은 금액을 보전받아 편취하였어도 **인쇄비용와 현수막비용은 각각 사기죄가 성립하는 것이 아니라 사기죄의 일죄가 성립**될 뿐이다.

ⓑ (X) [1] 형법 제37조 **후단 경합범**에 대하여 **형법 제39조 제1항에 의하여 형을 감경할 때**에도 법률상 감경에 관한 **형법 제55조 제1항이 적용**되어 유기징역을 감경할 때에는 그 형기의 **2분의 1 미만으로는 감경할 수 없다.**

[2] 후단 경합범에 따른 감경을 새로운 유형의 감경이 아니라 일반 법률상 감경의 하나로 보고, **후단 경합범에 대한 감경**에 있어 **형법 제55조 제1항에 따라야 한다**고 보는 것은 문언적·체계적 해석에 합치될 뿐 아니라 입법자의 의사와 입법연혁 등을 고려한 목

적론적 해석에도 부합한다.

[3] 피고인이 마약류 관리에 관한 법률 위반(향정)죄의 범죄사실로 징역 4년을 선고받아 그 판결이 확정되었는데, 위 판결확정 전에 향정신성의약품을 1회 판매하고 1회 판매하려다 미수에 그쳤다는 내용의 마약류 관리에 관한 법률 위반(향정) 공소사실로 기소된 사안에서, **법정형인 무기 또는 5년 이상의 징역 중에서 유기징역을 선택하고** 형법 **제37조 후단 경합범에 대한 감경과 작량감경을 한 원심으로서는** 형법 제56조 제4호, 제5호, 제6호 및 제55조 제1항 제3호에 따른 **처단형인 징역 1년 3개월부터 11년 3개월까지의 범위 내에서 형을 정했어야 한다.**

[4] **그럼에도** 이와 달리 **형법 제37조 후단 경합범**에 대하여 형법 제39조 제1항에서 정한 감경을 할 때에는 **형법 제55조 제1항이 적용되지 않는다는** 전제에서 위와 같은 **법률상 처단형의 하한을 벗어난 징역 6개월을 선고한** 원심의 판단에 법리오해의 **잘못이 있다**(대법원2019. 4. 18.선고2017도14609전원합의체 판결).

ⓒ (○) [1] **구 공인중개사법**은 공인중개사 **자격의 취소**와 개설등록의 **결격사유** 및 **벌금형의 분리 선고**에 관하여 다음과 같이 규정하고 있다.

가. 시·도지사는 **공인중개사**가 공인중개사법을 위반하여 **징역형의 선고를 받은 경우** 공인중개사 **자격을 취소하여야 한다**(제35조 제1항 제4호).

나. 공인중개사법 제35조 제1항에 따라 공인중개사 자격이 취소된 후 3년이 지나지 않은 자와 **공인중개사법을 위반하여 300만 원 이상의 벌금형의 선고를 받고 3년이 지나지 않은 자**는 중개사무소의 **개설등록을 할 수 없다**(제10조 제1항 제6호, 제11호).

다. **공인중개사법 제48조 및 제49조에 규정된 죄와 다른 죄의 경합범**에 대하여 **벌금형을 선고하는 경우**에는 형법 제38조에도 불구하고 **형을 분리 선고하여야 한다**(제10조의2).

[2] 위와 같은 규정을 입법 목적에 따라 종합적으로 해석하면, 구 공인중개사법 제10조의2 규정 취지는 **공인중개사법 위반죄와 다른 죄의 경합범**에 대하여 **벌금형을 선고하는 경우** 중개사무소 개설등록 결격사유의 기준이 되는 **300만 원 이상의 벌금형에 해당하는지 여부를 명확하게 하기 위하여** 형법 제38조의 적용을 배제하고 **분리 심리하여 형을 따로 선고하여야 한다**는 것으로 보아야 한다(대법원2022. 1. 13.선고2021도14471판결).

ⓔ (X) [1] **공인중개사법 위반죄와 다른 죄의 경합범**에 대하여 **징역형을 선고하는 경우**에는 중개사무소 **개설등록 결격사유에 해당함이 분명하므로,** 구 공인중개사법 제10조의2를 유추적용하여 형법 제38조의 적용을 배제하고 **분리 선고하여야 한다고 볼 수 없다.**

[2] 그리고 위와 같은 구 공인중개사법 제10조의2규정 취지에 비추어 보면, **공인중개사법 위반죄와 상상적 경합관계에 있는 다른 범죄에 대하여는** 여전히 형법 제40조에 의하여 그중 가장 무거운 죄에 정한 형으로 처벌하여야 하므로, **그 처벌받는 가장 무거운 죄가 공인중개사법 위반죄인지 여부를 묻지 않고** 이와 상상적 경합관계에 있는 모든 죄를 통틀어 **하나의 형을 선고하여야 한다.**

[3] 이 사건을 위 법리에 비추어 살펴보면, **원심이** 피고인에 대하여 **각 주택법 위반죄와 각 공인중개사법 위반죄가 상상적 경합관계에 있다**고 보아 징역형을 선택하고 경합범가중을 한 뒤 **하나의 징역형을 선고한** 제1심판결을 그대로 유지한 것은 **정당하다**(대법원2022. 1. 13.선고2021도14471판결). 결국, **벌금형을 선고하는 경우는 분리선고를 하여야 하고,** 징역형을 선고하는 경우는 개설등록 결격사유에 해당함이 분명하므로 **분리선고를 할 필요가 없다.**

ⓗ (X) [1] **국가공무원법 제33조는 '결격사유'라는 표제하에 제1호 내지 제8호에 걸쳐 공무원으로 임용될 수 없는 사유를 정하고, 같은 법 제69조는 '당연퇴직'이라는 표제하에 위 제33조의 각호에** 정한 사유가 있으면 **공무원이 당연히 퇴직한다**고 정한다. 지방공무원법도 국가공무원법과 유사하게 공무원의 결격사유(제31조) 및 당연퇴직사유(제61조)를 징하고 있다.

[2] **국가공무원법 제33조 제6호의2 및 제6호의3**과 지방공무원법 제31조 제6호의2 및 제6호의3은 공무원이 국민의 신뢰를 바탕으로 고도의 윤리성과 준법의식이 요구되는 직업적·신분적 특징이 있음을 고려하여 **특정한 범죄(이하 '결격대상범죄'라 한다)에 관한 형선고 전력을 공무원 결격사유(당연퇴직사유)로 정하였다.**

[3] 한편 **국가공무원법 제33조의2는 결격대상범죄와 다른 죄의 경합범**에 대하여 **벌금형을 선고하는 경우** 형법 제38조에도 불구하고 **분리 선고하여야 한다**고 규정하고, 지방공무원법 제31조의2도 같은 내용의 분리 선고를 정하고 있다. **이러한 분리 선고 규정**은 공무원의 결격 및 당연퇴직에 관한 규정의 입법 목적을 고려하여 공무원의 자격 유무에 영향을 미치는 **결격대상범죄가 아닌 다른 죄가 결격대상범죄의 양형에 영향을 미치는 것을 최소화하려는 것이다.**

[4] **국가공무원법 제33조 제6호의3 과 지방공무원법 제31조 제6호의3은 2022. 12. 27.** 개정을 통해 각각 (다)목을 신설하여 스토킹범죄의 처벌 등에 관한 법률 제2조 제2호에 따른 **스토킹범죄를 결격대상범죄로 추가하였다. 국가공무원법 부칙**(제19147호, 2022. 12. 27.)은 위와 같이 **개정된 국가공무원법은 공포한 날부터 시행한다**고 정하면서(제1조) "제33조 제6호의3 및 제69조 제1호 단서의 개정규정은 **이 법 시행 이후 발생한** 범죄행위로 형벌을 받는 **사람부터 적용한다.**"라고 정하였다(제2조). 지방공무원법 부칙도 동일하게 규정하고 있다.

[5] **따라서 개정 국가공무원법 및 지방공무원법의 각 시행일(2022. 12. 27.) 이전에 스토킹범죄를 범한 것은** 국가공무원법 제33조 제6호의3 및 지방공무원법 제31조 제6호의3에서 정한 **결격사유에 해당하지 않는다.**

[6] 결국, **2022. 12. 27. 개정된** 국가공무원법 및 지방공무원법 **시행일 전에 범한 것이어서 결격대상범죄가 아닌 스토킹범죄와 다른 죄의 경합범에 대하여 벌금형을 선고하는 경우에는 분리 선고를 정한국가공무원법 제33조의2 및 지방공무원법 제31조의2가 적용되지 않는다고** 보아야 한다.

[7] 따라서 피고인이 **2022. 1. 27.경부터 2022. 8. 22.경까지** 피해자의 의사에 반하여 정당한 이유 없이 피해자의 직장과 집으로 엽서 등을 반복적으로 도달하게 하는 방법으로 **스토킹행위를 한 스토킹범죄(결격대상이 아닌 스토킹 범죄)와 다른 죄의 경합범(명예훼손·모욕·협박)에 대하여 벌금형을 선고하는 경우, 분리 선고를** 정한 국가공무원법 제33조의2 및 지방공무원법 제31조의2가 **적용되지 않는다**(대법원2024. 10. 31.선고2023도12878판결).

문제 13 - 정답 ③

▶ ③ (X) [1] 마약류관리에관한법률 제67조에 의한 몰수나 추징은 범죄행위로 인한 **이득의 박탈을 목적으로 하는 것이 아니라/징벌적 성질의 처분**이므로, 그 범행으로 인하여 **이득을 취득한 바 없다** 하더라도 법원은 **그 가액의 추징을 명하여야** 하고, 그 추징의 범위에 관하여는 죄를 범한 자가 여러 사람일 때에는 각자에 대하여 그가 취급한 범위 내에서 의약품 가액 전액의 추징을 명하여야 한다.

[2] 향정신성의약품을 타인에게 매도한 경우에 있어 **매도의 대가**

로 받은 대금 등은 마약류관리에관한법률 제67조에 규정된 범죄행위로 인한 수익금으로서 필요적으로 몰수하여야 하고 몰수가 불가능할 때에는 그 가액을 추징하여야 한다(대법원2001. 12. 28.선고2001도5158판결).

① (○) [1] **벌금과 과료**는 판결확정일로부터 **30일내에 납입하여야** 한다. 단, 벌금을 선고할 때에는 동시에 그 금액을 완납할 때까지 노역장에 유치할 것을 명할 수 있다(제69조 제1항).

[2] **벌금을 납입하지 아니한 자는 1일 이상 3년 이하, 과료를 납입하지 아니한 자는 1일 이상 30일 미만(이하 X)**의 기간 노역장에 유치하여 작업에 복무하게 한다(동조 제2항).

② (○) **형법 제49조 단서**는 행위자에게 **유죄의 재판을 하지 아니할 때에도** 몰수의 요건이 있는 때에는 **몰수만을 선고할 수 있다고 규정**하고 있으므로 몰수뿐만 아니라 몰수에 갈음하는 추징도 위 규정에 근거하여 선고할 수 있다고 할 것이나, **우리 법제상 공소의 제기 없이 별도로 몰수나 추징만을 선고할 수 있는 제도가 마련되어 있지 아니하므로 위 규정에 근거하여 몰수나 추징을 선고하기 위하여서는 몰수나 추징의 요건이 공소가 제기된 공소사실과 관련되어 있어야 하고,** 공소사실이 인정되지 않는 경우에 이와 별개의 공소가 제기되지 아니한 범죄사실을 법원이 인정하여 그에 관하여 몰수나 추징을 선고하는 것은 **불고불리의 원칙에 위반되어 불가능하며,** 몰수나 추징이 공소사실과 관련이 있다 하더라도 그 공소사실에 관하여 **이미 공소시효가 완성되어 유죄의 선고를 할 수 없는 경우에는 몰수나 추징도 할 수 없다**(대판1992.7.28. 92도700).

④ (○) [1] 형법 제52조 제1항에서 말하는 '**자수**'란 범인이 스스로 수사책임이 있는 관서에 **자기의 범행을 자발적으로 신고하고 그 처분을 구하는 의사표시**이므로, 수사기관의 직무상의 **질문 또는 조사에 응하여 범죄사실을 진술하는 것은 자백일 뿐 자수로는 되지 아니한다.**

[2] 나아가 **자수는** 범인이 **수사기관에 의사표시를 함으로써 성립하는 것**이므로 내심적 의사만으로는 부족하고 **외부로 표시되어야** 이를 인정할 수 있는 것이다.

[3] 또한 피고인이 자수하였다 하더라도 자수한 이에 대하여는 **법원이 임의로 형을 감경할 수 있음**에 불과한 것으로서 원심이 **자수감경을 하지 아니하였다거나** 자수감경 주장에 대하여 판단을 하지 아니하였다 하여 **위법하다고 할 수 없다.**

[4] 피고인이 금융기관 직원인 자신의 업무와 관련하여 금품을 수수하였다고 하여 특정경제범죄 가중처벌 등에 관한 법률 위반(수재)죄로 기소된 사안에서, 피고인이 수사기관에 자진 출석하여 **처음 조사**를 받으면서는 돈을 차용하였을 뿐이라며 범죄사실을 **부인**하다가 **제2회 조사**를 받으면서 비로소 업무와 관련하여 **돈을 수수하였다고 자백한** 행위를 **자수라고 할 수 없고, 설령 자수하였다고 하더라도** 자수한 이에 대하여는 **법원이 임의로 형을 감경할 수 있음에 불과한 것**으로서 원심이 자수의 착오 주장에 대하여 판단하지 아니하였다 하여 **위법하다고 할 수 없다**(대법원2011. 12. 22.선고2011도12041판결).

문제 14 – 정답 ③

▶ ③ ㉠㉡㉤(3개)는 맞는 지문이나, ㉢㉣(2개)은 틀린 지문이다.

㉠ (○) 형법 제62조 제1항 단서는 **집행유예 결격사유**로 '**금고 이상의 형을 선고한 판결이 확정된 때부터/ 그 집행을 종료하거나 면제된 후 3년까지의 기간에** 범한 죄에 대하여 **형을 선고하는 경우**'를 정하고 있다(대법원2019. 1. 17.선고2018도17589판결).

㉡ (○) 이는 **실형을 선고받고 집행종료나 집행면제 후 3년이 지**

나지 않은 시점에서 범한 죄에 대하여 **형을 선고하는 경우뿐만 아니라(첫번째),/ 집행유예 기간 중에 범한 죄에 대하여 형을 선고할 때 이미 집행유예가 실효 또는 취소된** 경우(두번째)/와 그 선고 시점에 집행유예 기간이 지나지 않아 형 **선고의 효력이 실효되지 않은 채로 남아 있는 경우**(세번째)도/ **포함한다**(대법원2019. 1. 17.선고2018도17589판결). 결국, **위 3가지는 모두** 집행유예의 결격사유에 포함한다(집행유예를 선고할 수는 없고, 실형을 선고해야 한다).

㉢ (X) 이는 실형을 선고받고 집행종료나 집행면제 후 3년이 지나지 않은 시점에서 범한 죄에 대하여 형을 선고하는 경우뿐만 아니라, **집행유예 기간 중에 범한 죄에 대하여 형을 선고할 때 이미 집행유예가 실효 또는 취소된** 경우와 그 선고 시점에 집행유예 기간이 지나지 않아 형 선고의 효력이 실효되지 않은 채로 남아 있는 경우도 **포함한다**(대법원2019. 1. 17.선고2018도17589판결). 결국, 집행유예의 **결격사유에 포함한다.**

㉣ (X) 이는 실형을 선고받고 집행종료나 집행면제 후 3년이 지나지 않은 시점에서 범한 죄에 대하여 형을 선고하는 경우뿐만 아니라, 집행유예 기간 중에 범한 죄에 대하여 형을 선고할 때 이미 집행유예가 실효 또는 취소된 경우와 **그 선고 시점에 집행유예 기간이 지나지 않아 형 선고의 효력이 실효되지 않은 채로 남아 있는 경우도** 포함한다(대법원2019. 1. 17.선고2018도17589판결).결국, 집행유예의 **결격사유에 포함한다.**

㉤ (○) 피고인은 **2016. 11. 28. A지방법원에서 도로교통법 위반(음주운전)죄로 징역 1년에 집행유예 2년을 선고받아 그 판결이 2017. 4. 1. 확정되었는데, 위 판결에 따른 집행유예 기간 중 이 사건 각 범죄를 저질렀다.** 피고인에게 **징역 6개월의 실형을 선고한 원심의 판단**에 형법 제62조 제1항 단서에서 정한 집행유예 결격사유에 관한 법리를 오해한 **잘못이 없다**(대법원2019. 1. 17.선고2018도17589판결).

문제 15 – 정답 ③

▶ ③ (X) [1] **죄형법정주의는** 국가형벌권의 자의적인 행사로부터 개인의 자유와 권리를 보호하기 위하여 범죄와 형벌을 법률로 정할 것을 요구한다. 그러한 취지에 비추어 보면 **형벌법규의 해석은 엄격하여야** 하고, **명문의 형벌법규의 의미를 피고인에게 불리한 방향으로 지나치게 확장해석하거나 유추해석하는 것**은 죄형법정주의 원칙에 어긋나는 것으로서 **허용되지 아니한다.**

[2] **특수폭행치상의 경우** 2016. 1. 6. 형법 개정으로 형법 제258조의2(특수상해죄)의 신설에도 불구하고 **특수상해죄로 처벌해야 할 것은 아니고,** 종전과 같이 형법 제257조 제1항(단순상해죄)의 예에 의하여 처벌하는 것으로 해석함이 타당하다(대법원2018. 7. 24.선고2018도3443판결). 결국, **특수폭행치상의 경우에** 형법 제258조의2(특수상해죄)로 처벌한다면 법정형이 **상향되는 결과가 발생**하게 되므로, **종전과 같이 형법 제257조 제1항(단순상해죄)로 처벌하여야 한다.**

① (○) 피고인이 **길이140cm, 지름4cm인 대나무를 휴대하여** 피해자 갑, 을에게 상해를 입혔다는 내용으로 기소된 사안에서, 피고인이 위 대나무로 갑의 머리를 여러 차례 때려 대나무가 부러졌고, 갑은 두피에 표재성 손상을 입어 사건 당일 병원에서 봉합술을 받은 점 등에 비추어 **피고인이 사용한 위 대나무가 '위험한 물건'에 해당한다**(대법원2017. 12. 28.선고2015도5854판결).

② (○) **상해를 입힌 행위가 동일한 일시, 장소에서 동일한 목적으로 저질러진 것**이라 하더라도 **피해자를 달리하고 있으면 피해자별**

로 각각 별개의 상해죄를 구성한다고 보아야 할 것이고 1개의 행위가 수개의 죄에 해당하는 경우라고 볼 수 없다(대법원1983. 4. 26.선고83도524판결). 결국, 상상적 경합관계가 아니라 **수죄 사이에는 실체적 경합관계**에 있으므로 경합범 가중을 하여야 한다.

④ (○) [1] 형법 제136조에서 정한 **공무집행방해죄는** 직무를 집행하는 공무원에 대하여 폭행 또는 협박한 경우에 성립하는 범죄로서 **여기서의 폭행은 사람에 대한 유형력의 행사로 족하고** 반드시 **그 신체에 대한 것임을 요하지 아니하며, 또한 추상적 위험범으로서 구체적으로 직무집행의 방해라는 결과발생을 요하지도 아니한다.** 한편 공무집행방해죄에서 '**직무를 집행하는**'이란 공무원이 직무수행에 직접 필요한 행위를 **현실적으로 행하고 있는 때만을 가리키는 것이 아니라** 공무원이 직무수행을 위하여 **근무 중인 상태에 있는 때를 포괄하고,** 직무의 성질에 따라서는 직무수행의 과정을 개별적으로 분리하여 부분적으로 각각의 개시와 종료를 논하는 것이 부적절하고 여러 종류의 행위를 포괄하여 일련의 직무수행으로 파악함이 상당한 경우가 있다.

[2] **피고인이 갑과 주차문제로 언쟁을 벌이던 중, 112 신고를 받고 출동한 경찰관 을이** 갑을 때리려는 피고인을 제지하자 자신만 제지를 당한 데 화가 나서 **손으로 을의 가슴을 1회 밀치고,** 계속하여 욕설을 하면서 **피고인을 현행범으로 체포하며** 순찰차 뒷좌석에 태우려고 하는 을의 정강이 부분을 양발로 2회 걷어차는 등 폭행함으로써 **경찰관의 112 신고처리에 관한 직무집행을 방해하였다는** 내용으로 기소된 사안에서, 제반 사정을 종합하면 피고인이 손으로 을의 가슴을 밀칠 당시 을은 112 신고처리에 관한 직무 내지 순찰근무를 수행하고 있었고, 이와 같이 공무를 집행하고 있는 을의 가슴을 밀치는 행위는 공무원에 대한 유형력의 행사로서 공무집행방해죄에서 정한 폭행에 해당하며, **피고인이 체포될 당시 도망 또는 증거인멸의 염려가 없었다고 할 수 없어 체포의 필요성이 인정되고,** 공소사실에 관한 증인들의 법정진술의 신빙성을 인정한 제1심의 판단을 뒤집을 만한 특별한 사정이 없으므로 **피고인의 행위는 공무집행방해죄에 해당한다**(대법원2018. 3. 29.선고2017도21537판결).

문제 16 - 정답 ②

▶ ② ㉠㉢㉣㉤(4개)은 맞는 지문이다. ㉡(1개)은 틀린 지문이다.

㉠ (○) [1] **강요죄는** 폭행 또는 협박으로 사람의 권리행사를 방해하거나 의무 없는 일을 하게 하는 범죄이다. 여기에서 **협박은 객관적으로** 사람의 의사결정의 자유를 제한하거나 의사실행의 자유를 방해할 정도로 겁을 먹게 할 만한 **해악을 고지하는 것을** 말한다. 이와 같은 **협박이 인정되기 위해서는** 발생 가능한 것으로 생각할 수 있는 정도의 **구체적인 해악의 고지가 있어야 한다.**

[2] 행위자가 직업이나 지위에 기초하여 상대방에게 어떠한 요구를 하였을 때 그 요구 행위가 **강요죄의 수단으로서 해악의 고지에 해당하는지 여부는** 행위자의 지위뿐만 아니라 그 언동의 내용과 경위, 요구 당시의 상황, 행위자와 상대방의 성행·경력·상호관계 등에 비추어 볼 때 **상대방으로 하여금 그 요구에 불응하면 어떠한 해악에 이를 것이라는 인식을 갖게 하였다고 볼 수 있는지,** 행위자와 상대방이 행위자의 지위에서 상대방에게 줄 수 있는 해악을 인식하거나 합리적으로 예상할 수 있었는지 등을 **종합하여 판단해야** 한다.

[3] **대통령비서실장을 비롯한 피고인들 등이** 문화체육관광부 공무원들을 통하여 문화예술진흥기금 등 정부의 지원을 신청한 개인·단체의 이념적 성향이나 정치적 견해 등을 이유로 한국문화예술위

원회·영화진흥위원회·한국출판문화산업진흥원이 수행한 각종 사업에서 이른바 좌파 등에 대한 지원배제에 이르는 과정에서, 공무원 갑 및 **지원배제 적용에 소극적인 문화체육관광부 1급 공무원 을 등에 대하여 사직서를 제출하도록 요구하고,** 한국문화예술위원회·영화진흥위원회·한국출판문화산업진흥원 직원들로 하여금 지원심의 등에 개입하도록 지시함으로써 업무상·신분상 불이익을 당할 위험이 있다는 위구심을 일으켜 의무 없는 일을 하게 하였다는 강요의 공소사실로 기소된 사안에서, **피고인들이** 상대방의 의사결정의 자유를 **제한**하거나 의사실행의 자유를 **방해할 정도로 겁을 먹게 할 만한 해악을 고지하였다는 점에 대한 증명이 부족하다**(강요죄의 성립을 **부정**)(대법원2020. 1. 30.선고2018도2236전원합의체 판결).

㉡ (X) [1] **강요죄의 협박에서 해악의 고지는** 반드시 명시적인 방법이 아니더라도 말이나 행동을 통해서 상대방에게 어떠한 해악을 끼칠 것이라는 인식을 갖도록 하면 충분하고, **제3자를 통해서 간접적으로 할 수도 있다.**

[2] **행위자가** 그의 직업, 지위 등에 기초한 **위세를 이용하여 불법적으로** 재물의 교부나 재산상 이익을 **요구하고 상대방이 불응하면** 부당한 **불이익을 입을 위험이 있다는** 위구심을 일으키게 하는 경우에도 **해악의 고지가 된다.**

[3] 그러나 **행위자가** 직무상 또는 사실상 상대방에게 영향을 줄 수 있는 직업이나 지위에 있고 직업이나 지위에 기초하여 **상대방에게 어떠한 요구를 하였더라도 곧바로** 그 요구 행위를 **위와 같은 해악의 고지라고 단정하여서는 안 된다.** 특히 **공무원이 자신의 직무와 관련한 상대방에게** 공무원 자신 또는 자신이 지정한 제3자를 위하여 재산적 이익 또는 일체의 유·무형의 이익 등을 제공할 것을 **요구하고 상대방은** 공무원의 지위에 따른 직무에 관하여 **어떠한 이익을 기대하며 그에 대한 대가로서 요구에 응하였다면,** 다른 사정이 없는 한 공무원의 위 요구 행위를 객관적으로 사람의 의사결정의 자유를 제한하거나 의사실행의 자유를 방해할 정도로 겁을 먹게 할 만한 **해악의 고지라고 단정하기는 어렵다**(대법원2019. 8. 29.선고2018도13792전원합의체 판결). 결국, **강요죄는 반드시 폭행 또는 협박을 수단으로 하므로, 甲의 요구 행위를 해악의 고지(협박)로 인정될 수 없다면** 강요죄는 **성립하지 않는다.**

㉢ (○) [1] **공무원인 행위자가** 상대방에게 **어떠한 이익 등의 제공을 요구한 경우** 위와 같은 **해악의 고지로 인정될 수 없다면** 직권남용이나 뇌물 요구 등이 될 수는 있어도 **협박을 요건으로 하는 강요죄가 성립하기는 어렵다.**

[2] **대통령비서실장 및 정무수석비서관실 소속 공무원들인 피고인들이,** 2014~2016년도의 3년 동안 각 연도별로 전국경제인연합회(이하 '**전경련**'이라 한다)에 특정 정치성향 **시민단체들에 대한 자금지원을 요구하고** 그로 인하여 **전경련 부회장 갑으로 하여금 해당 단체들에 자금지원을 하도록 하였다고** 하여 직권남용권리행사방해 및 강요의 공소사실로 기소된 사안에서, **피고인들이 위와 같이 자금지원을 요구한 행위는** 대통령비서실장과 정무수석비서관실의 일반적 직무권한에 속하는 사항으로서 **직권을 남용한 경우에 해당하고,** 위 **직권남용 행위로** 인하여 **전경련의** 해당 보수 시민단체에 대한 자금지원 결정이라는 **의무 없는 일을 하였다는** 등의 이유로 직권남용권리행사방해죄가 성립한다.

[3] 한편 **대통령비서실 소속 공무원이** 그 지위에 기초하여 **어떠한 이익 등의 제공을 요구하였다고 해서** 곧바로 **그 요구를 해악의 고지라고 평가할 수 없는 점,** 요구 당시 상대방에게 그 요구에 따르지 않으

면 해악에 이를 것이라는 인식을 갖게 하였다고 평가할 만한 언동의 내용과 경위, 요구 당시의 상황, 행위자와 상대방의 성행·경력·상호관계 등에 관한 사정이 나타나 있지 않은 점, 전경련 관계자들이 대통령비서실의 요구를 받고도 그에 따르지 않으면 정책 건의 무산, 전경련 회원사에 대한 인허가 지연 등의 불이익을 받는다고 예상하는 것이 합리적이라고 볼 만한 사정도 제시되지 않은 점 등 여러 사정을 종합하면 <u>피고인들이 자신의 지위를 따른 위와 같은 자금지원 요구를 강요죄의 성립 요건인 협박, 즉 해악의 고지에 해당한다고 단정할 수 없다</u>(대법원2020. 2. 13.선고2019도5186판결). 결국, <u>공무원인 행위자가 상대방에게 어떠한 이익 등의 제공을 요구한 경우</u>, 위와 같은 <u>자금요구만으로 해악의 고지로 인정될 수 없다면</u> 직권남용이나 뇌물 요구 등이 될 수는 있어도 <u>협박을 요건으로 하는 강요죄가 성립하기는 어렵다.</u> 따라서 위 사안에서 형법 제123조의 직권남용권리행사방해와 특가법상 뇌물가중죄는 될 수 있어도 <u>폭행이나 협박을 전제로 하는 형법 제324조 제1항의 강요죄는 성립하지 않는다.</u>

㉣ (○) 민주노총 전국건설노조 건설기계지부 소속 노조원인 피고인들이, 현장소장인 피해자 갑이 노조원이 아닌 피해자 을의 건설장비를 투입하여 수해상습지 개선사업 공사를 진행하자 '민주노총이 어떤 곳인지 아느냐, 현장에서 장비를 빼라'는 취지로 말하거나 공사 발주처에 부실공사가 진행되고 있다는 취지의 진정을 제기하는 방법으로 공사현장에서 사용하던 장비를 철수하게 하고 '현장에서 사용하는 모든 건설장비는 노조와 합의하여 결정한다'는 <u>협약서를 작성하게 함으로써 피해자들에게 의무 없는 일을 하게 하였다고 하여 폭력행위 등 처벌에 관한 법률 위반(공동강요)으로 기소된 사안에서</u>, 피고인들이 피해자들에게 위와 같은 <u>내용의 언사를 사용하고 부실공사가 아님에도 공사 발주처에 부실공사를 조사해 달라는 진정을 하였다면</u> 이는 <u>사회통념상 허용되는 정도나 범위를 넘는 것으로서 강요죄의 수단인 협박에 해당한다</u>(대판2017.10.26. 2015도16696). 결국, 피고인들은 <u>협약서를 작성하게 함으로써 피해자들에게 의무 없는 일을 하게 한 행위는 사회통념상 허용되는 정도나 범위를 넘는 것으로서 강요죄의 수단인 협박에 해당하므로 폭력행위 등 처벌에 관한 법률 위반(공동강요)에 해당한다.</u>

㉤ (○) [1] <u>강요죄</u>는 폭행 또는 협박으로 사람의 권리행사를 방해하거나 <u>의무 없는 일</u>을 하게 하는 것을 말하고, 여기에서 <u>'의무 없는 일'</u>이란 법령, 계약 등에 기하여 발생하는 법률상 의무 없는 일을 말하므로, 폭행 또는 협박으로 <u>법률상 의무 있는 일을 하게 한 경우에는 폭행 또는 협박죄만 성립할 뿐 강요죄는 성립하지 아니한다.</u>
[2] 일본인으로부터 연예인이 팬미팅을 약속하고 1억이 넘는 고급 시계를 받고도 팬미팅 공연약속을 이행하지 않고 있다는 말을 듣고 폭력조직 전력이 있는 피고인이 연예인에게 팬미팅 공연을 하도록 강요하면서 만날 것을 요구하고, <u>팬미팅 공연이 이행되지 않으면 안 좋은 일을 당할 것이라고 협박한 경우</u>, 위 연예인에게 공연을 할 의무가 없다는 점에 대한 미필적 인식 즉, <u>강요죄의 고의가 피고인에게 있었다고 단정하기 어렵다</u>(대판2008.5.15. 2008도1097).

문제 17 – 정답 ④

▶ ④ (X) [1]「성폭력범죄의 처벌 등에 관한 특례법」(이하 '성폭력처벌법'이라고 한다) <u>제14조 제1항(카메라등이용촬영·반포등)</u>은 "카메라나 그 밖에 이와 유사한 기능을 갖춘 기계장치를 이용하여 성적 욕망 또는 수치심을 유발할 수 있는 <u>사람의 신체</u>를 촬영대상자의 <u>의사</u>에 반하여 촬영한 자는 7년 이하의 징역 또는 5천

만원 이하의 벌금에 처한다."라고 규정하고 있다. <u>위 조항이 촬영의 대상을 '사람의 신체'로 규정하고 있으므로</u>, 사람의 <u>신체 그 자체를 직접 촬영하는 행위만이</u> 위 조항에서 규정하고 있는 '사람의 신체를 촬영한 행위'에 <u>해당하고, 사람의 신체 이미지가 담긴 영상을 촬영한 행위는 이에 해당하지 않는다.</u>
[2] <u>피고인이</u> 피해자와 영상통화를 하면서 <u>피해자가 나체로 샤워하는 모습을 휴대전화 녹화기능을 이용하여 녹화·저장한 행위</u>는 피해자의 <u>신체 그 자체가 아니라</u> 피고인의 휴대전화에 수신된 <u>신체 이미지 영상을 대상으로 한 것</u>이어서 위 조항이 정하는 '<u>사람의 신체를 촬영한 행위'에 해당한다고 볼 수 없다</u>(대법원 2024. 10. 31.선고 2024도10477판결).

① (○) <u>주거침입강제추행죄 및 주거침입강간죄</u> 등은 사람의 <u>주거 등을 침입한 자가</u> 피해자를 간음, 강제추행 등 성폭력을 행사한 경우에 성립하는 것으로서, <u>주거침입죄를 범한 후에</u> 사람을 강간하는 등의 행위를 하여야 하는 일종의 <u>신분범(주거침입한 사람 이라는 신분이 반드시 필요함)</u>이고, 선후가 바뀌어 <u>강간죄 등을 범한 자가</u> 그 피해자의 <u>주거에 침입한 경우</u>에는 이에 해당하지 않고 강간죄 등과 주거침입죄 등의 <u>실체적 경합범이 된다.</u> 그 실행의 착수시기는 <u>주거침입 행위 후 강간죄 등의 실행행위에 나아간 때</u>이다(대법원2021. 8. 12.선고2020도17796판결).

② (○) [1] 성폭력범죄의 처벌 등에 관한 특례법(이하 '성폭력처벌법'이라 한다) <u>제13조('통신매체이용음란죄')</u>는 "자기 또는 다른 사람의 성적 욕망을 유발하거나 <u>만족시킬 목적으로</u> 전화, 우편, 컴퓨터, 그 밖의 통신매체를 통하여 '<u>성적 수치심이나 혐오감을 일으키는 말</u>, 음향, 글, 그림, 영상 또는 물건'(이하 '성적 수치심을 일으키는 그림 등'이라 한다)을 상대방에게 도달하게 한 사람"을 <u>처벌</u>하고 있다.
[2] <u>'성적 수치심이나 혐오감을 일으키는 것'</u>은 피해자에게 <u>단순한 부끄러움이나 불쾌감을 넘어</u> 인격적 존재로서의 수치심이나 모욕감을 느끼게 하거나 싫어하고 미워하는 감정을 느끼게 하는 것으로서 사회 평균인의 성적 도의관념에 반하는 것을 의미한다. 이와 같은 <u>성적 수치심 또는 혐오감의 유발 여부</u>는 일반적이고 평균적인 사람(<u>행위자 X, 피해자 X</u>)들을 기준으로 하여 판단함이 타당하고, 특히 성적 수치심의 경우 <u>피해자와 같은 성별과 연령대의 일반적이고 평균적인 사람</u>들을 <u>기준으로 하여 그 유발 여부를 판단하여야</u> 한다.
[3] <u>성폭력처벌법 제13조는</u> '성적 수치심이나 혐오감을 일으키는 말, 음향, 글, 그림, 영상 또는 물건(이하 '성적 수치심을 일으키는 그림 등'이라 한다)을 상대방에게 도달하게 한다'는 것은 '상대방이 성적 수치심을 일으키는 그림 등을 <u>직접 접하는 경우</u>뿐만 아니라 <u>상대방이 실제로 이를 인식할 수 있는 상태에 두는 것'</u>을 의미한다. 따라서 <u>상대방에게 성적 수치심을 일으키는 그림 등이 담겨 있는 웹페이지 등에 대한 인터넷링크(internet link)를 보내는 행위를 통해</u> 그와 같은 그림 등이 상대방에 의하여 인식될 수 있는 상태에 놓이고 실질에 있어서 이를 직접 전달하는 것과 다를 바 없다고 평가되고, 이에 따라 <u>상대방이 이러한 링크를 이용하여</u> 별다른 제한 없이 성적 수치심을 일으키는 그림 등에 바로 접할 수 있는 상태가 <u>실제로 조성되었다면(실제로 조성되었는지 여부를 불문하고(X))</u>, 그러한 행위는 전체로 보아 <u>성적 수치심을 일으키는 그림 등을 상대방에게 도달하게 한다는 구성요건을 충족한다</u>(대법원 2017. 6. 8.선고2016도21389판결). 결국, 상대방에게 <u>'도달'하게 하는 행위</u>에는 성적 수치심을 일으키는 그림 등이 담겨 있는 웹페

이지에 대한 '인터넷 링크'를 상대방에게 보내는 행위도 포함된다. ③ (○) [1] 성폭력범죄의 처벌 등에 관한 특례법(이하 '성폭력처벌법'이라 한다) 제14조의3 제1항은 성적 욕망 또는 수치심을 유발할 수 있는 촬영물 또는 복제물(복제물의 복제물을 포함한다, 이하 '촬영물 등'이라 한다)을 이용하여 사람을 협박한 자를 형법상의 협박죄보다 가중 처벌하는 규정을 두고 있다. 여기서 '촬영물 등을 이용하여'는 '촬영물 등'을 인식하고 이를 방편 또는 수단으로 삼아 협박행위에 나아가는 것을 의미한다.

[2] 한편 협박죄에 있어서의 협박이라 함은 '사람으로 하여금 공포심을 일으킬 수 있을 정도의 해악의 고지'라 할 것이고, 해악을 고지하는 방법에는 제한이 없어 언어 또는 문서에 의하는 경우는 물론 태도나 거동에 의하는 경우도 협박에 해당한다.

[3] 따라서 실제로 촬영, 제작, 복제 등의 방법으로 만들어진 바 있는 촬영물 등을 방편 또는 수단으로 삼아 유포가능성 등 공포심을 일으킬 수 있을 정도의 해악을 고지한 이상 성폭력처벌법 제14조의3 제1항의 죄는 성립할 수 있고, 반드시 행위자가 촬영물 등을 피해자에게 직접 제시하는 방법으로 협박해야 한다거나 협박 당시 해당 촬영물 등을 소지하고 있거나 유포할 수 있는 상태일 필요는 없다.

[4] 피고인이 피해자에게 피해자의 음부 사진을 피해자의 남편에게 제공할 듯한 태도를 보이는 발언을 하여 피해자를 협박하였다는 성폭력처벌법 위반(촬영물등이용협박)으로 기소되어 피고인이 협박 당시에는 이미 사진을 삭제하여 현존하지 않았다고 주장한 경우, 촬영물 등이 실제로 만들어지면 족하고, 반드시 촬영물 등을 피해자에게 제시하는 방법으로 협박하거나 협박 당시 촬영물 등을 피고인이 소지하고 있거나 유포할 수 있는 상태일 필요는 없다(대법원2024. 5. 30.선고2023도17896판결).

문제 18 – 정답 ③

▶ ③ ⓒⓒ②(2개)은 옳은 지문이나, ㉠㉤(2개)은 틀린 지문이다.

㉠ (X) [1] 형법 제307조 제2항의 허위사실 적시에 의한 명예훼손죄가 성립하려면, 사실을 적시하는 사람이 그 사실을 허위라고 인식하였어야 한다.

[2] 공연히 사실을 적시하여 사람의 명예를 훼손하는 행위가 진실한 사실로서 오로지 공공의 이익에 관한 때에는 형법 제310조에 따라 처벌할 수 없는데, 여기에서 '진실한 사실'이란 그 내용 전체의 취지를 살펴볼 때 중요한 부분이 객관적 사실과 합치되는 사실이라는 의미로서 일부 자세한 부분이 진실과 약간 차이가 나거나 다소 과장된 표현이 있다고 하더라도 무방하고, '공공의 이익'이라 함은 널리 국가·사회 기타 일반 다수인의 이익에 관한 것뿐만 아니라 특정한 사회집단이나 그 구성원의 관심과 이익에 관한 것도 포함한다.

[3] 전국교직원노동조합 소속 교사가 작성·배포한 보도자료의 일부에 사실과 다른 기재가 있으나 전체적으로 그 기재 내용이 진실하고 공공의 이익을 위한 것이라고 보아 명예훼손죄의 위법성이 조각된다(대판2001.10.9. 2001도3594).

ⓒ (○) 객관적으로 피해자의 사회적 평가를 저하시키는 사실에 관한 보도(허위사실보도)내용이 소문이나 제3자의 말, 보도를 인용하는 방법으로 단정적인 표현이 아닌 전문 또는 추측한 것을 기사화한 형태로 표현하였지만, 그 표현 전체의 취지로 보아 그 사실이 존재할 수 있다는 것을 암시하는 방식으로 이루어진 경우에는 사실을 적시한 것이라고 보아야 한다(대법원 2008.11.27. 선고 2007도5312 판결).

ⓒ (○) [1] 어떤 글이 모욕적 표현을 담고 있는 경우에도 그 글이 객관적으로 타당성이 있는 사실을 전제로 하여 그 사실관계나 이를 둘러싼 문제에 관한 자신의 판단과 피해자의 태도 등이 합당한가에 대한 의견을 밝히고, 자신의 판단과 의견이 타당함을 강조하는 과정에서 부분적으로 다소 모욕적인 표현이 사용된 것에 불과하다면 사회상규에 위배되지 않는 행위로서 형법 제20조에 의하여 위법성이 조각될 수 있다. 그리고 인터넷 등 공간에서 작성된 단문의 글이라고 하더라도, 그 내용이 자신의 의견을 강조하거나 압축하여 표현한 것이라고 평가할 수 있고 표현도 지나치게 모욕적이거나 악의적이지 않다면 마찬가지로 위법성이 조각될 가능성이 크다.

[2] 지역버스노동조합 조합원인 피고인이 자신의 페이스북에 집회 일정을 알리면서 노동조합 집행부인 피해자 甲과 乙을 지칭하며 "버스노조 악의 축, 甲과 乙 구속수사하라! !"라는 표현을 적시하여 피해자들을 모욕하였다는 내용으로 기소된 사안에서, 위 표현이 피해자들의 사회적인 평가를 저해시킬 만한 경멸적인 표현에 해당하는 것으로 보이지만, 피고인 등은 노동조합의 운영에 문제를 제기하면서 노동조합 재산의 투명한 운영, 위원장 직선제 등을 요구하고 있었고, 피고인은 그 주장을 하기 위한 집회 참여를 독려하면서 위 표현을 사용한 것으로, 노동조합의 운영 등에 대한 비판적인 의견을 표현하는 과정에서 자신의 입장과 의견을 강조하기 위한 의도로 위 표현을 사용한 것으로 보이는 점, '악의 축'이라는 용어는 자신과 의견이 다른 상대방 측의 핵심 일원이라는 취지로 비유적으로도 사용되고 있어 피해자들의 의혹과 관련된 위 표현이 지나치게 모욕적이거나 악의적이라 보기 어려운 점 등 제반 사정을 종합할 때, 피고인이 노동조합 집행부의 공적 활동과 관련한 자신의 의견을 담은 게시글을 작성하면서 그러한 표현을 한 것은 사회상규에 위배되지 않는 정당행위로서 형법 제20조에 따라 위법성이 조각된다(2022. 10. 27. 선고 2019도14421 판결).

② (○) 중학교 교사에 대해 "전과법으로서 교사직을 팔아가며 이웃을 해치고 고발을 일삼는 악덕 교사"라는 취지의 진정서를 그가 근무하는 학교법인 이사장 앞으로 제출한 행위 자체는 위 진정서의 내용과 진정서의 수취인인 학교법인 이사장과 위 교사의 관계등에 비추어 볼 때 위 이사장이 위 진정서 내용을 타에 전파할 가능성이 있다고 보기 어려우므로 명예훼손죄의 구성요건인 공연성이 있다고 보기 어렵다(대법원1983. 10. 25.선고83도2190판결).

㉤ (X) 피고인이 자신의 아들 등에게 폭행을 당하여 입원한 피해자의 병실로 찾아가 그의 모(母) 갑과 대화하던 중 갑의 이웃 을 및 피고인의 일행 병 등이 있는 자리에서 "학교에 알아보니 피해자에게 원래 정신병이 있었다고 하더라."라고 허위사실을 말하여 피해자의 명예를 훼손하였다는 내용으로 기소된 사안에서, 피고인이 병과 함께 피해자의 병문안을 가서 피고인·갑·을·병 4명이 있는 자리에서 피해자에 대한 폭행사건에 관하여 대화를 나누던 중 위 발언을 한 것이라면 불특정 또는 다수인이 인식할 수 있는 상태라고 할 수 없고, 또 그 자리에 있던 사람들의 관계 등 여러 사정에 비추어 피고인의 발언이 불특정 또는 다수인에게 전파될 가능성이 있다고 보기도 어려워 공연성이 없다(대판2011.9.8. 2010도7497).

▶ ③ (X) [1] 형법 제314조에서 정한 **업무방해죄의 '업무'**란 직업 기타 사회생활상의 지위에 기하여 계속적으로 종사하는 사무 또는 사업을 말하는 것으로서, 직업이나 사회생활상의 지위에 기한 것이라고 보기 어려운 **단순한 개인적인 일상생활의 일환으로 행하여지는 사무**는 업무방해죄의 보호대상인 **업무에 해당한다고 볼 수 없다.**

[2] 을이 갑의 위 행위 당시에 직업이나 사회생활상의 지위에 기한 계속적 사무 또는 사업 활동의 일환으로 위 차량을 건물에 주차해 두었다거나 그 후 위 차량을 운행하려고 한 것으로 단정하기는 어렵고, **오히려 단순한 개인생활상의 행위로 차량을 운전한 것에 지나지 않는다고 볼 여지가 많다.** 따라서 **위 차량에 대한 을의 운전이 업무방해죄의 보호대상이 되는 업무에 해당한다고 보기 어렵고, 갑의 행위로 인하여 을의 업무가 방해되었다고 볼 수 없다** (대법원2017. 11. 9.선고2014도3270판결).

① (○) [1] 도로 가운데 앉거나 선 채로 이 사건 공사현장에 출입하는 차량의 앞을 가로막은 피고인의 행위는 위 차량이 그대로 진행할 경우 인명 피해의 가능성이 큰 상황을 조성한 것으로서, **공사현장 출입이 가로막힌 차량의 운전자들과 공사현장에서 실제 공사를 수행하던 피해자들의 자유의사를 제압하기에 충분한 세력에 해당한다.** 따라서 피고인의 위와 같은 행위는 **업무방해죄에서 말하는 '위력'의 행사에 해당한다.**

[2] 그 당시 피해자들의 공사업무를 위한 차량의 출입이 필요한 상황이었고, 피고인의 행위로 공사 차량의 출입에 장애가 생긴 이상, **피해자들이 수행하던 공사업무가 방해될 위험은 이미 발생하였다고 봄이 타당하다.**

[3] 당시 여러 명의 경찰관들이 피고인 등의 공사 방해행위를 제지하기 위해 그 주변에 머무르다가 **위 공사 방해행위가 일정 기간 지속될 경우 이를 제지하는 조치를 즉각적으로 취하였다고** 하여, **피고인의 위력 행사나 그로 인한 업무방해의 위험 발생을 부정할 수 없으므로,** 피고인의 행위는 **업무방해죄에서 말하는 '위력'의 행사에 해당한다**(대법원2021. 10. 28.선고2016도3986판결).

② (○) [1] 피고인 갑, 을이 공모하여, 피고인 갑은 A고등학교의 학생 병이 약 10개월 동안 총 84시간의 A병원에서의 봉사활동을 한 것처럼 허위로 기재된 봉사활동확인서를 발급받아 피고인 을에게 교부하고, 피고인 을은 이를 병의 담임교사를 통하여 A학교에 제출하여 병으로 하여금 2010년도 A학교장 명의의 봉사상을 수상하도록 하는 방법으로 **위계로써 A학교장의 봉사상 심사 및 선정 업무를 방해하였다는** 내용으로 기소된 사안에서, **피고인들에게 무죄를 선고한 원심판단에** 업무방해죄의 성립에 관한 법리오해의 **위법이 있다.**

[2] 피고인 을이 제출한 **봉사활동확인서는** 교내가 아닌 **학교 외에서 이루어진 봉사활동에 관한 것**이고, 주관기관인 A병원이 그 명의로 발급하였다. 위 확인서 자체로 명백한 모순·오류가 있다거나, **B고등학교 담당교사들 또는 학교장 등이 위 확인서에서 그 내용이 허위임을 인식하였거나 인식할 수 있었다고 볼 사정도 발견되지 않는다.**

[3] B고등학교장은 피고인 을이 제출한 **A병원 발급의 봉사활동확인서에 기재된 대로 병이 봉사활동을 한 것으로 오인·착각하여** 병을 봉사상 수상자로 선정하였으므로, 피고인들의 허위 봉사활동확인서 제출로써 **A고등학교장의 봉사상 심사 및 선정 업무 방해의 결과를 초래할 위험이 발생하였다**(대법원2020. 9. 24.선고2017도

19283판결). 결국, 피고인들의 사립학교에 대한 **허위 봉사활동확인서 제출행위는 위계에 의한 업무방해죄가 성립한다.**

④ (○) [1] 업무방해죄의 **'위력'**이란 사람의 **자유의사를 제압·혼란하게 할 만한 일체의 세력으로,** 유형적이든 무형적이든 묻지 아니하고, **현실적으로 피해자의 자유의사가 제압되어야만 하는 것도 아니지만,** 범인의 위세, 사람 수, 주위의 상황 등에 비추어 **피해자의 자유의사를 제압하기 족한 정도가 되어야 하는 것으로서,** 그러한 위력에 해당하는지는 범행의 일시·장소, 범행의 동기, 목적, 인원수, 세력의 태양, 업무의 종류, 피해자의 지위 등 **제반 사정을 고려하여 객관적으로 판단하여야** 한다.

[2] **을의 인부들이** 갑과 갑의 어머니에 의해 **자유의사가 제압당한 결과라기보다** 집주인과 상의하였거나 **합의하였다는 내용이 확인되지 않으면** 공사를 **계속 진행하는 것이 사실상 곤란하다고 판단하였기 때문으로 보일 뿐이다.**

[3] 갑과 갑의 어머니는 을과의 서로 상의하였던 바와 다르게 공사가 이루어진다고 생각하여 **이를 확인하고 항의하기 위해 공사현장을 찾았던 것**으로 보이고, 집주인을 불러달라고 하였다는 것도 그와 같은 맥락에서 이해할 수 있다.

[4] 결국 위와 같은 갑과 갑의 어머니의 행위의 동기 내지 목적, 그 태양과 정도 등에 비추어 보면, 갑이 갑의 어머니와 공모하여 **피해자 을과 을의 인부들의 자유의사를 제압하기에 족한 위력을 행사하였다고 쉽게 단정하기는 어렵고, 이웃 간의 사소한 시비에** 대하여 **업무방해죄를 적용하는 것은 신중할 필요가 있다**(대법원 2016. 10. 27.선고2016도10956판결). 결국, 갑은 위력에 의한 업무방해죄가 성립하지 않는다.

▶ ③ (X) **컴퓨터등 사용사기죄는** 컴퓨터등 정보처리장치에 허위의 정보 또는 부정한 명령을 입력하거나 권한 없이 정보를 입력·변경하여 정보처리를 하게 함으로써 **재산상의 이익을** 취득하거나 제3자로 하여금 취득하게 하는 범죄로서, 그 객체는 **재물은 포함되지 않고 재산상의 이익에 한하므로 이득죄일 뿐이다**(제347조의2).

① (○) 절도죄, 강도죄, 장물죄, 횡령죄는 탈취죄에 해당하나, **사기죄와 공갈죄는 편취죄에 해당한다.**

② (○) 절도죄, 강도죄, 사기죄, 공갈죄, 횡령죄 등은 영득죄에 해당하나, **불법영득의사를 요하지 않은 재산범죄는 손괴죄이다.**

④ (○) [1] **형법 제328조 제1항은 헌법에 합치되지 아니한다.** 법원 기타 국가기관 및 지방자치단체는 **2025. 12. 31.을 시한으로 입법자가 개정할 때까지 위 법률조항의 적용을 중지하여야 한다.**

[2] **헌법 제27조 제5항은** "형사피해자는 법률이 정하는 바에 의하여 당해 사건의 재판절차에서 진술할 수 있다."라고 규정하여 **형사피해자의 재판절차진술권을 보장하고 있다.** 그러나 **심판대상조항(형법 제328조 제1항)은** 형사피해자가 법관에게 적절한 형벌권을 행사하여 줄 것을 청구할 수 없도록 하는바, 이는 입법재량을 명백히 일탈하여 현저히 불합리하거나 불공정한 것으로서 **형사피해자의 재판절차진술권을 침해한다.**

[3] 심판대상조항의 위헌성은, **'일률적으로 형면제'를** 함에 따라 구체적 사안에서 **형사피해자의 재판절차진술권을 형해화할 수 있다는** 데 있다. 심판대상조항의 위헌성을 제거하는 데에는, 여러 가지 선택가능성이 있을 수 있으며, 입법자는 충분한 사회적 합의를 거쳐 그 방안을 강구할 필요가 있다. **입법자는** 가능한 한 빠른 시일 내에, **늦어도 2025. 12. 31.까지 개선입법을 하여야 할 의무가 있고,** 2025. 12. 31.까지 개선입법이 이루어지지 않으면 심판대상

조항은 <u>2026. 1. 1.부터 효력을 상실한다</u>(헌재2024. 6. 27. 2020 헌마468등).

★ 재산죄의 분류

보호법익에 따른 분류		소유권을 보호법익으로 하는 범죄	절도죄, 횡령죄, 손괴죄, 장물죄
		소유권 이외에 물권 또는 채권을 보호법익을 하는 범죄	권리행사방해죄
		전체로서의 재산권을 보호법익으로 하는 범죄	강도죄, 사기죄, 공갈죄, 배임죄
객체에 따른 분류	재물죄	재물만을 객체로 하는 범죄	절도죄, 횡령죄, 장물죄, 손괴죄
	이득죄	전체로서의 재산상 이익만을 객체로 하는 범죄	배임죄, 컴퓨터등사용사기죄 (배·컴)
	재물과 이득죄	재물뿐만 아니라 재산상 이익도 객체로 하는 범죄 (둘다 객체로 하는 범죄)	강도죄, 사기죄, 공갈죄 (강·사·공)
영득의 사에 따른 분류	영득죄	타인의 재물을 자기의 것으로 영득하고자 하는 범죄(불법영득의사를 필요로 하는 범죄)	절도죄, 강도죄, 사기죄, 공갈죄, 횡령죄
	훼기죄	재물의 효용가치를 침해하는 범죄	손괴죄 (영득죄가 아닌 것은?)
침해방법에 따른 분류	탈취죄	타인의 의사에 반하여 재산을 취득하는 범죄	절도죄, 강도죄, 장물죄, 횡령죄
	편취죄	타인의 하자있는 의사에 의한 처분행위에 의하여 재산을 취득하는 범죄	사기죄, 공갈죄

문제 21 - 정답 ④

▶ ④ (X) 임차인이 임대계약 종료 후 식당건물에서 퇴거하면서 종전부터 사용하던 냉장고의 전원을 켜 둔 채 그대로 두었다가 약 1개월 후 철거해 가는 바람에 그 기간 동안 전기가 소비된 사안에서, <u>임차인이 퇴거후에도 냉장고에 관한 점유·관리를 그대로 보유하고 있었다고 보아야</u> 하므로, 냉장고를 통하여 전기를 계속 사용하였다고 하더라도 이는 <u>당초부터 자기의 점유·관리하에 있던 전기를 사용한 것일 뿐</u> 타인의 점유·관리하에 있던 전기가 아니어서 <u>절도죄가 성립하지 않는다</u>(대법원2008. 7. 10.선고2008도3252판결).

① (O) 형법 제335조의 <u>준강도죄의 구성요건인 폭행</u>은 같은 법 제333조의 <u>강도죄 폭행</u>의 정도와의 균형상 <u>상대방의 반항(항쟁)을 억압할 정도 즉 반항을 억압하는 수단으로서 일반적, 객관적으로 가능하다고 인정하는 정도면 족하다</u> 할 것이고 이는 체포되려는 구체적 상황에 비추어 체포의 공격력을 억압함에 족한 정도의 것인 여부에 따라 결정되어야 할 것이므로 <u>피고인이 옷을 잡히자 체포를 면하려고</u> 충동적으로 저항을 시도하여 <u>잡은 손을 뿌리친 정도의 폭행을 준강도죄로 의율할 수는 없다</u>(대법원 1985. 5. 14. 선고 85도619 판결). 결국, 옷을 잡히자 체포를 면하려고 <u>잡은 손을 뿌리친 정도의 폭행이 준강도죄에 있어서의 폭행에 해당하지 않는</u>

다.

② (O) [1] 소위 '날치기'와 같이 강제력을 사용하여 재물을 절취하는 행위가 때로는 피해자를 넘어뜨리거나 상해를 입게 하는 경우가 있고, 그러한 결과가 피해자의 <u>반항 억압을 목적으로 함이 없이</u> 점유탈취의 과정에서 <u>우연히 가해진 경우</u>라면 이는 <u>강도가 아니라 절도에 불과</u>하지만,/ 그 강제력의 행사가 사회통념상 객관적으로 <u>상대방의 반항을 억압하거나 항거 불능케 할 정도의 것</u>이라면 이는 <u>강도죄의 폭행에 해당한다</u>. 그러므로 날치기 수법의 점유탈취 과정에서 이를 알아채고 재물을 <u>뺏기지 않으려는</u> 상대방의 반항에 부딪혔음에도 계속하여 <u>피해자를 끌고 가면서 억지로 재물을 빼앗은 행위</u>는 피해자의 <u>반항을 억압한 후 재물을 강취한 것</u>으로서 <u>강도에 해당한다.</u>

[2] 날치기 수법으로 피해자가 들고 있던 가방을 탈취하면서 가방을 놓지 않고 버티는 피해자를 <u>5m 가량 끌고 감으로써 피해자의 무릎 등에 상해를 입힌 경우</u>, 반항을 억압하기 위한 목적으로 가해진 강제력으로서 <u>그 반항을 억압할 정도에 해당</u>하므로 <u>강도치상죄가 성립한다</u>(대판2007.12.13. 2007도7601).

③ (O)절취한 타인의 신용카드를 이용하여 현금지급기에서 <u>계좌이체를 한 행위</u>는 컴퓨터등사용사기죄에서 컴퓨터 등 정보처리장치에 권한 없이 정보를 입력하여 정보처리를 하게 한 행위에 <u>해당함은 별론으로</u> 하고 이를 절취행위라고 볼 수는 없고, 한편 <u>위 계좌이체후 현금지급기에서 현금을 인출한 행위</u>는 자신의 <u>신용카드나 현금카드를 이용한 것이어서</u> 이러한 현금인출이 현금지급기 관리자의 의사에 반한다고 볼 수 없어 절취행위에 해당하지 않으므로 <u>절도죄를 구성하지 않는다</u>(대법원2008. 6. 12.선고2008도2440 판결).

문제 22 - 정답 ①

▶ (O) [1] 보험계약자가 보험계약 체결 시 <u>보험금액이 목적물의 가액을 현저하게 초과하는 초과보험 상태를 의도적으로 유발한 후</u> 보험사고가 발생하자 초과보험 사실을 알지 못하는 <u>보험자(A보험회사)에게 목적물의 가액을 묵비한 채보험금을 청구하여 보험금을 교부받은 경우</u>, 보험자가 보험금액이 목적물의 가액을 현저하게 초과한다는 것을 알았더라면 같은 조건으로 보험계약을 체결하지 않았을 뿐만 아니라 협정보험가액에 따른 보험금을 그대로 지급하지 아니하였을 관계가 인정된다면, <u>보험계약자가 초과보험 사실을 알지 못하는 보험자에게 목적물의 가액을 묵비한 채 보험금을 청구한 행위는 사기죄의 실행행위로서의 기망행위에 해당한다.</u>

[2] 피고인은 <u>이 사건 말(경주마)이 나머지 6필의 말에 비하여</u> 체격이 작고 <u>상태가 좋지 않았다는 사정을 알았으면서</u> A보험회사에 이 사건 말을 보험 목적물로 하는 <u>가축재해보험계약을</u> 청약하면서 이 사건 매매계약서에 기재된 매매대금을 근거로 이 사건 말에 관하여 보험금액을 4,000만 원으로 하는 이 사건 보험계약을 <u>체결하였다.</u> 피고인은 그 후 <u>이 사건 말이 폐사하였음을 이유로</u> 이 사건 보험계약에 따른 보험금을 청구하여 <u>보험금을 교부받은 것은</u> A회사에 대한 기망행위에 의한 편취에 해당하여 <u>사기죄를 구성한다고</u> 볼 것이다(대법원2015. 7. 23.선고2015도6905판결).

② (X) [1] 사기죄의 요건으로서의 기망은 널리 재산상의 거래관계에서 서로 지켜야 할 신의와 성실의 의무를 저버리는 적극적 또는 소극적 행위를 말하는 것으로서, 그중 <u>소극적 행위로서의 부작위에 의한 기망</u>은 일반거래의 경험칙상 상대방이 그 사실을 알았더라면 당해 법률행위를 하지 아니하였을 것이 명백한 경우에는 <u>신의칙에 비추어 그 사실을 고지할 법률상 의무가 인정된다고</u> 할

것이다. 나아가 사기죄는 보호법익인 재산권이 침해되었을 때 성립하는 범죄이므로, 사기죄의 기망행위라고 하려면 불법영득의 의사 내지 편취의 범의를 가지고 상대방을 기망한 것이어야 한다.

[2] 이러한 법리는 **국가연구개발사업 등에 있어 연구책임자**가 산학협력단으로부터 학생연구비의 사용 용도와 귀속 여부를 기망하여 편취하는 경우에도 마찬가지로 적용된다. 즉, **연구책임자가 처음부터 소속 학생연구원들에 대한 개별 지급의사 없이 공동관리계좌를 관리하면서 사실상 그 처분권을 가질 의도하에 이를 숨기고 산학협력단에 연구비를 신청하여 이를 지급받았다면** 이는 **산학협력단에 대한** 관계에 있어 **기망에 의한 편취행위에 해당한다.** 다만 연구책임자가 원래 용도에 부합하게 학생연구원들의 사실상 처분권 귀속하에 학생연구원들의 공동비용 충당 등을 위하여 학생연구원들의 자발적인 의사에 근거하여 공동관리계좌를 조성하고 실제로 그와 같이 운용한 경우라면, 비록 공동관리계좌의 조성 및 운영이 관련 법령이나 규정 등에 위반되더라도 그러한 사정만으로 불법영득의사가 추단되어 사기죄가 성립한다고 단정할 수 없다.

[3] **의과대학 교수로서 연구책임자인 피고인**이 국가연구개발사업과 관련하여 피해자 공소외 산학협력단 등으로부터 지급받은 **학생연구비 중 일부를 실질적으로 학생연구원들이 아닌 자신이 관리하는 공동관리계좌에 귀속시킨 후** 이를 **개인적인 용도 등으로 사용**한 경우, **사기죄가 성립한다**(대법원2021. 9. 9.선고2021도8468판결).

③ (X) [1] 사기죄에서 처분행위는, 행위자의 기망행위에 의한 피기망자의 착오와 행위자 등의 재물 또는 재산상 이익의 취득이라는 최종적 결과를 중간에서 매개·연결하는 한편, 착오에 빠진 피해자의 행위를 이용하여 재산을 취득하는 것을 본질적 특성으로 하는 사기와 피해자의 행위에 의하지 아니하고 행위자가 탈취의 방법으로 재물을 취득하는 절도죄를 구분하는 역할을 한다. 처분행위가 갖는 이러한 역할과 기능을 고려하면, 피기망자의 의사에 기초한 어떤 행위를 통해 행위자 등이 재물 또는 재산상의 이익을 취득하였다고 평가할 수 있는 경우라면, 사기죄에서 말하는 처분행위가 인정된다.

[2] 또한 재물에 대한 사기죄에 있어서 **처분행위란,** 범인의 기망에 따라 **피해자가 착오로 재물에 대한 사실상의 지배를 범인에게 이전하는 것을 의미**하므로, 외관상 재물의 교부에 해당하는 행위가 있었다고 하더라도, **재물이 범인의 사실상의 지배 아래에 들어가** 그의 자유로운 처분이 가능한 상태에 놓이지 않고 여전히 **피해자의 지배 아래에 있는 것으로** 평가된다면, 그 재물에 대한 **처분행위가 있었다고 볼 수 없다**(대법원2018. 8. 1.선고2018도7030판결).

[3] (비교판례 ★★) 사기죄에 있어서 **'재물의 교부'란** 범인의 기망에 따라 피해자가 착오로 재물에 대한 사실상의 지배를 범인에게 이전하는 것을 의미하는데, 재물의 교부가 있었다고 하기 위하여 **반드시 재물의 현실의 인도가 필요한 것은 아니고** 재물이 **범인의 사실상의 지배 아래에 들어가** 그의 자유로운 처분이 가능한 상태에 놓인 경우에도 재물의 교부가 있었다고 보아야 한다(대법원 2003. 5. 16.선고2001도1825판결).

④ (X) [1] **약사의 자격이 없는 일반인**이 필요한 자금을 투자하여 시설을 갖추고 **유자격 약사를 고용하여 그 명의로 약국 개설신고를 한 행위**는 형식적으로만 적법한 약국의 개설로 가장한 것일 뿐 실질적으로는 **약사 아닌 자가 약국을 개설한 경우**에 해당하고, **개설신고가 약사 명의로 되었다**거나 개설신고 명의인인 **약사가 직접 의약품 제조·판매 등의 행위를 하였다 하여 달리 볼 수 없다**(약사

법 제20조 제1항 위반행위죄)

[2] 약사법이 제20조 제1항에서 약사 아닌 자의 약국 개설을 금지하고, 제93조 제1항 제2호에서 이를 위반하는 경우 처벌하는 규정을 둔 취지는 **의약품 오남용 및 국민 건강상의 위험을 예방하는 한편 건전한 의약품 유통체계 및 판매질서를 확립하려는 것**에 있다. 또한 **국민건강보험법** 제42조 제1항 제2호는 **요양급여를 실시할 수 있는 요양기관 중의 하나인 약국을 약사법에 따라 개설등록된 약국으로** 한정하고 있다. 따라서 **약사법 제20조 제1항을 위반하여** 적법하게 개설되지 아니한 약국에서 의약품을 조제하는 등의 요양급여를 실시하였다면 해당 **약국은 국민건강보험법상 요양급여비용을 청구할 수 있는 요양기관에 해당되지 아니하므로** 요양급여비용을 적법하게 지급받을 자격이 없다.

[3] 위와 같이 **약사가 아닌 자가 개설한 약국**이 마치 약사법에 의하여 **적법하게 개설된 요양기관인 것처럼 국민건강보험공단에 요양급여비용의 지급을 청구하는 것**은 국민건강보험공단으로 하여금 요양급여비용 지급에 관한 의사결정에 착오를 일으키게 하는 것으로서 **사기죄의 기망행위에 해당**하고, 이러한 기망행위에 의하여 국민건강보험공단으로부터 **요양급여비용을 지급받을 경우에는 사기죄가 성립**하며, 설령 그 약국의 개설 명의인인 약사가 직접 의약품을 조제·판매하고 환자들을 상대로 복약지도를 하였다 하여 **달리 볼 것은 아니다**(대법원2022. 6. 30.선고2022도4108판결). 결국, 특정경제범죄가중처벌등에관한법률위반(**사기죄**) 및 약사법위반**에 해당한다.**

문제 23 - 정답 ②

▶ ② ㉠㉢㉤(3개)은 옳은 지문이나, ㉡㉣(2개)은 틀린 지문이다.

㉠ (○) [1] **채무자가** 채권 양도담보계약에 따라 담보 목적 채권의 담보가치를 유지·보전할 의무는 계약에 따른 **자신의 채무에 불과하고,** 채권자와 채무자 사이에 채무자가 채권자를 위하여 담보가치의 유지·보전사무를 처리함으로써 채무자의 사무처리를 통해 채권자가 담보 목적을 달성한다는 **신임관계가 존재한다고 볼 수 없다.** 그러므로 **채무자가 제3채무자에게 채권양도 통지를 하지 않은 채** 자신이 사용할 의도로 **제3채무자로부터 변제를 받아 변제금을 수령한 경우,** 이는 **단순한 민사상 채무불이행에 해당할 뿐,** 채무자가 채권자와의 위탁신임관계에 의하여 채권자를 위해 **위 변제금을 보관하는 지위에 있다고 볼 수 없고,** 채무자가 이를 임의로 소비하더라도 **횡령죄는 성립하지 않는다.**

[2] **채무자가** 기존 금전채무를 담보하기 위하여 다른 금전채권을 채권자에게 양도한 후 **제3채무자에게 채권양도 통지를 하지 않은 채** 자신이 사용할 의도로 **제3채무자로부터 변제를 받아 변제금을 수령한 경우,** 채권자와의 위탁신임관계에 의하여 채권자를 위해 위 변제금을 보관하는 지위에 있지 아니하므로, 채무자가 이를 임의로 소비하여도 **횡령죄가 성립하지 않는다.**

[2] 피고인이 피해자 갑으로부터 사업자금 명목으로 17억 5,000만 원 상당을 차용하고, 위 차용금채무의 담보 목적으로 갑에게 주식회사 A의 주식회사 B에 대한 22억 원 상당의 금전채권을 양도한 사실을 인정한 다음, **피고인이 그 양도 통지를 하지 아니한 채 주식회사 B에 위 금전채권 중 11억 원의 변제를 요구**하여 이를 주식회사 A 명의의 예금계좌로 변제받아 임의로 사용하였다고 하더라도 **횡령죄에 해당하지 않는다**(대법원2021. 2. 25.선고2020도12927판결).

㉡ (X) [1] **부녀회가** 관련 법규나 관리규약에 근거하여 **입주자대표회의의 하부조직 내지 부속조직으로 설립된 것이 아니라,** 아파트

의 주부들에 의하여 **자율적으로 결성되고 아파트에 거주하는 주부만을 회원으로** 하여 그 회칙과 임원을 두고 아파트 내에서 입주민을 위한 봉사활동이나 수익사업을 하는 등 단체로서의 사회적 실체를 갖고 활동하는 경우 **부녀회는 법인 아닌 사단의 실체를 갖는다.** 이때 부녀회는 입주자대표회의로부터 독립한 법적 지위를 가지는 **자생자치단체라고 할 것이고 입주자대표회의가** 그 자율적 결성을 **지원하였다는 사정만으로 달리 볼 것은 아니다.**

[2] 이 사건 부녀회는 최소한 회칙을 제정하고 조직을 갖추어 그 사회적 활동을 지속한 2005. 11.부터는 입주자대표회의와 독립하여 법인 아닌 사단으로서의 실체를 갖게 되었다. 따라서 **이 사건 부녀회가 그 구성원인 부녀회원들로부터 징수한 부녀회비는 부녀회원들의 총유재산이다.**

[3] 또한, 이 사건 관리규약이 부녀회의 공동주택 관리활동으로 인한 수입을 입주자대표회의의 수입으로 귀속시키는 내용을 정한 바 없고, **부녀회와 입주자대표회의 사이에 그 수입을 입주자대표회의에 귀속시키는 내용의 합의를 한 적도 없으므로,** 특별한 사정이 없는 한 부녀회의 공동주택 관리활동으로 인한 **이 사건 잡수입금 역시** 그 법률원인인 관리활동의 적법 여부를 떠나 **이 사건 부녀회원들의 총유로 귀속된다.** 이와 같은 **이 사건 부녀회원들의 총유재산인 이 사건 잡수입금이** 주택법 시행령이 정한 잡수입으로서 **입주자대표회의의 소유로 의제된다고 볼 수도 없다.**

[4] 그런데도 원심이 **이 사건 부녀회비와 이 사건 잡수입금이** 입주자대표회의에 그대로 귀속되거나 입주민들 전체의 총유로 귀속된다는 전제에서, 피고인이 타인 소유인 이 사건 부녀회비와 이 사건 잡수입금을 **법령상 정해진 용도 이외의 용도로 지출하였다고 보아** 이 사건 공소사실을 **모두 유죄로 판단한 데에는,** 법인 아닌 사단의 성립요건 및 부녀회비와 공동주택 관리로 인한 수입의 소유권 귀속 나아가 **횡령죄의 성립에 관한 법리를 오해하여 판결에 영향을 미친 잘못이 있다**(대법원2021. 1. 14.선고2017도13252판결). 결국, 아파트 부녀회장인 갑은 부녀회비와 잡수입금('재활용품처리비용, 세차권리금, 게시판 광고 수입, 바자회 수익금' 등)을 부녀회 운영비와 자신의 직무와 관련된 민형사상 변호사 비용으로 지출한 경우, **횡령죄가 성립하지 않는다.**

ⓒ (X) [1] 이 사건 금원은 의료기관을 개설할 **자격이 없는 자(이하 '무자격자'라 한다)의** 의료기관 개설·운영이라는 **범죄의 실현을 위해 교부되었으므로,** 해당 금원에 관하여 피고인과 피해자 사이에 횡령죄로 보호할 만한 **신임에 의한 위탁관계는 인정되지 않는다.** 무자격자가 의료법 제33조 제2항을 위반하여 **의료기관을 개설하거나 운영하는 행위는** 의료법 제87조에 따라 10년 이하의 징역이나 1억 원 이하의 벌금으로 **처벌되는 범죄행위이다.** 이 사건 **동업약정은 무자격자인 피고인,** 갑, 피해자가 필요한 자금을 투자하여 시설을 갖추고 의료기관을 개설할 자격이 있는 의료소비자생활협동조합 명의로 의료기관 개설신고를 하고, 의료기관의 운영과 손익 등을 자신들에게 귀속시키기로 하는 약정으로서, **의료법 제87조에 따라 처벌되는 무자격자의 의료기관 개설·운영행위를 목적으로** 한다. **피해자는** 이 사건 동업약정에 따라 의료기관 개설·운영을 위한 투자금 명의로 **이 사건 금원을 피고인에게 지급하였다.**

[2] 피고인은 커피숍에서 노인요양병원 설립에 필요한 자금으로 갑으로 6억 원, 피해자로부터 2억 원을 각 투자받기로 협의하고, 피해자로부터 피고인의 A은행 계좌로 3,000만 원을 송금받아 피해자를 위하여 보관하다가 피고인의 B저축은행 대출원리금채무를 상환하는 방법으로 이를 횡령한 사안에서 **원심은 피고인에게 타인의 재물을**

보관하는 자의 지위가 인정된다고 보아 위 공소사실을 **횡령죄로 판단한 원심판결에는** 법리를 오해하여 판결에 영향을 미친 **잘못이 있다**(대법원2022. 6. 30.선고2017도21286판결). 결국, 피고인이 피해자로부터 불법원인급여로 받은 금 3,000만원을 자신의 대출금 채무를 **상환하는데 사용하였다하더라도 횡령죄가 성립하지 않는다.** 결국, 피고인은 타인의 재물을 보관하는 자에 해당하지 아니하므로 **횡령죄가 성립하지 아니한다.**

ⓓ (○) [1] **횡령죄에서 불법영득의 의사는** 타인의 재물을 보관하는 자가 위탁의 취지에 반하여 자기 또는 제3자의 이익을 위하여 권한 없이 재물을 자기의 소유인 것처럼 사실상 또는 법률상 처분하는 의사를 의미하므로, **보관자가 자기 또는 제3자의 이익을 위한 것이 아니라** 소유자의 이익을 위하여 이를 처분한 경우에는 특별한 사정이 없는 한 **불법영득의 의사를 인정할 수 없다.**

[2] 甲 아파트의 입주자대표회의 **회장인 피고인이,** 일반 관리비와 별도로 입주자대표회의 명의 계좌에 적립·관리되는 **특별수선충당금을** 아파트 구조진단 견적비 및 시공사인 乙 주식회사에 대한 손해배상청구소송의 변호사 선임료로 사용함으로써 **아파트 관리규약에 의하여 정하여진 용도 외에 사용하였다고 하여 업무상횡령으로 기소된 사안에서,** 특별수선충당금은 甲 아파트의 주요시설 교체 및 보수를 위하여 별도로 적립한 자금으로 원칙적으로 그 범위 내에서 사용하도록 용도가 제한된 자금이나, **당시에는 특별수선충당금의 용도 외 사용이 관리규약에 의해서만 제한되고 있었던 점, 피고인이 구분소유자들 또는 입주민들로부터 포괄적인 동의를 얻어 특별수선충당금을 위탁의 취지에 부합하는 용도에 사용한 것으로 볼 여지가 있는 점** 등 제반 사정을 종합하면, 피고인이 특별수선충당금을 위와 같이 **지출한 것이** 위탁의 취지에 반하여 자기 또는 제3자의 이익을 위하여 **자기의 소유인 것처럼 처분하였다고 단정하기 어려우므로, 횡령죄가 성립하지 않는다**(대판2017.2.15. 2013도14777).

ⓔ (○) [1] **횡령죄는** 타인의 재물에 대한 재산범죄로서 **재물의 소유권 등 본권을 보호법익으로 하는 범죄이다.** 따라서 **횡령죄의 객체가 타인의 재물에 속하는 이상** 구체적으로 **누구의 소유인지는 횡령죄의 성립 여부에 영향이 없다.**

[2] 주식회사는 주주와 독립된 별개의 권리주체로서 그 이해가 반드시 일치하는 것은 아니므로, **주주나 대표이사 또는 그에 준하여 회사 자금의 보관이나 운용에 관한 사실상의 사무를 처리하는 자가 회사 소유의 재산을 사적인 용도로 함부로 처분하였다면 횡령죄가 성립한다.**

[3] 피고인들(갑, 을 주식회사가 속한 C회사의 회장 A와 A의 배우자인 사장 B)이 공모하여 **갑 주식회사 등 피해 회사가 납품하는 물품을 마치 피해 회사의 자회사로서 서류상으로만 존재하는 을 주식회사 등(실체가 없는 회사)이 납품하는 것처럼 서류를 꾸며 피해 회사가 지급받아야 할 납품대금(10여년간 49억 상당)을 자회사 명의의 계좌로 지급받아 급여 등의 명목으로 임의로 사용하였다고 하여 특정경제범죄 가중처벌 등에 관한 법률 위반(횡령)으로** 기소된 사안에서, 법인격 부인 또는 남용 법리는 회사가 법인격을 남용했다고 볼 수 있는 예외적인 경우에 회사에 법인격이 있더라도 이를 무시하고 그 뒤에 있는 배후자에게 책임을 추궁하는 것이므로, **피고인들이 피해 회사의 자회사 계좌를 이용하여 피해 회사의 납품대금을 횡령한 사건에서 법인격 부인 여부에 따라 횡령죄의 성립이 좌우되는 것은 아니다**(대법원2019. 12. 24.선고2019도9773판결). 결국, **피고인들이 횡령한 금액은** 위 A의 급여 명목, 피고인들 소유 주택의 인테리어 수리비용, 고급승용차의 리스료와

보험료, 신용카드 대금 등 지극히 <u>사적 용도로 사용된 것이므로</u>, <u>피고인들에게는 갑 주식회사 등에 대한 특정경제범죄 가중처벌 등에 관한 법률 위반(횡령)에 해당한다.</u>

문제 24 - 정답 ②

▶ ② ㉡㉢㉣(3개)은 옳은 지문이나, ㉠㉤(2개)은 틀린 지문이다.

㉠ (X) [1] <u>회사 직원이 경쟁업체 또는 스스로의 이익을 위하여 이용할 의사로 무단으로 자료를 반출한 행위가 업무상배임죄에 해당하기 위하여는</u>, 그 자료가 반드시 영업비밀에 해당할 필요까지는 없다고 하겠지만 적어도 <u>그 자료가 불특정 다수인에게 공개되어 있지 않아 보유자를 통하지 아니하고는 이를 통상 입수할 수 없고</u> 그 보유자가 자료의 취득이나 개발을 위해 상당한 시간, 노력 및 비용을 들인 것으로서, 그 자료의 사용을 통해 경쟁상의 이익을 얻을 수 있는 정도의 <u>영업상 주요한 자산에는 해당하여야 한다.</u>

[2] 또한 비밀유지조치를 취하지 아니한 채 판매 등으로 공지된 제품의 경우, 역설계(reverse engineering)를 통한 정보의 획득이 가능하다는 사정만으로 그 정보가 불특정 다수인에게 공개된 것으로 단정할 수 없으나, <u>상당한 시간과 노력 및 비용을 들이지 않고도 통상적인 역설계 등의 방법으로 쉽게 입수 가능한 상태에 있는 정보라면</u> 보유자를 통하지 아니하고서는 통상 입수할 수 없는 정보에 해당한다고 보기 어려우므로 <u>영업상 주요한 자산에 해당하지 않는다.</u>

[3] 피고인 갑은 피해자 A주식회사의 과장으로 재직하면서 생산, A/S, 장비설치 등의 업무를 담당했던 사람이다. 갑은 <u>A회사가 개발한 치과용 투시장비</u>("이 제품"이라 한다. 이 제품은 방사선과 투시영상을 이용한 치과용 진단 및 처치 장치, 즉 <u>치과치료 중 실시간으로 환자의 구강 엑스레이 영상을 촬영하여 확인할 수 있게 해주는 장치</u>)의 각 부품의 데이터 자료, 식품의약품안전청의 제조 품목허가에 필요한 의료기기 기술문서, 품질규정, 품질절차서, 위 장비를 구동하는 소프트웨어 프로그램 소스데이터 및 작업표준서 등(<u>투시장비의 정보 또는 자료</u>)을 자신의 웹하드에 업로드하는 방법으로 가지고 나왔다하여 <u>업무상배임죄</u>로 기소된 사건이다.

[4] <u>갑이 반출한 이 제품</u>의 각 부품의 데이터 자료, 의료기기 기술문서, 품질규정, 품질절차서, 위 장비를 구동하는 소프트웨어의 프로그램 소스데이터 및 작업표준서 등에 <u>포함된 정보는</u> 보유자를 통하지 아니하고서는 통상적으로 입수할 수 없다거나 보유자가 자료 취득·개발을 위해 상당한 시간, 노력 및 비용을 들인 것으로 이를 통해 <u>경쟁상 이익을 얻을 수 있는 정도에 이르렀다고 할 수 없으므로 이를 A회사의 '영업상 주요한 자산'에 해당한다고 보기 어렵다. 그럼에도 갑이 반출한 자료가 피해자 회사의 영업상 주요한 자산에 해당한다는 전제에서 갑의 행위가 업무상배임죄를 구성한다는 원심의 판단에는 잘못이 있다</u>(대법원2022. 6. 30.선고2018도4794판결). 결국, 갑이 역설계 등의 방법으로 <u>입수 가능한 상태에 있는</u> A회사의 <u>정보(치과용 투시장비 자료)는 영업상 주요한 자산에 해당하지 아니하므로</u> 무단으로 반출한 행위는 <u>업무상배임죄에 해당하지 않는다.</u>

㉡ (O) [1] 가상자산 권리자의 <u>착오나</u> 가상자산 운영 시스템의 오류 등으로 법률상 원인관계 없이 <u>다른 사람의</u> 가상자산 전자지갑에 가상자산이 이체된 경우, <u>가상자산을 이체받은 자는</u> 가상자산의 권리자 등에 대한 <u>부당이득반환의무를 부담하게 될 수 있다.</u> 그러나 이는 <u>당사자 사이의 민사상 채무에 지나지 않고</u> 이러한 사정만으로 가상자산을 이체받은 사람이 신임관계에 기초하여 가상자산을 보존하거나 관리하는 지위에 있다고 볼 수 없다.

[2] <u>가상자산은</u> 국가에 의해 통제받지 않고 블록체인 등 암호화된 분산원장에 의하여 부여된 경제적인 가치가 디지털로 표상된 정보로서 <u>재산상 이익에 해당한다. 가상자산은</u> 보관되었던 전자지갑의 주소만을 확인할 수 있을 뿐 그 주소를 사용하는 사람의 인적사항을 알 수 없고, 거래 내역이 분산 기록되어 있어 다른 계좌로 보낼 때 당사자 이외의 다른 사람이 참여해야 하는 등 <u>일반적인 자산과는 구별되는 특징이 있다.</u> 이와 같은 <u>가상자산에 대해서는</u> 현재까지 <u>관련 법률에 따라</u> 법정화폐에 준하는 규제가 이루어지지 않는 등 <u>법정화폐와 동일하게 취급되고 있지 않고</u> 그 거래에 위험이 수반되므로, <u>형법을 적용하면서 법정화폐와 동일하게 보호해야 하는 것은 아니다.</u>

[3] <u>원인불명으로 재산상 이익인 가상자산을 이체받은 자가</u> 가상자산을 사용·처분한 경우 <u>이를 형사처벌하는 명문의 규정이 없는</u> 현재의 상황에서 <u>착오송금 시 횡령죄 성립을 긍정한 판례를 유추하여</u> 신의칙을 근거로 피고인을 배임죄로 처벌하는 것은 죄형법정주의에 반한다.

[4] <u>비트코인이 법률상 원인관계 없이 갑으로부터 피고인 명의의 전자지갑으로 이체되었더라도</u> 피고인이 신임관계에 기초하여 갑의 사무를 맡아 처리하는 것으로 볼 수 없는 이상 갑에 대한 관계에서 '<u>타인의 사무를 처리하는 자'에 해당하지 않는다</u>(대법원2021. 12. 16.선고2020도9789판결). 결국, 피고인이 알 수 없는 경우로 피해자의 <u>비트코인을</u> 자신의 계정으로 이체 받은 후 <u>자신의 다른 계정으로 이체한 경우</u>, 타인의 사무처리자에 해당하지 아니하므로 <u>배임죄가 성립하지 않는다.</u>

㉢ (O) [1] 금전채권채무 관계에서 채권자가 채무자의 급부이행에 대한 신뢰를 바탕으로 금전을 대여하고 채무자의 성실한 급부이행에 의해 채권의 만족이라는 이익을 얻게 된다 하더라도, 채권자가 채무자에 대한 신임을 기초로 그의 재산을 보호 또는 관리하는 임무를 부여하였다고 할 수 없고, <u>금전채무의 이행은</u> 어디까지나 <u>채무자가 자신의 급부의무의 이행으로서 행하는</u> 것이므로 이를 두고 채권자의 사무를 맡아 처리하는 것으로 볼 수 없다. 따라서 <u>채무자를 채권자에 대한 관계에서</u> '<u>타인의 사무를 처리하는 자'에 해당한다고 할 수 없다.</u>

[2] 채무자가 금전채무를 담보하기 위하여 '<u>자동차 등 특정동산 저당법' 등</u>에 따라 그 소유의 <u>동산에 관하여</u> 채권자에게 저당권을 설정해주기로 약정하거나 <u>저당권을 설정한 경우에도</u> 마찬가지이다.

[3] 따라서 <u>채무자가 위와 같은 급부의무를 이행하는 것은 채무자 자신의 사무에 해당할 뿐이고</u>, 채무자가 통상의 계약에서의 이익대립관계를 넘어서 채권자와의 신임관계에 기초하여 채권자의 사무를 맡아 처리한다고 볼 수 없으므로 채무자를 채권자에 대한 관계에서 배임죄의 주체인 '타인의 사무를 처리하는 자'에 해당한다고 할 수 없다. 그러므로 <u>채무자가 담보물을 제3자에게 처분하는 등으로 담보가치를 감소 또는 상실시켜 채권자의 담보권 실행이나 이를 통한 채권실현에 위험을 초래하더라도 배임죄가 성립하지 아니한다.</u>

[4] 위와 같은 법리는, <u>금전채무를 담보하기 위하여 '공장 및 광업재단 저당법'에 따라 저당권이 설정된 동산을 채무자가 제3자에게 임의로 처분한 사안에도</u> 마찬가지로 적용된다.

[5] 피고인 갑이 피해자 A주식회사로부터 ○○버스와 △△△△ 버스 구입자금을 각 대출받으면서 위 각 버스에 저당권을 각 설정하였음에도 갑이 乙에게 처분한 경우, <u>갑이 A회사에 대한 채무 담보를 목적으로 위 각 버스에 관하여 저당권을 설정하였더라도 갑이 A회사와의 신임관계에 기초하여 A회사의 사무를 맡아 처리하는</u>

것으로 볼 수 없는 이상, 甲을 A회사에 대한 관계에서 배임죄에서 말하는 '타인의 사무를 처리하는 자'에 해당한다고 할 수 없다. 따라서 갑은 위 각 버스를 처분하였더라도 배임죄가 성립하지 아니한다(대법원2020. 10. 22.선고2020도6258전원합의체 판결). 결국, 저당권이 설정된 자동차를 임의처분한 경우에도 배임죄가 성립하지 않는다.

ㄹ (○) [1] 매매와 같이 당사자 일방이 재산권을 상대방에게 이전할 것을 약정하고 상대방이 그 대금을 지급할 것을 약정함으로써 효력이 생기는 계약의 경우(민법 제563조), 쌍방이 그 계약의 내용에 좋은 이행을 하여야 할 채무는 특별한 사정이 없는 한 '자기의 사무'에 해당하는 것이 원칙이다. 동산 매매계약에서의 매도인은 매수인에 대하여 그의 사무를 처리하는 지위에 있지 아니하므로, 매도인이 목적물을 타에 처분하였다 하더라도 형법상 배임죄가 성립하지 아니한다.

[2] 위와 같은 법리는 권리이전에 등기·등록을 요하는 동산에 대한 매매계약에서도 동일하게 적용되므로, 자동차등의 매도인은 매수인에 대하여 그의 사무를 처리하는 지위에 있지 아니하여, 매도인이 매수인에게 소유권이전등록을 하지 아니하고 타에 처분하였다고 하더라도 마찬가지로 배임죄가 성립하지 아니한다.

[3] 피고인 갑이 피해자 을에게 △△△△ 버스 1대를 3,600만 원에 매도하기로 하여 그로부터 계약금 및 중도금 명목으로 2,000만 원을 지급받았음에도 위 버스에 관하여 A금고에게 공동근저당권을 설정하여 준 경우, 갑이 을에 대하여 위 버스에 관한 소유권이전등록의무를 지고 있더라도 그러한 의무는 위 매매계약에 따른 피고인 갑 자신의 사무일 뿐 갑이 을과의 신임관계에 기초하여 을의 사무를 맡아 처리하는 것으로 볼 수 없는 이상, 甲을 乙에 대한 관계에서 배임죄에서 말하는 '타인의 사무를 처리하는 자'에 해당한다고 할 수 없다(대법원2020. 10. 22.선고2020도6258전원합의체 판결). 결국, 자동차 이중양도의 경우, 배임죄가 성립하지 않는다.

ㅁ (X) [1] 업무상배임죄에 있어서 불법이득의 의사라 함은 자기 또는 제3자의 이익을 꾀할 목적으로 업무상 임무에 위배된 행위를 하는 의사를 의미한다.

[2] 법인의 운영자 또는 관리자가 법인의 자금을 이용하여 비자금을 조성하였다고 하더라도 그것이 해당 비자금의 소유자인 법인 이외의 제3자가 이를 발견하기 곤란하게 하기 위한 장부상의 분식에 불과하거나 법인의 운영에 필요한 자금을 조달하는 수단으로 인정되는 경우에는 불법이득의 의사를 인정하기 어렵다.

[3] 그러나 법인의 운영자 또는 관리자가 ① 법인을 위한 목적이 아니라 법인과는 아무런 관련이 없거나 ② 개인적인 용도로 착복할 목적으로 법인의 자금을 빼내어 별도로 비자금을 조성하였다면 그 조성행위 자체로써 불법이득의 의사가 실현된 것으로 볼 수 있다.

[4] 이때 그 행위자에게 법인의 자금을 빼내어 착복할 목적이 있었는지 여부는 그 법인의 성격과 비자금의 조성 동기, 방법, 규모, 기간, 비자금의 보관방법 및 실제 사용용도 등 제반 사정을 종합적으로 고려하여 판단하여야 한다.

[5] 가. 이 사건 비자금은 정상적인 회계절차에 따라 관리되지 않았으나, 비자금을 관리하는 담당자가 정해져 있었고, 조성과 집행 과정에서 보고절차를 거치는 등 피고인을 비롯한 비자금 조성과 집행에 관여한 직원들은 이 사건 비자금을 회사의 자금으로 인식하고 관리하였다.

나. 이 사건 비자금 중 상당 부분은 공사 수주활동을 위한 영업비용으로 사용되었다. 그러한 영업비용에는 턴키공사 입찰 과정에서 설계평가심의위원에 대한 불법 금품 로비를 위한 비용이 포함되어 있으나, 그 외에도 설계평가심의위원 후보자들을 대상으로 하는 사전 홍보활동 비용 등도 포함되어 있다. 그런데 이 사건 비자금 조성 금액에서 설계평가심의위원에게 뇌물 등으로 공여된 불법 로비자금이 차지하는 금액의 비중이 크지 않으므로, 이 사건 비자금 조성의 주된 목적이 불법 로비자금을 조달하기 위한 것이라고 볼 수 없다.

다. 이 사건 비자금은 공사 수주활동을 위한 영업경비 외에도 각종 행사경비, 현장격려금, 본부장 활동비, 경조사비, 민원처리 및 재해보상비 등 토목사업본부에서 관리하는 현장의 자체 소요경비 명목으로도 사용되었다.

라. 이러한 용도에 사용하기 위하여 비자금을 조성하는 행위는 개인적 이익을 도모하기 위한 것이라고 볼 수 없고, 합리적인 범위를 벗어난 자금 지출행위로 볼 수도 없다(대법원2021. 10. 14.선고2016도2982판결). 따라서 대표이사, 토목공사본부장 등 피고인들은 특정경제범죄가중처벌등에관한법률위반(배임)에 해당하지 않는다.

문제 25 - 정답 ③

▶ ③ (X) [1] 형법 제323조의 권리행사방해죄는 타인의 점유 또는 권리의 목적이 된 자기의 물건 또는 전자기록 등 특수매체기록을 취거, 은닉 또는 손괴하여 타인의 권리행사를 방해함으로써 성립한다. 여기서 '은닉'이란 타인의 점유 또는 권리의 목적이 된 자기 물건 등의 소재를 발견하기 불가능하게 하거나 또는 현저히 곤란한 상태에 두는 것을 말하고, 그로 인하여 권리행사가 방해될 우려가 있는 상태에 이르면 권리행사방해죄가 성립하고 현실로 권리행사가 방해되었을 것까지 필요로 하는 것은 아니다.

[2] 피고인들이 공모하여 렌트카 회사인 갑 주식회사를 설립한 다음 을 주식회사 등의 명의로 저당권등록이 되어 있는 다수의 차량들을 사들여 갑 회사 소유의 영업용 차량으로 등록(자기 물건)한 후 자동차대여사업자등록 취소처분을 받아 차량등록을 직권말소시켜 저당권 등이 소멸되게 함으로써 을 회사 등의 저당권의 목적인 차량들을 은닉하는 방법으로 권리행사를 방해하였다는 내용으로 기소된 사안에서, 피고인들은 처음부터 자동차대여사업자에 대한 등록취소 및 자동차등록 직권말소절차의 허점을 이용하여 권리행사를 방해할 목적으로 범행을 모의한 다음 렌트카 사업자등록만 하였을 뿐 실제로는 영업을 하지 아니함에도 차량 구입자들 또는 지입차주들로 하여금 차량을 관리·처분하도록 함으로써 차량들의 소재를 파악할 수 없게 하였고, 나아가 자동차대여사업자등록이 취소되어 차량들에 대한 저당권등록마저 직권말소되도록 하였으므로, 이러한 행위는 그 자체로 저당권자인 을 회사 등으로 하여금 자동차등록원부에 기초하여 저당권의 목적이 된 자동차의 소재를 파악하는 것을 현저하게 곤란하게 하거나 불가능하게 하는 행위에 해당한다(대법원2017. 5. 17.선고2017도2230판결). 결국, 피고인들은 권리행사방해죄가 성립한다.

① (○) [1] 형법 제323조의 권리행사방해죄에서 '은닉'이란 타인의 점유 또는 권리의 목적이 된 자기 물건 등의 소재를 발견하기 불가능하게 하거나 또는 현저히 곤란한 상태에 두는 것을 말하고, 그로 인하여 권리행사가 방해될 우려가 있는 상태에 이르면 권리행사방해죄가 성립하고 현실로 권리행사가 방해되었을 것까지 필요로 하는 것은 아니다.

165

[2] 2018. 12. 21. 피고인들이 <u>이 사건 건물과 기계·기구에 피해자인 조합에서 대출을 받고 근저당권을 설정하고도 담보유지의무를 위반하여,</u> 이 사건 <u>건물을 철거한 뒤 멸실등기를 마치고, 이 사건 기계·기구를 양도함</u>으로써 조합의 권리의 목적이 된 <u>피고인들의 물건을 손괴 또는 은닉한 경우,</u> 피해자 조합의 권리행사를 방해하였다고 할 것이다(대법원2021. 1. 14.선고2020도14735판결).

② (○) [1] <u>물건의 소유자가 아닌 사람</u>은 <u>형법 제33조 본문</u>에 따라 <u>소유자의 권리행사방해 범행에 가담한 경우에 한하여 그의 공범이 될 수 있을 뿐이다.</u> 그러나 권리행사방해죄의 공범으로 기소된 <u>물건의 소유자에게 고의가 없는 등으로 범죄가 성립하지 않는다면 공동정범이 성립할 여지가 없다.</u>

[2] 신분관계없는 자는 신분관계있는 자의 범죄에 가담한 때에는 공동정범, 교사범, 종범이 될 수 있으나, <u>신분관계있는 자가 범죄가 성립하지 않는다면</u> 당연히 <u>신분없는 자도 공범이 성립할 수 없다</u>(대법원2017. 5. 30.선고2017도4578판결).

④ (○) [1] 피고인과 갑 간에 '갑이 임야의 입목을 벌채하는 등의 공사를 완료하면 피고인은 갑에게 그 벌채한 원목을 인도한다'는 계약이 성립되고 갑이 위 계약상 의무를 모두 이행하였더라도 그것만으로 <u>위 원목의 소유권이 바로 갑에게 귀속되는 것이 아니라</u> 별도로 그 소유자인 <u>피고인이 갑에게</u> 위 원목에 관한 소유권이전의 의사표시를 하고 <u>이를 인도함으로써 비로소 그 소유권이전의 효력이 생기는 것이므로, 아직 피고인이 갑에게</u> 위 원목에 관한 소유권이전의 의사표시를 하고 <u>이를 인도하지 아니한 채</u> 이를 <u>타인에게 매도한 행위</u>는 자기 소유 물건의 처분행위에 불과하여 <u>절도죄를 구성하지 아니한다.</u>

[2] 권리행사방해죄의 구성요건 중 <u>타인의 '권리'란 반드시 제한물권만을 의미하는 것이 아니라</u> 물건에 대하여 <u>점유를 수반하지 아니하는 채권도 이에 포함된다.</u>

[3] 따라서 <u>피해자가 이 사건 원목에 대한 인도청구권을 가지고 있었다면</u> 이 사건 원목은 피해자의 권리의 목적이 된 물건이라고 볼 여지가 있으므로, <u>이 사건 원목이 권리행사방해죄의 객체에 해당하고</u> 권리행사방해죄의 구성요건인 <u>타인의 권리의 목적이 된 물건에 해당한다</u>(대법원1991. 4. 26.선고90도1958판결). 결국, 이 사안의 경우에는 <u>절도죄가 성립하는 것이 아니라 권리행사방해죄가 성립한다고 할 것이다.</u>

④ (○) [1] 형법 제323조의 권리행사방해죄는 타인의 점유 또는 권리의 목적이 된 자기의 물건 또는 전자기록 등 특수매체기록을 취거, 은닉 또는 손괴하여 타인의 권리행사를 방해함으로써 성립한다. 여기서 <u>'은닉'</u>이란 타인의 점유 또는 권리의 목적이 된 <u>자기 물건 등의 소재를 발견하기 불가능하게 하거나 또는 현저히 곤란한 상태에 두는 것</u>을 말하고, 그로 인하여 <u>권리행사가 방해될 우려가 있는 상태에 이르면 권리행사방해죄가 성립하고 현실로 권리행사가 방해되었을 것까지 필요로 하는 것은 아니다.</u>

[2] 피고인이 체어맨 승용차 1대를 구입하면서 피해자 갑으로부터 차량 매수대금 2,000만 원을 차용하고 그 담보로 위 차량에 피해자 명의의 저당권을 설정해 주었음에도, 대부업자 을로부터 400만 원을 차용하면서 위 차량을 대부업자에게 담보로 제공하여 이른바 <u>'대포차'로 유통되게 한 사실</u>을 인정하고, 피고인이 <u>피해자의 권리의 목적이 된 피고인의 물건을 은닉하여 권리행사를 방해하였다고</u> 할 것이다(대법원2016. 11. 10.선고2016도13734판결).

문제 26 - 정답 ①

▶ ① (○) [1] 실제의 본명 대신 가명이나 위명을 사용하여 사

문서를 작성한 경우에 그 문서의 작성명의인과 실제 작성자 사이에 <u>인격의 동일성이 그대로 유지되는 때</u>에는 <u>위조가 되지 않으나,</u> 명의인과 작성자의 <u>인격이 상이할 때</u>에는 <u>위조죄가 성립할 수 있다.</u>

[2] 피고인이 다방 업주로부터 선불금을 받고 그 반환을 약속하는 내용의 <u>현금보관증을 작성</u>하면서 가명과 허위의 출생연도를 기재한 후 이를 교부한 행위가, <u>사문서위조죄 및 동행사죄에 해당한다.</u>

[3] 피고인은 ' ○○○'이라는 가명을 사용하여 갑이 운영하는 다방에 종업원으로 취업하면서 선불금으로 100만 원을 받고 이에 대한 반환을 약속하는 내용의 이 사건 현금보관증을 작성, 교부하게 된 사실, 피고인은 위 다방에 취업하기 위하여 <u>피고인의 실제 나이보다 4살 어린 1954년생으로 가장</u>하였고, <u>위 현금보관증에도</u> 본인의 실명과 실제 주민등록번호 대신에 ' ○○○'이라는 <u>가명과 출생연도 부분이 허위인 주민등록번호를 기재하여 교부한 사실,</u> 갑은 ' ○○○'이 피고인의 가명이라는 것과 위 주민등록번호가 <u>실재하지 않는 번호라는 것을 모르고 있었던 사실</u> 등을 알 수 있다. 이 사건 <u>현금보관증에 표시된</u> 명칭과 주민등록번호 등으로부터 인식되는 <u>인격은 '1954년에 출생한 52세 가량의 여성인 ○○○'이고, 1950년생인 피고인과는 다른 인격인 것이 분명</u>하므로, 이 사건 문서의 명의인과 작성자 사이에 <u>인격의 동일성이 인정되지 않는다고</u> 보아야 한다. 비록 피고인이 위 ' ○○○'이라는 가명을 다방에 근무하는 동안 계속 사용해 왔고, 주소는 실제 피고인의 주소와 동일하게 기재되어 있으며, 피고인이 위 문서로부터 발생할 책임을 면하려는 의사나 편취의 목적을 가지지는 않았다고 하더라도, <u>위 문서를 작성함에 있어서 자신이 위 문서에 표시된 명의인인 '1954년생 ○○○'인 체 가장한 것만은 분명</u>하므로, 명의인과 작성자의 <u>인격의 동일성을 오인케 한 피고인의 이러한 행위</u>는 사문서 위조, 동행사죄에 <u>해당한다</u>(대법원2010. 11. 11.선고2010도1835판결).

② (X) [1] 문서위조죄는 문서의 진정에 대한 공공의 신용을 그 보호법익으로 하는 것이므로, <u>피고인이 위조하였다는 국제운전면허증이 그 유효기간을 경과하여 본래의 용법에 따라 사용할 수는 없게 되었다고 하더라도,</u> 이를 행사하는 경우 그 상대방이 유효기간을 쉽게 알 수 없도록 되어 있거나 위 문서 자체가 진정하게 작성된 것으로서 피고인이 명의자로부터 국제운전면허를 받은 것으로 오신하기에 충분한 정도의 형식과 외관을 갖추고 있다면 <u>피고인의 행위는 문서위조죄에 해당한다.</u>

[2] 피고인이 행사할 목적으로 <u>이미 유효기간이 지난 홍콩 교통국장이 A에게 발행한 국제운전면허증에 붙어있던 A의 사진을 떼어내고 그 자리에 피고인의 사진을 붙여 홍콩 교통국장 명의의 사문서인 국제운전면허증 1장을 위조</u>하였다는 공소사실에 대하여, <u>위 국제운전면허증은 비록 유효기간을 일정기간 경과하였기는 하지만,</u> 이를 행사할 경우 그 상대방이 유효기간에 관한 기재를 쉽게 인식할 수 없다고 보일 뿐 아니라, <u>그 문서의 형식과 외관으로 볼 때</u>에는 명의자인 홍콩 당국이 피고인에게 국제운전면허를 부여하였음을 증명하는 내용의 <u>진정한 문서라고 오신할 위험성이 충분하다고 할 것이므로,</u> 위 국제운전면허증은 <u>문서위조죄의 문서에 해당한다고</u> 보아야 할 것이다(대법원1998. 4. 10.선고98도164, 98감도12판결). 결국, <u>홍콩 교통국장이 A에게 발행한 국제운전면허증은 공문서가 아니라(우리나라 공무원이 아니므로) 사문서이므로,</u> 피고인은 <u>형법 제231조의 사문서위조죄에 해당한다.</u>

③ (X) [1] 문서위조죄는 문서의 진정에 대한 공공의 신용을 그 보호법익으로 하는 것이므로 행사할 목적으로 작성된 문서가 일반

인으로 하여금 당해 명의인의 권한 내에서 작성된 문서라고 믿게 할 수 있는 정도의 형식과 외관을 갖추고 있으면 문서위조죄가 성립하는 것이고, 위와 같은 요건을 구비한 이상 그 명의인이 실재하지 않는 허무인이거나 또는 문서의 작성일자 전에 이미 사망하였다고 하더라도 그러한 문서 역시 공공의 신용을 해할 위험성이 있으므로 문서위조죄가 성립한다고 봄이 상당하며, 이는 공문서뿐만 아니라 사문서의 경우에도 마찬가지라고 보아야 한다.

[2] 피고인은 중국 중의사 및 침구사 시험에 응시할 사람을 모집한 후 그들을 중국에 데려가 응시원서의 제출을 대행하면서 응시생의 임상경력증명서가 필요하게 되자, 중국 현지에서 교부받은 임상경력증명서 양식에 응시생의 이름과 생년월일 및 학습기간 등을 기재한 다음 의원직인란에 한의원 이름을 생각나는 대로 임의로 ○○한의원이라고 기재하고 그 옆에 임의로 새긴 ○○한의원의 직인을 날인하여 ○○한의원 명의의 임상경력증명서를 위조한 것을 비롯하여, 동일한의원과 일심한의원 명의의 임상경력증명서를 같은 방법으로 각 위조하여 행사한 경우, 위 각 임상경력증명서의 명의인인 한의원이 실재하지 않는다고 하더라도, 위 각 임상경력증명서들은 일반인으로 하여금 당해 명의인의 권한 내에서 작성된 문서라고 믿게 할 수 있는 정도의 형식과 외관을 갖추고 있다고 보기에 충분하므로, 피고인은 각 사문서위조 및 동행사에 해당한다(대법원2005. 2. 24.선고2002도18전원합의체 판결). 결국, 공문서·사문서 모두 명의인 실재를 요하지 아니하므로, 허무인이나 사자 명의의 사문서와 공문서도 문서죄의 객체인 문서에 해당하고, 피고인에게는 각 사문서위조 및 동행사가 인정된다.

④ (X) [1] 형법상 인장에 관한 죄에서 인장은 사람의 동일성을 표시하기 위하여 사용하는 일정한 상형을 의미하고, 기호는 물건에 압날하여 사람의 인격상 동일성 이외의 일정한 사항을 증명하는 부호를 의미한다. 그리고 형법 제238조의 공기호는 해당 부호를 공무원 또는 공무소가 사용하는 것만으로는 부족하고, 그 부호를 통하여 증명을 하는 사항이 구체적으로 특정되어 있고 해당 사항은 그 부호에 의하여 증명이 이루어질 것이 요구된다.

[2] 피고인이 온라인 구매사이트에서 ① 검찰 업무표장(🏛️에서 '검찰'을 제외한 부분) 아래 '검찰 PROSECUTION SERVICE'라고 기재하고 그 아래 피고인의 전화번호를 기재한 주차표지판 1개, ② 검찰 업무표장(▓) 아래 '검찰 PROSECUTION OFFICE'라고 기재하고 그 아래 피고인의 차량번호를 표시한 표지판 1개, ③ 검찰 업무표장(▓) 아래 '검찰 PROSECUTION SERVICE'라고 기재하고 그 아래 '공무수행'이라고 표시한 표지판 1개를 주문하여 배송받음으로써 행사할 목적으로 공기호인 검찰청 업무표장을 각각 위조하고, 이를 자신의 승용차에 부착하고 다님으로써 위조된 공기호인 검찰청 업무표장을 행사하였다는 공소사실로 기소된 사안에서, 위 각 표지판에 사용된 검찰 업무표장은 검찰수사, 공판, 형의 집행부터 대외 홍보 등 검찰청의 업무 전반 또는 검찰청 업무와의 관련성을 나타내기 위한 것으로 보일 뿐, 이것이 부착된 차량은 '검찰 공무수행 차량'이라는 것을 증명하는 기능이 있다는 등 이를 통하여 증명을 하는 사항이 구체적으로 특정되어 있다거나 그 사항이 이러한 검찰 업무표장에 의하여 증명된다고 볼 근거가 없고, 일반인들이 위 각 표지판이 부착된 차량을 '검찰 공무수행 차량'으로 오인할 수 있다고 해도 위 각 검찰 업무표장이 위와 같은 증명적 기능을 갖추지 못한 이상, 이를 공기호라고 볼 수 없다

[3] 피고인이 온라인 구매사이트에서 검찰 업무표장(검찰 로고) 아래 자신의 전화번호, 차량번호, '공무수행'이라고 표시한 표지판을 각각 1개씩 주문하여 배송받은 다음 이를 자신의 승용차에 부착하고 다닌 경우(가짜인 검찰 로고를 승용차에 부착하여 공무수행을 위장하고 다닌 경우)도 단순히 '검찰 업무표장(로고)'이 '검찰의 공무수행 차량'임을 증명하는 기능은 없기 때문에 위 각 검찰 업무표장(로고)을 공기호로 볼 수 없으므로, 공기호위조와 위조공기호행사가 성립하지 않는다(대법원2024. 1. 4.선고2023도11313판결). 결국, 위 각 검찰 업무표장을 공기호라고 할 수 없다.

문제 27 – 정답 ②

▶ ② ㉠㉡㉢㉣(4개)은 맞는 지문이나, ㉤(1개)은 틀린 지문이다.

㉠㉡ (○) 국헌문란의 정의는 다음과 같다(제91조)

> 제91조(국헌문란의 정의) 내란의 죄에서 국헌을 문란할 목적이라 함은 다음 각호의 1에 해당함을 말한다.
> 1. 헌법 또는 법률에 정한 절차에 의하지 아니하고 헌법 또는 법률의 기능을 소멸시키는 것
> 2. 헌법에 의하여 설치된 국가기관을 강압에 의하여 전복 또는 그 권능행사를 불가능하게 하는 것

㉢ (○) 헌법 또는 법률에 정한 절차에 의하지 아니하고 헌법 또는 법률의 기능을 소멸시키는 것이라 함은 민주적 기본질서에 기초한 국가의 통치작용을 파괴 또는 변혁하고자 함을 의미한다.

㉣ (○) 헌법에 의하여 설치된 국가기관을 강압에 의하여 전복 또는 그 권능행사를 불가능하게 하는 것이라 함은 헌법기관의 존속 및 그 기능을 상실 또는 정지시키고자 함을 의미한다. 그러나 대통령, 국무총리 등 개인을 살해하거나 개개의 구체적인 정부와 내각(특정정권)의 타도나 실각을 주장하는 것은 국헌문란에 포함되지 않는다. 즉, 정권교체를 기도하였을 뿐인 경우에는 직접적으로 국가의 기본조직을 강압으로 전부 또는 그 권능행사를 불가능하게 할 목적으로 폭동을 선동한 것이라 단정할 증거가 없으므로 내란선동죄가 성립하지 않는다(국헌문란에 해당하지 않는다)(대법원 1977. 2. 22.선고72도2265).

㉤ (X) 형법 제91조 제2호에 의하면 헌법에 의하여 설치된 국가기관을 강압에 의하여 전복 또는 그 권능행사를 불가능하게 하는 것을 국헌문란의 목적의 하나로 규정하고 있는데, 여기에서 '권능행사를 불가능하게 한다'고 하는 것은 그 기관을 제도적으로 영구히 폐지하는 경우만을 가리키는 것은 아니고 사실상 상당기간 기능을 제대로 할 수 없게 만드는 것을 포함한다(대법원1997. 4. 17.선고96도3376전원합의체 판결).

문제 28 – 정답 ②

▶ ② (X) [1] 형사소송법 제460조 제1항, 제473조에 의하면 재판의 집행은 검사가 지휘하고, 검사는 신체를 구금하는 자유형의 집행을 위하여 형집행장을 발부하여 수형자를 구인할 수 있으며, 같은 법 제475조, 제81조에 의하면 구속영장과 동일한 효력이 있는 형집행장은 검사의 지휘에 의하여 사법경찰관리가 집행하고, 이러한 형의 집행에 관한 규정은 같은 법 제492조에 의하여 벌금미납자에 대한 노역장유치의 집행에 준용되고 있다. 이러한 규정을 종합하면 사법경찰관리도 검사의 지휘를 받아 벌금미납자에 대한 노역장유치의 집행을 위하여 형집행장의 집행 등을 할 권한이 있으므로, 이 경우 벌금미납자에 대한 검거는 사법경찰관리의 직무범위에 속한다고 보아야 한다.

[2] 경찰관인 피고인이 벌금미납자로 지명수배되어 있던 갑을 세

차례에 걸쳐 만나고도 그를 검거하여 검찰청에 신병을 인계하는 등 필요한 조치를 취하지 않아 정당한 이유 없이 직무를 유기하였다는 내용으로 예비적으로 기소된 사안에서, 벌금미납자에 대한 노역장유치 집행을 위하여 검사의 지휘를 받아 형집행장을 집행하는 경우 **벌금미납자 검거는 사법경찰관리의 직무범위에 속한다**고 보아야 한다(대판2011.9.08. 2009도13371). 결국, 경찰관인 피고인은 **직무유기죄가 성립한다**.

① (O) [1] 형법 제122조는 직무유기죄에 관하여 "공무원이 **정당한 이유 없이 그 직무수행을 거부하거나 그 직무를 유기한 때에는 1년 이하의 징역이나 금고 또는 3년 이하의 자격정지에 처한다.**"라고 정한다. 이때 **직무를 유기한다는 것은** 공무원이 법령, 내규 등에 따른 **추상적 성실의무를 게을리하는 일체의 경우를 말하는 것이 아니라** 직장의 **무단이탈, 직무의 의식적인 포기 등과 같이 국가의 기능을 저해하고 국민에게 피해를 야기할 구체적인 가능성이 있는 경우만을 가리킨다.** 따라서 공무원이 **태만이나 착각 등으로 인하여 직무를 성실히 수행하지 않은 경우** 또는 직무를 **소홀하게 수행**하였기 때문에 성실한 직무수행을 못한 데 지나지 않는 경우에는 **직무유기죄가 성립하지 않는다.**

[2] **무단이탈로 인한 직무유기죄 성립 여부는** 결근 사유와 기간, 담당하는 직무의 내용과 적시 수행 필요성, 결근으로 직무수행이 불가능한지, 결근 기간에 국가기능의 저해에 대한 구체적인 위험이 발생하였는지 등을 종합적으로 고려하여 신중하게 판단해야 한다. 특히 **근무기간을 정하여 임용된 공무원의 경우(기간제 교원)에는 근무기간 안에 특정 직무를 마쳐야 하는 특별한 사정이 있는지 등을 고려할 필요가 있다.**

[2] **중학교 사회과목의 기간제 교원인 피고인**은 기간제 임기가 종료된 후에도 3학년 2학기 1회 고사의 답안지와 채점결과를 학교에 인계하지 않았다하여 직무유기죄로 기소된 사안에서,
(1) 피고인이 채점할 **답안지를 받은 날은 2017. 11. 14.**이고, **임기 종료일은 그로부터 3일 뒤인 2017. 11. 17.까지였다.** 학사일정상 성적 처리에 관한 업무를 최종적으로 마치기로 예정한 날은 2017. 11. 24.까지였다. 이러한 **학사일정에 비추어 보면,** 반드시 피고인이 근무기간 안에 채점을 마쳐야만 **최종적인 성적 산출 업무 처리가 가능했다고 단정하기 어렵다.**
(2) 피고인이 **무단으로 결근한 날짜는** 임기 종료 직전 2일인데, 결근하게 된 **사유는** 기간제 임기가 종료됨에 따라 **다른 기간제 교원 관련 면접을 보려고 했으나 연가가 승인되지 않았기 때문으로 보인다(정당한 사유도 있었다).** 또한 근무 마지막 날에 대한 병가 신청이 승인되어 이후로는 더 이상 출근이나 업무 수행을 할 의무가 없었다. 이러한 사정에 비추어 보면, **피고인이 자신의 업무를 의식적으로 방임하거나 포기하려는 것이었다고 단정하기 어렵다.**
(3) 피고인이 임기 종료 이후 **성적 처리에 관한 최종 업무 종료일인 2017. 11. 24. 이후까지 답안지와 채점결과를 학교 측에 인계하지 않았으나,** 이는 피고인의 **임기가 종료되어 공무원으로서의 지위를 상실한 이후의 사정으로서 직무유기죄를 구성하는 행위로 평가할 수 없다.** 그런데도 **원심이 유죄로 판단한 것은** 직무유기죄에 관한 법리를 오해하여 판결에 영향을 미친 **잘못이 있다**(대법원 2022. 6. 30.선고2021도8361판결). 결국, **중학교 사회과목의 기간제 교원인 피고인이 무단이탈한 것이** 자신의 직무를 성실히 수행하지 못한 것이라고 할 수 있을지언정 **직무유기죄에 해당한다고 단정할 수 없으므로 직무유기죄가 성립하지 않는다**(무죄).
③ (O) [1] 형법 제122조에서 정하는 **직무유기죄에서 '직무를 유**

기한 때'란 공무원이 법령, 내규 등에 의한 **추상적 성실의무를 태만히 하는 일체의 경우에 성립하는 것이 아니라 직장의 무단이탈, 직무의 의식적인 포기 등과 같이** 국가의 기능을 저해하고 국민에게 피해를 야기시킬 가능성이 있는 경우를 **가리킨다.**

[2] 그리하여 **일단** 직무집행의 의사로 **자신의 직무를 수행한 경우**에는 직무집행의 **내용이 위법한 것으로 평가된다는 점만으로** 직무유기죄의 **성립을 인정할 것은 아니고,** 공무원이 태만·분망 또는 착각 등으로 인하여 **직무를 성실히 수행하지 아니한 경우나 형식적으로 또는 소홀히 직무를 수행한** 탓으로 적절한 직무수행에 이르지 못한 것에 불과한 경우에도 **직무유기죄는 성립하지 아니한다.**

[3] 따라서 **교육기관·교육행정기관·지방자치단체 또는 교육연구기관의 장이 징계의결을 집행하지 못할 법률상·사실상의 장애가 없는데도** 징계의결서를 통보받은 날로부터 **법정 시한이 지나도록 집행을 유보하는 모든 경우에 직무유기죄가 성립하는 것은 아니고, 그러한 유보가 직무에 관한 의식적인 방임이나 포기에 해당한다고 볼 수 있는 경우에 한하여 직무유기죄가 성립한다**고 보아야 한다(대판 2014.4.10. 2013도229)

④ (O) [1] **직무유기죄는** 공무원이 법령·내규 등에 의한 **추상적 충근**(충성스럽고 부지런히 일하다)**의무를 태만히 하는 일체의 경우에 성립하는 것이 아니라,** 직장의 무단이탈이나 직무의 의식적인 포기 등과 같이 **국가의 기능을 저해하고 국민에게 피해를 야기시킬 구체적 위험성이 있고 불법과 책임비난의 정도가 높은 법익침해의 경우에 한하여 성립하므로, 어떠한 형태로든 직무집행의 의사로 자신의 직무를 수행한 경우에는** 그 직무집행의 내용이 위법한 것으로 평가된다는 점만으로 **직무유기죄의 성립을 인정할 것은 아니다.**

[2] **지방자치단체장(울산광역시의 ○○구청장)이** 전국공무원노동조합이 주도한 파업에 참가한 소속 공무원들(205명)에 대하여 관할 인사위원회(울산광역시)에 징계의결요구를 하지 아니하고 **가담 정도의 경중을 가려 자체 인사위원회에 징계의결요구를 하거나 훈계 처분을 하도록 지시한 행위가 직무유기죄를 구성하지 않는다**(대법원2007. 7. 12.선고2006도1390판결). 결국, 피고인이 위 205명에 대하여 아무런 조치를 취하지 아니하였다거나 그와 동일한 것으로 볼 수는 없다(**직무유기죄가 성립하지 않는다**).

문제 29 – 정답 ③

▶ ③ ⓛⓒ㉣(3개)은 옳은 지문이나, ㉠㉤(2개)은 틀린 지문이다.

㉠ (X) [1] 수사기관이 범죄사건을 수사할 때는 피의자 등의 진술 여하에 불구하고 피의자를 확정하고 그 피의사실을 인정할 만한 객관적인 모든 증거를 수집·조사하여야 할 권한과 의무가 있다.
[2] 한편 피의자는 진술거부권과 자기에게 유리한 진술을 할 권리와 유리한 증거를 제출할 권리를 가질 뿐이고 수사기관에 대하여 진실만을 진술하여야 할 의무가 있는 것은 아니다. 따라서 **피의자 등이 수사기관에 대하여 허위사실을 진술하거나 피의사실 인정에 필요한 증거를 감추고 허위의 증거를 제출하였다고 하더라도,** 수사기관이 **충분한 수사를 하지 아니한 채** 이와 같은 **허위의 진술과 증거만으로 증거의 수집·조사를 마쳤다면,** 이는 **수사기관의 불충분한 수사에 의한 것**으로서 피의자 등의 위계에 의하여 수사가 방해되었다고 볼 수 없어 **위계에 의한 공무집행방해죄가 성립된다고 할 수 없다.**
[3] 따라서 '경찰관들로 하여금 2022. 11. 17.경부터 2023. 1. 9.경까지 **한 달이상** 피고인이 신고한 **범죄 혐의 확인을 위한 수사를 하게 하였다**'는 부분은 **수사기관의 불충분한 수사에 의한 것으로**

서 피고인의 <u>위계로 수사가 방해되었다고 볼 수 없다(무죄)</u>(대법원 2024. 11. 14. 선고2024도11629판결).

ⓒ (○) [1] 피고인은 2022. 11. 17. 13:35경 112에 전화를 걸어 '방금 전 배달이라고 해서 문을 열었는데 그 사람이 머리채를 잡고 가슴을 만지고 도망갔다'는 내용으로 허위 신고를 하였다. <u>위 신고는 「성폭력범죄의 처벌 등에 관한 특례법」 위반(주거침입강제추행) 혐의에 해당하는 내용</u>이었고, 범행 장소가 신고자의 주거지여서 즉각적으로 피해자를 보호할 필요가 있었으며, 범행 발생 시점이 신고 직전이었으므로 <u>신속한 출동에 따른 범인 수색 및 검거 조치가 요구되었다.</u>

[2] 피고인의 신고를 접수한 경찰은 이를 이 사건 예규 제9조 제2항 제1호에서 정한 바에 따라 최우선 출동이 필요한 긴급신고인 'code 1 신고'로 분류하고 최단 시간 내 출동을 목표로 관련 지령을 내렸다. <u>이 사건 예규 제13조 제2항에 따르면 'code 1 신고'의 경우 112순찰차, 지구대·파출소 근무자 등 출동요소는 소관 업무나 관할 등을 이유로 출동을 거부하거나 지연 출동하여서는 안 된다.</u>

[3] 위와 같은 출동 지령에 따라 최초 신고 접수 후 4분 만인 13:39경에 경찰관이 현장에 도착하였고, 같은 날 13:40경부터 14:12경까지 관할 경찰서 여성청소년 강력범죄 수사팀 소속 경찰관들과 순찰차 총 6대 등이 출동하여 피고인의 진술을 청취하고 현장 주변 탐문 및 수색 작업 등을 진행하였다. <u>이는 신고 대상 범죄를 수사하는 직무뿐만 아니라 추가적인 범죄를 예방하고 피고인을 비롯한 국민의 생명·신체 등을 보호하는 직무로서의 성격도 함께 지닌다.</u>

[4] 또한 경찰은 피고인의 신청에 따라 2022. 11. 17. 피고인에게 <u>임시숙소 1일 숙박비를 지급</u>하였고, 2022. 11. 18. 피고인을 범죄피해자 안전조치 대상으로 정하여 <u>112 긴급신변 보호시스템에 등록하고 피고인에게 스마트워치를 지급</u>하였다. 이는 <u>범죄피해자를 보호하는 직무로서의 성격을 지닌다.</u>

[5] <u>피고인은 마치 성범죄 피해를 당한 것처럼 112 신고를 함으로써 신고 접수 담당 경찰관으로 하여금 긴급히 대응하여야 할 위급한 상황이 발생한 것으로 오인하게 하였고</u>, 이로 인하여 경찰관들은 현장에 즉각적으로 출동하여 현장 주변을 수색·탐문하고 피해자 보호조치를 하는 등 <u>허위의 신고라는 사정을 알았더라면 하지 않았을 대응조치까지 취하였다.</u> 이와 같은 <u>피고인의 행위는 위계로써 경찰관의 112 신고에 따른 사건처리 업무, 범죄 예방 업무, 범죄피해자 보호 업무에 관한 구체적인 직무집행을 방해한 것이라고 봄이 타당하다</u>(대법원 2024. 11. 14. 선고2024도11629판결). 결국, <u>허위로 112신고를 한 행위도 위계공무집행방해죄의 위계에 해당한다.</u>

ⓒ (○) [1] <u>경범죄 처벌법 제3조 제3항 제2호의 거짓신고로 인한 경범죄 처벌법 위반죄</u>는 '있지 아니한 범죄나 재해 사실을 공무원에게 거짓으로 신고'하는 경우에 성립하는 범죄이고, <u>형법 제137조의 위계에 의한 공무집행방해죄</u>는 상대방의 오인, 착각, 부지를 일으키고 이를 이용하는 <u>위계에 의하여 상대방으로 하여금 그릇된 행위나 처분을 하게 함으로써 공무원의 구체적이고 현실적인 직무집행을 방해하는 경우에 성립하는 범죄</u>이다. 전자는 사회공공의 질서유지를 보호법익으로 하는 반면, 후자는 국가기능으로서의 공무 그 자체를 보호법익으로 하는 등 <u>양 죄는 그 보호법익이나 규율대상 및 구성요건 등을 달리하는 별개의 죄이다.</u>

[2] 따라서 <u>경범죄 처벌법 제3조 제3항 제2호에서 정한 거짓신고</u>

행위가 원인이 되어 <u>상대방인 공무원이 범죄가 발생한 것으로 오인하게</u> 만들었고 이로 인하여 공무원이 그러한 사정을 알았더라면 하지 않았을 대응조치를 취하기에 이르렀다면, 이로써 구체적이고 현실적인 공무집행이 방해되어 <u>위계에 의한 공무집행방해죄가 성립하는 것</u>이지, 그 거짓신고 행위와 결과의 불법성이 <u>경범죄 처벌법 제3조 제3항 제2호</u>가 예상한 정도를 현저하게 넘어선 예외적인 경우에 해당하는지 여부에 의하여 <u>위계에 의한 공무집행방해죄의 성립 여부가 좌우된다고 볼 것은 아니다</u>(대법원 2024. 11. 14. 선고2024도11629판결). 결국, <u>양 죄는 별개의 죄이므로 경범죄 처벌법에 해당하는지의 여부에 의하여 위계에 의한 공무집행방해죄의 성립 여부가 좌우되는 것은 아니다.</u>

ⓔ (○) [1] 경찰관의 직무에는 국민의 생명·신체 및 재산의 보호, 범죄의 예방, 범죄피해자 보호, 그 밖에 공공의 안녕과 질서 유지 등이 포함된다(경찰관 직무집행법 제2조 제1호, 제2호, 제2의 2호, 제7호 참조). <u>어떤 사람이 경찰관에게 경범죄 처벌법 제3조 제3항 제2호에서 정한 거짓신고를 하였고, 이에 따라 경찰관이 신고의 거짓 여부를 확인하거나 검토할 여유 없이 국민의 생명·신체 보호 등을 위해서 다른 업무보다 우선하여 긴급하게 현장에 출동하는 등 즉각적인 대응조치를 취하여야 하는 상황에서</u> 「112 종합상황실 운영 및 신고처리 규칙」(2023. 10. 27. 경찰청예규 제617호로 개정되기 전의 것, 이하 '이 사건 예규'라 한다) 제9조 제2항 제1호, 제13조 등 참조] 실제로 그러한 대응조치가 이루어졌다면, 특별한 사정이 없는 한 <u>경찰관의 위와 같은 직무에 관하여 위계에 의한 공무집행방해죄가 성립한다고 보아야 한다.</u>

[2] 위 <u>[1]과 같은 직무는 경찰관이 수사기관으로서 수행하는 범죄 수사에 관한 직무</u>(경찰관 직무집행법 제2조 제2호 참조)와 <u>구별되는 것이므로, 그 직무에 관하여 위계로 인한 공무집행방해죄가 성립하는가</u>는 피고인이 수사과정에서 허위 진술을 하거나 허위 증거를 제출함으로써 범죄 수사 직무에 관하여 위계에 의한 공무집행방해죄가 성립하는가와 구별하여 살펴보아야 한다(대법원 2024. 11. 14. 선고2024도11629판결).

ⓕ (X) [1] 위계에 의한 공무집행방해죄에 있어서 위계란 행위자의 행위목적을 이루기 위하여 상대방에게 오인, 착각, 부지를 일으키게 하여 그 오인, 착각, 부지를 이용하는 것을 말하는 것으로 상대방이 이에 따라 그릇된 행위나 처분을 하여야만 이 죄가 성립하는 것이고, <u>만약 범죄행위가 구체적인 공무집행을 저지하거나 현실적으로 곤란하게 하는 데까지는 이르지 아니하고 미수에 그친 경우에는 위계에 의한 공무집행방해죄로 처벌할 수 없다.</u>

[2] <u>피고인들 등은 甲 정당 소속 시(市)의회 의원으로서 시의회 의장선거를 앞두고 개최된 甲 정당 의원총회에서 乙을 의장으로 선출하기로 합의한 다음</u>, 합의 내용의 이행을 확보하고 이탈표 발생을 방지하기 위하여 공모에 따라 피고인별로 미리 정해 둔 투표용지의 가상의 구획 안에 '乙'의 이름을 각각 기재하는 방법으로 투표하여 <u>乙이 의장으로 당선되게 함으로써, 무기명·비밀투표 권한을 가진 丙 등 공모하지 않은 의원들의 직무집행을, 투·개표 업무에 관한 감표위원 丁 등의 직무집행을, 무기명투표 원칙에 따라 의장선거를 진행하는 사무국장의 직무집행을 각각 방해하였다</u>는 내용으로 기소된 사안에서, 비밀선거 원칙은 선거인의 의사결정이 타인에게 알려지지 않도록 투표 내용의 비밀을 보장함으로써 선거권 행사로 인한 불이익 발생을 방지하기 위한 원칙으로, 투표 과정에서 자유로운 의사결정을 보장함으로써 선거의 민주적·절차적 정당성을 확보하는 데 그 취지가 있는 점, 피고인들 등의 행위

로 인하여 피고인들을 비롯한 담합한 의원들 내부적으로는 서로 누가 누구에게 투표하였는지를 알 수 있게 되었으나, **공모하지 않은 의원들의 투표 내용까지 공개된다고 보기는 어려운 점, 공모하지 않은 의원들은 본래의 의도대로 투표를 하였을 뿐 피고인들 등의 행위로 인하여 오인, 착각, 부지를 일으켜 그릇된 처분이나 행위를 하였다고 보이지 않는 점**, 나아가 지방의회 의원 개인들에게 무기명·비밀투표에 의해 의장선거가 이루어지도록 하여야 할 일반적인 직무상 권한이나 의무가 있다고 볼 만한 근거도 없는 점 등을 종합하면, 공소사실 중 **감표위원들과 사무국장에** 대한 **위계에 의한 공무집행방해죄는 인정되나, 공모하지 않은 의원들에 대한 위계에 의한 공무집행방해죄는 인정되지 아니한다**(대법원2024. 3. 12. 선고 2023도7760 판결).

문제 30 - 정답 ②

▶ ② (X) [1] [다수의견] **반의사불벌죄에서 성년후견인은** 명문의 규정이 없는 한 **의사무능력자인 피해자를 대리하여** 피고인 또는 피의자에 대하여 **처벌을 희망하지 않는다는 의사를 결정하거나 처벌을 희망하는 의사표시를 철회하는 행위를 할 수 없다.** 이는 성년후견인의 법정대리권 범위에 통상적인 소송행위가 포함되어 있거나 성년후견개시심판에서 정하는 바에 따라 **성년후견인이 소송행위를 할 때 가정법원의 허가를 얻었더라도** 마찬가지이다.

[2] 제3자가 피해자를 대신하여 **처벌불원의사를 형성하거나 결정할 수 있다고 해석하는 것은 법의 문언에 반한다.** 교통사고처리 특례법은 물론 형법·형사소송법에도 반의사불벌죄에서 피해자의 처벌불원의사에 관하여 대리가 가능하다거나 법정대리인의 대리권에 피해자의 처벌불원 의사표시가 포함된다는 규정을 두고 있지 않다. **따라서 반의사불벌죄의 처벌불원의사는 원칙적으로 대리가 허용되지 않는다고 보아야 한다.**

[3] 민법상 **성년후견인이** 형사소송절차에서 반의사불벌죄의 **처벌불원 의사표시를 대리할 수 있다고 보는 것은 피해자 본인을 위한 후견적 역할에 부합한다고 볼 수도 없다.** 피해자 본인의 의사가 무엇보다 중요한 형사소송절차에서 반의사불벌죄에 대한 처벌불원의사에까지 **성년후견인에게 대리를 허용하는 것은** 피해자 보호를 비롯한 형사사법이 추구하는 보호적 기능의 구현과 무관할 뿐만 아니라 **오히려 이에 역행한다고 볼 여지도 있다.**

[4] **피고인이** 자전거도로에서 자전거를 운행하던 중 전방주시의무를 게을리하여 **보행자인 피해자 갑을 들이받아 중상해를 입게 하였다는 교통사고처리 특례법 위반(치상)의 공소사실로 기소되었고, 위 사고로 의식불명이 된 갑에 대하여** 성년후견이 개시되어 성년후견인으로 갑의 법률상 배우자 을이 선임되었는데, **을이 피고인 측으로부터 합의금을 수령한 후 제1심 판결선고 전에 갑을 대리하여 처벌불원의사를 표시한 사안에서,** 위 특례법 제3조 제2항에서 차의 운전자가 교통사고로 인하여 범한 업무상과실치상죄는 '피해자의 명시적인 의사'에 반하여 공소를 제기할 수 없도록 규정하여 문언상 그 처벌 여부가 '피해자'의 '명시적'인 의사에 달려 있음이 명백하므로, 갑의 **성년후견인인 을이 갑을 대신하여 처벌불원의사를 형성하거나 결정할 수 있다고 해석하는 것은 법의 문언에 반한다**(대법원2023. 7. 17.선고2021도11126전원합의체 판결). 결국, 을의 갑을 대신한 처벌불원의사표시는 효력이 없으므로, **피고인에게 유죄를 인정하여야** 한다.

① (○) [1] 피고인이 피해자와의 동거를 정산하는 과정에서 피해자에 대하여 금전채권이 있다고 하더라도, 그 권리행사를 빙자하여 사회통념상 용인하기 어려운 정도를 넘는 협박을 수단으로 사용하

였다면, 공갈죄가 성립한다.

[2] **공갈죄의 수단으로서 한 협박은** 공갈죄에 **흡수될 뿐 별도로 협박죄를 구성하지 않으므로, 그 범죄사실(협박사실)에 대한 피해자의 고소는 결국 공갈죄에 대한 것이라 할 것이어서 그 후 고소가 취소되었다** 하여 **공갈로 처벌하는 데에 아무런 장애가 되지 아니하며,** 검사가 공소를 제기할 당시에는 그 범죄사실을 협박죄로 구성하여 기소하였다 하더라도, 그 후 공판 중에 기본적 사실관계가 동일하여 공소사실을 공갈미수로 공소장 변경이 허용된 이상 그 공소제기의 하자는 치유된다(대법원 1996. 9. 24. 선고 96도2151 판결). 결국, **공갈죄는 친고죄나 반의사불벌죄가 아니므로 고소 여부와 상관없이 처벌되는 범죄이므로,** 공갈죄의 수단인 협박에 대해서만 피해자의 고소가 있었다하더라도 공갈죄 전부에 대하여 미쳐, 설령 나중에 피해자가 **협박 부분에 고소취소하였어도 공갈죄는 친고죄도 반의사불벌죄도 아니므로 그대로 처벌된다.**

③ (○) **회사 명의의 합의서를 임의로 작성·교부한 행위에** 대하여 약식명령이 확정된 **사문서위조 및 그 행사죄의 범죄사실과 그로 인하여 회사에 재산상 손해를 가하였다는 업무상 배임의 공소사실은** 그 객관적 사실관계가 하나의 행위이므로 **1개의 행위가 수개의 죄에 해당하는 경우로서 형법 제40조에 정해진 상상적 경합관계에 있다**(대법원 2009. 4. 9. 선고 2008도5634 판결). 결국, 사문서위조죄 및 동행사죄와 업무상 배임죄가 성립하고, 이들 범죄간에는 상상적 경합관계에 있다.

④ (○) [1] 고소는 범죄의 피해자 기타 고소권자가 수사기관에 대하여 범죄사실을 신고하여 범인의 소추를 구하는 의사표시를 말하는 것으로서, 단순한 피해사실의 신고는 소추·처벌을 구하는 의사표시가 아니므로 고소가 아니라고 할 것이다.

[2] 또한, 피해자가 고소장을 제출하여 처벌을 희망하는 의사를 분명히 표시한 후 고소를 취소한 바 없다면 **비록 고소 전에 피해자가 처벌을 원치 않았다** 하더라도 **그 후에 한 피해자의 고소는 유효하다.**

[3] 비록 **고소인이 사건 당일** 친고죄의 범죄사실을 신고하면서 **현장에 출동한 경찰관에게 고소장을 교부하였다고 하더라도, 경찰서에 도착하여 최종적으로 고소장을 접수시키지 아니하기로 결심하고 고소장을 반환받은 것이라면,** 고소장이 수사기관에 적법하게 수리되어 **고소의 효력이 발생되었다고 할 수 없다.**

[4] 나아가 고소인이 당시 피고인들에 대하여 처벌 불원의 의사를 표시하였다고 하더라도, 애초 적법한 고소가 없었던 이상, 그로부터 **고소기간(6개월)이 지나** 제기된 이 사건 고소가 재고소의 금지를 규정한 형사소송법 **제232조 제2항에 위반된다고 볼 수도 없다**(대법원 2008. 11. 27. 선고 2007도4977 판결).

문제 31 - 정답 ④

▶ ④ (X) [1] **인터넷개인방송의 방송자가** 비밀번호를 설정하는 등 그 수신 범위를 한정하는 **비공개 조치를 취하지 않고 방송을 송출하는 경우, 누구든지 시청하는 것을 포괄적으로 허용하는 의사라고 볼 수 있으므로, 그 시청자는** 인터넷개인방송의 당사자인 수신인에 해당하고, **이러한 시청자가 방송 내용을 지득·채록하는 것은** 통신비밀보호법에서 정한 **감청에 해당하지 않는다.**

[2]그러나 **인터넷개인방송의 방송자가 비밀번호를 설정하는 등으로 비공개 조치를 취한 후 방송을 송출하는 경우에는, 방송자로부터 허가를 받지 못한 사람은** 당해 인터넷개인방송의 **당사자가 아닌 '제3자'에 해당하고, 이러한 제3자가 비공개 조치가 된 인터넷개인방송을** 비정상적인 방법으로 **시청·녹화하는 것은** 통신비밀보호

법상의 감청에 해당할 수 있다.

[3] 다만 방송자가 이와 같은 제3자의 시청·녹화 사실을 알거나 알 수 있었음에도 방송을 중단하거나 그 제3자를 배제하지 않은 채 방송을 계속 진행하는 등 허가받지 아니한 제3자의 시청·녹화를 사실상 승낙·용인한 것으로 볼 수 있는 경우에는 불특정 혹은 다수인을 직간접적인 대상으로 하는 인터넷개인방송의 일반적 특성상 그 제3자 역시 인터넷개인방송의 당사자에 포함될 수 있으므로, 이러한 제3자가 방송 내용을 지득·채록하는 것은 통신비밀보호법에서 정한 감청에 해당하지 않는다(대법원2022. 10. 27.선고 2022도9877판결). 결국, 인터넷개인방송자 갑이 헤어진 여친 을이 더 이상 만나주지 않은 데 불만을 품고 인터넷 방송을 통해 을에 대하여 입에 담지 못할 말을 하면서 이를 인터넷 방송으로 송출하자, 을이 인터넷 방송을 송출하는 사이트에 접속하여 그 방송내용을 녹음한 경우, 을은 당사자에 포함되므로 통신비밀보호법 제3조 제1항에 해당하지 않는다(불법감청에 해당하지 않는다).

① (○) [1] 전기통신에 해당하는 전화통화 당사자의 일방이 상대방 모르게 통화 내용을 녹음하는 것은 감청에 해당하지 않는다.

[2] 그러나 제3자의 경우는 설령 전화통화 당사자 일방의 동의를 받고 그 통화 내용을 녹음하였다 하더라도 그 상대방의 동의가 없었던 이상, 이는 여기의 감청에 해당하여 통신비밀보호법 제3조 제1항위반이 되고, 이와 같이 제3조 제1항을 위반한 불법감청에 의하여 녹음된 전화통화의 내용은 제4조에 의하여 증거능력이 없다. 그리고 사생활 및 통신의 불가침을 국민의 기본권의 하나로 선언하고 있는 헌법규정과 통신비밀의 보호와 통신의 자유 신장을 목적으로 제정된 통신비밀보호법의 취지에 비추어 볼 때 피고인이나 변호인이 이를 증거로 함에 동의하였다고 하더라도 달리 볼 것은 아니다.

[3] 가. 甲과 乙이 피고인 丙과의 통화 내용을 녹음하기로 합의한 후 갑이 스피커폰으로 병과 통화하고 乙이 옆에서 이를 녹음한 경우, 乙이 전화통화 당사자 일방인 갑의 동의를 받고 그 통화 내용을 녹음하였다고 하더라도 전화통화 상대방인 병의 동의가 없었던 이상 乙이 병과 갑 간의 전화통화 내용을 녹음한 행위는 통신비밀보호법 제3조 제1항에 위반한 '전기통신의 감청'에 해당하여 제4조에 의하여 그 녹음파일은 재판절차에서 증거로 사용할 수 없다. 위 전화통화는 병과 갑 사이에 이루어진 것이므로 전화통화의 당사자는 병과 갑이고 乙은 위 전화통화에 있어서 제3자에 해당한다.

나. 통신비밀보호법 제3조 제1항을 위반한 불법감청에 의하여 녹음된 전화통화의 내용은 증거능력이 없다. 사생활 및 통신의 불가침을 국민의 기본권의 하나로 선언하고 있는 헌법규정과 통신비밀의 보호와 통신의 자유 신장을 목적으로 제정된 통신비밀보호법의 취지에 비추어 볼 때 피고인이나 변호인이 이를 증거로 함에 동의하였다고 하더라도 달리 볼 것은 아니다. 결국, 피고인 병이 제1심에서 위 녹음파일 및 이를 채록한 녹취록에 대하여 증거동의를 하였다 하더라도 마찬가지이다(대판2019.3.14. 2015도1900).

② (○) [1] 통신비밀보호법 제3조 제1항에서 누구든지 이 법과 형사소송법 또는 군사법원법의 규정에 의하지 않고는 공개되지 않은 타인 간의 대화를 녹음하거나 청취하지 못하고, 위 제3조의 규정을 위반하여 공개되지 않은 타인 간의 대화를 녹음 또는 청취한 자와 이에 의하여 지득한 대화의 내용을 공개하거나 누설한 자는 제16조 제1항에 따라 처벌받는다.

[2] 여기서 '공개되지 않았다'는 것은 반드시 비밀과 동일한 의미

는 아니고, 구체적으로 공개된 것인지는 발언자의 의사와 기대, 대화의 내용과 목적, 상대방의 수, 장소의 성격과 규모, 출입의 통제 정도, 청중의 자격 제한 등 객관적인 상황을 종합적으로 고려하여 판단해야 한다(대법원2022. 8. 31.선고2020도1007판결).

③ (○) [1] 통신비밀보호법 제3조 제1항이 공개되지 않은 타인 간의 대화를 녹음 또는 청취하지 못하도록 한 것은, 대화에 원래부터 참여하지 않는 제3자가 대화를 하는 타인 간의 발언을 녹음하거나 청취해서는 안 된다는 취지이다. 따라서 대화에 원래부터 참여하지 않는 제3자가 일반 공중이 알 수 있도록 공개되지 않은 타인 간의 발언을 녹음하거나 전자장치 또는 기계적 수단을 이용하여 청취하는 것은 특별한 사정이 없는 한 제3조 제1항에 위반된다. '공개되지 않았다.'는 것은 반드시 비밀과 동일한 의미는 아니고, 구체적으로 공개된 것인지는 발언자의 의사와 기대, 대화의 내용과 목적, 상대방의 수, 장소의 성격과 규모, 출입의 통제 정도, 청중의 자격 제한 등 객관적인 상황을 종합적으로 고려하여 판단해야 한다.

[2] A 교회의 사무직원인 갑은 위 교회의 사무실에서 목사 을과 전도사 병·정이 치킨내기 게임을 진행하면서 한 대화 내용을 자신의 휴대전화로 녹음하여 도박을 했다며 교회 수석장로에게 카카오톡으로 전송하였다. 갑은 공개되지 않은 타인 간의 대화를 녹음하고, 위와 같은 방법으로 알게 된 대화의 내용을 누설한 경우, 위 대화가 통신비밀보호법상 공개되지 않은 타인 간의 대화에 해당하므로 통신비밀보호법 제3조 제1항에 해당한다(대법원2022. 8. 31. 선고2020도1007판결). 결국, 갑이 같은 사무실에서 목사 을과 전도사 병·정으로부터 가청거리내에 있다가 자신의 휴대전화기로 을·병·정의 대화를 녹음한 경우에는 통신비밀보호법 제3조 제1항 위반이 된다.

문제 32 - 정답 ③

▶ ③ ②(1개)은 옳은 지문이나, ㉠㉡㉢(3개)은 틀린 지문이다.

㉠ (X) [1] 피고인이 공판정에서 자백한 사건은 증거능력에 대한 제한을 완화하여 전문법칙이 적용되지 아니하고(당사자의 이의가 없는 한 전문증거도 증거능력을 인정하여), 신속하게 진행하는 공판절차를 말한다. 즉, 피고인이 자백하고 빨리 매맞다고 싶다는데 재판을 질질 끌 필요가 없이 신속하게 재판을 끝냄으로써 피고인도 절차에서 빨리 벗어나 시원해서 좋고, 국가도 재판이 빨리 끝내니 소송비용도 줄여서 소송경제에도 도움이 되고 국민의 혈세도 줄여 누이좋고 매부좋다는 절차이다.

[2] 피고인이 공판정에서 자백함으로써 간이공판절차의 개시 결정이 있는 사건의 증거에 관하여는 제310조의2, 제312조 내지 제314조 및 제316조의 규정에 의한 증거(전문증거)에 대하여 제318조 제1항의 동의가 있는 것으로 간주한다(원칙적으로 증거능력이 인정된다). 단, 검사, 피고인 또는 변호인이 증거로 함에 의의가 있는 때에는 그러하지 아니하다(그러나 간이공판절차로 개시되었다하더라도 피고인이 의의를 제기한 때에는 전문증거(사법경찰관 작성의 참고인진술조서)를 유죄의 증거로 사용할 수 없게 된다)(제318조의3). 결국, 선지에 피고인이 이(사법경찰관 작성의 참고인진술조서)를 증거로 함에 의의를 제기하였다면 제318조의3 단서에 따라 피고인에 대한 유죄의 증거로 할 수 없다.

㉡ (X) [1] 증거로 함에 대한 동의의 주체는 소송주체인 당사자라 할 것이지만 변호인은 피고인의 명시한 의사에 반하지 아니하는 한 피고인을 대리하여 이를 할 수 있음은 물론이므로 피고인이 증거로 함에 동의하지 아니한다고 명시적인 의사표시를 한 경우 이

171

외에는 **변호인은** 서류나 물건에 대하여 증거로 함에 **동의할 수 있다.**

[2] 따라서 **변호인의 동의에 대하여 피고인이 즉시 이의하지 아니하는 경우에는 변호인의 동의로 증거능력이 인정되고 증거조사 완료 전까지 앞서의 동의가 취소 또는 철회하지 아니한 이상 일단 부여된 증거능력은** 그대로 **존속한다**(대판1999.8.20. 99도2029). 결국, 증거동의의 취소 또는 철회는 증거조사 완료 전까지만 허용되므로, **변호인의 동의에 대하여 증거조사 완료 후에 변호인의 증거동의를 취소하였다하여도** 진술조서는 **그대로 증거능력이 있다.**

© (X) 검사 또는 사법경찰관이 피고인이 아닌 자의 진술을 기재한 조서는 적법한 절차와 방식에 따라 작성된 것으로서 그 조서가 검사 또는 사법경찰관 앞에서 진술한 내용과 동일하게 기재되어 있음이 원진술자의 공판준비 또는 공판기일에서의 진술이나 **영상녹화물 또는 그 밖의 객관적인 방법에 의하여 증명되고,** 피고인 또는 변호인이 공판준비 또는 공판기일에 그 기재 내용에 관하여 원진술자를 신문할 수 있었던 때에는 증거로 할 수 있다. 다만, 그 **조서에 기재된 진술이 특히 신빙할 수 있는 상태하에서 행하여졌음이 증명된 때에 한한다(적＋실＋반＋특 4가지 요건을 다 갖추어야** 증거능력이 인정된다; 제312조 제4항).

② (O) [1] 검사 또는 사법경찰관은 수사에 필요한 때에는 **피의자가 아닌 자(참고인)의** 출석을 요구하여 진술을 들을 수 있다. 이 경우 **그의 동의를 받아 영상녹화할 수 있다**(제221조 제1항).

[2] 피의자의 진술은 영상녹화할 수 있다. 이 경우 **미리 영상녹화 사실을 알려주어야 한다**(제244조의2 제1항). 따라서 **사전고지만으로** 족하며, **피의자의 동의를 받을 필요가 없다.**

문제 33 - 정답 ③

▶ ③ ㉠㉢㉤(3개)는 맞는 지문이나, ㉡㉣(2개)은 틀린 지문이다.

㉠ (O) 검사 또는 사법경찰관은 **피의자를 체포하거나 구속할 때에는** 법 제200조의5(법 제209조에서 준용하는 경우를 포함한다)에 따라 피의자에게 피의사실의 요지, **체포·구속의 이유와 변호인을 선임할 수 있음을 말하고, 변명할 기회를 주어야 하며, 진술거부권을 알려주어야 한다**(제32조 제1항). 검사와 사법경찰관이 제1항에 따라 피의자에게 그 권리를 알려준 경우에는 **피의자로부터 권리 고지 확인서를 받아 사건기록에 편철한다**(제32조 제3항).

㉡ (X) 피의자를 체포하거나 구속할 때에 피의자에게 **알려주어야** 하는 **진술거부권의 내용은** 법 제244조의3 제1항 **제1호부터 제3호까지(3가지만)의** 사항으로 한다(제32조 제2항). **따라서 신문을 받을 때에는 변호인을 참여하게 하는 등 변호인의 조력을 받을 수 있다는 것(제4호)는** 피의자신문 전에 알려주어야 할 사항이지 피의자를 체포하거나 구속할 때에는 알려주어야 할 진술거부권의 내용이 **아니다.**

㉢ (X) 검사 또는 사법경찰관은 **체포·구속영장의 유효기간 내에 영장의 집행에 착수하지 못했거나, 그 밖의 사유로 영장의 집행이 불가능하거나 불필요하게 되었을때에는 즉시 해당 영장을 법원에 반환해야** 한다. 이 경우 체포·구속영장이 **여러 통 발부된 경우에는 모두 반환해야** 한다(제35조 제1항).

㉣ (O) 검사 또는 사법경찰관은 제1항에 따라 체포·구속영장을 반환하는 경우에는 반환사유 등을 적은 **영장반환서에 해당 영장을 첨부하여 반환하고, 그 사본을 사건기록에 편철한다**(제35조 제2항).

㉤ (O) 제1항에 따라 **사법경찰관이 체포·구속영장을 반환하는 경우에는** 그 영장을 청구한 **검사에게 반환하고, 검사는** 사법경찰관이 반환한 영장을 **법원에 반환한다**(제35조 제3항).

(여기 내용은 그냥 참고만 할 것) 우리나라의 미란다원칙과 미국의 미란다원칙 **비교**

1. 우리는 형사소송법(제244조의3)에서 피의자를 **신문하기 전에** 진술거부권을 고지하여야 한다고 규정하고 있다. 그러나 **미국에서는 체포·구속시에** 변호인선임권, 진술거부권 등을 반드시 고지하도록 **판례에서 확립된 원칙**(이것을 **미란다원칙 고지라 함**)이다. **우리 수사기관도 체포·구속시에** 피의자의 인권보장과 적법한 증거수집을 위해 **미국 판례에서 형성된 원칙(미란다원칙)을 실무적으로** 사용하게 되었고, **이 미란다원칙을 우리 수사준칙에 규정하게 되었다.**

2. 미란다 원칙 고지 등과 관련한 규정(반드시 구별해서 암기요함)

1) 형사소송법에서는 검사와 사법경찰관은 **피의자 신문 전에 진술거부권 고지**(제244조의3; **4가지를 알려주어야 함)하여야** 한다. 또한 **사법경찰관은** 피의자 신문 전에 수사과정에서 **법령위반, 인권침해** 또는 현저한 수사권 **남용이** 있는 경우 **검사에게** 구제를 신청할 수 있음을 **피의자에게 알려주어야 한다**(제197조의3 제8항; 검사에게 구제신청권리 고지).

2) **수사준칙**
체포 또는 구속할 때 **피, 체, 변, 변 + 진술거부권을 고지하여야** 한다(제32조 제2항).
다만, 위의 **진술거부권 내용 중 3개**(일체 또는 개개 거부 가능/ 불이익 받지 않음/ 포기하면 법정 유죄 증거 사용가능)**만** 고지하면 되고, **4번째 변호인 조력권은 체포 또는 구속할 때에** 고지내용이 **아니며** 이것은 **신문 전에** 고지하면 된다.

3) **형사소송법**
피의자를 체포, 구속한 검사와 사법경찰관은 **체포되거나 구속된 피의자 등에게 체포, 구속적부심청구권을 고지하여야** 한다(제214조의2 제2항).

4) **실무에서(체포 또는 구속현장에서는 모두 고지하는 것이 최선의 방법이다)**
피·체·변·변(4개)/ 진술거부권 고지(3개)/ 체포·구속적부심사청구 고지

문제 34 - 정답 ②

▶ ② (X) [1] **압수·수색영장에는** 피의자의 성명, 죄명, 압수할 물건, 수색할 장소, 신체, 물건, 발부 연월일, 유효기간과 그 기간을 경과하면 집행에 착수하지 못하며 영장을 반환하여야 한다는 취지, 그 밖에 대법원규칙으로 정한 사항을 기재하고 **영장을 발부하는 법관이 서명날인하여야 한다**(형사소송법 제219조,제114조 제1항 본문). **이 사건 영장은** 법관의 **서명날인란에 서명만 있고 날인이 없으므로,** 형사소송법이 정한 요건을 갖추지 못하여 **적법하게 발부되었다고 볼 수 없다.** 그런데도 **원심이** 이와 달리 이 사건 영장이 법관의 진정한 의사에 따라 발부되었다는 등의 이유만으로 **이 사건 영장이 유효라고 판단한 것은 잘못이다.**

[2] 그러나 여러 사정을 전체적·종합적으로 고려하면, **이 사건 영장에 따라 압수한 이 사건 파일 출력물과 이에 기초하여 획득한 2차적 증거인** 검사 작성의 피고인 갑에 대한 피의자신문조서, 경찰 작성의 공소외 을에 대한 피의자신문조서, 공소외 병 등의 **각 법정진**

술은 유죄 인정의 증거로 사용할 수 있는 경우에 해당한다.

[3] 이 사건 파일 출력물이 적법하지 않은 영장에 기초하여 수집되었다는 절차상의 결함이 있지만, 이는 법관이 공소사실과 관련성이 있다고 판단하여 발부한 영장에 기초하여 취득된 것이고, 위와 같은 결함은 피고인 갑의 기본적 인권보장 등 법익 침해 방지와 관련성이 적다. 이 사건 파일 출력물의 취득 과정에서 절차 조항 위반의 내용과 정도가 중대하지 않고 절차 조항이 보호하고자 하는 권리나 법익을 본질적으로 침해하였다고 볼 수 없다. 오히려 이러한 경우에까지 공소사실과 관련성이 높은 이 사건 파일 출력물의 증거능력을 배제하는 것은 적법절차의 원칙과 실체적 진실 규명의 조화를 도모하고 이를 통하여 형사 사법 정의를 실현하려는 취지에 반하는 결과를 초래할 수 있다.

[4] 요컨대, 이 사건 영장이 형사소송법이 정한 요건을 갖추지 못하여 적법하게 발부되지 못하였다고 하더라도, 그 영장에 따라 수집한 이 사건 파일 출력물의 증거능력을 인정할 수 있다. 이에 기초하여 획득한 2차적 증거인 위 각 증거 역시 증거능력을 인정할 수 있다(대법원2019. 7. 11.선고2018도20504판결). 결국, 영장담당판사가 발부한 압수·수색영장의 서명날인란에 서명만 있고 날인이 없는 경우, 그 영장은「형사소송법」이 정한 요건을 갖추지 못하여 적법하게 발부되었다고 볼 수는 없으나, 그 영장에 의하여 압수한 파일 출력물과 이에 기초하여 획득한 2차적 증거인 피의자신문조서와 법정진술은 유죄인정의 증거로 사용할 수 있다.

① (○) [1] 타인의 주거, 간수자 있는 가옥, 건조물(建造物), 항공기 또는 선박·차량 안에서 압수·수색영장을 집행할 때에는 주거주(住居主), 간수자 또는 이에 준하는 사람을 참여하게 하여야 한다(제123조 제2항).

[2] 위 제2항의 사람을 참여하게 하지 못할 때에는 이웃 사람 또는 지방공공단체의 직원을 참여하게 하여야 한다(제123조 제3항).

[3] 형사소송법 제123조 제2항에서 정한 타인의 주거, 간수자 있는 가옥, 건조물, 항공기 또는 선박·차량 안에 대한 압수·수색영장의 집행이 주거주 등이나 이웃 등의 참여 없이 이루어진 경우 특별한 사정이 없는 한 그러한 압수·수색영장의 집행은 위법하다고 보아야 한다. 나아가 주거주 등 또는 이웃 등이 참여하였다고 하더라도 그 참여자에게 최소한 압수·수색절차의 의미를 이해할 수 있는 정도의 능력(참여능력)이 없거나 부족한 경우에는, 주거주 등이나 이웃 등의 참여 없이 이루어진 것과 마찬가지로 형사소송법 제123조 제2항, 제3항에서 정한 압수·수색절차의 적법요건이 갖추어졌다고 볼 수 없으므로 그러한 압수·수색영장의 집행도 위법하다.

[4] 장애인차별금지 및 권리구제 등에 관한 법률(이하 '장애인차별금지법'이라고 한다) 제26조 제6항은 '사법기관은 사건관계인에 대하여 의사소통이나 의사표현에 어려움을 겪는 장애가 있는지 여부를 확인하고, 그 장애인에게 형사사법절차에서 조력을 받을 수 있음과 그 구체적인 조력의 내용을 알려주어야 한다. 이는 수사, 기소, 공판에 이르는 일련의 형사사법절차에서 의사소통이나 의사표현에 어려움을 겪는 장애가 있는 사람으로 하여금 자기의 형사사법절차상의 지위와 이해관계를 이해하고 충분한 방어행위를 할 수 있도록 함으로써 그들의 절차적 지위와 권리, 방어권을 보장하는 데에 그 취지가 있다. 형사소송법 제123조 제2항, 제3항에 따라 압수·수색영장의 집행에 참여하는 주거주, 간수자 또는 이에 준하는 사람(이하 '주거주 등'이라고 한다)이나 이웃 사람 또는 지방공공단체의 직원(이하 '이웃 등'이라고 한다)에게도 의사소통이나 의사표현에 어려움을 겪는 장애가 있을 수 있으므로, 압수·수색영장을 집행하는 수사기관

으로서는 그러한 장애가 있는 참여자에 대하여 장애인차별금지법 제26조 제6항의 취지에 맞는 적법한 조치를 취함으로써 형사소송법 제123조 제2항, 제3항이 요구하는 압수·수색절차의 적법요건이 갖추어질 수 있도록 하여야 한다.

[5] 이러한 법리는, 타인의 주거, 간수자 있는 가옥, 건조물, 항공기 또는 선박·차량 안(이하 '주거지 등'이라고 한다)에 대한 압수수색에서 피의자가 동시에 주거주 등인 경우에도 동일하게 적용된다. 형사소송법이 제121조, 제122조, 제219조에서 '당사자의 참여권'이라는 표제 아래 검사, 피의자, 변호인의 참여권을 규정하면서도 제123조에서 '책임자의 참여'라는 표제로 주거주 등이나 이웃 등의 필요적 참여를 별도로 정하고 있고, '당사자의 참여권'과 '책임자의 참여'는 그 취지나 목적, 보호법익이 동일하지 않기 때문이다. 따라서 피의자가 주거주 등인 주거지 등에서 압수수색영장을 집행하는 경우 피의자에게 최소한 압수·수색절차의 의미를 이해할 수 있는 정도의 능력('참여능력')이 없다면 그 피의자만 참여하는 것으로는 부족하고, 수사기관은 형사소송법 제123조 제3항에 따라 참여능력이 있는 이웃 등을 함께 참여시켜야 한다. 이때 참여능력이 없는 피의자만이 참여하였다면 그 압수·수색은 형사소송법 제123조 제2항, 제3항을 위반한 것으로 원칙적으로 위법하다.

[6] 형사소송법 제123조 제2항, 제3항, 제219조에 따라 압수·수색절차에 참여한 참여자와 관련하여 해당 절차의 적법요건이 갖추어졌는지는, 수사기관이 인식하였거나 인식할 수 있었던 사정 등을 포함하여 압수·수색 당시를 기준으로 외형적으로 인식 가능한 사실상의 상태를 살펴 판단하여야 한다. 압수·수색 당시 수사기관이 인식할 수 없었던 참여자의 내부적, 주관적 사정이나 참여자의 객관적 능력에 관한 법률적·사후적인 판단은 고려대상이 아니다(대법원 2024. 10. 8. 선고2020도11223 판결).

③ (○) [1] 전자정보가 제3자 소유·관리의 정보저장매체에 복제되어 임의제출되는 경우에 복제 전자정보와 원본 전자정보의 내용이 완전히 동일하다고 하더라도, 복제 전자정보 생성 경위와 지배관리 상태, 복제 전자정보를 임의제출하게 된 경위, 원본 전자정보 임의제출이나 압수·수색 가능성 등 제반 사정과 전자정보 압수·수색에서 혐의사실과 무관한 전자정보의 무분별한 탐색·복제·출력 등을 방지하려는 참여권의 의의 및 기능을 종합적으로 살펴, 원본 전자정보 임의제출이 충분히 가능함에도 오직 원본 전자정보 관리처분권자의 참여를 배제할 목적으로 원본 전자정보 대신 복제 전자정보를 임의제출하는 경우 등과 같이 복제 전자정보를 임의제출하는 사람에게만 참여의 기회를 부여하는 것이 현저히 부당하다는 등의 특별한 사정이 없는 한 그 정보의 동일성을 들어 복제 전자정보 임의제출자 외에 원본 전자정보 관리처분권자를 실질적 피압수자로 평가하고 그에게 참여권을 인정해야 하는 것은 아니라고 보아야 한다.

[2] 피고인이, 청소년인 피해자와의 성교 장면이나 피해자의 신체 부위를 사진과 동영상으로 촬영하여 아동·청소년이용음란물을 제작하고, 위와 같은 음란물 및 수치심을 유발할 수 있는 피해자들의 신체 부위를 동의 없이 촬영한 사진과 동영상을 소지하였다는 등의 「아동·청소년의 성보호에 관한 법률」위반(음란물제작·배포등) 등으로 기소된 사안인데, 피해자들은 피고인 소유·관리의 정보저장매체(이하 'USB')에 저장되어 있던 전자정보를 피해자들 소유·관리의 정보저장매체(이하 '제1, 2, 3 USB')에 복제한 다음 그 복제된 전자정보가 저장된 피해자들 소유·관리의 정보저장매체를 임의제출하였다.

[3] 대법원은 위와 같은 법리를 설시하면서, ㉠ 피해자들이 임의제

출한 제1, 2, 3 USB는 피해자들의 소유·관리에 속하는 정보저장매체로서 그 자체로는 피고인과 관련이 없는 점, ⓛ 피고인이 소유·관리하는 정보저장매체는 원본 USB 뿐인데, 원본 USB는 수사기관에 임의제출되거나 압수된 바 없으므로 원본 USB에 관하여 형사소송법이 정한 참여권이나 그 참여권 인정을 위한 전제로 실질적 피압수자라는 지위를 상정하기 어려운 점, ⓒ 이 사건 전자정보 등의 압수·수색(임의제출) 과정에서는 특별한 사정이 없는 한 임의제출인 피해자들(피압수자)에게 형사소송법이 정하는 바에 따라 참여의 기회를 부여하는 것으로 충분하고, 원본 USB 소유·관리자이자 그 저장 전자정보의 관리처분권자인 피고인을 실질적 피압수자로 보아 피고인에게까지 참여의 기회를 부여해야만 그 임의제출이 적법하다고 평가할 수는 없다(대법원2024. 12. 24. 선고2023도3626판결).

결국, 전자정보가 **제3자** 소유·관리의 정보저장매체에 **복제되어 임의제출되는 경우**, 특별한 사정이 없는 한 **원본** 전자정보 **관리처분권자의 참여권이 보장되어야 하는 것은 아니다.**

④ (○) [1] 수사기관의 압수·수색은 법관이 발부한 압수수색영장에 의하여야 하는 것이 원칙이고, 그 영장에는 피의자의 성명, 압수할 물건, 수색할 장소·신체·물건과 압수수색의 사유 등이 특정되어야 하며, 영장은 처분을 받는 자에게 반드시 제시되어야 하고, 압수물을 압수한 경우에는 목록을 작성하여 소유자, 소지자 등에게 교부하여야 한다. 이러한 형사소송법과 형사소송규칙의 절차 조항은 헌법에서 선언하고 있는 적법절차와 영장주의를 구현하기 위한 것으로서 그 규범력은 확고히 유지되어야 한다. 그러므로 **형사소송법 등에서 정한 절차에 따르지 않고 수집된 증거는 기본적 인권 보장을 위해 마련된 적법한 절차에 따르지 않은 것으로서 원칙적으로 유죄 인정의 증거로 삼을 수 없다.**

[2] 수사기관이 2010. 1. 11. A주식회사에서 압수수색영장을 집행하여 **피고인 갑이 을에게 발송한 이메일**(증거목록 순번 314-1, 3, 5)을 압수한 후 이를 증거로 제출하였으나, 수사기관은 **위 압수수색영장을 집행할 당시 A주식회사에 팩스로 영장 사본을 송신한 사실**은 있으나 영장 원본을 제시하지 않았고 또한 **압수조서와 압수물 목록을 작성하여 이를 피압수·수색 당사자에게 교부하였다고 볼 수도 없다고** 전제한 다음, **위와 같은 방법으로 압수된 위 각 이메일은** 헌법과 형사소송법 제219조, 제118조, 제129조가 정한 절차를 위반하여 수집한 **위법수집증거로 원칙적으로 유죄의 증거로 삼을 수 없고**, 이러한 절차 위반은 헌법과 형사소송법이 보장하는 적법절차 원칙의 실질적인 내용을 침해하는 경우에 해당하고 위법수집증거의 증거능력을 인정할 수 있는 예외적인 경우에 해당한다고 볼 수도 없어 **증거능력이 없다**(대법원2017. 9. 7.선고2015도10648판결).

문제 35 – 정답 ①

▶ ① ⓔ(1개)은 옳은 지문이나, ⓐⓑⓒ(3개)은 틀린 지문이다.

ⓐ (X) 선지의 설명은 **직접증거와 간접증거의 구별**에 관한 것이 아니고/ **원본증거(본래증거)와 전문증거의 구별**에 대한 설명이다. 참고로 이에 대한 증거의 종류는 다음과 같다.

[1] 증거의 종류(분류) 중 **요증사실과의 관계**에 따른 분류(직접증거와 간접증거)

분류	직접증거	간접증거(정황증거라고도 함)
개념	요증사실(범죄사실)을 **직접 증명**하는데 사용되는 증거	요증사실을 **간접적으로 추측(추인)**케 하는 증거

		① 범죄현장에 남아있는 피고인의 지문
예	① 범죄현장을 직접 목격한 자의 증언 ② 피고인의 자백 ③ 무고죄에 있어서 무고문서 ④ 통화위조죄에 있어서 위조통화 ⑤ 공문서위조죄의 위조공문서 등	② 상해사건에 있어서 피해자의 진단서 ③ 피고인의 옷에 묻은 피해자의 혈흔 ④ 살인현장에서 범인이 배회하는 것을 보았다는 증인의 증언 등

[2] 증거의 종류(분류) 중 증거의 **성질**에 따른 분류

① **진술증거**
ⓐ 사람의 **진술 내용**이 증거가 되는 것을 말한다(예. 자백, 증언 등).
ⓑ **구두**에 의한 진술증거(구술증거)와 **서면**에 의한 진술증거(피의자신문조서, 진술조서, 감정서, 진단서 등)을 **포함**한다.
ⓒ **진술증거**는 다시 **원본증거(본래증거)와 전문증거**로 나누어진다.
증인이 **직접 경험한 사실**을 진술하는 것이 **원본증거(본래증거)**이고, 타인으로부터 **전해들은 사실**을 진술하는 것이 **전문증거**이다. 예컨대, 범죄현장을 **직접 목격한 증인 갑이** 공판기일에 출석하여 한 증언은 **원본증거(본래증거)**이고, **그 갑으로부터 들은 을이** 공판기일에 출석하여 한 증언은 **전문증거이다.**
② 비진술증거
진술증거 이외의 증거(서증과 물적 증거)를 말한다(흉기, 지문, 장물, 사람의 신체상태 등).
③ 진술증거와 비진술증거의 **구별** 실익
전문법칙이 적용되는 것은 반대신문권이 보장되는 **진술증거에 한한다.** 비진술증거는 **반대신문이 불가능하기** 때문에 **전문증거에 포함되지 않는다.**

ⓑ (X) **살인죄 등과 같이 법정형이 무거운 범죄의 경우에도** 직접증거 없이 **간접증거만으로 유죄를 인정할 수 있으나**, 그러한 유죄 인정에는 공소사실에 대한 관련성이 깊은 간접증거들에 의하여 신중한 판단이 요구되므로, **간접증거에 의하여 주요사실의 전제가 되는 간접사실을 인정할 때에는** 증명이 합리적인 의심을 허용하지 않을 정도에 이르러야 하고, 하나하나의 간접사실 사이에 모순·저촉이 없어야 하는 것은 물론 간접사실이 논리와 경험칙·과학법칙에 의하여 뒷받침되어야 한다(대판2011.5.26. 2011도1902; 대판 2017.5.30. 2017도1549 등).

ⓒ (X) [1] 자백에 대한 보강증거는 **범죄사실의 전부 또는 중요부분을 인정할 수 있는 정도가 되지 않더라도/ 피고인의 자백이 가공적인 것이 아닌 진실한 것임을 인정할 수 있는 정도만** 되면 **충분하다.**
[2] 또한 **직접증거가 아닌 간접증거나 정황증거도 보강증거가 될 수 있고**, 자백과 보강증거가 서로 어울려서 전체로서 범죄사실을 인정할 수 있으면 유죄의 증거가 된다(대법원2017. 6. 8.선고2017도4827판결).

ⓔ (○) [1] 수사기관이 전자정보를 담은 매체를 피의자로부터 임

의제출받아 압수하면서 거기에 담긴 정보 중 무엇을 제출하는지 명확히 확인하지 않은 경우, **임의제출의 동기가 된 범죄혐의사실과 관련되고** 이를 증명할 수 있는 최소한의 가치가 있는 정보여야 압수의 대상이 되는데, **범행 동기와 경위, 수단과 방법, 시간과 장소 등에 관한 간접증거나 정황증거로 사용될 수 있는 정보도 그에 포함될 수 있다.**

[2] 한편 카메라의 기능과 정보저장매체의 기능을 함께 갖춘 **휴대전화기인 스마트폰(삼성갤럭시S8 휴대폰)을 이용한 불법촬영 범죄와 같이** 범죄의 속성상 해당 범행의 **상습성이 의심**되거나 성적 기호 내지 경향성의 발현에 따른 일련의 범행의 일환으로 이루어진 것으로 의심되고, **법행의 직접증거가 스마트폰 안에 이미지 파일이나 동영상 파일의 형태로 남아 있을 개연성이 있는 경우**에는 그 안에 저장되어 있는 같은 유형의 전자정보에서 그와 **관련한 유력한 간접증거나 정황증거가 발견될 가능성이 높다는 점에서** 이러한 간접증거나 정황증거는 범죄혐의사실과 구체적·개별적 연관관계를 인정할 수 있다(대법원 2023. 6. 1. 선고 2020도2550 판결)

문제 36 – 정답 ④

▶ ④ (X) [1] 검사 또는 사법경찰관이 **피의자가 아닌 자의 출석을 요구하여 조사하는 경우**에는 **피의자를 조사하는 경우와 마찬가지로** 조사장소에 도착한 시각, 조사를 시작하고 마친 시각, 그 밖에 조사과정의 진행경과를 확인하기 위하여 필요한 사항을 조서에 기록하거나 별도의 서면에 기록한 후 수사기록에 편철하도록 하는 등 **조사과정을 기록하게 한 형사소송법 제221조 제1항, 제244조의4 제1항, 제3항의 취지**는 수사기관이 조사과정에서 피조사자로부터 진술증거를 취득하는 과정을 투명하게 함으로써 그 과정에서의 절차적 적법성을 제도적으로 보장하려는 것이다.

[2] 따라서 **수사기관이** 수사에 필요하여 **피의자가 아닌 자로부터 진술서를 작성·제출받는 경우**에도 그 절차는 준수되어야 하므로, 피고인이 아닌 자가 수사과정에서 진술서를 작성하였지만 **수사기관이 조사과정의 진행경과를 확인하기 위하여 필요한 사항을 그 진술서에 기록하거나 별도의 서면에 기록한 후 수사기록에 편철하는 등 적절한 조치를 취하지 아니하여** 형사소송법 제244조의4 제1항, 제3항에서 정한 **절차를 위반한 경우**에는, 그 진술증거 취득과정의 절차적 적법성의 제도적 보장이 침해되지 않았다고 볼 만한 특별한 사정이 없는 한 '**적법한 절차와 방식**'에 따라 수사과정에서 진술서가 작성되었다고 할 수 없어 증거능력을 인정할 수 없다(대법원2022. 10. 27.선고2022도9510판결).

[3] **경찰관이** 입당원서 **작성자의 주거지·근무지를 방문**하여 입당원서 작성 경위 등을 질문한 후 **진술서 작성을 요구하여 이를 제출받은 이상** 형사소송법 **제312조 제5항이 적용되어야 한다**는 이유로 형사소송법 제244조의4에서 정한 **절차를 준수하지 않은 위 각 증거의 증거능력이 인정되지 않는다**(대법원2022. 10. 27. 선고 2022도9510판결). 결국, **위 진술서가** 경찰서에서 작성한 것이 아니라 **작성자가 원하는 장소(주거지)를 방문하여 받은 것이어도** 위 각 절차에 관한 규정이 적용되므로, **형사소송법 제244조의4에서 정한 절차를 준수하여야 한다.**

① (○) [1] **수사기관의 전자정보에 대한 압수·수색은 원칙적으로** 영장 발부의 사유로 된 범죄 혐의사실과 관련된 부분만을 문서 출력물로 수집하거나 수사기관이 휴대한 저장매체에 해당 파일을 복제하는 방식으로 이루어져야 한다. **수사기관이 저장매체 자체를 직접 반출하거나 그 저장매체에 들어 있는 전자파일 전부를 하드카피나 이미징 등 형태(복제본)로** 수사기관 사무실 등 외부에 **반출**하는 방식으로 **압수·수색하는 것은** 현장의 사정이나 전자정보의 대량성으로 인하여 관련 정보 획득에 긴 시간이 소요되거나 전문인력에 의한 기술적 조치가 필요한 경우 등 범위를 정하여 출력 또는 복제하는 방법이 불가능하거나 압수의 목적을 달성하기에 현저히 곤란하다고 인정되는 때에 한하여 **예외적으로 허용될 수 있을 뿐이다.**

[2] **수사기관은** 하드카피나 이미징 등 형태(이하 '**복제본**'이라 한다)에 담긴 전자정보를 탐색하여 혐의사실과 관련된 정보(이하 '**유관정보**'라 한다)를 선별하여 출력하거나 **다른 저장매체에 저장하는 등으로 압수를 완료하면 혐의사실과 관련 없는 전자정보(이하 '무관정보'라 한다)를 삭제·폐기하여야 한다.** 수사기관이 새로운 범죄 혐의의 수사를 위하여 **무관정보가 남아 있는 복제본을 열람하는 것은** 압수·수색영장으로 압수되지 않은 전자정보를 **영장 없이 수색하는 것과 다르지 않다.** 따라서 **복제본은 더 이상 수사기관의 탐색, 복제 또는 출력 대상이 될 수 없으며,** 수사기관은 새로운 범죄 혐의의 수사를 위하여 필요한 경우에도 유관정보만을 출력하거나 복제한 기존 압수·수색의 결과물을 열람할 수 있을 뿐이다.

[3] **현역 군인인 피고인이** 방산업체 관계자의 부탁을 받고 **군사기밀과 군사상 기밀을 누설하였다는** 군사기밀보호법 위반 및 군형법상 군기누설 혐의로 기소되었다.

[4] **원심은** 수사기관이 **피고인에 대한 수사를 위하여** 유죄 판결이 이미 확정된 A(누설 상대방)에 대한 수사 당시 전자정보 압수수색 과정에서 생성한 **이미징 사본을 탐색, 출력한 행위가 위법**하며, 이를 바탕으로 **수집한 전자정보 등 2차적 증거는 위법수집증거에 해당**하여 유죄의 증거로 사용할 수 없고, 위법수집증거 배제법칙의 예외에 해당한다고 보기도 어렵다는 이유로 **피고인에게 무죄를 선고하였다.**

[5] **대법원은,** 전자정보 압수수색 과정에서 생성되는 하드카피나 이미징 형태의 **복제본은 무관정보를 포함하고 있어** 압수 **완료시 삭제·폐기의 대상이 될 뿐 새로운 범죄 혐의 수사를 위한** 수사기관의 **추가적인 탐색, 출력의 대상이 될 수 없다**(대법원2023. 6. 1. 선고2018도19782판결). 결국, 선행 사건의 전자정보 압수·수색 과정에서 생성한 이미징 사본을 **선행 사건의 판결 확정 이후** 그 공범에 대한 범죄혐의 수사를 위해 **새로 탐색·출력한 것은 위법하다.**

② (○) [1] 전자정보에 대한 압수·수색에 있어 그 저장매체 자체를 외부로 반출하거나 하드카피·이미징 등의 형태로 복제본(이하 '복제본'이라 한다)을 만들어 외부에서 그 저장매체나 복제본에 대하여 **압수·수색이 허용되는 예외적인 경우**에도 혐의사실과 관련된 전자정보(이하 '유관정보'라 한다) 이외에 이와 **무관한 전자정보(이하 '무관정보'라 한다)를 탐색·복제·출력하는 것은 원칙적으로 위법한 압수·수색에 해당하므로 허용될 수 없다.**

[2] 그러나 전자정보에 대한 압수·수색이 종료되기 전에 유관정보를 적법하게 탐색하는 과정에서 **무관정보를 우연히 발견한 경우라면,** 수사기관으로서는 **더 이상의 추가 탐색을 중단하고 법원으로부터 별도의 범죄혐의에 대한 압수·수색영장을 발부받은 경우에 한하여** 그러한 정보에 대하여도 **적법하게 압수·수색을 할 수 있다**(대법원 2015. 7. 16. 자 2011모1839 전원합의체 결정 등 참조).

[3] 수사기관이 유관정보를 선별하여 압수한 후에도 **무관정보를 삭제·폐기·반환하지 아니한 채 그대로 보관하고 있다면 무관정보 부분에 대하여는** 압수의 대상이 되는 전자정보의 범위를 넘어서는 전자정보를 영장 없이 압수·수색하여 취득한 것이어서 위법

하고, **사후에** 법원으로부터 압수·수색영장이 발부되었다거나 피고인이나 변호인이 이를 증거로 함에 동의하였다고 하여 **그 위법성이 치유된다고 볼 수 없다**(대법원 2022. 1. 24. 자 2021모1586 결정 등 참조).

[4] **수사기관이 새로운 범죄혐의의 수사를 위하여 무관정보가 남아 있는 복제본을 열람하는 것은** 압수·수색영장으로 **압수되지 않은 전자정보를 영장 없이 수색하는 것과 다르지 않다.** 따라서 **복제본은 더 이상 수사기관의 탐색, 복제 또는 출력 대상이 될 수 없으며,** 수사기관은 새로운 범죄혐의의 수사를 위하여 필요한 경우에도 기존 압수·수색 과정에서 출력하거나 복제한 유관정보의 결과물을 열람할 수 있을 뿐이다. **사후에 법원으로부터 복제본을 대상으로 압수·수색영장이 발부받아 집행하였다고 하더라도, 이는 압수수색절차가 종료됨에 따라 당연히 삭제·폐기되었어야 할 전자정보를 대상으로 한 것으로 위법하다.**

[5] 검찰수사서기관인 피고인이 수사를 지연시켜 달라는 내용의 부정청탁을 받고 그에 따라 직무를 수행하고 수사기관 내부의 비밀을 누설하였다는 혐의로 수사를 받게 되었는데, **수사기관이 별건 압수·수색 과정에서 압수한 휴대전화에 저장된 전자정보를 탐색하던 중 우연히 이 사건 범죄사실 혐의와 관련된 전자정보**(이하 '이 사건 녹음파일 등')**를 발견하였는데도,** 이후 약 3개월 동안 **대검찰청 통합디지털증거관리시스템(D-NET, 이하 '대검찰청 서버')에** 그대로 저장된 채로 계속 보관하면서 영장 없이 이를 탐색·복제·출력하여 증거를 수집한 사안에서, 이 사건에서 수사기관이 무관정보를 우연히 발견하였는데도 더 이상의 추가 탐색을 중단하고 **법원으로부터 압수·수색영장을 발부받았다고 평가할 수 없으므로,** 휴대전화에 저장된 이 사건 녹음파일 등은 적법한 압수·수색절차에 요구되는 관련 규정을 준수하지 아니함으로써 영장주의 및 적법절차 원칙을 위반하여 **위법하게 수집된 증거에 해당하고,** 나아가 위법수집증거인 이 사건 녹음파일 등을 기초로 수집된 증거들 역시 위법수집증거에 터 잡아 획득한 2차적 증거로서 **위 압수절차와 2차적 증거수집 사이에 인과관계가 회석 또는 단절되었다고 볼 수 없으므로 증거능력을 인정할 수 없다**(대법원 2024. 4. 16. 선고 2020도3050 판결).

③ (O) **경찰관이** 이른바 **전화사기죄 범행의 혐의자를 긴급체포하면서 그가 보관하고 있던 다른 사람의 주민등록증, 운전면허증 등을 압수한** 사안에서, 이는 구 형사소송법(2007. 6. 1. 법률 제8496호로 개정되기 전의 것) 제217조 제1항에서 규정한 **해당 범죄사실의 수사에 필요한 범위 내의 압수로서 적법하므로,** 이를 위 혐의자의 **점유이탈물횡령죄 범행에 대한 증거로 인정한다**(대판 2008.7.10 2008도2245)

문제 37 – 정답 ③

▶ ③ (X) [1] **형사소송법 제312조 제3항은** 검사 이외의 수사기관이 작성한 **해당 피고인에 대한 피의자신문조서를 유죄의 증거로 하는 경우뿐만 아니라** 검사 이외의 수사기관이 작성한 해당 피고인과 **공범관계에 있는 다른 피고인이나 피의자에 대한 피의자신문조서를 해당 피고인에 대한 유죄의 증거로 채택할 경우에도 적용된다.**

[2] 그리고 **이러한 법리는** 공동정범이나 교사범, 방조범 등 공범관계에 있는 자들 사이에서뿐만 아니라, **법인의 대표자나 법인 또는 개인의 대리인, 사용인, 그 밖의 종업원 등 행위자의 위반행위에 대하여 행위자가 아닌 법인 또는 개인이 양벌규정에 따라 기소된 경우,** 이러한 **법인 또는 개인과 행위자 사이의 관계에서도 마찬가**

지로 적용된다고 보아야 한다.

[3] 따라서 **행위자가 아닌 법인이 양벌규정에 따라 기소된 경우, 사법경찰관이 행위자에 대하여 작성한 피의자신문조서는 행위자가 그 내용을 인정한 경우라도 당해 피고인인 법인이 그 내용을 부인하면** 그 법인에 대하여 유죄의 증거로 쓸 수 없다(증거능력이 없다)(대법원2020. 6. 11.선고2016도9367판결).

① (O) [1] **형사소송법 제312조 제3항은** 검사 이외의 수사기관이 작성한 **당해 피고인에 대한 피의자신문조서를 유죄의 증거로 하는 경우뿐만 아니라,** 검사 이외의 수사기관이 작성한 **당해 피고인과 공범관계에 있는 다른 피고인이나 피의자에 대한 피의자신문조서를 당해 피고인에 대한 유죄의 증거로 채택할 경우에도 적용된다.**

[2] 따라서 당해 피고인과 공범관계에 있는 공동피고인에 대해 검사 이외의 수사기관이 작성한 피의자신문조서는 **그 공동피고인의 법정진술에 의하여 성립의 진정이 인정되더라도 당해 피고인이 공판기일에서 그 조서의 내용을 부인하면 증거능력이 부정된다.**

[3] 그리고 이러한 경우 **그 공동피고인이 법정에서** 경찰수사 도중 피의자신문조서에 기재된 것과 같은 내용으로 진술하였다는 취지로 **증언하였다고 하더라도,** 이러한 증언은 원진술자인 공동피고인이 그 자신에 대한 경찰 작성의 피의자신문조서의 진정성립을 인정하는 취지에 불과하여 **위 조서와 분리하여 독자적인 증거가치를 인정할 것은 아니므로,** 앞서 본 바와 같은 이유로 **위 조서의 증거능력이 부정되는 이상** 위와 같은 **증언 역시** 이를 **유죄 인정의 증거로 쓸 수 없다**(대법원 2009. 10. 15. 선고 2009도1889 판결). 결국, **당해 피고인과 공범관계에 있는 공동피고인이** 법정에서 경찰 수사 도중 피의자신문조서에 기재된 것과 동일한 내용을 진술하였다는 취지로 **증언한** 경우, 당해 피고인이 공판기일에서 그 조서의 **내용을 부인하면 그 증언의 증거능력은 없다.**

② (O) [1] **형사소송법 제312조 제3항은** 검사 이외의 수사기관이 작성한 **해당 피고인에 대한 피의자신문조서를 유죄의 증거로 하는 경우뿐만 아니라** 검사 이외의 수사기관이 작성한 해당 피고인과 **공범관계에 있는 다른 피고인이나 피의자에 대한 피의자신문조서를 해당 피고인에 대한 유죄의 증거로 채택할 경우에도 적용된다.**

[2] 따라서 **해당 피고인과 공범관계가 있는 다른 피의자에 대하여** 검사 이외의 수사기관이 작성한 피의자신문조서는 **그 피의자의 법정진술에** 의하여 성립의 진정이 인정되는 등 형사소송법 **제312조 제4항의 요건을** 갖춘 경우라도 해당 피고인이 공판기일에서 그 조서의 **내용을 부인하는 이상 이를 유죄 인정의 증거로 사용할 수 없고,** 그 당연한 결과로 위 피의자신문조서에 대하여는 사망 등 사유로 인하여 법정에서 진술할 수 없는 때에 예외적으로 증거능력을 인정하는 규정인 **형사소송법 제314조가 적용되지 아니한다.**

[3] 피고인이 경영하는 **병원의 사무국장으로 근무하던 갑이** 2011. 8. 23.부터 2012. 2. 21.까지 총 43회에 걸쳐 합계 23,490,000원을 환자 소개의 대가 등 명목으로 교부함으로써 **영리를 목적으로 환자를 소개·알선·유인하는 행위를 저지른** 것에 대하여, **피고인은 양벌규정인 의료법 제91조를 적용법조로 기소된 사실,** 피고인은 제1심 제3회 공판기일에서 검사가 증거로 제출한 **사법경찰관 작성의 갑에 대한 피의자신문조서를 증거로 함에 동의하지 않고 그 내용을 부인한 사실,** 그럼에도 제1심은 위 피의자신문조서는 형사소송법 제312조 제3항이 적용되는 '검사 이외의 수사기관이 작성한 피의자신문조서'가 아니라 같은 조 **제4항의 '사법경찰관이 피고인이 아닌 자의 진술을 기재한 조서'에 해당한다고 보아,** 갑이 이미 **사망하였으므로** 공판기일에 출석하여 진술을 할 수 없는 경우에 해

당하고 그의 경찰에서의 진술은 특히 신빙할 수 있는 상태하에서 행하여졌음이 인정되므로 **형사소송법 제314조에 의하여 증거능력을 인정할 수 있다고 판단한 사실**, 이에 따라 제1심과 원심도 유죄를 인정하였다. 그러나 이러한 사실관계를 앞서 본 법리에 비추어 살펴보면, **피고인이 법정에서 사법경찰관 작성의 갑에 대한 피의자신문조서를 증거로 함에 동의하지 않았고 오히려 그 내용을 부인하고 있는 이상**, 검사 이외의 수사기관이 양벌규정의 행위자인 갑에 대하여 작성한 피의자신문조서에 관해서는 형사소송법 **제312조 제3항이 적용되어 그 증거능력이 없고**, 따라서 이 경우에는 형사소송법 **제314조를 적용하여 위 피의자신문조서의 증거능력을 인정할 수도 없다고 보아야 한다.** 그럼에도 원심은, 형사소송법 제314조를 적용하여 사법경찰관 작성의 갑에 대한 피의자신문조서의 증거능력을 인정한 다음 이를 토대로 양벌규정인 의료법 제91조를 적용법조로 하는 이 사건 공소사실을 유죄로 인정하였다. 이러한 **원심판결에는** 형사소송법 제312조 및 제314조에서 정한 증거능력에 관한 법리를 오해하여 판결에 영향을 미친 **잘못이 있다**(대법원2020. 6. 11.선고2016도9367판결). 결국, **피고인의 사용인(병원 직원; 사무국장)이 위반행위를 하여 피고인(병원장)이 양벌규정에 따라 기소된 경우**, 사용인에 대하여 사법경찰관이 작성한 피의자신문조서에 대하여는 **그 사용인이 사망하여 진술할 수 없더라도 형사소송법 제314조가 적용되지 않는다.** 따라서 **양벌규정으로 기소된 병원장은 의료법 위반에 해당하지 않는다.**

④ (O) **검사가 유죄의 자료로 제출한 사법경찰리 작성의 피고인에 대한 피의자신문조서는 피고인이 그 내용을 부인하는 이상 증거능력이 없으나**, 그것이 임의로 작성된 것이 아니라고 의심할 만한 사정이 없는 한 피고인의 법정에서의 진술을 탄핵하기 위한 반대증거로 사용할 수 있다(대법원2014. 3. 13.선고2013도12507판결).

문제 38 - 정답 ②

▶ ② (X) [1] 어떤 진술이 기재된 서류가 그 내용의 **진실성이** 범죄사실에 대한 직접증거로 사용될 때는 **전문증거가 되지만**, 그와 같은 진술을 하였다는 것 **자체** 또는 **진술의 진실성과 관계없는** 간접사실에 대한 정황증거로 사용될 때는 **반드시 전문증거가 되는 것이 아니다.**

[2] 그러나 어떠한 내용의 진술을 하였다는 사실 자체에 대한 정황증거로 사용될 것이라는 이유로 서류의 증거능력을 인정한 다음 그 사실을 다시 진술 **내용**이나 그 **진실성을** 증명하는 간접사실로 **사용하는 경우에 그 서류는 전문증거에 해당한다.** 서류가 그곳에 기재된 원진술의 내용인 사실을 증명하는 데 사용되어 원진술의 내용인 사실이 요증사실이 되기 때문이다. 이러한 경우 형사소송법 **제311조부터 제316조까지 정한 요건(전문법칙의 예외요건)을 충족하지 못한다면 증거능력이 없다**(대법원2019. 8. 29.선고2018도14303전원합의체 판결).

① (O) [1] **형사소송법 제316조 제2항은** "피고인 아닌 자의 공판준비 또는 공판기일에서의 진술이 피고인 아닌 타인의 진술을 그 내용으로 하는 것인 때에는 원진술자가 사망, 질병, 외국거주, 소재불명, 그 밖에 이에 준하는 사유로 인하여 진술할 수 없고, 그 진술이 특히 신빙할 수 있는 상태하에서 행하여졌음이 증명된 때에 한하여 이를 증거로 할 수 있다"고 규정하고 있고, 같은 조 제1항에 따르면 위 '피고인 아닌 자'에는 공소제기 전에 피고인 아닌 타인을 조사하였거나 그 조사에 참여하였던 자(이하 '조사자'라고 한다)도 포함된다. 따라서 **조사자의 증언에 증거능력이 인정되기**

위해서는 원진술자가 사망, 질병, 외국거주, 소재불명, 그 밖에 이에 준하는 사유로 인하여 **진술할 수 없어야 하는 것이다.**

[2] 따라서 **원진술자가 법정에 출석하여 수사기관에서 한 진술을 부인하는 취지로 증언한 이상 원진술자의 진술을 내용으로 하는 조사자의 증언은 증거능력이 없다**(대법원2008. 9. 25.선고2008도6985판결).

③ (O) [1] 조세범칙조사를 담당하는 **세무공무원이** 피고인이 된 혐의자 또는 참고인에 대하여 **심문한 내용을 기재한 조서는** 검사·사법경찰관 등 수사기관이 작성한 조서와 동일하게 볼 수 없으므로 **형사소송법 제312조에 따라 증거능력의 존부를 판단할 수는 없고, 피고인 또는 피고인이 아닌 자가 작성한 진술서나 그 진술을 기재한 서류에 해당하므로 형사소송법 제313조에 따라** 공판준비 또는 공판기일에서 작성자·진술자의 진술에 따라 **성립의 진정함이 증명되고** 나아가 그 **진술이 특히 신빙할 수 있는 상태** 아래에서 행하여진 때에 한하여 **증거능력이 인정된다**(대법원2022. 12. 15.선고2022도8824판결). 결국, 조세범칙조사를 담당하는 **세무공무원이** 피고인이 된 혐의자 또는 참고인에 대하여 심문한 내용을 기재한 조서(세무공무원이 작성한 심문조서)가 증거능력이 인정되기 위해서는 **형사소송법 제312조(검사 또는 사법경찰관 작성의 피의자 신문조서)가 아닌 피고인 또는 피고인이 아닌 자가 작성한 진술서나 그 진술을 기재한 서류에 해당하므로제313조 제1항의 증거능력요건을 갖추어야 한다.**

④ (O) [1] 수사기관에서 진술한 참고인이 법정에서 증언을 거부하여 피고인이 반대신문을 하지 못한 경우에는 정당하게 증언거부권을 행사한 것이 아니라도, **피고인이 증인의 증언거부상황을 초래하였다는 등의 특별한 사정이 없는 한** 형사소송법 제314조의 '그 밖에 이에 준하는 사유로 인하여 진술할 수 없는 때'에 **해당하지 않는다고** 보아야 한다. 따라서 증인이 정당하게 증언거부권을 행사하여 증언을 거부한 경우와 마찬가지로 수사기관에서 그 증인의 진술을 기재한 서류는 증거능력이 없다.

[2] 다만, **피고인이 증인의 증언거부상황을 초래하였다는 등의 특별한 사정이 있는 경우에는 형사소송법 제314조의 적용을 배제할 이유가 없다.** 이러한 경우까지 형사소송법 제314조의 '그 밖에 이에 준하는 사유로 인하여 진술할 수 없는 때'에 해당하지 않는다고 보면 사건의 실체에 대한 심증 형성은 법관의 면전에서 본래증거에 대한 반대신문이 보장된 증거조사를 통하여 이루어져야 한다는 실질적 직접심리주의와 전문법칙에 대하여 예외를 정한 형사소송법 제314조의 취지에 반하고 정의의 관념에도 맞지 않기 때문이다(대법원2019. 11. 21.선고2018도13945전원합의체 판결). 결국, **피고인이 증인의 증언거부상황을 초래하였다는 등의 특별한 사정이 있는 경우에는** 형사소송법 **제314조의** '그 밖에 이에 준하는 사유로 인하여 진술할 수 없는 때'에 **해당한다.**

문제 39 - 정답 ②

▶ ② ㉠㉡㉢㉣(4개)은 맞는 지문이고, ㉢(1개)은 틀린 지문이다.

㉠ (O) [1] **형사소송법이 수사기관에서 작성된 조서 등 서면증거에 대하여 일정한 요건을 충족하는 경우에 증거능력을 인정하는 것은** 실체적 진실발견의 이념과 소송경제의 요청을 고려하여 **예외적으로 허용하는 것일 뿐이므로 증거능력 인정 요건에 관한 규정은 엄격하게 해석·적용하여야** 한다.

[2] **형사소송법 제313조 제1항은** '전 2조의 규정 이외에 피고인 또는 피고인이 아닌 자가 작성한 진술서나 그 진술을 기재한 서류'로서 그 작성자 또는 진술자의 자필이거나 그 서명 또는 날인이 있는

것에 대하여 **그 진정성립이 증명되면 증거능력을 인정한다**(대법원 2024. 11. 14.선고2024도11314판결).

ⓒ (○) **수사과정에서** 작성된 서류의 증거능력에 관하여 형사소송법 제313조 제1항보다 **더욱 엄격한 요건을 규정한 형사소송법 제312조의 취지에 비추어 보면**, 형사소송법 제313조 제1항이 규정하는 서류는 **수사과정 외에서 작성된 서류를 의미한다**(대법원2024. 11. 14.선고2024도11314판결).

ⓒ (X) **피고인의 진술을 기재한 서류가 비록 수사기관이 아닌 자에 의하여 작성되었다고 하더라도, 수사가 시작된 이후 수사기관의 관여나 영향 아래 작성된 경우로서 그 서류가 수사과정 외에서 작성된 것이라고 보기 어렵다면**, 이를 형사소송법 제313조 제1항의 '전 2조의 규정 이외에 피고인의 진술을 기재한 서류'에 해당한다고 할 수 없다(대법원2024. 11. 14.선고2024도11314판결).

ⓒ (○) **전문증거의 증거능력은** 이를 인정하는 **법적 근거가 있는 때에만 예외적으로 인정된다**는 원칙 및 **피고인 또는 피고인이 아닌 자의 진술서가 수사과정에서 작성된 경우** 그 증거능력에 관하여 형사소송법 제313조 제1항보다 **더욱 엄격한 요건을 규정한 형사소송법 제312조의 취지 등에 비추어 보면, 수사기관이 아닌 자** (검사나 사법경찰관인 검찰주사보가 아닌 **조정위원장과 조정위원**)가 **수사과정에서 작성한 피고인의 진술을 기재한 서류의 증거능력도 엄격하게 제한할 필요가 있다**(대법원2024. 11. 14.선고2024도11314판결).

ⓒ (○) [1] A 지방검찰청 소재 형사조정실에서 **피고인의 피해자에 대한 강간등치상의 양형참작을 위하여** 검사가 이 사건을 형사조정절차에 회부하여 **피고인만이 출석한 상태**에서 피해자와는 전화통화를 하는 방식으로 **이 사건 형사조정절차를 진행하여 형사조정조서를 작성하여** 이를 검사에게 보냈다. **형사조정조서 중 '피의자의 주장'** 란에는 **'피해자에게 성추행 및 간음 미수 피해를 입혔음'** 이라고 기재되어 있고, 말미에는 형사조정절차에 참여한 **조정위원장 乙과 조정위원 丙 및 출석한 피고인 甲의 각 성명과 서명이 기재되어 있다.**

[2] 이 사건 **형사조정조서 중 '피의자의 주장'** 란에 피고인의 진술을 **기재한 부분은 비록 수사기관이 아닌 자**(검사나 사법경찰관인 검찰주사보가 아닌 **조정위원장 乙과 조정위원 丙**)에 의하여 **작성되었다고 하더라도 수사가 시작된 이후 수사기관의 관여나 영향 아래 작성된 경우로서** 실질적으로 고찰할 때 **수사과정 외에서 작성된 것이라고 볼 수 없으므로** 형사소송법 제313조 제1항에 따라 **증거능력을 인정할 수 없다.** 또한 이는 **수사기관이 작성한 '피의자신문조서'**나 '피고인이 아닌 자(참고인)의 진술을 기재한 조서'가 **아니고**, '피고인 또는 피고인이 아닌 자가 작성한 진술서'라 보기도 어려우므로 형사소송법 제312조에 의하여 **증거능력을 인정할 수도 없다**(대법원2024. 11. 14.선고2024도11314판결). 결국, 형사조정조서 중 '피의자의 주장'에 **'피해자에게 성추행 및 간음 미수 피해를 입혔음'** 이라고 **기재된 부분**은 형사소송법 제313조 제1항(수사과정 이외의 진술서 또는 진술기재서)에도 **해당하지 않고, 제312조**(수사과정에서 수사기관이 작성한 조서 또는 수사과정에서 작성된 진술서)에도 **해당하지 않는다.**

문제 40 - 정답 ④

▶ ④ (○) [1] **공범인 공동피고인은** 당해 소송절차에서는 **피고인**의 지위에 있으므로 **다른 공동피고인에 대한** 공소사실에 관하여 **증인이 될 수 없으나,** 소송절차가 **분리되어** 피고인의 지위에서 벗어나게 되면 **다른 공동피고인에 대한** 공소사실에 관하여 **증인이**

될 수 있다.

[2] **게임장의 종업원이 그 운영자와 함께** 게임산업진흥에 관한 법률 위반죄의 **공범으로 기소되어** 공동피고인으로 **재판을 받던 중,** 운영자에 대한 공소사실에 관한 **증인으로 증언한 내용**과 관련하여 **위증죄로 기소된** 사안에서, **소송절차가 분리되지 않은 이상 위 종업원은 증인적격이 없어 위증죄가 성립하지 않는다**(대법원2008. 6. 26.선고2008도3300판결). 결국, 설문에 **공동으로 기소되어 심리가 진행되었다**는 문맥에 따라 **소송절차가 분리되지 않은 이상 병은 증인적격이 없어 위증죄가 성립하지 않는다.**

① (X) [1] 3인 이상의 범인이 합동절도의 범행을 공모한 후 적어도 2인 이상의 범인이 범행 현장에서 시간적, 장소적으로 협동관계를 이루어 절도의 실행행위를 분담하여 절도 범행을 한 경우에는 공동정범의 일반 이론에 비추어 **그 공모에는 참여하였으나 현장에서 절도의 실행행위를 직접 분담하지 아니한 다른 범인에 대하여도** 그가 현장에서 절도 범행을 실행한 위 2인 이상의 범인의 행위를 자기 의사의 수단으로 하여 합동절도의 범행을 하였다고 평가할 수 있는 정범성의 표지를 갖추고 있다고 보여지는 한 그 다른 범인에 대하여 **합동절도의 공동정범의 성립을 부정할 이유가 없다**고 할 것이다(대법원1998. 5. 21.선고98도321전원합의체 판결).

[2] 피고인이 갑, 을과 공모한 후 갑, 을은 피해자 회사의 사무실 금고에서 현금을 절취하고, **피고인(병)은 위 사무실로부터 약 100m 떨어진 곳에서 망을 보는 방법으로 합동하여 재물을 절취**하였다고 하여 주위적으로 기소된 사안에서, 제반 사정에 비추어 **갑, 을의 합동절도 범행에 대한 공동정범으로서** 죄책을 면할 수 없다(대법원2011. 5. 13.선고2011도2021판결). 결국, 병은 단순절도가 아니라 **특수절도죄(합동범)의 공동정범이 성립한다.**

② (X) (X) [1] 형법 제331조 제2항의 특수절도에 있어서 주거침입은 그 구성요건이 아니므로, 절도범인이 그 범행수단으로 주거침입을 한 경우에 그 주거침입행위는 절도죄에 흡수되지 아니하고 별개로 주거침입죄를 구성하여 절도죄와는 실체적 경합의 관계에 있게 되고, **2인 이상이 합동하여 야간이 아닌 주간에 절도의 목적으로 타인의 주거에 침입하였다 하여도 아직 절취할 물건의 물색행위를 시작하기 전이라면 특수절도죄의 실행에는 착수한 것으로 볼 수 없는** 것이어서 그 미수죄가 성립하지 않는다.

[2] **'주간에'** 아파트 출입문 시정장치를 **손괴하다가 발각되어 도주**한 피고인들이 특수절도미수죄로 기소된 사안에서, **'실행의 착수'가 없었다는** 이유로 형법 제331조 제2항의 **특수절도죄의 점에 대해 무죄를 선고한 원심 판단을 수긍한 사례**(대판2009.12.24. 2009도9667). 설문에 甲과 乙이 **오전 10시에** A의 사무실 출입문의 시정장치를 **손괴하다가** A에게 **발각되어 도주**하였다고 설명하고 있으므로 **현재 주간이어서 아직 특수절도죄의 착수에 해당하지 않는다.** 결국, **제331조 제1항의 특수절도죄**(손괴후 야간주거침입절도)는 **야간에** 절도목적으로 출입문의 자물쇠(시정장치), 환기창문, 문고리 등을 **손괴한 때에** 실행의 착수가 있으나, **주간 절도죄의 경우**는 단독범이던 합동범이든 재물에 대한 타인의 사실상의 지배를 침해하는 데에 **밀접한 행위를 개시한 때에** 실행의 착수가 있다.

③ (X) [1] **형사소송법 제312조 제2항(현 제312조 제3항)**은 검사 이외의 수사기관이 작성한 당해 피고인에 대한 피의자신문조서를 유죄의 증거로 하는 경우뿐만 아니라 검사 이외의 수사기관이 작성한 당해 피고인과 공범관계에 있는 다른 피고인이나 피의자에 대한 피의자신문조서를 당해 피고인에 대한 유죄의 증거로 채택할

경우에도 적용되는바, **당해 피고인과 공범관계가 있는 다른 피의자에 대한 검사 이외의 수사기관 작성의 피의자신문조서**는 그 피의자의 법정진술에 의하여 그 성립의 진정이 인정되더라도 **당해 피고인이 공판기일에서 그 조서의 내용을 부인하면 증거능력이 부정되므로** 그 당연한 결과로 그 피의자신문조서에 대하여는 사망 등 사유로 인하여 법정에서 진술할 수 없는 때에 예외적으로 증거능력을 인정하는 규정인 형사소송법 제314조가 적용되지 아니한다.

[2] **피의자가 경찰수사 단계에서 작성한 진술서**에 대하여는 **검사 이외의 수사기관 작성의 피의자신문조서와 동일하게** 제312조 제2항 **(현 제312조 제3항)을 적용하여야 한다**(대법원2004. 7. 15.선고 2003도7185전원합의체 판결). 결국, **甲의 공소사실에 대한 증거로 제출된 乙의 피의자신문조서**는 乙이 법정에서 그 내용을 인정하더라도 **甲이 그 내용을 부인**하면 甲의 공소사실에 대한 증거로 사용할 수 **없다.**

✅ 정답

문제	정답	문제	정답	문제	정답	문제	정답
01	②	11	①	21	③	31	①
02	①	12	①	22	④	32	③
03	③	13	③	23	②	33	③
04	④	14	②	24	④	34	③
05	①	15	①	25	①	35	①
06	②	16	①	26	②	36	③
07	①	17	③	27	④	37	③
08	①	18	②	28	③	38	④
09	③	19	③	29	②	39	①
10	②	20	③	30	④	40	④

문제 01 - 정답 ②

▶ ② (X) [1] 공소시효를 정지·연장·배제하는 특례조항을 신설하면서 소급적용에 관한 명시적인 경과규정을 두지 않은 경우 그 조항을 소급하여 적용할 수 있는지에 관해서는 보편타당한 일반원칙이 존재하지 않고, 적법절차원칙과 소급금지원칙을 천명한 헌법 제12조 제1항과 제13조 제1항의 정신을 바탕으로 하여 법적 안정성과 신뢰보호원칙을 포함한 법치주의 이념을 훼손하지 않는 범위에서 신중히 판단해야 한다.

[2] 신체적 학대행위를 비롯한 아동학대범죄로부터 피해아동을 보호하기 위하여 2014. 1. 28. 법률 제12341호로 제정된「아동학대범죄의 처벌 등에 관한 특례법」(이하 '아동학대처벌법'이라 한다) 제34조는 '공소시효의 정지와 효력'이라는 표제 아래 제1항에서 "아동학대범죄의 공소시효는 형사소송법 제252조에도 불구하고 해당 아동학대범죄의 피해아동이 성년에 달한 날부터 진행한다."라고 규정하고, 그 부칙은 "이 법은 공포 후 8개월이 경과한 날부터 시행한다."라고 규정하면서 소급적용 등에 관하여 명시적인 규정을 두고 있지 않다.

[3] 위와 같은 법 문언과 취지를 앞에서 본 공소시효를 정지하는 특례조항의 신설·소급에 관한 법리에 비추어 보면, 아동학대처벌법 제34조 제1항은 완성되지 아니한 공소시효의 진행을 피해아동이 성년에 달할 때까지 장래를 향하여 정지시키는 것으로 봄이 타당하다. 따라서 위 규정 시행일인 2014. 9. 29. 당시 피해아동이 이미 성년에 달한 경우에는 공소시효의 진행이 정지되지 않는다고 보아야 한다.

[4] 따라서 이 사건 공소사실 중 아동복지법 위반(아동학대) 부분에 대하여, 피해아동이 아동학대처벌법 제34조 제1항 시행 이전인 2013. 7. 1. 이미 성년에 달하여 공소시효의 진행이 정지되지 아니하므로 공소시효의 완성을 이유로 면소를 선고하여야 한다(대법원 2023.9.21.선고 2020도8444판결).

① (○) [1] 구어선법 제21조 제1항, 제27조 제1항 제1호는 어선검사증서에 기재할 사항에 관하여 해양수산부령에 위임할 사항의 내용과 범위를 구체적으로 특정하였고, 이로부터 하위법령인 해양수산부령에 규정될 사항이 어떤 것인지 대체적으로 예측할 수 있다고 보인다.

[2] 또한 총톤수는 선박의 크기를 나타내기 위하여 사용되는 지표로서(선박법 제3조 제1항) 어선검사 대상인 설비 중 하나인 선체와 관련되고 어선의 안전성과도 밀접한 관련이 있다. 선박법 제27조 제1항 제1호에서 예시하고 있는 어선검사증서 기재사항들에 비추어 보면, 구 어선법 시행규칙 제63조 제1항에서 어선검사증서에 기재할 사항을 구체적으로 규정하면서 총톤수를 포함시킨 것은 법의 위임에 따른 것으로서 위임입법의 한계를 벗어났다고 보기 어렵다.

[3] 어선의 소유자인 피고인이 어선검사증서에 기재된 총톤수(9.77t)가 약 2t 정도 증가되도록 선체 상부구조물을 증설하였음에도 임시검사를 받지 아니하고 어선을 항행 또는 조업에 사용한 경우, 구 어선법 제44조 제1항 제4호에 따라 처벌하는 것이 죄형법정주의에 위배되지 않는다(대법원2018. 6. 28.선고2017도13426판결). 결국, 어선의 소유자가 어선검사증서에 기재된 내용을 변경하려는 경우에는 해양수산부령으로 정하는 바에 따라 임시검사를 받아야 하고 그 검사를 받지 않은 어선을 항행이나 조업에 사용하면 아니 된다. 피고인은 낚시어선인 ○○○○호의 소유자로서 위 선박에 관한 어선검사증서에 기재된 총톤수(9.77t)가 약 2t 정도 증가되도록 선체 상부구조물을 증설하였음에도 임시검사를 받지 아니하고 위 선박을 항행 또는 조업에 사용한 경우, 구어선법 위반으로 처벌하였다.

③ (○) [1] 구 국제조세조정에 관한 법률(약칭: 국제조세조정법) 제34조 제6항의 위임에 따라 시행령에서 구체화될 '신고의무자 판정기준'에는 외국법인의 의결권 있는 주식 100분의 100을 직접 또는 간접 소유한 내국법인(이하 '완전모회사'라고 하고, 완전모회사가 주식 100분의 100을 직접 또는 간접 소유한 외국법인을 '완전자회사'라고 한다)을 실질적 소유자로 판정하는 기준이 포함될 수 있음을 충분히 예측할 수 있다고 보아야 한다.

[2] 그러므로 완전모회사인 내국법인을 완전자회사인 외국법인 명의의 해외금융계좌의 실질적 소유자로 정한 '이 사건 괄호 규정'(내국법인이 외국법인의 의결권 있는 주식의 100분의 100을 직접 또는 간접으로 소유한 경우 그 내국법인을 포함하되, 조세조약의 체결여부 등을 고려하여 기획재정부장관이 정하는 경우에는 그러하지 아니하다)이 구 국제조세조정법 제34조 제6항의 위임범위를 일탈하여 무효라고 볼 수 없다.

[3] 피고인들이 홍콩 소재 공소외 A법인(이하 '홍콩법인'이라고 한다)과 대만 소재 공소외 B법인(이하 '대만법인'이라고 한다) 명의로서 피고인 회사가 실질적 소유자인 해외금융계좌의 2015년도 매월 말일 보유계좌잔액 중 최고금액인 6,897,494,000원(2015. 8. 31. 기준)인 해외금융계좌정보를 2016. 6. 30.까지 납세지를 관할하는 서초세무서장에게 신고하지 아니하여 구「국제조세조정에 관한 법률」(2018. 12. 31. 법률 제16099호로 개정되기 전의 것, 이

하 '**구 국제조세조정법**'이라고 한다) 제34조의2 제1항을 위반하였다는 것이다.

[4] 따라서 **내국법인이** 이 사건 괄호 규정의 '**신고의무자 판정기준**'을 **충족하는 경우**에는, 그 신설 이전부터 시행령 제50조 제4항 본문에 규정되어 있던 '신고의무자 판정기준'을 충족하는지 여부를 별도로 심리·판단할 필요 없이 **그 내국법인은 원천지회사 명의의 해외금융계좌에 대해서 신고의무를 부담한다고 보아야 한다**(대법원2020. 3. 12.선고2019도11381판결). 결국, **피고인들에게** 구 국제조세조정법상 **해외금융계좌 신고의무 불이행죄가 성립한다**(현재는 삭제되었음).

④ (○) [1] 국제결혼중개업자는 결혼중개업의 관리에 관한 법률 제10조 제1항에 따라 계약을 체결한 이용자와 결혼중개의 상대방(이하 "상대방"이라 한다)으로부터 혼인경력, 건강상태(후천성면역결핍증, 성병 감염 및 정신질환 여부를 포함한다), 직업, 범죄경력 등 신상정보(증빙서류를 포함한다)를 상대방과 이용자에게 서면으로 제공하여야 한다(결혼중개업의 관리에 관한 법률 제10조의2 제1항). **위 제1항에 따른 신상정보의 제공 시기 및 절차, 입증방법 등**에 필요한 사항은 **대통령령으로 정한다**(동법 제10조의2 제4항).

[2] **국제결혼중개업자는 국제결혼 개인신상정보 확인서**와 **혼인경력, 건강상태, 직업, 범죄경력 신상정보 서류를** 이용자와 상대방이 각각 이해할 수 있는 언어로 번역·제공한 후 **이용자와 상대방이 모두 만남에 서면 동의한 경우에 만남을 주선하여야** 한다. 이 경우 위 신상정보 서류에서 서류에서 주민등록번호에 관한 정보는 삭제하여 제공하여야 한다(결혼중개업의 관리에 관한 법률 시행령 제3조의2 제3항).

[3] **위 시행령 제3조의2 제3항**에서 '국제결혼중개업자는 신상정보를 이용자와 상대방이 각각 이해할 수 있는 언어로 번역·제공한 후 이용자와 상대방이 모두 만남에 서면 동의한 경우에 만남을 주선하여야 한다.'라고 규정하여 **국제결혼중개업자에게** '이용자와 상대방의 만남 이전'에 **신상정보를 제공할 의무를 부과하고 있다**(대법원 2019. 7. 25.선고2018도7989판결).

[4] 위와 같은 결혼중개업법과 같은 법 시행령의 규정 내용과 체계에다가 국제결혼중개업자를 통한 국제결혼의 특수성과 실태 등을 관련 법리에 비추어 살펴보면, 결혼중개업법 제10조의2 제4항에 의하여 대통령령에 규정하도록 위임된 '**신상정보의 제공 시기**'는 적어도 이용자와 상대방의 **만남 이전이 될 것임을 충분히 예측할 수 있으므로**, 결혼중개업법 **시행령 제3조의2 제3항**(국제결혼중개업자에게 '이용자와 상대방의 만남 이전'에 신상정보를 제공할 의무부과규정)이 **결혼중개업법 제10조의2 제4항**(신상정보의 제공 시기 및 절차, 입증방법 등에 필요한 사항은 대통령령으로 정한다)**에서 위임한 범위를 일탈하여 위임법의 한계를 벗어났다고 볼 수 없다**(대법원2019. 7. 25.선고2018도7989판결).

문제 02 – 정답 ①

▶ ① (○) 포괄일죄로 되는 개개의 범죄행위가 법 개정의 전후에 걸쳐서 행하여진 경우 **신·구법의 법정형에 대한 경중을 비교하여 볼 필요도 없이** 범죄실행 **종료 시의 법**이라고 할 수 있는 **신법을 적용**하여 포괄일죄로 처단하여야 한다(대법원2022. 9. 16.선고2019도19067판결).

② (X) [1] **포괄일죄에 관한** 기존 처벌법규에 대하여 그 표현이나 형량과 관련한 개정을 하는 경우가 아니라 애초에 죄가 되지 않던 행위를 구성요건의 신설로 포괄일죄의 처벌대상으로 삼는 경우에는 **신설된 포괄일죄 처벌법규가 시행되기 이전의 행위**에 대하여는

신설된 법규를 적용하여 처벌할 수 없고(형법 제1조 제1항), 이는 신설된 처벌법규가 **상습범을 처벌하는 구성요건인 경우에도 마찬가지이다.**

[2] 청소년성보호법 제11조 제1항에서 아동·청소년성착취물을 제작하는 행위를 처벌하는 규정을 두고 있는데, **청소년성보호법이** 2020. 6. 2. 법률 제17338호로 **개정되면서 상습으로** 아동·청소년성착취물을 제작하는 행위를 **처벌하는 조항인 제11조 제7항을 신설하고** 그 부칙에서 개정 법률은 **공포한 날부터 시행한다**고 정하였다.

[3] 이 부분 공소사실 중 **위 개정규정이 시행되기 전인 2015. 2. 28.부터 2020. 5. 31.까지** 아동·청소년성착취물 제작으로 인한 청소년성보호법 위반 부분에 대하여는 **위 개정규정을 적용하여 청소년성보호법 위반(상습성착취물제작·배포등)죄로 처벌할 수 없고, 행위시법에 기초하여 청소년성보호법 위반(성착취물제작·배포등)죄로 처벌할 수 있을 뿐이다**(대법원2022. 12. 29.선고2022도10660 판결). 결국, 2분의1까지 가중하는 **상습범으로 처벌할 수 없고, 단순 제작등죄로 처벌해야** 한다.

③ (X) 범죄의 성립과 처벌에 관하여 규정한 형벌법규 자체 또는 그로부터 수권 내지 위임을 받은 법령의 변경에 따라 범죄를 구성하지 아니하게 되거나 형이 가벼워진 경우에는, 종전 법령이 범죄로 정하여 처벌한 것이 부당하였다거나 과형이 과중하였다는 **반성적 고려에 따라 변경된 것인지 여부를 따지지 않고 원칙적으로 형법 제1조 제2항과 형사소송법 제326조 제4호가 적용된다**(대법원 2022. 12. 22. 선고 2020도16420 전원합의체판결).

④ (X) [1] **군형법 제60조의6(군인등에 대한 폭행죄, 협박죄의 특례)** 군인등이 **다음 각 호의 어느 하나에 해당하는 장소에서 군인 등을 폭행** 또는 협박한 경우에는「형법」**제260조 제3항(폭행죄의 반의사불벌죄)** 및 제283조 제3항(협박죄의 반의사불벌죄)을 **적용하지 아니한다.**

1.「군사기지 및 군사시설 보호법」제2조 제1호의 **군사기지**
2.「군사기지 및 군사시설 보호법」제2조 제2호의 군사시설
3.「군사기지 및 군사시설 보호법」제2조 제5호의 군용항공기
4. 군용에 공하는 함선

[2] **피고인과 피해자가 소속된 부대는** 주한미군을 지원하는 작전을 수행하는 **대한민국의 국군부대로 그 본부가 주한미군기지 안에 위치하고, 부대장인 피고인과 부대원인 피해자 모두 위 주한미군기지에서 임무를 수행하고 있는** 것으로 보이는바, 이 사건 범행 장소는 대한민국 국군이 군사작전을 수행하기 위한 근거지에 해당한다고 볼 여지가 크므로, 비록 외국군의 군사기지라고 하더라도, 그곳에서 일어난 **이 사건 범행은 군형법 제60조의6 제1호가 적용되는 군사기지에서 벌어진 군인의 군인에 대한 폭행죄에 해당하므로, 형법상 반의사불벌죄(형법 제260조 제3항)가 적용되지 않는다**(대법원2023.6.15.선고 2020도927판결). 결국, **주한미군기지에서 발생한 대한민국 군인 사이의 폭행**에 군형법 제60조의6 제1호(군사기지에서 발생한 군인등 사이의 폭행죄에 반의사불벌에 관한 형법 제260조 제3항의 적용을 배제하는 규정)가 적용되므로 **형법상 반의사불벌죄(형법 제260조 제3항)가 적용되지 않는다(형법상 반의사불벌죄 규정의 적용이 배제되어야 한다).**

문제 03 – 정답 ③

▶ ③ (X) [1] 구 통신비밀보호법 제3조 제1항이 공개되지 아니한 타인간의 대화를 녹음 또는 청취하지 못하도록 한 것은, **대화에 원래부터 참여하지 않는 제3자가** 그 대화를 하는 **타인간의 발언을 녹음 또는 청취해서는 아니 된다**는 취지이다. 따라서 **대화에 원래**

부터 참여하지 않는 제3자가 일반 공중이 알 수 있도록 공개되지 아니한 타인간의 발언을 녹음하거나 전자장치 또는 기계적 수단을 이용하여 **청취하는 것**은 특별한 사정이 없는 한 **같은 법 제3조 제1항에 위반된다.**

[2] **어떠한 범죄가 적극적 작위에** 의하여 이루어질 수 있음은 물론 결과의 발생을 방지하지 아니하는 **소극적 부작위에 의하여도 실현될 수 있는 경우**에, 행위자가 자신의 신체적 활동이나 물리적·화학적 작용을 통하여 적극적으로 타인의 법익 상황을 악화시킴으로써 결국 그 타인의 법익을 침해하기에 이르렀다면, 이는 **작위에 의한 범죄로 봄이 원칙이다.**

[3] 피고인이 ○○○신문사 빌딩에서 휴대폰의 녹음기능을 작동시킨 상태로 A재단법인의 이사장실에서 집무 중이던 A법인 이사장인 갑의 휴대폰으로 전화를 걸어 갑과 약 8분간의 전화통화를 마친 후 상대방에 대한 예우 차원에서 바로 전화통화를 끊지 않고 갑이 전화를 먼저 끊기를 기다리던중, 평소 친분이 있는 B방송 기획홍보본부장 을이 갑과 인사를 나누면서 B방송 전략기획부장 병을 소개하는 목소리가 피고인의 휴대폰을 통해 들려오고, **때마침 갑이 실수로 휴대폰의 통화종료 버튼을 누르지 아니한 채 이를 이사장실 내의 탁자 위에 놓아두자**, 을의 휴대폰과 통화연결상태에 있는 자신의 휴대폰 수신 및 녹음기능을 이용하여 **이 사건 대화를 몰래 청취하면서 녹음한 사실**을 인정한 다음, **피고인이** 이 사건 대화에 **원래부터 참여하지 아니한 제3자이므로**, 통화연결상태에 있는 휴대폰을 이용하여 이 사건 대화를 청취·녹음하는 행위는 **작위(부작위 X)에 의한** 구 통신비밀보호법 제3조의 **위반행위로서** 같은 법 제16조 제1항 제1호에 의하여 **처벌된다**(대법원2016. 5. 12.선고 2013도15616판결).

① (○) [1] 가. **부작위에 의한 기망**은 보험계약자가 보험자와 보험계약을 체결하면서 **상법상 고지의무를 위반한 경우**에도 **인정될 수 있다.**

나. 다만 보험계약자가 보험자와 보험계약을 체결하더라도 **우연한 사고가 발생하여야만** 보험금이 **지급되는 것**이므로, **고지의무 위반**은 ㉠ 보험사고가 **이미 발생**하였음에도 이를 묵비한 채 **보험계약을 체결**하거나 보험사고 발생의 ㉡ **개연성이 농후함을 인식**하면서도 **보험계약을 체결**하는 경우 또는 ㉢ 보험사고를 **임의로 조작하려는 의도**를 가지고 **보험계약을 체결**하는 경우와 같이 '**보험사고의 우연성**'이라는 보험의 본질을 해할 정도에 이르러야 비로소 보험금 편취를 위한 **고의의 기망행위에 해당한다.**

다. 특히 **상해·질병보험계약**을 체결하는 보험계약자가 **보험사고 발생의 개연성이 농후함을 인식**하였는지는 보험계약 체결 전 기왕에 입은 상해의 부위 및 정도, 기존 질병의 종류와 증상 및 정도, 상해나 질병으로 치료받은 전력 및 시기와 횟수, 보험계약 체결 후 보험사고 발생 시까지의 기간과 더불어 이미 가입되어 있는 보험의 유무 및 종류와 내역, 보험계약 체결의 동기 내지 경과 등을 **두루 살펴 판단하여야** 한다.

[2] 피고인은 이 사건 보험계약 체결 당시 **이미 발생한 교통사고 등으로 생긴 '요추, 경추, 사지' 부분의 질환과 관련하여 입·통원 치료를 받고 있을 뿐 아니라 그러한 기왕증으로 인해** 향후 추가 입원치료를 받거나 유사한 상해나 질병으로 보통의 경우보다 입원치료를 더 받게 될 **개연성이 농후하다는 사정을 인식**하고 있었음에도 **자신의 과거 병력과 치료 이력을 모두 묵비한 채** 이 사건 **보험계약을 체결함**으로써 피해회사로부터 **보험금을 편취**하였다면 **부작위에 의한 기망**에 해당하여 사기죄가 성립한다.(대법원2017. 4.

26.선고2017도1405판결).

② (○) 피고인이 검사로부터 범인을 검거하라는 지시를 받고서도 그 직무상의 의무에 따른 적절한 조치를 취하지 아니하고/ **오히려 범인에게 전화로 도피하라고 권유하여 그를 도피케 하였다**는 범죄사실만으로는 직무배임의 위법상태가 범인도피행위 속에 포함되어 있는 것으로 보아야 할 것이므로, 이와 같은 경우에는 **작위범인 범인도피죄만이 성립**하고 **부작위범인 직무유기죄는 따로 성립하지 아니한다**(대법원1996. 5. 10.선고96도51판결). 결국, 어떠한 범죄가 작위와 부작위가 **병존**하는 경우 작위와 부작위 중에서 어느 것을 형법적 판단의 기준으로 삼아야 할 것인지가 문제되는데, **판례**는 주로 **작위우선/ 부작위보충성**의 태도를 취하고 있다(**작위범만이 성립**하고 작위범이 성립안할 때 부작위범이 성립하므로, 작위범만이 성립하고 부작위범은 따라 성립하지 않는다; **동일취지 판례**로는 보라매병원사건에서의 **의사들은 작위**에 의한 살인죄의 종범/ **증거인멸과** 직무유기죄/ **허공작과** 직무유기죄/ **위계공집방과** 직무유기죄 등이다).

④ (○) [1] 업무방해죄와 같이 작위를 내용으로 하는 범죄를 부작위에 의하여 범하는 부진정 부작위범이 성립하기 위해서는 부작위를 실행행위로서의 작위와 동일시할 수 있어야 한다.

[2] 피고인이 갑과 토지 지상에 창고를 신축하는 데 필요한 형틀 공사 계약을 체결한 후 그 공사를 완료하였는데, **갑이 공사대금을 주지 않는다는 이유로 위 토지에 쌓아 둔 건축자재를 치우지 않고 공사현장을 막는 방법으로 위력으로써 갑의 창고 신축 공사 업무를 방해하였다**는 내용으로 기소된 사안에서, **피고인이 일부러 건축자재를 갑의 토지 위에 쌓아 두어 공사현장을 막은 것이 아니라 당초 자신의 공사를 위해 쌓아 두었던 건축자재를 공사 완료 후 치우지 않은 것에 불과하므로, 비록 공사대금을 받을 목적으로 건축자재를 치우지 않았더라도,** 피고인이 자신의 공사를 위하여 쌓아 두었던 건축자재를 공사 완료 후에 **단순히 치우지 않은 행위가** 위력으로써 갑의 추가 공사 업무를 방해하는 업무방해죄의 실행행위로서 갑의 업무에 대하여 하는 **적극적인 방해행위와 동등한 형법적 가치를 가진다고 볼 수 없으므로 부작위에 의한 업무방해죄가 성립하지 않는다**(대법원2017. 12. 22.선고2017도13211판결).

문제 04 - 정답 ④

▶ ④ (X) [1] 의료사고에서 의사의 과실 유무를 판단할 때에는 **같은 업무·직무에 종사하는 일반적 평균인의 주의 정도를 표준으로** 하여 사고 당시의 일반적 의학의 수준과 의료 환경 및 조건, 의료행위의 특수성 등을 고려하여야 한다. **의사에게 의료행위로 인한 업무상과실치사상죄를 인정하기 위해서는,** 의료행위 과정에서 업무상과실의 존재는 물론 그러한 업무상과실로 인하여 환자에게 상해·사망 등 결과가 발생한 점에 대하여도 **엄격한 증거에 따라 합리적 의심의 여지가 없을 정도로 증명이 이루어져야 한다.**

[2] 설령 의료행위와 환자에게 발생한 상해·사망 등 결과 사이에 **인과관계가 인정되는 경우에도,** 검사가 공소사실에 기재한 바와 같은 업무상과실로 평가할 수 있는 행위의 존재 또는 **그 업무상과실의 내용을 구체적으로 증명하지 못하였다면,** 의료행위로 인하여 환자에게 상해·사망 등 결과가 발생하였다는 사정만으로 **의사의 업무상과실을 추정하거나 단순한 가능성·개연성 등 막연한 사정을 근거로 함부로 이를 인정할 수는 없다.**

[3] 피고인은 2019. 7. 29. 17:30경 **의사로서** 환자인 피해자의 어깨부위에 주사를 시행하는 과정에서 **손·주사기·환자의 피부를 충분히 소독하는 등 상당한 주의를 기울여 감염이 발생하지 않도록**

해야 할 업무상 주의의무를 소홀히 하여, **주사부위에 메티실린 내성 황색포도상구균(MRSA)을 감염시켜 피해자에게** 약 4주간의 치료가 필요한 우측 견관절, 극상근 및 극하근의 **세균성 감염 등의 상해를 입게 하였다.** 이 경우, 피고인이 시행한 주사치료로 인하여 피해자에게 상해가 발생하였다는 점은 어느 정도 인정되나, **주사치료 과정에서 피고인이 맨손으로 주사하였다거나 알코올 솜의 미사용·재사용, 오염된 주사기의 사용 등 비위생적 조치를 취한 사실에 대한 증명이 합리적 의심을 배제할 정도로 이루어졌다고 볼 수 없고**, 달리 피고인의 업무상과실로 평가될 만한 행위의 존재나 **업무상과실의 내용이 구체적으로 증명되었다고 보기도 어렵다.** 그럼에도 원심은 피고인의 주사치료와 피해자의 상해 발생 사이에 인과관계가 인정된다는 등의 사정만을 이유로 피고인의 업무상과실은 물론 그것과 피해자의 상해 사이의 인과관계까지도 쉽게 인정하였는바, 이러한 원심의 판단에는 의료행위로 인한 업무상과실치상죄에서 '업무상과실'의 인정 기준과 증명책임에 대한 법리를 오해함으로써 판결에 영향을 미친 잘못이 있다(대법원2023. 1. 12.선고 2022도11163판결). **결국, 피고인은 업무상 과실치상죄가 성립하지 않는다.**

① (○) 의료사고에서 의사의 과실을 인정하기 위해서는, 의사가 결과 발생을 예견할 수 있었음에도 이를 예견하지 못하였거나 결과 발생을 회피할 수 있었음에도 이를 회피하지 못하였는지 여부를 검토하여야 하고, 과실 유무를 판단할 때에는 같은 업무·직무에 종사하는 일반적 평균인의 주의 정도를 표준으로 하여 사고 당시의 일반적 의학의 수준과 의료 환경 및 조건, 의료행위의 특수성 등을 고려하여야 한다. **의료사고에서 의사의 과실과 결과 발생 사이에 인과관계를 인정하기 위해서는, 주의의무 위반이 없었더라면 그러한 결과가 발생하지 않았을 것임이 증명되어야** 한다(대법원 2023. 1. 12.선고2022도11163판결).

② (○) [1] **의사에게 의료행위로 인한 업무상과실치사상죄를 인정하기 위해서는**, 의료행위 과정에서 공소사실에 기재된 **업무상과실의 존재는 물론 그러한 업무상과실로 인하여 환자에게 상해·사망 등 결과가 발생한 점에 대하여도 엄격한 증거에 따라 합리적 의심의 여지가 없을 정도로 증명이 이루어져야 한다.**
[2] 따라서 검사는 공소사실에 기재한 업무상과실과 상해·사망 등 결과 발생 사이에 인과관계가 있음을 합리적인 의심의 여지가 없을 정도로 증명하여야 하고, **의사의 업무상과실이 증명되었다는 사정만으로 인과관계가 추정되거나 증명 정도가 경감되는 것은 아니다.** 이처럼 **형사재판에서는 인과관계증명에 있어서 '합리적인 의심이 없을 정도'의 증명을 요하므로 그에 관한 판단이 동일 사안의 민사재판과 달라질 수 있다**(대법원2023. 8. 31.선고2021도1833판결).

③ (○) [1] 사기죄의 보호법익은 재산권이므로, **기망행위에 의하여 국가적 또는 공공적 법익이 침해되었다는 사정만으로 사기죄가 성립한다고 할 수 없다.** 따라서 **도급계약 당시 관련 영업 또는 업무를 규제하는 행정법규나 입찰 참가자격, 계약절차 등에 관한 규정을 위반한 사정이 있더라도** 그러한 사정만으로 **도급계약을 체결한 행위가 기망행위에 해당한다고 단정해서는 안 되고, 그 위반으로 말미암아 계약 내용대로 이행되더라도 일의 완성이 불가능하였다고 평가할 수 있을 만큼 그 위법이 일의 내용에 본질적인 것인지 여부를 심리·판단하여야** 한다.
[2] 피고인은 2013. 3. 14.경 산림사업법인인 주식회사 한국임업(이하 '한국임업'이라고 한다)을 인수하면서 '산림자원법'이 정한

산림사업 법인등록요건중 인력요건을 외형상 갖추기 위하여 관련 자격증 소지자들로부터 자격증을 대여받았다. **한국임업은 보유 인력과 현지에서 고용한 전문인력을 통해 병해충 방제 또는 숲가꾸기 공사계약에서 정한 공사를 모두 완성하였고** 시공 내용에 관해서도 벌목 수량 산정에 관한 발주처 기준에 일부 미달한 사항이 있는 것을 제외하고 **어떠한 하자가 있었다고 보기도 어렵다.** 따라서 산림사업법인설립 또는 법인인수 과정에서 **자격증 대여가 있었다는 사정만으로는** 피고인에게 병해충 방제 또는 숲가꾸기 **공사를 완성할 의사나 능력이 없었다고 단정하기 어렵다.**
[3] 또한 피고인이 운영하는 한국임업은 이러한 **공사 완성의 대가로** 발주처로부터 공사대금을 지급받은 것이므로, **설령 피고인이 발주처에 대하여 기술자격증 대여 사실을 숨기는 등의** 행위를 하였다고 하더라도 **그 행위와 공사대금 지급 사이에 상당인과관계를 인정하기도 어렵다.**
[4] 이 사건에서 **울주군이 지급한 공사대금은** 사전 작성된 작업원 운영계획서나 직접시공계획서의 기술 내용이 아닌 **실제 수행한 작업량에 따라 사후 정산하는 방식으로** 산정되었다. 따라서 **피고인이 위 각 서류에 일부 허위의 사실을 기재하였다는 사정만으로는** 발주처 계약 담당 공무원에 대하여 계약이행능력이나 공사대금 산정에 관하여 **기망행위를 하였다고 보기 어렵다**(대법원2022. 7. 14.선고2017도20911판결). 결국, 피고인에게 사기죄가 성립하지 않는다.

문제 05 - 정답 ②

▶ ② (X) [1] 일반적으로 도로상에서 자기 차로를 따라 진행하는 운전자에게 다른 차로를 운행하는 다른 차량과의 관계에서 업무상의 주의의무 위반의 과실이 있다고 인정하려면, 구체적인 도로 및 교통상황하에서 다른 차로를 운행하는 타인에게 위험이나 장해를 주는 속도나 방법으로 운전하였다는 점이 인정되어야 할 것이고, **단순히 갑자기 진행차로의 정중앙에서 벗어나 다른 차로와 근접한 위치에서 운전하였다는 것만으로는** 다른 차로에서 뒤따라오는 차량과의 관계에서 **운전자로서의 업무상의 주의의무를 위반한 과실이 있다고 할 수 없다.**
[2] 피고인이 **자신의 차로를 벗어나 1차로를 침범하였다는 것은 아니고** 피고인이 이 사건 사고 당시 **자신의 차로를 운행하면서 1차로에 근접하여 운전하였다는 것 뿐이므로**, 피고인이 위와 같이 **1차로에 근접하여 운전함으로써** 피고인의 후방 1차로에서 질주하여 오던 갑에게 **어떤 위험이나 장해를 줄 수 있다는 점을 예견할 수 있었다고 인정할 수 있어야만** 피고인에게 **업무상 주의의무를 게을리 한 과실이 있다 할 것인데**, 피고인이 **단지 갑자기 위 차량을 1차로 쪽으로 붙여서 진행하였다는 사정만으로는 피고인에게 업무상 주의의무 위반의 과실이 있다고 할 수 없다**(대법원1998. 4. 10.선고98도297판결).

① (○) [1] **야간에 고속도로에서 차량을 운전하는 자는** 주간에 정상적인 날씨 아래에서 고속도로를 운행하는 것과는 달리 **노면상태 및 가시거리상태 등에 따라 고속도로상의 제한 최고속도 이하의 속도로 감속·서행할 주의의무가 있다.**
[2] **야간에 선행사고로 인하여 전방에 정차해 있던 승용차와 그 옆에 서 있던 피해자를 충돌한 사안에서 운전자에게** 고속도로상의 제한최고속도 **이하의 속도로 감속운전하지 아니한 과실이 있다.**
[3] 이 사건 사고 당시 날씨는 당일 내렸던 눈이 녹으면서 노면이 약간 미끄러운 상태였고, 피고인 차량의 전조등 불빛이 미치는 거리가 시속 100km로 주행할 경우의 안전거리인 100m에 이르지 못한다는 것인바, 그와 같은 사정이라면, 야간에 고속도로에서 차량

을 운전하는 피고인으로서는 주간에 정상적인 날씨 아래에서 고속도로를 운행하는 것과는 달리 노면상태 및 가시거리상태 등에 따라 고속도로상의 제한최고속도 이하의 속도로 감속·서행할 주의의무가 있다고 보아야 할 것이고, **피고인이** 그와 같이 **감속운전하였더라면**, 이 사건 **사고가 발생하지 아니하였거나 적어도 피해자들의 피해의 정도가 사망에까지 이르지는 아니하였을 것으로 보인다**(대법원1999. 1. 15.선고98도2605판결).

③ (○) **택시 운전자인 피고인이 심야에 밀집된 주택 사이의 좁은 골목길이자 직각으로 구부러져 가파른 비탈길의 내리막에 누워 있던 피해자의 몸통 부위를 택시 바퀴로 역과하여 그 자리에서 사망에 이르게 하고 도주한** 사안에서, 위 사고 당시 시각과 사고 당시 도로상황 등에 비추어 **자동차 운전업무에 종사하는 피고인으로서는 평소보다 더욱 속도를 줄이고 전방 좌우를 면밀히 주시하여 안전하게 운전함으로써 사고를 미연에 방지할 주의의무가 있었는데도,** 이를 게을리한 채 그다지 **속도를 줄이지 아니한 상태로 만연히 진행하던 중** 전방 도로에 누워 있던 피해자를 발견하지 못하여 위 사고를 일으켰으므로, 사고 당시 **피고인에게는** 이러한 **업무상 주의의무를 위반한 잘못이 있다**(대법원2011. 5. 26.선고2010도17506판결).

④ (○) 피고인이 운전자의 부탁으로 차량의 조수석에 동승한 후, 운전자의 차량운전행위를 살펴보 잘못된 점이 있으면 이를 지적하여 교정해 주려 했던 것에 그치고 전문적인 운전교습자가 피교습자에 대하여 차량운행에 관해 모든 지시를 하는 경우와 같이 **주도적 지위에서 동 차량을 운행할 의도가 있었다거나 실제로 그같은 운행을 하였다고 보기 어렵다면** 그같은 운행중에 야기된 사고에 대하여 **과실범의 공동정범의 책임을 물을 수 없다**(대법원1984. 3. 13.선고82도3136판결). 결국, **조수석에 동승하여 차량운전을 교정하여 준 자는 과실범의 공동정범이 성립할 수 없다.**

문제 06 - 정답 ②

▶ ② ⓒⓜ(2개)은 틀린 지문이나, ㉠ⓛⓔ(3개)은 옳은 지문이다.

㉠ (○) 예비군법 제15조 제9항 제1호는 병역법 제88조 제1항과 마찬가지로 국민의 국방의 의무를 구체화하기 위하여 마련된 것이고, **예비군 훈련도** 집총이나 군사훈련을 수반하는 병역의무의 이행이라는 점에서 **병역법 제88조 제1항에서 정한 '정당한 사유'에 관한 대법원 2018. 11. 1. 선고 2016도10912 전원합의체 판결의 법리에 따라** 예비군법 제15조 제9항 제1호에서 정한 '정당한 사유'를 해석함이 타당하다. 따라서 **진정한 양심에 따른 예비군훈련 거부의 경우에도** 예비군법 제15조 제9항 제1호에서 정한 '정당한 사유'에 해당한다고 보아야 한다. 그리고 **정당한 사유가 없다는 사실은 범죄구성요건이므로 검사가 증명**하여야 한다.(대법원2021. 1. 28.선고2018도4708판결).

ⓛ (○) [1] 병역법 제88조 제1항은 국방의 의무를 실현하기 위하여 현역입영 또는 소집통지서를 받고도 정당한 사유 없이 이에 응하지 않은 사람을 처벌함으로써 입영기피를 억제하고 병력구성을 확보하기 위한 규정이다. 위 조항에 따르면 **정당한 사유가 있는 경우에는 피고인을 벌할 수 없는데,** 여기에서 **정당한 사유는 구성요건해당성을 조각하는 사유이다.** 이는 형법상 위법성조각사유인 정당행위나 책임조각사유인 **기대불가능성과는 구별**된다. [2] **양심적 병역거부자에게 병역의무의 이행을 일률적으로 강제하고 그 불이행에 대하여 형사처벌 등 제재를 하는 것은 양심의 자유를** 비롯한 헌법상 기본권 보장체계와 전체 법질서에 비추어 타

당하지 않을 뿐만 아니라 소수자에 대한 관용과 포용이라는 **자유민주주의 정신에도 위배된다.** 따라서 **진정한 양심에 따른 병역거부라면,** 이는 **병역법 제88조 제1항의 '정당한 사유'에 해당한다.**
[3] 구체적인 병역법위반 사건에서 피고인이 양심적 병역거부를 주장할 경우, 그 양심이 과연 위와 같이 깊고 확고하며 진실한 것인지 가려내는 일이 무엇보다 중요하다. 인간의 내면에 있는 양심을 직접 객관적으로 증명할 수는 없으므로 사물의 성질상 양심과 관련성이 있는 **간접사실 또는 정황사실을 증명하는 방법으로 판단**하여야 한다. 따라서 **정당한 사유가 없다는 사실은 범죄구성요건이므로 검사가 증명하여야 한다.**
[4] **여호와의 증인 신도인 피고인이 지방병무청장 명의의 현역병 입영통지서를 받고도 입영일부터 3일이 지나도록 종교적 양심을 이유로 입영하지 않고 병역을 거부하여 병역법 위반으로 기소된** 사안에서, 피고인은 여호와의 증인 신도인 아버지의 영향으로 만 13세 때 침례를 받고 그 신앙에 따라 생활하면서 약 10년 전에 최초 입영통지를 받은 이래 현재까지 신앙을 이유로 입영을 거부하고 있고, 과거 피고인의 아버지는 물론 최근 피고인의 동생도 같은 이유로 병역을 거부하여 병역법 위반으로 수감되었으며, 피고인이 부양해야 할 배우자, 어린 딸과 갓 태어난 아들이 있는 상태에서 형사처벌의 위험을 감수하면서도 종교적 신념을 이유로 병역거부 의사를 유지하고 있는 사정에 비추어 보면, **피고인의 입영거부 행위는 진정한 양심에 따른 것으로서** 구 병역법(2013. 6. 4. 법률 제11849호로 개정되기 전의 것) 제88조 제1항에서 정한 **'정당한 사유'에 해당한다**(대법원2018. 11. 1.선고2016도10912전원합의체 판결).

ⓒ (X) **치과의사인 피고인이 보톡스 시술법을 이용하여 환자의 눈가와 미간의 주름 치료를 함으로써 면허된 것 이외의 의료행위를 하였다고 하여 의료법 위반으로 기소된** 사안에서, 의료법 등 관련 법령이 구강악안면외과를 치과 영역으로 인정하고 치과의사 국가시험과목으로 규정하고 있는데, 대부분의 치과대학이나 치의학전문대학원에서 보톡스 시술에 대하여 교육하고 있고, 치과 의료 현장에서 보톡스 시술이 활용되고 있으며, 시술 부위가 안면부라도 치과대학이나 치의학전문대학원에서는 치아, 혀, 턱뼈, 침샘, 안면의 상당 부분을 형성하는 저작근육과 이에 관련된 주위 조직 등 악안면에 대한 진단 및 처치에 관하여 중점적으로 교육하고 있으므로, 보톡스 시술이 의사만의 업무영역에 전속하는 것이라고 단정할 수 없는 점 등을 종합하면, **환자의 안면부인 눈가와 미간에 보톡스를 시술한 피고인의 행위가 치과의사에게 면허된 것 이외의 의료행위라고 볼 수 없고,** 시술이 미용 목적이라 하여 달리 볼 것은 아니다(대법원2016. 7. 21.선고2013도850전원합의체 판결). 결국, **의료법위반죄에 해당하지 않는다.**

ⓔ (○) [1] 성폭력범죄자의 성충동 약물치료에 관한 법률(이하 '성충동약물치료법'이라고 한다) 제10조 제1항 제1호는 **성충동 약물치료 명령(이하 '치료명령'이라고 한다)을 받은 사람은** 치료기간 동안 보호관찰관의 지시에 따라 성실히 약물치료에 응하여야 한다고 규정하고, 제35조 제2항은 "이 법에 따른 **약물치료를 받아야 하는 사람이 정당한 사유 없이 제10조 제1항 각호의 준수사항을 위반한 때에는** 3년 이하의 징역 또는 1천만 원 이하의 벌금에 처한다."라고 규정한다.
[2] **성충동 약물치료는** 치료대상자의 신체의 자유, 사생활의 자유, 개인의 자기운명결정권, 인격권 등의 기본권을 제한하는 조치이므로, 성충동약물치료법 제35조 제2항은 **약물치료 등 치료명령을 수**

인하기 어려운 <u>정당한 사유가 있는 경우</u>에는 피고인이 치료명령에 따른 <u>준수사항을 위반하더라도 벌할 수 없도록 하여 기본권의 침해를 최소화하고자 하고 있다.</u> 여기서 <u>정당한 사유는 구성요건해당성을 조각하는 사유로, 정당한 사유가 없다는 사실을 검사가 증명하여야 하고, 이는 형법상 위법성조각사유인 정당행위나 책임조각사유인 기대불가능성과는 구별된다.</u>

[3] 피고인이 성폭력범죄를 저질러 성폭력범죄자의 성충동 약물치료에 관한 법률에 따른 1년간의 성충동 약물치료 명령(치료명령)을 선고받아 확정되었는데, 그 집행에 불응하여 같은 법 위반죄로 징역 1년 6월을 복역하다가 <u>징역형 집행종료 2개월 전 재개된 치료명령의 집행시도에서 약물치료 부작용에 대한 우려 등을 이유로 보호관찰관의 약물치료 지시에 다시 불응함으로써</u> '정당한 사유' 없이 준수사항을 위반하였다는 내용으로 기소된 사안에서, <u>피고인은 집행시도 당시 집행의 필요성에 대한 법원의 판단을 받을 필요가 있었음에도 그 기회를 얻지 못한 상황에서</u> 이러한 점을 이유로 <u>약물치료 지시에 불응한 것으로 볼 수 있어</u> 피고인의 <u>준수사항 위반행위에는 정당한 사유가 있다</u>(대법원2021. 8. 19.선고2020도16111판결).

⑩ (X) [1] 피고인이 일본에서 안마시술업소를 운영하면서 안마사 자격이 없는 종업원들을 고용한 다음 그곳을 찾아오는 손님들로부터 서비스대금을 받고 마사지와 유사성교행위를 하도록 하였다는 취지의 <u>의료법 위반 및 성매매알선 등 행위의 처벌에 관한 법률 위반 공소사실이 각 유죄로 인정된</u> 사안에서, 피고인이 마사지를 제외한 유사성교행위의 요금을 따로 정하지 아니하고 마사지가 포함된 전체 요금만을 정해 두고 영업을 한 점 등에 비추어, <u>피고인 운영의 안마시술업소에서 행한 마사지와 유사성교행위가 의료법 위반죄와 성매매알선 등 행위의 처벌에 관한 법률 위반죄의 실체적 경합관계에 있더라도 손님으로부터 지급받는 서비스대금은 그 전부가 마사지 대가이면서 동시에 유사성교행위의 대가라고 보아 유사성교행위가 포함된 서비스대금 전액의 추징을 명하여야</u> 한다.

[2] 의료법 제82조 제1항은 "<u>안마사는</u> 장애인복지법에 따른 시각장애인 중 다음 각호의 어느 하나에 해당하는 자로서 <u>시·도지사에게 자격인정을 받아야 한다.</u>"라고 규정하고, 의료법 제88조 제3호는 위 제82조 제1항에 따른 안마사 자격인정을 받지 아니하고 영리를 목적으로 안마를 한 사람을 처벌하도록 규정하고 있다. 그런데 의료법 제82조 제1항에 따른 <u>안마사의 자격은 우리나라 시·도지사의 자격인정에 의하여 부여되는 것</u>으로서 안마사를 시·도지사의 자격인정을 받은 시각장애인으로 제한하는 위 규정의 목적이 <u>시각장애인에게 안마업을 독점시킴으로써 그들의 생계를 지원하고 직업활동에 참여할 수 있는 기회를 제공하려는 데 있음</u>을 고려하면, <u>대한민국 영역 외에서 안마업을 하려는 사람에게까지 시·도지사의 자격인정을 받아야 할 의무가 있다고 보기는 어렵다.</u> 따라서 <u>내국인이 대한민국 영역 외에서 안마업을 하는 경우에는 위와 같은 의무위반을 처벌하는 의료법 제88조 제3호의 구성요건 해당성이 없다</u>(대법원2018. 2. 8.선고2014도10051판결).

문제 07 - 정답 ③

▶ ③ (X) 행위불법(행위반가치)과 결과불법(결과반가치)이 모두 상쇄되어야 위법성이 조각된다는 입장(<u>이원적 인적불법론: 불능미수법설</u>)은 객관적 정당화 상황은 존재하므로 <u>결과반가치는 탈락하나(없지만),</u> 주관적 정당화요소가 결여된 경우에 <u>행위반가치(고의)는 여전히 존재하므로(있으므로)</u> 그 구조가 불능미수와 유사하여 <u>불능미수의 규정을 유추적용하자</u>는 견해이다(다수설). 따라서 <u>불능</u>

미수의 규정을 유추적용하자</u>는 견해에 의하면 사안의 경우, 갑의 행위는 불가벌이 아니라 <u>손괴죄의 불능미수가 인정된다.</u>

① (O) <u>주관적 정당화요소가 필요없다는</u> 견해에 의하면 갑은 <u>위법성이 조각되어 무죄가 된다(불가벌이다).</u> 즉, 이견해는 <u>순수한 결과반가치론(무죄설)</u>과 일맥상통한데, <u>객관적 정당화 상황만 있으면 결과반가치가 탈락하여 주관적 정당화요소가 결여된 경우에도 긴급피난에 해당하여 위법성이 조각하므로, 손괴죄에 해당하지 않는다(무죄이다).</u>

② (O) <u>주관적 정당화요소가 필요하다는</u> 입장은 구성요건 해당 행위의 <u>결과반가치와 행위반가치 모두가 상쇄되어야 위법성이 조각될 수 있다</u>는 점을 근거로 하기 때문에 사안의 경우, <u>갑의 행위는 주관적 정당화요소가 없으므로 위법성이 조각되지 않는다.</u> 여기에는 다시 기수범설(소수설)과 불능미수범설(다수설)이 대립하고 있다.

④ (O) <u>순수한 행위반가치론(기수범설)</u>은 우연피난도 기수로 처벌되므로 <u>객관적 정당화상황이 행위자에게 유리하게 작용하지 못한다</u>는 비판이 제기된다. 즉, <u>객관적 정당화상황이 있는 경우와 없는 경우를 동일하게 기수로 평가한다는 것은 문제가 있다는 비판</u>을 받는다.

문제 08 - 정답 ①

▶① <u>㉠㉡㉢㉣㉤(5개)은 모두 정당한 이유가 없는 경우</u>이다(<u>모두 유죄이다</u>).

㉠ (정당한 이유 X) <u>한국간행물윤리위원회나 정보통신윤리위원회가</u> 이 사건 만화들 중 '에로 2000'을 제외한 나머지 만화에 대하여 심의하여 <u>음란성 등을 이유로 청소년유해매체물로 판정하였을 뿐</u> 더 나아가 전기통신사업법 시행령 제16조의4 제1항에 따라 <u>시정요구를 하거나</u> 청소년보호법 제8조 제4항에 따라 관계기관에 <u>형사처벌 또는 행정처분을 요청하지 않았다</u> 하더라도, 위 위원회들이 시정요구나 형사처벌 등을 요청하지 아니하고 청소년유해매체물로만 판정하였다는 점이 곧 그러한 판정을 받은 만화가 음란하지 아니하다는 의미는 결코 아니라고 할 것이므로, 피고인들의 나이, 학력, 경력, 직업, 지능 정도 등 제반 사정에 비추어 보면 <u>피고인들의 행위가 죄가 되지 아니하는 것으로 오인한 데 정당한 이유가 있다고 볼 수 없다</u>(대판2006.4.28. 2003도4128).

㉡ (정당한 이유 X) [1] <u>부동산중개업자가</u> 아파트 분양권의 매매를 중개하면서 중개수수료 산정에 관한 <u>지방자치단체의 조례를 잘못 해석하여 법에서 허용하는 금액을 초과한 중개수수료를 수수한 경우가 법률의 착오에 해당하지 않는다</u>

[2] 피고인이 이 사건 아파트 분양권의 매매를 중개할 당시 '일반주택'이 아닌 '일반주택을 제외한 중개대상물'을 중개하는 것이어서 교부 받은 수수료가 법에서 허용되는 범위 내의 것으로 믿고 이 사건 위반행위에 이르게 되었다고 하더라도 그러한 사정만으로는 자신의 행위가 법령에 저촉되지 않는 것으로 <u>오인함에 정당한 사유가 있는 경우에 해당한다거나</u> 피고인에게 <u>범의가 없었다고 볼 수는 없다</u> 할 것이므로, <u>피고인이 법정한도를 초과하여 수수료를 받은 행위는 유죄(부동산중개업법위반)에 해당한다</u>(대판2005.5.27. 2004도62).

㉢ (정당한 이유 X) [1]피고인이 공소외인을 통하여 한국은행에 이 사건 선박의 매매대금 지급을 신고하는 과정에서 주식회사 외환은행의 담당자에게 이 사건 선박의 매매대금 일부를 상계한다는 취지를 설명한 다음 그 담당자의 안내에 따라 그대로 한국은행에 신고하였다고 볼 만한 자료가 없고, 설령 외환은행 담당자의 안내에 따라 그

대로 신고를 하였다고 하더라도 그러한 사정만으로 이 사건 선박의 매매대금 지급의 신고에 관하여 **피고인이 자신의 행위가 죄가 되지 아니하는 것으로 오인하였거나** 그와 같은 **오인에 정당한 이유가 있었다고 할 수 없다.**

[2] 중국 국적 선박을 구입한 피고인이 매도인인 중국 해운회사에 선박을 임대하여 받기로 한 용선료를 재정경제부장관에게 미리 신고하지 아니하고 선박 매매대금과 상계한 사안에서, **위 행위가 구 외국환거래법(2008. 2. 29. 법률 제8863호로 개정되기 전의 것) 제16조 제1호를 위반하여 구 외국환거래법 제28조 제1항 제2호에 해당한다**(대판2011.7.14. 2011도2136).

㉣ (정당한 이유 X) 사립학교인 갑 외국인학교 경영자인 피고인이 갑 학교의 교비회계에 속하는 수입을 수회에 걸쳐 을 외국인학교에 대여하였다고 하여 사립학교법 위반으로 기소된 사안에서, **갑 학교와 을 학교는 각각 설립인가를 받은 별개의 학교이므로** 갑 학교의 교비회계에 속하는 수입을 을 학교에 **대여하는 것은 구 사립학교법**(2013. 12. 30. 법률 제12125호로 개정되기 전의 것) 제29조 제6항에 따라 **금지되며**, 한편 **피고인**은 위와 같은 **대여행위가 적법한지**에 관하여 관할 **도교육청의 담당공무원에게** 정확한 정보를 제공하고 회신을 받거나 **법률전문가에게 자문을 구하는 등의 조치를 취하지 않았고**, 피고인이 외국인으로서 국어에 능숙하지 못하였다거나 갑 학교 설립·운영협약의 당사자에 불과한 관할청의 소속 공무원들이 참석한 갑 학교 학교운영위원회에서 을 학교에 대한 자금 대여 안건을 보고하였다는 것만으로는 **피고인이 자신의 지적 능력을 다하여** 행위의 위법 가능성을 회피하기 위한 **진지한 노력을 다하였다고 볼 수 없으므로**, 피고인이 위와 같은 **대여행위가** 법률상 허용되는 것으로서 죄가 되지 않는다고 그릇 인식하고 있었더라도 그와 같이 그릇된 인식에 **정당한 이유가 없다**(대법원 2017. 3. 15.선고2014도12773판결).

㉤ (정당한 이유 X) **약 23년간 경찰공무원으로 근무하여 왔고**, 이 사건 범행당시에는 관악경찰서 형사과 형사계 G로 근무하고 있는 사람으로서 일반인들 보다도 형벌법규를 잘 알고 있으리라 추단이 되고 이러한 피고인이 **검사의 수사지휘만 받으면 허위로 공문서를 작성하여도 죄가 되지 아니하는 것으로 그릇 인식하였다는 것은 납득이 가지 아니하고**, 가사 피고인이 그러한 그릇된 인식이 있었다 하여도 **피고인의 직업 등에 비추어 그러한 그릇된 인식을 함에 있어 정당한 이유가 있다고 볼 수도 없다**(대법원1995. 11. 10.선고95도2088판결).

문제 09 - 정답 ③

▶ ③ (O) **외국환거래법** 제28조 제1항 제3호에서 규정하는, 신고를 하지 아니하거나 허위로 신고하고 지급수단·귀금속 또는 증권을 수출하는 행위(**무신고 지급수단등 수출입죄**)는 지급수단 등을 국외로 반출하기 위한 행위에 **근접·밀착하는 행위가 행하여진 때**에 그 **실행의 착수가 있다고** 할 것인데, 피고인이 일화 500만 ¥은 기탁화물로 부치고 일화 400만 ¥은 휴대용 가방에 넣어 국외로 반출하려고 하는 경우에, 500만 ¥에 대하여는 기탁화물로 부칠 때 이미 국외로 반출하기 위한 행위에 근접·밀착한 행위가 이루어졌다고 보아 실행의 착수가 있었다고 할 것이지만, **휴대용 가방에 넣어 비행기에 탑승하려고 한 나머지 400만 ¥에 대하여는** 그 **휴대용 가방을 보안검색대에 올려 놓거나 이를 휴대하고 통과하는 때에 비로소 실행의 착수가 있다고** 볼 것이고, 피고인이 휴대용 가방을 가지고 **보안검색대에 나아가지 않은 채 공항 내에서 탑승을 기다리고 있던 중에 체포되었다면 일화 400만 ¥에 대하여는**

실행의 착수가 있다고 볼 수 없다(대법원2001. 7. 27.선고2000도4298판결).

① (X) 피고인이 최초에 작성한 **허위내용의 고소장을 경찰관에게 제출하였을 때 이미** 허위사실의 신고가 수사기관에 도달되어 **무고죄의 기수에 이른 것**이라 할 것이므로 그 후에 그 고소장을 되돌려 받았다 하더라도 이는 무고죄의 성립에 아무런 영향이 없다(대법원1985. 2. 8.선고84도2215판결).

② (X) [1] **소송비용을 편취할 의사로 소송비용의 지급을 구하는 손해배상청구의 소를 제기한 경우, 사기죄의 불능범에 해당한다.**
[2] **민사소송법상 소송비용의 청구는 소송비용액 확정절차에 의하도록 규정하고 있으므로**, 위 절차에 의하지 아니하고 **손해배상금 청구의 소 등으로 소송비용의 지급을 구하는 것은 소의 이익이 없는 부적법한 소로서 허용될 수 없다**고 할 것이다. 따라서 소송비용을 편취할 의사로 소송비용의 지급을 구하는 손해배상청구의 소를 제기하였다고 하더라도 **이는 객관적으로** 소송비용의 청구방법에 관한 법률적 지식을 가진 **일반인의 판단으로 보아 결과 발생의 가능성이 없어 위험성이 인정되지 않는다.**
[3] 피고인이 A로부터 소송비용 명목으로 B를 통하여 100만 원을 이미 송금받았음에도 불구하고 A를 피고로 하여 종전에 피고인이 A를 상대로 제기하였던 여러 소와 관련한 소송비용 상당액의 지급을 구하는 손해배상금 청구의 소를 제기하였다가 **담당 판사로부터 소송비용의 확정은 소송비용액 확정절차를 통하여 하라는 권유를 받고 위 소를 취하한 사실을 인정**한 다음, 피고인이 제기한 이 사건 손해배상금 청구의 소는 소의 이익이 흠결된 부적법한 소로서 각하를 면할 수 없어 **피고인이 승소할 수 없다는 것이고**, 그렇다면 피고인의 이 부분 소송사기 범행은 실행 **수단의 착오로 인하여 결과 발생이 불가능할 뿐만 아니라 위험성도 없다** 할 것이어서 **소송사기죄의 불능미수에 해당한다고 볼 수 없으므로** 결국 **범죄로 되지 아니하는 때에 해당한다**(무죄).(대법원2005. 12. 8.선고2005도8105판결).
④ (X) 피고인이 지하철 환승에스컬레이터 내에서 짧은 치마를 입고 있는 피해자의 뒤에 서서 카메라폰으로 성적 수치심을 느낄 수 있는 치마 속 신체 부위를 피해자 의사에 반하여 동영상 촬영하였다고 하여 구 성폭력범죄의 처벌 및 피해자보호 등에 관한 법률(2010. 4. 15. 법률 제10258호 성폭력범죄의 피해자보호 등에 관한 법률로 개정되기 전의 것) 위반으로 기소된 사안에서, 피고인이 휴대폰을 이용하여 동영상촬영을 시작하여 일정한 시간이 경과하였다면 설령 **촬영중 경찰관에게 발각되어 저장버튼을 누르지 않고 촬영을 종료하였더라도** 카메라 등 이용촬영범행은 **이미 '기수'에 이르렀다**(대법원2011. 6. 9.선고2010도10677판결). 결국, **촬영이 시작되었다면 저장하지 않았다하여도 카메라등이용촬영죄의 기수에 해당한다.**

문제 10 - 정답 ②

▶ ② ㉠㉡㉢㉣(4개)은 옳은 지문이나, ㉤(1개)은 틀린 지문이다.
[1] 2인 이상의 서로 대향된 행위의 존재를 필요로 하는 대향범에 대하여 공범에 관한 형법 총칙 규정이 적용될 수 없다. 이러한 법리는 해당 처벌규정의 구성요건 자체에서 2인 이상의 서로 대향적 행위의 존재를 필요로 하는 필요적 공범인 대향범을 전제로 한다.
㉠ (O) **구성요건상으로는 단독으로 실행할 수 있는 형식으로 되어 있는데 단지 구성요건이 대향범의 형태로 실행되는 경우에도 대향범에 관한 법리가 적용된다고 볼 수는 없다.**
[2] ㉡ (O) **마약류 불법거래 방지에 관한 특례법**(이하 '마약거래방지법'이라 한다) **제7조 제1항**은 '**마약류범죄의 발견 또는 불법수익 등의 출처에 관한 수사를 방해하거나 불법수익 등의 몰수를**

회피할 목적으로 불법수익 등의 성질, 소재, 출처 또는 귀속관계를 숨기거나 가장한 자'를 불법수익 등의 은닉 및 가장죄로 형사처벌하고 있다. 그중 '불법수익 등의 출처 또는 귀속관계를 숨기거나 가장'하는 행위는 불법수익 등을 정당하게 취득한 것처럼 취득 원인에 관한 사실을 숨기거나 가장하는 행위 또는 불법수익 등이 귀속되지 않은 것처럼 귀속에 관한 사실을 숨기거나 가장하는 행위를 뜻한다. ⓒ (○) 따라서 마약거래방지법 제7조 제1항에서 정한 '불법수익 등의 출처 또는 귀속관계를 숨기거나 가장하는 행위'는 처벌규정의 구성요건 자체에서 2인 이상의 서로 대향된 행위의 존재를 필요로 하지 않으므로 정범의 이러한 행위에 가담하는 행위에는 형법 총칙의 공범 규정이 적용된다.

[3] 형법 제32조 제1항의 방조범은 정범의 실행을 방조한다는 이른바 '방조의 고의'와 정범의 행위가 구성요건에 해당하는 행위인 점에 대한 '정범의 고의'가 있어야 한다. ⓔ (○) 정범의 마약류 불법거래 방지에 관한 특례법상 '불법수익 등의 은닉 및 가장' 범행의 방조범 성립에 요구되는 방조의 고의와 정범의 고의에 관하여 보면, 예컨대 마약매수인이 정범인 마약매도인으로부터 마약을 매수하면서 마약매도인의 요구로 차명계좌에 제3자 명의로 마약 매매대금을 입금하면서 그 행위가 정범의 범행 실행을 방조하는 것으로 불법성이 있다는 것을 인식해야 한다는 것을 뜻한다. 물론 방조범에서 요구되는 정범 등의 고의는 정범에 의하여 실현되는 범죄의 구체적 내용을 인식해야 하는 것은 아니고 미필적 인식이나 예견으로 충분하지만, 이는 정범의 범행 등의 불법성에 대한 인식이 필요하다는 점과 모순되지 않는다.

ⓜ (X) 마약매수인 갑이 마약매도인 을로 부터 마약을 매수하면서 을의 요구로 그 매매대금을 제3자인 병 명의의 차명계좌(대포통장)에 무통장 입금을 하였다면 형법 총칙상 공범인 방조범 규정이 적용되므로, 불법수익 등의 은닉 및 가장행위로 인한 마약류불법거래방지에관한특례법(마약거래방지법)위반죄의 방조범이 성립한다.(대법원2022. 6. 30.선고2020도7866판결). 결국, 갑에 대하여 을과의 대향범으로 보아서 형법 총칙의 공범 규정이 적용되지 않는다고 보아 무죄로 판단하여서는 안된다.

【비교판례(대법원2022. 6. 30.선고2019도14349판결)】
(사실관계) 피고인은 공소외인이 수사기관의 추적을 피하기 위하여 속칭 '대포통장'을 이용한다는 사정을 알면서도, 공소외인의 요청에 따라 차명계좌에 제3자 명의로 대마 매매대금을 무통장입금하는 방법으로 9회에 걸쳐 대마를 매수하면서, 공소외인이 마약류범죄의 발견에 관한 수사를 방해할 목적으로 불법수익 등의 출처 및 귀속관계를 숨기는 행위를 방조하였다.
[1]「마약류 불법거래 방지에 관한 특례법 제7조 제1항에 정한 '불법수익 등의 출처 또는 귀속관계를 숨기거나 가장'하는 행위는 불법수익 등을 정당하게 취득한 것처럼 취득 원인에 관한 사실을 숨기거나 가장하는 행위 또는 불법수익 등이 귀속되지 않은 것처럼 귀속에 관한 사실을 숨기거나 가장하는 행위를 의미한다(대법원 2014. 9. 4. 선고 2014도4408 판결등 참조).
[2] 원심(2심)은 이 사건 공소사실 중 마약거래방지법 위반 방조 부분에 대하여 검사가 제출한 증거만으로는 피고인이 공소외인이 불법수익 등의 출처 및 귀속관계를 숨기거나 가장하려는 것을 방조하였다고 인정하기 부족하다고 보아 무죄를 선고한 제1심판결을 그대로 유지하였다.

[3] 대법원은 원심판결에 방조에 관한 법리를 오해하여 판결에 영향을 미친 잘못이 없다.

문제 11 - 정답 ①

▶ ① (○) [1] 강제추행죄에서 추행은 객관적으로 일반인에게 성적 수치심이나 혐오감을 일으키게 하고 선량한 성적 도덕관념에 반하는 행위로서 피해자의 성적 자유를 침해하는 것을 의미한다. 여기에 해당하는지 여부는 피해자의 의사, 성별, 나이, 행위자와 피해자의 이전부터의 관계, 그 행위에 이르게 된 경위, 구체적 행위태양, 주위의 객관적 상황과 그 시대의 성적 도덕관념 등을 종합적으로 고려하여 신중히 결정되어야 한다.
[2] 강제추행죄는 사람의 성적 자유 내지 성적 자기결정의 자유를 보호하기 위한 죄로서 정범 자신이 직접 범죄를 실행하여야 성립하는 자수범이라고 볼 수 없으므로, 강제추행죄는 처벌되지 아니하는 타인을 도구로 삼아 피해자를 강제로 추행하는 간접정범의 형태로도 범할 수 있다(대판2018.2.8. 2016도17733).

② (X) [1] 강제추행죄에서 강제추행에 관한 간접정범의 의사를 실현하는 도구로서의 타인에는 피해자도 포함될 수 있으므로, 피해자를 도구로 삼아 피해자의 신체를 이용하여 추행행위를 한 경우에도 강제추행죄의 간접정범에 해당할 수 있다.
[2] 갑은 스마트폰 채팅 애플리케이션을 통하여 알게 된 피해자들로부터 은밀한 신체 부위가 드러난 사진을 전송받은 사실이 있고, 피해자들의 개인정보나 피해자들의 지인에 대한 인적사항을 알게 된 것을 기화로 피해자들에게 시키는 대로 하지 않으면 기존에 전송받았던 신체 사진과 개인정보 등을 유포하겠다고 하는 방법으로 피해자들을 협박하여 겁을 먹은 피해자들로 하여금 어쩔 수 없이 나체나 속옷만 입은 상태가 되게 하여 스스로를 촬영하게 하거나, 성기에 이물질을 삽입하거나 자위를 하는 등의 행위를 하게 하였다면, 이러한 행위는 피해자들을 도구로 삼아 피해자들의 신체를 이용하여 그 성적 자유를 침해한 행위로서, 아동·청소년의 성보호에 관한 법률 위반(강제추행죄)의 간접정범에 해당한다(대판2018.2.8. 2016도17733).

③ (X) [1] 형법 제34조 제1항(간접정범)은 "어느 행위로 인하여 처벌되지 아니하는 자 또는 과실범으로 처벌되는 자를 교사 또는 방조하여 범죄행위의 결과를 발생하게 한 자는 교사 또는 방조의 예에 의하여 처벌한다."라고 규정하고 있다.
[2] 따라서 피고인이 아동·청소년인 피해자를 협박하여 스스로 아동·청소년의 성보호에 관한 법률(이하 '청소년성보호법'이라고 한다) 제2조 제4호의 어느 하나에 해당하는 행위 또는 그 밖의 성적 행위에 해당하는 아동·청소년 자신의 행위를 내용으로 하는 화상·영상 등을 생성하게 하고 이를 인터넷 사이트 운영자의 서버에 저장시켜 피고인의 휴대전화기에서 재생할 수 있도록 하였다면, 간접정범의 형태로 청소년성보호법 제11조 제1항에서 정한 아동·청소년이용음란물을 제작하는 행위라고 보아야 한다(대법원2018. 1. 25.선고2017도18443판결).
[3] 피고인이 아동·청소년인 피해자로 하여금 음란한 동영상을 촬영하게 하고 이를 휴대전화기로 전송받은 피고인의 행위는 아동·청소년이용음란물을 제작하는 행위에 해당한다(대법원2018. 1. 25.선고2017도18443판결).

④ (X) 피고인이 직접 위와 같은 행위들을 하지 않았다거나 피해자들의 신체에 대한 직접적인 접촉이 없었다고 하더라도 달리 볼 것은 아니다(대판2018.2.8. 2016도17733). 결국, 아동·청소년의 성보호에 관한 법률 위반(강제추행)의 간접정범에 해당한다.

▶ ① (X) [1] 동일 죄명에 해당하는 여러 개의 행위 혹은 연속된 행위를 **단일**하고 **계속**된 범의하에 일정 기간 계속하여 행하고 피해법익도 **동일**한 **경우**에는 이들 각 행위를 통틀어 **포괄일죄로 처단**하여야 **할 것**이나(단·계·동은 포괄일죄), 범의의 단일성과 계속성이 인정되지 아니하거나 범행방법 및 장소가 동일하지 않은 경우에는 각 범행은 실체적 경합범에 해당한다(단·계·동이 인정되지 **않은** 경우는 **실체적 경합범**).

[2] 피고인이 자기 소유의 건물을 2017. 8. 31. **갑에게** 월 70만 원에, 2018. 6. 18. **을에게** 월 100만 원에 **성매매장소로 제공하였다**는 범죄사실로 **각 약식명령이 확정**되었는데, 위 건물을 2014. 6.경부터 2016. 4.경까지, 2018. 3.경부터 2018. 5. 13.경까지 **병에게** 월 300만 원에 **임대**하는 등 성매매장소로 제공하여 **성매매알선 등 행위**를 하였다는 공소사실로 기소된 사안에서, **확정된 각 약식명령의 범죄사실과 공소사실이 포괄일죄 관계**에 있다고 보아 각 약식명령의 기판력이 공소사실에 미친다는 이유로 **면소를 선고한 원심판결에** 성매매장소 제공에 의한 성매매알선 등 행위의 처벌에 관한 법률 위반(성매매알선등)죄에서 **포괄일죄와 경합범의 구별 기준에 관한 법리오해 등의 잘못이 있다**(대법원2020. 5. 14.선고2020도1355판결). 결국, 피고인이 이른바 집창촌 내의 이 사건 건물을 매수한 후 계속하여 성매매 알선업자에게 건물을 임대하여 왔다하더라도, 2017. 8. 31.과 2018. 6. 18.에 확정된 위 각 약식명령은 **영업이 아닌 단순** 성매매장소 제공행위 범행으로 처벌된 것이고, 이 사건(2014. 6.경부터 2016. 4.경까지, 2018. 3.경부터 2018. 5. 13.경까지) **역시 영업이 아닌 단순** 성매매장소 **제공행위 범행**으로 기소된 것이어서 그 구성요건의 성질상 동종 행위의 반복이 예상되는 경우라고 볼 수 없으므로 **포괄일죄가 아닌 실체적 경합관계에 있으므로 기판력이 없어 면소판결을 선고해서는 안된다.**

② (O) [1] **유사수신행위**의 규제에 관한 법률(이하 '유사수신행위법'이라 한다) 제6조 제1항, 제3조를 위반한 행위는 **그 자체가 사기행위에 해당한다거나 사기행위를 반드시 포함한다고 할 수 없다.**

[2] **유사수신행위법 위반죄가** 형법 제347조 제1항의 **사기죄와 구성요건을 달리하는 별개의 범죄**로서 서로 보호법익이 다른 이상, 유사수신행위를 한 자가 출자자에게 별도의 기망행위를 하여 유사수신행위로 조달받은 자금의 전부 또는 일부를 다시 투자받는 행위는 유사수신행위법 위반죄와 다른 새로운 보호법익을 침해하는 것으로서 **유사수신행위법 위반죄의 불가벌적 사후행위가 되는 것이 아니라** 별개인 **사기죄를 구성한다.**

[3] **피고인은 A회사의 대표이사인 자**로서, 2020. 7. 15.경 피해자 갑에게 "**기존 투자금 6,000만 원을 재투자하면 2020. 7. 15.부터 2021. 1. 14.까지 매월 배당금 240만 원을 지급**하고 출자기간 만료일로부터 20일 이내에 출자원금을 돌려주며, 투자금은 장어 양식 및 수산물 유통사업에 사용된다"라는 취지로 **거짓말하였다.** 그러나 **사실 피고인**은 다수의 투자자들로부터 투자금을 받아 다른 투자자에게 배당금과 출자반환금을 지급하는 방법으로 **소위 '돌려막기'를 하고 있어** 피해자로부터 돈을 받더라도 돌려막기에 사용할 목적이었고, 위 회사에서 추진하는 양식업 등에서는 전혀 수익이 발생하고 있지 않았을 뿐만 아니라 단기간 내에 수익이 발생할 수 있는 구체적인 사업 계획이나 정해진 거래처도 없었으므로 **피해자로부터 돈을 받더라도 약정한 기한에 투자금을 돌려줄 의사나 능

력이 없었다.** 피고인은 **위와 같이 피해자를 기망하여** 이에 속은 피해자로부터 같은 날 **기존 투자금 6,000만 원을 재투자받는 형식으로 교부받아** 동액 상당의 **재산상 이익을 취득한 경우**, 유사수신행위법 위반죄와 형법 제347조 제1항의 사기죄의 **실체적 경합범이 성립한다**(대법원2023. 11. 16.선고2023도12424판결).

③ (O) [1] 보건범죄 단속에 관한 특별조치법(이하 '보건범죄단속법'이라 한다) 제3조 제1항 제2호의 '**연간**'은 역법상의 **한 해인 1. 1.부터 12. 31.까지의 1년간을 의미**한다.

[2] 하지만 동일 죄명에 해당하는 수 개의 행위를 단일하고 계속된 범의하에 일정기간 계속하여 행하고 그 피해법익도 동일한 경우에는 이들 각 행위를 통틀어 포괄일죄로 처단하여야 할 것이다.

[3] **여러 해 동안 수회에 걸쳐 이루어진 부정의약품 제조·판매행위 등을 포괄일죄에 해당한다고 보는 이상,** 그 기간 중 어느 일정 연도의 연간 소매가격이 보건범죄단속법 제3조 제1항 제2호에서 정한 1천만 원을 넘은 경우에는 **다른 연도의 연간 소매가격이 위 금액에 미달한다고 하더라도** 그 전체를 보건범죄단속법 제3조 제1항 제2호 위반의 **포괄일죄로 처단함**이 타당하다.

[4] 이러한 법리는 **여러 해 동안** 수회에 걸쳐 이루어진 부정의약품 제조·판매행위 등의 연간 소매가격이 **모두 1천만 원을 넘는 경우에도 마찬가지이다.**

[5] **2016년도 보건범죄단속법 위반행위와 2017년도 보건범죄단속법 위반행위**는 모두 부정의약품의 연간 소매가격이 보건범죄단속법 제3조 제1항 제2호에서 정한 **1천만 원을 넘는다하여도,** 피고인의 이 사건 제조·판매행위는 그 구성요건의 성질상 동종행위의 반복이 예상되고 반복된 수 개의 제조·판매행위 상호 간에는 일시·장소의 근접, 방법의 유사성, 기회의 동일, 범의의 계속 등 밀접한 관계에 있으므로, **피고인의 이 사건 제조·판매행위**는 전체를 **포괄하여** 보건범죄단속법 제3조 제1항 제2호 위반(부정의약품제조등)의 **일죄만 성립한다**고 봄이 타당하다(대법원2021. 1. 14.선고2020도10979판결). 결국, **2016년도 보건범죄단속법 위반행위와 2017년도 보건범죄단속법 위반행위는 실체적 경합관계에 있다고 볼 수 없다.**

④ (O) [1] 의료법이 제33조 제2항에서 의료인이나 의료법인 기타 비영리법인 등이 아닌 자의 의료기관 개설을 원칙적으로 금지하고, 제87조 제1항 제2호에서 이를 위반하는 경우 처벌하는 규정을 둔 취지는 의료기관 개설자격을 의료전문성을 가진 의료인이나 공적인 성격을 가진 자로 엄격히 제한함으로써 건전한 의료질서를 확립하고, 영리 목적으로 의료기관을 개설하는 경우에 발생할지도 모르는 국민 건강상의 위험을 미리 방지하고자 하는 데에 있다.

[2] 따라서 **비의료인이 주도적인 입장에서 한 위와 같은 일련의 행위**는 특별한 사정이 없는 한 **포괄하여 일죄에 해당**하고, 여기서의 개설행위가 개설신고를 마친 때에 종료된다고 볼 수는 없으며 **비의료인이** 위와 같은 **주도적인 처리 관계에서 이탈하였을 때 비로소 종료된다고 보아야** 한다.

[3] 동일 죄명에 해당하는 수 개의 행위를 **단일**하고 계속된 범의 아래 일정 기간 **계속**하여 행하고 그 피해법익도 **동일**한 경우에는 이들 각 행위를 통틀어 **포괄일죄로 처단**하여야 **할 것**이나, 범의의 **단일**성과 **계속**성이 **인정되지 아니하거나** 범행방법이 **동일하지 않은 경우**에는 각 범행은 **실체적 경합범**에 해당한다.

[4] 의료법은 **개설자가 변경**되면 시장·군수 등에게 개설신고사항의 **변경신고를 하거나 변경허가를 받아야** 하고, 그때부터는 변경된 개설자가 앞에서 본 의무를 부담하게 된다.

[5] 의료기관의 개설자 명의는 의료기관을 특정하고 동일성을 식별하는 데에 중요한 표지가 되는 것이므로, 비의료인이 의료기관을 개설하여 운영하는 도중 개설자 명의를 다른 의료인 등으로 변경한 경우에는 그 범의가 단일하다거나 범행방법이 종전과 동일하다고 보기 어렵다. 따라서 개설자 명의별로 별개의 범죄가 성립하고 각 죄는 실체적 경합범의 관계에 있다고 보아야 한다(대법원2018. 11. 29.선고2018도10779판결).

문제 13 – 정답 ③

▶ ③ (X) [1] 형법 제37조 후단 경합범에 대하여 형법 제39조 제1항에 의하여 형을 감경할 때에도 법률상 감경에 관한 형법 제55조 제1항이 적용되어 유기징역을 감경할 때에는 그 형기의 2분의 1 미만으로는 감경할 수 없다.
[2] 피고인이 마약류 관리에 관한 법률 위반(향정)죄의 범죄사실로 징역 4년을 선고받아 그 판결이 확정되었는데, 위 판결확정 전에 향정신성의약품을 1회 판매하고 1회 판매하려다 미수에 그쳤다는 내용의 마약류 관리에 관한 법률 위반(향정) 공소사실로 기소된 사안에서, 법정형인 무기 또는 5년 이상의 징역 중에서 유기징역을 선택하고 형법 제37조 후단 경합범에 대한 감경과 작량감경을 한 원심으로서는 형법 제56조 제4호, 제5호, 제6호 및 제55조 제1항 제3호에 따른 처단형인 징역 1년 3개월부터 11년 3개월까지의 범위 내에서 형을 정했어야 하는데도, 이와 달리 형법 제37조 후단 경합범에 대하여 형법 제39조 제1항에서 정한 감경을 할 때에는 형법 제55조 제1항이 적용되지 않는다는 전제에서 위와 같은 법률상 처단형의 하한을 벗어난 징역 6개월을 선고한 원심의 판단에 법리오해의 잘못이 있다(대법원2019. 4. 18.선고2017도14609전원합의체 판결).
① (O) [1] 유죄의 확정판결에 대하여 재심개시결정이 확정되어 법원이 그 사건에 대하여 다시 심판을 한 후 재심판결을 선고하고 그 재심판결이 확정된 때에는 종전의 확정판결은 당연히 효력을 상실하므로, 재심판결이 확정됨에 따라 원판결이나 그 부수처분의 법률적 효과가 상실되고 형 선고가 있었다는 기왕의 사실 자체의 효과가 소멸한다.
[2] 형의 실효 등에 관한 법률(이하 '형실효법'이라고 한다) 제7조 제1항은 '수형인이 자격정지 이상의 형을 받음이 없이 형의 집행을 종료하거나 그 집행이 면제된 날부터 같은 항 각호에서 정한 기간이 경과한 때에는 그 형은 실효된다.'고 정하고, 같은 항 제2호에서 3년 이하의 징역·금고형의 경우는 그 기간을 5년으로 정하고 있다. 위 규정에 따라 형이 실효된 경우에는 형의 선고에 의한 법적 효과가 장래에 향하여 소멸되므로, 그 전과를 특정범죄 가중처벌 등에 관한 법률 제5조의4 제5항에서 정한 "징역형을 받은 경우"로 볼 수 없다.
[3] 한편 형실효법의 입법 취지에 비추어 보면, 2번 이상의 징역형을 받은 자가 자격정지 이상의 형을 받음이 없이 마지막 형의 집행을 종료한 날부터 위 법에서 정한 기간을 경과한 때에는 그 마지막 형에 앞서는 형도 모두 실효되는 것으로 보아야 한다(대법원2023. 11. 30.선고2023도10699판결).
② (O) [1] 형법은 필요적 감경의 경우에는 문언상 형을 '감경한다.'라고 표현하고, 임의적 감경의 경우에는 작량감경과 마찬가지로 문언상 형을 '감경할 수 있다.'라고 표현하고 있다.
[2] 임의적 감경의 '할 수 있다.'는 말은 어떠한 명제에 대한 가능성이나 일반적인 능력을 나타내는 말로서 '하지 않을 수도 있다.'는 의미를 포함한다. '할 수 있다.'는 문언의 의미에 비추어 보

면 입법자는 임의적 감경의 경우 정황 등에 따라 형을 감경하거나 감경하지 않을 수 있도록 한 것이고 그 권한 내지 재량을 법관에게 부여한 것이다. 이러한 해석은 문언상 자연스러울 뿐만 아니라 일상의 언어 사용에 가까운 것으로 누구나 쉽게 이해할 수 있다. 법문과 입법자의 의사에 부합하는 이상, 죄형법정주의 원칙상 허용되지 않는 유추해석에 해당하지도 않는다.
[3] 임의적 감경사유의 존재가 인정되고 법관이 그에 따라 징역형에 대해 법률상 감경을 하는 이상 형법 제55조 제1항 제3호에 따라 상한과 하한을 모두 2분의 1로 감경한다.
[4] 한편 형법 제55조 제1항은 형벌의 종류에 따라 법률상 감경의 방법을 규정하고 있는데, 형법 제55조 제1항 제3호는 "유기징역 또는 유기금고를 감경할 때에는 그 형기의 2분의 1로 한다."라고 규정하고 있다. 이와 같이 유기징역형을 감경할 경우에는 '단기'나 '장기'의 어느 하나만 2분의 1로 감경하는 것이 아니라 '형기' 즉 법정형의 장기와 단기를 모두 2분의 1로 감경함을 의미한다는 것은 법문상 명확하다. 따라서 유기징역형에 대한 법률상 감경을 하면서 형법 제55조 제1항 제3호에서 정한 것과 같이 장기와 단기를 모두 2분의 1로 감경하는 것이 아닌 장기 또는 단기 중 어느 하나만을 2분의 1로 감경하는 방식이나 2분의 1보다 넓은 범위의 감경을 하는 방식 등은 죄형법정주의 원칙상 허용될 수 없다.
[5] 피고인은 '2016. 12. 23.경 피해자 공소외 1을 폭행하고, 같은 날 위험한 물건인 식칼로 피해자 공소외 2의 가슴을 찔렀으나 피해자 공소외 2가 손으로 피고인의 손을 밀쳐 피해자 공소외 2의 옷만 찢어지게 하고 미수에 그쳤다.'는 폭행 및 특수상해미수의 공소사실로 공소가 제기되었다. 제1심은 피고인에 대한 위 공소사실 중 폭행의 점에 대해서는 형법 제260조 제1항을 적용하여 유죄로 인정하면서 징역형을 선택하였고, 특수상해미수의 점에 대해서는형법 제258조의2 제3항,제1항,제257조 제1항을 적용하여 유죄로 인정하였다. 제1심이 선택한 폭행죄의 법정형은 '2년 이하의 징역'이고, 특수상해미수죄의 법정형은 '1년 이상 10년 이하의 징역'이다. 이어 제1심은 특수상해미수죄에 대해 형법 제25조 제2항, 제55조 제1항 제3호에 따라 감경한 뒤(특수상해미수죄의 형기가 징역 6월 이상 5년 이하로 되었다), 형이 더 높은 특수상해미수죄에 정한 형에 경합범가중을 하되 특수상해미수죄의 장기의 2분의 1을 가중한 형기(7년 6월)보다 특수상해미수죄와 폭행죄의 장기를 합산한 형기(7년)가 낮으므로 합산한 범위 내에서 처단형(징역 6월 이상 7년 이하)을 결정하였다. 그리고 처단형의 범위 내에서 피고인에게 징역 8월, 집행유예 2년을 선고하면서, 보호관찰 및 120시간의 사회봉사를 명하였다. 원심은 그 판시와 같은 이유로 폭행죄와 특수상해미수죄를 모두 유죄로 인정하고 특수상해미수죄에 대하여 형법 제25조 제2항에 따라 미수감경을 하면서 형법 제55조 제1항 제3호에 따라 그 형기의 상한과 하한 모두 2분의 1로 감경한 뒤 경합범가중을 거쳐 처단형을 결정한 제1심판결을 그대로 유지하였다. 앞서 본 법리에 비추어 보면, 위와 같은 원심의 조치는 적법하다(대법원2021. 1. 21.선고2018도5475전원합의체 판결).
④ (O) [1] 사형은 인간의 생명을 박탈하는 냉엄한 궁극의 형벌로서 사법제도가 상정할 수 있는 극히 예외적인 형벌이라는 점을 감안할 때, 사형의 선고는 범행에 대한 책임의 정도와 형벌의 목적에 비추어 누구라도 그것이 정당하다고 인정할 수 있는 특별한 사정이 있는 경우에만 허용된다.
[2] 따라서 사형을 선고할 것인지 결정하려면 형법 제51조가 규정한 사항을 중심으로 ~ 양형의 조건이 되는 모든 사항을 철저히 심

리하여야 하고, 그러한 심리를 거쳐 사형의 선고가 정당화될 수 있는 사정이 밝혀진 경우에 한하여 비로소 사형을 선고할 수 있다.

[3] 법원은 이를 위하여 기록에 나타난 양형조건들을 평면적으로만 참작하는 것에서 더 나아가, 피고인의 성행과 환경 등 주관적인 양형요소를 심사할 수 있는 객관적인 자료를 확보하여 심사하여야 할 것은 물론이고, 범행 결의, 준비 및 실행 당시를 전후한 피고인의 정신상태나 심리상태의 변화 등에 대하여서도 관련 분야의 전문적인 의견을 참조하여 깊이 있게 심리를 하여야 한다.

[4] 따라서 법원은 양형의 조건이 되는 사항들 중 피고인에게 유리한 정상과 불리한 정상을 충분히 심사하여야 하고, 나아가 구체적인 양형요소가 피고인에게 불리한 정상과 유리한 정상을 모두 포함하는 경우 양쪽을 구체적으로 비교 확인한 결과를 종합하여 양형에 나아가야 한다.

[5] **무기징역형 집행 중인 피고인(이 사건 범행 당시 26세)이 다른 재소자들과 공모하여 피해자를 살해하였다고 기소된 사안에서, 피고인이 범행 당시 20대의 나이라는 사정은 종래부터 다수의 판례에서 사형 선고가 정당화되기 어려운 사정 중 하나로 밝혀온 점,** 범행 당시 코로나바이러스감염증-19의 영향으로 교도소 수용자들의 밀집도가 더 높아지고 운동이 제한되었던 시기로, 위 범행이 교도소에서 저지른 범죄라는 점을 불리한 정상으로만 볼 것이 아니라, 교도소의 특성이 수용자들의 심리와 행동에 영향을 미칠 여지가 있음을 고려하고 특히 당시 교정기관이 예측할 수 없었던 상황으로 수용자들에 대한 관리·감독이 어려울 수 있었다는 점을 감안할 필요가 있는 점, 위 범행은 장기간 누적된 폭행으로 인한 것으로, 이러한 폭행은 개개의 행위 시마다 피해자를 살해하기 위한 확정적인 고의에 따른 것이라기보다는 피해자를 괴롭히려는 목적과 미필적인 고의하에 이루어진 것이어서, **피고인이 미필적 고의로 범행을 저질렀다는 점은 중요한 양형요소에 해당하고**, 여기에 피고인이 살인 범행에 흉기나 위험한 물건을 사용하지 않은 것과 피해자가 한 사람에 그친 것 또한 중요한 사정으로 다른 유사사건에서의 양형과 그 형평성을 비교할 수 있는 점 등을 종합하면, **사형 선고로 피고인에게 미치는 영향의 중대성이 다른 형벌과 비교할 수 없고, 법원의 신중한 양형판단 필요성 또한 다른 형의 경우와 비교할 수 없이 높으므로**, 사형의 선택기준이나 다른 유사사건과의 일반적 양형의 균형상 **피고인에 대하여 사형을 선택한 원심판단에 법리오해 등의 위법이 있다**(대법원2023. 7. 13.선고2023도2043판결).

문제 14 - 정답 ②

▶ ② ㄱㄷㄹ(3개)은 **맞는 지문**이나, ㄴ(1개)은 **틀린 지문**이다.

ㄱ (○) [1] 구 형법 제59조 제1항은 **형의 선고유예**에 관하여 "1년 이하의 징역이나 금고, 자격정지 또는 벌금의 형을 선고할 경우에 제51조의 사항을 참작하여 개전의 정상이 현저한 때에는 그 선고를 유예할 수 있다. **다만, 자격정지 이상의 형을 받은 전과가 있는 자에 대하여는 예외로 한다.**"라고 규정하고 있다. 여기서 **그 단서에서 정한 '자격정지 이상의 형을 받은 전과'란 자격정지 이상의 형을 선고받은 범죄경력 자체를 의미하는 것이고, 그 형의 효력이 상실된 여부는 묻지 않는 것으로 해석함**이 타당하다.

[2] 따라서 피고인에 대한 공소사실을 모두 유죄로 인정하고 피고인에게 '**징역 1년, 집행유예 2년 및 벌금 4억 원'의 형을 선고**하면서, 피고인에게 징역형의 집행유예를 선고받은 전과가 있으므로 **벌금형에 대하여 선고유예의 판결을 할 수 없다**(대법원2022. 4. 14.선고2020도18305판결).

ㄴ (X) **형의 집행유예를 선고받은 사람이 구 형법 제65조에 의하여 그 선고가 실효 또는 취소됨이 없이 정해진 유예기간을 무사히 경과하여 형의 선고가 효력을 잃게 되었더라도, 이는 형의 선고의 법적 효과가 없어질 뿐이고 형의 선고가 있었다는 기왕의 사실 자체까지 없어지는 것은 아니므로**, 그는 구 형법 제59조 제1항 단서에서 정한 **선고유예결격사유인 '자격정지 이상의 형을 받은 전과가 있는 자'에 해당한다**고 보아야 한다(대법원2022. 4. 14.선고2020도18305판결). 따라서 **선고유예의 판결을 할 수 없다**.

ㄷ (○) [1] 형법 제39조 제1항에 따라 형법 제37조 후단 경합범 중 판결을 받지 아니한 죄에 대하여 형을 선고하는 경우 **형법 제37조 후단에 규정된 '금고 이상의 형에 처한 판결이 확정된 죄'의 형도** 형법 제59조 제1항 단서에서 규정한 **'자격정지 이상의 형을 받은 전과'에 포함된다.**

[2] 피고인이 **2013. 2. 13. 광주고등법원에서 특정경제범죄 가중처벌 등에 관한 법률 위반(사기)죄 등으로 징역 6년을 선고받고 2013. 2. 21. 그 판결이 확정된 사실, 원판결이 피고인에 대하여 징역 1년 6월을 선고하면서 벌금형의 선고를 유예한 사실**, 원판결 중 피고인에 대한 각 공소사실은 모두 위 판결 확정 전에 범한 죄를 내용으로 하는 사실, 원판결은 위 확정판결과 동시에 판결할 경우와의 형평을 피고인에게 유리한 양형요소로 고려한 사실을 알 수 있다.

[3] **원판결의 공소사실이 위 판결 확정 전에 범한 죄를 내용으로 하더라도**, 위 확정판결의 형은 형법 제59조 제1항 단서에서 규정한 '자격정지 이상의 형을 받은 전과'에 해당하므로, **원판결에서 피고인에 대하여 형의 선고를 유예할 수 없다**(대법원2018. 4. 10.선고2018오1판결).

ㄹ (○) [1] **형의 선고유예를 받은 자가 유예기간 중** 자격정지 이상의 형에 처한 판결을 선고받아 **그 판결이 확정되더라도 검사의 청구에 의한 선고유예 실효의 결정에 의하여 비로소 선고유예가 실효된다.**

[2] **형의 선고유예 판결이 확정된 후 2년을 경과한 때에는** 형법 제60조에 따라 **면소된 것으로 간주하고, 그 뒤에는 실효의 대상이 되는 선고유예의 판결이 존재하지 않으므로** 선고유예 실효의 결정을 할 수 없다.

[3] 이는 **원결정에 대한 집행정지의 효력이 있는 즉시항고 또는 재항고로** 인하여 **아직 선고유예 실효 결정의 효력이 발생하기 전 상태에서 상소심 절차 진행 중에 선고유예 기간이 그대로 경과한 경우에도 마찬가지이다**(선고유예 **실효의 결정을 할 수 없다**)(대법원2018. 2. 6.자2017모3459결정).

문제 15 - 정답 ①

▶ ① ㄴㄷㄹ(3개)은 **맞는 지문**이다. ㄱ(1개)은 **틀린 지문**이다.

ㄱ (X) [1] 피고인의 행위가 피해자를 사망하게 한 직접적 원인은 아니었다 하더라도 이로부터 발생된 **다른 간접적 원인이 결합되어 사망의 결과를 발생하게 한 경우** 그 행위와 사망 사이에는 **인과관계가 있다**고 할 것이다.

[2] **피고인이 갑의 뺨을 1회 때리고 오른손으로 목을 쳐 갑으로 하여금 뒤로 넘어지면서 머리를 땅바닥에 부딪치게 하여 상해를 가하고 그로 인해 사망에 이르게 하였다는** 내용으로 기소된 사안에서, **갑이 두부 손상을 입은 후 병원에서 입원치료를 받다가 합병증으로 사망에 이르게 되어** 피고인의 범행과 갑의 사망 사이에 **인과관계를 부정할 수 없고, 사망 결과에 대한 예견가능성도 있다**(대법원 2012. 3. 15. 선고 2011도17648 판결). 결국, **상해치사죄가 성립한다.**

ⓒ (○) [1] 직계존속인 피해자를 폭행하고, 상해를 가한 것이 **존속에 대한 동일한 폭력습벽의 발현**에 의한 것으로 인정되는 경우, **그 중 법정형이 더 중한 상습존속상해죄에 나머지 행위들을 포괄시켜 하나의 죄만**이 성립한다.

[2] 피고인이 2001. 11. 23.부터 2002. 3. 22.까지 사이에 **직계존속인 피해자를 2회 폭행**하고, **4회 상해를 가한 것**은 존속에 대한 동일한 폭력습벽의 발현에 의한 것으로 인정되므로 **그 중 법정형이 더 중한 상습존속상해죄에 나머지 행위들을 포괄시켜 하나의 죄만**이 성립한다(대법원 2003. 2. 28. 선고 2002도7335 판결).

ⓒ (○) [1] 피고인이 **피해자를 협박**하여 **그로 하여금 자상케 한 경우**에 피고인에게 상해의 결과에 대한 인식이 있고 또 **그 협박의 정도가 피해자의 의사결정의 자유를 상실케 함에 족한 것인 이상** 피고인에 대하여 **상해죄를 구성한다**.

[2] 피고인은 동거한 사실이 있는 피해자 A에게 피고인을 탈영병이라고 헌병대에 신고한 이유와 다른 남자와 정을 통한 사실들을 추궁한 바, 이를 부인하자 하숙집 뒷산으로 데리고 가 계속 부정을 추궁하면서 상대 남자를 말하자 대답을 하지 못하고 당황하던 A에게 소지 중인 **면도칼 1개를 주면서 "네가 네 코를 자르지 않을 때는 돌로서 죽인다"는 등 위협을 가해** 자신의 생명에 위험을 느낀 **A는 자신의 생명을 보존하기 위하여 위 면도칼로 콧등을 길이 2.5센치, 깊이 0.56센치 절단하므로서** A에게 전치 3개월을 요하는 상처를 입혀 **안면부 불구가 되게 하였다는 것**으로서 이와 같이 **피고인에게 A의 상해결과에 대한 인식이 있고 또 그 여인에게 대한 협박정도가 그의 의사결정의 자유를 상실케 함에 족한 것인 이상, 피고인에게 중상해 사실을 인정한다**(대법원 1970. 9. 22. 선고 70도1638 판결). 결국, 중상해죄의 간접정범이 성립한다.

ⓔ (○) [1] 형법 제260조에 규정된 **폭행죄**는 사람의 **신체에 대한 유형력의 행사**를 가리키며, 그 유형력의 행사는 신체적 고통을 주는 물리력의 작용을 의미하므로 **신체의 청각기관을 직접적으로 자극하는 음향**도 경우에 따라서는 **유형력에 포함될 수 있다.**

[2] 피해자의 **신체에 공간적으로 근접하여 고성으로 폭언이나 욕설을 하거나 동시에 손발이나 물건을 휘두르거나 던지는 행위**는 직접 피해자의 **신체에 접촉하지 아니하였다 하더라도** 피해자에 대한 **불법한 유형력의 행사로서 폭행에 해당될 수 있는 것이지만**, 거리상 멀리 떨어져 있는 사람에게 전화기를 이용하여 전화하면서 고성을 내거나 그 전화 대화를 녹음 후 듣게 하는 경우에는 특수한 방법으로 수화자의 청각기관을 자극하여 그 수화자로 하여금 고통스럽게 느끼게 할 정도의 음향을 이용하였다는 등의 특별한 사정이 없는 한 신체에 대한 유형력의 행사를 한 것으로 보기 어렵다(폭행X).

[3] 甲은 1996. 4 경 乙의 집으로 전화를 걸어 乙에게 "일본노래를 표절했다, 사회에 매장시키겠다."라고 수회에 걸쳐 폭언을 하고, 하루에 수십 회 반복하여 乙에게 "강도같은 년, 표절가수다."라는 등의 폭언을 하면서 욕설을 하였고, 1998.3.경 乙의 집으로 전화하여 乙에게 "전화번호를 다시 바꾸면 가만 두지 않겠다."라는 등으로 폭언을 하고, 1999. 9. 1. 00:40경 乙의 집 자동응답전화기에 "乙이 살인청부 교사범 맞아, 남의 작품을 빼앗아 간 여자, 도둑년하고 살면서, 미친년 정신 똑바로 차려."라고 하고 1999. 2.경에도 다시 욕설과 폭언을 하는 등 수회에 걸쳐 욕설과 폭언 등을 녹음한 경우, **폭행죄는 성립하지 않는다. 다만 협박죄는 성립할 수 있다**(대판2003.1.10. 2000도5716).

▶ ② (X) [1] **이 사건 조치**는 피해아동에게 필수적인 교육활동 참여를 독려한다는 목적에 기초하여 이루어진 **교사의 학생에 대한 지도행위에 해당한다.**

[2] 피고인이 피해아동을 체벌하거나 신체적 고통을 가할 의도가 있었다고 보기 어려운 점과 피고인이 행사한 유형력의 태양이나 정도 등에 비추어, **이 사건 조치가 구 초·중등교육법 시행령 제31조 제8항에 따라 금지된다고 보기 어렵다.**

[3] 피고인은 당시 상황에 비추어 구두 지시 등 신체적 접촉을 배제한 수단만으로는 이러한 목적 달성이 어렵다고 판단하여 교사로서 가지는 합리적인 재량의 범위 안에서 적절하다고 생각하는 지도방법을 택한 것으로 보이므로, 교육 관계 법령의 취지에 비추어 **이 사건 조치는 객관적으로 타당한 교육행위로 볼 여지가 많다.**

[4] 교사가 아동인 학생을 교육하는 과정에서 학생에게 신체적 고통을 느끼게 하였더라도, 그 행위가 **법령에 따른 교육의 범위 내에 있다면 아동복지법 제17조 제3호를 위반하였다고 할 수 없다**(대법원2024. 10. 8.선고2021도13926판결). **결국, 피고인의 위와 같은 교육과정에서 한 행동은 아동복지법상 금지되는 학대행위에 해당하지 아니한다.

① (○) [1] 피고인의 행위가 훈육 목적이었더라도 피해아동에게 상당한 수치심이나 좌절감을 일으켜 피해아동의 정신건강을 해치거나 정상적 발달을 저해할 정도였고 **엎드려뻗쳐** 등은 해당 중학교의 학칙에서 허용하는 훈육 방법에 해당하지도 아니하므로 **'정서적 학대행위'에 해당한다.**

[2] 피고인이 피해아동의 **같은 반 학생들이 모두 함께 있는 교실 안에서 상당시간 동안 엎드려뻗쳐를 시키고 망신을 주었던 이상 사회상규에 위배되지 아니하는 행위로 평가될 수도 없다**(대법원 2024. 9. 12.선고2020도12920판결).

③ (○) [1] 13세 내지 14세의 중학생인 피해자들에 대하여, **중학교 교사인 피고인이** 한 이 부분 공소사실 기재 행위가 아동학대처벌법이 가중처벌하는 '아동의 신체에 손상을 주거나 신체의 건강 및 발달을 해치는 신체적 학대행위'에 해당하는지를 판단함에 있어서도 초·중등교육법 시행령과 그 학교의 생활지도 규정이 적용되고, 따라서 **위 법령과 규정에서 금지하는 수단과 방법을 사용하여 체벌을 하였다면** 훈육 또는 지도 목적으로 행하여졌다고 할지라도 **신체적 학대행위에 해당한다.**

[2] **중학교 교사인 피고인이** 학교에서 중학생들에게 초·중등교육법 시행령과 학교의 생활지도 규정에서 **금지하는 수단과 방법을 사용하여 체벌**한 사안에서, 훈육 또는 지도 목적으로 행하여졌다고 할지라도 **신체적 학대행위에 해당한다.**

[3] 결국, **피고인은 6개월여 동안**, 이 부분 공소사실 기재와 같이 **3회의 체벌을 하였고**, 피고인의 행위가 피해학생별로는 1회씩의 행위라고 할지라도 피고인의 행위는 **단기간 반복적으로 이루어졌으므로**, 피고인의 행위는 **신체적 학대행위에 포함된다**(대법원2022. 10. 27.선고2022도1718판결).

④ (○) **어린이집 보육교사인 피고인이, 아동 갑(4세)이 창틀에 매달리는 등 위험한 행동을 한다는 이유로 갑을 안아 바닥에서 약 78cm 높이의 교구장(110cm×29cm×63cm) 위에 올려둔 후 교구장을 1회 흔들고, 갑의 몸을 잡고는 교구장 뒤 창 쪽으로 흔들어 보이는 등 약40분 동안 앉혀둠으로써 아동의 정신건강 및 발달에 해를 끼치는 정서적 학대행위를 하였다고 하여 아동복지법 위반(아동학대)으로 기소된 사안에서, 피고인이 강압적이고 부정적인

태도를 보이며 4세인 갑을 높이 78cm에 이르는 교구장 위에 약40분 동안 앉혀놓은 것은 그 자체로 위험한 행위일 뿐만 아니라 그 과정에서 갑은 공포감 내지 소외감을 느꼈을 것으로 보이고, 실제로 갑이 정신적 고통 등을 호소하며 일주일이 넘도록 어린이집에 등원하지 못한 점 등 여러 사정에 비추어 피고인이 갑을 정서적으로 학대하였다고 보아야 한다(대법원2020. 3. 12.선고2017도5769판결).

문제 17 - 정답 ③

▶ ③ ㉠㉡㉤(3개)은 맞는 지문이다. ㉢㉣(2개)은 틀린 지문이다.

㉠㉡ (○) [1] 체포죄는 계속범으로서 체포의 행위에 확실히 사람의 신체의 자유를 구속한다고 인정할 수 있을 정도의 시간적 계속이 있어야 기수에 이르고, 신체의 자유에 대한 구속이 그와 같은 정도에 이르지 못하고 일시적인 것으로 그친 경우에는 체포죄의 미수범이 성립할 뿐이다.

[2] 따라서 피고인들의 체포행위가 지속된 시간은 약 1분 10초 정도에 불과하였고, 다수의 경찰관들이 피고인들과 피해자를 에워싸는 바람에 피고인들은 체포행위에 착수한 지점으로부터 약 20m 정도 떨어진 곳까지 피해자를 끌고 가는데 그쳤다면 체포죄의 미수범이 성립한다.

[3] 체포치상죄의 상해는 피해자 신체의 건강상태가 불량하게 변경되고 생활기능에 장애가 초래되는 것을 말한다. 피해자가 입은 상처가 극히 경미하여 굳이 치료할 필요가 없고 치료를 받지 않더라도 일상생활을 하는 데 아무런 지장이 없으며 시일이 경과함에 따라 자연적으로 치유될 수 있는 정도라면, 그로 인하여 피해자의 신체의 건강상태가 불량하게 변경되었다거나 생활기능에 장애가 초래된 것으로 보기 어려워 체포치상죄의 상해에 해당한다고 할 수 없다(대법원2020. 3. 27.선고2016도18713판결). 결국, 위 사안에서 체포죄의 미수범만이 성립할 뿐이다.

㉢ (X) [1] 정신건강의학과 전문의인 피고인 갑, 을이 각각 피해자의 아들 피고인 병 등과 공동하여 피해자(병의 모친)를 응급이송차량에 강제로 태워 병원으로 데려가 입원시켰다고 하여 폭력행위 등 처벌에 관한 법률 위반(공동감금)으로 기소된 사안에서, 피고인 갑, 을에게 감금죄의 고의가 있었다거나 이들의 행위가 형법상 감금행위에 해당한다고 단정하기 어렵다.

[2] 망상장애와 같은 정신질환의 경우 진단적 조사 또는 정확한 진단을 위해 지속적인 관찰이나 특수한 검사가 필요한 때에도 환자의 입원이 고려될 수 있고, 피고인 갑, 을은 보호의무자인 피고인 병의 진술뿐만 아니라 피해자를 직접 대면하여 진찰한 결과를 토대로 피해자에게 피해사고나 망상장애의 의심이 있다고 판단하여 입원이 필요하다는 진단을 한 것이므로, 진단 과정에 정신건강의학과 전문의로서 최선의 주의를 다하지 아니하거나 신중하지 못했던 점이 일부 있었더라도 피해자를 정확히 진단하여 치료할 의사로 입원시켰다고 볼 여지 또한 충분하여 피고인 갑, 을에게 감금죄의 고의가 있었다거나 이들의 행위가 형법상 감금행위에 해당한다고 단정하기 어렵다(대법원2015. 10. 29.선고2015도8429판결). 결국, 피고인 갑, 을이 피해자를 입원시킨 행위는 감금죄에 해당하지 않는다.

㉣ (X) [1] 보호의무자의 동의를 제대로 얻지 못한 상태에서 정신의료기관의 장의 결정에 의하여 정신질환자에 대한 입원이 이루어졌다 하더라도, 정신건강의학과 전문의가 사실과 다르게 입원 진단을 하였다거나 또는 정신의료기관의 장 등과 공동하거나 공모하여 정신질환자를 강제입원시켰다는 등의 특별한 사정이 없는 이상, 정

신의료기관의 장의 입원 결정과 구별되는 정신건강의학과 전문의의 입원 진단 내지 입원권고서 작성행위만을 가지고 부적법한 입원행위라고 보아 감금죄로 처벌할 수 없다.

[2] 정신건강의학과 전문의는 정신질환자들이 입원할 당시 적법한 보호의무자의 입원 동의가 없었음을 알았다거나 정신의료기관의 실제 운영자와 감금을 공모하였다고 인정하기 어려우므로 감금죄로 처벌할 수 없다.(대판2017.4.28. 2013도13569). 결국, 정신의료기관의 장은 감금죄로 처벌되어도 갑은 감금죄로 처벌되지 않는다.

㉤ (○) [1] 구 정신보건법(2015. 1. 28. 법률 제13110호로 개정되기 전의 것, 이하 같다) 제23조 제2항은 '정신의료기관의 장은 자의로 입원 등을 한 환자로부터 퇴원 신청이 있는 경우에는 지체 없이 퇴원을 시켜야 한다'고 정하고 있다(2016. 5. 29. 법률 제14224호로 전부 개정된 정신건강증진 및 정신질환자 복지서비스 지원에 관한 법률 제41조 제2항은 '정신의료기관 등의 장은 자의 입원 등을 한 사람이 퇴원 등을 신청한 경우에는 지체 없이 퇴원 등을 시켜야 한다'고 정하고 있다).

[2] 따라서 정신의료기관의 장이 자의(自意)로 입원 등을 한 환자로부터 퇴원 요구가 있는데도 구 정신보건법에 정해진 절차를 밟지 않은 채 방치한 경우, 위법한 감금행위에 해당한다(대판2017.8.18. 2017도7134) 결국, 감금죄가 성립한다.

문제 18 - 정답 ②

▶ ② ㉡㉢㉣㉤(4개)은 맞는 지문이나, ㉠(1개)은 틀린 지문이다.

㉠ (X) [1] 형법 제297조의 강간죄는 제정(1953. 9. 18.)당시에는 「폭행 또는 협박으로 부녀를 강간한 자는 3년 이상의 유기징역에 처한다.」고 규정하고 있었다. 그 후 2012. 12. 18. 개정 형법에서는 「폭행 또는 협박으로 사람을 강간한 자는 3년 이상의 유기징역에 처한다.」고 규정하였다. 결국, 2012. 12. 18.「형법」개정으로 강간죄의 객체가 부녀에서 사람으로 바뀌었다.

[2] 형법 제298조의 강제추행죄는 제정(1953. 9. 18.)당시부터 현재까지도 강제추행죄의 객체는 사람이며,「폭행 또는 협박으로 사람에 대하여 추행을 한 자는 ~에 처한다」고 규정하고 있다. 결국, 2012. 12. 18.「형법」개정이 있었지만, 강간죄와는 달리 강제추행죄의 객체가 바뀐 것은 아니고 제정 당시나 현재나 사람일 뿐이다.

㉡ (○) [1] 강제추행죄는 상대방에 대하여 폭행 또는 협박을 가하여 항거를 곤란하게 한 뒤에 추행행위를 하는 경우뿐만 아니라 폭행행위 자체가 추행행위라고 인정되는 이른바 기습추행의 경우도 포함된다. 특히 기습추행의 경우 추행행위와 동시에 저질러지는 폭행행위는 반드시 상대방의 의사를 억압할 정도의 것임을 요하지 않고 상대방의 의사에 반하는 유형력의 행사가 있기만 하면 그 힘의 대소강약을 불문한다는 것이 일관된 판례의 입장이다.

[2] 이에 따라 대법원은, 피해자의 옷 위로 엉덩이나 가슴을 쓰다듬는 행위, 피해자의 의사에 반하여 그 어깨를 주무르는 행위, 교사가 여중생의 얼굴에 자신의 얼굴을 들이밀면서 비비는 행위나 여중생의 귀를 쓸어 만지는 행위 등에 대하여 피해자의 의사에 반하는 유형력의 행사가 이루어져 기습추행에 해당한다고 판단한 바 있다.

[3] 미용업체인 갑 주식회사를 운영하는 피고인이 갑 회사의 가맹점에서 근무하는 乙(여, 27세)을 비롯한 직원들과 노래방에서 회식을 하던 중 乙을 자신의 옆자리에 앉힌 후 귓속말로 '일하는 것 어렵지 않냐. 힘든 것 있으면 말하라'고 하면서 갑자기 乙의 볼에

입을 맞추고, 이에 을이 '하지 마세요'라고 하였음에도 계속하여 '괜찮다. 힘든 것 있으면 말해라. 무슨 일이든 해결해 줄 수 있다'고 하면서 오른손으로 을의 오른쪽 허벅지를 쓰다듬어 강제로 추행하였다는 내용으로 기소되었는데, 여성인 을이 성적 수치심이나 혐오감을 느낄 수 있는 부위인 허벅지를 쓰다듬은 행위는 을의 의사에 반하여 이루어진 것인 한 을의 성적 자유를 침해하는 유형력의 행사에 해당할 뿐 아니라 일반인에게도 성적 수치심이나 혐오감을 일으키게 하는 추행행위라고 보아야 하는 점 등을 종합할 때 기습추행으로 인한 강제추행죄의 성립을 부정적으로 볼 수 없을 뿐 아니라, 피고인이 저지른 행위가 자신의 의사에 반하였다는 을 진술의 신빙성에 대하여 합리적인 의심을 가질 만한 사정도 없다 (대법원2020. 3. 26.선고2019도15994판결). 결국, 피고인에게는 강제추행죄가 성립한다.

ⓒ (○) [1] 강제추행죄는 상대방에 대하여 폭행 또는 협박을 가하여 항거를 곤란하게 한 뒤에 추행행위를 하는 경우뿐만 아니라 폭행행위 자체가 추행행위라고 인정되는 경우도 포함되며, 이 경우의 폭행은 반드시 상대방의 의사를 억압할 정도의 것일 필요는 없다.

[2] 추행은 객관적으로 일반인에게 성적 수치심이나 혐오감을 일으키게 하고 선량한 성적 도덕관념에 반하는 행위로서 피해자의 성적 자유를 침해하는 것을 말하며, 이에 해당하는지는 피해자의 의사, 성별, 연령, 행위자와 피해자의 이전부터의 관계, 행위에 이르게 된 경위, 구체적 행위태양, 주위의 객관적 상황과 그 시대의 성적 도덕관념 등을 종합적으로 고려하여 신중히 결정되어야 한다. 그리고 추행의 고의로 상대방의 의사에 반하는 유형력의 행사, 즉 폭행행위를 하여 실행행위에 착수하였으나 추행의 결과에 이르지 못한 때에는 강제추행미수죄가 성립하며, 이러한 법리는 폭행행위 자체가 추행행위라고 인정되는 이른바 '기습추행'의 경우에도 마찬가지로 적용된다.

[3] 피고인이 밤에 술을 마시고 배회하던 중 버스에서 내려 혼자 걸어가는 피해자 甲(여, 17세)을 발견하고 마스크를 착용한 채 뒤따라가다가 인적이 없고 외진 곳에서 가까이 접근하여 껴안으려 하였으나, 甲이 뒤돌아보면서 소리치자 그 상태로 몇 초 동안 쳐다보다가 다시 오던 길로 되돌아갔다고 하여 아동·청소년의 성보호에 관한 법률 위반으로 기소된 사안에서, 피고인과 甲의 관계, 甲의 연령과 의사, 행위에 이르게 된 경위와 당시 상황, 행위 후 甲의 반응 및 행위가 甲에게 미친 영향 등을 고려하여 보면, 피고인은 甲을 추행하기 위해 뒤따라간 것으로 추행의 고의를 인정할 수 있고, 피고인이 가까이 접근하여 갑자기 뒤에서 껴안는 행위는 일반인에게 성적 수치심이나 혐오감을 일으키게 하고 선량한 성적 도덕관념에 반하는 행위로서 甲의 성적 자유를 침해하는 행위여서 그 자체로 이른바 '기습추행' 행위로 볼 수 있으므로, 피고인의 팔이 甲의 몸에 닿지 않았더라도 양팔을 높이 들어 갑자기 뒤에서 껴안으려는 행위는 甲의 의사에 반하는 유형력의 행사로서 폭행행위에 해당하며, 그때 '기습추행'에 관한 실행의 착수가 있는데, 마침 甲이 뒤돌아보면서 소리치는 바람에 몸을 껴안는 추행의 결과에 이르지 못하고 미수에 그쳤으므로, 피고인의 행위는 아동·청소년에 대한 강제추행미수죄에 해당한다(대판2015.9.10. 2015도6980, 2015모2524).

ⓓ (○) [1] [다수의견] 군형법 제92조의6의 문언, 개정 연혁, 보호법익과 헌법 규정을 비롯한 전체 법질서의 변화를 종합적으로 고려하면, 위 규정은 동성인 군인 사이의 항문성교나 그 밖에 이와 유사한 행위가 사적 공간에서 자발적 의사 합치에 따라 이루어지는 등 군이라는 공동사회의 건전한 생활과 군기를 직접적, 구체적으로 침해한 것으로 보기 어려운 경우에는 적용되지 않는다고 봄이 타당하다. 구체적인 이유는 다음과 같다.

(가) 현행 군형법 제92조의6은 2013. 4. 5. 법률 제11734호로 개정된 것으로서 "제1조 제1항부터 제3항까지에 규정된 사람(이하 '군인 등'이라 한다)에 대하여 항문성교나 그 밖의 추행을 한 사람은 2년 이하의 징역에 처한다."라고 정하고 있다(이하 '현행 규정'이라 한다). 현행 규정은 구 군형법(2013. 4. 5. 법률 제11734호로 개정되기 전의 것, 이하 '구 군형법'이라 한다) 제92조의5규정과는 달리 '계간' 대신 '항문성교'라는 표현을 사용하고 행위의 객체를 군형법이 적용되는 군인 등으로 한정하였다. 현행 규정의 문언만으로는 동성 군인 간의 성행위 그 자체를 처벌하는 규정이라는 해석이 당연히 도출될 수 없고, 별도의 규범적인 고려 또는 법적 평가를 더해야만 그러한 해석이 가능하다.

(나) 성적 자기결정권은 군형법의 적용 대상인 군인에게도 당연히 인정되는 보편적 권리로서, 군인의 신분에 수반되는 국가안전보장·질서유지 또는 공공복리를 위하여 필요한 범위 내에서 법률로 이를 제한하는 경우에도 그 본질적인 내용은 침해될 수 없다. 위에서 본 동성 간 성행위에 대한 법규범적 평가에 비추어 보면, 동성 군인 간 합의에 의한 성행위로서 그것이 군이라는 공동사회의 건전한 생활과 군기를 직접적, 구체적으로 침해하지 않는 경우에까지 형사처벌을 하는 것은 헌법을 비롯한 전체 법질서에 비추어 허용되지 않는다고 보아야 한다. 이를 처벌하는 것은 합리적인 이유 없이 군인이라는 이유만으로 성적 자기결정권을 과도하게 제한하는 것으로서 헌법상 보장된 평등권, 인간으로서의 존엄과 가치, 그리고 행복추구권을 침해할 우려가 있다. 특히 현행 규정은 장교나 부사관 등 직업군인에게도 적용되는데, 직업군인의 경우 장기간 동안 군형법의 적용을 받게 되므로 기본권 제한의 정도가 매우 크다. 그리고 군인 간의 합의에 의한 항문성교 그 밖의 성행위가 사적 공간에서 은밀히 이루어진 경우 이를 처벌하기 위해서는 지극히 사생활 영역에 있는 행위에 대한 수사가 필수적인데, 이러한 수사는 군인의 사생활의 비밀과 자유를 과도하게 제한하는 것으로 허용되기 어렵다.

[2] 군인인 피고인 갑은 자신의 독신자 숙소에서 군인 을과 서로 키스, 구강성교나 항문성교를 하는 방법으로 추행하고, 군인인 피고인 병은 자신의 독신자 숙소에서 동일한 방법으로 피고인 갑과 추행하였다고 하여 군형법 위반으로 기소된 사안에서, 피고인들과 을은 모두 남성 군인으로 당시 피고인들의 독신자 숙소에서 휴일 또는 근무시간 이후에 자유로운 의사를 기초로 한 합의에 따라 항문성교나 그 밖의 성행위를 한 점 등에 비추어 피고인들의 행위는 군형법 제92조의6에서 처벌대상으로 규정한 '항문성교나 그 밖의 추행'에 해당하지 않는다(대법원2022. 4. 21.선고2019도3047전원합의체 판결).

ⓔ (○) [1] 준강간죄에서 실행의 착수 시기는 피해자의 심신상실 또는 항거불능의 상태를 이용하여 간음을 할 의도를 가지고 간음의 수단이라고 할 수 있는 행동을 시작한 때로 보아야 한다.

[2] 피고인이 피해자 갑(여, 18세)과 성관계를 할 의사로 술에 취하여 모텔 침대에 잠들어 있는 갑의 속바지를 벗기다가 갑이 깨어나자 중단함으로써 갑의 항거불능 상태를 이용하여 간음하려다가 미수에 그쳤다고 하여 아동·청소년의 성보호에 관한 법률 위반(준강간)으로 기소된 사안에서, 피고인이 갑의 속바지를 벗기려던 행위는 간음의 의도를 가지고 간음의 수단이라고 할 수 있는 행동을

시작한 것으로서 <u>준강간죄의 실행에 착수한 것이라고 할 것이다.</u>
[3] 따라서 <u>피고인이 피해자가 아동·청소년에 해당한다는 사실을 알면서</u> 피해자의 심신상실 또는 항거불능 상태를 이용하여 <u>피해자를 간음하려다가 미수에 그쳤다고</u> 보아야 한다(대법원2010. 7. 15. 선고2010도3594판결). 결국, 피고인은 아동·청소년의 성보호에 관한 법률 위반(준강간미수)에 해당한다.

문제 19 – 정답 ③

▶ ③ <u>ⓒⓔⓜ</u>(3개)은 옳은 지문이나, <u>ⓐⓑ</u>(2개)은 틀린 지문이다.

ⓐ (X) (X) [1] 명예훼손죄가 성립하기 위해서는 <u>사실의 적시가 있어야</u> 하고, <u>적시된 사실은</u> 이로써 특정인의 사회적 가치 내지 평가가 침해될 가능성이 있을 정도로 <u>구체성을 띠어야</u> 한다. 이때 <u>사실의 적시란</u> 가치판단이나 평가를 내용으로 하는 <u>의견표현에 대치되는 개념으로서</u> 시간과 공간적으로 구체적인 <u>과거 또는 현재의 사실관계에 관한 보고 내지 진술을 의미하며, 그 표현내용이 증거에 의한 입증이 가능한 것을 말하고</u>, 판단할 진술이 <u>사실인가</u> 또는 <u>의견인가를</u> 구별할 때에는 언어의 통상적 의미와 용법, 입증가능성, 문제된 말이 사용된 문맥, 그 표현이 행하여진 사회적 상황 등 <u>전체적 정황을 고려하여 판단하여야</u> 한다.
[2] <u>다른 사람의 말이나 글을 비평하면서 사용한 표현이</u> 겉으로 보기에 증거에 의해 입증 가능한 구체적인 사실관계를 서술하는 <u>형태를 취하고</u> 있더라도, 글의 집필의도, 논리적 흐름, 서술체계 및 전개방식, 해당 글과 비평의 대상이된말 또는 글의 전체적인 내용 등을 종합하여 볼 때, <u>평균적인 독자의 관점에서 문제된 부분이 실제로는 비평자의 주관적 의견에 해당하고</u>, 다만 비평자가 자신의 <u>의견을 강조하기 위한 수단으로 그와 같은 표현을 사용한 것이라고</u> 이해된다면 <u>명예훼손죄(형법 제309조 제2항의 출판물에 의한 명예훼손죄)에서 말하는 사실의 적시에 해당한다고 볼 수 없다.</u> 그리고 이러한 법리는 어떠한 의견을 주장하기 위해 <u>다른 사람의 견해나 그 근거를 비판하면서 사용한</u> 표현의 경우에도 <u>다를 바 없다.</u>
[3] 민사재판에서 법원은 당사자 사이에 다툼이 있는 사실관계에 대하여 처분권주의와 변론주의, 그리고 자유심증주의의 원칙에 따라 신빙성이 있다고 보이는 당사자의 주장과 증거를 받아들여 사실을 인정하는 것이어서, <u>민사판결의 사실인정이 항상 진실한 사실에 해당한다고 단정할 수는 없다.</u> 따라서 다른 특별한 사정이 없는 한, 그 진실이 무엇인지 확인할 수 없는 과거의 역사적 사실관계 등에 대하여 <u>민사판결을</u> 통하여 어떠한 사실인정이 있었다는 이유만으로, <u>이후 그와 반대되는 사실의 주장이나 견해의 개진 등을</u> 형법상 명예훼손죄 등에 있어서 <u>'허위의 사실 적시'라는 구성요건에 해당한다고 쉽게 단정하여서는 아니 된다.</u> 판결에 대한 자유로운 견해 개진과 비판, 토론 등 헌법이 보장한 표현의 자유를 침해하는 위헌적인 법률해석이 되어 허용될 수 없기 때문이다. <u>결국, 민사판결이 인정한 사실과 다른 사실을 주장하는 것이 허위 사실 적시에 해당하지 아니한다</u>(헌법상 표현의 자유와 관련한 합헌적 해석)
[4] 피해자 종중이 모시는 선조 A가 B, C 중 누구의 아들인지에 관하여 논란이 있던 상황에서 <u>관련 민사판결에 의하여 B의 아들인 것으로 어느 정도 정리가 되었음</u>에도 피고인이 이와 다른 내용을 기재한 책을 출간하여 관련 종중 임원 등에게 배포함으로써 허위사실 적시로 인한 출판물에 의한 명예훼손으로 기소된 사안에서, 피고인이 위 책에서 사용한 표현은 결국 A가 B의 아들이 될 수 없다는 견해를 주장하면서 반대 주장의 근거가 빈약하다고 지적하는 평가 내지 이를 감정적·과장적으로 표현한 것에 불과하여 형

법상 명예훼손죄에서의 '사실의 적시'라 보기 어렵고, 나아가 민사판결의 사실인정은 상대적이어서 이와 다른 내용을 기재하였다고 하여 바로 명예훼손죄에서의 '허위사실 적시'에 해당한다고 쉽게 단정하는 것은 헌법이 정한 표현의 자유를 침해하는 위헌적 해석이 되기 쉽다는 이유 등을 들어 이 사건 공소사실을 유죄로 인정한 원심판단을 파기환송 한 사례(대판2017.12.5. 2017도15628). 결국, <u>이 사건 책자에서 문제 된 표현은 피고인의 주관적 의견이나 견해 또는 주장에 해당하고</u>, 원심이 든 이유나 검사가 제출한 증거들만으로는 <u>문제 된 표현이</u> 형법 제309조 제2항의 출판물에 의한 <u>명예훼손죄에서 말하는 사실의 적시에 해당한다고 보기 어렵다</u>(피고인은 출판물에 의한 명예훼손죄가 성립하지 아니한다).
ⓒ (O) 갑 대학교 총학생회장인 피고인이 총학생회 주관의 농활 사전답사 과정에서 을을 비롯한 학생회 임원진의 음주 및 음주운전 사실이 있었음을 계기로 음주운전 및 이를 묵인하는 관행을 공론화하여 <u>'총학생회장으로서 음주운전을 끝까지 막지 못하여 사과드립니다.'</u>라는 제목의 글을 써 페이스북 등에 게시함으로써 음주운전자로 특정된 을의 명예를 훼손하였다는 내용으로 기소된 사안에서, 게시글의 전체적인 취지·내용에 비추어 중요한 부분은 '을이 술을 마신 상태에서 음주운전을 하였고 피고인도 이를 끝까지 제지하지 않았으며, 피고인 역시 음주운전 차량에 동승하였다.' 는 점으로서 객관적 사실과 합치되므로, 비록 을이 마신 술의 종류·양과 같은 세부적 부분이 객관적 사실과 정확히 일치하지 않더라도 게시글의 중요한 부분은 '진실한 사실'에 해당하는 점, <u>피고인은 사회적으로 음주운전에 엄격해진 분위기와 달리 농활 과정의 관성적인 음주운전 문화가 해당 개인은 물론 농활에 참여한 학내 구성원 등의 안전을 위협하고 이로 인해 총학생회의 자치활동에마저 부정적인 사회적 인식을 초래할 수 있다는 문제의식 아래 게시글을 올린 것으로 보이므로</u>, 게시글은 주된 의도·목적의 측면에서 공익성이 충분히 인정되는 점, 게시글을 올린 시점이 을의 음주운전 행위일로부터 약 4개월이 경과되었고, 을의 갑 대학교 단과대학 학생회장 출마 시점으로부터 약 2주일 전이라는 점에서 그 의도·목적상 을의 출마와 관련성이 있다고 볼 여지도 있으나, <u>게시글의 중요 부분은 객관적인 사실로서 을의 준법의식·도덕성·윤리성과 직결되는 부분이어서 단과대학 학생회장으로서의 적격 여부와 상당한 관련성이 있을 뿐만 아니라 단과대학 구성원 전체의 관심과 이익에 관한 사항에 해당하는 점</u> 등을 종합하면, <u>피고인의 행위는 형법 제310조에 따라 위법성이 조각된다고 봄이 타당하다</u>(대법원 2023. 2. 23. 2022도13425 판결).
ⓒ (X) 피고인이 드러낸 사실의 내용, 게시 글의 작성 경위와 동기 등 제반 사정을 종합하면, 게시 글은 채팅방에 참여한 고등학교 동창들로 구성된 <u>사회집단의 이익에 관한 사항으로 볼 수 있고</u>, <u>피고인이 게시 글을 채팅방에 올린 동기나 목적에는 자신에게 재산적 피해를 입힌 갑을 비난하려는 목적도 포함되었다고 볼 수 있으나</u>, 갑으로 인하여 <u>동창 2명이 재산적 피해를 입은 사실에 기초하여 갑과 교류 중인 다른 동창생들에게 주의를 당부하려는 목적이 포함되어 있고</u>, 실제로 게시 글의 말미에 그러한 목적을 표시하였으므로, 피고인의 주요한 동기와 목적은 공공의 이익을 위한 것으로 볼 여지가 있고 피고인에게 <u>갑을 비방할 목적이 있다는 사실</u>의 합리적 의심의 여지가 없을 정도로 <u>증명되었다고 볼 수 없다는</u> 이유로, 이와 달리 보아 <u>공소사실을 유죄로 인정한 원심판결에</u> 같은 법 제70조 제1항에서 정한 '비방할 목적'에 관한 법리오해의 <u>잘못이 있다</u>(대법원2022. 7. 28.선고2022도4171판결). 결국, <u>피고</u>

인은 정보통신망법상 명예훼손죄가 성립하지 않는다.

㉣ (○) [1] 형법 제311조의 모욕죄는 사람의 가치에 대한 사회적 평가를 의미하는 외부적 명예를 보호법익으로 하는 범죄로서, 모욕죄에서 말하는 모욕이란 사실을 적시하지 아니하고 사람의 사회적 평가를 저하시킬 만한 추상적 판단이나 경멸적 감정을 표현하는 것을 의미한다. 따라서 <u>어떠한 표현이 상대방의 인격적 가치에 대한 사회적 평가를 저하시킬 만한 것이 아니라면</u> 설령 그 표현이 <u>다소 무례한 방법으로 표시되었다</u> 하더라도 이를 두고 <u>모욕죄의 구성요건에 해당한다고 볼 수 없다.</u>

[2] 모욕의 수단과 방법에는 제한이 없으므로 언어적 수단이 아닌 <u>비언어적·시각적 수단만을 사용하여 표현을 하더라도 그것이 사람의 사회적 평가를 저하시킬 만한 추상적 판단이나 경멸적 감정을 전달하는 것이라면 모욕죄가 성립한다.</u> 최근 영상 편집·합성 기술이 발전함에 따라 합성 사진 등을 이용한 모욕 범행의 가능성이 높아지고 있고, <u>시각적 수단만을 사용한 모욕이라 하더라도</u> 그 행위로 인하여 피해자가 입는 피해나 범행의 가벌성 정도는 언어적 수단을 사용한 경우와 비교하여 차이가 없다.

[3] 피고인이 유튜브 채널에 피해자의 방송 영상을 게시하면서 <u>피해자의 얼굴에 '개' 얼굴을 합성하는 방법으로</u> 표현하여 모욕죄로 기소된 사안에서, 영상의 전체적인 내용을 살펴볼 때, <u>피고인이 피해자의 얼굴을 가리는 용도로 동물 그림을 사용하면서</u> 피해자에 대한 부정적인 감정을 <u>다소 해학적으로 표현하려 한 것에 불과하다</u>고 볼 여지도 상당하므로, 해당 영상이 피해자를 불쾌하게 할 수 있는 표현이기는 하지만 객관적으로 피해자의 인격적 가치에 대한 <u>사회적 평가를 저하시킬 만한 모욕적 표현을 한 경우에 해당한다고 단정하기는 어렵다</u>(대법원 2023. 2. 2. 선고 2022도4719 판결). 결국, <u>시각적 수단을 사용한 이 사건 '개' 얼굴을 합성하는 표현행위는 모욕죄가 성립하지 않는다</u>고 하였다.

㉤ (○) <u>서적·신문 등 기존의 매체에 명예훼손적 내용의 글을 게시하는 경우에 그 게시행위로써 명예훼손의 범행은 종료하는 것이</u>며 그 서적이나 신문을 회수하지 않는 동안 범행이 계속된다고 보지는 않는다는 점을 고려해 보면, <u>정보통신망을 이용한 명예훼손의 경우에</u>, 게시행위 후에도 독자의 접근가능성이 기존의 매체에 비하여 좀 더 높다고 볼 여지가 있다 하더라도 그러한 정도의 차이만으로 <u>정보통신망을 이용한 명예훼손의 경우에 범죄의 종료시기가 달라진다고 볼 수는 없다</u>(대법원2007. 10. 25.선고2006도346판결). 결국, <u>기존매체든 정보통신망이든 명예훼손죄는 둘다 게재행위 즉시 범죄가 성립하고 종료한다.</u> (주의) 따라서 정보통신망을 이용한 명예훼손의 경우에 게재행위의 종료만으로 범죄행위가 종료하는 것이 아니고 원래 <u>게시물이 삭제되어 정보의 송수신이 불가능해지는 시점을 범죄의 종료시기로 보아서</u> 이 때부터 공소시효를 기산하여야 한다고 보아서는 절대로 안된다.

문제 20 - 정답 ③

▶ ③ (○) [1] 업무방해죄에서 '허위사실의 유포'란 객관적으로 진실과 부합하지 않는 사실을 유포하는 것으로서 단순한 의견이나 가치판단을 표시하는 것은 이에 해당하지 않는다.
[2] 유포한 대상이 사실과 의견 가운데 어느 것에 속하는지 판단할 때는 언어의 통상적 의미와 용법, 증명가능성, 문제 된 말이 사용된 문맥, 당시의 사회적 상황 등 전체적 정황을 고려해서 판단해야 한다(대법원2021. 9. 30.선고2021도6634판결).
① (X) [1] 위계에 의한 업무방해죄에서 '위계'란 행위자가 행위 목적을 달성하기 위하여 상대방에게 오인, 착각 또는 부지를 일으

키게 하여 이를 이용하는 것을 말한다. 컴퓨터 등 정보처리장치에 정보를 입력하는 등의 행위도 그 입력된 정보 등을 바탕으로 업무를 담당하는 사람의 오인, 착각 또는 부지를 일으킬 목적으로 행해진 경우에는 여기서 말하는 위계에 해당할 수 있으나, 위와 같은 행위로 말미암아 업무과 관련하여 오인, 착각 또는 부지를 일으킨 상대방이 없었던 경우에는 위계가 있었나고 볼 수 없다.
[2] 전화금융사기 조직의 현금 수거책인 피고인이 무매체 입금거래의 '1인 1일 100만 원' 한도 제한을 회피하기 위하여 은행 자동화기기에 제3자의 주민등록번호를 입력하는 방법으로 이른바 '조개기 송금'을 한 것이 은행에 대한 업무방해죄로 기소된 사안에서, 피고인의 행위가 업무방해죄에서 말하는 위계에 해당하지 않는다는 전제에서 위계에 의한 업무방해죄가 성립하지 않는다.
[3] 피고인이 자동화기기에 제3자의 이름, 주민등록번호와 수령계좌를 입력한 후 현금을 투입하고 피고인이 입력한 정보에 따라 수령계좌로 그 돈이 입금됨으로써 무매체 입금거래가 완결되었다고 볼 수 있는데, 이러한 무매체 입금거래가 완결되는 과정에서 은행 직원 등 다른 사람의 업무가 관여되었다고 볼 만한 사정은 없으므로, 피고인이 자동화기기를 통한 무매체 입금거래 한도 제한을 피하기 위하여 제3자의 이름과 주민등록번호를 이용하여 1회 100만 원 이하의 무매체 입금거래를 하였다고 하더라도, 피고인의 행위는 업무방해죄에 있어 위계에 해당한다고 할 수 없다(대법원2022. 2. 11.선고 2021도15246 판결). 결국, 전화금융사기 조직원의 이른바 조개기 송금행위는 은행에 대하여 위계에 의한 업무방해죄를 구성하지 아니한다.
② (X) [1] 형법상 업무방해죄의 성립에는 업무방해의 결과가 실제로 발생할 것을 요하지 아니하지만 업무방해의 결과를 초래할 위험은 발생하여야 하고, 그 위험의 발생이 위계 또는 위력으로 인한 것인지 신중하게 판단되어야 한다.
[2] 특성화고등학교인 甲 고등학교의 교장인 피고인이 신입생 입학 사정회의(이하 '사정회의'라고 한다) 과정에서 면접위원인 피해자들에게 "참 선생님들이 말을 안 듣네. 중학교는 이 정도면 교장 선생님한테 권한을 줘서 끝내는데. 왜 그러는 거죠?" 등 특정 학생을 합격시키라는 취지의 발언을 하여 특정 학생의 면접 점수를 상향시켜 신입생으로 선발되도록 함으로써 위력으로 피해자들의 신입생 면접 업무를 방해하였다는 내용으로 기소된 사안에서, 피고인이 업무방해의 고의로 발언을 하였다고 보기 어렵다.
[3] 따라서 피고인은 학교 교장이자 전형위원회 위원장으로서 사정회의에 참석하여 자신의 의견을 밝힌 후 계속하여 논의가 길어지자 발언을 한 것인바, 그 발언에 다소 과도한 표현이 사용되었더라도 그것만으로 그 행위의 내용이나 수단이 사회통념상 허용할 수 없는 것이었다거나 피해자들의 자유의사를 제압하기에 충분한 위력을 행사하였다고 단정하기 어렵고, 그로 인하여 피해자들의 신입생 면접 업무가 방해될 위험이 발생하였다고 보기도 어렵다(대법원 2023.3.30. 선고 2019도7446 판결). 결국, 위력에 의한 업무방해죄가 성립하지 않는다.
④ (X) [1] 의견표현과 사실 적시가 혼재되어 있는 경우에는 이를 전체적으로 보아 허위사실을 유포하여 업무를 방해한 것인지 등을 판단해야지, 의견표현과 사실 적시 부분을 분리하여 별개로 범죄의 성립 여부를 판단해서는 안 된다.
[2] 반드시 기본적 사실이 거짓이어야 하는 것은 아니고 비록 기본적 사실은 진실이더라도 이에 거짓이 덧붙여져 타인의 업무를 방해할 위험이 있는 경우도 업무방해에 해당한다.

[3] 그러나 그 내용 <u>전체의 취지를 살펴볼 때 중요한 부분이 객관적 사실과 합치되고</u> 단지 세부적으로 약간의 차이가 있거나 다소 과장된 표현이 있는 정도에 지나지 않아 <u>타인의 업무를 방해할 위험이 없는 경우는</u> 이에 해당하지 아니하므로 허위사실유포에 의한 업무방해죄가 <u>성립하지 않는다.</u>

[4] 피고인은 공무원노동조합이 상급 단체로 A노조를 선택하도록 A노조를 홍보하는 글을 써달라는 부탁을 받고 <u>피해자인 B노총에 대한 허위사실을 유포하여 B노총의 단위 노동조합 유치업무를 방해하였다는</u> 사안에 대하여, 이 글은 의견표현과 사실 적시가 혼재되어 있고 내용 전체의 취지에 비추어 살펴볼 때 <u>B노총에 대한 비판적인 의견을 표현하는</u> 과정에서 세부적으로 잘못된 사실이나 과장된 표현이 사용되었다고 보아야 한다. 따라서 이 글로 말미암아 허위사실을 유포하여 업무를 방해할 위험이 발생하였다고 보기 어렵다(대법원2021. 9. 30.선고2021도6634판결). 결국, <u>허위사실유포에 의한 업무방해죄가 성립하지 않는다.</u>

문제 21 - 정답 ③

▶③ ㉡㉢㉤(3개)은 옳은 지문이나, ㉠㉣(2개)은 틀린 지문이다.

㉠ (X) [1] <u>다가구용 단독주택</u>이나 다세대주택·연립주택·아파트와 같은 <u>공동주택 내부의 엘리베이터, 공용계단, 복도 등 공용부분도</u> 그 거주자들의 사실상 주거의 평온을 보호할 필요성이 있으므로 주거침입죄의 객체인 '사람의 주거'에 해당한다.

[2] <u>거주자가 아닌 외부인이 공동주택의 공용부분에 출입한 것이 공동주택 거주자들에 대한 주거침입에 해당하는지를 판단할 때에도</u> 공용부분이 일반 공중에 출입이 허용된 공간이 아니고 주거로 사용되는 각 가구 또는 세대의 전유부분에 필수적으로 부속하는 부분으로서 거주자들 또는 관리자에 의하여 외부인의 출입에 대한 통제·관리가 예정되어 있어 거주자들의 사실상 주거의 평온을 보호할 필요성이 있는 부분인지, 공동주택의 거주자들이나 관리자가 평소 외부인이 그곳에 출입하는 것을 통제·관리하였는지 등의 사정과 외부인의 출입 목적 및 경위, 출입의 태양과 출입한 시간 등을 <u>종합적으로 고려하여 '주거의 사실상 평온상태가 침해되었는지'</u>의 관점에서 <u>객관적·외형적으로 판단하여야 한다.</u>

[3] <u>피고인이 갑이 거주하는 빌라 건물의 공동현관문을 열고 들어가 5층 계단까지 침입한 후 공업용 접착제를 흡입함</u>으로써 갑의 주거지에 침입하였다는 공소사실로 기소된 사안에서, <u>위 건물은 갑을 포함하여 8세대의 입주민들만이 거주하는 다세대주택으로</u>, 건물의 공동현관과 공용계단, 세대별 현관문 앞 공간은 건물 입구에서 공동주택 거주자들이 독립적인 주거 생활을 영위하는 <u>각각의 주거 공간으로 들어가는 곳이어서</u>, 각 세대의 전유부분에 필수적으로 부속하는 공간인 점, 위 건물은 밖에서 보았을 때 4층으로 된 소규모의 낮은 건물로서 세대별 전유부분과 공용부분이 상당히 밀착되어 있고 공용부분도 넓지 않은 데다가 엘리베이터 등 별도의 출입 방법이 없어, 공용부분에서 벌어지는 상황이 각 세대의 독립된 주거 공간에 영향을 줄 가능성 자체가 아파트 등 다른 공동주택에 비해 더 크다고 볼 수 있는 구조인 점, 위 건물 주변에는 비슷한 다세대주택들이 모여 있고 특별한 상업시설이 없으며, <u>위 건물 전면에 공동현관문이 설치되어 있고 내부에 상가 등이 없는 것</u> 또한 쉽게 알 수 있는 등 <u>위 건물이 오로지 주거 용도로만 사용되고 있음이 외관상 분명해 보이는 점</u> 등을 종합하면, 피고인의 행위는 갑 등 위 건물에 거주하는 사람들의 <u>'주거의 사실상 평온상태'를 해치는 행위로서 주거침입으로 평가할 수 있다</u>(대법원2024. 6. 27.선고2023도16019판결). 결국, 피고인이 피해자가 거주하는 빌라 건

물의 공동현관문을 열고 들어가 계단까지 침입하여 공업용 접착제를 흡입한 경우, <u>주거침입죄가 성립한다.</u>

㉡ (O) [1] <u>종전 점유자가 건조물침입 범죄 행위 등 불법적으로 점유를 개시한 현 점유자의 점유를 탈환하기</u> 위하여 <u>다수의 사람을 동원하고 폭력적인 방법을 사용하여 건조물에 들어가</u> 건조물의 경비·관리 업무를 수행하던 <u>현 점유자를 좇아내어 특수건조물침입죄 및 업무방해죄 등으로 기소된 경우</u>이다.

[2] 관리자가 건조물을 관리할 법률상 정당한 권한을 가지고 있는지는 범죄의 성립을 좌우하는 것이 아니고 <u>관리자가 건조물을 사실상 점유·관리하는 경우라면 설령 정당한 권원이 없는 사법상 불법점유이더라도</u> 적법한 절차에 의하여 점유를 풀지 않는 한 그에 따른 사실상 평온은 보호되어야 하므로 <u>사법상 권리자라 하더라도 정당한 절차에 의하지 아니하고 건조물에 침입한 경우에는 건조물침입죄가 성립한다(특수건조물침입죄가 성립한다).</u>

[3] 형법상 업무방해죄의 보호대상이 되는 '업무'란 직업 또는 계속적으로 종사하는 사무나 사업으로서 <u>타인의 위법한 행위에 의한 침해로부터 보호할 가치가 있으면 되고 반드시 그 업무가 적법하거나 유효할 필요는 없으므로</u> 피고인들은 <u>업무방해죄가 성립한다.</u>

[4] ○○백화점 공사 시행사에 대하여 PF 대출을 한 금융기관이 A회사에게 PF대출채권을 양도하였고, <u>A회사는</u> 공사 현장 부동산 소유자인 <u>신탁회사(수탁자)로부터 1순위 우선수익자로서 건축물의 관리권을 위탁까지 받아 위 공사현장을 점유·관리해왔다.</u> 한편, B회사는 위 시행사로부터 위 백화점 공사 사업권을 양수한 후, 위 공사현장의 A회사의 점유를 침탈하여 점유를 확보하고 관할경찰서장으로부터 집단민원현장 경비원배치 허가 등을 받아 경비원을 배치하는 등의 방법으로 약 65일 간 B회사가 위 공사현장을 점유·관리하였다. 이에 <u>A회사의 대표이사인 피고인 등은</u> 위 공사현장에 대한 점유를 <u>재탈환</u>하기 위하여 용역직원 80~100 여명을 동원하여 쇠파이프 등 위험한 물건을 휴대한 채 위 공사현장에 들어가 경비 업무를 수행하고 있던 <u>B회사 측 직원들을 외부로 끌어내어 위 공사현장을 탈환·점거하였다.</u> 이로써 피고인 등의 위 공사현장 재탈환 행위와 관련하여 특수건조물침입죄 및 업무방해죄, 특수상해죄 등 혐의로 기소된 경우, 피해자들 측이 불법적으로 이 사건 공사현장을 점거하였지만 <u>관할 경찰서로부터 집단민원현장 경비원 배치신고 및 관련 허가를 받아 약 65일간 경비원을 상주시키면서 점유·관리하여 온 상황에서</u> 피고인들이 정당하고 적법한 절차에 의하지 않고 이 사건 공사현장 및 건조물에 침입한 이상 <u>건조물침입죄가 성립하고</u>, 피해자들이 이 사건 공사현장 및 건조물을 관리하는 업무는 법률상 보호가치 있는 업무로서 피고인들이 그 업무를 방해한 행위는 <u>업무방해죄에 해당하므로</u> 피고인들은 <u>특수건조물침입죄와 업무방해죄가 성립한다</u>(대법원 2023. 2. 2. 선고 2022도5940 판결). 결국, <u>기존 점유자가 불법적으로 점유를 개시한 현 점유자의 점유를 탈환하기 위하여 폭력적인 방법을 사용하여 건조물에 들어가 건조물의 경비·관리 업무를 수행하던 현 점유자를 좇아낸 행위에 대하여, 특수건조물침입죄 및 업무방해죄가 인정된다.</u>

㉢ (O) [1] 건조물침입죄에서 <u>건조물이란</u> 단순히 건조물 그 자체만을 말하는 것이 아니라 <u>위요지를 포함하는 개념이다. 위요지란</u> 건조물에 직접 부속한 토지로서 <u>그 경계가 장벽 등에 의하여 물리적으로 명확하게 구획되어 있는 장소를 말한다.</u>

[2] 피고인들(사드반대단체회원들)이 골프장 부지에 설치된 사드(THAAD: 고고도 미사일 방어 체계)기지 외곽 철조망을 미리 준비한 각목과 장갑을 이용해 통과하여 300m 정도 진행하다가 내곽

철조망에 도착하자 미리 준비한 모포와 장갑을 이용해 통과하여 <u>사드기지 내부 1km 지점까지 진입함</u>으로써 <u>대한민국 육군과 주한미군이 관리하는 건조물에 침입하였다</u>고 하여 폭력행위 등 처벌에 관한 법률 위반(공동주거침입: 형의 2분의 1까지 가중한다)으로 기소된 사안에서, <u>위 사드기지의 부지는 기지 내 건물의 위요지에 해당한다</u>(대판2020.3.12. 2019도16484). 결국, 사드기지의 부지는 기지 내 건물의 위요지에 해당하므로, 피고인들의 행위는 폭력행위 등 처벌에 관한 법률상 <u>공동주거침입죄가 성립한다.</u>

㉣ (X) [1] <u>주거에 들어가는 행위 자체가 거주자의 의사에 반한다는 주관적 사정만으로는 바로 침입에 해당한다고 볼 수 없다.</u> 침입 행위에 해당하는지는 종국적으로는 <u>주거의 사실상의 평온상태를 해치는 행위태양인지에 따라 판단되어야</u> 하기 때문이다.

[2] <u>다만 거주자의 의사에 반하는지는 사실상의 평온상태를 해치는 행위태양인지를 평가할 때 고려할 하나의 요소가 될 수 있다.</u> 이때 그 고려의 정도는 주거 등의 형태와 용도·성질, 외부인에 대한 출입의 통제·관리 방식과 상태 등 출입 당시 상황에 따라 달리 평가될 수 있다.

[3] 피고인이 <u>예전에 사귀다 헤어진 여자친구인 甲의 사적 대화 등을 몰래 녹음하거나 현관문에 甲에게 불안감을 불러일으킬 수 있는 문구가 기재된 마스크를 걸어놓거나 甲이 다른 남자와 찍은 사진을 올려놓으려는 의도로</u> 3차례에 걸쳐 <u>야간에 甲이 거주하는 빌라 건물의</u> 공동현관, 계단을 통해 甲의 <u>2층 주거 현관문 앞까지 들어간</u> 사안에서, <u>빌라 건물은</u> 甲을 포함하여 약 10세대의 입주민들이 거주하는 전형적인 다세대주택으로, 피고인이 들어간 공동현관, 공용 계단, 세대별 현관문 앞부분은 형태와 용도·성질에 비추어 <u>거주자들의 확장된 주거공간으로서의 성격이 강하여 외부인의 출입이 일반적으로 허용된다고 보기 어려운 점,</u> 빌라 건물 1층에는 거주자들을 위한 주차장 및 공동현관이 있고, 각 세대에 가려는 사람은 외부에서 주차장을 거쳐 공동현관에 이른 뒤 위층으로 연결된 내부 계단을 통해 각 세대의 현관문에 이르게 되는데, 주차장 천장에 CCTV가 2대 이상 설치되어 있고 그 아래 <u>기둥 벽면에 'CCTV 작동 중', '외부차량 주차금지'라는 문구가 기재된 점</u> 등을 비롯하여 빌라 건물 공용 부분의 성격, 외부인의 무단출입에 대한 통제·관리 방식과 상태, 피고인과 甲의 관계, 피고인의 출입 목적 및 경위와 출입 시간, 출입행위를 전후한 피고인의 행동, 甲의 의사와 행동, 주거공간 무단출입에 관한 <u>사회 통념 등 제반 사정을 종합하면,</u> 피고인은 <u>甲 주거의 사실상 평온상태를 해치는 행위태양으로</u> 빌라 건물에 출입하였다고 볼 여지가 충분하다(대법원 2024. 2. 15. 선고 2023도15164 판결). 결국, 피고인의 행위는 주거침입죄가 성립한다.

㉤ (O) [1] 주거침입죄는 <u>사실상 주거의 평온을 보호법익으로 한다.</u> 사실상의 평온을 해치는 행위태양으로 주거에 들어가는 것이라면 특별한 사정이 없는 한 <u>거주자의 의사에 반하는 것이겠지만, 단순히 주거에 들어가는 행위 자체가 거주자의 의사에 반한다는 거주자의 주관적 사정만으로 바로 침입에 해당한다고 볼 수 없다.</u> 이는 건조물침입죄의 경우에도 마찬가지이다.

[2] 형법은 제319조 제1항에서 <u>주거침입죄의 객체는</u> 행위자 이외의 사람, 즉 <u>'타인'이 거주하는 주거 등이라고 할 것이므로 행위자 자신이 단독으로 또는 다른 사람과 공동으로 거주하거나 관리 또는 점유하는 주거 등에 임의로 출입하더라도 주거침입죄를 구성하지 않는다.</u> 다만 다른 사람과 공동으로 주거에 거주하거나 건조물을 관리하던 사람이 공동생활관계에서 <u>이탈하거나</u> 주거 등에 대한

사실상의 지배·관리를 <u>상실한 경우</u> 등 특별한 사정이 있는 경우에 주거침입죄가 성립할 수 있을 뿐이다.

[3] 피고인은 2018년 초경 A회사의 설립 당시부터 피고인의 직원 5명이 파견 근무 중인 상황에서 업무상 편의를 위해 A회사 대표이사 갑으로부터 A회사의 출입을 위한 스마트키를 교부받았고, A회사에는 피고인의 지문까지 등록되어 그 이후 A회사에 스마트키를 사용하여 여러 차례 출입을 하였으나, 일요일 야간(2019. 2. 10. 22:00경)에 스마트키를 이용하여 A회사의 문을 열고 들어가 A회사 및 갑의 재물을 들고 나왔다하더라도 다음과 같은 이유로 <u>건조물침입죄는 성립하지 않는다.</u>

가) <u>적어도 피해자가 피고인에게 피해 회사에 대한 출입권한을 부여한 이상,</u> 피해 회사는 피해자가 단독으로 관리·점유하는 건조물에 해당된다고 보기 어렵다. 즉, <u>피고인은 피해자와 공동으로 관리·점유하는 피해 회사 사무실에 임의로 출입한 것이므로 원칙적으로 건조물침입죄가 성립한다고 볼 수 없다.</u> 또한 피고인이 피해자와의 관계에서 피해 회사에 대한 출입과 관련하여 공동생활관계에서 <u>이탈하였거나</u> 이에 관한 사실상의 지배·관리를 <u>상실한 경우</u> 등의 <u>특별한 사정이 있다고 보기도 어렵다.</u>

나) <u>비록 피고인이</u> 공소사실 기재와 같이 <u>일요일 야간에</u> 피해 회사 사무실에 <u>절도 목적으로 출입하였으나,</u> 피고인은 피해자로부터 교부받은 스마트키를 이용하여 피해 회사에서 예정한 <u>통상적인 출입방법에 따라 위 사무실에 들어간 것일 뿐</u> 그 당시 객관적·외형적으로 드러난 행위태양을 기준으로 볼 때 <u>사실상의 평온상태를 해치는 방법으로 피해 회사에 들어갔다고 볼 만한 사정도 보이지 않는다</u>(대법원2023. 6. 29.선고2023도3351판결). 결국, <u>건조물침입죄가 성립하지 아니하므로 야간건조물침입절도죄에 해당하지 않는다.</u>

문제 22 – 정답 ④

▶ ④ (O) [1] <u>금원편취를 내용으로 하는 사기죄에 있어서는</u> 기망으로 인한 금원교부가 있으면 그 자체로써 피해자의 재산침해가 되어 바로 사기죄가 성립하고, <u>상당한 대가가 지급되었다</u>거나 <u>피해자의 전체 재산상에 손해가 없다 하여도 사기죄의 성립에는 영향이 없으므로</u> 사기죄에 있어서 그 대가가 일부 지급된 경우에도 <u>편취액은</u> 피해자로부터 교부된 금원으로부터 그 대가를 공제한 차액이 아니라 <u>교부받은 금원전부이고, 이는 사기로 인한 특정경제범죄 가중처벌 등에 관한 법률</u>(이하 '특정경제범죄법'이라 한다) <u>위반죄에 있어서도 마찬가지다.</u>

[2] 그러나 다른 한편으로, <u>사기로 인한 특정경제범죄법 위반죄는</u> 편취한 재물이나 재산상 이익의 <u>가액이 5억 원 이상 또는 50억 원 이상인 것이 범죄구성요건의 일부로</u> 되어 있고 <u>가액에 따라 그 죄에 대한 형벌도 가중되어</u> 있으므로, <u>이를 적용할 때에는</u> 편취한 재물이나 재산상 이익의 가액을 <u>엄격하고 신중하게 산정함으로써</u> 범죄와 형벌 사이에 적정한 균형이 이루어져야 한다는 죄형균형원칙이나 형벌은 책임에 기초하고 그 책임에 비례하여야 한다는 <u>책임주의원칙이 훼손되지 않도록 유의하여야 한다.</u>

[3] 그리고 그 이익의 가액을 구체적으로 산정할 수 없는 경우에는 재산상 이익의 가액을 기준으로 <u>가중 처벌하는 특정경제범죄법 제3조를 적용할 수 없다</u>(대법원2024. 4. 25.선고2023도18971판결). 결국, 피고인들이 취득한 이득액을 구체적으로 산정할 수 없을 때 특정경제범죄 가중처벌 등에 관한 법률 제3조가 적용될 수 없다.

① (X) [1] 형법 제333조 후단의 강도죄, 이른바 강제이득죄의 요

197

건인 **재산상의 이익**이란 **재물 이외(포함 X)의 재산상의 이익**을 말하는 것으로서 적극적 이익(적극적인 재산의 증가)이든 소극적 이익(소극적인 부채의 감소)이든 상관없는 것이고, 강제이득죄는 권리의무관계가 외형상으로라도 불법적으로 변동되는 것을 막고자 함에 있는 것으로서 항거불능이나 반항을 억압할 정도의 폭행 협박을 그 요건으로 하는 강도죄의 성질상 그 권리의무관계의 외형상 변동의 사법상 효력의 유무는 그 범죄의 성립에 영향이 없고, 법률상 정당하게 그 이행을 청구할 수 있는 것이 아니라도 강도죄에 있어서의 재산상의 이익에 해당하는 것이다. 따라서 이와 같은 재산상의 이익은 반드시 사법상 유효한 재산상의 이득만을 의미하는 것이 아니고 **외견상 재산상의 이득을 얻을 것이라고 인정할 수 있는 사실관계만 있으면 된다.**

[2] 피해자에게 반항을 억압할 정도의 폭행, 협박을 가하여 **채무를 부담하게** 하거나 **채권의 포기나 채무면제의 의사표시를 하게 한 경우**와 같이 피해자의 자유의사가 결여된 상태하에서 처분행위의 외형을 지니는 행동에 의한 **이득도 재산상의 이익에 포함되는 것**이고, 이 경우 피해자의 의사표시는 **사법상 무효이거나 적어도 강박을 이유로 취소가 가능하겠지만** 강제이득죄는 권리의무관계가 외형상으로라도 불법적으로 변동되는 것을 막고자 함에 있는 것으로서 항거불능이나 반항을 억압할 정도의 폭행 협박을 그 요건으로 하는 강도죄의 성질상 그 권리의무관계의 외형상 변동의 사법상 효력의 유무는 그 범죄의 성립에 영향이 없고, 법률상 정당하게 그 이행을 청구할 수 있는 것이 아니라도 강도죄에 있어서의 재산상의 이익에 해당하는 것이며, 따라서 **이와 같은 재산상의 이익은 반드시 사법상 유효한 재산상의 이득만을 의미하는 것이 아니고** 외견상 재산상의 이득을 얻을 것이라고 인정할 수 있는 사실관계만 있으면 되는 것이다(대법원1994. 2. 22.선고93도428판결).

② (X) 일반적으로 부녀와의 성행위 자체는 경제적으로 평가할 수 없고, 부녀가 상대방으로부터 금품이나 재산상 이익을 받을 것을 약속하고 성행위를 하는 약속 자체는 선량한 풍속 기타 사회질서에 위반한 사항을 내용으로 하는 법률행위로서 무효이나, 사기죄의 객체가 되는 재산상의 이익이 반드시 사법상 보호되는 경제적 이익만을 의미하지 아니하고, **부녀가 금품 등을 받을 것을 전제로 성행위를 하는 경우** 그 행위의 대가는 사기죄의 객체인 **경제적 이익에 해당**하므로, **부녀를 기망하여 성행위 대가의 지급을 면하는 경우 사기죄가 성립한다**(대법원2001. 10. 23.선고2001도2991판결). 결국, **기망행위에 의한 매음료**(돈을 받기로 하고 성적 상대가 됨) **면탈도 사기죄가 성립한다.**

③ (X) [1] 형법 제333조 후단의 강도죄(이른바 강제이득죄)의 요건이 되는 재산상의 이익이란 재물 이외의 재산상의 이익을 말하는 것으로서, 그 재산상의 이익은 반드시 사법상 유효한 재산상의 이득만을 의미하는 것이 아니고 외견상 재산상의 이득을 얻을 것이라고 인정할 수 있는 사실관계만 있으면 여기에 해당된다할 것이다.

[2] 피고인들이 폭행·협박으로 피해자로 하여금 매출전표에 서명을 하게 한 다음 이를 교부받아 소지함으로써 이미 외관상 각 매출전표를 제출하여 **신용카드회사들로부터 그 금액을 지급받을 수 있는 상태가 되었는바**, 피해자가 각 매출전표에 허위 서명한 탓으로 피고인들이 신용카드회사들에게 각 매출전표를 제출하여도 신용카드회사들이 신용카드 가맹점 규약 또는 약관의 규정을 들어 그 금액의 지급을 거절할 가능성이 있다 하더라도, 그로 인하여 피고인들이 각매출전표상의 금액을 지급받을 가능성이 완전히 없어

져 버린 것이 아니고 **외견상 여전히 그 금액을 지급받을 가능성이 있는 상태이므로**, 결국 피고인들이 '재산상 이익'을 취득하였다고 볼 수 있다(**강도죄 기수가 성립한다**).

[3] 또한 피고인들이 각 매출전표를 작성시켜 취득한 후에, 피고인들이 잠들어 있는 틈을 타서 **피해자가 피고인들 몰래 매출전표들을 가지고 나온 탓으로** 피고인들이 카드회사로부터 매출전표에 기재된 금원을 지급받지 못하게 되었다 하더라도 **이미 기수에 달한 강제이득죄의 성부에 어떠한 영향을 줄 수 없다**(대법원1997. 2. 25.선고96도3411판결). 결국, 피고인들은 강도죄 기수에 해당한다.

문제 23 – 정답 ②

▶ ② (X) [1] **기망행위에 의하여 국가적 또는 공공적 법익을 침해하는 경우라도 그와 동시에 형법상 사기죄의 보호법익인 재산권을 침해하는 것과 동일하게 평가할 수 있는 때에는 행정법규에서 사기죄의 특별관계에 해당하는 처벌규정을 별도로 두고 있지 않는 한 사기죄가 성립할 수 있다.**

[2] **그런데** 중앙행정기관의 장, 지방자치단체의 장 등 법률에 따라 금전적 부담의 부과권한을 부여받은 자(이하 '부과권자'라 한다)가 재화 또는 용역의 제공과 관계없이 **특정 공익사업과 관련하여 권력작용으로 부담금을 부과하는 것은 일반 국민의 재산권을 제한하는 침해행정에 속한다.**

[3] 이러한 **침해행정** 영역에서 **일반 국민이 담당 공무원을 기망하여 권력작용에 의한 재산권 제한을 면하는 경우에는 부과권자의 직접적인 권력작용을 사기죄의 보호법익인 재산권과 동일하게 평가할 수 없는 것이므로**, 행정법규에서 그러한 행위에 대한 처벌규정을 두어 처벌함은 별론으로 하고, **사기죄는 성립할 수 없다.**

[4] 따라서 **피고인이 담당 공무원을 기망하여** 납부의무가 있는 **농지보전부담금을 면제받아 재산상 이익을 취득한 경우**, 범죄로 되지 아니하는 경우에 해당한다(**사기죄가 성립하지 않는다**)(대법원2019. 12. 24.선고2019도2003판결).

① (O) [1] 사기죄는 타인을 기망하여 착오에 빠뜨려 재물을 교부받거나 재산상의 이익을 얻음으로써 성립하므로 기망행위의 상대방 또는 피기망자는 재물 또는 재산상 이익을 처분할 권한이 있어야 한다. **사기죄의 피해자가 법인이나 단체인 경우에 기망행위가 있었는지는** 법인이나 단체의 대표 등 **최종 의사결정권자** 또는 내부적인 권한 위임 등에 따라 **실질적으로 법인의 의사를 결정하고 처분을 할 권한을 가지고 있는 사람을 기준으로 판단하여야** 한다.

[2] **피해자 법인이나 단체의 대표자 또는 실질적으로** 의사결정을 하는 **최종결재자 등 기망의 상대방이 기망행위자와 동일인이거나 기망행위자와 공모하는 등 기망행위를 알고 있었던 경우**에는 기망의 상대방에게 기망행위로 인한 착오가 있다고 볼 수 없고, **기망의 상대방이 재물을 교부하는 등의 처분을 했더라도 기망행위와 인과관계가 있다고 보기 어렵다.** 이러한 경우에는 사안에 따라 업무상횡령죄 또는 업무상배임죄 등이 성립하는 것은 별론으로 하고 **사기죄가 성립한다고 보기 어렵다**(대법원2017. 8. 29.선고2016도18986판결).

③ (O) 사기죄의 보호법익은 재산권이므로, **기망행위에 의하여 국가적 또는 공공적 법익이 침해되었다는 사정만으로 사기죄가 성립한다고 할 수 없다.** 따라서 **도급계약 당시** 관련 영업 또는 업무를 규제하는 **행정법규나 입찰 참가자격, 계약절차 등에 관한 규정을 위반한 사정이 있더라도** 그러한 사정만으로 **도급계약을 체결한 행위가 기망행위에 해당한다고 단정해서는 안 되고**, 그 위반으로 말미암아 계약 내용대로 이행되더라도 **일의 완성이 불가능하였다고**

평가할 수 있을 만큼 그 위법이 일의 내용에 본질적인 것인지 여부를 심리·판단하여야 한다.

[2] 피고인은 2013. 3. 14.경 산림사업법인인 주식회사 한국임업(이하 '한국임업'이라고 한다)을 인수하면서 '산림자원법'이 정한 산림사업 법인등록요건중 인력요건을 외형상 갖추기 위하여 관련 자격증 소지자들로부터 자격증을 대여받았다. **한국임업은 보유 인력과 현지에서 고용한 전문인력을 통해 병해충 방제 또는 숲가꾸기 공사계약에서 정한 공사를 모두 완성하였고** 시공 내용에 관해서도 벌목 수량 산정에 관한 발주처 기준에 일부 미달한 사항이 있는 것을 제외하고 **어떠한 하자가 있었다고 보기도 어렵다.** 따라서 산림사업법인**설립 또는 법인인수 과정에서 자격증 대여가 있었다는 사정만으로는** 피고인에게 병해충 방제 또는 숲가꾸기 **공사를 완성할 의사나 능력이 없었다고 단정하기 어렵다.** 또한 피고인이 운영하는 한국임업은 이러한 공사 완성의 대가로 발주처로부터 공사대금을 지급받은 것이므로, **설령 피고인이 발주처에 대하여 기술자격증 대여 사실을 숨기는 등**의 행위를 하였다고 하더라도 **그 행위와 공사대금 지급 사이에 상당인과관계를 인정하기도 어렵다.** 이 사건에서 울주군이 지급한 공사대금은 사전 작성된 작업원 운영계획서나 직접시공계획서의 기술 내용이 아닌 **실제 수행한 작업량에 따라 사후 정산하는 방식으로 산정되었다.** 따라서 **피고인이 위 각 서류에 일부 허위의 사실을 기재하였다는 사정만으로는** 발주처 계약 담당 공무원에 대하여 계약이행능력이나 공사대금 산정에 관하여 **기망행위를 하였다고 보기 어렵다**(대법원2022. 7. 14.선고2017도20911판결). 결국, 피고인에게 사기죄가 성립하지 않는다.

④ (○) [1] 사기죄의 보호법익은 재산권이므로, **기망행위에 의하여 국가적 또는 공공적 법익이 침해되었다는 사정만으로 사기죄가 성립한다고 할 수 없다.** 따라서 도급계약 당시 관련 영업 또는 업무를 규제하는 **행정법규**나 입찰 참가자격, 계약절차 등에 관한 규정을 **위반한 사정**이 있더라도 **그러한 사정만으로 도급계약을 체결한 행위가 기망행위에 해당한다고 단정해서는 안 된다.**

[2] 안전진단전문기관으로 등록된 갑 주식회사를 운영하는 피고인 을이 안전진단 용역을 낙찰받으면 나머지 피고인들이 운영하는 독립채산 하도급 업체들에 도급금액의 약 60%로 하도급하기로 나머지 피고인들과 공모한 다음, 갑 회사 명의로 다수의 안전진단 용역 입찰에 참가하여 마치 갑 회사가 해당 용역을 수행할 것처럼 가장하여 안전진단 용역을 낙찰받은 후 위 하도급 업체들에 하도급을 주어 용역을 수행하게 하고 **발주처로부터 용역대금을 교부받아 편취하였다**는 내용으로 기소된 사안에서, **구 시설물의 안전관리에 관한 특별법상 하도급 제한 규정을 위반한 사정만으로 곧바로 사기죄의 보호법익인 재산권을 침해하였다고 단정할 수 없고**, 검사가 제출한 증거만으로는 피고인들이 발주처로부터 용역대금을 지급받은 행위가 **사기죄에서의 기망행위로 인한 재물의 편취에 해당한다고 보기 어렵다**(대법원2021. 10. 14.선고2016도16343판결).

문제 24 - 정답 ④

▶ ④ (X) 피고인(변호사)이 **갑과, 갑이 해외투자처인 을 회사에 투자하고자 하는 자들로부터 사기 및 유사수신행위의 규제에 관한 법률 위반 범행으로 모집한 투자금을 피고인에게 송금하면** 피고인이 이를 갑이 지정하는 외국환거래 회사를 통하여 을 회사에 전달하고, **변호사로서 그 전달과정에 부수되는 자문업무를 수행하는 것**을 내용으로 하는 '에스크로(Escrow) 및 자문 계약'을 체결한 후 **계약에 따라 갑으로부터 50억 원을 송금받아 보관하던 중 20억여 원을 임의로 소비하여 횡령하였다**고 하여 특정경제범죄 가중처벌

등에 관한 법률 위반으로 기소된 사안에서, **갑이 피고인에게 투자금을 교부한 원인이 된 위 계약**이 범죄수익은닉의 규제 및 처벌 등에 관한 법률(이하 '**범죄수익은닉규제법**'이라 한다) **위반을 내용으로 한다고 보기 어렵고, 계약 당시 피고인이 투자금이 범죄수익금이라는 사실이나 불법인인 해외 송금 사실을 알았거나 이를 알면서도 협조하기로 하였다고 보기 어려우며**, 피고인은 범죄수익은닉규제법 위반, 갑의 사기와 유사수신행위의 규제에 관한 법률 위반 범행에 대한 방조, 외환거래법 위반 등의 혐의로 기소되지도 않았다는 이유로, **갑의 피고인에 대한 투자금의 교부가 불법원인급여에 해당하지 않는다고 보아 공소사실을 유죄로 인정한 원심판단이 정당하다**(대법원2017. 10. 31.선고2017도11931판결). 결국, **에스크로(Escrow); 거래의 안전성 보장을 위해 제3자가 개입하여 돈, 상품 등을 임시로 보관하였다가 거래가 완료되면 전달하는 중계서비스)계약 사건**에서, 피고인은 특정경제범죄가중처벌등에관한법률위반(횡령)에 해당한다.

① (○) [1] 금전의 수수를 수반하는 사무처리를 위임받은 사람이 그 행위에 기하여 위임자를 위하여 제3자로부터 수령한 금전은, 목적이나 용도를 한정하여 위탁된 금전과 마찬가지로, 달리 특별한 사정이 없는 한 그 수령과 동시에 위임자의 소유에 속하고, 위임을 받은 사람은 이를 위임자를 위하여 보관하는 관계에 있다고 보아야 한다. 따라서 **위임을 받은 사람이 위 금전을 그 위임의 취지대로 사용하지 아니하고 마음대로 자신의 위임자에 대한 채권에 상계충당하는 것은 상계정산하기로 하였다는 특별한 약정이 없는 한** 당초 위임한 취지에 반하므로 **횡령죄를 구성한다**(대법원2017. 11. 29.선고2015도18253판결).

[2] **A주식회사는 B집합건물인 C상가의 구분소유자들로 구성된 D관리단의 관리인으로 선임되었고**, 이에 따라 D관리단과 이 상가에 관한 관리·운영계약을 2년동안 체결하였다. **갑은 A회사의 대표이사로 취임하여 이 상가의 유지관리와 관리비의 부과, 징수, 예치 및 사용 등의 업무를 총괄하였다. 이후 A회사는** D관리단의 관리인으로 **해임되어 위 상가의 관리업무를 종료하고**, D관리단과 **새로 관리·용역계약을 체결한 회사에 인수인계자료를 넘겨주었다.** 그런데, 갑은 C상가의 구분소유자 등으로부터 징수하였고 또한 목적이나 용도를 한정하여 위탁된 금전으로서 D관리단의 소유에 속하는 이 사건 특별수선충당금을 D관리단에 그대로 반환하지 아니하고 A회사의 D관리단에 대한 채권에 상계충당한다는 명목으로 그 반환을 거부하면서 임의로 처분하였다면, 피고인의 행위에 정당한 사유가 있다고 할 수 없으므로 **횡령행위에 해당하고**, 피고인의 **범의 및 불법영득의사 역시 인정된다고 봄이 타당하다**(대법원2017. 11. 29.선고2015도18253판결). 결국, 피고인은 **D관리단에 대한 횡령죄가 성립한다.**

② (○) [1] **법인의 이사를 상대로 한 이사직무집행정지가처분 신청이 받아들여질 경우**, 당해 법인의 업무를 수행하는 이사의 직무집행이 정지당함으로써 **사실상 법인의 업무수행에 지장을 받게 될 것이 명백하므로**, 해당 법인으로서는 그 이사 자격의 부존재가 객관적으로 명백하여 항쟁의 여지가 없는 경우가 아닌 한 **위 가처분신청에 대항하여 항쟁할 필요가 있고**, 위와 같은 필요에서 **법인의 대표자가 법인 경비에서 당해 가처분사건의 소송비용을 지급하는 것은 법인의 업무수행을 위하여 필요한 비용을 지급하는 것에 해당한다.** 따라서 이러한 지급을 가지고 법인의 경비를 횡령한 것이라고 할 수 없다.

[2] **이러한 법리는 상가관리운영위원회의 운영위원장이 그에 대하여**

제기된 **직무집행정지가처분 신청에 대응하기** 위하여 **선임한 변호사의 선임료를 상가 관리비에서 지급한 경우에도** 마찬가지로 **적용된다.**

[3] 상가관리운영위원회의 **운영위원장인 피고인은 관리비 330만 원으로** ㉠ 이 사건 **신청사건과** ㉡ 이 사건 **운영위원회를** 당사자로 하여 제기된 이 사건 **본안사건에 대한 변호사 선임료를 지급하였는데,** 입점자들은 이 사건 운영위원회의 구성에 대하여도 이의를 제기하였기 때문에 이 사건 신청사건과 본안사건에서 패소할 경우 피고인뿐만 아니라 운영위원들의 자격과 기존에 이 사건 운영위원회가 처리해 온 업무의 효력 등이 연쇄적으로 문제 될 수 있어 **위각 사건의 결과에 대하여** 이 사건 운영위원회에 **실질적인 이해관계가 있었고,** 위 각 사건 당시 **피고인의 운영위원장 자격의 부존재가 객관적으로 명백하여 항쟁의 여지가 없었다고 보기 어려우므로,** 피고인이 관리비로 **이 사건 신청사건과 본안사건의 수행을 위한 변호사 선임료를 지급한 것은** 이 사건 **운영위원회의 업무수행을 위하여 필요한 비용을 지급한 것에 해당하고, 관리비를 횡령한 것이라고 볼 수 없다**(대법원2019. 5. 30.선고2016도5816판결).

③ (○) 그리고 **법인 자체가 소송당사자가 된 경우에는 원칙적으로** 그 소송의 수행이 **법인의 업무수행이라고 볼 수 있으므로** 그 소송에서 법인이 형식적으로 소송당사자가 되어 있을 뿐 실질적인 당사자가 따로 있고 법인으로서는 그 소송의 결과에 있어서 별다른 이해관계가 없다고 볼 만한 **특별한 사정이 없는 한** 그 **변호사 선임료를 법인의 비용으로 지출할 수 있다**(대법원2019. 5. 30.선고2016도5816판결).

문제 25 - 정답 ④

▶ ④ (X) [1] 민법 제256조에서 **부동산에의 부합의 예외사유로** 규정한 '권원'은 지상권, 전세권, 임차권 등과 같이 타인의 부동산에 자기의 동산을 부속시켜서 **그 부동산을 이용할 수 있는 권리를** 뜻한다. **따라서 타인 소유의 토지에 수목을 식재할 당시** 토지의 **소유권자로부터 그에 관한 명시적 또는 묵시적 승낙·동의·허락 등을 받았다면,** 이는 민법 제256조에서 **부동산에의 부합의 예외사유로 정한 '권원'에 해당한다고 볼 수 있으므로, 해당 수목은 토지에 부합하지 않고 식재한 자**(나무를 심은 자; 피고인)에게 **그 소유권이 귀속된다.**

[2] **피고인은** 피해자 갑이 을로부터 매수한 토지의 경계 부분에 매수 전 **자신이 식재하였던 옹아나무 등 수목 5그루 시가 합계 약 2,050만 원 상당을 전기톱을 이용하여 절단하였다**고 하여 특수재물손괴의 공소사실로 기소된 사안에서, 제반 사정에 비추어 **피고인이 수목을 식재할 당시 토지의 전 소유자 을로부터 명시적 또는 묵시적으로 승낙·동의를 받았거나 적어도 토지 중 수목이 식재된 부분에 관하여는 무상으로 사용할 것을 허락받았을 가능성을 배제하기 어렵고,** 이는 민법 제256조에서 **부동산에의 부합의 예외사유로 정한 '권원'에 해당한다고 볼 수 있어** 수목은 토지에 부합하는 것이 아니라 **이를 식재한 피고인에게 소유권이 귀속된다.**

[3] 비록 갑이 토지를 매수할 당시 을로부터 지장물까지 함께 매수하였다는 취지로도 증언하였으나 이를 뒷받침할 만한 증거가 없고, 설령 토지 및 지장물을 함께 매수하였더라도 수목이 식재될 당시부터 토지에 부합하지 않았다면 그 매매목적물에 수목이 당연히 포함된다고 단정할 수도 없다(대법원2023. 11. 16.선고2023도11885판결). 결국, 피고인에게 **수목이 갑 소유임을 미필적으로나마 인식하고서 이를 절단하였다고 볼 수 없으므로, 특수재물손괴죄가 성립하지 않는다(무죄이다).**

① (○) [1] **재물손괴죄(형법 제366조)는** 다른 사람의 재물을 손괴 또는 은닉하거나 그 밖의 방법으로 그 효용을 해한 경우에 성립하는 범죄로, 행위자에게 다른 사람의 재물을 자기 소유물처럼 그 경제적 용법에 따라 이용·처분할 의사**(불법영득의사)가 없다는 점**에서 **절도, 강도, 사기, 공갈, 횡령 등 영득죄와 구별된다.** 다른 사람의 소유물을 본래의 용법에 따라 무단으로 사용·수익하는 행위는 소유자를 배제한 채 물건의 이용가치를 영득하는 것이고, 그 때문에 **소유자가 물건의 효용을 누리지 못하게 되었더라도 효용 자체가 침해된 것이 아니므로 재물손괴죄에 해당하지 않는다.**

[2] 피고인이 타인 소유 토지에 권원 없이 건물을 신축한 경우, 피고인의 행위는 이미 대지화된 토지에 건물을 새로 지어 부지로서 사용·수익함으로써 **그 소유자로 하여금 효용을 누리지 못하게 한 것일 뿐 토지의 효용을 해하지 않았으므로, 재물손괴죄가 성립하지 않는다**(대법원2022. 11. 30.선고2022도1410판결).

② (○) [1] 형법 제366조(재물손괴등)는 **"타인의 재물, 문서 또는 전자기록 등 특수매체기록을 손괴 또는 은닉 기타 방법으로 그 효용을 해한 자는 3년 이하의 징역 또는 700만 원 이하의 벌금에 처한다."**라고 규정하고 있다.

[2] 여기에서 **'기타 방법'이란** 형법 제366조의 규정 내용 및 형벌법규의 엄격해석 원칙 등에 비추어 **손괴 또는 은닉에 준하는 정도의 유형력을 행사하여 재물 등의 효용을 해하는 행위를 의미한다**고 봄이 타당하다.

[3] **'재물의 효용을 해한다.'고 함은 사실상으로나 감정상으로 그 재물을 본래의 사용목적에 제공할 수 없게 하는 상태로 만드는 것**을 말하며, **일시적으로 그 재물을 이용할 수 없거나 구체적 역할을 할 수 없는 상태로 만드는 것도 포함**한다.

[4] **구체적으로 어떠한 행위가 재물의 효용을 해하는 것인지는,** 재물 본래의 용도와 기능, 재물에 가해진 행위와 그 결과가 재물의 본래적 용도와 기능에 미치는 영향, 이용자가 느끼는 불쾌감이나 저항감, 원상회복의 난이도와 거기에 드는 비용, 그 행위의 목적과 시간적 계속성, 행위 당시의 상황 등 제반 사정을 **종합하여 사회통념에 따라 판단하여야** 한다.

[5] 피고인이 평소 자신이 굴삭기를 주차하던 장소에 갑의 차량이 주차되어 있는 것을 발견하고 **갑의 차량 앞에 철근콘크리트 구조물을, 뒤에 굴삭기 크러셔를 바짝 붙여 놓아 갑이 17~18시간 동안 차량을 운행할 수 없게** 된 사안에서, **차량 앞뒤에 쉽게 제거하기 어려운 구조물 등을 붙여 놓은 행위는** 차량에 대한 유형력 행사로 보기에 충분하고, 차량 자체에 물리적 훼손이나 기능적 효용의 멸실 내지 감소가 발생하지 않았더라도 **갑이 위 구조물로 인해 차량을 운행할 수 없게 됨으로써 일시적으로 본래의 사용목적에 이용할 수 없게 된 이상 차량 본래의 효용을 해한 경우이다**(대법원2021. 5. 7.선고2019도13764판결). 결국, 형법 제366조의 '기타 방법으로 재물의 효용을 해한 경우'에 해당하므로, 재물손괴죄가 성립한다.

③ (○) [1] **형법 제366조의 재물손괴죄는** 타인의 재물을 손괴 또는 은닉하거나 기타의 방법으로 그 효용을 해하는 경우에 성립한다. 여기에서 **재물의 효용을 해한다고 함은** 사실상으로나 감정상으로 그 재물을 본래의 사용목적에 제공할 수 없는 상태로 만드는 것을 말하고, **일시적으로 그 재물을 이용할 수 없는 상태로 만드는 것도 포함한다.**

[2] 갑이 홍보를 위해 광고판(홍보용 배너 와 거치대)을 1층 로비에 설치해 두었는데, **피고인이 을에게 지시하여 을이 위 광고판을**

그 장소에서 제거하여 컨테이너로 된 **창고로 옮겨 놓아 갑이 사용할 수 없도록 한 사안**에서, 비록 물질적인 형태의 변경이나 멸실, 감손을 초래하지 않은 채 그대로 옮겼더라도 **위 광고판은 본래적 역할을 할 수 없는 상태로 되었으므로** 피고인의 행위는 재물손괴죄에서의 **재물의 효용을 해하는 행위에 해당한다**(대법원2018. 7. 24.선고2017도18807판결).

문제 26 - 정답 ②

▶ ② **㉠㉡㉢(3개)은 옳은 지문**이고, **㉣㉤(2개)은 틀린 지문**이다.

㉠㉡㉢ (○) [1] 전자기록에 관한 시스템에 **'허위'의 정보를 입력한다는 것**은 **입력된 내용과 진실이 부합하지 아니하여** 그 전자기록에 대한 **공공의 신용을 위태롭게 하는 경우**를 말한다.
[2] 형법 제232조의2에서 말하는 **'사무처리를 그르치게 할 목적'**이란 **위작 또는 변작된 전자기록이 사용됨으로써** 전자적 방식에 의한 정보의 생성·처리·저장·출력을 목적으로 구축·설치한 **시스템을 운영하는 주체**인 **개인 또는 법인의 사무처리를 잘못되게 하는 것**을 말한다.
[3] 법인이 컴퓨터 등 정보처리장치를 이용하여 전자적 방식에 의한 정보의 생성·처리·저장·출력을 목적으로 전산망 시스템을 구축하여 설치·운영하는 경우 **위 시스템을 설치·운영하는 주체는 법인**이고, **법인의 임직원은 법인으로부터** 정보의 생성·처리·저장·출력의 권한을 위임받아 **그 업무를 실행하는 사람에 불과하다.** 따라서 **법인이 설치·운영하는** 전산망 시스템에 제공되어 정보의 생성·처리·저장·출력이 이루어지는 **전자기록 등 특수매체기록**은 그 법인의 임직원과의 관계에서 **'타인'의 전자기록 등 특수매체기록에 해당한다.**
[4] [다수의견] **형법 제227조의2의 공전자기록등위작죄**는 사무처리를 그르치게 할 목적으로 **공무원 또는 공무소의 전자기록 등 특수매체기록을 위작 또는 변작한 경우**에 성립한다. 시스템을 설치·운영하는 주체와의 관계에서 **전자기록의 생성에 관여할 권한이 없는 사람이 전자기록을 작출하거나** 전자기록의 생성에 필요한 단위정보의 입력을 하는 경우는 물론 시스템의 설치·운영 주체로부터 각자의 직무 범위에서 개개의 단위정보의 **입력 권한을 부여받은 사람이 그 권한을 남용하여 허위의 정보를 입력함으로써** 시스템 설치·운영 주체의 **의사에 반하는 전자기록을 생성하는 경우도** 형법 제227조의2(공전자기록위작·변작)에서 말하는 전자기록의 **'위작'에 포함**된다.
[5] **위 법리**는 형법 제232조의2의 **사전자기록등위작죄에서** 행위의 태양으로 규정한 **'위작'**에 대해서도 마찬가지로 적용된다.
[6] **사전자기록등위작죄가** 성립하기 위해서는 **'위작'** 이외에도 **'사무처리를 그르치게 할 목적'**과 **'권리·의무** 또는 **사실증명'**에 관한 **타인의 전자기록 등 특수매체기록'**이란 **구성요건을 충족해야** 한다. 형법 제232조의2에 정한 전자기록과 '사무처리를 그르치게 할 목적'에 관한 판례의 법리에 따르면 **해당 전자기록이 시스템에서 쓰임으로써** 예정된 증명적 기능을 수행하는 경우에 해당하지 않거나, 위 시스템을 설치·운영하는 주체의 의사에 반하더라도 **사무처리를 그르치게 할 목적이 없다면** 사전자기록등위작죄는 **성립하지 않는다.**
[7] 따라서 형법 제232조의2(사전자기록위작 변작)에서 정한 **'위작'**의 개념에 권한 있는 사람이 그 권한을 남용하여 허위의 정보를 입력함으로써 시스템 설치·운영 주체의 의사에 반하는 **전자기록을 생성하는 행위를 포함하더라도** 처벌의 범위가 지나치게 넓어

저 **죄형법정주의의 원칙에 반하는 것으로 볼 수도 없다**(대법원 2020. 8. 27.선고2019도11294전원합의체 판결).
㉣ (X) [1] 공정증서원본불실기재죄는 공무원에 대하여 허위신고를 함으로써 공정증서원본에 불실의 사실을 기재하게 하는 경우에 성립한다. **공정증서원본에 기재된 사항이 부존재**하거나 **외관상 존재한다고 하더라도 무효에 해당되는** 허자가 있다면, 그 **기재는 불실기재에 해당한다.**
[2] 그러나 **기재된 사항이나** 그 원인된 법률행위가 **객관적으로 존재하고,** 다만 거기에 **취소사유인 하자가 있을 뿐인 경우,** 취소되기 **전에 공정증서원본에 기재된 이상,** 그 기재는 공정증서원본의 불실기재에 해당하지는 않는다.
[3] 한편 총 주식을 한 사람이 소유한 이른바 1인 회사와 달리, **주식의 소유가 실질적으로 분산되어 있는 주식회사의 경우,** 실제의 **소집절차와 결의절차를 거치지 아니한 채 주주총회의 결의가 있었던 것처럼 주주총회 의사록을 허위로 작성한 것이라면,** 설사 1인이 총 주식의 대다수를 가지고 있고 그 지배주주에 의하여 의결이 있었던 것으로 주주총회 의사록이 작성되어 있다 하더라도, **도저히 그 결의가 존재한다고 볼 수 없을 정도로 중대한 하자가 있는 때에 해당하여,** 그 주주총회의 결의는 부존재하다고 보아야 한다.
[4] 피고인이 A 회사의 주식을 실질적으로 모두 소유한 경우가 아닌 이상, 이 사건에서 A 회사의 법인등기부 변경신청의 원인이 된 **2015. 8. 7.자 임시주주총회 결의**에는 도저히 그 **결의가** 존재한다고 볼 수 없을 정도로 **중대한 하자가 있는 경우에 해당한다.** 따라서 **위 변경신청은 허위의 사실을 신고한 때에 해당**하고, 그에 따라 이루어진 변경등기도 원인무효의 등기로서 **불실의 사실이 기재된 것으로 볼 여지가 있다**(대법원2018. 6. 19.선고2017도21783판결). 결국, 피고인이 **의사록을 허위로 작성**한 후에 **A 회사의 법인등기부를 변경신청하여 그 변경등기를 경료하였다면,** 공정증서원본불실기재죄 및 불실기재공정증서원본행사죄가 **성립한다.**
㉤ (X) [1] **공전자기록 등 불실기재죄**(형법 제228조 제1항)의 구성요건인 **'불실의 사실기재'**는 당사자의 허위신고에 의하여 이루어져야 하므로, **법원의 촉탁에 의하여 등기를 마친 경우에는 그 전제절차에 허위적 요소가 있더라도 위 죄가 성립하지 않는다.**
[2] **부동산가압류**는 가압류재판에 관한 사항을 등기부에 기재하는 방법으로 **법원이 집행**하고 **법원사무관 등이 등기를 촉탁한다**(민사집행법 제293조). 피고인과 공모한 갑이 허위 소명자료를 첨부하여 가압류신청을 함에 따라 을 소유 토지에 가압류결정이 내려졌더라도, 그에 따른 **가압류등기는 법원이 하는 집행절차의 일환일 뿐 허위신고에 의하여 이루어진 것이 아니므로** 토지등기부에 **불실의 사실이 기재되었다고 볼 수 없다**(대법원2022. 1. 13.선고2021도11257판결). 결국, **법원의 촉탁에 의하여 등기를 마친 경우에는 공전자기록 등 불실기재죄**(형법 제228조 제1항)가 **성립하지 않는다.**

문제 27 - 정답 ④

▶ ④ (X) **선동행위는 선동자에 의하여 일방적으로 행해지고, 그 이후 선동에 따른 범죄의 결의 여부 및 그 내용**은 선동자의 지배영역을 벗어나 **피선동자에 의하여 결정될 수 있으며,** 내란선동을 처벌하는 근거가 선동행위 자체의 위험성과 불법성에 있다는 점 등을 전제하면, **내란선동에** 있어 시기와 장소, 대상과 방식, 역할분담 등 내란 실행행위의 주요 내용이 **선동 단계에서 구체적으로 제시되어야 하는 것은 아니고,** 또 **선동에 따라 피선동자가 내란의 실행행위로 나아갈 개연성이 있다고 인정되어야만** 내란선동의 **위험**

성이 있는 것으로 볼 수도 없다(대법원2015. 1. 22.선고2014도10978전원합의체 판결). 결국, 선동에 따라 피선동자가 내란의 실행행위로 나아갈 개연성이 있어야만 되는 것은 아니다.

① (O) 내란선동죄는 내란이 실행되는 것을 목표로 선동함으로써 성립하는 독립한 범죄이고, 선동으로 말미암아 피선동자들에게 반드시 범죄의 결의가 발생할 것을 요건으로 하지 않는다(대법원2015. 1. 22.선고2014도10978전원합의체 판결).

② (O) 피고인들의 발언은 아직 전쟁 위기가 완전히 해소된 상태가 아니고 북한의 도발이 계속되는 당시의 상황에서 각 회합 참석자들에게 특정 정세를 전쟁 상황으로 인식하고 가까운 장래에 구체적인 내란의 결의를 유발하거나 증대시킬 위험성이 충분하므로, 피고인들의 행위는 그 자체로 위험성이 있는 내란 선동행위에 해당한다(대법원2015. 1. 22.선고2014도10978전원합의체 판결).

③ (O) [1] 내란선동이란 내란이 실행되는 것을 목표로 하여 피선동자들에게 내란행위를 결의, 실행하도록 충동하고 격려하는 일체의 행위를 말한다.

[2] 내란선동은 주로 언동, 문서, 도화 등에 의한 표현행위의 단계에서 문제되는 것이므로 내란선동죄의 구성요건을 해석함에 있어서는 국민의 기본권인 표현의 자유가 위축되거나 본질이 침해되지 아니하도록 죄형법정주의의 기본정신에 따라 엄격하게 해석하여야 한다.

[3] 따라서 내란을 실행시킬 목표를 가지고 있다 하여도 단순히 특정한 정치적 사상이나 추상적인 원리를 옹호하거나 교시하는 것만으로는 내란선동이 될 수 없고, 그 내용이 내란에 이를 수 있을 정도의 폭력적인 행위를 선동하는 것이어야 하고, 나아가 피선동자의 구성 및 성향, 선동자와 피선동자의 관계 등에 비추어 피선동자에게 내란 결의를 유발하거나 증대시킬 위험성이 인정되어야만 내란선동으로 볼 수 있다(대법원2015. 1. 22.선고2014도10978전원합의체 판결).

문제 28 - 정답 ③

▶ ③ ⓒⓔ(2개)은 옳은 지문이나, ⓐⓑⓓ(3개)은 틀린 지문이다.

ⓐ (X) [1] 난민의 불법 입국 또는 체류에 따른 형사처벌과 관련하여, 난민협약 제31조 제1호는 "체약국은 그 생명 또는 자유가 제1조의 의미에 있어서 위협되고 있는 영역으로부터 직접 온 난민으로서 허가 없이 그 영역에 입국하거나 또는 그 영역 내에 있는 자에 대하여 불법으로 입국하거나 또는 불법으로 있는 것을 이유로 형벌을 과하여서는 아니 된다. 다만 그 난민이 지체 없이 당국에 출두하고 또한 불법으로 입국하거나 또는 불법으로 있는 것에 대한 상당한 이유를 제시할 것을 조건으로 한다."라고 규정하였다. 위 조항은 난민협약에 가입하고 이를 비준한 우리나라 형사재판에서 형 면제의 근거조항이 된다.

[2] 이때 형 면제 대상이 되는 '불법으로 입국하는 것'이란 출입국 관련 법령에서 정한 절차를 위반한 입국 행위 및 이와 직접적·불가분적으로 관련된 행위로서 국가의 출입국관리업무에 지장을 주는 행위를 의미하므로, 출입국관리법에 따른 입국허가·사증 등을 받지 아니한 채 불법적으로 입국하거나 불법적인 방법으로 입국허가·사증 등을 받아 입국함으로써 해당 절차 관련 출입국관리법 위반죄를 구성하는 행위는 물론 이를 구성요건으로 하는 형법상 범죄행위도 이에 포함된다.

[3] 이란 국적의 피고인이 사실은 대한민국에 입국 후 난민신청을 할 계획이었음에도 사업 목적으로 초청된 것처럼 가장하여 사증을

발급받아 입국함으로써 위계로 대한민국 대사관 소속 사증발급 공무원의 정당한 직무집행을 방해함과 동시에 거짓으로 사증을 신청하여 출입국관리법을 위반하였다는 내용으로 기소된 사안에서, 피고인은 입국 후 곧바로 출입국사무소에 난민인정신청을 함으로써 그 주장과 같은 사유가 인정되어 난민에 해당한다는 법원 판결이 확정되는 등 난민인정을 받은 사람으로 '난민의 지위에 관한 협약' 제31조 제1호의 요건을 갖추었다. 따라서 위 협약 제31조 제1호에 따라 피고인에 대하여구 출입국관리법(3. 24. 법률 제17089호로 개정되기 전의 것) 제94조 제3호, 제7조의2 제2호 및 형법 제137조(위계에 의한 공무집행방해죄)에서 정한 형을 면제하는 판결을 선고하여야 한다(대법원2023. 3. 13.선고2021도3652판결). 결국, 위계공무집행방해·출입국관리법위반에 대하여 형을 면제하는 판결(유죄판결의 일종)을 선고해야 한다.

ⓑ (X) [1] 위계에 의한 공무집행방해죄에서 '위계'라 함은 행위자의 행위목적을 이루기 위하여 상대방에게 오인, 착각, 부지를 일으키게 하여 그 오인, 착각, 부지를 이용하는 것으로서, 상대방이 이에 따라 그릇된 행위나 처분을 하여야만 위 죄가 성립한다. 만약 그러한 행위가 구체적인 직무집행을 저지하거나 현실적으로 곤란하게 하는 데까지는 이르지 않은 경우에는 위계에 의한 공무집행방해죄로 처벌할 수 없다.

[2] 피고인이 허위사실이 기재된 귀화허가신청서를 담당공무원에게 제출하여 그에 따라 귀화허가업무를 담당하는 행정청이 그릇된 행위나 처분을 하여야만 위계에 의한 공무집행방해가 기수 및 종료에 이른다고 할 것이고, 한편 단지 허위사실이 기재된 귀화허가신청서를 제출하여 접수되게 한 사정만으로는 구체적인 직무집행을 저지하거나 현실적으로 곤란하게 하는 데까지 이르렀다고 단정할 수 없다(대법원2017. 4. 27.선고2017도2583판결). 결국, 피고인은 귀화허가업무 담당공무원의 구체적인 직무집행을 저지하거나 현실적으로 곤란하게 하는 데까지 이르지 않은 경우이므로, 위계에 의한 공무집행방해죄로 처벌할 수 없다(무죄).

ⓒ (O) [1] 등기신청은 단순한 '신고'가 아니라 신청에 따른 등기관의 심사 및 처분을 예정하고 있으므로, 등기신청인이 제출한 허위의 소명자료 등에 대하여 등기관이 나름대로 충분히 심사를 하였음에도 이를 발견하지 못하여 등기가 마쳐지게 되었다면 위계에 의한 공무집행방해죄가 성립할 수 있다.

[2] 등기관이 등기신청에 대하여 부동산등기법상 등기신청에 필요한 서면이 제출되었는지 및 제출된 서면이 형식적으로 진정한 것인지를 심사할 권한은 갖고 있으나 등기신청이 실체법상의 권리관계와 일치하는지를 심사할 실질적인 심사권한은 없다고 하여 달리 보아야 하는 것은 아니다(대법원2016. 1. 28.선고2015도17297판결).

ⓓ (X) [1] 형법 제140조 제1항이 정한 공무상표시무효죄 중 '공무원이 그 직무에 관하여 실시한 압류 기타 강제처분의 표시를 기타 방법으로 그 효용을 해하는 것'이라 함은 손상 또는 은닉 이외의 방법으로 그 표시 자체의 효력을 사실상으로 감쇄 또는 멸각시키는 것을 의미하는 것이지, 그 표시의 근거인 처분의 법률상 효력까지 상실케 한다는 의미는 아니다.

[2] 한편 집행관이 유체동산을 가압류하면서 이를 채무자에게 보관하도록 한 경우 그 가압류의 효력은 압류된 물건의 처분행위를 금지하는 효력이 있으므로, 채무자가 가압류된 유체동산을 제3자에게 양도하고 그 점유를 이전한 경우, 이는 가압류 집행이 금지하는 처분행위로서, 특별한 사정이 없는 한 가압류표시 자체의 효력을

사실상으로 감쇄 또는 멸각시키는 행위에 해당한다. 이는 채무자와 양수인이 **가압류된 유체동산을 원래 있던 장소에 그대로 두었다고** 하더라도 **마찬가지이다(공무상표시무효죄가 성립한다)**.

[3] **피고인은 갑에게** 가압류결정의 집행에 따라 **압류표시가 부착된 유체동산들을 포함한 이 사건 점포 내 시설물 일체를 양도하였고, 갑에게 위 점포의 출입문 열쇠를 넘겨준 사실을** 알 수 있다. **이처럼** 피고인이 가압류집행으로 **압류표시가 부착된 유체동산들을 양도하고 갑에게 점포의 열쇠를 넘겨주어 그 점유를 이전한 것은** 가압류집행이 금지한 처분행위로서, **압류표시 자체의 효력을 사실상으로 감쇄 또는 멸각시키는 행위에 해당한다.** 이는 **가사 위 유체동산들이** 이 사건 **점포 내에 계속 보관될 예정이었다고** 하더라도 **마찬가지이다(대법원2018. 7. 11.선고2015도5403판결).** 결국, **피고인은 공무상표시무효죄가 성립한다.**

ⓑ (○) [1] 피고인 갑은 대통령비서실 통일외교안보정책실장으로, 피고인 을은 대통령비서실 통일외교안보정책비서관으로 재직하였던 자들로서, 그 당시 대통령이 **결재 상신된 이 사건 문서관리카드에 첨부된 이 사건 회의록 파일을 열어** 그 내용을 확인한 다음 '문서 처리' 항목을 선택한 다음 '열람' 항목을 눌러 **결재를 생성하였고, 그와 별도로** '이 사건 회의록 파일의 내용을 수정·보완하여 e지원시스템에 올려 두고, 총리, 경제 부총리, 국방장관 등이 **공유할 수 있도록 할 것**' 등을 내용으로 하는 **'보고서의견-남북정상녹취록.hwp' 파일을 작성하여** 이 사건 **문서관리카드에 첨부**하였는데, 이후 e지원시스템의 메인테이블에서 이 사건 **문서관리카드에 대한 정보가 삭제되어** e지원시스템에서 이를 인식하는 것이 불가능한 상태로 된 경우, 피고인들은 공모하여 대통령기록물로 생산된 이 사건 문서관리카드를 무단으로 파기함과 동시에 **공무소에서 사용하는 전자기록의 효용을 해하였다**는 사실로 기소된 사안이다.

[2] **형법 제141조 제1항(공용서류 등의 무효)은** 공무소에서 사용하는 서류 기타 물건 또는 전자기록 등 특수매체기록을 손상 또는 은닉하거나 기타 방법으로 그 효용을 해한 자를 처벌하도록 규정하고 있다. **'공무소에서 사용하는 서류 기타 전자기록'에는** ① 공문서로서의 효력이 생기기 **이전의** 서류라거나, ② 정식의 접수 및 결재 절차를 **거치지 않은** 문서, ③ **결재 상신 과정에서 반려된 문서 등을 포함하는 것으로,** ④ **미완성의 문서라고 하더라도 본죄의 성립에는 영향이 없다.**

[3] **이 사건 회의록이 첨부된 이 사건 문서관리카드는** 전(前) 대통령이 **결재의 의사로 서명을 생성함으로써 대통령기록물로 생산되었을 뿐 아니라 첨부된 '지시 사항'에 따른 후속조치가 예정되어 있으므로** 이 사건 문서관리카드에 기록된 정보들은 후속 업무 처리의 근거가 된다는 점 등을 종합하면, **이 사건 문서관리카드는 '공무소에서 사용하는 전자기록'에 해당한다.**

[4] 따라서 **피고인들이** e지원시스템이 이 사건 **문서관리카드를 인식하지 못하도록 그 기본정보를 삭제한 행위는 형법 제141조 제1항의 공용전자기록 등 손상죄를 구성한다(대법원2020. 12. 10.선고 2015도19296판결).**

문제 29 – 정답 ②

▶ ② ⓛⓒⓔ**(3개)은 맞는 지문이나, ⓚ(1개)은 틀린 지문이다.**

ⓚ (X) [1] **특정되지 않은 성명불상자에 대한 무고죄는 성립하지 않는다.** 공무원에게 무익한 수고를 끼치는 일은 있어도 **심판 자체를 그르치게 할 염려가 없으며 피무고자를 해할 수도 없기 때문이다.**

[2] 피고인의 아버지 공소외인은 골프연습장을 운영하며 피고인

명의의 농협은행 계좌를 사용하고 있다. 피고인은 2018. 11. 무렵 위 계좌와 연결된 통장을 재발급받아 2018. 11. 29.부터 2019. 2. 1.까지 합계 1,865만 원을 몰래 인출해 유흥비 등으로 사용하였다. 피고인은 2019. 2. 8. 공소외인의 의심을 피하기 위해 의정부시에 있는 의정부경찰서 민원실에서 '농협은행 계좌에서 본인도 모르는 출금이 이뤄지고 있습니다. 2018. 11. 29.부터 이심됩니다. 본인의 통장은 아버지와 회사 관리부장 외에는 접근이 불가능한 통장입니다. 두 분 다 모르는 상태에서 계속 간헐적인 출금이 되고 있습니다. 최근 2019. 2. 1.에도 출금이 이루어진 듯합니다. 본인의 예금거래 내역서와 함께 제출하오니 출금자의 신원을 밝혀주세요.'라고 기재한 고소장을 제출하고, 같은 날 참고인 조사를 받으며 같은 취지로 진술하여 수사를 요청하였다. 그러나 사실 피고인이 위 계좌에서 예금을 인출한 것이므로 다른 사람이 위 계좌에서 예금을 인출한 사실이 없었다. 이로써 **피고인은 성명불상자로 하여금 형사처벌을 받게 할 목적으로 무고하였다(대법원2022. 9. 29.선고2020도11754판결).** 결국, **피고인은 무고죄가 성립하지 않는다.**

ⓛ (○) [1] 무고죄는 타인으로 하여금 형사처분이나 징계처분을 받게 할 목적으로 신고한 사실이 객관적인 진실에 반하는 허위사실인 경우에 성립하는 범죄이므로, **신고한 사실이 객관적 진실에 반하는 허위사실이라는 요건은 적극적 증명이 있어야** 하고, 신고사실의 **진실성을 인정할 수 없다는 소극적 증명만으로** 곧 그 신고사실이 객관적 진실에 반하는 허위의 사실이라 단정하여 **무고죄의 성립을 인정할 수는 없으며,** 신고내용에 일부 객관적 진실에 반하는 내용이 포함되어 있더라도 그것이 범죄의 성부에 영향을 미치는 중요한 부분이 아니고 **단지 신고사실의 정황을 과장하는 데 불과하다면 무고죄는 성립하지 않는다.**

[2] 성폭행이나 성희롱 사건의 피해자가 피해사실을 알리고 문제를 삼는 과정에서 오히려 피해자가 부정적인 여론이나 불이익한 처우 및 신분 노출의 피해 등을 입기도 하여 온 점 등에 비추어 보면, **성폭행 피해자의 대처 양상은** 피해자의 성정이나 가해자와의 관계 및 구체적인 상황에 따라 **다르게 나타날 수밖에 없다.** 따라서 개별적, 구체적인 사건에서 성폭행 등의 피해자가 처하여 있는 특별한 사정을 충분히 고려하지 않은 채 피해자 진술의 증명력을 가볍게 배척하는 것은 정의와 형평의 이념에 입각하여 논리와 경험의 법칙에 따른 증거판단이라고 볼 수 없다.

[3] 위와 같은 법리는, 피해자임을 주장하는 자가 성폭행 등의 피해를 입었다고 신고한 사실에 대하여 증거불충분 등을 이유로 불기소처분되거나 무죄판결이 선고된 경우 반대로 이러한 신고내용이 객관적 사실에 반하여 **무고죄가 성립하는지 여부를 판단할 때에도 마찬가지로 고려되어야 한다. 따라서 성폭행 등의 피해를 입었다는 신고사실에 관하여 불기소처분 내지 무죄판결이 내려졌다고 하여, 그 자체를 무고를 하였다는 적극적인 근거로 삼아 신고내용을 허위라고 단정하여서는 아니 됨은 물론,** 개별적, 구체적인 사건에서 피해자임을 주장하는 자가 처하였던 특별한 사정을 충분히 고려하지 아니한 채 진정한 피해자라면 마땅히 이렇게 하였을 것이라는 기준을 내세워 성폭행 등의 피해를 입었다는 점 및 신고에 이르게 된 경위 등에 관한 변소를 쉽게 배척하여서는 아니 된다(대법원2019. 7. 11.선고2018도2614판결).

ⓒ (○) [1] 무고죄는 타인으로 하여금 형사처분이나 징계처분을 받게 할 목적으로 **신고한 사실이 객관적 진실에 반하는 허위사실인 경우에** 성립한다.

[2] **무고죄의 범의는 반드시 확정적 고의일 필요가 없고 미필적**

고의로도 충분하므로, 신고자가 허위라고 확신한 사실을 신고한 경우뿐만 아니라 진실하다는 확신 없는 사실을 신고하는 경우에도 그 범의를 인정할 수 있다.

[3] 또한 무고죄에서 형사처분을 받게 할 목적은 허위신고를 하면서 다른 사람이 그로 인하여 형사처분을 받게 될 것이라는 인식이 있으면 충분하고 그 결과의 발생을 희망할 필요까지는 없으므로, 신고자가 허위내용임을 알면서도 신고한 이상 그 목적이 필요한 조사를 해 달라는 데에 있다는 등의 이유로 무고의 범의가 없다고 할 수 없다.

[4] 또한 신고자가 알고 있는 객관적인 사실관계에 의하더라도 신고사실이 허위라거나 또는 허위일 가능성이 있다는 인식을 하지 못하였다면 무고의 고의를 부정할 수 있으나, 이는 알고 있는 객관적 사실관계에 의하여 신고사실이 허위라거나 허위일 가능성이 있다는 인식을 하면서도 그 인식을 무시한 채 무조건 자신의 주장이 옳다고 생각하는 경우까지 포함하는 것은 아니다.

[5] 약사인 갑이 종업원 을로 하여금 피고인 또는 불특정 다수의 손님들에게 의약품을 판매하도록 지시한 사실이 없었고, 위 을도 위와 같은 지시를 받아 의약품을 처방, 판매한 사실이 없었음에도, 피고인이 허위사실을 신고하여 갑과 을을 무고한 사실을 충분히 인정할 수 있다. 따라서 약사가 무자격자인 종업원으로 하여금 불특정 다수의 환자들에게 의약품을 판매하도록 지시하거나 실제로 자신에게 의약품을 판매하였다는 등의 내용으로 제기된 피고인의 민원은 객관적 사실관계에 반하는 허위사실이고, 미필적으로나마 그 허위 또는 허위의 가능성을 인식한 무고의 고의가 있었다(대법원2022. 6. 30.선고2022도3413판결). 결국, 피고인에게는 무고죄가 인정된다.

ㄹ (○) [1] 타인으로 하여금 형사처분을 받게 할 목적으로 공무소에 대하여 허위의 사실을 신고하였다고 하더라도, 그 사실이 친고죄로서 그에 대한 고소기간이 경과하여 공소를 제기할 수 없음이 그 신고내용 자체에 의하여 분명한 때에는 당해 국가기관의 직무를 그르치게 할 위험이 없으므로 이러한 경우에는 무고죄가 성립하지 아니한다.

[2] 한편 형법 제354조, 제328조의 규정에 의하면, 직계혈족, 배우자, 동거친족, 동거가족 또는 그 배우자 간의 사기죄는 그 형을 면제하여야 하고, 그 이외의 친족 간에는 고소가 있어야 공소를 제기할 수 있다. 그리고 고소기간은 형사소송법 제230조 제1항에 의하여 범인을 알게 된 날로부터 6개월로 정하여져 있다.

[3] 여기서 범인을 알게 된다는 것은 통상인의 입장에서 보아 고소권자가 고소를 할 수 있을 정도로 범죄사실과 범인을 아는 것을 의미하고, 범죄사실을 안다는 것은 고소권자가 친고죄에 해당하는 범죄의 피해가 있었다는 사실관계에 관하여 확정적 인식이 있음을 말한다(대법원2018. 7. 11.선고2018도1818판결).

문제 30 - 정답 ④

▶ ④ (X) [1] 검사는 사법경찰관과 동일한 범죄사실을 수사하게 된 때에는 사법경찰관에게 사건을 송치할 것을 요구할 수 있다(형사소송법 제197조의4 제1항).
[2] 제1항의 요구(수사의 경합에 따른 사건송치요구)를 받은 사법경찰관은 지체 없이 검사에게 사건을 송치하여야 한다 다만, 검사가 영장을 청구하기 전에 동일한 범죄사실에 관하여 사법경찰관이 영장을 신청한 경우에는 해당 영장에 기재된 범죄사실을 계속 수사할 수 있다(형사소송법 제197조의4 제2항).
① (○) [1] 검사는 사법경찰관리의 수사과정에서 법령위반, 인권

침해 또는 현저한 수사권 남용이 의심되는 사실의 신고가 있거나 그러한 사실을 인식하게 된 경우에는 사법경찰관에게 사건기록 등본의 송부를 요구할 수 있다(형사소송법 제197조의3 제1항).
[2] 검사는 사법경찰관리의 수사과정에서 법령위반, 인권침해 또는 현저한 수사권 남용이 의심되는 사실의 신고가 있거나 그러한 사실을 인식하게 된 경우, 사법경찰관에게 사건기록 등본의 송부를 요구할 때에는 그 내용과 이유를 구체적으로 적은 서면으로 해야 한다(수사준칙 제45조 제1항).
② (○) 사법경찰관은 위 검사로부터 사건기록 등본의 송부를 요구를 받은 날부터 7일 이내에 사건기록 등본을 검사에게 송부해야 한다(수사준칙 제45조 제2항).
③ (○) [1] 검사는 사법경찰관과 동일한 범죄사실을 수사하게 된 때에는 사법경찰관에게 사건을 송치할 것을 요구할 수 있다(형사소송법 제197조의4 제1항).
[2] 검사는 사법경찰관과 동일한 범죄사실을 수사하게 되어 사법경찰관에게 사건송치(수사의 경합에 따른 사건송치)를 요구할 때에는 그 내용과 이유를 구체적으로 적은 서면으로 해야 한다(수사준칙 제49조 제1항). 사법경찰관은 수사의 경합에 따른 사건송치 요구를 받은 날부터 7일 이내에 사건을 검사에게 송치해야 한다. 이 경우 관계 서류와 증거물을 함께 송부해야 한다(수사준칙 제49조 제2항).

문제 31 - 정답 ①

▶ ① (X) 통신비밀보호법 제3조 제1항은 누구든지 이 법과 형사소송법 또는 군사법원법의 규정에 의하지 아니하고는 우편물의 검열·전기통신의 ㉠ 감청 또는 공개되지 않은 타인 간의 대화를 ㉡ 녹음 또는 ㉢ 청취하지 못한다고 규정하고 있고, 같은 법 제16조 제1항은 이를 위반하는 행위를 처벌하도록 규정하고 있다. 여기서 '청취'는 타인 간의 대화가 이루어지고 있는 상황에서 실시간으로 그 대화의 내용을 엿듣는 행위를 의미하고, 대화가 이미 종료된 상태에서 그 대화의 녹음물을 재생하여 듣는 행위는 '청취'에 포함되지 않는다. 이유는 다음과 같다.
[1] 제3조 제1항은 공개되지 아니한 타인 간 '대화'를 '청취'의 대상으로 규정하고 있다. '대화'는 '원칙적으로 현장에 있는 당사자들이 육성으로 말을 주고받는 의사소통행위'로서, 이러한 의사소통행위가 종료되면 청취 대상으로서의 대화도 종료된다. 종료된 대화의 녹음물을 재생하여 듣는 것은 대화 자체의 청취라고 보기 어렵고, 제3조 제1항이 대화 자체 외에 대화의 녹음물까지 청취 대상으로 규정하고 있지도 않다. 이러한 '대화'의 의미나 제3조 제1항의 문언에 비추어 보면, '대화'와 구별되는 '대화의 녹음물'까지 청취 대상에 포함시키는 해석에는 신중함이 요구된다.
[2] 제14조 제1항은 누구든지 공개되지 아니한 타인 간의 대화를 녹음하거나 전자장치 또는 기계적 수단을 이용하여 청취할 수 없다고 규정함으로써, 금지되는 청취행위를 구체화하여 제한하고 있다. 이는 타인 간의 비공개 대화를 자신의 청력을 이용하여 듣는 등의 행위까지 처벌 대상으로 할 필요는 없다는 점에서 이를 실시간으로 엿들을 수 있는 전자장치 또는 기계적 수단을 이용하여 이루어지는 청취만을 금지하고자 하는 취지의 조항으로 보인다. 그런데 이미 종료된 대화의 녹음물을 재생하여 듣는 방식으로 이루어지는 청취는 이와 같이제14조 제1항이 금지하고자 하는 청취에 포함되지 않는다.
[3] 제3조 제1항, 제16조 제1항은 '녹음'과 '청취'를 나란히 금지 및 처벌 대상으로 규정하고 있으므로 '녹음'과 '청취'의 공통 대

상이 되는 '대화'는 특별한 사정이 없는 한 **동일한 의미로 해석할 필요가 있다.** 그런데 '녹음'의 일상적 의미나 통신비밀보호법이 '녹음'을 금지하는 취지에 비추어 보면, **제3조 제1항에서 금지하는 타인 간 대화의 녹음은 특정 시점에 실제 이루어지고 있는 대화를 실시간으로 녹음하는 것을 의미할 뿐 이미 종료된 대화의 녹음물을 재생한 뒤 이를 다시 녹음하는 행위까지 포함한다고 보기는 어렵다.** 이처럼 '녹음'의 대상인 '대화'가 녹음 시점에 실제 이루어지고 있는 대화를 의미한다면, 같은 조항에 규정된 **'청취'의 대상인 '대화'도** 특별한 사정이 없는 한 **청취 시점에 실제 이루어지고 있는 대화를 의미한다고** 해석하는 것이 타당하다.

[4] 통신비밀보호법상 **'전기통신의 감청'은 전기통신이 이루어지고 있는 상황에서 실시간으로 그 전기통신의 내용을 지득·채록하는 경우 등을 의미하는 것이지, 이미 수신이 완료된 전기통신에 관하여 남아 있는 기록이나 내용을 열어보는 등의 행위는 포함하지 않는다.**

[4] 한편 통신비밀보호법상 **'전기통신의 감청'과 '공개되지 않은 타인 간 대화의 청취'는 대상('음향 등'과 '육성으로 주고받는 말'), 수단('전자장치·기계장치 등'과 '전자장치 또는 기계적 수단') 및 행위 태양('청취·공독하여 그 내용을 지득 또는 채록하는 것 등'과 '청취')에 있어서 서로 중첩되거나 유사하다.** 또한 **통신비밀보호법은 '전기통신의 감청'에 관한 다수 규정들을 '공개되지 않은 타인 간 대화의 청취'에도 적용함으로써 그 범위에서 양자를 공통으로 규율하고 있다.** 따라서 **'전기통신의 감청'과** 마찬가지로 **'공개되지 않은 타인 간 대화의 청취' 역시 이미 종료된 대화의 녹음물을 듣는 행위는 포함하지 않는다고** 해석하는 것이 타당하다.

[5] **종료된 대화의 녹음물을 재생하여 듣는 행위도 제3조 제1항의 '청취'에 포함시키는** 해석은 '청취'를 '녹음'과 별도 행위 유형으로 규율하는 제3조 제1항에 비추어 불필요하거나 **'청취'의 범위를 너무 넓혀 금지 및 처벌 대상을 과도하게 확장할 수 있다. 위법한 녹음 주체가 그 녹음물을 청취하는 경우에는 그 위법한 녹음을 금지 및 처벌 대상으로 삼으면 충분하고, 녹음에 사후적으로 수반되는 청취를 별도의 금지 및 처벌 대상으로 삼을 필요성이 크지 않다.**

[6] 또한 **적법한 녹음 주체 또는 제3자가 그 녹음물을 청취하거나, 위법한 녹음물을 녹음 주체 외의 제3자가 청취하는 경우까지 금지 및 처벌 대상으로 삼으면 이들의 행동의 자유를 과도하게 제한하게 된다.** 나아가 이는 명문의 형벌법규 의미를 엄격하게 해석하기보다는 **피고인에게 불리한 방향으로 지나치게 확장해석하거나 유추해석하는 것으로서 죄형법정주의의 원칙에 비추어 보더라도 타당하지 않다**(2024. 2. 29. 선고 2023도8603 판결). 결국, **피고인이 위 녹음물의 대화 내용을 듣고 그 녹음파일을 제3자에게 전송한 것은 통신비밀보호법 제16조 제1항 각호의 구성요건에 해당하지 않는다**(무죄).

② (○) [1] 수사기관이 적법한 절차와 방법에 따라 범죄를 수사하면서 **현재 그 범행이 행하여지고 있거나 행하여진 직후**이고, 증거보전의 **필요성 및 긴급성이 있으며,** 일반적으로 허용되는 **상당한 방법으로 범행현장에서 현행범인 등 관련자들과 수사기관의 대화를 녹음한 경우라면, 위 녹음이 영장 없이 이루어졌다 하여 이를 위법하다고 단정할 수 없다.**

[2] 이는 설령 그 녹음이 행하여지고 있는 사실을 현장에 있던 대화 상대방, 즉 **현행범인 등 관련자들이 인식하지 못하고 있었더라도,** 통신비밀보호법 제3조 제1항이 금지하는 공개되지 아니한 타인

간의 대화를 녹음한 경우에 해당하지 않는 이상 **마찬가지이다.** 다만 수사기관이 일반적·일반적으로 허용되는 상당한 방법으로 녹음하였는지 여부는 수사기관이 녹음장소에 통상적인 방법으로 출입하였는지, 녹음의 내용이 대화의 비밀 내지 사생활의 비밀과 자유 등에 대한 보호가 합리적으로 기대되는 영역에 속하는지 등을 종합적으로 고려하여 신중하게 판단하여야 한다.

[3] 피고인이 돈을 받고 영업으로 성매매를 알선하였다는 「성매매알선 등 행위의 처벌에 관한 법률」 위반(성매매알선등)으로 기소된 사안으로, **경찰관이 피고인이 운영하는 성매매업소에 손님으로 가장하고 출입하여 피고인 등과의 대화 내용을 녹음한 내용이 문제된 사안**이다.

[4] 원심은, 경찰관이 피고인 등과의 대화 내용을 비밀녹음한 것은 피고인 등의 기본권을 침해하고, 대화비밀을 침해하는 등으로 위법하므로 그 녹음은 위법수집증거로서 증거능력이 없다는 등의 이유로 범죄사실에 대한 증명이 없다고 보아 무죄를 선고하였다.

[5] 대법원은, **손님으로 가장한 경찰관이 대화당사자로서 성매매업소를 운영하는 피고인 등과의 대화 내용을 녹음한 것은 통신비밀보호법 제3조 제1항이 금지하는 공개되지 아니한 타인간의 대화를 녹음한 경우에 해당하지 않고, 경찰관이 불특정 다수가 출입할 수 있는 성매매업소에 통상적인 방법으로 들어가 적법한 방법으로 수사를 하는 과정에서 성매매알선 범행이 행하여진 시점에 위 범행의 증거를 보전하기 위하여 범행 상황을 녹음한 것이므로** 설령 대화상대방인 피고인 등이 인식하지 못한 사이에 **영장 없이 녹음하였다고 하더라도 이를 위법하다고 볼 수 없다**(대법원 2024. 5. 30. 선고 2020도9370판결).

③ (○) [1] 통신비밀보호법에서 보호하는 타인 간의 '대화'는 원칙적으로 현장에 있는 당사자들이 육성으로 말을 주고받는 의사소통행위를 가리킨다. 따라서 **사람의 육성이 아닌 사물에서 발생하는 음향은 타인 간의 '대화'에 해당하지 않는다.**

[2] 또한 **사람의 목소리라고 하더라도 상대방에게 의사를 전달하는 말이 아닌 단순한 비명소리나 탄식 등은** 타인과 의사소통을 하기 위한 것이 아니라면 특별한 사정이 없는 한 **타인 간의 '대화'에 해당한다고 볼 수 없다.**

[3] 한편 국민의 인간으로서의 존엄과 가치를 보장하는 것은 국가기관의 기본적인 의무에 속하고 이는 형사절차에서도 구현되어야 한다. **위와 같은 소리가 비록 통신비밀보호법에서 말하는 타인 간의 '대화'에는 해당하지 않더라도,** 형사절차에서 그러한 증거를 사용할 수 있는지는 개별적인 사안에서 효과적인 형사소추와 **형사절차상 진실발견이라는 공익과 개인의 인격적 이익 등의 보호이익을** 비교형량하여 결정하여야 한다.

[4] **대화에 속하지 않는 사람의 목소리를 녹음하거나 청취하는 행위가 개인의 사생활의 비밀과 자유 또는 인격권을 중대하게 침해하여 사회통념상 허용되는 한도를 벗어난 것이라면,** 단지 형사소추에 필요한 증거라는 사정만을 들어 곧바로 **형사소송에서 진실발견이라는 공익이 개인의 인격적 이익 등 보호이익보다 우월한 것으로 섣불리 단정해서는 안 된다. 그러나 그러한 한도를 벗어난 것이 아니라면 위와 같은 목소리를 들었다는 진술을 형사절차에서 증거로 사용할 수 있다.**

[5] 피고인이 동업자인 피해자에게 상해를 입힌 부분에 관하여, **피해자의 지인인 갑이 피해자와 통화를 마친 후 전화가 끊기지 않은 상태에서 휴대전화를 통하여 들은 '악' 하는 소리와 '우당탕' 소리**가 통신비밀보호법 제14조 제1항에서 말하는 **'공개되지 아니한 타**

인 간의 대화'에 해당하지 않으며, 그 소리의 증거능력이 인정된다(대법원2017. 3. 15.선고2016도19843판결). 결국, 피고인은 상해죄가 성립한다.

④ (○) [1] 피고인의 배우자가 피고인 모르게 피고인의 휴대전화에 자동녹음 애플리케이션을 실행해 두어 자동으로 녹음된 피고인과 배우자 사이의 전화통화 녹음파일은 증거로 사용할 수 있다(증거능력을 인정한다).

[2] 피고인의 배우자가 피고인의 동의 없이 피고인의 휴대전화를 조작하여 통화내용을 녹음하였으므로 피고인의 사생활 내지 인격적 이익을 침해하였다고 볼 여지는 있으나, ① 피고인의 배우자가 전화통화의 일방 당사자로서 피고인과 직접 대화를 나누면서 피고인의 발언 내용을 직접 청취하였으므로 전화통화 내용을 몰래 녹음하였다고 하여 피고인의 사생활의 비밀, 통신의 비밀, 대화의 비밀 등이 침해되었다고 평가하기는 어렵고, 피고인의 배우자가 녹음파일 등을 제3자에게 유출한 바 없으므로 음성권 등 인격적 이익의 침해 정도도 비교적 경미하다고 보아야 하는 점, ② 피고인의 배우자가 범행에 관한 증거로 사용하겠다는 의도나 계획 아래 전화통화를 녹음한 것이 아니고, 수사기관 역시 위 전화통화의 녹음에 어떠한 관여도 하지 않은 채 적법하게 압수한 휴대전화를 분석하던 중 우연히 이를 발견하였을 뿐인 점, ③ 반면 이 사건 형사소추의 대상이 된 행위는 수산업협동조합장 선거에서 금품을 살포하여 선거인을 매수하는 등 이른바 '돈 선거'를 조장하였다는 것이고, 선거범죄는 대체로 계획적·조직적인 공모 아래 은밀하게 이루어지므로, 구체적 범행 내용 등을 밝혀 줄 수 있는 객관적 증거인 전화통화 녹음파일을 증거로 사용해야 할 필요성이 높은 점 등을 종합하면, 전화통화 녹음파일을 증거로 사용할 수 있다

[3] 따라서 피고인의 배우자가 피고인의 사생활 내지 인격적 이익을 침해하여 통화내용을 녹음하였더라도 피고인의 배우자와 피고인 사이의 전화통화내용 부분은 증거로 사용할 수 있다.

[4] (이 판결의 의의) 사인이 수집한 사생활 영역 관련 증거의 증거능력 판단기준에 관한 대법원판례 법리를 재확인하면서, 전화통화 일방당사자의 통화녹음파일의 증거능력이 문제된 사건에서 통신비밀보호법 제4조에 따라 증거능력이 부정되지는 않는다고 하더라도, 그 녹음 경위, 녹음 내용 등에 비추어 사생활 내지 인격적 이익을 중대하게 침해한 경우에는 증거능력이 부정될 수 있음을 처음으로 밝혔다는 데 의의가 있다(대법원 2023. 12. 14. 선고 2021도2299 판결). 결국, 이 사건에서는 사생활 내지 인격적 이익이 중대하게 침해한 경우에 해당하지 않는다고 보았다.

문제 32 - 정답 ③

▶ ③ (X) [1] 검사 또는 사법경찰관은 피의자를 체포 또는 구속하는 경우에 필요한 때에는 영장없이 타인의 주거나 타인이 간수하는 가옥, 건조물, 항공기, 선차 내에서의 피의자를 수색할 수 있다(체포·구속을 위한 목적으로 피의자 수색).

[2] 다만, 제200조의2(체포영장) 또는 제201조(구속영장)에 따라 피의자를 체포 또는 구속하는 경우의 피의자 수색은 미리 수색영장을 발부받기 어려운 긴급한 사정이 있는 때에 한정한다(제216조 제1항 제1호 단서).

[3] 그러나 검사 또는 사법경찰관이 긴급체포나 현행범인 체포하는 경우에는 영장없이 피의자를 체포를 위해 타인의 주거등을 수색할 수 있고, 이 경우에는 미리 수색영장을 발부받기 어려운 긴급한 사정을 필요로 하지 않는다

[4] 체포·구속을 위한 목적으로 타인의 주거 등을 영장없이 수색하

는 경우에는 미리 수색영장을 발부받기 어려운 긴급한 사정이 있는 때에 한정된다는 것이지, 수색한 후에 별도로 사후에 수색영장을 받아야 하는 것은 아니다(형사소송법에 사후에 지체없이 수색영장을 받아야 한다는 규정이 아예 없다).

① (○) 검사가 체포영장의 청구를 함에 있어서 동일한 범죄사실에 관하여 그 피의자에 대하여 전에 체포영장을 청구하였거나 발부받은 사실이 있는 때에는 다시 체포영장을 청구하는 취지 및 이유를 기재하여야 한다(형사소송법 제200조의2 제4항).

② (○) [1] 체포되거나 구속된 피의자 또는 그 변호인, 법정대리인, 배우자, 직계친족, 형제자매나 가족, 동거인 또는 고용주는 관할법원에 체포 또는 구속의 적부심사(適否審査)를 청구할 수 있다(제214조의2 제1항).

[2] 제214조의 2 제4항 후단은 「체포·구속적부심사 청구 후 피의자에 대하여 공소제기가 있는 경우에도 또한 같다.」고 규정하고 있다. 따라서 심사청구후 피의자에 대하여 공소제기가 있는 경우에도 법원은 그 청구가 이유없다고 인정한 때에는 결정으로 이를 기각하고, 그 청구가 이유있다고 인정한 때에는 결정으로 체포·구속된 피의자의 석방을 명하여야 한다.

[3] 체포·구속적부심사를 청구한 이후에 검사가 피의자를 전격기소하여 피고인의 지위를 가진 경우에도 법원은 그 청구가 이유있으면 석방결정을 할 수 있다. 즉, 현행 형사소송법에서는 피고인도 예외적으로 법원의 체포·적부심사에 의해서 석방될 수 있다. 즉, 피의자라는 신분은 절차개시요건이지 이제는 더 이상 존속요건이 아니다.

④ (○) [1] 현행범인은 누구든지 영장 없이 체포할 수 있다(형사소송법 제212조).

[2] 현행범인으로 체포하기 위하여는 행위의 가벌성, 범죄의 현행성과 시간적 접착성, 범인·범죄의 명백성 이외에 체포의 필요성, 즉 도망 또는 증거인멸의 염려가 있어야 한다.

[3] 이러한 요건을 갖추지 못한 현행범인 체포는 법적 근거에 의하지 아니한 영장 없는 체포로서 위법한 체포에 해당한다.

[4] 여기서 현행범인 체포의 요건을 갖추었는지 여부는 체포 당시의 상황을 기초로 판단하여야 하고, 이에 관한 검사나 사법경찰관 등 수사주체의 판단에는 상당한 재량의 여지가 있지만, 체포 당시의 상황으로 볼 때 그 요건의 충족 여부에 관한 검사나 사법경찰관 등의 판단이 경험칙에 비추어 현저히 합리성을 잃은 경우에는 그 체포는 위법하다고 보아야 한다(대법원2017. 4. 7.선고2016도19907판결).

문제 33 - 정답 ③

▶ ③ (X) 검사 또는 사법경찰관은 피의자 등이 유류한 물건이나 소유자·소지자 또는 보관자가 임의로 제출한 물건은 영장 없이 압수할 수 있으므로(제218조), 현행범 체포현장이나 범죄 현장에서도 소지자 등이 임의로 제출하는 물건은 형사소송법 제218조에 의하여 영장 없이 압수하는 것이 허용되고, 이 경우 검사나 사법경찰관은 별도로 사후에 영장을 받을 필요가 없다(대법원2019. 11. 14.선고2019도13290판결).

① (○) [1] 수사기관은 압수를 한 경우 압수경위를 기재한 압수조서와 압수물의 특징을 구체적으로 기재한 압수목록을 작성하고, 압수목록은 압수물의 소유자·소지자·보관자 기타 이에 준하는 사람에게 교부하여야 한다[형사소송법 제219조, 제129조, 구 검사의 사법경찰관리에 대한 수사지휘 및 사법경찰관리의 수사준칙에 관한 규정 제44조].

[2] **압수목록은** 수사기관의 압수 처분에 대한 사후적 통제수단임과 동시에 피압수자 등이 압수물에 대한 환부·가환부 청구를 하거나 부당한 압수처분에 대한 준항고를 하는 등 권리행사절차를 밟는 데 가장 기초적인 자료가 되므로, 이러한 권리행사에 지장이 없도록 **압수 직후 현장에서 바로 작성하여 교부하는 것이 원칙이다.**

[3] 한편 **임의제출에 따른 압수(형사소송법 제218조)의 경우에도** 압수물에 대한 수사기관의 점유 취득이 제출자의 의사에 따라 이루어진다는 점에서만 차이가 있을 뿐 **범죄혐의를 전제로 한 수사목적이나 압수의 효력은** 영장에 의한 압수의 경우와 동일하므로, 헌법상 기본권에 관한 수사기관의 부당한 침해로부터 신속하게 권리를 구제받을 수 있도록 **수사기관은 영장에 의한 압수와 마찬가지로 객관적·구체적인 압수목록을 신속하게 작성·교부할 의무를 부담한다.**

[4] **다만** 적법하게 발부된 영장의 기재는 그 집행의 적법성 판단의 우선적인 기준이 되어야 하므로, **예외적으로** 압수물의 수량·종류·특성 기타의 **사정상 압수 직후 현장에서 압수목록을 작성·교부하지 않을 수 있다는 취지가 영장에 명시되어 있고,** 이와 같은 **특수한 사정이** 실제로 존재하는 경우에는 **압수영장을 집행한 후 일정한 기간이 경과하고서 압수목록을 작성·교부할 수도 있으나,** 압수목록 작성·교부 시기의 **예외에 관한 영장의 기재는** 피의자·피압수자 등의 압수 처분에 대한 권리구제절차 또는 불복절차가 형해화되지 않도록 **그 취지에 맞게 엄격히 해석되어야** 하고, **나아가 예외적 적용의 전제가 되는 특수한 사정의 존재 여부는 수사기관이 이를 증명하여야** 하며, **그 기간 역시 필요 최소한에 그쳐야 한다.**

[5] 또한 영장에 의한 압수 및 그 대상물에 대한 확인조치가 끝나면 그것으로 압수절차는 종료되고, 압수물과 혐의사실과의 관련성 여부에 관한 평가 및 그에 필요한 추가 수사는 압수절차 종료 이후의 사정에 불과하므로 이를 이유로 압수 직후 이루어져야 하는 **압수목록 작성·교부의무를 해태·거부할 수는 없다**(대법원 2024. 1. 5.자 2021모385 결정). 결국, 압수물과 혐의사실과의 관련성 여부에 관한 **평가 및** 그에 필요한 **추가 수사를 이유로 압수목록 작성·교부의무를 해태·거부할 수는 없으므로,** 압수목록을 작성하여 교부하지 않은 이 사건 **제1·2차 압수처분은 모두 취소됨이 타당하다.**

② (○) **피해자 등 제3자가 피의자의 소유·관리에 속하는 정보저장매체를 임의제출한 경우에는** 실질적 피압수자인 피의자가 수사기관으로 하여금 그 전자정보 전부를 무제한 탐색하는 데 동의한 것으로 보기 어려울 뿐만 아니라 피의자 스스로 임의제출한 경우 피의자의 참여권 등이 보장되어야 하는 것과 견주어 보더라도 **특별한 사정이 없는 한 피의자에게 참여권을 보장하고 압수한 전자정보 목록을 교부하는 등 피의자의 절차적 권리를 보장하기 위한 적절한 조치가 이루어져야 한다**(대법원 2023. 9. 18. 선고 2022도7453 전원합의체 판결).

④ (○) [1] 전자정보를 압수하고자 하는 수사기관이 정보저장매체와 거기에 저장된 전자정보를 임의제출의 방식으로 압수할 때, 제출자의 구체적인 제출 범위에 관한 의사를 제대로 확인하지 는 등의 사유로 인해 임의제출자의 의사에 따른 전자정보 압수의 대상과 범위가 명확하지 않거나 이를 알 수 없는 경우에는 **임의제출에 따른 압수의 동기가 된 범죄혐의사실과 관련되고 이를 증명할 수 있는 최소한의 가치가 있는 전자정보에 한하여** 압수의 **대상이 된다.**

[2] 이때 **범죄혐의사실과 관련된 전자정보에는 범죄혐의사실 그 자체** 또는 **그와 기본적 사실관계가 동일한 범행과 직접 관련되어**

있는 것은 물론 **범행 동기와 경위, 범행 수단과 방법, 범행 시간과 장소 등을 증명하기 위한 간접증거나 정황증거 등으로 사용될 수 있는 것도 포함될 수 있다.** 다만 그 관련성은 임의제출에 따른 압수의 동기가 된 범죄혐의사실의 내용과 수사의 대상, 수사의 경위, 임의제출의 과정 등을 종합하여 구체적·개별적 연관관계가 있는 경우에만 인정되고, **범죄혐의사실과 단순히 동종 또는 유사 범행이라는 사유만으로 관련성이 있다고 할 것은 아니다**(대법원 2022. 1. 27. 선고 2021도11170 판결).

문제 34 - 정답 ③

▶ ③ (X) 일정한 증거가 발견되면 피의자가 자백하겠다고 한 약속이 검사의 강요나 위계에 의하여 이루어졌다던가 또는 불기소나 경한 죄의 소추등 **이익과 교환조건으로 된 것으로 인정되지 않는다면** 위와 같은 자백의 약속하에 된 자백이라 하여 **곧 임의성 없는 자백이라고 단정할 수는 없다**(대판1983.9.13. 83도712).

① (○) 피고인이 수사기관에서 가혹행위 등으로 인하여 임의성 없는 자백을 하고 **그 후 법정에서도 임의성 없는 심리상태가 계속**되어 동일한 내용의 자백을 하였다면 **그 법정에서의 자백도 임의성 없는 자백이라고 보아야** 한다(대법원2012. 11. 29.선고2010도3029판결).

② (○) 피고인이 직접 고문당하지 않았으나 **다른 피고인이 고문당하는 것을 보고 한 자백도** 역시 고문에 의한 자백에 해당한다(대판77도463). 결국, 그 자백은 증거능력이 부정된다.

④ (○) **임의성의 의심이 있는 자백은 절대적으로 증거능력이 부정**된다. 따라서 본증, 반증, 보강증거, 탄핵증거 등으로 사용할 수 없고, 또한 **당사자가 증거로 함에 동의를 하여도 증거능력이 부정된다.**

문제 35 - 정답 ①

▶ ① ㉠㉡㉢㉣㉤(5개)는 모두 옳은 지문이다.

㉠ (○) 범행 현장에서 지문채취 대상물에 대한 지문채취가 먼저 이루어진 이상, 수사기관이 그 이후에 지문채취 대상물을 적법한 절차에 의하지 아니한 채 압수하였다고 하더라도(한편, 이 사건 지문채취 대상물인 맥주컵, 물컵, 맥주병 등은 피해자 공소외 1이 운영하는 주점 내에 있던 **피해자 공소외 1의 소유로서 이를 수거한 행위가 피해자 공소외 1의 의사에 반한 것이라고 볼 수 없으므로, 이를 가리켜 위법한 압수라고 보기도 어렵다**), 위와 같이 **채취된 지문은** 위법하게 압수한 지문채취 대상물로부터 획득한 2차적 증거에 해당하지 아니함이 분명하여, 이를 가리켜 **위법수집증거라고 할 수 없으므로, 원심이 이를 증거로 채택한 것이 위법하다고 할 수 없다**(대판2008도7471).

㉡ (○) [1] 형사소송법 제215조에 의한 압수·수색영장은 수사기관의 압수·수색에 대한 허가장으로서 거기에 기재되는 유효기간은 집행에 착수할 수 있는 종기를 의미하는 것일 뿐이므로, **수사기관이 압수·수색영장을 제시하고 집행에 착수하여 압수·수색을 실시하고 그 집행을 종료하였다면** 이미 그 영장은 목적을 달성하여 효력이 상실되는 것이고, 동일한 장소 또는 목적물에 대하여 다시 압수·수색할 필요가 있는 경우라면 그 필요성을 소명하여 법원으로부터 새로운 압수·수색영장을 발부 받아야 하는 것이지, **앞서 발부 받은 압수·수색영장의 유효기간이 남아있다고 하여 이를 제시하고 다시 압수·수색을 할 수는 없다.**

[2] 경찰은 2019. 3. 5. 피의자가 甲으로, 혐의사실이 대마 광고 및 대마 매매로, 압수할 물건이 '피의자가 소지, 소유, 보관하고 있

는 휴대전화에 저장된 마약류 취급 관련자료 등'으로, 유효기간이 '2019. 3. 31.'로 된 압수·수색·검증영장(이하 '이 사건 영장'을 발부받아, 2019. 3. 7. 그에 기해 甲으로부터 휴대전화 3대 등을 압수하였다. 그 후 경찰은 2019. 4. 8. 甲의 휴대전화 메신저에서 대마 구입 희망의사를 밝히는 피고인의 메시지(이하 '이 사건 메시지')를 확인한 후, 甲 행세를 하면서 위 메신저로 메시지를 주고받는 방법으로 위장수사를 진행하여, 2019. 4. 10. 피고인을 현행범으로 체포하고 그 휴대전화를 비롯한 소지품 등을 영장 없이 압수한 다음 2019. 4. 12. 사후 압수·수색·검증영장을 발부받았다.

[3] 피고인이 이 사건 메시지를 보낸 시점까지 경찰이 이 사건 영장 집행을 계속하고 있었다고 볼 만한 자료가 없으므로 경찰의 이 사건 메시지 등의 정보 취득은 영장 집행 종료 후의 위법한 재집행이고, 그 외에 경찰이 甲의 휴대전화 메신저 계정을 이용할 정당한 접근권한도 없으므로, 이 사건 메시지 등을 기초로 피고인을 현행범으로 체포하면서 수집한 증거는 위법수집증거로서 증거능력이 없다. 따라서 피고인의「마약류 불법거래 방지에 관한 특례법」위반 부분에 대해서는 무죄를 선고하여야 한다(대판2023.3.16. 2020도5336).

ⓒ (○) [1] 범죄의 피해자인 검사가 그 사건의 수사에 관여하거나, 압수·수색영장의 집행에 참여한 검사가 다시 수사에 관여하였다는 이유만으로 바로 그 수사가 위법하다거나 그에 따른 참고인이나 피의자의 진술에 임의성이 없다고 볼 수는 없다.
[2] 이 사건 압수·수색영장의 집행과정에서 폭행 등의 피해를 당한 검사 등이 수사에 관여하였다는 이유만으로 그 검사 등이 작성한 참고인 진술조서 등의 증거능력이 부정될 수 없다(대판 2013.9.12. 2011도12918).

ⓔ (○) 수사기관이 범죄 수사를 목적으로 금융실명거래 및 비밀보장에 관한 법률(이하 '금융실명법'이라 한다) 제4조 제1항에 정한 '거래정보 등'을 획득하기 위해서는 법관의 영장이 필요하고, 신용카드에 의하여 물품을 거래할 때 '금융회사 등'이 발행하는 매출전표의 거래명의자에 관한 정보 또한 금융실명법에서 정하는 '거래정보 등'에 해당하므로, 수사기관이 금융회사 등에 그와 같은 정보를 요구하는 경우에도 법관이 발부한 영장에 의하여야 한다. 그럼에도 수사기관이 영장에 의하지 아니하고 매출전표의 거래명의자에 관한 정보를 획득하였다면, 그와 같이 수집된 증거는 원칙적으로 형사소송법 제308조의2에서 정하는 '적법한 절차에 따르지 아니하고 수집한 증거'에 해당하여 유죄의 증거로 삼을 수 없다(대판2013.3.28. 2012도13607).

ⓜ (○) 형사소송법 제218조는 "사법경찰관은 소유자, 소지자 또는 보관자가 임의로 제출한 물건을 영장없이 압수할 수 있다"고 규정하고 있는바, 위 규정을 위반하여 소유자, 소지자 또는 보관자가 아닌 자로부터 제출받은 물건을 영장없이 압수한 경우 그 '압수물' 및 '압수물을 찍은 사진'은 이를 유죄 인정의 증거로 사용할 수 없는 것이고, 헌법과 형사소송법이 선언한 영장주의의 중요성에 비추어 볼 때 피고인이나 변호인이 이를 증거로 함에 동의하였다고 하더라도 달리 볼 것은 아니다(대판2010.1.28. 2009도10092).

문제 36 - 정답 ③

▶ ③ (X) [1] 다른 사람의 진술을 내용으로 하는 진술이 전문증거인지는 요증사실이 무엇인지에 따라 정해지는 바, 다른 사람의 진술, 즉 원진술의 내용인 사실(갑이 도둑질하였다는 절도사실)이 요증사실인 경우에는 전문증거이지만, 원진술의 존재 자체(을이 갑

을 명예훼손하였다는 말)가 요증사실인 경우에는 본래증거이지(A가 을로부터 직접 들은 말) 전문증거가 아니다(대판2019.8.29. 2018도13792 전원합의체판결).
[2] "갑이 도둑질하는 것을 보았다"라는 乙의 말을 들은 A가 乙의 진술내용을 증언하는 경우, 갑의 절도 사건에 대하여는 전문증거이지만, / 乙의 갑에 대한 명예훼손 사건에 대하여는 본래증거일 뿐 전문증거가 아니므로 전문법칙이 적용되지 않는다. 결국, A가 乙의 진술내용에 대한 증언내용은 절도사건에서는 전문증거이나(A가 절도현장을 본 것이 아니라 乙로부터 들었으니까), 명예훼손사건에서는 본래증거이다(A가 을로부터 직접 그 말을 들었으니까).

① (○) [1] 피고인이 아닌 자(성범죄당한 피해자)의 진술을 기재한 서류가 비록 수사기관이 아닌 자(대검찰청 소속 진술분석관)에 의하여 작성되었다고 하더라도, 수사가 시작된 이후 수사기관의 관여나 영향 아래 작성된 경우로서 서류를 작성한 자의 신분이나 지위, 서류를 작성한 경위와 목적, 작성시기와 장소 및 진술을 받는 방식 등에 비추어 실질적으로 고찰할 때 그 서류가 수사과정 외에서 작성된 것이라고 보기 어렵다면, 이를 형사소송법 제313조 제1항(수사과정 이외에서 작성된 진술이나 진술을 기재한 서류)의 '전 2조의 규정 이외에 피고인이 아닌 자의 진술을 기재한 서류'에 해당한다고 할 수 없다.
[2] 나아가 전문증거의 증거능력은 이를 인정하는 법적 근거가 있는 때에만 예외적으로 인정된다는 원칙 및 수사기관이 제작한 영상녹화물의 증거능력 내지 증거로서의 사용 범위를 다른 전문증거보다 더욱 엄격하게 제한하는 관련 판례의 취지에 비추어 보면, 수사기관이 아닌 자(대검찰청 소속 진술분석관)가 수사과정에서 피고인이 아닌 자(성범죄당한 피해자)의 진술을 녹화한 영상녹화물의 증거능력도 엄격하게 제한할 필요가 있다.
[3] 대검찰청 소속 진술분석관이 피고인들의 「성폭력범죄의 처벌 등에 관한 특례법」 위반(친족관계에의한강간)등 혐의에 대한 수사과정에서 검사로부터 「성폭력범죄의 처벌 등에 관한 특례법」 제33조에 따라 피해자 진술의 신빙성 여부에 대한 의견조회를 받아 자신이 피해자를 면담하는 내용을 녹화하였고, 검사가 위 영상녹화물을 법원에 증거로 제출한 사안에서 진술분석관의 소속 및 지위, 진술분석관이 피해자와 면담을 하고 이 사건 영상녹화물을 제작한 경위와 목적, 진술분석관이 면담과 관련하여 수사기관으로부터 확보한 자료의 내용과 성격, 면담 방식과 내용, 면담 장소 등을 앞서 본 법리에 비추어 살펴보면, 이 사건 영상녹화물은 수사과정 외에서 작성된 것이라고 볼 수 없으므로 형사소송법 제313조 제1항에 따라 증거능력을 인정할 수 없고, 이 사건 영상녹화물은 수사기관이 작성한 피의자신문조서나 피고인이 아닌 자의 진술을 기재한 조서가 아니고, 피고인 또는 피고인이 아닌 자가 작성한 진술서도 아니므로 형사소송법 제312조에 의하여 증거능력을 인정할 수도 없다(대법원 2024. 3. 28. 선고 2023도15133 판결). 결국, 검찰청 소속 진술분석관이 피해자와의 면담 내용을 녹화한 영상녹화물의 증거능력은 부정된다.

② (○) [1] 형사소송법 제314조에서 '그 진술 또는 작성이 특히 신빙할 수 있는 상태하에서 행하여졌음'이란 그 진술 내용이나 조서 또는 서류의 작성에 허위가 개입할 여지가 거의 없고, 그 진술 내지 작성 내용의 신빙성이나 임의성을 담보할 구체적이고 외부적인 정황이 있는 경우를 가리킨다.
[2] 형사소송법 제314조는 원진술자 또는 작성자가 사망·질병·외국거주·소재불명 등의 사유로 공판준비 또는 공판기일에 출석

하여 진술할 수 없는 경우에 그 진술이 특히 신빙할 수 있는 상태하에서 행하여졌다는 점이 증명되면 원진술자 등에 대한 반대신문의 기회조차도 없이 증거능력을 부여할 수 있도록 함으로써 보다 중대한 예외를 인정한 것이므로, 그 요건을 더욱 엄격하게 해석·적용하여야 한다.

[3] 따라서 형사소송법 제314조에서 '특히 신빙할 수 있는 상태하에서 행하여졌음에 대한 증명'은 단지 그러할 개연성이 있다는 정도로는 부족하고, 합리적 의심의 여지를 배제할 정도, 즉 법정에서의 반대신문 등을 통한 검증을 굳이 거치지 않더라도 진술의 신빙성을 충분히 담보할 수 있어 실질적 직접심리주의와 전문법칙에 대한 예외로 평가할 수 있는 정도에 이르러야 한다.

[4] 피고인들이 망인 甲과 합동하여 피해자 乙(여, 당시 14세)의 심신상실 또는 항거불능 상태를 이용하여 乙을 간음하였다는 성폭력범죄의 처벌 및 피해자보호 등에 관한 법률 위반(특수준강간)의 공소사실과 관련하여, 甲이 사건 발생 14년여 후 자살하기 직전 작성한 유서가 발견되어 증거로 제출되었고, 유서에 甲이 자신의 범행을 참회하는 듯한 내용이 포함되어 있어 그 증거능력이 다투어진 사안이다.

[5] 유서에서 甲이 피고인들을 무고할 만한 뚜렷한 동기나 이유가 발견되지 않았고, 피고인들 스스로도 당시 甲 및 乙과 함께 술을 마셨던 사실은 인정하고 있는 점, 乙은 수사기관에서 당시 만취 상태에서 귀가하였는데 속옷에 피가 묻어 있었고 사타구니 부근이 아팠으며 산부인과에서 진료를 받고 사후피임약 등을 처방받았다고 진술한 점 등에 비추어 유서가 신빙할 수 있는 상태에서 작성되었을 개연성이 있다고 평가할 여지는 있으나, 유서는 작성 동기가 명확하지 아니하고, 수사기관에서 작성 경위, 구체적 의미 등이 상세하게 밝혀진 바가 없으며, 사건 발생일로부터 무려 14년 이상 경과된 후 작성된 점, 유서의 주요 내용이 구체적이거나 세부적이지 않고, 다른 증거에 의하여 충분히 뒷받침되지도 아니하며, 오히려 일부 내용은 乙의 진술 등과 명백히 배치되기도 하는 점, 甲에 대한 반대신문이 가능하였다면 그 과정에서 구체적, 세부적 진술이 현출됨으로써 기억의 오류, 과장, 왜곡, 거짓 진술 등이 드러났을 가능성을 배제하기 어려운 점 등 제반 사정을 종합하면, 유서의 내용이 법정에서의 반대신문 등을 통한 검증을 굳이 거치지 않아도 될 정도로 신빙성이 충분히 담보된다고 평가할 수 없어 유서의 증거능력을 인정할 수 없다(대법원2024. 4. 12. 선고 2023도13406 판결).

④ (O) 체포·구속인접견부는 유치된 피의자가 죄증을 인멸하거나 도주를 기도하는 등 유치장의 안전과 질서를 위태롭게 하는 것을 방지하기 위한 목적으로 작성되는 서류로 보일 뿐이어서 형사소송법 제315조 제2, 3호에 규정된 당연히 증거능력이 있는 서류로 볼 수는 없다(대법원2012. 10. 25.선고2011도5459판결).

문제 37 - 정답 ①

▶ ① (X) [1] 2020. 2. 4. 법률 제16924호로 개정되어 2022. 1. 1.부터 시행된 형사소송법 제312조 제1항은 검사가 작성한 피의자신문조서의 증거능력에 대하여 '적법한 절차와 방식에 따라 작성된 것으로서 공판준비, 공판기일에 그 피의자였던 피고인 또는 변호인이 그 내용을 인정할 때에 한정하여 증거로 할 수 있다.'고 규정하였다. 여기서 '그 내용을 인정할 때'라 함은 피의자신문조서의 기재 내용이 진술 내용대로 기재되어 있다는 의미가 아니고 그와 같이 진술한 내용이 실제 사실과 부합한다는 것을 의미한다.

[2] 형사소송법 제312조 제1항에서 정한 '검사가 작성한 피의자신

문조서'란 당해 피고인에 대한 피의자신문조서만이 아니라 당해 피고인과 공범관계에 있는 다른 피고인이나 피의자에 대하여 검사가 작성한 피의자신문조서도 포함되고, 여기서 말하는 '공범'에는 형법 총칙의 공범 이외에도 서로 대향된 행위의 존재를 필요로 할 뿐 각자의 구성요건을 실현하고 별도의 형벌 규정에 따라 처벌되는 강학상 필요적 공범 또는 대향범까지 포함한다. 따라서 피고인이 자신과 공범관계에 있는 다른 피고인이나 피의자에 대하여 검사가 작성한 피의자신문조서의 내용을 부인하는 경우에는 형사소송법 제312조 제1항에 따라 유죄의 증거로 쓸 수 없다.

[3] 피고인과 변호인이 '공소외인에 대한 검찰 피의자신문조서 사본'에 관하여 내용 부인 취지에서 '증거로 사용함에 동의하지 않는다.'는 의견을 밝혔음에도 이를 유죄인정의 증거로 사용한 것은 형사소송법 제312조 제1항에 관한 법리를 오해한 것이다(대법원 2023. 6. 1.선고2023도3741판결).

② (O) 피고인이 공소사실을 부인하는 경우, 검사가 작성한 피의자신문조서 중 공소사실을 인정하는 취지의 진술 부분은 그 내용을 인정하지 않았다고 보아야 한다(대법원2023.4.27.선고 2023도2102판결).

③ (O) 피고인은 제1심에서 공소사실의 일시에 메트암페타민을 투약한 사실이 없다고 공소사실을 부인하였으므로 검찰 피의자신문조서 중 공소사실을 인정하는 취지의 진술 내용을 인정하지 않았다고 보아야 한다. 따라서 제1심 공판조서의 일부인 증거목록에 피고인이 제1심 제2회 공판기일에서 위 검찰 피의자신문조서에 동의한 것으로 기재되어 있는 것은 착오 기재이거나 피고인이 그 조서 내용과 같이 진술한 사실이 있었다는 것을 인정한다는 것을 '동의'로 조서를 잘못 정리한 것으로 이해될 뿐 이로써 위 검찰 피의자신문조서가 증거능력을 가지게 되는 것은 아니다(대법원 2023.4.27.선고 2023도2102판결).

④ (O) 형사소송법 제312조 제1항은 검사가 작성한 피의자신문조서는 공판준비, 공판기일에 그 피의자였던 피고인 또는 변호인이 그 내용을 인정할 때에 한정하여 증거로 할 수 있다고 규정하고 있다. 여기서 '그 내용을 인정할 때'라 함은 피의자신문조서의 기재 내용이 진술 내용대로 기재되어 있다는 의미가 아니고 그와 같이 진술한 내용이 실제 사실과 부합한다는 것을 의미한다(대법원 2023.4.27.선고 2023도2102판결).

문제 38 - 정답 ④

▶ ④ (X) [1] 피고인 아닌 자(공소제기 전에 피고인을 피의자로 조사하였거나 그 조사에 참여하였던 자('조사자'라 부른다)를 포함한다.)의 공판준비 또는 공판기일에서의 진술이/ 피고인 아닌 타인의 진술을 그 내용으로 하는 것인 때에는/ 원진술자(선지에서는 참고인)가 사망, 질병, 외국거주, 소재불명 그 밖에 이에 준하는 사유로 인하여 진술할 수 없고(필요성)/ 그 진술이 특히 신빙할 수 있는 상태(특신상태)하에서 행하여졌음이 증명된 때에 한하여/ 이를 증거로 할 수 있다(형사소송법 제316조 제2항).

[2] 이 사안에서 참고인이 법정에 출석하여 증언(부인)을 하였기 때문에하였으므로, 참고인의 진술이 특신상태가 증명되었다하더라도 조사자의 증언은 증거로 할 수 없다(증거능력이 부정된다).

[3] 따라서 조사자의 증언이 증거능력이 인정되려면 참고인이 사망 등으로 법정에 출석할 수 없고(필요성이 있고) + 참고인이 조사자에게 말했던 진술이 특신상태까지 증명되어야 한다.

① (O) [1] 수사기관이 제작한 영상녹화물의 증거능력 내지 증거로서의 사용 범위는 더욱 엄격하게 제한되어 있다. 즉 검사 또는

209

사법경찰관이 피고인이 **아닌 자를 조사하는 과정에서** 형사소송법 제221조 제1항에 따라 **제작한 영상녹화물은**, 다른 법률에서 달리 규정하고 있는 등의 특별한 사정이 없는 한 **공소사실을 직접 증명할 수 있는 독립적인 증거로 사용할 수 없다.**

[2] 또한 영상녹화물이 형사소송법 제312조 제4항에 의하여 검사 또는 사법경찰관이 피고인이 아닌 자의 진술을 기재한 조서에 대한 실질적 진정성립을 증명하는 수단으로 사용될 때에도 그 영상녹화물은 형사소송법 및 형사소송규칙에 규정된 방식과 절차에 따라 제작되어야 한다(대법원 2024. 3. 28. 선고 2023도15133 판결).

② (○) [1] **피고인이 아닌 자(B)의 공판준비 또는 공판기일에서의 진술**이 **피고인(甲)의 진술을 그 내용으로 하는 것인 때에는 그 진술이** 특히 신빙할 수 있는 상태(**특신상태**)하에서 행하여졌음이 **증명된 때에 한하여/** 이를 증거로 할 수 있다(형사소송법 제316조 제1항).

[2] 따라서 피고인이 아닌 자(B)의 법정에서 피고인(甲)의 **진술내용에 대한 증언은, 甲의 진술**이 '특히 신빙할 수 있는 상태(**특신상태**)에서 행하여졌음'이 **증명된 때에 한하여 B의 진술을 증거로 할 수 있다.** 결국, 제316조 **제1항은 특신상태만(1개만)** 증명되면 **증거로 할 수 있으나,** 제316조 **제2항은 필요성 + 특신상태까지** 증명되어야 증거로 할 수 있다.

③ (○) [1] 사법경찰관 사무취급이 작성한 **실황조서가 사고발생 직후 사고장소에서** 긴급을 요하여 판사의 영장없이 시행된 것으로 서 **형사소송법 제216조 제3항에 의한 검증에 따라 작성된 것이라면 사후영장을 받지 않는 한 유죄의 증거로 삼을 수 없다.**

[2] **사법경찰관 사무취급이 작성한 실황조서는** 이 사건 사고가 발생한 1985.10.26. 19:30직후인 1985.10.27. 10:00에 **사고장소에서 긴급을 요하여 판사의 영장없이 시행된 것이므로** 이는 형사소송법 **제216조 제3항에 의한 검증에 해당한다** 할 것이고 **기록상 사후영장을 받은 흔적이 없으므로** 이 **실황조서는 유죄의 증거로 삼을 수 없다**(대법원1989. 3. 14.선고88도1399판결; 특정범죄가중처벌등에 관한법률위반(도주차량)·교통사고처리특례법위반).

[3] 범행 중 또는 범행직후의 범죄 장소에서 **긴급을 요하여 법원판사의 영장을 받을 수 없는 때에는** 영장없이 압수, 수색 또는 검증을 할 수 있다. **이 경우에는 사후에 지체없이 영장을 받아야 한다**(제216조 제3항).

문제 39 - 정답 ③

▶ ③ (X) **자동차등록증에 차량의 소유자가 피고인으로 등록·기재된 것**이 피고인이 그 차량을 운전하였다는 사실의 **자백 부분에 대한 보강증거가 될 수 있고** 결과적으로 **피고인의 무면허운전이라는 전체 범죄사실의 보강증거로 충분하다**(대판2000.9.26. 2000도 2365).

① (○) 1. [1] 가. 구 형사소송법 제312조 제3항에 의하면, 검사 이외의 수사기관이 작성한 피의자신문조서는 그 피의자였던 피고인 또는 변호인이 그 내용을 인정할 때에 한하여 증거로 할 수 있다. 나. **피의자의 진술을 기재한 서류 내지 문서가 수사기관의 수사과정에서 작성된 것이라면 그 서류나 문서의 형식과 관계없이 피의자신문조서와 달리 볼 이유가 없으므로,** 수사기관이 작성한 **압수조서에 기재된 피의자였던 피고인의 자백 진술 부분은** 피고인 또는 변호인이 **내용을 부인하는 이상 증거능력이 없다.** 다. 한편 위 규정에서 '**그 내용을 인정할 때**'라 함은 피의자신문조서의 기재 내용이 진술 내용대로 기재되어 있다는 의미가 아니고

그와 같이 **진술한 내용이 실제 사실과 부합한다는 것을 의미하므로, 피고인이 공소사실을 부인하는 경우** 수사기관이 작성한 **피의자신문조서 중 공소사실을 인정하는 취지의 진술 부분은 그 내용을 인정하지 않았다고 보아야 한다.**

[2] 가. **수사기관에 제출된 변호인의견서** 즉, 변호인이 피의사건의 실체나 절차에 관하여 자신의 의견 등을 기재한 서면에 **피의자가 당해사건 수사기관에 한 진술이 인용되어 있는 경우**가 있다. **변호인의견서에 기재된** 이러한 내용의 진술은 수사기관의 수사과정에서 작성된 '피의자의 진술이 기재된 신문조서나 진술서 등'으로부터 **독립하여 증거능력을 가질 수 없는 성격의 것**이고, '피의자의 진술이 기재된 신문조서나 진술서 등'의 증거능력을 인정하지 않는 경우에 변호인의견서에 기재된 동일한 내용의 피의자 진술 부분을 유죄의 증거로 사용할 수 있다면 피의자였던 피고인에게 불의의 타격이 될 뿐만 아니라 피의자 등의 보호를 목적으로 하는 변호인의 지위나 변호인 제도의 취지에도 반하게 된다.

나. 따라서 **피고인이 피의자였을 때 수사기관에 한 진술이 기재된 조서나 수사과정에서 작성된 진술서 등의 증거능력을 인정할 수 없다면** 수사기관에 제출된 **변호인의견서에 기재된 같은 취지의 피의자 진술 부분도 유죄의 증거로 사용할 수 없다.**

[3] **압수조서의 압수경위 란 및 수사기관에 제출된 변호인 의견서**에도 **피고인이 피의사실을 전부 자백하였다는 취지로 기재되어 있**는데, **피고인이 공판과정에서 일관되게 쟁점 공소사실을 부인하면서 경찰에서 작성된 피의자신문조서의 내용을 부인한다.**

[4] 결국, ① 피고인이 쟁점 공소사실을 일관되게 부인하면서 경찰에서 작성된 피의자신문조서의 내용을 부인하는 등 위 **압수조서에 기재된 자백의 내용을 인정하지 않았다고 보아야** 하므로 이를 **유죄의 증거로 사용할 수 없고,** ② 경찰에서 작성된 피고인에 대한 피의자신문조서의 증거능력을 인정할 수 없는 이상 **변호인의견서 중 피고인이 피의자였을 때 경찰에서 같은 취지로 진술한 부분 역시 유죄의 증거로 사용할 수 없다**(대법원 2024. 5. 30. 선고 2020도16796).

② (○) [1] **상법장부나 항해일지, 진료일지 또는 이와 유사한 금전출납부 등과 같이 범죄사실의 인정 여부와는 관계없이 자기에게 맡겨진 사무를 처리한 사무 내역을 그때그때 계속적, 기계적으로 기재한 문서 등의 경우**는 사무처리 내역을 증명하기 위하여 존재하는 문서로서 그 존재 자체 및 기재가 그러한 내용의 사무가 처리되었음의 여부를 판단할 수 있는 **별개의 독립된 증거자료**이고, **설사 그 문서가 우연히 피고인이 작성하였고** 그 문서의 내용 중 피고인의 범죄사실의 존재를 추론해 낼 수 있는, 즉 **공소사실에 일부 부합되는 사실의 기재가 있다고 하더라도,** 이를 일컬어 피고인이 범죄사실을 **자백하는 문서라고 볼 수는 없다.**

[2] 피고인이 뇌물공여 혐의를 받기 전에 **이와는 관계없이** 준설공사에 필요한 각종 인·허가 등의 업무를 위임받아 이를 추진하는 과정에서 그 업무수행에 필요한 자금을 지출하면서, **스스로 그 지출한 자금내역을 자료로 남겨두기 위하여 뇌물자금과 기타 자금을 구별하지 아니하고 그 지출 일시, 금액, 상대방 등 내역을 그때그때 계속적, 기계적으로 기입한 수첩의 기재 내용은,** 피고인이 자신의 범죄사실을 시인하는 자백이라고 볼 수 없으므로, **증거능력이 있는 한** 피고인의 금전출납을 증명할 수 있는 **별개의 증거라고 할 것인즉, 피고인의 검찰에서의 자백에 대한 보강증거가 될 수 있다**(대법원1996. 10. 17.선고94도2865전원합의체 판결).

④ (○) [1] 피고인이 증거로 함에 동의한 서류들 중 **이 사건 휴**

대전화기에 대한 <u>압수조서의 '압수경위'란에는,</u> 이 부분 공소사실과 관련하여 "2022. 3. 26. 08:15경 지하철 ○호선 △△역 승강장 및 ○게이트 앞에서 사법경찰관 P가 소매치기 및 성폭력 등 지하철범죄 예방·검거를 위한 비노출 잠복근무 중 검정 재킷, 검정 바지, 흰색 운동화를 착용한 20대가량 남성이 짧은 치마를 입고 에스컬레이터를 올라가는 여성을 좇아가 뒤에 밀착하여 치마 속으로 휴대폰을 집어넣는 등 해당 여성의 신체를 몰래 촬영하는 행동을 하였다"는 내용이 포함되어 있고, 그 하단에는 이 부분 공소사실에 관한 갑의 범행을 직접 목격하면서 위 압수조서를 작성한 사법경찰관 P 및 사법경찰리 P1의 각 기명날인이 들어가 있다.

[2] 이 사건 휴대전화기에 대한 압수조서중 <u>'압수경위'란에 기재된 상기의 내용은,</u> 피고인이 이 부분 공소사실과 같은 범행을 저지르는 <u>현장을 직접 목격한 사람의 진술이 담긴 것</u>으로서 형사소송법 <u>제312조 제5항</u>에서 정한 <u>'피고인이 아닌 자가 수사과정에서 작성한 진술서'에 준하는 것으로 볼 수 있고,</u> 이에 따라 <u>이 사건 휴대전화기에 대한 임의제출절차가 적법하였는지 여부에 영향을 받지 않는 별개의 독립적인 증거에 해당하므로, 피고인이 증거로 함에 동의한 이상 유죄를 인정하기 위한 증거로 사용할 수 있을 뿐 아니라</u> 이 부분 공소사실에 대한 <u>피고인의 자백을 보강하는 증거가 된다</u>(대법원2019. 11. 14.선고2019도13290판결).

문제 40 - 정답 ④

▶ ④ ⑦⑥⑥(2개)는 틀린 지문이나, ⑧(2개)은 맞는 지문이다.

⑦ (X) [1] 형법 제327조의 <u>강제집행면탈죄는 위태범으로서</u> 현실적으로 민사소송법에 의한 강제집행 또는 가압류·가처분의 집행을 받을 우려가 있는 객관적인 상태 아래, 즉 채권자가 본안 또는 보전소송을 제기하거나 제기할 태세를 보이고 있는 상태에서 주관적으로 강제집행을 면탈하려는 목적으로 재산을 은닉, 손괴, 허위양도하거나 허위의 채무를 부담하여 채권자를 해할 위험이 있으면 성립하고, <u>반드시 채권자를 해하는 결과가 야기되거나 행위자가 어떤 이득을 취하여야 범죄가 성립하는 것은 아니다.</u>

[2] 채무자인 피고인이 채권자 갑의 가압류집행을 면탈할 목적으로 제3채무자 을에 대한 채권을 병에게 허위양도하였다고 하여 강제집행면탈로 기소된 사안에서, 가압류결정 정본이 제3채무자에게 송달된 날짜와 피고인이 채권을 양도한 날짜가 동일하므로 <u>가압류결정 정본이 을에게 송달되기 전에 채권을 허위로 양도하였다면 강제집행면탈죄가 성립한다</u>(대법원2012. 6. 28.선고2012도3999판결).

⑥ (X) [1] <u>乙은 갑과 강제집행면탈죄의 공범이 아니므로</u> 을이 목격한 사실을 경찰관에게 진술하여 그 경찰관이 작성한 조서는 「<u>형사소송법」 제312조 제3항</u>(검사 이외의 수사기관이 작성한 피의자신문조서)<u>이 적용되지 않고, 제312조 제4항의 참고인진술조서에 해당한다.</u>

[2] <u>검사 또는 사법경찰관이 피고인이 아닌 자의 진술을 기재한 조서</u>는 <u>적</u>법한 절차와 방식에 따라 작성된 것으로서 그 조서가 검사 또는 사법경찰관 앞에서 진술한 내용과 동일하게 기재되어 있음이 원진술자의 공판준비 또는 공판기일에서의 진술이나 영상녹화물 또는 그 밖의 객관적인 방법에 의하여 증명되고(<u>실</u>질적 성립의 진정이 증명되고), 피고인 또는 변호인이 공판준비 또는 공판기일에 그 기재 내용에 관하여 원진술자를 신문할 수 있었던 때에는 증거로 할 수 있다(<u>반</u>대신문권의 기회보장). 다만, 그 조서에 기재된 진술이 <u>특</u>히 신빙할 수 있는 상태하에서 행하여졌음이 증명된 때에 한한다(제312조 제4항)(<u>적＋실＋반＋특</u>).

[3] 결국, 을의 참고인진술조서에 대하여 <u>당해 피고인 甲이 공판기일에서 내용을 부인하더라도</u> 을의 참고인진술조서인 <u>제312조 제4항의 증거능력을 인정하기 위한 요건(적＋실＋반＋특)을 갖추었다면</u> 甲의 강제집행면탈에 대한 <u>증거로 쓸 수 있다.</u>

⑥ (X) [1] <u>검사 작성의 A에 대한 진술조서는 제312조 제4항의 참고인진술조서에 해당한다.</u>

[2] <u>검사 또는 사법경찰관이 피고인이 아닌 자의 진술을 기재한 조서</u>는 적법한 절차와 방식에 따라 작성된 것으로서 그 조서가 검사 또는 사법경찰관 앞에서 진술한 내용과 동일하게 기재되어 있음이 원진술자의 공판준비 또는 공판기일에서의 진술이나 영상녹화물 또는 그 밖의 객관적인 방법에 의하여 증명되고(<u>실</u>질적 진정성립이 증명되고), 피고인 또는 변호인이 공판준비 또는 공판기일에 그 기재 내용에 관하여 원진술자를 신문할 수 있었던 때에는 증거로 할 수 있다(<u>반</u>대신문권의 기회보장). 다만, 그 조서에 기재된 진술이 <u>특</u>히 신빙할 수 있는 상태하에서 행하여졌음이 증명된 때에 한한다(제312조 제4항)(<u>적＋실＋반＋특</u>).

[3] 결국, <u>甲이 증거로 함에 동의하지 않았고 A도 증인으로 출석하여 진정성립을 인정하지 아니한 이상,</u> A의 참고인진술조서인 <u>제312조 제4항의 증거능력을 인정하기 위한 요건(적＋실＋반＋특)을 갖추었다고 볼 수 없으므로</u> 甲의 강제집행면탈에 대한 <u>증거로 쓸 수 없다.</u>

⑧ (○) [1] 2007. 6. 1. 법률 제8496호로 개정되기 전의 형사소송법에는 없던 <u>수사기관에 의한 피의자 아닌 자(이하 '참고인'이라 한다) 진술의 영상녹화</u>를 새로 정하면서 <u>그 용도를 참고인에 대한 진술조서의 실질적 진정성립을 증명하거나 참고인의 기억을 환기시키기 위한 것으로 한정하고 있는</u> 현행 형사소송법의 규정 내용을 영상물에 수록된 성범죄 피해자의 진술에 대하여 독립적인 증거능력을 인정하고 있는 성폭력범죄의 처벌 등에 관한 특례법 제30조 제6항 또는 아동·청소년의 성보호에 관한 법률 제26조 제6항의 규정과 대비하여 보면, 수사기관이 참고인을 조사하는 과정에서 형사소송법 제221조 제1항에 따라 작성한 영상녹화물은, 다른 법률에서 달리 규정하고 있는 등의 특별한 사정이 없는 한, 공소사실을 직접 증명할 수 있는 독립적인 증거로 사용될 수는 없다고 해석함이 타당하다.

[2] <u>수사기관이 참고인을 조사하는 과정에서</u> 형사소송법 제221조 제1항에 따라 작성한 영상녹화물(<u>참고인의 진술에 대한 영상녹화물</u>)이 공소사실을 직접 증명할 수 있는 <u>독립적인 증거로 사용될 수 없다</u>(대법원2014. 7. 10.선고2012도5041판결).

경찰 형사법 파이널 모의고사 ━━ 정답 및 해설

✔ 정답

문제	정답	문제	정답	문제	정답	문제	정답
01	②	11	④	21	④	31	①
02	②	12	③	22	①	32	③
03	③	13	①	23	②	33	④
04	③	14	②	24	③	34	③
05	③	15	①	25	①	35	③
06	④	16	③	26	③	36	②
07	④	17	②	27	②	37	②
08	①	18	②	28	②	38	②
09	①	19	①	29	③	39	③
10	④	20	②	30	①	40	③

문제 01 - 정답 ②

▶ ② (X) [1] **도로교통법 위반(무면허운전)죄**는 도로교통법 제43조를 위반하여 **운전면허를 받지 아니하고 자동차를 운전하는 경우**에 성립하는 범죄로, **유효한 운전면허가 없음을 알면서도** 자동차를 **운전하는 경우에만** 성립하는 **고의범이다.**
[2] 「교통사고처리 특례법」 제3조 제2항 단서 제7호는 도로교통법위반(무면허운전)죄와 동일하게 도로교통법 제43조를 위반하여 운전면허를 받지 아니하고 자동차를 운전하는 행위를 대상으로 교통사고 처벌 특례를 적용하지 않도록 하고 있다. 따라서 **위 단서 제7호에서 말하는 '도로교통법 제43조를 위반'한 행위**는 도로교통법위반(무면허운전)죄와 마찬가지로 **유효한 운전면허가 없음을 알면서도 자동차를 운전하는 경우만을 의미한다고 보아야** 한다.
[3] 이 사건 공소사실 중 도로교통법 위반(무면허운전) 부분에 대하여는 범죄의 증명이 없으므로 무죄를 선고하고, 「교통사고처리특례법」위반(치상) 부분에 대하여는 공소기각판결을 선고하여야 한다
[4] 피고인이 2회 음주운전으로 음주취소사유에 해당하나, **이 사건 발생 직후 순경 갑이 피고인에게 음주면허가 정지됨을 고지하였을 뿐, 취소에 대하여는 별다른 언급을 하지 않았고,** 검찰이 제출한 증거들만으로는 **피고인이 운전면허취소처분의 통지 또는 고지를 받았음을 인정하기에 부족하고 달리 이를 인정할 만한 증거가 없으므로,** 이 사건 공소사실 중 도로교통법위반(무면허운전)의 점에 관하여 무죄를 선고하였다. 또한, 이 사건 공소사실 중 교통사고처리특례법위반(치상)의 점에 관하여는, 도로교통법위반(무면허운전)의 점을 무죄로 판단한 이상, 교통사고처리특례법 제4조 제1항 본문, 제2항에 의하여 교통사고를 일으킨 차가 위 규정에서 정한 보험에 가입된 경우로서 운전자에 대하여 공소를 제기할 수 없는 사건이어서 공소제기의 절차가 법률의 규정을 위반하여 무효인 때에 해당한다는 이유로 이 부분에 관한 공소를 기각하였다(대법원2023. 6. 29.선고2021도17733판결). 결국, **무면허운전죄는 고의범으로서,** 도로교통법 제43조를 위반하여 **운전면허를 받지 아니하고 자동차를 운전하는 경우에** 만 **성립할** 뿐이고, 운전자가 운전

면허취소사실을 알지 못하고 운전하는 경우까지 **포함하는 것으로** 해석하는 것은 **유추해석금지의 원칙에 반한다.**
① (O) [1] 개정 형법 제62조의2 제1항에 의하면 형의 집행을 유예를 하는 경우에는 보호관찰을 받을 것을 명할 수 있고, 같은 조 제2항에 의하면제1항의 규정에 의한 보호관찰의 기간은 집행을 유예한 기간으로 하고, 다만 법원은 유예기간의 범위 내에서 보호관찰의 기간을 정할 수 있다고 규정되어 있다.
[2] **보호관찰은 형벌이 아니라 보안처분의 성격을 갖는 것**으로서, 과거의 불법에 대한 책임에 기초하고 있는 제재가 아니라 장래의 위험성으로부터 행위자를 보호하고 사회를 방위하기 위한 합목적적인 조치이므로, 그에 관하여 반드시 행위 이전에 규정되어 있어야 하는 것은 아니며, **재판시의 규정에 의하여 보호관찰을 받을 것을 명할 수 있다고 보아야 할 것**이고, 이와 같은 해석이 **형벌불소급의 원칙** 내지 **죄형법정주의에 위배되는 것이라고 볼 수 없다**(대법원1997. 6. 13.선고97도703판결). 결국, 개정 형법 시행 이전에 죄를 범한 자에 대하여 개정 형법에 따라 보호관찰을 명할 수 있다.
③ (O) [1] **가정폭력범죄의 처벌 등에 관한 특례법**이 정한 보호처분 중의 하나인 **사회봉사명령**은 가정폭력범죄행위에 대하여 **형사처벌 대신 부과되는 것**으로서, 가정폭력범죄를 범한 자에게 의무적 노동을 부과하고 여가시간을 박탈하여 실질적으로는 신체적 자유를 제한하게 되므로, 이에 대하여는 원칙적으로 형벌불소급의 원칙에 따라 **행위시법을 적용함이 상당하다.**
[2] **가정폭력범죄의 처벌 등에 관한 특례법상 사회봉사명령을 부과하면서,** 행위시법상 사회봉사명령 부과시간의 상한인 100시간을 초과하여 **상한을 200시간으로 올린 신법을 적용한 것은 위법하다**(대법원2008. 7. 24.자2008어4결정).
④ (O) [1] **군형법 제64조 제3항의 상관명예훼손죄**는 행위의 **상대방이 '상관'**이라는 점에서 **형법 제307조 제1항의 명예훼손죄와 구별되는 것일 뿐** 구성요건적 행위인 **명예훼손을 형법상의 개념과 다르게 해석할 이유가 없다.** 따라서 군형법상 상관명예훼손죄와 형법상 명예훼손죄의 불법내용에 본질적인 차이가 있다고 보기 어렵고, 문제되는 행위가 **'공공의 이익에 관한 때'에 해당하는지를 심사할 때에** 상관명예훼손죄가 보호하고자 하는 **군의 통수체계와 위계질서에 대한 침해 위험 등을 추가적으로 고려함으로써 위법성조각사유의 해당 여부를 판단하면 충분하다.**
[2] 피고인이 '국방부유해발굴단 감식단장이 유해의 국적에 대해 다른 국적 가능성을 묵살하였다'는 내용의 인터넷 기사 댓글에 '위 기사의 제보자(피해자)는 현재 성희롱 등으로 검찰조사 받고 있다'는 댓글을 게시함으로써 공연히 사실을 적시하여 상관인 피해자의 명예를 훼손하였다는 상관명예훼손으로 기소된 사안에서, **군형법 제64조 제3항의 사실적시 상관명예훼손죄에 형법 제310조를 유추적용할 수 있고** 피고인의 행위가 **진실한 사실로서 오로지 공공의 이익에 관한 때에 해당한다**(대법원 2024. 4. 16. 선고 2023다13333 판결). 결국, 이 사건 공소사실은 형법 제310조에 따라 위법성이 조각되어 무죄이다.

문제 02 - 정답 ②

▶ ② (X) [다수의견] [1] **범죄 후 법률이 변경되어 그 행위가 범죄를 구성하지 아니하게 되거나 형이 구법보다 가벼워진 경우**에는 **신법에 따라야** 하고(형법 제1조 제2항), 범죄 후의 법령 개폐로 형이 폐지되었을 때는 판결로써 면소의 선고를 하여야 한다(형사소송법 제326조 제4호). 이러한 **형법 제1조 제2항과 형사소송법 제326조 제4호의 규정**은 **입법자가** 법령의 변경 이후에도 **종전 법령 위반행위에 대한 형사처벌을 유지한다는 내용의 경과규정을 따로 두지 않는 한** 그대로 적용되어야 한다.

[2] 따라서 범죄의 성립과 처벌에 관하여 규정한 형벌법규 자체 또는 그로부터 수권 내지 위임을 받은 **법령의 변경에 따라 범죄를 구성하지 아니하게 되거나 형이 가벼워진 경우**에는, 종전 법령이 범죄로 정하여 처벌한 것이 부당하였다거나 과형이 과중하였다는 **반성적 고려에 따라 변경된 것인지 여부를 따지지 않고 원칙적으로 형법 제1조 제2항과 형사소송법 제326조 제4호가 적용된다**(대법원 2022. 12. 22. 선고 2020도16420 전원합의체 판결). 결국, 법률이 변경된 동기가 반성적 고려에 따른 것인지에 따라 신법과 구법을 달리 적용하였던 **구판례(동기설)**은 이 **전합 판결에 의하여 폐기되었다**(이제는 반성적 고려에 따르는 동기설은 버려라).

① (O) 우리 형법은 대한민국영역외에서 죄를 범한 내국인에게 적용한다(제3조; 속인주의). 결국, 갑은 **속인주의**에 의하여 우리 형법인 **성폭력특별법(카메라이용촬영죄)**이 적용된다.

③ (O) [1] 가. 디엔에이증거 등 그 죄를 증명할 수 있는 **과학적인 증거가 있는 특정 성폭력범죄**는 **공소시효를 10년 연장하는 조항**(이하 '연장조항'이라 한다)이 **명확성원칙, 평등원칙에 위배되지 않는다**. 즉, **연장조항의** '과학적인 증거' 부분은 과학적인 방법을 이용함으로써 정확성과 타당성이 담보되어 기간이 경과하더라도 범죄의 증거로서 객관적 가치를 유지할 수 있는 증명력이 확보되는 증거를 의미하고, 법을 해석·집행하는 기관이 개개의 사안에서 '과학적인 증거'의 의미를 자의적으로 해석하거나 집행할 우려가 있다고 보기는 어려우므로, **명확성원칙에 위배되지 아니한다.** 또한 성폭력범죄는 그 특성상 수사가 장기화될 여지가 다른 범죄에 비하여 높은 점, 범인의 고유한 디엔에이증거 등이 잔존할 가능성이 높은 점, 과학기술의 발달로 오랜 기간이 경과한 증거도 수집이 가능하게 된 점, 성폭력범죄는 피해자에게 장기간 심각한 정신적·정서적 장애를 입힌다는 점에서 그 죄질을 가볍게 볼 수 없는 점, 연장조항은 모든 성폭력범죄에 대하여 일률적으로 공소시효를 연장하는 것이 아니고 특정 성폭력범죄에 한정하고 있는 점 등을 종합하면, **연장조항은 평등원칙에 위배되지 아니한다.**

나. 연장조항 시행 전에 범한 죄로 아직 공소시효가 완성되지 아니한 것에 대하여도 **연장조항을 적용하는 조항**(이하 '부칙조항'이라 한다)이 **형벌불소급의 원칙**, 신뢰보호원칙에 위배되지 않는다. 즉, 부칙조항의 공소시효 문제는 형벌불소급의 원칙이 적용되는 범위에 포함되지 아니하고, 연장조항으로 인하여 제한되는 성폭력범죄자의 신뢰이익이 실체적 정의라는 공익에 우선하여 특별히 헌법적으로 보호할 가치가 있다고 보기 어려우므로, 부칙조항은 형벌불소급의 원칙이나 신뢰보호원칙에 위배되지 아니한다(헌재 2023. 5. 25. 2020헌바309등).

[2] 가. 소급효(소급입법)는 **현재 진행중인 공소시효를 연장시키는 부진정 소급효**와 **이미 완성된 공소시효를 소급적으로 정지시키는 진정소급효**로 나눌 수 있다. 그 허용여부에 대하여 **부진정 소급효는 원칙적으로 허용**되나, **진정 소급효**의 경우에는 **예외적으로 허용**

될 뿐이다.

나. **공소시효가 아직 완성되지 않은 경우** 위 법률조항은 단지 진행 중인 공소시효를 연장하는 법률로서 이른바 **부진정소급효를 갖게 되나**, 공소시효제도에 근거한 개인의 신뢰와 공시시효의 연장을 통하여 달성하려는 공익을 비교형량하여 공익이 개인의 신뢰보호이익에 우선히는 경우에는 **소급효를 갖는 법률도 헌법상 정당화될 수 있다.**

다. **진정소급입법이라 하더라도** 기존의 법을 변경하여야 할 **공익적 필요는 심히 중대한** 반면에 그 법적 지위에 대한 개인의 신뢰를 보호하여야 할 필요가 상대적으로 적어 개인의 신뢰이익을 관철하는 것이 객관적으로 정당화될 수 없는 경우에는 **예외적으로 허용될 수 있다**(헌재 1996. 2. 16. 96헌가2등).

④ (O) [1] 신상정보 공개·고지명령의 근본적인 목적은 재범방지와 사회방위이고, 법원은 '신상정보를 공개하여서는 아니 될 특별한 사정'이 있는지 여부에 관하여 재범의 위험성을 고려하여 공개·고지명령을 선고하고 있으므로, **신상정보 공개·고지명령의 법적 성격은 형벌이 아니라 보안처분이다.** [2] 신상정보 공개·고지명령은 형벌과는 구분되는 비형벌적 보안처분으로서 어떠한 형벌적 효과나 신체의 자유를 박탈하는 효과를 가져오지 아니하므로 **소급처벌금지원칙이 적용되지 아니한다.**

[3] 따라서 **신상정보 공개·고지명령을 소급적용하는 '성폭력범죄의 처벌 등에 관한 특례법'**(이하 '성폭력처벌법'이라 한다) 부칙 (2012. 12. 18. 법률 제11556호) 제7조 제1항 중 '제47조, 제49조의 개정규정은 제2조 제1항 제3호, 제3조 제1항, 제8조 제1항에 해당하는 범죄를 저질러 2008년 4월 16일부터 2011년 4월 15일 사이에 **유죄판결(벌금형은 제외한다)이 확정된 사람에 대하여도 적용한다.'**는 부분(이하 '심판대상조항'이라 한다)은 **소급처벌금지원칙에 위배되지 않는다**(헌재 2016. 12. 29. 2015헌바196등).

문제 03 - 정답 ③

▶ ③ (X) [1] 행위자가 금지된 행위를 함으로써 구성요건적 결과를 야기하였으나, **합법적 행위를 하였더라도 역시 동일한 결과가 발생하였을 개연성이 있는 경우**에 **객관적 귀속이 인정될 것인지가 문제된다.** 이를 합법적 대체행위라고 한다. 이 경우에 **주의의무를 이행한 때에도**(합법적 행위를 하였더라도) **같은 결과가 발생했을 것이라고 인정되는 경우라면 객관적 귀속이 부정된다.**

[2] **판례에서는** 이 경우에 객관적 귀속이 부정되는 것이 아니라 업무상 과실과 사상의 결과 사이에 **상당인과관계가 부정된다.**

[3] 가. 피고인은 2019. 7. 29. 17:30경 **의사로서 환자인 피해자의 어깨부위에 주사를 시행하는** 과정에서, **주사부위에 메티실린 내성 황색포도상구균(MRSA)을 감염시켜 피해자에게 약 4주간의 치료가 필요한 우측 견관절, 극상근 및 극하근의 세균성 감염 등의 상해를 입게 하였다.**

나. **의료사고에서 의사의 과실을 인정하기 위해서는**, 의사가 결과 발생을 예견할 수 있었음에도 이를 예견하지 못하였거나 결과 발생을 회피할 수 있었음에도 이를 회피하지 못하였는지 여부를 검토하여야 하고, 과실 유무를 판단할 때에는 같은 업무·직무에 종사하는 일반적 평균인의 주의 정도를 표준으로 하여 사고 당시의 일반적 의학의 수준과 의료 환경 및 조건, 의료행위의 특수성 등을 고려하여야 한다. **의료사고에서 의사의 과실과 결과 발생 사이에 인과관계를 인정하기 위해서는, 주의의무 위반이 없었더라면 그러한 결과가 발생하지 않았을 것임이 증명되어야** 한다.

다. 그러므로 **의사에게 의료행위로 인한 업무상과실치사상죄를 인정**

하기 위해서는, 의료행위 과정에서 공소사실에 기재된 업무상과실의 존재는 물론 그러한 업무상과실로 인하여 환자에게 상해·사망 등 결과가 발생한 점에 대하여도 **엄격한 증거에 따라 합리적 의심의 여지가 없을 정도로 증명이 이루어져야 한다**. 설령 의료행위와 환자에게 발생한 상해·사망 등 결과 사이에 인과관계가 인정되는 경우에도, 검사가 공소사실에 기재한 바와 같은 업무상과실로 평가할 수 있는 행위의 존재 또는 그 업무상과실의 내용을 구체적으로 증명하지 못하였다면, 의료행위로 인하여 환자에게 상해·사망 등 결과가 발생하였다는 사정만으로 의사의 업무상과실을 추정하거나 단순한 가능성·개연성 등 막연한 사정을 근거로 함부로 이를 인정할 수는 없다.

라. 피고인이 시행한 주사치료로 인하여 피해자에게 상해가 발생하였다는 점은 어느 정도 인정되나, 주사치료 과정에서 피고인이 맨손으로 주사하였다거나 알코올 솜의 미사용·재사용, 오염된 주사기의 사용 등 비위생적 조치를 취한 사실에 대한 증명이 합리적 의심을 배제할 정도로 이루어졌다고 볼 수 없고, 피고인의 업무상과실로 평가될 만한 행위의 존재나 업무상과실의 내용이 구체적으로 증명되었다고 보기도 어렵다(대법원2023. 1. 12.선고2022도11163판결). 결국, **검사가 입증하지 않았다면 업무상과실치상죄가 성립하지 않는다.**

① (O) [1] 합법칙적 조건설은 **조건설을 기초로 하되** 조건설의 문제점을 시인하고, 인과관계를 조건설의 논리적 조건관계에 의해서가 아니라 **일상적 경험법칙으로서의 합법칙적 조건관계에 의하여 확정**하려는 학설이다.

[2] 합법칙적 조건설에 의해 **인과관계가 인정된다하더라도** 발생한 **결과에 대하여 행위자에게 책임을 지우는 것(귀속시키는 것 또는 탓으로 돌리는 것)이 타당한가의 문제는 별도로 객관적 귀속론에 의하여 결정하게 된다.**

② (O) **상당인과관계설은 결과발생에 경험칙상 상당한 조건(상당성;** 행위와 결과 사이의 **개연성(높은 확률)**을 의미)만을 원인으로 삼아 **인과관계를 인정한다**는 견해로서 **현재 판례가 취하고 있다.** 상당인과관계설의 **비판**은 **상당성이라는 개념이** 애매하여 인과관계판단을 위한 **명확한 기준이 될 수 없고,** 인과관계와 객관적 귀속을 분리하지 아니하여 혼동하고 있으며, **인과관계의 범위를 지나치게 좁게 인정(상당성이 있는 때에만)**한다는 비판을 받고 있다.

④ (O) [1] 자동차의 운전자가 통상 예견되는 상황에 대비하여 결과를 회피할 수 있는 정도의 주의의무를 다하지 못한 것이 교통사고 발생의 직접적인 원인이 되었다면, **비록 자동차가 보행자를 직접 충격한 것이 아니고** 보행자가 **자동차의 급정거에 놀라 도로에 넘어져 상해를 입은 경우라고 할지라도,** 업무상 주의의무 위반과 교통사고 발생 사이에 **상당인과관계를 인정할 수 있다.**

[2] 자동차 운전자는 **신호등이 없는 횡단보도가 설치되어 있었으므로,** 자동차의 운전업무에 종사하는 사람은 보행자가 있을 경우를 대비하여 **서행함으로써 사고를 미리 방지하여야 할 업무상의 주의의무가 있었다.** 피고인은 **이를 게을리한 채 그대로 진행하다가** 횡단보도 근처를 피고인 진행방향 왼쪽에서 오른쪽으로 횡단하는 피해자 공소외인(만 9세, 여, 초등학교 4학년)을 **뒤늦게 발견하고 제동을 하였으나** 미처 멈추지 못하고 피고인 차량 앞 범퍼 부분으로 피해자의 오른쪽 무릎 부위를 충격하여 피해자에게 약 2주간의 치료를 요하는 우측 족근관절염좌 등의 상해를 입게 하였음에도 **피해자를 구호하는 등의 조치를 취하지 않고 그대로 도주하였다.** 피고인의 트럭 앞 범퍼 부위로 피해자의 우측 무릎 부위를 직접 충격하여 피해자를 도로에 넘어지게 하였다고 볼 여지가 충분하다. **설령, 피고인의 트럭이 피해자를 직접 충격한 것이 아니었다고 할지라도,** 피해자가 도로에 넘어

진 직접적인 원인은 횡단보도를 통과하면서 **감속하지 않은 피고인의 차량이 급정거한 때문으로 봄이 합리적이다.** 피고인의 트럭이 피해자를 직접 충격하지 않았더라면 피고인이 횡단보도 부근에서 **안전하게 서행하였더라면 사고 발생을 충분히 피할 수 있었을 것이므로,** 피고인의 업무상 주의의무 위반과 사고 발생 사이의 **상당인과관계를 인정할 수 있다**(대법원2022. 6. 16.선고2022도1401판결). 결국, 피고인은 특정범죄가중처벌등에관한법률위반(도주치상)에 해당한다.

문제 04 – 정답 ③

▶ ③ (X) [1] **대법원은 과실범의 객관적 주의의무의 판단기준을 행위자 개인(본인)**의 주관적 주의능력을 표준으로 주의의무위반의 유무를 판단하자는 주관설(행위자 표준설)이 **아니라/ 일반인의 주의능력을 표준으로 주의의무위반의 유무를 판단하자는 객관설(평균일표준설)의 입장을 따르고 있다.**

[2] 의료과오사건에 있어서 의사의 과실을 인정하려면 결과 발생을 예견할 수 있고 또 회피할 수 있었음에도 이를 하지 못한 점을 인정할 수 있어야 하고, 위 **과실의 유무를 판단함에는 같은 업무와 직무에 종사하는 일반적 보통인의 주의 정도를 표준으로 하여야** 하며, 이때 사고 당시의 일반적인 의학의 수준과 의료환경 및 조건, 의료행위의 특수성 등을 고려하여야 한다(대법원2006. 10. 26.선고2004도486판결).

① (O) [1] 절도죄에 있어서 재물의 타인성을 오신하여 **그 재물(고양이)이 자기에게 취득(친구에게 빌린 고양이)할 것이 허용된 동일한 물건으로 오인하고 가져온 경우**에는 범죄사실에 대한 인식이 있다고 할 수 없으므로 **범의가 조각되어 절도죄가 성립하지 아니한다.**

[2] **甲은 乙이 경영하는 평원닭집앞 노상에서** 그곳 평상위에 있던 **乙의 고양이 1마리를 친구 병에게서 빌린 것으로 오인하고 가져온 경우,** 절도의 범의가 조각되어 **절도죄가 성립하지 아니한다**(대법원1983. 9. 13.선고83도1762,83감도315판결).

② (O) [1] 범죄구성요건의 주관적 요소로서 **미필적 고의라 함**은 범죄사실의 발생 가능성을 불확실한 것으로 표상하면서 이를 용인하고 있는 경우를 말하고, 미필적 고의가 있었다고 하려면 **범죄사실의 발생 가능성에 대한 인식이 있음**은 물론 나아가 범죄사실이 발생할 위험을 용인하는 내심의 의사가 있어야 한다.

[2] **그 행위자가** 범죄사실이 발생할 가능성을 **용인하고 있었는지의 여부**는 행위자의 진술에 의존하지 아니하고 외부에 나타난 행위의 형태와 행위의 상황 등 구체적인 사정을 기초로 하여 일반인이라면 당해 범죄사실이 발생할 가능성을 어떻게 평가할 것인가를 고려하면서 **행위자(일반인X)의 입장에서 그 심리상태를 추인하여야 한다.**

[3] 이와 같은 경우에도 공소가 제기된 범죄사실의 주관적 요소인 **미필적 고의의 존재에 대한 입증책임은 검사에게 있는 것이며,** 한편, 유죄의 인정은 법관으로 하여금 합리적인 의심을 할 여지가 없을 정도로 공소사실이 진실한 것이라는 확신을 가지게 하는 증명력을 가진 증거에 의하여야 하므로, 그와 같은 증거가 없다면 설령 피고인에게 유죄의 의심이 간다고 하더라도 피고인의 이익으로 판단할 수밖에 없다(대판2004.5.14. 2004도74). 결국, **미필적 고의가 있었다고 하려면 범죄사실의 발생 가능성에 대한 인식이 있음은 물론 나아가 범죄사실이 발생할 위험을 용인하는 내심의 의사가 있어야 한다.**

④ (O) 과실범의 주의의무범위를 **제한 또는 축소(확대 X 또는 확장 X)**하여 일정한 경우에 **과실범의 처벌을 제한하여 구성요건해당성을 배제하고자 하는 사유로 위험된 위험과 신뢰의 원칙이 있다.**

문제 05 - 정답 ③

▶ ③ (○) [1] 형법 제16조(법률의 착오)는 자기가 행한 행위가 법령에 의하여 죄가 되지 않는 것으로 오인한 행위는 그 오인에 정당한 이유가 있는 때에 한하여 벌하지 않는다고 규정하고 있다. 이는 일반적으로 범죄가 성립하지만 자신의 특수한 사정에 비추어 법령에 따라 허용된 행위로서 죄가 되지 않는다고 그릇 인식하고 그러한 인식에 정당한 이유가 있는 경우에는 벌하지 않는다는 취지이다. 이때 정당한 이유는 행위자에게 자기 행위의 위법 가능성에 대해 심사숙고하거나 조회할 수 있는 계기가 있어 자신의 지적 능력을 다하여 이를 회피하기 위한 진지한 노력을 다하였더라면 스스로의 행위에 대하여 위법성을 인식할 수 있는 가능성이 있었는데도 이를 다하지 못한 결과 자기 행위의 위법성을 인식하지 못한 것인지에 따라 판단하여야 한다. 이러한 **위법성의 인식에 필요한 노력의 정도**는 구체적인 행위정황과 행위자 개인의 **인식능력** 그리고 행위자가 속한 **사회집단에** 따라 **달리 평가되어야 한다(구 + 인 + 사)**.

① (X) **제15조 제1항(사실의 착오)** 특별히 무거운 죄가 되는 사실을 인식하지 못한 행위는 **무거운 죄로 벌하지 아니한다**.

② (X) 친족상도례에서의 친족관계는 범죄성립요건이 아니라 **처벌조건**으로서 **고의의 인식대상이 아니므로** 행위자가 **이를 인식할 필요가 없다**. 따라서 친족관계의 착오가 있더라도 **고의는 조각되지 아니하므로**, 절도죄의 고의가 인정되므로 **절도죄가 성립한다**.

④ (X) 갑이 을등 3명과 싸우다가 힘이 달리자 식칼을 가지고 이들 3명을 상대로 휘두르다가 이를 말리면서 식칼을 뺏으려던 피해자 병에게 상해를 입혔다면 갑에게 **상해의 범의가 인정되며** 상해를 입은 사람이 **목적한 사람이 아닌 다른 사람이라 하여 과실상해죄에 해당한다고 할 수 없다(대법원1987. 10. 26.선고87도1745판결).** 결국, **甲은 A에 대한 상해죄가 성립한다**.

문제 06 - 정답 ④

▶ ④ (○) [1] 형법 **제22조 제1항의 긴급피난이란** 자기 또는 타인의 법익에 대한 **현재의 위난을** 피하기 위한 **상당한 이유 있는 행위를** 말하고, 여기서 '**상당한 이유 있는 행위**'에 해당하려면, **첫째** 피난행위는 위난에 처한 법익을 보호하기 위한 **유일한 수단이어야** 하고, **둘째** 피해자에게 **가장 경미한 손해를 주는 방법을** 택하여야 하며, **셋째** 피난행위에 의하여 **보전되는 이익은** 이로 인하여 **침해되는 이익보다 우월해야** 하고, **넷째** 피난행위는 그 자체가 사회윤리나 법질서 전체의 정신에 비추어 **적합한 수단일 것을** 요하는 등의 요건을 갖추어야 한다(대법원 2006. 4. 13. 선고 2005도9396 판결).

[2] **선박(금성호)의** 이동에도 새로운 공유수면점용허가가 있어야 하고 휴지선을 이동하는데는 예인선이 따로 필요한 관계로 비용이 많이 들어 다른 해상으로 이동을 하지 못하고 있는 사이에 **태풍을 만나게 되고 그와 같은 위급한 상황에서 선박과 선원들의 안전을 위하여** 사회통념상 가장 적절하고 필요불가결하다고 인정되는 조치를 취하였다면 **형법상 긴급피난으로서 위법성이 없어서 범죄가 성립되지 아니한다고** 보아야 하고 미리 선박을 이동시켜 놓아야 할 책임을 다하지 아니함으로써 위와 같은 긴급한 위난을 당하였다는 점만으로는 긴급피난을 인정하는데 아무런 방해가 되지 아니한다(금성호 선장 사건; 대법원 1987. 1. 20. 선고 85도221 판결).

[3] **대법원은 긴급피난을 위법성 조각사유로** 보고 있으며, 긴급피

난으로 위법성 조각사유에 해당하기 위해서는 가장 중요한 요소인 **균형성의 원칙(우월적 이익의 원칙, 이익형량의 원칙)이** 요구된다. 균형성의 원칙이란 긴급피난에 의하여 **보호되는 이익이 침해되는 이익보다** 본질적으로 **우월하여야 한다는 것을** 말한다. 따라서 긴급피난에 의하여 **보호되는 이익(생명)과** 침해된 이익(생명)이 같은 때나 비교형량이 어려운 때에는 위법성을 조각하지 않는다. 특히 **생명은** 결코 질과 수로써 **비교형량 할 수 있는 법익이 아니므로 생명을 침해하는 긴급피난은** 허용되지 **않는다(통설)**. 결국, **밧줄을 끊으려는 丙의 행위는** B의 생명을 침해하려는 **위법(부당)한 행위**이므로, **B는 丙의 행위에 대해 정당방위가 가능하다**.

① (X) 이혼소송중인 남편이 찾아와 가위로 폭행하고 변태적 성행위를 강요하는 데에 격분하여 처가 칼로 남편의 복부를 찔러 사망에 이르게 한 경우, 그 행위는 방위행위로서의 한도를 넘어선 것으로 **사회통념상 용인될 수 없다는** 이유로 **정당방위나 과잉방위에 해당하지 않는다(대법원2001. 5. 15.선고2001도1089판결)**. 결국, 정당방위와 과잉방위 **둘다 해당하지 아니하고**, 상해치사죄로 처벌되었다.

② (X) ※ 설문은 **객관적 정당화상황(사정)은 존재하지만 주관적 정당화요소를 결한 경우인** 우연피난의 문제로서 그 법효과에 대하여 위법성조각사유설(무죄설), 기수범설, 불능미수범설 등의 견해가 대립되고 있다. **선지는 불능미수범설의 설명이다**. 즉, 행위불법(행위반가치)과 결과불법(결과반가치)이 모두 상쇄되어야 위법성이 조각된다는 입장(이원적 인적불법론: 불능미수범설)은 객관적 정당화 상황이 존재하므로 **결과반가치는 탈락하나(없지만)**, 주관적 정당화요소가 결여된 경우에 **행위반가치(고의)는 여전히 존재하므로(있으므로)** 그 구조가 불능미수와 유사하여 **불능미수의 규정을 유추적용하자는** 견해이다(다수설). 결국, **반대로 설명이 되어있다**.

③ (X) 위 ④에서 설명한 바와 같이 **丙의 행위는 긴급피난이 성립하지 않는다**. 다만, 긴급피난의 본질에 관하여 **위법성조각설(우월적 이익을 위한 행위를 하였기 때문에 위법성이 조각된다는 견해)과 책임조각설(긴급사태하에서 자기보존의 본능에 따른 행위로써 달리 적법행위를 기대할 수 없기(기대불가능성) 때문에 책임이 조각된다는 견해)가 대립되고** 있다. 즉, **위법조각 긴급피난(우리 형법 제22조 제1항과 대법원 판례 입장)과** 책임조각 긴급피난(면책적 긴급피난)이 대립하고 있다. 따라서 **선지에서 면책적 긴급피난이라든지, 책임조각사유 긴급피난이라든지 아무런 조건도 없으므로 틀린 지문이다.**

문제 07 - 정답 ④

▶ ④ (X) [1] **근로자의 쟁의행위가 형법상 정당행위에 해당하려면**, ㉠ 주체가 **단체교섭의 주체로** 될 수 있는 자이어야 하고, ㉡ 목적이 근로조건의 향상을 위한 노사 간의 자치적 교섭을 조성하는 데에 있어야 하며, ㉢ 사용자가 근로자의 **근로조건 개선에 관한** 구체적인 요구에 대하여 **단체교섭을 거부하였을 때** 개시하되 특별한 사정이 없는 한 **조합원의 찬성결정 등 법령이 규정한 절차를 거쳐야** 하고, ㉣ **수단과 방법이 사용자의 재산권과 조화를 이루어야 함은** 물론 폭력의 행사에 해당되지 아니하여야 한다는 **조건을 모두 구비하여야** 한다. **이러한 기준은** 쟁의행위의 목적을 알리는 등 적법한 쟁의행위에 통상 수반되는 **부수적 행위가 형법상 정당행위에 해당하는지 여부를 판단할 때에도 동일하게 적용된다**.

[2] 한국철도시설공단 **노동조합의 위원장인 피고인과 노동조합 간부들은** 사무실을 돌아다니며 **간담회 참석을 독려하던 중 경영노무처 사무실에** 이르러 그 안에 설치된 **방송실에 무단으로 들어가 방**

송을 하게 되었다. 이와 같은 피고인의 행위는 적법한 쟁의행위가 시작된 이후 그 목적인 '성과연봉제 폐지'에 대한 간담회를 홍보하기 위한 것으로, 성질상 정당한 쟁의행위에 통상 수반되는 부수적 행위에 해당한다고 볼 수 있다

[3] 피고인의 공소사실 기재 행위는 외견상 그 각 구성요건에 해당한다고 볼 여지가 있으나, 그 주체와 목적의 정당성이 인정되고 절차적 요건을 갖추어 적법하게 개시된 쟁의행위의 목적을 공지하고 이를 준비하기 위한 부수적 행위이자, 그와 관련한 절차적 요건의 준수 없이 관행적으로 실시되던 방식에 편승하여 이루어진 행위로서, 전체적으로 수단과 방법의 적정성을 벗어난 것으로 보이지 않으므로, 형법상 정당행위에 해당하여 위법성이 조각된다고 봄이 타당하다.(대법원2022. 10. 27.선고2019도10516판결). 결국, 피고인들이 방송실에 무단 침입함과 동시에 위 방송을 제지하려 한다는 이유로 약 4~5분 동안 위력으로 방송실 관리직원들을 방송실에 들어가지 못하도록 막은 경우, 성질상 정당한 쟁의행위에 통상 수반되는 부수적 행위에 해당한다고 볼 수 있으므로, 폭력행위등처벌에관한법률위반죄(공동주거침입)와 업무방해죄가 성립하지 않는다.

① (○) 위탁선거법상 금지되는 기부행위의 구성요건에 해당하는 행위라고 하더라도, 그것이 지극히 정상적인 생활형태의 하나로서 역사적으로 생성된 사회질서의 범위 안에 있는 것이라고 볼 수 있는 경우에는 일종의 의례적 행위나 직무상의 행위로서 사회상규에 위배되지 아니하여 위법성이 조각되는 경우가 있을 수 있지만, 이러한 위법성조각사유의 인정은 신중하게 하여야 하고, 그 판단에 있어서는 기부대상자의 범위와 지위 및 선정 경위, 기부행위에 제공된 금품 등의 종류와 가액, 기부행위 시점, 기부행위와 관련한 기존의 관행, 기부행위자와 기부대상자와의 관계 등 제반 사정을 종합적으로 고려하여야 한다(대법원2022. 2. 24.선고2020도17430판결).

② (○) [1] 노동조합 및 노동관계조정법(이하 '노동조합법'이라 한다) 제46조가 규정한 사용자의 직장폐쇄는 사용자와 근로자의 교섭태도 및 교섭과정, 근로자의 쟁의행위의 목적과 방법 및 그로 인하여 사용자가 받는 타격의 정도 등 구체적인 사정에 비추어 근로자의 쟁의행위에 대한 방어수단으로서 상당성이 있어야만 사용자의 정당한 쟁의행위로 인정할 수 있다.

[2] 한편 근로자의 쟁의행위 등 구체적인 사정에 비추어 직장폐쇄의 개시 자체는 정당하다고 할 수 있지만, 어느 시점 이후에 근로자가 쟁의행위를 중단하고 진정으로 업무에 복귀할 의사를 표시하였음에도 사용자가 직장폐쇄를 계속 유지하면서 근로자의 쟁의행위에 대한 방어적인 목적에서 벗어나 적극적으로 노동조합의 조직력을 약화시키기 위한 목적 등을 갖는 공격적 직장폐쇄의 성격으로 변질되었다고 볼 수 있는 경우에는, 그 이후의 직장폐쇄는 정당성을 상실한 것으로 보아야 한다.

[3] 노동조합이 주도한 쟁의행위 자체의 정당성과 이를 구성하거나 여기에 부수되는 개개 행위의 정당성은 구별하여야 하므로, 일부 소수의 근로자가 폭력행위 등의 위법행위를 하였더라도, 전체로서의 쟁의행위마저 당연히 위법하게 되는 것은 아니다(대법원 2017. 7. 11.선고2013도7896판결).

③ (○) 근로자의 쟁의행위가 형법상 정당행위에 해당하려면, ㉠ 주체가 단체교섭의 주체로 될 수 있는 자이어야 하고, ㉡ 목적이 근로조건의 향상을 위한 노사 간의 자치적 교섭을 조성하는 데에 있어야 하며, ㉢ 사용자가 근로자의 근로조건 개선에 관한 구체적

인 요구에 대하여 단체교섭을 거부하였을 때 개시하되 특별한 사정이 없는 한 조합원의 찬성결정 등 법령이 규정한 절차를 거쳐야 하고, ㉣ 수단과 방법이 사용자의 재산권과 조화를 이루어야 함은 물론 폭력의 행사에 해당되지 아니하여야 한다는 조건을 모두 구비하여야 한다(대법원2022. 10. 27.선고2019도10516판결).

문제 08 - 정답 ①

▶ ① (X) [1]심신장애의 유무 및 정도의 판단은 법률적 판단으로서 반드시 전문가의 감정결과에 기속되지 않으며, 범행의 제반 사정을 종합하여 법원이 독자적으로 판단할 수 있다.

[2] 심신장애의 유무는 법원이 형벌제도의 목적 등에 비추어 판단하여야 할 법률문제로서 그 판단에 전문감정인의 정신감정결과가 중요한 참고자료가 되기는 하나, 법원이 반드시 그 의견에 구속되는 것은 아니고, 그러한 감정결과뿐만 아니라 범행의 경위, 수단, 범행 전후의 피고인의 행동 등 기록에 나타난 여러 자료 등을 종합하여 독자적으로 심신장애의 유무를 판단하여야 한다(대판 2018.9.13. 2018도7658, 2018전도54, 55, 2018보도6, 2018모2593).

② (○) 형법 제10조에 규정된 심신장애는 생물학적 요소로서 정신병 또는 비정상적 정신상태와 같은 정신적 장애가 있는 외에 심리학적 요소로서 이와 같은 정신적 장애로 말미암아 사물에 대한 변별능력과 그에 따른 행위통제능력이 결여되거나 감소되었음을 요한다(대판 2018.9.13. 2018도7658, 2018전도54, 55, 2018보도6, 2018모2593).

③ (○) 정신적 장애가 있는 자라고 하여도 범행 당시 정상적인 사물변별능력이나 행위통제능력이 있었다면 심신장애로 볼 수 없다(대판 2018.9.13. 2018도7658, 2018전도54, 55, 2018보도6, 2018모2593).

④ (○) 피고인이 자폐성 스펙트럼 장애의 일종인 아스퍼거 증후군을 갖고 있었다고 하더라도, 그것이 피고인의 범행 당시 사물변별능력이나 의사결정능력에 영향을 미쳤다고 볼 수 없다면 심신미약으로 볼 수 없다(대판 2018.9.13. 2018도7658, 2018전도54, 55, 2018보도6, 2018모2593).

문제 09 - 정답 ①

▶ ① ㉠㉡㉢㉣(4개)은 모두 틀린 지문이다.

※ 실행의 착수시기에 관한 학설을 빠른 순서대로 나열하면 주관설(건물안으로 들어간 때) → 절충설(금고있는 방에 들어간 때) → 실질적 객관설(금고문을 연 때) → 형식적 객관설(현금에 손댈 때)이다.

㉠ (X) 선지는 실질적 객관설에 대한 설명이므로 틀린 지문이다. 형식적 객관설은 행위자가 구성요건에 해당하는 정형적 행위를 개시하거나 정형적 행위의 일부를 시작한 때에 실행의 착수가 인정된다는 견해이다. 이 견해는 실행의 착수시기를 인정하는 시점이 가장 늦어 미수의 범위가 좁아진다는 비판이 있다. 예컨대, 금고 안에 현금을 절취하기 위하여 현금에 손댈 때이다.

㉡ (X) 선지는 형식적 객관설에 대한 설명이므로 틀린 지문이다. 실질적 객관설(밀접행위설)은 보호법익에 대하여 직접적인 위험을 야기 시킬 때 또는 법익침해에 대한 밀접한 행위를 한 때에 실행의 착수가 인정된다는 견해이다. 이 견해는 법익침해의 '직접적 위험'이라는 기준이 모호하다는 비판이 있다. 예컨대, 금고 안에 있는 현금을 절취하기 위하여 금고문을 열려고 한 때, 라디오를 절취하려고 그 선을 걷은 때(대판66도383), 자동차 안의 물건을 훔치

기 위해 자동차문의 손잡이를 잡아당긴 때(대판86도2256)이다.

ⓒ (X) 선지는 절충설에 대한 설명이므로 틀린 지문이다. **주관설**은 범죄의사(법의)의 비약적 표동이 있을 때 또는 범죄의사를 명백하게 인정할 수 있는 외부적 행위가 있을 때에 실행의 착수가 인정된다는 견해이다. 이 견해는 가벌적 미수의 범위가 지나치게 확대될 수 있다. 예컨대, 금고 안에 현금을 절취하기 위하여 **건물 안으로 들어간 때**, 간첩의 목적으로 기밀탐지가 가능한 국내에 입국·상륙·잠입한 때(대판1981.9. 11. 84도1381)이다.

ⓓ (X) 선지는 주관설에 대한 설명이므로 틀린 지문이다. **절충설 (개별적 객관설·주관적 객관설(통설))**은 행위자의 **주관적 범죄 계획**(주관적 기준)에 비추어 구성요건 실현에 대한 **직접적 위험을 발생시켰을 때**(객관적 기준)이다. 이 견해는 실행의 착수에 관한 객관설과 주관설의 단점을 제거하고 양설을 타협하기 위해 제시된 절충적인 견해이다. 예컨대, 금고 안에 현금을 절취하기 위하여 그 금고가 있는 건물에 들어가 **금고 있는 방에 들어간 때**, 살인의 의사로 총을 겨눈 때이다.

문제 10 – 정답 ④

▶ ④ (X) [1] 독립행위가 경합하여 **상해**의 결과를 발생하게 한 경우에 있어서 **원인된 행위가 판명되지 아니한 때에는 공동정범의 예에 의한다**(제263조).

[2] **시간적 차이가 있는** 독립된 상해행위나 폭행행위가 **경합하여 사망의 결과가 일어나고 그 사망의 원인된 행위가 판명되지 않은 경우**에는 제263조의 **공동정범의 예에 의하여 처벌할 것이다**.

[3] **2시간 남짓한 시간적 간격**을 두고 피고인이 두번째의 가해행위인 이 사건 범행을 한 후, 피해자가 사망하였고 그 **사망의 원인을 알 수 없다**고 보아 **피고인을 폭행치사죄의 동시범으로 처벌**하였다(대법원2000. 7. 28.선고2000도2466판결). 결국, **시간적 차이가 있는** 독립된 상해행위나 폭행행위가 경합하여 사망의 결과가 일어나고 그 사망의 원인된 행위가 판명되지 않은 경우에도 **제263 조의 규정을 적용할 수 있다**.

① (O) [1] 공동정범은 2인 이상이 공동하여 죄를 범하는 것으로 공동가공의 의사를 그 주관적 요건으로 하며 이 공동가공의 의사는 상호적임을 요하나 이는 상호 공동가공의 인식이 있으면 족하고 사전에 어떤 모의 과정이 있어야 하는 것은 아니다.

[2] **2인 이상이 상호의사의 연락없이 동시에** 범죄구성요건에 해당하는 **행위를 하였을 때에는 원칙적으로 각인에 대하여 그 죄를 논하여야** 하나 **그 결과 발생의 원인이 된 행위가 분명하지 아니한 때에는 각 행위자를 미수범으로 처벌하고**(독립행위의 경합), 이 독립행위가 경합하여 특히 상해의 결과를 발생하게 하고 그 결과발생의 원인이 된 행위가 밝혀지지 아니한 경우에는 공동정범의 예에 따라 처단(동시범)하는 것이므로 공범관계에 있어 **공동가공의 의사가 있었다면** 이에는 **동시범 등의 문제는 제기될 여지가 없다**.

[3] **피고인등**은 집에서 처음에는 피고인 A, B, C, D가 그 다음에는 연락을 받고 그곳에 차례로 온 E, F, G 등이 같이 참여하여 **피해자의 몸에서 잡귀를 물리친다면서 빰등을 때리고 팔과 다리를** 붙잡고 배와 가슴을 손과 무릎으로 힘껏 누르고 밟는 등 하여 그로 하여금 우측간 저면파열, 복강내출혈로 **사망에 이르게 하였다면** 피고인등 간에는 상호 공동가공의 의사가 있었다고 할 것이므로, **폭행치사죄의 공동정범이 성립한다**(대법원1985. 12. 10.선고85도1892판결).

② (O) [1] **독립행위가 경합하더라도** 결과 발생의 원인이 **분명한** 경우, **결과와 인과관계가 인정되는 행위를 한 행위자**는 의도한 범

죄의 **기수범**이 된다.

[2] **동시 또는 이시의 독립행위가 경합한 경우**에 그 결과발생의 **원인된 행위가 판명되지 아니한 때에는 각 행위를 미수범으로 처벌한다**(제19조). 그러나 **미수범 처벌규정이 없다면 무죄이다.**

③ (O) [1] **형법 제263조의 동시범**은 상해와 폭행죄에 관한 특별규정으로서 동 규정은 **그 보호법익을 달리하는 강간치상죄에는 적용할 수 없다**(대법원1984. 4. 24.선고84도372판결).

[2] 친구 사이인 甲과 乙이 丙녀와 방에서 함께 이야기 하던 중 甲은 乙이 밖으로 나간 사이에 丙녀를 강간하였고, 잠시 후 돌아온 乙은 甲이 화장실을 간 사이에 丙녀를 강간하여 丙녀가 회음부찰과상을 입었으나 누구의 강간행위로 인한 것인지 판명할 수 없는 경우, 형법 제263조의 동시범은 상해와 폭행죄에 관한 특별규정으로서 동 규정은 그 보호법익을 달리하는 강간치상죄에는 적용할 수 없다(대판1984.4.24. 84도372). 결국, **甲과 乙**은 제19조에 의해 강간치상죄의 미수범으로 처벌해야 하나, **강간치상죄에는 미수범처벌규정이 없으므로 갑과 을은 각각 강간죄만 성립할 뿐이다.**

문제 11 – 정답 ④

▶ ④ (X) 갑은 을로 하여금 이 사건 공갈 범죄의 실행을 결의하게 하였고, 갑의 교사에 의하여 범죄 실행을 결의하게 된 **을이 그 실행행위에 나아가기 전에 갑으로부터 범행을 만류하는 전화를 받기는 하였으나 이를 명시적으로 거절**함으로써 **여전히 갑의 교사 내용과 같은 범죄 실행의 결의를 그대로 유지**하였으며, 그 결의에 따라 실제로 병을 공갈하였으므로 **갑의 교사행위와 을의 공갈행위 사이에는 상당인과관계가 인정된다** 할 것이고, 갑의 만류행위가 있었지만 을이 이를 명시적으로 거절하고 당초와 같은 범죄 실행의 결의를 그대로 유지한 것으로 보이는 이상, 갑이 **공범관계에서 이탈한 것으로 볼 수도 없다**(대판2012.11.15. 2012도7407). 결국, 갑의 교사행위로 인하여 을이 범행의 결의를 가지게 되었고, 그 후 공갈의 실행행위에 착수하여 병으로부터 500만 원을 교부받음으로써 범행이 기수에 이르렀으므로 **갑의 교사행위와 을의 범행 결의 및 실행행위 사이에 인과관계가 인정되고**, 또 **갑이 전화로 범행을 만류하는 취지의 말을 한 것만으로는** 갑의 교사행위와 을의 실행행위 사이에 **인과관계가 단절되었다거나** 갑이 **공범관계에서 이탈한 것으로 볼 수 없으므로 공갈교사죄가 성립한다.**

① (O) 교사범이란 정범인 피교사자로 하여금 범죄를 결의하게 하여 그 죄를 범하게 한 때에 성립하는 것이고, **교사범을 처벌하는 이유는** 이와 같이 **교사범이 피교사자로 하여금 범죄 실행을 결의하게 하였다**는 데에 있다(대판2012.11.15. 2012도7407).

② (O) 따라서 **교사범이 그 공범관계로부터 이탈**하기 위해서는 **피교사자가 범죄의 실행행위에 나아가기 전에 교사범에 의하여 형성된 피교사자의 범죄 실행의 결의를 해소하는 것이 필요**하고, 이때 **교사범이 피교사자에게 교사행위를 철회한다는 의사를 표시**하고 이에 피교사자도 그 의사에 따르기로 하거나 또는 **교사범이 명시적으로 교사행위를 철회함과 아울러 피교사자의 범죄 실행을 방지하기 위한 진지한 노력을 다하여** 당초 피교사자가 범죄를 결의하게 된 사정을 제거하는 등 제반 사정에 비추어 **객관적·실질적으로 보아 교사범에게 교사의 고의가 계속 존재한다고 보기 어렵고** 당초의 교사행위에 의하여 형성된 피교사자의 범죄 실행의 결의가 더 이상 유지되지 않는 것으로 평가할 수 있다면, 설사 그 후 피교사자가 범죄를 저지르더라도 이는 당초의 교사행위에 의한 것이 아니라 새로운 범죄 실행의 결의에 따른 것이므로 **교사자는 형법**

제31조 제2항에 의한 죄책을 부담함은 별론으로 하고 형법 제31조 제1항에 의한 교사범으로서의 죄책을 부담하지는 않는다고 할 수 있다(대판2012.11.15. 2012도7407).
③ (O) 교사범이 성립하기 위해 교사범의 교사가 정범의 범행에 대한 유일한 조건일 필요는 없으므로, 교사행위에 의하여 피교사자가 범죄 실행을 결의하게 된 이상 피교사자에게 다른 원인이 있어 범죄를 실행한 경우에도 교사범의 성립에는 영향이 없다(대판 2012.11.15. 2012도7407).

문제 12 - 정답 ③

▶ ③ (X) 공무원(신분자)인 甲이 전업주부(비신분자)인 乙을 교사하여 A로부터 뇌물을 받은 경우, 신분자인 갑이 신분없는 배우자 乙을 이용하여 수뢰한 경우에는 갑은 뇌물수수죄의 간접정범이 성립할 뿐이고 교사범은 성립할 수 없다. 그리고 정을 모르는 배우자 을은 이용당한 경우에 해당하므로 무죄이다(비신분자로 구성요건해당성 자체가 배제된다).
① (O) [1] [다수의견] 신분관계가 없는 사람이 신분관계로 인하여 성립될 범죄에 가공한 경우에는 신분관계가 있는 사람과 공범이 성립한다(형법 제33조 본문). 이 경우 신분관계가 없는 사람에게 공동가공의 의사와 이에 기초한 기능적 행위지배를 통한 범죄의 실행이라는 주관적·객관적 요건이 충족되면 공동정범으로 처벌한다. 공동가공의 의사는 공동의 의사로 특정한 범죄행위를 하기 위하여 일체가 되어 서로 다른 사람의 행위를 이용하여 자기의 의사를 실행에 옮기는 것을 내용으로 한다. 따라서 비공무원이 공무원과 공동가공의 의사와 이를 기초로 한 기능적 행위지배를 통하여 공무원의 직무에 관하여 뇌물을 수수하는 범죄를 실행하였다면 공무원이 직접 뇌물을 받은 것과 동일하게 평가할 수 있으므로 공무원과 비공무원에게 형법 제129조 제1항에서 정한 뇌물수수죄의 공동정범이 성립한다.
[2] 형법은 제130조에서 제129조 제1항 뇌물수수죄와는 별도로 공무원이 그 직무에 관하여 뇌물공여자로 하여금 제3자에게 뇌물을 공여하게 한 경우에는 부정한 청탁을 받고 그와 같은 행위를 한 때에 뇌물수수죄와 법정형이 동일한 제3자뇌물수수죄로 처벌하고 있다. 제3자뇌물수수죄에서 뇌물을 받는 제3자가 뇌물임을 인식할 것을 요건으로 하지 않는다. 그러나 공무원이 뇌물공여자로 하여금 공무원과 뇌물수수죄의 공동정범 관계에 있는 비공무원에게 뇌물을 공여하게 한 경우에는 공동정범의 성질상 공무원 자신에게 뇌물을 공여하게 한 것으로 볼 수 있다. 공무원과 공동정범 관계에 있는 비공무원은 제3자뇌물수수죄에서 말하는 제3자가 될 수 없고, 공무원과 공동정범 관계에 있는 비공무원이 뇌물을 받은 경우에는 공무원과 함께 뇌물수수죄의 공동정범이 성립하고 제3자뇌물수수죄는 성립하지 않는다.
[3] 뇌물수수죄의 공범들 사이에 직무와 관련하여 금품이나 이익을 수수하기로 하는 명시적 또는 암묵적 공모관계가 성립하고 공모 내용에 따라 공범 중 1인이 금품이나 이익을 주고받았다면, 특별한 사정이 없는 한 이를 주고받은 때 그 금품이나 이익 전부에 관하여 뇌물수수죄의 공동정범이 성립하고, 금품이나 이익의 규모나 정도 등에 대하여 사전에 서로 의사의 연락이 있거나 금품 등의 구체적 금액을 공범이 알아야 공동정범이 성립하는 것은 아니다. 금품이나 이익 전부에 관하여 뇌물수수죄의 공동정범이 성립한 이후에 뇌물이 실제로 공동정범인 공무원 또는 비공무원 중 누구에게 귀속되었는지는 이미 성립한 뇌물수수죄에 영향을 미치지 않

는다. 공무원과 비공무원이 사전에 뇌물을 비공무원에게 귀속시키기로 모의하였거나 뇌물의 성질상 비공무원이 사용하거나 소비할 것이라고 하더라도 이러한 사정은 뇌물수수죄의 공동정범이 성립한 이후 뇌물의 처리에 관한 것에 불과하므로 뇌물수수죄가 성립하는 데 영향이 없다.
[4] 甲(박 전 대통령)과 乙(최〇〇)은 삼성으로부터 丁(정〇〇)에 대한 승마 지원금을 받자고 논의한 후에, 甲은 丙(삼성 부회장)과의 단독면담에서 丙에게 '좋은 말을 사줘라'는 등 적극적으로 요구하고, 乙은 삼성로부터 丁에 대한 말 구입비 등 명목으로 수십억원을 받은 경우, 갑과 을의 공모관계와 기능적 행위지배를 인정하여 갑과 을은 특정범죄가중법 위반(뇌물)의 공동정범이 성립한다. 즉, 갑이 병에게 정에 대한 승마 지원이라는 뇌물을 요구하고, 을은 승마 지원을 통한 뇌물수수범행에 이르는 핵심 경과를 조종하거나 저지·촉진하는 등 갑과 을의 의사를 실행에 옮기는 정도에 이르렀다고 보아야 할 것이다(대법원 2019.8. 29. 선고 2018도13792 전원합의체 판결). 결국, 사안의 경우에도 전업주부인 甲(비신분자)은 공무원인 남편(신분자) 乙과 공모하여 A로부터 뇌물을 받은 경우, 甲에게는 「형법」 제33조 본문이 적용되어 수뢰죄의 공동정범이 성립하고 수뢰죄의 법정형에 따라 처벌된다.
② (O) [1] 처(비신분자)인 갑이 아들(신분자) 을과 함께 남편을 살해한 경우, 갑은 존속살해죄의 공동정범이 성립하나 보통살인죄로 처단하여야 한다(대판1961.8.2. 4294형상284).
[2] [1]과 마찬가지로 친구(비신분자) 乙은 甲(신분자)과 공모하여 甲의 직계존속인 아버지 A를 살해한 경우, 乙은 「형법」 제33조 본문에 따라 존속살해죄가 성립하지만, 과형은 제33조 단서가 적용되어 보통살인죄의 형으로 처벌된다.
④ (O) [1] 신분이 있어야 성립되는 범죄에 신분 없는 사람(비신분자)이 가담한 경우에는 그 신분 없는 사람에게도 제30조부터 제32조까지의 규정(공동정범·교사범·종범 3개)을 적용한다(제33조 본문). 다만, 신분 때문에 형의 경중이 달라지는 경우에 신분이 없는 사람(비신분자)은 무거운 형으로 벌하지 아니한다(제33조 단서).
[2] 제33조 본문은 비신분자가 신분자의 범죄에 가담할 때에만 적용되는 규정이다. 사안의 경우는 甲(신분자)은 친구 乙(비신분자)로 하여금 甲의 직계존속인 아버지 A를 살해하도록 교사(가담)한 경우에는 제33본문은 적용되지 않는다.
[3] 사안의 경우, 신분 때문에 형의 경중이 달라지는 경우에 신분이 없는 사람(비신분자)은 무거운 형으로 벌하지 아니한다는 제33조 단서가 적용되므로, 甲은 존속살해죄의 교사범이 성립하고 을(비신분자)은 보통살인죄가 성립하고 보통살인죄로 처벌한다.

문제 13 - 정답 ①

▶ ① (O) [1] 피고인이 피해자의 주거에 침입하여 강간하려다 미수에 그침과 동시에 자기의 형사사건의 수사 또는 재판과 관련하여 수사단서를 제공하고 진술한 것에 대한 보복목적으로 그를 폭행하였다는 내용으로 기소된 사안에서, 특정범죄 가중처벌 등에 관한 법률 위반(보복범죄등)죄 및 성폭력범죄의 처벌 등에 관한 특례법 위반(주거침입강간등)죄가 각 성립하고 두 죄가 상상적 경합관계에 있다.
[2] 피고인 겸 피부착명령청구자(이하 '피고인'이라 한다)가 이 사건 강간 범행 과정에서 한 폭행행위는 단순한 폭행이 아니라 보복의 목적을 가지고 한 것으로서 특정범죄 가중처벌 등에 관한 법률 제5조의9 제2항의 구성요건에 해당하는데, 그것이 성폭력범죄

의 처벌 등에 관한 특례법 위반 (주거침입강간등)죄의 구성요건에 완전히 포섭되지 않는 점, 특정범죄 가중처벌 등에 관한 법률 위반 (보복범죄등)죄가 범죄 신고자 등의 보호 외에 국가의 형사사법 기능을 보호법익으로 하는 죄인 데 반하여 강간죄는 개인의 성적 자기결정권을 보호법익으로 하는 죄로서 양죄는 그 보호법익을 달리하는 점 등에 비추어 볼 때, 특정범죄 가중처벌 등에 관한 법률 위반(보복범죄등)죄가 성폭력범죄의 처벌 등에 관한 특례법 위반 (주거침입강간등)죄에 흡수되는 법조경합의 관계에 있다고 볼 수 없고 양죄는 상상적 경합관계에 있다(대법원2012. 3. 15.선고2012 도544,2012전도12판결).

② (X) [1] 절도 범인으로부터 장물보관 의뢰를 받은 자가 그 정을 알면서 이를 인도받아 보관하고 있다가 임의 처분하였다 하여도 장물보관죄가 성립하는 때에는 이미 그 소유자의 소유물 추구권을 침해하였으므로 그 후의 횡령행위는 불가벌적 사후행위에 불과하여 별도로 횡령죄가 성립하지 않는다.

[2] 피고인이 업무상 과실로 장물을 보관하고 있다가 처분한 행위는 업무상과실장물보관죄의 가벌적 평가에 포함되고 별도로 횡령죄를 구성하지 않는다.

[2] 피고인(감정평가업자)이 갑으로부터 장물인 고려청자원앙형 향로 1점을 2억 5,000만 원에 매각하여 달라는 의뢰를 받음에 있어 위 향로가 장물인지 여부를 확인하여야 할 업무상 주의의무가 있음에도 이를 게을리한 과실로 위 향로를 넘겨받아 장물을 보관하던 중, 을로부터 금원을 차용하면서 위와 같이 보관중이던 위 향로를 담보로 제공한 사실을 인정한 후, 피고인이 업무상 과실로 장물인 위 향로를 보관하고 있다가 처분한 이 사건 행위는 업무상과실장물보관죄의 가벌적 평가에 포함되고 별도로 횡령죄를 구성하지 않는다(대법원2004. 4. 9.선고2003도8219판결). 결국, 장물보관이 고의범에 해당하든 업무상과실에 해당하든 장물보관죄 또는 업무상과실장물보관죄가 성립할 뿐이고, 별도로 횡령죄는 성립하지 않는다.

③ (X) [1] 피고인들이 불특정 다수의 피해자들에게 전화하여 금융기관 등을 사칭하면서 신용등급을 올려 낮은 이자로 대출을 해주겠다고 속여 신용관리비용 명목의 돈을 송금받아 편취할 목적으로 보이스피싱 사기 조직을 구성하고 이에 가담하여 조직원으로 활동함으로써 범죄단체를 조직하거나 이에 가입·활동하였다는 내용으로 기소된 사안에서, 위 보이스피싱 조직은 형법상의 범죄단체에 해당하고, 조직의 업무를 수행한 피고인들에게 범죄단체가입 및 활동에 대한 고의가 인정되며, 피고인들의 사기범죄 행위가 범죄단체 활동에 해당한다.

[2] 피고인들이 보이스피싱 사기 범죄단체의 구성원으로 활동하면서 사기범죄의 피해자들로부터 제3자 명의의 계좌로 돈을 송금받는 방법으로 범죄수익 등의 취득에 관한 사실을 가장하였다고 하여 범죄수익은닉의 규제 및 처벌 등에 관한 법률 위반으로 기소된 사안에서, 피고인들이 피해자들로부터 자신 또는 공범들의 계좌와 전혀 무관한 제3자 명의의 계좌로 송금받는 행위는 범죄수익 취득을 가장하는 행위에 해당하고, 이와 같은 범죄수익 은닉행위에 대한 고의도 있다.

[3] 피고인들이 보이스피싱 사기 범죄단체의 구성원으로 활동하면서 사기범죄의 피해자들로부터 취득한 범죄수익에 대하여 범죄수익은닉의 규제 및 처벌 등에 관한 법률에 따라 추징이 선고된 사안에서, 위 범죄단체활동죄에 의한 범죄수익은 같은 법 제2조 제1호, [별표] 제1의 (가)목, 제2호 (가)목, 제8조 제1항, 제10조 제1

항에 의하여 각 추정의 대상이 되고, 그 범죄수익이 사기죄의 피해자로부터 취득한 재산에 해당하여도 마찬가지이다.

[4] 피고인이 보이스피싱 사기 범죄단체에 가입한 후 사기범죄의 피해자들로부터 돈을 편취하는 등 그 구성원으로서 활동하였다는 내용의 공소사실이 유죄로 인정된 사안에서, 범죄단체가입행위 또는 범죄단체 구성원으로서 활동하는 행위와 사기행위는 각각 별개의 범죄구성요건을 충족하는 독립된 행위이고 서로 보호법익도 달라 법조경합 관계로 목적된 범죄인 사기죄만 성립하는 것은 아니다(대법원2017. 10. 26.선고2017도8600판결). 결국, 사기죄만 성립하는 것이 아니라 제114조의 범죄단체가입 및 활동죄도 별도로 성립한다.

④ (X) [1] 다수의 피해자에 대하여 각각 기망행위를 하여 각 피해자로부터 재물을 편취한 경우에는 범의가 단일하고 범행방법이 동일하더라도 각 피해자의 피해법익은 독립한 것이므로 이를 포괄일죄로 파악할 수 없고 피해자별로 독립한 사기죄가 성립된다. 다만 피해자들의 피해법익이 동일하다고 볼 수 있는 사정이 있는 경우에는 이들에 대한 사기죄를 포괄하여 일죄로 볼 수 있다.

[2] 이 사건에서 피고인의 피해자들에 대한 기망행위는 공통으로 이루어졌고, 피해자들도 노후 대비를 위한 자산 증식이라는 공통의 목적 아래 공동재산의 매도대금을 재원으로 삼아 공통으로 투자 결정에 이르렀다. 이처럼 이 사건에 나타난 기망행위의 공통성, 기망행위에 이르게 된 경위, 재산 교부에 관한 의사결정의 공통성, 재산의 형성·유지 과정, 재산 교부의 목적 및 방법, 기망행위 이후의 정황 등 모든 사정을 고려하여 보면, 피해자들에 대한 사기죄의 피해법익(공동재산, 재산권)은 동일하다고 평가될 수 있으므로 이들에 대한 사기죄는 포괄일죄를 구성한다. 피고인이 계약서를 피해자별로 작성하였거나 피해자들이 각각 자기 명의 계좌에서 별도로 송금하였다는 점은 피해법익의 동일성과 양립할 수 있는 사정으로서 피해자들에 대한 사기죄가 포괄일죄라는 결론과 모순되거나 상충되지 않는다.

[3] 피고인이 부부인 피해자 갑과 을에게 '토지를 매수하여 분필한 후 이를 분양해서 원금 및 수익금을 지급하겠다.'면서 기망한 후, 이에 속아 피고인에게 투자하기 위해 공동재산인 건물을 매도하여 돈을 마련한 피해자들로부터 피해자 갑 명의의 예금계좌에서 1억 원, 피해자 을 명의 예금계좌에서 4억 7,500만 원, 합계 5억 7,500만 원을 송금받아 이를 편취하였다는 이유로 특정경제범죄 가중처벌 등에 관한 법률 위반(사기)죄로 기소된 사안에서, 피해자들에 대한 사기죄의 피해법익이 동일하다고 평가될 수 있어 이들에 대한 사기죄가 포괄일죄를 구성한다.

[4] 대법원은, 위와 같은 법리를 설시하면서 부부인 피해자들에 대한 ①기망행위의 공통성, ②기망행위에 이르게 된 경위, ③재산 교부에 관한 의사결정의 공통성, ④재산의 형성·유지 과정, ⑤재산 교부의 목적 및 방법, ⑥기망행위 이후의 정황 등을 종합적으로 고려하여, 부부인 피해자들의 피해법익이 동일한 경우로 볼 수 있으므로, 사기죄는 포괄일죄를 구성한다(대법원2023. 12. 21.선고2023 도13514판결).

문제 14 - 정답 ②

▶ ② ㉠㉡(2개)는 맞는 지문이나, ㉢㉣㉤(3개)은 틀린 지문이다.

㉠ (O) [1] 형법 제48조 제1항에 의한 몰수는 임의적인 것이므로 몰수의 요건에 해당되는 물건이라도 이를 몰수할 것인지 여부는 법원의 재량에 맡겨져 있다.

[2] **전자기록은 일정한 저장매체에 전자방식이나 자기방식에 의하여 저장된 기록**으로서 저장매체를 매개로 존재하는 **물건**이므로 형법 제48조 제1항 각호의 사유가 있는 때에는 **이를 몰수할 수 있다.**

[3] 피고인은 피해자의 의사에 반하여 **압수된 휴대전화기의 동영상 촬영기능을 이용하여 피해자에 대한 강간범행 장면을 촬영하여 저장**(이하 '이 사건 동영상'이라고 한다)한 사실을 알 수 있다. 이 사건 **휴대전화기는 형법 제48조 제1항 제1호**가 정하는 '**범죄행위에 제공된 물건**'에, 이 사건 **동영상은 이 사건 휴대전화기에 저장된 전자기록**으로서 **형법 제48조 제1항 제2호**가 정하는 '**범죄행위로 인하여 생긴 물건**'에 각각 **해당**하고, 이러한 경우 이 사건 휴대전화기와 이 사건 동영상의 몰수 여부는 법원의 재량이므로, **법원이 이 사건 휴대전화기를 몰수하지 않고 이 사건 휴대전화기 중 이 사건 동영상만을 몰수하였다고 하여 이를 위법하다고까지 할 수는 없다**(대법원2017. 10. 23.선고2017도5905판결). 결국, 형법 제48조 제1항에 의한 몰수 여부는 법원의 재량이며, **전자기록도 몰수할 수 있다.**

ⓒ (○) [1] **형법 제49조 단서는 '행위자에게 유죄의 재판을 하지 아니할 때에도 몰수의 요건이 있는 때에는 몰수만을 선고할 수 있다.'고 규정**하고 있으므로, **몰수는 물론 이에 갈음하는 추징도 위 규정에 근거하여 선고할 수 있다.**

[2] 그러나 우리 법제상 공소제기 없이 별도로 몰수·추징만을 선고할 수 있는 제도가 마련되어 있지 아니하므로, 위 규정에 근거하여 몰수·추징을 선고하려면 몰수·추징의 요건이 **공소가 제기된 공소사실과 관련되어 있어야** 한다.

[3] 따라서 **공소가 제기되지 아니한 별개의 범죄사실을 법원이 인정하여 그에 관하여 몰수·추징을 선고하는 것은 불고불리의 원칙에 위배되어 허용되지 않는다.** 이러한 법리는 형법 제48조의 몰수·추징 규정에 대한 특별규정인 범죄수익은닉의 규제 및 처벌 등에 관한 법률 제8조 내지 제10조의 규정에 따른 몰수·추징의 경우에도 마찬가지로 적용된다.

[4] '**도박죄**'와 '**도박공간개설죄**'는 독립된 별개 범죄이므로, '**도박공간개설죄**'로만 기소된 피고인이 **직접 도박에 참가하여 얻은 수익**은 도박공간개설로 얻은 범죄수익에 **해당하지 아니하므로, 의 부분을 제외한 나머지 금액에 대해서만 추징을 명해야 한다**(대법원2022. 12. 29.선고 2022도8592판결).

ⓒ (X) [1] 추징형의 시효는 강제처분을 개시함으로써 중단되는데(형법 제80조), 추징형은 검사의 명령에 의하여 민사집행법을 준용하여 집행하거나 국세징수법에 따른 국세체납처분의 예에 따라 집행한다(형사소송법 제477조). **추징형의 집행을 채권에 대한 강제집행의 방법으로 하는 경우에는 검사가 집행명령서에 기하여 법원에 채권압류명령을 신청하는 때에 강제처분인 집행행위의 개시가 있는 것이므로 특별한 사정이 없는 한 그때 시효중단의 효력이 발생한다.**

[2] 시효중단의 효력이 발생하기 위하여 집행행위가 종료하거나 성공할 필요는 없으므로 **수형자의 재산이라고 추정되는 채권에 대하여 압류신청을 한 이상 피압류채권이 존재하지 않거나 압류채권을 환가하여도 집행비용 외에 잉여가 없다는 이유로** 집행불능이 되었다고 하더라도 **이미 발생한 시효중단의 효력이 소멸하지 않는다.**

[3] 또한 **채권압류가 집행된 후 해당 채권에 대한 압류가 취소되더라도 이미 발생한 시효중단의 효력이 소멸하지 않는다.**

[4] 채권에 대한 압류의 효력은 압류채권자가 압류명령의 신청을 취하하거나 압류명령이 즉시항고에 의하여 취소되는 경우 또는 채권압류의 목적인 현금화절차가 종료할 때(추심채권자가 추심을 완료한 때 등)까지 존속한다. 이처럼 **채권압류의 집행으로 압류의 효력이 유지되고 있는 동안에는 특별한 사정이 없는 한 추징형의 집행이 계속되고 있는 것으로 보아야** 한다.

[4] 한편 **피압류채권이 법률상 압류금지채권에 해당하더라도** 재판으로서 압류명령이 당연무효는 아니므로 **즉시항고에 의하여 취소되기 전까지는 역시 추징형의 집행이 계속되고 있는 것으로 보아야** 한다(대법원2023. 2. 23.자2021모3227결정).

ⓒ (X) [1] **공소사실이 인정되지 않는 경우**에 이와 별개의 공소가 제기되지 아니한 범죄사실을 법원이 인정하여 그에 관하여 **몰수나 추징을 선고하는 것은 불고불리의 원칙에 위반되어 불가능하다.**

[2] 따라서 **몰수나 추징이 공소사실과 관련이 있다** 하더라도 그 공소사실에 관하여 **이미 공소시효가 완성되어 유죄의 선고를 할 수 없는 경우에는 몰수나 추징도 할 수 없다.**

[3] 결국, 공소사실이 인정되지 않거나 공소사실에 관하여 이미 공소시효가 완성되어 유죄의 선고를 할 수 없는 경우, 몰수나 추징만을 선고할 수 없다(대법원1992. 7. 28.선고92도700판결).

ⓜ (X) [1] 특정범죄가중처벌 등에 관한 법률(이하 '특가법'이라고만 한다) 제13조의 규정에 의한 필요적 몰수 또는 추징은, 금품 기타 이익을 범인으로부터 박탈하여 그로 하여금 부정한 이익을 보유하지 못하게 함에 그 목적이 있는 것인데, **범인이 알선 대가로 수수한 금품**에 관하여 **소득신고를 하고 이에 관하여 법인세등 세금을 납부하였다고 하더라도** 이는 **범인이 자신의 알선수재행위를 정당화시키기 위한 것이거나, 범인 자신의 독자적인 판단에 따라 소비하는 방법의 하나에 지나지 아니하므로 이를 추징에서 제외할 것은 아니다.**

[2] 피고인이 취득한 이 사건 알선수재금 중 **A주식회사의 법인세 및 주민세로 납부한 1억 2,100만 원에 관하여**, 이는 피고인이 자신의 행위를 정당화하기 위한 방법에 지나지 않거나 범죄로 취득한 재물을 독자적인 판단에 따라 소비한 것에 불과하므로 **이를 추징액에서 공제할 것은 아니다**(대법원2010. 3. 25.선고2009도11660판결).

문제 15 - 정답 ①

▶ ① ⓐⓒⓓ(4개)는 모두 옳은 지문이다.

ⓐ (○) **특정범죄 가중처벌 등에 관한 법률**(이하 '특정범죄가중법'이라 한다) **제5조의4 제5항**은 "형법 제329조부터 제331조까지(절도·야간주거침입절도·특수절도), 제333조부터 제336조까지(강도·특수강도·준강도·인질강도) 및 제340조(해상강도)·제362조의 죄(장물의 죄) 또는 그 미수죄로 세 번 이상 징역형을 받은 사람이 다시 이들 죄를 범하여 누범으로 처벌하는 경우에는 다음 각호의 구분에 따라 **가중처벌한다.**"라고 규정하고, 같은 항 제1호는 "형법 제329조부터 제331조까지의 죄(미수범을 포함한다)를 범한 경우에는 2년 이상 20년 이하의 징역에 처한다."라고 규정한다.

ⓑ (○) 징역형의 집행유예를 선고한 판결이 확정된 후 선고의 실효 또는 취소 없이 유예기간을 경과함에 따라 형 선고의 효력이 소멸되어 그 확정판결이 특정범죄가중법 제5조의4 제5항에서 정한 "**징역형**"에 해당하지 않음에도, 위 확정판결에 적용된 형벌 규정에 대한 위헌결정 취지에 따른 **재심판결에서 다시 징역형의 집행유예가 선고·확정된 후 유예기간이 경과되지 않은 경우라면, 특정범죄가중법 제5조의4 제5항의 입법 취지에 비추어 위 재심판결은 위

조항에서 정한 "징역형"에 포함되지 아니한다(대법원2022. 7. 28. 선고2020도13705판결).

ⓒ (○) 그런데 형의 집행을 유예하는 판결을 선고받아 선고의 실효 또는 취소 없이 유예기간을 도과함에 따라특정범죄가중법 제5조의4 제5항의 구성요건인 "징역형"에 해당하지 않게 되었음에도, 그 확정판결에 적용된 형벌 규정에 대한 위헌결정에 따른 재심절차에서 다시 징역형의 집행유예가 선고되었다는 우연한 사정변경만으로 위 조항의 구성요건에 해당한다거나 그 입법 취지에 저촉되는 불법성·비난가능성이 새로 발생하였다고 볼 수는 없다(대법원 2022. 7. 28.선고2020도13705판결).

ⓔ (○) 만일 특정범죄가중법 제5조의4 제5항의 구성요건에 포함되지 않던 징역형의 집행유예 전과가 재심절차를 거쳤다는 이유만으로 특정범죄가중법 제5조의4 제5항의 "징역형"을 받은 경우에 포함된다면, 헌법에 위반된 형벌 규정으로 처벌받은 피고인으로 하여금 재심청구권의 행사를 위축시키게 되거나 검사의 청구로 인하여 재심절차가 개시된 피고인에게 예상치 못한 부당한 결과를 초래하게 될 것이고, 이로 인해 위헌 법령이 적용된 부당한 상태를 사실상 존속시키거나 이를 강제하게 될 여지도 있다(대법원2022. 7. 28.선고2020도13705판결).

문제 16 - 정답 ③

▶ ③ ㉠㉤(2개)은 맞는 지문이나, ㉡㉢㉣(3개)은 틀린 지문이다.

㉠ (○) [1] 직계존속이 치욕을 은폐하기 위하거나 양육할 수 없음을 예상하거나 특히 참작할 만한 동기로 인하여 분만중 또는 분만직후의 영아를 살해한 때에는 10년 이하의 징역에 처한다(제251조). 결국, 영아살해죄는 삭제되었다.

[2] 직계존속이 치욕을 은폐하기 위하거나 양육할 수 없음을 예상하거나 특히 참작할 만한 동기로 인하여 영아를 유기한 때에는 2년 이하의 징역 또는 300만원 이하의 벌금에 처한다(제272조). 결국, 영아유기죄는 삭제되었다.

㉡ (X) [1] 살인죄, 존속살해죄, 위계등 살인죄, 촉탁승낙살인죄, 자살교사방조죄(5개)는 형법상 모두 미수범 처벌규정이 있다.

[2] 그러나 살인죄 · 존속살해죄 · 위계등 살인죄(3개)는 형법에 예비음모 처벌규정이 있으나, 촉탁승낙살인죄 · 자살교사방조죄(2개)는 예비음모의 처벌규정이 없다.

㉢ (X) 위계 또는 위력으로써 촉탁 또는 승낙하게 하거나 자살을 결의하게 한 때에는 제250조의 예에 의한다(제253조). 결국, 행위의 객체에 따라서 제250조 제1항(살인죄) 또는 제250조 제2항(존속살해죄)의 형으로 처벌한다.

㉣ (X) 총알이 장전되어 있는 엽총의 방아쇠를 잡고 있다가 총알이 발사되어 피해자가 사망한 사안에서, 범행의 도구로 사용된 엽총은 통상 사냥하기 직전에 총알을 장전하는 것인데도 사냥과는 전혀 관계없는 범행 당시 이미 총알이 장전되어 있었고, 실탄의 장전 유무는 탄창에 나타나는 표시에 의해서 쉽게 확인될 수 있어 총기에 실탄이 장전된 것인지 몰랐다고 하기 어려울 뿐 아니라, 안전장치를 하지 않은 상태에서 방아쇠를 잡고 있었던 점 등과 관계 증거에 나타난 전후 사정에 비추어, 피해자를 겁주려고 협박하다가 피해자의 접촉행위로 생겨난 단순한 오발사고가 아니라 살인의 고의가 있는 범죄행위였다고 보아야 한다(대법원1997. 2. 25.선고96도3364판결).

㉤ (○) 무릇 살인죄의 객체는 생명이 있는 이상, 생존기능의 유무는 불문한다 할 것이고, 독립행위가 사망의 결과에 원인이 된 것이

분명한 경우에는 각 행위를 모두 기수범으로 처벌한다고 하여 어떤 모순이 있을 수 없으므로 이미 총격을 받은 피해자에 대한 확인사살도 살인죄를 구성한다(대법원1980. 5. 20.선고80도306판결).

문제 17 - 정답 ②

▶ ② (X) 지하철 공사구간 현장안전업무 담당자인 피고인이 공사현장에 인접한 기존의 횡단보도 표시선 안쪽으로 돌출된 강철빔 주위에 라바콘 3개를 설치하고 신호수 1명을 배치하였는데, 피해자가 위 횡단보도를 건너면서 강철빔에 부딪혀 상해를 입은 사안에서, 제반 사정에 비추어 피고인이 안전조치를 취하여야 할 업무상 주의의무를 위반하였다고 보기 어렵다(대법원2014. 4. 10.선고2012도11361판결). 결국, 피고인은 업무상과실치상죄가 성립하지 않는다.

① (○) [1] 도급계약의 경우 원칙적으로 도급인에게는 수급인의 업무와 관련하여 사고방지에 필요한 안전조치를 취할 주의의무가 없다.

[2] 그러나 법령에 의하여 도급인에게 수급인의 업무에 관하여 구체적인 관리·감독의무 등이 부여되어 있거나 도급인이 공사의 시공이나 개별 작업에 관하여 구체적으로 지시·감독하였다는 등의 특별한 사정이 있는 경우에는 도급인에게도 수급인의 업무와 관련하여 사고방지에 필요한 안전조치를 취할 주의의무가 있다(대법원2022. 8. 31.선고2021도17523판결).

③ (○) 피고인은 병원관리자로서 폐쇄병동의 정신질환자들이 언제든지 자살하거나 탈출을 시도할 가능성이 있으므로 이를 방지하기 위한 충분한 조치를 하여야 하고, 창문의 유리창에 별도의 보호철망을 설치하거나 유리가 창틀에서 떨어져 나가지 않도록 건물을 유지, 보수, 관리할 책임이 있음에도, 건물의 유지, 보수, 관리를 적절히 하지 않은 업무상 과실이 있고, 그와 같은 과실로 인하여 피해자가 창문유리를 발로 걷어차고 유리창이 창틀에서 떨어져 나가자 그 사이로 빠져나가 건물 아래로 투신하여 사망하였다면, 피고인에게는 업무상과실치사죄가 성립한다(대법원2017. 4. 28.선고2015도12325판결).

④ (○) [1] 형법 제268조에서 정한 업무상과실치사죄는 업무상과실로 인하여 사람을 사망에 이르게 한 죄로서, 업무상과실이 존재하여야 함은 물론, 그 업무상과실과 사망 사이에 인과관계가 인정되어야 성립한다.

[2] 한편 형사재판에서 유죄의 인정은 법관으로 하여금 합리적인 의심을 할 여지가 없을 정도로 공소사실이 진정하다는 확신을 가지게 할 수 있는 증명력을 가진 증거에 의하여야 하며, 이와 같은 증명이 없다면 설령 피고인에게 유죄의 의심이 간다고 하더라도 유죄로 판단할 수 없다(대법원2022. 5. 26.선고2021도12218판결).

문제 18 - 정답 ③

▶ ③ (X) [1] 피고인은 2020. 3. 16. 피고인의 주거지에서, 음란물사이트 '○○○'의 운영자 갑에게 4만 원을 지급하고 텔레그램 메신저 어플을 통해 아동·청소년인 피해자 을이 등장하는 아동·청소년이용음란물 동영상 파일 등 원심 판시 별지 범죄일람표(1) 기재와 같이 아동·청소년이용음란물 1,125건(이하 '이 사건 음란물'이라 한다)을 다운로드받을 수 있는 인터넷 주소(URL)를 전달받아 저장해두어 소지하였다.

[2] 원심은, 피고인이 이 사건 음란물을 실력적으로 지배할 의사로 갑에게 대가를 지급하고 아무런 장애 없이 위 음란물에 접속할 수

있는 <u>인터넷 주소를 전달받음으로써</u> 언제든지 위 음란물에 접근하여 이를 보관·유포·공유하는 등의 행위를 할 수 있는 사실적 상태에 이르렀고, 그로써 피고인은 <u>이 사건 음란물을 소지하였다고 보았다.</u>

[3] 그러나 대법원은 다음과 같은 이유로 아동·청소년의 성보호에 관한 법률 위반(음란물소지)에 해당하지 <u>않는다고</u> 보았다.

가. 형벌법규의 해석은 엄격하여야 하고 문언의 의미를 피고인에게 불리한 방향으로 지나치게 확장해석하는 것은 죄형법정주의 원칙에 어긋나는 것이다. 구 「아동·청소년의 성보호에 관한 법률」(2020. 6. 2. 법률 제17338호로 개정되기 전의 것, 이하 '구 청소년성보호법'이라 한다) 제11조 제5항은 "아동·청소년이용음란물임을 알면서 이를 소지한 자는 1년 이하의 징역 또는 2천만 원 이하의 벌금에 처한다."라고 규정하고 있다. 여기서 <u>'소지'란 아동·청소년이용음란물을 자기가 지배할 수 있는 상태에 두고 지배관계를 지속시키는 행위</u>를 말하고, <u>인터넷 주소(URL)는</u> 인터넷에서 링크하고자 하는 웹페이지나 웹사이트 등의 서버에 저장된 개개의 영상물 등의 웹 <u>위치 정보 또는 경로를 나타낸 것에 불과하다.</u> 따라서 아동·청소년이용음란물 파일을 구입하여 시청할 수 있는 상태 또는 접근할 수 있는 상태만으로 <u>곧바로 이를 소지로 보는 것은</u> 소지에 대한 문언 해석의 한계를 넘어서는 것이어서 <u>허용될 수 없으므로,</u> 피고인이 자신이 지배하지 않는 서버 등에 저장된 아동·청소년이용음란물에 접근하여 다운로드받을 수 있는 <u>인터넷 주소 등을 제공받은 것에 그친다면</u> 특별한 사정이 없는 한 아동·청소년이용음란물을 <u>'소지'한 것으로 평가하기는 어렵다.</u> 한편 <u>2020. 6. 2.</u> 법률 제17338호로 <u>개정된 청소년성보호법 제11조 제5항은 아동·청소년성착취물을 구입하거나 시청한 사람을 처벌하는 규정을 신설하였고, 2020. 5. 19.</u> 법률 제17264호로 개정된 「성폭력범죄의 처벌 등에 관한 특례법」 제14조 제4항은 카메라 등을 이용하여 성적 욕망 또는 수치심을 유발할 수 있는 사람의 신체를 촬영대상자의 의사에 반하여 촬영한 촬영물 또는 복제물을 <u>소지·구입·저장 또는 시청한 사람을 처벌하는 규정을 신설하였다.</u> 따라서 아동·청소년성착취물 등을 구입한 다음 <u>직접 다운로드받을 수 있는 인터넷 주소를 제공받았다면</u> 위 <u>규정에 따라 처벌되므로 처벌공백의 문제도 더 이상 발생하지 않는다.</u>

나. 1) 피고인은 2020. 3. 16. 음란물사이트 '○○○'의 운영자 갑에게 4만 원을 지급하고 이 사건 음란물이 저장되어 있는 인터넷 클라우드 스토리지(구글 드라이브)의 인터넷 주소를 텔레그램 메신저 어플을 통해 전송받았다.

2) 피고인은 같은 날 위 인터넷 주소를 통해 구글 드라이브에 접속하여 이 사건 음란물의 파일 개수와 데이터 용량을 확인하였지만, 피고인은 이 사건 음란물을 시청하거나 자신의 저장매체에 다운로드하지는 않았다.

다. <u>피고인이 위 인터넷 주소를 통해</u> 이 사건 음란물이 저장된 클라우드 스토리지에 <u>접속하였지만 위 음란물을 다운로드하는 등 실제로 지배할 수 있는 상태로 나아가지는 않았고,</u> 달리 특별한 사정이 없는 이 사건에서 피고인의 이러한 행위를 가리켜 아동·청소년이용음란물을 <u>'소지'한 것으로 평가할 수는 없다</u>(대법원2023. 6. 29.선고2022도6278판결). 결국, 아동·청소년의 성보호에 관한 법률 위반(음란물소지)에 해당하지 않는다.

①② (○) [1] <u>강제추행죄의 '폭행 또는 협박'은</u> 상대방의 <u>항거를 곤란하게 할 정도로 강력할 것이</u> 요구되지 아니하고, 상대방의 신체에 대하여 불법한 유형력을 행사(폭행)하거나 <u>일반적으로 보아</u>

상대방으로 하여금 <u>공포심을 일으킬 수 있는 정도의 해악을 고지(협박)하는 것이라고</u> 보아야 한다.

[2] <u>어떠한 행위가 강제추행죄의 '폭행 또는 협박'에 해당하는지 여부는</u> 행위의 목적과 의도, 구체적인 행위태양과 내용, 행위의 경위와 행위 당시의 정황, 행위자와 상대방과의 관계, 그 행위가 상대방에게 주는 고통의 유무와 정도 등을 <u>종합하여 판단하여야 한다.</u>

[3] 이와 달리 강제추행죄의 폭행 또는 협박이 <u>상대방의 항거를 곤란하게 할 정도일 것을 요한다고 본 대법원 2012. 7. 26. 선고 2011도8805 판결을 비롯하여 같은 취지의 종전 대법원판결은</u> 이 판결의 견해에 배치되는 범위 내에서 <u>모두 변경하기로 한다.</u> ➡ 종전 대법원은 강제추행죄의 '폭행 또는 협박'의 의미에 관하여 이를 두 가지 유형으로 나누어, 폭행행위 자체가 곧바로 추행에 해당하는 경우(이른바 기습추행형)에는 상대방의 의사를 억압할 정도의 것을 요하지 않고 <u>상대방의 의사에 반하는 유형력의 행사가 있는 이상 그 힘의 대소강약을 불문한다고</u> 판시하는 한편, 폭행 또는 협박이 추행보다 시간적으로 앞서 그 수단으로 행해진 경우(이른바 폭행·협박 선행형)에는 상대방의 항거를 곤란하게 하는 정도의 폭행 또는 협박이 요구된다고 판시하여 왔다(대법원 2011도8805 판결 등, 이하 폭행·협박 선행형 관련 판례 법리를 '종래의 판례 법리').

[4] 피고인이 자신의 주거지 방안에서 4촌 친족관계인 피해자 갑(여, 15세)의 학교 과제를 도와주던 중 갑을 양팔로 끌어안은 다음 침대에 쓰러뜨린 후 갑의 가슴을 만지는 등 강제로 추행하였다는 <u>성폭력범죄의 처벌 등에 관한 특례법 위반(친족관계에의한강제추행)의 주위적 공소사실로 기소된 사안에서,</u> 당시 피고인은 방안에서 갑의 숙제를 도와주던 중 갑의 왼손을 잡아 자신의 성기 쪽으로 끌어당겼고, 이를 거부하고 자리를 이탈하려는 <u>갑의 의사에 반하여 갑을 끌어안은 다음 침대로 넘어져 갑의 위에 올라탄 후 갑의 가슴을 만졌으며,</u> 방문을 나가려는 갑을 뒤따라가 끌어안았는바, 이러한 <u>피고인의 행위는 갑의 신체에 대하여 불법한 유형력을 행사하여 갑을 강제추행한 것에 해당한다</u>(대법원2023. 9. 21.선고 2018도13877전원합의체 판결).

④ (○) [1] <u>주거침입강제추행죄 및 주거침입강간죄</u> 등은 <u>사람의 주거 등을 침입한 자가 피해자를 간음, 강제추행 등 성폭력을 행사한 경우에</u> 성립하는 것으로서, <u>주거침입죄를 범한 후에</u> 사람을 강간하는 등의 행위를 하여야 하는 일종의 <u>신분범(주거침입한 사람이라는 신분이 반드시 필요함)이고,</u> 선후가 바뀌어 <u>강간죄 등을 범한 자가</u> 그 피해자의 <u>주거에 침입한 경우에는</u> 이에 해당하지 않고 강간죄 등과 주거침입죄 등의 <u>실체적 경합범이 된다.</u>

[2] 그 실행의 착수시기는 <u>주거침입 행위 후 강간죄 등의 실행행위에 나아간 때이다.</u>

[3] 한편 <u>강간죄는</u> 사람을 강간하기 위하여 <u>피해자의 항거를 불능하게 하거나 현저히 곤란하게 할 정도의 폭행 또는 협박을 개시한 때에</u> 그 실행의 착수가 있다고 보아야 할 것이지, <u>실제 간음행위가 시작되어야만 그 실행의 착수가 있다고 볼 것은 아니다.</u>

[4] 유사강간죄의 경우도 이와 같다. 즉, 사람을 유사강간하기 위하여 <u>피해자의 항거를 불능하게 하거나 현저히 곤란하게 할 정도의 폭행 또는 협박을 개시한 때에 그 실행의 착수가 있다.</u>

[5] 피고인은 주점에서 술을 마시던 중 화장실을 간다고 하여 자신을 남자화장실 앞까지 부축해 준 피해자를 끌고 <u>그 주점의 여자화장실로 끌고 가(이미 유사강간의 실행의 착수시기인 폭행을 하</u>

였다) 억지로 들어가게 한 뒤 여자화장실의 <u>문을 잠근 후 강제로</u> <u>입맞춤을 하였고</u>, 이에 피해자가 저항하자 피해자를 여자화장실 용 변 칸으로 밀어 넣고 <u>유사강간하려고 하였으나 미수에 그친 사실</u> <u>이 인정된다</u>. 피고인은 피해자를 화장실로 끌고 들어갈 때 이미 피 해자에게 유사강간 등의 성범죄를 의욕하였다고 보인다.

[6] 또한 <u>피고인이</u> 피해자의 반항을 억압한 채 <u>피해자를 억지로</u> <u>끌고 여자화장실로 들어가게 한 이상</u>, 그와 같은 피고인의 강제적 인 물리력의 행사는 <u>유사강간을 위하여</u> 피해자의 항거를 불능하게 하거나 현저히 곤란하게 할 정도의 <u>폭행 또는 협박을 개시한 경우</u> <u>에 해당한다</u>고 봄이 타당하다. 위 법리에서 본 바와 같이, 구「성폭 력범죄의 처벌 등에 관한 특례법」위반(주거침입유사강간)죄는 <u>먼저</u> <u>주거침입죄를 범한 후</u> 유사강간 행위에 나아갈 때 비로소 성립되 는데, 피고인은 여자화장실에 들어가기 전에 이미 유사강간죄의 <u>실</u> <u>행행위를 착수하였다</u>.

[7] 따라서 <u>피고인이</u> 그 <u>실행행위에 착수할 때</u>에는 구「성폭력범죄 의 처벌 등에 관한 특례법」위반(주거침입유사강간)죄를 범할 수 있는 지위, <u>즉 '주거침입죄를 범한 자'에 해당되지 아니한다</u>(대법 원2021. 8. 12.선고2020도17796판결). 결국, 피고인이 2019. 12. 3. 21:48경 주점에서 술을 마시던 중 피고인을 남자화장실 앞까지 부축해 준 피해자 공소외인(여, 20세)을 건조물인 위 주점 여자화 장실로 <u>끌고 가(먼저 폭행)</u> 용변 <u>칸으로 밀어 넣은 후(나중에 주</u> <u>거침입)</u>, 피고인의 성기를 피해자의 구강에 넣으려고 하고 피고인 의 손가락을 피해자의 성기에 넣으려고 하였으나 그 뜻을 이루지 못하고 미수에 그친 사안에 대하여 성폭력처벌법상 <u>주거침입유사</u> <u>강간죄에 해당하지 않는다</u>. 따라서 선후가 바뀌어 <u>유사강간의 미수</u> <u>를 범한 자가 주거에 침입한 경우에 해당하므로</u>, <u>피고인은</u> 유사강 간미수죄와 주거침입죄의 <u>실체적 경합범이 된다</u>.

문제 19 – 정답 ①

▶ ① (○) [1] <u>민주주의 국가에서는</u> 여론의 자유로운 형성과 전 달을 통하여 다수의견을 집약시켜 민주적 정치질서를 생성·유지 시켜 나가야 하므로 표현의 자유, <u>특히 공적 관심사에 대한 표현의</u> <u>자유는 중요한 헌법상 권리로서 최대한 보장되어야</u> 한다. <u>다만 개</u> <u>인의 사적 법익도 보호되어야 하므로</u>, 표현의 자유 보장과 인격권 보호라는 <u>두 법익이 충돌할 때</u>에는 구체적인 경우에 표현의 자유 로 얻어지는 가치와 인격권의 보호로 달성되는 가치를 <u>비교형량하</u> <u>여 그 규제의 폭과 방법을 정해야 한다</u>.

[2] <u>공론의 장에 나선 전면적 공적 인물(박근혜 전 대통령)의 경</u> <u>우</u>에는 <u>비판과 의혹의 제기를 감수해야</u> 하고 그러한 비판과 의혹 에 대해서는 해명과 재반박을 통해서 이를 극복해야 하며 <u>공적 관</u> <u>심사에 대한 표현의 자유는 중요한 헌법상 권리로서 최대한 보장</u> <u>되어야</u> 한다.

[3] 따라서 <u>공적 인물과 관련된 공적 관심사에 관하여 의혹을 제</u> <u>기하는 형태의 표현행위에 대해서는 일반인에 대한 경우와 달리</u> <u>암시에 의한 사실의 적시로 평가하는 데 신중해야 한다</u>(대법원 2021. 3. 25.선고2016도14995판결).

② (X) 형법이 명예훼손죄 또는 모욕죄를 처벌함으로써 보호하고 자 하는 사람의 가치에 대한 평가인 외부적 명예는 개인적 법익으 로서, 국민의 기본권을 보호 내지 실현해야 할 책임과 의무를 지고 있는 <u>공권력의 행사인 국가나 지방자치단체는 기본권의 수범자</u> <u>일 뿐 기본권의 주체가 아니고</u>, 정책결정이나 업무수행과 관련된 사항은 항상 국민의 광범위한 감시와 비판의 대상이 되어야 하며 이러한 감시와 비판은 그에 대한 표현의 자유가 충분히 보장될 때

에 비로소 정상적으로 수행될 수 있으므로, <u>국가나 지방자치단체는</u> 국민에 대한 관계에서 형벌의 수단을 통해 보호되는 <u>외부적 명예</u> <u>의 주체가 될 수는 없고</u>, 따라서 <u>명예훼손죄나 모욕죄의 피해자가</u> <u>될 수 없다</u>(대판2016.12.27. 2014도15290)

③ (X) 형법 제307조 제2항의 허위사실 적시에 의한 명예훼손죄 에서 적시된 사실이 허위인지 여부를 판단함에 있어서는 적시된 사실의 내용 전체의 취지를 살펴볼 때 세부적인 내용에서 진실과 약간 차이가 나거나 다소 과장된 표현이 있는 정도에 불과하다면 이를 허위라고 볼 수 없으나, 중요한 부분이 객관적 사실과 합치하 지 않는다면 이를 허위라고 보아야 한다. 범죄의 고의는 확정적 고 의뿐만 아니라 결과 발생에 대한 인식이 있고 그를 용인하는 의사 인 이른바 미필적 고의도 포함하므로 <u>허위사실 적시에 의한 명예</u> <u>훼손죄 역시 미필적 고의에 의하여도 성립하고</u>, 위와 같은 법리는 <u>형법 제308조의 사자명예훼손죄의 판단에서도 마찬가지로 적용된</u> <u>다</u>(대판2014.3.13. 2013도12430).

④ (X) 모욕죄는 특정한 사람 또는 인격을 보유하는 단체에 대하 여 사회적 평가를 저하시킬 만한 경멸적 감정을 표현함으로써 성 립하므로 그 피해자는 특정되어야 한다. 그리고 <u>이른바 집단표시에</u> <u>의한 모욕은</u>, 모욕의 내용이 집단에 속한 특정인에 대한 것이라고 는 해석되기 힘들고, <u>집단표시에 의한 비난</u>이 개별구성원에 이르러 서는 비난의 정도가 <u>희석되어</u> 구성원 개개인의 사회적 평가에 영 향을 미칠 정도에 이르지 아니한 경우에는 <u>구성원 개개인에 대한</u> <u>모욕이 성립되지 않는다고 봄이 원칙이고</u>, 비난의 정도가 <u>희석되지</u> <u>않아 구성원 개개인의 사회적 평가를 저하시킬 만한 것으로 평가</u> <u>될 경우에는 예외적으로 구성원 개개인에 대한 모욕이 성립할 수</u> <u>있다</u>. 한편 구성원 개개인에 대한 것으로 여겨질 정도로 구성원 수 가 적거나 당시의 주위 정황 등으로 보아 집단 내 개별구성원을 지칭하는 것으로 여겨질 수 있는 때에는 집단 내 개별구성원이 피 해자로서 특정된다고 보아야 할 것인데, 구체적인 기준으로는 집단 의 크기, 집단의 성격과 집단 내에서의 피해자의 지위 등을 들 수 있다(대판2014.3.27. 2011도15631).

문제 20 – 정답 ②

▶ ② (X) [1] 갑 주식회사가 운영하는 사우나에서 시설 및 보일 러, 전기 등을 관리하던 피고인이, 갑 회사가 을에게 사우나를 인 계하는 과정에서 자신을 부당하게 해고하였다는 이유로 화가 나 그곳 전기배전반의 위치와 각 스위치의 작동방법 등을 알려주지 않는 등으로 갑 회사의 사우나 경영 업무를 방해하였다는 내용으 로 기소된 사안에서, <u>피고인의 위 행위가 갑 회사나 을이 사우나를</u> <u>운영하려는 자유의사 또는 갑 회사가 을에게 사우나의 운영에 관</u> <u>한 업무 인수인계를 정상적으로 해 주려는 자유의사를 제압하기에</u> <u>족한 위력에 해당한다고 단정하기 어렵다</u>.

[2] 또한 피고인이 <u>단지 전기배전반의 위치와 각 스위치의 작동방</u> <u>법 등을 알려주지 않은 행위가</u> 이 사건 <u>사우나를 인수한 을이 위</u> <u>사우나를 정상적으로 운영하는 것이 불가능하거나 현저히 곤란하</u> <u>게 되었다고 보기도 어렵다</u>(대법원2017. 11. 9.선고2017도12541판 결). 결국, 피고인은 '위력'에 의한 업무방해죄가 성립하지 않는다.

① (○) [1] 형법상 업무방해죄의 보호대상이 되는 <u>'업무'란 직업</u> <u>또는 계속적으로 종사하는 사무나 사업으로서</u> 타인의 <u>위법한 행위</u> <u>에 의한 침해로부터 보호할 가치가 있으면 되고</u>, 법률상 보호할 가 치가 있는 업무인지 여부는 그 사무가 사실상 평온하게 이루어져 사회적 활동의 기반이 되고 있느냐에 따라 결정된다. 또한 업무방 해죄의 <u>'위력'이란 사람의 자유의사를 제압·혼란케 할 만한 일체</u>

의 세력을 말하고, 유형적이든 무형적이든 묻지 아니하며, **폭행·협박은 물론 사회적, 경제적, 정치적 지위와 권세에 의한 압박 등도** 이에 포함되고, **현실적으로 피해자의 자유의사가 제압되는 것을 필요로 하는 것은 아니다.** 업무방해죄의 성립에는 업무방해의 결과가 실제로 발생함을 요하지 않고 **업무방해의 결과를 초래할 위험이 발생하면 족하다.**

[2] 인천국제공항은 이용객인 내·외국인들의 안전과 질서가 무엇보다 중시되는 장소인 점, 구 항공법에 의하여 공항시설의 무단점유 등이 금지되어 있고(제106조의2), 인천국제공항을 관리하는 인천국제공항공사는 공항시설의 보안과 안전에 관한 사항에 관하여 국토교통부장관의 지도·감독을 받는 점(인천국제공항공사법 제16조), 이 사건 공소사실 기재 행위의 방법·규모·피고인 등이 들고 있던 피켓에 적힌 문구의 내용 등에 비추어 **인천국제공항의 이용객들에게 위압감과 불안감을 주었을 것으로 보이는 점** 및 **인천국제공항공사는** 피고인 등과 직접적인 근로계약관계나 근로자파견관계에 있다고 보기 어려워 원칙적으로 **제3자의 지위에 있다는 점** 등 그 판시와 같은 사정을 들어 **이 사건 노동조합의 조합활동으로 이루어진 피고인 등의 이 사건 피켓시위** 및 **인천국제공항공사의 시위 중단·퇴거 요구에 불응한 채 계속해서 시위를 지속한 것은** 도급인인 인천국제공항공사에 대한 관계에서 **위법한 행위**라고 판단하였다(대법원2020. 11. 12.선고2016도8627판결). 결국, 피고인들의 행위는 업무방해죄와 폭력행위등처벌에관한법률위반(공동퇴거불응)에 해당한다.

③ (○) [1] 업무방해죄는 '허위사실 유포, 기타 위계, 위력으로써 사람의 업무를 방해한' 경우에 성립한다. 여기서 '위력'이란 사람의 자유의사를 제압·혼란케 할만한 일체의 세력으로, 유형적이든 무형적이든 묻지 않고 폭력·협박은 물론 사회적·경제적·정치적 지위와 권세에 의한 압박 등도 이에 포함된다.

됨. 업무방해죄가 성립하기 위하여 업무방해의 결과가 실제로 발생할 필요는 없고업무방해의 결과를 초래할 위험이 발생하면 족하며, 업무수행 자체가 아니라 업무의 적정성이나 공정성이 방해된 경우에도 업무방해죄가 성립함

[2] 피고인 A(박근혜 정부의 **국정농단사건의 주범**), B(당시 문화체육부 차관), C(○○여대 건강과학대학 **학장**), D(위 여대 **입학처장**), E(위 여대 **총장**), F(위 여대 체육부 **교수**)이 **차례로** 입시 및 학사비리 범행을 **공모한** 사실을 인정하고 **위 피고인들을 위력에 의한 업무방해죄의 공동정범으로** 본 원심 판단에 증거법칙을 위반하거나 자유심증주의의 한계를 벗어난 **잘못이 없다.**

[3] ① 비선실세로 알려진 G(A의 전남편)나 입학처장인 피고인 E와 **총장** D가 지닌 지닌 사회적·경제적·정치적 지위, ② 피고인 D가 면접위원들에게 부정입학 대상인 J가 비선실세 F의 딸이라는 사실 및 J를 선발하는 것이 **자신과 총장의 뜻임을 반복적으로 분명하게 밝힌 점,** ③ 입학처장인 D가 면접위원들이 모두 모인 장소에서 **총장의 뜻임을 밝히면서 공공연하게 위와 같이 명백하게 부당한 지시를 하는** 상황에서 **면접위원들이** 자유로운 의사에 따라 면접업무를 수행할 수 있었을 것으로 보기 어려운 점, ④ 실제로 면접 결과 J가 경쟁자들에 비해 비정상적으로 높은 점수를 받은 점, ⑤ 일부 면접위원들의 진술 등을 종합하면, **피고인 D는 자신과 G, 피고인 E의 사회적·경제적·정치적 지위와 권세를 이용**하여 면접위원들에게 압박을 가하였고, 이는 **면접위원들의 자유의사를 제압·혼란케 할 만한 '위력'에 해당**하며, 이로 인하여 **면접평가 업무의 적정성이나 공정성이 방해되었다고 봄이 타당하다.**

[4] 위 여대 학칙 등에 따라 **위 여대의 입학에 관한 업무가 총장인 피고인 E의 권한에 속한다고 하더라도, 그 중 면접업무는 면접위원들에게, 신입생 모집과 사정업무는 교무위원들에게 각 위임되었고, 위임된 업무는 그 수임자들의 독립된 업무에 속한다.** 따라서 **총장인 피고인 E가 이를 방해한 경우에도 업무방해죄가 성립한다**(대법원2018. 5. 15.선고2017도19499판결). 결국, A·D·E·F는 체육특기자 입시 면접위원들에게 위력을 행사하여 J가 높은 면접 점수를 받도록 하여 공모하여 **위력으로 면접위원들의 면접업무를 방해한 것이다.**

[5] 위 C는 다른 교수들과 공모하여 **수업에 전혀 또는 거의 참석하지 않은 J가 출석과 학점을 인정받도록** 하여 **위계로써 위 여대 교무처장의 학적관리 업무 등을 방해한 것이다.**

[6] 결국, **J와 관련된 위 여대의 입시 및 학사비리 등 사건에서, A·C·D·E·F에 대하여 모두 징역형이 확정되었다**(대법원 2018. 5. 15.선고 2017도19499 판결; 대법원 2018.5. 15. 선고 2017도19497 판결).

④ (○) [1] **업무방해죄에서 '허위사실의 유포'라고 함은** 객관적으로 진실과 부합하지 않는 사실을 유포하는 것으로서 **단순한 의견이나 가치판단을 표시하는 것은** 이에 해당하지 아니한다. 유포한 대상이 사실인지 또는 의견인지를 구별할 때는 언어의 통상적 의미와 용법, 증명가능성, 문제된 말이 사용된 문맥, 당시의 사회적 상황 등 전체적 정황을 고려하여 판단하여야 한다.

[2] 그리고 **여기서 허위사실은** 기본적 사실이 허위여야만 하는 것은 아니고, **기본적 사실은 허위가 아니라도** 이에 **허위사실을 상당 정도 부가시킴으로써** 타인의 **업무를 방해할 위험이 있는 경우도 포함된다.**

[3] **그러나** 그 내용의 전체 취지를 살펴볼 때 **중요한 부분은 객관적 사실과 합치되는데 단지 세부적인 사실에 약간 차이가 있거나 다소 과장된 정도에 불과**하여 타인의 업무를 방해할 위험이 없는 경우는 **이에 해당하지 않는다.**

[4] 이 사건 현수막에 지역주택조합 실패 시 개발 투자금 중 **일부가 아니라 '전부'를 날릴 수 있다고 기재되어 있다**고 하더라도, 이는 **피고인들이** 자신들이 거주하는 지역에 지역주택조합이 설립되어 주택건설사업이 진행되는 것에 대한 **반대의견을 표명하면서** 지역주택조합에 투자하였다가 그 사업이 실패할 경우 투자금 손실을 입을 수 있다는 사실을 **과장하여 표현한 것에 불과하므로, 이를 허위사실의 유포에 해당한다고 보기는 어렵다**(대법원2017. 4. 13.선고2016도19159판결). 결국, 피고인은 **허위사실유포에 의한 업무방해죄가 성립하지 않는다(무죄).**

문제 21 - 정답 ④

▶ ④ ○ⓔ(2개)은 옳은 지문이나, ㄱㄷㄹ(3개)은 틀린 지문이다.

㉠ (X) [1] **주거침입죄는 사실상 주거의 평온을 보호법익으로 한다.** 주거침입죄의 구성요건적 행위인 **침입은 주거침입죄의 보호법익과의 관계에서 해석하여야** 하므로, **침입이란 주거의 사실상 평온상태를 해치는 행위태양으로 주거에 들어가는 것을 의미하고, 침입에 해당하는지는 출입 당시 객관적·외형적으로 드러난 행위태양을 기준으로 판단함이 원칙이다.**

[2] 사실상의 평온상태를 해치는 행위태양으로 주거에 들어가는 것이라면 대체로 거주자의 의사에 반하겠지만, **단순히 주거에 들어가는 행위 자체가 거주자의 의사에 반한다는 주관적 사정만으로는 바로 침입에 해당한다고 볼 수 없다. 거주자의 의사에 반하는지는 사실상의 평온상태를 해치는 행위태양인지를 평가할 때 고려할 요**

소 중 하나이지만 **주된 평가 요소가 될 수는 없다**. 따라서 **침입행위에 해당하는지는** 거주자의 의사에 반하는지가 아니라 사실상의 **평온상태를 해치는 행위태양인지에** 따라 **판단하여야 한다**.

[3] 일반인의 출입이 허용된 상가 등 영업장소에 영업주의 **승낙을 받아** 통상적인 출입방법으로 들어갔다면 특별한 사정이 없는 한 건조물침입죄에서 **규정하는 침입행위에 해당하지 않는다**. 설령 행위자가 범죄 등을 목적으로 영업장소에 출입하였거나 **영업주가 행위자의 실제 출입 목적을 알았더라면 출입을 승낙하지 않았을 것이라는 사정이** 인정되더라도 그러한 사정만으로는 출입 당시 객관적·외형적으로 드러난 행위태양에 비추어 **사실상의 평온상태를 해치는** 방법으로 영업장소에 들어갔다고 평가할 수 없으므로 **침입행위에 해당하지 않는다.**

[4] 피고인 갑은 피해자 乙(여, 16세)을 추행하기로 마음먹고, 乙을 뒤따라가 **상가 1층에** 들어가, 그곳에서 **엘리베이터를** 기다리는 을의 뒤에서 갑자기 을의 **교복 치마 안으로** 손을 넣어 피해자의 음부를 만진 경우(강제추행한 경우), 갑은 야간에 일반인의 출입이 허용되는 이 사건 상가 건물 1층의 열려있는 출입문을 통하여 **통상적인 출입방법으로 들어간 사실을 알 수 있고,** 피고인의 출입 당시 모습 등에 비추어 이 사건 **상가 건물에 대한 관리자의 사실상 평온상태가 침해되었다고 볼 만한 사정이 보이지 않는다.** 이 사건 상가 건물 1층에 **CCTV가 설치되어 있으나** 이 사건 상가 건물의 용도와 성질 등에 비추어 상가 건물의 일반적인 관리를 위한 것이라고 보이고 **외부인의 출입을 통제·감시하기 위한 것이라고 단정하기는 어렵다. 따라서** 피고인이 야간에 위 피해자를 뒤따라 들어가 이 사건 상가 건물 1층에 출입하였다고 하더라도 **건조물 침입행위가 있었다고 단정하기 어려우므로** 성폭력처벌법위반(**주거침입강제추행**)죄가 성립하지 않는다(대법원2022. 8. 25. 선고2022도3801판결)

ⓒ (〇) 피고인이 **예전에 사귀다 헤어진 여자친구인 甲의 사적 대화 등을 몰래 녹음하거나 현관문에 甲에게 불안감을 불러일으킬 수 있는 문구가 기재된 마스크를 걸어놓거나 甲이 다른 남자와 찍은 사진을 올려놓으려는 의도로** 3차례에 걸쳐 **야간에 甲이 거주하는 빌라 건물의** 공동현관, 계단을 통해 甲의 **2층 주거 현관문 앞까지 들어간** 사안에서, **빌라 건물은** 甲을 포함하여 약 10세대의 입주민들이 거주하는 전형적인 다세대주택으로, 피고인이 들어간 공동현관, 공용 계단, 세대별 현관문 앞부분은 형태와 용도·성질에 비추어 **거주자들의 확장된 주거공간으로서의 성격이** 강하여 **외부인의 출입이 일반적으로 허용된다고 보기 어려운 점,** 빌라 건물 1층에는 거주자들을 위한 주차장 및 공동현관이 있고, 각 세대에 가려는 사람은 외부에서 주차장을 거쳐 공동현관에 이른 뒤 위층으로 연결된 내부 계단을 통해 각 세대의 현관문에 이르게 되는데, 주차장 천장에 CCTV가 2대 이상 설치되어 있고 그 아래 **기둥 벽면에 'CCTV 작동 중', '외부차량 주차금지'라는 문구가 기재된 점** 등을 비롯하여 빌라 건물 공용 부분의 성격, 외부인의 무단출입에 대한 통제·관리 방식과 상태, 피고인과 甲의 관계, 피고인의 출입 목적 및 경위와 출입 시간, 출입행위를 전후한 피고인의 행동, 甲의 의사와 행동, 주거공간 무단출입에 관한 **사회 통념 등 제반 사정을 종합하면, 피고인은 甲 주거의 사실상 평온상태를 해치는 행위태양으로 빌라 건물에 출입하였다고 볼 여지가 충분하다** (대법원 2024. 2. 15. 선고 2023도15164 판결). 결국, 피고인의 행위는 주거침입죄가 성립한다.

ⓒ (X) [1] 주거침입죄는 사실상 주거의 평온을 보호법익으로 한

다. 주거침입죄의 구성요건적 행위인 침입은 주거침입죄의 보호법익과의 관계에서 해석하여야 하므로, 침입이란 주거의 사실상 평온상태를 해치는 행위태양으로 주거에 들어가는 것을 의미하고, **침입에 해당하는지는 출입 당시 객관적·외형적으로 드러난 행위태양을 기준으로 판단함이 원칙이다.**

[2] 그리고 **이때 거주자의 의사도 고려되지만** 주거 등의 형태와 용도·성질, 외부인에 대한 출입의 통제·관리 방식과 상태 등 **출입 당시 상황에 따라 그 정도는 달리 평가될 수 있다.**

[3] **사생활 보호의 필요성이 큰 사적 주거,** 외부인의 출입이 엄격히 통제되는 건조물에 **거주자나 관리자의 승낙 없이 몰래 들어간 경우 또는 출입 당시 거주자나 관리자가 출입의 금지나 제한을 하였음에도 이를 무시하고 출입한 경우에는 사실상의 평온상태가 침해된 경우로서 침입행위가 될 수 있다**(대법원2024. 2. 8.선고2023도16595판결).

ⓔ (X) [1] **주거침입죄는** 사실상의 주거의 평온을 보호법익으로 하는 것으로 **반드시** 행위자의 신체의 **전부가** 범행의 목적인 타인의 **주거 안으로 들어가야만 성립하는 것이 아니라** 신체의 **일부만** 타인의 **주거 안으로 들어갔다고** 하더라도 거주자가 누리는 **사실상의 주거의 평온을 해할 수 있는 정도에 이르렀다면 범죄구성요건을 충족하는 것이라고** 보아야 할 것이다.

[2] 따라서 **주거침입죄의 범의는 반드시** 신체의 **전부가** 타인의 주거 안으로 들어간다는 인식이 있어야만 하는 것이 아니라 신체의 **일부라도** 타인의 주거 안으로 들어간다는 인식이 있으면 족하다.

[3] 또한 주거침입죄의 구성요건적 행위인 **침입은** 주거침입죄의 **보호법익과의 관계에서 해석하여야** 하므로, **침입이란 주거의 사실상 평온상태를 해치는 행위태양으로 주거에 들어가는 것을 의미하고, 침입에 해당하는지는** 출입 당시 **객관적·외형적으로 드러난 행위태양을 기준으로 판단함이 원칙이다.**

[4] 피고인이 **자신의 집 담 쪽에서** 피해자가 운영하는 **카페 안쪽으로 손을 뻗은 다음** 위 카페의 복도 벽면에 "야! ○○카페 미친년들아~온수기 고쳐 놓고 자물쇠 새 것으로 채워봐. 이 더러운 년들아"라는 내용이 기재된 **쪽지를 붙인 것은 신체의 일부분이라도 피해자의 주거 안으로 들어가 피해자가 누리는 사실상의 주거의 평온을 해할 수 있는 정도에 이를 수 있는 행위태양으로** 주거침입죄에서의 **침입에 해당하고,** 피고인에게 신체의 **일부분이라도 피해자의 주거지에 침입한다는 인식이 있어** 주거침입죄의 **고의도 있었다**(대법원2022. 12. 1.선고2022도11212판결). 결국, 피고인의 신체 **일부만** 타인의 **주거 안으로 들어갔다고** 하더라도 거주자가 누리는 **사실상의 주거의 평온을 해할 수 있는 정도에 이르렀다면 범죄구성요건을 충족하는 것이라고 보아야 할 것이므로, 주거침입죄가 성립한다.**

ⓜ (〇) [1] 형법 제319조 제2항의 **퇴거불응죄는** 주거나 건조물·방실 등의 사실상 주거의 평온을 보호법익으로 하는 것으로, 거주자나 관리자·점유자로부터 주거나 건조물·방실 등에서 **퇴거요구를 받고도 응하지 아니하면 성립하는데,** 이때 주거 등에 관하여 거주·관리·점유할 법률상 정당한 권한을 가지고 있어야만 거주자나 관리자·점유자가 될 수 있는 것은 아니다.

[2] 이는 숙박업자가 고객에게 객실을 제공하여 일시적으로 이를 사용할 수 있도록 하고 고객으로부터 사용에 따른 대가를 지급받는 숙박계약이 종료됨에 따라 고객이 숙박업소의 관리자 등으로부터 퇴거요구를 받은 경우에도 원칙적으로 같다.

[3] 다만 숙박계약에서 숙박업자는 통상적인 임대차계약과는 달리

다수의 고객에게 반복적으로 객실을 제공하여 영업을 영위하고, 객실이라는 공간 외에도 객실 안의 시설이나 서비스를 함께 제공하여 객실 제공 이후에도 필요한 경우 객실에 출입하기도 하며, 사전에 고객과 사이에 대실기간을 단기간으로 정하여 대실기간 경과후에는 고객의 퇴실 및 새로운 고객을 위한 객실 정비를 예정한다. [4] 이와 같은 숙박계약의 특수성을 고려하면, **고객이 개별 객실을 점유하고 있더라도** 숙박업소 및 객실의 구조 및 성격, 고객이 개별 객실을 점유하게 된 경위 및 점유 기간, 퇴실시간의 경과 여부, 숙박업자의 관리 정도, 고객에 대한 퇴거요구의 사유 등에 비추어 <u>오히려 고객의 개별 객실에 대한 점유가 숙박업자의 전체 숙박업소에 대한 사실상 주거의 평온을 침해하는 것으로 평가할 수 있는 특별한 사정이 있는 경우에는 숙박업자가 고객에게 적법하게 퇴거요구를 하였음에도 고객이 응하지 않을 때 퇴거불응죄가 성립할 수 있다</u>(대법원2023. 12. 14.선고2023도9350판결).

문제 22 - 정답 ①

▶ ① ㉢㉤(2개)은 옳은 지문이나, ㉠㉡㉣(3개)은 **틀린** 지문이다.

㉠ (X) [1] 가. **날치기**와 같이 강력적으로 재물을 절취하는 행위는 때로는 피해자를 전도시키거나 부상케 하는 경우가 있고, 구체적인 상황에 따라서는 이를 강도로 인정하여야 할 때가 있다 할 것이나, 그와 같은 결과가 피해자의 반항억압을 목적으로 함이 없이 점유탈취의 과정에서 <u>우연히 가해진 경우</u>라면 이는 <u>절도에 불과한 것으로 보아야</u> 한다.
나. 준강도죄에 있어서의 '재물의 탈환을 항거할 목적'이라 함은 일단 절도가 재물을 자기의 배타적 지배하에 옮긴 뒤 **탈취한 재물을 피해자측으로부터 탈환당하지 않기 위하여** 대항하는 것을 말한다.
다. **피해자의 상해가** 차량을 이용한 날치기 수법의 절도시 **점유탈취의 과정에서 우연히 가해진 것**에 불과하고, 그에 수반된 강제력 행사도 피해자의 반항을 억압하기 위한 목적 또는 정도의 것은 아니었던 것으로 보아 **강도치상죄로 의율(적용)할 수 없다**(대법원 2003. 7. 25.선고2003도2316판결).
[2] 가. 소위 **'날치기'**와 같이 강제력을 사용하여 재물을 절취하는 행위가 때로는 피해자를 넘어뜨리거나 상해를 입게 하는 경우가 있고, 그러한 결과가 피해자의 **반항 억압을 목적으로 함이 없이** 점유탈취의 과정에서 **우연히 가해진 경우**라면 이는 **강도가 아니라 절도에 불과**하지만, 그 강제력의 행사가 사회통념상 객관적으로 **상대방의 반항을 억압하거나 항거 불능케 할 정도의 것**이라면 이는 **강도죄의 폭행에 해당**한다. 그러므로 날치기 수법의 점유탈취 과정에서 이를 알아채고 재물을 뺏기지 않으려는 상대방의 반항에 부딪혔음에도 계속하여 **피해자를 끌고 가면서 억지로 재물을 빼앗은 행위는** 피해자의 **반항을 억압한 후 재물을 강취한 것**으로서 **강도에 해당한다**
나. 날치기 수법으로 피해자가 들고 있던 가방을 탈취하면서 가방을 놓지 않고 버티는 피해자를 <u>5m 가량 끌고 감으로써 피해자의 무릎 등에 상해를 입힌 경우</u>, 반항을 억압하기 위한 목적으로 가해진 강제력으로서 **그 반항을 억압할 정도에 해당**하므로 **강도치상죄가 성립한다**(대판2007.12.13. 2007도7601).
㉡ (X) [1] **형법 제335조**는 **'절도'가** 재물의 탈환을 항거하거나 체포를 면탈하거나 죄적을 인멸한 목적으로 폭행 또는 협박을 가한 때에 준강도가 성립한다고 규정하고 있으므로, **준강도죄의 주체는 절도범인이고, 절도죄의 객체는 재물이다.**
[2] 피고인이 술집 운영자 甲으로부터 술값의 지급을 요구받자 甲을

유인·폭행하고 도주함으로써 술값의 지급을 면하여 재산상 이익을 취득하고 상해를 가하였다고 하여 **강도상해로 기소**되었는데, 원심이 위 공소사실을 '피고인이 甲에게 지급해야 할 **술값의 지급을 면하여 재산상 이익을 취득하고 甲을 폭행하였다**'는 범죄사실로 인정하여 **준강도죄를 적용한 사안**에서, 원심이 인정한 범죄사실에는 그 자체로 **절도의 실행에 착수하였다**는 내용이 포함되어 있지 않음에도 **준강도죄를 적용하여 유죄로 인정한 원심판결**에 준강도죄의 주체에 관한 법리오해의 **잘못이 있다**(대판2014.5.16. 2014도2521). 결국, **준강도죄나 강도상해죄는 성립하지 않는다.**

> **(참고)** 위의 판례에 대한 **각 심급의 내용**은 다음과 같다.
> ① **1심** 법원에서는 **강도상해죄를 인정**하였다.
> ② 그런데 **2심(원심; 항소심)** 법원에서는 **반항을 억압할 정도의 폭행은 없었고**, 진단 2주 정도의 팔꿈치 찰과상으로 **자연치유정도의 경미한 상처이므로 상해에 해당하지 않는다**고 하였다. **검사는** 강도상해죄를 준강도죄로 공소장변경 신청을 하였고 원심은 허가함으로써 **강도죄를 인정**하였다(공소장 변경 허가는 항소심까지 허용된다).
> ③ 한편 **대법원(최종심)은** 준강도가 성립하려면 **주체가 절도범**이어야 하고, **절도의 착수**(물색행위시)가 있어야 하는데 **실행의 착수도 없으며**, 절도죄의 객체는 재물이나 **술값**을 면탈하는 것은 재산상 이익이어서 **준강도죄가 성립하지 않는다**고 하였다.
> ④ 결론
> **대법원은 준강도죄가 성립하지 않는다**고 판시하였다. **따라서 강도상해죄는 당연히 성립할 수 없다.**

㉢ (○) [1] 형법 제370조의 경계침범죄에서 말하는 '경계'는 반드시 법률상의 정당한 경계를 가리키는 것은 아니고, 비록 법률상의 정당한 경계에 부합되지 않는 경계라 하더라도 그것이 종래부터 일반적으로 승인되어 왔거나 <u>이해관계인들의 명시적 또는 묵시적 합의에 의하여 정해진 것으로서 객관적으로 경계로 통용되어 왔다면</u> 이는 본조에서 말하는 **경계라 할 것이다.**
[2] 따라서 그와 같이 **종래 통용되어 오던 사실상의 경계가 법률상의 정당한 경계인지 여부에 대하여 다툼이 있다고 하더라도**, 그 사실상의 경계가 법률상 정당한 경계가 아니라는 점이 이미 판결로 확정되었다는 등 **경계로서의 객관성을 상실하는 것으로 볼 만한 특단의 사정이 없는 한**, 여전히 본조에서 말하는 **경계에 해당되는 것**이라고 보아야 할 것이다.
[3] 그리고 이러한 경계를 표시하는 **경계표는 반드시 담장 등과 같이 인위적으로 설치된 구조물만을** 의미하는 것으로 볼 것은 아니고, 수목이나 유수 등과 같이 종래부터 자연적으로 존재하던 것이라도 경계표로 승인된 것이면 **여기의 경계표에 해당한다**고 할 것이다.
[4] 토지의 경계에 관하여 다툼이 있던 중 **경계선 부근의 조형소나무 등을 뽑아내고 그 부근을 굴착하여 경계를 불분명하게 한 행위가** 형법 제370조의 **경계침범행위에 해당한다**(대법원2007. 12. 28.선고2007도9181판결).
㉣ (X) [1] **형법 제323조의 권리행사방해죄는** 타인의 점유 또는 권리의 목적이 된 **자기의 물건** 또는 전자기록 등 특수매체기록을 **취거, 은닉 또는 손괴**하여 타인의 권리행사를 방해함으로써 성립한다. 여기서 '은닉'이란 타인의 점유 또는 권리의 목적이 된 자기물건 등의 소재를 발견하기 불가능하게 하거나 또는 현저히 곤란

한 상태에 두는 것을 말하고, 그로 인하여 권리행사가 방해될 우려가 있는 상태에 이르면 권리행사방해죄가 성립하고/ 현실로 권리행사가 방해되었을 것까지 필요로 하는 것은 아니다.

[2] 검사는 2018. 12. 21. 피고인들이 이 사건 건물과 기계·기구에 근저당권을 설정하고도 담보유지의무를 위반하여, 이 사건 건물을 철거 및 멸실등기 하고, 이 사건 기계·기구를 양도한 행위를 배임의 점으로 공소 제기하였다가 2019. 9. 25. 권리행사방해의 점으로 공소장변경을 신청하여 허가되었다.

[3] 피고인들이 설립한 A주식회사가 B조합 지점(피해자)으로부터 대출을 받고 근저당권설정계약을 체결하였는데, 피고인들이 근저당권이 설정된 이 사건 건물을 철거한 뒤 멸실등기를 마치고, 이 사건 기계·기구를 양도함으로써 피해자의 권리의 목적이 된 피고인들의 물건(자기 소유의 건물과 기계·기구)을 손괴 또는 은닉하였다면 피해자의 권리행사를 방해하였다고 보아야 한다(대법원2021. 1. 14.선고2020도14735판결). 결국, 피고인들은 권리행사방해죄가 성립한다.

⑪ (○) [1] 갑은 지상 5층 신축건물의 소유자이고, 병은 나중에 이 건물 및 부지를 매입하기 위하여 갑이 필요한 자금인 7억 원을 대납 조건으로 이 건물 5층에서 약 2개월 동안 병을 포함한 가족들과 함께 임시로 거주하고 있었다. 갑은 병에게 위 돈이 입금되지 않았다면서 퇴거를 요구하였으나 받아들여지지 않자, 병의 가족을 내쫓을 목적으로 자신의 아들인 을에게 이 건물 5층 현관문에 설치된 디지털 도어락의 비밀번호를 변경할 것을 지시하였고, 을은 갑의 지시에 따라 도어락의 비밀번호를 변경하였다(도어락에 대한 효용침해). 이로써 갑은 병의 점유의 목적이 된 자기의 물건인 이 사건 도어락에 대한 권리행사방해를 교사하였다는 것이다.

[2] 교사범이 성립하려면 교사자의 교사행위와 정범의 실행행위가 있어야 하므로, 정범의 성립은 교사범 구성요건의 일부이고 교사범이 성립하려면 정범의 범죄행위가 인정되어야 한다.

[3] 물건의 소유자가 아닌 사람은 형법 제33조 본문에 따라 소유자의 권리행사방해 범행에 가담한 경우에 한하여 그의 공범이 될 수 있을 뿐이다.

[4] 그러나 이 사건 도어락은 갑의 소유의 물건일 뿐 을 소유의 물건은 아니다. 따라서 을이 자기의 물건이 아닌 이 사건 도어락의 비밀번호를 변경(도어락 손괴행위)하였다고 하더라도 권리행사방해죄가 성립할 수 없고, 정범인 을에게 권리행사방해죄가 인정되지 않는 이상 교사인 갑도 권리행사방해죄의 교사죄가 성립할 수 없다(대법원2022. 9. 15.선고2022도5827판결). 결국, 갑과 을은 제33조의 본문이 적용되지 아니하므로(신분없는 자(을)가 신분있는 자(갑)를 교사한 경우에 해당하지 아니하므로), 모두 도어락에 대한 권리행사방해죄가 성립하지 않는다(도어락 사건은 권리행사방해죄가 아니고 무죄이다).

문제 23 – 정답 ②

▶ ② (X) 피고인 갑 등이 피해자 乙 등에게 자동차를 매도하겠다고 거짓말하고 자동차를 양도하면서 매매대금을 편취한 다음, 자동차에 미리 부착해 놓은 지피에스(GPS)로 위치를 추적하여 자동차를 절취하였다고 하여 사기 및 특수절도로 기소된 사안에서, 피고인이 乙 등에게 자동차를 인도하고 소유권이전등록에 필요한 일체의 서류를 교부함으로써 甲 등이 언제든지 자동차의 소유권이전등록을 마칠 수 있게 된 이상, 피고인이 자동차를 양도한 후 다시 절취할 의사를 가지고 있었더라도 자동차의 소유권을 이전하여 줄 의사가 없었다고 볼 수 없고, 피고인이 자동차를 매도할 당시 곧

바로 다시 절취할 의사를 가지고 있으면서도 이를 숨긴 것을 기망이라고 할 수 없어, 결국 피고인이 자동차를 매도할 당시 기망행위가 없었다(대판2016.3.24. 2015도17452). 결국, 갑은 을에 대한 사기죄가 성립하지 않는다.

① (○) [1] 비록 의료법 제4조 제2항(「의료인은 다른 의료인 또는 의료법인 등의 명의로 의료기관을 개설하거나 운영할 수 없다...」)은 '의사, 치과의사, 한의사 또는 조산사'(이하 '의료인'이라 한다)가 다른 의료인의 명의로 의료기관을 개설하거나 운영하는 행위를 제한하고 있으나, 이를 위반하여 개설·운영되는 의료기관도 의료기관 개설이 허용되는 의료인에 의하여 개설되었다는 점에서 제4조 제2항이 준수된 경우와 본질적 차이가 있다고 볼 수 없다. 또한 의료인이 다른 의료인의 명의로 의료기관을 개설·운영하면서 실시한 요양급여도 국민건강보험법에서 정한 요양급여의 기준에 부합하지 않는 등의 다른 사정이 없는 한 정상적인 의료기관이 실시한 요양급여와 본질적인 차이가 있다고 단정하기 어렵다. 의료법이 의료인의 자격이 없는 일반인이 제33조 제2항을 위반하여 의료기관을 개설한 경우와 달리, 제4조 제2항을 위반하여 의료기관을 개설·운영하는 의료인에게 고용되어 의료행위를 한 자에 대하여 별도의 처벌규정을 두지 아니한 것도 이를 고려한 것으로 보인다.

[2] 따라서 의료인으로서 자격과 면허를 보유한 사람이 의료법에 따라 의료기관을 개설하여 건강보험의 가입자 또는 피부양자에게 국민건강보험법에서 정한 요양급여를 실시하고 국민건강보험공단으로부터 요양급여비용을 지급받았다면, 설령 그 의료기관이 다른 의료인의 명의로 개설·운영되어 의료법 제4조 제2항을 위반하였더라도 그 자체만으로는 국민건강보험법상 요양급여비용을 청구할 수 있는 요양기관에서 제외되지 아니하므로, 달리 요양급여비용을 적법하게 지급받을 수 있는 자격 내지 요건이 흠결되지 않는 한 국민건강보험공단을 피해자로 하는 사기죄를 구성한다고 할 수 없다(대법원2019. 5. 30.선고2019도1839판결). 결국, 의사가 다른 의사 명의를 빌려 병원을 개설하여 의료행위를 하고 국민건강보험공단으로부터 요양급여비용을 지급받았어도 사기죄가 성립하지 않는다.

③ (○) [1] 간접정범을 통한 범행에서 피이용자는 간접정범의 의사를 실현하는 수단으로서의 지위를 가질 뿐이므로, 피해자에 대한 사기범행을 실현하는 수단으로서 타인을 기망하여 그를 피해자로부터 편취한 재물이나 재산상 이익을 전달하는 도구로서만 이용한 경우에는 편취의 대상인 재물 또는 재산상 이익에 관하여 피해자에 대한 사기죄가 성립할 뿐 도구로 이용된 타인에 대한 사기죄가 별도로 성립한다고 할 수 없다.

[2] 전기통신금융사기(이른바 보이스피싱 범죄)의 범인이 피해자를 기망하여 피해자의 자금을 사기이용계좌로 송금·이체받으면 사기죄는 기수에 이르고, 범인이 피해자의 자금을 점유하고 있다고 하여 피해자와의 어떠한 위탁관계나 신임관계가 존재한다고 볼 수 없을 뿐만 아니라, 그 후 범인이 사기이용계좌에서 현금을 인출하였더라도 이는 이미 성립한 사기범행이 예정하고 있던 행위에 지나지 아니하여 새로운 법익을 침해한다고 보기도 어려우므로, 위와 같은 인출행위는 사기의 피해자에 대하여 별도의 횡령죄를 구성하지 아니한다. 이러한 법리는 사기범행에 이용되리라는 사정을 알고서 자신 명의 계좌의 접근매체를 양도함으로써 사기범행을 방조한 종범이 사기이용계좌로 송금된 피해자의 자금을 임의로 인출한 경우에도 마찬가지로 적용된다(대판2017.5.31. 2017도3894).

④ (○) [1] 사기죄의 요건으로서의 기망은 널리 재산상의 거래관

227

계에서 서로 지켜야 할 신의와 성실의 의무를 저버리는 <u>모든 적극적 또는 소극적 행위</u>를 말하고, 이러한 <u>소극적 행위로서의 부작위에 의한 기망</u>은 법률상 고지의무 있는 자가 일정한 사실에 관하여 <u>상대방이 착오에 빠져 있음을 알면서도</u> 이를 <u>고지하지 않는 것을</u> 말한다. 여기에서 <u>법률상 고지의무</u>는 법령, 계약, 관습, 조리 등에 의하여 인정되는 것으로서 문제가 되는 구체적인 사례에 즉응하여 <u>거래실정과 신의성실의 원칙에 의하여 결정되어야</u> 한다.

[2] 그리고 <u>법률상 고지의무를 인정할 것인지</u>는 <u>법률문제로서 상고심의 심판대상</u>이 되지만 <u>그 근거가 되는</u> 거래의 내용이나 거래관행 등 거래실정에 관한 <u>사실을 주장·증명할 책임</u>은 <u>검사에게 있다.</u>

[3] 피고인이 평소 알고 지내던 화가 갑에게 돈을 주고 자신의 기존 콜라주 작품을 회화로 그려오게 하거나, 자신이 추상적인 아이디어만 제공하고 이를 갑이 임의대로 회화로 표현하게 하거나, 기존 자신의 그림을 그대로 그려달라고 하는 등의 작업을 지시한 다음 갑으로부터 완성된 그림을 건네받아 배경색을 일부 덧칠하는 등의 경미한 작업만 추가하고 자신의 서명을 하였음에도, 위와 같은 방법으로 그림을 완성한다는 사실을 고지하지 아니하고 사실상 갑 등이 그린 그림을 마치 자신이 직접 그린 친작(親作)인 것처럼 전시하여 피해자들에게 그림(이하 '미술작품'이라고 한다)을 판매하고 대금 상당의 돈을 편취하였다는 내용으로 기소된 사안에서, <u>피고인이 미술작품의 창작과정, 특히 조수 등 다른 사람이 관여한 사정을 알리지 않은 것이 신의칙상 고지의무 위반으로서 사기죄에서의 기망행위에 해당하고 그 그림을 판매한 것이 판매대금의 편취행위라고 보려면 두 가지의 전제</u>, 즉 <u>미술작품의 거래에서 창작과정을 알려주는 것, 특히 작가가 조수의 도움을 받았는지 등 다른 관여자가 있음을 알려주는 것이 관행이라는 것 및 미술작품을 구매한 사람이 이러한 사정에 관한 고지를 받았더라면 거래에 임하지 아니하였을 것이라는 관계가 인정되어야 하고, 미술작품의 거래에서 기망 여부를 판단할 때에는</u> 미술작품에 위작 여부나 저작권에 관한 다툼이 있는 등의 <u>특별한 사정이 없는 한 법원은 미술작품의 가치 평가 등은 전문가의 의견을 존중하는 사법자제 원칙을 지켜야 한다</u>는 이유로, 피해자들의 구매 동기 등 제반 사정에 비추어 <u>검사가 제출한 증거만으로는 피해자들이 미술작품을 피고인의 친작으로 착오한 상태에서 구매한 것이라고 단정하기 어렵다</u>(대법원2020. 6. 25.선고2018도13696판결). 결국, 피고인은 피해자들에 대한 <u>사기죄가 성립하지 않는다(무죄).</u>

문제 24 - 정답 ③

▶ ③ ㉠㉣(2개)은 옳은 지문이나, ㉡㉢㉤(3개)은 틀린 지문이다.

㉠ (O) [1] <u>채무자가 금전채무를 담보하기 위하여 그 소유의 동산을 채권자에게 양도담보로 제공함</u>으로써 채권자인 양도담보권자에 대하여 담보물의 담보가치를 유지·보전할 의무 내지 담보물을 타에 처분하거나 멸실, 훼손하는 등으로 담보권 실행에 지장을 초래하는 행위를 하지 않을 의무를 부담하게 되었더라도, <u>이를 들어</u> 채무자가 통상의 계약에서의 이익대립관계를 넘어서 채권자와의 신임관계에 기초하여 <u>채권자의 사무를 맡아 처리하는 것으로 볼 수 없다.</u>

[2] 따라서 <u>채무자를</u> 배임죄의 주체인 <u>'타인의 사무를 처리하는 자'에 해당한다고 할 수 없고,</u> 그가 <u>담보물을 제3자에게 처분하는</u> 등으로 담보가치를 감소 또는 상실시켜 채권자의 담보권 실행이나 이를 통한 채권실현에 위험을 초래하더라도 <u>배임죄가 성립한다고</u>

할 수 없다.

[3] 위와 같은 법리는, 채무자가 동산에 관하여 양도담보설정계약을 체결하여 이를 채권자에게 양도할 의무가 있음에도 제3자에게 처분한 경우에도 적용되고, <u>주식에 관하여 양도담보설정계약을 체결한 채무자가 제3자에게 해당 주식을 처분한 사안에도 마찬가지로 적용된다</u>(대법원 2020. 2. 20. 선고 2019도9756 전원합의체 판결). 결국, 채무자가 <u>동산(골재분쇄기기 크러셔)을</u> 은행에서 대출받으면서 <u>양도담보로 제공한 후 제3자에게 그 동산을 처분한 경우 배임죄가 성립하지 않는다.</u> 또한 채무자가 금전채무를 담보하기 위해 <u>주식에 관하여 양도담보</u> 설정계약을 체결한 후 변제일 전에 제3자에게 해당 주식을 처분하더라도 <u>배임죄는 성립하지 않는다.</u>

㉡ (X) <u>업무상배임죄는</u> 타인과의 신뢰관계에서 일정한 임무에 따라 <u>사무를 처리할 법적 의무가 있는</u> 자가 그 상황에서 당연히 할 것이 법적으로 요구되는 행위를 하지 않는 <u>부작위에 의해서도 성립할 수 있다.</u> 그러한 부작위를 실행의 착수로 볼 수 있기 위해서는 작위의무가 이행되지 않으면 사무처리의 임무를 부여한 사람이 재산권을 행사할 수 없으리라고 객관적으로 예견되는 등으로 <u>구성요건적 결과 발생의 위험이 구체화한 상황에서 부작위가 이루어져야</u> 한다. 그리고 <u>행위자는</u> 부작위 당시 <u>자신에게 주어진 임무를 위반한다는 점</u>과 그 <u>부작위로 인해 손해가 발생할 위험이 있다는 점</u>을 <u>인식하였어야</u> 한다(대법원2021. 5. 27.선고2020도15529판결).

㉢ (X) [1] <u>배임수재죄는</u> 「타인의 사무를 처리하는 자가 그 임무에 관하여 부정한 청탁을 받고 재물 또는 재산상의 이익을 취득하거나 제3자로 하여금 이를 취득하게 한 때에는 5년 이하의 징역 또는 1천만원 이하의 벌금에 처한다.」고 규정하고 있다(제357조 제1항).〈개정 2016.5.29〉

[2] 여기서 <u>'제3자'</u>에는 다른 특별한 사정이 없는 한 <u>사무처리를 위임한 타인은 포함되지 않는다</u>고 봄이 타당하다.

[3] 그러나 배임수재죄의 행위주체가 재물 또는 재산상 이익을 취득하였는지는 증거에 의하여 인정된 사실에 대한 규범적 평가의 문제이다. <u>부정한 청탁에 따른 재물이나 재산상 이익의 외형상 사무처리를 위임한 타인에게 지급된 것으로 보이더라도 사회통념상 그 타인이 재물 또는 재산상 이익을 받은 것을 부정한 청탁을 받은 사람이 직접 받은 것과 동일하게 평가할 수 있는 경우에는 배임수재죄가 성립될 수 있다.</u>

[4] <u>신문사 기자인 피고인들이 홍보성 기사를 작성해 달라는 부정한 청탁을 받고 각 소속 신문사로 하여금 금원을 취득하게 하였다</u>는 배임수재 부분에 대하여, <u>사무처리를 위임한 타인은</u> 개정형법 제357조 제1항의 배임수재죄에 규정한 <u>'제3자'에 포함되지 않는다고 전제한 후,</u> 피고인들이 속한 각 소속 언론사는 사무처리를 위임한 자에 해당하고, <u>기록상 위 금원이 피고인들 본인 또는</u> 사무처리를 위임한 자가 아닌 <u>제3자에게 사실상 귀속되었다고 평가할 만한 사정이 없으므로</u> 배임수재죄에 <u>해당하지 않는다</u>(대법원2021. 9. 30.선고2019도17102판결). 결국, 신문사 기자들이 광고주들로부터 홍보성 기사를 작성해달라는 청탁을 받고 <u>소속 신문사(언론사) 계좌로</u> 금원을 입금 받은 행위가 배임수재죄에 해당하지 않는다.

㉣ (O) [1] 부동산 매매계약에서 <u>계약금만 지급된</u> 단계에서는 <u>어느 당사자나</u> 계약금을 포기하거나 그 배액을 상환함으로써 <u>자유롭게 계약의 구속력에서 벗어날 수 있다.</u>

[2] 그러나 중도금이 지급되는 등 계약이 본격적으로 이행되는 단계에 이른 때에는 계약이 취소되거나 해제되지 않는 한 <u>매도인은 매수인에게 부동산의 소유권을 이전해 줄 의무에서 벗어날 수 없</u>

다. 따라서 **이러한 단계에 이른 때에 매도인은 매수인에 대하여 매** 수인의 재산보전에 협력하여 **재산적 이익을 보호·관리할 신임관계에 있게** 된다. **그때부터 매도인은** 배임죄에서 말하는 **'타인의 사무를 처리하는 자'에 해당한다고** 보아야 한다.

[3] **그러한 지위에 있는 매도인이** 매수인에게 계약 내용에 따라 부동산의 **소유권을 이전해 주기 전에 그** 부동산을 **제3자에게 처분하고 제3자 앞으로 그 처분에 따른 등기를 마쳐 준 행위는** 매수인의 부동산 취득 또는 보전에 지장을 초래하는 행위이다. 이는 매수인과의 신임관계를 저버리는 행위로서 **배임죄가 성립한다.**

[4] 그리고 **매도인이 매수인에게** 순위보전의 효력이 있는 **가등기를 마쳐 주었더라도** 이는 향후 매수인에게 손해를 회복할 수 있는 방안을 마련하여 준 것일 뿐 **그 자체로 물권변동의 효력이 있는 것은 아니어서** 매도인으로서는 소유권을 이전하여 줄 의무에서 벗어날 수 없으므로, **그와 같은 가등기로 인하여** 매수인의 재산보전에 협력하여 재산적 이익을 보호·관리할 **신임관계의 전형적·본질적 내용이 변경된다고 할 수 없다**

[5] **피고인이 피해 회사에 가등기를 마쳐 주었다고 하더라도 피해 회사로부터 계약금, 중도금 및 잔금 중 일부까지 지급받은 이상** 매수인인 피해 회사의 재산보전에 협력하여야 할 신임관계에 있고 따라서 피고인은 피해 회사에 대한 관계에서 **'타인의 사무를 처리하는 자'에 해당한다고 보아야 한다**(대법원2020. 5. 14.선고2019도16228판결).

⑩ (X) [1] 업무상배임죄는 업무상 타인의 사무를 처리하는 자가 임무에 위배하는 행위를 하고 그러한 임무위배행위로 인하여 재산상의 이익을 취득하거나 제3자로 하여금 이를 취득하게 하여 본인에게 재산상의 손해를 가한 때 성립한다. 여기서 **'재산상 이익 취득'과 '재산상 손해 발생'은** 대등한 **범죄성립요건이고, 이는 서로 대응하여 병렬적으로 규정되어 있다**(형법 제356조,제355조 제2항). 따라서 임무위배행위로 인하여 여러 재산상 이익과 손해가 발생하더라도 **재산상 이익과 손해 사이에 서로 대응하는 관계에 있는 등 일정한 관련성이 인정되어야 업무상배임죄가 성립한다.**

[2] 업무상배임죄에서 **본인에게 재산상 손해를 가한다 함은** 총체적으로 보아 본인의 재산상태에 손해를 가하는 경우, 즉 **본인의 전체적 재산가치의 감소를 가져오는 것을** 말하고, 이와 같은 법리는 타인의 사무를 처리하는 자 내지 제3자가 취득하는 재산상 이익에 대하여도 동일하게 적용되는 것으로 보아야 한다.

[3] 또한 업무상배임죄는 본인에게 재산상 손해를 가하는 외에 임무위배행위로 인하여 행위자 스스로 재산상 이익을 취득하거나 제3자로 하여금 재산상 이익을 취득하게 할 것을 요건으로 하므로, **본인에게 손해를 가하였다고 할지라도 행위자 또는 제3자가 재산상 이익을 취득한 사실이 없다면 배임죄가 성립할 수 없다.**

[4] 갑 새마을금고 임원인 피고인이 새마을금고의 여유자금 운용에 관한 규정을 위반하여 금융기관으로부터 원금 손실의 위험이 있는 금융상품을 매입함으로써 갑 금고에 액수 불상의 재산상 손해를 가하고 금융기관에 수수료 상당의 재산상 이익을 취득하게 하였다고 하여 업무상배임으로 기소된 사안에서, ① **피고인의 임무위배행위로 인하여 본인인 갑 금고에 발생한 액수 불상의 재산상 손해와 금융기관이 취득한 수수료 상당의 이익 사이에 대응관계가 있는 등 관련성이 있다고 볼 수 없는 점,** ② 금융기관에 지급된 수수료는 판매수수료로서 피고인이 금융상품을 매입하면서 **금융기관으로부터 제공받은 용역에 대한 대가로 지급된** 것이므로, 금융기관이 제공한 용역에 비하여 지나치게 과도한 수수료를 지급받았다

는 등의 특별한 사정이 없는 한, ③ **금융기관이 용역 제공의 대가로 정당하게 지급받은** 위 **수수료가 피고인의 임무위배행위로 인하여 취득한 재산상 이익에 해당한다고 단정하기 어려운 점** 등을 종합하면, ④ **피고인의 임무위배행위로 갑 금고에 액수 불상의 재산상 손해가 발생하였더라도** 금융기관이 취득한 수수료 상당의 이익을 그와 **관련성 있는 재산상 이익이라고 인정할 수 없고, 또한 위 수수료 상당의 이익은 배임죄에서의 재산상 이익에 해당한다고 볼 수도 없다**(대법원2021. 11. 25.선고2016도3452판결). 결국, **피고인은 업무상 배임죄가 성립할 수 없다.**

문제 25 – 정답 ①

▶ ① ㉠㉡㉢㉣㉤(5개)은 **모두** 공문서부정행사죄가 **성립하지 아니한다(모두 틀린지문이다).**

㉠ (X) 피고인이 기왕에 습득한 타인의 주민등록증을 피고인 가족의 것이라고 제시하면서 그 주민등록증상의 명의 또는 가명으로 이동전화 가입신청을 한 경우, **타인의 주민등록증을 본래의 사용용도인 신분확인용으로 사용한 것이라고 볼 수 없어** 공문서부정행사죄가 성립하지 않는다(대판2003.2.26. 2002도4935).

㉡ (X) [1] 도로교통법 제92조 제2항에서 **제시의 객체로 규정한 운전면허증은** 적법한 운전면허의 존재를 추단 내지 증명할 수 있는 **운전면허증 그 자체를 가리키는 것이지, 그 이미지파일 형태는 여기에 해당하지 않는다.**

[2] **자동차 등의 운전자가 경찰공무원에게 다른 사람의 운전면허증 자체가 아니라 이를 촬영한 이미지파일을 휴대전화 화면 등을 통하여 보여주는 행위는** 운전면허증의 특정된 용법에 따른 행사라고 볼 수 없는 것이어서 그로 인하여 경찰공무원이 그릇된 신용을 형성할 위험이 있다고 할 수 없으므로, 이러한 행위는 결국 **공문서부정행사죄를 구성하지 아니한다**(대판2019.12.12. 2018도2560). 결국, 자동차 등의 운전자가 경찰공무원에게 다른 사람의 운전면허증 자체가 아니라 이를 촬영한 **이미지파일을 휴대전화 화면 등을 통하여 보여주는 행위는 공문서부정행사죄가 성립하지 않는다.**

㉢ (X) [1] 장애인전용 주차구역 주차표지가 있는 장애인사용 자동차표지는 보행상 장애가 있는 사람이 이용하는 자동차에 대한 지원의 편의를 위하여 발급되는 것이다. 따라서 **장애인사용 자동차표지를 사용할 권한이 없는 사람이** 장애인전용 주차구역에 주차하는 등 장애인사용 자동차에 대한 지원을 받을 것으로 합리적으로 기대되는 상황이 아니라면 **단순히 이를 자동차에 비치하였더라도** 장애인사용 자동차표지를 **본래의 용도에 따라 사용했다고 볼 수 없어** 공문서부정행사죄가 **성립하지 않는다.**

[2] 피고인은 실효된 '장애인전용 주차구역 주차표지가 있는 장애인사용 자동차표지'를 승용차에 비치한 채 이 사건 아파트의 주차장 중 **장애인전용주차구역이 아닌 장소에 승용차를 주차한 사실을 알 수 있다.** 이는 피고인이 장애인사용 자동차에 대한 지원을 받을 것으로 합리적으로 기대되는 상황에서 장애인사용 자동차표지를 승용차에 비치한 경우에 해당한다고 볼 수 없고, 달리 이를 인정할 만한 사정도 보이지 않는다. 따라서 피고인이 장애인사용 자동차표지를 **본래의 용도에 따라 사용한 것으로 볼 수 없으므로** 공문서부정행사죄가 성립하지 않는다(대법원2022. 9. 29.선고2021도14514판결). 결국, 피고인이 이 사건 아파트 지하주차장에 승용차를 주차하면서 사실은 위 승용차는 **장애인사용 자동차가 아닌데도** 공문서인 ○○구청장 명의의 **'장애인사용 자동차표지(보호자용)'를** 위 승용차의 **전면에 비치하였다. 그러나 피고인이 장애인전용 주차구역에 승용차를 주차하지 않았다면** 장애인사용 자동차표지를 본래

의 용도에 따라 사용한 것으로 볼 수 없으므로 **공문서부정행사죄가 성립하지 않는다.** 따라서 **단순히 표지 비치만으로는 무죄**, 장애인전용 주차구역에 주차하면 공문서부정행사죄가 **성립한다.**

㉣ (X) 어떤 선박이 사고를 낸 것처럼 허위로 사고신고를 하면서 그 선박의 선박국적증서와 선박검사증서를 함께 제출하였다고 하더라도, 선박국적증서와 선박검사증서는 위 선박의 국적과 항행할 수 있는 자격을 증명하기 위한 용도로 사용된 것일 뿐 그 본래의 용도를 벗어나 행사된 것으로 보기는 어려우므로, 이와 같은 행위는 공문서부정행사죄에 해당하지 않는다(대판2009.2.26. 2008도10851).

㉤ (X) [1] 사용권한자와 용도가 특정되어 있는 공문서를 사용권한 없는 자가 사용한 경우에도 그 공문서의 본래 용도에 따른 사용이 아닌 경우에는 공문서부정행사죄가 성립되지 아니한다.
[2] 피고인이 조세범 처벌법 위반 사건으로 조사를 받던 중 자신이 갑인 것처럼 행세하기 위하여 갑의 국가유공자증을 조사 담당 공무원에게 제시하여 공문서부정행사로 기소된 사안에서, 국가유공자증의 본래 용도는 제시인이 국가유공자법에 따라 등록된 국가유공자로서 관련 혜택을 받을 수 있는 자격이 있음을 증명하는 것이고 신분의 동일성을 증명하는 것이 아니므로 공문서부정행사죄가 성립하지 않는다(대법원2022. 10. 14.선고2020도13344판결).

문제 26 - 정답 ③

▶ ③ (X) [1] 형법 제123조의 직권남용권리행사방해죄에서 말하는 '사람으로 하여금 의무 없는 일을 하게 한 때'란 공무원이 직권을 남용하여 다른 사람으로 하여금 법령상 의무 없는 일을 하게 한 때를 의미한다.
[2] 따라서 공무원이 자신의 직무권한에 속하는 사항에 관하여 실무 담당자로 하여금 직무집행을 보조하는 사실행위를 하도록 하더라도 이는 공무원 자신의 직무집행으로 귀결될 뿐이므로 원칙적으로 의무 없는 일을 하게 한 때에 해당한다고 할 수 없다(직권남용권리행사방해죄가 성립하지 않는다).
[3] 그러나 직무집행의 기준과 절차가 법령에 구체적으로 명시되어 있고 실무 담당자에게도 직무집행의 기준을 적용하고 절차에 관여할 고유한 권한과 역할이 부여되어 있다면 실무 담당자로 하여금 그러한 기준과 절차를 위반하여 직무집행을 보조하게 한 경우에는 '의무 없는 일을 하게 한 때'에 해당한다(직권남용권리행사방해죄가 성립한다).
[4] 공무원의 직무집행을 보조하는 실무 담당자에게 직무집행의 기준을 적용하고 절차에 관여할 고유한 권한과 역할이 부여되어 있는지 여부 및 공무원의 직권남용행위로 인하여 실무 담당자가 한 일이 그러한 기준이나 절차를 위반하여 한 것으로서 법령상 의무 없는 일인지 여부는 관련 법령 등의 내용에 따라 개별적으로 판단하여야 한다.
[5] 법무부 검찰국장인 피고인이, 검찰이 마련하는 인사안 결정과 관련한 업무권한을 남용하여 검사인사담당 검사 갑으로 하여금 2015년 하반기 검사인사에서 부치지청에 근무하고 있던 경력검사 을을 다른 부치지청으로 다시 전보시키는 내용의 인사안을 작성하게 함으로써 의무 없는 일을 하게 하였다고 하여 직권남용권리행사방해로 기소된 사안에서, 검사에 대한 전보인사는 검찰청법 등 관련 법령에 근거한 것으로서 법령에서 정한 원칙과 기준에 따라야 하나, 한편 전보인사는 인사권자의 권한에 속하고, 검사는 고도의 전문지식과 직무능력, 인격을 갖출 것이 요구되므로 인사권자는 법령의 제한을 벗어나지 않는 한 여러 사정을 참작하여 전보인사

의 내용을 결정할 필요가 있고 이를 결정함에 있어 상당한 재량을 가지므로, 피고인이 갑으로 하여금 위 인사안을 작성하게 한 것을 두고 피고인의 직무집행을 보조하는 갑으로 하여금 그가 지켜야 할 직무집행의 기준과 절차를 위반하여 법령상 의무 없는 일을 하게 한 때에 해당한다고 보기 어렵다(대법원2020. 1. 9.선고2019도11698판결). 결국, 피고인은 직권남용권리행사방해죄가 성립하지 않는다.

① (O) [1] 직권남용권리행사방해죄는 단순히 공무원이 직권을 남용하는 행위를 하였다는 것만으로 곧바로 성립하는 것이 아니다. 직권을 남용하여 현실적으로 다른 사람이 법령상 의무 없는 일을 하게 하였거나 다른 사람의 구체적인 권리행사를 방해하는 결과가 발생하여야 하고, 그 결과의 발생은 직권남용 행위로 인한 것이어야 한다.
[2] '사람으로 하여금 의무 없는 일을 하게 한 것'과 '사람의 권리행사를 방해한 것'은 형법 제123조가 규정하고 있는 객관적 구성요건요소인 '결과'로서 둘 중 어느 하나가 충족되면 직권남용권리행사방해죄가 성립한다. 이는 '공무원이 직권을 남용하여'와 구별되는 별개의 범죄성립요건이다. 따라서 공무원이 한 행위가 직권남용에 해당한다고 하여 그러한 이유만으로 상대방이 한 일이 '의무 없는 일'에 해당한다고 인정할 수는 없다. '의무 없는 일'에 해당하는지는 직권을 남용하였는지와 별도로 상대방이 그러한 일을 할 법령상 의무가 있는지를 살펴 개별적으로 판단하여야 한다. 직권을 남용한 행위가 위법하다는 이유로 곧바로 그에 따른 행위가 의무 없는 일이 된다고 인정하면 '의무 없는 일을 하게 한 때'라는 범죄성립요건의 독자성을 부정하는 결과가 되고, '권리행사를 방해한 때'의 경우와 비교하여 형평에도 어긋나게 된다.
[3] 가. 직권남용 행위의 상대방이 일반 사인인 경우 특별한 사정이 없는 한 직권에 대응하여 따라야 할 의무가 없으므로 그에게 어떠한 행위를 하게 하였다면 '의무 없는 일을 하게 한 때'에 해당할 수 있다. 그러나 상대방이 공무원이거나 법령에 따라 일정한 공적 임무를 부여받고 있는 공공기관 등의 임직원인 경우에는 법령에 따라 임무를 수행하는 지위에 있으므로 그가 직권에 대응하여 어떠한 일을 한 것이 의무 없는 일인지 여부는 관계 법령 등의 내용에 따라 개별적으로 판단하여야 한다.
나. 대통령비서실장을 비롯한 피고인들 등이 문화체육관광부 공무원을 통하여 문화예술진흥기금 등 정부의 지원을 신청한 개인·단체의 이념적 성향이나 정치적 견해 등을 이유로 한국문화예술위원회·영화진흥위원회·한국출판문화산업진흥원이 수행한 각종 사업에서 이른바 좌파 등에 대한 지원배제를 지시함으로써 한국문화예술위원회·영화진흥위원회·한국출판문화산업진흥원 직원들로 하여금 의무 없는 일을 하게 하였다는 직권남용권리행사방해의 공소사실로 기소된 사안에서, 피고인들의 위와 같은 지원배제 지시는 '직권남용'에 해당하고, 위 지원배제 지시로써 문화체육관광부 공무원이 한국문화예술위원회·영화진흥위원회·한국출판문화산업진흥원 직원들로 하여금 지원배제 방침이 관철될 때까지 사업진행 절차를 중단하는 행위, 지원배제 대상자에게 불리한 사정을 부각시켜 심의위원에게 전달하는 행위 등을 하게 한 것은 '의무 없는 일을 하게 한 때'에 해당한다(직권남용권리행사방해죄의 성립 인정).
다. 그러나 문화체육관광부 공무원에게 각종 명단을 송부하게 한 행위, 공모사업 진행 중 수시로 심의 진행 상황을 보고하게 한 행위 부분은 의무 없는 일에 해당한다고 보기 어렵다(직권남용권리행사방해죄의 성립 부정)(대법원2020. 1. 30.선고2018도2236전원

합의체 판결).

② (O) [1] **대통령비서실장 및 정무수석비서관실 소속 공무원들인 피고인들이**, 2014~2016년도의 3년 동안 각 연도별로 **전국경제인연합회**(이하 '전경련'이라 한다)에 **특정 정치성향 시민단체들에 대한 자금지원을 요구**하고 그로 인하여 **전경련 부회장 갑으로 하여금 해당 단체들에 자금지원을 하도록 하였다**고 하여 **직권남용권리행사방해 및 강요의 공소사실로 기소된** 사안에서, 피고인들이 위와 같이 **자금지원을 요구한 행위**는 대통령비서실장과 정무수석비서관실의 일반적 직무권한에 속하는 사항으로서 **직권을 남용한 경우에 해당**하고, **갑은 위 직권남용 행위로 인하여 전경련의 해당 보수 시민단체에 대한 자금지원 결정이라는 의무 없는 일을 하였다**는 등의 이유로 **직권남용권리행사방해죄가 성립한다.**

[2] 한편 **대통령비서실 소속 공무원이 그 지위에 기초하여 어떠한 이익 등의 제공을 요구하였다고 해서 곧바로 그 요구를 해악의 고지라고 평가할 수 없는 점**, 요구 당시 상대방에게 그 요구에 따르지 않으면 해악에 이를 것이라는 인식을 갖게 하였다고 평가할 만한 언동의 내용과 경위, 요구 당시의 상황, 행위자와 상대방의 성행·경력·상호관계 등에 관한 사정이 나타나 있지 않은 점, **전경련 관계자들이 대통령비서실의 요구를 받고도 그에 따르지 않으면** 정책 건의 무산, 전경련 회원사에 대한 인허가 지연 등의 **불이익을 받는다고 예상하는 것이 합리적이라고 볼 만한 사정도 제시되지 않은 점** 등 여러 사정을 종합하면 **피고인들의 위와 같은 자금지원 요구를** 강요죄의 성립 요건인 **협박, 즉 해악의 고지에 해당한다고 단정할 수 없다**(대법원2020. 2. 13.선고2019도5186판결). 결국, 피고인들은 **직권남용권리행사방해죄가 성립하나, 강요죄는 성립하지 않는다.**

④ (O) [1] **현행범인 체포의 요건을 갖추었는지에 관한 검사나 사법경찰관 등의 판단에는 상당한 재량의 여지가 있으나, 체포 당시 상황으로 보아도 요건 충족 여부에 관한 검사나 사법경찰관 등의 판단이 경험칙에 비추어 현저히 합리성을 잃은 경우 그 체포는 위법하다.** 그리고 범죄의 고의는 확정적 고의뿐만 아니라 결과 발생에 대한 인식이 있고 이를 용인하는 의사인 이른바 미필적 고의도 포함하므로, **피고인이 인신구속에 관한 직무를 집행하는 사법경찰관으로서** 체포 당시 상황을 고려하여 경험칙에 비추어 **현저하게 합리성을 잃지 않은 채 판단하면 체포 요건이 충족되지 아니함을 충분히 알 수 있었는데도**, 자신의 **재량 범위를 벗어난다는 사실을 인식**하고 그와 같은 결과를 용인한 채 **사람을 체포하여 권리행사를 방해하였다면, 직권남용체포죄와 직권남용권리행사방해죄가 성립한다.**

[2] **20년 이상 인신구속에 관한 직무를 수행하고 있는 경찰관 갑은 노동조합 파업현장에서 경찰을 지휘하던 지휘관이었다.** 노동조합 위원장으로부터 신속한 **변호사 접견을 부탁받은 변호사 乙은** 파업현장에서 **갑에게 체포된 근로자 병을 접견하게 해 달라고 요구**하면서 **병이 탑승한 호송차량의 진행을 막자, 갑은** 접견요청을 받은 때로부터 불과 2, 3분만에 **변호사 乙을** 경찰의 체포·호송에 관한 **공무집행을 방해한다는 혐의로 현행범인으로 체포**하였다. 변호사 을이 노동조합 위원장으로부터 근로자들이 연행될 경우 적절한 조치를 취해 줄 것을 부탁한다는 내용의 공문을 받았고 **체포 현장에서 변호사 신분증을 제시하면서 변호인이 되려는 자로서 접견을 요청하였다면**, 형사소송법 제34조에서 정한 **접견교통권이 인정된다.** 사법경찰관 **갑이** 체포 당시 상황을 고려하여 경험칙에 비추어 **현저하게 합리성을 잃지 않은 채 판단하면 체포 요건이 충족되지**

아니함을 충분히 알 수 있었는데도, 자신의 재량 범위를 벗어난다는 사실을 인식하고 그와 같은 결과를 용인한 채 **변호사 乙을 체포하였으므로, 직권남용체포죄와 직권남용권리행사방해죄가 성립한다**(대판 2017.3.9. 2013도16162).

문제 27 - 정답 ②

▶ ② (X) [1] **대통령인 피고인 갑은 국정원장 을에게 국가정보원 예산을 지원받아 사용하라고 지시하였다.** 을은 갑의 지시에 따른 대통령 비서관 병의 요청을 받고 **특별사업비 합계 6억 원을 횡령하여 갑에게 교부하였다.** 후임 국정원장인 A, B도 을의 예에 따라 각각 특별사업비 합계 8억 원, 19억 원을 **횡령하여 갑에게 교부하였는데,** 그 과정에서 B는 피고인으로부터 직접 자금 교부를 요구받기도 하였다.

[2] 대통령 갑은 행정부의 수반이면서 국정원장에 대한 지휘·감독 및 인사권자이다. 갑은 이러한 대통령의 지위에서 **국정원장들에게 국정원 자금을 횡령하여 교부할 것을 지시하고 국정원장들로부터 그들이 횡령한 특별사업비를 교부받았다.** 국정원장들은 위와 같이 갑의 지시에 따르기 위하여 **특별사업비를 횡령하고, 횡령한 돈을 그대로 갑에게 교부하였다.**

[3] 갑과 국정원장들 사이에 국정원 자금을 횡령하여 이를 모두 피고인에게 귀속시키기로 하는 공모가 있었고 그에 따라 이 부분 특별사업비의 횡령 및 교부가 이루어진 것으로 볼 수 있다. **갑은 횡령 범행의 실행행위를 직접 수행하지는 않았으나** 국정원장들에 대한 우월하고 압도적인 지위에서 **범행을 지시하고 이를 따른 국정원장들로부터 이 부분 특별사업비를 교부받았다.**

[4] 결국, **갑은 자신이 적극적으로 가담하여 이루어진 횡령 범행 과정에서 공범자 중 일부가 취득한 돈을 공모의 내용에 따라 내부적으로 분배받은 것에 불과하다.** 따라서 **갑이 교부받은 이 부분 특별사업비를 뇌물로 보기 어렵고, 갑에게 뇌물에 관한 고의가 있었다고 보기도 어려우므로 특정범죄가중법 위반(뇌물)죄가 성립하지 않는다**(대법원2019. 11. 28.선고2019도11766판결). 결국, 대통령인 피고인이 국가정보원장들로부터 특별사업비(돈)를 교부받은 경우, 특정범죄 가중처벌 등에 관한 법률 위반(뇌물)에 해당하지 않는다.

① (O) [1] **횡령 범행으로 취득한 돈을 공범자끼리 수수한 행위**가 공동정범들 사이의 범행에 의하여 취득한 돈을 **공모에 따라 내부적으로 분배한 것에 지나지 않는다면** 별도로 그 돈의 수수행위에 관하여 **뇌물죄가 성립하는 것은 아니다.**

[2] **그와 같이 수수한 돈의 성격을 뇌물로 볼 것인지 횡령금의 분배로 볼 것인지 여부**는 돈을 공여하고 수수한 당사자들의 의사, 수수된 돈의 액수, 횡령 범행과 수수행위의 시간적 간격, 수수한 돈이 횡령한 그 돈인지 여부, 수수한 장소와 방법 등을 **종합적으로 고려하여 객관적으로 평가하여 판단하여야** 한다.

③ (O) [1] **수뢰후부정처사죄를 정한 형법 제131조 제1항**은 공무원 또는 중재인이 형법 제129조(수뢰, 사전수뢰) 및 제130조(제3자뇌물제공)의 죄를 범하여 부정한 행위를 하는 것을 구성요건으로 하고 있다. 여기에서 '형법 제129조 및 제130조의 죄를 범하여'란 **반드시 뇌물수수 등의 행위가 완료된 이후에 부정한 행위가 이루어져야 함을 의미하는 것은 아니고,** 결합범 또는 결과적 가중범 등에서의 기본행위와 마찬가지로 **뇌물수수 등의 행위를 하는 중에 부정한 행위를 한 경우도 포함하는 것으로 보아야 한다.** 따라서 단일하고도 계속된 범의 아래 일정 기간 반복하여 일련의 뇌물수수 행위와 부정한 행위가 행하여졌고 그 뇌물수수 행위와 부정한 행위 사이에 인과관계가 인정되며 피해법익도 동일하다면, **최후**

231

의 부정한 행위 이후에 저질러진 뇌물수수 행위도 **최후의 부정한 행위 이전의 뇌물수수 행위 및 부정한 행위와 함께 수뢰후부정처사죄의 포괄일죄로 처벌함이 타당하다.**

[2] **피고인은** 2016. 5.경부터 2018. 8.경까지 **환경부 기술서기관으로 재직하면서** 환경부 '가습기살균제 대응 TF' 피해구제 대책반원을 겸직하였고, 2018. 8.경부터 2019. 2.경까지 (보직명 1 생략), 2019. 2.경부터 2019. 5.경까지 (보직명 2 생략), 2019. 5.경부터 현재까지 (보직명 3 생략)으로 재직 중이다. 피고인은 환경부 '가습기살균제 대응 TF' 피해구제 대책반 등 가습기살균제 사건 대응 관련 부서에서 근무하면서 **가습기살균제 피해 특별구제계정의 분담금 산정 협의 과정에서 가습기살균제 제조·판매업체인 A회사의 담당자인 갑을 알게 되자** 그로부터 **선물이나 향응을 제공받은 대가로** 가습기살균제 사건 관련 환경부 조치 동향, 내부 논의 상황 및 논의 내용, 향후 일정 등 **환경부에서 진행하였거나 계획하고 있는 사항이 포함된 정보를 제공할 것을 마음먹었다. 피고인은 갑으로부터 위와 같은 직무상 편의를 제공하여 달라는 취지의 청탁을 받으면서** 원심 판시 별지 범죄일람표 (1) 순번 1 내지 17번 기재와 같이 **2017. 4. 18.부터 2019. 1. 31.까지 17회에 걸쳐 갑으로부터 저녁식사 등을 제공받은 후** 원심 판시 별지 범죄일람표 (2) 기재와 같이 환경부 내부정보 등을 제공함으로써 **뇌물을 수수한 후 부정한 행위를 하였다(수뢰후부정처사죄).**

[3] 원심이 피고인에 대하여 유죄로 인정한 원심 판시 범죄일람표 (1) 기재 각 뇌물수수 행위는 그 순번 1 내지 15번의 행위뿐만 아니라 나머지 순번 16, 17번의 행위까지도 단일하고도 계속적인 범의하에 반복적으로 저질러진 것으로서 동일 법익을 침해하였다고 볼 수 있으므로 포괄일죄의 관계에 있을 뿐 아니라, 원심 판시 범죄일람표 (2) 기재 각 부정한 행위 역시 이와 마찬가지라고 할 것이며, 나아가 이들 각 뇌물수수 행위와 각 부정한 행위 사이에는 전체적으로 보았을 때 서로 인과관계가 존재한다고 볼 수 있다. 따라서 **원심 판시 범죄일람표 (1) 기재 순번 16, 17번의 각 뇌물수수 행위는 원심이 유죄로 인정한 이 부분 나머지 범죄사실과 함께 수뢰후부정처사죄의 포괄일죄를 구성한다고 볼 여지가 많다.**

[4] **그런데도 원심은** 수뢰후부정처사죄가 포괄일죄로서 성립하는 경우라 할지라도 **뇌물수수 등의 행위가 부정한 행위보다 개별적으로도 반드시 선행하여야 한다는 잘못된 전제하에** 원심 판시 범죄일람표 (1) 기재 순번 16, 17번의 각 뇌물수수 행위가 원심 판시 범죄일람표 (2)에 기재된 **마지막 부정한 행위보다 시간적으로 나중에 저질러졌다는 이유만으로** 이를 수뢰후부정처사의 포괄일죄로 분리하여 **각 뇌물수수죄로 인정하고 이유에서 일부 무죄로 판단하고 말았다. 원심의 이러한 판단에는** 수뢰후부정처사죄의 구성요건 및 포괄일죄 등에 관한 법리를 오해하여 필요한 심리를 다하지 않음으로써 판결에 영향을 미친 **잘못이 있다**(대법원2021. 2. 4.선고 2020도12103판결).

④ (○) [1] **뇌물죄는** 공여자의 출연에 의한 **수뢰자의 영득의사의 실현으로서,** 공여자의 특정은 직무행위와 관련이 있는 이익의 부담 주체라는 관점에서 파악하여야 할 것이므로, **금품이나 재산상 이익 등이 반드시 공여자와 수뢰자 사이에 직접 수수될 필요는 없다.**

[2] 공무원인 피고인 갑은 피고인 을로부터 "선물을 할 사람이 있으면 새우젓을 보내 주겠다."라는 말을 듣고 이를 승낙한 뒤새우젓을 보내고자 하는 329명의 명단을 피고인 을에게 보내 주고 피고인 을로 하여금 위 사람들에게 피고인 갑의 이름을 적어 마치 피고인 갑이 선물을 하는 것처럼 총 11,186,000원 상당의 새우젓을 택배로 발송하게 하고 그 대금을 지급하지 않는 방법으로 직무에 관하여 뇌물을 교부받고, 피고인 을은 피고인 갑에게 뇌물을 공여하였다는 내용으로 기소된 사안에서, **피고인 을은 도내 어촌계장이고, 피고인 갑은 도청 공무원으로 재직하면서 어민들의 어업지도, 보조금 관련 사업과 어로행위 관련 단속 업무 등을 총괄하고 있던 점,** 피고인 을은 이전에도 같은 방식으로 피고인 갑이 재직 중이던 도청 담당과에 새우젓을 보낼 사람들의 명단을 요청하여 직원으로부터 명단을 받아 피고인 갑의 이름으로 새우젓을 발송한 점 등 여러 사정을 종합하면, 피고인 을은 피고인 갑이 지정한 사람들에게 피고인 갑의 이름을 발송인으로 기재하여 배송업체를 통하여 배송업무를 대신하여 주었을 뿐이고, **새우젓을 받은 사람들은** 새우젓을 **보낸 사람을** 피고인 을이 아닌 **피고인 갑으로 인식하였으며,** 한편 피고인 을과 피고인 갑 사이에 새우젓 제공에 관한 의사의 합치가 존재하고 위와 같은 제공방법에 관하여 피고인 갑이 양해하였다고 보이므로, **피고인 을의 새우젓 출연에 의한 피고인 갑의 영득의사가 실현되어 형법 제129조 제1항의 뇌물공여죄 및 뇌물수수죄가 성립하고,** 공여자와 수뢰자 사이에 직접 금품이 수수되지 않았다는 사정만으로 이와 달리 볼 수 없다는 이유로, 그럼에도 **사회통념상 위 329명이 새우젓을 받은 것을 피고인 갑이 직접 받은 것과 같이 평가할 수 있는 관계라고 인정하기에 부족하다고 보아** 피고인들에게 무죄를 선고한 원심판단에 뇌물죄의 성립에 관한 법리오해 등의 **위법이 있다**(대법원2020. 9. 24.선고2017도12389판결). 결국, **뇌물공여자가 새우젓을 택배를 이용하여 뇌물수수자의 명의로 지인에게 선물을 발송한 행위에 관하여 형법 제129조 제1항의 뇌물공여죄 및 뇌물수수죄가 성립한다.**

문제 28 - 정답 ②

▶ ② ㉠㉢㉣㉤(4개)은 옳은 지문이나, ㉡(1개)은 틀린 지문이다.

㉠ (○) [1] **형집행장의 집행에 관하여는** 형사소송법 제1편 제9장에서 정하는 **피고인의 구속에 관한 규정이 준용된다**(형사소송법 제475조). 그리하여 사법경찰관리가 벌금형을 받은 이를 그에 따르는 노역장 유치의 집행을 위하여 구인하려면 검사로부터 발부받은 형집행장을 상대방에게 제시하여야 하지만(형사소송법 제85조 제1항), **형집행장을 소지하지 아니한 경우에 급속을 요하는 때에는 상대방에 대하여 형집행 사유와 형집행장이 발부되었음을 고하고 집행할 수 있고**(형사소송법 제85조 제3항), 여기서 형집행장의 제시 없이 구인할 수 있는 '급속을 요하는 때'란 애초 사법경찰관리가 적법하게 발부된 형집행장을 소지할 여유가 없이 형집행의 상대방을 조우한 경우 등을 가리킨다.

[2] 경찰관 갑이 도로를 순찰하던 중 벌금 미납으로 지명수배된 피고인과 조우하게 되어 벌금 미납 사실을 고지하고 벌금납부를 유도하였으나 피고인이 이를 거부하자 벌금 미납으로 인한 노역장 유치의 집행을 위하여 구인하려 하였는데, **피고인이 이에 저항하여 갑의 가슴을 양손으로 수차례 밀침으로써 벌금수배자 검거를 위한 경찰관의 공무집행을 방해하였다는 내용으로 기소된 사안에서, 피고인에 대하여** 확정된 벌금형의 집행을 위하여 **형집행장이 이미 발부되어 있었으나, 갑이** 피고인을 **구인하는 과정에서 형집행장이 발부되어 있는 사실은 고지하지 않았던 사정에 비추어 갑의** 위와 같은 **직무집행은 위법하다**(대판2017.9.26. 2017도9458). 결국, **갑이 피고인을 구인하는 과정에서 형집행장이 발부되어 있는 사실을 고지하지 않은 것은 갑의 직무집행이 위법하므로,** 피고인에게 **공무집행방해죄가 성립하지 않는다.**

㉡ (X) 특정 정당 소속 지방의회의원인 피고인들 등이 지방의회 의장 선거를 앞두고 '갑을 의장으로 추대'하기로 서면합의하고 그 이

행을 확보하기 위해 투표용지에 가상의 구획을 설정하고 각 의원별로 기표할 위치를 미리 정하기로 구두합의하는 방법으로 선거를 사실상 기명·공개투표로 치르기로 공모한 다음 그 정을 모르는 임시의장 을이 선거를 진행할 때 사전공모에 따라 투표하여 단독 출마한 갑이 의장에 당선되도록 하여 **위계로써 을의 무기명투표 관리에 관한 직무집행을 방해하였다는 내용으로 기소된 사안**에서, 지방자치법은 제48조 제1항에서 지방의회 의장을 무기명투표로 선거하여야 한다고 규정하나 **그 위반행위를 처벌하는 별도 규정을 두고 있지 않으므로,** 피고인들 등의 행위가 비밀선거 원칙(무기명투표 원칙)에 위배되는 면이 있음을 근거로 **곧 을의 직무집행을 방해한 것으로 평가할 수 없는 점,** 지방의회의원들이 사전에 서로 합의한 방식대로 투표행위를 한 것만으로는 무기명투표 원칙에 반하는 전형적인 행위, 즉 투표 과정이나 투표 이후의 단계에서 타인의 투표 내용을 알리는 행위라거나 자신의 투표 내용을 공개하는 것 또는 타인에게 투표의 공개를 요구하는 행위로 평가하기 어려우므로, 위와 같은 서면합의와 구두합의의 실행 자체가 곧바로 '지방의회 의장 선거 과정에서 **무기명투표 원칙이 구현되도록 할 임시의장의 직무집행'을 방해하였다고 보기 어려운 점,** 위와 같은 합의 수준에서 더 나아가 피고인들 등 사이에 합의에 반하는 투표가 이루어졌는지를 확인할 감표 위원을 누구로 정할 것인지, 투표용지 확인은 언제, 어떤 방법으로 하고, 합의에 반하는 투표를 한 의원에 대해 어떠한 제재를 가할 것인지에 관하여 논의가 이루어졌음을 증명할 증거가 없는 점 등 제반 사정을 종합하면, **피고인들 등이 '지방의회 임시의장의 무기명투표 관리에 관한 직무집행을 방해'하였다고 평가할 사정에 관한 검사의 증명이 없거나 부족하다는 등의 이유로,** 이와 달리 보아 피고인들에게 **유죄를 인정한 원심판결**에 위계에 의한 공무집행방해죄의 성립에서 위계의 실행행위와 공무집행방해의 결과 및 그 고의에 관한 법리 등을 오해한 **잘못이 있다**(대법원2021. 4. 29.선고2018도18582판결). 결국, **피고인들은 위계에 의한 공무집행방해죄가 성립할 수 없다.**

ⓒ (○) 피고인들을 포함한 '갑 주식회사 희생자 추모와 해고자 복직을 위한 범국민대책위원회'(이하 '대책위'라 한다)가 덕수궁 대한문 화단 앞 인도(이하 '농성 장소'라 한다)를 **불법적으로 점거한 뒤** 천막·분향소 등을 설치하고 농성을 계속하다가 **관할 구청이 행정대집행으로 농성 장소에 있던 물건을 치웠음에도** 대책위 관계자들이 이에 대한 항의의 일환으로 **기자회견 명목의 집회를 개최하려고 하자,** **출동한 경찰 병력이 농성 장소를 둘러싼 채 대책위 관계자들의 농성 장소 진입을 제지하는 과정에서 피고인들이 경찰관을 밀치는 등으로 공무집행을 방해하였다는 내용으로 기소된 사안**에서, 경찰 병력이 행정대집행 직후 대책위가 또다시 같은 장소를 점거하고 물건을 다시 비치하는 것을 막기 위해 농성 장소를 미리 둘러싼 뒤 대책위가 같은 장소에서 기자회견 명목의 집회를 개최하려는 것을 불허하면서 **소극적으로 제지한 것은 구 경찰관 직무집행법의 범죄행위 예방을 위한 경찰 행정상 즉시강제로서 적법한 공무집행에 해당하고,** 피고인 등 대책위 관계자들이 이와 같이 직무집행 중인 경찰 병력을 밀치는 등 **유형력을 행사한 행위는 공무집행방해죄에 해당한다**(대법원2021. 10. 14.선고2018도2993판결).

ⓓ (○) [1] **형법 제136조에서 정한 공무집행방해죄는** 직무를 집행하는 공무원에 대하여 폭행 또는 협박한 경우에 성립하는 범죄로서 여기서의 폭행은 **사람**에 대한 유형력의 행사로 족하고 **반드시 그 신체에 대한 것임을** 요하지 아니하며, 또한 **추상적 위험범으로서 구체적으로 직무집행의 방해라는 결과발생을** 요하지도 아니한다.

[2] 피고인이 갑과 주차문제로 언쟁을 벌이던 중, 112 신고를 받고

출동한 경찰관 을이 갑을 때리려는 피고인을 제지하자 자신만 제지를 당한 데 화가 나서 손으로 을의 가슴을 1회 밀치고, 계속하여 욕설을 하면서 피고인을 현행범으로 체포하며 순찰차 뒷좌석에 태우려고 하는 을의 정강이 부분을 양발로 2회 걷어차는 등 폭행함으로써 **경찰관의 112 신고처리에 관한 직무집행을 방해하였다는 내용으로 기소된 사안**에서, 제반 사정을 종합하면 **피고인이 손으로 을의 가슴을 밀칠 당시 을은 112 신고처리에 관한 직무 내지 순찰근무를 수행하고 있었고,** 이와 같이 공무를 집행하고 있는 을의 가슴을 밀치는 행위는 공무원에 대한 유형력의 행사로서 **공무집행방해죄에서 정한 폭행에 해당**하며, 피고인이 체포될 당시 도망 또는 증거인멸의 염려가 없었다고 할 수 없어 **체포의 필요성이 인정된다**(대판2018.3.29. 2017도21537). 결국, **피고인은 공무집행방해죄에 해당한다.**

ⓔ (○) 피고인은 평소 집에서 심한 고성과 욕설, 시끄러운 음악 소리 등으로 이웃 주민들로부터 수회에 걸쳐 112신고가 있어 왔던 사람인데, **피고인의 집이 소란스럽다는 112신고를 받고 출동한 경찰관 갑, 을이 인터폰으로 문을 열어달라고 하였으나 욕설을 하였고, 경찰관들이 피고인을 만나기 위해 전기차단기를 내리자 화가 나 식칼(전체 길이 약 37cm, 칼날 길이 약 24cm)을 들고 나와 욕설을 하면서 경찰관들을 향해 찌를 듯이 협박함으로써 갑, 을의 112신고 업무 처리에 관한 직무집행을 방해하였다고 하여 특수공무집행방해로 기소된 사안**에서, 피고인이 자정에 가까운 한밤중에 음악을 크게 켜놓거나 소리를 지른 것은 경범죄 처벌법 제3조 제1항 제21호에서 금지하는 인근소란행위에 해당하고, 그로 인하여 인근 주민들이 잠을 이루지 못하게 될 수 있으며, 갑과 을이 112신고를 받고 출동하여 눈앞에서 벌어지고 있는 범죄행위를 막고 주민들의 피해를 예방하기 위해 피고인을 만나려 하였으나 피고인은 문조차 열어주지 않고 소란행위를 멈추지 않았던 상황이라면 피고인의 행위를 제지하고 수사하는 것은 경찰관의 직무상 권한이자 의무라고 볼 수 있으므로, 위와 같은 상황에서 **갑과 을이 피고인의 집으로 통하는 전기를 일시적으로 차단한 것은** 피고인을 집 밖으로 나오도록 유도한 것으로서, **피고인의 범죄행위를 진압·예방하고 수사하기 위해 필요하고도 적절한 조치로 보이고,** 경찰관 직무집행법 제1조의 목적에 맞게 제2조의 직무 범위 내에서 제6조에서 정한 즉시강제의 요건을 충족한 **적법한 직무집행으로 볼 여지가 있다는 이유로,** 이와 달리 보아 공소사실을 **무죄로 판단한 원심판결에** 필요한 심리를 다하지 않은 채 논리와 경험의 법칙에 반하여 자유심증주의의 한계를 벗어나거나 경찰관 직무집행법의 해석과 적용, 공무집행의 적법성 등에 관한 법리를 오해한 **잘못이 있다고 한 사례**(대판2018.12.13. 2016도19417). 결국, 경찰관들이 피고인의 집에 도착하여 **개문 요청을 하였는데도 거부하자 단전을 한 것이고 그러자 피고인이 식칼을 들고 나와 경찰관들에게 휘두른 사실을 인정할 여지가 있고, 경찰관들이 그렇게 단전을 한 것은 경찰관직무집행법에 따른 적법한 직무집행으로 볼 수 있으므로,** 피고인은 **특수공무집행방해죄가 성립한다.**

문제 29 – 정답 ③

▶ ③ (X) 검사와 사법경찰관은 **수사를 할 때** 다음 **각 호의 사항에 유의하여 실체적 진실을 발견해야 한다**(수사준칙 제3조 제3항). 결국, **물적 증거를 기본으로 한다**(○).

1. 물적 증거(안적 증거)를 기본으로 하여 객관적이고 신빙성 있는 증거를 발견하고 수집하기 위해 노력할 것

2. 과학수사 기법과 관련 지식·기술 및 자료를 충분히 활용하여 합리적으로 수사할 것

3. 수사과정에서 선입견을 갖지 말고, 근거 없는 추측을 배제하며,

사건관계인의 진술을 과신하지 않도록 주의할 것

① (○) 사법경찰관은 피의자를 **신문하기 전에** 수사과정에서 법령위반, 인권침해 또는 현저한 수사권 남용이 있는 경우 '**검사에게 구제를 신청할 수 있음**'을 피의자에게 알려주어야 하며, 이때 사법경찰관은 **피의자로부터 고지 확인서를 받아 사건기록에 편철한다.** 다만, 피의자가 고지 확인서에 기명날인 또는 서명하는 것을 거부하는 경우에는 사법경찰관이 고지 확인서 끝부분에 그 사유를 적고 기명날인 또는 서명해야 한다(수사준칙 제47조: **구제신청 고지의 확인**).

② (○) 수사기관은 수사 중인 사건의 범죄 혐의를 밝히기 위한 목적으로 합리적인 근거 없이 **별개의 사건을 부당하게 수사하여서는 아니 된다**(제198조 제4항 전문). 2022. 5. 9. 개정법에서는 **별건수사를 금지하는 규정을 신설하였다.** 또한 수사기관은 다른 사건의 수사를 통하여 확보된 증거 또는 자료를 내세워 **관련 없는 사건에 대한 자백이나 진술을 강요하여서는 아니 된다**(제198조 제4항 후문). 2022. 5. 9. 개정법에서는 **별건수사를 통해 자백이나 진술강요를 금지하는 규정을 신설하였다.**

④ (○) 검사는 **사법경찰관과 동일한 범죄사실을 수사하게 된 때**에는 사법경찰관에게 **사건을 송치할 것을 요구할 수 있다**(제197조의4 제1항). 제1항의 요구를 받은 사법경찰관은 **지체 없이 검사에게 사건을 송치하여야** 한다. 다만, 검사가 영장을 청구하기 전에 동일한 범죄사실에 관하여 **사법경찰관이 영장을 신청한 경우에는** 해당 영장에 기재된 범죄사실을 **계속 수사할 수 있다**(동조 제2항).

문제 30 - 정답 ①

▶ ① (X) [1] 지방법원, 지원 또는 시·군법원의 **판사(이하 "判事"라 한다)는** 즉결심판절차에 의하여 피고인에게 **20만원 이하의 벌금, 구류 또는 과료에 처할 수 있다**(즉결심판에 관한 절차법(약칭: 즉결심판법) 제2조). 그리고 **즉결심판은** 관할경찰서장 또는 관할해양경찰서장(이하 **"경찰서장"이라 한다**)이 관할**법원에 이를 청구한다**(동법 제3조 제1항).

[2] **경찰서장**은「소년법」 제4조 제2항(**촉법소년·우법소년이 있을 때**에는 **경찰서장은 직접 관할 소년부에 송치(送致)하여야 한다.**)에 따라 **소년 보호사건을 법원에 송치하는 경우에는** 별지 제121호 서식의 소년 보호사건 송치서를 작성하여 사건기록에 편철하고 관계 서류와 증거물을 **관할 가정법원 소년부 또는 지방법원 소년부에 송부해야 한다**(경찰수사규칙 제107조 제1항; 법원송치). 결국, **경찰서장**은**촉법소년과 우법소년**에 대하여는 **직접 관할 소년부에 송치(送致)하여야 한다**(이것을 법원송치라 함).

② (○) 검사와 사법경찰관은 **다음 각 호의 어느 하나에 해당하는 사건(이하 "중요사건"이라 한다)의 경우에는** 송치 전에 수사할 사항, 증거 수집의 대상, 법령의 적용, 범죄수익 환수를 위한 조치 등에 관하여 **상호 의견을 제시·교환할 것을 요청할 수 있다.** 이 경우 검사와 사법경찰관은 특별한 사정이 없으면 **상대방의 요청에 응해야 한다**(수사준칙 제7조 제1항).

1호. 공소시효가 임박한 사건
2호. 내란, 외환, 대공(對共), 선거(정당 및 정치자금 관련 범죄를 포함한다), 노동, 집단행동, 테러, 대형참사 또는 연쇄살인 관련 사건
3호. 범죄를 목적으로 하는 단체 또는 집단의 조직·구성·가입·활동 등과 관련된 사건
4호. 주한 미합중국 군대의 구성원·외국인군무원 및 그 가족이
나. 초청계약자의 범죄 관련 사건
5호. 그 밖에 많은 피해자가 발생하거나 국가적·사회적 피해가 큰 중요한 사건

③ (○) **사법경찰관은** 형사소송법 제245조의5 제2호(**불송치 결정)의 경우**에는 그 이유를 명시한 서면과 함께 관계 **서류와 증거물을 지체 없이 검사에게 송부한 날부터 7일 이내에 서면으로 고소인·고발인·피해자 또는 그 법정대리인**(피해자가 사망한 경우에는 그 배우자·직계친족·형제자매를 포함한다)**에게** 사건을 **검사에게 송치하지 아니하는 취지와 그 이유를 통지하여야 한다**(형사소송법 제245조의6).

④ (○) **경찰관이 고소사건을 처리하지 아니하였음에도 경찰범죄정보시스템에 그 사건을 검찰에 송치한 것으로 허위사실을 입력한 행위가** 공전자기록위작죄에서 말하는 **위작에 해당한다**(대법원 2005. 6. 9. 선고 2004도6132 판결).

문제 31 - 정답 ①

▶ ① ㉠(1개)은 **옳은 지문**이나, ㉡㉢㉣㉤(4개)은 **틀린 지문**이다.

㉠ (○)「검사와 사법경찰관의 상호협력 및 일반적 수사준칙에 관한 규정」제31조

㉡ (X) 다액 50만원이하의 벌금, 구류 또는 과료에 해당하는 사건에 관하여는 ㉠ **피의자가 일정한 주거가 없는 경우** 또는 ㉡ **정당한 이유없이 제200조의 규정에 의한 출석요구에 응하지 아니한 경우**에 한한다(형사소송법 제200조의2 제1항 단서).

㉢ (X) 검사 또는 **사법경찰관이 제200조의3(긴급체포)의 규정에 의하여 피의자를 체포한 경우** 피의자를 구속하고자 할 때에는 지체 없이 검사는 관할지방법원판사에게 구속영장을 청구하여야 하고, 사법경찰관은 검사에게 신청하여 검사의 청구로 관할지방법원판사에게 구속영장을 청구하여야 한다. 이 경우 구속영장은 피의자를 체포한 때부터 **48시간 이내에** 청구하여야 하며, 제200조의3제3항에 따른 긴급체포서를 첨부하여야 한다(형사소송법 제200조의4 제1항).

㉣ (X) 피의자가 죄를 범하였다고 의심할 만한 **상당한 이유가 있고(정황이 있고(X)),** 정당한 이유없이 제200조의 규정에 의한 **출석요구에 응하지 아니하거나 응하지 아니할 우려가 있는 때에는** 검사는 관할 지방법원판사에게 청구하여 체포영장을 발부받아 피의자를 체포할 수 있고, 사법경찰관은 검사에게 신청하여 검사의 청구로 관할지방법원판사의 체포영장을 **발부받아(신청하여(X)) 피의자를 체포할 수 있다.** 다만, 다액 50만원이하의 벌금, 구류 또는 과료에 해당하는 사건에 관하여는 피의자가 일정한 주거가 없는 경우 또는 정당한 이유없이 제200조의 규정에 의한 출석요구에 응하지 아니한 경우에 한한다(형사소송법 제200조의2 제1항).

㉤ (X) 피고인이 필로폰을 투약한다는 제보를 받은 경찰관이 제보된 주거지에 피고인이 살고 있는지 등 제보의 정확성을 사전에 확인한 후에 제보자를 불러 조사하기 위하여 피고인의 주거지를 방문하였다가, 현관에서 담배를 피우고 있는 피고인을 발견하고 사진을 찍어 제보자에게 전송하여 사진에 있는 사람이 제보한 대상자가 맞다는 확인을 한 후, 가지고 있던 피고인의 전화번호로 전화를 하여 차량 접촉사고가 났으니 나오라고 하였으나 나오지 않고, 또한 경찰관임을 밝히고 만나자고 하는데도 현재 집에 있지 않다는 취지로 거짓말을 하자 **피고인의 집 문을 강제로 열고 들어가 피고인을 긴급체포한 사안에서,** 피고인이 **마약에 관한 죄를 범하였다고 의심할 만한 상당한 이유가 있었더라도,** 경찰관이 이미 피고인의

신원과 주거지 및 전화번호 등을 모두 파악하고 있었고, 당시 마약 투약의 범죄 증거가 급속하게 소멸될 상황도 아니었던 점 등의 사정을 감안하면, **긴급체포가 미리 체포영장을 받을 시간적 여유가 없었던 경우에 해당하지 않아 위법하다**(대법원 2016. 10. 13. 선고 2016도5814 판결). 결국, **긴급을 요할 때 긴급체포 할 수 있는데,** 이 경우 **긴급을 요한다 함은 피의자를 우연히 발견한 경우등과 같이 체포영장을 받을 시간적 여유가 없는 때를 말한다.**

문제 32 - 정답 ③

▶ ③ (X) [1] **구속의 사유가 없거나 소멸된 때에는 법원은 직권 또는** 검사, 피고인, 변호인과 제30조 제2항에 규정한 자(피고인 또는 피의자의 **법정대리인·배우자·직계친족·형제자매**)의 **청구**에 의하여 결정으로 **구속을 취소하여야 한다**(형사소송법 제93조).
[2] 구속의 사유가 없거나 소멸된 때에는 **검사, 피고인, 피고인의 변호인·법정대리인·배우자·직계친족·형제자매**은 법원에 구속된 피고인의 **구속취소를 청구할 수 있으나,**/ 피고인의 **가족·동거인** 또는 고용주는 구속취소를 청구할 수 없다(청구권자가 아니다).
① (○) [1] **검사 또는 사법경찰관에** 의하여 **구속되었다가 석방된 자**는 다른 중요한 증거를 발견한 경우를 **제외하고는** 동일한 범죄사실에 관하여 **재차 구속하지 못한다**(형사소송법 제208조 제1항).
[2] 구속되었다가 석방된 자는 다른 중요한 증거를 발견한 경우를 제외하고는 동일한 범죄사실에 대하여 재차 구속하지 못한다는 **형사소송법 제208조(재구속 제한) 규정은 수사기관이 구속하는 경우에만 적용되고, 법원이 피고인을 재차 구속하는 경우에는 적용되지 않는다**(69도509). 따라서 피고인의 경우에는 **법원의 의하여 석방되었다가 다시 그 피고인을 구속해도 무방하다.**
[3] 항소법원은 항소피고사건의 심리중 또는 판결선고후 상고제기 또는 판결확정에 이르기까지 수소법원으로서 형사소송법 제70조 제1항 각호의 사유있는 불구속 피고인을 구속할 수 있고 또 **수소법원의 구속에 관하여는** 검사 또는 사법경찰관이 피의자를 구속함을 규율하는 **형사소송법 제208조의 규정은 적용되지 아니하므로** 구속기간의 만료로 피고인에 대한 구속의 효력이 상실된 후 **항소법원이 피고인에 대한 판결을 선고하면서 피고인을 구속하였다** 하여 위 **법 제208조의 규정에 위배되는 재구속 또는 이중구속이라 할 수 없다**(대법원1985. 7. 23.자85모12결정). 결국, **제208조의 재구속의 제한은 수사기관에만 적용될 뿐이고, 수소법원의 구속에는 적용되는 것이 아니므로** 항소법원이 판결을 선고하면서 **피고인을 법정구속하여도 재구속 또는 이중구속이라고 할 수 없다.**
② (○) [1] 피의자가 체포 또는 구인된 경우에는 **사법경찰관 또는 검사의 구속기간**은 피의자를 **체포 또는 구인한 날부터 기산한다**(제203조의2).
[2] **구속기간의 초일은 시간을 계산함이 없이 1일로 산정하고,** 구속기간의 **말일이 공휴일 또는 토요일에 해당하는 경우에도 구속기간에 산입한다**(제66조 제1항, 제3항).
④ (○) 구속 전 피의자심문을 하는 경우 **법원이** 구속영장청구서·수사 관계 서류 및 증거물을 **접수한 날부터** 구속영장을 발부하여 **검찰청에 반환한 날까지의 기간**은 검사와 사법경찰관의 피의자에 대한 **구속기간에 이를 산입하지 아니한다**(제201조의2 제7항).

문제 33 - 정답 ④

▶ ④ ㉠㉡㉢㉣(4개)은 틀린 지문이나, ㉤(1개)은 옳은 지문이다.
㉠ (X) [1] **피고인은** 2018. 9. 22. 08:30~10:00경 이 사건 **모**텔 각 방실에 총 8개의 위장형 카메라를 설치하고 그때부터 같은 날 13:00경까지 (호실 1 생략)에서 불상의 젊은 남자의 나체를, (호실 2 생략)에서 공소외 3과 그 여자친구 공소외 4의 나체와 그들의 성관계 모습을, (호실 3 생략)에서 불상의 젊은 남녀의 나체와 그들의 성관계 모습을, (호실 4 생략)에서 불상 남녀의 성관계 모습과 여성의 나체를 각각 촬영하였다. 이로써 피고인은 **카메라를 이용하여 성적 욕망을 유발할 수 있는 다른 사람의 신체를 그 의사에 반하여 촬영하였다**(성폭력범죄의처벌등에관한특례법위반(카메라등이용촬영)).
[2] 피의자가 소유·관리하는 정보저장매체를 **피의자 아닌 제3자가 임의제출하는 경우**에 그 임의제출 및 그에 따른 수사기관의 압수가 적법하더라도 임의제출의 동기가 된 범죄혐의사실과 구체적·개별적 연관관계가 있는 전자정보에 한하여 압수의 대상이 되는 것으로 **더욱 제한적으로 해석하여야 하는 것은, 정보저장매체에는 그의 사생활의 비밀과 자유, 정보에 대한 자기결정권 등 인격적 법익에 관한 모든 것이 저장되어 있어, 임의제출의 주체가 소유자 아닌 소지자·보관자에 불과함에도** 아무런 제한 없이 압수·수색이 허용되면 피의자의 인격적 법익이 현저히 침해될 우려가 있음을 고려하여, 그 제출범위로 **소유자의 사생활의 비밀 기타 인격적 법익이 현저히 침해될 우려가 있는 경우**에는 임의제출에 따른 압수·수색의 필요성과 함께 **임의제출에 동의하지 않은 소유자(핸드폰 주인)의 법익에 대한 특별한 배려도 필요하기 때문이다**(위 대법원 2016도348 전원합의체 판결등 참조).
[3] **반면, 임의제출된** 이 사건 **각 위장형 카메라 및 그 메모리카드**에 저장된 전자정보처럼 **오직 불법촬영을 목적으로** 방실 내 나체나 성행위 모습을 촬영할 수 있는 벽 등에 은밀히 설치되고, 촬영대상 목표물의 동작이 감지될 때에만 카메라가 작동하여 촬영이 이루어지는 등, 그 설치 목적과 장소, 방법, 기능, 작동원리상 소유자의 사생활의 비밀 기타 인격적 법익의 관점에서 그 소지·보관자의 임의제출에 따른 적법한 압수의 대상이 되는 전자정보와 구별되는 별도의 보호 가치 있는 전자정보의 혼재 가능성을 상정하기 어려운 경우에는 **위 소지·보관자(모텔주인)의 임의제출에 따른 통상의 압수절차 외에 별도의 조치가 따로 요구된다고 보기는 어렵다.** 따라서 **피고인 내지 변호인에게 참여의 기회를 보장하지 않고** 전자정보 **압수목록을 작성·교부하지 않았다는 점만으로 곧바로 증거능력을 부정할 것은 아니다.**
[4] 수사기관이 임의제출받은 정보저장매체(모텔에 몰래 설치한 각 위장형 카메라 및 그 메모리카드)가 그 기능과 속성상 임의제출에 따른 적법한 압수의 대상이 되는 전자정보와 그렇지 않은 전자정보가 **혼재될 여지가 거의없어** 사실상 **대부분 압수의 대상이 되는 전자정보만이 저장되어 있는 경우**에는 소지·보관자의 임의제출에 따른 통상의 압수절차 외에 **피압수자에게 참여의 기회를 보장하지 않고 전자정보 압수목록을 작성·교부하지 않았다는 점만으로 곧바로 증거능력을 부정할 것은 아니다.** 따라서 수사기관이 이 사건 **각 위장형 카메라에 저장된** (호실 1 생략), (호실 3 생략), (호실 4 생략)에서 **각 촬영된 영상은 그 증거능력이 인정된다**(대법원2021. 11. 25.선고2019도7342판결). 위장형 카메라 등 특수한 정보저장매체의 경우, **피고인 내지 변호인에게 참여의 기회를 보장하지 않고 전자정보 압수목록을 작성·교부하지 않았다는 점만으로 곧바로 증거능력을 부정할 것은 아니다.**
㉡ (X) 형사소송법 제219조, 제129조에 의하면, 압수한 경우에는 목록을 작성하여 소유자, 소지자, 보관자 기타 이에 준할 자에게

교부하여야 한다. 그리고 법원은 압수·수색영장의 집행에 관하여 **범죄 혐의사실과 관련 있는 정보의 탐색·복제·출력이 완료된 때(압수의 완료시점)**에는 **지체 없이** 압수된 정보의 **상세목록을** 피의자 등에게 **교부할 것을** 정할 수 있다. **압수물 목록은** 피압수자 등이 압수처분에 대한 준항고를 하는 등 권리행사절차를 밟는 가장 기초적인 자료가 되므로, 수사기관은 이러한 권리행사에 지장이 없도록 **압수 직후 현장에서 압수물 목록을 바로 작성하여 교부해야 하는 것이 원칙이다.** 이러한 압수물 목록 교부 취지에 비추어 볼 때, **압수된 정보의 상세목록에는 정보의 파일 명세가 특정되어 있어야 하고,** **수사기관은 이를 ① 출력한 서면을 교부하거나 ② 전자 파일 형태로 복사해 주거나 ③ 이메일을 전송하는 등의 방식으로도 할 수 있다(교부방법 : 출력, 복사, 전송(e-mail) 어느 것으로 해도 무방하다).**

ⓒ (X) [1] 피해자 등 제3자가 피의자의 소유·관리에 속하는 정보저장매체를 영장에 의하지 않고 임의제출한 경우에는 실질적 피압수·수색 당사자(이하 '피압수자'라 한다)인 피의자가 수사기관으로 하여금 그 전자정보 전부를 무제한 탐색하는 데 동의한 것으로 보기 어려울 뿐만 아니라 피의자 스스로 임의제출한 경우 피의자의 참여권 등이 보장되어야 하는 것과 견주어 보더라도 특별한 사정이 없는 한 형사소송법 제219조, 제121조, 제129조에 따라 피의자에게 참여권을 보장하고 압수한 전자정보 목록을 교부하는 등 피의자의 절차적 권리를 보장하기 위한 적절한 조치가 이루어져야 한다.

[2] 이와 같이 정보저장매체를 임의제출한 피압수자에 더하여 **임의제출자 아닌 피의자에게도 참여권이 보장되어야 하는 '피의자의 소유·관리에 속하는 정보저장매체'란,** 피의자가 압수·수색 당시 또는 이와 시간적으로 근접한 시기까지 해당 정보저장매체를 **현실적으로 지배·관리하면서 그 정보저장매체 내 전자정보 전반에 관한 전속적인 관리처분권을 보유·행사하고,** 달리 이를 자신의 의사에 따라 제3자에게 양도하거나 포기하지 아니한 경우로써, 피의자를 그 정보저장매체에 저장된 전자정보에 대하여 **실질적인 피압수자로 평가할 수 있는 경우를** 말하는 것이다.

[3] 이에 해당하는지 여부는 **민사법상 권리의 귀속에 따른 법률적·사후적 판단이 아니라** 압수·수색 **당시 외형적·객관적으로 인식 가능한 사실상의 상태를 기준으로 판단하여야** 한다. 이러한 정보저장매체의 외형적·객관적 지배·관리 등 상태와 별도로 단지 피의자나 그 밖의 제3자가 과거 그 정보저장매체의 이용 내지 개별 전자정보의 생성·이용 등에 관여한 사실이 있다거나 그 과정에서 생성된 전자정보에 의해 식별되는 정보주체에 해당한다는 사정만으로 그들을 실질적으로 압수·수색을 받는 당사자로 취급하여야 하는 것은 아니다(대법원2022. 1. 27.선고2021도11170판결). .

ⓓ (X) [1] 헌법과 형사소송법이 구현하고자 하는 적법절차와 영장주의의 정신에 비추어 볼 때, 법관이 압수·수색영장을 발부하면서 **'압수할 물건'을 특정하기 위하여 기재한 문언은 엄격하게 해석해야** 하고, 함부로 피압수자 등에게 불리한 내용으로 확장해석 또는 유추해석을 하는 것은 허용될 수 없다.

[2] 압수할 전자정보가 저장된 저장매체로서 **압수·수색영장에 기재된 수색장소에 있는** 컴퓨터, 하드디스크, 휴대전화와 같은 **컴퓨터 등 정보처리장치와 수색장소에 있지는 않으나** 컴퓨터 등 정보처리장치와 정보통신망으로 연결된 **원격지의 서버 등 저장매체(이하 '원격지서버'라 한다)**는 소재지, 관리자, 저장 공간의 용량 측면에서 **서로 구별된다.**

[3] **원격지서버에 저장된 전자정보를 압수·수색하기 위해서는 컴퓨터 등 정보처리장치를** 이용하여 정보통신망을 통해 원격지서버에 접속하고 그곳에 저장되어 있는 전자정보를 컴퓨터 등 정보처리장치로 내려 받거나 화면에 현출시키는 절차가 필요하므로, **컴퓨터 등 정보처리장치 자체에 저장된 전자정보와 비교하여 압수·수색의 방식에 차이가 있다. 원격지서버에 저장되어 있는 전자정보와 컴퓨터 등 정보처리장치에 저장되어 있는 전자정보는 그** 내용이나 질이 다르므로 압수·수색으로 얻을 수 있는 **전자정보의 범위와 그로 인한 기본권 침해 정도도 다르다.**

[4] 따라서 수사기관이 압수·수색영장에 적힌 '수색할 장소'에 있는 컴퓨터 등 정보처리장치에 저장된 전자정보 외에 원격지서버에 저장된 전자정보를 압수·수색하기 위해서는 압수·수색영장에 적힌 '압수할 물건'에 **별도로 원격지서버 저장 전자정보가 특정되어 있어야** 한다. 압수·수색영장에 적힌 **'압수할 물건'에 컴퓨터 등 정보처리장치 저장 전자정보만 기재되어 있다면** 컴퓨터 등 정보처리장치를 이용하여 **원격지서버 저장 전자정보를 압수할 수는 없다**(대법원2022. 6. 30.자2020모735결정).

ⓔ (○) 형사소송법 제219조, 제121조에 의하면, **수사기관이 압수·수색영장을 집행할 때 피의자 또는 변호인은 그 집행에 참여할 수 있다.** 압수의 목적물이 컴퓨터용디스크 그 밖에 이와 비슷한 **정보저장매체인 경우에는** 영장 발부의 사유로 된 **범죄 혐의사실과 관련 있는 정보의 범위를** 정하여 **출력하거나 복제하여 이를 제출받아야** 하고, **피의자나 변호인에게 참여의 기회를 보장하여야** 한다. 만약 그러한 조치를 취하지 않았다면 이는 형사소송법에 정한 영장주의 원칙과 적법절차를 준수하지 않은 것이다. **수사기관이** 정보저장매체에 기억된 정보 중에서 키워드 또는 확장자 검색 등을 통해 **범죄 혐의사실과 관련 있는 정보를 선별한 다음** 정보저장매체와 동일하게 **비트열 방식으로 복제하여 생성한 파일(이하 '이미지 파일'이라 한다)을 제출받아 압수하였다면** 이로써 압수의 목적물에 대한 **압수·수색 절차는 종료된 것**이므로, 수사기관이 수사기관 사무실에서 위와 같이 압수된 이미지 파일을 탐색·복제·출력하는 과정에서도 **피의자 등에게 참여의 기회를 보장하여야 하는 것은 아니다**(대법원2018. 2. 8.선고2017도13263판결).

문제 34 - 정답 ③

▶ ③ (○) **경찰관이 간호사로부터 진료 목적으로 이미 채혈되어 있던 피고인의 혈액 중 일부를 임의로 제출 받아 이를 압수한 것으로 보이므로** 당시 **간호사가** 위 혈액의 소지자 겸 보관자인 공주의료원 또는 담당의사를 대리하여 **혈액을 경찰관에게 임의로 제출할 수 있는 권한이 없었다고 볼 특별한 사정이 없는 이상,** 그 압수절차가 피고인 또는 피고인의 가족의 동의 및 영장 없이 행하여졌다고 하더라도 **이에 적법절차를 위반한 위법이 있다고 할 수 없다**(대판 1999.9.3. 98도968).

① (X) 사법경찰관 사무취급이 작성한 실황조서가 사고발생 직후 사고장소에서 긴급을 요하여 판사의 영장없이 시행된 것으로서 형사소송법 제216조 제3항에 의한 검증에 따라 작성된 것이라면 **사후영장을 받지 않는 한 유죄의 증거로 삼을 수 없다.** 따라서 **사법경찰관 사무취급이 작성한 실황조서는** 이 사건 사고가 발생한 1985.10.26. 19:30직후인 1985.10.27. 10:00에 사고장소에서 긴급을 요하여 판사의 영장없이 시행된 것이므로 이는 **형사소송법 제216조 제3항에 의한 검증에 해당한다 할 것이고** 기록상 사후영장을 받은 흔적이 없으므로 **이 실황조서는 유죄의 증거로 삼을 수 없다**(대판1989.3.14. 88도1399).

② (X) 범행 중 또는 범행직후의 범죄 장소에서 **긴급을 요하여 법원판사의 영장을 받을 수 없는 때에는** 영장없이 압수, 수색 또는 검증을 할 수 있다. 이 경우에는 사후에 지체없이 영장을 받아야 한다(제216조 제3항).

④ (X) 형사소송법 제218조는 "사법경찰관은 소유자, 소지자 또는 보관자가 임의로 제출한 물건을 영장없이 압수할 수 있다"고 규정하고 있는바, 위 규정을 위반하여 소유자, 소지자 또는 보관자가 **아닌 자로부터** 제출받은 물건을 **영장없이 압수한 경우** 그 '압수물' 및 '압수물을 찍은 사진'은 **이를 유죄 인정의 증거로 사용할 수 없는 것이고**, 헌법과 형사소송법이 선언한 영장주의의 중요성에 비추어 볼 때 **피고인이나 변호인이 이를 증거로 함에 동의하였다고 하더라도 달리 볼 것은 아니다**(대판2010.1.28. 2009도10092).

▶ ③ (X) [1] **양형의 조건**에 관하여 규정한 **형법 제51조의 사항**은 널리 형의 양정에 관한 **법원의 재량사항에 속한다고** 해석되므로, 법원은 **범죄의 구성요건이나** 법률상 규정된 **형의 가중·감면의 사유가 되는 경우를 제외하고는**, 법률이 규정한 증거로서의 자격이나 증거조사방식에 **구애됨이 없이 상당한 방법으로 조사하여 양형의 조건이 되는 사항을 인정할 수 있다.**

[2] **나아가 형의 양정에 관한 절차는** 범죄사실을 인정하는 단계와 달리 취급하여야 하므로, **당사자가 직접 수집하여 제출하기 곤란하거나 필요하다고 인정되는 경우** 등에는 **직권으로** 양형조건에 관한 형법 **제51조의 사항을 수집·조사할 수 있다.**

[3] **제1심 법원이 법원조직법 제54조의3에 의하여** 심판에 필요한 자료의 수집·조사 등의 업무를 담당하는 **법원 소속 조사관에게 양형의 조건이 되는 사항을 수집·조사하여 제출하게** 하고, 이를 피고인에 대한 정상 관계 사실과 함께 **참작하여 피고인에게 유죄를 선고한 사안에서, 조사관에 의한 양형조사가 현행법상 위법이라거나 양형조사가 위법하게 행하여졌다고 볼 수 없다**(대법원2010. 4. 29. 선고2010도750판결).

① (O) [1] **형사소송법은 수사기관에서 작성된 조서 등 서면증거**에 대하여 **일정한 요건 아래 증거능력을 인정하는데,** 이는 실체적 진실발견의 이념과 소송경제의 요청을 고려하여 **예외적으로 허용하는 것이므로,** 그 증거능력 인정 요건에 관한 규정은 **엄격하게 해석·적용하여야** 한다.

[2] 형사소송법 제312조, 제313조는 진술조서 등에 대하여 피고인 또는 변호인의 반대신문권이 보장되는 등 엄격한 요건이 충족된 경우에 한하여 증거능력을 인정할 수 있도록 함으로써 직접심리주의 등 기본원칙에 대한 예외를 정하고 있는데, **형사소송법 제314조는** 원진술자 또는 작성자가 사망·질병·외국거주·소재불명 등의 사유로 공판준비 또는 공판기일에 출석하여 진술할 수 없는 경우에 그 진술이 특히 신빙할 수 있는 상태하에서 행하여졌다는 점이 증명되면 원진술자 등에 대한 반대신문의 기회조차도 없이 증거능력을 부여할 수 있도록 함으로써 보다 중대한 예외를 인정한 것이므로, **그 요건을 더욱 엄격하게 해석·적용하여야 한다**(대법원2022. 3. 17.선고2016도17054판결).

② (O) [1] 헌법 제12조의 영장주의와 형사소송법 제199조 제1항 단서의 강제처분 법정주의는 수사기관의 증거수집뿐만 아니라 강제처분을 통하여 획득한 증거의 사용까지 아우르는' 형사절차의 기본원칙이다. 따라서 **수사기관은** 영장 발부의 사유로 된 **범죄 혐의사실과 관계가 없는 증거를 압수할 수 없고, 별도의 영장을 발부받지 아니하고서는 압수물 또는 압수한 정보를** 그 압수의 근거가

된 압수·수색영장 혐의사실과 관계가 없는 **범죄의 유죄 증거로 사용할 수 없다.**

[2] 형사소송법 제215조 제1항은 "검사는 범죄수사에 **필요한 때에는** 피의자가 죄를 범하였다고 의심할 만한 **정황이** 있고 해당 사건과 **관계가 있다고** 인정할 수 있는 것에 **한정하여** 지방법원판사에게 청구하여 발부받은 **영장에** 외하여 **압수·수색 또는 검증을 할 수 있다.**"라고 규정한다. 여기에서 '**해당 사건과 관계가 있다**'는 것은 압수·수색영장에 기재한 혐의사실과 관련되고 이를 증명할 수 있는 최소한의 가치가 있는 것으로서 **압수·수색영장의 혐의사실과 사이에 객관적, 인적 관련성이 인정되는 것을 말한다.**

[3] 혐의사실과의 **객관적** 관련성은 압수·수색영장에 기재된 **혐의사실 자체** 또는 그와 **기본적 사실관계가 동일한 범행과 직접 관련되어 있는 경우를** 의미하지만, **범행 동기와 경위, 범행 수단과 방법, 범행 시간과 장소 등을 증명하기 위한 간접증거나 정황증거 등으로 사용될 수 있는 경우에도 인정할 수 있다.** 이때 객관적 관련성은 압수·수색영장에 기재된 혐의사실의 내용과 수사의 대상, 수사 경위 등을 종합하여 **구체적·개별적 연관관계가 있는 경우에만** 인정할 수 있고, **혐의사실과 단순히 동종 또는 유사 범행이라는 사유만으로 객관적 관련성이 있다고 볼 수는 없다.** [4] 그리고 **피의자 또는 피고인과의 인적 관련성은** 압수·수색영장에 기재된 대상자의 공동정범이나 교사범 등 공범이나 간접정범은 물론 필요적 공범 등에 대한 사건에 대해서도 인정할 수 있다(대법원2023. 6. 1.선고2018도18866판결).

④ (O) 자백에 대한 보강증거는 **범죄사실의 전부 또는 중요 부분을** 인정할 수 있는 정도가 되지 않더라도 **피고인의 자백이 가공적인 것이 아닌 진실한 것임을 인정할 수 있는 정도만 되면 충분하다.** 또한 직접증거가 아닌 간접증거나 정황증거도 보강증거가 될 수 있고, 자백과 보강증거가 서로 어울러서 전체로서 범죄사실을 인정할 수 있으면 유죄의 증거가 된다(대법원2017. 6. 8.선고2017도4827판결).

▶ ② (X) [1] 통신비밀보호법 **제14조 제1항("누구든지 공개되지 아니한 타인간의 대화를 녹음하거나** 전자장치 또는 기계적 수단을 이용하여 **청취할 수 없다.**")이 공개되지 않은 타인 간의 대화를 녹음 또는 청취하지 못하도록 한 것은, 대화에 원래부터 참여하지 않는 제3자가 일반 공중이 알 수 있도록 공개되지 않은 타인 간의 발언을 녹음하거나 전자장치 또는 기계적 수단을 이용하여 청취해서는 안 된다는 취지이다. **여기서 '공개되지 않았다'는 것은 반드시 비밀과 동일한 의미는 아니고,** 구체적으로 공개된 것인지는 발언자의 의사와 기대, 대화의 내용과 목적, 상대방의 수, 장소의 성격과 규모, 출입의 통제 정도, 청중의 자격 제한 등 객관적인 상황을 **종합적으로 고려하여 판단해야** 한다.

[2] 이 사건 **녹음파일, 녹취록 등은** 통신비밀보호법 제14조 제2항, 제4조에 따라 **증거능력이 부정된다**(대법원 2024. 1. 11. 선고 2020도1538 판결). **구체적 이유는 다음과 같다.**

1) **초등학교 담임교사가 교실에서 수업시간 중 한 발언은** 통상적으로 교실 내 학생들 만을 대상으로 하는 것으로서 **교실 내 학생들에게만 공개된 것일 뿐,** 일반 공중이나 불특정 다수에게 공개된 것이 아니므로, 피해아동의 부모가 몰래 녹음한 피고인의 수업시간 중 발언은 '**공개되지 않은 대화' 내지 '타인 간의 대화'에 해당한다.**

2) **피해아동의 부모는** 피고인의 수업시간 중 발언의 상대방, 즉

대화에 **원래부터** 참여한 **당사자에 해당하지 않기 때문이다.** 결국, **이 사건 녹음파일 등은** 통신비밀보호법 제14조 제1항을 위반하여 **공개되지 아니한 타인 간의 대화를 녹음한 것이므로** 통신비밀보호법 제14조 제2항 및 제4조에 따라 **증거능력이 부정된다.**

3) 공개되지 아니한 타인 간의 대화를 대상으로 한 것으로서 **통신비밀보호법 제14조 제1항을 위반하여 위법하다고 할 것이므로,** 이에 의하여 취득한 **이 사건 녹음파일 및 녹취록중 대화 부분은** 통신비밀보호법 제14조 제2항 및 제4조에 따라 **증거로 사용할 수 없다**(대법원 2024. 1. 11. 선고 2020도1538 판결). 결국, **학대한 초등학교 담임교사는 범죄가 성립하지 않는다(무죄).**

① (○) [1] 형사소송법 제308조의2는 "적법한 절차에 따르지 아니하고 수집한 증거는 증거로 할 수 없다."고 규정하고 있는데, 수사기관이 헌법과 형사소송법이 정한 절차에 따르지 아니하고 수집한 증거는 유죄 인정의 증거로 삼을 수 없는 것이 원칙이므로, **수사기관이 피고인 아닌 자를 상대로 적법한 절차에 따르지 아니하고 수집한 증거는** 원칙적으로 **피고인에 대한 유죄 인정의 증거로 삼을 수 없다.**

[2] 유흥주점 업주와 종업원인 피고인들이 영업장을 벗어나 시간적 소요의 대가로 금품을 받아서는 아니되는데도, 이른바 '티켓영업' 형태로 성매매를 하면서 금품을 수수하였다고 하여 구 식품위생법(2007. 12. 21. 법률 제8779호로 개정되기 전의 것) 위반으로 기소된 사안에서, **경찰이 피고인 아닌 갑, 을을 사실상 강제연행하여 불법체포한 상태에서** 갑, 을 간의 성매매행위나 피고인들의 유흥업소 영업행위를 처벌하기 위하여 **갑, 을에게서 자술서를 받고 갑, 을에 대한 진술조서를 작성한 경우,** 위 **각 자술서와 진술조서는** 헌법과 형사소송법이 규정한 체포·구속에 관한 **영장주의 원칙에 위배하여 수집된 것으로서** 수사기관이 피고인 아닌 자를 상대로 적법한 절차에 따르지 아니하고 수집한 증거에 해당하여 **형사소송법 제308조의2에 따라 증거능력이 부정된다는 이유로,** 이를 **피고인들에 대한 유죄 인정의 증거로 삼을 수 없다**(대법원2011. 6. 30.선고2009도6717판결). 결국, **수사기관이 피고인 아닌 자를 상대로 적법한 절차에 따르지 아니하고 수집한 증거는 위법수집증거이므로 그 증거로 피고인에 대해서도 유죄 인정의 증거로 삼을 수 없다.**

③ (○) [1] 형사소송법 제218조는 "사법경찰관은 소유자, 소지자 또는 보관자가 임의로 제출한 물건을 영장없이 압수할 수 있다"고 규정하고 있는바, 위 규정을 위반하여 소유자, 소지자 또는 보관자가 **아닌 자로부터 제출받은 물건을 영장없이 압수한 경우 그 '압수물' 및 '압수물을 찍은 사진'은** 이를 **유죄 인정의 증거로 사용할 수 없다.**

[2] 따라서 헌법과 형사소송법이 선언한 영장주의의 중요성에 비추어 볼 때 **피고인이나 변호인이** 이를 증거로 함에 **동의하였다고 하더라도 달리 볼 것은 아니다**(대판2010.1.28. 2009도10092). 결국, 위법수집증거이므로 동의해도 유죄인정의 증거로 사용할 수 없다.

④ (○) [1] **압수·수색영장에는** 피의자의 성명, 죄명, 압수할 물건, 수색할 장소, 신체, 물건, 발부 연월일, 유효기간과 그 기간을 경과하면 집행에 착수하지 못하며 영장을 반환하여야 한다는 취지, 그 밖에 대법원규칙으로 정한 사항을 기재하고 **영장을 발부하는 법관이 서명날인하여야 한다**(형사소송법 제219조,제114조 제1항 본문). **이 사건 영장은** 법관의 **서명날인란에 서명만 있고 날인이 없으므로,** 형사소송법이 정한 요건을 갖추지 못하여 **적법하게 발부되었다고 볼 수 없다.** 그런데도 **원심이** 이와 달리 이 사건 영장이 법관

의 진정한 의사에 따라 발부되었다는 등의 이유만으로 **이 사건 영장이 유효라고 판단한 것은 잘못이다.**

[2] 그러나 여러 사정을 전체적·종합적으로 고려하면, **이 사건 영장에 따라 압수한 이 사건 파일 출력물과** 이에 기초하여 획득한 **2차적 증거인** 검사 작성의 피고인 갑에 대한 피의자신문조서, 경찰 작성의 공소외 을에 대한 피의자신문조서, 공소외 병 등의 **각 법정진술은 유죄 인정의 증거로 사용할 수 있는 경우에 해당한다.**

[3] **이 사건 파일 출력물이 적법하지 않은 영장에 기초하여 수집되었다는 절차상의 결함이** 있지만, 이는 법관이 공소사실과 관련성이 있다고 판단하여 발부한 영장에 기초하여 취득된 것이고, 위와 같은 결함은 피고인 갑의 기본적 인권보장 등 법익 침해 방지와 관련성이 적다. 이 사건 파일 출력물의 **취득 과정에서 절차 조항 위반의 내용과 정도가 중대하지 않고 절차 조항이 보호하고자 하는 권리나 법익을 본질적으로 침해하였다고 볼 수 없다. 오히려** 이러한 경우에까지 공소사실과 관련성이 높은 **이 사건 파일 출력물의 증거능력을 배제하는 것은 적법절차의 원칙과 실체적 진실 규명의 조화를 도모하고 이를 통하여 형사 사법 정의를 실현하려는 취지에 반하는 결과를 초래할 수 있다.**

[4] 요컨대, **이 사건 영장이 형사소송법이 정한 요건을 갖추지 못하여 적법하게 발부되지 못하였다고 하더라도,** 그 영장에 따라 수집한 **이 사건 파일 출력물의 증거능력을 인정할 수 있다.** 이에 기초하여 획득한 **2차적 증거인 위 각 증거 역시 증거능력을 인정할 수 있다**(대법원2019. 7. 11.선고2018도20504판결). 결국, 영장담당판사가 발부한 압수·수색영장의 서명날인란에 판사의 **서명만 있고 날인(도장)이 누락된 경우,** 그 영장은「형사소송법」이 정한 요건을 갖추지 못하여 **적법하게 발부되었다고 볼 수는 없으나(유효는 아니지만), 절차상 위반이 중대한 것이 아니므로 그 영장에 의하여 압수한 파일 출력물과 이에 기초하여 획득한 2차적 증거인 피의자신문조서와 법정진술은 유죄인정의 증거로 사용할 수 있다.**

문제 37 - 정답 ②

▶ ② **㉠㉡㉢(3개)은 옳은 지문이나, ㉣㉤(2개)은 틀린 지문이다.**

㉠ (○) 검사 이외의 수사기관이 작성한 피의자신문조서는 적법한 절차와 방식에 따라 작성된 것으로서 공판준비 또는 공판기일에 그 피의자였던 **피고인 또는 변호인이 그 내용을 인정할 때에 한하여 증거로 할 수 있다**(제312조 제3항).

㉡ (○) 검사가 유죄의 자료로 제출한 **사법경찰리 작성의 피고인에 대한 피의자신문조서는** 피고인이 그 **내용을 부인하는 이상 증거능력이 없으나,** 그것이 임의로 작성된 것이 아니라고 의심할 만한 사정이 없는 한 **피고인의 법정에서의 진술을 탄핵하기 위한 반대증거로 사용할 수 있다**(대판2005.8.19. 2005도2617).

㉢ (○) 피고인이 아닌 자(**공소제기 전에 피고인을 피의자로 조사하였거나 그 조사에 참여하였던 자를 포함한다.** 이하 이 조에서 같다)의 공판준비 또는 공판기일에서의 진술이 피고인의 진술을 그 내용으로 하는 것인 때에는 그 진술이 특히 신빙할 수 있는 상태하에서 행하여졌음이 증명된 때에 한하여 이를 증거로 할 수 있다(제316조 제1항). 이와 같이 **형사소송법에서는 조사자 증언제도를 명문으로 규정하고 있다.**

㉣ (X) [1] 형사소송법 제312조 제2항(현행 제313조 제3항)은 **검사 이외의 수사기관이 작성한 당해 피고인에 대한 피의자신문조서를 유죄의 증거로 하는 경우뿐만 아니라 검사 이외의 수사기관이 작성한 당해 피고인과 공범관계에 있는 다른 피고인이나 피의자에**

대한 피의자신문조서를 당해 피고인에 대한 유죄의 증거로 채택할 경우에도 적용되는바, 당해 피고인과 공범관계가 있는 다른 피의자에 대한 검사 이외의 수사기관 작성의 피의자신문조서는 그 피의자의 법정진술에 의하여 그 성립의 진정이 인정되더라도 당해 피고인이 공판기일에서 그 조서의 내용을 부인하면 증거능력이 부정되므로 그 당연한 결과로 그 피의자신문조서에 대하여는 사망 등 사유로 인하여 법정에서 진술할 수 없는 때에 예외적으로 증거능력을 인정하는 규정인 형사소송법 제314조가 적용되지 아니한다.

[2] 피의자가 경찰수사 단계에서 작성한 진술서에 대하여는 검사 이외의 수사기관 작성의 피의자신문조서와 동일하게 제312조 제2항(현행 제313조 제3항)을 적용하여야 한다(대법원2004. 7. 15.선고2003도7185전원합의체 판결)

ⓑ (X) 검사 이외의 수사기관이 작성한 피의자신문조서는 적법한 절차와 방식에 따라 작성된 것으로서 공판준비 또는 공판기일에 그 피의자였던 피고인 또는 변호인이 그 내용을 인정할 때에 한하여 증거로 할 수 있다(제312조 제3항). 반드시 피고인 또는 변호인이 그 내용을 인정할 때에 한하여 증거로 할 수 있으며, 형사소송법에 사법경찰관 작성의 피의자신문조서는 영상녹화물에 의하여 성립의 진정이 증명되면 증거능력이 있다는 규정은 없다.

문제 38 - 정답 ②

▶ ② ㉠㉢(2개)은 맞는 지문이나, ㉡㉣㉤(3개)는 틀린 지문이다.

㉠ (O) [1] 어떤 진술이 기재된 서류가 그 내용의 진실성이 범죄사실에 대한 직접증거로 사용될 때는 전문증거가 된다고 하더라도, 그와 같은 진술을 하였다는 것 자체 또는 그 진술의 진실성과 관계 없는 간접사실에 대한 정황증거로 사용될 때는 반드시 전문증거가 되는 것은 아니다.

[2] 압수물인 디지털 저장매체로부터 출력한 문건을 증거로 사용하기 위해서는 디지털 저장매체 원본에 저장된 내용과 출력한 문건의 동일성이 인정되어야 하고, 이를 위해서는 디지털 저장매체 원본이 압수 시부터 문건 출력 시까지 변경되지 않았음이 담보되어야 한다. 그리고 압수된 디지털 저장매체로부터 출력한 문건을 진술증거로 사용하는 경우, 그 기재 내용의 진실성에 관하여는 전문법칙이 적용되므로 형사소송법 제313조 제1항에 따라 공판준비나 공판기일에서 그 작성자 또는 진술자의 진술에 의하여 그 성립의 진정함이 증명된 때에 한하여 이를 증거로 사용할 수 있다. (대법원2013. 6. 13. 선고2012도16001판결).

㉡ (X) 법원·법관의 공판기일에서의 검증의 결과를 기재한 조서는 제311조에 의하여 당연히 증거능력이 인정된다. 그러나 수사기관이 작성한 검증조서는 제312조 제6항의 요건을 갖추어야 증거능력이 인정된다. 즉「검사 또는 사법경찰관이 검증의 결과를 기재한 조서는 적법한 절차와 방식에 따라 작성된 것으로서 공판준비 또는 공판기일에서의 작성자(★★)의 진술에 따라 그 성립의 진정함이 증명된 때에는 증거로 할 수 있다.고 규정하고 있다(제312조 제6항).

㉢ (O) [1] 공판준비 또는 공판기일에서 이미 증언을 마친 증인을 검사가 소환한 후 피고인에게 유리한 그 증언 내용을 추궁하여 이를 일방적으로 번복시키는 방식으로 작성한 진술조서를 유죄의 증거로 삼는 것은 당사자주의·공판중심주의·직접주의를 지향하는 현행 형사소송법의 소송구조에 어긋나는 것일 뿐만 아니라, 헌법 제27조가 보장하는 기본권, 즉 법관의 면전에서 모든 증거자료가 조사·진술되고 이에 대하여 피고인이 공격·방어할 수 있는 기회가 실질적으로 부여되는 재판을 받을 권리를 침해하는 것이므로, 이러한 진술조서는 피고인이 증거로 할 수 있음에 동의하지 아니하는 한 그 증거

능력이 없다고 하여야 할 것이고, 그 후 원진술자인 종전 증인이 다시 법정에 출석하여 증언을 하면서 그 진술조서의 성립의 진정함을 인정하고 피고인측에 반대신문의 기회가 부여되었다고 하더라도 그 증언 자체를 유죄의 증거로 할 수 있음은 별론으로 하고 위와 같은 진술조서의 증거능력이 없다는 결론은 달리할 것이 아니다(대법원 2000. 6. 15.선고99도1108전원합의체 판결).

[2] 형사소송법은 헌법 제12조 제1항이 규정한 적법절차의 원칙, 그리고 헌법 제27조가 보장하는 공정한 재판을 받을 권리를 구현하기 위하여 공판중심주의·구두변론주의·직접심리주의를 기본원칙으로 하고 있다. 따라서 법관의 면전에서 조사·진술되지 아니하고 그에 대하여 피고인이 공격·방어할 수 있는 반대신문의 기회가 실질적으로 부여되지 아니한 진술은 원칙적으로 증거로 할 수 없다(대법원 2014. 2. 21.선고2013도12652판결)

㉣ (X) [1] 수사기관이 아닌 사인(사인)이 피고인 아닌 자와의 전화대화를 녹음한 녹음테이프에 대하여 법원이 실시한 검증의 내용이 녹음테이프에 녹음된 전화대화의 내용이 검증조서에 첨부된 녹취서에 기재된 내용과 같다는 것에 불과한 경우에는 증거자료가 되는 것은 여전히 녹음테이프에 녹음된 대화 내용이므로, 그 중 피고인 아닌 자와의 대화의 내용은 실질적으로 형사소송법 제311조, 제312조규정 이외의 피고인 아닌 자의 진술을 기재한 서류와 다를 바 없어서, 피고인이 그 녹음테이프를 증거로 할 수 있음에 동의하지 않은 이상 그 녹음테이프 검증조서의 기재 중 피고인 아닌 자의 진술 내용을 증거로 사용하기 위해서는 형사소송법 제313조 제1항에 따라 공판준비나 공판기일에서 원진술자의 진술에 의하여 그 녹음테이프에 녹음된 진술내용이 자신이 진술한 대로 녹음된 것이라는 점이 인정되어야 하는 것이다.

[2] 그러나 이와는 달리 녹음테이프에 대한 검증의 내용이 그 진술 당시 진술자의 상태등을 확인하기위한 것인 경우에는, 녹음테이프에 대한 검증조서의 기재 중 진술내용을 증거로 사용하는 경우에 관한 위 법리는 적용되지 아니하고, 따라서 위 검증조서는 법원의 검증의 결과를 기재한 조서로서 형사소송법 제311조에 의하여 당연히 증거로 할 수 있다(대법원2008. 7. 10.선고2007도10755판결).

㉤ (X) [1] 제313조 제1항 본문에도 불구하고 진술서의 작성자가 공판준비나 공판기일에서 그 성립의 진정을 부인하는 경우에는 과학적 분석결과에 기초한 디지털포렌식 자료, 감정 등 객관적 방법으로 성립의 진정함이 증명되는 때에는 증거로 할 수 있다. 다만, 피고인 아닌 자가 작성한 진술서는 피고인 또는 변호인이 공판준비 또는 공판기일에 그 기재 내용에 관하여 작성자를 신문할 수 있었을 것을 요한다(제313조 제2항).

[2] 감정의 경과와 결과를 기재한 서류도 제1항 및 제2항과 같다(제313조 제3항). 따라서 감정의 경과와 결과를 기재한 서류도 공판준비 또는 공판기일에서 그 작성자가 성립의 진정을 부인하면 과학적 분석결과에 기초한 디지털포렌식 자료, 감정 등 객관적 방법으로 성립의 진정함이 증명된 때에는 증거로 할 수 있다.

문제 39 - 정답 ③

▶ ③ (X) [1] 피고인이나 변호인이 무죄에 관한 자료로 제출한 서증 가운데 도리어 유죄임을 뒷받침하는 내용이 있다고 하여도, 법원은 상대방의 원용(동의)이 없는 한 그 서류의 진정성립 여부 등을 조사하고 아울러 그 서류에 대한 피고인이나 변호인의 의견과 변명의 기회를 주지 않았다면 그 서증을 유죄인정의 증거로 쓸 수 없다.

[2] 그러나 해당 서류를 제출한 당사자는 그것을 증거로 함에 동

239

의하고 있음이 명백한 것이므로, **상대방인 검사의 원용이 있으면** **그 서증을 유죄의 증거로 사용할 수 있다**(대법원2017. 9. 21.선고 2015도12400판결). 결국, **상대방인 검사의 원용(동의)가 없다면** **그 서증을 유죄인정의 증거로 사용할 수 없으나,** 검사의 **원용(동의)가 있으면** 그 서증을 유죄인정의 증거로 **사용할 수 있다.**

① (○) 형사소송법 제318조에 규정된 증거 동의는 소송 주체인 검사와 피고인이 하는 것이고, 변호인은 피고인을 대리하여 증거 동의에 관한 의견을 낼 수 있을 뿐이므로, **피고인이 변호인과 함께 출석한 공판기일의 공판조서에 검사가 제출한 증거에 대하여 동의한다는 기재가 되어 있다면** 이는 피고인이 증거 **동의를 한 것으로 보아야** 하고, **그 기재는 절대적인 증명력을 가진다**(대법원2016. 3. 10.선고2015도19139판결).

② (○) 형사소송법 제318조에 규정된 증거동의의 의사표시는 **증거조사가 완료되기 전까지 취소 또는 철회할 수 있으나,** 일단 증거조사가 완료된 뒤에는 취소 또는 철회가 인정되지 아니하므로 **제1심에서 한 증거동의를 제2심에서 취소할 수 없고,** 일단 증거조사가 **종료된 후에** 증거동의의 의사표시를 **취소 또는 철회하더라도** 취소 또는 철회 이전에 **이미 취득한 증거능력이 상실되지 않는다**고 할 것이다(대법원2004. 10. 15.선고2003도3472판결).

④ (○) [1] **검사와 피고인이** 증거로 할 수 있음을 **동의한** 서류 또는 물건은 **진정한 것으로 인정한 때에는 증거로 할 수 있다**(제318조 제1항).

[2] **피고인의 출정없이 증거조사를 할 수 있는 경우에** 피고인이 **출정하지 아니한 때에는** 전항의 **동의가 있는 것으로 간주한다.** 단, 대리인 또는 변호인이 출정한 때에는 예외로 한다(동조 제2항).

문제 40 – 정답 ③

▶ ③ (X) 이 사건 휴대전화기에 대한 압수조서중 **'압수경위' 란에 기재된 상기의 내용은,** 피고인이 이 부분 공소사실과 같은 범행을 저지르는 **현장을 직접 목격한 사람의 진술이 담긴 것으로서** 형사소송법 **제312조 제5항**에서 정한 '피고인이 아닌 자가 수사과정에서 작성한 진술서'에 준하는 것으로 볼 수 있고, 이에 따라 **이 사건 휴대전화기에 대한 임의제출절차가 적법하였는지 여부에 영향을 받지 않는 별개의 독립적인 증거에 해당**하므로, 피고인이 증거로 함에 동의한 이상 유죄를 인정하기 위한 증거로 사용할 수 있을 뿐 아니라 이 부분 공소사실에 대한 **피고인의 자백을 보강하는 증거가 된다**(대법원2019. 11. 14.선고2019도13290판결).

① (○) 제212조, 제218조

② (○) **현행범 체포현장이나 범죄 현장에서도** 소지자 등이 **임의로 제출하는 물건은** 형사소송법 제218조에 의하여 **영장 없이 압수하는 것이 허용**되고, 이 경우 검사나 사법경찰관은 **별도로 사후에 영장을 받을 필요가 없다**(대법원2019. 11. 14.선고2019도13290판결).

④ (○) 피고인이 휴대전화기의 카메라로 피해자를 몰래 촬영한 현장에서 현행범으로 체포되면서 위 휴대전화기를 수사기관에 임의제출한 사안에서, 이 사건 휴대전화기에 대한 압수조서중 **'압수경위' 란에 기재된 상기의 내용은 별개의 독립적인 증거에 해당**하므로, **피고인이 증거로 함에 동의한 이상 유죄를 인정하기 위한 증거로 사용할 수 있을 뿐 아니라** 피고인의 **자백을 보강할 증거가 된다**(대법원2019. 11. 14.선고2019도13290판결).

✔ 정답

문제	정답	문제	정답	문제	정답	문제	정답
01	①	11	②	21	②	31	③
02	④	12	④	22	②	32	①
03	③	13	③	23	①	33	②
04	①	14	②	24	③	34	③
05	③	15	②	25	①	35	②
06	①	16	①	26	①	36	①
07	④	17	④	27	④	37	③
08	③	18	②	28	③	38	④
09	②	19	④	29	②	39	④
10	②	20	②	30	①	40	④

문제 01 - 정답 ①

▶ ① (X) [1] 관습형법금지의 원칙에 따라 **관습법에 의하여** 형법규정의 적용을 **확대하거나 형을 가중하는 것은 허용될 수 없다** (**불리한** 관습법은 **금지**).

[2] 그러나 관습법이 피고인에게 유리한 경우(관습법에 의하면 범죄가 안되거나 형을 감경하는 경우)는 허용된다(**유리한** 관습법은 **허용**).

[3] 관습법은 직접 형법의 법원이 될 수는 없으나, 형법의 해석에 간접적, 보충적으로는 영향을 미칠 수 있다(형법 **해석**에는 **허용**).

② (○) 형사처벌의 근거가 되는 것은 **법률이지 판례가 아니고**, 형법 조항에 관한 판례의 변경은 그 법률조항의 내용을 확인하는 것에 지나지 아니하여 이로써 그 법률조항 자체가 변경된 것이라고 볼 수는 없으므로, **행위 당시의 판례에 의하면 처벌대상이 되지 아니하는 것**으로 해석되었던 행위를 **판례의 변경에 따라** 확인된 내용의 형법 조항에 근거하여 **처벌한다고 하여** 그것이 **형벌불소급의 원칙에 반한다고 할 수는 없다**(대판1999.9.17. 97도3349).

③ (○) 법률의 시행령은 모법인 법률의 위임 없이 법률이 규정한 개인의 권리·의무에 관한 내용을 변경·보충하거나 법률에서 규정하지 아니한 새로운 내용을 규정할 수 없고, 특히 **법률의 시행령**이 형사처벌에 관한 사항을 규정하면서 법률의 명시적인 위임 범위를 벗어나 **처벌의 대상을 확장하는 것은 죄형법정주의의 원칙에도 어긋나는 것**이므로, 그러한 시행령은 **위임입법의 한계를 벗어난 것**으로서 **무효이다**(대법원2017. 2. 16.선고2015도16014전원합의체 판결).

④ (○) [1] 형벌법규의 해석은 엄격하여야 하고, **문언의 가능한 의미를 벗어나** 피고인에게 **불리한 방향으로 해석하는 것은 죄형법정주의의 내용인 확장해석금지에 따라** 허용되지 않는다.

[2] 그러나 문언이 가지는 **가능한 의미의 범위 안에서** 규정의 입법 취지와 목적 등을 고려하여 문언의 논리적 의미를 분명히 밝히는 **체계적 해석**을 하는 것은 **죄형법정주의의 원칙에 어긋나지 않는다**.

[3] 시스템을 설치·운영하는 주체와의 관계에서 **전자기록의 생성에 관여할 권한이 없는 사람이 전자기록을 작출하거나 전자기록의 생성에 필요한 단위정보의 입력을 하는 경우**는 물론 시스템의 설치·운영 주체로부터 각자의 직무 범위에서 개개의 단위정보의 **입력 권한을 부여받은 사람이 그 권한을 남용하여 허위의 정보를 입력함으로써** 시스템 설치·운영 주체의 **의사에 반하는 전자기록을 생성하는 경우**도 형법 제227조의2(공전자기록위작·변작)에서 말하는 전자기록의 '**위작**'에 포함된다. **위 법리**는 형법 제232조의2의 **사전자기록 등위작죄에서** 행위의 태양으로 규정한 '**위작**'에 대해서도 마찬가지로 적용된다.

[4] 형법 제232조의2(사전자기록위작 변작)에서 정한 '**위작**'의 개념에 **권한 있는 사람이 그 권한을 남용하여 허위의 정보를 입력함으로써** 시스템 설치·운영 주체의 의사에 반하는 **전자기록을 생성하는 행위를 포함하더라도** 처벌의 범위가 지나치게 넓어져 **죄형법정주의의 원칙에 반하는 것으로 볼 수도 없다**(대법원2020. 8. 27. 선고2019도11294전원합의체 판결).

문제 02 - 정답 ④

▶ ④ (○) [1] 형법 제5조, 제6조의 각 규정에 의하면, 외국인이 외국에서 죄를 범한 경우에는 형법 제5조 제1호 내지 제7호에 열거된 죄를 범한 때와 형법 제5조 제1호 내지 제7호에 열거된 죄 이외에 대한민국 또는 대한민국 국민에 대하여 죄를 범한 때에만 대한민국 형법이 적용되어 우리나라에 재판권이 있게 되고, 여기서 '**대한민국 또는 대한민국 국민에 대하여 죄를 범한 때**'란 대한민국 또는 대한민국 국민의 **법익이 직접적으로 침해되는 결과를 야기하는 죄를 범한 경우**를 의미한다.

[2] 캐나다 시민권자인 피고인이 캐나다에서 **위조사문서를 행사하였다**는 내용으로 기소된 사안에서, 형법 제234조의 **위조사문서행사죄는** 형법 제5조 제1호 내지 제7호에 열거된 죄에 해당하지 않고, 위조사문서행사를 형법 제6조의 대한민국 또는 대한민국 국민의 **법익을 직접적으로 침해하는 행위라고 볼 수도 없으므로** 피고인의 행위에 대하여는 **우리나라에 재판권이 없다**.

[3]형법 제6조 본문에 의하여 외국인이 대한민국 영역 외에서 대한민국 국민에 대하여 범죄를 저지른 경우 우리 형법이 적용되지만, 같은 조 단서에 의하여 행위지 법률에 의하여 범죄를 구성하지 아니하거나 소추 또는 형의 집행을 면제할 경우에는 우리 형법을 적용하여 처벌할 수 없고, **이 경우 행위지 법률에 의하여 범죄를 구성하는지는 엄격한 증명에** 의하여 **검사가** 이를 증명하여야 한다.

[4] **캐나다 시민권자인 피고인이** 투자금을 교부받더라도 선물시장에 투자하여 운용할 의사나 능력이 없음에도, **피해자들을 기망하여 투자금 명목의 돈을 편취하였다(사기죄)**는 내용으로 기소된 사안에서, 공소사실 중 '피고인이 캐나다에 거주하는 대한민국 국민을 기망하여 캐나다에서 직접 또는 현지 은행계좌로 투자금을 수령한 부분'은 **외국인이 대한민국 영역 외에서 대한민국 국민에 대하여 범죄를 저지른 경우에 해당하므로**, 이 부분이 **행위지인 캐나다 법률에 의하여 범죄를 구성하는지** 및 소추 또는 형의 집행이 면제되는지를 심리하여 **해당 부분이 행위지 법률에 의하여 범죄를 구성**

하고 그에 대한 <u>소추나 형의 집행이 면제되지 않는 경우에 한하여</u> <u>우리 형법을 적용하였어야 한다</u>(대법원2011. 8. 25.선고2011도6507판결).

① (X) [1] 국민체육진흥법 제26조 제1항은 "서울올림픽기념국민체육진흥공단과 수탁사업자가 아닌 자는 체육진흥투표권 또는 이와 비슷한 것을 발행(정보통신망에 의한 발행을 포함한다)하여 결과를 적중시킨 자에게 재물이나 재산상의 이익을 제공하는 행위(이하 '유사행위'라고 한다)를 하여서는 아니 된다."라고 규정하면서같은 법 제47조 제2호에서 이를 위반한 자를 7년 이하의 징역이나 7천만 원 이하의 벌금으로 처벌하도록 규정하는 한편,같은 법 제48조 제3호는 "제26조 제1항의 금지행위를 이용하여 도박을 한 자"를 5년 이하의 징역이나 5천만 원 이하의 벌금으로 처벌하도록 규정하고 있다.

[2] 대한민국 영역 내에서 해외 스포츠 도박 사이트에 접속하여 베팅을 하는 방법으로 체육진흥투표권과 비슷한 것을 정보통신망을 이용하여 발행받은 다음 결과를 적중시킨 경우 재산상 이익을 얻는 내용의 도박을 하였다면, <u>그 스포츠 도박 사이트를 통한 도박행위</u>는 국민체육진흥법 제26조 제1항에서 금지하고 있는 유사행위를 이용한 도박 행위에 해당하므로, <u>제48조 제3호에 따라 처벌할 수 있다. 이는 그 스포츠 도박 사이트의 운영이 외국인에 의하여 대한민국 영역 외에서 이루어진 것이라고 하더라도 마찬가지이다.</u>

[3] <u>해외에서 적법하게 개설된 사설 스포츠 도박 사이트의 운영자에게</u> 국민체육진흥법 제26조 제1항이 미치는지 여부를 불문하고 <u>유사행위를 이용하여 도박을 한 내국인은 국민체육진흥법 제48조 제3호에 따라 처벌된다</u>(유죄)(대법원2022. 11. 30.선고2022도6462판결).

② (X) [1] 법령 제정 당시부터 또는 폐지 이전에 스스로 <u>유효기간을 구체적인 일자나 기간으로 특정하여 효력의 상실을 예정하고 있던 법령이 그 유효기간을 경과함으로써 더 이상 효력을 갖지 않게 된 경우도</u> 형법 <u>제1조 제2항</u>과 형사소송법 제326조 제4호의 적용 대상인 <u>법령의 변경에 해당한다고 볼 수 없다.</u>

[2] 이러한 법령 자체가 명시적으로 예정한 유효기간의 경과에 따른 효력 상실은 일반적인 법령의 개정이나 폐지 등과 같이 애초의 법령이 변경되었다고 보기 어렵고, 어떠한 형사법적 관점의 변화 내지 형사처벌에 관한 규범적 가치판단의 변경에 근거하였다고 볼 수도 없다. 유효기간을 명시한 입법자의 의사를 보더라도 유효기간 경과 후에 형사처벌 등의 제재가 유지되지 않는다면 유효기간 내에도 법령의 규범력과 실효성을 확보하기 어려울 것이므로, 특별한 사정이 없는 한 <u>유효기간 경과 전의 법령 위반행위는 유효기간 경과 후에도 그대로 처벌</u>하려는 취지라고 보는 것이 <u>합리적이다</u>(대법원 2022. 12. 22. 선고 2020도16420 전원합의체판결). 결국, 유효기간이 정해져 있는 한시법의 경우, <u>유효기간을 경과함으로써 더 이상 효력을 갖지 않게 된 경우라도</u> 그 유효기간 경과 <u>전에 행해진 법령 위반행위의 가벌성은 소멸하지 아니하므로 구법에 의하여 그대로 행위자를 처벌한다.</u>

③ (X) [1] <u>재판이 확정된 후 법률이 변경되어 그 행위가 범죄를 구성하지 아니하게 된 경우에는 형의 집행을 면제한다</u>(제1조 제3항).

[2] <u>재판이 확정된 후 법률이 변경되어 형이 구법(舊法)보다 가벼워진 경우에는</u> 형법 제1조 제3항에 규정되어 있지 아니하므로, 구법이 그대로 적용된다(구법대로 <u>그대로 형을 집행한다</u>).

[3] 결국, <u>제1조 제2항 범죄 후에는</u> 범죄를 구성하지 아니하게 되

거나 형이 구법보다 가벼워진 경우까지 <u>2개가 다 규정되어 신법이 적용</u>된다. 그러나 제1조 제2항과는 달리 <u>제1조 제3항의 경우에는 범죄를 구성하지 아니한 경우 1개만</u> 규정되어 이것만 <u>신법이 적용</u>되지만, <u>형이 구법보다 가벼워진 경우는 규정이 없으므로 원칙대로 제1조 제1항인 구법주의가 적용된다.</u>

문제 03 - 정답 ③

▶ ③ (○)구 정당법(2011. 7. 21. 법률 제10866호로 개정되기 전의 것) 제53조,제22조 제1항에서 규정하는 공무원이나 사립학교의 교원이 정당의 당원이 된 죄와구 국가공무원법(2010. 3. 22. 법률 제10148호로 개정되기 전의 것) 제84조, 제65조 제1항에서 규정하는 <u>공무원이 정당</u> 그 밖의 정치단체에 <u>가입한 죄는</u> 공무원이나 사립학교의 교원 등이 <u>정당 등에 가입함으로써 즉시 성립</u>하고 그와 동시에 완성되는 <u>즉시범이므로</u> 그 범죄성립과 동시에 공소시효가 진행한다(대법원2014. 5. 16.선고2012도12867판결).

① (X) <u>추상적 위험범으로서 명예훼손죄</u>는 개인의 명예에 대한 사회적 평가를 진위에 관계없이 보호함을 목적으로 하고, 적시된 사실이 특정인의 사회적 평가를 침해할 가능성이 있을 정도로 구체성을 띠어야 하나, 위와 같이 <u>침해할 위험이 발생한 것으로 족하고 침해의 결과를 요구하지 않으므로,</u> 다수의 사람에게 사실을 적시한 경우뿐만 아니라 소수의 사람에게 발언하였다고 하더라도 그로 인해 불특정 또는 다수인이 인식할 수 있는 상태를 초래한 경우에도 공연히 발언한 것으로 해석할 수 있다(대법원2020. 11. 19.선고2020도5813전원합의체 판결).

② (X) <u>일반교통방해죄는</u> 이른바 추상적 위험범으로서 <u>교통이 불가능하거나 또는 현저히 곤란한 상태가 발생하면 바로 기수가 되고 교통방해의 결과가 현실적으로 발생하여야 하는 것은 아니다</u>(대법원2018. 1. 24.선고2017도11408판결).

④ (X) <u>체포죄는 계속범으로서</u> 체포의 행위에 확실히 사람의 신체의 자유를 구속한다고 인정할 수 있을 정도의 <u>시간적 계속이 있어야 하나,</u> 체포의 고의로써 타인의 신체적 활동의 자유를 현실적으로 침해하는 행위를 개시한 때 체포죄의 실행에 착수하였다고 볼 것이다(대법원2018. 2. 28.선고2017도21249판결).

문제 04 - 정답 ①

▶ ① ㉠㉡㉢㉣㉤(5개)은 모두 옳은 지문이다.

㉠ (○) 형법이 금지하고 있는 법익침해의 <u>결과발생을 방지할 법적인 작위의무를 지고 있는 자가</u> 그 의무를 이행함으로써 결과발생을 쉽게 방지할 수 있는데도 결과발생을 용인하고 방관한 채 <u>의무를 이행하지 아니한 것</u>이 범죄의 실행행위로 평가될 만한 것이라면 <u>부작위범으로 처벌할 수 있다</u>(대법원2023. 3. 9.선고2022도16120판결)

㉡ (○) <u>실화죄에 있어서 공동의 과실이 경합되어 화재가 발생한 경우</u> 적어도 각 과실이 화재의 발생에 대하여 <u>하나의 조건이 된 이상</u>은 그 공동적 원인을 제공한 사람들은 <u>각자 실화죄의 책임을 면할 수 없다</u>(대법원2023. 3. 9.선고2022도16120판결)

㉢ (○) 출판사 경영자가 출고현황표를 조작하는 방법으로 실제출판부수를 속여 <u>작가에게 인세의 일부만을 지급한 경우, 사기죄에 해당한다</u>(대판2007.7.12. 2005도9221).

㉣ (○) [1] 업무방해죄와 같이 작위를 내용으로 하는 범죄를 부작위에 의하여 범하는 부진정 부작위범이 성립하기 위해서는 부작위를 실행행위로서의 작위와 동일시할 수 있어야 한다.

[2] 피고인이 갑과 토지 지상에 창고를 신축하는 데 필요한 형틀

공사 계약을 체결한 후 그 공사를 완료하였는데, **갑이 공사대금을 주지 않는다는 이유로 위 토지에 쌓아 둔 건축자재를 치우지 않고 공사현장을 막는 방법으로 위력으로써 갑의 창고 신축 공사 업무를 방해하였다는 내용으로 기소된 사안에서, 피고인이 일부러 건축자재를 갑의 토지 위에 쌓아 두어 공사현장을 막은 것이 아니라** 당초 자신의 공사를 위해 쌓아 두었던 건축자재를 **공사 완료 후 치우지 않은 것에 불과하므로, 비록 공사대금을 받을 목적으로 건축자재를 치우지 않았더라도,** 피고인이 자신의 공사를 위하여 쌓아 두었던 건축자재를 공사 완료 후에 **단순히 치우지 않은 행위가** 위력으로써 갑의 추가 공사 업무를 방해하는 업무방해죄의 실행행위로서 갑의 업무에 대하여 하는 **적극적인 방해행위와 동등한 형법적 가치를 가진다고 볼 수 없으므로 부작위에 의한 업무방해죄가 성립하지 않는다**(대법원2017. 12. 22.선고2017도13211판결).

⑪ (○) **법무사가 아닌 사람이** 법무사로 소개되거나 호칭되는 데에도 자신이 법무사가 아니라는 사실을 밝히지 않은 채 **법무사 행세를 계속하면서** 근저당권설정계약서를 작성한 경우, **부작위에 의한** 법무사법 제3조 제2항의 위반죄를 인정할 수 있다(대판 2008.2.28. 2007도9354).

문제 05 - 정답 ③

▶ ③ (X) 피고인의 수술 후 **복막염에 대한 진단과 처치 지연 등의 과실로 피해자가 제때 필요한 조치를 받지 못하였다면** 피해자의 사망과 피고인의 과실 사이에는 **인과관계가 인정된다.** 비록 피해자가 **피고인의 지시를 일부 따르지 않거나 퇴원한 적이 있더라도,** 그러한 사정만으로는 피고인의 과실과 피해자의 사망 사이에 **인과관계가 단절된다고 볼 수 없다**(대법원2018. 5. 11.선고2018도2844판결).

① (○) [1] 신호등에 의하여 교통정리가 행하여지고 있는 **┤자형 삼거리의 교차로를 녹색등화에 따라 직진하는 차량의 운전자는** 특별한 사정이 없는 한 다른 차량들도 교통법규를 준수하고 충돌을 피하기 위하여 적절한 조치를 취할 것으로 믿고 운전하면 족하고, **대향차선 위의 다른 차량이 신호를 위반하고 직진하는 자기 차량의 앞을 가로질러 좌회전할 경우까지 예상**하여 그에 따른 **사고발생을 미리 방지하기 위한 특별한 조치까지 강구하여야 할 업무상의 주의의무는 없고,** 위 직진차량 운전자가 사고지점을 통과할 무렵 제한속도를 위반하여 **과속운전한 잘못이 있었다 하더라도** 그러한 잘못과 교통사고의 발생과의 사이에 **상당인과관계가 있다고 볼 수 없다**(대법원1993. 1. 15.선고92도2579판결).
[2] 운전자 자신이 스스로 **교통규칙 등의 주의의무를 준수하지 않은 경우에는 원칙적으로 신뢰의 원칙이 적용되지 않는다. 다만,** 규칙위반이 사고발생의 **결정적 원인이 아닌 경우에는 예외적으로 신뢰의 원칙이 적용될 수 있다.** 따라서 위의 사안에서 사고 운전자의 **속도위반(과속)이 사고발생의 결정적 원인이 아니어서** 신뢰의 원칙이 적용되어 업무상과실치사죄가 성립하지 않는다.
② (○) [1] 형법 제32조 제1항의 **방조란 정범의** 구체적인 범행준비나 범행사실을 알고 **그 실행행위를 가능·촉진·용이하게 하는 지원행위** 또는 정범의 범죄행위가 종료하기 전에 **정범에 의한 법익 침해를 강화·증대시키는 행위로서, 정범의 범죄 실현과 밀접한 관련이 있는 행위를 말한다. 방조범은** 정범에 종속하여 성립하는 범죄이므로 **방조행위와 정범의 범죄 실현 사이에는 인과관계가 필요하다.** 방조범이 성립하려면 방조행위가 정범의 범죄 실현과 밀접한 관련이 있고 정범으로 하여금 구체적 위험을 실현시키거나 범죄결과를 발생시킬 기회를 높이는 등으로 정범의 범죄 실현에 현실

적인 기여를 하였다고 평가할 수 있어야 한다. **정범의 범죄 실현과 밀접한 관련이 없는 행위를 도와준 데 지나지 않는 경우에는 방조범이 성립하지 않는다.**
[2] **쟁의행위가 업무방해죄에 해당하는 경우 제3자가 그러한 정을 알면서 쟁의행위의 실행을 용이하게 한 경우에는 업무방해방조죄가 성립할 수 있다. 다만 헌법** 제33조 제1항이 규정하고 있는 노동3권을 실질적으로 보장하기 위해서는 **근로자나 노동조합이 노동3권을 행사할 때 제3자의 조력을 폭넓게 받을 수 있도록 할 필요가 있고,** 나아가 근로자나 노동조합에 **조력하는 제3자도** 헌법 제21조에 따른 **표현의 자유나** 헌법 제10조에 내재된 **일반적 행동의 자유를 가지고 있으므로, 위법한 쟁의행위에 대한 조력행위가 업무방해방조에 해당하는지 판단할 때는** 헌법이 보장하는 위와 같은 **기본권이 위축되지 않도록** 업무방해**방조죄의 성립 범위를 신중하게 판단하여야** 한다.
[3] 전국철도노동조합(이하 '철도노조'라고 한다) **조합원인 갑과 을은** 한국철도공사에서 시행하기로 한 순환전보에 반대한다는 명분으로 서울차량사업소에 설치된 **높이 15m가량의 조명탑 중간 대기 장소에 올라가 2인용 텐트를 설치한 후,** "단 한 명도 못 보낸다. 강제전출 철회"라고 쓴 현수막을 걸고 **점거하여,** 한국철도공사로 하여금 갑과 을의 안전을 위해 위 **조명탑의 전원을 차단하게 하여** 일정 기간 동안 **조명용도인 조명탑 본연의 기능을 사용할 수 없게 함으로써, 위력으로** 한국철도공사의 야간 입환 **업무를 방해하였다.**
[4] 이에 **위 철도노조 본부장 등 간부들(피고인들)은** 갑과 을의 **위 농성을 지지하고자 조명탑 아래 천막을 설치하고, 지지집회를 개최하고,** 음식물·책 등 **갑과 을이 필요로 하는 물품을 제공하거나 조명탑에 올라 이들을 위로하였다**하여 **업무방해방조로 기소된** 경우, **피고인들의 행위가** 전체적으로 보아 조명탑 점거에 일 도움이 된 측면이 있었다고 하더라도, 조명탑 본연의 기능을 사용할 수 없게 함으로써 야간 입환 업무를 방해한다는 정범들의 범죄에 대한 지원행위 또는 그 법익 침해를 강화·증대시키는 행위로서 **정범들의 범죄 실현과 밀접한 관련이 있는 행위에 해당한다고 단정하기 어렵다. 따라서 피고인들의 행위는** 방조범의 성립을 인정할 정도로 업무방해 행위와 **인과관계가 있다고 볼 수 없다.** 그 이유는 다음과 같다.
가. 철도노조는 한국철도공사의 순환전보 방침에 반대하는 투쟁을 준비하고 있었는데, **갑과 을은** 철도노조의 **사전 계획과 무관하게 조명탑을 점거하였던 것으로 보이고,** 이들이 점거행위를 개시하게 된 데에 **피고인들이 관여하였다고 보이지 아니한다.**
나. 피고인들이 **천막을 설치하고 이 사건 집회를 개최한 행위**는 기본적으로 회사의 순환전보 방침에 반대하는 의사를 표명하고 그 방침을 철회시키려는 **노동조합활동의 일환에서 이루어진 것이다.** 이 사건 집회에서 **조명탑 점거행위를 지지하는 발언이 일부 있었다고 하더라도** 그 내용과 경위 등에 비추어 **그러한 언행이 표현의 자유, 일반적 행동의 자유나 단결권의 보호 영역을 벗어났다고 볼 수 없고,** 갑과 을의 조명탑 점거행위를 통한 **범죄 실현에 현실적인 기여를 하였다고 보기 어렵다.**
다. 피고인들이 갑과 을에게 제공한 물품의 내용, 제공의 횟수, 시기 및 경위, 점거 장소의 특성 등을 고려하여 볼 때, **피고인들이 음식물 등을 제공한 것은** 고공에 설치된 좁은 공간에 장시간 고립되어 음식을 제공받을 수 있는 다른 경로가 없는 상황에 있던 **갑과 을의 생존과 안전을 위해 요구되는 행위임을 부정할 수 없고,**

그러하기에 **회사도 피고인들이 물품을 제공할 때마다** 그 내용을 확인한 후 **전달을 허용한 것으로 보인다.** 그리고 점거 첫날 밤 조명탑에 올라가 갑과 乙을 만난 행위는 **그들의 안위를 확인하는 차원에서 이루어진 것으로 볼 여지가 충분하다**(대법원2023. 6. 29.선고2017도9835판결). 결국, **피고인들의 조력행위와 정범인 갑과 을의 업무방해죄의 실현** 사이에 **인과관계를 인정하기 어려우므로** 피고인들의 행위가 **업무방해방조죄를 구성한다고 볼 수 없다.**

④ (○) 부진정부작위범의 경우에 부작위는 작위에 의한 살인행위와 동등한 형법적 가치를 가지고, **작위의무를 이행하였다면 결과가 발생하지 않았을 것이라는 관계가 인정될 경우에는** 작위를 하지 않은**부작위와 사망의 결과 사이에 인과관계가 있다**(대법원2015. 11. 12.선고2015도6809전원합의체 판결).

문제 06 - 정답 ③

▶ ③ (X) [1] 피고인(갑·을·병)들은 주식회사 **GM차(이하 'A회사'라고 한다)** 회사원으로, 갑은 전국금속노조 A회사 지회 노동조합(이하 '노조'라고 한다) 지회장, 을은 노조 조직부장, 병은 노조 후생부장이다. 피고인들의 공소사실의 요지는 다음과 같다.

(가) 2015. 11. 12. 군산시에 있는 A회사 공장에서 대표이사인 피해자 B가 사업장 내 시설물 보안 및 화재 감시 목적으로 공장 외곽 울타리와 출입문, 출고장 등 주요시설물에 설치한 CCTV(이하 '이 사건 CCTV'라고 한다) 카메라 **51대**에 검정색 비닐봉지를 씌워 5일 동안 촬영하지 못하도록 하고,

(나) 2015. 12. 18.경 같은 장소에서 위 CCTV 카메라 **51대**에 검정색 비닐봉지를 씌워 5일 동안 촬영하지 못하도록 하고,

(다) 2015. 12. 28.경 같은 장소에서 위 CCTV 카메라 중 **12대**에 검정색 비닐봉지를 씌워 9일 동안 촬영하지 못하도록 하고,

(라) 2016. 1. 4.경 같은 장소에서 위 CCTV 카메라 중 **14대**에 검정색 비닐봉지를 씌워 22일 동안 촬영하지 못하도록 함으로써 위력으로 B의 회사 운영과 관련된 시설물 관리 업무를 방해하였다.

[2] A회사는 시설물 보안 및 화재 감시라는 정당한 이익을 위하여 이 사건 CCTV를 설치한 것으로 볼 수 있으므로, 비록 그 설치 과정에서 근로자의 동의 절차나 노사협의회의 협의를 거치지 아니하였다 하더라도 그 업무는 법률상 보호할 가치가 있으므로, 이 사건 CCTV의 설치 및 운영을 통한 시설물 관리 업무는 업무방해죄의 보호대상에 해당한다.

[3] **피고인들의 공소사실 기재 각 행위**는 이 사건 CCTV 카메라의 촬영을 불가능하게 하는 물적 상태를 만든 것으로 **위력에 해당하고** 시설물 관리 **업무를 방해할 위험성도 인정되므로**, 위력에 의한 업무방해죄의 **구성요건해당성은 인정된다.**

[4] 가. 형법 제20조가 정한 '사회상규에 위배되지 아니하는 행위'라 함은 법질서 전체의 정신이나 그 배후에 놓여 있는 사회윤리 내지 사회통념에 비추어 용인될 수 있는 행위를 말한다.

나. 정당행위를 인정하려면, 첫째 행위의 동기나 목적의 정당성, 둘째 행위의 수단이나 방법의 상당성, 셋째 보호이익과 침해이익의 법익균형성, 넷째 긴급성, 다섯째 그 행위 외에 다른 수단이나 방법이 없다는 보충성 등의 요건을 갖추어야 한다).

다. 이때 **어떠한 행위가 위 요건들을 충족하는 정당한 행위로서 위법성이 조각되는 것인지는 구체적인 사정 아래서** 합목적적, 합리적으로 고찰하여 **개별적으로 판단되어야** 하므로, **구체적인 사안에서 정당행위로 인정되기 위한 긴급성이나 보충성의 정도는 개별 사안에 따라 다를 수 있다.**

라. 한편 **어떠한 행위가 범죄구성요건에 해당하지만 정당행위라는 이유로 위법성이 조각된다는 것은** 그 행위가 적극적으로 용인, 권장된다는 의미가 아니라 **단지 특정한 상황하에서 그 행위가 범죄행위로서 처벌대상이 될 정도의 위법성을 갖추지 못하였다는 것을 의미한다.**

[5] 피고인들의 공소사실 (가) 및 (나)의 각 행위의 경우, A회사가 CCTV를 작동시키지 않았거나 시험가동만 한 상태였으므로 근로자들의 권리가 실질적으로 침해되고 있었다고 단정하기 어려운 점, 피고인들이 공장부지의 외곽 울타리를 따라 설치되어 실질적으로 근로자를 감시하는 효과를 가진다고 보기 어려운 32대의 카메라를 포함하여 전체 CCTV의 설치 및 운영을 중단하라는 무리한 요구를 하고, 위 32대의 카메라에까지 검정색 비닐봉지를 씌웠던 점 등에 비추어 볼 때, 위 각 행위가 형법 제20조의 정당행위에 해당하지 않는다.

[6] 가. **이 사건 CCTV 카메라 중 공장부지 내부를 촬영하는 19대의 설치(공장부지 내 주요 시설물에 설치된 16대와 출입구에 설치된 3대)는** CCTV 설치공사를 시작할 당시 **근로자들의 동의가 없었으므로** 「개인정보 보호법」위반에 해당한다. 나아가 근로자참여법 제20조 제1항 제14호는 노사협의회가 협의하여야 할 사항으로 '사업장 내 근로자 감시 설비의 설치'를 규정하는데, 여기서 말하는 '근로자 감시 설비'라 함은 사업장 내에 설치되어 실질적으로 근로자를 감시하는 효과를 갖는 설비를 의미하고, 설치의 주된 목적이 근로자를 감시하기 위한 것이 아니더라도 여기에 해당할 수 있으므로 위 **CCTV를 설치하는 것은 근로자참여법이 정한 노사협의회의 협의를 거쳐야 하는 것으로 볼 수 있다.** 결국, **CCTV 카메라 중 공장부지 내부를 촬영하는 19대의 설치는 개인정보보호법과 근로자참여법 위반에 해당한다.**

나. 다음과 같은 이유로 **(다) 및 (라)의 각 행위는 목적의 정당성, 수단과 방법의 상당성, 법익균형성, 긴급성, 보충성 등과 같은 정당행위의 요건을 모두 충족한다.**

㉠ 피고인들의 각 행위는 위와 같이 위법한 CCTV 설치에 따른 기본권 침해를 방어하기 위한 목적에서 이루어진 것일 뿐, 피해자의 시설물 보호를 방해하는 것을 주된 목적으로 하였다고 보기 어려우므로 **목적의 정당성을 인정할 수 있다.**

㉡ 피고인들은 이 사건 CCTV 카메라 자체를 떼어내거나 훼손하지 않고, **검정색 비닐봉지를 씌워 임시적으로 촬영을 방해한 것에 불과하고,** 이런 임시조치를 통하여 부당한 침해에 대응하는 한편, 회사와 협의를 계속하려고 하였던 것으로 보이므로, **수단과 방법의 상당성도 인정할 수 있다.**

㉢ **피고인들은 A회사가 이 사건 CCTV의 정식 가동을 시작한 이후 51대의 카메라 중 근로자들의 작업 모습이 찍히는 카메라 12대를 골라 검정색 비닐봉지를 씌웠다.** 이후 피고인들은 이 사건 회사에 작업현장을 찍는 16대는 야간에만 작동시키는 방안을 제시하였으나, 이 사건 회사는 합리적인 근거를 제시하지 않은 채 그 제안을 거부하였고, **피고인들은 14대의 카메라에만 다시 검정색 비닐봉지를 씌웠다.** 이러한 피고인들의 행위는 보호이익과 침해이익 사이의 **법익균형성도 갖추었다고 볼 수 있다.**

㉣ 이 사건 회사가 근로자 대부분의 반대에도 불구하고 CCTV의 정식 가동을 강행함으로써 피고인들의 의사에 반하여 **근로 행위나 출퇴근 장면 등 개인정보가 위법하게 수집되는 상황이 현실화되고 있었던 점, 개인정보자기결정권은** 일반적 인격권 및 사생활의 비밀과 자유에서 도출된 헌법상 기본권으로 일단 그에 대한 **침해가 발생하면 사후적으로 이를 전보하거나 원상회복을 하는 것이 쉽지 않은 점** 등을 고려하면, 피고인들이 다른 구제수단을 강구하기 전에

임시조치로서 검정색 비닐봉지를 씌워 촬영을 막은 것은 행위의 동기나 목적, 수단이나 방법 및 법익의 균형성 등에 비추어 그 긴급성과 보충성의 요건도 갖추었다고 볼 여지가 있다(대법원2023. 6. 29.선고2018도1917판결). 결국, 피고인들이 A회사의 공장내 CCTV에 검정색 비닐봉지를 씌운 사건에서, 이 사건 CCTV 카메라의 촬영을 불가능하게 한 각 행위들은 모두 위력에 의한 업무방해죄의 구성요건에 해당하고, 그중 회사가 CCTV를 작동시키지 않았거나 시험가동만 한 상태에서 촬영을 방해한 행위는 정당행위로 볼 수 없으나, 정식으로 CCTV 작동을 시작한 후에는 회사의 정당한 이익 달성이 명백하게 정보주체의 권리보다 우선하는 경우에 해당한다고 보기 어려워 그 촬영을 방해한 행위가 정당행위에 해당할 여지가 있음을 이유로, 원심판결을 파기·환송하였다.

① (○) [1] 형법 제20조는 '사회상규에 위배되지 아니하는 행위'를 정당행위로서 위법성이 조각되는 사유로 규정하고 있다. 위 규정에 따라 사회상규에 의한 정당행위를 인정하려면, 첫째 그 행위의 동기나 목적의 정당성, 둘째 행위의 수단이나 방법의 상당성, 셋째 보호이익과 침해이익과의 법익균형성, 넷째 긴급성, 다섯째로 그 행위 외에 다른 수단이나 방법이 없다는 보충성 등의 요건을 갖추어야 하는데, 위 '목적·동기', '수단', '법익균형', '긴급성', '보충성'은 불가분적으로 연관되어 하나의 행위를 이루는 요소들로 종합적으로 평가되어야 한다.
[2] '목적의 정당성'과 '수단의 상당성' 요건은 행위의 측면에서 사회상규의 판단 기준이 된다. 사회상규에 위배되지 아니하는 행위로 평가되려면 행위의 동기와 목적을 고려하여 그것이 법질서의 정신이나 사회윤리에 비추어 용인될 수 있어야 한다. 수단의 상당성·적합성도 고려되어야 한다. 또한 보호이익과 침해이익 사이의 법익균형은 결과의 측면에서 사회상규에 위배되는지를 판단하기 위한 기준이다. 이에 비하여 행위의 긴급성과 보충성은 수단의 상당성을 판단할 때 고려요소의 하나로 참작하여야 하고 이를 넘어 독립적인 요건으로 요구할 것은 아니다. 또한 그 내용 역시 다른 실효성 있는 적법한 수단이 없는 경우를 의미하고 '일체의 법률적인 적법한 수단이 존재하지 않을 것'을 의미하는 것은 아니라고 보아야 한다.
[3] 갑 대학교는 학교법인의 전 이사장 을이 부정입학과 관련된 금품수수 등의 혐의로 구속되었다가 갑 대학교 총장으로 선임됨에 따라 학내 갈등을 빚던 중, 총학생회 간부인 피고인들이 총장 을과의 면담을 요구하면서 총장실 입구에서 진입을 시도하거나, 교무위원회 회의실에 들어가 총장의 사퇴를 요구하면서 이를 막는 학교 교직원들과 실랑이를 벌임으로써 위력으로 업무를 방해하였다는 내용으로 기소된 사안에서, 행위의 목적 및 경위 등에 비추어 보면, 피고인들이 분쟁의 중심에 있는 을을 직접 찾아가 면담하는 이외에는 다른 방도가 없다는 판단 아래 을과 면담을 추진하는 과정에서 피고인들을 막아서는 사람들과 길지 않은 시간 동안 실랑이를 벌인 것은 사회상규에 위배되지 아니하는 정당행위에 해당한다.
[4] 피고인들이 분쟁의 중심에 있는 공소외인을 직접 찾아가 면담하는 이외에는 다른 방도가 없다는 판단 아래 공소외인과 면담을 추진하는 과정에서 피고인들을 막아서는 사람들과 길지 않은 시간 동안 실랑이를 벌인 것은 동기와 목적의 정당성, 행위의 수단이나 방법의 상당성이 인정되고, 피고인들의 학습권이 헌법에 의하여 보장되는 권리라는 측면에 비추어 법익균형성도 충분히 인정된다. 나아가 학습권 침해가 예정된 이상 긴급성이 인정되고, 피고인들이 선택할 수 있는 법률적 수단이 더 이상 존재하지 않는다거나 다른 구제절차를 모두 취해본 후에야 면담 추진 등이 가능하다고 할 것

은 아니므로 보충성도 인정된다. 그렇지 않고 긴급성·보충성을 별도로 갖추지 않았다는 이유로 정당행위 성립을 부정한다면 일반적·보충적 위법성조각사유로서의 정당행위를 규정한 입법 취지 및 사회상규의 의미에 배치될 수 있다. 그렇다면 피고인들의 행위가 정당행위로 인정될 수 있다(대법원2023. 5. 18.선고2017도2760판결). 결국, 위력에 의한 업무방해죄가 성립하지 않는다.
② (○) [1] 상사 계급의 피고인이 그의 잦은 폭력으로 신체에 위해를 느끼고 겁을 먹은 상태에 있던 부대원들에게 청소 불량 등을 이유로 40분 내지 50분간 머리박아(속칭 '원산폭격')를 시키거나 양손을 깍지 낀 상태에서 약 2시간 동안 팔굽혀펴기를 50-60회 정도 하게 한 행위가 형법 제324조에서 정한 강요죄에 해당한다.
[2] 상사 계급의 피고인이 부대원들에게 얼차려를 지시할 당시 얼차려의 결정권자도 아니었고 소속 부대의 얼차려 지침상 허용되는 얼차려도 아니라는 등의 이유로, 피고인의 얼차려 지시 행위를 형법 제20조의 정당행위로 볼 수 없다(대법원2006. 4. 27.선고2003도4151판결).
④ (○) 갑 아파트 입주자대표회의 회장인 피고인이 자신의 승인 없이 동대표들이 관리소장과 함께 게시한 입주자대표회의 소집공고문을 뜯어내 제거함으로써 그 효용을 해하였다고 하여 재물손괴로 기소된 사안에서, 갑 아파트의 관리규약에 따르면 입주자대표회의는 회장이 소집하도록 규정되어 있으므로 입주자대표회의 소집공고문 역시 입주자대표회의 회장 명의로 게시되어야 하는 점, 위 공고문이 계속 게시되고 방치될 경우 적법한 소집권자가 작성한 진정한 공고문으로 오인될 가능성이 매우 높고, 이를 신뢰한 동대표들이 해당 일시의 입주자대표회의에 참석할 것으로 충분히 예상되는 상황이었던 점, 게시판의 관리주체인 관리소장이 위 공고문을 게시하였더라도 소집절차의 하자가 치유되지 않는 점, 피고인이 위 공고문을 발견한 날은 공휴일 야간이었고 그다음 날이 위 공고문에서 정한 입주자대표회의가 개최되는 당일이어서 시기적으로 달리 적절한 방안을 찾기 어려웠던 점 등을 종합하면, 피고인이 위 공고문을 손괴한 조치는, 그에 선행하는 위법한 공고문 작성 및 게시에 따른 위법상태의 구체적 실현이 임박한 상황하에서 그 위법성을 바로잡기 위한 것으로 사회통념상 허용되는 범위를 크게 넘어서지 않는 행위로 볼 수 있으므로, 정당행위에 해당할 수 있다(대법원2021. 12. 30.선고2021도9680판결). 결국, 피고인에게 형법 제20조 소정의 '사회상규에 위배되지 아니하는 정당행위'로 보아 재물손괴죄가 성립하지 않는다.

문제 07 - 정답 ④

▶ ④ (X) [1] 병역법 제88조 제1항은 국방의 의무를 실현하기 위하여 현역입영 또는 소집통지서를 받고도 정당한 사유 없이 이에 응하지 않은 사람을 처벌함으로써 입영기피를 억제하고 병력구성을 확보하기 위한 규정이다. 위 조항에 따르면 정당한 사유가 있는 경우에는 피고인을 벌할 수 없는데, 여기에서 정당한 사유는 구성요건해당성을 조각하는 사유이다. 이는 형법상 위법성조각사유인 정당행위나 책임조각사유인 기대불가능성과는 구별된다.
[2] 여호와의 증인 신도인 피고인이 지방병무청장 명의의 현역병입영통지서를 받고도 입영일부터 3일이 지나도록 종교적 양심을 이유로 입영하지 않고 병역을 거부하여 병역법 위반으로 기소된 사안에서, 피고인은 여호와의 증인 신도인 아버지의 영향으로 만 13세 때 침례를 받고 그 신앙에 따라 생활하면서 약 10년 전에 최초 입영통지를 받은 이래 현재까지 신앙을 이유로 입영을 거부하고 있고, 과거 피고인의 아버지는 물론 최근 피고인의 동생도 같은

이유로 병역을 거부하여 병역법 위반으로 수감되었으며, 피고인이 부양해야 할 배우자, 어린 딸과 갓 태어난 아들이 있는 상태에서 형사처벌의 위험을 감수하면서도 종교적 신념을 이유로 병역거부 의사를 유지하고 있는 사정에 비추어 보면, <u>피고인의 입영거부 행위는 진정한 양심에 따른 것으로서</u> 구 병역법(2013. 6. 4. 법률 제11849호로 개정되기 전의 것)제88조 제1항에서 정한 '<u>정당한 사유</u>'에 해당한다(대법원2018. 11. 1.선고2016도10912전원합의체 판결). 결국, 여기에서 <u>정당한 사유</u>는 책임조각사유가 아닌 <u>구성요건 해당성을 조각하는 사유이다.</u>

① (O) [1] <u>위법성이란</u> 범죄성립의 두 번째 요건으로, 구성요건에 해당하는 <u>행위가 전체 법질서에 비추어 보아 허용되지 아니한다는 부정적 가치판단</u>을 말한다.

[2] <u>책임이란</u> 범죄성립의 세 번째 요건으로, 규범이 요구하는 합법을 결의하고 이에 따라 행동할 수 있었음에도 불구하고 <u>불법을 결의하고 위법하게 행위하였다는 것</u>에 대하여 <u>행위자에게 가해지는 비난가능성</u>을 말한다.

[3] <u>위법성</u>과 <u>책임의 구별</u>

위법성	책임
㉠ 전체 법질서의 입장에서 내리는 '<u>행위</u>'에 대한 '<u>객관적</u>' 판단의 문제	㉠ 행위자에 대한 비난가능성을 지울 수 있는 '<u>행위자</u>'에 대한 '<u>주관적</u>' 판단의 문제
㉡ 행위자의 <u>개인적 특수성을 고려되지 않음</u>	㉡ 행위자의 개인적 특수성을 <u>고려됨</u>

② (O) [1] 형법 제10조에 규정된 심신장애는 생물학적 요소로서 정신병 또는 비정상적 정신상태와 같은 정신적 장애가 있는 외에 심리학적 요소로서 이와 같은 정신적 장애로 말미암아 사물에 대한 변별능력과 그에 따른 행위통제능력이 결여되거나 감소되었음을 요하므로, <u>정신적 장애가 있는</u> 자라고 하여도 <u>범행 당시 정상적인 사물변별능력이나 행위통제능력이 있었다면 심신장애로 볼 수 없다.</u>

[2] 심신장애의 유무는 법원이 형벌제도의 목적 등에 비추어 판단하여야 할 <u>법률문제(사실문제 ×, 의학적 문제 ×)로서</u> 그 판단에 전문감정인의 정신감정결과가 중요한 참고자료가 되기는 하나, <u>법원이 반드시 그 의견에 구속되는 것은 아니고,</u> 그러한 감정결과뿐만 아니라 범행의 경위, 수단, 범행 전후의 피고인의 행동 등 기록에 나타난 여러 자료 등을 <u>종합하여 독자적으로 심신장애의 유무를 판단하여야 한다</u>(대판 2018.9.13. 2018도7658, 2018전도54, 55, 2018보도6, 2018모2593).

③ (O) 「<u>형법」 제16조(법률의 착오)</u>의 규정은 단순한 법률의 부지를 말하는 것이 아니고, <u>일반적으로 범죄가 되는 경우이지만 자기의 특수한 경우에는 법령에 의하여 허용된 행위로서 죄가 되지 아니한다고 그릇 인식하고 그와 같이 그릇 인식함에 정당한 이유가 있는 경우에는 벌하지 않는다</u>는 것이다(대법원2004. 1. 15.선고 2001도1429판결).

문제 08 - 정답 ③

▶ ③ (O) 사례의 경우는 <u>위법성조각사유의 전제사실에 관한 착오(오상방위)</u>의 문제이다. <u>법효과 제한적 책임설</u>은 구성요건적 고의(불법고의)는 조각되지 아니하나, 착오로 인하여 행위자의 심정반가치를 인정할 수 없으므로 <u>책임고의가 조각되어</u> 그 법적 효과에 있어서만 구성요건적 고의가 조각된 것처럼 과실범의 문제로

취급하자는 견해이다. 이 견해에 따를 때 <u>을은 상해의 책임고의가 조각되므로 상해죄가 성립하지 않고,</u> 과실치상죄가 성립할 뿐이다.

① (X) <u>유추적용</u> 제한적 책임설은 행위자에게는 구성요건적 불법을 실현하려는 의사가 결여되어 행위반가치가 부정되기 때문에 구성요건적 착오에 관한 규정을 유추적용하여 <u>불법고의가 조각된다</u>는 견해이다. 이 견해에 따를 때 <u>을은 상해의 고의가 조각되므로 상해죄가 성립하지 않고,</u> 과실치상죄가 성립할 뿐이다.

② (X) <u>엄격책임설</u>은 금지의 착오로 보아 <u>일단 상해의 고의가 인정되고, 정당한 이유가 있는 때</u>에는 <u>책임이 조각될 뿐이고 을은 상해죄는 성립하지 않는다.</u> 만약, 정당한 이유가 없다면 을은 상해죄가 성립한다(<u>가장 불리한 학설이다</u>).

④ (X) [1] 공범종속성설 중 <u>제한적</u> 종속형식(다수설)에 의하면 <u>정범의 실행행위가 구성요건에 해당하고 위법하면 교사범이 성립할 수 있고</u> 유책할 것을 요하지 않는다.

[2] <u>엄격책임설은 위전착을 금지의 착오로 보아 일단 상해의 고의가 인정되고, 정당한 이유가 있는 때에는 책임이 조각될 뿐이고 을은 상해죄는 성립하지 않는다.</u> 만약, 정당한 이유가 없다면 을은 상해죄가 성립한다. 따라서 <u>엄격책임설에 따를 때에</u> 갑이 위전착에 해당하는 자(乙)를 교사한 경우, 일단 갑의 행위는 구성요건에 해당하고 <u>위법성까지는 있으므로 정당한 이유가 있던 없던</u> 甲에게 <u>상해죄의 교사범이 성립한다.</u>

[3] <u>법효과 제한적 책임설의 경우,</u> 위전착의 경우에 책임고의가 조각될 뿐 불법고의 까지는 있으므로(구성요건에 해당하고 위법성까지는 있으므로), 갑이 위전착에 해당하는 자(乙)를 교사하면 <u>甲에게 상해죄의 교사범이 성립한다.</u>

[4] 그러나 <u>소극적 구성요건표지이론과 유추적용 제한적 책임설의 경우,</u> 위전착에 해당하면 애초부터 불법고의(구성요건적 고의)가 조각되어 과실범으로 처벌되므로, 갑이 위전착에 해당하는 자(乙; 과실범)를 교사하면 <u>甲에게 상해죄의 교사범이 아니라</u> 상해죄의 <u>간접정범이 성립할 뿐이다.</u>

문제 09 - 정답 ②

▶ ② (X) [1] 형법 제30조의 공동정범은 2인 이상이 공동하여 죄를 범하는 것으로서, <u>공동정범이 성립하기 위하여는 주관적 요건으로서 공동가공의 의사</u>와 객관적 요건으로서 공동의사에 기한 기능적 행위지배를 통한 범죄의 실행사실이 필요하고, <u>공동가공의 의사</u>는 타인의 범행을 인식하면서도 이를 제지하지 아니하고 <u>용인하는 것만으로는 부족하고</u> 공동의 의사로 특정한 범죄행위를 하기 위하여 <u>일체가 되어 서로 다른 사람의 행위를 이용하여 자기의 의사를 실행에 옮기는 것을 내용으로 하는 것이어야</u> 한다.

[2] 피해자 일행을 한 사람씩 나누어 강간하자는 피고인 일행의 제의에 아무런 대답도 하지 않고 따라 다니다가 자신의 강간 상대방으로 남겨진 공소외인에게 <u>일체의 신체적 접촉도 시도하지 않은 채</u> 다른 일행이 인근 숲 속에서 강간을 마칠 때까지 <u>공소외인과 함께 이야기만 나눈 경우,</u> 피고인에게 다른 일행의 강간 범행에 <u>공동으로 가공할 의사가 있었다고 볼 수 없다</u>(대법원2003. 3. 28.선고2002도7477판결).

① (O) [1] <u>형법 제30조의 공동정범</u>은 공동가공의 의사와 그 공동의사에 의한 기능적 행위지배를 통한 범죄 실행이라는 주관적·객관적 요건을 충족함으로써 성립하므로, <u>공모자 중 구성요건행위를 직접 분담하여 실행하지 않은 사람도</u> 위 요건의 충족 여부에 따라 <u>이른바 공모공동정범으로서의 죄책을 질 수 있다.</u>

[2] <u>구성요건행위를 직접 분담하여 실행하지 않은 공모자가</u> 공모

공동정범으로 인정되기 위해서는 **전체 범죄에서** 그가 차지하는 지위·역할, 범죄 경과에 대한 지배나 장악력 등을 종합하여 그가 단순한 공모자에 그치는 것이 아니라 **범죄에 대한 본질적 기여**를 통한 **기능적 행위지배가 존재한다고 인정되어야** 한다.

[3] **공모공동정범의 경우** 범죄의 수단과 모습, 가담하는 인원과 그 성향, 범행 시간과 장소의 특성, 범행과정에서 나인과의 접촉 가능성과 예상되는 반응 등 여러 상황에 비추어, **공모자들이 공모한 범행을 수행하거나 목적을 달성하고자 나아가는 도중에 부수적인 다른 범죄가 파생되리라고 예상하거나 충분히 예상할 수 있는데도** 그러한 가능성을 외면한 채 이를 방지하기에 충분한 합리적인 조치를 취하지 않고 공모한 범행에 나아갔다가 결국 **그와 같이 예상되던 범행들이 발생하였다면**, 비록 그 파생적인 범행 하나하나에 대하여 개별적인 의사의 연락이 없었더라도 **당초의 공모자들 사이**에 그 범행 전부에 대하여 암묵적인 공모는 물론 그에 대한 **기능적 행위지배가 존재한다고** 보아야 한다.

[4] 2인 이상이 범죄에 공동 가공하는 공범관계에서 **공모는 법률상 어떤 정형을 요구하는 것이 아니고** 2인 이상이 공모하여 범죄에 공동 가공하여 범죄를 실현하려는 **의사의 결합만 있으면 충분하다.** 비록 전체의 모의과정이 없더라도 여러 사람 사이에 **순차적으로** 또는 **암묵적으로** 의사의 결합이 이루어지면 **공모관계가 성립한다.**

[5] 이러한 **공모관계를 인정하기 위해서는 엄격한 증명이 요구되**지만, **피고인이 범죄의 주관적 요소인 공모관계를 부인하는 경우**에는 사물의 성질상 이와 상당한 관련성이 있는 **간접사실 또는 정황사실을 증명하는 방법으로 이를 증명할 수밖에 없다.** 이때 무엇이 상당한 관련성이 있는 간접사실에 해당할 것인지는 정상적인 경험칙에 바탕을 두고 치밀한 관찰력이나 분석력으로 사실의 연결 상태를 합리적으로 판단하는 방법으로 하여야 한다.

[6] [다수의견] **국가정보원의 원장 피고인 갑**, 3차장 피고인 을, 심리전단장 피고인 병이 **심리전단 산하 사이버팀 직원들과 공모**하여 **인터넷 게시글과 댓글 작성, 찬반클릭, 트윗과 리트윗 행위 등의 사이버 활동을 함으로써** 국가정보원 직원의 직위를 이용하여 정치활동에 관여함과 동시에 제18대 대통령선거와 관련하여 공무원의 지위를 이용한 선거운동을 하였다고 하여 **구 국가정보원법 위반 및 구 공직선거법 위반으로 기소**된 경우 국가정보원의 정보기관으로서의 조직, 역량과 상명하복에 의한 업무수행 체계, 사이버팀 직원들이 범행을 수행한 구체적인 방법과 모습, 피고인들이 각각 국가정보원의 원장과 3차장, 심리전단장으로서 사이버팀을 지휘·감독하던 지위와 역할, 사이버 활동이 이루어질 당시 피고인들이 회의석상에서 직원들에게 한 발언 및 지시 내용 등 제반 사정을 종합하면, **사이버팀 직원들이 한 사이버 활동 중 일부는 구 국가정보원법상** 국가정보원 직원의 직위를 이용한 **정치활동 관여 행위 및 구 공직선거법상 공무원의 지위를 이용한 선거운동에 해당**하며, 이러한 활동을 구 국가정보원법에 따른 직무범위 내의 정당한 행위로 볼 수 없고, **피고인들이**(갑·을·병이) **실행행위자인 사이버팀 직원들과 순차 공모**하여 범행에 대한 **기능적 행위지배를 함**으로써 **범행에 가담하였다 할 것이므로**, 피고인들에게 구 국가정보원법 위반죄와 구 공직선거법 위반죄를 인정한다(대법원2018. 4. 19.선고2017도14322전원합의체 판결). 결국, 국가정보원 사이버팀의 인터넷 댓글 게시 등 사건에서, **피고인들이 정치관여 행위로 인**한 국가정보원법 위반과 **선거운동으로** 인한 공직선거법 위반에 관하여 **범행을 직접 실행한 사이버팀 직원들과 순차 공모하여 범행**

에 대한 기능적 행위지배를 함으로써 **위 법행에 가담하였다고 할 것이므로 공동정범이 성립한다.**

③ (○) 범인도피죄는 범인을 도피하게 함으로써 기수에 이르지만 **범인도피행위가 계속되는 동안에는 범죄행위도 계속되고** 행위가 끝날 때 비로소 범죄행위가 종료된다고 할 것이고, **공범자의 범인도피행위의 도중에** 그 범행을 인식하면서 **그와 공동의 범의를 가지고** 기왕의 범인도피상태를 이용하여 **스스로 범인도피행위를 계속한 자에 대하여는 범인도피죄의 공동정범이 성립한다**고 할 것이다(대법원1995. 9. 5.선고95도577판결). 결국, 공범자의 범인도피행위 도중에 기왕의 범인도피상태를 이용하여 스스로 범인도피행위를 계속한 자에 대하여는 범인도피죄의 공동정범이 성립한다.

④ (○) 회사직원이 영업비밀을 경쟁업체에 유출하거나 스스로의 이익을 위하여 이용할 목적으로 **무단으로 반출한 때 업무상배임죄의 기수에 이르렀다**고 할 것이고, **그 이후에 위 직원과 접촉하여** 영업비밀을 취득하려고 한 자는 **업무상배임죄의 공동정범이 될 수 없다**(대법원2003. 10. 30.선고2003도4382판결). 결국, 공동정범이 성립하기 위해서는 **공동가공의사가** 원칙적으로 **범죄의 종료 이전에 있어야** 하므로, 후행자(영업비밀을 취득하려고 한 자)의 개입 이전에 **선행자**(영업비밀을 유출한 회사직원)**에 의하여 범죄가 완성된 때**(업무상배임죄가 이미 성립한 때)에는 후행자는 공동정범이 성립할 여지가 없다.

문제 10 - 정답 ②

▶ ② (X) 甲이 乙에게 "**丙을 정신을 차릴 정도로 때려주어라**"고 **교사**하였는데 을이 병을 **살해한 경우, 일반적으로 교사자는 상해죄에 대한 교사범이 되는 것**이고, 다만 이 경우 **교사자에게 피해자의 사망이라는 결과에 대하여 과실 내지 예견가능성이 있는 때**에는 **상해치사죄의 교사범**으로서의 죄책을 질 수 있다(대판 1997.6.24. 97도1075). 판례는 이 사안에서("**정신 차릴 정도로 때려주어라**" 사건), **甲이** 피해자 丙의 사망이라는 결과를 예측하였거나 또는 **병의 사망의 결과에 대하여 과실이 있었다고 인정하기 어렵다고 보아 상해죄**(상해치사죄 X)**의 교사범만을 인정하였다.**

① (○) 교사의 착오 중 질적 초과에 해당하는 경우이다. 교사자는 원칙적으로 초과부분에 대해서 책임을 지지 아니하나, **다만 교사한 범죄의 예비·음모 처벌규정이 있으면 처벌될 뿐이다.** 결국, 甲은 형이 더 무거운 **강도예비·음모죄로 처벌된다.**

③ (○) 甲이 乙에게 사기를 교사하였는데 乙이 공갈을 실행한 경우, 교사내용과 실행행위의 질적 차이가 **본질적인 것이 아닌 것은**(**폭행·협박을 수단으로 하면서 그 정도 차이만 있을 뿐이다**) 甲은 **교사한 범죄에 대한 교사범이 성립**한다. 따라서 **공갈을 교사하였는데, 강도를 한 경우에는 질적 초과가 비본질적인 경우에 해당**하여 양적초과와 마찬가지로 갑은 **공갈죄의 교사범이 성립**한다.

④ (○) 甲이 乙에게 사기를 교사하였는데 乙이 공갈을 실행한 경우, 교사내용과 실행행위의 질적 차이가 **본질적인 것이 아닌 것은**(**같은 편취죄이므로**) 甲은 **교사한 범죄에 대한 교사범이 성립**한다. 따라서 **사기를 교사하였는데, 공갈을 한 경우에는 갑은 사기죄의 교사범이 성립한다.**

문제 11 - 정답 ②

▶ ② **㉠㉡㉢㉣(4개)은 옳은 지문이나, ㉤(1개)은 틀린 지문이다.**

㉠㉡ (○) [1] 갑은 성명불상인 을로부터 **불법 환전 업무를** 도

와주면 대가를 지급하겠다는 제안을 받고 <u>갑 자신의 금융계좌번호를 알려주었는데,</u> 을이 전기통신금융사기(보이스피싱 사기) 편취금을 은닉하기 위하여 갑의 금융계좌로 편취금을 송금받은 경우, 갑이 성명불상자의 <u>탈법행위 목적(불법재산 은닉등)의 타인 실명 금융거래를 용이하게 하였다</u>하여 금융실명거래 및 비밀보장에 관한 법률(약칭 '금융실명법') 제6조 제1항 위반죄의 방조범이 성립한다.

[2] 형법상 방조행위는 정범이 범행을 한다는 정을 알면서 그 실행행위를 용이하게 하는 직접·간접의 행위를 말하므로, <u>방조범은</u> 정범의 실행을 방조한다는 이른바 <u>방조의 고의</u>와 정범의 행위가 구성요건에 해당하는 행위인 점에 대한 <u>정범의 고의</u>가 있어야 하나, 방조범에서 <u>정범의 고의</u>는 정범에 의하여 실현되는 범죄의 구체적 내용을 인식할 것을 요하는 것은 아니고 <u>미필적 인식 또는 예견으로 족하다.</u>

[3] <u>구금융실명법 제6조 제1항 위반죄</u>는 이른바 초과주관적 위법요소로서 <u>'탈법행위의 목적'</u>을 범죄성립요건으로 하는 목적범이므로, 방조범에게도 정범이 위와 같은 탈법행위를 목적으로 타인 실명 금융거래를 한다는 점에 관한 고의가 있어야 하나, <u>그 목적의 구체적인 내용까지 인식할 것을 요하는 것은 아니다</u>(대법원2022. 10. 27.선고2020도12563판결). 결국, 갑은 자신의 계좌가 보이스피싱 사기에 이용된다는 사실을 인식하지 못하였으므로 <u>사기죄의 방조범은 성립하지 아니하나,</u> 불법환전행위목적(탈법행위목적)으로 한 타인 실명 금융거래한다는 사실은 인식하고 있었으므로 <u>금융실명법위반죄의 방조범은 성립한다.</u>

ⓒⓔ (○) [1] <u>정범이</u> 침해 게시물을 인터넷 웹사이트 서버 등에 업로드하여 <u>공중의 구성원이</u> 개별적으로 선택한 시간과 장소에서 접근할 수 있도록 이용에 제공하면, 공중에게 침해 게시물을 실제로 송신하지 않더라도 <u>공중송신권 침해는 기수에 이른다.</u>

[2] 그런데 <u>정범이</u> 침해 게시물을 서버에서 <u>삭제하는 등으로 게시를 철회하지 않으면</u> 이를 공중의 구성원이 개별적으로 선택한 시간과 장소에서 접근할 수 있도록 이용에 제공하는 가벌적인 위법행위가 계속 반복되고 있어 공중송신권 침해의 범죄행위가 종료되지 않았으므로, 그러한 <u>정범의 법죄행위는 방조의 대상이 될 수 있다.</u>

[3] 성명불상자들은 저작재산권자의 이용허락 없이 해외 인터넷 동영상 공유사이트인 '(사이트명 생략)' 등에 <u>영화,드라마,예능프로그램 등인 이 사건 영상저작물을 업로드하여 게시하였다.</u> 성명불상자들의 위와 같은 행위는 저작재산권자의 허락 없이 공중의 구성원이 개별적으로 선택한 시간과 장소에서 접근할 수 있도록 이 사건 영상저작물을 이용에 제공하는 <u>공중송신권 침해에 해당한다(저작권법위반죄가 성립한다).</u> 성명불상자들이 위와 같이 업로드한 이 사건 영상저작물을 삭제하지 않는 한 공중의 구성원이 개별적으로 선택한 시간과 장소에서 이 사건 영상저작물을 접근할 수 있도록 이용에 제공하는 공중송신권 침해의 범죄행위는 종료되지 않았다.

[4] <u>피고인은</u> 성명불상자들의 이 사건 영상저작물에 대한 공중송신권 <u>침해행위 도중에</u> 그러한 <u>범행을 충분히 인식하면서 총 450회에 걸쳐</u> 이 사건 영상저작물로 연결되는 <u>링크를 이 사건 사이트에 게시하였다(저작권법 위반죄의 방조가 성립한다).</u> 이 사건 사이트의 이용자들은 피고인이 게시한 링크를 통해 이 사건 영상저작물에 용이하게 접근할 수 있고, 피고인은 그러한 사실을 충분히 알고 있었다. <u>이 사건 사이트는 피고인이 광고 수익을 얻기 위한 목적으로 개설하여 계속적으로 운영하는 저작권 침해물 링크 사이트로서,</u> 피고인은 불특정 다수의 이용자들이 이 사건 영상저작물에 대한 링크를 손쉽게 찾을 수 있도록 <u>링크를</u> 영화·드라마·예능프로그램 등의 유형

별로 구분하여 게시하고 이에 대한 <u>검색기능을 제공하였다.</u>

[5] 피고인은 성명불상자들의 공중송신권 <u>침해행위 도중에 그 범행을 충분히 인식하면서</u> 그러한 침해 게시물 등에 연결되는 링크를 이 사건 사이트에 영리적,계속적으로 게시하여 공중의 구성원이 개별적으로 선택한 시간과 장소에서 침해 게시물에 쉽게 접근할 수 있도록 하는 정도의 <u>링크 행위를</u> 하여 침해 게시물을 공중의 이용에 제공하는 성명불상자들의 범죄를 용이하게 하였으므로 <u>공중송신권 침해의 방조범이 성립할 수 있다.</u>

[6] 한편 이 사건에서 방조범인 <u>피고인은 영리를 목적으로 또는 상습적으로 저작재산권 침해행위를 방조하였으므로,</u> 이 사건 공소사실에 대한 공소는 <u>저작권법 제140조 단서 제1호에 따라 고소가 필요하지 않아,</u> 이 사건 <u>공소제기는 적법하다고 볼 수 있다.</u>

[7] 결국, 저작재산권자의 이용허락 없이 전송되는 공중송신권 침해 게시물로 연결되는 링크를 <u>이른바 '다시보기' 링크 사이트 등에서 공중의 구성원에게 제공하는 행위</u>가 공중송신권 침해의 방조가 되는지 여부가 문제된 사건에서 <u>저작권법위반의 방조가 성립한다.(이른바 '다시보기' 링크 사이트 사건)</u>(대법원2021. 9. 9.선고2017도19025전원합의체 판결). ☞ 이와 달리 저작권자의 공중송신권을 침해하는 웹페이지 등으로 링크를 하는 행위만으로는 <u>어떠한 경우에도 공중송신권 침해의 방조행위에 해당하지 않는다는 취지로 판단한 종전 판례인 대법원 2015. 3. 12. 선고 2012도13748 판결등은 이 판결의 견해에 배치되는 범위에서 이를 변경하기로 한다.</u>

ⓜ (X) [1] 방조범은 종범으로서 정범의 존재를 전제로 하는 것이므로, <u>정범의 범죄행위 없이 방조범만이 성립될 수는 없다.</u>

[2] <u>병원 원장인 피고인 갑 등이</u> 을 등에게 허위의 입·퇴원확인서를 작성한 후 교부하여, 을 등이 보험회사로부터 보험금을 편취하는 것을 방조하였다는 내용으로 기소된 사안에서, <u>정범인 을 등의 범죄가 성립되지 않는 이상</u> 방조범에 불과한 피고인 갑 등의 범죄도 성립될 수 없다(대법원2017. 5. 31.선고2016도12865판결). 결국, <u>방조범인 갑 등은</u> 정범인 을 등에게 <u>종속되므로, 정범이 무죄</u>이므로 <u>사기죄의 방조범이 성립하지 않는다.</u>

문제 12 - 정답 ④

▶ ④ ㉠ⓒⓜ(4개)은 옳은 지문이나, ⓒ(1개)만 틀린 지문이다.

㉠ (○) [1] 처벌법규의 개정으로 형법상 뇌물 관련 범죄에서만 공무원으로 의제되는 <u>영상물등급위원회 직원이 허위공문서작성죄 및 동행사죄의 주체가 될 수 없다.</u>

[2] <u>허위공문서작성죄 및 그 행사죄는 "공무원"만이</u> 그 주체가 될 수 있는 <u>신분범이라 할 것이므로,신분상 공무원이 아님이 분명한 피고인들을 허위공문서작성죄 및 그 행사죄로 처벌하려면</u> 그에 관한 <u>특별규정이 있어야 할 것이고,</u> 그들의 업무가 국가의 사무에 해당한다거나, 그들이 소속된 영상물등급위원회의 행정기관성이 인정된다는 사정만으로는 <u>피고인들을 위 죄로 처벌할 수 없다.</u>

[3] <u>영상물등급위원회 직원이</u> 게임물 등급분류와 관련하여 <u>영상물등급위원회장 명의의 접수일부인을 허위로 작성·행사한</u> 사안에서, 처벌법규의 개정으로 형법상 뇌물 관련 범죄 외에는 더 이상 공무원으로 의제되지 않게 된 영상물등급위원회 임직원들에 대해 <u>허위공문서작성죄 및 동행사죄를 적용할 수 없다</u>(대법원2009. 3. 26.선고2008도93판결).

ⓒ (○) [1] 형법 제33조 소정의 이른바 <u>신분관계라 함은</u> 남녀의 성별, 내·외국인의 구별, 친족관계, 공무원인 자격과 같은 관계뿐만 아니라 <u>널리 일정한 범죄행위에 관련된 범인의 인적관계인 특수한 지위 또는 상태를 지칭하는 것이다.</u>

[2] 형법 제152조 제1항과 제2항은 위증을 한 범인이 형사사건의 피고인 등을 **'모해할 목적'**을 가지고 있었는가 아니면 그러한 목적이 없었는가 하는 범인의 특수한 상태의 차이에 따라 범인에게 과할 형의 경중을 구별하고 있으므로, 이는 바로 **형법 제33조 단서** 소정의 **"신분관계로 인하여 형의 경중이 있는 경우"**에 해당한다고 봄이 상당하다.

[3] **형법 제31조 제1항(공범의 종속성 규정)은** 협의의 공범의 일종인 **교사범이** 그 성립과 처벌에 있어서 **정범에 종속한다는 일반적인 원칙을 선언한 것에** 불과하고, 신분관계로 인하여 형의 경중이 있는 경우에 신분이 **있는 자(모해목적을 가진 자)가** 신분이 **없는 자(모해목적이 없는 자)를** 교사하여 죄를 범하게 한 때에는 **형법 제33조 단서가** 형법 제31조 제1항에 **우선하여 적용됨으로써 신분이 있는 교사범(모해위증죄의 교사범)이** 신분이 없는 정범(단순 위증죄)보다 **중하게 처벌된다**

[4] 피고인이 갑을 모해할 목적으로 을에게 위증을 교사한 이상, 가사 정범인 을에게 모해의 목적이 없었다고 하더라도, 형법 제33조 단서의 규정에 의하여 **피고인을 모해위증교사죄로 처단할 수 있다** (대법원1994. 12. 23.선고93도1002판결).

ⓒ (X) **신분관계가 없는 자가 신분관계 있는 자와 공모하여 업무상 배임죄를 저질렀다면,** 그러한 신분관계가 없는 공범에 대하여는 형법 제33조 단서에 따라 **단순배임죄에서 정한 형으로 처단하여야 한다.** 이 경우에는 **신분관계 없는 공범에게도** 같은 조 본문에 따라 일단 신분범인 **업무상배임죄가** 성립하고 다만 **과형(=처단=처벌)에서만** 무거운 형이 아닌 **단순배임죄의 법정형이** 적용된다(대법원2018. 8. 30.선고2018도10047판결).

ⓓ (○) **치과의사가** 환자의 대량유치를 위해 **치과기공사들에게** 내원 환자들에게 **진료행위를 하도록** 지시하여 동인들이 각 단독으로 전항과 같은 진료행위를 하였다면 **무면허의료행위의 교사범에 해당한다** (대법원1986. 7. 8.선고86도749판결).

ⓔ (○) 변호사 아닌 자가 변호사를 고용하여 법률사무소를 개설·운영하는 행위에 있어서는 변호사 아닌 자는 변호사를 고용하고 변호사는 변호사 아닌 자에게 고용된다는 서로 대향적인 행위의 존재가 반드시 필요하고, 나아가 변호사 아닌 자에게 고용된 변호사가 고용의 취지에 따라 법률사무소의 개설·운영에 어느 정도 관여할 것도 당연히 예상되는바, 이와 같이 **변호사가 변호사 아닌 자에게 고용되어 법률사무소의 개설·운영에 관여하는 행위는** 위 범죄가 성립하는 데 당연히 예상될 뿐만 아니라 범죄의 성립에 없어서는 아니 되는 것인데도 **이를 처벌하는 규정이 없는 이상,** 그 입법 취지에 비추어 볼 때 변호사 아닌 자에게 고용되어 법률사무소의 개설·운영에 관여한 **변호사의 행위가 일반적인 형법 총칙상의 공모, 교사 또는 방조에 해당한다고** 하더라도 **변호사를 변호사 아닌 자의 공범으로서 처벌할 수는 없다**(대법원2004. 10. 28.선고2004도3994판결). 결국, **변호사 아닌 자에게 고용된 변호사를,** 변호사 아닌 자가 변호사를 고용하여 법률사무소를 개설·운영하는 행위를 처벌하도록 규정하고 있는 **변호사법 제109조 제2호,제34조 제4항 위반죄의 공범으로 처벌할 수는 없다**

문제 13 - 정답 ③

▶ ③ (○) [1] 마약류 관리에 관한 법률 제67조의 **몰수나 추징을 선고하기 위하여는** 몰수나 추징의 요건이 **공소가 제기된 범죄사실과 관련되어 있어야** 하므로, 법원으로서는 **범죄사실에서 인정되지 아니한 사실에 관하여는 몰수나 추징을 선고할 수 없다.**

[2] **범죄사실에서 수수한 필로폰 양을 특정할 수 없다고 판단한 이상,** 그 추징의 대상이 되는 수수한 필로폰의 양을 특정할 수 없는 경우에 해당한다고 보아 **피고인에게 추징을 명할 수는 없다**(대법원2016. 12. 15.선고2016도16170판결).

① (X) **원심이 피고인들(폐기물처리업체를 운영하는 자)에게 '사업장폐기물배출업체로부터 인수받은 폐기물을 폐기물관리법에 따라 허가 또는 승인을 받거나 신고한 폐기물처리시설이 아닌 곳에 매립하였다.'는** 범죄행위를 인정하면서 피고인들이 사업장폐기물배출업체로부터 받은 돈을 형법 제48조에 따라 몰수·추징한 사안에서, 대법원은 **위 돈을** 형법 제48조의 몰수·추징의 대상으로 보기 위해서는 피고인들이 위와 같은 **범죄행위로 인하여 취득하였다는** 점, 즉 **위 돈(1톤당 50,000원을 받음)이** 피고인들과 **사업장폐기물배출업체** 사이에 피고인들의 **범죄행위를 전제로 수수되었다는 점이 인정되어야 한다는** 이유로, 사업장폐기물배출업체로부터 **정상적인 절차에 따라** 폐기물이 처리되는 것을 전제로 돈을 받았다는 피고인들 **주장에** 관하여 심리하지 아니한 채 **막연히 피고인들이 폐기물을 불법적으로 매립할 목적으로 돈을 받고 폐기물을 인수하였다는 사정만을 근거로 위 돈이 범죄행위로 인하여 생하였거나 이로 인하여 취득된 것이라고 본 원심판결에** 몰수·추징에 관한 법리오해 및 심리미진의 **잘못이 있다**(대법원2021. 7. 21.선고2020도10970판결). 결국, 피고인들이 실제로 취득한 수익(돈)은 피고인 갑은 375,000,000원, 을은 270,000,000원인데, **위 돈이 범죄행위로 인하여 생하였거나 이로 인하여 취득된 것이라고 볼 수 없으므로, 추징할 수 없다.**

② (X) [1] 형법 제49조 단서는 "행위자에게 유죄의 재판을 아니할 때에도 몰수의 요건이 있는 때에는 몰수만을 선고할 수 있다."라고 규정하고 있으나, **우리 법제상 공소의 제기 없이 별도로 몰수만을 선고할 수 있는 제도가 마련되어 있지 않으므로,** 위 규정에 근거하여 **몰수를 선고하기 위해서는** 몰수의 요건이 **공소가 제기된 공소사실과 관련되어 있어야** 하고, 공소가 제기되지 않은 별개의 범죄사실을 법원이 인정하여 그에 관하여 몰수나 추징을 선고하는 것은 불고불리의 원칙에 위반되어 허용되지 않는다.

[2] 부패재산의 몰수 및 회복에 관한 특례법 제6조 제1항, 제3조 제1항, 제2조 제3호에서 정한 **몰수·추징의 원인이 되는 범죄사실은 공소제기된 범죄사실에 한정되고,** '범죄피해재산'은 그 공소제기된 범죄사실 피해자로부터 취득한 재산 또는 그 재산의 보유·처분에 의하여 얻은 재산에 한정되며, 그 피해자의 피해회복이 심히 곤란하다고 인정되는 경우에만 몰수·추징이 허용된다(대법원2022. 11. 17.선고2022도8662판결).

④ (X) [1] 마약류 불법거래 방지에 관한 특례법(이하 '마약거래 방지법'이라고 한다) 제6조를 위반하여 **마약류를 수출입·제조·매매하는 행위 등을 업으로 하는 범죄행위의 정범이 그 범죄행위로 얻은 수익은** 마약거래방지법 제13조부터 제16조까지의 규정에 따라 **몰수·추징의 대상이 된다.**

[2] **그러나** 위 정범으로부터 대가를 받고 판매할 마약을 공급하는 방법으로 위 범행을 용이하게 한 **방조범은 정범의 위 범죄행위로 인한 수익을 정범과 공동으로 취득하였다고 평가할 수 없다면,** 위 몰수·추징 규정에 의하여 **정범과 같이 추징할 수는 없고,** 그 방조범으로부터는 **방조행위로 얻은 재산 등에 한하여 몰수, 추징할 수 있다고** 보아야 한다(대법원2021. 4. 29.선고2020도16369판결).

문제 14 - 정답 ②

▶ ② ㉠㉡㉣㉤(4개)는 맞는 지문이나, ㉢(1개)은 틀린 지문이다.

㉠ (○) [1] 검사는 보호관찰이나 사회봉사 또는 수강을 명한 집행유예를 받은 자가 준수사항이나 명령을 위반하고 그 정도가 무거운 경우 보호관찰소장의 신청을 받아 집행유예의 선고 취소청구를 할 수 있다(보호관찰 등에 관한 법률 제47조 제1항, 형법 제64조 제2항).

[2] 집행유예 선고 취소결정이 가능한 시적 한계와 더불어 제1심과 항고심법원은 각기 당사자에게 의견 진술 및 증거제출 기회를 실질적으로 보장하여야 한다는 원칙이 적용되는 결과, 법원은 관련 절차를 신속히 진행함으로써 당사자의 절차권 보장과 집행유예 판결을 통한 사회 내 처우의 실효성 확보 및 적정한 형벌권 행사를 조화롭게 달성하도록 유의할 필요가 있다(대법원2023. 6. 29.자 2023모1007결정).

㉡ (○) 집행유예의 선고 취소여부의 심리 도중 집행유예 기간이 경과하면 형의 선고는 효력을 잃기 때문에 더 이상 집행유예의 선고를 취소할 수 없고 취소청구를 기각할 수밖에 없다. 이처럼 집행유예의 선고 취소는 '집행유예 기간 중'에만 가능하다는 시간적 한계가 있다(대법원2023. 6. 29.자2023모1007결정).

㉢ (X) 집행유예의 선고 취소결정에 대한 즉시항고 또는 재항고 상태에서 집행유예 기간이 경과한 때에도 같다. 이처럼 집행유예의 선고 취소는 '집행유예 기간 중'에만 가능하다는 시간적 한계가 있다(대법원2023. 6. 29.자2023모1007결정).

㉣ (○) 법원은 집행유예 취소 청구서 부본을 지체 없이 집행유예를 받은 자에게 송달하여야 하고(형사소송규칙 제149조의3 제2항), 원칙적으로 집행유예를 받은 자 또는 그 대리인의 의견을 물은 후에 결정을 하여야 한다(형사소송법 제335조 제2항).(대법원2023. 6. 29.자2023모1007결정)

㉤ (○) 항고법원은 항고인이 그의 항고에 관하여 이미 의견진술을 한 경우 등이 아니라면 원칙적으로 항고인에게 소송기록접수통지서를 발송하고 그 송달보고서를 통해 송달을 확인한 다음 항고에 관한 결정을 하여야 한다(대법원2023. 6. 29.자2023모1007결정).

문제 15 - 정답 ②

▶ ② (X) [1] 업무상과실치상죄의 '업무'란 사람의 사회생활면에서 하나의 지위로서 계속적으로 종사하는 사무를 말한다. 여기에는 수행하는 직무 자체가 위험성을 갖기 때문에 안전배려를 의무의 내용으로 하는 경우는 물론 사람의 생명·신체의 위험을 방지하는 것을 의무의 내용으로 하는 업무도 포함된다.

[2] 그러나 건물 소유자가 안전배려나 안전관리 사무에 계속적으로 종사하거나 그러한 계속적 사무를 담당하는 지위를 가지지 않은 채 단지 건물을 비정기적으로 수리하거나 건물의 일부분을 임대하였다는 사정만으로는 건물 소유자의 위와 같은 행위가 업무상과실치상죄의 '업무'에 해당한다고 보기 어렵다.

[3] 3층 건물의 소유자로서 건물 각 층을 임대한 피고인이, 건물 2층으로 올라가는 계단참의 전면 벽이 아크릴 소재의 창문 형태로 되어 있고 별도의 고정장치가 없는데도 안전바를 설치하는 등 낙하사고 방지를 위한 관리의무를 소홀히 함으로써, 건물 2층에서 나오던 갑이 신발을 신으려고 아크릴 벽면에 기대는 과정에서 벽면이 떨어지고 개방된 결과 약 4m 아래 1층으로 추락하여 상해를 입었다고 하여 업무상과실치상으로 기소된 사안에서, 피고인이 건물에 대한 수선 등의 관리를 비정기적으로 하였으나 그 이상의 안전배려나 안전관리 사무에 계속적으로 종사하였다고 인정하기 어렵다고 보아 업무상과실치상의 공소사실을 이유에서 무죄로 판단하고 축소사실인 과실치상 부분을 유죄로 인정한 원심판결이 정당하다고 한 사례(대판2017.12.5. 2016도16738). 결국, 업무상과실치상죄가 아니라 단순 과실치상죄를 인정하였다.

① (○) [1] 환자의 명시적인 수혈 거부 의사가 존재하여 수혈하지 아니함을 전제로 환자의 승낙(동의)을 받아 수술하였는데 수술 과정에서 수혈을 하지 않으면 생명에 위험이 발생할 수 있는 응급상태에 이른 경우에, 환자의 생명을 보존하기 위해 불가피한 수혈 방법의 선택을 고려함이 원칙이라 할 수 있지만, 한편으로 환자의 생명 보호에 못지않게 환자의 자기결정권을 존중하여야 할 의무가 대등한 가치를 가지는 것으로 평가되는 때에는 이를 고려하여 진료행위를 하여야 한다.

[2] 환자의 생명과 자기결정권을 비교형량하기 어려운 특별한 사정이 있다고 인정되는 경우에 의사가 자신의 직업적 양심에 따라 환자의 양립할 수 없는 두 개의 가치 중 어느 하나를 존중하는 방향으로 행위하였다면, 이러한 행위는 처벌할 수 없다고 할 것이다(대판2014.6.26. 2009도14407).

③ (○) 내과의사가 신경과 전문의에 대한 협의진료 결과 피해자의 증세와 관련하여 신경과 영역에서 이상이 없다는 회신을 받았고, 그 회신 전후의 진료 경과에 비추어 그 회신 내용에 의문을 품을 만한 사정이 있다고 보이지 않자 그 회신을 신뢰하여 뇌혈관계통 질환의 가능성을 염두에 두지 않고 내과 영역의 진료 행위를 계속하다가 피해자의 증세가 호전되기에 이르자 퇴원하도록 조치한 경우, 피해자의 지주막하출혈을 발견하지 못한 데 대하여 내과의사의 업무상과실은 부정된다(대판2003.1.10. 2001도3292).

④ (○) 산부인과 개업의들이 매 분만마다 수혈용 혈액을 준비한다 하더라도 이를 사용하지 아니한 경우(대부분의 분만에서 사용하지 아니한다)에는 혈액원에 반납할 수 없고, 산부인과 의원에서는 이를 보관하였다가 다른 산모에게 사용할 수도 없기 때문에 결국 사용하지 못한 혈액은 폐기하여야 하고, 헌혈 부족으로 충분한 혈액을 확보하지 못하고 있는 당시 우리 나라의 실정상 만약 산부인과 개업의들이 매 분만마다 수혈용 혈액을 미리 준비하고, 이를 폐기한다면 혈액 부족이 심화될 우려가 있음을 알 수 있는바, 제왕절개분만을 함에 있어서 산모에게 수혈을 할 필요가 있을 것이라고 예상할 수 있었다는 사정이 보이지 않는 한, 산후과다출혈에 대비하여 제왕절개수술을 시행하기 전에 미리 혈액을 준비할 업무상 주의의무가 있다고 보기 어렵다(대판1997.4.8. 96도3082). 결국, 제왕절개수술을 하는 산부인과 개업의사에게 수혈용 혈액을 미리 준비할 업무상 주의의무가 없다.

문제 16 - 정답 ④

▶ ④ (X) 제287조(미성년자약취·유인죄)부터 제290조까지, 제292조와 제294조의 죄를 범한 사람이 약취, 유인, 매매 또는 이송된 사람을 안전한 장소로 풀어준 때에는 그 형을 감경할 수 있다(제295조의2; 석방감경은 임의적 감경사유이다).

〔석방감경규정 정리〕

★ 석방감경 규정을 두고 있는 범죄	★ 석방감경 규정이 없는 범죄
① **인질강요죄**의 **기수범과 미수범**(제324조의6)	
② **인질상해·치상죄**의 **기수범과 미수범**(제324조의6)	
③ **미성년자 약취·유인죄**(제287조)	① **체포·감금죄**
④ 추행, 간음, 결혼 또는 영리 목적 약취·유인 등 죄(제288조 제1항)	② **인질강도죄**
⑤ 노동력 착취, 성매매와 성적 착취, 장기적출 목적 약취·유인 등 죄(제288조 제2항)	③ **인질살해·치사죄**
⑥ **인신매매죄**(제289조)	④ 약취, 유인, 매매, 이송 등 **살인·치사죄**
⑦ 약취, 유인, 매매, 이송 등 상해·치상죄(제290조)	
⑧ 약취, 유인, 매매, 이송된 사람의 수수·은닉 등 죄(제292조)	
⑨ ③~⑧의 **미수범**	

① (○) 형법 제287조의 미성년자약취죄의 구성요건요소로서 **약취**란 **폭행, 협박** 또는 **불법적인 사실상의 힘을 수단으로 사용**하여 **피해자를 그 의사에 반하여** 자유로운 생활관계 또는 보호관계로부터 **이탈시켜 자기 또는 제3자의 사실상 지배하에 옮기는 행위**를 의미하고, 구체적 사건에서 어떤 행위가 **약취에 해당하는지 여부**는 행위의 목적과 의도, 행위 당시의 정황, 행위의 태양과 종류, 수단과 방법, 피해자의 상태 등 관련 사정을 **종합하여 판단하여야** 한다(대법원2021. 9. 9.선고2019도16421판결).

② (○) [1] **미성년자를 보호·감독하는 사람이라고** 하더라도 **다른 보호감독자의 보호·양육권을 침해하거나 자신의 보호·양육권을 남용**하여 **미성년자 본인의 이익을 침해하는 때**에는 미성년자에 대한 **약취죄의 주체가 될 수 있으므로**, 부모가 이혼하였거나 별거하는 상황에서 미성년의 자녀를 부모의 일방이 평온하게 보호·양육하고 있는데, **상대방 부모가 폭행, 협박** 또는 **불법적인 사실상의 힘을 행사**하여 그 보호·양육 상태를 깨뜨리고 **자녀를 자기 또는 제3자의 사실상 지배하에 옮긴 경우** 그와 같은 행위는 특별한 사정이 없는 한 **미성년자에 대한 약취죄를 구성**한다(대법원2021. 9. 9.선고2019도16421판결).

[2] 피고인과 갑은 각각 한국과 프랑스에서 따로 살며 이혼소송 중인 부부로서 **자녀인 피해아동 乙(만 5세)은** 프랑스에서 갑과 함께 생활하였는데, 피고인이 **乙을 면접교섭하기 위하여 그를 보호·양육하던 갑으로부터 을을 인계받아 국내로 데려온 후** 면접교섭기간이 **종료하였음에도 을을** 데려다주지 아니한 채 갑과 연락을 두절한 후 **법원의 유아인도명령 등에도 불응한** 사안에서, 피고인의 행위가 **미성년자약취죄의 약취행위에 해당한다**(대법원2021. 9. 9.선고2019도16421판결).

③ (○) [1] **형법 제288조(추행, 간음, 결혼 또는 영리목적)에 규정된 약취행위**는 피해자를 그 의사에 반하여 자유로운 생활관계 또는 보호관계로부터 범인이나 제3자의 사실상 지배하에 옮기는 행위를 말하는 것으로서, 폭행 또는 협박을 수단으로 사용하는 경우에 그 **폭행 또는 협박의 정도는 상대방을 실력적 지배하에 둘 수 있을 정도이면 족하고 반드시 상대방의 반항을 억압할 정도의 것임을 요하지는 아니한다.**

[2] 뿐만 아니라 **약취**에는 폭행 또는 협박 **이외의 사실상의 힘에 의한 경우도 포함**되며, 어떤 행위가 위와 같은 **약취행위에 해당하는지 여부**는 행위의 목적과 의도, 행위 당시의 정황, 행위의 태양과 종류, 피해자의 의사 등을 **종합하여 판단하여야** 한다.

[3] 술에 만취한 피고인이 **초등학교 5학년 여학생의 소매를 잡아끌면서 "우리 집에 같이 자러 가자"고 한 행위**가 형법 제288조의 **약취행위의 수단인 '폭행'에 해당한다**(대법원2009. 7. 9.선고2009도3816판결).

문제 17 - 정답 ④

▶ ④ (○) [1] 구「성폭력범죄의 처벌 등에 관한 특례법」상 **주거침입강제추행죄 및 주거침입강간죄** 등은 **사람의 주거 등을 침입한 자**가 피해자를 간음, 강제추행 등 성폭력을 행사한 경우에 성립하는 것으로서, **주거침입죄를** 범한 후에 사람을 **강간하는 등의 행위를 하여야** 하는 일종의 **신분범(주거침입한 사람 이라는 신분이 반드시 필요함)**이고,/ **선후가 바뀌어 강간죄 등을 범한 자**가 그 피해자의 **주거에 침입한 경우**에는 이에 해당하지 않고 **강간죄 등과 주거침입죄 등의 실체적 경합범이 된다.** 그 실행의 착수시기는 **주거침입 행위 후 강간죄 등의 실행행위에 나아간 때이다.**

[2] 한편 **강간죄는** 사람을 강간하기 위하여 피해자의 항거를 불능하게 하거나 현저히 곤란하게 할 정도의 **폭행 또는 협박을 개시한 때에 그 실행의 착수가 있다**고 보아야 할 것이지, **실제 간음행위가 시작되어야만 그 실행의 착수가 있다고 볼 것은 아니다. 유사강간죄의 경우도 이와 같다.**

[3] 피고인은 주점에서 술을 마시던 중 화장실을 간다고 하여 자신을 남자화장실 앞까지 부축해 준 피해자를 끌고 **그 주점의 여자화장실로 끌고 가**(이미 유사강간의 실행의 착수시기인 **폭행을 하였다**) 억지로 들어가게 한 뒤 여자화장실의 **문을 잠근 후 강제로 입맞춤을 하였고**, 이에 피해자가 저항하자 피해자를 여자화장실 용변 칸으로 밀어 넣고 **유사강간하려고 하였으나 미수에 그친 사실이 인정된다.** 피고인은 피해자를 화장실로 끌고 들어갈 때 이미 피해자에게 유사강간 등의 성범죄를 의욕하였다고 보인다.

[4] 또한 **피고인이** 피해자의 반항을 억압한 채 **피해자를 억지로 끌고 여자화장실로 들어가게 한 이상**, 그와 같은 피고인의 강제적인 물리력의 행사는 **유사강간을 위하여** 피해자의 항거를 불능하게 하거나 현저히 곤란하게 할 정도의 **폭행 또는 협박을 개시한 경우에 해당한다고** 봄이 타당하다. 위 법리에서 본 바와 같이, 구「성폭력범죄의 처벌 등에 관한 특례법」위반(**주거침입유사강간)죄는 먼저 주거침입죄를 범한 후** 유사강간 행위에 나아갈 때 비로소 성립되는데, **피고인은 여자화장실에 들어가기 전에 이미 유사강간죄의 실행행위를 착수하였다.** 결국, **피고인이** 그 실행행위에 착수할 때에는 구「성폭력범죄의 처벌 등에 관한 특례법」위반(주거침입유사강간)죄를 범할 수 있는 지위, 즉 '주거침입죄를 범한 자'에 해당되지 아니한다(대법원2021. 8. 12.선고2020도17796판결). 결국, 피고인이 2019. 12. 3. 21:48경 주점에서 술을 마시던 중 피고인을 남자화장실 앞까지 부축해 준 피해자 공소외인(여, 20세)을 건조물인 위 주점 여자화장실로 **끌고 가(먼저 폭행)** 용변 칸으로 **밀어 넣은 후(나중에 주거침입)**, 피고인의 성기를 피해자의 구강에 넣으려고 하고 피고인의 손가락을 피해자의 성기에 넣으려고 하였으나 그 뜻을 이루지 못하고 미수에 그친 사안에 대하여 성폭력처벌법상 **주거침입유사강간죄에 해당하지 않는다.** 따라서 선후가 바뀌어 **유사강간의 미수를 범한 자가 주거에 침입한 경우에 해당하므로**, 피고인은 유사강간미수죄와 주거침입죄의 **실체적 경합범이 된다.**

① (X) [1] <u>의학적 개념</u>으로서의 '<u>알코올 블랙아웃(black out)</u>'은 중증도 이상의 알코올 혈중농도, 특히 단기간 폭음으로 알코올 혈중농도가 급격히 올라간 경우 그 알코올 성분이 외부 자극에 대하여 기록하고 해석하는 인코딩 과정(기억형성에 관여하는 뇌의 특정 기능)에 영향을 미침으로써 <u>행위자가 일정한 시점에 진행되었던 사실에 대한 기억을 상실</u>하는 것을 말한다. <u>알코올 블랙아웃은</u> 인코딩 손상의 정도에 따라 단편적인 블랙아웃과 전면적인 블랙아웃이 모두 포함한다. 그러나 알코올의 심각한 독성화와 전형적으로 결부된 형태로서의 의식상실의 상태, 즉 알코올의 최면 진정작용으로 인하여 수면에 빠지는 <u>의식상실(passing out)과 구별되는 개념이다.</u>

[2] 따라서 음주 후 준강간 또는 준강제추행을 당하였음을 호소한 피해자의 경우, <u>범행 당시 알코올이 위의 기억형성의 실패만을 야기한 알코올 블랙아웃 상태였다면</u> 피해자는 <u>기억장애</u> 외에 인지기능이나 <u>의식 상태의 장애에 이르렀다고 인정하기 어렵지만(심신상실의 상태가 아니지만)</u>, 이에 비하여 피해자가 술에 취해 수면상태에 빠지는 등 의식을 상실한 패싱아웃 상태였다면 <u>심신상실의 상태에 있었음을 인정할 수 있다.</u>

[3] 피해자가 <u>블랙아웃 상태(일시적으로 필름이 끊겨 기억능력에 장애만 있을뿐 인지능력이나 의식능력은 있는 상태)였다면 심신상실의 상태에 해당하지 아니하므로,</u> 이를 이용했어도 <u>준강간죄나 준강제추행죄가 성립하지 않는다.</u> 그러나 패싱아웃 상태(술에 만취하여 완전히 곯아 떨어져 의식을 상실한 상태)를 이용하였다면 <u>준강간죄나 준강제추행죄는 성립한다</u>(대법원2021. 2. 4.선고2018도9781판결). 결국, 준강간 또는 준강제추행죄에서 <u>알코올 블랙아웃 상태였다면 심신상실의 상태가 아니지만,</u> / <u>패싱아웃 상태였다면 심신상실의 상태에 있었다.</u>(블랙아웃과 패싱아웃 상태를 반드시 <u>구별할 것</u>)

② (X) [1] <u>강제추행죄의 '폭행 또는 협박'</u>은 상대방의 <u>항거를 곤란하게 할 정도</u>로 강력할 것이 <u>요구되지 아니하고</u>, 상대방의 <u>신체</u>에 대하여 불법한 유형력을 행사(폭행)하거나 <u>일반적으로 보아</u> 상대방으로 하여금 공포심을 일으킬 수 있는 정도의 해악을 고지(협박)하는 것이라고 보아야 한다.

[2] 어떠한 행위가 강제추행죄의 '폭행 또는 협박'에 해당하는지 여부는 행위의 목적과 의도, 구체적인 행위태양과 내용, 행위의 경위와 행위 당시의 정황, 행위자와 상대방과의 관계, 그 행위가 상대방에게 주는 고통의 유무와 정도 등을 <u>종합하여 판단하여야 한다.</u>

[3] 이와 달리 강제추행죄의 폭행 또는 협박이 <u>상대방의 항거를 곤란하게 할 정도일 것을 요구</u>한다고 본 <u>대법원 2012. 7. 26. 선고 2011도8805 판결</u>을 비롯하여 같은 취지의 종전 대법원판결은 이 판결의 견해에 배치되는 범위 내에서 <u>모두 변경(폐기)하기로 한다.</u>
⇨ 종전 대법원은 강제추행죄의 '폭행 또는 협박'의 의미에 관하여 이를 두 가지 유형으로 나누어, 폭행행위 자체가 곧바로 추행에 해당하는 경우(이른바 기습추행형)에는 상대방의 의사를 억압할 정도의 것임을 요하지 않고 상대방의 의사에 반하는 유형력의 행사가 있는 이상 그 힘의 대소강약을 불문한다고 판시하는 한편, 폭행 또는 협박이 추행보다 시간적으로 앞서 그 수단으로 행해진 경우(이른바 폭행·협박 선행형)에는 상대방의 항거를 곤란하게 하는 정도의 폭행 또는 협박이 요구된다고 판시하여 왔다(대법원 2011도8805 판결 등, 이하 폭행·협박 선행형 관련 판례 법리를 '종래의 판례 법리').

[4] 피고인이 자신의 주거지 방안에서 4촌 친족관계인 피해자 갑(여, 15세)의 학교 과제를 도와주던 중 갑을 양팔로 끌어안은 다음 침대에 쓰러뜨린 후 갑의 가슴을 만지는 등 강제로 추행하였다는 <u>성폭력범죄의 처벌 등에 관한 특례법 위반(친족관계에의한강제추행)의 주위적 공소사실로 기소된 사안</u>에서, 당시 피고인은 방안에서 갑의 숙제를 도와주던 중 갑의 왼손을 잡아 자신의 성기 쪽으로 끌어당겼고, 이를 거부하고 자리를 이탈하려는 <u>갑의 의사에 반하여 갑을 끌어안은 다음 침대로 넘겨 갑의 위에 올라탄 후 갑의 가슴을 만졌으며</u>, 방문을 나가려는 갑을 뒤따라가 끌어안았는 바, 이러한 피고인의 행위는 <u>갑의 신체에 대하여 불법한 유형력을 행사하여 갑을 강제추행한 것에 해당한다</u>(대법원2023. 9. 21.선고 2018도13877전원합의체 판결).

③ (X) [1] <u>강간 등에 의한 치사상죄에 있어서 사상의 결과</u>는 ㉠ <u>간음행위 그 자체로부터</u> 발생한 경우나 ㉡ <u>강간의 수단으로</u> 사용한 폭행으로부터 발생한 경우는 물론 ㉢ <u>강간에 수반하는 행위</u>에서 발생한 경우도 <u>포함한다.</u>

[2] 피고인이 스스로 야기한 <u>강간범행의 와중</u>에서 피해자가 피고인의 손가락을 깨물며 반항하자 <u>물린 손가락을 비틀며 잡아 뽑다가</u> 피해자에게 <u>치아결손의 상해를 입힌</u> 소위를 가리켜 법에 의하여 용인되는 피난행위라 할 수 없다(대법원1995. 1. 12.선고94도2781판결). 결국, 피고인에게 긴급피난에 해당하지 않고 <u>강간치상죄가 성립한다.</u>

문제 18 – 정답 ②

▶ ② (X) [1] <u>피고인이</u> 갑의 집 뒷길에서 <u>피고인의 남편 을 및 갑의 친척인 병이 듣는</u> 가운데 <u>갑에게 '저것이 징역 살다온 전과자다' 등으로 큰 소리로 말함</u>으로써 공연히 사실을 적시하여 갑의 명예를 훼손하였다는 내용으로 기소된 사안에서, 피고인과 갑은 이웃 주민으로 여러 가지 문제로 갈등관계에 있었고, 당일에도 피고인은 갑과 말다툼을 하는 과정에서 위와 같은 발언을 하게 된 점, 을과 갑의 처인 정은 피고인과 갑이 큰 소리로 다투는 소리를 듣고 각자의 집에서 나오게 되었는데, <u>갑과 정은 '피고인이 전과자라고 크게 소리쳤고, 이를 병 외에도 마을 사람들이 들었다'는 취지로 일관되게 진술한 점</u>, 피고인은 신고를 받고 출동한 경찰관 앞에서도 '갑은 아주 질이 나쁜 전과자'라고 큰 소리로 수회 소리치기도 한 점, 갑이 사는 곳은 갑, 병과 같은 성씨를 가진 <u>집성촌</u>으로 갑에게 전과가 있음에도 <u>병은 '피고인으로부터 갑이 전과자라는 사실을 처음 들었다'고 진술하여 갑과 가까운 사이가 아니었던 것으로 보이는 점</u>을 종합하면, 갑과 병의 친분 정도나 적시된 사실이 갑의 공개하기 꺼려지는 개인사에 관한 것으로 주변에 회자될 가능성이 큰 내용이라는 점을 고려할 때 <u>병이 갑과 친척관계에 있다는 이유만으로 전파가능성이 부정된다고 볼 수 없다(갑과 병 사이의 촌수나 구체적 친밀관계가 밝혀진 바도 없다).</u>

[2] 오히려 피고인은 갑과의 싸움 과정에서 단지 갑을 모욕 내지 비방하기 위하여 <u>공개된 장소에서 큰 소리로 말하여 다른 마을 사람들이 들을 수 있을 정도였던 것으로 불특정 또는 다수인이 인식할 수 있는 상태였다고 봄</u>이 타당하므로 <u>피고인의 위 발언은 공연성이 인정된다</u>(대법원2020. 11. 19.선고2020도5813전원합의체 판결). 결국, <u>피고인에게는 제307조 제1항 명예훼손죄가 성립한다.</u>

① (O) [1] 'Bad Fathers'(이하 '이 사건 사이트'라 한다)는 양육비 지급 판결을 받는 등 양육비 지급의무가 있음에도 이를 지급하지 않고 있는 사람들에 대한 <u>제보를 받아</u> 양육비를 지급하지 않는 부모의 신상정보 등을 공개하여 <u>양육비 지급을 촉구하기 위한</u>

목적으로 설립된 사이트이다.

[2] **피고인 갑**은 양육비 채권자의 제보를 받아 양육비 미지급자의 신상정보를 공개하는 **인터넷 사이트 'Bad Fathers'의 운영에 관계된 사람(운영자)**이고, **피고인 을**은 **위 사이트에 자신의 전 배우자 병을 제보한 사람**인데, 피고인들은 각자 또는 공모하여 **위 사이트에 병을 비롯한 피해자 5명의 이름, 얼굴 사진, 거주지, 직장명 등 신상정보를 공개하는 글이 게시**되게 하고, 피고인 을은 자신의 인스타그램에 위 사이트 게시 글의 링크 주소를 첨부하고 병에 대하여 '미친년'이라는 표현 등을 덧붙인 글을 게시함으로써 피해자들을 비방할 목적으로 사실을 적시하였다는 **정보통신망 이용촉진 및 정보보호 등에 관한 법률 위반(명예훼손)의 공소사실로 기소**된 사안에서, 피고인들이 위 사이트의 신상정보 공개를 통해 양육비 미지급 사실을 알린 것은 결과적으로 양육비 미지급 문제라는 공적 관심 사안에 관한 사회의 여론형성이나 공개토론에 기여하였다고 볼 수 있으나, 글 게시 취지·경위·과정 등에 비추어 그 신상정보 공개는 특정된 개별 양육비채무자를 압박하여 양육비를 신속하게 지급하도록 하는 것을 주된 목적으로 하는 사적 제재 수단의 일환에 가까운 점, **위 사이트에서 신상정보를 공개하면서 공개 여부 결정의 객관성을 확보할 수 있는 기준**이나 양육비 채무자에 대한 사전 확인절차를 두지 않고 양육비 지급 기회를 부여하지도 않은 채 **일률적으로 공개한 것**은 우리 법질서에서 허용되는 채무불이행자 공개 제도와 비교하여 볼 때 **양육비 채무자의 권리를 침해하는 정도가 커 정당화되기 어려운 점**, 위 사이트에서 **공개된 신상정보인 얼굴 사진, 구체적인 직장명, 전화번호**는 그 특성상 공개 시 **양육비채무자가 입게 되는 피해의 정도가 매우 큰 반면**, 피고인들에게 양육비 미지급으로 인한 사회적 문제를 공론화하기 위한 목적이 있었더라도 얼굴 사진 등의 공개는 위와 같은 **공익적인 목적과 직접적인 관련성이 있다고 보기 어렵고**, 얼굴 사진 등을 공개하여 양육비를 즉시 지급하도록 강제할 필요성이나 급박한 사정도 엿보이지 않는 점 등 제반 사정을 종합하면, **피고인들에게 신상정보가 공개된 피해자들을 비방할 목적이 인정된다.**

[3] 따라서 **양육비 미지급으로 인한 사회적 문제가 공적인 관심 사안에 해당하더라도, 특정인의 양육비 미지급 사실 자체가 공적 관심 사안이라고 보기는 어려우며**, 특히 **전파성이 강한 정보통신망을 통한 공개**라는 측면에서 볼 때, 양육비 지급에 관한 법적 책임을 고려하더라도 **피해의 정도가 지나치게 크다.** 피고인들이 각자 또는 공모하여 이 사건 사이트에 피해자들의 신상정보가 공개된 글을 게시한 부분에 대하여 **피고인들에게 비방의 목적을 인정하여** 정보통신망이용촉진및정보보호등에관한법률 위반(명예훼손)이 인정된다(대법원 2024. 1. 4. 선고 2022도699 판결). 결국, **양육비를 주지 않는 부모의 개인 신상정보**(피해자의 이름, 얼굴 사진, 거주지, 직장명 등 신상정보)를 **'Bad Fathers(배드파더스; 사이트 이름)'**라는 인터넷 사이트에 공개한 운영자와 제공한 자에게 '비방할 목적'이 인정된다는 이유로 정보통신망이용촉진및정보보호등에관한법률위반(정보통신망법)상 명예훼손죄를 인정하였다.

③ (○) **갑 운영의 산후조리원을 이용한 피고인이 9회에 걸쳐** 임신, 육아 등과 관련한 **유명 인터넷 카페나 자신의 블로그 등에** 자신이 직접 겪은 불편사항 등을 후기 형태로 게시하여 갑의 명예를 훼손하였다는 내용으로 **정보통신망 이용촉진 및 정보보호 등에 관한 법률 위반으로 기소**된 사안에서, **피고인이 인터넷 카페 게시판 등에 올린 글**은 자신이 산후조리원을 실제 이용하면서 겪은 일과 이에 대한 주관적 평가를 담은 **이용 후기인 점**, 위 글에 **'갑의 막**

장 대응' 등과 같이 다소 과장된 표현이 사용되기도 하였으나, 인터넷 게시글에 적시된 **주요 내용은 객관적 사실에 부합하는 점**, 피고인이 게시한 글의 공표 상대방은 인터넷 카페 회원이나 산후조리원 정보를 검색하는 인터넷 사용자들에 한정되고 그렇지 않은 인터넷 사용자들에게 무분별하게 노출되는 것이라고 보기 어려운 점 등의 제반 사정에 비추어 볼 때, **피고인이 적시한 시실은 산후조리원에 대한 정보를 구하고자 하는 임산부의 의사결정에 도움이 되는 정보 및 의견 제공이라는 공공의 이익에 관한 것이라고 봄이 타당하고**, 이처럼 **피고인의 주요한 동기나 목적이 공공의 이익을 위한 것이라면** 부수적으로 산후조리원 이용대금 환불과 같은 다른 사익적 목적이나 동기가 내포되어 있다는 사정만으로 **피고인에게 갑을 비방할 목적이 있었다고 보기 어렵다**(대법원 2012. 11. 29. 선고 2012도10392 판결). 결국, 피고인은 정보통신망 이용촉진 및 정보보호 등에 관한 법률**(정보통신망법) 제70조 제1항**에서 정한 **명예훼손죄의 구성요건요소인 '사람을 비방할 목적'이 있었다고 보기 어려우므로**, 정보통신망법위반**(명예훼손)에 해당하지 않는다 (구성요건해당성이 배제되어 무죄).**

④ (○) [1] 형법 제307조 제1항, 제2항, 제310조의 체계와 문언 및 내용에 의하면, **제307조 제1항의 '사실'**은 제2항의 '허위의 사실'과 반대되는 '진실한 사실'을 말하는 것이 아니라 **가치판단이나 평가를 내용으로 하는 '의견'에 대치되는 개념이다.** 따라서 제307조 제1항의 명예훼손죄는 적시된 사실이 진실한 사실인 경우이든 허위의 사실인 경우이든 모두 성립될 수 있다.

[2] 특히 적시된 사실이 허위의 사실이라고 하더라도 **행위자에게 허위성에 대한 인식이 없는 경우에는** 제307조 제2항의 명예훼손죄가 아니라 **제307조 제1항의 명예훼손죄가 성립될 수 있다.** 제307조 제1항의 법정형이 2년 이하의 징역 등으로 되어 있는 반면 **제307조 제2항의 법정형은 5년 이하의 징역 등으로 되어 있는 것은** 적시된 사실이 객관적으로 허위일 뿐 아니라 **행위자가 그 사실의 허위성에 대한 주관적 인식을 하면서 명예훼손행위를 하였다는 점**에서 **가벌성이 높다고 본 것이다**(대법원 2017. 4. 26. 선고 2016도18024 판결). 결국, **형법 제307조 제1항의 명예훼손죄는 적시된 사실이 진실한 사실인 경우이든 허위의 사실인 경우이든 모두 성립할 수 있으며, 적시된 사실이 허위의 사실이나 행위자에게 허위성에 대한 인식이 없는 경우에는 제307조 제1항의 명예훼손죄가 성립한다.**

문제 19 - 정답 ④

▶ ④ (X) [1] **입찰방해죄는** 위계 또는 위력 기타의 방법으로 입찰의 공정을 해하는 경우에 성립하는 **위태범으로서 결과의 불공정이 현실적으로 나타나는 것을 필요로 하지 않는다.** 여기서 '입찰의 공정을 해하는 행위'란 **공정한 자유경쟁을 방해할 염려가 있는 상태를 발생시키는 것,** 즉 공정한 자유경쟁을 통한 적정한 가격형성에 부당한 영향을 주는 상태를 발생시키는 것으로, 그 행위에는 **가격결정뿐 아니라 '적법하고 공정한 경쟁방법'을 해하는 행위도 포함된다.**

[2] 입찰참가자들 사이의 담합행위가 입찰방해죄로 되기 위하여는 **반드시 입찰참가자 전원 사이에 담합이 이루어져야 하는 것은 아니며,** 입찰참가자들 중 **일부 사이에만 담합이 이루어진 경우라고 하더라도 그것이 입찰의 공정을 해하는 것으로 평가되는 이상 입찰방해죄가 성립한다.**

[3] 그리고 방해의 대상인 **'입찰'**은 공정한 자유경쟁을 통한 적정한 가격형성을 목적으로 하는 **입찰절차를 말하고,** 공적·사적 경제

주체가 임의의 선택에 따라 진행하는 계약체결 과정은 이에 해당하지 않는다.

[4] 서울시설공단에서는 '서울특별시 영등포역지하상가 상가단위 위·수탁(대부)계약'에 관한 입찰공고를 하였고, 위 공단에서 실시된 실시된 입찰에서, 영등포역지하상가의 기존 상인인 피고인 갑 등은 사전 담합에 따라 입찰에 참여하였고, 피고인 갑 등과 기존상인인 A 등 및 기존상인이 아닌 외부인인 B, C회사 총 12인이 모두 투찰상한가격으로 입찰에 응하여, '동일한 최고가격으로 입찰한 자가 2인 이상일 경우에는 무작위 추첨을 통해 낙찰자를 결정한다.'는 입찰 규정에 따라 무작위 추첨이 실시되어 피고인 갑이 낙찰자로 결정되었다.

[5] 서울시설공단은 이 사건 입찰참여자의 자격을 입찰설명회 참석자로 제한하고, 입찰액의 하한을 예정가격으로, 상한을 투찰상한가격으로 정하였다. 입찰설명회에 참석한 입찰참여자들은 위 예정가격 이상 투찰상한가격 이하의 범위 내에서 스스로의 결정에 따라 입찰금액을 정하여 입찰에 참여할 수 있어 입찰참여자들 사이에 자유경쟁을 통한 적정한 가격결정이 이루어질 수 있는 구조를 가지고 있었다. 따라서 이 사건 입찰은 입찰방해죄의 입찰에 해당한다. 한편 서울시설공단이 이 사건 입찰에서 입찰금액 외에 무작위 추첨도 낙찰자 선정 방법으로 정하고 있기는 하나, 이는 이 사건 입찰을 통하여 적정한 가격결정이 이루어진 이후 최고가격 입찰자가 다수일 때 보충적으로 낙찰자를 선정하는 방법에 불과하므로, 이와 같은 사정만으로 이 사건 입찰에서 경쟁을 통한 가격결정이 이루어지지 않는다고 볼 수 없다.

[6] 또한 피고인 갑 등은 전원이 투찰상한가격으로 입찰하기로 하되 내부적으로 개인이 낙찰받는 경우 사실상 낙찰자를 이 사건 법인(주식회사 영등포역쇼핑센터 법인)으로 하는 내용의 이 사건 합의를 하였다. 이는 이들 사이에 입찰가격에 대한 담합을 통하여 다수의 최고가격 입찰자를 발생시키고 실질적으로 이 사건 법인만이 이 사건 입찰에 참가한 것과 마찬가지임에도 이 사건 법인 외에 피고인 갑 등이 입찰에 참가하는 외형을 가장함으로써 무작위 추첨 과정에서 이 사건 법인의 낙찰 확률을 높이고 그와 동시에 외부인인 C회사의 낙찰 확률을 낮춘 것이다. 그러므로 이 사건 합의는 이 사건 입찰에서 적법하고 공정한 경쟁방법을 해하는 행위로써 입찰의 공정을 해하는 경우에 해당한다(대법원2023. 9. 21.선고 2022도8459판결). 결국, '동일한 최고가격으로 입찰한 자가 2인 이상일 경우에는 무작위 추첨을 통해 낙찰자를 결정한다.'는 입찰 규정에 따라 무작위 추첨이 실시되었다면 무작위 추첨절차도 입찰에 해당한다. 따라서 피고인 갑 등은 공모하여 위계로써 입찰의 공정을 해하였다고 할 것이므로, 입찰방해죄가 성립한다.

① (O) [1] 정보처리장치를 관리 운영할 권한이 없는 자가 그 정보처리장치에 입력되어 있던 관리자의 아이디와 비밀번호를 무단으로 변경하는 행위는 정보처리장치에 부정한 명령을 입력하여 정당한 아이디와 비밀번호로 정보처리장치에 접속할 수 없게 만드는 행위로서 정보처리에 장애를 현실적으로 발생시킬 뿐 아니라 이로 인하여 업무방해의 위험을 초래할 수 있으므로, 컴퓨터 등 장애 업무방해죄를 구성한다.

[2] 대학의 컴퓨터시스템 서버를 관리하던 피고인이 전보발령을 받아 더 이상 웹서버를 관리 운영할 권한이 없는 상태에서, 웹서버에 접속하여 홈페이지 관리자의 아이디와 비밀번호를 무단으로 변경한 행위는, 피고인이 웹서버를 관리 운영할 정당한 권한이 있는 동안 입력하여 두었던 홈페이지 관리자의 아이디와 비밀번호를 단

지 후임자 등에게 알려 주지 아니한 행위와는 달리, 정보처리장치에 부정한 명령을 입력하여 정보처리에 현실적 장애를 발생시킴으로써 피해 대학에 업무방해의 위험을 초래하는 행위에 해당하여 컴퓨터 등 장애 업무방해죄를 구성한다(대법원2006. 3. 10.선고 2005도382판결).

② (O) [1] 위계에 의한 업무방해죄에서 '위계'란 행위자가 행위 목적을 달성하기 위하여 상대방에게 오인, 착각 또는 부지를 일으키게 하여 이를 이용하는 것을 말하고, 업무방해죄의 성립에는 업무방해의 결과가 실제로 발생함을 요하지 않고 업무방해의 결과를 초래할 위험이 발생하면 족하며, 업무수행 자체가 아니라 업무의 적정성 내지 공정성이 방해된 경우에도 업무방해죄가 성립한다.

[2] 나아가 컴퓨터 등 정보처리장치에 정보를 입력하는 등의 행위가 그 입력된 정보 등을 바탕으로 업무를 담당하는 사람의 오인, 착각 또는 부지를 일으킬 목적으로 행해진 경우에는 그 행위가 업무를 담당하는 사람을 직접적인 대상으로 이루어진 것이 아니라고 하여 위계가 아니라고 할 수는 없다.

[3] 갑 정당의 제19대 국회의원 비례대표 후보자 추천을 위한 당내 경선과정에서 피고인들이 선거권자들로부터 인증번호만을 전달받은 뒤 그들 명의로 특정 후보자에게 전자투표를 함으로써 위계로써 갑 정당의 경선관리 업무를 방해하였다는 내용으로 기소된 사안에서, 국회의원 비례대표 후보자 명단을 확정하기 위한 당내 경선은 정당의 대표자나 대의원을 선출하는 절차와 달리 국회의원 당선으로 연결될 수 있는 중요한 절차로서 직접투표의 원칙이 그러한 경선절차의 민주성을 확보하기 위한 최소한의 기준이 된다고 할 수 있는 점 등 제반 사정을 종합할 때, 당내 경선에도 직접·평등·비밀투표 등 일반적인 선거원칙이 그대로 적용되고 대리투표는 허용되지 않으므로 피고인들에게 유죄를 인정한다(대판2013.11.28. 2013도5117). 결국, 피고인들에게는 위계에 의한 업무방해죄가 인정된다.

③ (O) [1] 형법상 업무방해죄에서 말하는 '위력'은 반드시 유형력의 행사에 국한되지 아니하므로 폭력·협박은 물론 사회적·경제적·정치적 지위와 권세에 의한 압박 등도 이에 포함되지만, 적어도 그러한위력으로 인하여 피해자의 자유의사를 제압하기에 충분하다고 평가될 정도의 세력에는 이르러야 한다. 한편 어떤 행위의 결과 상대방의 업무에 지장이 초래되었더라도 행위자가 상대방의 의사결정에 관여할 수 있는 권한을 가지고 있거나 업무상의 지시를 할 수 있는 지위에 있는 경우에는 그 행위의 내용이나 수단이 사회통념상 허용될 수 없는 등 특별한 사정이 없는 한 위력을 행사한 것이라고 할 수 없다. 또한 업무방해죄의 성립에는 업무방해의 결과가 실제로 발생할 것을 요하지 아니하지만 업무방해의 결과를 초래할 위험은 발생하여야 하고, 그 위험의 발생이 위계 또는 위력으로 인한 것인지 신중하게 판단되어야 한다.

[2] 특성화고등학교인 갑 고등학교의 교장인 피고인이 신입생 입학 사정회의(이하 '사정회의'라고 한다) 과정에서 면접위원인 피해자들에게 "참 선생님들이 말을 안 듣네. 중학교는 이 정도면 교장 선생님한테 권한을 줘서 끝내는데. 왜 그러는 거죠?" 등 특정 학생을 합격시키라는 취지의 발언을 하여 특정 학생의 면접 점수를 상향시켜 신입생으로 선발되도록 함으로써 위력으로 피해자들의 신입생 면접 업무를 방해하였다는 내용으로 기소된 사안에서, 사정회의는 초·중등교육법령 및 관할 교육감이 공고한 '고등학교 입학전형 기본계획'에 근거하여 신입생 전형관리를 위하여 구성된 학교입학전형위원회(이하 '전형위원회'라고 한다)로서, 전형위원장

인 피고인뿐만 아니라 피해자들을 비롯한 위원들은 모두 최초 총점에 따른 순위에 구애받지 않고 사정회의를 통해 다양한 의견을 반영하여 최종 합격자를 결정하고 그에 따라 면접 점수가 조정될 수 있음을 양해하였던 것으로 보이고, <u>피해자들이 특정 학생의 면접 점수를 조정하기로 한 것</u>은 피고인이 발언을 통해 어떠한 분위기를 조성한 영향이라기보다는 <u>전형위원회 위원들이 사정회의에서 논의한 결과에 따른 것이라고 볼 여지가 있는 점</u>, 피고인의 발언은 <u>전형위원회 위원들 사이에 최종 합격자 결정을 위한 다양한 의견이 개진되면서 합격자를 결정하지 못하고 있던 상황에서 나온 것으로 보이는 점</u>, 피고인의 발언이 입학전형에 관한 부정한 청탁에 기인하거나 그 밖의 부정한 목적 또는 의도에 따른 것이라고 볼 만한 사정이 없는 점 등에 비추어 피고인이 업무방해의 고의로 발언을 하였다고 보기도 어렵다.

[3] 따라서 <u>피고인은 학교 교장이자 전형위원회 위원장으로서 사정회의에 참석하여 자신의 의견을 밝힌 후 계속하여 논의가 길어지자 발언을 한 것인바, 그 발언에 다소 과도한 표현이 사용되었더라도 그것만으로 그 행위의 내용이나 수단이 사회통념상 허용할 수 없는 것이었다거나</u> 피해자들의 자유의사를 제압하기에 충분한 위력을 행사하였다고 단정하기 어렵고, 그로 인하여 <u>피해자들의 신입생 면접 업무가 방해될 위험이 발생하였다고 보기도 어렵다</u>(대법원2023. 3. 30.선고2019도7446판결). 결국, 피고인에게는 위력에 의한 <u>업무방해죄가 인정되지 않는다</u>.

문제 20 – 정답 ②

▶ ② ○○○(3개)은 맞는 지문이나, ○(1개)은 틀린 지문이다.
○ (X) 절도범인이 체포를 면탈할 목적으로 경찰관에게 폭행 협박을 가한 때에는 준강도죄와 공무집행방해죄를 구성하고 양죄는 상상적 경합관계에 있으나, <u>강도범인이 체포를 면탈할 목적으로 경찰관에게 폭행을 가한 때에는 강도죄와 공무집행방해죄는 실체적 경합관계에 있고</u> 상상적 경합관계에 있는 것이 아니다(대법원1992. 7. 28.선고92도917판결).(절·상 + 강·실)
○ (O) <u>강도가</u> 한 개의 강도범행을 하는 기회에 수명의 <u>피해자에게 각 폭행을 가하여 각 상해를 입힌 경우에는 각 피해자별로 수개의 강도상해죄가 성립</u>하며 이들은 <u>실체적 경합범의 관계에 있다</u>(대법원1987. 5. 26.선고87도527판결).
○ (O) 절도가 체포를 면탈할 목적으로 추격하여온 수인에게 대하여, 같은 기회에 동시 또는 이시에 폭행 또는 협박을 하였다하더라도, <u>준강도의 포괄일죄가 성립한다 할 것이고, 또 준강도행위가 진전하여 상해행위를 수반하였다</u> 하더라도, <u>일괄하여 준강도 상해죄의 일죄가 성립하는 것이지, 별도로 준강도죄의 성립이 있는 것은 아니므로</u>, 이 사건의 경우에 있어서 절도범인인 피고인이 체포를 면탈할 목적으로 추격하여 온 <u>방범대원 갑에게 대하여는 상해를</u> 가하고, 동일한 기회에 <u>방범대원 을에게 대하여는 협박을 가하였다</u> 하더라도, 이는 <u>포괄하여 준강도상해죄의 일죄가 성립한다고</u> 보아야 할 것이다(대법원1966. 12. 6.선고66도1392판결).
○ (O) [1] <u>절도범이 체포를 면탈할 목적으로</u> 체포하려는 <u>여러 명의 피해자에게 같은 기회에 폭행을 가하여 그 중 1인에게만 상해를 가하였다면</u> 이러한 행위는 <u>포괄하여 하나의 강도상해죄만 성립한다</u>.
[2] 피고인이 빌라 내 지하주차장에서 승합차의 조수석 문을 열고 안으로 들어가 공구함을 뒤지던 중 위 차에 설치된 도난경보장치의 경보음을 듣고 달려 온 자동차 주인에게 발각되는 바람에 절취의 뜻을 이루지 못한 채 미수에 그친 후 신고를 받고 출동한 경찰

관 갑과 을이 자신을 붙잡으려고 하자 체포를 면탈할 목적으로 팔꿈치로 <u>갑의 얼굴을 1회 쳐 갑을 폭행하고, 발로 을의 정강이를 1회 걷어 차 을에게 약 2주간의 치료를 요하는 우측하퇴부좌상 등을 가한</u> 경우, 피고인의 이러한 행위는 <u>포괄하여 하나의 강도상해죄만 성립한다</u>(대법원2001. 8. 21.선고2001도3447판결).

문제 21 – 정답 ②

▶ ② ○○(2개)은 옳은 지문이나, ○○(2개)은 틀린 지문이다.
○ (O) [1] 횡령죄는 타인의 재물을 보관하는 자가 그 재물을 횡령하는 경우에 성립하는 범죄이고, 횡령죄의 구성요건으로서의 <u>횡령행위란 불법영득의사를 실현하는 일체의 행위를 말하는 것으로서 불법영득의사가 외부에 인식될 수 있는 객관적 행위가 있을 때</u> 횡령죄가 성립한다.
[2] <u>장물이라 함은 재산죄인</u> 범죄행위에 의하여 영득된 물건을 말하는 것으로서 <u>절도, 강도, 사기, 공갈, 횡령 등 영득죄에 의하여 취득된 물건이어야</u> 한다.
[3] <u>장물취득죄에 있어서 장물의 인식은 확정적 인식임을 요하지 않으며 장물일지도 모른다는 의심을 가지는 정도의 미필적 인식으로서도 충분하고</u>, 또한 장물인 정을 알고 있었느냐의 여부는 장물 소지자의 신분, 재물의 성질, 거래의 대가 기타 상황을 참작하여 이를 인정할 수밖에 없다.
[4] <u>갑이 회사 자금으로 을에게 주식매각 대금조로 금원을 지급한</u> 경우, 그 금원은 단순히 횡령행위에 제공된 물건이 아니라 <u>횡령행위에 의하여 영득된 장물에 해당한다고 할 것이고, 나아가 설령 갑이 을에게 금원을 교부한 행위 자체가 횡령행위라고 하더라도 이러한 경우 갑의 업무상횡령죄가 기수에 달하는 것과 동시에 그 금원은 장물이 된다</u>(대법원2004. 12. 9.선고2004도5904판결).
○ (X) [1] <u>법인의 대표자 개인이 당사자가 된 민·형사사건의 변호사 비용은 법인의 비용으로 지출할 수 없는 것이 원칙이고, 예외적으로 분쟁에 대한 실질적인 이해관계는 법인에게 있으나</u> 법적인 이유로 그 대표자의 지위에 있는 개인이 소송 기타 법적 절차의 당사자가 되었다거나 대표자로서 법인을 위해 적법하게 행한 직무행위 또는 대표자의 지위에 있음으로 말미암아 의무적으로 행한 행위 등과 관련하여 분쟁이 발생한 경우와 같이, <u>당해 법적 분쟁이 법인과 업무적인 관련이 깊고</u> 당시의 제반 사정에 비추어 <u>법인의 이익을 위하여 소송을 수행하거나 고소에 대응하여야 할 특별한 필요성이 있는 경우에 한하여 법인의 비용으로 변호사 선임료를 지출할 수 있으며, 반대로</u> 법인 자체가 소송당사자가 된 경우에는 원칙적으로 그 소송의 수행이 법인의 업무수행이라고 볼 수 있으므로 그 변호사 선임료를 법인의 비용으로 지출할 수 있을 것이나, <u>그 소송에서 법인이 형식적으로 소송당사자가 되어 있을 뿐 실질적인 당사자가 따로 있고</u> 법인으로서는 그 소송의 결과에 있어서 별다른 이해관계가 없다고 볼 특별한 사정이 있는 경우에는, <u>그 소송의 수행이 법인의 업무수행이라고 볼 수 없어</u> 법인의 비용으로 이를 위한 <u>변호사 선임료를 지출할 수 없다고</u> 할 것이다.
[2] 주주들이 <u>A회사 대표이사인 피고인 갑을 고소한</u> 이 사건 <u>상법위반 사건(대표이사 개인의 형사사건)</u>에 대해 갑은 A회사 명의로 법무법인 ○○와 소송위임계약을 체결하고, A회사 자금으로 2,200만 원을 변호사 선임료로 지급한 사실 등을 인정한 다음, <u>위 상법위반 사건은 피고인 개인이 당사자일 뿐 아니라</u> 피고인 측의 <u>경영권을 방어하기위한 목적으로 신주를 발행하는 과정에서 저지른 배임행위에 대한 것이어서 위 변호사 선임료는 A회사의 업무상 필요에 의하여 지출된 것이라고 볼 수 없다</u>(대법원2008. 6. 26.선고

2007도9679판결). 결국, 업무상횡령죄가 성립한다.

ⓒ (○) 조합 또는 내적 조합과 달리 **익명조합의 경우에는 익명조합원이 영업을 위하여 출자한 금전** 기타의 재산은 **상대편인 영업자의 재산이 되므로** 영업자는 타인의 재물을 보관하는 자의 지위에 있지 않고, 따라서 **영업자가 영업이익금 등을 임의로 소비하였더라도 횡령죄가 성립할 수는 없다**(대법원2011. 11. 24.선고2010도5014판결). 결국, 익명조합원(숨어있는 동업자)이 출자한 금전은 **영업자(실제 대외적으로 영업하는 자)에게 일단 귀속되므로 영업자의 소유이므로** 그 금전을 임의소비하여도 **영업자는 횡령죄가 성립하지 않는다.**

ⓔ (X) [1] 타인에 대한 채무의 담보로 제3채무자에 대한 채권에 대하여 권리질권을 설정한 경우 질권설정자는 질권자의 동의 없이 질권의 목적된 권리를 소멸하게 하거나 질권자의 이익을 해하는 변경을 할 수 없다(민법 제352조). 또한 **질권설정자가 제3채무자에게 질권설정의 사실을 통지하거나 제3채무자가 이를 승낙한 때에는 제3채무자가 질권자의 동의 없이** 질권의 목적인 **채무를 변제하더라도** 이로써 **질권자에게 대항할 수 없고,** 질권자는 여전히 제3채무자에 대하여 **직접 채무의 변제를 청구하거나 변제할 금액의 공탁을 청구할 수 있다**(민법 제353조 제2항,제3항). **그러므로** 이러한 경우 **질권설정자가 질권의 목적인 채권의 변제를 받았다고 하여** 질권자에 대한 관계에서 타인의 사무를 처리하는 자로서 임무에 위배하는 행위를 하여 질권자에게 손해를 가하거나 손해 발생의 위험을 초래하였다고 할 수 없고, **배임죄가 성립하지도 않는다**(대법원2016. 4. 29.선고2015도5665판결).

문제 22 - 정답 ②

▶ ② (X) **사기죄는** 타인을 기망하여 그로 인한 하자 있는 의사에 기하여 재물의 교부를 받거나 재산상의 이득을 취득함으로써 성립되는 범죄로서 그 본질은 기망행위에 의한 재산이나 재산상 이익의 취득에 있는 것이고 **상대방에게 현실적으로 재산상 손해가 발생함을 요건으로 하지 아니한다**(대법원 2004. 4. 9. 선고 2003도7828 판결).

① (○) [1] 소송사기는 법원을 속여 자기에게 유리한 판결을 얻음으로써 상대방의 재물 또는 재산상 이익을 취득하는 범죄로서, **단순히** 사실을 잘못 인식하였다거나 법률적 평가를 잘못하여 존재하지 않는 권리를 존재한다고 믿고 **제소한 행위는 사기죄를 구성하지 아니하며,** 소송상 주장이 다소 사실과 다르더라도 존재한다고 믿는 권리를 이유 있게 하기 위한 과장표현에 지나지 아니하는 경우 사기의 범의가 있다고 볼 수 없고, 또한 **소송사기에서 말하는 증거의 조작**이란 **처분문서 등을 거짓으로 만들어내거나 증인의 허위 증언을 유도하는** 등으로 **객관적·제3자적 증거를 조작하는 행위**를 말한다.

[2] 자기에게 유리한 판결을 얻기 위하여 소송상의 주장이 사실과 다름이 객관적으로 명백하거나 **증거가 조작되어 있다는 점을 인식하지 못하는 제3자를 이용**하여 그로 하여금 **소송의 당사자가 되게** 하고 **법원을 기망하여 소송 상대방의 재물 또는 재산상 이익을 취득**하려 하였다면 **간접정범의 형태에 의한 소송사기죄가 성립하게 된다.**

[3] 갑이 을 명의 차용증을 가지고 있기는 하나 그 채권의 존재에 관하여 을과 다툼이 있는 상황에서 **당초에 없던 월 2푼의 약정이자에 관한 내용 등을 부가한 을 명의 차용증을 새로 위조하여,** 이를 바탕으로 **자신의 처에 대한 채권자인 병에게** 차용원금 및 위조된 차용증에 기한 약정이자 2,500만 원을 **양도하고,** 이러한 **사정을 모르는 병으로** 하여금 을을 상대로 양수금 청구소송을 제기하도록 한 사안에서, 적어도 위 약정이자 2,500만 원 중 법정지연손해금 상당의 돈을 제외한 **나머지 돈에 관한 갑의 행위는 병을 도구로 이용한 간**

접정범 형태의 소송사기죄를 구성한다(대법원2007. 9. 6.선고2006도3591판결).

③ (○) [1] **피고인이 타인의 명의를 모용하여 신용카드를 발급받은 경우,** 비록 카드회사가 피고인으로부터 기망을 당한 나머지 피고인에게 피모용자 명의로 발급된 신용카드를 교부하고, 사실상 피고인이 지정한 비밀번호를 입력하여 현금자동지급기에 의한 현금대출(현금서비스)을 받을 수 있도록 하였다 할지라도, 카드회사의 내심의 의사는 물론 표시된 의사도 어디까지나 카드명의인인 피모용자에게 이를 허용하는 데 있을 뿐 피고인에게 이를 허용한 것은 아니라는 점에서, **피고인이 타인의 명의를 모용하여 발급받은 신용카드를 사용하여 현금자동지급기에서 현금대출을 받는 행위**는 카드회사에 의하여 미리 포괄적으로 허용된 행위가 아니라, **현금자동지급기의 관리자의 의사에 반하여** 그의 지배를 배제한 채 **그 현금을** 자기의 지배하에 옮겨 놓는 행위로서 **절도죄에 해당한다.**

[2] **타인의 명의를 모용하여 발급받은 신용카드의 번호와 그 비밀번호를 이용하여 ARS 전화서비스나 인터넷 등을 통하여** 신용대출을 받는 방법으로 **재산상 이익을 취득하는 행위** 역시 미리 포괄적으로 허용된 행위가 아닌 이상, 컴퓨터 등 정보처리장치에 권한 없이 정보를 입력하여 정보처리를 하게 함으로써 재산상 이익을 취득하는 행위로서 **컴퓨터 등 사용사기죄에 해당한다**(대법원 2006. 7. 27. 선고 2006도3126 판결).

④ (○) [1] 사기죄의 요건으로서의 기망은 널리 재산상의 거래관계에 있어 서로 지켜야 할 신의와 성실의 의무를 저버리는 모든 적극적 또는 소극적 행위를 말하는 것이고, 이러한 **소극적 행위로서의 부작위에 의한 기망은 법률상 고지의무 있는 자가** 일정한 사실에 관하여 **상대방이 착오에 빠져 있음을 알면서도 이를 고지하지 아니함을** 말하는 것이다.

[2] **특정 질병을 앓고 있는 사람이 보험회사가 정한 약관에 그 질병에 대한 고지의무를 규정하고 있음을 알면서도 이를 고지하지 아니한 채 그 사실을 모르는 보험회사와 그 질병을 담보하는 보험계약을 체결한 다음** 바로 그 질병의 발병을 사유로 하여 **보험금을 청구하였다면** 특별한 사정이 없는 한 **사기죄에 있어서의 기망행위 내지 편취의 범의를 인정할 수 있고,** 보험회사가 그 사실을 알지 못한 데에 과실이 있다거나 **고지의무위반을 이유로 보험계약을 해제할 수 있다**고 하여 **사기죄의 성립에 영향이 생기는 것은 아니다**(대법원 2007. 4. 12. 선고 2007도967 판결). 결국, 사안에서는 보험금을 청구하였을 때 보험사기의 착수가 있으므로, 보험회사가 그 사실을 알게되어 보험금을 지급하지 않았으므로 **사기죄의 미수가 성립하였다.** 즉, **보험사기죄의 착수**는 보험을 **청구한 때(청구시)**이고, **기수시기**는 보험금을 **수령한 때(지급받은 때; 취득시)**이다.

문제 23 - 정답 ①

▶ ① (X) [1] 가. **동업재산은** 동업자의 **합유에 속하므로, 동업관계가 존속하는 한 동업자는 동업재산에 대한 지분을 임의로 처분할 권한이 없고,** 동업자 한 사람이 지분을 임의로 처분하거나 또는 동업재산의 처분으로 얻은 **대금을 보관중 임의로 소비하였다면 횡령죄의 죄책을 면할 수 없다.**

나. 동업자 사이에 손익분배 정산이 되지 아니하였다면 **동업자 한 사람이 임의로 동업자들의 합유에 속하는 동업재산을 처분할 권한이 없는 것이므로,** 동업자 한 사람이 동업재산을 보관중 임의로 횡령하였다면 **지분비율에 관계없이 횡령한 금액 전부**(지분비율에 따라 지분비율을 초과한 부분만 X)에 대하여 **횡령죄의 죄책을 부담한다.**

다. 피고인과 갑 주식회사가 서로 금전 또는 노무를 출자하여 갑 회사 명의로 공동주택건립사업을 시행하기로 하는 내용의 **동업약정을 맺고** 사업을 진행하다가 을 주식회사에 사업권을 양도하는 양도양수계약을 체결한 다음, 위 양도대금에서 비용을 공제한 이익금을 같은 비율로 분배하기로 약정했는데도, 피고인이 을 회사에게서 갑 명의의 법인계좌로 송금받은 일부 계약금을 보관중 갑 회사 대표이사인 병 **승낙 없이** 그 대부분을 **임의로 인출**하여 개인적인 용도로 소비한 사안에서, **피고인이** 갑 회사와 **동업관계에** 있더라도 **지분비율에 관계없이 임의로 소비한 금액 전부**에 대하여 **횡령죄의 죄책을 면할 수 없다**(대법원2011. 6. 10.선고2010도17684판결). (참고) **민법상 공동소유**에는 **공유**(부부재산, 함께 산 포크레인 등)·**합유**(동업(조합이라고도 부름)재산)·**총유**(교회재산, 문중재산 등) **3개가 있다.**

[2] **(비교판례 : 공유)** 피고인이 2천 원을 내어 피해자를 통하여 구입한 복권 4장을 피고인과 피해자를 포함한 4명이 한 장씩 나누어 그 당첨 여부를 확인하는 결과 피해자 등 2명이 긁어 확인한 복권 2장이 1천 원씩에 당첨되자 이를 다시 복권 4장으로 교환하여 같은 4명이 각자 한 장씩 골라잡아 그 당첨 여부를 확인한 결과 피해자 등 2명이 긁어 확인한 복권 2장이 2천만 원씩에 당첨되었으나 **당첨금을 수령한 피고인이** 피해자에게 그 당첨금의 **반환을 거부한 경우**, 피고인과 피해자를 포함한 4명 사이에는 어느 누구의 복권이 당첨되더라도 당첨금을 공평하게 나누거나 공동으로 사용하기로 하는 묵시적인 합의가 있었다고 보아야 하므로 **그 당첨금 전액은 같은 4명의 공유라고 봄이 상당**하여 피고인으로서는 **피해자의** 당첨금 반환요구에 따라 **그의 몫을 반환할 의무**가 있고 피고인이 **이를 거부**하고 있는 이상 불법영득의사가 있다는 이유로 **횡령죄가 성립될 수 있다**(대법원 2000. 11. 10.선고2000도4335판결). 결국, 함께 복권을 나누어 당첨 여부를 확인한 자들 사이에 당첨금을 **공유**하기로 하는 묵시적 합의가 있었다고 봄이 상당하다는 이유로 그 복권의 당첨금 수령인이 **그 당첨금 중 타인의 몫의 반환을 거부한 경우, 횡령죄가 성립될 수 있다.**

②③ **(○)** [1] **송금의뢰인이 다른 사람의 예금계좌에 자금을 송금·이체한 경우** 특별한 사정이 없는 한 송금의뢰인과 계좌명의인 사이에 그 원인이 되는 법률관계가 존재하는지 여부에 관계없이 계좌명의인(수취인)과 수취은행 사이에는 그 자금에 대하여 예금계약이 성립하고, 계좌명의인은 수취은행에 대하여 그 금액 상당의 예금채권을 취득한다. 이때 **송금의뢰인과 계좌명의인 사이에 송금·이체의 원인이 된 법률관계가 존재하지 않음에도** 송금·이체에 의하여 계좌명의인이 그 금액 상당의 예금채권을 취득한 경우 **계좌명의인은 송금의뢰인에게 그 금액 상당의 돈을 반환하여야 한다.** 이와 같이 계좌명의인이 송금·이체의 원인이 되는 법률관계가 존재하지 않음에도 **계좌이체에 의하여 취득한 예금채권 상당의 돈은 송금의뢰인에게 반환하여야 할 성격의 것이므로, 계좌명의인은** 그와 같이 송금·이체된 돈에 대하여 **송금의뢰인을 위하여 보관하는 지위에** 있다고 보아야 한다. 따라서 **계좌명의인이** 그와 같이 송금·이체된 돈을 그대로 보관하지 않고 영득할 의사로 인출하면 **송금의뢰인에 대한 횡령죄가 성립한다.**

[2] 이러한 법리는 **계좌명의인이 개설한 예금계좌가 전기통신금융사기 범행에 이용되어** 그 계좌에 **피해자가 사기피해금을 송금·이체한 경우에도 마찬가지로 적용된다.**

가. **계좌명의인은** 피해자와 사이에 아무런 법률관계 없이 송금·이체된 사기피해금 상당의 돈을 피해자에게 반환하여야 하므로, **피해자를 위하여 사기피해금을 보관하는 지위에** 있다고 보아야 하고, **만약 계좌명의인이 그 돈을 영득할 의사로 인출하면 피해자에 대한 횡령죄가 성립한다.**

나. **이때 계좌명의인이 사기의 공범이라면** 자신이 가담한 범행의 결과 피해금을 보관하게 된 것일 뿐이어서 **피해자와 사이에 위탁관계가 없고**, 그가 **송금·이체된 돈을 인출하더라도** 이는 자신이 저지른 사기범행의 실행행위에 지나지 아니하여 새로운 법익을 침해한다고 볼 수 없으므로 **사기죄 외에 별도로 횡령죄를 구성하지 않는다**(대법원2018. 7. 19.선고2017도17494전원합의체 판결). 결국, **송금의뢰인의 다른 사람(계좌명의인)의 예금계좌에 자금을 송금·이체한 경우, 계좌명의인이 송금·이체된 돈을 그대로 보관하지 않고 영득할 의사로 인출**하면 보이스피싱범에 대한 횡령죄는 성립하는 것이 아니라/ **송금의뢰인에 대한 횡령죄가 성립한다.**

④ **(○)** [1] **금전의 수수를 수반하는 사무처리를 위임받은** 자가 그 행위에 기하여 **위임자를 위하여 제3자로부터 수령한 금전은, 목적이나 용도를 한정하여 위탁된 금전과 마찬가지로**, 달리 특별한 사정이 없는 한 **그 수령과 동시에 위임자의 소유에 속하고,** 위임을 받은 자는 이를 위임자를 위하여 보관하는 관계에 있다고 보아야 하며, 위임을 받은자가 그 행위에 기하여 위임자를 위하여 제3자로부터 수령한 금전도 목적이나 용도를 한정하여 위탁된 금전의 경우와 마찬가지로 **그 위임의 취지대로 사용하지 않고 마음대로 피고인의 위임자에 대한 채권에 상계충당함은, 상계정산하기로 하였다는 특별한 약정이 없는 한**, 당초 위임한 취지에 반하는 것으로서 **횡령죄를 구성한다**고 할 것이다(대법원2007. 2. 22.선고2006도8939판결). 결국, 수임자가 위 금전을 임의로 위임자에 대한 자신의 채권에 상계충당한 경우, 횡령죄가 성립한다.

[2] 피고인이 **금전의 수수를 수반하는 부동산의 매도에 관한 사무의 위탁의 취지에 반하여 부동산의 매매계약금으로 수령한 돈을** 자신의 피해자에 대한 **채권의 변제에 충당한다는 명목으로 그 반환을 거부하면서 자기의 소유인 것 같이 이를 처분하였다면** 피고인이 위 매매계약금의 반환을 거부한 데에는 **정당한 사유가 있다고 할 수 없어 불법영득의 의사가 인정된다**(대법원 2004. 3. 12. 선고 2004도134 판결).

[3] 금전의 수수를 수반하는 사무처리를 위임받은 사람이 그 행위에 기하여 위임자를 위하여 제3자로부터 수령한 금전은, 목적이나 용도를 한정하여 위탁된 금전과 마찬가지로, 달리 특별한 사정이 없는 한 그 수령과 동시에 위임자의 소유에 속하고, 위임을 받은 사람은 이를 위임자를 위하여 보관하는 관계에 있다고 보아야 한다. 따라서 **위임을 받은 사람이 위 금전을 그 위임의 취지대로 사용하지 아니하고 마음대로 자신의 위임자에 대한 채권에 상계충당하는 것은 상계정산하기로 하였다는 특별한 약정이 없는 한** 당초 위임한 취지에 반하므로 횡령죄를 구성한다(대법원2017. 11. 29.선고2015도18253판결).

문제 24 - 정답 ③

▶ ③ **(X)** [1] **형법 제185조의 일반교통방해죄는** 일반 공중의 교통안전을 보호하는 범죄로서 육로 등을 손괴하거나 장애물로 막는 등의 방법으로 교통을 방해하여 통행을 불가능하게 하거나 현저하게 곤란하게 하는 일체의 행위를 처벌하는 것을 목적으로 한다. 여기에서 **'육로'란 일반 공중의 왕래에 제공된 장소,** 즉 특정인에 한하지 않고 불특정 다수인 또는 차마가 자유롭게 통행할 수 있는 **공공성을 지닌 장소를 말한다.**

[2] **통행로를 이용하는 사람이 적은 경우에도 위 규정에서 말하는 육로에 해당할 수 있으나,** 공로에 출입할 수 있는 다른 도로가 있는 상태에서 **토지 소유자로부터 일시적인 사용승낙을 받아 통행하거나 토지 소유자가 개인적으로 사용하면서 부수적으로 타인의 통행을 묵인한 장소에 불과한 도로는 위 규정에서 말하는 육로에 해당하지 않**

는다.

[3] 이 사건 농로가 불특정 다수인 또는 차마가 자유롭게 통행할 수 있는 공공성을 지닌 장소였다고 보기 어려웠고, 갑과 을 소유의 토지는 당시 사용하고 있지는 않았지만 시멘트 포장도로로 큰길과 연결되어 있었다. 따라서 이 사건 농로는 단순히 피고인 소유 토지와 인접한 토지에 거주하는 을이 피고인으로부터 일시적인 승낙을 받아 통행하다가 그 무렵 갑도 통행을 시작한 통행로에 불과하여 형법 제185조에서 말하는 육로로 볼 수 없다(대법원2017. 4. 7.선고2016도12563판결). 결국, 피고인은 일반교통방해죄가 성립하지 않는다.

① [1] 집회와 시위의 자유는 헌법상 보장된 국민의 기본권이므로 형법상의 일반교통방해죄를 집회와 시위의 참석자에게 적용할 경우에는 집회와 시위의 자유를 부당하게 제한하는 결과가 발생할 우려가 있다. 그러나 일반교통방해죄에서 교통을 방해하는 방법을 위와 같이 포괄적으로 정하고 있는 데다가 도로에서 집회와 시위를 하는 경우 일반 공중의 교통안전을 직접적으로 침해할 위험이 있는 점을 고려하면, 집회나 시위로 교통방해 행위를 수반할 경우에 특별한 사정이 없는 한 일반교통방해죄가 성립할 수 있다.

[2] 집회 및 시위에 관한 법률(이하 '집시법'이라 한다)에 따라 적법한 신고를 마친 집회 또는 시위라고 하더라도 당초에 신고한 범위를 현저히 벗어나거나 집시법 제12조에 따른 조건을 중대하게 위반하여 도로 교통을 방해함으로써 통행을 불가능하게 하거나 현저하게 곤란하게 하는 경우에는 형법 제185조의 일반교통방해죄가 성립한다. 그러나 이때에도 참가자 모두에게 당연히 일반교통방해죄가 성립하는 것은 아니고, 실제로 참가자가 위와 같이 신고 범위를 현저하게 벗어나거나 조건을 중대하게 위반하는 데 가담하여 교통방해를 유발하는 직접적인 행위를 하였거나, 참가자의 참가 경위나 관여 정도 등에 비추어 그 참가자에게 공모공동정범의 죄책을 물을 수 있는 경우라야 일반교통방해죄가 성립한다(대법원2018. 1. 24.선고2017도11408판결).

② (○) [1] 피고인의 가옥 앞 도로가 폐기물 운반 차량의 통행로로 이용되어 가옥 일부에 균열 등이 발생하자 피고인이 위 도로에 트랙터를 세워두거나 철책 펜스를 설치함으로써 위 차량의 통행을 불가능하게 하거나 위 차량들의 앞을 가로막고 앉아서 통행을 일시적으로 방해한 경우, 전자의 경우에만 일반교통방해죄를 구성한다.

[2] 피고인이 이 사건 도로에 트랙터를 세워두거나 철책 펜스를 설치하여 노폭을 현저하게 제한함으로써 종전에는 통행이 가능하던 차량의 통행을 불가능하게 한 행위는 일반교통방해죄를 구성한다.

[3] 그러나 피고인이 이 사건 도로를 가로막고 앉아서 위 차량의 통행을 일시적으로 방해한 행위가 교통을 방해하여 통행을 불가능하게 하거나 현저하게 곤란하게 하는 행위라고 보기는 어려우므로, 피고인의 이러한 행위까지 일반교통방해죄에 해당한다고 볼 수 없다(대판 2009.1.30. 2008도10560).

④ (○) 피고인이 목장을 운영하기 위해 자신의 비용으로 자신의 목장용지 내에 이 사건 임도를 개설하였을 뿐이고 농가의 영농을 위한 농로로 개설된 것이 아닌 점, 당시 이 사건 임야 인근의 경작자들이나 성묘객들이 이용해오던 기존 통행로가 있었고 이 사건 임도가 개설된 이후에도 이 사건 임도와 기존 통행로가 같이 이용되어 왔던 점, 피고인이 1997년~1998년경부터 이 사건 임도에 차량들의 출입을 통제해 왔고, 인근의 경작자들도 그 통제에 따르던 중 갑이 임의로 이 사건 임도와 자신의 밭을 연결하는 별도의 통행로를 개설하고 트랙터를 이용하여 계속 통행함으로써 문제가 되었고, 영월군에서 이 사건 철문이 설치된 부근까지 포장공사를 한 것은 피고인이 이 사건

임도에 차량들의 출입을 통제해 온 이후인 점 등에 비추어 볼 때, 이 사건 임도는 그 소유자인 피고인이 개인적으로 사용하면서 인근 주민들의 통행을 부수적으로 묵인한 것에 불과하고, 불특정 다수인 또는 차마가 자유롭게 통행할 수 있는 공공성을 지닌 장소에 해당한다고 보기 어렵다(대판2007.10.11. 2005도7573). 결국, 피고인은 일반교통방해죄가 성립하지 않는다.

문제 25 - 정답 ①

▶ ① ㉠㉡㉢㉣㉤(5개)은 모두 틀린 지문이다.

㉠ (X) 은행을 통하여 지급이 이루어지는 약속어음의 발행인이 그 발행을 위하여 은행에 신고된 것이 아닌 발행인의 다른 인장을 날인하였다 하더라도 그것이 발행인의 인장인 이상 그 어음의 효력에는 아무런 영향이 없으므로, 허위유가증권작성죄가 성립하지 않는다 (대법원2000. 5. 30.선고2000도883판결).

㉡ (X) 배서인의 주소기재는 배서의 요건이 아니므로 약속어음 배서인의 주소를 허위로 기재하였다고 하더라도 그것이 배서인의 인적 동일성을 해하여 배서인이 누구인지를 알 수 없는 경우가 아닌 한 약속어음상의 권리관계에 아무런 영향을 미치지 않는다 할 것이고, 따라서 약속어음상의 권리에 아무런 영향을 미치지 않는 사항은 그것을 허위로 기재하더라도 형법 제216조 소정의 허위유가증권작성죄에 해당되지 않는다(대법원1986. 6. 24.선고84도547판결).

㉢ (X) [1] 형법 제214조는 제1항(유가증권위조·변조죄)에서 "행사할 목적으로 대한민국 또는 외국의 공채증서 기타 유가증권을 위조 또는 변조한 자는 10년 이하의 징역에 처한다."라고 정하여 유가증권의 발행에 관한 위조·변조행위를 처벌한다.

[2] 위 제1항과 별도로 제2항(기재의 위조·변조죄)에서 "행사할 목적으로 유가증권의 권리의무에 관한 기재를 위조 또는 변조한 자도 전항의 형과 같다."라고 정하여 유가증권의 배서·인수·보증 등에 관한 위조·변조행위를 처벌하고 있다.

[3] 부정수표 단속법은 부정수표 등의 '발행'을 단속·처벌함으로써 국민의 경제생활의 안전과 유통증권인 수표의 기능을 보장함을 목적으로 한다(제1조). 수표위조·변조죄에 관한 구 부정수표 단속법 제5조는 "수표를 위조 또는 변조한 자는 1년 이상의 유기징역과 수표금액의 10배 이하의 벌금에 처한다."라고 정하여 수표의 강한 유통성과 거래수단으로서의 중요성을 감안하여 유가증권 중 수표의 위조·변조행위에 관하여는 범죄성립요건을 완화하여 초과주관적 구성요건인 '행사할 목적'을 요구하지 않는 한편, 형법 제214조 제1항 위반에 해당하는 다른 유가증권위조·변조행위보다 그 형을 가중하여 처벌하려는 규정이다.

[4] 위에서 본 것처럼 형법 제214조에서 발행에 관한 위조·변조는 대상을 '유가증권'으로, 배서 등에 관한 위조·변조는 대상을 '유가증권의 권리의무에 관한 기재'로 구분하여 표현하고 있는데, 구 부정수표 단속법 제5조는 위조·변조 대상을 '수표'라고만 표현하고 있다. 구 부정수표 단속법 제5조는 유가증권에 관한 형법 제214조 제1항 위반행위를 가중처벌하려는 규정이므로, 그 처벌범위가 지나치게 넓어지지 않도록 제한적으로 해석할 필요가 있다.

[5] 따라서 구 부정수표 단속법 제5조에서 처벌하는 행위는 수표의 발행에 관한 위조·변조를 말하고, 수표의 배서를 위조·변조한 경우에는 수표의 권리의무에 관한 기재를 위조·변조한 것으로서, 형법 제214조 제2항에 해당하는지 여부는 별론으로 하고 구 부정수표 단속법 제5조에는 해당하지 않는다(대법원2019. 11. 28.선고2019도12022판결). 결국, 수표의 배서를 위조·변조한 경우는 형법 제214조 제2항의 기재의 위조·변조죄 처벌 규정이 별도로 있으므로 이에 해당

할 뿐이고, 형을 가중하는 **구 부정수표단속법 제5조에는 해당하지 않는다.**

ⓔ (X) 위조유가증권**행사죄**에 있어서의 **유가증권이라 함**은 위조된 유가증권의 **원본만을 말하는 것**이지 전자복사기 등을 사용하여 기계적으로 **복사한 사본은 이에 해당하지 않는다**(대법원1998. 2. 13.선고 97도2922판결).

ⓜ (X) **위조유가증권임**을 **알고 있는 자에게 교부하였더라도** 피교부자가 이를 소통시킬 것임을 인식하고 교부하였다면 **그 교부행위 그 자체가** 유가증권의 유통질서를 해할 우려가 있어 **위조유가증권행사죄가 성립한다**(대법원1983. 6. 14.선고81도2492판결).

문제 26 - 정답 ①

▶ ① (○) 근저당권은 근저당물의 소유자가 아니면 설정할 수 없으므로/ **타인의 부동산을 자기 또는 제3자의 소유라고 허위의 사실을 신고**하여 소유권이전등기를 경료한 후/ 나아가 그 부동산이 자기 또는 당해 제3자의 소유인 것처럼 **가장**하여/ **그 부동산에 관하여** 자기 또는 당해 제3자 명의로 **채권자와의 사이에 근저당권설정등기를 경료한 경우에는** 공정증서원본불실기재 및 동행사죄가 성립한다(대법원1997. 7. 25.선고97도605판결).

② (X) [1] **형법 제228조 제1항에서 말하는 공정증서는 권리의무에 관한 공정증서만을 가리키는 것**이고 사실증명에 관한 것은 이에 포함되지 않는 것으로 해석함이 상당할 것이므로, 권리의무에 변동을 주는 효력이 없는 토지대장은 위의 **공정증서에 해당되지 않는다.**
[2] 6.25 사변으로 소실된 본건 **토지대장을 복구할 때에 피고인은 그 소유권이 없음에도 불구하고, 소유권자인 것 같이 가장하고 그 명의로 허위신고를 하여** 그런 사정을 모르는 춘천시 직원으로 하여금 **토지대장 원본에** 그와 같이 불실한 사실을 **기재케 하고** 이를 동소에 **비치케 하여** 행사하였다는 사실을 인정하고 **이를 공정증서원본불실기재 동 행사죄로 다스린 것**은 위 설시에 따라 **위법이라 할 것이고** 이는 판결에 영향이 있었다 할 것이다(대법원1970. 12. 29.선고4293형상2059판결). 결국, **토지대장은 공정증서원본에 해당하지 아니하므로,** 허위신고하여 허위기재 · 비치했어도 **공정증서원본불실기재 및 동행사죄가 성립하지 않는다.**

③ (X) [1] 형법 제228조 제1항이 규정하는 공정증서원본 불실기재죄는 공무원에 대하여 진실에 반하는 허위신고를 하여 공정증서원본에 그 증명하는 사항에 관하여 실체관계에 부합하지 아니하는 불실의 사실을 기재하게 함으로써 성립하는 범죄로서, 민사조정법상 조정신청에 의한 조정제도는 원칙적으로 조정신청인의 신청 취지에 구애됨이 없이 조정담당판사 등이 제반 사정을 고려하여 당사자들에게 상호 양보하여 합의하도록 권유·주선함으로써 화해에 이르게 하는 제도인 점에 비추어, **그 조정절차에서 작성되는 조정조서**는 그 성질상 허위신고에 의해 불실한 사실이 그대로 기재될 수 있는 공문서로 볼 수 없어 **공정증서원본에 해당하는 것으로 볼 수 없다.**
[2] **법원에 허위 내용의 조정신청서를 제출하여 판사로 하여금 조정조서에 불실의 사실을 기재하게 하였다**하여도 위 조정조서가 공정증서원본에 해당하는 것으로 볼 수 없으므로 **공정증서원본불실기재 및 동행사죄가 성립하지 않는다.**(대법원2010. 6. 10.선고2010도3232판결). 결국, **조정조서는 공정증서원본에 해당하지 아니하므로,** 허위신고하여 **허위기재 · 비치했어도 공정증서원본불실기재 및 동행사죄가 성립하지 않는다.**

④ (X) [1] **재산상속인**은 **피상속인의 사망으로 인하여** 상속개시된 때로부터 **피상속인의 재산에 관한 포괄적 권리의무를 승계하게 되므로** 어떤 부동산에 관하여 **피상속인에게 실체상의 권리가 없었다** 하

더라도 **재산상속인이 상속을 원인으로 한 소유권이전등기를 경료한 경우**에는 그 등기는 당시의 등기부상의 권리관계를 나타내는 것에 불과하므로 **그와 같은 등기절차를 밟았다** 하여 **공정증서원본불실기재나 동행사죄가 성립할 수 없다.**
[2] 임야가 사실은 A사단법인 소유이나 위 임야에 관하여 피고인들의 선대명의로 소유권이전등기가 경료되어 있었고 피고인들은 선대의 사망으로 위 임야에 관한 상속지분에 관하여 상속으로 인한 지분권이전등기를 경료한 것이니, 이와 같은 경우는 공정증서원본불실기재나 동행사의 구성요건에 해당되지 않는 행위이다(대법원1987. 4. 14.선고85도2661판결).

문제 27 - 정답 ④

▶ ④ (X) **내란음모가 성립하였다**고 하기 위해서는 **개별 범죄행위에 관한 세부적인 합의가 있을 필요는 없으나, 공격의 대상과 목표가 설정되어 있고, 그 밖의 실행계획에 있어서 주요 사항의 윤곽을 공통적으로 인식할 정도의 합의가 있어야 한다**(대법원2015. 1. 22.선고2014도10978전원합의체 판결).

① (○) 1회적인 토론의 정도를 넘어서 **내란의 실행행위로 나아가겠다는 확정적인 의사의 합치에 이르렀다고 보기 어려워** 형법상 내란음모죄 성립에 필요한 '**내란범죄 실행의 합의**'를 하였다고 할 수 없다는 이유로, 피고인들에게 **무죄를 선고**한 원심판단을 정당하다(대법원2015. 1. 22.선고2014도10978전원합의체 판결). 결국, 내란음모죄는 성립하지 않는다.

② (○) [1] 내란음모죄의 음모는 **실행의 착수 이전에 2인 이상의 자 사이에 성립한 범죄실행의 합의**로서, **합의 자체는** 행위로 표출되지 않은 합의 당사자들 사이의 의사표시에 불과한 만큼 실행행위로서의 **정형이 없고,** 따라서 합의의 모습 및 구체성의 정도도 **매우 다양하게 나타날 수밖에 없다.**
[2] 그런데 어떤 범죄를 실행하기로 막연하게 합의한 경우나 특정한 범죄와 관련하여 **단순히 의견을 교환한 경우까지 모두** 범죄실행의 **합의가 있는 것으로** 보아 **음모죄가 성립한다고 한다면** 음모죄의 성립범위가 과도하게 확대되어 국민의 기본권인 사상과 표현의 자유가 위축되거나 그 본질이 침해되는 등 **죄형법정주의 원칙이 형해화될 우려가 있으므로,** 음모죄의 성립범위도 이러한 확대해석의 위험성을 고려하여 **엄격하게 제한하여야 한다**(대법원2015. 1. 22.선고2014도10978전원합의체 판결).

③ (○) **내란음모죄에 해당하는 합의가 있다고 하기 위해서는** 단순히 내란에 관한 범죄결심을 외부에 표시·전달하는 것만으로는 부족하고 **객관적으로 내란범죄의 실행을 위한 합의라는 것이 명백히 인정되고,** 그러한 합의에 **실질적인 위험성이 인정되어야 한다**(대법원2015. 1. 22.선고2014도10978전원합의체 판결).

문제 28 - 정답 ④

▶ ④ (X) [1] 변호인 또는 변호인이 되려는 자의 접견교통권은 신체구속제도 본래의 목적을 침해하지 아니하는 범위 내에서 행사되어야 하므로, **변호인 또는 변호인이 되려는 자가** 구체적인 시간적·장소적 상황에 비추어 **현실적으로 보장할 수 있는 한계를 벗어나 피고인 또는 피의자를 접견하려고 하는 것은 정당한 접견교통권의 행사에 해당하지 아니하여 허용될 수 없다.** 다만 접견교통권이 그와 같은 한계를 일탈한 것이어서 허용될 수 없다고 판단할 때에는 신체구속을 당한 사람의 헌법상 기본적 권리인 변호인의 조력을 받을 권리의 본질적인 내용이 침해되는 일이 없도록 신중을 기하여야 한다.
[2] 한편 **피고인의 변호인 접견교통권 행사가 한계를 일탈한 규율위**

반행위에 해당하더라도 그 행위가 위계공무집행방해죄의 '위계'에 해당하려면 행위자가 상대방에게 오인, 착각, 부지를 일으키게 하여 그 오인, 착각, 부지를 이용함으로써 상대방이 이에 따라 그릇된 행위나 처분을 하여야만 한다. 만약 그러한 행위가 구체적인 직무집행을 저지하거나 현실적으로 곤란하게 하는 데까지는 이르지 않은 경우에는 위계에 의한 공무집행방해죄로 처벌할 수 없다.

[3] 미결수용자가 가지는 변호인과의 접견교통권은 그와 표리 관계인 변호인(변호인이 되려고 하는 사람을 포함한다. 이하 같다.)의 접견교통권과 함께 헌법상 기본권으로 보장되고 있다.

[4] 미결수용자의 변호인이 교도관에게 변호인 접견을 신청하는 경우 미결수용자의 형사사건에 관하여 변호인이 구체적으로 어떠한 변호활동을 하는지, 실제 변호를 할 의사가 있는지 여부 등은 교도관의 심사대상이 되지 않는다. 이 사건 접견변호사들이 미결수용자의 개인적인 업무나 심부름을 위해 접견신청행위를 하였다는 이유만으로 교도관들에 대한 위계에 해당한다거나 그로 인해 교도관의 직무집행이 구체적이고 현실적으로 방해되었다고 볼 수 없다.

[5] 피고인이 모두 6명의 집사변호사를 고용하여 총51회에 걸쳐 변호인접견을 가장하여 개인적인 업무와 심부름을 하게 하고 소송서류 외의 문서를 수수함으로써, 위계로써 서울구치소의 변호인 접견업무 담당 교도관의 변호인 접견관리 등에 관한 정당한 직무집행을 방해하였다하여 위계에 의한 공무집행방해죄로 기소된 사안에서, 피고인이 이 사건 접견변호사들에게 지시한 접견이 변호인에 의한 변호 활동이라는 외관만을 갖추었을 뿐 실질적으로는 형사사건의 방어권 행사가 아닌 다른 주된 목적이나 의도를 위한 행위로서 접견교통권 행사의 한계를 일탈한 경우에 해당할 수는 있겠지만, 그 행위가 '위계'에 해당한다거나 그로 인해 교도관의 구체적이고 현실적인 직무집행이 방해되었다고 보기 어렵다(대법원2022. 6. 30.선고2021도244판결). 결국, 피고인이 6명의 집사변호사를 고용하여 총51회에 걸쳐 변호인접견을 가장하여 개인적인 업무와 심부름을 시킨 경우, 위계에 의한 공무집행방해죄가 성립하지 않는다.(대법원2022. 6. 30.선고2021도244판결).

① (O) [1] 녹음·녹화 등을 할 수 있는 전자장비가 교정시설의 안전 또는 질서를 해칠 우려가 있는 금지물품에 해당하여 반입을 금지할 필요가 있다면 교도관은 교정시설 등의 출입자와 반출·반입 물품을 검사·단속해야 할 일반적인 직무상 권한과 의무가 있다. 수용자가 아닌 사람이 위와 같은 금지물품을 교정시설 내로 반입하였다면 교도관의 검사·단속을 피하여 단순히 금지규정을 위반하는 행위를 한 것일 뿐 이로써 위계에 의한 공무집행방해죄가 성립한다고 할 수 없다.
[2] 甲 등 피고인들은 방송 제작 과정에서 보이스피싱 조직과 관련된 제보를 받고, 그 신빙성을 확인하기 위하여 수용자인 乙을 접견하면서 촬영 및 녹음을 하였는데, 당시 을은 촬영 및 녹음이 이루어지고 있다는 사실을 알지 못하였다. 갑 등은 乙의 얼굴이나 수감번호 등을 모자이크 처리하고 음성을 변조하여 식별할 수 없는 상태로 방송할 계획이었다. 갑 등의 행위는 乙에게 금지물품을 전달하거나 외부와의 통신을 매개하는 등 乙로 하여금 규율위반행위를 하게 하는 것도 아니었던 점을 고려하면 갑 등이 녹음·녹화 장비를 구치소에 반입하여 촬영 및 녹음을 한 행위는 단순히 금지규정을 위반하는 행위일 뿐이고 접견업무 담당 교도관의 구체적이고 현실적인 직무집행을 방해하였다고 볼 수 없으므로 위계에 의한 공무집행방해죄의 구성요건에 해당하지 아니한다(대법원2022. 3. 31.선고2018도15213판결). SBS의 시사프로그램 "그것이 알고싶다"의 PD 등이 신분을 가장하고 구치소에 들어가 수용자들을 몰래카메라로 취재 한 사안에서,

단순히 금지규정을 위반하는 행위를 한 것일 뿐 이로써 위계에 의한 공무집행방해죄가 성립한다고 할 수는 없다.
② (O) [1] 음주운전 신고를 받고 출동한 경찰관이 만취한 상태로 시동이 걸린 차량 운전석에 앉아있는 피고인을 발견하고 음주측정을 위해 하차를 요구함으로써 도로교통법 제44조 제2항이 정한 음주측정에 관한 직무에 착수하였다고 할 것이고, 피고인이 차량을 운전하지 않았다고 다투자 경찰관이 지구대로 가서 차량블랙박스를 확인하자고 한 것은 음주측정에 관한 직무 중 '운전' 여부확인을위한 임의동행 요구에 해당하고, 피고인이 차량에서 내리자마자 도주한 것을 임의동행 요구에 대한 거부로 보더라도, 경찰관이 음주측정에 관한 직무를 계속하기 위하여 피고인을 추격하여 도주를 제지한 것은 도로교통법상 음주측정에 관한 일련의 직무집행 과정에서 이루어진 행위로써 정당한 직무집행에 해당한다.
[2] 따라서 경찰관이 피고인을 10m 정도 추격하여 피고인의 앞을 가로막는 방법으로 제지한 뒤 '그냥 가면 어떻게 하느냐'는 취지로 말하자 피고인이 위 경찰관의 뺨을 때렸고, 계속하여 도주하고 폭행하려고 하자 경찰관이 피고인을 공무집행방해죄의 현행범으로 체포한 행위는 정당한 직무집행이므로, 피고인은 공무집행방해죄가 성립한다(대판2020.8.20. 2020도7193).
③ (O) [1] 형법 제137조에 정한 위계에 의한 공무집행방해죄에서 '위계'는 행위자의 행위목적을 이루기 위하여 상대방에게 오인, 착각, 부지를 일으키게 하여 이를 이용하는 것을 말한다.
[2] 중국 국적의 조선족인 갑은 중국 흑룡강성에서 대한민국 국적을 취득하기 위하여 마을 이웃인 을에게 대가를 지급하고 인적 사항을 빌린 후, 성명불상의 브로커를 통해 소개받은 대한민국 국민 병에게 300만 원의 대가를 지급하고 위장 결혼하여 을의 인적 사항으로 대한민국 국적을 취득하여 현재까지 대한민국에 거주하고 있다. 갑은 평택시에 있는 평택시청에서 '여권(재)발급신청서'의 성명 란에 을이라고 기재하여 담당공무원에게 제출하고, 외교통상부장관 명의의 여권을 발급받았다. 갑은 인천국제공항을 통하여 중국으로 출국하면서 출국심사 담당공무원에게 부정 발급받은 을명의의 여권을 제출하여 출국심사를 통과한 것을 비롯하여 수차에 걸쳐 인천국제공항 출국심사 담당공무원에게 여권을 제출하여 공항 출입국심사를 통과하였다. 이로써 갑은 위계로써 인천국제공항 소속 공무원의 출입국심사업무에 관한 정당한 직무집행을 방해함과 동시에 불실의 사실이 기재된 다른 사람 명의의 여권을 행사하였다(대법원2022. 4. 28.선고2020도12239판결). 결국, 갑은 위계에 의한 공무집행방해죄와 불실기재여권행사죄 및 여권법위반이 성립한다.

문제 29 - 정답 ②

▶ ② ⓒⓔ(2개)은 옳은 지문이나, ㉠㉣㉤(3개)은 틀린 지문이다.
㉠ (X) 헌법 제12조 제2항에 정한 불이익 진술의 강요금지 원칙을 구체화한 자기부죄거부특권에 관한 것이거나 기타 증언거부사유가 있음에도 증인이 증언거부권을 고지받지 못함으로 인하여 그 증언거부권을 행사하는 데 사실상 장애가 초래되었다고 볼 수 있는 경우에는 위증죄의 성립을 부정하여야 할 것이다(대판2010.1.21. 2008도942 전원합의체 판결).
ⓒⓔ (O) [1] 형법 제155조 제1항의 증거위조죄에서 말하는 '증거'란 타인의 형사사건 또는 징계사건에 관하여 수사기관이나 법원 또는 징계기관이 국가의 형벌권 또는 징계권의 유무를 확인하는데 관계있다고 인정되는 일체의 자료를 뜻한다. 따라서 범죄 또는 징계사유의 성립 여부에 관한 것뿐만 아니라 형 또는 징계의 경중에 관계있는 정상을 인정하는데 도움이 될 자료까지도 본조가 규정한 증거에 포함된다.

[2] 형법 제155조 제1항은 타인의 형사사건 또는 징계사건에 관한 증거를 인멸, 은닉, 위조 또는 변조하거나 위조 또는 변조한 증거를 사용한 자를 처벌하고 있고, 여기서의 '**위조**'란 **문서에 관한 죄의 위조 개념과는 달리 새로운 증거의 창조를 의미한다.**

[3] 그러나 사실의 증명을 위해 작성된 문서가 **그 사실에 관한 내용이나 작성명의 등에 아무런 허위가 없다면 '증거위조'에 해당한다고 볼 수 없다. 설령 사실증명에 관한 문서가** 형사사건 또는 징계사건에서 **허위의 주장에 관한 증거로 제출되어 그 주장을 뒷받침하게 되더라도 마찬가지이다.**

[4] **피고인이 재판부에 수수한 알선 대가를 전액 반환하였으니 감형해달라고 제출한 입금확인증 등은** 금융기관이 금융거래에 관한 사실을 증명하기 위해 작성한 문서로서 **그 내용이나 작성명의 등에 아무런 허위가 없는 이상** 이를 증거의 '**위조**'에 해당한다고 볼 수 없고, 나아가 '**위조한 증거를 사용**'한 행위에 해당한다고 볼 수도 없다(대법원2021. 1. 28.선고2020도2642판결).

[5] 피고인 갑이 을등의 A은행 계좌에서 B회사 명의 은행 계좌에 금원을 송금하고 다시 되돌려받는 행위를 반복한 후 **그중 송금자료만을 발급받아** 이를 3억 5,000만 원을 변제하였다는 **허위 주장과 함께 법원에 제출한 행위는** 형법상 증거위조죄의 보호법익인 사법기능을 저해할 위험성이 있다. 그러나 앞서 본 법리에 비추어 보면, **피고인이 제출한 입금확인증 등은** 금융기관이 금융거래에 관한 사실을 증명하기 위해 작성한 문서로서 **그 내용이나 작성명의 등에 아무런 허위가 없는 이상** 이를 증거의 '**위조**'에 해당한다고 볼 수 없고, 나아가 '**위조한 증거를 사용**'한 행위에 해당한다고 볼 수도 없다(대법원2021. 1. 28.선고2020도2642판결). 결국, 송금자료가 **증거에는 해당하나, 증거위조와 위조증거사용에 해당하지 않는다.**

ⓔ (X) [1] **증거은닉죄는 타인의** 형사사건이나 징계사건에 관한 **증거를 은닉할 때 성립하고, 자신의 형사사건에 관한 증거은닉** 행위는 형사소송에 있어서 피고인의 방어권을 인정하는 취지와 상충하여 **처벌의 대상이 되지 아니하므로, 자신의 형사사건에 관한 증거은닉을 위하여 타인에게 도움을 요청하는 행위** 역시 **원칙적으로 처벌되지 아니한다.**

[2] 다만, 그것이 **방어권의 남용이라고 볼 수 있을 때는 증거은닉교사죄로 처벌할 수 있다.** 방어권 **남용이라고 볼 수 있는지 여부는,** 증거를 은닉하게 하는 것이라고 지목된 행위의 태양과 내용, 범인과 행위자의 관계, 행위 당시의 구체적인 상황, 형사사법작용에 영향을 미칠 수 있는 위험성의 정도 등을 **종합하여 판단하여야** 한다.

[3] **이 사건 안마의자는** 정치활동을 위하여 제공된 것이 아니어서 **정치자금법에 의하여 수수가 금지되는 정치자금에 해당하지 않고,** 갑도 안마의자가 정치활동과 무관하여 아무런 문제가 없다고 생각하고 다른 금품은 피고인 A에게 반환하면서도 안마의자는 자신의 주거지에 그대로 두었다가, 이 사건 당일에 이르러 혹시라도 문제가 될까 염려하여 병에게 안마의자를 운반해 달라고 요청하였고 을에게는 이를 받아 달라고 부탁하였다.

[4] 피고인의 위와 같은 행위로 형사사법작용에 중대한 장애를 초래하였다거나 그러한 위험성이 있었다고 보기 어렵고 **자기 자신이 한 증거은닉 행위의 범주에 속한다고 볼 여지가 충분하여 방어권을 남용한 정도에 이르렀다고 단정하기 어렵다**(대법원2016. 7. 29.선고2016도5596판결). 결국, **증거은닉교사죄가 성립하지 않는다.**

ⓜ (X) [1] **참고인이 타인의 형사사건 등에 관하여 제3자와 대화를 하면서 허위로 진술하고 위와 같은 허위 진술이 담긴 대화 내용을 녹음한 녹음파일 또는 이를 녹취한 녹취록은** 참고인의 허위진술 자체 또는 참고인 작성의 허위 사실확인서 등과는 달리 그 진술내용만이 증거자료로 되는 것이 아니고 녹음 당시의 현장음향 및 제3자의 진술 등이 포함되어 있어 **그 일체가 증거자료가 된다고 할 것이므로,** 이는 증거위조죄에서 말하는 '증거'에 해당한다.

[2] 또한 위와 같이 **참고인의 허위 진술이 담긴 대화 내용을 녹음한 녹음파일 또는 이를 녹취한 녹취록을 만들어 내는 행위는** 무엇보다도 그 녹음의 자연스러움을 뒷받침하는 현장성이 강하여 단순한 허위진술 또는 허위의 사실확인서 등에 비하여 수사기관 등을 그 증거가치를 판단함에 있어 오도할 위험성을 현저히 증대시킨다고 할 것이므로, 이러한 행위는 **허위의 증거를 새로이 작출하는 행위로서 증거위조죄에서 말하는 '위조'에도 해당한다고 봄이 상당하다.**

[3] 따라서 참고인이 타인의 형사사건 등에 관하여 제3자와 대화를 하면서 허위로 진술하고 위와 같은 허위 진술이 담긴 대화 내용을 녹음한 녹음파일 또는 이를 녹취한 녹취록을 만들어 수사기관 등에 제출하는 것은, **참고인이 타인의 형사사건 등에 관하여 수사기관에 허위의 진술을 하거나 이와 다를 바 없는 것으로서 허위의 사실확인서나 진술서를 작성하여 수사기관 등에 제출하는 것과는 달리, 증거위조죄를 구성한다**(대법원2013. 12. 26.선고2013도8085,2013전도165판결).

문제 30 - 정답 ①

▶ ① ⓐⓑⓒⓓⓔ(5개)는 모두 맞는 지문이다.

ⓐ (O) **사법경찰관은** 검사의 재수사 요청에 따라 **재수사를 한 경우** 다음 **각 호의** 구분에 따라 **처리한다**(제64조 제1항).

ⓑ (O) 검사는 사법경찰관이 **재수사 결과를 통보한 사건에 대해서 다시 재수사를 요청하거나 송치 요구를 할 수 없다.** 다만, 검사는 사

> 1호. 범죄의 **혐의가 있다**고 인정되는 경우: 형사소송법 제245조의5 제1호에 따라 검사에게 **사건을 송치**하고 관계 서류와 증거물을 송부(**송치처리**)
> 2호. **기존의 불송치 결정을 유지**하는 경우: 재수사 결과서에 그 내용과 이유를 구체적으로 적어 **검사에게 통보(통보처리)**

법경찰관이 사건을 **송치하지 않은 위법 또는 부당이 시정되지 않아** 사건을 **송치받아 수사할 필요가 있는 다음 각 호의 경우**에는 형사소송법 제197조의3에 따라 **사건송치를 요구할 수 있다**(제64조 제2항). <개정 2023. 10. 17.>

> 1호. 관련 법령 또는 법리에 **위반된 경우**
> 2호. 범죄 혐의의 유무를 명확히 하기 위해 재수사를 요청한 사항에 관하여 **그 이행이 이루어지지 않은 경우.** 다만, 불송치 결정의 유지에 영향을 미치지 않음이 명백한 경우는 제외한다.
> 3호. 송부받은 관계 서류 및 증거물과 재수사 결과만으로도 **범죄의 혐의가 명백히 인정되는 경우**
> 4호. 공소시효 또는 형사소추의 요건을 판단하는 데 **오류가 있는 경우**

ⓒ (O) 검사는 위 제2항 각 호 외의 부분 단서에 따른 **사건송치 요구 여부를 판단하기 위해 필요한 경우에는** 사법경찰관에게 **관계 서류와 증거물의 송부를 요청할 수 있다.** 이 경우 요청을 받은 **사법경찰관은 이에 협력해야** 한다(제64조 제3항).<신설 2023. 10. 17.>.

ⓓ (O) 검사는 **재수사 결과를 통보받은 날**(사건송치 요구 여부를 판단하기 위해 사법경찰관에게 관계 서류와 증거물의 송부를 요청한

경우에는 관계 서류와 증거물을 송부받은 날을 말한다)부터 **30일 이 내에** 제2항 각 호 외의 부분 단서에 따른 **사건송치 요구를 해야 하 고**, 그 기간 내에 **사건송치 요구를 하지 않을 경우**에는 송부받은 관 계 서류와 증거물을 사법경찰관에게 반환해야 한다(제64조 제4항). <신설 2023. 10. 17.>

ⓜ (○) **사법경찰관**은 형사소송법 제245조의8 제2항에 따라 **재수사 중인 사건에 대해** 형사소송법 제245조의7 제1항에 따른 **이의신청이 있는 경우**에는 **재수사를 중단해야 하며**, 같은 조 제2항에 따라 **해당 사건을 지체 없이 검사에게 송치하고 관계 서류와 증거물을 송부해 야 한다**(수사준칙 제65조).

문제 31 - 정답 ③

▶ ③ ⓛⓜ(2개)은 틀린 지문이나, ⓘⓒⓔ(3개)는 맞는 지문이다.

ⓘ (○) 검사 또는 사법경찰관은 **피의자신문에 참여한 변호인이 피 의자의 옆자리 등** 실질적인 조력을 할 수 있는 **위치에 앉도록 해야** 하고, 정당한 사유가 없으면 피의자에 대한 **법적인 조언·상담을 보 장해야** 하며, 법적인 **조언·상담을 위한 변호인의 메모를 허용해야** 한다(제13조 제1항).

ⓛ (X) 검사 또는 사법경찰관은 피의자에 대한 신문이 아닌 **단순 면 담 등이라는 이유로** 변호인의 **참여·조력을 제한해서는 안 된다**(제13 조 제2항).

ⓒ (○) 피의자신문에 참여한 변호인은 검사 또는 사법경찰관의 **신 문후** 조서를 열람하고 **의견을 진술할 수 있다**. 이 경우 변호인은 별 도의 서면으로 의견을 제출할 수 있으며, 검사 또는 사법경찰관은 해 당 서면을 사건기록에 편철한다(제14조 제1항).

ⓔ (○) 피의자신문에 참여한 변호인은 **신문 중이라도** 검사 또는 사 법경찰관의 **승인을 받아** 의견을 **진술할 수 있다**. 이 경우 검사 또는 사법경찰관은 **정당한 사유가 있는 경우를 제외하고는** 변호인의 의견 진술 요청을 **승인해야 한다**(제14조 제2항).

ⓜ (X) 피의자신문에 참여한 변호인은 **신문 중이라도 부당한 신문방 법에 대해서는** 검사 또는 사법경찰관의 **승인 없이 이의를 제기할 수 있다**(제14조 제3항).

문제 32 - 정답 ①

▶ ① ⓘⓒ(2개)은 옳은 지문이나, ⓛⓔⓜ(3개)은 틀린 지문이다.

ⓘ (○) [1] 통신비밀보호법에 규정된 '통신제한조치'는 '우편물의 검열 또는 전기통신의 감청'을 말하는 것으로(제3조 제2항), 여기서 **'전기통신'**은 전화·전자우편·모사전송 등과 같이 유선·무선·광선 및 기타의 전자적 방식에 의하여 **모든 종류의 음향·문언·부호 또는 영 상을 송신하거나 수신하는 것**을 말하고(제2조 제3호), '**감청**'은 전 기통신에 대하여 **당사자의 동의 없이** 전자장치·기계장치 등을 사용 하여 **통신의** 음향·문언·부호·영상을 청취·공독하여 **그 내용을 지득 또는 채록**하거나 **전기통신의 송·수신을 방해하는 것**을 말한다고 규 정되어 있다(제2조 제7호).

[2] 따라서 '**전기통신의 감청**'은 '감청'의 개념 규정에 비추어 전기 통신이 이루어지고 있는 상황에서 **실시간으로 전기통신의 내용을 지 득·채록하는 경우**와 통신의 송·수신을 직접적으로 방해하는 경우를 **의미하는 것**이지, **이미 수신이 완료된 전기통신**에 관하여 **남아 있는 기록이나 내용을 열어보는 등의 행위는 포함하지 않는다**.

[3] 수사기관으로부터 **통신제한조치의 집행을 위탁받은 통신기관 등** 의 집행에 **필요한 설비가 없을 때**에는 수사기관에 설비의 제공을 요 **청하여야** 하고, 그러한 **요청 없이** 통신제한조치허가서에 기재된 사항 을 준수하지 아니한 채 통신제한조치를 집행하였다면, 그러한 집행으

로 취득한 전기통신의 내용 등은 헌법과 통신비밀보호법이 국민의 기본권인 통신의 비밀을 보장하기 위해 마련한 **적법한 절차를 따르 지 아니하고 수집한 증거에 해당하므로**(형사소송법 제308조의2), 이 는 **유죄 인정의 증거로 할 수 없다**(대법원2016. 10. 13.선고2016도 8137판결).

ⓛ (X) **범죄수사를 위한** 통신제한조치의 기간은 **2개월을 초과하지 못하고**, 그 기간 중 통신제한조치의 목적이 달성되었을 경우에는 즉 시 종료하여야 한다. 다만, 제5조 제1항의 허가요건이 존속하는 경우 에는 소명자료를 첨부하여 제1항 또는 제2항에 따라 **2개월의 범위에 서** 통신제한조치기간의 **연장을 청구할 수 있다**(통신비밀보호법 제6 조 제7항).

ⓒ (○) 검사, **사법경찰관** 또는 정보수사기관의 장은 **긴급통신제한조 치의 집행에 착수한 때부터 36시간 이내에** 법원의 허가를 받지 못한 경우에는 해당 조치를 **즉시 중지**하고 해당 조치로 **취득한 자료를 폐 기하여야 한다**(긴급감청(=긴급통신제한조치); 통신비밀보호법 제8 조 제5항).

ⓔ (X) **사법경찰관**은 제6조 제1항(범죄수사를 위한 통신제한조치) 및 제8조 제1항(긴급감청(=긴급통신제한조치))에 따라 **통신제한조 치를 집행한 사건**에 관하여 검사로부터 공소를 제기하거나 제기하지 아니하는 처분(기소중지 또는 참고인중지 결정은 제외한다)의 통보 를 받거나 검찰송치를 하지 아니하는 처분(수사중지 결정은 제외한 다) 또는 내사사건에 관하여 입건하지 아니하는 처분을 한 때에는 그 날부터 30일 이내에 우편물 검열의 경우에는 그 대상자에게, 감 청의 경우에는 그 대상이 된 전기통신의 가입자에게 통신제한조치를 **집행한 사실과 집행기관 및 그 기간 등을 서면으로 통지하여야 한다** (통신비밀보호법 제9조의2 제2항). 결국, 통신제한조치의 집행에 관 한 통지제도는 수사종결처분이 있는 경우에 한하므로, **아직 수사종결 이 아닌 기소중지결정 또는 참고인중지결정을 한 경우**에는 통지대상 에 포함되는 것이 아니라 **통지대상에서 제외한다(통지할 필요가 없 다)**.

ⓜ (X) [1] 전기통신에 해당하는 **전화통화 당사자의 일방이 상대방 모르게 통화 내용을 녹음하는 것은 감청에 해당하지 않는다**.

[2] 그러나 **제3자의 경우**는 설령 전화통화 당사자 일방의 동의를 받 고 그 통화 내용을 녹음하였다 하더라도 **그 상대방의 동의가 없었던 이상**, 이는 **여기의 감청에 해당하여 통신비밀보호법 제3조 제1항위 반이 되고**, 이와 같이 제3조 제1항을 위반한 **불법감청에 의하여 녹 음된 전화통화의 내용은 제4조에 의하여 증거능력이 없다**. 그리고 사생활 및 통신의 불가침을 국민의 기본권의 하나로 선언하고 있는 헌법규정과 통신비밀의 보호와 통신의 자유 신장을 목적으로 제정된 통신비밀보호법의 취지에 비추어 볼 때 **피고인이나 변호인이 이를 증거로 함에 동의하였다고** 하더라도 **달리 볼 것은 아니다**.

[3] 가. 甲과 乙이 피고인 丙과의 통화 내용을 녹음하기로 합의한 후 **갑이 스피커폰으로 병과 통화하고 乙이 옆에서 이를 녹음한 경 우**, 乙이 전화통화 당사자 일방인 **갑의 동의를 받고 그 통화 내용을 녹음하였다고** 하더라도 전화통화 **상대방인 병의 동의가 없었던 이상 乙이 병과 갑 간의 전화통화 내용을 녹음한 행위**는 통신비밀보호법 제3조 제1항에 위반한 '**전기통신의 감청**'에 해당하여 제4조에 의하 여 **그 녹음파일은 재판절차에서 증거로 사용할 수 없다**. 위 전화통화 는 병과 갑 사이에 이루어진 것이므로 **전화통화의 당사자는 병과 갑** 이고 乙은 **위 전화통화에 있어서 제3자에 해당**한다.

나. 통신비밀보호법 제3조 제1항을 위반한 **불법감청에 의하여 녹음 된 전화통화의 내용은 증거능력이 없다**. 사생활 및 통신의 불가침을

국민의 기본권의 하나로 선언하고 있는 헌법규정과 통신비밀의 보호와 통신의 자유 신장을 목적으로 제정된 통신비밀보호법의 취지에 비추어 볼 때 **피고인이나 변호인이 이를 증거로 함에 동의하였다고 하더라도 달리 볼 것은 아니다.** 결국, **피고인 병이 제1심에서 위 녹음파일 및 이를 채록한 녹취록에 대하여 증거동의를 하였다 하더라도 마찬가지이다**(대판2019.3.14. 2015도1900).

문제 33 - 정답 ②

▶ ② (X) [1] 형사소송법 제211조 제1항(현행범인)에 규정된 "**범죄 실행의 즉후인자**"란 체포하는 자가 볼 때 범죄의 **실행행위를 종료한 직후의 범인이라는 것이 명백한 경우를 일컫는 것**으로서, 시간이나 장소로 보아 체포당하는 자를 방금 범죄를 실행한 범인이라고 볼 증거가 명백히 존재하는 것으로 인정된다면, **그를 현행범으로 볼 수 있다.**

[2] 경찰관이 112 신고를 받고 출동하여 피고인을 체포하려고 할 때는, 갑이 ○○녀고 **앞길에서** 피해자의 자동차를 발로 걸어차고 그와 싸우는 **범행을** 한 지 **겨우 10분 후에 지나지 않고**, 그 **장소도** 범행현장에 인접한 **위 학교의 운동장이므로**, 갑은 "범죄 실행의 즉후인자"로서 **현행범인에 해당한다.**

[3] 따라서 위 **경찰관이** 갑을 체포하려고 한 행위는 현행범의 체포행위로서 **적법한 공무집행이므로**, **갑이** 위 경찰관을 쇠파이프로 때려 상해를 가한 경우에는 **특수공무집행방해치상죄가 성립한다**(대법원 1993.8.13. 선고 93도926 판결).

① (○) 범죄를 **실행하고** 있거나 **실행하고 난 직후의 사람**을 현행범인이라 한다(**현행범인**: 제211조 제1항). 그리고 범인으로 불리며 추적되고 있을 때, 장물이나 범죄에 사용되었다고 인정하기에 충분한 흉기나 그 밖의 물건을 소지하고 있을 때, 신체나 의복류에 증거가 될 만한 뚜렷한 흔적이 있을 때. 누구냐고 묻자 도망하려고 할 때에 해당하는 사람은 **현행범인으로 본다**(준현행범인: 제211조 제2항).

③ (○) [1] **수사기관이** 법원으로부터 **영장 또는 감정처분허가장을 발부받지 아니한 채 피의자의 동의 없이 피의자의 신체로부터 혈액을 채취하고 사후에도 지체 없이 영장을 발부받지 아니한 채 혈액 중 알코올농도에 관한 감정을** 의뢰하였다면, 이러한 과정을 거쳐 얻은 **감정의뢰회보 등은** 형사소송법상 **영장주의 원칙을 위반하여 수집**하거나 그에 기초하여 획득한 **증거로서**, 원칙적으로 절차위반행위가 적법절차의 실질적인 내용을 침해하여 피고인이나 변호인의 **동의가 있더라도 유죄의 증거로 사용할 수 없다.**

[2] 수사기관이 범죄 증거를 수집할 목적으로 피의자의 동의 없이 피의자의 **혈액을 취득·보관하는 행위는** 법원으로부터 감정처분허가장을 받아 형사소송법 제221조의4 제1항, 제173조 제1항에 의한 **'감정에 필요한 처분'**으로도 할 수 있지만, 형사소송법 제219조, 제106조 제1항에 정한 압수의 **방법으로도 할 수 있고, 압수의 방법에 의하는 경우** 혈액의 취득을 위하여 피의자의 신체로부터 혈액을 채취하는 행위는 **혈액의 압수를 위한 것으로서** 형사소송법 제219조, 제120조 제1항에 정한 **'압수영장의 집행에 있어 필요한 처분'에 해당한다.**

[3] 음주운전 중 교통사고를 야기한 후 피의자가 의식불명 상태에 빠져 있는 등으로 도로교통법이 음주운전의 제1차적 수사방법으로 규정한 호흡조사에 의한 음주측정이 불가능하고 혈액 채취에 대한 동의를 받을 수도 없을 뿐만 아니라 법원으로부터 혈액 채취에 대한 감정처분허가장이나 사전 압수영장을 발부받을 시간적 여유도 없는 긴급한 상황이 생길 수 있다. 이러한 경우 **피의자의 신체 내지 의복**

류에 주취로 인한 냄새가 강하게 나는 등 형사소송법 **제211조 제2항 제3호**가 정하는 **범죄의 증적이 현저한 준현행범인의 요건이 갖추어져 있고** 교통사고 발생 시각으로부터 사회통념상 범행 직후라고 볼 수 있는 시간 내라면, 피의자의 생명·신체를 구조하기 위하여 **사고현장으로부터 곧바로 후송된 병원 응급실 등의 장소는 형사소송법 제216조 제3항의 범죄 장소에 준한**다 할 것이므로, **검사 또는 사법경찰관은** 피의자의 혈중알코올농도 등 증거의 수집을 위하여 의료법상 **의료인의 자격이 있는 자로 하여금** 의료용 기구로 의학적인 방법에 따라 필요최소한의 한도 내에서 피의자의 혈액을 채취하게 한 후 그 혈액을 영장 없이 압수할 수 있다. 다만 이 경우에도 형사소송법 제216조 제3항단서, 형사소송규칙 제58조, 제107조 제1항 제3호에 따라 **사후에 지체 없이 강제채혈에 의한 압수의 사유 등을 기재한 영장청구서에 의하여 법원으로부터 압수영장을 받아야 한다**(대법원 2012. 11. 15.선고2011도15258판결).

④ (○) [1] 검사 또는 사법경찰관리 **아닌 이가** 현행범인을 체포한 때에는 **즉시 검사 등에게 인도하여야** 한다. 여기서 **'즉시'라고 함은 반드시 체포시점과 시간적으로 밀착된 시점이어야 하는 것은 아니고,** '정당한 이유 없이 인도를 지연하거나 체포를 계속하는 등으로 **불필요한 지체를 함이 없이'라는 뜻**으로 볼 것이다(대판2011.12.22. 2011도12927).

[2] 검사 등이 현행범인을 체포하거나 현행범인을 인도받은 후 **현행범인을 구속하고자** 하는 경우 **48시간 이내에 구속영장을 청구하여야** 하고 그 기간 내에 구속영장을 청구하지 아니하는 때에는 즉시 석방하여야 한다(형사소송법 제213조의2, 제200조의2 제5항).

[3] (○) 체포한 피의자를 구속하고자 할 때에는 체포한 때부터 48시간 이내에 구속영장을 청구해야 하는데, 검사 또는 사법경찰관리가 **아닌 자에 의하여** 현행범인이 체포된 후 **불필요한 지체 없이 검사 또는 사법경찰관리에게 인도된 경우 위 48시간의 기산점은 체포시가 아니라** 검사 또는 사법경찰관리가 현행범인을 **인도받은 때**라고 할 것이다(대판2011.12.22. 2011도12927).

문제 34 - 정답 ③

▶③ (X) 보증금납입조건부 피의자 석방결정에 따라 석방된 피의자가 도망한 때, 도망하거나 범죄의 증거를 인멸할 염려가 있다고 믿을 만한 충분한 이유가 있는 때, 출석요구를 받고 정당한 이유없이 출석하지 아니한 때, **주거의 제한이나 그 밖에 법원이 정한 조건을 위반한 때**를 제외하고는 동일한 범죄사실로 재차 체포하거나 구속할 수 없다(제214조의3 제2항). (도·도·출·조)

① (○) [1] **보증금 납입을 조건으로 석방을 하는 경우에는 피고인 보석조건의 결정 시 고려사항**(제99조)과 **보석집행의 절차**(제100조)를 **준용한다**(제214조의2 제7항).

[2] 형사소송법 **제98조 제1호·제2호·제5호·제7호및 제8호의 조건은 이를 이행한 후가 아니면 보석허가결정을 집행하지 못하며(선이행/후석방)**, 법원은 필요하다고 인정하는 때에는 **다른 조건**에 관하여도 그 이행 이후 보석허가결정을 집행하도록 정할 수 있다(**선석방/후이행**). 따라서 서약서 제출(제98조 제1호)·보증금납입 **약정서 제출**(제2호)·출석보증서 제출(제5호)·피해금 공탁 또는 담보의 제공(제7호)·보증금 납입 또는 담보의 제공(제8호)의 조건(**5개)은** 이를 **이행한 후가 아니면 보석허가결정을 집행하지 못한다**(제100조 제1항).

【참고】
제98조(보석의 조건)

법원은 보석을 허가하는 경우에는 필요하고 상당한 범위 안에서 다음 각 호의 조건 중 하나 이상의 조건을 정하여야 한다.

1. 법원이 지정하는 일시·장소에 출석하고 증거를 인멸하지 아니하겠다는 서약서를 제출할 것

2. 법원이 정하는 보증금에 해당하는 금액을 납입할 것을 약속하는 약정서를 제출할 것

3. 법원이 지정하는 장소로 주거를 제한하고 주거를 변경할 필요가 있는 경우에는 법원의 허가를 받는 등 도주를 방지하기 위하여 행하는 조치를 받아들일 것

4. 피해자, 당해 사건의 재판에 필요한 사실을 알고 있다고 인정되는 사람 또는 그 친족의 생명·신체·재산에 해를 가하는 행위를 하지 아니하고 주거·직장 등 그 주변에 접근하지 아니할 것

5. 피고인 아닌 자가 작성한 출석보증서를 제출할 것

6. 법원의 허가 없이 외국으로 출국하지 아니할 것을 서약할 것

7. 법원이 지정하는 방법으로 피해자의 권리 회복에 필요한 금전을 공탁하거나 그에 상당하는 담보를 제공할 것

8. 피고인이나 법원이 지정하는 자가 보증금을 납입하거나 담보를 제공할 것

9. 그 밖에 피고인의 출석을 보증하기 위하여 법원이 정하는 적당한 조건을 이행할 것

제99조(보석조건의 결정 시 고려사항)
①법원은 제98조의 조건을 정할 때 다음 각 호의 사항을 고려하여야 한다.
1. 범죄의 성질 및 죄상(罪狀)
2. 증거의 증명력
3. 피고인의 전과(前科)·성격·환경 및 자산
4. 피해자에 대한 배상 등 범행 후의 정황에 관련된 사항
②법원은 피고인의 자금능력 또는 자산 정도로는 이행할 수 없는 조건을 정할 수 없다.

제100조(보석집행의 절차)
① 제98조 제1호·제2호·제5호·제7호 및 제8호의 조건은 이를 이행한 후가 아니면 보석허가결정을 집행하지 못하며, 법원은 필요하다고 인정하는 때에는 다른 조건에 관하여도 그 이행 이후 보석허가결정을 집행하도록 정할 수 있다.<개정 2007. 6. 1.>
②법원은 보석청구자 이외의 자에게 보증금의 납입을 허가할 수 있다.
③법원은 유가증권 또는 피고인 외의 자가 제출한 보증서로써 보증금에 갈음함을 허가할 수 있다.

② (○) 형사소송법은 수사단계에서의 체포와 구속을 명백히 구별하고 있고 이에 따라 체포와 구속의 적부심사를 규정한 같은 법 제214조의2에서 **체포와 구속을 서로 구별되는 개념으로** 사용하고 있는 바, **같은 조 제4항에 기소 전 보증금 납입을 조건으로 한 석방의 대상자**가 '**구속된** 피의자'라고 명시되어 있다. 따라서 같은 법 제214조의3 제2항의 취지를 체포된 피의자에 대하여도 보증금 납입을 조건으로 한 석방이 허용되어야 한다는 근거로 보기는 어렵다 할 것이어서 현행법상 체포된 피의자에 대하여는 **보증금 납입을 조건으로 한 석방이 허용되지 않는다**(대법원1997. 8. 27.자97모21결정).

④ (○) 체포 또는 구속적부심사절차에서의 법원의 결정에 대한 항고의 허용 여부에 관하여 **같은 법 제214조의2 제7항은 제2항과 제3항의 기각결정 및 석방결정에 대하여 항고하지 못하는 것으로 규정**하고 있을 뿐이고, **제4항에 의한 석방결정(보증금납입조건부 석방결정)에 대하여 항고하지 못한다는 규정은 없을 뿐만 아니라,** 같은 법 제214조의2 제3항의 석방결정은 체포 또는 구속이 불법이거나 이를 계속할 사유가 없는 등 부적법한 경우에 피의자의 석방을 명하는 것임에 비하여, 같은 법 제214조의2 제4항의 석방결정은 구속의 적법을 전제로 하면서 그 단서에서 정한 제한사유가 없는 경우에 한하여 출석을 담보할 만한 보증금의 납입을 조건으로 하여 피의자의 석방을 명하는 것이어서 같은 법 제214조의2 제3항의 석방결정과 제4항의 석방결정은 원래 그 실질적인 취지와 내용을 달리 하는 것이고, **또한 기소 후 보석결정에 대하여 항고가 인정되는 점에 비추어** 그 보석결정과 성질 및 내용이 유사한 **기소 전 보증금 납입 조건부 석방결정에 대하여도 항고할 수 있도록 하는 것이 균형에 맞는 측면도 있다** 할 것이므로, **같은 법 제214조의2 제4항의 석방결정에 대하여는 피의자나 검사가** 그 취소의 실익이 있는 한 같은 법 제402조에 의하여 **항고할 수 있다**(대법원1997. 8. 27.자97모21결정). 결국, **보증금 납입을 조건으로 한 석방결정에 대해서는 불복할 수 있다(항고할 수 있다).**

문제 35 - 정답 ②

▶ ② ㉠(1개)은 옳은 지문이나, ㉡㉢㉣(3개)은 틀린 지문이다.

㉠ (○) [1] 압수·수색 또는 검증의 **처분을 받는 자가 여럿인 경우**에는 **모두에게 개별적으로 영장을 제시해야** 한다. 이 경우 **피의자에게는** 개별적으로 해당 **영장의 사본을 교부해야 한다**(수사준칙 제38조 제2항).

[2] **검사 또는 사법경찰관은** 위 제2항에 따라 **피의자에게 영장을 제시하거나 영장의 사본을 교부할 때에는 사건관계인의 개인정보가** 피의자의 방어권 보장을 위해 필요한 정도를 넘어 **불필요하게 노출되지 않도록 유의해야 한다**(수사준칙 제38조 제3항).

㉡ (X) [1] 형사소송법 제215조 제1항은 "검사는 범죄수사에 **필요한 때에는 피의자가** 죄를 범하였다고 의심할 만한 **정황이 있고 해당 사건과 관계가 있다고 인정할 수 있는 것에 한정하여** 지방법원판사에게 청구하여 발부받은 영장에 의하여 압수·수색 또는 검증을 할 수 있다."라고 규정한다. 여기에서 '**해당 사건과 관계가 있다'는 것**은 압수·수색영장에 기재한 혐의사실과 관련되고 이를 증명할 수 있는 최소한의 가치가 있는 것으로서 **압수·수색영장의 혐의사실과 사이에 객관적, 인적 관련성이 인정되는 것**을 말한다.

[2] 혐의사실과의 **객관적** 관련성은 압수·수색영장에 **기재된 혐의사실** 자체 또는 그와 기본적 사실관계가 동일한 범행과 직접 관련되어 있는 경우를 의미하지만, 범행 동기와 경위, 범행 수단과 방법, 범행 시간과 장소 등을 증명하기 위한 간접증거나 정황증거 등으로 사용될 수 있는 경우에도 인정할 수 있다. 이때 **객관적** 관련성은 압수·수색영장에 기재된 혐의사실의 내용과 수사의 대상, 수사 경위 등을 종합하여 **구체적·개별적 연관관계가 있는 경우에만** 인정할 수 있고, **혐의사실과 단순히 동종 또는 유사 범행이라는 사유만으로 객관적 관련성이 있다고 볼 수는 없다.**

[3] 그리고 피의자 또는 피고인과의 **인적** 관련성은 압수·수색영장에 기재된 대상자의 공동정범이나 교사범 등 공범이나 간접정범은 물론 **필요적 공범 등에 대한 사건에 대해서도 인정할 수 있다**(대법원2023. 6. 1.선고2018도18866판결).

㉢ (X) **현행범 체포현장이나 범죄 현장에서도 소지자 등이 임의로**

제출하는 물건은 형사소송법 제218조에 의하여 **영장 없이 압수하는 것이 허용되고**, 이 경우 검사나 사법경찰관은 **별도로 사후에 영장을 받을 필요가 없다**(대법원2019. 11. 14.선고2019도13290판결).

㉣ (X) [1] 형사소송법 제219조, 제121조에 의하면, **수사기관이 압수·수색영장을 집행할 때 피의자 또는 변호인은 그 집행에 참여할 수 있다**. 압수의 **목적물**이 컴퓨터용디스크 그 밖에 이와 비슷한 **정보저장매체인 경우**에는 영장 발부의 사유로 된 **범죄 혐의사실과 관련 있는 정보의 범위**를 정하여 **출력하거나 복제하여 이를 제출받아야** 하고, **피의자나 변호인에게 참여의 기회를 보장하여야** 한다. 만약 그러한 조치를 취하지 않았다면 이는 형사소송법에 정한 영장주의 원칙과 적법절차를 준수하지 않은 것이다.

[2] 그러나 **수사기관이** 정보저장매체에 기억된 정보 중에서 키워드 또는 확장자 검색 등을 통해 **범죄 혐의사실과 관련 있는 정보를 선별한 다음** 정보저장매체와 동일하게 **비트열 방식으로 복제하여 생성한 파일**(이하 '이미지 파일'이라 한다)을 제출받아 압수하였다면 이로써 압수의 목적물에 대한 **압수·수색 절차는 종료된 것**이므로, 수사기관이 수사기관 사무실에서 위와 같이 압수된 이미지 파일을 탐색·복제·출력하는 과정에서도 **피의자 등에게 참여의 기회를 보장하여야 하는 것은 아니다**(대법원2018. 2. 8.선고2017도13263판결).

문제 36 – 정답 ①

▶ ① (X) [1] 검사, 사법경찰관은 피의자 기타인의 **유류한 물건**이나 **소유자**, **소지자** 또는 보관자가 **임의로 제출한 물건**을 **영장없이 압수할 수 있다**(제218조).

[2] **검사**는 범죄수사에 필요한 때에는 피의자가 죄를 범하였다고 의심할 만한 **정황**이 있고 해당 사건과 **관계가 있다고 인정할 수 있는 것에 한정**하여 지방법원판사에게 청구하여 발부받은 **영장**에 의하여 **압수, 수색 또는 검증을 할 수 있다**(제215조 제1항). 그리고 **사법경찰관**이 범죄수사에 **필요**한 때에는 피의자가 죄를 범하였다고 의심할 만한 **정황**이 있고 해당 사건과 **관계가 있다고 인정할 수 있는 것**에 한정하여 검사에게 신청하여 검사의 청구로 지방법원판사가 발부한 **영장**에 의하여 **압수, 수색 또는 검증을 할 수 있다**(동조 제2항).

[3] 법원은 필요한 때에는 **피고사건과 관계가 있다고 인정할 수 있는 것에 한정**하여 증거물 또는 몰수할 것으로 사료하는 물건을 압수할 수 있다(**제106조 제1항**, 제219조 준용).

[4] 법원은 압수의 목적물이 컴퓨터용디스크, 그 밖에 이와 비슷한 **정보저장매체**(이하 이 항에서 "정보저장매체등"이라 한다)인 경우에는 **기억된 정보의 범위를 정하여 출력하거나 복제하여 제출받아야** 한다. 다만, 범위를 정하여 출력 또는 복제하는 방법이 불가능하거나 압수의 목적을 달성하기에 현저히 곤란하다고 인정되는 때에는 정보저장매체등을 압수할 수 있다(**제106조 제3항**, 제219조 준용).

[5] 법원은 제3항에 따라 **정보를 제공받은 경우**「개인정보 보호법」 제2조 제3호에 따른 **정보주체**에게 해당 사실을 **지체 없이 알려야** 한다(**제106조 제4항**, 제219조 준용).

[6] 형사소송법 제215조 제1항은 '범죄수사에 필요한 때에는 피의자가 죄를 범하였다고 의심할 만한 정황이 있고 해당 사건과 관계가 있다고 인정할 수 있는 것에 한정하여 지방법원판사에게 청구하여 발부받은 영장에 의하여 압수, 수색 또는 검증을 할 수 있다.'고 규정하고 있다. 그러나 **유류물 압수의 근거인 형사소송법 제218조**는 **유류물을 압수하는 경우에 사전, 사후에 영장을 받을 것을 요구하지 않는다**. 유류물 압수와 같은 조문에 규정된 임의제출물 압수의 경우, 제출자가 제출·압수의 대상을 개별적으로 지정하거나 그 범위를

한정할 수 있으나, **유류물 압수**는 그와 같은 **제출자의 존재를 생각하기도 어렵다**. 따라서 **유류물 압수·수색에** 대해서는 원칙적으로 영장에 의한 압수·수색·검증에 관하여 적용되는 형사소송법 **제215조 제1항**이나 임의제출물 압수에 관하여 적용되는 형사소송법 제219조에 의하여 준용되는 제106조 제1항, 제3항, 제4항에 따른 **관련성의 제한이 적용된다고 보기 어렵다**(대법원2024. 7. 25.선고2021도1181 판결).

②③ (○) [1] **정보저장매체에 대한 압수·수색에 있어**, 압수·수색 당시 또는 이와 시간적으로 근접한 시기까지 **정보저장매체를 현실적으로 지배·관리**하면서 그 정보저장매체 내 **전자정보 전반에 관한 전속적인 관리처분권을 보유·행사**하고, 달리 이를 **자신의 의사에 따라 제3자에게 양도하거나 포기하지 아니한 경우**에는, 그 지배·관리인 피의자를 정보저장매체에 저장된 전자정보 전반에 대한 **실질적인 압수·수색 당사자로 평가할 수 있다**.

[2] **그러나 유류물 압수**는 **수사기관**이 소유권이나 관리처분권이 **처음부터 존재하지 않거나**, 존재하였지만 **적법하게 포기된 물건**, 또는 **그와 같은 외관을 가진 물건** 등의 **점유를 수사상 필요에 따라 취득하는 수사방법을 말한다**. 따라서 **유류물 압수에 있어서는 정보저장매체의 현실적 지배·관리 혹은** 이에 담겨있는 전자정보 전반에 관한 **전속적인 관리처분권을 인정하기 어렵다**(대법원2024. 7. 25.선고 2021도1181판결).

[3] 정보저장매체를 소지하고 있던 사람이 이를 분실한 경우와 같이 그 권리를 포기하였다고 단정하기 어려운 경우에도, 수사기관이 그러한 사정을 알거나 충분히 알 수 있었음에도 이를 유류물로서 영장 없이 압수하였다는 등의 특별한 사정이 없는 한, 영장에 의한 압수나 임의제출물 압수와 같이 수사기관의 압수 당시 참여권 행사의 주체가 되는 피압수자가 존재한다고 평가할 수는 없다(대법원 2024. 7. 25.선고2021도1181판결).

④ (○) [1] **범죄수사를 위해 정보저장매체의 압수가 필요하고, 정보저장매체를 소지하던 사람이 그에 관한 권리를 포기하였거나 포기한 것으로 인식할 수 있는 경우에는**, 수사기관이 형사소송법 제218조에 따라 피의자 기타 사람이 **유류한 정보저장매체를 영장 없이 압수할 때 해당 사건과 관계가 있다고 인정할 수 있는 것에** 압수의 대상이나 범위가 **한정된다거나**, **참여권자의 참여가 필수적이라고 볼 수는 없다**.

[2] 사법경찰관들이 판사로부터 발부받은 영장에 따라 **피의자의 성폭력범죄의처벌등에관한특례법위반(카메라등이용촬영) 혐의로** 피의자가 신체, 주소지, 차량에 보관중인 **저장매체를 압수하려고** 피의자의 아파트 주차창에 **기다리는 중에**, 피의자가 디지털 **저장매체(하드디스크 1개**(WD Biue Desktop Hard Drive), **SSD카드 1개**(Crucial MX300 Solid State Drive)를 숨기기 위해 그것이 들어있는 신발주머니를 주거지 밖으로 몰래 집어던졌다. 사법경찰관들이 목격하고 위 신발주머니를 열어 위 저장매체를 발견하고 피의자에게 소유자임을 물었으나 **소유권을 부인**하여 **유류물로 영장 없이 압수**한 후 피의자를 참여시키지 않고 그 저장매체를 탐색하였다. 그 결과 피의자가 여성·청소년들과 조건만남 어플로 만나서 그들과 성관계장면을 촬영한 동영상을 통해 **별건혐의를 발견**하여 아동·청소년의성보호에관한법률위반(음란물제작·배포등) 등으로 기소한 사안이다. 이에 대해 법원은 수사기관이 형사소송법 제218조에 따라 피의자 기타 사람이 **유류한 정보저장매체를 영장 없이 압수할 때 해당 사건과 관계가 있다고 인정할 수 있는 것에** 압수의 대상이나 범위가 **한정된다거나**, **참여권자의 참여가 필수적이라고 볼 수는 없다**(대법원2024. 7. 25.

선고2021도1181판결).

문제 37 - 정답 ③

▶ ③ ㉠㉡(2개)은 제314조에 해당하나(증거능력이 인정됨), ㉢㉣㉤(3개)은 제314조에 해당하지 않는다(증거능력이 인정되지 않음).

㉠㉡ (제314조에 해당 ○ : 증거능력 ○) [1] 법원이 수회에 걸쳐 진술을 요할 자에 대한 증인소환장이 송달되지 아니하여 그 소재탐지촉탁까지 하였으나 그 소재를 알지 못하게 된 경우 또는 진술을 요할 자가 일정한 주거를 가지고 있더라도 법원의 소환에 계속 불응하고 구인하여도 구인장이 집행되지 아니하는 등 법정에서의 신문이 불가능한 상태의 경우에는 형사소송법 제314조 소정의 "공판정에 출정하여 진술을 할 수 없는 때"에 해당한다고 할 것이므로, 그 진술내용이나 조서의 작성에 허위개입의 여지가 거의 없고 그 진술내용의 신빙성이나 임의성을 담보할 구체적이고 외부적인 정황이 있는 경우에는 그 진술조서의 증거능력이 인정된다.

[2] 제1심은 갑을 증인으로 채택하여 소환을 하였으나 소환장이 송달불능되므로, 그에 대하여 소재탐지촉탁까지 하였으나 그 소재를 알지 못하였고, 또 乙을 증인으로 채택하여 소환하였으나 소환장이 송달불능되자 소재탐지촉탁을 하여 소환장이 송달되었으나 위 을은 공판기일에 불출석하므로 그에 대하여 구인장을 발부하였으나 그 집행이 되지 아니하였으며, 한편 원심은 병을 증인으로 채택하여 소환하였으나 소환장이 송달불능되자 그에 대하여 소재탐지촉탁까지 하였으나 그 소재를 알지 못하였음을 알 수 있는바, 위와 같은 사정 아래서는 갑의 경찰 진술조서, 병의 진술서의 각 기재는 증인소환장이 송달되지 아니하여 그 소재탐지촉탁까지 하였으나 그 소재를 알지 못하게 된 경우에 해당하고, 또 을의 경찰 진술조서의 기재는 을이 법원의 소환에 계속 불응하고 구인하여도 구인장이 집행되지 아니하는 등 법정에서의 신문이 불가능한 상태의 경우에 해당한다 할 것이며, 한편 위 갑, 을, 병의 진술내용이 구체적인 점, 그 진술이 이루어진 전후 사정 등 기록에 나타난 여러 가지 사정에 비추어 볼 때 그 진술내용의 신빙성이나 임의성도 인정된다고 할 것이므로, 위 각 진술조서와 진술서의 각 기재는 형사소송법 제314조에 의하여 증거능력이 있다고 할 것이다.

[3] 따라서 위 갑, 을, 병에 대한 수사기관에서의 진술조서 내지 진술서의 기재의 증거능력이 인정되므로, 피고인에게 이를 유죄의 증거로 삼은 것은 정당하다(대법원2000. 6. 9.선고2000도1765판결).

㉢ (제314조에 해당 X : 증거능력 X) [1] 법정에 출석한 증인이 형사소송법 제148조, 제149조등에서 정한 바에 따라 정당하게 증언거부권을 행사하여 증언을 거부한 경우는 형사소송법 제314조의 '그 밖에 이에 준하는 사유로 인하여 진술할 수 없는 때'에 해당하지 아니한다. [2] 갑 주식회사 및 그 직원인 피고인들이 정비사업전문관리업자의 임원에게 갑 회사가 주택재개발사업 시공사로 선정되게 해 달라는 청탁을 하면서 금원을 제공하였다고 하여 구 건설산업기본법 위반으로 기소되었는데, 변호사가 작성하여 갑 회사 측에 전송한 전자문서를 출력한 '법률의견서'에 대하여 피고인들이 증거로 함에 동의하지 아니하고, 변호사가 그에 관한 증언을 거부한 사안에서, 위 의견서의 증거능력을 부정하고 무죄를 인정한 원심의 결론을 정당하다(대법원2012. 5. 17.선고2009도6788전원합의체 판결).

㉣ (제314조에 해당 X : 증거능력 X) 수사기관에서 진술한 참고인이 법정에서 증언을 거부하여 피고인이 반대신문을 하지 못한 경우에는 정당하게 증언거부권을 행사한 것이 아니라도, 피고인이 증인의 증언거부 상황을 초래하였다는 등의 특별한 사정이 없는 한 형사소송법 제314조의 '그 밖에 이에 준하는 사유로 인하여 진술할 수 없는 때'에 해당하지 않는다고 보아야 한다. 따라서 증인이 정당하게 증언거부권을 행사하여 증언을 거부한 경우와 마찬가지로 수사기관에서 그 증인의 진술을 기재한 서류는 증거능력이 없다(대법원 2019. 11. 21.선고2018도13945전원합의체 판결).

㉤ (제314조에 해당 X : 증거능력 X) 헌법은 모든 국민은 형사상 자기에게 불리한 진술을 강요당하지 아니한다고 선언하고(제12조 제2항), 형사소송법은 피고인은 진술하지 아니하거나 개개의 질문에 대하여 진술을 거부할 수 있다고 규정하여(제283조의2 제1항), 진술거부권을 피고인의 권리로서 보장하고 있다. 위와 같은 현행형사소송법 제314조의 문언과 개정 취지, 진술거부권 관련 규정의 내용 등에 비추어 보면, 피고인이 증거서류의 진정성립을 묻는 검사의 질문에 대하여 진술거부권을 행사하여 진술을 거부한 경우는 형사소송법 제314조의 '그 밖에 이에 준하는 사유로 인하여 진술할 수 없는 때'에 해당하지 아니한다(대법원2013. 6. 13.선고2012도16001판결).

문제 38 - 정답 ④

▶ ④ (X) [1] 형사소송법 제316조 제2항에 의하면 피고인 아닌 자의 공판준비 또는 공판 기일에서의 진술이 피고인 아닌 타인의 진술을 그 내용으로 하는 것인 때에는 원진술자가 사망. 질병 기타 사유로 인하여 진술할 수 없고 그 진술이 특히 신빙할 수 있는 상태하에서 행하여진 때에 한하여 이를 증거로 할 수 있다고 규정하고 있는데 여기서 말하는 "피고인 아닌 타인"이라 함은 제3자는 말할 것도 없고 공동피고인이나 공범자를 모두 포함한다.

[2] 피고인 甲이 아닌 상피고인 乙도 '피고인 아닌 자'에 해당한다고 할 것이니 상피고인 乙이 제1심 법정에서 간통사실을 부인하는 이 사건에 있어서는 원진술자인 상피고인 乙이 사망, 질병 기타 사유로 인하여 진술할 수 없는 때에 해당되지 아니하므로 상피고인 乙의 진술을 그 내용으로 하는 증언 및 진술은 전문증거로서 증거능력이 없다(대법원1984. 11. 27.선고84도2279판결).

① (○) 제316조 제2항

② (○) 형사소송법 제316조 제2항에 의하면 피고인 아닌 자의 공판준비 또는 공판기일에서의 진술이 피고인 아닌 타인의 진술을 그 내용으로 하는 것인 때에는 원진술자가 사망, 질병 기타 사유로 인하여 진술할 수 없고 그 진술이 특히 신빙할 수 있는 상태 하에서 행하여진 때에 한하여 이를 증거로 할 수 있다고 규정하고 있는데, 여기서 말하는 피고인 아닌 자라고 함은 제3자는 말할 것도 없고 공동피고인이나 공범자를 모두 포함한다고 해석된다(대법원2007. 2. 23.선고2004도8654판결).

③ (○) 형사소송법 제316조 제2항은 "피고인 아닌 자의 공판준비 또는 공판기일에서의 진술이 피고인 아닌 타인의 진술을 그 내용으로 하는 것인 때에는 원진술자가 사망, 질병, 외국거주, 소재불명, 그 밖에 이에 준하는 사유로 인하여 진술할 수 없고, 그 진술이 특히 신빙할 수 있는 상태하에서 행하여졌음이 증명된 때에 한하여 이를 증거로 할 수 있다"고 규정하고 있고, 같은 조 제1항에 따르면 위 '피고인 아닌 자'에는 공소제기 전에 피고인 아닌 타인을 조사하였거나 그 조사에 참여하였던 자(이하 '조사자'라고 한다)도 포함된다. 따라서 조사자의 증언에 증거능력이 인정되기 위해서는 원진술자가 사망, 질병, 외국거주, 소재불명, 그 밖에 이에 준하는 사유로 인하여 진술할 수 없어야 하는 것이라서, 원진술자가 법정에 출석하여 수사기관에서 한 진술을 부인하는 취지로 증언한 이상 원진술자의 진술을 내용으로 하는 조사자의 증언은 증거능력이 없다(대법원2008. 9. 25.선고2008도6985판결)

▶ ④ (X) [1] 음주하고 운전한 직후에 운전자의 혈액이나 호흡 등 표본을 검사하여 혈중알코올농도를 측정할 수 있는 경우가 아니라면/ 이른바 위드마크(Widmark) 공식을 사용하여 수학적 방법에 따른 계산결과로 운전 당시의 혈중알코올농도를 추정할 수 있다.

[2] 운전 시부터 일정한 시간이 경과한 후에 음주측정기 또는 혈액 채취 등에 의하여 측정한 혈중알코올농도는 운전 시가 아닌 측정 시의 수치에 지나지 아니하므로/ 운전 시의 혈중알코올농도를 구하기 위하여는 여기에 운전 시부터 측정 시까지의 알코올분해량을 더하는 방식이 사용된다.

[3] 일반적으로 범죄구성요건 사실의 존부를 알아내기 위하여 위와 같은 과학공식 등의 경험칙을 이용하는 경우에는 그 법칙 적용의 전제가 되는 개별적이고 구체적인 사실에 관하여 엄격한 증명을 요한다고 할 것이다.

[4] 그러나 시간당 알코올분해량에 관하여 알려져 있는 신빙성 있는 통계자료 중 피고인에게 가장 유리한 것을 대입하여 위드마크 공식을 적용하여 운전 시의 혈중알코올농도를 계산하는 것은 피고인에게 실질적인 불이익을 줄 우려가 없으므로 그 계산결과는 유죄의 인정자료로 사용할 수 있다고 하여야 한다.

[5] 피고인이 화물차를 운전하다가 사고를 낸 후 현장을 이탈하여 소주 1병을 마셨고, 이후 이루어진 음주측정에서 혈중알코올농도가 0.169%로 측정되었는데, 약 두 달 후 경찰이 피고인에게 정상적인 상태에서 소주 1병을 마시도록 한 뒤 음주측정을 실시하여 혈중알코올농도가 0.115%로 측정되자, 피고인이 0.054%의 술에 취한 상태로 화물차를 운전하였다는 공소사실로 기소된 사안이다.

[6] 원심(2심)은, 피고인이 소주 1병을 마셨을 경우 위드마크 공식에 따라 피고인에게 가장 유리한 수치를 적용하여 계산된 결과는 0.141%이고, 이를 사고 이후 음주측정치인 0.169%에서 공제하면 사고 당시 피고인의 혈중알코올농도 추정치는 0.028%가 된다고 보아, 이 사건 공소사실을 무죄로 판단하였다.

[7] 대법원은, 죄증을 인멸하기 위해 추가음주가 이루어지는 경우 정당한 형사처벌의 필요성이 인정되지만, 별도의 입법적 조치가 없는 현상황에서는 위드마크 공식을 통해 혈중알코올농도를 추정할 밖에 없다고 보아, 공소사실을 무죄로 판단한 원심(2심)판결을 확정하였다(대법원 2023. 12. 28. 선고 2020도6417 판결). 결국, 음주운전이 의심되는 상황에서 운전자가 혈중알코올농도 측정 직전에 추가로 음주를 한 경우에도 위드마크 공식을 통해 혈중알코올농도를 추정할 수 있다(무죄).

① (O) 운전자가 거부할 경우 사법경찰관에게 호흡측정을 강요할 권한은 없으나(임의수사이므로), 적법한 호흡조사 측정요구를 거부하는 행위 자체가 도로교통법위반(음주측정거부)죄를 구성한다.

② (O) [1] 음주운전에 대한 수사 과정에서 음주운전 혐의가 있는 운전자에 대하여 구 도로교통법 제44조 제2항에 따른 호흡측정이 이루어진 경우에는 그에 따라 과학적이고 중립적인 호흡측정 수치가 도출된 이상 다시 음주측정을 할 필요성은 사라졌으므로 운전자의 불복이 없는 한 다시 음주측정을 하는 것은 원칙적으로 허용되지 아니한다.

[2] 그러나 운전자의 태도와 외관, 운전 행태 등에서 드러나는 주취 정도, 운전자가 마신 술의 종류와 양, 운전자가 사고를 야기하였다면 경위와 피해 정도, 목격자들의 진술 등 호흡측정 당시의 구체적 상황에 비추어 호흡측정기의 오작동 등으로 인하여 호흡측정 결과에 오류가 있다고 인정할 만한 객관적이고 합리적인 사정이 있는 경우라면 그러한 호흡측정 수치를 얻은 것만으로는 수사의 목적을 달성하였다고 할 수 없어 추가로 음주측정을 할 필요성이 있으므로, 경찰관이 음주운전 혐의를 제대로 밝히기 위하여 운전자의 자발적인 동의를 얻어/ 혈액 채취에 의한 측정의 방법으로 다시 음주측정을 하는 것을 위법하다고 볼 수는 없다(허용될 수 있다).

[3] 이 경우 운전자가 일단 호흡측정에 응한 이상 재차 음주측정에 응할 의무까지 당연히 있다고 할 수는 없으므로, 운전자의 혈액 채취에 대한 동의의 임의성을 담보하기 위하여는 경찰관이 미리 운전자에게 혈액 채취를 거부할 수 있음을 알려주었거나 운전자가 언제든지 자유로이 혈액 채취에 응하지 아니할 수 있었음이 인정되는 등 운전자의 자발적인 의사에 의하여 혈액 채취가 이루어졌다는 것이 객관적인 사정에 의하여 명백한 경우에 한하여 혈액 채취에 의한 측정의 적법성이 인정된다(대법원 2015. 7. 9. 선고 2014도16051 판결).

③ (O) [1] 범죄구성요건사실의 존부를 알아내기 위해 과학공식 등의 경험칙을 이용하는 경우에 그 법칙 적용의 전제가 되는 개별적이고 구체적인 사실에 대하여는 엄격한 증명을 요하는바, 위드마크 공식의 경우 그 적용을 위한 자료로 섭취한 알코올의 양, 음주시각, 체중 등이 필요하므로 그런 전제사실에 대한 엄격한 증명이 요구된다(대판2008.8.21. 2008도5531).

[2] 위드마크 공식은 알코올을 섭취하면 최고 혈중알코올농도가 높아지고, 흡수된 알코올은 시간의 경과에 따라 일정하게 분해된다는 과학적 사실에 근거한 수학적인 방법에 따른 계산결과를 통해 운전 당시 혈중알코올농도를 추정하는 경험칙의 하나이므로, 그 적용을 위한 자료로 섭취한 알코올의 양·음주시각·체중 등이 필요하고 이에 관하여는 엄격한 증명이 필요하다(대법원2022. 5. 12.선고2021도14074판결).

▶ ④ (X) 피고인이 범행을 자인하는 것을 들었다는 피고인 아닌 자의 진술내용은 형사소송법 제310조의 피고인의 자백에는 포함되지 아니하나 이는 피고인의 자백의 보강증거로 될 수 없다(대판 2008.2.14. 2007도10937)

①②③ (O) 형사소송법 제310조의 피고인의 자백에는 공범인 공동피고인의 진술이 포함되지 아니하므로 공범인 공동피고인의 진술은 다른 공동피고인에 대한 범죄사실을 인정하는데 있어서 증거로 쓸 수 있고 그에 대한 보강증거의 여부는 법관의 자유심증에 맡긴다(대법원1985. 3. 9.선고85도951판결).

경찰 형사법 파이널 모의고사 ─── 정답 및 해설

✔ 정답

문제	정답	문제	정답	문제	정답	문제	정답
01	③	11	②	21	②	31	②
02	③	12	①	22	②	32	③
03	③	13	④	23	③	33	②
04	③	14	②	24	③	34	②
05	③	15	④	25	②	35	①
06	①	16	③	26	②	36	②
07	②	17	②	27	②	37	④
08	④	18	④	28	②	38	④
09	④	19	②	29	④	39	②
10	③	20	②	30	①	40	③

문제 01 - 정답 ③

▶ ③ (X) 약사법 규정 소정의 '소매가격'은 위 법 규정에 해당하는 의약품 등 그 자체(가짜 비아그라와 시알리스 - 1,000만원 미만)의 소매가격을 가리키는 것으로 보아야 할 것이지, 그 의약품 등에 대응하는 허가된 의약품 등 또는 위·변조의 대상이 된 제품(진품 - 8,800만원)의 소매가격을 의미하는 것으로 볼 것은 아니다(대판2007.2.9. 2006도9897).

① (○) [1] 구 약사법 제42조 제1항에서 '의약품의 수입을 업으로 하려는 자'는 총리령으로 정하는 바에 따라 식품의약품안전처장에게 수입업 신고를 하여야 하고, 총리령으로 정하는 바에 따라 품목마다 식품의약품안전처장의 허가를 받거나 신고를 하여야 한다고 규정하고 있으며, 이를 위반한 자에 대하여 5년 이하의 징역 또는 5천만 원 이하의 벌금에 처하도록 정하고 있다.

[2] 위 금지조항은 위와 같은 입법 취지에 따라 누구든지 '제42조 제1항등을 위반하여 수입된 의약품'의 판매 등을 할 수 없도록 하여, 금지조항을 준수하여야 할 주체의 범위에 아무런 제한을 두고 있지 않다.

[3] 한편 형벌법규의 해석은 엄격하여야 하고, 문언의 가능한 의미를 벗어나 피고인에게 불리한 방향으로 해석하는 것은 죄형법정주의의 내용인 확장해석금지에 따라 허용되지 않는다. 따라서 형벌조항 중 범죄의 구성요건에 해당하는 문언의 의미를 합리적 이유 없이 고려하지 않고 해석함으로써 형벌의 적용 범위가 확장되는 것을 경계해야 한다.

[4] 위 금지조항에 따라 판매 등을 하여서는 안 될 의무를 부담하는 주체에는 아무런 제한이 없으나, 그 대상인 '제42조 제1항을 위반하여 수입된 의약품'이란 제42조 제1항의 문언 그대로 '의약품의 수입을 업으로 하려는 자'가 총리령으로 정하는 바에 따라 식품의약품안전처장에게 수입업 신고를 하지 않거나, 품목마다 식품의약품안전처장의 허가를 받거나 신고를 하지 않은 의약품을 의미한다고 해석하는 것이 타당하다.

[5] 피고인은 2018. 7.경 내지 2018. 9.경 자신이 운영하는 동물병원에서 식품의약품안전처장에 대한 수입업 신고 및 품목허가 또는 신고가 되어 있지 않은 일본 의약품인 '프리카닐' 2mg 알약 50개들이 1상자를 동물들에게 처방하고 대금을 지급받는 방법으로 판매하고, 식품의약품안전처장에 대한 수입업 신고 및 품목허가 또는 신고가 되어 있지 않은 중국 의약품인 '황산테부타린정' 알약 10개들이 7상자를 판매할 목적으로 저장하였다(이하 피고인이 판매하거나 판매 목적으로 저장하였다는 위 의약품을 '이 사건 의약품'이라고 한다).

[6] 원심으로서는 피고인이 판매하거나 저장하였다는 이 사건 의약품이 구 약사법 제42조 제1항을 위반하여 수입된 의약품'인지 여부를 심리·판단하였어야 한다. 그리고 그 판단을 위해서는 '피고인이 의약품의 수입을 업으로 하려는 자로서 이 사건 의약품을 수입하였는지'에 관하여 심리하였어야 한다. 그런데도 원심은 위와 같은 사항에 관하여 전혀 심리를 하지 않고 이 사건 공소사실을 유죄로 인정하였다. 이러한 원심의 판단에는 이 사건 금지조항 중 '제42조 제1항을 위반하여 수입된 의약품'의 의미에 관한 법리를 오해하여 필요한 심리를 다하지 아니함으로써 판결에 영향을 미친 잘못이 있다(대법원2024. 2. 29.선고2020도9256판결).

② (○) [1] 청탁금지법은 제2조 제2호에서 '공직자등'에 관한 정의 규정을 두고 있을 뿐 '상급 공직자등'의 정의에 관하여는 명문 규정을 두고 있지 않고, '상급'은 사전적으로 '보다 높은 등급이나 계급'을 의미할 뿐 직무상 명령·복종관계에서의 등급이나 계급으로 한정되지 아니한다. 처벌규정의 소극적구성요건(처벌하지 않는다는 예외규정)을 문언의 가능한 의미를 벗어나 지나치게 좁게 해석하게 되면 피고인에 대한 가벌성의 범위를 넓히게 되어 죄형법정주의의 파생원칙인 유추해석금지원칙에 어긋날 우려가 있으므로 법률문언의 통상적인 의미를 벗어나지 않는 범위 내에서 합리적으로 해석할 필요가 있다.

[2] 청탁금지법 처벌규정의 소극적구성요건에 관한 제8조 제3항 제1호에서 정한 '상급 공직자등'이란 금품등 제공의 상대방보다 높은 직급이나 계급의 사람으로서 금품등 제공 상대방과 직무상 상하관계에 있고 그 상하관계에 기초하여 사회통념상 위로·격려·포상 등을 할 수 있는 지위에 있는 사람을 말하고, 금품등 제공자와 그 상대방이 직무상 명령·복종이나 지휘·감독관계에 있어야만 이에 해당하는 것은 아니다.

[3] 국정농단 사건의 특별수사본부장인 고등검찰청 차장검사인 갑이 수사를 종결하고 그 수사 결과를 발표한 후 식당에서 위 사건을 담당한 간부들을 위해 만찬을 주재하면서, 을과 병에게 격려금 명목으로 현금 100만 원씩이 들어 있는 봉투를 건네고 1인당 9만 5,000원 상당의 위 만찬 비용을 결제하였다. 이로써 피고인은 공직자 2명에게 각각 1회에 100만 원을 초과하는 109만 5,000원 상당의 수수 금지 금품 등을 제공하였다하여 부정청탁법 위반으로 기소된 사안에서 상급 공직자등이 위로·격려·포상 등의 목적으로 하급 공직자등에게 제공하는 금품등" 제공행위는 예외사유에 해당하여 범죄가 성립하지 않는다(대법원2018. 10. 25.선고2018도7041판결).

④ (○) 죄형법정주의의 원칙에서 파생되는 명확성의 원칙은 법률

이 처벌하고자 하는 행위가 무엇이며 그에 대한 형벌이 어떠한 것인지를 누구나 예견할 수 있고, 그에 따라 자신의 행위를 결정할 수 있도록 구성요건을 명확하게 규정하는 것을 의미한다. 그러나 처벌법규의 구성요건이 명확하여야 한다고 하여 모든 구성요건을 단순한 서술적 개념으로 규정하여야 하는 것은 아니고, **다소 광범위하여 법관의 보충적인 해석을 필요로 하는 개념을 사용하였다고 하더라도** 통상의 해석방법에 의하여 건전한 상식과 **통상적인 법감정을 가진 사람이면** 당해 처벌법규의 보호법익과 금지된 행위 및 처벌의 종류와 정도를 알 수 있도록 규정하였다면 **처벌법규의 명확성에 배치되는 것이 아니다**(대법원2014. 1. 29.선고2013도12939판결).

문제 02 - 정답 ③

▶ ③ ㉡㉢(2개)은 틀린 지문이나, ㉠㉣㉤(3개)은 옳은 지문이다.

㉠ (O) [1] 「아동·청소년의 성보호에 관한 법률」(2020. 6. 2. 법률 제17338호로 개정되어 같은 날 시행된 것, 이하 '청소년성보호법'이라고 한다) 제11조 제5항에서 정한 소지란 아동·청소년성착취물을 자기가 지배할 수 있는 상태에 두고 지배관계를 **지속시키는** 행위를 말하므로, **청소년성보호법위반(성착취물소지)죄는** 아동·청소년성착취물임을 알면서 **소지를 개시한 때부터 지배관계가 종료한 때까지** 하나의 죄로 평가되는 이른바 **계속범이다.** 원칙적으로 **계속범에 대해서는** **실행행위가 종료되는 시점의 법률이 적용된다.**
[2] 피고인이 2019. 5.경부터 2020. 8. 11.경까지 아동·청소년성착취물을 **소지하였는데,** 소지 행위가 계속되던 중인 2020. 6. 2. 「아동·청소년의 성보호에 관한 법률」(이하 '청소년성보호법')이 **개정되어 법정형이** 1년 이하의 징역형 또는 2,000만 원 이하의 벌금형에서 **1년 이상의 징역형으로 상향되었고,** 피고인의 위 행위에 관하여 위와 같이 **개정된** 청소년성보호법위반(성착취물소지) 공소사실로 **기소된 경우,** **청소년성보호법위반(성착취물소지)죄는 계속범이므로** 실행행위가 **종료되는 시점에 시행되던 법률을 적용하여야 한다**(대판2023.3.16. 2022도15319). 결국,「아동·청소년의 성보호에 관한 법률」위반(성착취물소지)죄는 계속범에 해당하므로 **개정 신법이 적용된다.**

㉡ (X) **우리 형법은 대한민국영역외에서** 다음에 기재한 죄를 범한 **외국인에게 적용한다**(제5조). 외국인이 외국에서 **공문서위조죄를 범한 경우에는** 형법 제5조에 의하여 **바로 우리 형법이 적용된다.**

| 1. 내란의 죄 |
| 2. 외환의 죄 |
| 3. **국기**에 관한 죄 |
| 4. 통화에 관한 죄 |
| 5. 유가증권, 우표와 인지에 관한 죄 |
| 6. 문서에 관한 죄 중 **제225조 내지 제230조(공문서위조죄 등)** ↔ **사문서위조죄(제6조가 적용)** |
| 7. 인장에 관한 죄 중 제238조(공인장 범죄) |

㉢ (X) 국제협정이나 관행에 의하여 **서울에 있는 미국문화원이 치외법권지역이고 그곳을 미국영토의 연장으로 본다** 하더라도 그곳에서 죄를 범한 피고인들에 대하여 우리 법원에 먼저 공소가 제기되고 미국이 자국의 재판권을 지금까지도 주장하지 않고 있는 바에야 **속인주의를 함께 채택하고 있는 우리나라의 재판권은** 피고인들에게도 당연히 미친다할 것이다. 또 미국문화원측이 피고인들에 대한 **처벌을 바라지 않았다고 하여 그 재판권이 배제되는 것도 아**

니다(대법원1986. 6. 24.선고86도403판결).

㉣ (O) **외국인이 대한민국 공무원에게 알선한다는 명목으로 금품을 수수하는 행위가 대한민국 영역 내에서 이루어진 이상,** 비록 금품수수의 명목이 된 알선행위를 하는 장소가 대한민국 영역 외라 하더라도 대한민국 영역 내에서 죄를 범한 것이라고 하여야 할 것이므로, **형법 제2조에 의하여 대한민국의 형벌법규인 구 변호사법 제90조 제1호가 적용되어야 한다**(대판2000.4.21. 99도3403).

㉤ (O) [1] 형법 제5조, **제6조의** 각 규정에 의하면, 외국인이 외국에서 죄를 범한 경우에는형법 제5조 제1호 내지 제7호에 열거된 죄를 범한 때와 형법 제5조 제1호 내지 제7호에 열거된 죄 이외에 대한민국 또는 대한민국 국민에 대하여 죄를 범한 때에만 대한민국 형법이 적용되어 우리나라에 재판권이 있게 되고, 여기서 '**대한민국 또는 대한민국 국민에 대하여 죄를 범한 때**'란 대한민국 또는 대한민국 국민의 법익이 직접적으로 침해되는 결과를 야기하는 죄를 범한 경우를 의미한다.
[2] **캐나다 시민권자인 피고인이 캐나다에서 위조사문서를 행사하였다**는 내용으로 기소된 사안에서, **형법 제234조의 위조사문서행사죄는** 형법 제5조 제1호 내지 제7호에 열거된 죄에 해당하지 않고, 위조사문서행사를 형법 제6조의 **대한민국 또는 대한민국 국민의 법익을 직접적으로 침해하는 행위라고 볼 수도 없으므로** 피고인의 행위에 대하여는 **우리나라에 재판권이 없다**(대판2011.8.25. 2011도6507).

문제 03 - 정답 ②

▶ ② ㉣(1개)은 틀린 지문이나, ㉠㉡㉢㉤(4개)은 옳은 지문이다.

㉠ (O) 구 농지법 제2조 제9호에서 말하는 '농지의 전용'이 이루어지는 태양 중 농지에 대하여 절토, 성토 또는 정지를 하거나 또는 농지로서의 사용에 장해가 되는 유형물을 설치하는 등으로 농지의 형질을 외형상으로뿐만 아니라 **사실상 변경시켜 원상회복이 어려운 상태로 만드는 경우,** 즉시범으로 보아야 할 것이다(대판 2009.4.16. 2007도6703 전원합의체판결)

㉡ (O) 구 농지법 제2조 제9호에서 말하는 '농지의 전용'이 이루어지는 태양 중 농지에 대하여 외부적 형상의 변경을 수반하지 않거나 또는 외부적 형상의 변경을 수반하더라도 사회통념상 **원상회복이 어려운 정도에 이르지 않은 상태에서 그 농지를 다른 목적에 사용하는 경우,** 당해 토지를 농업생산 등 외의 다른 목적으로 사용하는 행위를 여전히 농지전용으로 볼 수 있는 때에는 **그 토지를 다른 용도로 사용하는** 한 가별적인 위법행위가 **계속 반복**되고 있는 **계속범**이라고 보아야 할 것이다(대판2009.4.16. 2007도6703 전원합의체판결).

㉢ (O) [1] 물가안정에 관한 법률(이하 '물가안정법'이라 한다) **제7조**는 사업자로 하여금 **폭리를 목적으로 물품을 매점하거나 판매를 기피하는 행위**로서 기획재정부장관이 물가의 안정을 해칠 우려가 있다고 인정하여 **매점매석행위로 지정한 행위를 하여서는 아니 된다**고 규정하면서 **이를 위반한 행위에 대해 물가안정법 제26조에 따라 처벌한다.**
[2] 물가안정에 관한 법률 **제26조, 제7조 위반죄는** 초과 주관적 위법요소인 '**폭리 목적**'을 범죄성립요건으로 하는 **목적범이므로,** '**폭리 목적**'은 고의와 별도로 요구됨은 물론 엄격한 증명의 대상이 된다.
[3] '**폭리 목적**'에 대한 증명책임도 검사에게 있으므로, 행위자가 구 '**마스크 및 손소독제 매점매석 행위 금지 등에 관한 고시**'(2020. 9. 28. 기획재정부고시 제2020-28호로 개정되기 전의

것) 제5조에서 정한 **매점매석행위를 하였다는 사실만으로 폭리 목적을 추정할 수는 없다.**

[4] 다만 **행위자에게 폭리 목적이 있음을 증명할 직접증거가 없는 경우에도** 피고인이 해당 물품을 매입한 시점·경위, 판매를 위한 노력의 정도, 판매에 이르지 못한 사정, 해당 물품의 시가 변동 및 시장 상황, 매입 및 판매 형태·수량 등 **간접사실을 종합적으로 고려하여 판단할 수 있다**(대법원2024. 1. 4.선고2023도2836판결).

ⓔ (X) **내란죄는** 대한민국 영토의 전부 또는 일부에서 국가권력을 배제하거나 국헌을 문란하게 할 목적으로 **폭동한 행위로서,** 다수인이 결합하여 위와 같은 목적으로 **한 지방의 평온을 해할 정도의 폭행·협박행위를 하면 기수가 되고,** 그 목적의 달성 여부는 이와 **무관한 것으로 해석**되므로, 다수인이 한 지방의 평온을 해할 정도의 폭동을 하였을 때 이미 내란의 구성요건은 완전히 충족된다고 할 것이어서 **상태범으로 봄이 상당하다.** (대판1997.4.17. 96도3376 전합). 결국, **내란죄는 즉시범이 아니라** 상태범으로 본다.(내 친구 이름은 내·상이다)

ⓜ (O) 구 **장사법**의 문언과 체계에 비추어 보면, 처벌규정이 금지하는 **무허가 법인묘지를 설치한 죄는** 법인묘지의 설치행위, 즉 법인이 **'분묘를 설치하기 위하여 부지를 조성하는 행위'**를 종료할 때 **즉시 성립하고 그와 동시에 완성되는** 이른바 **즉시범이라고 보아야** 한다(대판2018.6.28. 2017도7937).

문제 04 - 정답 ③

▶ ③ (X) 마취통증의학과 의사인 피고인이 수술실에서 환자인 피해자 갑(73세)에게 마취시술을 시행한 다음 간호사 을에게 환자의 감시를 맡기고 수술실을 이탈하였는데, 이후 갑에게 저혈압이 발생하고 혈압 회복과 저하가 반복됨에 따라 을이 피고인을 수회 호출하자, **피고인은 수술실에 복귀하여 갑이 심정지 상태임을 확인하고 마취해독제 투여, 심폐소생술 등의 조치를 취하였으나, 갑이 심정지 등으로 사망에 이르게 된** 사안에서, 피고인이 갑에게 마취가 진행되는 동안 마취간호사도 아니고 마취간호 업무를 시작한 지 2~3개월밖에 안 된 을에게 환자의 감시 업무를 맡긴 채 다른 수술실로 옮겨 다니며 다른 환자들에게 마취시술을 하고, 갑의 활력징후 감시장치 경보음을 들은 을로부터 **호출을 받고도 신속히 수술실로 가지 않고 휴식을 취하는 등 마취유지 중 환자감시 및 신속한 대응 업무를 소홀히 한 업무상과실이 있다고 본 원심판단은 정당하나,** 한편 갑은 반복적인 혈압상승제 투여에도 불구하고 알 수 없는 원인으로 계속적으로 혈압 저하 증상을 보이다가 사망하였는데, **검사가 제출한 증거만으로는** 피고인이 직접 갑을 관찰하거나 을의 호출을 받고 신속히 수술실에 가서 대응하였다면 구체적으로 어떤 조치를 더 할 수 있는지, 그러한 조치를 취하였다면 갑이 심정지에 이르지 않았을 것인지 알기 어렵고, **갑에게 심정지가 발생하였을 때 피고인이 갑을 직접 관찰하고 있다가 심폐소생술 등의 조치를 하였더라면 갑이 사망하지 않았을 것이라는 점에 대한 증명도 부족하므로,** 피고인의 업무상과실로 갑이 사망하게 되었다는 점이 합리적인 의심의 여지가 없을 정도로 증명되었다고 보기 어려우므로, **피고인에게 업무상과실치사죄를 인정할 수 없다**(대법원2023. 8. 31.선고2021도1833판결). 결국, 의사인 피고인이 간호사에게 환자 감시 업무를 맡기고 수술실을 이탈한 후 피해자인 환자에게 심정지가 발생하여 사망한 경우, **피고인에게는 업무상과실은 있으나** 피해자의 사망 사이에 **인과관계는 증명되었다고 보기어려워** 업무상과실치사죄를 인정할 수 없다.

① (O) 의사에게 의료행위로 인한 업무상과실치사상죄를 인정하기 위해서는, **의료행위 과정에서** 공소사실에 기재된 **업무상과실의 존재는 물론** 그러한 **업무상과실로 인하여** 환자에게 **상해·사망 등 결과가 발생한 점에 대하여도** 엄격한 증거에 따라 합리적 의심의 여지가 없을 정도로 **증명이 이루어져야** 한다(대법원2023. 8. 31.선고2021도1833판결).

② (O) 검사는 공소사실에 기재한 업무상과실과 상해·사망 등 결과 발생 사이에 인과관계가 있음을 합리적인 의심의 여지가 없을 정도로 증명하여야 하고, **의사의 업무상과실이 증명되었다는 사정만으로 인과관계가 추정되거나 증명 정도가 경감되는 것은 아니다.** 이처럼 형사재판에서는 인과관계 증명에 있어서 **'합리적인 의심이 없을 정도'의 증명을 요하므로** 그에 관한 판단이 **동일 사안의 민사재판과 달라질 수 있다**(대법원2023. 8. 31.선고2021도1833판결).

④ (O) 피해자의 남편 갑은 피해자가 화상을 입기 전 다른 의사로부터 피해자가 간경변증을 앓고 있기 때문에 어떠한 수술이라도 받으면 사망할 수 있다는 말을 들었고, 이러한 이유로 피해자와 갑은 피고인의 거듭된 화상 치료를 위한 가피절제술과 피부이식수술 권유에도 불구하고 계속 수술을 받기를 거부하였던 사실을 알 수 있다. 이로 보건대, **피해자와 갑은** 피고인이 **수술의 위험성에 관하여 설명하였는지 여부에 관계없이** 간경변증을 앓고 있는 피해자에게 **이 사건 수술이 위험할 수 있다는 점을 이미 충분히 인식하고 있었던 것으로 보인다.** 그렇다면 **피고인이** 피해자나 갑에게 공소사실 기재와 같은 내용으로 **수술의 위험성에 관하여 설명하였다고 하더라도** 피해자나 갑이 **수술을 거부하였을 것이라고 단정하기 어렵다.** 따라서 피고인의 설명의무 위반과 피해자의 사망 사이에 **상당인과관계가 있다는 사실이 합리적 의심의 여지가 없이 증명되었다고 보기 어렵다**(대법원2015. 6. 24.선고2014도11315판결). 결국, 설명의무를 위반한 피고인의 과실과 피해자가 사망사이에 인과관계가 인정된다고 보기 어려우므로, **업무상과실치사죄를 인정할 수 없다.**

문제 05 - 정답 ③

<甲; 구체적 부합설>의 설명이다. **구체적 사실에 관한 착오의 방법의 착오로서, 구체적 부합설에 따르면** 인식사실에 대한 미수와 발생사실에 대한 과실의 **상상적 경합이 성립한다.**

<乙; 법정적 부합설>의 설명이다. **구체적 사실에 관한 착오의 경우에는 객체의 착오든 방법의 착오든, 법정적 부합설에 따르면 발생사실에 대한 고의기수가 인정된다.**

▶ ③ (O) 사안의 경우, **추상적 사실의 착오 중 객체의 착오에** 해당하고, 구체적 부합설과 법정적 부합설의 **결론이 동일하다.** 구체적 부합설과 법정적 부합설 **모두 A는 D에 대한 살인미수죄(= 살인죄의 불능미수)가** 성립한다.

① (X) [1] 사안의 경우, **구체적 사실에 관한 착오의 방법의 착오**로서, 판례가 취하는 **법정적 부합설에 따르면** 발생사실에 대한 고의·기수가 인정되므로 **A는 C에 대한 살인죄가** 성립한다.

[2] 피고인이 **먼저 형수를 향하여 살의를 갖고 소나무 몽둥이(증제1호, 길이 85센티미터 직경 9센티미터)를 양손에 집어들고 힘껏 후려친 가격으로 피를 흘리며 마당에 고꾸라진 형수와 형수의 등에 업힌 조카의 머리부분을 위 몽둥이로 내리쳐 조카를 현장에서** 두개골절 및 뇌좌상으로 **사망케 한 경우,** 살인죄로 의율한 원심조처는 정당하고, 소위 **타격(방법)의 착오가 있는 경우**라 할지라도 행위자의 **살인의 범의성립에 방해가 되지 아니한다**(대법원 1984.

1. 24. 선고 83도2813 판결). 결국, **조카(C)에 대한 살인죄가 성립**한다.

② (X) **乙은 법정적 부합설의 입장**이며, 인식한 사실과 발생한 사실이 **구성요건적으로만 부합하면**(죄명만 같으면 = **구성요건만 같으면**) 발생한 사실에 대한 고의·기수가 인정된다. 그러나 인식한 사실과 발생한 사실이 **구성요건적으로 부합하지 아니하면**(죄명이 다르면 = **구성요건이 다르면**) 인식한 사실의 미수와 발생한 사실에 대한 과실의 **상상적 경합**을 인정한다.

④ (X) 사안의 경우, **구체적 사실의 착오** 중 **객체의 착오**에 해당한다. **甲의 입장**에서는 인식한 사실과 발생한 사실이 **구체적으로 부합**하므로 **발생한 사실에 대한 고의·기수**가 인정되어 **E에 대한 살인죄가 인정**된다.

문제 06 - 정답 ①

▶ ① (X) 기본범죄를 통하여 고의로 중한 결과를 발생하게 한 경우에 가중 처벌하는 부진정결과적가중범에서, 고의로 중한 결과를 발생하게 한 행위가 별도의 구성요건에 해당하고 **그 고의범에 대하여 결과적가중범에 정한 형보다 더 무겁게 처벌하는 규정이 있는** 경우에는 그 고의범과 결과적가중범이 **상상적 경합관계에 있지만**, 위와 같이 **고의범에 대하여 더 무겁게 처벌하는 규정이 없는** 경우에는 결과적가중범이 고의범에 대하여 **특별관계**에 있으므로 **결과적가중범만 성립하고** 이와 법조경합의 관계에 있는 **고의범에 대하여는 별도로 죄를 구성하지 않는다**(대판2008.11.27. 2008도7311).

② (○) 피해자의 재물을 강취한 후 그를 살해할 목적으로 현주건조물에 방화하여 사망케 한 경우, 피고인들의 행위는 **강도살인죄와 현주건조물방화치사죄에 모두 해당**하고 그 두 죄는 **상상적 경합범 관계에 있다**(대판1998.12.8. 98도3416).

③ (○) [1] **결과적 가중범은 기본범죄가 고의**이므로, 결과를 **과실로 실현하는 순수한 과실범보다 무겁게 벌하는 이유는 행위반가치(행위불법)가 크기 때문**이다. 즉, 고의와 과실은 **둘다 행위반가치의 내용으로 고의가 과실보다** 행위반가치가 **더 크다**.

[2] 따라서 **결과적 가중범은 그 중한 결과가 고의적인 기본범죄에** 전형적으로 내포된 잠재적인 위험의 **실현이라는 점에서** 순수한 **과실범의 결과 야기보다 행위반가치가 더 크다**고 할 것이다(결과적가중범과 과실범은 **결과반가치는 동일함**(사망 또는 상해의 결과는 동일함). 예컨대, 결과적 가중범인 **상해치사죄**(3년 이상의 유기징역에 처한다.)가 단순 과실범인 **과실치사죄**(2년 이하의 금고 또는 700만원 이하의 벌금에 처한다.)**보다 행위**반가치가 더 **크기**때문에 **형이 가중 처벌된다**.

④ (○) 직무를 집행하는 공무원에 대하여 위험한 물건을 휴대하여 고의로 상해를 가한 경우에는 특수공무집행방해치상죄만 성립할 뿐, 이와는 별도로 폭력행위 등 처벌에 관한 법률 위반(집단·흉기 등 상해)죄를 구성하지 않는다(대법원2008. 11. 27.선고2008도7311판결).

문제 07 - 정답 ②

▶ ② ⓛⓒⓔ(3개)은 옳은 지문이나, ㄱㄹ(2개)은 틀린 지문이다.

㉠ (X) '**목적의 정당성**'과 '**수단의 상당성**' 요건은 **행위의 측면**에서 사회상규의 판단 기준이 된다. 사회상규에 위배되지 아니하는 행위로 평가되려면 행위의 동기와 목적을 고려하여 그것이 법질서의 정신이나 사회윤리에 비추어 용인될 수 있어야 한다. 수단의 상

당성·적합성도 고려되어야 한다. 또한 **보호이익과 침해이익 사이의 법익균형**은 **결과의 측면**에서 사회상규에 위배되는지를 판단하기 위한 기준이다(대법원2023. 5. 18.선고2017도2760판결). 선지의 경우, 행위와 결과의 측면이 **반대로 설명**되어 **틀린지문이다**.

㉡ (○) 이에 비하여 **행위의 긴급성과 보충성은 수단의 상당성**을 판단할 때 **고려요소의 하나로 참작하여야** 하고 이를 넘어 **독립적인 요건으로 요구할 것은 아니다**. 또한 그 내용 역시 **다른 실효성 있는 적법한 수단이 없는 경우**를 의미하고 '**일체의 법률적인 적법한 수단이 존재하지 않을 것**'을 의미하는 것은 아니라고 보아야 한다(대법원2023. 5. 18.선고2017도2760판결).

㉢ (○) [1] 환자가 사망한 경우 사망진단 **전에** 이루어지는 **사망징후관찰**은 구 의료법 제2조 제2항 제5호에서 **간호사의 임무로** 정한 '**상병자 등의 요양을 위한 간호 또는 진료 보조**'에 해당한다고 할 수 있다.

[2] **그러나** 사망의 **진단**은 의사 등이(**간호사 X**) 환자의 사망 당시 또는 **사후에라도 현장에 입회해서 직접 환자를 대면하여 수행해야 하는 의료행위**이고, 간호사는 의사 등의 개별적 지도·감독이 있더라도 사망의 **진단을 할 수 없다**. 사망의 **진단**은 사망 사실과 그 원인 등을 의학적·법률적으로 판정하는 의료행위로서 구 의료법 제17조 제1항이 사망의 진단 결과에 관한 판단을 표시하는 **사망진단서의 작성·교부 주체를 의사 등으로 한정하고 있고**, 사망 여부와 사망 원인 등을 확인·판정하는 사망의 **진단은 사람의 생명 자체와 연결된 중요한 의학적 행위**이며, 그 **수행에 의학적 전문지식이 필요하기 때문**이다.

[3] **의료행위에 해당하는 어떠한 시술행위가 무면허로 행하여졌을 때에는** 그 시술행위의 위험성 정도, 일반인들의 시각, 시술자의 시술 동기, 목적, 방법, 횟수, 시술에 대한 지식수준, 시술경력, 피시술자의 나이, 체질, 건강상태, 시술행위로 인한 부작용 내지 위험발생 가능성 등을 **종합적으로 고려하여**, 법질서 전체의 정신이나 그 배후에 놓여 있는 **사회윤리 내지 사회통념에 비추어 용인될 수 있는 행위에 해당한다고 인정되는 경우에만** 사회상규에 위배되지 아니하는 행위로서 **위법성이 조각된다**(대법원2022. 12. 29. 2017도10007판결).

㉣ (X) [1] 호스피스 의료기관에서 근무하는 간호사인 피고인들이 환자에 대한 사망징후관찰을 할 수 있더라도 이는 사체검안의 보조행위로서 의사가 사망 당시 또는 사후에라도 현장에 입회하여 환자의 사망 징후를 직접 확인하는 것을 전제로 하므로, **간호사인 피고인들이 환자의 사망징후를 확인하고 이를 바탕으로 유족들에게 사망진단서 등을 작성·발급한 행위**는 전체적으로 사망의 진단으로서 **무면허 의료행위에 해당하고**, 사회상규에 위배되지 않는 **정당행위에 해당한다고 할 수 없다**.

[2] 호스피스 의료기관에서 근무하는 의사인 피고인이 부재중에 입원환자가 사망한 경우 간호사인 피고인들에게 환자의 사망 여부를 확인한 다음 사망진단서를 작성하여 유족들에게 발급하도록 하게 하였다면 **간호사는 무면허 의료행위로 인한 의료법위반죄가**, 의사에게는 **의료법위반죄의 교사죄가 성립**한다(대법원2022. 12. 29. 2017도10007판결). 결국, **간호사인 피고인들의 행위**가 전체적으로 **의사 등이 하여야 하는 사망의 진단에 해당**하므로, **의료법위반죄가 성립한다**.

㉤ (○) [1] 피고인이 접근금지, 문언송신금지 등을 명한 **임시보호명령을 위반하여** 피해자의 **주거지에 접근**하고 문자메시지를 보낸 **사안**에서, 임시보호명령을 위반한 주거지 접근이나 문자메시지 송

신을 <u>피해자가 양해 내지 승낙했더라도</u> 가정폭력범죄의 처벌 등에 관한 특례법 위반죄의 <u>구성요건에 해당</u>하고 <u>형법 제20조의 정당행위로 볼 수 없다.</u>

[2] ①「가정폭력범죄의 처벌 등에 관한 특례법」(이하 '가정폭력처벌법'이라고 한다) 제55조의4에 따른 <u>임시보호명령은 피해자의 양해 여부와 관계없이 행위자에게 접근금지, 문언송신금지 등을 명하는 점,</u> ② 피해자의 양해만으로 임시보호명령 위반으로 인한 가정폭력처벌법 위반죄의 구성요건해당성이 조각된다면 개인의 의사로써 법원의 임시보호명령을 사실상 무효화하는 결과가 되어 법적 안정성을 훼손할 우려도 있는 점 등의 사정을 들어, 설령 피고인의 주장과 같이 이 사건 임시보호명령을 위반한 주거지 접근이나 문자메시지 송신을 피해자가 양해 내지 승낙했다고 할지라도 가정폭력처벌법 위반죄의 구성요건에 해당할 뿐더러, ① 피고인이 이 사건 임시보호명령의 발령 사실을 알면서도 피해자에게 먼저 연락하였고 이에 피해자가 대응한 것으로 보이는 점, ② 피해자가 피고인과 문자메시지를 주고받던 중 수회에 걸쳐 '더 이상 연락하지 말라.'는 문자메시지를 보내기도 한 점 등에 비추어 보면, <u>피고인이 이 사건 임시보호명령을 위반하여 피해자의 주거지에 접근하거나 문자메시지를 보낸 것을 형법 제20조의 정당행위로 볼 수도 없다</u>(대법원2022. 1. 14.선고2021도14015판결).

문제 08 - 정답 ④

▶ ④ (○) [1] 피고인이 고농도 니코틴용액에 프로필렌글리콜(Propylene Glycol)과 식물성 글리세린(Vegetable Glycerin)과 같은 희석액, 소비자의 기호에 맞는 향료를 일정한 비율로 첨가하여 전자장치를 이용해 흡입할 수 있는 <u>니코틴용액을 만든 것을 담배의 제조행위로 본 것</u>은 법률유보 및 죄형법정주의의 <u>유추해석금지원칙에 위반한 위법이 없다.</u>

[2] 가. <u>피고인은</u> 담배 담당 주무부인 <u>기획재정부에</u> 2014. 1. 21. 이 사건 <u>니코틴용액 제조의 경우에도</u> 담배사업법 개정 이후 <u>담배제조업 허가를 받아야 하는지 문의한 적이 있는데,</u> 기획재정부의 일관된 입장은 니코틴용액을 수입한 후 국내에서 혼합, 희석하는 행위는 담배의 제조행위에 해당하며, 담배제조업을 하려는 자는 <u>담배제조업의 허가를 받아야 한다는 것</u>이었다.

나. 피고인이 제조한 것과 같은 <u>니코틴용액을 제조한 A주식회사(피고인의 회사가 아님)에</u> 대한 <u>무허가 담배제조로 인한 담배사업법 위반죄에 관하여 검사의 불기소결정이 있었으나</u> 이는 위 담배사업법 <u>개정 이전에 이루어진 것이고, 피고인에 대한 것도 아니므로,</u> 이를 들어 피고인에게 위법성을 인식하지 못한 데 <u>정당한 사유가 있었다고 볼 수 없다</u>(대법원2018. 9. 28.선고2018도9828판결). 결국, 담배제조업 허가를 받지 않고 전자장치를 이용하여 흡입할 수 있는 니코틴이 포함된 용액을 만든 것이 담배사업법이 금지하는 무허가 담배제조행위에 해당하고, 피고인에게 「담배사업법」이 금지하는 무허가 담배제조행위의 위법성을 인식하지 못한 데 정당한 사유가 있다고 보기 어렵다.

① (X) 자기의 행위가 법령에 의하여 죄가 되지 아니하는 것으로 오인한 행위는 그 오인에 정당한 이유가 있는 때에 한하여 <u>벌하지 아니한다</u>(제16조; 법률의 착오＝위법성의 착오＝금지착오).

② (X) 사인 甲이 <u>현행범을 체포하면서 24시간 이상 감금하여도</u> 「형사소송법」상 <u>허용된다고 착각한 경우</u>를 위법성조각사유의 <u>허용(한계)에 관한 착오</u>라고 부르는데, <u>금지착오에 해당한다</u>(통설).

<u>※ 법률의 착오(＝위법성의 착오＝금지착오)의 유형(종류)는</u>

다음과 같다.

1. 직접적 착오(3개)

① 법률의 부지

형벌법규의 존재 자체를 알지 못하여 자기 행위가 위법함을 인식하지 못한 경우를 말한다. 통설은 법률의 부지도 금지의 착오로 본다. <u>그러나 판례는 금지의 착오로 보지 아니한다.</u> 즉, <u>형법 제16조(법률의 착오)의 의미는 단순한 법률의 부지의 경우를 말하는 것이 아니고,</u> 일반적으로 범죄가 되는 행위이지만 자기의 특수한 경우에는 법령에 의하여 허용된 행위로서 죄가 되지 아니한다고 그릇 인식하고 그와 같이 그릇 인식함에 정당한 이유가 있는 경우에는 벌하지 아니한다는 취지이다(대법원2005. 9. 29.선고2005도4592).

② 효력의 착오

행위자가 금지규범의 존재 자체는 알고 있지만 구속력이 있는 법규범을 잘못 판단하여 그 규정이 무효라고 오인한 경우를 말한다. 예컨대, 행위자가 자신이 위반한 형법규정이 위헌이기 때문에 효력이 없다고 오인한 경우가 여기에 해당한다.

③ 포섭의착오

행위자가 구성요건적 사실은 인식하고 있었으나, 자신의 행위가 법적으로 허용된다고 믿은 경우를 말한다. 예컨대, 초등학교 교장이 교육목적으로 양귀비를 식재한 경우, 개는 재물에 속하지 아니한다고 오신한 경우, 선물로 받은 뇌물은 뇌물취득죄가 되지 않는다고 믿은 경우, 국립대학교 교수는 증뢰가 성립하지 않는다고 오신하고 뇌물을 공여한 경우 등이 여기에 해당한다.

2. 간접적 착오(위법성조각사유와 관련한 착오)(3개)

① 위법성조각사유의 존재(존재범위)에 관한 착오

법적으로 인정된 위법성조각사유가 없음에도 존재하는 것으로 오인한 경우를 말한다. 예컨대, 남편이 처에 대해 징계권이 있는 줄 알고 체벌을 가하는 경우, 남편이 처에게 배달된 봉함편지를 읽어볼 권한이 있다고 믿고 편지를 개봉한 경우 등이 여기에 해당한다.

② 위법성조각사유의 허용(한계)에 관한 착오

행위자가 위법성을 조각하는 행위상황은 바로 알았으나, 그에게 허용된 한계를 오인한 경우를 말한다. 예컨대, 사인이 현행범인을 체포하면서 그를 살해·상해·감금해도 허용된다고 오인한 경우, 사인이 현행범인을 체포하면서 타인의 주거침입까지도 허용된다고 오인한 경우 등이 여기에 해당한다.

③ 위법성조각사유의 전제사실에 관한 착오(오상방위, 오상피난, 오상정당행위 등)

행위자가 위법성이 조각되는 상황이 존재한다고 오인한 경우로서, 허용구성요건의 착오라고도 한다. 다수설은 구성요건착오(사실의 착오)로 보나, 엄격책임설은 금지착오로 본다.

③ (X) [1] <u>형법 제16조는</u> '법률의 착오'라는 제목으로 자기가 한 행위가 법령에 따라 죄가 되지 않는 것으로 오인한 행위는 그 오인에 정당한 이유가 있는 때에 한하여 벌하지 않는다고 정하고 있다. 이는 <u>일반적으로 범죄가 성립하지만 자신의 특수한 사정에</u> 비추어 법령에 따라 허용된 행위로서 죄가 되지 않는다고 그릇 인식하고 <u>그러한 인식에 정당한 이유가 있는 경우에는 벌하지 않는다는 것</u>이다.

[2] 이때 **정당한 이유는** 행위자에게 자기 행위의 위법 가능성에 대해 심사숙고하거나 조회할 수 있는 계기가 있어 자신의 지적 능력을 다하여 이를 회피하기 위한 **진지한 노력**을 다하였더라면 스스로의 행위에 대하여 위법성을 인식할 수 있는 가능성이 있었는데도 이를 다하지 못한 결과 자기 행위의 위법성을 인식하지 못한 것인지 여부에 따라 판단해야 한다.

[3] 이러한 **위법성의 인식에 필요한 노력의 정도**는 **구체적인 행위 정황**과 행위자 개인의 **인식능력** 그리고 행위자가 속한 **사회집단**에 따라 **달리 평가되어야** 한다(구＋인＋사).(대법원2021. 11. 25.선고 2021도10903판결).

문제 09 - 정답 ④

▶ ④ ㉠㉡㉢㉣(4개)은 모두 **틀린** 지문이다.

㉠ (X) [1] **형법 제32조 제1항(종범)**의 **타인의 범죄를 방조한 자**는 **종범으로 처벌한다는** 규정의 **타인의 범죄란** 정범이 범죄를 실현하기 위하여 **착수한 경우를 말하는 것**이라고 할 것이므로 종범이 처벌되기 위하여는 정범의 실행의 착수가 있는 경우에만 가능하고 **정범이 실행의 착수에 이르지 아니한 예비의 단계에 그친 경우**에는 이에 가공하는 행위가 예비의 공동정범이 되는 경우를 제외하고는 이를 **종범으로 처벌할 수 없다**고 할 것이다.

[2] 왜냐하면 범죄의 구성요건 개념상 예비죄의 실행행위는 무정형 무한정한 행위이고 종범의 행위도 무정형 무한정한 것이고 형법 제28조에 의하면 범죄의 음모 또는 예비행위가 실행의 착수에 이르지 아니한 때에는 법률에 특별한 규정이 없는 한 벌하지 아니한다고 규정하여 **예비죄의 처벌**이 가져올 **범죄의 구성요건을 부당하게 유추 내지 확장해석하는 것을 금지하고 있기 때문에 형법각칙의 예비죄를 처단하는 규정을 바로 독립된 구성요건 개념에 포함시킬 수는 없다**고 하는 것이 죄형법정주의의 원칙에도 합당하는 해석이라 할 것이기 때문이다. **따라서** 형법전체의 정신에 비추어 **예비의 단계에 있어서는 그 종범의 성립을 부정하고 있다**고 보는 것이 타당한 해석이라고 할 것이다.(대법원1976. 5. 25.선고75도1549판결). 결국, 살인을 할 사람(정범)을 도와주기위해 칼을 빌려 주었으나 **정범이 실행의 착수로 나아가지 않은 경우, 살인예비죄의 방조범(종범)**이 성립하지 않는다. 즉, **예비의 방조(＝종범)** 또는 **예비죄의 방조(＝종범)**은 **처벌할 수 없다.**

㉡ (X) [1] 타인의 사망을 보험사고로 하는 **생명보험계약을 체결**함에 있어 **제3자가 피보험자인 것처럼 가장하여** 체결하는 등으로 그 유효요건이 갖추어지지 못한 경우에도, 보험**계약 체결 당시에** ㉠ **이미 보험사고가 발생**하였음에도 이를 **숨겼다**거나/ ㉡ **보험사고**의 구체적 발생 **가능성을 예견할 만한 사정**을 인식하고 있었던 경우/ 또는 ㉢ **고의로** 보험사고를 일으키려는 **의도를 가지고** 보험계약을 **체결한 경우**와 같이 보험사고의 **우연성**과 같은 보험의 본질을 **해칠 정도라고 볼 수 있는 특별한 사정이 없는 한**, 그와 같이 하자 있는 보험계약을 체결한 행위만으로는 미필적으로라도 보험금을 편취하려는 의사에 의한 기망행위의 실행에 **착수한 것으로 볼 것은 아니다.**

[2] **하자 있는 보험계약을 체결한 행위만으로는** 기망행위의 실행의 **착수로 인정할 수 없는 경우**에 피보험자 본인임을 가장하는 등으로 보험계약을 체결한 행위는 단지 장차의 보험금 편취를 위한 **예비행위에 지나지 않는다.**

[3] 보험계약 체결 당시에 ㉠ **이미 보험사고(예컨대, 배우자가 말기암 판정 받음)가 발생**하였음에도 이를 **숨겼다**거나/ ㉡ **보험사고**의 구체적 발생 **가능성을 예견할 만한 사정(예컨대, 배우자 말기암 판정받을 사정이 명백함)**을 인식하고 있었던 경우/ 또는 ㉢ **고의로** 보험사고를 일으키려는 **의도를** 가지고(**예컨대, 배우자를 살해할 의도를 가지고 있음**) 보험계약을 **체결한** 경우와 같이, 보험사고의 **우연성**과 같은 보험의 본질을 **해칠 정도라고 볼 수 있는 특별한 사정이 있는 경우**에는 **계약체결만으로** 보험사기의 **예비행위가 아니라** 보험사기의 **실행에 착수한 것으로 볼 수 있다**(대법원2013. 11. 14.선고2013도7494판결). 결국, 보험사기의 경우에는 **원칙적으로는** 보험회사에 보험금 **청구시에** 실행의 **착수가 있고**, 보험금 수령시에 기수이다. 그러나 위의 특별한 사정이 있는 경우(㉠㉡㉢)에는 **보험계약을 체결한 때**에 실행에 **착수가 있고**, 보험금 수령시에 기수이다.

㉢ (X) 형법 제32장 강간과 추행의 죄에서 **강제추행죄**는 예비죄의 **처벌규정이 없다.**

> **【형법 제305조의3(예비·음모)】**제297조(강간죄), 제297조의2(유사강간죄), 제299조(준강간죄에 한정한다), 제301조(강간 등 상해죄에 한정한다) 및 제305조(미성년자의제강간·강제추행죄)의 죄를 범할 목적으로 예비 또는 음모한 사람은 3년 이하의 징역에 처한다.
>
> ※ 제298조(강제추행죄), 제299조(준강제추행죄), 제301조(강간 등 치상죄), 제301조의2(강간등살인·치사죄), 제302조(미성년자등에 대한 간음), 제303조(업무상위력 등에 의한 간음)는 예비, 음모의 처벌 규정이 없다.

㉣ (X) [1] **중지범**은 **범죄의 실행에 착수한 후** 자의로 그 행위를 **중지한 때**를 말하는 것이고 **실행의 착수가 있기 전인 예비음모**의 행위를 처벌하는 경우에 있어서 **중지범의 관념은 이를 인정할 수 없다**(대판1999.4.9. 99도424).

[2] **판례의 경우**에는 **중지범(중지미수, 제26조)**은 실행에 **착수한 이후에만** 인정되므로, 실행의 착수 **이전**의 **예비단계**에서 살인행위를 **중지하더라도 살인예비죄로 그대로 처벌될 뿐(10년 이하의 징역에 처한다.)**이고, **중지미수(제26조)의 필요적 감면규정이 적용되지 않는다.**

문제 10 - 정답 ③

▶ ③ (X) 회사직원이 영업비밀을 경쟁업체에 유출하거나 스스로의 이익을 위하여 이용할 목적으로 **무단으로 반출한 때 업무상배임죄의 기수에 이르렀다**고 할 것이고, **그 이후에** 위 직원과 접촉하여 영업비밀을 취득하려고 한 자는 **업무상배임죄의 공동정범이 될 수 없다**(대법원2003. 10. 30.선고2003도4382판결).

① (O) [1] 피고인이 포괄일죄의 관계에 있는 **범행의 일부를 실행한 후 공범관계에서 이탈하였으나** 다른 공범자에 의하여 나머지 범행이 이루어진 경우, **피고인이 관여하지 않은 부분에 대하여도 죄책을 부담한다.**

[2] 피고인이 다른 공범들과 특정 회사 주식의 시세조종 주문을 내기로 **공모한 다음** 시세조종 행위의 일부를 실행한 후 **공범관계로부터 이탈하였고**, 다른 공범들이 그 이후의 나머지 시세조종행위를 계속한 사안에서, **피고인이 다른 공범들의 범죄실행을 저지하지 않은 이상 그 이후 나머지 공범들이 행한시세조종행위(증권거래법 위반)에 대하여도 공동정범으로서의 죄책을 부담한다**(대법원2011. 1. 13.선고2010도9927판결).

② (O) **예인선 정기용선자의 현장소장 갑**은 사고의 위험성이 높은 해상에서 철골 구조물 및 해상크레인 운반작업을 함에 있어 선적

작업이 지연되어 정조시점에 맞추어 출항할 수 없게 되었음에도, 출항을 연기하거나 대책을 강구하지 않고 **예인선 선장 을의 출항 연기 건의를 묵살한 채 출항을 강행하도록 지시하였고,** 예인선 선장 을은 갑의 지시에 따라 사고의 위험이 큰 시점에 출항하였고 해상에 강조류가 흐르고 있었음에도 **무리하게 예인선을 운항한 결과** 무동력 부선에 적재된 **철골 구조물이 해상에 추락하여 해상의 선박교통을 방해한 경우,** 갑과 을은 **업무상과실일반교통방해죄의 공동정범이 성립한다**(대법원2009. 6. 11.선고2008도11784판결).
④ (○) 갑은 을의 강간사실을 알게 된 것은 이미 실행의 착수가 이루어지고 난 다음이었음이 명백하고 강간사실을 알고나서도 암묵리에 그것을 용인하여 그로 하여금 강간하도록 할 의사로 강간의 실행범인 을과 강간 피해자의 머리 등을 잡아준 병과 함께 일체가 되어 **을과 병의 행위를 통하여 자기의 의사를 실행하였다고는 볼 수 없다 할 것이고 따라서 결국 갑의 강도강간의 공모사실을 인정할 증거가 없다**(대법원1988. 9. 13.선고88도1114판결).

문제 11 - 정답 ②

▶ ② (X) 교사자가 **피교사자에 대하여 상해 또는 중상해를 교사**하였는데 피교사자가 이를 넘어 살인을 실행한 경우에, 일반적으로 교사자는 상해죄 또는 중상해의 죄책을 지게 되는 것이지만 이 경우에 **교사자에게 피해자의 사망이라는 결과에 대하여 과실 내지 예견가능성이 있는 때에는 상해치사죄의 죄책을 질 수 있다**(대법원 2002. 10. 25. 선고 2002도4089 판결). 결국, 피교사자에게 폭행을 교사하였는데 **피해자가 그 폭행으로 인하여 사망한 경우, 교사자에게 사망이라는 결과에 대하여 과실 내지 예견가능성이 있는 때에는** 초과부분(사망)에 대해서도 책임을 인정하므로 **폭행치사죄가 성립한다.**
① (○) [1] 미수의 교사란 **교사자가 처음부터** 피교사자의 실행행위가 **미수에 그칠 것을 예견하면서 교사한 경우**를 말한다. 예컨대, 갑은 **B의 금고에 돈이 없는 것을 알면서 A에게 엿먹일려고 B의 금고에서 돈을 절취하도록 교사한 경우,** 갑과 A에게 절도죄가 성립하는가의 문제이다.
[2] **교사자의 처벌여부: 교사범의 고의는 반드시 기수의 고의일 것**을 요한다. 따라서 갑은 미수에 그칠 줄 확실히 알고 엿먹일려고 시켰으므로, **미수의 교사는 교사의 고의(기수의 고의)가 없어 교사범이 성립하지 않고 불가벌이다**(통설). 결국, 갑은 기수의 고의가 없어 무죄이다.
[3] **피교사자의 처벌여부: 교사범의 고의는 반드시 기수의 고의일 것**을 요한다. 따라서 갑은 미수에 그칠 줄 확실히 알고 엿먹일려고 시켰으므로, **미수의 교사는 교사의 고의(기수의 고의)가 없어 교사범이 성립하지 않고 불가벌이다**(통설). 결국, 갑은 기수의 고의가 없어 무죄이다.
③ (○) **형법상 방조는** 작위에 의하여 정범의 실행행위를 용이하게 하는 경우는 물론, 직무상의 의무가 있는 자가 정범의 범죄행위를 인식하면서도 그것을 방지하여야 할 제반조치를 취하지 아니하는 **부작위로 인하여 정범의 실행행위를 용이하게 하는 경우에도 성립된다** 할 것이므로, **은행지점장이** 정범인 부하직원들의 범행을 인식하면서도 **그들의 은행에 대한 배임행위를 방치하였다면** 배임죄의 **방조범이 성립된다**(대판1984.11.27. 84도1906).
④ (○) [1] **종범은** 정범의 실행행위 중에 이를 방조하는 경우는 물론이고 **실행의 착수 전에 장래의 실행행위를 예상하고 이를 용이하게 하는 행위를 하여 방조한 경우에도 정범이 그 실행행위에 나아갔다면 성립한다**(대판1997.4.17. 96도3377 전원합의체판결).

[2] **기도된 방조(효과없는 방조와 실패한 방조)의 경우**에는 형법상 그 **처벌에 관한 아무런 규정이 없으므로 처벌되지 않는다.**
[3] 그러나 기도된 교사인 **효과없는 교사(제31조 제2항)와 실패한 교사(동조 제3항)는** 처벌규정이 있다.

문제 12 - 정답 ①

▶ ① ㉠㉡㉢㉣㉤(5개)은 모두 옳은 지문이다.
㉠ (○) 문서에 2인 이상의 작성명의인이 있을 때에는 **각 명의자마다 1개의 문서가 성립되므로** 2인 이상의 연명으로 된 문서를 위조한 때에는 **작성명의인의 수대로 수개의 문서위조죄가 성립하고** 또 그 연명문서를 위조하는 행위는 자연적 관찰이나 **사회통념상 하나의 행위라 할 것이어서** 위 수개의 문서위조죄는 형법 제40조가 규정하는 **상상적 경합범에 해당한다**(대법원 1987.7.21. 선고 87도564 판결).
㉡ (○) 아동·청소년이용음란물을 **제작한 자**가 그 음란물을 소지하게 되는 경우 청소년성보호법 위반**(음란물소지)죄는** 청소년성보호법 위반**(음란물제작·배포등)죄에 흡수된다**고 봄이 타당하다. 다만 아동·청소년이용음란물을 제작한 자가 **제작에 수반된 소지행위를 벗어나** 사회통념상 **새로운 소지가 있었다**고 평가할 수 있는 **별도의 소지행위를 개시하였다면** 이는 청소년성보호법 위반(음란물제작·배포등)와 **별개의** 청소년성보호법 위반**(음란물소지)죄에 해당한다**(대법원2021. 7. 8.선고2021도2993판결).
㉢ (○) [1] 구 성매매알선 등 행위의 처벌에 관한 법률상 성매매 **알선행위**와 건물제공행위의 경우 비록 **처벌규정은 동일하지만, 범행방법 등의 기본적 사실관계가 상이할 뿐 아니라 주체도 다르다고 보아야** 한다. 또한 수개의 행위태양이 동일한 법익을 침해하는 일련의 행위로서 각 행위 간 필연적 관련성이 당연히 예상되는 경우에는 포괄일죄의 관계에 있다고 볼 수 있지만, **건물제공행위와 성매매알선행위의 경우** 성매매알선행위가 건물제공행위의 **필연적 결과라거나** 반대로 건물제공행위가 성매매알선행위에 수반되는 **필연적 수단이라고도 볼 수 없다.** 따라서 '영업으로 성매매를 **알선한 행위**'와 '영업으로 성매매에 제공되는 건물을 **제공하는 행위**'는 당해 행위 사이에서 각각 포괄일죄를 구성할 뿐, **서로 독립된 가별적 행위로서 별개의 죄를 구성한다고 보아야** 한다.
[2] 약식명령이 확정된 구 성매매알선 등 행위의 처벌에 관한 법률(2011. 5. 23. 법률 제10697호로 개정되기 전의 것, 이하 '구 성매매알선 등 처벌법'이라 한다) 위반죄의 범죄사실인 '영업으로 성매매에 제공되는 건물을 **제공하는 행위**'와 위 약식명령 발령 전에 행해진 구 성매매알선 등 처벌법 위반의 공소사실인 '영업으로 성매매를 **알선한 행위**'가 **서로 독립된 가별적 행위로서 별개의 죄를 구성한다고 보아야** 하는데도, **포괄일죄의 관계에 있다고 보아** 위 공소사실에 대하여 **면소를 선고한 원심판결에 법리오해의 위법이 있다**(대판2011.5.26, 2010도6090) 결국, '영업으로 성매매에 제공되는 건물을 **제공**하는 행위'와 '영업으로 성매매를 **알선**한 행위'는 **실체적 경합관계에 있다.**
㉣ (○) [1] 음주 또는 약물의 영향으로 정상적인 운전이 곤란한 상태에서 자동차를 운전하여 사람을 상해에 이르게 함과 동시에 다른 사람의 재물을 손괴한 때에는 특정범죄가중처벌 등에 관한 **법률 위반(위험운전치사상)죄 외에 업무상과실 재물손괴로 인한 도로교통법 위반죄가 성립하고, 위 두 죄는 1개의 운전행위로 인한 것으로서 상상적 경합관계에 있다.** 결국, **실체적 경합관계가 아니다.**
[2] 자동차 운전면허 없이 술에 취하여 정상적인 운전이 곤란한 상태

에서 차량을 운전하던 중 전방에 신호대기로 정차해 있던 화물차의 뒷부분을 들이받아 그 화물차가 밀리면서 그 앞에 정차해 있던 다른 화물차를 들이받도록 함으로써, 피해자에게 상해를 입게 함과 동시에 위 각 화물차를 손괴하였다는 공소사실에 대하여, 유죄로 인정되는 각 범죄 중 도로교통법 위반(음주운전)죄와 도로교통법 위반(무면허운전)죄 상호간만 상상적 경합관계에 있고 특정범죄가중처벌 등에 관한 법률 위반(위험운전치사상)죄와 각 업무상과실 재물손괴로 인한 도로교통법 위반죄는 실체적 경합관계라고 본 원심판결에 죄수관계에 관한 법리를 오해한 위법이 있다(대판2010.1.14. 2009도10845).

ⓗ (O) 공무원이 직무관련자에게 제3자와 계약을 체결하도록 요구하여 계약 체결을 하게 한 행위가 제3자뇌물수수죄의 구성요건과 직권남용권리행사방해죄의 구성요건에 모두 해당하는 경우에는, 제3자뇌물수수죄와 직권남용권리행사방해죄가 각각 성립하되, 이는 사회 관념상 하나의 행위가 수 개의 죄에 해당하는 경우이므로 두 죄는 형법 제40조의 상상적 경합관계에 있다(대판2017.3.15. 2016도19659).

문제 13 – 정답 ④

▶ ④ ㉠㉡㉢㉣(4개)는 맞는 지문이나, ㉣(1개)은 틀린 지문이다.

㉠ (O) [1] 범죄수익은닉규제법은 "중대범죄에 해당하는 범죄행위에 의하여 생긴 재산 또는 그 범죄행위의 보수로 얻은 재산"을 범죄수익으로 규정하고, 범죄수익을 몰수할 수 있다고 규정한다(제8조 제1항 제1호). 그리고 범죄수익은닉규제법 시행령은 "은닉재산이란 몰수·추징의 판결이 확정된 자가 은닉한 현금, 예금, 주식, 그 밖에 재산적 가치가 있는 유형·무형의 재산을 말한다."라고 규정하고 있다(제2조 제2항 본문).
[2] 범죄수익은닉규제법에 정한 중대범죄에 해당하는 범죄행위에 의하여 취득한 것으로 재산적 가치가 인정되는 무형재산도 몰수할 수 있다(대법원2018. 5. 30.선고2018도3619판결).

㉡ (O) 피고인이 음란물유포 인터넷사이트를 운영하면서 정보통신망 이용촉진 및 정보보호 등에 관한 법률 위반(음란물유포)죄와 도박개장방조죄에 의하여 비트코인(Bitcoin)을 취득한 사안에서, 피고인의 정보통신망 이용촉진 및 정보보호 등에 관한 법률 위반(음란물유포)죄와 도박개장방조죄는 범죄수익은닉의 규제 및 처벌 등에 관한 법률에 정한 중대범죄에 해당하며, 비트코인은 재산적 가치가 있는 무형의 재산이라고 보아야 하고, 몰수의 대상인 비트코인이 특정되어 있다는 이유로, 피고인이 취득한 비트코인을 몰수할 수 있다(대법원2018. 5. 30.선고2018도3619판결).

㉢ (O) [1] 형법 제48조 제1항은 몰수의 대상을 '물건'으로 한정하고 있다.
[2] 형법 제48조 제1항은 몰수의 대상을 '물건'으로 한정하고 있으므로, 범죄행위에 의하여 생긴 재산 및 범죄행위의 보수로 얻은 재산을 범죄수익으로 몰수할 수 있도록 한「범죄수익은닉의 규제 및 처벌 등에 관한 법률」이나 범죄행위로 취득한 재산상 이익의 가액을 추징할 수 있도록 한 형법 제357조(배임수재죄) 등의 규정과는 구별된다(대법원 2021. 10. 14. 선고 2021도7168 판결).

㉣ (X) [1] 형법 제48조 제1항은 몰수의 대상을 '물건'으로 한정하고 있다.
[2] 민법 제98조는 물건에 관하여 '유체물 및 전기 기타 관리할 수 있는 자연력'을 의미한다고 정의하는데, 형법이 민법이 정의한 '물건'과 다른 내용으로 '물건'의 개념을 정의하고 있다고 볼 만한 사정도 존재하지 아니한다(대법원 2021. 10. 14. 선고 2021도

7168 판결).

ⓜ (O) [1] 형벌법규의 해석은 엄격하여야 하고 명문규정의 의미를 피고인에게 불리한 방향으로 지나치게 확장해석하거나 유추해석하는 것은 죄형법정주의의 원칙에 어긋나는 것으로서 허용되지 아니한다
[2] 형법 제48조가 규정하는 몰수·추징의 대상은 범인이 범죄행위로 인하여 취득한 물건을 뜻하고, 여기서 '취득'이란 해당 범죄행위로 인하여 결과적으로 이를 취득한 때를 말한다고 제한적으로 해석함이 타당하다.
[3] 원심이 피고인들(폐기물처리업체를 운영하는 자)에게 '사업장폐기물배출업체로부터 인수받은 폐기물을 폐기물관리법에 따라 허가 또는 승인을 받거나 신고한 폐기물처리시설이 아닌 곳에 매립하였다.'는 범죄행위를 인정하면서 피고인들이 사업장폐기물배출업체로부터 받은 돈을 형법 제48조에 따라 몰수·추징한 사안에서, 대법원은 위 돈을 형법 제48조의 몰수·추징의 대상으로 보기 위해서는 피고인들이 위와 같은 범죄행위로 인하여 취득하였다는 점, 즉 위 돈(1톤당 50,000원을 받음)이 피고인들과 사업장폐기물배출업체 사이에 피고인들의 범죄행위를 전제로 수수되었다는 점이 인정되어야 한다는 이유로, 사업장폐기물배출업체로부터 정상적인 절차에 따라 폐기물이 처리되는 것을 전제로 돈을 받았다는 피고인들 주장에 관하여 심리하지 아니한 채 막연히 피고인들이 폐기물을 불법적으로 매립할 목적으로 돈을 받고 폐기물을 인수하였다는 사정만을 근거로 위 돈이 범죄행위로 인하여 생하였거나 이로 인하여 취득된 것이라고 본 원심판결에 몰수·추징에 관한 법리오해 및 심리미진의 잘못이 있다(대법원2021. 7. 21.선고2020도10970 판결). 결국, 피고인들이 실제로 취득한 수익(돈)은 피고인 갑은 375,000,000원, 을은 270,000,000원인데, 위 돈이 범죄행위로 인하여 생하였거나 이로 인하여 취득된 것이라고 볼 수 없으므로, 추징할 수 없다.

문제 14 – 정답 ②

▶ ② ㉢㉣(2개)는 맞는 지문이나, ㉠㉡(2개)는 틀린 지문이다.

㉠ (X) 형법과 보호관찰 등에 관한 법률의 관계 규정을 종합하면, 사회봉사는 형의 집행을 유예하면서 부가적으로 명하는 것이고 집행유예 되는 형은 자유형에 한정되고 있는 점 등에 비추어, 법원이 형의 집행을 유예하는 경우 명할 수 있는 사회봉사는 자유형의 집행을 대체하기 위한 것으로서 500시간 내에서 시간 단위로 부과될 수 있는 일 또는 근로활동을 의미하는 것으로 해석되므로, 법원이 형법 제62조의2의 규정에 의한 사회봉사명령으로 피고인에게 일정한 금원을 출연하거나 이와 동일시할 수 있는 행위를 명하는 것은 허용될 수 없다(대법원2008. 4. 11.선고2007도8373판결).

㉡ (X) [1] 법원이 피고인에게 유죄로 인정된 범죄행위를 뉘우치거나 그 범죄행위를 공개하는 취지의 말이나 글을 발표하도록 하는 내용의 사회봉사를 명하고 이를 위반할 경우 형법 제64조 제2항에 의하여 집행유예의 선고를 취소할 수 있도록 함으로써 그 이행을 강제하는 것은, 헌법이 보호하는 피고인의 양심의 자유, 명예 및 인격에 대한 심각하고 중대한 침해에 해당하므로 허용될 수 없고, 또 법원이 명하는 사회봉사의 의미나 내용은 피고인이나 집행 담당 기관이 쉽게 이해할 수 있어 집행 과정에서 그 의미나 내용에 관한 다툼이 발생하지 않을 정도로 특정되어야 하므로, 피고인으로 하여금 자신의 범죄행위와 관련하여 어떤 말이나 글을 공개적으로 발표하라는 사회봉사를 명하는 것은 경우에 따라 피고인의 명예나 인격에 대한 심각하고 중대한 침해를 초래할 수 있고, 그

말이나 글이 어떤 의미나 내용이어야 하는 것인지 쉽게 이해할 수 없어 집행 과정에서 그 의미나 내용에 관한 다툼이 발생할 가능성이 적지 않으며, 유죄로 인정된 범죄행위를 뉘우치거나 그 범죄행위를 공개하는 취지의 말이나 글을 발표하도록 하는 취지의 것으로도 해석될 가능성이 적지 않으므로 <u>이러한 사회봉사명령은 위법하다.</u>

[2] 재벌그룹 회장의 횡령행위 등에 대하여 <u>집행유예를 선고</u>하면서 <u>사회봉사명령으로서</u> 일정액의 <u>금전출연을</u> 주된 내용으로 하는 사회공헌계획의 성실한 이행을 <u>명하는 것은</u> 시간 단위로 부과될 수 <u>있는 일 또는 근로활동이 아닌 것을 명하는 것이어서 허용될 수 없고,</u> <u>준법경영을 주제로 하는 강연과 기고를 명하는 것은</u> 헌법상 <u>양심의 자유 등에 대한 심각하고 중대한 침해가능성,</u> 사회봉사명령의 의미나 내용에 대한 다툼의 여지 등의 <u>문제가 있어 허용될 수 없다</u>(대법원2008. 4. 11.선고2007도8373판결).

ⓒ (○) [1] <u>범죄인에 대한 사회 내 처우의 한 유형으로 도입된</u> <u>사회봉사명령 등에 관하여 구체적인 사항을 정하고 있는 형법 제62조의2 제1항은</u> "형의 <u>집행을 유예하는 경우에는 보호관찰을 받을 것을 명하거나 사회봉사 또는 수강을 명할 수 있다.</u>"라고 <u>규정하고 있다.</u>

[2] 나아가 <u>보호관찰 등에 관한 법률 제59조 제1항은</u> "법원은 형법 제62조의2에 따른 <u>사회봉사를 명할 때에는 500시간 … 의 범위에서 그 기간을 정하여야 한다.</u> 다만 다른 법률에 특별한 규정이 있는 경우에는 그 법률에서 정한 바에 따른다."라고 규정하고 있다.

[3] 위 각 규정을 종합하면, <u>법원이 형의 집행을 유예하는 경우 명할 수 있는 사회봉사는</u> 다른 법률에 특별한 규정이 없는 한 500시간 내에서 시간 단위로 부과될 수 있는 <u>일 또는 근로활동을 의미하는 것으로 해석된다.</u>

[4] 법원이 <u>사회봉사명령의 특별준수사항으로 피고인에게 범행에 대한 원상회복을 명하는 것은</u> 법률이 허용하지 아니하는 피고인의 권리와 법익에 대한 제한과 침해에 해당하므로 <u>죄형법정주의 또는 보안처분 법률주의에 위배된다.</u> 이 사건 특별준수사항도 피고인의 범행에 대한 원상회복을 명하는 것이므로 현행법에 의한 사회봉사명령의 특별준수사항으로 허용될 수 없다고 할 것이다.

[5] 결국, <u>원심이</u> 피고인에게 영리를 목적으로 관할관청의 허가 없이 개발제한구역 내에서 7건의 개발행위를 하였다는 공소사실에 대하여 「개발제한구역의 지정 및 관리에 관한 특별조치법」위반죄의 성립을 인정한 뒤, 피고인에 대하여 <u>징역형의 집행을 유예함과 동시에 120시간의 사회봉사를 명하면서</u> "2017년 말까지 이 사건 개발제한행위 위반에 따른 건축물 등을 모두 원상복구할 것"이라는 내용의 특별준수사항(이하 '이 사건 특별준수사항'이라고 한다)을 부과한 <u>원심판결에는 사회봉사명령의 특별준수사항에 관한 법리를 오해하여</u> 판결에 영향을 미친 <u>잘못이 있다</u>(대법원2020. 11. 5.선고2017도18291판결).

ⓔ (○) [1] 보호관찰법 제32조 제3항 제4호는 <u>보호관찰 대상자에게 과할 수 있는 특별준수사항으로</u> '범죄행위로 인한 손해를 회복하기 위해 노력할 것'을 정하고 있는데, 이 사건 특별준수사항은 범죄행위로 인한 손해를 회복하기 위하여 노력할 것을 넘어 일정 기간 내에 <u>원상회복할 것을 명하는 것으로서</u> 보호관찰법 제32조 제3항 제4호를 비롯하여 같은 항 제1호부터 제9호까지 정한 <u>보호관찰의 특별준수사항으로도 허용될 수 없음을 밝혀 둔다.</u>

[2] <u>형법과 보호관찰법 및 보호관찰법 시행령은</u> 시간 단위로 부과

될 수 있는 <u>일 또는 근로활동만을 사회봉사명령의 방법으로 정하고 있고,</u> 사회봉사명령에 부수하여 부과할 수 있는 특별준수사항도 사회봉사명령 대상자의 교화·개선 및 자립을 유도하기 위한 보안처분적인 것만을 규정하고 있을 뿐이며, <u>사회봉사명령이나 그 특별준수사항으로</u> 범죄에 대한 응보 및 <u>원상회복을 도모하기 위한 것은 허용하지 않고 있다</u>(대법원2020. 11. 5.선고2017도18291판결).

문제 15 – 정답 ④

▶ ④ (X) 강간도중 흥분하여 피해자의 왼쪽 어깨를 입으로 빨아서 생긴 동전크기 정도의 <u>반상출혈상은</u> 별다른 통증이나 자각증상도 없어 피해자가 그 상처를 알아차릴 수도 없었는데 의사가 진찰을 하던 과정에서 우연히 발견한 것이고 의학상 치료를 받지 아니하더라도 자연 흡수되어 보통 1주 정도가 지나면 <u>자연 치유되는 것으로서 인체의 생활기능에 장해를 주고 건강상태를 불량하게 변경하는 것이 아니어서 강간치상죄의 상해에 해당한다 할 수 없다</u> (대판85도2042).

① (○) 대법원2007. 6. 29.선고2005도3832판결

② (○) [1] 종교적 기도행위의 일환으로서 기도자의 기도에 의한 염원 내지 의사가 상대방에게 심리적 또는 영적으로 전달되는 데 도움이 된다고 인정할 수 있는 한도 내에서 상대방의 신체의 일부에 가볍게 손을 얹거나 약간 누르면서 병의 치유를 간절히 기도하는 행위는 그 목적과 수단면에서 정당성이 인정된다고 볼 수 있지만, 그러한 종교적 기도행위를 마치 의료적으로 효과가 있는 치료행위인 양 내세워 환자를 끌어들인 다음, <u>통상의 일반적인 안수기도의 방식과 정도를 벗어나 환자의 신체에 비정상적이거나 과도한 유형력을 행사하고 신체의 자유를 과도하게 제압하여 환자의 신체에 상해까지 입힌 경우라면, 그러한 유형력의 행사가 비록 안수기도의 명목과 방법으로 이루어졌다 해도 사회상규상 용인되는 정당행위라고 볼 수 없다.</u>

[2] 기도원운영자가 정신분열증 환자의 치료 목적으로 안수기도를 하다가 환자에게 <u>상해를 입힌</u> 사안에서, 장시간 환자의 신체를 강제로 제압하는 등 <u>과도한 유형력을 행사한 것으로서</u> '사회상규상 용인되는 정당행위'에 해당하지 않는다(대법원2008. 8. 21.선고2008도2695판결).

③ (○) 1~2개월간입원할 정도로 다리가 부러진 상해 또는 3주간의 치료를 요하는 우측흉부자상이 <u>중상해에 해당하지 않는다</u>(대법원2005.12. 9.선고2005도7527판결).

문제 16 – 정답 ③

▶ ③ (○) [1] <u>강요죄는</u> 폭행 또는 협박으로 사람의 권리행사를 방해하거나 <u>의무 없는 일을</u> 하게 하는 것을 말하고, 여기에서 '<u>의무 없는 일'</u>이란 법령, 계약 등에 기하여 발생하는 법률상 의무 없는 일을 말하므로, 폭행 또는 협박으로 <u>법률상 의무 있는 일을 하게 한 경우에는</u> 폭행 또는 협박죄만 성립할 뿐 <u>강요죄는 성립하지 아니한다.</u>

[2] 일본인으로부터 연예인이 팬미팅을 약속하고 1억이 넘는 고급시계를 받고도 팬미팅 공연약속을 이행하지 않고 있다는 말을 듣고 폭력조직 전력이 있는 피고인이 연예인에게 팬미팅 공연을 하도록 강요하면서 만날 것을 요구하고, <u>팬미팅 공연이 이행되지 않으면 안 좋은 일을 당할 것이라고 협박한 경우,</u> 위 연예인에게 공연을 할 의무가 없다는 점에 대한 미필적 인식 즉, <u>강요죄의 고의가 피고인에게 있었다고 단정하기 어렵다</u>(대판2008.5.15. 2008도1097).

① (X) [1] **협박죄가** 성립하려면 일반적으로 사람으로 하여금 공포심을 일으키게 하기에 충분한 것이어야 하지만, <u>상대방이 그에 의하여 현실적으로 공포심을 일으킬 것까지 요구하는 것은 아니며</u>, 그와 같은 정도의 **해악을 고지함으로써 상대방이 그 의미를 인식한 이상**, 상대방이 **현실적으로 공포심을 일으켰는지 여부와 관계없이** 그로써 구성요건은 충족되어 **협박죄의 기수에 이르는 것으로** 해석하여야 한다. 결국, **협박죄는** 사람의 의사결정의 자유를 보호법익으로 하는 **위험범이라 봄이** 상당하고, 협박죄의 **미수범** 처벌조항은 해악의 고지가 현실적으로 상대방에게 **도달하지 아니한 경우**나, 도달은 하였으나 상대방이 이를 **지각하지 못하였거나** 고지된 해악의 의미를 **인식하지 못한 경우** 등에 **적용될 뿐이다.**
[2] **정보보안과 소속 경찰관이** 자신의 지위를 내세우면서 타인의 민사분쟁에 개입하여 빨리 채무를 변제하지 않으면 상부에 보고하여 문제를 삼겠다고 말한 경우, 객관적으로 상대방이 공포심을 일으키기에 충분한 정도의 해악의 고지에 해당하므로 **현실적으로 피해자가 공포심을 일으키지 않았다** 하더라도 **협박죄의 기수에 이르렀다고** 보아야 한다(대판2007.9.28. 2007도606 전원합의체판결).

② (X) [1] **강요죄는** 폭행 또는 협박으로 사람의 권리행사를 방해하거나 의무 없는 일을 하게 하는 범죄이다(형법 제324조 제1항). 여기에서 **폭행은 사람에 대한 직접적인 유형력의 행사뿐만** 아니라 **간접적인 유형력의 행사도 포함하며, 반드시 사람의 신체에 대한 것에 한정되지 않는다.** 사람에 대한 간접적인 유형력의 행사를 강요죄의 폭행으로 평가하기 위해서는 피고인이 유형력을 행사한 의도와 방법, 피고인의 행위와 피해자의 근접성, 유형력이 행사된 객체와 피해자의 관계 등을 종합적으로 고려해야 한다.
[2] **피고인이** 갑과 공모하여 갑 소유의 차량을 **을 소유 주택 대문 바로 앞부분에 주차하는 방법으로 을이 차량을 주택 내부의 주차장에 출입시키지 못하게 함으로써** 을의 차량 운행에 관한 권리행사를 방해하였다는 내용으로 기소된 사안에서, 피고인은 을로 하여금 주차장을 이용하지 못하게 할 의도로 갑 차량을 을 주택 대문 앞에 주차하였으나, 주차 당시 피고인과 을 사이에 물리적 접촉이 있거나 피고인이 을에게 어떠한 유형력을 행사했다고 볼만한 사정이 없는 점, **피고인의 행위로 을에게 주택 외부에 있던 을 차량을 주택 내부의 주차장에 출입시키지 못하는 불편이 발생하였으나**, 을은 차량을 용법에 따라 정상적으로 사용할 수 있었던 점을 종합하면, **피고인이 乙을 폭행하여 차량 운행에 관한 권리행사를 방해하였다고 평가하기 어렵다**(대법원2021. 11. 25.선고2018도1346판결). 결국, 피고인이 피해자 주택 대문 바로 앞에 차량을 주차하여 피해자가 차량을 **주차장에 출입할 수 없도록 한 것이** 강요죄의 **폭행에 해당하지 않는다.**
④ (X) [1] **강요죄는** 폭행 또는 협박으로 사람의 권리행사를 방해하거나 의무 없는 일을 하게 하는 범죄이다. 여기에서 **협박은** 객관적으로 사람의 **의사결정의 자유를 제한하거나 의사실행의 자유를 방해할 정도로** 겁을 먹게 할 만한 해악을 고지하는 것을 말한다. 이와 같은 **협박이 인정되기 위해서는** 발생 가능한 것으로 생각할 수 있는 정도의 **구체적인 해악의 고지가 있어야** 한다. 해악의 고지는 반드시 명시적인 방법이 아니더라도 말이나 행동을 통해서 상대방에게 어떠한 해악을 끼칠 것이라는 인식을 갖도록 하면 충분하고, 제3자를 통해서 간접적으로 할 수도 있다. **행위자가** 그의 직업, 지위 등에 기초한 **위세를 이용하여** 불법적으로 재물의 교부나 재산상 이익을 요구하고 **상대방이 불응하면** 부당한 **불이익을 입을**

위험이 있다는 위구심을 일으키게 하는 경우에도 **해악의 고지가 된다.**
[2] **행위자가** 직무상 또는 사실상 상대방에게 영향을 줄 수 있는 직업이나 지위에 있고 직업이나 지위에 기초하여 상대방에게 어떠한 요구를 하였더라도 곧바로 그 요구 행위를 **위와 같은 해악의 고지라고 단정하여서는 안 된다.** 특히 **공무원이 자신의 직무와 관련한 상대방에게** 공무원 자신 또는 자신이 지정한 제3자를 위하여 재산적 이익 또는 일체의 유·무형의 이익 등을 제공할 것을 **요구하고 상대방은** 공무원의 지위에 따른 직무에 관하여 **어떠한 이익을 기대하며 그에 대한 대가로서 요구에 응하였다면**, 다른 사정이 없는 한 공무원의 위 요구 행위를 객관적으로 사람의 의사결정의 자유를 제한하거나 의사실행의 자유를 방해할 정도로 겁을 먹게 할 만한 **해악의 고지라고 단정하기는 어렵다.**
[3] **행위자가 직업이나 지위에 기초하여 상대방에게 어떠한 이익 등의 제공을 요구하였을 때 그 요구 행위가 강요죄의 수단으로서 해악의 고지에 해당하는지 여부는** 행위자의 지위뿐만 아니라 그 언동의 내용과 경위, 요구 당시의 상황, 행위자와 상대방의 성행·경력·상호관계 등에 비추어 볼 때 **상대방으로 하여금 그 요구에 불응하면 어떠한 해악에 이를 것이라는 인식을 갖게 하였다고 볼 수 있는지**, 행위자와 상대방이 행위자의 지위에서 상대방에게 줄 수 있는 해악을 인식하거나 합리적으로 예상할 수 있었는지 등을 종합하여 판단해야 한다. 공무원인 행위자가 상대방에게 어떠한 이익 등의 제공을 요구한 경우 **위와 같은 해악의 고지로 인정될 수 없다면** 직권남용이나 뇌물 요구 등이 될 수는 있어도 **협박을 요건으로 하는 강요죄가 성립하기는 어렵다**(대법원2019. 8. 29.선고 2018도13792전원합의체 판결).

문제 17 - 정답 ④

▶ ④ (X) [1] **피고인이** 전격성간염에 걸려 장내출혈의 증세까지 생긴 **만11세 남짓 그 딸 A를** 병원으로 데리고 다니면서 치료를 받게함에 있어 의사들이 **당시의 의료기술상 최선의 치료방법이라고 하면서 권유하는 수혈을** 자신이 믿는 종교인 **여호와의 증인의 교리에 어긋난다는** 이유로 시종일관 완강히 거부하여 A로 하여금 의학상의 적정한 치료를 받지 못하도록 하여 A를 유기하고 그로 인해 A로 하여금 장내출혈 때문에 **실혈사(과다출혈로 사망)하게 한 것**이라면 유기치사죄가 성립한다.
[2] **생모가** 사망의 위험이 예견되는 그 딸에 대하여는 수혈이 최선의 치료방법이라는 의사의 권유를 **자신의 종교적 신념이나 후유증 발생의 염려만을 이유로 완강하게 거부하고 방해하였다면** 이는 결과적으로 **요부조자를 위험한 장소에 두고 떠난 경우나 다름이 없다고 할 것이고** 그때 사리를 변식할 지능이 없다고 보아야 마땅한 11세 남짓의 환자본인 역시 수혈을 거부하였다고 하더라도 생모의 수혈거부 행위가 위법한 점에 영향을 미치는 것이 아니다(대법원 1980. 9. 24. 선고 79도1387 판결). 결국, 피고인의 행위는 **정당행위에 해당한다고 할 수 없으므로, 부작위에 의한 유기치사죄가 성립한다**(부작위에 의한 결과적 가중범도 성립할 수 있다).
① (O) [1] 형법 제271조 제1항에서 말하는 **법률상 보호의무 가운데는** 민법 제826조 제1항에 근거한 **부부간의 부양의무도 포함되며**, 나아가 법률상 부부는 아니지만 **사실혼 관계에 있는 경우에도** 위 민법 규정의 취지 및 유기죄의 보호법익에 비추어 위와 같은 **법률상 보호의무의 존재를 긍정하여야 하지만, 사실혼에 해당하여 법률혼에 준하는 보호를 받기 위하여는** 단순한 동거 또는 간헐적인 정교관계를 맺고 있다는 사정만으로는 부족하고, 그 당사자 사이에

주관적으로 혼인의 의사가 있고 **객관적으로도** 사회관념상 가족질서적인 면에서 **부부공동생활을 인정할 만한 혼인생활의 실체가 존재하여야 한다.**
[2] **동거 또는 내연관계를 맺은 사정만**으로는 **사실혼관계를 인정할 수 없고,** 내연녀가 치사량의 필로폰을 복용하여 부조를 요하는 상태에 있었음을 인식하였다는 점을 인정할 증거가 부족하므로 **유기치사죄가 성립하지 않는다**(대판2008.2.14. 2007도3952).
② (O) **국민의 생명과 신체의 안전을 보호하기 위한 응급의 조치를 강구하여야 할 직무를 가진 경찰관**인 피고인으로서는 술에 만취된 피해자가 향토예비군 4명에게 떼메어 운반되어 지서 나무의자 위에 눕혀 놓았을 때 숨이 가쁘게 쿨쿨 내뿜고 자신의 수족과 의사도 자제할 수 없는 상태에 있음에도 불구하고 **근 3시간 동안이나 아무런 구호조치를 취하지 아니한 것은 유기죄에 대한 범의를 인정할 수 있다**(대법원 1972. 6. 27. 선고 72도863 판결).
③ (O) 형법 제273조 제1항에서 말하는 **'학대'라 함**은 육체적으로 고통을 주거나 정신적으로 차별대우를 하는 행위를 가리키고, 이러한 학대행위는 형법의 규정체제상 학대와 유기의 죄가 같은 장에 위치하고 있는 점 등에 비추어 **단순히 상대방의 인격에 대한 반인륜적 침해만으로는 부족하고 적어도 유기에 준할 정도에 이르러야 한다**(대법원2000. 4. 25.선고2000도223판결).

문제 18 – 정답 ④

▶ ④ (X) [1] 강제추행죄는 처벌되지 아니하는 타인을 도구로 삼아 피해자를 강제로 추행하는 **간접정범의 형태로도 범할 수 있다.** 여기서 강제추행에 관한 간접정범의 의사를 실현하는 도구로서의 **타인에는 피해자도 포함될 수 있으므로,** 피해자를 도구로 삼아 피해자의 신체를 이용하여 추행행위를 한 경우에도 **강제추행죄의 간접정범에 해당할 수 있다.**
[2] **갑**은 스마트폰 채팅 애플리케이션을 통하여 알게 된 피해자들로부터 은밀한 신체 부위가 드러난 사진을 전송받은 사실이 있고, 피해자들의 개인정보나 피해자들의 지인에 대한 인적사항을 알게 된 것을 기화로 피해자들에게 시키는 대로 하지 않으면 기존에 전송받았던 신체 사진과 개인정보 등을 유포하겠다고 · 하는 방법으로 **피해자들을 협박하여 겁을 먹은 피해자들로 하여금 어쩔 수 없이 나체나 속옷만 입은 상태가 되게 하여 스스로를 촬영하게 하거나, 성기에 이물질을 삽입하거나 자위를 하는 등의 행위를 하게 하였다면,** 이러한 행위는 피해자들을 도구로 삼아 피해자들의 신체를 이용하여 그 성적 자유를 침해한 행위로서, 아동·청소년의 성보호에 관한 법률 위반**(강제추행죄)의 간접정범에 해당한다**(대판2018.2.8. 2016도17733).
①② (O) [1] **강제추행죄의 '폭행 또는 협박'**은 상대방의 항거를 **곤란하게 할 정도로 강력할 것이 요구되지 아니하고,** 상대방의 **신체에 대하여 불법한 유형력을 행사(폭행)**하거나 일반적으로 보아 상대방으로 하여금 **공포심을 일으킬 수 있는 정도의 해악을 고지(협박)하는 것이라고 보아야** 한다.
[2] **어떠한 행위가 강제추행죄의 '폭행 또는 협박'에 해당하는지 여부**는 행위의 목적과 의도, 구체적인 행위태양과 내용, 행위의 경위와 행위 당시의 정황, 행위자와 상대방과의 관계, 그 행위가 상대방에게 주는 고통의 유무와 정도 등을 **종합하여 판단하여야** 한다.
[3] 이와 달리 강제추행죄의 폭행 또는 협박이 **상대방의 항거를 곤란하게 할 정도일 것을 요한다고 본 대법원 2012. 7. 26. 선고 2011도8805 판결을 비롯하여 같은 취지의 종전 대법원판결은** 이

판결의 견해에 배치되는 범위 내에서 **모두 변경하기로 한다.**
[4] 피고인이 자신의 주거지 방안에서 4촌 친족관계인 피해자 갑(여, 15세)의 학교 과제를 도와주던 중 갑을 양팔로 끌어안은 다음 침대에 쓰러뜨린 후 갑의 가슴을 만지는 등 강제로 추행하였다는 **성폭력범죄의 처벌 등에 관한 특례법 위반(친족관계에의한강제추행)의 주위적 공소사실로 기소된 사안**에서, 당시 피고인은 방안에서 갑의 숙제를 도와주던 중 갑의 왼손을 잡아 자신의 성기 쪽으로 끌어당겼고, 이를 거부하고 자리를 이탈하려는 갑의 의사에 반하여 갑을 끌어안은 다음 침대로 넘겨져 갑의 위에 올라탄 후 갑의 가슴을 만졌으며, 방문을 나가려는 갑을 뒤따라가 끌어안았는바, 이러한 **피고인의 행위는 갑의 신체에 대하여 불법한 유형력을 행사하여 갑을 강제추행한 것에 해당한다**(대법원2023. 9. 21.선고2018도13877전원합의체 판결).
③ (O) [1] **준강간죄에서 '심신상실'이란** 정신기능의 장애로 인하여 성적 행위에 대한 **정상적인 판단능력이 없는 상태**를 의미하고, **'항거불능'의 상태란 심신상실 이외의 원인**으로 심리적 또는 물리적으로 **반항이 절대적으로 불가능하거나 현저히 곤란한 경우**를 의미한다.
[2] **이는 준강제추행죄의 경우에도 마찬가지다.** 피해자가 **깊은 잠에 빠져 있거나 술·약물 등에 의해 일시적으로 의식을 잃은 상태 또는 완전히 의식을 잃지는 않았더라도 그와 같은 사유로 정상적인 판단능력과 대응·조절능력을 행사할 수 없는 상태에 있었다면** 준강간죄 또는 준강제추행죄에서의 **심신상실 또는 항거불능 상태에 해당한다.**
[3] **(심신상실의 상태)** 음주 후 준강간 또는 준강제추행을 당하였음을 호소한 을의 경우, 범행 당시 알코올이 위의 기억형성의 실패만을 야기한 **알코올 블랙아웃 상태였다면** 을은 기억장애 외에 **인지기능이나 의식 상태의 장애에 이르렀다고 인정하기 어렵지만,** 이에 비하여 을이 **술에 취해 수면상태에 빠지는 등 의식을 상실한 패싱아웃 상태였다면 심신상실의 상태에 있었음을 인정할 수 있다.**
[4] **(항거불능의 상태)** 또한 '준강간죄 또는 준강제추행죄에서의 심신상실·항거불능'의 개념에 비추어, **을이 의식상실 상태에 빠져 있지는 않지만**(의식을 상실한 패싱아웃 상태에 이르지 않았지만)/ **알코올의 영향으로 의사를 형성할 능력이나 성적 자기결정권 침해 행위에 맞서려는 저항력이 현저하게 저하된 상태였다면 '항거불능'에 해당하여,** 이러한 피해자에 대한 성적 행위 **역시 준강간죄 또는 준강제추행죄를 구성할 수 있다**(대법원2021. 2. 4.선고2018도9781판결). 결국, **'심신상실(패싱아웃)'의 상태에 이르지 않았어도 '항거불능'의 상태에 해당한다해도 역시 준강간죄 또는 준강제추행죄를 구성할 수 있다.**

문제 19 – 정답 ③

▶ ③ ㉡㉢㉣(3개)은 옳은 지문이나, ㉠㉢(2개)은 틀린 지문이다.
㉠ (X) **「전파가능성이 있다는 이유로 공연성을 인정하는 것은** 문언의 통상적 의미를 벗어나 피고인에게 불리한 확장해석으로 죄형법정주의에서 **금지하는 유추해석에 해당한다.」고 보는 것은 다수의견이 아니라** 다수의견에 **반대의견일 뿐이어서 틀린 지문이다**(대법원 2020. 11. 19.선고2020도5813전원합의체 판결). 결국, **전파가능성이 있을 때에 공연성을 인정하는 것은 죄형법정주의에서 금지하는 유추해석에 해당하지 않는다.**
㉡ (O) [1] 형법 제310조는 "형법 제307조 제1항의 행위가 진실한 사실로서 오로지 공공의 이익에 관한 때에는 처벌하지 아니한

다.”라고 정한다. 여기서 **‘진실한 사실’**이란 내용 전체의 취지를 살펴볼 때 **중요한 부분이 객관적 사실과 합치되는 사실이라는 의미로** 세부에서 진실과 **약간 차이가** 나거나 **다소 과장된 표현이 있더라도 무방하다.**

[2] 또한 **‘오로지 공공의 이익에 관한 때’란** 적시된 사실이 객관적으로 볼 때 공공의 이익에 관한 것으로서 행위자도 주관적으로 공공의 이익을 위하여 그 사실을 적시한 것이어야 하는 것인데, **공공의 이익에 관한 것에는 널리 국가·사회 기타 일반 다수인의 이익에 관한 것뿐만** 아니라 **특정한 사회집단이나 그 구성원 전체의 관심과 이익에 관한 것도 포함**한다. 행위자의 **주요한 동기나 목적이 공공의 이익을 위한 것이라면** 부수적으로 다른 사익적 목적이나 동기가 내포되어 있더라도 **형법 제310조의 적용을 배제할 수 없다.**

[3] 사실적시의 내용이 **사회 일반의 일부 이익에만 관련된 사항이라도** 다른 일반인과 공동생활에 관계된 사항이라면 **공익성을 지니고,** 나아가 **개인에 관한 사항이더라도** 공공의 이익과 관련되어 있고 **사회적인 관심을 획득하거나 획득할 수 있는 경우라면** 직접적으로 국가·사회 일반의 이익이나 특정한사회집단에 관한 것이 아니라는 이유만으로 **형법 제310조의 적용을 배제할 것은 아니다.** 사인이라도 그가 관계하는 사회적 활동의 성질과 사회에 미칠 영향을 헤아려 공공의 이익에 관련되는지 판단해야 한다.

[4] 갑 대학교 총학생회장인 피고인이 총학생회 주관의 농활 사전답사 과정에서 을을 비롯한 학생회 임원진의 음주 및 음주운전 사실이 있었음을 계기로 음주운전 및 이를 묵인하는 관행을 공론화하여 **‘총학생회장으로서 음주운전을 끝까지 막지 못하여 사과드립니다.’** 라는 제목의 글을 써 페이스북 등에 게시함으로써 **음주운전자로 특정된 을의 명예를 훼손하였다는** 내용으로 기소된 사안에서, 게시글의 전체적인 취지·내용에 비추어 중요한 부분은 ‘을이 술을 마신 상태에서 음주운전을 하였고 피고인도 이를 끝까지 제지하지 않았으며, 피고인 역시 음주운전 차량에 동승하였다.’는 점으로서 객관적 사실과 합치되므로, 비록 을이 마신 술의 종류·양과 같은 세부적 부분이 객관적 사실과 정확히 일치하지 않더라도 게시글의 중요한 부분은 ‘진실한 사실’에 해당하는 점, **피고인은 사회적으로 음주운전에 엄격해진 분위기와 달리 농활 과정의 관성적인 음주운전 문화가 해당 개인은 물론 농활에 참여한 학내 구성원 등의 안전을 위협하고 이로 인해 총학생회의 자치활동에마저 부정적인 사회적 인식을 초래할 수 있다는** 문제의식 아래 게시글을 올린 것으로 보이므로, 게시글은 주된 의도·목적의 측면에서 공익성이 충분히 인정되는 점, 게시글을 올린 시점이 을의 음주운전 행위일로부터 약 4개월이 경과되었고, 을의 갑 대학교 단과대학 학생회장 출마 시점으로부터 약 2주일 전이라는 점에서 그 의도·목적상 을의 출마와 관련성이 있다고 볼 여지도 있으나, **게시글의 중요 부분은 객관적인 사실로서 을의 준법의식·도덕성·윤리성과 직결되는 부분이어서 단과대학 학생회장으로서의 적격 여부와 상당한 관련성이 있을 뿐만 아니라 단과대학 구성원 전체의 관심과 이익에 관한 사항에 해당하는 점** 등을 종합하면, 피고인의 행위는 형법 **제310조에 따라 위법성이 조각된다고** 봄이 타당하다(대법원 2023. 2. 23. 2022도13425 판결).

ⓒ (X) [1] 가. 대법원은 명예훼손죄에서 ‘사실의 적시’에 관하여, **객관적으로 피해자의 사회적 평가를 저하시키는 사실에 관한 발언의 보도, 소문이나 제3자의 말을 인용하는 방법으로 단정적인 표현이 아닌 전문 또는 추측의 형태로 표현되었더라도,** 표현 전체의 취

지로 보아 사실이 존재할 수 있다는 것을 **암시하는 방식으로** 이루어진 경우에는 **사실의 적시로 인정하여 왔다.**

나. **하지만 학문적 표현의 자유를** 실질적으로 보장하기 위해서는, 학문적 연구 결과 발표에 사용된 표현의 적절성은 형사 법정에서 가려지기보다 자유로운 공개토론이나 학계 내부의 동료평가 과정을 통하여 검증되는 것이 바람직하다. 그러므로 **학문적 연구에 따른 의견표현을** 명예훼손죄에서 **사실의 적시로 평가하는 데에는 신중할 필요가 있다.** 역사학 또는 역사적 사실을 연구 대상으로 삼는 학문 영역에서의 ‘역사적 사실’과 같이, 그것이 분명한 윤곽과 형태를 지닌 고정적인 사실이 아니라 사후적 연구, 검토, 비판의 끊임없는 과정 속에서 재구성되는 사실인 경우에는 더욱 그러하다. 이러한 점에서 볼 때, **학문적 표현을 그 자체로 이해하지 않고,** 표현에 숨겨진 배경이나 배후를 섣불리 단정하는 방법으로 **암시에 의한 사실 적시를 인정하는 것은 허용된다고 보기 어렵다.**

[2] 형사재판에서 공소가 제기된 범죄의 구성요건을 이루는 **사실은** 그것이 **주관적 요건이든 객관적 요건이든 그 증명책임이 검사에게 있으므로,** 해당 표현이 학문의 자유로서 보호되는 영역에 속하지 않는다는 점은 검사가 증명하여야 한다.

[3] 따라서 조선인 일본군 위안부의 처지와 역할에 관한 **피고인의 학문적 의견 내지 주장을 표명한 것으로 보일 뿐,** 검사의 주장과 같이 해당 표현이 **‘조선인 일본군 위안부들은 일본군과 동지의식을 가지고 일본 제국 또는 일본군에 애국적, 자긍적으로 협력하였다.’는 명제를** 단정적으로 **전제하고 있다고 보기는 어렵다**(대법원 2023. 10. 26.선고2017도18697판결). 결국, 피고인(A대학교 명예교수가 저서 ‘제국의 위안부’에서 명시적 또는 암시적으로 **“조선인 일본군 위안부들은** 일의 내용이 군인을 상대하는 매춘임을 인지한 상태에서 **생활을 위해 본인의 선택에 따라 ‘위안부’가 되어 경제적 대가를 받고 성매매를 하는 매춘업에 종사하는 사람이다.”** 라는 허위의 사실을 적시함으로써 조선인 일본군 위안부였던 피해자들을 **명예훼손 하였다는 사실로 기소**된 경우, 피고인의 **각 표현이** 명예훼손죄에서의 **구체적 사실 적시에 해당하는 것이 아니라** 학문적 **의견 내지 주장일 뿐**이어서 **명예훼손죄가 성립하지 않는다.**

ⓔ (O) [1] 정보통신망 이용촉진 및 정보보호 등에 관한 법률(정보통신망법) 제70조 제1항은 **“사람을 비방할 목적으로** 정보통신망을 통하여 공공연하게 사실을 드러내어 **다른 사람의 명예를 훼손한 자는** 3년 이하의 징역 또는 3천만 원 이하의 벌금에 처한다.” 라고 정한다. 이 규정에 따른 범죄가 성립하려면 사람을 **비방할 목적이 있어야 한다.**

[2] **‘비방할 목적’**은 공공의 이익을 위한 것과는 행위자의 주관적 의도라는 방향에서 **상반되므로, 드러낸 사실이 공공의 이익에 관한 것인 경우에는 특별한 사정이 없는 한 비방할 목적은 부정된다.** 여기에서 ‘드러낸 사실이 공공의 이익에 관한 것인 경우’란 드러낸 사실이 객관적으로 볼 때 공공의 이익에 관한 것으로서 행위자도 주관적으로 공공의 이익을 위하여 그 사실을 드러낸 것이어야 한다.

[3] **공공의 이익에 관한 것에는** 널리 국가·사회 그 밖에 일반 다수인의 이익에 관한 것뿐만 아니라 **특정한 사회집단이나 그 구성원 전체의 관심과 이익에 관한 것도 포함**한다. **행위자의 주요한 동기와 목적이 공공의 이익을 위한 것이라면** 부수적으로 다른 사익적 목적이나 동기가 포함되어 있더라도 **비방할 목적이 있다고 보기는 어렵다.**

[4] 피고인이 **고등학교 동창인 갑으로부터 사기 범행을 당했던 사**

실과 관련하여 같은 학교 동창 10여 명이 참여하던 단체 채팅방에서 '갑이 내 돈을 갚지 못해 사기죄로 감방에서 몇 개월 살다가 나왔다. 집에서도 포기한 애다. 너희들도 조심해라.'라는 내용의 글을 게시함으로써 갑의 명예를 훼손하였다고 하여 정보통신망 이용촉진 및 정보보호 등에 관한 법률 위반(명예훼손)으로 기소된 사안에서, 피고인이 드러낸 사실의 내용, 게시 글의 작성 경위와 동기 등 제반 사정을 종합하면, ㉠ 게시 글은 채팅방에 참여한 고등학교 동창들로 구성된 사회집단의 이익에 관한 사항으로 볼 수 있고, ㉡ 피고인이 게시 글을 채팅방에 올린 동기나 목적에는 자신에게 재산적 피해를 입힌 갑을 비난하려는 목적도 포함되었다고 볼 수 있으나, ㉢ 갑으로 인하여 동창 2명이 재산적 피해를 입은 사실에 기초하여 갑과 교류 중인 다른 동창생들에게 주의를 당부하려는 목적이 포함되어 있고, 실제로 게시 글의 말미에 그러한 목적을 표시하였으므로, 피고인의 주요한 동기와 목적은 공공의 이익을 위한 것으로 볼 여지가 있고 피고인에게 갑을 비방할 목적이 있다는 사실이 합리적 의심의 여지가 없을 정도로 증명되었다고 볼 수 없다(대법원2022. 7. 28.선고2022도4171판결). 결국, 피고인은 정보통신망법상 명예훼손죄가 성립하지 않는다.

㉤ (○) 이른바 전파가능성 이론은 공연성에 관한 확립된 법리로 정착되었다. 이러한 법리는 정보통신망 이용촉진 및 정보보호 등에 관한 법률(이하 '정보통신망법'이라 한다)상 정보통신망을 이용한 명예훼손이나 공직선거법상 후보자비방죄 등의 공연성 판단에도 동일하게 적용되어, 적시한 사실이 허위인지 여부나 특별법상 명예훼손 행위인지 여부에 관계없이 명예훼손 범죄의 공연성에 관한 대법원 판례의 기본적 법리로 적용되어 왔다. 따라서 공연성의 의미는 형법과 정보통신망법 등의 특별법에서 동일하게 적용되어야 한다(대법원2020. 11. 19.선고2020도5813전원합의체 판결).

문제 20 - 정답 ②

▶ ② ㉠㉤(2개)은 맞는 지문이다. ㉡㉢(2개)은 틀린 지문이다.

㉠ (○) 형법 제314조 제1항 소정의 위계에 의한 업무방해죄에 있어서의 '위계'라 함은 행위자의 행위목적을 달성하기 위하여 상대방에게 오인·착각 또는 부지를 일으키게 하여 이를 이용하는 것을 말하므로, 인터넷 자유게시판 등에 실제의 객관적인 사실을 게시하는 행위는, 설령 그로 인하여 피해자의 업무가 방해된다고 하더라도, 위 법조항 소정의 '위계'에 해당하지 않는다.
[2] 피고인이 인터넷 다음카페 전국감리원모임 자유게시판에 게시한 글은 '사실'을 적시한 것이므로 '위계'에 해당하지 아니하고, 달리 피고인이 위계로써 피해자가 운영하는 건축사사무실의 업무를 방해하였음을 인정할 증거가 없으므로 위계에 의한 업무방해죄가 성립하지 않는다(대법원 2007. 6. 29. 선고 2006도3839 판결).
㉡ (X) 위계에 의한 업무방해죄에서 '위계'란 행위자가 행위목적을 달성하기 위하여 상대방에게 오인·착각 또는 부지를 일으키게 하여 이를 이용하는 것을 말하고, 업무방해죄의 성립에는 업무방해의 결과가 실제로 발생함을 요하지 않고 업무방해의 결과를 초래할 위험이 발생하면 족하며, 업무수행 자체가 아니라 업무의 적정성 내지 공정성이 방해된 경우에도 업무방해죄가 성립한다(대법원 2010. 3. 25.선고2009도8506판결).
㉢ (X) [1] 위계에 의한 업무방해죄에서 '위계'란 행위자가 행위목적을 달성하기 위하여 상대방에게 오인, 착각 또는 부지를 일으키게 하여 이를 이용하는 것을 말하고, 업무방해죄의 성립에는 업무방해의 결과가 실제로 발생함을 요하지 않고 업무방해의 결과를 초래할 위험이 발생하면 족하며, 업무수행 자체가 아니라 업무의

적정성 내지 공정성이 방해된 경우에도 업무방해죄가 성립한다. 나아가 컴퓨터 등 정보처리장치에 정보를 입력하는 등의 행위가 그 입력된 정보 등을 바탕으로 업무를 담당하는 사람의 오인, 착각 또는 부지를 일으킬 목적으로 행해진 경우에는 그 행위가 업무를 담당하는 사람을 직접적인 대상으로 이루어진 것이 아니라고 하여 위계가 아니라고 할 수는 없다.
[2] 갑 정당의 제19대 국회의원 비례대표 후보자 추천을 위한 당내 경선과정에서 피고인들이 선거권자들로부터 인증번호만을 전달받은 뒤 그들 명의로 특정 후보자에게 전자투표를 함으로써 위계로써 갑 정당의 경선관리 업무를 방해하였다는 내용으로 기소된 사안에서, 국회의원 비례대표 후보자 명단을 확정하기 위한 당내 경선은 정당의 대표자나 대의원을 선출하는 절차와 달리 국회의원 당선으로 연결될 수 있는 중요한 절차로서 직접투표의 원칙이 그러한 경선절차의 민주성을 확보하기 위한 최소한의 기준이 된다고 할 수 있는 점 등 제반 사정을 종합할 때, 당내 경선에도 직접·평등·비밀투표 등 일반적인 선거원칙이 그대로 적용되고 대리투표는 허용되지 않는다. 따라서 위계로써 갑 정당의 경선관리 업무를 방해하였다(대판2013.11.28. 2013도5117). 결국, 위력에 의한 업무방해죄가 성립하는 것이 아니라/ 위계에 의한 업무방해죄가 성립한다.
㉣ (○) [1] 의료인이나 의료법인이 아닌 자가 의료기관을 개설하여 운영하는 행위는 그 위법의 정도가 중하여 사회생활상 도저히 용인될 수 없는 정도로 반사회성을 띠고 있으므로 업무방해죄의 보호대상이 되는 '업무'에 해당하지 않는다(대법원 2001. 11. 30. 선고 2001도2015 판결).
[2] (최근판례) (가) 형법상 업무방해죄의 보호대상이 되는 '업무'라 함은 직업 또는 계속적으로 종사하는 사무나 사업을 말하는 것으로서 타인의 위법한 행위에 의한 침해로부터 보호할 가치가 있는 것이면 되고, 그 업무의 기초가 된 계약 또는 행정행위 등이 반드시 적법하여야 하는 것은 아니므로, 법률상 보호할 가치가 있는 업무인지 여부는 그 사무가 사실상 평온하게 이루어져 사회적 활동의 기반이 되고 있느냐에 따라 결정되는 것이고, 그 업무의 개시나 수행과정에 실체상 또는 절차상의 하자가 있다고 하더라도 그 정도가 반사회성을 띠는 데까지 이르지 아니한 이상 업무방해죄의 보호대상이 된다고 보아야 한다.
(나) 의료인이나 의료법인이 아닌 자가 의료기관을 개설하여 운영하는 행위는 업무방해죄의 보호대상이 되는 업무에 해당하지 않는다. 그러나 무자격자에 의해 개설된 의료기관에 고용된 의료인이 환자를 진료한다고 하여 그 진료행위 또한 당연히 반사회성을 띠는 행위라고 볼 수는 없다. 이때 의료인의 진료업무가 업무방해죄의 보호대상이 되는 업무인지는 의료기관의 개설·운영 형태, 해당 의료기관에서 이루어지는 진료의 내용과 방식, 피고인의 행위로 인하여 방해되는 업무의 내용 등 사정을 종합적으로 고려하여 판단해야 한다.
(다) 무자격자가 의료기관을 개설하여 운영하는 행위는 업무방해죄의 보호대상이 되는 업무에 해당하지 않더라도 고용된 의료인이 환자를 진료하는 행위는 업무방해죄의 보호대상이 될 수 있으므로, 의료기관의 개설·운영 형태, 해당 의료기관에서 이루어지는 진료의 내용과 방식, 피고인의 행위로 인하여 방해되는 업무의 내용 등 사정을 종합적으로 고려하여 판단해야 한다(대판2023.3.16. 2021도16482). 결국, 무자격자가 개설한 의료기관(사무장 병원)에 고용된 의료인(의사)이 환자를 진료하는 업무는 업무방해죄의 보호대

상이 되는 업무가 될 수 있다. 사무장의 병원업무를 방해하였다면 업무방해죄가 성립하지 아니하나, **고용된 의사의 환자 진료업무를 방해하였다면 업무방해죄가 성립한다.**

▶ ② (X) [1] <u>주거침입죄는 사실상 주거의 평온을 보호법익</u>으로 한다. 주거침입죄의 구성요건적 행위인 침입은 주거침입죄의 보호법익과의 관계에서 해석하여야 하므로, **침입이란 <u>주거의 사실상 평온상태를 해치는 행위 태양으로 주거에 들어가는 것</u>을 의미하고, 침입에 해당하는지는 출입 당시 객관적·외형적으로 드러난 행위 태양을 기준으로 판단함**이 원칙이다. 사실상의 평온상태를 해치는 행위 태양으로 주거에 들어가는 것이라면 대체로 거주자의 의사에 반하겠지만, <u>단순히 주거에 들어가는 행위 자체가 거주자의 의사에 반한다는 주관적 사정만으로는</u> 바로 **침입에 해당한다고 볼 수 없다.**

[2] 따라서 침입행위에 해당하는지는 <u>거주자의 의사에 반하는지가 아니라/ 사실상의 평온상태를 해치는 행위 태양인지에 따라 판단되어야</u> 한다.

[3] 일반적으로 출입이 허용되어 **개방된 시청사 로비에 관리자의 출입 제한이나 제지가 없는 상태에서 통상적인 방법으로 들어간 이상** 사실상의 평온상태를 해치는 행위 태양으로 <u>김천시청 1층 로비에 들어갔다고 볼 수 없으므로</u> 건조물침입죄에서 규정하는 **침입행위에 해당하지 않는다.** 김천시청 관리자의 명시적 출입 금지 의사는 확인되지 않고, 설령 피고인 갑, 피고인 을 등이 이 부분 공소사실과 같이 김천시청에 들어간 행위가 <u>김천시청 관리자의 추정적 의사에 반하였더라도,</u> 그러한 사정만으로는 **사실상의 평온상태를 해치는 행위 태양으로 시청로비에 출입하였다고 평가할 수 없다.** 따라서 **갑과 을에 대하여는 건조물침입죄가 성립하지 않는다**(대법원2022. 6. 16.선고2021도7087판결).

① (○) [1] 주거침입죄에 있어서 **주거란 단순히 <u>가옥 자체만을 말하는 것이 아니라</u> 그 정원 등 <u>위요지를 포함한다.</u>**

[2] 따라서 다가구용 단독주택이나 다세대주택·연립주택·아파트 등 공동주택 안에서 공용으로 사용하는 엘리베이터, 계단과 복도는 주거로 사용하는 각 가구 또는 세대의 전용 부분에 필수적으로 부속하는 부분으로서 그 거주자들에 의하여 일상생활에서 감시·관리가 예정되어 있고 사실상의 주거의 평온을 보호할 필요성이 있는 부분이므로, **다가구용 단독주택이나 다세대주택·연립주택·아파트 등 공동주택의 내부에 있는 엘리베이터, 공용 계단과 복도는 특별**한 사정이 없는 한 주거침입죄의 객체인 **'사람의 주거'에 해당한다.** 위 장소에 거주자의 명시적, 묵시적 **의사에 반하여 침입하는 행위는 주거침입죄를 구성한다**(대판2009.9.10. 2009도4335; 대법원2022. 8. 25.선고2022도3801판결 등)

③ (○) 다른 사람의 주택에 무단 침입한 범죄사실로 이미 유죄판결을 받은 사람이 **그 판결이 확정된 후에도 퇴거하지 않은 채 계속하여 당해 주택에 거주한 경우,** 위 판결 확정 이후의 행위는 **별도의(또다시) 주거침입죄를 구성한다**(대판2008.5.8. 2007도11322).

④ (○) [1] 주거침입죄는 **사실상 주거의 평온을 보호법익**으로 한다. 주거침입죄의 구성요건적 행위인 침입은 주거침입죄의 보호법익과의 관계에서 해석하여야 하므로, **침입이란** 거주자가 주거에서 누리는 사실상의 평온상태를 해치는 행위태양으로 주거에 들어가는 것을 의미하고, 침입에 해당하는지 여부는 출입 당시 객관적·외형적으로 드러난 행위태양을 기준으로 판단함이 원칙이다. 사실상

의 평온을 해치는 행위태양으로 주거에 들어가는 것이라면 특별한 사정이 없는 한 거주자의 의사에 반하는 것이겠지만, **단순히 주거에 들어가는 행위 자체가 거주자의 의사에 반한다는 거주자의 주관적 사정만으로 바로 침입에 해당한다고 볼 수 없다.** 이는 **건조물침입죄의 경우에도 마찬가지이다.**

[2] <u>주거침입죄의 객체는 **행위자 이외의 사람**, 즉 '타인'이 거주하는 주거 등</u>이라고 할 것이므로 **행위자 자신이 단독으로 또는 다른 사람과 공동으로 거주하거나 관리 또는 점유하는 주거 등에 임의로 출입하더라도 주거침입죄를 구성하지 않는다.** 다만 다른 사람과 공동으로 주거에 거주하거나 건조물을 관리하던 사람이 공동생활관계에서 **이탈하거나** 주거 등에 대한 사실상의 지배·관리를 **상실한 경우** 등 특별한 사정이 있는 경우에 **주거침입죄가 성립할 수 있을 뿐이다.**

[3] 피고인은 2018년 초경 A회사의 설립 당시부터 피고인의 직원 5명이 파견 근무 중인 상황에서 업무상 편의를 위해 A회사 대표이사 갑으로부터 A회사의 출입을 위한 스마트키를 교부받았고, A회사에는 피고인의 지문까지 등록되어 그 이후 A회사에 스마트키를 사용하여 여러 차례 출입을 하였으나, 일요일 야간(2019. 2. 10. 22:00경)에 스마트키를 이용하여 A회사의 문을 열고 들어가 A회사 및 갑의 재물을 들고 나왔다하여도 다음과 같은 이유로 **건조물침입죄는 성립하지 않는다.**

가) **적어도 피해자가 피고인에게 피해 회사에 대한 출입권한을 부여한 이상,** 피해 회사는 피해자가 단독으로 관리·점유하는 건조물에 해당된다고 보기 어렵다. 즉, **피고인은 피해자와 공동으로 관리·점유하는 피해 회사 사무실에 임의로 출입한 것이므로 원칙적으로 건조물침입죄가 성립한다고 볼 수 없다.** 또한 **피고인이** 피해자와의 관계에서 피해 회사에 대한 출입과 관련하여 공동생활관계에서 **이탈하였거나** 이에 관한 사실상의 지배·관리를 **상실한 경우** 등의 **특별한 사정이 있다고 보기도 어렵다.**

나) **비록 피고인이** 공소사실 기재와 같이 **일요일 야간에** 피해 회사 사무실에 **절도 목적으로 출입하였으나,** 피고인은 피해자로부터 교부받은 스마트키를 이용하여 피해 회사에서 예정한 **통상적인 출입방법에 따라 위 사무실에 들어간 것일 뿐** 그 당시 객관적·외형적으로 드러난 행위태양을 기준으로 볼 때 **사실상의 평온상태를 해치는 방법으로 피해 회사에 들어갔다고 볼 만한 사정도 보이지 않는다**(대법원2023. 6. 29.선고2023도3351판결). 결국, **건조물침입죄가 성립하지 아니하므로 야간건조물침입절도죄에 해당하지 않는다.**

▶ ② (X) [1] <u>공갈죄의 대상이 되는 재물은 타인의 재물을 의미</u>하므로, 사람을 공갈하여 <u>자기의 재물을 교부받는 경우에는 공갈죄가 성립하지 아니한다.</u> 그리고 **타인의 재물인지는** 민법, 상법, 기타의 **실체법에 의하여 결정**되는데, 금전을 도난당한 경우 절도범이 절취한 금전만 소지하고 있는 때 등과 같이 구체적으로 절취된 금전을 특정할 수 있어 객관적으로 다른 금전 등과 구분됨이 명백한 예외적인 경우에는 **절도 피해자(A)에 대한 관계에서 그 금전이 절도범인 타인(갑)의 재물이라고 할 수 없다(있다(X)).**

[2] 갑(절도범)이 A(조폭 두목)의 돈을 절취한 다음 다른 금전과 섞거나 교환하지않고 쇼핑백 등에 넣어 자신(갑)의 집에 숨겨두었는데, 피고인 乙(조폭 부하)이 A(조폭 두목)의 지시로 다른 폭력조직원 丙과 함께 갑에게 겁을 주어 쇼핑백 등에 들어 있던 절취된 돈을 교부받아 갈취하였다고 하여 폭력행위 등 처벌에 관한 법

률 위반(공동공갈)으로 기소된 사안에서, 피고인 乙 등이 갑(절도범)에게서 되찾은 돈은 절취 대상인 당해 금전이라고 구체적으로 특정할 수 있어 객관적으로 갑의 다른 재산과 구분됨이 명백하므로 이를 타인인 甲(절도범)의 재물이라고 볼 수 없고, 따라서 비록 피고인 乙 등이 갑을 공갈하여 돈을 교부받았더라도 타인의 재물을 갈취한 행위로서 공갈죄가 성립된다고 볼 수 없다(대법원 2012. 8. 30.선고2012도6157판결). 결국, <u>사람을 공갈하여 자기의 재물을 교부받는 경우에는 공갈죄가 성립하지 아니한다.</u>

① (○) [1] 형법 제41장의 장물에 관한 죄에 있어서의 '장물'이라 함은 재산범죄로 인하여 취득한 물건 그 자체를 말하므로, 재산범죄를 저지른 이후에 별도의 재산범죄의 구성요건에 해당하는 사후행위가 있었다면 비록 그 행위가 불가벌적 사후행위로서 처벌의 대상이 되지 않는다 할지라도 그 사후행위로 인하여 취득한 물건은 재산범죄로 인하여 취득한 물건으로서 장물이 될 수 있다.
[2] 컴퓨터등사용사기죄의 범행으로 예금채권을 취득한 다음 자기의 현금카드를 사용하여 현금자동지급기에서 현금을 인출한 경우, 현금카드 사용권한 있는 자의 정당한 사용에 의한 것으로서 현금자동지급기 관리자의 의사에 반하거나 기망행위 및 그에 따른 처분행위도 없었으므로, 별도로 절도나 사기죄의 구성요건에 해당하지 않는다 할 것이고, 그 결과 그 인출된 현금은 재산범죄에 의하여 취득한 재물이 아니므로 장물이 될 수 없다.
[3] 장물인 현금 또는 수표를 금융기관에 예금의 형태로 보관하였다가 이를 반환받기 위하여 동일한 액수의 현금 또는 수표를 인출한 경우에 예금계약의 성질상 <u>그 인출된 현금 또는 수표</u>는 당초 <u>현금 또는 수표와 물리적인 동일성은 상실되었지만</u> 액수에 의하여 표시되는 <u>금전적 가치에는 아무런 변동이 없으므로, 장물로서의 성질은 그대로 유지된다.</u>
[4] 갑이 권한 없이 인터넷뱅킹으로 타인의 예금계좌에서 자신의 예금계좌로 돈을 이체한 후 그 중 일부를 인출하여 그 정을 아는 을에게 교부한 경우, 갑이 컴퓨터등사용사기죄에 의하여 취득한 예금채권은 재물이 아니라 재산상 이익이므로, 그가 자신의 예금계좌에서 돈을 인출하였더라도 장물을 금융기관에 예치하였다가 인출한 것으로 볼 수 없으므로, <u>을은 장물취득죄가 성립하지 않는다</u>(대법원2004. 4. 16.선고2004도353판결).
③ (○) [1] 공갈죄의 대상이 되는 재물은 타인의 재물을 의미하므로, 사람을 공갈하여 <u>자기의 재물을 교부받는 경우에는 공갈죄가 성립하지 아니한다.</u>
[2] 갑이 을의 돈을 절취한 다음 다른 금전과 섞거나 교환하지 않고 쇼핑백 등에 넣어 자신의 집에 숨겨두었는데, 피고인이 을의 지시로 폭력조직원 병과 함께 갑에게 겁을 주어 쇼핑백 등에 들어 있던 절취된 돈을 교부받은 경우, 피고인 등이 갑에게서 되찾은 돈은 절취 대상인 당해 금전이라고 구체적으로 특정할 수 있어 객관적으로 갑의 다른 재산과 구분됨이 명백하므로 이를 타인인 갑의 재물이라고 볼 수 없고, 따라서 비록 피고인 등이 갑을 공갈하여 돈을 교부받았더라도 타인의 재물을 갈취한 행위로서 공갈죄가 성립된다고 볼 수 없다(대법원2012. 8. 30.선고2012도6157판결). 결국, 사람을 공갈하여 <u>자기의 재물</u>을 <u>교부받는</u> 경우에는 <u>공갈죄가 성립하지 아니한다.</u>
④ (○) 피고인이 피해자로부터 재물을 강취하고 피해자가 운전하는 자동차에 함께 타고 도주하다가 단속 경찰관이 뒤따라오자 피해자를 칼로 찔러 상해를 가하였다면 강도상해죄를 구성한다 할 것이고 강취와 상해 사이에 1시간 20분이라는 시간적 간격이 있었

다는 것만으로는 그 범죄의 성립에 영향이 없다(대법원1992. 1. 21.선고91도2727판결). 결국, 피해자가 운전하는 자동차에 함께 타고 도주하던 강도가 강취 후 1시간 20분이 지나 피해자에게 상해를 가한 경우 강도상해죄를 구성한다.

문제 23 - 정답 ②

▶ ② (X) [1] 예금주인 현금카드 소유자를 협박하여 그 카드를 갈취한 다음 피해자의 승낙에 의하여 현금카드를 사용할 권한을 부여받아 이를 이용하여 현금자동지급기에서 현금을 인출한 행위는 모두 피해자의 예금을 갈취하고자 하는 피고인의 단일하고 계속된 범의 아래에서 이루어진 일련의 행위로서 포괄하여 하나의 공갈죄를 구성하므로, 현금자동지급기에서 피해자의 예금을 인출한 행위를 현금카드 갈취행위와 분리하여 따로 절도죄로 처단할 수는 없다. 왜냐하면 <u>위 예금 인출 행위</u>는 하자 있는 의사표시이기는 하지만 <u>피해자의 승낙에 기한 것이고,</u> 피해자가 그 승낙의 의사표시를 취소하기까지는 현금카드를 적법, 유효하게 사용할 수 있으므로, <u>은행으로서도</u> 피해자의 지급정지 신청이 없는 한 그의 의사에 따라 그의 계산으로 <u>적법하게 예금을 지급할 수밖에 없기 때문이다.</u>
[2] <u>강도죄는 공갈죄와는 달리</u> 피해자의 <u>반항을 억압할 정도로 강력한 정도의 폭행·협박을 수단으로 재물을 탈취하여야 성립</u>하므로, 피해자로부터 <u>현금카드를 강취하였다고</u> 인정되는 경우에는 피해자로부터 현금카드의 사용에 관한 승낙의 의사표시가 있었다고 볼 여지가 없다. 따라서 <u>강취한 현금카드를 사용하여 현금자동지급기에서 예금을 인출한 행위는 피해자의 승낙에 기한 것이라고 할 수 없으므로, 현금자동지급기 관리자의 의사에 반하여</u> 그의 지배를 배제하고 <u>그 현금을 자기의 지배하에 옮겨 놓는 것이 되어서 강도죄와는 별도로 절도죄를 구성한다</u>(대법원2007. 5. 10.선고2007도1375판결). 결국, 현금인출행위의 경우에 공갈죄의 포괄일죄가 성립('현금카드를 빌려주지 않으면 부산에 있는 아는 깡패를 동원하여 가루로 만들어 버리겠다.'고 한 사건)할 뿐이지만, 강도죄의 경우에는 강도죄와는 별개로 절도죄도 성립한다.
① (○) 신용카드사용으로 인한 신용카드업자의 금전채권을 발생케 하는 행위는 카드회원이 신용카드업자에 대하여 대금을 성실히 변제할 것을 전제로 하는 것이므로, 카드회원이 일시적인 자금궁색 등의 이유로 그 채무를 일시적으로 이행하지 못하게 되는 상황이 아니라 이미 과다한 부채의 누적등으로 신용카드사용으로 인한 대출금채무를 변제할 의사나 능력이 없는 상황에 처하였음에도 불구하고 신용카드를 사용하였다면 사기죄에 있어서 기망행위 내지 편취의 범의를 인정할 수 있다(대법원2005. 8. 19.선고2004도6859판결). 결국, 甲에게는 사기죄가 성립한다.
③ (○) [1] <u>예금주인 현금카드 소유자로부터 그 카드를 편취하여,</u> 비록 하자 있는 의사표시이기는 하지만 <u>현금카드 소유자의 승낙에 의하여 사용권한을 부여받은 이상,</u> 그 소유자가 승낙의 의사표시를 취소하기까지는 현금카드를 적법, 유효하게 사용할 수 있으며, 은행 등 금융기관은 현금카드 소유자의 지급정지 신청이 없는 한 카드 소유자의 의사에 따라 그의 계산으로 적법하게 예금을 지급할 수밖에 없는 것이므로, <u>피고인이 현금카드의 소유자로부터 현금카드를 사용한 예금인출의 승낙을 받고 현금카드를 교부받은 행위와 이를 사용하여 현금자동지급기에서 예금을 여러 번 인출한 행위들은 모두 현금카드 소유자의 예금을 편취하고자 하는 피고인의 단일하고 계속된 범의 아래에서 이루어진 일련의 행위로서 포괄하여 하나의 사기죄를 구성한다고 볼 것이지,</u> 현금자동지급기에서 카드

소유자의 예금을 인출, 취득한 행위를 현금자동지급기 관리자의 의사에 반하여 그가 점유하고 있는 현금을 절취한 것이라 하여 이를 현금카드 **편취행위와 분리하여 따로 절도죄로 처단할 수는 없다.**
[2] 피고인이 **현금카드의 소유자로부터 현금카드를 편취**하여 **예금 인출의 승낙을 받고 현금카드를 교부받아 이를 이용하여 현금을 인출한 사안**에서, 피고인의 현금 인출행위가 현금지급기 관리자의 의사에 반하여 그가 점유하고 있는 **현금을 절취한 것에 해당한다거나** 피고인이 **인출된 현금의 보관자의 지위에 있는 것이 아니므로** 절취의 주위적 공소사실과 횡령의 예비적 공소사실 모두에 대하여 무죄를 선고하여야 한다(대법원2005. 9. 30.선고2005도5869 판결). 결국, **사기죄의 포괄일죄가 성립할 뿐**이므로 사기죄와 **별도로 절도죄나 횡령죄는 성립하지 않는다.**
④ (○) [1] **법률을 해석할 때** 입법취지와 목적, 제·개정 연혁, 법질서 전체와의 조화, 다른 법령과의 관계 등을 고려하는 체계적·논리적 해석 방법을 사용할 수 있으나, **문언 자체가 비교적 명확한 개념으로 구성되어 있다면 원칙적으로 이러한 해석 방법은 활용할 필요가 없거나 제한되어야 한다.**
[2] 여신전문금융업법 제70조 제1항 제4호에서는 '강취·횡령하거나, 사람을 기망하거나 공갈하여 **취득한 신용카드나 직불카드를 판매하거나 사용한 자**'를 처벌하도록 규정하고 있는데, 여기에서 '**사용**'은 강취·횡령, 기망 또는 **공갈로 취득한 신용카드**나 직불카드를 진정한 **카드로서 본래의 용법에 따라 사용하는 경우를 말한다.**
[2] 위의 '**기망하거나 공갈하여 취득한 신용카드나 직불카드**'는 문언상 '기망이나 공갈을 수단으로 하여 다른 사람으로부터 취득한 신용카드나 직불카드'라는 의미이므로, '**신용카드나 직불카드의 소유자 또는 점유자를 기망하거나 공갈하여 그들의 자유로운 의사에 의하지 않고 점유가 배제되어 그들로부터 사실상 처분권을 취득한 신용카드나 직불카드**'라고 해석되어야 한다.
[4] 갑은 교도소에 수용 중인 **피해자 乙을 기망**('피해자의 항소심 재판을 위해 변호인을 선임했는데 성공사례비를 먼저 주어야 한다. 며칠 뒤 큰돈이 나오니 영치된 피해자 명의의 신용카드로 성공사례비를 지불한 뒤 카드대금을 금방 갚겠다.' 등)**하여 을의 신용카드를 교부받은 뒤**, 20여회에 걸쳐 **갑의 의사에 따라** 이 사건 **신용카드를 사용하였으므로, 을은 갑으로부터 기망당함으로써 을의 자유로운 의사에 의하지 않고** 이 사건 신용카드에 대한 점유를 상실하였고, **갑은** 이 사건 신용카드에 대한 **사실상 처분권을 취득하였다**고 보아야 한다. 따라서 이 사건 신용카드는 갑이 소유자인 乙을 기망하여 취득한 신용카드에 해당하고, 이를 사용한 **갑의 행위는 기망하여 취득한 신용카드 사용으로 인한 여신전문금융업법 위반죄에 해당한다**(대법원2022. 12. 16.선고2022도10629판결). 결국, **갑이 乙을 기망하여 취득한 신용카드로** 총 23회에 걸쳐 합계 29,997,718원 상당을 **결제하여 사용한 경우, 사기죄와 별도로 전문금융업법상 신용카드부정사용죄가 성립한다.**

문제 24 - 정답 ③

▶ ③ (○) [1] **지입제는** 자동차운송사업면허 등을 가진 **운송사업자와** 실질적으로 자동차를 소유하고 있는 **차주 간의 계약으로 외부적으로는** 자동차를 운송사업자 명의로 등록하여 **운송사업자에게 귀속시키고 내부적으로는 각 차주들이 독립된 관리 및 계산으로 영업**을 하며 운송사업자에 대하여는 지입료를 지불하는 운송사업형태를 말한다.
[2] 따라서 **지입차주가** 자신이 실질적으로 소유하거나 처분권한을 가지는 자동차에 관하여 지입회사와 지입계약을 체결함으로써 **지입회사에 그 자동차의 소유권등록 명의를 신탁하고 운송사업용 자동차로서 등록 및 그 유지 관련 사무의 대행을 위임한 경우**에는, 특별한 사정이 없는 한 지입회사 측이 지입차주의 실질적 재산인 지입차량에 관한 재산상 사무를 일정한 권한을 가지고 맡아 처리하는 것으로서 당사자 관계의 전형적·본질적 내용이 통상의 계약에서의 이익대립관계를 넘어서 그들 사이의 신임관계에 기초하여 타인의 재산을 보호 또는 관리하는 데에 있으므로, **지입회사 운영자는 지입차주와의 관계에서 '타인의 사무를 처리하는 자'의 지위에 있다.**
[3] **피고인은 운송회사의 대표이사로서** 지입차주인 피해자들과의 지입계약에 따라 지입차량을 온전하게 관리할 임무가 있었음에도, **총 3회에 걸쳐 피해자들의 동의 없이 피해자들의 지입차량인 이 사건 각 버스에 관하여 임의로 이 사건 각 저당권을 설정하고 합계 1억여원의 대출을 받아 재산상 이익을 얻고, 피해자들에게 같은 금액 상당의 재산상 손해를 가하여 배임죄로 기소된 사안에서** 당사자 사이에 특별한 약정이 없는 한 **지입회사 운영자는 지입차주의 실질적 재산인 지입차량을 임의로 처분하지 아니할 의무를 부담한다고 할 것이므로**, 피고인이 피해자들의 동의 없이 이 사건 각 버스에 관하여 임의로 이 사건 각 저당권을 설정함으로써 피해자들에게 재산상 손해를 가한 것은 **배임죄를 구성한다**(대법원2021. 6. 24.선고2018도14365판결).
① (X) [1] **배임죄는** 타인의 사무를 처리하는 자가 그 임무에 위배하는 행위로써 재산상의 이익을 취득하거나 제3자로 하여금 이를 취득하게 하여 사무의 주체인 타인에게 손해를 가할 때 성립하는 것이므로 그 범죄의 주체는 타인의 사무를 처리하는 지위에 있어야 한다. 여기에서 '**타인의 사무를 처리하는 자**'라고 하려면, **타인의 재산관리에 관한 사무의 전부 또는 일부를 타인을 위하여 대행하는 경우와 같이** 당사자 관계의 전형적·본질적 내용이 **통상의 계약에서의 이익대립관계를 넘어서 그들 사이의 신임관계에 기초하여 타인의 재산을 보호 또는 관리하는 데에 있어야 한다. 이익대립관계에 있는 통상의 계약관계에서** 채무자의 성실한 급부이행에 의해 상대방이 계약상 권리의 만족 내지 채권의 실현이라는 이익을 얻게 되는 관계에 있다거나, **계약을 이행함에 있어 상대방을 보호하거나 배려할 부수적인 의무가 있다는 것만으로는** 채무자를 **타인의 사무를 처리하는 자라고 할 수 없고, 위임 등과 같이** 계약의 전형적·본질적인 급부의 내용이 **상대방의 재산상 사무를 일정한 권한을 가지고 맡아 처리하는 경우에 해당하여야** 한다(대법원 2020. 2. 20. 선고 2019도9756 전원합의체 판결, 대법원 2020. 8. 27. 선고 2019도14770 전원합의체 판결 등 참조).
[2] **지입차주가 자신이 실질적으로 소유하거나 처분권한을 가지는 자동차에** 관하여 지입회사와 지입계약을 체결함으로써 **지입회사에게 그 자동차의 소유권등록 명의를 신탁하고 운송사업용 자동차로서 등록 및 그 유지 관련 사무의 대행을 위임한 경우**에는, 특별한 사정이 없는 한 지입회사 측이 지입차주의 실질적 재산인 지입차량에 관한 재산상 사무를 일정한 권한을 가지고 맡아 처리하는 것으로서 **당사자 관계의 전형적·본질적 내용이 통상의 계약에서의 이익대립관계를 넘어서 그들 사이의 신임관계에 기초하여 타인의 재산을 보호 또는 관리하는 데에 있으므로, 지입회사 운영자는 지입차주와의 관계에서 '타인의 사무를 처리하는 자'의 지위에 있다**고 할 것이다(대법원 2021. 6. 24. 선고 2018도14365 판결 참조).
[3] **그러나** 지입차주가 지입회사로부터 할부로 지입회사 소유의 자동차를 매수하면서 해당 자동차에 관하여 지입계약을 체결한 경

우에는 특별한 사정이 없는 한 <u>지입차주가 그 할부대금을 완납하기 전까지는 지입차량을 지입차주의 실질적 재산이라고 보기 어려우므로</u>, 지입계약이 체결되었다는 사실만으로 곧바로 <u>지입회사 운영자가 지입차주와의 관계에서</u> 지입차량에 관한 재산상 사무를 맡아 처리하는 <u>'타인의 사무를 처리하는 자'의 지위에 있다고 보기 어렵다.</u>

[3] <u>여객자동차 운송사업 등을 목적으로 하는 회사의 대표이사인 피고인이</u>, 지입차주인 피해자들로부터 <u>할부대금을 완납하기 전에 지입받은 버스들을 피해자들의 동의 없이 근저당권을 설정하였다</u>는 <u>업무상배임으로 기소된 사안에서, 피해자들은</u> 이 사건 회사와 사이에 이 사건 각 버스에 관하여 매매계약 및 지입계약을 체결한 이후 <u>이 사건 회사에 매매계약에 따른 매매대금을 모두 지급하지 않았고</u>, 달리 피해자들이 매매대금을 전부 지급하기 전에 이 사건 각 버스에 관한 실질적 소유권 또는 처분권한을 이전받기로 약정하였음을 인정할 수 있는 자료도 없으므로, <u>피해자들이 이 사건 각 버스에 대하여 실질적 소유권 또는 처분권한을 가진다고 보기 어렵고, 나아가 피해자들과 이 사건 회사 사이에 지입계약서가 작성되지 않은 이 사건에서, 이 사건 회사가 피해자들과 사이에 통상의 계약에서의 이익대립관계를 넘어서 그들 사이의 신임관계에 기초하여 이 사건 각 버스를 피해자의 재산으로 보호 또는 관리하기로 하였다고 볼 만한 사정도 찾아볼 수 없으므로, 지입회사 운영자인 피고인이 지입차주인 피해자들과의 관계에서 '타인의 사무를 처리하는 자'의 지위에 있다고 보기 어렵다</u>(대법원 2024. 11. 14.선고 2024도13000판결).

② (X) 여객자동차 운송사업 등을 목적으로 하는 회사의 대표이사인 피고인이, 지입차주인 피해자들로부터 <u>할부대금을 완납하기 전에</u> 지입받은 버스들을 피해자들의 동의 없이 근저당권을 설정하였다면 <u>업무상배임죄가 성립하지 않는다</u>(대법원 2024. 11. 14.선고 2024도13000판결).

④ (X) 지입차주가 지입회사로부터 할부로 지입회사 소유의 자동차를 매수하면서 해당 자동차에 관하여 지입계약을 체결한 경우에는 특별한 사정이 없는 한 <u>지입차주가 그 할부대금을 완납하기 전까지는 지입차량을 지입차주의 실질적 재산이라고 보기 어려우므로, 지입계약이 체결되었다는 사실만으로 곧바로 지입회사 운영자가 지입차주와의 관계에서</u> 지입차량에 관한 재산상 사무를 맡아 처리하는 '타인의 사무를 처리하는 자'의 지위에 있다고 보기 어렵다(대법원 2024. 11. 14.선고2024도13000판결).

문제 25 - 정답 ③

▶ ③ <u>②⑩(2개)은 옳은 지문이나</u>, <u>㉠㉡㉢(3개)은 틀린 지문</u>이다.

㉠ (X) [1] 사문서위조 및 동행사죄의 객체인 <u>사문서는 권리·의무 또는 사실증명에 관한 타인의 문서 또는 도화를 가리키고, '권리·의무에 관한 문서'는 권리 또는 의무의 발생·변경·소멸에 관한 사항이 기재된 것</u>을 말하며, '<u>사실증명에 관한 문서</u>'는 권리·의무에 관한 문서 <u>이외의 문서로서 거래상 중요한 사실을 증명하는 문서</u>를 의미한다.

[2] '<u>거래상 중요한 사실을 증명하는 문서</u>'는 법률관계의 발생·존속·변경·소멸의 전후 과정을 증명하는 것이 주된 취지인 문서뿐만 아니라 법률관계에 간접적으로만 연관된 의사표시 또는 권리·의무의 변동에 사실상으로만 영향을 줄 수 있는 의사표시를 내용으로 하는 문서도 포함될 수 있지만, 문서의 주된 취지가 단순히 개인적·집단적 의견의 표현에 불과한 것이어서는 아니 되고, 적어도 실

체법 또는 절차법에서 정한 <u>구체적인 권리·의무와의 관련성이 인정되는 경우이어야</u> 한다.

[3] '<u>거래상 중요한 사실을 증명하는 문서</u>'에 해당하는지 여부는 문서 제목만을 고려할 것이 아니라 문서 내용과 더불어 문서 작성자의 의도, 문서가 작성된 객관적인 상황, 문서에 적시된 사항과 그 행사가 예정된 상대방과의 관계 등을 <u>종합적으로 고려하여 판단하여야</u> 한다.

[4] <u>피고인이 허무인 명의로 작성한 이 사건 서명부 21장은 주된 취지가 특정한 대통령후보자에 대한 정치적인 지지 의사를 집단적 형태로 표현하고자 한 것일 뿐</u>, 실체법 또는 절차법에서 정한 <u>구체적인 권리·의무에 관한 문서 내지 거래상 중요한 사실을 증명하는 문서에 해당한다고 보기 어렵다</u>(대법원2024. 1. 4.선고2023도1178 판결). 결국, 피고인은 <u>사문서위조·위조사문서행사에 해당하지 않는다.</u>

㉡ (X) [1] 피고인들이 갑 등과 공모하여, 부동산등기법 제49조 제3항, 제2항에서 정한 확인서면의 등기의무자란에 등기의무자 乙 대신 갑이 우무인을 날인하는 방법으로 사문서인 乙 명의의 확인서면을 위조한 다음 법무사를 통해 이를 교부받았다고 기소된 사안에서, <u>위 확인서면은 법무사 명의의 문서이고, 작성명의인인 법무사가 피고인들 등에게 속아</u> 등기의무자를 乙로 하는 내용의 확인서면을 작성하였다고 하더라도 이를 피고인들 등이 <u>위조하였다고는 볼 수 없다.</u>

[2] <u>확인서면은</u> 부동산등기법 제49조 제3항, 제2항에 의해 <u>법무사가 주민등록증 등에 의하여 등기의무자가 본인인지 여부를 확인하고 작성하는 서류이므로</u> 이 사건 <u>확인서면은 법무사 명의의 문서일 뿐이고</u>, 확인서면 작성 과정에서 등기의무자가 본인 확인을 위해 필요한 우무인을 찍게 된다고 하더라도 <u>그 등기의무자를 위 확인서면의 작성명의인으로 볼 수는 없으며</u>, 법무사가 피고인들로부터 속아 등기의무자를 乙로 하는 확인서면을 작성하였다고 하더라도 <u>작성명의인이 문서를 작성한 이상</u> 이를 피고인들이 <u>위조한 것으로 볼 수도 없다</u>(대법원2010. 11. 25.선고2010도11509판결).

㉢ (X) [1] 일반인으로 하여금 공무원 또는 공무소의 권한 내에서 작성된 문서라고 믿을 수 있는 형식과 외관을 구비한 문서를 작성하면 공문서위조죄가 성립하지만, <u>평균 수준의 사리분별력을 갖는 사람이 조금만 주의를 기울여 살펴보면 공무원 또는 공무소의 권한 내에서 작성된 것이 아님을 쉽게 알아볼 수 있을 정도로 공문서로서의 형식과 외관을 갖추지 못한 경우에는 공문서위조죄가 성립하지 않는다.</u>

[2] 위조문서행사죄에서 <u>행사란</u> 위조된 문서를 진정한 문서인 것처럼 그 문서의 효용방법에 따라 이를 사용하는 것을 말하고, <u>위조된 문서를 진정한 문서인 것처럼 사용하는 한 행사의 방법에 제한이 없으므로</u> 위조된 문서를 스캐너 등을 통해 이미지화한 다음 이를 전송하여 컴퓨터 화면상에서 보게 하는 경우도 행사에 해당하지만, 이는 문서의 형태로 <u>위조가 완성된 것을 전제로 하는 것이므로</u>, 공문서로서의 <u>형식과 외관을 갖춘 문서에 해당하지 않아 공문서위조죄가 성립하지 않는</u> 경우에는 위조공문서행사죄도 성립할 수 없다.

[3] 위 사안에서 <u>위조 여부, 즉 공문서의 형식과 외관을 갖추었는지는</u> 피고인이 만든 문서를 기준으로, 그리고 <u>평균 수준의 사리분별력을 갖는 일반인을 기준으로 판단하여야</u> 하고, 피고인이 행사의 <u>상대방으로 구체적으로 예정한 사람을 판단의 기준으로 삼을 수 없으므로</u>, 피고인이 만든 문서 자체를 평균 수준의 사리분별력을

284

갖춘 일반인이 보았을 때 진정한 문서로 오신할 만한 공문서의 외관과 형식을 갖추었다고 볼 수 있는지를 판단해야 하는데, **피고인이 만든 문서의 용도란**은 인감증명서의 다른 부분과 **재질과 색깔이 다른 종이가 붙어 있음**이 눈에 띄고, **글자색과 활자체도 다르며, 인감증명서의 피고인 인감**은 검정색인 반면 **피고인이 용도란에 날인한 한자 직인과 한글 직인은 모두 붉은색**이어서 **평균 수준의 사리분별력을 갖는 사람**이 **조금만 주의를 기울여 살펴**보면 피고인이 만든 문서는 공무원 또는 공무소가 갑 위원회를 등록된 단체라거나 피고인이 위 단체의 대표임을 증명하기 위해 작성한 문서가 아님을 쉽게 알아볼 수 있는 점 등을 종합하면, **피고인이 만든 문서가 공문서로서의 외관과 형식을 갖추었다고 인정하기 어렵고, 공문서위조죄가 성립한다고 보기 어려운 이상** 이를 사진촬영한 파일을 **단체대화방에 게재한 행위**가 위조공문서**행사죄에 해당할 수도 없다**(대법원2020. 12. 24.선고2019도8443판결). 결국, **원심(2심)은** 갑이 인감증명서행사의 상대방이 대부분 중국인이어서 국내에서 국문으로 작성된 공문서의 외관에 익숙하지 않은 탓에 문서의 외관이 다소 조악하더라도 이를 진정한 공문서로 오인할 가능성이 크다고 하여 **갑에게 공문서위조·위조공문서행사죄가 성립한다**고 하였으나, **대법원은** 위 인감증명서의 작성행위는 **공문서로서의 형식과 외관을 갖추지** 못하여 **공문서위조·위조공문서행사에 해당하지 않는다**고 하여 **원심판결을 파기하였다**(**무죄**).

ⓔ (○) [1] 형법 제233조의 **허위진단서작성죄가 성립하기 위하여서는** 진단서의 내용이 객관적으로 진실에 반할 뿐 아니라 **작성자가 진단서 작성 당시 그 내용이 허위라는 점을 인식하고 있어야** 하고, **주관적으로 진찰을 소홀히 한다든가 착오를 일으켜 오진한 결과로 진실에 반한 진단서를 작성하였다면** 허위진단서 작성에 대한 인식이 있다고 할 수 없으므로 **허위진단서작성죄가 성립하지 않는다.**
[2] **의사 등이 사망진단서를 작성할 당시 기재한 사망 원인이나 사망의 종류가 허위인지 여부 또는 의사 등이 그러한 점을 인식하고 있었는지 여부**는 임상의학 분야에서 실천되고 있는 의료 수준 및 사망진단서 작성현황에 비추어 사망진단서 작성 당시까지 작성자가 진찰한 환자의 구체적인 증상 및 상태 변화, 시술, 수술 등 진료 경과 등을 **종합하여 판단하여야** 한다. 특히 부검을 통하지 않고 사망의 의학적 원인을 정확하게 파악하는 데에는 한계가 있으므로, **부검 결과로써 확인된 최종적 사인**이 **이보다 앞선 시점에 작성된 사망진단서에 기재된 사망 원인과 일치하지 않는다는 사정만으로** 사망진단서의 기재가 객관적으로 진실에 반한다거나, **작성자가 그러한 사정을 인식하고 있었다고 함부로 단정하여서는 안 된다.**
[3] 만 6개월의 영아(이하 '망아')가 골수검사 시행 중 상태가 급격히 악화되어 사망에 이르게 되자, 망아의 주치의인 소아청소년과 교수 피고인 A와 망아의 담당의사인 소아청소년과 전공의인 피고인 B는 망아의 사망진단서상 사인을 무엇으로 기재할지 상의한 후, 피고인 B는 사망의 종류 '병사', 직접사인 '호흡정지', 중간선행사인 '범혈구감소증(골수검사확인예정)'으로 기재한 사망진단서를 작성하였는데, 망아의 사망 이후 골수검사 결과는 급성 골수구성 백혈병으로 확인되었고, 망아의 사망 약 1개월 뒤 작성된 망아에 대한 부검감정서는 망아의 사인을 골수채취 바늘이 총장골동맥을 파열하여 발생한 의인성 손상으로 인한 혈복강으로 판정하여, 피고인들이 공모하여 사망진단서를 허위로 작성하였다고 기소된 사안에서, **의사는 사망진단서 작성 당시까지 드러난 환자의 임상**

경과를 고려하여 **가장 부합하는 사망 원인과 사망의 종류를 자신의 의학적인 판단에 따라 사망진단서에 기재할 수 있으므로, 부검 이전에 작성된 사망진단서에 기재된 사망 원인이 부검으로 밝혀진 사망 원인과 다르다고 하여 피고인들에게 허위진단서 작성의 고의가 있다고 곧바로 추단할 수는 없다**(대법원 2024. 4. 4. 선고 2021도15080 판결). 결국, 허위진단서작성죄가 성립하지 않는다.
ⓕ (○) [1] 자격모용사문서작성죄는 문서위조죄와 마찬가지로 문서의 진정에 대한 공공의 신용을 보호법익으로 하는 것으로, **행사할 목적으로 타인의 자격을 모용**하여 작성된 문서가 **일반인으로 하여금 명의인의 권한 내에서 작성된 문서라고 믿게 할 수 있는 정도의 형식과 외관을 갖추고 있으면 성립**하므로, **주식회사의 대표 자격으로 계약을 하는 경우** 피고인 자신을 위한 행위가 아니고 작성명의인인 회사를 위하여 법률행위를 한다는 것을 인식할 수 있을 정도의 표시가 있으면 대표관계의 표시라고 할 수 있다.
[2] 자격모용사문서작성죄에서의 '**행사할 목적**' 이라 함은 그 문서가 정당한 권한에 기하여 작성된 것처럼 **다른 사람으로 하여금 오신하도록 하게 할 목적을 말한다**고 할 것이므로, **사문서를 작성하는 자가 주식회사의 대표로서의 자격을 모용하여 문서를 작성한다는 것을 인식, 용인하면서 그 문서를 진정한 문서로서 어떤 효용에 쓸 목적으로 사문서를 작성하였다면, 자격모용에 의한 사문서작성죄의 행사의 목적과 고의를 인정할 수 있다. 작성자가 '행사할 목적'으로 자격을 모용하여 문서를 작성한 이상 문서행사의 상대방이 자격모용 사실을 알았다거나, 작성자가** 그 문서에 모용한 자격과 **무관한 직인을 날인하였다는 등의 사정이 있다고 하여 달리 볼 것은 아니다(자격모용에 의한 사문서작성죄의 행사의 목적과 고의를 인정할 수 있다).**
[3] B회사의 대표이사인 갑은 A회사의 대표이사로 선임된 사실이 없음에도 을에게 철거공사를 주겠다며, 제목 '민간건설공사표준 도급계약서', 도급인 A회사, 총괄대표이사 '갑', 수급인 'C회사', 'D회사' 라고 기재된 도급계약서에, 위 총괄대표이사 '갑'의 이름 옆에 미리 준비한 도장을 날인하는 방법으로 행사할 목적으로 A회사의 대표이사 자격을 모용하여 권리의무에 관한 사문서인 도급계약서 1장을 작성하였다는 것이다.
[4] 이 사건 도급계약서의 형식과 외관, 위 계약서의 작성 경위, 종류, 내용, 거래에서 위 계약서가 가지는 기능 등 여러 가지 사정을 종합하면, **도급계약서를 수령한 乙로서는 이 사건 도급계약서가** 'A회사'의 대표이사 또는 'A회사'와 'B회사'의 총괄대표이사의 자격을 가진 **피고인 갑에 의해** 'A회사' 및 'B회사' **명의로 작성된 문서라고 믿게 할 수 있는 정도의 형식과 외관을 갖추고 있다고 볼 수 있다.** 이 사건 도급계약서에 'A회사' **대표이사의 직인이 아닌** 'B회사' 대표이사의 **직인이 날인되었다거나** 을에게 갑이 'A회사'**의 대표이사가 아니란 사실을 알고 있었다는 사정**은 위와 같은 결론에 영향을 주지 않는다. 따라서 **피고인이 이 사건 도급계약서를 작성한 행위는 자격모용사문서작성죄에 해당된다**(대법원 2022. 6. 30.선고2021도17712판결).

문제 26 – 정답 ②

▶ ② ㉠㉢(2개)은 옳은 지문이나, ㉡㉣(2개)은 틀린 지문이다.
㉠ (○) [1] 구 형법(2020. 12. 8. 법률 제17571호로 개정되기 전의 것) 제195조가 규정한 수도불통죄는 공중의 음용수를 공급하는 수도 기타 시설을 손괴하거나 기타 방법으로 불통하게 함으로써 성립하는 공공위험범죄로서 공중의 건강 또는 보건을 보호법익으로 한다.

[2] <u>수도불통죄의 대상이 되는 '수도 기타 시설'</u>이란 <u>공중의 음용수 공급을 주된 목적으로 설치된 것에 한정되는 것은 아니고</u>, 설령 <u>다른 목적으로 설치된 것이더라도</u> 불특정 또는 다수인에게 현실적으로 음용수를 공급하고 있는 것이면 <u>충분</u>하며 <u>소유관계에 따라 달리 볼 것도 아니다</u>.

[3] 주상복합아파트 입주자대표회의 회장인 피고인이 상가입주자들과의 수도 관리비 인상 협상이 결렬되자 상가입주자들이 상가 2층 화장실에 연결하여 이용 중인 수도배관을 분리하여 불통하게 하고 즉각 단수조치를 취한 사안에서, <u>원래 화장실 용수 공급용으로 설치되었으나</u> <u>현실적으로 불특정 또는 다수인이 음용수 공급용으로도 이용 중인 수도배관이라면</u> 수도불통죄의 <u>대상에 해당</u>하고, 정당행위로서 위법성조각사유에 해당한다는 피고인의 주장을 배척하여 <u>수도불통죄를 유죄로 판단한 원심을 수긍하였다</u>(대법원2022. 6. 9.선고2022도2817판결).

ⓒ (X) [1] <u>피고인은</u> 지인의 얼굴과 나체사진이 합성된 음란한 사진(이하 '음란합성사진'이라고 한다)을 얻고자 <u>음란합성사진 제작자인 성명불상자에게</u> 피해자 <u>A(여, 20세)의 사진과 이름, 나이, 주소 등을 제공하고 "합성 부탁드립니다."라고</u> 하여, <u>위 성명불상자가</u> 음란한 물건인 피해자의 음란합성사진 파일을 공연히 전시할 목적으로 <u>제조할 것을 마음먹게 하였다</u>. 그리하여 <u>위 성명불상자는</u> 그 무렵 피해자의 얼굴이 합성된 음란합성사진 파일을 제조하고, <u>피고인에게 완성된 음란합성사진 파일을 전송하였다</u>.

[2] <u>형법 제243조(음화반포등)</u>는 음란한 문서, 도화, 필름 기타 물건을 반포, 판매 또는 임대하거나 공연히 전시 또는 상영한 자에 대한 처벌 규정으로서 <u>컴퓨터 프로그램파일은 위 규정에서 규정하고 있는 문서, 도화, 필름 기타 물건에 해당한다고 할 수 없다</u>. 이는 형법 제243조의 행위에 공할 목적으로 음란한 물건을 제조, 소지, 수입 또는 수출한 자를 처벌하는 규정인 <u>형법 제244조(음화제조등)의 '음란한 물건'의 해석</u>에도 그대로 적용된다.

[3] 위 법리에 의하면, <u>피고인이 성명불상자에게 제작을 의뢰하여 전송받은 음란합성사진 파일은 형법 제244조의 '음란한 물건'에 해당한다고 볼 수 없다</u>(대법원2023. 12. 14.선고2020도1669판결). 결국, 음화제조교사죄가 성립하지 않는다.

ⓒ (O) [1] 수사기관이 범죄를 수사하면서 현재 범행이 행하여지고 있거나 행하여진 직후이고, 증거보전의 필요성 및 긴급성이 있으며, 일반적으로 허용되는 상당한 방법으로 촬영한 경우라면 <u>위 촬영이 영장 없이 이루어졌다 하여 이를 위법하다고 할 수 없다</u>.

[2] <u>나이트클럽(이하 '클럽'이라 한다)의 운영자 피고인 甲, 연예부장 피고인 乙, 남성무용수 피고인 丙이 공모하여</u> 클럽 내에서 성행위를 묘사하는 공연을 하는 등 <u>음란행위 영업을 하여 풍속영업의 규제에 관한 법률 위반으로 기소</u>되었는데, 당시 경찰관들이 클럽에 출입하여 피고인 丙의 공연을 촬영한 영상물 및 이를 캡처한 영상사진이 증거로 제출된 사안에서, 경찰관들은 국민신문고 인터넷사이트에 '클럽에서 남성무용수의 음란한 나체쇼가 계속되고 있다.'는 민원이 제기되자 그에 관한 증거수집을 목적으로 클럽에 출입한 점, 클럽은 영업시간 중에는 출입자격 등의 제한 없이 성인이라면 누구나 출입이 가능한 일반적으로 개방되어 있는 장소인 점, 경찰관들은 클럽의 영업시간 중에 손님들이 이용하는 출입문을 통과하여 출입하였고, 출입 과정에서 보안요원 등에게 제지를 받거나 보안요원이 자리를 비운 때를 노려 몰래 들어가는 등 특별한 사정이 발견되지 않는 점, 피고인 丙은 클럽 내 무대에서 성행위를 묘사하는 장면이 포함된 공연을 하였고, 경찰관들은 다른 손님

들과 함께 객석에 앉아 공연을 보면서 불특정 다수의 손님들에게 공개된 피고인 丙의 모습을 촬영한 점에 비추어 보면, 위 촬영물은 경찰관들이 피고인들에 대한 범죄 혐의가 포착된 상태에서 클럽 내에서의 음란행위 영업에 관한 증거를 보전하기 위하여, 불특정 다수에게 공개된 장소인 클럽에 통상적인 방법으로 출입하여 손님들에게 공개된 모습을 촬영한 것이므로, <u>영장 없이 촬영이 이루어졌더라도 위 촬영물과 이를 캡처한 영상사진은 증거능력이 인정되므로</u>, <u>풍속영업의규제에관한법률위반에</u> <u>해당한다</u>(대법원 2023.4.27.선고 2018도8161 판결). <u>결국, 풍속영업의규제에관한법률위반에 해당한다</u>.

ⓔ (X) [1] 피고인의 위와 같은 행위를 <u>사회 평균인의 입장에서</u> 전체적인 내용을 관찰하여 건전한 사회통념에 따라 객관적이고 규범적으로 평가해 보면, 이는 <u>단순히 다른 사람에게 부끄러운 느낌이나 불쾌감을 주는 정도가 아니라</u> 일반 <u>보통인의 성욕을 자극하여</u> 성적 흥분을 유발하고 정상적인 성적 수치심을 해하여 <u>성적 도의관념에 반하는 행위에 해당</u>한다고 볼 수 있다.

[2] 피고인이 <u>이 사건 공소사실과 같이 성기와 엉덩이를 노출한 행위</u>는 그 일시와 장소, 노출 부위, 노출 방법·정도·시간, 노출 경위 등 구체적 사정을 종합해 볼 때, <u>비록 성행위를 묘사하거나 성적인 의도를 표출한 것은 아니라고 하더라도 공연히 음란한 행위를 한 것에 해당</u>한다고 볼 수 있다(대법원2020. 1. 16.선고2019도14056판결). <u>결국, 피고인은 공연음란죄가 성립한다</u>.

문제 27 – 정답 ②

▶ ② (X) [1] <u>직권남용행위의 상대방이 일반사인인 경우</u> 특별한 사정이 없는 한 <u>직권에 대응하여 따라야 할 의무가 없으므로</u> 그에게 어떠한 행위를 하게 하였다면 <u>'의무 없는 일을 하게 한 때'에 해당할 수 있다</u>.

[2] 그러나 <u>상대방이 공무원이거나</u> 법령에 따라 일정한 공적 임무를 부여받고 있는 <u>공공기관 등의 임직원인 경우</u>에는 <u>법령에 따라 임무를 수행하는 지위에 있으므로</u> 그가 직권에 대응하여 어떠한 일을 한 것이 <u>의무 없는 일인지는</u> 관계 <u>법령 등의 내용에 따라 개별적으로 판단해야</u> 한다. 결국 공무원이 직권을 남용하여 사람으로 하여금 어떠한 일을 하게 한 때에 <u>상대방이 공무원 또는 유관기관의 임직원인 경우</u>에는, 그가 한 일이 형식과 내용 등에서 <u>직무범위 내에 속하는 사항</u>으로서 법령 그 밖의 관련 규정에 따라 <u>직무수행 과정에서 준수해야 할 원칙이나 기준, 절차 등을 위반하였는지 등을 살펴 법령상 의무 없는 일을 하게 한 때에 해당하는지를 판단해야</u> 한다.

[3] 대통령비서실 소속 비서관들인 피고인 갑과 피고인 을이 4·16 세월호참사 특별조사위원회(이하 '위원회'라 한다) 설립준비 관련 업무를 담당하거나 설립팀장으로 지원근무 중이던 <u>해양수산부 소속 공무원들에게</u> '세월호 특별조사위 설립준비 추진경위 및 대응방안 <u>문건'을 작성하게 하고</u>, 피고인 갑이 <u>소속 비서관실 행정관 또는 해양수산부 공무원들에게 세월호 특별조사위원회의 동향을 파악하여 보고하도록 지시하였다</u>는 직권남용권리행사방해의 공소사실로 기소된 사안에서, 대통령비서실과 해양수산부 사이에 현안의 협의·조정 등을 위해 업무 협조가 필요하여 해당 공무원들이 피고인 갑과 피고인 을의 협조 등 요청에 응하여야 하는 경우도 있으나, <u>해당 공무원들은 위원회의 정치적 중립성, 업무의 독립성·객관성을 보장할 의무가 있고</u>, 위원회 설립준비팀장으로 지원근무를 하게 된 <u>해당 공무원에게는 파견공무원에 준하는 직무상 독립성이 요구되는 점</u>, <u>해당 공무원들이 위원회 직원을 통해 위원회 내부 동</u>

항을 파악하여 피고인 갑에게 보고하는 행위는 경우에 따라 4·16세월호참사 진상규명 및 안전사회 건설 등을 위한 특별법 제51조 제3항 제1호에 따라 처벌되는 비밀준수의무 위반행위에 가담한 행위로 평가될 수 있는 점 등을 종합하면, 피고인 갑과 피고인 을이 해당 공무원들에게 문건을 작성하거나 동향을 보고하게 함으로써 직무수행의 원칙과 기준 등을 위반하여 업무를 수행하게 하여 법령상 의무 없는 일을 하게 한 때에 해당한다고 볼 여지가 있다.

[4] 공무원의 직권남용행위의 상대방이 일반사인인 경우에는 직권에 대응하여 따라야 할 의무가 없으므로 그에게 어떠한 행위를 하게 하였다면 '의무 없는 일을 하게 한 때'에 해당할 수 있지만(직권남용권리행사방해에 해당한다), 그러나 상대방이 공무원인 경우에는 법령에 따라 임무를 수행하는 지위에 있으므로 그가 직권에 대응하여 어떠한 일을 한 것이 의무 없는 일인지는 관계 법령 등의 내용에 따라 개별적(독자적)으로 판단해야 한다. 따라서 이 사안에서 피고인 갑과 을이 해당 공무원들에게 문건을 작성하거나 동향을 보고하게 함으로써 직무수행의 원칙과 기준 등을 위반하여 업무를 수행하게 하여 법령상 의무 없는 일을 하게 한 때에 해당하므로, 이른바 세월호 특별조사위원회 설립·활동 방해로 인한 직권남용권리행사방해에 해당한다(대법원2023. 4. 27.선고2020도18296판결).

① (○) [1] 직무유기죄는 구체적으로 그 직무를 수행하여야 할 작위의무가 있는데도 불구하고 이러한 직무를 버린다는 인식하에 그 작위의무를 수행하지 아니함으로써 성립하는 것이고, 또 그 직무를 유기한 때라 함은 공무원이 법령, 내규 등에 의한 추상적인 충근의무를 태만히 하는 일체의 경우를 이르는 것이 아니고, 직장의 무단이탈, 직무의 의식적인 포기 등과 같이 그것이 국가의 기능을 저해하며 국민에게 피해를 야기시킬 가능성이 있는 경우를 말하는 것이므로, 병가중인 자의 경우 구체적인 작위의무 내지 국가기능의 저해에 대한 구체적인 위험성이 있다고 할 수 없어 직무유기죄의 주체로 될 수는 없다.

[2] 그러나 노동조합의 승인 없이 또는 지시에 반하여 일부 조합원의 집단에 의하여 이루어진 쟁의행위가 그 경위와 목적, 태양 등에 비추어 정당행위에 해당하지 아니하고, 그 쟁의행위에 참가한 일부 조합원이 병가 중이어서 직무유기죄의 주체로 될 수는 없다 하더라도 직무유기죄의 주체가 되는 다른 조합원들과의 공범관계가 인정된다는 이유로, 그 쟁의행위에 참가한 조합원들 모두 직무유기죄로 처단되어야 한다(이 사건은 병가중인 철도공무원들이 그렇지 아니한 철도공무원들과 함께 전국철도노동조합의 일부 조합원으로 구성된 임의단체인 전국기관차협의회가 주도한 파업에 참가한 사례임).

[3] 신분이 없는 자라 하더라도 신분이 있는 자의 행위에 가공하는 경우 본죄의 공동정범이 성립하는 것이고, 이 사건 기록상 병가중인 피고인들과 나머지 피고인들 사이에 직무유기의 공범관계가 인정되는 터이므로 병가중인 피고인들도 어차피 직무유기죄의 공동정범으로 처벌받아야 할 것이다(대법원1997. 4. 22.선고95도748판결).

③ (○) 검찰, 경찰 그 밖에 범죄수사에 관한 직무를 수행하는 자 또는 이를 감독하거나 보조하는 자가 그 직무를 수행하면서 알게 된 피의사실을 공소제기 전에 공표(公表)한 경우에는 3년 이하의 징역 또는 5년 이하의 자격정지에 처한다(제126조; 피의사실공표죄).

④ (○) 감금죄는 간접정범의 형태로도 행하여질 수 있는 것이므로, 인신구속에 관한 직무를 행하는자 또는 이를 보조하는자가 피해자를 구속하기 위하여 진술조서 등을 허위로 작성한 후 이를 기록에 첨부하여 구속영장을 신청하고, 진술조서 등이 허위로 작성된

정을 모르는 검사와 영장전담판사를 기망하여 구속영장을 발부받은 후 그 영장에 의하여 피해자를 구금하였다면 형법 제124조 제1항의 직권남용감금죄가 성립한다(대법원2006. 5. 25.선고2003도3945판결).

▶ ③ (X) [1] 뇌물죄에서 뇌물의 내용인 이익이라 함은 금전, 물품 기타의 재산적 이익뿐만 아니라 사람의 수요 욕망을 충족시키기에 족한 일체의 유형, 무형의 이익을 포함한다고 해석되고, 투기적 사업에 참여할 기회를 얻는 것도 이에 해당한다.

[2] 공무원이 뇌물로 투기적 사업에 참여할 기회를 제공받은 경우, 뇌물수수죄의 기수 시기는 투기적 사업에 참여하는 행위가 종료된 때로 보아야 하며, 그 행위가 종료된 후 경제사정의 변동 등으로 인하여 당초의 예상과는 달리 그 사업 참여로 인한 아무런 이득을 얻지 못한 경우라도 뇌물수수죄의 성립에는 아무런 영향이 없다.

[3] 뇌물죄에 있어서 직무라 함은 공무원이 법령상 관장하는 직무 그 자체뿐만 아니라 그 직무와 밀접한 관계가 있는 행위 또는 관례상이나 사실상 소관하는 직무행위 및 결정권자를 보좌하거나 영향을 줄 수 있는 직무행위도 포함한다.

[4] 지방자치법 제42조 제1항의 규정에 의하면 지방의회는 의장을 의원들간의 무기명투표로 선거하도록 되어 있으므로 의장선거에서의 투표권을 가지고 있는 군의원들이 이와 관련하여 금품 등을 수수할 경우 이는 군의원으로서의 직무와 관련된 것이라 할 것이므로 뇌물죄가 성립한다(대법원 2002. 5. 10. 선고 2000도2251).

① (○) [1] 금품의 무상차용을 통하여 위법한 재산상 이익을 취득한 경우 범인이 받은 부정한 이익은 그로 인한 금융이익 상당액이므로 추징의 대상이 되는 것은 무상으로 대여받은 금품 그 자체가 아니라 위 금융이익 상당액이다(대법원 2008. 9. 25. 선고 2008도2590 판결).

[2] 공소시효는 범죄행위를 종료한 때로부터 진행하는데(형사소송법 제252조 제1항), 공무원이 직무에 관하여 금전을 무이자로 차용한 경우에는 차용 당시에 금융이익 상당의 뇌물을 수수한 것으로 보아야 하므로, 공소시효는 금전을 무이자로 차용한 때로부터 기산한다(대법원 2012. 2. 23. 선고 2011도7282 판결).

② (○) 형법이 뇌물죄에 관하여 규정하고 있는 것은 공무원의 직무집행의 공정과 그에 대한 사회의 신뢰 및 직무행위의 불가매수성을 보호하기 위한 것이다. 법령에 기한 임명권자에 의하여 임용되어 공무에 종사하여 온 사람이 나중에 그가 임용결격자이었음이 밝혀져 당초의 임용행위가 무효라고 하더라도, 그가 임용행위라는 외관을 갖추어 실제로 공무를 수행한 이상 공무 수행의 공정과 그에 대한 사회의 신뢰 및 직무행위의 불가매수성은 여전히 보호되어야 한다. 따라서 이러한 사람은 형법 제129조에서 규정한 공무원으로 봄이 타당하고, 그가 그 직무에 관하여 뇌물을 수수한 때에는 수뢰죄로 처벌할 수 있다(대법원2014. 3. 27.선고2013도11357판결).

④ (○) 공무원이 직접 뇌물을 받지 아니하고 증뢰자로 하여금 다른 사람에게 뇌물을 공여하도록 한 경우, 그 다른 사람이 공무원의 사자 또는 대리인으로서 뇌물을 받은 경우나, 그 다른 사람이 뇌물을 받음으로써 공무원은 그만큼 지출을 면하게 되는 경우 등 사회통념상 그 다른 사람이 뇌물을 받은 것을 공무원이 직접 받은 것과 같이 평가할 수 있는 관계가 있는 경우에는 형법 제129조 제1항의 뇌물수수죄가 성립한다(대판2009.10.15. 2009도6422).

▶ ④ (X) [1] <u>피고인은</u> A 지방법원 형사법정에서 준강제추행죄 등으로 징역 1년 6개월을 선고받고 구속영장에 의해 <u>법정구속되어 구속 피고인 대기실로 인치된 상태</u>에서 B 구치소 교도관 갑과 을이 피고인에게 <u>인적사항을 확인하던 중, 갑자기</u> 구속 피고인 대기실 출입문을 열고 법정으로 뛰어 들어가 법정 내부의 재판관계인석과 방청석 사이 공간을 통해 맞은편의 <u>법정 출입문 방향으로 뛰어가 도주하려고 하였으나,</u> 당시 법정 내에서 다른 수용자를 계호하고 있던 B 구치소 <u>교도관 병과 정에 검거되면서,</u> 피고인은 법률에 의하여 체포된 후 도주하려 하였으나 그 뜻을 이루지 못하고 <u>미수에 그쳤다.</u>

[2] 법원이 선고기일에 피고인에 대하여 실형을 선고하면서 구속영장을 발부하는 경우 검사가 법정에 재정하여 법원으로부터 구속영장을 전달받아 집행을 지휘하고, 그에 따라 피고인이 피고인 대기실로 인치되었다면 다른 특별한 사정이 없는 한 <u>피고인은</u> 형법 <u>제145조 제1항의 '법률에 의하여 체포 또는 구금된 자'에 해당한다.</u> 그 이유는 다음과 같다.

(가) <u>형사소송법은 재판의 집행</u> 일반에 관하여 재판의 성질상 <u>법원 또는 법관이 지휘할 경우를 제외하면</u> 재판을 한 <u>법원에 대응한 검찰청 검사가 지휘한다고 정하면서</u>(제460조 제1항), <u>구속영장</u>(제81조 제1항 본문, 제209조), <u>체포영장</u>(제81조 제1항 본문, 제200조의6), <u>압수·수색·검증영장</u>(제115조 제1항 본문, 제219조)의 <u>집행</u> 등에 관하여도 <u>검사의 지휘에 의하여 집행한다고</u> 규정하고 있다. <u>따라서 검사가 법정에서</u> 법원으로부터 구속영장을 전달받아 <u>교도관 등으로 하여금 피고인을 인치하도록 하였다면 집행절차가 적법하게 개시되었다고 볼 수 있다.</u>

(나) 구속영장의 집행을 통하여 최종적으로 피고인에 대한 신병을 인계받아 구금을 담당하는 <u>교도관이 법정에서 곧바로 피고인에 대한 신병을 확보하였다면 구속의 목적이 적법하게 달성된 것으로 볼 수 있다.</u>

(다) 구속영장 발부, 구속영장 집행, 구금 등 <u>모든 과정이 공개된 법정 및 법관의 면전에서 이루어졌다면 특별한 사정이 없는 한,</u> 피고인의 <u>방어권이나 절차적 권리 및 신체의 자유가 침해될 만한 위법이 있다고 평가하기 어렵다</u>(대법원2023. 12. 28.선고2020도12586판결). 결국, <u>피고인은</u> 도주기수가 아닌 <u>도주미수죄로 처벌되었다.</u>

①② (O) [1] 형법 제151조가 정한 범인도피죄에서 '도피하게 하는 행위'란 은닉 이외의 방법으로 범인에 대한 수사, 재판, 형의 집행 등 형사사법의 작용을 곤란하게 하거나 불가능하게 하는 일체의 행위를 말한다. <u>범인도피죄는 타인을 도피하게 하는 경우에 성립할 수 있는데,</u> 여기에서 타인에는 공범도 포함되나 <u>범인 스스로 도피하는 행위는 처벌되지 않는다.</u>

[2] 또한 <u>공범 중 1인이</u> 그 범행에 관한 수사절차에서 참고인 또는 피의자로 조사받으면서 <u>자기의 범행을</u> 구성하는 사실관계에 관하여 <u>허위로 진술하고 허위 자료를 제출하는 것은 자신의 범행에 대한 방어권 행사의 범위를 벗어난 것으로 볼 수 없다</u>(자기 범행은 범인도피죄가 성립하지 않는다). <u>이러한 행위가 다른 공범을 도피하게 하는 결과가 된다고</u> 하더라도 <u>범인도피로 처벌할 수 없다</u>(자기 범행을 도피했는데, 공범까지 도피 결과가 되어도 역시 자기를 위한 것으로 범인도피죄가 성립하지 않는다). <u>이때 공범이 이러한 행위를 교사하였더라도 범죄가 될 수 없는 행위</u>(자기 범인도피로 범인도피죄가 안되는 행위)를 <u>교사한 것에 불과하여 범인도</u>

<u>피교사죄가 성립하지 않는다</u>

[2] 갑은 운영하던 콜라텍을 을에게 양도한 다음 인근에서 다른 콜라텍을 개업·운영하던 중 을의 항의를 받고 콜라텍의 사업자등록 명의를 병 앞으로 변경하였다. 이후 을이 갑을 상대로 콜라텍 영업금지와 처분금지 등을 구하는 소를 제기하였고, 갑은 위 소송에 따른 판결의 강제집행을 피하기 위하여 정에게 사정을 얘기하고 동의를 받아 콜라텍의 사업자등록 명의를 정 앞으로 변경하였다. 갑, 병은 을로부터 강제집행면탈죄로 고소당하자 정에게 실제로 콜라텍을 매수하여 운영하고 있다고 진술해달라고 부탁하였다. 정은 갑, 병에 대한 고소사건에서 경찰관에게 자신이 실제로 콜라텍을 매수하여 운영하고 있다고 진술하고 허위의 계좌거래내역을 제출하였고 검찰주사에게도 같은 취지로 진술하였다. 이후 을이 정을 강제집행면탈죄로 고소하자 갑, 병이 정에게 동일한 부탁을 하였고, 정은 마찬가지로 경찰에서 허위로 진술하고 허위의 계좌거래내역을 제출하였다. <u>이로써 갑, 병은 정으로 하여금 범인을 도피하도록 교사하였고,</u> 그에 따라 <u>정은 범인을 도피하게 하였다.</u> 범인도피의 대상이 되는 <u>갑, 병의 범행은</u> 강제집행을 피하기 위하여 정에게 콜라텍을 허위로 양도하여 乙을 불리하게 하였다는 것이고, <u>정은</u> 허위양수인으로서 행위의 모습이나 관여 정도에 비추어 <u>강제집행면탈죄의 공동정범이라 할 수 있다.</u> 갑, 병에 대한 고소사건에서 정에 대한 조사는 콜라텍을 허위로 양수하였는지에 관한 것이었는데, <u>이는 정을 포함한 공범자 모두의 범행을 구성하는 사실관계로서 그 중 갑, 병의 범행에 관한 것만을 분리할 수 없다.</u> 정이 콜라텍을 실제 양수하여 운영하고 있다고 허위로 진술하고 그에 관한 허위 자료를 제출하였고 그것이 갑, 정을 도피하게 하는 결과가 되더라도 <u>범인도피죄가 성립할 수 없다.</u> 이는 정에 대한 고소사건에서도 마찬가지이다. <u>갑, 병이 이러한 행위를 정에게 교사하였다고 해도</u> 이는 범죄가 될 수 없는 행위를 교사한 것에 불과하여 <u>범인도피교사죄도 성립하지 않는다</u>(대판2018.8.1. 2015도20396). 결국, <u>갑·병·정은</u> 강제집행면탈죄의 공동정범이 성립할 뿐이고, <u>범인도피교사죄와 범인도피죄는 성립하지 않는다.</u>

(대법원 2018. 8. 1. 선고 2015도20396 판결).

③ (O) [1] <u>경찰공무원이 지명수배 중인 범인을 발견하고도</u> 직무상 의무에 따른 적절한 조치를 취하지 아니하고 <u>오히려 범인을 도피하게 하는 행위를 하였다면,</u> 그 직무위배의 위법상태는 범인도피 행위 속에 포함되어 있다고 보아야 할 것이므로, 이와 같은 경우에는 <u>작위범인 범인도피죄만이 성립하고 부작위범인 직무유기죄는 따로 성립하지 아니한다.</u>

[2] 한편, <u>범인도피죄는 범인을 도피하게 함으로써 기수에 이르지만, 범인도피행위가 계속되는 동안에는</u> 범죄행위도 계속되고 <u>행위가 끝날 때</u> 비로소 <u>범죄행위가 종료된다</u>(대법원2017. 3. 15.선고2015도1456판결).

▶ ① ㉠㉡㉢(3개)은 옳은 지문이나, ㉢㉤(2개)은 틀린 지문이다.

㉠ (O) <u>친고죄의 공범 중 그 1인 또는 수인에 대한 고소 또는 그 취소는 다른 공범자에 대하여도 효력이 있다</u>(제233조, 고소의 주관적 불가분의 원칙). 여기의 공범에는 형법총칙상의 공범(임의적 공범)뿐만 아니라 형법각칙상 공범(필요적 공범)도 모두 포함된다.

㉡ (O) [1] 고발은 범죄사실에 대한 소추를 요구하는 의사표시로서 그 효력은 고발장에 기재된 범죄사실과 동일성이 인정되는 사실 모두에 미치므로, 조세범 처벌절차법에 따라 <u>범칙사건에 대한</u>

고발이 있는 경우 **고발의 효력**은 범칙사건에 관련된 범칙사실의 **전부에 미치고 한 개의 범칙사실의 일부에 대한 고발은 전부에 대하여 효력이 생긴다.**

[2] **그러나 수 개의 범칙사실 중 일부만을** 범칙사건으로 하는 **고발이 있는 경우** 고발장에 기재된 범칙사실과 **동일성이 인정되지 않는 다른 범칙사실에 대해서까지 고발의 효력이 미칠 수는 없다** (대법원2014. 10. 15.선고2013도5650판결).

ⓒ (X) 형사소송법이 고소와 고소취소에 관한 규정을 하면서 제232조 제1항, 제2항에서 고소취소의 시한과 재고소의 금지를 규정하고 제3항에서는 반의사불벌죄에 제1항, 제2항의 규정을 준용하는 규정을 두면서도, **제233조에서 고소와 고소취소의 불가분에 관한 규정을 함에 있어서는 반의사불벌죄에 이를 준용하는 규정을 두지 아니한 것은** 처벌을 희망하지 아니하는 의사표시나 처벌을 희망하는 의사표시의 철회에 관하여 친고죄와는 달리 공범자간에 **불가분의 원칙을 적용하지 아니하고자 함에 있다고 볼 것이지, 입법의 불비로 볼 것은 아니다**(대법원1994. 4. 26.선고93도1689판결). 결국, **고소와 고소취소의 불가분의 원칙은 친고죄의 고소에서만** 적용되므로, **반의사불벌죄와 즉시고발 사건에서는 적용되지 않는다.**

ⓓ (O) **검사가 작성한 피해자에 대한 진술조서기재 중 '피의자들의 처벌을 원하는 가요? '라는 물음**에 대하여 **'법대로 처벌하여 주기 바랍니다'로 되어** 있고 이어서 '더 할 말이 있는 가요? '라는 물음에 대하여 '젊은 사람들이니 한번 기회를 주시면 감사하겠습니다'로 기재되어 있다면 **피해자의 진술취지는 법대로 처벌하되 관대한 처분을 바란다**는 취지로 보아야 하고 **처벌의사를 철회한 것으로 볼 것이 아니다**(대법원1981. 1. 13.선고80도2210판결). 결국, 친고죄에서 고소인이 수사기관에서 조사를 받으면서 **'법대로 처벌하되 관대한 처분을 바란다' 는 취지로 한 진술은 고소의 취소라고 볼 수 없다.**

ⓔ (X) 형사소송법 **제225조 제1항이** 규정한 법정대리인의 고소권은 무능력자의 보호를 위하여 법정대리인에게 주어진 **고유권으로서** 피해자의 고소권 소멸여부에 관계없이 고소할 수 있는 것이므로 **법정대리인의 고소기간은 법정대리인 자신이 범인을 알게 된 날로부터 진행한다**(대판87도857). **형사소송법 제236조의 대리인에 의한 고소의 경우,** 대리권이 정당한 고소권자에 의하여 수여되었음이 실질적으로 증명되면 충분하고, 그 방식에 특별한 제한은 없으므로, 고소를 할 때 반드시 위임장을 제출한다거나 '대리'라는 표시를 하여야 하는 것은 아니고, 또 **고소기간은 대리고소인이 아니라** 정당한 고소권자를 기준으로 **고소권자(피해자)가 범인을 알게 된 날부터** 기산한다(대법원2001. 9. 4.선고2001도3081판결). 결국, 전자의 경우는 甲이 범인을 알게 된 날로부터, A가 범인을 알게 된 날로부터 고소기간을 기산한다.

문제 31 – 정답 ②

▶ ② **ⓓⓔ(2개)가 옳은 지문이나, ⓐⓑⓒ(3개)은 틀린 지문이**다.

ⓐ (X) 피의자 또는 변호인의 요구가 있는 때에는 영상녹화물을 재생하여 시청하게 하여야 한다. 이 경우 그 **내용에 대하여 의의를 진술하는 때에는 그 취지를 기재한 서면을 첨부하여야** 한다(제244조의2 제3항).

ⓑ (X) [1] **피의자의 진술은 영상녹화할 수 있다.** 이 경우 **미리 영상녹화사실을 알려주어야** 하며, 조사의 개시부터 종료까지의 전과정 및 객관적 정황을 영상녹화하여야 한다(제244조의2 제1항).

[2] 검사 또는 사법경찰관은 수사에 필요한 때에는 **피의자가 아닌**

자(**참고인**)의 출석을 요구하여 진술을 들을 수 있다. 이 경우 **그의 동의를 받아 영상녹화할 수 있다**(제221조 제1항). 결국, 피의자의 진술은 **동의없어도** 영상녹화할 수 있으나, **피의자가 아닌 자(참고인)는 동의를 받아야** 영상녹화할 수 있다.

ⓒ (O) **영상녹화물은** 조사가 개시된 시점부터 **조사가 종료되어 피의자가 조서에 기명날인 또는 서명을 마치는 시점까지 전과정이 영상녹화된 것으로,** 다음 각 호의 내용을 포함하는 것이어야 한다(규칙 제134조의2 제3항).

1. 피의자의 신문이 영상녹화되고 있다는 취지의 고지
2. 영상녹화를 시작하고 마친 시각 및 장소의 고지
3. 신문하는 검사와 참여한 자의 성명과 직급의 고지
4. 진술거부권·변호인의 참여를 요청할 수 있다는 점 등의 고지
5. 조사를 중단·재개하는 경우 중단 이유와 중단 시각, 중단 후 재개하는 시각
6. 조사를 종료하는 시각

ⓓ (X) 검사가 **피고인이 아닌 피의자의 진술**에 대한 영상녹화물의 조사를 신청하는 경우에는 (**피고인이 된 피의자의 진술**에 대한 영상녹화물의 조사를 신청하는 경우와는 **달리**) 영상녹화를 시작하고 마친 시각과 조사장소 등을 기재한 **서면을 법원에 제출할 필요는 없다**(규칙 제134조의2 제6항).

ⓔ (O) 2007. 6. 1. 법률 제8496호로 개정되기 전의 형사소송법에는 없던 수사기관에 의한 피의자 아닌 자(이하 '참고인' 이라 한다) 진술의 영상녹화를 새로 정하면서 그 용도를 참고인에 대한 진술조서의 실질적 진정성립을 증명하거나 참고인의 기억을 환기시키기 위한 것으로 한정하고 있는 현행 형사소송법의 규정 내용을 **수사기관이 참고인을 조사하는 과정에서 형사소송법 제221조 제1항에 따라 작성한 영상녹화물은,** 다른 법률에서 달리 규정하고 있는 등의 특별한 사정이 없는 한, **공소사실을 직접 증명할 수 있는 독립적인증거로 사용될 수는 없다**고 해석함이 타당하다(대법원 2014. 7. 10.선고2012도5041판결).

문제 32 – 정답 ③

▶ ③ (X) 경찰관이 피고인을 현행범으로 체포한 행위는 **적법한 공무집행이라고 볼 수 없으므로 공무집행방해죄가 성립하지 아니하고, 상해를 가한 것은** 신체에 대한 부당한 침해에 대한 **정당방위에 해당한다**(대판2011.5.26. 2011도3682). 결국, **공무집행방해죄는 구성요건해당성이 배제되고, 상해는 정당방위로 위법성조각사유에 해당하여 피고인은 두 죄 모두 범죄가 성립하지 않는다.**

① (O) 대판 2011.5.26. 2011도3682

② (O) **검사의 구속영장 청구 전 피의자 대면 조사는** 긴급체포의 **적법성을 의심할 만한 사유**가 기록 기타 객관적 자료에 나타나고 피의자의 대면 조사를 통해 그 여부의 판단이 가능할 것으로 보이는 **예외적인 경우에 한하여 허용될 뿐, 긴급체포의 합당성**이나 구속영장 청구에 필요한 사유를 **보강하기 위한 목적으로 실시되어서는 아니 된다**(대판2008도11999).

③ (O) 위법한 강제연행 상태에서 호흡측정 방법에 의한 음주측정을 한 다음 강제연행 상태로부터 시간적·장소적으로 단절되었다고 볼 수도 없고 피의자의 심적 상태 또한 강제연행 상태로부터 완전히 벗어났다고 볼 수 없는 상황에서 피의자가 호흡측정 결과에 대한 탄핵을 하기 위하여 스스로 혈액채취 방법에 의한 측정을 할 것을 요구하여 혈액채취가 이루어졌다고 하더라도 그 사이에 위법한 체포 상태에 의한 영향이 완전하게 배제되고 피의자의 의사결정의 자유가 확실하게 보장되었다고 볼 만한 다른 사정이 개입되지 않은 이상 **불법체포와 증거수집 사이의 인과관계가 단절된**

것으로 볼 수는 없다. 따라서 그러한 혈액채취에 의한 측정 결과 역시 유죄 인정의 증거로 쓸 수 없다고 보아야 한다. 그리고 이는 수사기관이 위법한 체포 상태를 이용하여 증거를 수집하는 등의 행위를 효과적으로 억지하기 위한 것이므로, 피고인이나 변호인이 이를 증거로 함에 동의하였다고 하여도 달리 볼 것은 아니다(대판 2013.3.14. 2010도2094).

문제 33 - 정답 ②

▶ ② (X) 구속기간연장허가결정이 있은 경우에 그 연장기간은 법 제203조의 규정에 의한 구속기간만료 다음날로부터 기산한다 (형사소송규칙 제98조).
① (O) 공소제기前의 체포·구인·구금 기간은 피고인의 구속기간(제1항 및 제2항의 기간)에 산입하지 아니한다(제92조 제3항).

③ (O) 수사기관은 피의자가 죄를 범하였다고 의심할만한 상당한 사유가 있고, 피의자가 일정한 주거가 없는 때, 또는 피의자가 증거를 인멸할 염려가 있는 때, 피의자가 도망하거나 도망할 염려가 있는 때 중 어느 하나의 사유가 있는 경우에는 피의자를 구속할 수 있고, 이 경우 판사는 구속사유를 심사함에 있어서 범죄의 중대성, 재범의 위험성, 피해자 및 중요 참고인 등에 대한 위해우려 등을 고려하여야 한다(제70조 제1항·제2항, 제209조).
④ (O) 검사 또는 사법경찰관에 의하여 구속되었다가 석방된 자는 다른 중요한 증거를 발견한 경우를 제외하고는 동일한 범죄사실에 관하여 재차 구속하지 못한다. 이 경우에는 1개의 목적을 위하여 동시 또는 수단결과의 관계에서 행하여진 행위는 동일한 범죄사실로 간주한다(제208조 제1항, 제2항).

문제 34 - 정답 ②

▶ ② ㉠㉡㉢㉣(4개)은 맞는 지문이나, ㉤(1개)은 틀린 지문이다.
㉠ (O) 압수의 대상이 되는 전자정보와 그렇지 않은 전자정보가 혼재된 정보저장매체나 그 복제본을 압수·수색한 수사기관이 정보저장매체 등을 수사기관 사무실 등으로 옮겨 이를 탐색·복제·출력하는 경우, 그와 같은 일련의 과정에서 형사소송법 제219조, 제121조에서 규정하는 피압수·수색 당사자(이하 '피압수자'라 한다)나 변호인에게 참여의 기회를 보장하고, 압수된 전자정보의 파일 명세가 특정된 압수목록을 작성·교부하여야 하며, 범죄혐의사실과 무관한 전자정보의 임의적인 복제 등을 막기 위한 적절한 조치를 취하는 등 영장주의 원칙과 적법절차를 준수하여야 한다(대법원 2022. 7. 28.선고2022도2960판결).
㉡㉢㉣ (O) 대법원2022. 7. 28.선고2022도2960판결
㉤ (X) 압수·수색 영장집행은 갑의 집에서 하드디스크 복제본을 생성한 때 종료되는 것이 아니라 수사기관 사무실 등으로 옮겨 정보를 탐색·복제·출력한 때에도 계속되므로 탐색과정에서도 참여권을 보장하여야 한다(대법원2022. 7. 28.선고2022도2960판결).

문제 35 - 정답 ①

▶ ① (X) [1] 수사기관이 범죄 증거를 수집할 목적으로 피의자의 동의 없이 피의자의 소변을 채취하는 것은 법원으로부터 감정허가장을 받아 형사소송법 제221조의4 제1항, 제173조 제1항에서 정한 '감정에 필요한 처분'으로 할 수 있지만(피의자를 병원 등에 유치할 필요가 있는 경우에는 형사소송법 제221조의3에 따라 법원으로부터 감정유치장을 받아야 한다), 형사소송법 제219조, 제106조 제1항, 제109조에 따른 압수·수색의 방법으로도 할 수 있다. 이

러한 압수·수색의 경우에도 수사기관은 원칙적으로 형사소송법 제215조에 따라 판사로부터 압수·수색영장을 적법하게 발부받아 집행해야 한다. 압수·수색의 방법으로 소변을 채취하는 경우 압수대상물인 피의자의 소변을 확보하기 위한 수사기관의 노력에도 불구하고, 피의자가 인근 병원 응급실 등 소변 채취에 적합한 장소로 이동하는 것에 동의하지 않거나 저항하는 등 임의동행을 기대할 수 없는 사정이 있는 때에는 수사기관으로서는 소변 채취에 적합한 장소로 피의자를 데려가기 위해서 필요 최소한의 유형력을 행사하는 것이 허용된다. 이는 형사소송법 제219조, 제120조 제1항에서 정한 '압수·수색영장의 집행에 필요한 처분'에 해당한다고 보아야 한다.
[2] 피고인이 메트암페타민(일명 '필로폰')을 투약하였다는 마약류 관리에 관한 법률 위반(향정) 혐의에 관하여, 피고인의 소변(30cc), 모발(약 80수), 마약류 불법사용 도구 등에 대한 압수·수색·검증영장을 발부받은 다음 경찰관이 피고인의 주거지를 수색하여 사용 흔적이 있는 주사기 4개를 압수하고, 위 영장에 따라 3시간가량 소변과 모발을 제출하도록 설득하였음에도 피고인이 계속 거부하면서 자해를 하자 이를 제압하고 수갑과 포승을 채운 뒤 강제로 병원 응급실로 데리고 가 응급구조사로 하여금 피고인의 신체에서 소변(30cc)을 채취하도록 하여 이를 압수한 사안에서, 피고인에 대한 피의사실이 중대하고 객관적 사실에 근거한 명백한 범죄 혐의가 있었다고 보이고, 경찰관의 장시간에 걸친 설득에도 피고인이 소변의 임의 제출을 거부하면서 판사가 적법하게 발부한 압수영장의 집행에 저항하자 경찰관이 다른 방법으로 수사 목적을 달성하기 곤란하다고 판단하여 강제로 피고인을 소변 채취에 적합한 장소인 인근 병원 응급실로 데리고 가 의사의 지시를 받은 응급구조사로 하여금 피고인의 신체에서 소변을 채취하도록 하였으며, 그 과정에서 피고인에 대한 강제력의 행사가 필요 최소한도를 벗어나지 않았으므로, 경찰관의 조치는 형사소송법 제219조, 제120조 제1항에서 정한 '압수영장의 집행에 필요한 처분'으로서 허용되고, 한편 경찰관이 압수영장을 집행하기 위하여 피고인을 병원 응급실로 데리고 가는 과정에서 공무집행에 항거하는 피고인을 제지하고 자해 위험을 방지하기 위해 수갑과 포승을 사용한 것은 경찰관 직무집행법에 따라 허용되는 경찰장구의 사용으로서 적법하다는 이유로, 같은 취지에서 피고인의 소변에 대한 압수영장 집행이 적법하다고 본 원심판단을 수긍한 사례(대판2018.7.12. 2018도6219).
② (O) 통신사실확인자료 제공요청에 의하여 취득한 통화내역 등 통신사실확인자료를 범죄의 수사·소추를 위하여 사용하는 경우 대상 범죄는 통신사실확인자료 제공요청의 목적이 된 범죄 및 이와 관련된 범죄에 한정되어야 한다. 여기서 통신사실확인자료 제공요청의 목적이 된 범죄와 관련된 범죄란 통신사실 확인자료제공요청 허가서에 기재한 혐의사실과 객관적 관련성이 있고 자료제공 요청 대상자와 피의자 사이에 인적 관련성이 있는 범죄를 의미한다. 그 중 혐의사실과의 객관적 관련성은, 통신사실 확인자료제공요청 허가서에 기재된 혐의사실 자체 또는 그와 기본적 사실관계가 동일한 범행과 직접 관련되어 있는 경우는 물론 범행 동기와 경위, 범행 수단 및 방법, 범행 시간과 장소 등을 증명하기 위한 간접증거나 정황증거 등으로 사용될 수 있는 경우에도 인정될 수 있다. 다만 통신비밀보호법이 통신사실확인자료의 사용 범위를 제한하고 있는 것은 특정한 혐의사실을 전제로 제공된 통신사실확인자료가 별건의 범죄사실을 수사하거나 소추하는 데 이용되는 것을 방지함

으로써 통신의 비밀과 자유에 대한 제한을 최소화하는 데 입법 취지가 있다. 따라서 그 관련성은 통신사실 확인자료제공요청 허가서에 기재된 혐의사실의 내용과 수사의 대상 및 수사 경위 등을 종합하여 구체적·개별적 연관관계가 있는 경우에만 인정되고, 혐의사실과 단순히 동종 또는 유사 범행이라는 사유만으로 관련성이 있는 것은 아니다. 그리고 피의자와 사이의 인적 관련성은 통신사실 확인자료제공요청 허가서에 기재된 대상자의 공동정범이나 교사범 등 공범이나 간접정범은 물론 필요적 공범 등에 대한 피고사건에 대해서도 인정될 수 있다(대법원2017. 1. 25.선고2016도13489판결). 따라서 피고인 甲이 피고인 乙의 뇌물수수 범행의 증뢰자라면, 필요적 공범관계에 있으므로 증거로 할 수 있다.

③ (○) 검사 또는 사법경찰관이 구속영장을 집행함에는 피의자에게 반드시 이를 제시하고 그 사본을 교부하여야 하며 신속히 지정된 법원 기타 장소에 인치하여야 한다(제85조 제1항, 제209조). 검사 또는 사법경찰관이 구속영장을 소지하지 아니한 경우에 급속을 요하는 때에는 피의자에 대하여 공소사실의 요지와 영장이 발부되었음을 고하고 집행할 수 있다(제85조 제3항, 제209조). 구속영장의 집행을 완료한 후에는 신속히 구속영장을 제시하고 그 사본을 교부하여야 한다(제85조 제4항, 제209조).

④ (○) 수사기관이 법원으로부터 영장 또는 감정처분허가장을 발부받지 아니한 채 피의자의 동의 없이 피의자의 신체로부터 혈액을 채취하고 사후적으로도 지체 없이 이에 대한 영장을 발부받지도 아니한 채 강제채혈한 피의자의 혈액 중 알콜농도에 관한 감정이 이루어졌다면, 이러한 감정결과보고서 등은 형사소송법상 영장주의 원칙을 위반하여 수집되거나 그에 기초한 증거로서 그 절차 위반행위가 적법절차의 실질적인 내용을 침해하는 정도에 해당하고, 이러한 증거는 피고인이나 변호인의 증거동의가 있다고 하더라도 유죄의 증거로 사용할 수 없다(대법원2011. 4. 28.선고2009도2109판결(나주 세지 사건); 대법원2012. 11. 15.선고2011도15258판결(서울 구로 사건); 대법2014. 11. 13.선고2013도1228판결(경기 남양주 사건)).

문제 36 – 정답 ②

▶ ② (X) [1] 자동차 등 운전자가 신체 이상 등의 사유로 '호흡에 의한 음주측정'에 응하지 못한 경우, 음주측정불응죄가 성립하지 않는다.

[2] 구 도로교통법 제150조 제2호에서 규정한 경찰공무원의 측정은 같은 법 제44조 제2항 소정의 호흡조사에 의한 측정만을 의미하는 것으로서 같은 법 제44조 제3항 소정의 혈액채취에 의한 측정을 포함하는 것으로 볼 수 없음은 법문상 명백하다. 따라서, 신체 이상 등의 사유로 인하여 호흡조사에 의한 측정에 응할 수 없는 운전자가 혈액채취에 의한 측정을 거부하거나 이를 불가능하게 하였다고 하더라도 이를 들어 음주측정에 불응한 것으로 볼 수는 없다.

[3] 척추장애로 지체장애 3급 장애인으로 등록된 피고인이 경찰공무원의 음주측정 요구에 불응하였다는 구 도로교통법 위반의 공소사실에 대하여, 피고인의 폐활량은 정상인의 약 26.9%, 1초간 노력성 호기량은 약 33.5%에 불과하고, 호흡측정기가 작동하기 위하여는 최소 1.25ℓ의 호흡유량이 필요하나 피고인의 폐활량은 0.71ℓ에 불과한 점 등에 비추어 음주측정에 불응한 것으로 볼 수 없다(무죄)(대법원2010. 7. 15.선고2010도2935판결). 결국, 음주측정불응죄는 호흡조사에 의한 불응만 해당하고, 혈액채취에 의한 측정을 거부해도 죄형법정주의의 원칙상 음주측정불응죄로 처벌할 수 없

다.

① (○) 공소사실을 인정할 증거로 사실상 피해자의 진술이 유일한 경우에 피고인의 진술이 경험칙상 합리성이 없고 그 자체로 모순되어 믿을 수 없다고 하여 그것이 공소사실을 인정하는 직접증거가 되는 것은 아니지만, 이러한 사정은 법관의 자유판단에 따라 피해자 진술의 신빙성을 뒷받침하거나 직접증거인 피해자 진술과 결합하여 공소사실을 뒷받침하는 간접정황이 될 수 있다(대법원 2022. 8. 19.선고2021도3451판결).

③ (○) 갑의 소변에 대한 감정의뢰회보에서도 필로폰이 검출되지 않았음은 물론 갑이 사용하던 차량에서 발견된 소형주사기에서도 갑의 사용을 추단케 할 만한 DNA 등이 전혀 검출되지 않은 이상, 차량에서 발견된 소형주사기 및 거기서 필로폰이 검출되었다는 사정이 공소사실을 뒷받침하는 간접사실에 해당한다고 선뜻 단정하기도 어려운 점 등을 종합하면, 갑의 모발에 대한 감정에서 필로폰이 검출되었다는 사정과 갑이 사용하던 차량을 압수·수색하여 발견된 주사기에서 필로폰이 검출된 사정만으로 필로폰 투약 사실을 유죄로 인정한 원심판단에 증거재판주의, 자유심증주의 원칙을 위반한 잘못이 있다(대법원2023. 8. 31.선고2023도8024판결).

④ (○) [1] 형사재판에서 범죄사실의 인정은 법관으로 하여금 합리적인 의심을 할 여지가 없을 정도의 확신을 가지게 하는 증명력을 가진 엄격한 증거에 의하여야 하므로, 검사의 증명이 그만한 확신을 가지게 하는 정도에 이르지 못한 경우에는 설령 피고인의 주장이나 변명이 모순되거나 석연치 않은 면이 있어 유죄의 의심이 가는 등의 사정이 있다고 하더라도 피고인의 이익으로 판단하여야 한다.

[2] 법정형이 무거운 범죄의 경우에도 직접증거 없이 간접증거만으로 유죄를 인정할 수 있으나, 그러한 유죄 인정에는 공소사실에 대한 관련성이 깊은 간접증거들에 의하여 신중한 판단이 요구되므로, 간접증거에 의하여 주요사실의 전제가 되는 간접사실을 인정할 때에는 증명이 합리적인 의심을 허용하지 않을 정도에 이르러야 하고, 하나하나의 간접사실 사이에 모순, 저촉이 없어야 하는 것은 물론 간접사실이 논리와 경험칙, 과학법칙에 의하여 뒷받침되어야 한다. 그러므로 유죄의 인정은 범행 동기, 범행수단의 선택, 범행에 이르는 과정, 범행 전후 피고인의 태도 등 여러 간접사실로 보아 피고인이 범행한 것으로 보기에 충분할 만큼 압도적으로 우월한 증명이 있어야 한다.피고인은 무죄로 추정된다는 것이 헌법상의 원칙이고, 그 추정의 번복은 직접증거가 존재할 경우에 버금가는 정도가 되어야 한다.

[3] 그리고 범행에 관한 간접증거만이 존재하고 더구나 그 간접증거의 증명력에 한계가 있는 경우, 범인으로 지목되고 있는 자에게 범행을 저지를 만한 동기가 발견되지 않는다면, 만연히 무엇인가 동기가 분명히 있는데도 이를 범인이 숨기고 있다고 단정할 것이 아니라 반대로 간접증거의 증명력이 그만큼 떨어진다고 평가하는 것이 형사증거법의 이념에 부합하는 것이다.

[4] 유전자검사나 혈액형검사 등 과학적 증거방법은 전제로 하는 사실이 모두 진실임이 증명되고 추론의 방법이 과학적으로 정당하여 오류의 가능성이 없거나 무시할 정도로 극소하다고 인정되는 경우에는 법관이 사실인정을 할 때 상당한 정도로 구속력을 가진다. 그러나 이 경우 법관은 과학적 증거방법이 증명하는 대상이 무엇인지, 즉 증거방법과 쟁점이 어떠한 관련성을 갖는지를 면밀히 살펴 신중하게 사실인정을 하여야 한다(대법원2022. 6. 16.선고2022도2236판결).

문제 37 - 정답 ④

▶ ④ (X) [1] **시기에 늦은** 이의신청, **소송지연만을 목적**으로 하는 것임이 **명백한 이의신청**은 **결정으로** 이를 **기각하여야** 한다. 다만, **시기에 늦은** 이의신청이 중요한 사항을 대상으로 하고 있는 경우에는 **시기에 늦은** 것만을 이유로 하여 **기각하여서는 아니된다** (형사소송규칙 제139조 제1항).

[2] 증거조사를 마친 증거가 **증거능력이 없음을 이유로 한 이의신청을 이유있다고 인정할 경우**에는 그 증거의 **전부** 또는 **일부**를 **배제**한다는 취지의 **결정을 하여야 한다**(동규칙 제139조 제4항). 결국, 당사자가 **일부**만을 증거능력이 없다고 이의신청한 경우에 법원은 그 이의신청이 **이유있다**고 인정할 때에 증거능력이 없는 **일부만을 배제하는 결정을 하여야** 한다.

① (O) 수사기관은 수사 중인 사건의 범죄 혐의를 밝히기 위한 목적으로 합리적인 근거 없이 **별개의 사건을 부당하게 수사하여서는 아니 되고**, 다른 사건의 수사를 통하여 확보된 증거 또는 자료를 내세워 **관련 없는 사건에 대한 자백이나 진술을 강요하여서도 아니 된다**(제198조 제4항).<신설 2022. 5. 9.>

② (O) 피고인의 자백이 임의성이 없다고 의심할 만한 사유가 있는 때에 해당한다 할지라도 **그 임의성이 없다고 의심하게 된 사유들과 피고인의 자백과의 사이에 인과관계가 존재하지 않은 것이 명백한 때에는 그 자백은 임의성이 있는 것으로 인정된다**(대법원 1984. 11. 27.선고84도2252판결).

③ (O) [1] 검찰에서의 피고인의 자백이 법정진술과 다르다거나 피고인에게 지나치게 불리한 내용이라는 사유만으로는 그 자백의 신빙성이 의심스럽다고 할 수는 없다.

[2] **자백의 신빙성 유무를 판단할 때에는** 자백의 진술 내용 자체가 객관적으로 합리성을 띠고 있는지, 자백의 동기나 이유가 무엇이며, 자백에 이르게 된 경위는 어떠한지 그리고 자백 이외의 정황증거 중 자백과 저촉되거나 모순되는 것이 없는지 하는 점 등을 고려하여 **피고인의 자백에 형사소송법 제309조에 정한 사유** 또는 자백의 동기나 과정에 합리적인 의심을 갖게 할 상황이 있었는지를 판단하여야 한다(대법원2019. 10. 31.선고2018도2642판결).

문제 38 - 정답 ④

▶ ④ (X) 증인신문조서가 증거보전절차에서 피고인이 증인으로서 증언한 내용을 기재한 것이 아니라 증인(갑)의 증언내용을 기재한 것이고 다만 피의자였던 피고인이 당사자로 참여하여 자신의 범행사실을 시인하는 전제하에 위 증인에게 반대신문한 내용이 기재되어 있을 뿐이라면, **위 조서는 공판준비 또는 공판기일에 피고인 등의 진술을 기재한 조서도 아니고**, 반대신문과정에서 **피의자가 한 진술에 관한 한 형사소송법 제184조에 의한 증인신문조서도 아니므로** 위 조서중 **피의자의 진술기재부분에 대하여는** 형사소송법 **제311조에 의한 증거능력을 인정할 수 없다**(대판1984.5.15. 84도508).

① (O) **법원이** 수회에 걸쳐 진술을 요할 자에 대한 증인소환장이 송달되지 아니하여 **그 소재탐지촉탁까지 하였으나 그 소재를 알지 못하게 된 경우** 또는 진술을 요할 자가 일정한 주거를 가지고 있더라도 **법원의 소환에 계속 불응하고 구인하여도 구인장이 집행되지 아니하는 등 법정에서의 신문이 불가능한 상태의 경우에는 형사소송법 제314조 소정의 "공판정에 출정하여 진술을 할 수 없는 때"에 해당한다고 할 것이므로**, 그 진술내용이나 조서의 작성에 허위개입의 여지가 거의 없고 그 진술내용의 신빙성이나 임의성을 담보할 구체적이고 외부적인 정황이 있는 경우에는 **그 진술조서의**

증거능력이 인정된다(대법원2000. 6. 9.선고2000도1765판결).

② (O) 실질적 진정성립을 증명할 수 있는 방법으로서 형사소송법 제312조 제2항에 예시되어 있는 영상녹화물의 경우 형사소송법 및 형사소송규칙에 의하여 영상녹화의 과정, 방식 및 절차 등이 엄격하게 규정되어 있는데다(형사소송법 제244조의2, 형사소송규칙 제134조의2 제3항, 제4항, 제5항 등) 피의자의 진술을 비롯하여 검사의 신문 방식 및 피의자의 답변 태도 등 조사의 전 과정이 모두 담겨 있어 피고인이 된 피의자의 진술 내용 및 취지를 과학적·기계적으로 재현해 낼 수 있으므로 조서의 내용과 검사 앞에서의 진술 내용을 대조할 수 있는 수단으로서의 객관성이 보장되어 있다고 볼 수 있으나, 피고인을 피의자로 조사하였거나 조사에 참여하였던 자들의 증언은 오로지 증언자의 주관적 기억 능력에 의존할 수밖에 없어 객관성이 보장되어 있다고 보기 어렵다. 결국 검사 작성의 피의자신문조서에 대한 실질적 진정성립을 증명할 수 있는 수단으로서 **형사소송법 제312조 제2항에 규정된 '영상녹화물이나 그 밖의 객관적인 방법'이란** 형사소송법 및 형사소송규칙에 규정된 방식과 절차에 따라 제작된 영상녹화물 또는 그러한 영상녹화물에 준할 정도로 **피고인의 진술을 과학적·기계적·객관적으로 재현해 낼 수 있는 방법만을 의미하고, 그 외에 조사관 또는 조사 과정에 참여한 통역인 등의 증언은 이에 해당한다고 볼 수 없다**(대판2016.2.18. 2015도16586).

③ (O) 수사보고서에 검증의 결과에 해당하는 기재가 있는 경우, 그 기재 부분은 검찰사건사무규칙 제17조에 의하여 검사가 범죄의 현장 기타 장소에서 실황조사를 한 후 작성하는 실황조서 또는 사법경찰관리집무규칙 제49조 제1항, 제2항에 의하여 사법경찰관이 수사상 필요하다고 인정하여 범죄현장 또는 기타 장소에 임하여 실황을 조사할 때 작성하는 실황조사서에 해당하지 아니하며, **단지 수사의 경위 및 결과를 내부적으로 보고하기 위하여 작성된 서류에 불과하므로 그 안에 검증의 결과에 해당하는 기재가 있다고 하여 이를 형사소송법 제312조 제1항**(현행 제312조 제6항)**의 '검사 또는 사법경찰관이 검증의 결과를 기재한 조서'라고 할 수 없을 뿐만 아니라** 이를 같은 법 제313조 제1항의 '피고인 또는 피고인이 아닌 자가 작성한 진술서나 그 진술을 기재한 서류'라고 할 수도 없고, 같은 법 제311조, 제315조, 제316조의 적용대상이 되지 아니함이 분명하므로 그 기재 부분은 증거로 할 수 없다(대판 2001.5.29. 2000도2933).

문제 39 - 정답 ②

▶ ② (X) 형사소송법 제244조의5는, 검사 또는 사법경찰관은 피의자를 신문하는 경우 피의자가 신체적 또는 정신적 장애로 사물을 변별하거나 의사를 결정·전달할 능력이 미약한 때나 피의자의 연령·성별·국적 등의 사정을 고려하여 그 심리적 안정의 도모와 원활한 의사소통을 위하여 필요한 경우에는, 직권 또는 피의자·법정대리인의 신청에 따라 피의자와 신뢰관계에 있는 자를 동석하게 할 수 있도록 규정하고 있다. 구체적인 사안에서 **위와 같은 동석을 허락할 것인지는 원칙적으로** 검사 또는 사법경찰관이 피의자의 건강 상태 등 여러 사정을 고려하여 **재량에 따라 판단하여야 할 것이나,** 이를 허락하는 경우에도 **동석한 사람으로 하여금 피의자를 대신하여 진술하도록 하여서는 안 된다.** 만약 **동석한 사람이 피의자를 대신하여 진술한 부분이 조서에 기재되어 있다면** 그 부분은 피의자의 진술을 기재한 것이 아니라 **동석한 사람의 진술을 기재한 조서에 해당하므로, 그 사람에 대한 진술조서로서의 증거능력을 취득하기 위한 요건을 충족하지 못하는 한** 이를 유죄 인정의 증거

로 사용할 수 없다(대법원2009. 6. 23.선고2009도1322판결). 결국, 위 사안에서의 조서는 피의자 신문조서인 제312조 제1항 내지 제3항에 해당하지 않고, **참고인 진술조서에 해당하므로 제312조 제4항의 4가지의 요건을 모두 갖추어야 증거능력이 인정된다.**

① (○) [1] 형사소송법 제312조 제5항은 피고인 또는 피고인이 아닌 자가 수사과정에서 작성한 진술서의 증거능력에 관하여 **형사소송법 제312조 제1항부터 제4항까지 준용하도록 규정**하고 있으므로, 검사 또는 사법경찰관이 피고인이 아닌 자의 진술을 기재한 조서의 증거능력이 인정되려면 '**적법한 절차와 방식에 따라 작성된 것**'이어야 한다는 법리가 **피고인이 아닌 자가 수사과정에서 작성한 진술서의 증거능력에 관하여도 적용된다.** 한편 검사 또는 사법경찰관이 피의자가 아닌 자의 출석을 요구하여 조사하는 경우에는 피의자를 조사하는 경우와 마찬가지로 조사장소에 도착한 시각, 조사를 시작하고 마친 시각, 그 밖에 조사과정의 진행경과를 확인하기 위하여 필요한 사항을 조서에 기록하거나 별도의 서면에 기록한 후 수사기록에 편철하도록 하는 등 조사과정을 기록하게 한 형사소송법 제221조 제1항, 제244조의4 제1항,제3항의 취지는 수사기관이 조사과정에서 피조사자로부터 진술증거를 취득하는 과정을 투명하게 함으로써 그 과정에서의 절차적 적법성을 제도적으로 보장하려는 것이다. 따라서 수사기관이 수사에 필요하여 피의자가 아닌 자로부터 진술서를 작성·제출받는 경우에도 그 절차는 준수되어야 하므로, **피고인이 아닌 자가 수사과정에서 진술서를 작성하였지만 수사기관이 조사과정의 진행경과를 확인하기 위하여 필요한 사항을 그 진술서에 기록하거나 별도의 서면에 기록한 후 수사기록에 편철하는 등 적절한 조치를 취하지 아니하여** 형사소송법 제244조의4 제1항,제3항에서 정한 **절차를 위반한 경우에는**, 그 진술 증거 취득과정의 절차적 적법성의 제도적 보장이 침해되지 않았다고 볼 만한 특별한 사정이 없는 한 '**적법한 절차와 방식**'에 따라 **수사과정에서 진술서가 작성되었다고 할 수 없어 증거능력을 인정할 수 없다.** 형사소송법 **제312조 제5항의 적용대상인 '수사과정에서 작성한 진술서'란** 수사가 시작된 이후에 수사기관의 관여 아래 작성된 것이거나, 개시된 수사와 관련하여 수사과정에 제출할 목적으로 작성한 것으로, 작성 시기와 경위 등 여러 사정에 비추어 그 **실질이 이에 해당하는 이상 명칭이나 작성된 장소 여부를 불문한다**(대법원2022. 10. 27.선고2022도9510판결). 따라서 **경찰관이** 입당원서 작성자의 주거지·근무지를 방문하여 입당원서 작성 경위 등을 질문한 후 **진술서 작성을 요구하여 이를 제출받은 이상** 형사소송법 **제312조 제5항이 적용되어야 한다**는 이유로 **형사소송법 제244조의4(수사과정의 기록)에서 정한 절차를 준수하지 않은 위 각 증거의 증거능력이 인정되지 않는다.**

[2] 피고인 을·병이 피고인 갑을 위하여 처리하였던 **입당원서를 작성자의 동의 없이 임의로 수사기관에 제출한 행위는「개인정보 보호법」 제59조 제2호가 금지한 행위**로서, 구 「개인정보 보호법」 제18조 제2항 제2호 또는 제7호가 적용될 수 없고, **위법수집증거에 해당함에도 예외적으로 증거능력을 인정하여야 할 경우에 해당하지 아니하므로**, 입당원서 및 이와 관련된 증거의 증거능력은 인정되지 않는다(대법원2022. 10. 27.선고2022도9510판결).

③ (○) [1] 수사기관에서 진술한 참고인이 법정에서 증언을 거부하여 **피고인이 반대신문을 하지 못한 경우에는 정당하게 증언거부권을 행사한 것이 아니라도**, 피고인이 증인의 증언거부 상황을 초래하였다는 등의 특별한 사정이 없는 한 **형사소송법 제314조의 '그 밖에 이에 준하는 사유로 인하여 진술할 수 없는 때'에 해당**

하지 않는다고 보아야 한다. 따라서 **증인이 정당하게 증언거부권을 행사하여 증언을 거부한 경우와 마찬가지로 수사기관에서 그 증인의 진술을 기재한 서류는 증거능력이 없다.**

[2] 다만 피고인이 증인의 증언거부 상황을 초래하였다는 등의 특별한 사정이 있는 경우에는 형사소송법 제314조의 적용을 배제할 이유가 없다. 이러한 경우까지 형사소송법 제314조의 '그 밖에 이에 준하는 사유로 인하여 진술할 수 없는 때'에 해당하지 않는다고 보면 사건의 실체에 대한 심증 형성은 법관의 면전에서 본래증거에 대한 반대신문이 보장된 증거조사를 통하여 이루어져야 한다는 실질적 직접심리주의와 전문법칙에 대하여 예외를 정한 형사소송법 제314조의 취지에 반하고 정의의 관념에도 맞지 않기 때문이다(대법원2019. 11. 21.선고2018도13945전원합의체 판결)

④ (○) 형사소송법 제312조 제4항은 검사 또는 사법경찰관이 피고인이 아닌 자의 진술을 기재한 조서의 증거능력이 인정되려면 '적법한 절차와 방식에 따라 작성된 것'이어야 한다고 규정하고 있다. 여기서 적법한 절차와 방식이라 함은 피의자 또는 제3자에 대한 조서 작성 과정에서 지켜야 할 진술거부권의 고지 등 형사소송법이 정한 제반 절차를 준수하고 조서의 작성방식에도 어긋남이 없어야 한다는 것을 의미한다. 그런데 **형사소송법은 조서에 진술자의 실명 등 인적 사항을 확인하여 이를 그대로 밝혀 기재할 것을 요구하는 규정을 따로 두고 있지는 아니하다.** 따라서「특정범죄신고자 등 보호법」등에서 처럼 명시적으로 진술자의 인적 사항의 전부 또는 일부의 기재를 생략할 수 있도록 한 경우가 아니라 하더라도, 진술자와 피고인의 관계, 범죄의 종류, 진술자 보호의 필요성 등 여러 사정으로 볼 때 상당한 이유가 있는 경우에는 **수사기관이 진술자의 성명을 가명으로 기재하여 조서를 작성하였다고 해서 그 이유만으로 그 조서가 '적법한 절차와 방식'에 따라 작성되지 않았다고 할 것은 아니다.** 그러한 조서라도 공판기일 등에 원진술자가 출석하여 자신의 진술을 기재한 조서임을 확인함과 아울러 그 조서의 실질적 진정성립을 인정하고 나아가 그에 대한 반대신문이 이루어지는 등 **형사소송법 제312조 제4항에서 규정한 조서의 증거능력 인정에 관한 다른 요건이 모두 갖추어진 이상 그 증거능력을 부정할 것은 아니라고 할 것이다**(대법원2012. 5. 24.선고2011도7757판결). 결국, 특정범죄신고자 등 보호법등처럼 목격자등을 보호하기 위하여 **참고인의 성명을 가명으로 기재하였다 하여 참고인 진술조서가 증거능력이 부정되는 것은 아니다.**

문제 40 - 정답 ③

▶ ③ (X) [1] 상법장부나 항해일지, 진료일지 또는 이와 유사한 금전출납부 등과 같이 **범죄사실의 인정 여부와는 관계없이 자기에게 맡겨진 사무를 처리한 사무 내역을 그때그때 계속적, 기계적으로 기재한 문서 등의 경우**는 사무처리 내역을 증명하기 위하여 존재하는 문서로서 그 존재 자체 및 기재가 그러한 내용의 사무가 처리되었음의 여부를 판단할 수 있는 **별개의 독립된 증거자료**이고, 설사 그 문서가 우연히 피고인이 작성하였고 그 문서의 내용 중 피고인의 범죄사실의 존재를 추론해 낼 수 있는, 즉 공소사실에 일부 부합되는 사실의 기재가 있다고 하더라도, 이를 일컬어 피고인이 범죄사실을 자백하는 문서라고 볼 수는 없다.

[2] **피고인이 뇌물공여 혐의를 받기 전에 이와는 관계없이** 준설공사에 필요한 각종 인·허가 등의 업무를 위임받아 이를 추진하는 과정에서 그 업무수행에 필요한 자금을 지출하면서, **스스로 그 지출한 자금내역을 자료로 남겨두기 위하여 뇌물자금과 기타 자금을 구별하지 아니하고 그 지출 일시, 금액, 상대방 등 내역을 그때그**

때 계속적, 기계적으로 기입한 수첩의 기재 내용은, 피고인이 자신의 범죄사실을 시인하는 자백이라고 볼 수 없으므로, **증거능력이 있는 한 피고인의 금전출납을 증명할 수 있는 별개의 증거라고 할 것인즉, 피고인의 검찰에서의 자백에 대한 보강증거가 될 수 있다**(대법원1996. 10. 17.선고94도2865전원합의체 판결).

① (○) [1] 타인으로 하여금 형사처분 또는 징계처분을 받게 할 목적으로 **공무소 또는 공무원에** 대하여 **허위의 사실을 신고하는 때에 무고죄가 성립한다**(형법 제156조).

[2] **무고죄를 범한 자가** 그 무고한 사건의 재판 또는 징계처분이 **확정되기 전에 자백 또는 자수한 때에는 그 형을 감경 또는 면제한다**(필요적 감면사유; 형법 제157조).

② (○) **보강증거는** 자백한 범죄의 **객관적 범죄사실에 한해서만** 필요하다. **따라서 고의(범의), 목적 등 주관적 요소는** 자백만으로 범죄사실이 인정되므로 **보강증거가 필요없다**(4294형상171).

④ (○) [1] 자백의 보강법칙은 **형사소송법상 제도**이므로 **형사소송법이 적용되는** 절차에만 적용된다. 따라서 **간이공판절차와 약식명령절차는** 형사소송법 절차이기 때문에 이 원칙이 적용되나, **즉결심판에 관한 절차법이 적용되는 즉결심판절차와 소년법이 적용되는 소년보호사건에는 이 법칙이 적용되지 아니한다.**

[2] 따라서 **즉결심판절차에서는** 자백보강법칙이 적용되지 아니하므로, 피고인의 자백에 **보강증거가 없어도 피고인의 자백만으로 유죄를 인정할 수 있다.**

임종희 경찰형사법 파이널 모의고사 시즌 2 총 6회
경찰 출제위원 출신이 직접 집필한 모의고사

초판 1쇄 발행 2025년 1월 21일

지은이 임종희
펴낸이 장길수
펴낸곳 지식과감성
출판등록 제2012-000081호

주소 서울시 금천구 벚꽃로298 대륭포스트타워6차 1212호
전화 070-4651-3730~4
팩스 070-4325-7006
이메일 ksbookup@naver.com
홈페이지 www.knsbookup.com

ISBN 979-11-392-2399-6(13360)
값 22,000원